Friedrich Oswald Kuhn

Handbuch der Architektur

Krankenhäuser

Friedrich Oswald Kuhn

Handbuch der Architektur

Krankenhäuser

ISBN/EAN: 9783737203937

Auflage: 1

Erscheinungsjahr: 2014

Erscheinungsort: Norderstedt, Deutschland

© Vero Verlag GmbH & Co. KG. Alle Rechte beim Verlag und bei den jeweiligen Lizenzgebern.

Webseite: http://vero-verlag.de

HANDBUCH
DER
ARCHITEKTUR.

Unter Mitwirkung von

Oberbaudirektor
Profeffor Dr. **Jofef Durm**
in Karlsruhe

und

Gch. Regierungs- und Baurat
Profeffor **Hermann Ende**
in Berlin

herausgegeben von

Geheimer Baurat
Profeffor Dr. **Eduard Schmitt**
in Darmftadt.

Vierter Teil:

ENTWERFEN, ANLAGE UND EINRICHTUNG DER GEBÄUDE.

5. Halb-Band:

Gebäude für Heil- und fonftige Wohlfahrtsanftalten.

1. Heft:

K r a n k e n h ä u f e r.

ZWEITE AUFLAGE.

ARNOLD BERGSTRÄSSER VERLAGSBUCHHANDLUNG (A. KRÖNER)
STUTTGART 1903.

ENTWERFEN,
ANLAGE UND EINRICHTUNG
DER GEBÄUDE.

DES

HANDBUCHES DER ARCHITEKTUR

VIERTER TEIL.

---

5. Halb-Band:

Gebäude für Heil- und fonftige Wohlfahrtsanftalten.

1. Heft:

Krankenhäufer.

Von

Friedrich Oswald Kuhn,

Architekt und Profeffor an der Kgl. akademifchen Hochfchule für die bildenden Künfte zu Berlin.

ZWEITE AUFLAGE.

Mit 416 in den Text eingedruckten Abbildungen, fowie 20 in den Text eingehefteten Tafeln.

STUTTGART 1903.
ARNOLD BERGSTRÄSSER VERLAGSBUCHHANDLUNG
A. KRÖNER.

Handbuch der Architektur.

IV. Teil.

Entwerfen, Anlage und Einrichtung der Gebäude.

5. Halbband, Heft 1.

(Zweite Auflage.)

INHALTSVERZEICHNIS.

Fünfte Abteilung:

Gebäude für Heil- und sonstige Wohlfahrtsanstalten.

1. Abschnitt.

Krankenhäuser.

		Seite
1. Kap.	Entwickelung des Krankenhausbaues	3
	Litteratur über die »Entwickelung des Krankenhausbaues«.	
	α) Geschichte, Organisation, Bau und Einrichtung	14
	β) Geschichte und Beschreibung einzelner ausgeführter Hospitäler	15
2. Kap.	Krankenhäuser der Neuzeit. — Krankengebäude	17
	a) Ausbildung einzelner Teile des Krankengebäudes	18
	1) Krankenräume	22
	α) Form und Größe der Krankenräume	22
	β) Erhellung der Krankenräume	31
	γ) Stellung der Krankenräume	32
	δ) Fußböden	34
	ε) Wände	37
	ζ) Decken und Dächer	39
	η) Thüren	43
	ϑ) Fenster	44
	ι) Dachreiter	55
	κ) Andere Deckenöffnungen	60
	λ) Lufteinlässe	61

	Seite
2) Lüftung und Heizung der Krankengebäude	62
α) Lüftung	62
β) Heizung	70
γ) Lüftungs- und Heizungsanlagen	74
Sechs Beifpiele	78
δ) Heizung von Blockbauten	82
Drei Beifpiele	84
ε) Fufsboden- und Wandheizung	86
Drei Beifpiele	86
3) Künftliche Beleuchtung	90
Litteratur über »Lüftung und Heizung von Krankengebäuden«.	
α) Allgemeines	91
β) Befchreibung einzelner Anlagen	92
4) Nebenräume	93
α) Aufnahmezimmer	93
β) Abfonderungszimmer	94
γ) Tagraum	95
δ) Veranden	98
ε) Baderäume	101
ζ) Wafchraum	106
η) Aborträume	108
ϑ) Unterfuchungs- und Verbandzimmer	115
ι) Wärterzimmer	116
κ) Spülküche	116
λ) Raum für reine Wäfche	120
μ) Geräteraum	120
ν) Raum für fchmutzige Wäfche	121
ξ) Raum für Ausgufsbecken u. f. w.	124
ο) Arbeitszimmer für den Arzt	127
5) Verkehrswege innerhalb des Krankengebäudes	127
α) Flurgänge	128
β) Treppen	130
γ) Aufzüge	133
6) Einrichtungsgegenftände des Krankenraumes	134
b) Krankengebäude für dauernde Zwecke	138
1) Pavillonbauten	143
α) Pavillonbauten mit zweifeitig belichteten Sälen	143
Zwölf Beifpiele	144
β) Pavillonbauten mit dreifeitig belichteten Sälen	154
Zwei Beifpiele	154
γ) Pavillonbauten mit allfeitig belichteten Sälen	155
Vier Beifpiele	156
2) Pavillons mit zwei Sälen in jedem Gefchofs	159
Neun Beifpiele	160
3) Blockbauten	167
Drei Beifpiele	167
4) Gebäude für anfteckende Kranke	170
Dreiundzwanzig Beifpiele	172
5) Krankengebäude für befondere Zwecke	184
α) Gebäude für Zahlende	184
Drei Beifpiele	184
β) Gebäude für Genefende	187
Zwei Beifpiele	187
γ) Gebäude für Irre	188
Beifpiele	188

	Seite
δ) Gebäude für Haut- und Geschlechtskranke	190
Vier Beispiele	190
ε) Gebäude für geburtshilfliche Abteilungen	192
Beispiele	195
ζ) Gebäude für Gynäkologischkranke	198
Zwei Beispiele	199
η) Gebäude für Lungenkranke	200
Zwei Beispiele	201
ϑ) Gebäude für Pockenkranke	202
Drei Beispiele	204
ι) Gebäude für Diphtheriekranke	205
Beispiele	206
κ) Gebäude für Scharlachkranke	210
Beispiele	211
λ) Gebäude für Masernkranke	213
Beispiele	214
6) Krankengebäude für Beobachtungszwecke	215
Beispiele	215
Litteratur über »Krankengebäude für dauernde Zwecke«.	
α) Bau und Einrichtung	217
β) Beschreibung einzelner Kraukengebäude	218
c) Krankengebäude für vorübergehende Zwecke	219
1) Barackenbauten	219
α) Versuchsbaracken in Krankenhäusern	230
Fünf Beispiele	232
β) Epidemiebaracken	234
Neun Beispiele	234
γ) Baracken der Reservehospitäler	238
Acht Beispiele	240
Litteratur über »Krankengebäude für vorübergehende Zwecke«.	
α) Anlage und Einrichtung	244
β) Beschreibung einzelner Baulichkeiten	245
δ) Zeltbaracken	246
Beispiele	246
ε) Notbaracken	247
Beispiele	248
ζ) Versetzbare Baracken	250
Sieben Beispiele	250
2) Zeltbauten	256
α) Versetzbare Zelte	261
Beispiele	261
β) Zeltsäle	263
Beispiele	263
γ) Barackenzelte	264
Beispiele	264
3. Kap. Andere zum Krankenhause gehörige Gebäude	265
a) Thorgebäude	268
b) Verwaltungsgebäude	269
c) Aufnahmegebäude	272
Beispiele	272
d) Apothekengebäude	273
e) Küchen- und Waschgebäude	274
1) Küchengebäude	274
Beispiele	279

	Seite
2) Waschhäuser	280
Beispiele	285
3) Wirtschaftsgebäude	286
Beispiele	286
f) Wohngebäude für das Warteperfonal	288
Beispiele	289
g) Polikliniken	291
h) Badegebäude	293
Beispiele	295
i) Operationsgebäude	296
Beispiele	312
k) Gebäude für Heilgymnaftik	313
Beispiele	314
l) Desinfektionsgebäude	314
Vier Beispiele	318
m) Leichenhäuser	323
Beispiele	328
Litteratur über »Andere zum Krankenhaufe gehörige Gebäude«	
α) Anlage und Einrichtung	329
β) Befchreibung einzelner Gebäude	329
4. Kap. Gefamtanlage der Krankenhäufer	330
a) Anordnung im allgemeinen	331
1) Bauplatz	331
2) Bebauung im allgemeinen	338
3) Wafferverforgung	348
4) Entwäfferung	355
Beifpiele	359
Litteratur über »Entwäfferungsanlagen für Krankenhäufer«	369
5) Heizung, Warmwafferverforgung, Beleuchtung und verfchiedene Leitungen	369
6) Koften	377
Litteratur über »Anordnung der Krankenhäufer im allgemeinen«.	
α) Organifation, Anlage und Einrichtung	384
β) Verordnungen	386
b) Allgemeine Krankenhäufer	386
1) Allgemeines	386
2) Offene Bauweife	401
α) Lagepläne	401
Siebzehn Beifpiele	401
β) Gefamtanlagen	415
Acht Beifpiele	417
3) Gefchloffene Bauweife	423
α) Lagepläne	423
Zwei Beifpiele	423
β) Gefamtanlagen	424
Vierzehn Beifpiele	425
4) Abteilungen	437
Acht Beifpiele	437
Litteratur über »Allgemeine Krankenhäufer«.	
α) Organifation, Anlage und Einrichtung	445
β) Gefchichte und Befchreibung einzelner allgemeiner Krankenhäufer	446
γ) Abteilungen	448
c) Kinderkrankenhäufer	448
1) Offene Bauweife	453
Fünf Beifpiele	455

	Seite
2) Gefchloffene Bauweife	462
Drei Beifpiele	462
3) Abteilungen	465
Drei Beifpiele	465
Litteratur über »Kinderkrankenhäufer«.	
α) Organifation, Bau und Einrichtung	467
β) Gefchichte und Befchreibung einzelner Kinderkrankenhäufer	467
d) Abfonderungskrankenhäufer	468
1) Dauernd benutzte Krankenhäufer für Anfteckendkranke	468
α) Lagepläne	473
Sieben Beifpiele	473
β) Gefamtanlagen	481
Fünf Beifpiele	481
γ) Schwimmende Krankenhäufer	484
Drei Beifpiele	485
2) Vorübergehend benutzte Krankenhäufer für Anfteckendkranke	486
Vier Beifpiele	491
3) Ergänzende Anlagen	493
α) Quarantänen und Quarantänenlazarette	493
Zwei Beifpiele	495
β) Ambulanzen	495
Beifpiel	496
Litteratur über »Abfonderungskrankenhäufer«.	
α) Anlage und Einrichtung	498
β) Befchreibung einzelner Abfonderungskrankenhäufer	499
e) Militärhofpitäler	500
1) Lazarette im Frieden	500
α) Lagepläne	504
Drei Beifpiele	505
β) Gefamtanlagen	506
Fünf Beifpiele	507
γ) Abteilungen	510
δ) Krankenhäufer vom Roten Kreuz	512
Zwei Beifpiele	512
Litteratur über »Lazarette im Frieden«.	
α) Gefchichte, Organifation, Bau und Einrichtung	514
β) Befchreibung einzelner Lazarette	514
2) Lazarette im Krieg	515
Neun Beifpiele	526
Litteratur über »Lazarette im Krieg«.	
α) Gefchichte, Organifation, Bau und Einrichtung	533
β) Befchreibung einzelner Lazarette	534
Alphabetifches Sachregifter	535
Berichtigungen	541

Verzeichnis

der in den Text eingehefteten Tafeln.

Zu Seite 167: Eingefchoffiger Krankenblockbau für 41 Betten im Kreiskrankenhaus zu Bernburg.
- 401: IV. Städtifches *(Rudolf Virchow-)*Krankenhaus zu Berlin.
- 402: Neues allgemeines Krankenhaus zu Hamburg-Eppendorf.
- 404: Städtifches Krankenhaus zu St. Jacob in Leipzig.
- 405: I. Städtifches allgemeines Krankenhaus am Friedrichshain zu Berlin.
- 417: *Hôpital Tenon* zu Paris (Menilmontant).
- 418: *Gafthuis Stuivenberg* zu Antwerpen.
- 419: *Johns-Hopkins-Hofpital* zu Baltimore.
- 420: Preisgekrönter Plan für das Stadtkrankenhaus zu Wiesbaden.
- 421: Karola-Haus zu Dresden.
- 425: *St. Thomas-Hofpital* zu London.
- 426: *Hôpital Lariboifière* zu Paris.
- 442: Krankenabteilung des *Koch*'fchen Inftituts für Infektionskrankheiten zu Berlin.
- 455: Hofpital für kranke Kinder zu Pendleburg bei Manchefter.
- 481: Plan zum Hofpital für anfteckende Krankheiten zu Newcaftle-upon-Tyne.
- 507: *Herbert hofpital* bei Woolwich.
- 508: Zweites Garnifonslazarett für Berlin zu Tempelhof.
- 509: *Hôpital militaire* zu Brüffel.
- 512: Elifabeth-Spital zu Budapeft.
- 527: Hofpital zu Renkioi an den Dardanellen.

Handbuch der Architektur.
IV. Teil:
ENTWERFEN, ANLAGE UND EINRICHTUNG DER GEBÄUDE.

FÜNFTE ABTEILUNG.

GEBÄUDE FÜR HEIL- UND SONSTIGE WOHLFAHRTSANSTALTEN.

IV. Teil, 5. Abteilung:
GEBÄUDE FÜR HEIL- UND SONSTIGE WOHLFAHRTSANSTALTEN.

1. Abschnitt.

Krankenhäuser.

Von F. O. KUHN.

1. Kapitel.

Entwickelung des Krankenhausbaues[1].

Die Vorgänger der Krankenhäufer find die Hofpitäler, von deren Beftehen in buddhiftifchen Ländern, auf Ceylon und in den Reichen des *Antiochus* und feiner Vafallen fchon eine Felfeninfchrift aus der Mitte des III. Jahrhunderts vor Chr. meldet. Genaue Befchreibungen der Einrichtungen von Hofpitälern oder Dispenfaries finden fich nach *Bühler*[2] in den Puránas, z. B. in dem Nandi- und Sandapuräna. Das finghalefifche Gefchichtswerk »Mahavanfo«[3] foll über Hofpitalanlagen auf Ceylon und der Safh Nameh uber perfifche Hofpitäler Mitteilungen enthalten. Das Wort »Màriftàn«, welches die Araber für Hofpital gebrauchen, ift ein perfifches Wort[4]).

Die »Jatreien« in Griechenland entfprachen etwa unferen Polikliniken[5]).

Die Römer hatten in fpäterer Zeit in den »Valetudinarien« Räume zur Aufnahme kranker Sklaven und Soldaten. Die *Valetudinaria caftrorum* foll nach *Hyginus* (96—138) errichtet werden, wenn 5 bis 6 Legionen verfammelt find und einen für 200 Mann beftimmten Lagerraum von 60×60 Fufs erhalten[6]).

Einen anderen Charakter trugen die in Mexiko von den Spaniern bei ihrer Ankunft vorgefundenen Hofpitäler. Nach der *Torquemada Monarquia Indiana* war das zwei Meilen von Mexiko entfernte Dorf Culhuacan für alte, erwerbsunfähige Krieger beftimmt[7]).

Das Hofpital der Chriftenheit ift aus den Xenodocheien, den Herbergen im Orient, hervorgegangen, welche infolge des durch die Pilgerfahrten nach Jerufalem

1. Anfänge der Hofpitäler.

2. Chriftliche Hofpitäler.

---

[1] Die Pläne der in diefem Kapitel befprochenen Bauten find, foweit nicht die folgenden Fufsnoten auf diefelben verweifen und fie nicht in den folgenden Kapiteln gegeben werden, in der 1. Auflage diefes Heftes (Abt. V, Abfchn. 1, unter A) zu finden.

[2] Siehe: BÜHLER, G. Beiträge zur Erklärung der Afoka-Infchriften. Zeitfchr. d. deutfch. morgenländ. Gefellfchaft, Bd. 37 (1883), S. 98.

[3] *The Mahavanfo. Edited by G. Turner.* Ceylon 1837 (u. A. S. 196).

[4] Siehe: WÜSTENFELD. Macrizi's Befchreibung der Hofpitäler in el Câhira. JANUS, Zeitfchrift für Gefchichte und Literatur der Medizin. Herausg. von A. W. F. T. HENSCHEL. Bd. I (1846), S. 28.

[5] Siehe: Handbuch der Krankenverforgung und Krankenpflege. Herausg. von H. LIEBE, G. JACOBSOHN & G. MAYER. Bd. I. Berlin 1899. S. 3.

[6] Siehe: SCHAPER. Die Krankenhäufer des In- und Auslandes. Berl. klin. Wochfchr. 1895, S. 683.

[7] Siehe: *Torquemada Monarquia Indiana*, II, Kap. 74.

gesteigerten Fremdenverkehres zwischen den christlichen Gemeinden von diesen als Unterkunftsgebäude für die Fremden errichtet wurden, unter den Bischöfen standen, auch Kranke und Unglückliche aufnahmen und so als Zufluchtsstätte der Fremden, der obdachlosen Kranken, der Altersschwachen, der Witwen und Waisen dienten. Grofse Ausdehnung erhielt das aus vielen Gebäuden bestehende Xenodocheion, welches der Bischof *Basilius* von Cäsarea infolge einer grofsen Hungersnot (368) und der allgemeinen Verbreitung des Ausfatzes in Kleinasien 340 gründete.

<small>*Gregor von Nyzanz* teilt nach *Haefer* darüber folgendes mit[8]: »Vor den Thoren von Cäsarea erhob sich, von *Basilius* aus dem Nichts hervorgerufen, eine neue, der Wohlthätigkeit und Krankenpflege geweihte Stadt. Wohl eingerichtete Häuser, um eine Kirche in ganzen Strafsen geordnet, enthielten die Lagerstätten für Kranke und Gebrechliche aller Art, welche der Pflege von Aerzten und Krankenwärtern anvertraut waren.« Auch Werkstätten gab es dort, da der Bedarf der Anstalt von eigenen Handwerkern angefertigt wurde.</small>

Neben den Xenodocheien hatte man »Diakonien«, später *Matriculae* genannt, wo die Diakone die Armen des Bezirkes verforgten; »Ptochotropheien«, Häuser für Arme; »Brebotropheien« für ausgesetzte Kinder, »Gynätropheien« für Frauen und Töchter, Gerontocomeien« für alte Männer und Frauen, »Nosocomeien« für Kranke u. f. w. Aus diefen verschiedenen Namen spricht die Abficht, die Gattungen der zu Versorgenden zu trennen; aber in Wirklichkeit nahmen diese verschiedenen Anstalten, wie vielfach berichtet wird, jeden auf, der ihre Hilfe beanspruchte, und unterschieden sich bald nicht wesentlich von den Xenodocheien.

<small>In Rom entstand um 400 ein Nosocomium, in Ostia ein Xenodochium.

In Lyon gründeten *Childebert I.* und seine Gemahlin *Ultrogotho* 542 am rechten Ufer der Rhone ein solches[9]).</small>

Die Bezeichnungen »Xenodochium« und »Nosocomium« werden später im Abendland durch *Hospitium* und »Hospitale« erfetzt.

3. Kloster-Hofpitäler.

Karl der Grofse machte die Pflege der Kranken nach dem Vorbild der Benediktiner den Klöstern zur Pflicht.

Man unterschied die *Infirmaria*, welche nur für die zum Kloster unmittelbar Gehörenden bestimmt war, und das *Hospitale pauperum (et peregrinorum)*, auch *Eleemosynaria* genannt, das oft nebst einem Hospiz zur Aufnahme von Geistlichen, Mönchen und Boten aufserhalb des Klosters lag.

Der Plan der *Infirmaria* von St. Gallen läfst die Absicht erkennen, ihre wesentlich verschiedenen Teile zu trennen, wenn auch die eigentliche Krankenabteilung in einem Hofbau untergebracht ist[10]).

<small>Die Krankenräume sind ohne Verbindung unter sich nebst der Magisterwohnung an einem Kreuzgang angeordnet, welcher drei Seiten des Hofes umgiebt, dessen vierte Seite die Kapelle bildet. Getrennt von diesem Hofbau, aber nicht innerhalb der Klostereinfriedigung, liegen das Küchengebäude und das Aderlafshaus, aufserhalb derselben das Aerztehaus mit der Apotheke und dem Arzneigarten. Je einer der Räume der *Infirmaria* und des Aerztehaufes dient für gefährliche Kranke (*Locus valde infirmorum*).

Die *Infirmaria* des Klosters Hirschau bestand aus mehreren Gebäudekörpern unter einem Dach, in denen die Kranken je nach ihrer Krankheit befonders untergebracht waren, damit nicht einer dem anderen durch seine Krankheit läftig wird[11]).</small>

Gröfsere Bedeutung erlangten die Hofpitäler der Kanoniker in den Städten, wie *St.-Christophore*, das spätere *Hôtel-Dieu* zu Paris.

4. Hofpitäler im Mittelalter.

Zu diesen Anstalten traten mit der Einführung der Laienbrüder und -Schwestern in die Pflege die von den Hofpitalorden, befonders den Johannitern, den Deutsch-

<small>[8]) Siehe: HAESER, H. Geschichte christlicher Krankenpflege und Pflegerschaften. Berlin 1857. S. 2 u. ff.
[9]) Siehe: HEFELE, C. J. v. Conciliengeschichte. Bd. III. 2. Aufl. Freiburg i. Br. 1877. S. 4, Canon 15.
[10]) Siehe die Wiedergabe dieses Planes in Teil II, Bd. 3, erste Hälfte (Tafel bei S. 134) dieses »Handbuches«.
[11]) Siehe: UHLHORN, G. Die christliche Liebesthätigkeit in der alten Kirche. Stuttgart 1882. S. 74—77.</small>

rittern, dem Heiligen-Geift-Orden und die von den wachfenden Städten gefchaffenen Hofpitäler, in denen man vom XIII. Jahrhundert an das Unzuträgliche der Verbindung verfchiedener Zwecke zu empfinden begann. Seitdem beftehen Hofpitäler, welche nur Kranke aufnehmen, bis fie »gang heil« geworden find. Nicht aufgenommen wurden Ausfätzige und fonftige Anfteckendkranke, für die es befondere Häufer gab[12]. (Siehe Art. 5.)

Die Hofpitäler lagen teils aufserhalb, teils innerhalb der Stadt, aber in letzterem Falle, foweit es fich nicht um Kanonikatsftifte handelte, meift am Rande derfelben. Auch bevorzugte man die Nähe von Wafferläufen zur Wafferbefchaffung, zur Abführung der Fäkalien und zur Ausnutzung der durch das ftrömende Waffer hervorgerufenen Bewegung der Luft für die Lüftung. An Stelle der kleineren Räume im alten Klofterhofpital tritt jetzt die gemeinfchaftliche, geräumige, zwei- oder mehrfeitig belichtete, teils gut gelüftete Halle, mit Stein- oder Holzgewölben, Steinfufsboden und eingebauten Zellen, die entweder frei fteht oder eine Seite des Spitalhofes einnimmt. Nach einem alten Synodalbefchlufs follten in den Sälen Altäre errichtet werden, fo dafs die Kranken dem Dienft von ihren Betten folgen konnten. Manchmal wird für die Altäre eine anftofsende Kapelle errichtet. Zu gemeinfchaftlichem Aufenthalt am Tag diente die Wärmeftube (füddeutfch Sutte), und für Pfleglinge, welche gegen Zahlung aufgenommen wurden, waren Einzelzimmer vorhanden[13].

Mittelalterliche Beifpiele diefer Art find die einfchiffigen Hallen des Hofpitals zu Tonnerre, des Heil.-Geift-Hofpitals zu Lübeck (XIII. Jahrhundert) und des *Hôpital de Bourges* (XVI. Jahrhundert), die zweifchiffigen Hallen mit Kreuzgewölben im Heil.-Geift-Hofpital zu Frankfurt a. O. (nicht mehr vorhanden) und in Orleans, fowie dreifchiffige gewölbte Hallen zu Angers (XII. Jahrhundert), zu Chartres und zu Ourscamp.

Die III. Synode in Lyon (583) forderte die Trennung der Ausfätzigen und ihre Erhaltung zu Laften der Kirche. Sie lebten in korporativer Gemeinfchaft, abgelegen von den Städten, in Feldhütten. In St. Gallen baute *Othmar* (720) ein Hofpitalium für Ausfätzige[14]. Nach einer Beftimmung der III. lateranifchen Synode (1179) follten fie eigene Kirchen und Gottesäcker haben. Trotz der Abfperrungsmafsregeln mehrten fich die Ausfätzigen aufserordentlich. In Frankreich gab es 1226 2000 Leproferien, die nach dem Schutzpatron *St.-Lazare* oder auch »Maladrerien« genannt wurden. Bei uns ftanden fie meift unter dem heiligen *Georg* (St. Jürgenhäufer).

5. Ausfatz-Hofpitäler.

In den Ausfatzhäufern, welche vor den Städten angelegt wurden, wohnten die Kranken allein unter einem Dach in Zellen. Das übrige Zubehör der von einer Mauer umgebenen Anftalt war in Nebengebäuden untergebracht.

Im St. Leonhards-Hofpital der Stadt Braunfchweig (urkundlich 1230 genannt) hatte jeder Kranke eine eigene Kammer und einen Keller, dazu freies Licht und Holz zur Küche und eine gemeinfchaftliche geheizte Dorefe (Stube) nebft einem freien Bade. Neben der Kapelle befand fich eine Klaufe für die Jungfrauen oder Klausnerinnen, welche fich der Pflege der Kranken als barmherzige Schweftern widmeten und unter Afficht einer *Mater* ftanden[15].

Die *Maladrerie du Tortoir* auf dem Weg nach Laon à la Fère aus der erften Hälfte des XV. Jahrhunderts befteht aus einem Saalbau, in welchem an einer Längsfeite 7 Zellen eingebaut find, der Kapelle und dem Küchengebäude mit dem Zimmer der Hausmeifterin.

In die Maladrerien und St. Jürgenhäufer wurden nicht nur Ausfätzige, fondern

[12] Siehe ebendaf., Bd. 2, S. 218.
[13] Siehe ebendaf., S. 217.
[14] Siehe: RATZINGER, G. Gefchichte der kirchlichen Armenpflege. 2. Aufl. Freiburg i. Br. 1884. S. 212.
[15] Siehe: VIRCHOW, R. Zur Gefchichte des Ausfatzes und der Spitäler, befonders in Deutfchland. Archiv für pathologifche Anatomie und Phyfiologie und für klinifche Medicin, Bd. XIX (1860), S. 56—61.

auch andere, an Kontagien oder ekelerregenden Krankheiten Leidende verwiefen, die man nicht in die allgemeinen Hofpitäler aufnahm.

6. Hofpitäler der Renaiffance.

In letzteren wird die gemeinfchaftliche Halle auch zur Zeit der Renaiffance in Italien und Frankreich beibehalten, erhält aber öfter ein zweites Gefchofs. Neben dem Hofbau entfteht zunächft aus praktifchem Bedürfnis der Kreuzbau, aus zwei fich rechtwinkelig fchneidenden Hallen, wie im *Spedale di Sta. Maria Nuova* zu Florenz und im *Ofpedale degli Incurabili* zu Genua; diefer Kreuzbau ermöglichte bei grofser Ueberfichtlichkeit und Bequemlichkeit in der Bedienung eine gewiffe Trennung der Gefchlechter oder Krankheitsarten in den Kreuzarmen. Die Unterbringung der übrigen zum Hofpital gehörigen Räume führte dann zur Verbindung des Hof- und Kreuzbaues, wodurch vier kleinere Höfe entftanden.

Im Mailänder Hofpital, wo *Filarete* zwei folche Syfteme — je eines für jedes Gefchlecht — durch einen Mittelhof trennte, was die Zahl der Höfe auf 9 fteigerte, ftand der Altar in den Saalkreuzungen und war von einer Kuppel überdeckt.

Das *Ofpedale di San Spirito* (1477) zu Rom zeigt die T-Form und das *Hôpital des incurables* in Paris von *Gamard* (1635—49) befteht aus zwei freiftehenden Kreuzbauten, zwifchen denen die Kapelle liegt.

Die Kuppeln über den Kreuzungen von Sälen wurden fpäter in anderen Anftalten zu Lüftungszwecken ausgebildet.

7. Wachfen der Hofpitäler im XVII und XVIII Jahrhundert.

Während man im XV. und XVI. Jahrhundert den Umfang der Neubauten auf 300 bis 500 Betten fteigerte, wuchfen fie im XVII. und XVIII. Jahrhundert auf 1000 bis 2000 Betten an. Die Hofpitäler wurden Maffenquartiere. Die Zahl der Kranken überwog beträchtlich diejenige der übrigen Infaffen; doch ftrebte man eine beffere Verteilung der Kranken an.

Sturm trennte in feinem Plan zu einem Gaft- und Krankenhaus für 1525 Betten (1720) die Räume für die Wandersleute von der im Haupthof freiftehenden Spitalkirche, die aus 8 ftrahlenförmig angeordneten Sälen befteht, und von den gefährlichen Kranken, deren Betten er in 2 kreisförmigen, in Nebenhöfen zu errichtenden Gebäuden teils in deren Sälen, teils in den jeden Saal umgebenden, unmittelbar von aufsen zugänglichen 8 Kammern für je 6 Betten unterbrachte.

Gleichzeitig gelangten auch die alten Hofpitäler durch Erweiterungen zu derfelben Ausdehnung, was meift ebenfalls zu Vermehrung der Höfe führte.

8 Peft-Lazarette

Als der Ausfatz zurücktrat, dienten die Ausfatzhäufer, foweit fie nicht in Sonderfiechenhäufer oder andere Hofpitäler umgeftaltet waren, zur Abfonderung von Peftkranken, Pockenkranken und Venerifchen.

Die neuen Anftalten, welche int befonderen die Peft hervorrief, die »Lazarette«, beruhten auf demfelben Grundfatz einer möglichft vollftändigen Abfonderung der Kranken von der Bevölkerung, dienten als Land- und Seequarantänen für Menfchen und Waren oder zur Pflege der Erkrankten und erhielten dementfprechend verfchiedene Ausbildung.

Dem Beifpiel Venedigs, welches das erfte Quarantäne-Lazarett 1823 in einem Eremitenklofter auf der Ifola di San Nazareth errichtete, folgten Genua, Neapel und andere Seeftädte [16]).

Das dem *Ofpedale maggiore* unterftellte Lazarett zu Mailand enthielt 296 gewölbte Zellen mit vorgelegter Arkade; letztere umgab einen quadratifchen Hof; in der Mitte desfelben ftand die Kapelle, deren durchbrochene Umfchliefsung den Blick auf den Altar aus allen Zellen ermöglichte. Das Lazarett war von einem Graben umgeben.

Die von *Heinrich IV.* gegründeten zwei Hofpitäler für Epidemien, das von *Vellefaux* 1607—12 erbaute *Hôpital St.-Louis* und das *Hôpital Ste.-Anne*, erfteres im Nordweften, letzteres im Süden der Stadt, damit der Transport der Kranken

---

[16]) Siehe: HOWARD, J. Nachrichten von den vorzüglichften Krankenhäufern und Pefthäufern in Europa. Aus dem Engl. Leipzig 1791. S. 25 u. ff.

durch diefelbe vermieden werde, waren nur zur Pflege der Kranken beftimmt und dem *Hôtel-Dieu* unterftellt.

St.-Louis befteht aus Sälen auf hohen Unterbauten, welche den quadratifchen Hof umgeben. Für Standesperfonen, für Priefter, für Aerzte und für die pflegenden Schweftern waren befondere Gebäude errichtet. Der Küchenhof erhielt keine Perfonenverbindung mit dem übrigen Hofpital. Die Speifen wurden durch ein Drehkreuz eingebracht; die Kapelle hatte gefonderte Zugänge für Aufsenftehende und für das Küchenperfonal.

In Rouen (1657) trennte man auch die Rekonvalescenten von den Kranken und fonderte fie möglichft vollftändig von diefen ab, um fie dadurch vor neuer Anfteckung zu fchützen.

Aufserhalb der beiden zu diefem Zweck errichteten, aus je einem Längsbau mit 4 einfeitig vorfpringenden Flügeln beftehenden Hofpitälern lagen an dem fie trennenden und von ihnen nicht zugänglichen Hof das Verwaltungsgebäude und ein kleineres Krankenhaus für weniger epidemifche Zeiten.

Auch vorübergehende Bauten wurden benutzt.

Kleiner Holzhütten für 1 bis 2 Betten bediente man fich 1681 in Metz auf dem Champ de Mars zur Unterbringung von Angefteckten. — 100 Hütten waren bei der Stadt Montpellier errichtet, als man fie nach der Peft (1629—30) desinfizierte. *Rauchin*, ein Medikus diefer Stadt, forderte, dafs eine gut verwaltete Stadt das Material zu vorübergehenden Bauten für Peftzeiten vorrätig halten folle, um Kranken-, Rekonvalescenten- und Quarantäne-Hofpitäler für die Armen fchnell bauen zu können, machte auch eingehende Vorfchläge für die verfchiedenen Konftruktionen derfelben [17]).

Auf die Ueberfüllung, welche in den allgemeinen Hofpitälern trotz ihres Umfanges eintrat, führte man die Hofpitalkrankheiten und Todesfälle zurück, die fich in grofser Zahl mehrten.

9. Ueberfüllung in allgemeinen Hofpitälern.

Die jammervollen Zuftände im *Hôtel-Dieu* zu Paris, deffen Belag bis zu 2500 Kranken angewachfen war, wurden beim erften Brand desfelben (1737) aufgedeckt. Die Todesfälle betrugen 25 Vomhundert der Kranken, welche meift zu mehreren ein Bett teilten, und die Rückfälle verliefen fchlecht und oft tödlich [18]).

In diefer Zeit begann, von England ausgehend, das Beftreben, die gefchloffenen, umfangreichen Bauten zu vermeiden. Die erfte in vier Blockbauten zerlegte Anftalt ift das St. Bartholomews-Hofpital in London (1730).

10. Krankenzerftreuung.

Von den vier freiftehenden, viergefchoffigen Gebäuden dienten drei zur Krankenunterkunft. Jedes Gefchofs fetzt fich aus zwei Saalpaaren zufammen, zwifchen denen das Zubehör lag. Die Säle für je 10 bis 14 Betten hatten gemeinfchaftliche Rückwände.

Die Nachteile der grofsen, überfüllten und unreinen Krankenhäufer zeigten fich auch in der Ausbreitung anfteckender Krankheiten, befonders der Kriegsfeuchen, während der Feldzüge der Engländer 1742—48. *Pringle*[19]), der Generalphyfikus der britifchen Armee, trat für eine weitgehende Zerftreuung der erkrankten Mannfchaften, für ihre Unterbringung in reiner Luft und Trennung Anfteckendkranker von den allgemeinen Lazaretten ein. — Das häufige Herrfchen des Lazarettfiebers in Plymouth, wo eine grofse Zahl Kriegsgefangener eingefchloffen war, beeinfluſste den Bau des *Royal naval hofpital* dafelbft (1756—64), deffen acht dreigefchoffige Krankenblocks für 90 bis 120 Betten in jedem Gefchofs fich aus zwei Sälen mit gemeinfamer Längswand zufammenfetzten und durch ein Ifoliergebäude für Pockenkranke ergänzt wurden.

Die Erfahrungen *Pringle*'s beftätigten *Brocklesby* (1758—62)[20]) und *Monro*

---

[17]) Siehe: DEMOGET, A. *Étude fur la conftruction des ambulances temporaires.* Paris 1871. S. 23 ff.

[18]) CHAMMOUSSET, DE. *Expofition d'un plan propofé pour les malades de l'Hôtel-Dieu.* Paris 1757.

[19]) Siehe: PRINGLE, J. Beobachtungen über die Krankheiten einer Armee, fowohl im Felde als in Garnifon. Nebft einem Anhang u. f. w. Aus dem Englifchen ins Deutfche überfetzt von J. E. GREDING. Altenburg 1772.

[20]) Siehe: BROCKLESBY, R. Oekonomifche und medicinifche Beobachtungen zur Verbefferung der Kriegslazarethe etc. und der Heilart der Feldkrankheiten. Aus dem Englifchen überfetzt und mit einigen Anmerkungen begleitet von CH. G. SELLE. Berlin 1772. S. 40 u. ff., 169 u. ff.

(1764[21]) durch die Heilerfolge im Feld mit gutgelüfteten Baracken, woran *Begue de Presle* den Vorschlag knüpfte, auch in den beweglichen Kriegslazaretten das Zelt durch versetzbare Baracken zu ersetzen.

11. Plan Le Roy's für das Hôtel-Dieu zu Paris.

Auf Grund der Beobachtungen *Pringle's* warnte *Le Roy*, als nach einem zweiten Brand im *Hôtel-Dieu* (1772) dessen Neubau in Frage kam, vor den üblichen Zentralanlagen in Gestalt von Hof- und Kreuzbauten.

Bei der quadratischen oder Rechteckform stagniert die Luft im inneren Hof. Bei den Hospitälern in Kreuzform mit einer Kuppel auf der Kreuzung, um hier die Luft anzuziehen, würde sich die Aufsenluft über die Kranken hinweg und nur langsam bewegen. Die Beobachtungen ehren, dafs alle Formen des Hospitals, bei denen Säle aneinander grenzen, dem vorliegenden Zweck nicht vollständig entsprechen.

Der nach seinen Vorschlägen von *Viel* bearbeitete, der *Académie des sciences* 1776 vorgelegte Plan zeigt eingeschossige Pavillons von je 175 m Länge für je 104 Betten.

Zwei Reihen von je 11 Pavillons waren für Allgemeinkranke und 4 jederseits an den Enden beider Reihen für Ansteckendkranke bestimmt. Die über dem Erdboden erhöht liegenden Säle sollten rings von Luft umspült sein, im Fußboden Zutritts- und in den Scheiteln ihrer Kreuzgewölbe Abluftöffnungen erhalten, um die Lüftung nach oben zu fördern.

12. Vorschläge der Akademie zur Teilung des Hôtel-Dieu.

Eine zentrale Anlage verwarf auch die Kommission der Akademie, welche 1786 das bestehende *Hôtel-Dieu* und einen Plan für seinen Neubau von *Poget* mit radial gestellten Sälen zu prüfen hatte. Sie empfahl Teilung der Anstalt in vier grosse Hospitäler für je etwa 1200 Kranke und Belassung eines *Dépôt de malades* am Ort des bestehenden *Hôtel-Dieu* für Verwundete und Kranke, welche schnelle Hilfe brauchen.

Zu diesen 4 Hospitälern sollten nach den weiteren Verhandlungen verwendet werden: für den Osten die *Maison des religieuses hospitalières de la Roquette*, für den Westen die *École militaire*, für den Norden und Süden die beiden Filialen des *Hôtel-Dieu*: *St.-Louis* und *Ste.-Anne*. — *Tenon* berichtet über die geplante Verteilung der Kranken in denselben das Folgende.

De la Roquette soll neu gebaut werden und 1204 Betten, davon 422 für Schwangere, 472 für fiebernde und verwundete Männer, 310 für ebensolche Frauen erhalten. Auszuschliefsen sind Uebelriechende und Kontagiöse.

In *Ste.-Anne* sind die nötigen Aenderungen zur Aufnahme von 1000 Fiebernden und Verwundeten vorzunehmen und für 200 heilbare Irre Zellen zu erbauen.

St.-Louis bleibt Epidemie-Hospital. Seine 400 Betten sind in nicht epidemischen Zeiten für Kranke an Skorbut, Skrofeln und Krebs zu benutzen, und für 800 andere Kranke sind Neubauten aufserhalb der Einfriedigung zu errichten.

Die *École militaire* soll für 448 Kranke beider Geschlechter und für 1026 Kontagiöse und im besonderen zur Behandlung von Pocken, Masern, Krätze, Hospital- und Gefängnisfieber, kontagiöse Dysenterien, Wasserscheue und Lungensüchtige dienen, deren Erkrankte unter sich auch in Bezug auf das Zubehör streng zu trennen sind.

Das *Depôt de malades* ist für 100 Kranke, aber bis auf 400 Betten erweiterungsfähig, geplant.

13. Pläne für de la Roquette.

Abweichende Meinungen ergaben sich schliefslich für die Art des Neubaues von *de la Roquette*.

Nach dem Plan der Akademie sollten die Kranken auf 2 durch einen Hof getrennte Reihen von je 7 Pavillons mit 3 Krankengeschossen für zusammen 102 bis 108 Betten verteilt werden, welche im Erdgeschofs durch einen nur überdeckten, seitlich offenen Gang verbunden waren. — *Tenon* bildete 14 zweigeschossige Doppelpavillons, deren 7 jederseits an einer breiten durchlaufenden Halle gereiht waren, wodurch das Pavillonsystem zum Grätensystem wurde, und begründete dies damit, dafs es sich hier nicht, wie in Plymouth, um ein Hospital für Männer, sondern für beide Geschlechter, und nicht, wie dort, nur um wenige Krankheitsgattungen, sondern auch um Schwangere handle, auch die vielen Treppen den Dienst erschweren würden.

---

[21]) Siehe: MONRO, D. Kriegs-Arztneywissenschaft oder Abhandlung von den Krankheiten, welche unter den Truppen im Felde und in Besatzungen am gewöhnlichsten sind. Aus dem Englischen in das Französische übersetzt und mit wichtigen Anmerkungen vermehrt durch BEGUE DE PRESLE. Aus dem Französischen übersetzt. Altenburg 1771. Bd. I, S. 214, 304 u. ff.

Infolge der politischen Verhältnisse kam keiner dieser Pläne zur Ausführung. Andere Vorschläge zur Verbefferung der Krankenpflege wurden gleichzeitig in Deutfchland erörtert, wo *Reifser* 1784 die Errichtung kleiner Hofpitäler in kleineren und mittleren Städten, andere ihre gänzliche Befeitigung und ihren Erfatz durch Krankenbefuchsanftalten befürworteten. Die Aerzte verwarfen die letzteren nicht, traten aber gleichzeitig für Erhaltung, bezw. Umbildung der Hofpitäler in reine Krankenhäufer, in welchen der Arzt ein ausgiebiges Krankenmaterial für feine Studien finden könne, für Anftellung einer genügenden Zahl von Aerzten, befonders Affiftenzärzten, welche nach dem Beifpiel der Charité in Berlin im Krankenhaus felbft zwifchen den Zimmern der Kranken wohnen follten, und für Zulaffung zahlender Kranker, welche die Kommiffion der Akademie in Paris verworfen hatte, ein — man wollte in Deutfchland »allgemeine Krankenhäufer« haben. In der Teilung der Kranken ging man bis zur Forderung des Einzelzimmers; doch behielt man meift der gewünfchten Klaffierung der Kranken wegen Abteilungen von 10 bis 18 Betten, dementfprechende Zimmergröfsen, Korridorverbindungen und hof- oder hufeifenförmige gefchloffene Anlagen bei. Nur im allgemeinen Krankenhaus zu Wien (1784) entftanden unter *Stoll*'s und *Faukeu*'s Mitwirken getrennte Abteilungen.

<small>Diefe aus 2 Sälen mit eigenem Zubehör und Treppen beftehenden Abteilungen, welche ohne Korridor- und Thürverbindung aneinanderftofsen, umgeben in 2 Gefchoffen einen ausgedehnten Haupthof und 6 kleine, nicht ganz gefchloffene Hinterhöfe.</small>

14. Allgemeine Krankenhäufer.

Das Eingehen der alten Leprofen- und Pefthäufer, die nach dem Zurückgehen, bezw. Erlöfchen diefer Krankheiten als Abfonderungshäufer gedient hatten, liefs eine Lücke in der Krankenverpflegung.

15. Abfonderungshäufer.

Die von der medicinifchen Fakultät zu Paris 1772 aufgeworfene Frage, wie man die Entftehung epidemifcher Krankheiten vorherfehen, ihnen vorbeugen oder ihren Fortgang hemmen könne, veranlafste den Vorfchlag von *Zückert*, ein Netz von Abfonderungsgebäuden über das Land zu verbreiten, die eingefchoffig mit Dachlüftung, erforderlichenfalls aus Holz gebaut, auch der Verfchlimmerung endemifcher Krankheiten vorbeugen, überhaupt die herrfchenden Volkskrankheiten einfchränken follten.

Doch blieb es bei den Vorkehrungen zur Abwehr der Peft in den von ihr gefährdeten Gegenden.

<small>*Schraud* gelang es in Bujuncfuck (1797—98), die Peft durch eine Landquarantäne abzuhalten, die fich aus 16 durch Gräben und Einfriedigungen umgebene Erdhütten für verdächtige Familien, aus 5 dergleichen gemeinfam eingefriedigte für verdächtig Erkrankte, welche erft nach Feftftellung der Peft in das Lazarett kamen, und aus 3 Abfonderungen für Genefende zufammenfetzte.</small>

In der Kriegskrankenpflege waren die Vorzüge der Baracken gegenüber den Hofpitälern, zu deren Ergänzung fie gebaut wurden, nach *Zückert* auch in Deutfchland fchon im Feldzug vor 1773 beobachtet worden.

Die Feldlazarett-Reglements in Preufsen (1786), in Oefterreich (1788) und in Frankreich (1792) ordneten ihren Bau als Unterkunftsräume für Kranke im Bedarfsfall an.

Die Baracken, welche in den Feldzügen am Ende des XVIII. und Anfang des XIX. Jahrhunderts entftanden, waren jedoch meift Maffenquartiere für 500 bis 1000 Betten, die in erfter Linie dem Zweck dienten, kranke und verwundete Soldaten nicht in Privatquartiere zu legen und dadurch die Ausbreitung von Kriegsepidemien unter der Bevölkerung der Stadt zu vermeiden.

16. Zelte und Baracken in den Feldzügen Ende des XVIII. und Anfang des XIX. Jahrhunderts.

Zu diefen gehören die Baracken in Oefterreich [22]), wo 1787 auch verfetzbare Spitalbaracken von

---

<small>22) Siehe: KIRCHENBERGER, S. Kaifer Jofeph II. als Reformator des öfterreichifchen Militär-Sanitäts-Wefens. Ein Beitrag zur Sanitätsgefchichte des K. und K. Heeres. Wien 1890. S. 96 u. 102.</small>

68 bis 100 Klaftern Länge auf der Donau nach dem Kriegsfchauplatz gefendet wurden, die zweigefchoffigen Baracken zu Frankfurt a. M. (1793 u. 1813 [23]) und Königsberg (1807 [24]). — Dem gleichen Zweck dienten diejenigen zu Göppingen und Cannftatt (1805 — 06 [25]).

Mit der angeftrebten befferen Bauart geht auch diejenige der Zelte Hand in Hand.

Ein Plan zu einem verfetzbaren-Barackenzelt für 102 Betten (1792) von *Gerlach* findet fich in der Bücherfammlung der Kaifer-Wilhelms-Akademie zu Berlin. 1813 wurden Baracken u. a. auch in Zittau, Dresden, Leipzig, Naumburg, Meiningen, Saalfeld, Darmftadt, Frankfurt a. M. und Afchaffenburg [26]), 1815 ebenfolche und Barackenzelte in Brüffel nach der Schlacht von Belle-Alliance errichtet.

Für Adaptierungen bewährten fich befonders 1814 und 1815 die luftigen, noch unvollendeten Schlachthäufer *du Roule*, *de Montmartre* und *de Menilmontant* in Paris. Das letztere fetzte fich aus 18 getrennten Hallenbauten zufammen. Die Sterblichkeit war hier halb fo grofs als in den Hofpitälern.

Vorfchriften über zweckmäfsige Einrichtungen von Zelten und Baracken und die Erfahrungen mit denfelben in diefer Zeit finden fich in den Schriften von *Michaelis* (1801), *Brückner*, *Kiefer* (beide 1815) und *Brugmans & Delpech*.

17. Korridor-Krankenhäufer mit Abfonderungsgebäuden.

Auch im XIX. Jahrhundert hielten in Deutfchland, der Schweiz und den Niederlanden die Aerzte noch bis 1866 an der Bildung kleiner Krankenräume von nicht mehr als 12 Betten feft. In den die Neubauten vorbereitenden Kommiffionen hatten fie mafsgebenden Einflufs, den fie mit den Verwaltungsinfpektoren teilten. Studienreifen gingen oft den Entfcheidungen vorher, und fchon jetzt entwickelte fich die Sitte, dafs Aerzte oder Verwaltungsinfpektoren die Pläne der Neubauten veröffentlichten, weil fie diefe als ihre eigene Schöpfung betrachteten. Der Einflufs der Architekten auf die Planung war verhältnismäfsig gering, und das Ergebnis blieb der Korridorbau.

Die Zimmer, in denen die Betten der Tiefe nach in 2 Reihen ftehen, find durch Zwifchengänge für das Zubehör getrennt oder ftofsen unmittelbar mit und ohne Thürverbindung aneinander, wobei die Saalaborte am Korridor in den Saal eingebaut, von diefem zugänglich, aber nach dem Korridor durch Fenfter lüftbar find. Für die Güte der Krankenzimmer ift es dann wefentlich, ob fie ein oder mehrere Fenfter haben und ob folche auch gegen den Korridor vorhanden find. Die fo gebildeten Gebäudetrakte, welche noch in dem dreigefchoffigen Münchener allgemeinen Krankenhaufe (1808) für 600 Betten 2 gefchloffene Höfe umgeben, ordnete man jedoch nunmehr in langgeftreckten Bauten mit oder ohne Flügel an, in deren Keller- oder Erdgefchofs die Speife- und Wafchküchen liegen.

In viele Krankenhäufer wurden nach wie vor Anfteckendkranke nicht aufgenommen; wo dies gefchah, ergänzte man fie bei Neubauten durch Abfonderungsgebäude auf dem Anftaltsgelände, oder man fonderte im Krankenhaufe diefe Abteilung nur durch Gitter und Thüren ab, was oftmals das Weiterfchleppen der Pocken durch das ganze Haus veranlafste.

Hufeifenförmigen Grundplan erhielten das langgeftreckte allgemeine Krankenhaus in Hamburg (1821) mit dreigefchoffigem Mittelbau für die Verwaltung und zweigefchoffigen Krankenflügeln für 1000, das Hofpital zum heiligen Geift in Frankfurt a. M. (1833) für 270 und die Diakoniffenanftalt in Bethanien zu Berlin (1845) für 350 Betten — beide letztere mit Verwaltungsräumen im Erdgefchofs und 2 Obergefchoffen für Kranke.

Bei den Langbauten enthält meift der mittlere Teil vorzugsweife die Verwaltungsräume. Dreigefchoffigen Mittelbau und zweigefchoffige Flügel erhielten das Kantonshofpital in Zürich (1836) für 300 und das Krankenhaus zu Bremen (1850) für 272 Betten, viergefchoffigen Mittelbau und dreigefchoffige Flügel das für 2 Konfeffionen beftimmte Krankenhaus zu Augsburg (1856) für 500 und 4 Gefchoffe das

---

[23]) Siehe: WILBRAND, L. Die Kriegslazarethe von 1792—1815 und der Kriegstyphus zu Frankfurt a. M. Frankfurt a. M. 1884. S. 19—22, 93 ff.

[24]) Der Plan findet fich in: LANGENBECK, v., v. COLER & WERNER. Die transportable Lazareth-Baracke. 2. Aufl. Berlin 1890. S. 12.

[25]) Siehe: GURLT, E. Zur Gefchichte der internationalen und freiwilligen Krankenpflege im Kriege. Leipzig 1873. S. 152.

[26]) Siehe: FISCHER, H. Handbuch der Kriegschirurgie. 2. Aufl. Bd. II: Deutfche Chirurgie 17, b. Stuttgart 1882. S. 574 — und: FRÖHLICH, H. Militär-Medicin. Kurze Darftellung des gefammten Militär-Sanitätswefens. (WREDEN's Sammlung kurzer medizinifcher Lehrbücher, Bd. XIII) Braunfchweig 1887. S. 621.

Spital zu Rotterdam (1844) für 265 Kranke. Kleinere Korridorbauten mit getrennten Treppen für die Geschlechter in den Kopfbauten find das Krankenhaus der Stadt Hannover (1838) für 80 und der ifraelitifchen Gemeinde zu Hamburg (1843) für 100 Betten [27]).

Abfonderungshäufer für Pocken- und andere Anfteckendkranke entftanden nach dem Vorgang der Charité zu Berlin (1836—37) bei den Anftalten zu Bremen und Zürich (61 Betten mit befonderem Wafchhaus für Pockenkranke) und beim ifraelitifchen Krankenhaus zu . Hamburg (14 Betten) zur Zeit ihrer Erbauung, in St. Gallen und in Stuttgart vor 1850. Im allgemeinen Krankenhaus zu Hamburg wurden 1855—56 ein Pockenhaus für 150 Betten und ein kleines Ifolierhaus erbaut. Diefen Beifpielen folgten andere Krankenhäufer in Deutfchland.

Bei Planung der Rudolfftiftung zu Wien machte *v. Breuning* (1865) nach dem Vorbild der Charité in Berlin, welche nicht durch Anbauten, fondern durch freiftehende Krankengebäude von verfchiedenen Typen allmählich vergröfsert worden war, den Vorfchlag, das Spital in 9 »Krankenkolonien« mit anfchliefsenden Gartenabteilungen und in 5 Gebäude für die allgemeinen Dienfte zu teilen.

Doch wurde die Anftalt als Hofbau mit aufsenfeitig vorfpringenden Gräten, mit Zimmern und Sälen an Korridoren 1860—64 erbaut. Die zahlreichen Treppen ermöglichen die Abfonderung einzelner Baukörper.

In demfelben Zeitabfchnitt entftanden in Frankreich und Belgien, fpäter auch in England, wo man an den grofsen zweifeitig belichteten Sälen fefthielt, fog. Pavillon-Hofpitäler, d. h. mifsverftandene Anlagen diefer Art, in welchen die Saalbauten grätenförmig an Korridoren oder Hofbauten — meift in engen Abftänden unter fich — gereiht wurden, was zu mehr oder weniger gefchloffenen Bauten führte. Eine Abfonderung von Anfteckendkranken in gefonderten Gebäuden erfolgte hier nicht.

18. Grätenförmige Bauten.

So wurden im *Hôpital St.-André* zu Bordeaux (1821) und im Erweiterungsbau des *Hôpital St.-Jean* zu Brüffel (1837) in diefer Weife an zweigefchoffige Hofgänge, aufsen jederfeits 5, im Erweiterungsbau des *Hôpital Beaujou* zu Paris (1837) an einen eingefchoffigen Hofkorridor ebenfo 2 zweigefchoffige Saalbauten angefchloffen. In letzterem haben fie untereinander reichlichen Abftand, grenzen aber nahezu an die Nachbargrundftücke. — Im *Hôpital Lariboifière* ebendafelbft (1846—53) find die 3 dreigefchoffigen Saalbauten jeder Hoffeite im Erdgefchofs durch Gänge und Zwifchenbauten verbunden.

Ein einfeitiger Grätenbau mit 10 zweigefchoffigen Sälen an einem erdgefchoffigen Gang war das *Hôpital maritime* zu Breft (1823—32); doch erhielten 1845—46 der Korridor ein zweites Gefchofs und die Saalbauten paarweife auch am anderen Ende Zwifchenbauten. — Im *Hôpital militaire* zu Philippeville (1840) wurden fie einfeitig, in der *Blackburn and Eaft Lancafhire infirmary* zu Blackburn wechfelfeitig an einem gleich hohen Verbindungsgang gereiht [27]).

Das Militär-Hofpital des Lagers zu Beverloo (1850) beftand aus 2 Reihen eingefchoffiger, ungleich langer Saalbauten, welche an ihren äufseren Stirnfeiten durch gefchloffene Hallen verbunden waren.

Das erfte wirkliche Pavillon-Krankenhaus in Frankreich, das *Hôpital militaire* zu Vincennes (1856—58), fetzt fich aus zwei freiftehenden Doppelpavillons für je 300 Betten mit drei, zum Teile vier Gefchoffen zufammen, und ein ebenfolches ift das *Free city hofpital* zu Bofton (1860—61), deffen 6 zweigefchoffige Pavillons mit dem Verwaltungsblock nur durch offene Erdgefchofsgänge verbunden geplant waren.

19. Pavillon-Krankenhäufer.

Seit 1859 begann man in England auf Anregung *Natter*'s mit der Erbauung kleiner Landhofpitäler — *Cottage hofpitals*, um den Krankentransport von Landbewohnern zu entfernten Provinzial-Hofpitälern zu vermeiden.

20. Cottage hofpitals.

Die Abfonderung von Kindern in eigenen Krankenhäufern nahm ihren Anfang mit der Errichtung des *Hôpital des enfants malades* zu Paris »aus Gründen der Wohlanftändigkeit«. Sie wurde 1834 in Petersburg, 1837 in Wien und in den 40er Jahren in anderen Städten Deutfchlands aufgenommen, wo *Hügel* (1849),

21. Kinderkrankenhäufer.

---

[27]) Pläne diefer Anftalten finden fich u. a. auch in: HORKY, J. Studien über Krankenanftalten, deren bauliche Anlage und Ausführung. Theil I. Wien 1866 — und in: HUSSON, A. *Etude fur les hôpitaux confidérés fous le rapport de leur conftruction, de la diftribution de leurs bâtiments, de l'ameublement, de l'hygiène et du fervice des falles de malades.* Paris 1862.

welcher Trennung der Abteilungen in Einzelblocks empfahl und Pläne hierfür aufſtellte, den Bau derſelben zu fördern und zu klären ſuchte.

22. Epidemie Lazarette. Zwei neue Quarantäne-Lazarette ſollten 1821 in Frankreich dem Einſchleppen des in Spanien aufgetretenen gelben Fiebers vorbeugen.

Im Lazarett *ſur l'île de Ratonneau* auf der Reede von Marſeille beſtand die Krankenabteilung aus 2 kleinen, kreuzförmigen Gebäuden mit je 4 Krankenräumen um einen zweigeſchoſſigen Mittelraum für den Wärter.

Im Lazarett *Marie Thérèſe* zu Trompeloup bei Pouillac waren 2 Krankengebäude und 1 für Rekonvaleſcenten vorhanden, deren jedes ſich aus 3 nur von auſsen zugänglichen Räumen zuſammenſetzte.

Die Choleraepidemie von 1831 zeitigte in Berlin den Plan zu einem vorübergehenden Hoſpital für Cholerakranke von *S. E. Hoffmann*.

Das kleine Krankenhaus beſteht aus dem Pförtnerhaus, einem Quarantänegebäude, dem Wirtſchaftshaus und dem zweigeſchoſſigen Krankenbau. In letzterem befinden ſich in jedem Geſchoſs 2 in der Längsachſe aneinanderſtoſsende Säle, von denen der eine für neuangekommene Kranke, der andere, erforderlichenfalls in Zellen zu teilende für die verſchiedenen Stadien der Krankheit beſtimmt war und jeder am Ende eigene Treppe und Warteraum erhielt. Dieſer Saalbau iſt durch einen Lüftungsgang mit einem Nebengebäude für die Rekonvaleſcenten und Aerzte verbunden, welches eigene Treppe hat.

Ein Erlaſs von 1832 ordnete für Preuſsen das Verfahren bei anſteckenden Krankheiten: die Anzeigepflicht, die Abſonderung der erſten Fälle und die Einrichtung, bezw. Errichtung von Heilanſtalten durch Sanitätskommiſſionen der Gemeinden bei drohenden Epidemien, im beſonderen bei Cholera, Typhus und Pocken, ſowie bei Ueberhandnahme der Syphilitiſchen.

Temporäre Fieber-Hoſpitäler aus Baracken entſtanden in Irland während der Epidemien von 1846—50[28]).

1847 erfolgte in London der Neubau des *New London fever hoſpital*, welches ſeit 1802 beſtand, um Anſteckendkranke von anderen Hoſpitälern der Stadt fern zu halten.

Lungenkranke waren hier ſchon 1814 in dem kleinen *Royal hoſpital for diſeaſes of the cheſt* abgeſondert worden.

1846 folgte dieſem das *Hoſpital for conſomption* zu Brompton und 1851—55 das *Victoria hoſpital*.

23. Zelte und Baracken in den Feldzügen Mitte des XIX. Jahrhunderts. Gegenüber der Pflege in den groſsen geſchloſſenen Bauanlagen traten bei Truppenbewegungen und Feldzügen in der Mitte des XIX. Jahrhunderts von neuem die Vorzüge der Zerſtreuung der Kranken und Verwundeten in luftigen Unterkunftsräumen zu Tage.

Solche günſtige Wirkungen zeigten ſich bei den Epidemien in Oeſterreich (1849—58), an die ſich umfangreiche, von Erfolg begleitete, ſyſtematiſche Verſuche mit der Zeltbehandlung daſelbſt knüpften, über welche *Kraus* berichtete; im Krimkrieg (1854—56) bei der Behandlung Aeuſserlichkranker und Fiebernder des franzöſiſchen Heeres unter Zelten zu Franka und Varna; während der Typhuſepidemie in der Krim, wo während der erſten 7 Monate 22,83 Vomhundert Lazarettkranke der Engländer ſtarben gegen 2,21 Vomhundert nach Einführung guter Lüftung in den Zelten und Baracken durch die aus *Sutherland, Gavin* und *Rawlinſon* beſtehende *Sanitary Commiſſion*; im Feldzug Frankreichs und Sardiniens gegen Oeſterreich (1859) unter Zelten und Flugdächern, und im Bürgerkrieg der Vereinigten Staaten Nordamerikas (1861—65). In den im letzteren wegen Mangel an Krankenhäuſern errichteten, bis zu 3500 Betten ausgedehnten Generalhoſpitälern waren die anfangs mangelhaft gebauten Baracken noch groſsenteils grätenförmig an geſchloſſene Gänge gereiht; doch gewann allmählich eine beſſere Bauart und freie Stellung die Oberhand. Ausgedehnte Verwendung fanden hier auch die Zelte.

24. Berichte engliſcher Kommiſſionen. Die Erfahrungen des Krimkrieges ſuchte man in England für den Krankenhausbau zu verwerten.

1858 erſchien der Bericht der Kommiſſion zur Beurteilung des ſanitären Zuſtandes der beſtehenden

---

[28]) Siehe: *Report of the commiſſioners of health Ireland on the epidemics 1846 to 1850. Preſented to both houſes of parliament by command of Her Majeſty.* Dublin 1852. *Reports from commiſſioners. Board of health.* 1852—53. XLI.

Militär-Hofpitäler, welcher bei Neubauten getrennte Pavillons und Säle mit gegenüberliegenden Fenftern forderte. — 1859 folgten die *Notes on hofpitals* von *Mifs Nightingale*, 1861 der Bericht der Spezialkommiffion zur Verbefferung der fanitären Zuftände in den Kafernen und Hofpitälern. Die Kommiffion wendete fich gegen die übermäfsige Teilung der Krankenhäufer in zu viele, mangelhaft lüftbare Räume, fprach fich gegen die übertriebenen Forderungen bezüglich ihrer Klaffierung aus, empfahl Pavillonbauten mit 2 Krankengefchoffen, liefs aber geheizte Verbindungsgänge zwifchen denfelben zu und geftaltete dementfprechend den Normalplan für ein englifches Regiments-Hofpital als Doppelpavillon, die Pläne für ein *General hofpital* zu Malta als einfeitigen und diejenigen für das *Herbert hofpital* zu Woolwich als zweifeitigen Grätenbau.

In dem gleichzeitig veröffentlichten Sonderbericht über die Kafernen und Hofpitäler am Mittelmeer wurden 3 Pläne für eingefchoffige fteinerne Pavillons aufgeftellt.

Der bevorftehende Bau des *Hôtel-Dieu* in Paris führte zu neuen Erörterungen über Krankenhausfragen, welche auch von englifcher Seite aufgenommen wurden.

25. Neue Vorarbeiten für das *Hôtel-Dieu*.

In der *Académie Impériale de médecine* fand 1861—62 eine lange Diskuffion über die Salubrität der Spitäler ftatt, anknüpfend an ftatiftifche Erhebungen über mangelhafte Heilerfolge bei Operierten und Wöchnerinnen in den Krankenhäufern von Paris gegenüber denjenigen von London. Man wies auf den Ausfchlufs kontagiöfer Kranker in letzteren hin und ftellte anheim, ob Perfonen, welche befonders Bedürfnis nach reiner Luft haben, beffer in Zelten oder gut gefchloffenen Baracken unterzubringen feien.

Diefe Diskuffion hatte das Erfcheinen von *Huffon*'s Werk über die Hofpitäler von Paris 1862 und 1864 den Bericht von *Briftowe & Holmes*[29]) über englifche Krankenhäufer zur Folge.

Briftowe & Holmes wendeten fich gegen die Beurteilung der Krankenhäufer nach allgemeinen Totenraten, verurteilten die Anwefenheit infektiöfer Fälle in allgemeinen Sälen und führten die Ausbreitung von Eryfipel, Pyämie u. f. w. bei chirurgifchen Fällen, die mit offenen Wunden aufgenommen werden, auf den Mangel an Räumlichkeit und auf die Ueberfüllung, verbunden mit ungenügender Lüftung, zurück. Aehnlichen Gefahren feien die Wöchnerinnen in Krankenhäufern ausgefetzt.

In demfelben Jahre befchäftigte fich noch zwei Fachkreife mit dem neuen Plan für das *Hôtel-Dieu*, welcher einen Hofbau mit Seitengräten darftellte und von *Trélat* angegriffen wurde. Die *Société de chirurgie* disputierte über die *Hygiène hofpitalière* und forderte u. a. für Krankenhäufer ihre Einfchränkung auf 200 bis 250 Betten, freie Lage, freiftehende Gebäude in weiten Zwifchenräumen und kleine Säle für 15 bis 20 Betten. — Die zu einem Gutachten über die Pläne hinzugezogene *Société des hôpitaux de Paris* erreichte nur die Befeitigung der Manfarden über den Saalbauten, Vergröfserung der Pavillonabftände und Oeffnen des Zentralhofes gegen Süden.

Der Bau, welcher 1866 begonnen wurde, wurde 1872 von der *Société des médecins et chirurgiens des hôpitaux de Paris* befichtigt und als den »fundamentalen Grundfätzen der Hofpitalhygiene entgegen« disponiert erklärt. — 1873 befchlofs der *Confeil municipal* die Verminderung der Dachhöhen, Unterdrückung des II. Obergefchoffes in den Flügelgebäuden am Quai und Vergröfserung der Fenfter des II. Obergefchoffes in den Bauten am Zentralhof. Das Belagsfoll wurde von 800 auf 400 bis 450 Kranke herabgefetzt.

Verfuche mit der Behandlung von Kranken in luftigen Bauten hatte zu Anfang der 40er Jahre auch *Günther* im St. Jakob-Hofpital zu Leipzig unter Verwendung von Schutzdächern erfolgreich durchgeführt, aber erft feit 1863 wurden fie in anderen bürgerlichen Krankenhäufern wieder aufgenommen.

26. Zelte und Baracken in bürgerlichen Krankenhäufern.

In diefem Jahr belegten *Wilms* und *Rofe* ein Zelt in Bethanien zu Berlin; 1864 entftanden die grofse Zelt und Einzelzelte in der Charité dafelbft; 1866 infolge der Erfahrungen *Volkmann*'s und *Stromeyer*'s mit Zeltbaracken im Feldzug die unter *Efse*'s Mitwirken geplante Charitébaracke; 1868 *Le Fort*'s Barackenzelt und Zeltbaracken in *Hôpital Cochin* zu Paris; 1869 *Huffon*'s Baracken im *Hôpital St.-Louis* dafelbft zum Vergleich mit letzteren.

Die Errichtung der Charitébaracke wurde in Deutfchland der Ausgangspunkt für die Zerlegung der Krankenhäufer in Einzelgebäude.

27. Zerlegen der Krankenhäufer in Einzelbauten.

1868 waren die unter *Virchow*'s Mitwirken entftandenen Pläne für das maffiv gebaute Krankenhaus am Friedrichshain in Berlin, fowie das Programm für das unter *Knauff*'s Einflufs geplante akademifche Krankenhaus zu Heidelberg feftgeftellt, und die Gründung des Augusta-Hofpitals erfolgte in erfterer Stadt.

---

29) *Sixth report of the medical officer of the privy council. With appendix. Prefented purfuant to act of Parliament. Reports from commiffioners: 1864. Vol. 13: Public health, Vol. XXVIII. — Seffion 1864.* London 1864. S. 469.

1869 entstanden die Pläne für das Krankenhaus am rechten Isarufer in der Vorstadt Haidhausen bei München und auf Betreiben von *Thierſch* und *Wunderlich* das neue St. Jakobs-Hoſpital zu Leipzig, in welchem jedoch die Baracken noch zu einem Grätenſyſtem verbunden wurden. — 1870 begann man mit dem Bau von Pavillons im ſtädtiſchen Krankenhaus zu Dresden. — 1871—72 bereiteten die Arbeiten *Plage*'s die Errichtung des Krankenhauſes in Wiesbaden vor, deſſen Plan 1874 durch einen Wettbewerb zum Abſchluſs kam.

Dieſe Bewegung zu Gunſten der Dezentraliſation im Krankenhausbau bei uns hat ihre dauernde Wirkung bis auf den heutigen Tag ausgeübt, weil ihr kein akademiſcher Zug anhaftete. Die Einzelbauten, welche man in Gröſse und Art der Ausbildung den verſchiedenen Krankheitsgruppen und den örtlichen und ökonomiſchen Verhältniſſen anzupaſſen ſuchte, nahmen unter dem Zuſammenwirken von Aerzten und Architekten mannigfaltige Geſtalt an, welche man der wachſenden Erkenntnis der Krankheitsurſachen und ihrer Behandlung ſtetig anzupaſſen ſuchte und gruppierte.

In Frankreich begann (1872) mit der Aufſtellung der Modellbauten nach *Tollet*'s Syſtem gleichfalls das Zerlegen der Krankenhäuſer in Einzelbauten.

28. Abſonderungs-Krankenhäuſer.

In England hat ſich die neuere Bewegung im Krankenhausbau hauptſächlich auf die Ausbildung von Sonderhoſpitälern für Anſteckendkranke beſchränkt, in welchen es vorbildlich wurde.

Die Organiſation des *Metropolitan aſylums board* (1867) hatte 1870 die Errichtung des *Homerton* und des *Stockwell hoſpital* für ganz Bedürftige und ſpäter anderer *Fever hoſpitals* in London zur Folge. Das *London hoſpital* wurde für Zahlende reſerviert. Da dieſe Anſtalt der hohen Preiſe wegen für die Mittelklaſſe nicht zugänglich war, gründeten Bürger dieſer Klaſſe die *Home hoſpitals* oder *Pay hoſpitals*, welche ſich in London und England ausbreiteten, als beſcheidenere Anſtalten für kleinere zahlende Beamte und dergl.

Grundſätze für Abſonderungsgebäude in den *Fever hoſpitals* ſtellten Memoranden des *Privy council office* und des *Local government board* 1876 feſt. Nach dieſen wurden zahlreiche kleinere Abſonderungs-Krankenhäuſer im Lande erbaut.

Die Pockenepidemien von 1871—72 veranlaſsten in Berlin den Bau des Baracken-Lazaretts zu Moabit, beſtehend aus eingeſchoſſigen freiſtehenden Fachwerkbauten mit Firſtlüftung.

Die Abſonderung der Lungenkranken, welche in Deutſchland mit der Errichtung der erſten Heilanſtalt durch *Brehmer* 1862 eingeleitet war, hat ſeit Beginn der Volksheilſtättenbewegung beträchtliche Ausdehnung erlangt.

Eine Zuſammenſtellung der geſamten Abſonderungsverfahren in Krankenhäuſern und Sonderanſtalten lieferte der Bericht von *Fauvel & Vallin* über die Prophylaxe der infektiöſen Krankheiten zum internationalen Kongreſs für Hygiene in Paris (1878).

Litteratur
über die »Entwickelung des Krankenhausbaues«.

a) Geſchichte, Organiſation, Bau und Einrichtung [30]).

STURM, L.. CH. Vollſtändige Anweiſung allerhand Oeffentliche Zucht und Liebesgebäude, als hohe und niedrige Schulen, Ritterakademien, Wayſenhäuſer, Spitäle vor Alte und Kranke u. f. w. Augſpurg 1720. Theil II, 2: Von Xenodochien oder Gaſthäuſern und Noſocomiis, oder Krankenhäuſern.

ZÜCKERT, J. F. Von den wahren Mitteln, die Entvölkerung eines Landes in epidemiſchen Zeiten zu verhüten. Berlin 1773.

REYHER, J. G. Ueber die Einrichtung kleiner Hoſpitäler in mittleren und kleineren Städten. Hamburg u. Kiel 1784.

[30] In dieſem und den nachfolgenden Litteraturverzeichniſſen ſind die Titel der in den Fuſsnoten von Kap. 1 angeführten Werke nicht wiederholt.

STOLL, M. Ueber die Einrichtung der öffentlichen Krankenhäufer. Herausg. von G. A. v. BRECKHEN, Wien 1788.
HOFFMANN, C. L. Ueber die Nothwendigkeit, einem jeden Kranken in einem Hofpital fein eigenes Zimmer und Bette zu geben. Mainz 1788.
TENON. *Mémoires fur les hôpitaux de Paris.* Paris 1788.
MICHAELIS, G. P. Ueber die zweckmäfsigfte Einrichtung der Feldhofpitäler. Göttingen 1801.
KIESER, D. G. Vorbauungs- und Verhaltungsregeln bei anfteckenden Faulfieberkrankheiten. Jena 1813. S. 24—35.
BRÜCKNER, CH. A. Ueber Errichtung und Verpflegung ftehender Feldhofpitäler nebft einem ausführlichen Feld-Dispenfario für Aerzte, Wundärzte und Apotheker, die fich diefem Fach widmen wollen. Leipzig 1815.
KIESER, D. G. Die Königlichen Preufsifchen Militär-Lazarethe im Jahre 1815. Nemefis, Zeitfchrift für Politik und Gefchichte, Band VII (1816), S. 493—514.
BRUGMANS, S. J. & J. DELPECH. Ueber den Hofpitalbrand. Aus dem Holländifchen und Franzöfifchen überfetzt und mit Anmerkungen und einem Anhang, diefe Krankheit und die Errichtung von Zelten und Baracken in überfüllten und angefteckten Lazarethen betreffend, begleitet durch D. G. KIESER. Jena 1816.
Report to the Right Hon. Lord Panmure, G. C. B. etc. Minifter at war, of the proceedings of the fanitary commiffion dispatched to the feat of war in the eaft 1855—56. Prefented to both houfes of parliament by command of Her Majefty. March 1857. Accounts and papers (2) Army; navy Seffion 3 February—21 March 1857. Bd. IX (1857).
Report of the commiffioners appointed to inquire into the regulations affecting the fanitary condition of the army, the organifation of military hofpitals and the treatment of the fick and wounded; with evidence and appendix. Prefented to both houfes of parliament by command of Her Majefty. London 1858. *Reports from commiffioners. Army. Sanitary condition. Seffion 3 December 1857—2 Auguft 1858.* Bd. XVIII.
BREUNING, G. v. Bemerkungen über Spitals-Bau und Einrichtung. Wien 1859.
BONORDEN. Das befte Krankenhaus. Medic. Zeitg., neue Folge, Jahrg. 2 (1859), S. 17 ff.
KRAUS, F. Das Kranken-Zerftreuungsfyftem als Schutzmittel bei Epidemien im Frieden und gegen die verheerenden Contagien im Kriege nach den Erfolgen im Feldzuge vom Jahre 1859. Wien 1861.
General report of the commiffion appointed for improving the fanitary condition of barracks and hofpitals. Prefented to both houfes of Parliament by command of Her Majefty. Reports from commiffioners. Barracks and hofpitals. Army. Seffion: 5 February to 6 Auguft 1861. Bd. XVI (1861).
Difcuffion fur la falubrité des hôpitaux de Paris. Bulletin de l'académie Impériale de médecine, Bd. XXVII, Jahrg. 26 (1861—62), S. 181—208, 259—265, 309—349, 375-391, 415—500, 511—537, 546—583, 593—620, 637—673, 676—680, 684—697, 718—738, 750—752.
NICHTINGALE, F. *Notes on hofpitals: being two papers read before the national affociation for the promotion of focial fcience at Liverpool in October 1858 with evidence given to the Royal commiffioners on the ftate of the army in 1857.* London 1859. — 3. u. 4. Aufl. 1863.
HUSSON, J. CH. A. *Étude fur les hôpitaux, confidérés fous le rapport de leur conftruction, de la diftribution de leur bâtiments, de l'ameublement, de l'hygiène et du fervice des falles de malades.* Paris 1863.
VIOLETT-LE-DUC. *Dictionnaire raifonné de l'architecture françaife* etc. Bd. 6. Paris 1863. (Art.: Hôtel-Dieu.)
Hygiène hofpitalière. Bulletin de la fociété de chirurgie de Paris pendant l'année 1864, 2. Serie, Band 5 (1865), S. 493, 505, 531, 532, 557, 571, 573, 583, 595, 596, 612, 627, 633.
HORKY, J. Studien über Krankenanftalten, deren bauliche Anlage und Ausführung. Wien 1866.
TOLLET, C. *De l'affiftance publique et des hôpitaux jusqu'au XIX. fiècle. Plan d'un Hôtel-Dieu attribué à Philibert Delorme.* Paris 1889.
TOLLET, C. *Les édifices hofpitaliers depuis leur origine jusqu'à nos jours.* 2. Aufl. Paris 1892.
The medical and furgical hiftory of the war of the rebellion. Part III, Vol. I: Medical hiftory. Being the third medical volume. Prepared under the direction of the furgeon general United States army. Wafhington 1888. *Chapter XII: On the general hofpitals.* S. 896—966.

β) Gefchichte und Befchreibung einzelner ausgeführter Hofpitäler.

FAUKEN, J. P. F. X. Entwurf zu einem allgemeinen Krankenhaufe. Wien 1784.
Das allgemeine Krankenhaus in Mainz, entworfen von K. STRACK. Frankfurt a. M. 1788.

Examen d'un projet de translation de l'Hôtel-Dieu de Paris et d'une nouvelle conftruction d'hôpitaux pour malades. Hiftoire de l'académie Royale des fciences. Année 1785. Paris 1788. S. 1—110.

Deuxième rapport des commiffaires, chargés par l'académie des projets relatifs à l'établiffement des quatres hôpitaux. Hiftoire de l'académie Royale des fciences. Année 1786. Paris 1788. S. 1—12.

Troifième rapport des commiffaires, chargés par l'académie de l'examen des projets relatifs à l'établiffement des quatres hôpitaux. Hiftoire de l'académie Royale des fciences. Année 1786. Paris 1788.

LE ROY. *Précis d'un ouvrage fur les hôpitaux dans lequel on expofe les principes refultant des obfervations de phyfique et de médecine, qu'on doit avoir en vue dans la conftruction de ces édifices; avec un projet d'hôpital, dispofé d'après ces principes. Mémoires de mathématique et phyfique, tirés des regiftres de l'académie Royale des fciences. Année 1787.* Paris 1789.

MARCUS, A. F. Kurze Befchreibung des allgemeinen Krankenhaufes zu Bamberg. Weimar 1797.

MONTIGNY, A. GRANDJEAN De & A. FAMIN. *Architecture toscane* etc. Paris 1815. Pl. 100: *Ospedale di Arezzo.*

GOURLIER, BIET, GRILLON & TARDIEU. *Choix d'édifices publics projetés et conftruits en France depuis le commencement du XIX. fiècle.* Paris 1826—51.
    Bd. I, Pl. 105—108: *Hôpital à Bordeaux.*
    Bd. I, Pl. 76—77: *Lazaret dans l'île de Ratonneau.*
    Bd. II, Pl. 101, 102: *Lazaret à Trompeloup.*

Das Hamburgifche Allgemeine Krankenhaus. Hamburg 1830.

HOFFMANN, S. E. Entwurf zur Einrichtung eines Cholera-Hofpitals mit einer genauen Angabe eines für die Behandlungsart der Cholera Kranken in Vorfchlag gebrachten, bequemen Krankenlagers. Berlin 1831.

Le fabriche civili, ecclefiaftici e militari di Michele Sanmicheli defignate et incife da Ronzani Francesco e Luciolli Girolamo. Venedig 1832. (*Lazaretto fuori delle Mura die Verona.*)

DITTMER, G. W. Das heilige Geifthofpital und der St. Clemens Kaland zu Lübeck etc. 2. Aufl. Lübeck 1838.

ANDREAE. Befchreibung des neuen Krankenhaufes der Stadt Hannover. Hannover 1838. (Sonderabdruck aus den Hannöverfchen Annalen für die gefammte Heilkunde.)

LETAROUILLY, P. M. *Édifices de Rome moderne* etc. Paris 1840—57. Bd. 3. Pl. 256: *Ospedale di San Spirito.*

HEILBUT, T. A. Das neue Krankenhaus der ifraelitifchen Gemeinde in Hamburg. Erbaut von *Salomon Heine*. Hamburg 1843.

KELLER, F. Baurifs des Klofters St. Gallen vom Jahr 820 etc. Zürich 1844.

BÖHMER, F. Das Hofpital zum heiligen Geift in Frankfurt. Archiv für Frankfurter Gefchichte, Bd. 3 (1844), S. 75.

GAUTHIER. *Les plus beaux édifices de la ville de Gênes et des fes environs.* Neue Ausg. Paris 1845. Bd. 1, Pl. 52—57: Hofpitäler in Genua.

Hôpital Saint-Jean. Bruxelles 1848. Adminiftration générale des hofpices et fecours de la Ville de Bruxelles.

STEIN, TH. Das Krankenhaus der Diakoniffen-Anftalt Bethanien zu Berlin. Berlin 1850.

MEIER, D. E. Die neue Krankenanftalt in Bremen. 2. Aufl. Bremen 1850.

FOWLER, C. Das neue Fieberhofpital in London. Allg. Bauz. 1851, S. 21 u. Taf. 381, 382.

BENSEN, H. W. Ein Hofpital im Mittelalter. Beiträge zur Gefchichte der Wohlthätigkeitsftiftungen. Regensburg 1853.

DORMOIS, C. *Notes hiftoriques fur l'hôpital de Tonnerre.* Auxerre 1853.

The Victoria military hoffital at Netley, on the Southampton water. Builder, Bd. 14 (1856), S. 457, 544.

Das neue Krankenhaus zu Augsburg. ROMBERG'S Zeitfchr. f. prakt. Bauk. 1859, S. 311 ff.

Die neue Krankenanftalt »Rudolf-Stiftung« in Wien. Allg. Bauz. 1866, S. 2 u. Taf. 3—8. — Auch als Sonderabdruck (HORKY & ZETTEL. Die neue etc.) erfchienen.

CLARK, H. G. *Outlines of a plan for a free city hofpital.* Bofton 1860.

TRÉLAT, M. *Étude critique fur la reconftruction de l'Hôtel-Dieu.* Paris 1864.

The new infirmary Leeds. Builder, Bd. 22 (1864), S. 115, 151.

LAMBLARDIE FILS & TROTTÉ-DE LA ROCHE. *Hôpital maritime Clermont-Tonnerre à Breft. Nouv. annales de la conftr.* 1867, S. 19.

Rapport de la fous-commiffion chargée d'émettre un avis fur l'avant-projet du nouvel Hôtel-Dieu. Commiffaires: MM. Grifolle, Tardieu, Guérard, Cullerier, Goffelin, Danyau, Regnauld, Blondel et

Broca, rapporteur (Novembre 1867)., Hjstoire du nouvel Hôtel-Dieu. La revue scientifique de la France et l'étranger, Jahrg. 1, 2. Sem. (1872), S. 750.

FILARETE, A. A. Tractat über die Baukunft nebft feinen Büchern von der Zeichenkunft und den Bauten der Medici. Zum erften Mal herausgegeben und bearbeitet von W. v. OETTINGEN. Quellenfchriften für Kunstgefchichte und Kunfttechnik des Mittelalters und der Neuzeit. Neue Folge. Bd. III. Wien 1890. XI. Buch: Das Spital. S. 334—370. (*Ospitale maggiore* in Mailand.)

2. Kapitel.
Krankenhäufer der Neuzeit.
Krankengebäude.

Nach der vorftehenden Ueberficht der Entwickelung des Krankenhausbaues ift das heute anzuftrebende Ziel die Dezentralifation diefer Anftalten, welche auf die Trennung aller nicht unbedingt zufammengehöriger oder gar einander fchädlicher Teile in einzelne Gebäude gerichtet ift. In diefem Sinne bilden das oder die Krankengebäude innerhalb einer Krankenhausanlage heute einen oder mehrere felbftändige Teile. Ueber Abweichungen hiervon ift das Nähere in Kap. 4 zu finden. Dementfprechend ift zunächft diefer Teil des heutigen Krankenhaufes, das Krankengebäude, in welchem den Kranken während ihrer Pflege ein entfprechender Aufenthalt gewährt wird, foweit es als folches felbftändig für diefen Zweck auszubilden ift, befprochen.

Ein Krankengebäude foll aufser den Krankenräumen nur die unmittelbar zur Pflege der Kranken dienenden und für diefe unentbehrlichen Räume enthalten. Je nachdem die Krankenräume die Gröfse von Sälen oder Zimmern haben und je nachdem fie einzeln oder zu mehreren in gleicher Höhe liegen, nennt man die Krankengebäude Pavillons oder Blockbauten. Ueberwiegt bei den erfteren das Holz und ähnliches nicht feuerficheres Material in der Konftruktion, fo heifsen die Pavillons Baracken.

Diefe einfachen Bezeichnungen hat man nicht überall feftgehalten. So wird das Wort »Pavillon« öfter für zweigefchoffige Saalbauten gegenüber von eingefchoffigen verwendet, und diefe letzteren nennt man öfter, namentlich wenn fie Firftlüftung erhielten, »Baracken«, im Gegenfatz zu »Pavillons«, gleichviel, ob fie hölzerne oder fteinerne Umfaffungswände haben. Schliefslich wendet man beide Worte auch auf gewiffe ein- oder mehrgefchoffige Bauten an, die mehrere Krankenräume in gleicher Höhe enthalten.

Diefe wechfelnden Bedeutungen find in den verfchiedenen Anftalten und in der Litteratur eingewurzelt, müffen daher auch im folgenden bei Befprechung einzelner Bauten als ortsüblich übernommen werden, obwohl als Gattungsbegriff die erftgenannten Bezeichnungen feftgehalten werden follen, die auch feitens der preufsifchen Militärverwaltung in der Friedens-Sanitätsordnung vom Jahre 1891 beibehalten wurden. Ein nochmaliges Umprägen der Worte vorzunehmen, wie vorgefchlagen worden ift, würde nur noch mehr verwirren.

Das vorliegende Kapitel handelt von den einzelnen Teilen, aus denen fich ein Krankengebäude zufammenfetzt, fodann vom Zufammenwirken derfelben zu dauernd errichteten derartigen Gebäuden, wie zu Krankengebäuden für befondere Zwecke und von folchen für vorübergehende Zwecke. In Kap. 3 folgt die Erörterung über die anderen zum Krankenhaufe gehörigen Gebäude und in Kap. 4 diejenige der Gefamtanlagen von verfchiedenen Krankenhausgattungen. Die zahlreichen Beifpiele, welche Kap. 2 u. 3 enthalten, wurden aus dem Zufammenhang, in dem fie fich befinden, herausgenommen, um einen Vergleich derfelben unter fich zu erleichtern. Viele von ihnen gehören Gefamtanlagen an, die in Kap. 4 durch Block- oder durch Gefamtpläne wiedergegeben find, wo dann auf ihre Befprechung in den vorhergehenden Kapiteln nur zurückverwiefen wird. Hingegen findet fich alles, was fich auf die Gefamtanlagen bezieht, wie die Wahl von Lage, Untergrund, die Be- und Entwäfferungsanlagen, die Wege und verfchiedenen Leitungen zwifchen den Gebäuden, die Stellung der letzteren zu einander, kurz alles, was fich nicht vom Ganzen trennen läfst oder, getrennt behandelt, zu Wiederholungen führen würde, in Kap. 4 (unter a).

a) Ausbildung einzelner Teile des Krankengebäudes.

31. Einteilung.

Die im Krankengebäude vorhandenen Räume follen nur den Kranken dienen oder das unentbehrliche Zubehör zu den Krankenräumen bilden und an Zahl, wie an Ausdehnung die Grenzen einhalten, welche nötig find, um den Krankenräumen möglichft Licht und Luft zu laffen und die dringend gebotene Oekonomie in Anlage und Verwaltung durchzuführen. Dennoch verlangt die Vollftändigkeit, unter der vorftehenden Ueberfchrift alles zufammenzuftellen, was einzeln zerftreut vorhanden ift, auch wenn dadurch hier und da diefe Grenzen überfchritten erfcheinen.

Die einzelnen Gebäudeteile haben eine fehr mannigfaltige Ausbildung erfahren; Formen und Abmeffungen der Krankenräume find verfchieden und ihre Nebenräume finden fich bald in geringerer, bald in gröfserer Zahl vor. Die wechfelnde Ausdehnung der Gebäude und der Anftalt bedingen öfter die Einfchaltung des einen oder anderen Nebenraumes, der anderswo wegbleibt, und ihr befonderer Zweck kann eine mehr oder weniger vollftändige Ausftattung nötig machen. Auf diefe Beziehungen der Teile zum Ganzen kann hier nur infoweit eingegangen werden, als es fich um unmittelbare Nachbarräume handelt, um jedem Teile ohne Einengung zunächft fein Recht zu laffen. Die Beifpiele unter b und c zeigen die Auswahl und etwaige Unterordnung der Teile zu und in einem ganzen Gebäude.

32. Allgemeine Gefichtspunkte.

Der wefentlichfte Zweck eines Krankengebäudes befteht darin, die Krankenpflege durch Herftellung gefunder Räume und durch Erleichterung der geeigneten Wartung zu unterftützen. Die »Gefchichte der Krankenhäufer« lehrt aber, dafs man diefen Zweck nur dann voll erfüllen wird, wenn es gelingt, die in folcher Weife gebauten Räume auch gefund zu erhalten, d. h. die nachteiligen Einflüffe, welche die Anwefenheit von Kranken auf den Bau ausüben kann, fern zu halten und durch möglichfte, bezw. vollftändige Befeitigung derfelben wieder unfchädlich zu machen. Unter einem gefunden Raum im Krankengebäude hat man heute einen folchen zu verftehen, der nicht nur den bisher üblichen Anforderungen entfpricht, die man an einen gefunden Wohnraum ftellt, fondern einen folchen, der zu diefer Abwehr nach Möglichkeit ausgerüftet ift. Zwifchen Wohnräumen für Gefunde und Krankenräumen befteht der grofse Unterfchied, dafs die erfteren vorzugsweife von gefunden und nur ausnahmsweife und zeitweife von kranken, die letzteren dauernd von kranken Menfchen belegt find. Die Abwehr und die Wiederbefeitigung der hieraus entftehenden Schädlichkeiten im Krankengebäude wird heute zielbewufst gehandhabt, foweit die Erkenntnis der Urfachen für die Verbreitung anfteckender Krankheiten dies ermöglicht; letztere fuchte man früher in Miasmen und hat fie jetzt als von lebenden körperlichen Gebilden herrührend erkannt. Da folche Gebilde diefe Krankheiten verbreiten, find fie jedem Krankenhaufe, das keine oder nur einen kleinen Teil der an folchen Erkrankten aufnimmt, ebenfo fchädlich, wie den Epidemie-Krankenhäufern und den einzelnen Abteilungen in Infektions-Krankenhäufern. In allen Fällen kann ihr Vorhandenfein auch Komplikationen der zuerft erlittenen Erkrankung herbeiführen. Die Vorfichtsmafsregeln, die man gegen diefe Gefahren zu ergreifen im ftande ift, find daher in allen Krankenhäufern der verfchiedenen Gattungen die gleichen; fie wechfeln mit der fortfchreitenden Erkenntnis der Krankheitsvorgänge; fo lange in diefer kein Stillftand eintritt, fteht er auch nicht in der Entwickelung des Krankenhausbaues bevor. Wenn *Baginsky* das Wort ausfprechen konnte [31], dafs ein heute geplanter Krankenhausbau nach einer kurzen Reihe von Jahren fchon in manchem veraltet fein kann, fo bezieht fich dies auch auf die Ausbildung der Krankengebäude, die von der fortfchreitenden Erkenntnis am meiften beeinflufst werden. Daher find die in letzterer Zeit mafsgebend gewefenen Anfichten über die Natur und Verbreitung der Erreger anfteckender Krankheiten der Einzelbefprechung der Teile eines Krankengebäudes vorauszufchicken.

Seit man erkannt hat, dafs die Infektionskrankheiten parafitifcher Natur find und dafs die pathogenen Bakterien, welche fie verurfachen, nie durch Urzeugung, fondern nur aus bereits vorhandenen Keimen ihrer eigenen Art [32] entftehen, nimmt man an, dafs Infektionskrankheiten durch unmittelbare Berührung mit Perfonen und Sachen oder durch Zwifchenträger oder durch die Luft verbreitet werden. Der letztere Weg beruht nach *Koch*'s Unterfuchungen [33] auf folgendem.

33. Natur und Verbreitung von Infektionsftoffen.

Die Vermehrung pathogener Mikroorganismen findet nur in feuchtem Zuftande ftatt. Ihr Uebergang aus diefem in die Luft kann nur beim Zerftäuben oder beim Eintrocknen der Flüffigkeit dadurch erfolgen, dafs der vertrocknete Rückftand zerfällt, zerfplittert oder in irgend einer Weife in Staub verwandelt wird und diefe Organismen fich, an den Staubteilchen haftend, in die Luft erheben. Manche pathogene Mikroorganismen find im ftande, in trockenem Zuftande oder weniger lange Zeit lebensfähig zu bleiben, während andere, wenn fie getrocknet werden, in kürzefter Frift abfterben.» In der Luft vermögen fie, weil es ihnen an genügender Feuchtigkeit fehlt, fich nicht zu vermehren. Ihre flaubförmigen Träger in derfelben fcheinen die Sonnenftäubchen an Gröfse zu übertreffen. »In ruhender Luft und felbft bei einer Bewegung derfelben bis zu 0,20 m in der Sekunde fallen fie fchnell zu Boden.«

Das Hauptgewicht fei darauf zu legen, dafs die Infektionsftoffe nicht aus dem feuchten in den trockenen, ftaubförmigen Zuftand übergehen. »Ift dies aber nicht zu vermeiden, dann mufs der Staub fchon möglichft im Augenblick des Entftehens aus der Umgebung des Menfchen durch Luftftrömungen, welche kräftig genug find, um ihn tragen zu können, abgeführt werden. In der freien Luft verteilt fich der infektiöfe Staub dann fofort auf fo grofse Luftmengen, dafs die Gelegenheit zur Infektion eine verfchwindend geringe wird. Nur wenn er etwa über unmittelbar neben dem Infektionsherd gelegene, dicht bewohnte Stadtteile fich verbreiten kann, ift er, wie die Erfahrungen an einigen Pocken-Hofpitälern gelehrt haben, im ftande, Unheil anzurichten, was natürlich vermieden werden mufs und auch leicht vermieden werden kann ...«

Diefes Entfernen von infektiöfem Staub ift die Hauptaufgabe, welche die Lüftung folcher Räume zu erfüllen hat, in denen infektiöfe Kranke fich aufhalten ... Allem Anfcheine nach verbreiten fich die Infektionsftoffe bei exanthematifchen Krankheiten ausfchliefslich in Staubform. »Die günftigen Refultate, welche die englifchen Aerzte im Krimkriege dem Flecktyphus gegenüber erzielten, find denn auch

---

[31] Siehe: BAGINSKY, A. Arbeiten aus dem Kaifer- und Kaiferin-Friedrich-Kinderkrankenhaufe zu Berlin. Stuttgart 1891. S. 2.
[32] Siehe: KOCH, R. Die Bekämpfung der Infectionskrankheiten, insbefondere der Kriegsfeuchen. Berlin 1888. S. 16.
[33] Siehe ebendaf., S. 19—22.

höchft wahrfcheinlich in erfter Linie der ausgiebigen Lüftung zuzufchreiben, welche fie zur Anwendung brachten ...«

»In Räumen, welche nicht genügend zu ventilieren find, ift die Infektionsgefahr in der Weife zu verringern, dafs der für einen Menfchen beftimmte Luftraum fo grofs als möglich bemeffen wird, um eine Verteilung der infektiöfen Staubteilchen auf möglichft grofse Luftmaffen zu bewirken« [34]).

Aus den angeführten Mitteilungen geht hervor, dafs die Verbreitung pathogener Mikroorganismen durch die Luft in Staubform erfolgt, dafs man daher das Erzeugen von verdächtigem Staub möglichft einfchränken, Flächen und Ecken, auf denen er fich anheften kann, thunlichft vermeiden und den Staub unmittelbar am Entftehungs- oder Ablagerungsort entfernen foll.

34.
Entfernen der Infektionsftoffe aus gefchloffenen Räumen.

Das Befeitigen folcher ftaubförmiger Keime aus einem gefchloffenen Raume würde nach den neueften Unterfuchungen, die *Flügge*[35]) zufammenfafst, mittels einer Lüftungsanlage ebenfowenig vollftändig möglich fein, wie die Entfernung des auf Kleidern abgelagerten Staubes durch heftigen Wind. Eine Desinfektion von Wohnräumen, Kleidern oder fonftigen Geräten mittels Luft ift fonach durchaus unzuverläffig.

Lediglich aus der nächften Umgebung der Abftrömungsöffnungen, wo die Gefchwindigkeit ftark genug ift, können gröbere Staubteilchen fortgeführt werden, während im gröfsten Teile des Zimmers höchftens ein längeres Schwebenbleiben und langfameres Abfetzen derfelben erfolgt.

Das Verhalten der in einem Krankenraume fchwebenden Infektionskeime ift hierbei ungefähr dasfelbe, wie dasjenige der gröberen Staubpartikelchen, an welchen fie haften. In ruhiger Zimmerluft fetzen fich die Keime allmählich innerhalb 1 bis 2 Stunden zu Boden und können von da entfernt werden.

35.
Gefahr einer Luftinfektion.

Die Gefahr einer Luftinfektion in der freien atmofphärifchen Luft tritt nach *Flügge* nur ausnahmsweife ein.

»In der freien atmofphärifchen Luft wird es entfchieden zu den feltenften Ausnahmen gehören, dafs jemand lebensfähige, infektiöfe Organismen einatmet, weil diefe da, wo fie in die Luft gelangen, ftets rafch auf ein enormes Luftvolum verteilt und allmählich in unendliche Verdünnung gebracht werden.«
...»Eine Ausnahme machen vielleicht die weit verbreiteten Eiterkokken ... die Bacillen des malignen Oedems, des Tetanus und wahrfcheinlich die Malariaerreger.« ... »Eher könnte es hier und da noch zu einer indirekten Verfchleppung infektiöfer Luftkeime zunächft auf Nahrungsmittel, Waffer, Boden u. dergl. und von da in den Körper kommen.« Doch werde die Weiterentwickelung oder Konfervierung des Krankheitserregers eines derart abgelagerten Keimes durch Etablierung faprophytifcher Keime erheblich erfchwert [36]).

Hingegen fagt er [37]) bezüglich der Gefahr einer Luftinfektion in gefchloffenen Räumen:

»In gefchloffenen Räumen (zu denen auch Treppenhäufer, Korridore, ringsum gefchloffene Höfe, enge Gaffen ohne freie Luftbewegung zu rechnen find) wird dagegen eine Infektion von der Luft aus weit leichter und häufiger zu ftande kommen, fobald Kranke da find, deren Exkrete fich der Luft beimengen. Am gefährlichften wird die Luft fein, wenn fie grob fichtbaren Staub enthält, der durch Bewegungen des Kranken oder Hantierungen mit infizierten Betten, Kleidern oder Möbeln aufgewirbelt ift. In vollkommen ruhiger, ftaubfreier Luft ift dagegen die Infektionsgefahr fehr gering. Staubige Luft in gefchloffenen Räumen ift daher ein viel richtigerer Indikator für Infektionsgefahr als übelriechende Luft.«

36.
Güte der Bauausführung.

Aus diefer Lehre von der Verbreitung der Infektionskrankheiten folgen zunächft einige allgemeine Gefichtspunkte für die Bauausführung eines Krankengebäudes. In erfter Linie find die poröfen und ftauberzeugenden Bauftoffe auszufchliefsen oder unfchädlich zu machen. Daher follen befonders Stein, Eifen, Glas u. f. w. zur Verwendung kommen. In zweiter Linie ift die möglichfte Güte der Ausführung anzuftreben, um eine thunlichft homogene, Ausbefferungen nicht oder felten ausgefetzte Struktur zu fchaffen.

---

[34]) Siehe ebendaf., S. 28.
[35]) Siehe: Flügge, C. Grundrifs der Hygiene. 4. Aufl. Leipzig 1897. S. 397 ff.
[36]) Siehe ebendaf., S. 162.
[37]) Siehe ebendaf., S. 164.

Ein Krankengebäude für dauernde Zwecke verlangt die gröfste Rückficht auf Befchaffung geeigneter und guter Bauftoffe; es foll in bautechnifcher Beziehung auf das forgfältigfte nach einem vorher durchgereiften und abgefchloffenen Plan und nicht überhaftet gebaut werden, fo dafs die Mauern genügend fich fetzen können, bevor der Ausbau beginnt, und kein Teil des letzteren foll vor vollftändigem Austrocknen der fertigen Teile eingebracht werden. Dies gilt fo weit, als es irgend durchführbar ift, auch für vorübergehende Bauten, die, wo folche in Ausficht ftehen oder möglicherweife fchnell verlangt werden können, wie bei Epidemien oder in Kriegsfällen, um fo beffer in Plan und Ausführung vorher durchdacht fein follten, je fchneller fie in diefem Falle errichtet werden müffen.

Morris[38]) weift in feiner Studie für das Johns-Hopkins-Hofpital zu Baltimore auf die Erfahrungen mit eingefchoffigen Baracken im letzten nordamerikanifchen Bürgerkrieg hin und fagt auf Grund derfelben: »Wohlfeilheit der Konftruktion fchliefst die Benutzung untergeordneten Materials, fowie wenig Sorgfalt und Gefchicklichkeit im Bauen in fich. Solch eine Baracke kann nach drei- oder vierjähriger Benutzung mehr Sprünge in den fchlecht geputzten Wänden, mehr offene Spalten und Ritze in fchlecht verlegten Fufsböden von geringem Holze, mehr Löcher zur Anhäufung von Schmutz haben und mehr mit giftigen Einflüffen gefättigt fein als ein folider Bau, der Stürmen von Jahrhunderten widerftand, pünktlich repariert wurde und Kranken, wie Verwundeten von Generationen Unterkunft bot.« Und er fagt weiter: »Von der Vorzüglichkeit der Ausführung und der unausgefetzten Wachfamkeit in der Erhaltung der Integrität der Strukturen und in der Reinlichkeit hängt faft noch mehr, als von den konftruktiven Einrichtungen, der Erfolg ab.«

Findet man fchlecht ausgeführte Gebäude oder Gebäudeteile, fo hört man meift die Entfchuldigung, dafs billig gebaut werden mufste. *Hügel* forderte fchon vor 50 Jahren, ohne Rückficht auf den Koftenaufwand alles zu berückfichtigen, was befondere Vorteile für die Krankenpflege biete.

»Schlecht gebaute und unvollkommen eingerichtete Spitäler erzeugen für das Gemeinwohl mehr Nachteile als Nutzen.«

Für eine geringwertigere Ausführung bleibt auch der Architekt, wenn fie des niedrigeren Preifes wegen gefordert war, verantwortlich; denn er errichtet dauernde Bauten nicht für die augenblickliche Leitung oder Verwaltung einer Anftalt, fondern auch für kommende Generationen und Verwaltungen. Die Monumentalität im Krankenhausbau follte vor allem darin beftehen, dafs die Güte der Ausführung einer möglichft langen Zeit ftandhalten kann.

37. Errichtung dauernder Bauten.

Diefe letztere beftimmt die Koften eines Krankengebäudes und ift bei Beurteilung desfelben ebenfo fehr in Betracht zu ziehen, wie die Güte des Planes. Die aufgewendeten Mittel laffen fich daher nicht durch vergleichende Zahlen auf dem Papier beurteilen, ohne dafs man genau weifs, wie gebaut wurde, und nichts ift einer gediegenen, gewiffenhaften Bauausführung fchädlicher, als das Entgegenhalten von gedrückten Preifen, ohne genau zu wiffen, was dafür geleiftet worden ift. Ein gut ausgeführter Bau wird in der Anlage immer mehr als ein gering ausgeführter, aber auch viel weniger Unterhaltung koften und fchliefslich billiger fein, obwohl er anfangs teurer erfchien.

Man foll daher dauernde Krankengebäude nicht errichten, wenn die Mittel, welche fie in diefem Sinn erfordern, nicht vorhanden find, oder man foll fie auf dasjenige Mafs einfchränken, welches die Mittel geftatten.

Eine gröfsere Zahl von Krankenhäufern verfchiedener Gattungen wurden in unferem Jahrhundert in gemieteten oder günftigenfalls in gekauften Häufern ge-

38. Errichtung vorübergehender Bauten.

---

[38]) Siehe: *Hofpital plans. Five effays relating to the conftruction, organization and management of hofpitals, contributed by their authors for the ufe of the Johns Hopkins hofpital of Baltimore.* New York 1875. S. 186.

gründet, die man bezüglich Anlage und Güte ihrer Ausführung prüfte, renovierte und in Gebrauch behielt, bis ein Neubau erfolgen konnte. Heute bietet die vorgeschrittene Technik, sowie die Uebung und Erfahrung in der Errichtung mehr oder weniger vorübergehender Bauten die Möglichkeit der verhältnismäfsig schnellen Deckung eines folchen Bedarfes durch Gebäude, die, obgleich fie für vorübergehende Zwecke beftimmt find, durch geeignete Wahl der Materialien und durch die Genauigkeit der Technik den Forderungen einer einwandfreien Krankenunterkunft entfprechen. Aufser der beweglichen Baracke für Kriegszwecke find fchon felbftändige Typen für folche Unterkünfte in Krankenhäufern entftanden, denen der Erfatz von Holz und Filz durch Eifen und fefteres Füllmaterial die nötige Solidität giebt, die auch neben fpäteren maffiven Bauten eine Reihe von Jahren beftehen und bei örtlicher Verlegung der Anftalt ihr folgen können.

Genügen alfo die Mittel nicht zu einem foliden, dauernden Bau, reicht die Zeit fur einen folchen nicht oder laffen fich Dauer, Ausdehnung oder Lage der Anftalt noch nicht überfehen, fo baue man zunächft vorübergehende, aber möglichft einwandfreie Krankengebäude, im Anfchlufs an beftehende Bauten für die Verwaltung u. f. w., oder gleichzeitig mit ebenfolchen Nebengebäuden. Diefer Ausweg hat fich auch bereits als fruchtbringend erwiefen; denn eine Reihe neuer Gefichtspunkte für die Ausbildung des Krankengebäudes haben in diefer Weife Geftalt gewonnen. Andere derartige Bauten aus Eifen, Stein und Glas verdanken ihr Entftehen mangelhaftem Untergrund, der nur leichte Konftruktionen geftattete, wie z. B. derjenige des Kinderkrankenhaufes der Charité in Berlin. (Siehe auch unter c, 1, α.)

1) Krankenräume.

α) Form und Gröfse der Krankenräume.

39. Bettenzahl.

Zur Erhaltung von Ordnung, Reinlichkeit und Disziplin fchränkt man die Zahl der in einem Raume zu vereinigenden Betten thunlichft ein. Ein zu grofses Wachfen der Belagsziffer begegnete auch dem Widerfpruch der Aerzte aus gefundheitlichen Gründen. Ein wefentliches Ergebnis der Thätigkeit der Kommiffion der Akademie der Wiffenfchaften in Paris bei der Planung des *Hôtel-Dieu* dafelbft war das Zurückfchrauben der grofsen Belagsziffer der Säle auf 36 Betten als Höchftbelag für einen Krankenraum.

Vom Standpunkt der Krankenpflege und -Wartung ift die äufserfte Grenze des Belages eines Krankenraumes diejenige Zahl von Kranken, welche eine Oberpflegerin überwachen kann. Kleinere Räume follen nach der Arbeitskraft einer oder mehrerer Pflegerinnen bemeffen werden.

Mifs Nightingale hat 50 bis 60 Betten als die gröfste Zahl bezeichnet; fie wollte auch 2 Säle zu je 25 bis 30 Betten unter eine Oberpflegerin ftellen, wenn die dadurch erreichte beffere Lüftbarkeit der Säle eine folche Verkleinerung derfelben erwünfcht mache.

Im amerikanifchen Bürgerkrieg fetzte man die Durchfchnittszahl, welche ein Oberwärter oder eine Pflegerin überwachen kann, auf 50 Betten feft.

Merke rechnet durchfchnittlich auf 25 Kranke 3 Schweftern einfchliefslich der die Auffcht führenden, fowie 1 Magd und 1 Hausdiener.

In allgemeinen Krankenhäufern teilt man die Kranken gern nach dem Mehrfachen von 4 Betten, baut alfo Räume zu 4, 8, 12, 16, 20, 24, 28 oder 32 Betten, was fich als praktifch erwiefen hat, weil fich diefe Zahlen durch 4, 5, 6 oder mehr teilen laffen, je nachdem eine Pflegerin auf 4, 5, 6 oder mehr Kranke zu rechnen ift. Solche verfchiedene Gröfsen entfprechen auch der von den Aerzten gewünfchten Gliederung der Kranken innerhalb der Abteilungen, die aus einem oder mehreren gröfseren Sälen oder aus grofsen und kleineren Räumen gemifcht beftehen können.

In Infektions-Blocks findet man u. a. das Einzelzimmerfyftem, welches *Knauff*, wie früher *Hofmann*, als die vollkommenfte Hofpitalunterkunft bezeichnete mit dem Hinzufügen, dafs folgerichtig jeder Kranke fein eigenes Haus zur Verfügung haben müffe. Da aber eine folche Behandlung aller Kranken bei öffentlicher Krankenpflege unausführbar ift, fo bleibt fie auf zwingende Fälle befchränkt.

Die nachftehende Ueberficht enthält die Forderungen verfchiedener Schriftfteller und Kommiffionen bezüglich der Grenzen des Belages von Krankenräumen.

	Ort	Jahr	Bettenzahl	Luftraum für 1 Bett
Für Militär-Lazarette und allgemeine Hofpitäler:				
Reglement für die Friedenslazarette	Berlin	1825	20	13,01—16,70
Auft	Wien	1849	25	27,28
Reglement für die Friedenslazarette	Berlin	1852	26	—
Mifs Nightingale	London	1857	20—32	44,80
v. Breuning	Wien	1859	20—25	—
Kommiffion für Kafernen und Hofpitäler	London	1861	20	33,40
Société de chirurgie	Paris	1864	15—20	—
Local government board für die *Metropolitan workhoufes*	London	1867	—	17,0—27,19
Niefe	Altona	1873	12	45,00
Rochard	Paris	1883	20—30	45,0—67,5
Wylie	New York	1875	12—29	62,66—113,57
Sander	Barmen	1885	30	32,00
Curfchmann	Hamburg	1888	30	36,5
Böhm	Wien	1889	10—20	33,3—50,0
Friedens-Sanitätsordnung	Berlin	1891	18	37,0
Merke	Berlin	1899	25	—
Für Kinder-Krankenhäufer:				
Hügel	Wien	1849	12	20,67
Rauchfufs	Petersburg	1877	12—16	— [39])
Baginsky	Berlin	1891	10—12	32,00
Für Infektions-Hofpitäler:				
Regulativ	Preufsen	1835	—	16,69
Koch	Berlin	1891	6—18	40,00 [40])
Local government board	London	1892	2—6	56,46
				Kub.-Met.

Für Krankenräume wählt man feit alters her die rechteckigen Formen; neuerdings find neben ihnen auch zentrale Säle zur Ausführung gekommen; elliptifche oder ellipfoidifche Säle wurden vorgefchlagen, aber nicht ausgeführt.

40. Rechteckige Krankenräume.

Die rechteckige Form läfst fich jeder gewünfchten Krankenzahl leicht anpaffen.

---
[39]) Luftraum gleich demjenigen in allgemeinen Krankenhäufern.
[40]) Im Inftitut für Infektionskrankheiten zu Berlin.

Man baut rechteckige Räume für eine oder zwei Bettenreihen und 1 bis 50 Betten und mit thunlichft mehrfeitiger Belichtung. Ihre Flächenmafse hängen von der Bettenftellung, der Bettenzahl und der Art der darin behandelten Krankheiten ab und find dann, um einen gewiffen Luftraum zu erreichen, nach den Höhenmafsen und fchliefslich nach der Art der Lüftbarkeit weiter zu regeln. Je nach dem Vorwiegen des einen oder anderen diefer Einflüffe kann die Gröfse und Form von Räumen verfchieden fein, auch wenn fie für die gleiche Zahl von Betten beftimmt find.

Bei Beurteilung der Mafse eines Saales find diefe Einzelumftände in Betracht zu ziehen. Sie erklären ein ziemlich beträchtliches Schwanken in den abfoluten Raumgröfsen.

**41
Flächenmafse;
Räume mit
2 Bettenreihen.** Für die Bettenftellung ift folgendes mafsgebend.

Räume mit zwei Bettenreihen follen Belichtung von zwei gegenüberliegenden Seiten erhalten. Die 0,95 m breiten und 2,00 m langen Betten ftehen bei uns fenkrecht zu den Fensterwänden, aber in 0,50 m Abftand von letzteren, um freie Luft längs der Wand hinter den Betten zirkulieren zu laffen und kalte Luftftröme, welche von Wand und Fenfter herabfallen, vom Kopf des Kranken abzuhalten. In Nürnberg und a. a. O., wo die Betten auch vor den Fenftern ftehen, fteigt diefer Abftand auf 0,90 m. In manchen englifchen Krankenhäufern wird kein oder ein geringerer Abftand eingehalten, und in Frankreich beträgt er meift nur 0,20 m.

Der Mittelgang zwifchen den Bettenreihen erfordert, wenn darin Heiz-, bezw. Lüftungskörper oder Tifche ftehen, mehr Breite als fonft.

Rechnet man für folche Hinderniffe im Mittelweg 1,10 m Breite (das Mafs der vereinigten Wafch- und Schreibtifche in Hamburg-Eppendorf) und auf jeder Seite 1,20 m freie Bahn zum Transport von 0,95 m breiten Betten, fo erhält man für den Mittelgang (wie in Nürnberg) 3,50 m Breite; man follte diefe Breite dort, wo der Transport von Kranken in Betten nach Veranden oder in das Freie, wie neuerdings bei uns in Erdgefchofsfälen, eine wefentliche Rolle fpielt, nicht einfchränken, fondern in gröfseren Sälen eher verbreitern; in Hamburg-Eppendorf hat der Mittelgang 4,00 m Breite. Ift der Mittelgang nicht befetzt, fo genügt eine Breite, die geftattet, dafs 2 Betten nebeneinander vorüber gefahren werden können. Erwünfcht find dann, obige Bettengröfsen vorausgefetzt, 2,20 bis 2,50 m. Hiernach würde fich bei freiem Mittelgang eine Saalbreite von 7,20 bis 7,50 m und bei befetztem Gang eine folche von 8,50 m ergeben.

Sind die verwendeten Betten fchmaler, fo können die Mafse für den Mittelgang entfprechend herabgemindert werden.

Letztere betragen in den Londoner *Workhoufe infirmaries* 1,83 m und in der Friedens-Sanitätsordnung 2,00 bis 2,50 m; *Sander* wünfchte 2,80 m. Die Engländer, welche in der Saalbreite möglichft fparen, erachten 6,10 bis 7,30 m (= 20 bis 24 Fufs) Saalbreite bei freiem, bezw. durch Kamine oder Oefen befetztem Mittelgang für genügend und erweitern das Mafs, wenn möglich, nicht über 8,50 m (= 28 Fufs).

In jeder Bettenreihe bedingt bei gleichen Abftänden der Betten untereinander die Zugänglichkeit der Fenfter und die Notwendigkeit der Stellung eines Nachttifchchens von 0,47 m Breite neben jedem Bett einen Mindeftabftand von 1,05 m zwifchen ihnen, der zugleich das Stellen eines Stuhles am Fufs des Bettes an der gleichen Seite, wo das Nachttifchchen ftebt, ermöglicht. Hieraus ergiebt fich ein Achfenabftand von 2,00 m, welchen man den Wandraum nennt, den ein Bett beanfprucht.

In den *Workhoufe infirmaries* werden 0,91 m und in der Friedens-Sanitätsordnung 1,00 m Abftand gefordert. In den meiften ausgeführten Sälen find 2,12 m Achfenabftand eingehalten; doch wechfelt diefer oft infolge anderer, noch zu befprechender Rückfichten.

Der Abftand der letzten Bettenachfe in jeder Reihe von den Stirn- oder Scheidewänden foll nicht weniger als 1,50 m betragen. Bezüglich der Stellung der Betten zu den Fenftern fiehe Art. 76.

Nach Vorstehendem würden 8,50 m Breite bei besetztem Mittelgang und 2,00 m Bettenachsenabstand für bequemen Verkehr erwünscht sein, was einem Flächenmaß von 8,50 qm für ein Bett entspricht. Die Bettenzahl in einem Raume beeinflußt die Saalflächenmaße schon durch Einhalten der Endabstände der Betten von den Stirnwänden, wodurch sich bei einem 4-Bettenzimmer größere Flächenmaße für 1 Bett, gleichen Abstand dieser untereinander vorausgesetzt, ergeben, als in einem 30-Bettensaal.

Tollet[41]) will mit wachsender Bettenzahl den Mittelgang und die Bodenfläche vergrößern und schlägt bei Einhaltung gleichen Abstandes in einer Reihe folgende Stufenfolge vor:

	10,00 m Länge,	7,50 m Breite,	3,00 m Mittelgang,
10,00 bis 20,00 m	»	8,00 m	»	3,50 m	»
20,00 bis 30,00 m	»	8,50 m	»	4,00 m	»
30,00 bis 40,00 m	»	9,00 m	»	4,50 m	»

Burdett[42]) will dagegen die Bodenfläche einhalten, aber bei wachsender Krankenzahl den Wandraum abnehmen lassen, um den Mittelgang zu verbreitern, wenn er

bei 8 Betten	6,71 m (= 22 Fuß) Saalbreite,
» 10 »	7,30 m (= 24 »)	»
bei über 10 »	8,53 m (= 28 »)	»

vorschlägt, so daß der bei 8 Betten 2,77 m betragende Wandraum bei 20 Betten auf 2,18 m sinkt.

Die Art der Erkrankung, an welcher die Insassen leiden, hat die Flächenmaße weiter beeinflußt. In den englischen *Workhouse infirmaries* wiegen Fälle nicht akuten Charakters vor, und in den meisten allgemeinen Krankenhäusern Englands werden keine ansteckenden Kranken aufgenommen, daher ihre Säle nur mit anderswo errichteten Räumen verglichen werden können, welche mit derselben Art von Kranken wie in England belegt sind.

Wylie wollte denselben Saal mit 12 bis 29 Betten belegt haben, je nachdem nicht ansteckende Fälle, die ansteckend und gefährlich werden können, oder nur nicht ansteckende Fälle vorliegen. Dies bedeutet also größeren Wandraum für bedenkliche Fälle. In englischen Infektions-Krankenhäusern fordert man 3,60 m Achsenabstand für 1 Bett, giebt aber Diphtheritischen und Scharlachkranken wieder verschiedene Abstände. (Siehe unter b, 5, t u. x).

Die Höhe des Krankenraumes, im besonderen diejenige der großen Säle, schwankt weniger. Zur guten Lüftung eines Saales hält man heute 4,50 bis 5,00 m Höhe für ausreichend.

42. Raumhöhe.

Nur in den alten italienischen Krankenhäusern steigt sie bis auf 8,00 m. Die Säle nach *Tollet*schem Profil mit annähernd eben solchen Höhen im Scheitel bilden eine Ausnahme; die Durchschnittsberechnung ihrer Höhe bleibt darunter.

Bei übereinander liegenden Sälen hat man den oberen öfters geringere Höhe als den unteren gegeben, weil man darin weniger Schwerkranke behandeln oder die Höhen den Wohnhausverhältnissen nachbilden wollte wie in französischen Krankenhäusern, z. B. in *Lariboisière* und im *Tenon*-Hospital zu Paris, in *Ste.-Eugénie* zu Lille u. s. w., was umgekehrt sein sollte, wie im Urban zu Berlin, weil man die oberen Säle im allgemeinen als schlechter betrachten muß.

Aus den Flächen- und Höhenmaßen setzt sich der Luftraum zusammen, den *Tenon* durch die Luftmenge, welche ein Kranker in einer Stunde verbraucht, regeln wollte. Nach dem damaligen Stand der Dinge nahm er diesen, wie *Lavoisier*, zu 51,83 cbm an[43]).

43. Luftraum.

---

[41]) Siehe: TOLLET, C. *Les édifices hospitaliers depuis leur origine jusqu'à nos jours.* 2. Aufl. Paris 1892. S. 258.
[42]) Siehe: BURDETT, H. C. *Hospitals and asylums of the world.* London 1893. Bd. IV, S. 42 ff.
[43]) HUSSON, A. *Étude sur les hôpitaux considérés sous le rapport de leur construction, de la distribution de leurs bâtiments, de l'ameublement, de l'hygiène et du service des salles de malades.* Paris 1863. S. 55.

Heute fordert die preufsische ministerielle »Anweisung« [44]) eine Lüftungsmenge von 80 cbm für erwachsene Kranke und 40 cbm für Kinder. *Degen* [45]) rechnet 80 cbm für Chronische, 90 cbm für Fiebernde und 120 cbm für ansteckende Kranke und Verwundete; *Rubner* [46]) fordert für gewöhnliche Kranke 60 bis 70 cbm, für Verwundete und Wöchnerinnen 100 cbm, bei Epidemien 150 cbm. (Vergl. über die Gröfse des Luftwechsels Art. 103.) Je nachdem man nun 1- oder 2- oder mehrmaligen Luftwechsel vorsieht, würde man nach diesem Verfahren obige Werte, bezw. entsprechende Teile derselben als wünschenswerten Luftraum erhalten, wenn man die Beziehung des Raumes zur Lüftungsmenge dem Vergleich der Räume untereinander zu Grunde legen will.

Nimmt man, wie *Degen*, 2-maligen Luftwechsel an, so würden obige Werte in derselben Reihenfolge nach der ministeriellen »Anweisung« 40, bezw. 20 cbm, nach *Degen* 40, 45, 60 cbm, nach *Rubner* 30 bis 35, 50 und 75 cbm Raummafs ergeben. Doch könnten diese Mafse bei stärkerem Luftwechsel sinken, und umgekehrt würde beispielsweise die preufsische verletzbare Baracke bei 12,50 cbm Luftraum einen 6,4-maligen Luftwechsel für jedes Bett bieten müssen, um die von der »Anweisung« geforderte Lüftungsmenge von 80 cbm zu erreichen.

Bis zu 5-maligem Luftwechsel kann man nach *Rietschel's* Untersuchungen bei zweckmäfsiger Anlage der Lüftung gehen; ein solcher würde also, wenn er zu garantieren wäre, sehr kleine Raummafse erfordern. Je luftiger ein Krankenraum gebaut und je freier er gelegen ist, um so eher wird man das Raummafs für ein Bett einschränken können.

Die englische Kasernen- und Hofspitalkommission schrieb für hölzerne Baracken die Hälfte des Raummafses vor, welches steinerne oder eiserne Bauten fordern. In Hamburg-Eppendorf wurde das verhältnismäfsig geringe Raummafs durch die reichliche Lüftbarkeit der Säle verteidigt. Hier ermöglichte das eingeschränkte Raummafs, den eingeschossigen Pavillonbau auf eine bedeutende Zahl solcher Bauten auszudehnen, und in diesem Falle war die räumliche Einschränkung sicher besser, als reichliches Raummafs in eingebauten und überbauten Krankenräumen gewesen wäre.

In der nebenstehenden Uebersicht sind die Raumverhältnisse von Krankenräumen in verschiedenen Anstalten zusammengestellt.

44. Räume mit 1 Bettenreihe.

Räume mit einer Reihe Betten sollten 4,50 m Tiefe haben, um einen Weg, sowie Tische und Wascheinrichtungen an der Wand vor den Betten anordnen zu können.

So viel fordert auch *Tollet*. — *Bruckmanns* liefs für einreihige Baracken 4,27 m zu. — In den *Workhouse infirmaries* sollen solche mit 4,00 m Tiefe zwar nicht gebaut, aber, wenn vorhanden, benutzt werden, und im *Tunbridge infectious hospital* sinkt die Tiefe auf 3,50 m; doch ist hier in der Längsachse am Ende so viel Bodenfläche zugegeben, dafs dort ein Tisch oder dergl. stehen könnte. — *v. Gruber* u. a. gestatten bis zu 6,50 und 7,00 m Tiefe, was dann leicht zur Zweireihenstellung im einseitig beleuchteten Raume führt.

45. Zimmer mit 1 Bett.

Die Einzelzimmer bieten oft ungünstige Verhältnisse in Gröfse, Form und Bettenstellung. Hier ist die Flächenausdehnung nötiger als die Höhenausdehnung, und man kann gut an letzterer sparen, wenn man dadurch eine freie Bettenstellung ermöglicht. Rechnet man, wie im Krankensaal, 1,50 m Abstand der Bettenachse von den Seitenwänden, so ergiebt sich eine Zimmerbreite von 3,00 m, welcher 4,00 m Tiefe entsprechen würden, wenn man Tisch und Waschvorrichtung vorsehen will. Die notwendige Bewegung der Personen und die Ueberwachung der Reinlichkeit fordern somit 12 qm Bodenfläche.

Einzelzimmern für Schwer- oder Ansteckendkranke sollte man mit Rücksicht auf die mangelhaftere Luftbewegung in einem so kleinen Raume mehr Grundfläche geben.

---

[44]) Siehe: Anweisung zur Herstellung und Unterhaltung von Central-Heizungs- und Lüftungsanlagen. Berlin 1893. S. 10.
[45]) Handbuch der Hygiene und Gewerbekrankheiten. Teil II, Abt. 2: Krankenanstalten. Von L. DEGEN. Leipzig 1882. S. 221.
[46]) RUBNER, M. Lehrbuch der Hygiene. 4. Aufl. Leipzig und Wien 1892. S. 175.

Saalabmessungen.

Ort	Gebäude	Jahr der Erbauung	Betten	Breite	Länge	Fussbodenfl.	für 1 Bett	Höhe	für 1 Bett
Krankengebäude:									
Saint-André . . . . . . Bordeaux	Allg. Pavillon	1829	40	7,80	42,00	328	8,02	4,70	38,50
Hôpital militaire . . . . Brest	» »	1832	57	8,12	55,00	447	7,84	5,00	39,18
Saint-Jean . . . . . . Brüssel	» »	1837	24	8,13	27,60	224	9,33	5,10	47,67
Val de Grâce . . . . . Paris	» »	1838	36	8,00	37,50	300	9,33	4,00	33,33
Beaujon . . . . Paris	» »	1844	16	9,05	18,00	138	12,68	4,60	48,85
Hôpital militaire . . . . Vincennes	» »	1856	40	8,00	41,32	331	8,02	4,57—4,14	36,60
Blackburn and East Lancashire infirmary . . . Blackburn	» »	1858	8	7,01	11,88	83	10,80	4,87	50,24
Hospital of the protestant episcopal church . . . . Philadelphia	» »	1860	30	9,39	36,60	344	11,16	4,88	57,00
Naval hospital . . . . . Yarmouth	» »	1863	14	7,01	12,19	85	6,10	4,42	26,96
General hospital . . . . Malta	» »	1863	32	8,54	33,55	285	8,87	4,08	43,12
European general hospital . Bombay	» »	1863	16	7,32	20,12	147	9,20	5,94	54,05
Rudolfstiftung . . . . . Wien	» »	1864	27	8,85	25,91	229	8,49	5,37	45,59
General infirmary . . . . Leeds	» »	1869	28	8,29	34,16	287	10,24	5,79	59,19
Barackenlazarett . . . . Berlin-Moabit	» »	1872	28	6,90	28,25	195	7,00	3,14—4,71	27,50
Sainte-Eugénie . . . . . Lille	» »	1873	22	8,50	30,00	255	11,60	5,00	58,00
Friedrichshain . . . . . Berlin	Chir. Pavillon	1874	28	9,10	29,66	270	9,64	5,30—6,60	57,35
Akademisches Krankenhaus . Heidelberg	Med. Pavillon	1876	11	9,70	13,30	129	11,73	4,35	51,03
Garnisonhofpital Berlin II . Tempelhof	Pavillon	1878	16	8,63	15,56	138	8,60	4,65	41,71
Hôpital militaire . . . . Bourges	Allg. Pavillon	1878	28	7,50	29,40	220	7,87	6,10	48,00
Allgemeines Krankenhaus . Hamburg-Epp.	» »	1886	30	8,50	25,60	219	7,31	5,00	36,55
St. Olaves infirmary . . . London	» »	1879	32	7,32	29,26	214	6,69	4,27	28,57
Bürgerhofpital . . . . . Worms	Chir. Pavillon	1889	12	8,50	12,60	107	8,92	4,00—4,50	37,20
Landeskrankenhaus . . . Sebenico	Allg. Pavillon	1889	12	9,40	13,30	125	10,30	4,30	44,40
Hôpital militaire . . . . Brüssel	» »	1889	20	8,00	22,50	180	9,00	4,00—5,75	45,50
Kaiserin-Elisabeth-Spital . . Wien	Chir. Pavillon	1890	15	8,40	15,00	126	8,49	4,70	39,43
Urban . . . . Berlin	Allg. Pavillon	1890	32	9,42	31,18	294	9,18	5,08	46,60
Kaiser-Franz-Joseph-Spital . Wien	Med. Pavillon	1891	22	9,00	26,70	240	10,91	5,00	54,55
Kreiskrankenhaus . . . . Bernburg	» »	1892	15	9,00	13,33	120	8,00	4,50—5,50	40,00
Städtisches Krankenhaus . . Nürnberg	Allg. Pavillon	1896	32	9,30	26,05	242	7,57	5,00	37,85
Isoliergebäude:									
Bethanien . . . . Berlin	Evak.-Pavillon	1873	12	7,80	13,70	97	8,07	4,61	37,12
Royal Berkshire hospital . Reading	Pavillon	1879	3	5,50	7,32	40	13,41	4,58	61,46
Infectious hospital . . . . Tunbridge	»	1880	3	3,20	12,19	39	13,00	3,06—4,50	56,64
» » . . . Weymouth	»	1880	6	7,32	10,97	80	13,38	3,35—4,57	57,03
» » . . . Sheffield	»	1880	8	7,92	12,95	103	12,08	4,01	48,41
Israelitisches Krankenhaus . Berlin	»	1882	6	6,60	8,30	55	9,13	4,30	39,26
Barackenlazarett . . . . Berlin-Moabit	»	1883	3	5,00	5,00	25	8,12	3,64—4,12	31,51
Blegdam hospital . . . . Kopenhagen	Doppelblock	1883	6	—	—	—	8,00	3,87	31,00
Kgl. Charité . . . . . . Berlin	Gyn. Pavillon	1885	17	8,30	20,00	166	9,76	5,30—6,30	56,61
Allgemeines Krankenhaus . Hamburg-Epp.	Isolierpavillon	1886	14	8,50	12,90	110	7,83	5,00	39,15
Kais.-Franz-Joseph-Krankenh. Rudolfsh.-W.	»	1890	10	8,10	11,00	92	9,24	4,70	43,13
Institut f. Infekt.-Krankheiten Berlin	Pavillon	1890	14	9,00	14,00	126	9,00	3,50—5,00	38,25
Kaiser-Franz-Joseph-Spital . Wien	» B u. C	1891	12	9,00	17,10	154	12,82	4,20	53,84
Beaujon . . . . Paris	*Maternité*	1895	8	8,50	12,07	103	12,80	4,00	40,96
				Meter		Quadr.-Meter		Meter	Kub.-M.

Die Ifolierzimmer in den allgemeinen Pavillons zu Nürnberg erhielten $2{,}90 \times 5{,}32 = 15{,}73$ qm und im Infektions-Pavillon von St.-Denis $3{,}60 \times 4{,}58 = 16{,}50$ qm. Für ein folches Zimmer genügen $3{,}00$ m Höhe, wobei diefe Abmeffungen einen Luftraum von $56{,}62$ bis $59{,}10$ cbm bieten würden, welchen die fparfam rechnenden Engländer ihren Anfteckendkranken in grofsen Sälen geben.

In folchen Räumen kommt es oft vor, dafs zwei Perfonen, z. B. ein Schwer- und ein Leichtkranker oder ein Schwerkranker mit einem Wärter oder Angehörigen, zufammenliegen müffen oder möchten; dann find $(2 \times 1{,}50) + 2{,}20 = 5{,}20$ m Breite und $4{,}50$ m Tiefe, alfo $23{,}10$ qm Grundfläche oder $11{,}70$ qm für jedes Bett erforderlich. Ein folches Zimmer wird beffer lüftbar, ökonomifcher und beffer verwertbar fein als ein Einzelzimmer. Bezüglich der Anordnung der Fenfter in den letzteren fiehe Art. 76.

<small>46. Zentrale Säle. Entstehung.</small>

Die Stellung der Betten in gleichen Abftänden von einem Mittelpunkt ift nahezu oder ganz nur in zentralen Sälen von quadratifcher, achteckiger oder Kreisform möglich. Derartige Anordnungen geftatten eine Zentralifierung der Heizung und Lüftung und eine gleichmäfsige Durchwärmung des Raumes, wenn man den Schornftein in feiner Mitte anbringt.

Dexter erbaute 1844 in *Maffachufetts General hofpital* einen Saal in Geftalt eines kurzen Rechteckes von $17{,}07$ und $13{,}11$ m $(= 56$ und 43 Fufs) Seitenlänge mit grofsem Lüftungsfchornftein in der Mitte, 5 Betten an der Eingangsfeite und je 6 an den drei anderen Wänden. Da fich derfelbe bewährte, wurde 1873 ein quadratifcher Saal dafelbft errichtet.

Die Mafse einer Anzahl feit 1871 ausgeführter Zentralfäle, deren man fich in grofsem Umfang in Antwerpen bedient hat, enthält die nebenftehende Tabelle. Seitdem man der Errichtung folcher Räume näher trat, find ihre Nachteile und Vorzüge von verfchiedenen Seiten erörtert worden.

<small>47. Einwände gegen Zentralfäle.</small>

Schon vor Ausführung der Kreisfäle in Antwerpen tadelte dort der begutachtende *Confeil fupérieur d'hygiène* die engere Bettenftellung, die Thatfache, dafs jeder Kranke mehr Betten überfehen könne als im Rechteckfaal und den verhältnismäfsig grofsen Luftraum von 60 cbm für 1 Bett, der fich bei guter Lüftung im Rechteckfaal einfchränken laffe. Die gleichfalls beanftandete Inftallation der Saalpflegerin in der Saalmitte ift anderweitig auch nicht wiederholt worden. Der Confeil empfahl, die Bettenzahl von 24 auf 20 herabzufetzen.

Der Haupteinwand, den *Snell*[47]) auf dem *Sanitary congrefs* zu Leicefter 1885 erhob und der vielfach ungeprüft gegen folche Säle angeführt wird, ftützte fich auf *Mifs Nightingale*'s Berechnung der billigeren Wartung in 30-Bettenfälen gegenüber folchen mit 20 Betten und darauf, dafs man kreisförmige Säle wegen ungenügender Erhellung und Luftzufuhr im mittleren Teil nicht über ein Mafs, welches das Aufftellen von 20 bis 22 Betten geftatte, ausdehnen könne.

Snell berechnete die Koften von Bau und Verwaltung eines Krankenhaufes für 540 Betten mit 18 Sälen zu je 30 Betten gegenüber einem folchen mit 27 Sälen zu je 20 Betten, ohne aber die Baukoften eines rechteckigen 20-Bettenfaales mit denen eines folchen kreisförmigen zu vergleichen. Er bekämpfte den grofsen Luftraum, indem er, *de Chaumont* folgend, 34 cbm für ein Bett als genügend erachtete. Seine Schätzung, dafs ein Antwerpener Krankenhausbett 7360 Mark $(= 368 \pounds)$ koften werde, ift in der unten genannten Quelle[48]), in welcher die Diskuffion von Leicefter fortgefetzt wurde, von *Burdett* auf Grund amtlicher Quellen aus Antwerpen dahin berichtigt worden, dafs das Bett dort fich auf 5000 Mark $(= 250 \pounds)$ ftellte. Hierbei wurde auch feftgeftellt, dafs die Säle in Antwerpen mit 24 und nicht mit 20 Betten belegt waren.

Niernfée hatte in einem Plan für einen Achteckfaal mit 39 Betten 8 davon um den Zentralfchornftein gruppiert, und *Plage*[49]) berechnete, indem er, diefer Anordnung folgend, 9 Betten in die Mitte ftellte, dafs ein dadurch von 22 auf 31 Betten gebrachter Saal mit 20 m Durchmeffer und 300 qm Grundfläche gegenüber einem rechteckigen Saal von 310 qm auf das Quadr.-Meter überbauter Fläche billiger fei.

<small>47) Siehe: *Circular hofpital wards. Building news*, Bd. 49 (1885), S. 521.
48) Siehe ebendaf., S. 927.
49) Siehe: PLAGE, E. Runde Krankenpavillons. Deutfche Bauz. 1888, S. 489.</small>

Name des Krankenhaufes oder des Verfaffers	Ort	Hauptkrankenfaal					Saalform	Bemerkungen
		Bettenzahl	Durchmeffer	Wandlänge für 1 Bett	Grundfläche	Grundfläche für 1 Bett		
Augufta-Hofpital	Berlin	8	7,50	2,80	46,57	5,82	Achteck	
Marien-Hofpital	Heslach	9	9,70	3,40	77,91	8,65	Achteck*	* Bettenftellung in Kreisform.
Hofpital for women, Euflon road .	London	9	10,67	3,72	89,32	9,93	Kreis	
Cavalry baracks hofpital	Seaforth	9	9,45	3,29	70,14	7,78	Kreis	
Miller memorial hofpital	Greenwich	10	10,67	3,85	89,35	8,94	Kreis	
Cancer hofpital	New-York	11	11,25	3,22	99,93	9,08	Kreis	
St. Leonards and Eaft Suffex . .	Hastings	12	13,00	3,40	132,78	10,21	Kreis	
Royal infirmary	Liverpool	18	17,07	2,95	228,55	12,71	Kreis	
Folfom-Saal	Maffachufetts	20	13,41	—	179,85	8,99	Quadrat	
Great Northern central hofpital .	London	20	17,20	2,75	231,35	11,56	Kreis	
Victoria hofpital	Burnley	20	18,20	2,67	262,73	13,14	Kreis	
Stuizenberg Gaßhuis	Antwerpen	20*	18,15	2,95	276,12	13,80	Kreis	* Nach dem Confeil d'hygiène.
Workhoufe infirmary	Hampftead	24	15	1,96	176,72	7,34	Kreis	
Nierufée's Plan	Baltimore	24	18,80	—	267,50	11,14	Achteck	
Johns-Hopkins-Hofpital	Baltimore	24	17,55	2,45	255,89	10,66	Achteck	
Stuizenberg Gaßhuis	Antwerpen	24*	18,75	1,95	276,12	11,50	Kreis	* Urfprüngliche Planung.
Childrens hofpital	Bradford	25	15,52	2,43	189,91	7,59	Kreis	
Clarke	Valetta	26	20,12	—	317,93	12,23	Kreis	
Nierufée's Plan	Baltimore	39*	21,84		388,74	9,94	Achteck	* Einfchliefslich 8 Betten am Lüftungsfchacht.
			Meter		Quadr.-Meter	Quadr.-Meter		

†) Wo die Betten in Kreisform aufgeftellt find, ift »Wandlänge für 1 Bett« nicht mit dem durchfchnittlichen Achfenabftand der Betten zu verwechfeln.

Smith, welcher die Schrift von *Marfhall*[50]) über Zentralfäle kommentierte, fchätzte runde Säle 2 Vomhundert teurer als Rechteckfäle, weil erftere weniger Wand, aber mehr Fufsboden und Decke als letztere erfordern.

Grofsheim[51]) berichtet, dafs im Achteckfaal des Johns-Hopkins-Hofpitals (fiehe den Gefamtplan in Kap. 4, unter b, β) Ueberfichtlichkeit und Behaglichkeit der Kranken leiden.

---

[50]) Siehe: MARSHALL, J. *On a circular fyftem of hofpital wards with remarks and illuftrations by P. G. Smith.* London 1878. — Referat hierüber in: *Builder*, Bd. 36 (1878), S. 1140.
[51]) GROSSHEIM, C. Das Sanitätswefen auf der Weltausftellung in Chicago. Berlin 1893. S. 94.

Im Johns-Hopkins-Hofpital zu Baltimore folgt die Bettenftellung der Achteckform — bei der Kreisftellung find in diefer Richtung keine Klagen bekannt geworden — und der zwei Gefchoffen dienende Lüftungsfchlot ftört durch feinen grofsen Umfang. Der Einwand mangelnder Oekonomie bei Errichtung von Kreisfälen würde, wenn man die Mitte des Saales nicht befetzen will, darauf hinauskommen, dafs man Zentralfale nur für 8 bis 20 Betten bauen foll, welche Zahlen, wie die umftehende Zufammenftellung zeigt, in den Ausführungen felten überfchritten wurden. Der Einwand, dafs der Kranke mehr von feinen Genoffen fieht, kann in gewiffen Fällen, fowie bei Unheilbaren mit Recht gemacht werden. Für Schwindfüchtige wird man einen Kreisfaal nicht wählen. Bei heilbaren Kranken mifchen fich unter diefe auch mehr Genefende, deren Anblick den Kranken förderlich fein kann. Die ungenügende Ueberficht des Saales von einem dem Saal benachbarten Pflegerinnenraum aus, welche durch den Lüftungsfchornftein gehindert wird, ift heute unwichtig, wo man von einer Fenfterverbindung desfelben mit dem Krankenraum zurückkommt. (Siehe unter a, 4.) Bezüglich des Abblendens der Fenfter, das in einigen Sälen notwendig wurde, vielleicht infolge von Reflex aus der Umgebung der Gebäude, fiehe Art. 80.

48.
Vorzüge der Zentralfäle.

Zu den Vorzügen des Zentralfaales gehören die gleichmäfsige Befonnung, die er erfährt, wenn man ihm die Nebenräume an der Nordfeite angliedert, die den Dienft fehr erleichternde Abkürzung der Wege vom Saaleingang zum entfernteften Kranken, fchliefslich die Art, in welcher er fich zur Heizung und Lüftung eignet. (Siehe Art. 46, S. 28.)

Galton[52]), der in Leicefter auch Gegner von Zentralfälen war, erkennt ihre günftigen Eigenfchaften hierfür jetzt an. Aus dem gleichen Grunde wurden fie von *Plage*, *Greenway* und *Sanderfon* empfohlen. *Schumburg* teilt mit, dafs fich nach feinen Befuchen in England die Einwürfe des *Confeil fupérieur d'hygiène publique* zu Brüffel gegen die runden Säle »*in praxi* als wenig begründet erwiefen«. Er habe in Antwerpen, Haftings, Greenwich und Liverpool aus eigener Anfchauung die Vortrefflichkeit der Kreisfäle kennen gelernt, die von den Aerzten anerkannt wurde. »Die Säle machten einen freundlichen Eindruck; die Luft war ausnahmslos eine gute«[53]).

Auch bei uns find kleine Achteckfäle, die für 7 Betten beftimmt waren, aber mit 9 im Kreis ftehenden Betten belegt wurden, von *Reinhardt* im Marien-Hofpital zu Stuttgart-Heslach erbaut worden. Sie haben 10 m Durchmeffer, find an der nördlichen Seite eingebaut (fiehe den betreffenden Plan in Kap. 4) und wirken infolge fchmaler Wandpfeiler und vieler Fenfter an ihren freien Seiten fehr luftig und freundlich. Sowohl die St. Vincenz-Schwefter, die mich führte, wie die Kranken in den verfchiedenen Sälen waren durchaus befriedigt und verficherten mir, dafs keinerlei Nachteil oder Unbehagen bemerkt worden fei. Dasfelbe wurde mir in Antwerpen verfichert.

Die Frage der kreisförmigen Säle ift noch nicht abgefchloffen; den ausgeführten werden noch andere folgen, und es wäre erwünfcht, wenn weitere einzelne kleinere Kreisfäle auch bei uns erbaut würden, um daran weitere Erfahrungen zu fammeln.

49.
Elliptifche Säle.

Um im Saale die Ecken zu vermeiden, find auch elliptifche Säle vorgefchlagen worden. Der Vollftändigkeit wegen fei bezüglich folcher auf *Maret*'s Plan für das *Hôtel-Dieu* zu Paris, fowie auf einen Plan von *Romanin-Jacur* in Padua hingewiefen, der 1876 in Brüffel ausgeftellt war und von *v. Gruber* befchrieben wurde[54]).

[52]) Siehe: GALTON. *Healthy hofpitals. Obfervations on fome points connected with hofpital conftruction.* Oxford 1893. S. 191.
[53]) Siehe: SCHUMBURG. Hygienifche Grundfätze beim Hofpitalbau. Viert. f. gerichtl. Medicin, Bd. 4 (1892), S. 298 ff.
[54]) Siehe: GRUBER, a. a. O., S. 158.

β) Erhellung der Krankenräume.

Krankenräume mit Deckenlicht und fensterlosen Wänden zu empfehlen und auszuführen, ist, wie es scheint, unserer Zeit vorbehalten worden, wenn sich nicht solche in alt-arabischen Hospitälern vorfinden. Die *Billroth*'sche Baracke in Oberdöbling bei Wien, die Krankensäle in der Abteilung für Kinderkrankheiten in der Charité zu Berlin, ein Hospital für Cairo und eines für Detroit haben Deckenlicht erhalten. Im Berliner Fall ermöglicht den Kindern in zwei Sälen wenigstens eine verglaste Thür nach der Veranda den sonst mangelnden Ausblick in das Freie; doch wurde ein nachträgliches Anbringen von Seitenfenstern vorgesehen, falls sich das Deckenlicht nicht bewähren sollte. Die Vorteile, die man in dieser Anordnung erblickte, waren, »dafs der unangenehme Zugwind durch die seitlichen Fenster vermieden wird, dafs die Ventilation sich sicherer bewerkstelligen läfst und dafs die Wandflächen unabhängig von den Fenstern besser ausgenutzt werden können« [55]).

Schumburg [56]) teilt mit, dafs die Kranken in solchen Sälen hypochondrisch und deprimiert erschienen; sie seien daher höchstens für Kinder gestattet.

Der Wunsch, die Kranken vor Zug zu bewahren und das Licht abzublenden, führte im Mittelalter und zur Zeit der Renaissance zur hohen Lage der Fenster.

Heute hält man das Fenster als Spender von Luft und Licht für eines der wesentlichsten Elemente des Krankenraumes und giebt dem Fenster eine solche Lage, Gröfse und Form, dafs es diesen Zweck erfüllen kann. Die Lage der Fenster hängt von der Möglichkeit, Licht und Luft im gewünschten Mafse dem Saal zuzuführen, und von der Art der Bettenstellung im Saal ab (siehe unter ϑ).

Man kann zerstreutes Licht, unmittelbares Sonnenlicht oder beides zu verschiedenen Tageszeiten in den Krankenraum einlassen. In der Kloster-Infirmaria des Planes von St. Gallen liegt das Zimmer für gefährliche Kranke gegen Norden. Häufig hat man Fiebernde in Zimmer gegen Osten gelegt, und die Wahl der zweiseitigen Belichtung der Säle in Hamburg-Eppendorf gegenüber einer dreiseitigen wird von *Deneke* [57]) damit begründet, dafs die grofse Mehrzahl der Kranken nicht einmal im Winter, wenigstens nicht für längere Zeit, in vollem Sonnenschein liegen möchte, geschweige denn in der brennenden Sommersonne, obwohl sich gewifs jeder Kranke über den hellen Himmel, die sonnenbeschienene Landschaft und über den ersten Sonnenstrahl, der auf seine Bettdecke fällt, freue. »Die meisten Fieberkranken . . . sind geradezu lichtscheu und stecken den Kopf unter die Betten.«

Rauchfufs ist hingegen der Meinung, dafs selbst hoch fiebernde Kinder, »die an Masern leidenden« nicht ausgenommen, sich in hellen Räumen am wohlsten befinden. In England und Amerika führt man dem Krankenraum von möglichst vielen Seiten Sonnenlicht zu, und die Anordnung, welche man zu diesem Zweck den Sälen in den allgemeinen Hospitälern gegeben hat, ist so befriedigend, dafs man sie in den Infektions-Hospitälern wiederholt.

Aufser einer auf das unmittelbare Wohlbefinden des Kranken gerichteten Wirkung des Lichtes ist seine Förderung der Reinlichkeit von einschneidender hygienischer Bedeutung [58]). Auch diese wird durch unmittelbares Sonnenlicht mehr als durch zerstreutes gefördert.

50. Deckenlicht.

51. Seitenlicht.

52. Zerstreutes oder unmittelbares Sonnenlicht.

---

[55]) Siehe: MEHLHOUSEN, v. Das neue Kinderhospital für ansteckende Krankheiten. Berlin 1888. Taf. I, Fig. 3.
[56]) Siehe: SCHUMBURG, a. a. O, S. 305.
[57]) Siehe: DENEKE, TH. Mittheilungen über das neue allgemeine Krankenhaus zu Hamburg-Eppendorf. Deutsche Viert. f. öff. Gesundheitspfl. 1888, S. 562.
[58]) Siehe: RUBNER, a. a. O., S. 199.

Krankenräume follen daher dem Sonnenlicht unmittelbar zugänglich fein, und da diefes fich, befonders in unferem deutfchen Klima, feltener zeigt und nicht zu beftimmten Tagesftunden befchaffen läfst, fo mufs man fich auf alle Tagesftunden einrichten und fich umgekehrt mit Schutzvorrichtungen umgeben, die man anwendet, wenn man es nicht haben will und das Licht aufdringlich wird. Man follte in einen Krankenraum das Sonnenlicht, wie die Luft, nach Belieben zulaffen können, je nachdem es erhaltbar und erwünfcht ift.

γ) Stellung der Krankenräume.

Bezüglich der Sonnen-wärme und Belichtung.

In Teil III, Band 4 (2. Aufl., Abt. IV, Abfchn. 4, A: Verforgung der Gebäude mit Sonnenlicht und Sonnenwärme) diefes »Handbuches« wurde die Stellung von Räumen zur Himmelsrichtung bezüglich der Ausnutzung von Sonnenwärme auf Grund der u. a. von *Knauff* und *Vogt* gegebenen Unterlagen erörtert und auf S. 25 ff. folgende Schlüffe gezogen:

a) Die möglichft weitgehende Ausnutzung der Sonnenftrahlungswärme erhält ein Raum zwifchen 40 bis 60 Grad nördlicher Breite, wenn er ringsum freifteht.

b) Liegen drei Seiten frei, fo follen fie zu diefem Zweck nach Often, Weften und Süden gekehrt, die oft-weftliche Achfe aber thunlichft lang fein.

c) Sind zwei Seiten frei, fo empfängt der Raum bei nord-füdlicher Längsachfe mehr folcher Wärme als bei oft-weftlicher (11 : 10), aber vorzugsweife in der warmen, bei oft-weftlicher Längsachfe mehr in der kühlen und kalten Jahreszeit (6 : 5).

b) Ift nur eine Seite frei, fo mufs fie nach Süden liegen.

Bezüglich der Sonnenbelichtung kam *Knauff* zu nachftehendem Ergebnis [59]).

Die Wirkung des diffufen Lichtes geftalte fich bei beiden Stellungen ziemlich gleich. Der Wert der »chemifchen Intenfität« des direkten Sonnenlichtes würde zwar ähnliche Kurven geben wie die Wärmewerte; jedoch würden fie, da bei der oft-weftlichen Stellung der Fenfter die ganz wefentlich wirkfamen Mittagsftrahlen unvermeidlich in den Fenfternifchen abgeblendet werden, nicht nur für die einzelnen Jahreszeiten einen viel ungleichmäfsigeren, fondern auch für das ganze Jahr einen wefentlich geringeren Wert repräfentieren als die füd-nördliche.

Das Gefühl der Behaglichkeit und Lebensluft werde im Winter in einem Saal mit nach Oft und Weft gerichteten Fenftern viel dürftiger fein, als bei Süd-Nord-Stellung der Fenfter.

Schmieden [60]) wendet dagegen ein, »dafs die im Winter nur flach über den Horizont ftreifende Sonne, die auf einer Seite direkt nach Süden gelegenen Säle und damit auch die nach Süden fchauende Bettreihe der nach *Knauff* orientierten Pavillons fehr empfindlich durch die Blendung beläftigt«, was für das Auge befonders empfindlich werden könne, wo oft wochenlang die Erdoberfläche mit Schnee bedeckt fei.

Vom praktifchen Gefichtspunkt aus kommt zu dem, was bezüglich der Erhellung der Krankenräume am Schlufs von Art. 52 gefagt wurde, für die Orientierung noch folgendes in Betracht.

Steht die Längsachfe eines rechteckigen Saales fenkrecht zur Sonnenbahn des betreffenden Ortes, fo empfängt er bei freier Lage täglich von drei Seiten Sonnenlicht. Bringt man die Diagonale des Raumes in diefe Lage, fo können alle vier Seiten Sonnenlicht haben. Im erfteren Falle müfste er zu diefem Zwecke an drei, im letzteren Falle an vier Seiten Fenfter erhalten. Eine folche Anordnung derfelben braucht nicht ein Mehr an Licht, als man fonft im Raum für nötig hält, fondern nur eine beffere Verteilung der Lichtflächen zum Zweck unmittelbarer Belichtung zur Folge zu haben.

Die Verteilung der Fenfter auf drei oder vier Wände geftattet auch durch

---

[59]) Siehe: KNAUFF, F. Das neue akademifche Krankenhaus in Heidelberg. München 1879. S. 21 ff.

[60]) Siehe: SCHMIEDEN. Neuere Erfahrungen und Fortfchritte auf dem Gebiete des Krankenhausbau's. Hygien. Rundfchau 1895, Beil., S. 435 ff.

Steigerung des Lichteintrittes an einer oder beiden Stirnseiten eine sehr wohlthuende Abwechselung gegenüber der einförmigen Reihenbeleuchtung der Seitenwände. Anordnungen wie das grofse, oft halbkreisförmig geschlossene Endfenster in England und das Rosettenfenster in den Pavillons nach *Tollet* schem Plan u. s. w. können bei geschickter Ausbildung viel dazu beitragen, den Krankensaal freundlich zu gestalten.

Bezüglich der Lage der Krankensäle zur Windrichtung kommt die eintreibende und die saugende Wirkung der Aufsenluft in Betracht. Eine vollkommene Ausnutzung beider würde Fenster oder Thüren nach allen Seiten des Raumes erfordern. Bei paralleler Lage der Längsachse mit der herrschenden Windrichtung geht die durch Fenster oder Thüren an den Stirnseiten eingetriebene Luft über alle Saalbetten hinweg. Dies ist die Stellung, welche man in Baltimore und an vielen Orten Amerikas gewählt hat, um den Südwind, der dort im heifsen Sommer Kühlung bringt, durch den ganzen Saal streichen zu lassen. Die Querlüftung mittels der Fenster über nur 2, bezw. zwischen 4 Betten hinweg bringt die Luft vom Krankenbett auf dem kürzesten Wege hinaus. Sie trifft aber nicht unmittelbar den Fufsboden und die oberen Schichten, wenn die Decke der Dachneigung folgt, und bedarf daher zur Ergänzung der Längslüftung einer Eingangs- und Ausgangsthür in den Stirnwänden und erforderlichenfalls Oeffnungen in den Giebeln und im Firft.

In warmen Ländern stellt man die Längswände eines zweireihigen Saales gegen Süd und Nord, um durch den Schatten der Nordseite eine Querlüftung zu ermöglichen, und in heifsen Ländern umgiebt man die Süd- oder alle Seiten mit schützenden Veranden, weil es hier wichtiger ist, die Luft am Tage zu kühlen, läfst die Sonne nur am Morgen und Abend unmittelbar ein und behandelt an allen Seiten Fenster und Thüren gleich, d. h. man läfst die ersteren bis zum Fufsboden reichen, was auch die Lüftung fördert.

Die Stellung des Krankenraumes zur Himmelsrichtung wird nicht allein durch die in den beiden vorstehenden Artikeln besprochenen Einwirkungen von Sonnenlicht und Wind auf den Krankenraum selbst, sondern auch durch ihre Einwirkungen auf seine Umgebung bedingt, deren Luft und Boden durch Wind und Sonne möglichst gereinigt werden soll. Dies hängt wesentlich von der herrschenden Windrichtung und vom Vorhandensein, bezw. von den Abständen der Nachbargebäude ab. Im allgemeinen stellt man die Längswände eines Saales nicht gern senkrecht zur herrschenden Windrichtung, da dann nur das Erdreich vor der einen Langseite vom Wind getroffen wird, der Winddruck Zug im Saal veranlassen kann und die Fenster an der Windseite geschlossen gehalten werden müssen. Besser stehen die Längswände parallel zur Windrichtung, was bei Westwinden die ost-westliche Längsachsenstellung bedingen würde. Die Rucksichten auf die Besonnung der Räume und der sie umgebenden Plätze fordert, dafs die Längsachse oder die Diagonale des Raumes senkrecht zur Sonnenbahn steht, also nord-südliche Achsenstellung mit einer entsprechenden Abweichung nach Ost oder West. Wo in dieser Weise die Windrichtung mit der richtigen Lage für die Belichtung der Umgebung sich nicht deckt, mufs man sich für eine von beiden entschliefsen, indem man entweder der Wirkung des Lichtes oder derjenigen des Windes den Vorzug giebt oder örtliche und andere Gründe entscheiden läfst.

Bei einseitiger Belichtung mufs das Zimmer, wenn es nicht Südseite haben kann oder soll, wenn möglich Ostlicht erhalten. In Blockbauten mit einseitig belichteten Zimmern, die nach zwei entgegengesetzten Himmelsrichtungen sehen, wären

Marginalia:
54. Bezüglich der Windrichtung.
55. Bezüglich der Himmelsrichtung.

die Fensterwände der Zimmer gegen Ost und West zu richten. Bei ost-westlicher Querachse des Pavillons steht dann seine Längsachse von Nord nach Süd.

Die herrschende Windrichtung würde verlangen, dafs in einseitig belichteten Räumen die Fensterwände parallel oder abgewendet von derselben stehen; denn, sobald sie dem Wind zugekehrt sind, werden die Fenster oft geschlossen bleiben.

Die Friedens-Sanitätsordnung schreibt vor, dafs in Krankenblocks (Korridorbauten) die Längsachsen von Osten nach Westen, die Krankenstuben nach Süden und die Flure nach Norden liegen sollen.

Alle vorstehenden Erwägungen kommen nur für Krankenräume in einzeln- und freistehenden Gebäuden in Betracht. Inwieweit die Stellung derselben durch die umgebenden Gebäude und deren Anordnung weiter beeinflufst wird, wird noch in Kap. 4 (unter a) besprochen werden.

ẞ) Fufsböden.

56. Isolierung der Krankenräume gegen den Boden.

Unter gewöhnlichen Verhältnissen bei gutem Erdreich legt man den Fufsboden eines Krankenraumes im Erdgeschofs 0,70 bis 1,00 m über den gewachsenen Boden und füllt das Erdreich nach Beseitigung der obersten Kruste bis zu dieser Höhe auf. Gegen den Erdboden isoliert man den Fufsboden durch hydraulischen Beton mit Asphaltschicht. Oefter hat man über derselben eine Luftschicht eingeschaltet, welche mit der Aufsenluft in Verbindung steht.

Gropius & Schmieden wendeten im Evakuationspavillon in Bethanien zuerst und dann an anderen Orten ein Roftpflaster an, das sich bewährt hatte. Auf reinem, erforderlichenfalls geglühtem Sand, 1,00 m über dem Gelände, wird ein flaches Klinkerpflaster in Zement gelegt, worauf kleine Pfeiler von porösen Ziegeln gemauert werden, die ein zweites, durchgehendes Pflaster wo gleichfalls porösen Ziegeln tragen, auf welchem der Terrazzo, bezw. die Mettlacher Platten in Zementbettung liegen.

Derartige Hohlräume unter dem Fufsboden müfsten so sorgfältig ausgeführt werden, dafs das Eindringen von Ratten, Mäusen u. dergl., welche auch Verbreiter von Seuchen werden können, ausgeschlossen ift.

Mangelhafter Baugrund führt u. U. zu sehr teueren Gründungen, wie in der Charité zu Berlin.

Der Untergrund des Kinderkrankenhauses dafelbft befteht aus 2,00 m tiefen Auffchüttungen, einer 3,00 m tiefen Sandfchicht und einem Moorlager darunter, das bis zu 17,00 m Tiefe nicht durchdrungen war. Zur Ifolierung gegen Gafe, die etwa aus der Moorfchicht auffteigen könnten, wurde nach Aushebcn des aufgefchütteten Bodens über den ganzen Baugrund eine 10 cm ftarke Lehmtenne und darüber eine 45 cm ftarke Betonfchicht gelegt. Die Gebäude beftehen aus Eifenfachwerk.

Kann man den Fufsboden nicht genügend erhöhen, so mufs man den Bau vor ftarkem Regen oder tauendem Schnee durch einen entsprechend tiefen Graben fichern, wie bei den Krimkrieg-Baracken.

Morris fchlug vor, Teile eines Krankengebäudes, welche infolge wechfelnden Geländes unter der Erdoberfläche liegen würden, bis unter ihrem Fufsboden mit einem weiten Luftgraben zu umgeben, der nicht durch lötrechte Mauern, fondern durch Erdböschungen begrenzt und derart nach einem Hauptrohr entwäffert wird, dafs die Fundamente vollftändig trocken bleiben und kein Regentümpel entftehen kann.

57. Unterbauten.

Die Forderung freier Luftumfpülung des Krankenfaales führte in den fiebenziger Jahren oft zu hohen Unterbauten auf Pfeilern mit offenen Seitenwänden oder zu Unterkellerungen, die teilweife für Heiz- und andere Zwecke benutzt wurden. Veranlaffung zum Hochlegen des Saalfufsbodens über Erdgleiche war öfter auch der Wunfch, einen Verbindungsgang zwifchen den Pavillons unter der Höhe ihres Erdgefchofsfufsbodens legen zu können. Solche Unterbauten aller Art haben zu Mifsbräuchen Veranlaffung gegeben, weil man die hier entftehenden überflüffigen Räume für Krankenunterkunft oder Wärterwohnungen verwendete, für welche Zwecke fie in ihrer Anlage ungenügend waren.

Rubner[61]) tadelt das Unterbringen von Hautkranken in folchen Räumen mit einem Mindeftmafs von Fenfterfläche in der medizinifchen Klinik zu Halle und macht die Neigung der Architekten zu folchen Anlagen für fie verantwortlich: »Diefe Art der Krankenunterkunft ift ein fchlimmes Beifpiel für diejenigen Elemente, denen der Aufwand für die Kranken bereits zu hoch bemeffen erfcheint.«

Rubner wünfcht auch keine Wärterräume unter einem Krankenraum, wie in der chirurgifchen Klinik zu Halle, und keine Vorratsräume, wie in der medizinifchen Klinik dafelbft, welche die Luft verunreinigen und ungefund machen. Wo die Räume im Unterbau nicht benutzt werden, find fie die Ablagerungsftätten für allerlei Abraum, altes Bettftroh u. dergl., oft der Sonne nicht zugänglich und, wenn fie unter dem umgebenden Erdboden liegen, Behältniffe mangelhafter Luft.

Daher ift oft und neuerdings wieder, u. a. von *Curfchmann* und von *Piftor*, die Weglaffung von Unterbauten, bezw. ihre Einfchränkung auf die notwendigften Räume für die Heiz- und Lüftungsanlagen, fowie für die Rohrnetze empfohlen worden. Für die Heizanlagen verlangt man aber heute begehbare, unmittelbar von aufsen belichtete Heizkammern, und diefe bedürfen, wenn fie unter den Krankenräumen liegen, einen Unterbau oder eine Unterkellerung des Gebäudes.

Im *Rudolf-Virchow*-Krankenhaus an der Föhrerftrafse zu Berlin wollte man fich auf die für die Heizungs- und Lüftungsanlagen erforderlichen Räume im Keller befchränken und unter dem Saal hierfür nur zwei Streifen längs der Umfaffungswände unterkellern, mufste fich aber entfchliefsen, letzteres unter dem ganzen Saalfufsboden auszuführen, um ungleiche Temperaturen in diefem zu vermeiden.

Kein Krankenraum foll in einem Sockelgefchofs liegen, das unter die Erdgleiche hinabreicht. Sind im Unterbau Krankenunterkünfte in Ausficht zu nehmen, fo müfste fein Fufsboden wieder gegen Erdfeuchtigkeit gefchützt fein und zu diefem Zweck wenigftens 0,30 m über dem Erdreich liegen, wie in der I. medizinifchen Klinik zu Heidelberg und in St. Eloi zu Montpellier. — Im Malariaklima verlangt man, dafs die Kranken nur im Obergefchofs gelagert werden.

In allen diefen Fällen wird der Bau verhältnismäfsig teuer, wenn der Unterbau nicht voll ausgenutzt werden kann.

Im Krankenraum follen die Fufsböden undurchläffig fein und, befonders in chirurgifchen Abteilungen, eine fefte Lagerung der Kranken ermöglichen, ohne dafs ein Erzittern ftattfindet.

58. Hölzerne Fufsböden.

Wo fie auf Balkenlagen liegen müffen und wo man auf hölzerne Fufsböden angewiefen ift, foll weiches Holz felbft für geringe oder vorübergehende Zwecke nur genommen werden, wenn es durch die Baumringe und fchmal gefchnitten ift.

Im akademifchen Krankenhaus zu Heidelberg befanden fich 1893 die tannenen Fufsböden in einem der chirurgifchen Pavillons trotz frifchen deckenden Oelfarbenanftriches in fehr fchlechtem Zuftand, weil der Anftrich fichtlich zu fpät erfolgt oder erfetzt war. — Im Pavillon I. und II. Klaffe des Rudolfinerhaufes zu Wien mufsten die von *Billroth* gewünfchten Tafelböden fchon nach 4 Jahren teils mit Linoleum überdeckt, teils durch Terrazzo erfetzt werden. — Kieferne Fufsböden find vielfach in den oberen Stockwerken der neuen klinifchen Anftalten in Preufsen in Anwendung gekommen. — Sie finden fich auch zu Kaiserswerth in den neuen Gebäuden und erfahren dort 4- bis 5-maliges Oelen im Jahr.

Zur Vermeidung des Entftehens von Fugen verwendet man heute allermeift nur in Afphalt verlegte eichene Riemenböden. Sie dürfen nicht gebohnt und follen mit feuchten Tüchern gereinigt werden.

59. Steinerne Fufsböden.

Steinerne Fufsböden haben ftetig, trotz aller Einwände, immer mehr Verbreitung gefunden. Wo fie über einem erwärmten Raume liegen oder wo man den Hohlraum darunter durch Abzugsleitungen der Saalluft temperirte, haben fie keine Klagen hervorgerufen. Das letztere Verfahren ift nach der heutigen Auffaffung

---

[61]) Siehe: RUBNER. Bericht, erftattet im Auftrag des Kultusminifteriums. Zeitfchr. f. med. Beamte 1891, S. 441 u. 436.

wegen Unzuganglichkeit der letzteren unzuläffig. Man mufs fie daher durch eine fehr gute Ifolierung möglichft fchlecht leitend für Wärme machen, oder den Fufsboden heizen, oder fie mit geeigneten Stoffen belegen.

Die Zementböden in den Moabiter Baracken zu Berlin hatten fich nicht bewährt. Die dort 0,45 m über dem umgebenden Gelände unmittelbar auf Sand gebetteten Fufsböden beftanden aus 8 cm ftarkem Beton mit darüber angeordneter, 6 cm ftarker, glatt abgeriebener Zementfchicht, mufsten aber 1890 mit Terrazzo belegt werden; zu bequemer Reinigung und Spülung erhielt der Fufsboden gleichzeitig Entwäfferungsvorrichtung.

Granito und Terrazzo find vielfach verwendet worden, haben aber in grofsen Krankenräumen auch Nachteile gezeigt.

Terrazzoböden erhielten nicht nur in Hamburg-Eppendorf, infolge der Fufsbodenheizung, fondern auch im Urban zu Berlin in allen Räumen Sprünge, die man in letzterer Anftalt nach *Hagemeyer*, wegen fortdauernden Belages der Krankenräume, nicht ausbeffern konnte. Man hat dies zu vermeiden und Ausbefferungen zu erleichtern gefucht, indem man andernorts quadratifche Terrazzoflächen von 1,50 m Seitenlänge zwifchen Eifenfchienen oder Blechftreifen herftellte; letztere wurden nach der Erhärtung des Terrazzo entfernt und die Fugen diefer Streifen gedichtet. Eine Teilung der ganzen Fläche durch Linien oder Streifen von anderer Farbe ift jedenfalls des befferen Anfetzens bei Reparaturen wegen erwünfcht. Neuerdings hat man auch Drahtnetze in Terrazzo eingelegt. Einen Belag aus weifsen Stücken zieht man folchen aus farbigen, auch wenn letztere gleiche Härte befäfsen, vor, um Flecken auf dem Fufsboden zu bemerken. — Da Terrazzo fehr glatt und bei Befchmutzung mit Blut und Eiter fchlüpfrig wird, empfiehlt er fich in chirurgifchen Abteilungen nicht.

Mettlacher Platten befter Qualität ziehen keine Feuchtigkeit an; fie müffen dicht verlegt werden, und ihre Fugen find mit Zement und mit Porzellankitt gut zu dichten. *Kubner* warnt vor Platten II. Klaffe, die fich in den chirurgifchen, medizinifchen und gynäkologifchen Kliniken zu Halle rafch abgenutzt haben und äufserft glatt wurden.

In Nürnberg hat man zum Fufsbodenbelag Füllmafsplatten aus der Fabrik in Merzig verwendet, welche zäher und widerftandsfähiger als feine Mettlacher Mofaikplatten, nicht fo glatt und für 1 qm 1,50 bis 2,00 Mark billiger fein follen.

60. Belegen von Fufsböden.

Das Belegen von fteinernen Fufsböden mit geeigneten Stoffen hat fich nicht nur wünfchenswert gemacht, um ihrer guten Wärmeleitung zu begegnen und zum Warmhalten der Füfse, fondern auch zur Befeitigung des durch Begehen mit Stiefeln entftehenden Geräufches, in chirurgifchen Abteilungen auch zur Erleichterung von Gehverfuchen mit Krücken und in Kinderabteilungen zur Vermeidung von Schäden beim Hinfallen der Kinder.

Am meiften Verwendung hierfür hat bisher Linoleum gefunden. Im Urban mufste das Geräufch, welches das Gehen mit Stiefeln auf Terrazzo hervorrief, durch teilweifen Linoleumbelag gedämpft werden. Man legte zu diefem Zwecke zu beiden Seiten einer zum Stellen von Tifchen und Schränken frei bleibenden Mittelbahn 0,60 m breite Linoleumftreifen, die noch 0,75 m von den Bettreihen abblieben.

Nach den Unterfuchungen von *Wyfs*[62]) zeigte Granitlinoleum die gröfste Widerftandsfähigkeit gegen Stofs, Schlag und Auffaugen von Flüffigkeiten, verlor letztere Eigenfchaften aber durch Klopfen mit einem Schuhnagelhammer. — Nach *Pannwitz* ift Linoleum vor ätzenden und öllöfenden Subftanzen, wie Lauge, Soda, Terpentinöl, Benzin, Spiritus u. f. w., zu bewahren.

Vielfach verwendet man jetzt Linoleum zur Bedeckung der ganzen Fufsbodenfläche auf Beton- oder Zementeftrichen.

Im Luifen-Hofpital zu Aachen benutzte man Torgament hierzu.

Im Garnifonlazarett Weftend bei Berlin gelangt jetzt in drei Räumen auf einer Grundfchicht von Beton und Schlacken als Belag zur Prüfung: a) eine dreifache Schicht, beftehend aus Afphalt, Kork und Gips; b) Filz mit Linoleumbelag; c) eine Papyrolithlage.

61. Anfchlufs der Fufsböden an die Wände.

Damit kein Anlafs zu Schmutz- und Staubablagerungen vorhanden ift, foll der Anfchlufs der Fufsböden an die Wände durch eine Hohlkehle erfolgen.

---

[62]) Siehe: Wyss, O. Ueber Fufsböden in Krankenzimmern. Hygien. Rundfchau 1898, S. 1005.

Fig. 1 [63]) zeigt eine folche von Holz, wie fie im Johns-Hopkins-Hofpital zu Baltimore verwendet wurde. Bei fteinernen Böden ftellt man die ausgerundeten Kehlen aus Zement, Torgament, Terrazzo oder aus weifser Steinzeugfüllmaffe her, wie in Nürnberg, wo über den Kehlen noch ein 17 cm hoher Scheuerfockel aus grauen Mofaikplatten liegt.

Fig. 1.

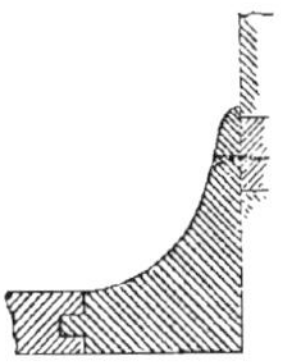

Die Entwäfferungsöffnungen fteinerner Fufsböden müffen dicht fchliefsende Deckel und doppelten Wafferverfchlufs erhalten.

ε) Wände.

Fufsbodenleifte im Johns-Hopkins-Hofpital zu Baltimore [63]).

Die Aufsenwände der Krankenräume follen möglichften Schutz gegen Temperaturwechfel und Feuchtigkeit gewähren. Man mauert fie daher bei uns aus poröfen Steinen und verkleidet fie aufsen mit wafferdichten Verblendern.

62. Wandftärke.

Wenn keine folchen verwendet werden können oder bei fchwächeren Mauern, giebt man ihnen äufsere und innere Bekleidungen mit Platten aus Korkabfall, Infuforienerde u. a., oder man putzt fie aufsen 2 cm ftark mit Asbeftabfallmörtel und innen mit einer fchwächeren Schicht. *Knauff* empfiehlt hierbei eine möglichft geringe Menge Bindemittel im Mörtel.

Zwifchenwände find durch diefelben Mittel fchallficher zu machen, damit nicht Huften, Schreien oder dergl. in Nachbarräumen die Kranken im Schlafe ftört und das Geräufch aus den Nebenräumen nicht in den Saal dringt. Ein Zirkulieren der Luft des Krankenraumes in Hohlräumen der Wände ift auszufchliefsen.

Wo eine Durchlüftung derfelben, wie in leichten Bauten, zum Zweck des Trockenhaltens oder der Abkühlung wegen erwünfcht ift, darf, wie bei den Fufsböden und den Decken, der Hohlraum der Wand nur mit der Aufsenluft in Verbindung ftehen.

Sämtliche Winkel und Ecken des Raumes, Fenfter- und Thüreinfaffungen erhalten aus-, bezw. abgerundete Formen, die gleich beim Aufmauern aus Mauerwerk hergeftellt werden müffen. Letzteres betrifft insbefondere die vorzukragenden Deckenkehlen, da bei Unterlagen von Rohrbündeln oder dergl. Riffe entftehen können.

63. Winkel und Ecken.

Im Kaifer- und Kaiferin-Friedrich-Kinderkrankenhaus zu Berlin und in der chirurgifchen Abteilung zu Frankfurt a. M. wurden die Thür- und Fenfterecken mit glafierten und abgerundeten Ziegeln eingefafst, die in der erfteren Anftalt farbig und in der letzteren weifs find; fie greifen abwechfelnd in das umgebende Mauerwerk ein. Wenn fie vor der Putzfläche vorfpringen und die Fugen bis zur Grundtiefe ausgekratzt werden, fo entftehen auf den Rändern, fowie in den Fugen Staubablagerungen, was durchaus zu vermeiden ift. Eine Einfaffung aus fchmalen, langen, glafierten Stücken, die bündig mit dem Putz liegen oder durch eine abgerundete Kante an diefen anfchliefsen und deren Fugen durch Zement und Porzellankitt gut gefchloffen find, ift daher vorzuziehen. Wo folche zu koftfpielig find, kann man die Ecken durch glatte eiferne, in Zementputz eingefetzte Eckleiften abrunden.

In dem Beftreben, die natürliche Lüftung zu fördern, hat man neuerdings wieder vielfach von der undurchläffigen Befchaffenheit der Aufsenwände ganz oder wenigftens teilweife abgeraten und einen Kalkfarbenanftrich dem einer deckenden Farbe vorgezogen. Die Vertreter der natürlichen Lüftung laffen ihre Krankenräume innen ganz oder von 1,50 bis 2,00 m Höhe an ringsum mit Kalkfarbenanftrichen verfehen, und die anderen thun dafelbe mit Emailfarbe. Die erfteren entziehen fo, namentlich in einfeitig belichteten Räumen, einen beträchtlichen Teil der Wände, die keine Aufsenfeite haben, unnützerweife der leichten und fchnellen Reinigung, welche eine glatte Wand geftatten würde, und bieten dafür eine Kalkwand, an der leicht Staub haftet und deren Reinigung einen neuen Anftrich bedingt, nachdem man fie vorher abgekratzt und neu geglättet hat.

64. Undurchläffige Wände.

In dem im Auftrage der Stadt Berlin herausgegebenen, unter Benutzung amtlicher Quellen

---

[63]) Fakf.-Repr. nach: BILLINGS, J. S. *Defcription of the Johns Hopkins hofpital.* Baltimore 1890. Taf. 23, Fig. 6.

bearbeiteten, unten näher bezeichneten Handbuch[64]) von 1893 wird bezüglich der Desinfektion von Kalkwänden gefagt: »Bei Kalkwänden kann man mit der Brotabreibung nichts anfangen, weil fie porös find.« Bezüglich der Wanddesinfektion fiehe auch Kap. 3 (unter I).

Zu den angeführten Gründen kommt noch die Schwierigkeit der Erneuerung von Kalkfarbenanftrich und fein fchlechtes Ausfehen neben Wänden mit Emailfarbenanftrich, wenn die Erneuerung unterbleibt. Kalkfarbenanftrich foll nach verfchiedenen Militärfanitäts-Reglements wenigftens alle Jahre, zum Teile öfter erfolgen, was fich in bürgerlichen Krankenhäufern nicht überall durchführen läfst.

Ein Teil der natürlichen Lüftung des Krankenraumes vollzieht fich auch bei undurchläffigen Wänden durch die Fugen der Fenfter und Thüren. Der durch wafchbaren Anftrich befeitigte Teil der natürlichen Lüftung läfst fich durch andere Lüftungsvorkehrungen erfetzen; die Vorteile einer wafchbaren Wand find aber nicht mittels durchläffiger Wände erfetzbar.

Mencke, der die Wände in feinem Krankenhaus zu Wilfter nachträglich wafchbar machen liefs, fordert, fie gleich bei der Anlage fo herzuftellen, dafs fie nicht infiziert werden können, da die hierdurch hervorgerufenen Mehrkoften gegen die Koften, welche das fpätere Neumalen nach der Entlaffung von Anfteckendkranken erfordert, fich ausgleichen.

65 Wand-bekleidung.

Zur Erreichung der Wafchbarkeit genügt es, die innere Wandfläche mit einem hierfur geeigneten Material zu überziehen. Der Untergrund kann ein forgfältig hergeftellter glatter Kalkputz fein. Je weniger der Putz der Gefahr irgend welcher Riffebildung unterliegt, um fo homogener wird der Anftrich bleiben.

Im Kaifer- und Kaiferin-Friedrich-Kinderkrankenhaus zu Berlin hat der Mörtelputz etwas Gipszufatz erhalten; im Johns-Hopkins-Hofpital wurde der Mörtelüberzug in 3 Schichten aufgetragen; im Hofpital zu St.-Denis befteht er aus Kalk und Marmorftaub.

Solche Unterlagen bedürfen nach Obigem ebenfo wie gewöhnlicher Gips eines gut deckenden, undurchläffigen, glatten und wafchbaren Anftriches, wozu fich Oelfarbe, da fie Haarriffe bekommt, nicht als geeignet erwiefen hat. Man verwendet jetzt allgemein die öfter fchon genannte Emailfarbe. Wänden, die durchläffig bleiben follen, mufs man einen Farbenanftrich ohne animalifche Bindemittel geben.

In faft allen englifchen Krankenräumen hat man den Wandputz felbft undurchläffig gemacht.

Meift verwendet man Parianzement, deffen Politur teuer ift und der leicht Flecken und Spalten, befonders an Decken, bekommt, oder *Keene*'s Zement. Im Thomas-Hofpital zu London wurde der erftere fchliefslich mit Oelfarbe überftrichen. In *Lariboifière* haben die Säle Stuckmarmor erhalten; die *Tollet*-fchen Baracken in Bourges find 3 m hoch mit polierter Stuckbekleidung und die Gewölbe darüber mit Silikatanftrich verfehen.

In einzelnen Fällen findet man bis zu 2 m Höhe oder felbft in ganzer Ausdehnung der Wände eine Bekleidung mit Schmelzkacheln, deren enge Fugen mit Porzellankitt gedichtet fein müffen; fo im Kinderhofpital *Great-Ormond-Street* zu London, in der *Liverpool infirmary* und in einigen englifchen Infektions-Hofpitälern.

66. Wand-farbung.

Welche Bekleidung die Wand auch haben mag, fie foll hell erfcheinen. Ein heller Anftrich erleichtert das Reinhalten der Wand, deren Reinheit bei Mitteltönen der Kontrolle der beften Saalpflegerin entzogen bleibt. Die Wand bedarf auch eines hellen Farbentones, damit man fie bezüglich der Befchaffenheit ihrer Oberfläche und des Entftehens von Riffen u. dergl. prüfen kann; eine helle Wand gewährt allein die Möglichkeit, das Licht in die Winkel zu zerftreuen, fo dafs z. B. die Teile unter den Fenftern verhältnismäfsig hell erfcheinen. Wenn man gegen

---

[64]) Siehe: BINNER, B. Kleines Handbuch über die Desinfection nebft einem Anhang, enthaltend fämmtliche auf das Desinfectionswefen bezüglichen Polizeiverordnungen, Bekanntmachungen, den Gebührentarif etc. 2. Aufl. Berlin 1893. S. 21.

eine helle Wandtönung Sparfamkeitsrückfichten geltend machen will, fo ift die Erfparung an künftlicher Beleuchtung dagegen zu halten, die bei hellen Wänden des Nachts eintritt. Durch hellen Saalanftrich mildert man das ftarke Blenden der Fenfterflächen bei leicht bedecktem Himmel, welches durch den Gegenfatz von verhältnismäfsig dunkel erfcheinenden Wandflächen gefteigert wird. Der helle Anftrich ift auch durchaus nicht ftörend, zumal in Sälen, wo die Wandflächen 6 bis 8 ^{m} voneinander abftehen; er ift die Grundbedingung eines freundlichen Ausfehens des Saales bei allen Witterungen und unterftützt ganz wefentlich die Wirkung der durch die Fenfter beabfichtigten Lichteinführung.

Der helle Wandton ift nach einer Farbe hin zu brechen, welche die Köpfe der Kranken, denen er bei fitzender Stellung als Hintergrund dient, lebenswarm erfcheinen läfst. Dies erreicht man durch einen neutralen Ton, wie er viel dunkler aus den gleichen Gründen für Malerateliers gewählt wird; von der Wand darf kein kalter Schein auf die Kranken reflektieren, die fich gegenfeitig fonft noch elender erfcheinen würden.

5) Decken und Dächer.

Die Form der Decke kann nicht immer fo gewählt werden, wie fie das Intereffe des Krankenraumes erfordern würde, da fie auch von feiner Lage und vom verwendbaren Konftruktionsmaterial abhängt.

67. Zwifchendecken.

In Stockwerksbauten findet man zwifchen den Gefchoffen faft nur die wagrechte Decke, deren Konftruktion zugleich den Fufsboden des darüber befindlichen Raumes trägt. Die Zwifchendecke mufs daher die Auflagerung eines undurchdringlichen Fufsbodens ermöglichen; ihre Stärke, bezw. Konftruktion foll, wie fchon bei den Fufsböden gefagt wurde, ein Erzittern bei der Bewegung der Menfchen oder beim Transport von Kranken möglichft ausfchliefsen und den Schall wenig durchlaffen.

Zu letzterem Zweck haben fich im Neubau des Diakoniffenhaufes zu Dresden die Gipsdielen nicht bewährt. Zur Schalldämpfung ftellt man maffive Decken aus ftark lufthaltigen Körpern her, putzt die Deckenfläche mit Asbeftabfallmörtel und unterbettet den Fufsbodenbelag mit Korkplatten oder mit einem Eftrich aus zerkleinerten Korkabfällen, Asbeftabfällen oder Papiermaffe mit Kalk und Magermilch. Bei hölzernen Balkendecken und zwifchen Decken- und Dachfläche benutzt man als Füllftoff Kiefelgur und ftellt Fufsboden und Deckenputz wie bei maffiven Decken her[67]).

Als Abfchlufs des darunter befindlichen Raumes foll die Decke eine glatte Fläche bilden, damit die Luftbewegung im Raume nicht gehindert wird; fie darf alfo keine Unterzüge erhalten. Wenn möglich, foll fie fich frei tragend über den Raum oder Saal fpannen und nicht durch Säulen oder andere Freiftützen, die dem Verkehr im Saal hinderlich fein würden, getragen werden. Am beften bildet man fie aus Eifen, Stein, Beton, Gipsgufs oder dergl.

Nach den fchon genannten Berliner Desinfektionsvorfchriften wird die Zimmerdecke nicht desinfiziert, weil man annimmt, dafs die Bakterien ihrer Schwere wegen nicht bis zur Decke fteigen, bezw. haften bleiben. In Krankenhäufern, wo die Entlüftung in der milderen Jahreszeit durch Fenfter und Kanäle möglichft unter der Decke oder durch Deckenöffnungen erfolgt, kann dies doch eintreten.

Man wird daher gut thun, Decken nicht nur riffefrei, fondern durch Emailfarbenanftrich auch glatt und wafchbar herzuftellen, folange nicht weitere Unterfuchungen erwiefen haben, dafs dies unnütz ift.

Bei Verwendung von Füllftoffen, welche von der beften Art fein müffen, werden fie leicht durchhörig, da fich diefe Stoffe durch die Bodenerfchütterungen an den Rändern abböfchen.

---

[67]) Siehe: NUSSBAUM. Die Bauart der Wände und Decken in ihrem Einflufs auf die Heizung. Gefundh. Ing. 1899, S. 307.

Der Putz unter hölzernen Deckenbalken ift befonders forgfältig auszuführen, um ihn riffefrei zu erhalten. Im Kaifer- und Kaiferin-Friedrich-Kinderkrankenhaus zu Berlin wurde er auf einem Doppelrohrgewebe aufgetragen.

In weniger tiefen Räumen kann man, wie in den einfeitig belichteten Zimmern des Infektionspavillons im Johns-Hopkins-Hofpital, der Decke etwas Steigung nach der Korridorwand geben, wenn die Abluftkanäle in letzterer liegen. Ellipfenförmig gewölbte Säle oder folche mit grofsen Eckhohlkehlen, wie im *Hôtel-Dieu* zu Paris, find als Zwifchendecken in Gefchofsbauten ungeeignet, weil fie die Luft in der Mitte der Decke fammeln, wo fie nicht unmittelbar abgezogen werden kann und hochgeführte Fenfter durch die notwendigen Stichkappen viele Kanten bedingen.

Niefe [66]) hat zwar vorgefchlagen, zwifchen übereinander liegenden Räumen eine freie, mit der Aufsenluft reichlich verbundene Luftfchicht einzufchalten, um auch das Eintreiben von Luft aus einem unteren Raum in den darüber gelegenen durch Herftellung eines Querzuges zu hindern; doch widerfpricht dies der heutigen Auffaffung, dafs die Wege und Ablagerungsftätten der abziehenden Luft zugänglich und zum Reinigen geeignet fein müffen, was ein folcher Raum nicht fein würde.

68.
Decken unter Dachräumen.

In eingefchoffigen Krankenräumen und in den oberen Gefchoffen mehrftöckiger Gebäude, wo die Decke unter dem Dach liegt, befteht die Möglichkeit, fie anders als wagrecht zu bilden, falls die Salubrität des Krankenraumes dies verlangt. Die letztere erheifcht, dafs, wenn irgend möglich, über einem Krankenraume kein Dachraum angeordnet wird, der nicht fteter Kontrolle unterliegt. In heifsem und kaltem Klima kann ein folcher nicht wohl umgangen werden.

Deshalb erhielten die Säle im Johns-Hopkins-Hofpital zu Baltimore, deffen Klima zwifchen den äufserften Temperaturgrenzen fchwankt, hohe Dächer, die nur durch je ein Lüftungsrohr entlüftet werden, das möglichft weit vom grofsen Lüftungsfchacht des Saales entfernt liegt; die Dächer befitzen fonft keinerlei Zutrittsöffnungen für Staub und eine undurchläffige Deckung.

Wo man es vermeiden kann, wird man keinen Dachraum anlegen, der zum fchnellen Befeitigen von allen überfluffigen, oft unreinen Dingen dient, entweder nicht überwacht wird oder dadurch und durch die notwendige Kontrolle unnütze Arbeit verurfacht. Ift ein Dachraum unvermeidlich, fo follte man ihn nicht finfter, wie im Johns-Hopkins-Hofpital, fondern gefchloffen, hell und fo planen, dafs der Dachftuhl von Eifen ift und möglichft wenige Niederlagsftellen für Staub bietet. Muftergültig in diefer Beziehung ift der Dachraum über den kreisförmigen Sälen des *Gafthuis Stuivenberg* in Antwerpen, der auch keine Luftgemeinfchaft mit dem Krankenraum erhielt.

69.
Schräge Decken.

Will man den Dachraum vermeiden, fo mufs die Neigung der Decke derjenigen der Dachfläche folgen. Dies erfordert in warmem und in kaltem Klima eine trennende Luftfchicht zur Ifolierung zwifchen beiden, die mit der Aufsenluft Verbindung haben, aber nie mit der Innenluft des Gebäudes kommunizieren foll. In den Dachflächen und im Firft oder nur in letzterem erhält dann der Saal Verbindung mit der Aufsenluft, die als fog. Firftlüftung verfchiedene Ausbildung erfahren hat. (Siehe unter τ u. χ.)

Die Hauptfchwierigkeit bei Vermeidung eines Dachraumes befteht in der Dachkonftruktion, die dann frei im Saal liegt, wie in allen Kriegsbaracken.

Solche hölzerne, offen liegende Dachkonftruktionen finden fich feit 1868 auch in einer grofsen Zahl eingefchoffiger Pavillons in Deutfchland und find fpäter wieder u. a. in Worms, in den chirurgifchen und medizinifchen Kliniken, fowie in den Ifolierfälen zu Halle mit vielem Aufwand von Holz — fogar unter flachen Holzzementdächern — angeordnet worden. In der Charitébaracke zu Berlin wurde

---

[66]) NIESE, H. Das combinirte Pavillon- und Baracken-Syftem beim Bau von Krankenhäufern in Dörfern, kleinen und grofsen Städten. Altona 1873. S. 13.

der Staub von dem hier ebenfalls frei liegendem hölzernen Dachftuhl alle 4 Wochen durch feuchte Tücher entfernt, und der Saal erfuhr alljährlich eine gründliche Reinigung; aufser diefen 12 Tagen im Jahre bot der Dachftuhl Niederlagsftellen für Staub. Beffer find eiferne Zugftangen und Dachfäulen, wie in einigen Pavillons des Carola-Krankenhaufes zu Dresden, wo die erfteren die Geftalt von Flacheifen erhielten, die hochkantig eingezogen wurden.

In den Pavillons mit Zementdächern kann die Verfpannung der Sparren, wie zuerft im Evakuationspavillon in Bethanien zu Berlin (Fig. 2 [67]), die geringfte Ausdehnung erhalten.

Fig. 2.

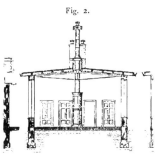

1/250 w. Gr.
Querfchnitt durch den Evakuationspavillon in Bethanien zu Berlin [67]).
Arch.: *Gropius & Schmieden.*

70.
Wölbförmige Decken.

Wölbförmige Decken mit Firftlüftung, welche im Mittelalter und auch fpäter für eingefchoffige Krankenräume in verfchiedener Weife verwendet und vorgefchlagen worden find, hat in eigenartiger Weife *Tollet* in Strukturen von Stein und Eifen zur Ausführung gebracht, um den Winkelübergang zwifchen Wand und Decke zu vermeiden (Fig. 3 [68]).

Unter den für den Saalquerfchnitt in Frage kommenden Bogenformen erachtet *Tollet* den Spitzbogen als befonders geeignet, weil er zugleich die von ihm angeftrebte gröfsere Höhe der Säle ermöglicht und:

a) den geringften Seitenfchub ausübt, daher keine Zugbänder fordert, auch durch Wechfel der Lage des Mittelpunktes und der Gröfse des Halbmeffers verfchiedene Neigungen der Decken geftattet;

b) die Reibung der Luft beim Auffteigen zum Firft auf ein Mindeftmafs verringert (kleine, im Gleichgewicht befindliche Ballons und Federbarben wurden regelmäfsig nach der Oeffnung im Dachfirft getrieben);

c) die geringfte Abforptionsfläche des Innenraumes im Verhältnis zum Luftvolumen ermöglicht.

Fig. 3.

1/250 w. Gr.
Krankenfäle nach Syftem *Tollet* [68]).

Die Form des Spitzbogens foll auch die durch die oberen Kippflügel der Seitenfenfter in den Saal einftrömende Luft fo zurückwerfen, dafs fie in den Mittelgang zwifchen den Betten fällt und keinen Nachteil auf die Kranken ausübt (Fig. 3). Dies würde jedoch nur bei Wind eintreten. *Tollet* giebt den Wänden 4,00 m hohe Fenfter, bezw. Fenfterthüren, und den Giebeln Rofettenfenfter, fo dafs alfo Quer-, Längs- und Deckenlüftung gefichert ift.

Das *Tollet*fche Konftruktionsfyftem befteht aus einem eifernen Rippengerüft, das der Form des Gewölbes folgt und in die Seitenmauern des Saales eingemauert ift, die in Bourges 0,50 m und in St.-Denis 0,36 m Stärke erhielten. Die Mittelpunkte des Spitzbogens liegen in Bourges etwa 2,00 m über dem Fufsboden. In St.-Denis haben die I-Eifen des Rippengerüftes 1,00 bis 2,00 × 4,20 cm Querfchnitt, ftehen in 1,60 m breiten Abftänden und wurden in 4,30 m Höhe, fowie am Firft durch eben folche wagrechte Eifen verbunden. Die Felder zwifchen den Rippen find mit Ziegeln oder einem anderen der in Art. 62 (S. 37) genannten Materialien auszumauern, *Tollet* fchlägt vor, in warmen Ländern zwifchen die Eifenrippen ein Eifennetz zu fpannen, dasfelbe mit Gips, Zement, Mörtel oder Lehm zu bewerfen, bezw. zu putzen und diefe dünnen Wände durch Verlängerung des Daches in Form einer Veranda zu fchützen. In Ländern von mittlerer Temperatur genüge eine Wanddicke von 11 bis 35 cm. Für kalte Länder empfiehlt er Doppelwände, die, wenn man die Luftfchicht zwifchen den Wänden nicht ab-

---

[67]) Fakf.-Repr. nach: Zeitfchr. f. Bauw. 1873, Taf. 20.
[68]) Nach: TOLLET. *Les édifices hofpitaliers*, a. a. O., S. 243.

fperrt, auch für warme Gegenden zu verwenden find. Der innere Ueberzug ift undurchdringlich aus glafierten Ziegeln, emailliertem Stuck, Glas, Metallblättern oder dergl. herzuftellen, während die äufsere Oberfläche der Luft zugänglich bleiben foll, »damit die Wände fo viel als möglich nur reine Luft atmen«. Die Dachdeckung erfolgt durch Dachziegel, die auf Winkeleifen aufgelegt find; letztere follen zur Verfteifung der Konftruktion beitragen. Der Fufsbodenbelag ift auf hydraulifchen Beton, wenigftens 0,50 m über dem Erdboden, oder auf ein frei liegendes Gewölbe zwifchen Eifenträgern zu legen. Um gründliche Wafchungen vornehmen zu können, erhält derfelbe Wafferrinnen längs den Wänden und ein Gefälle von 1 : 200.

Zur Lüftung follen nahe am Fufsboden des Saales vergitterte Luftlöcher in den Wänden und Firftöffnungen dienen (fiehe Art. 96, S. 58). Die oberen Fenfterflügel und die Dachluftlöcher können nachts zu allen Jahreszeiten offen bleiben, da fie hoch liegen und mit *Toiles métalliques* garniert find, welche die zufliefsende Luft zerteilen.

In einer kurzen Diskuffion über das Syftem *Tollet* auf dem Hygienekongrefs zu Paris machte *Allard* geltend, dafs bei niedriger Temperatur die Wände innen mit Eis überzogen fein würden. Die Wafferniederfchläge auf den Wänden könnten Urfache ungefunder Feuchtigkeit werden. *Tollet* gab zu, dafs fich, zwar felten und nur auf den eifernen Rippen, Niederfchläge zeigen; es fei aber beffer, das Uebel zu fehen, als es in das Innere der Mauer eindringen zu laffen.

Da das Spitzbogenprofil im Scheitel beträchtliche Höhen erreicht, hat *Gruber* mit *Völkner* dem Querfchnitt parabolifche Form, wie Fig. 4[69]) zeigt, gegeben. Solche Baracken mit 6,50 m Saalbreite und 5,033 m Höhe wurden in der Herzegowina ausgeführt.

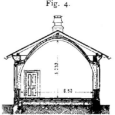

Fig. 4.

Krankenfäle nach Syftem *Gruber & Völkner*[69]).
1/250 w. Gr.

Nufsbaum[70]) hält das Gaumengewölbe als die günftigfte Form für die Luftbewegung.

Die Konftruktion aus Beton mit Eifeneinlage nach *v. Möller* foll fich an die Ausrundung aller Wandzufammenftöfse anfchliefsen. Ueber die Nachteile gewölbter Decken in mehrgefchofsigen Gebäuden fiehe Art. 67 (S. 40).

71. Dachdeckung.

Bei der Wahl der Dachdeckung ift nach Vorftehendem die Neigung der Dachfläche und die Konftruktion mitbeftimmend, aufser dem Schutz, den die Deckung gegen Wärme und Kälte, fowie gegen das Eindringen von Staub gewährt.

Das Holzzementdach entfpricht den zu ftellenden Wünfchen in vieler Beziehung und hat grofse Verbreitung gefunden. Doch hält es an heifsen Tagen den darunter liegenden Raum nicht kühl genug und mufs mit Waffer befprengt werden. Man fchlug daher vor, folche Dächer mit Muttererde zu bedecken und mit Gras bewachfen zu laffen. Im Rudolfinerhaufe zu Wien belegte man die Holzzementdächer erdgefchoffiger Gebäude mit Humus und Rafen, um ihren Anblick von den Veranden und Loggien aus angenehmer zu machen.

Die leichteren Deckungsarten, wie Dachpappe, Zink, Wellblech, halten den darunter befindlichen Raum im Sommer heifs, im Winter kalt und machen eine abfchliefsbare Ifolierfchicht zwifchen Decke und Dach, fowie weifsen Anftrich der erfteren nötig.

Von den fchwereren Deckungsarten kommen diejenigen mit Ziegeln und Schiefer in Betracht. Ein Ziegeldach befitzt, felbft wenn man glafierte Ziegel verwendet, eine fehr unebene Oberfläche, deren Fugen durch Mörtel gedichtet fein müffen, um keinen Staub durchzulaffen. Beffer ift ein gut verlegtes Schieferdach auf Schalung; im Johns-Hopkins-Hofpital legte man den Schiefer auf Afphaltpappe, was ein undurchläffiges Dach giebt.

Zur befferen Trockenhaltung des Erdbodens vor dem Krankengebäude und zum Schutz feiner Aufsenwandungen gegen Näffe fowie gegen das Eindringen von Regen durch offene Kippfenfter follen die Dächer entfprechenden Ueberftand über die Aufsenmauer erhalten.

---

[69]) Nach: EULENBURG. Real-Encyclopädie der gefammten Heilkunde. 2. Aufl. Bd. XVIII, S. 519 u. Fig. 36.
[70]) Siehe: NUSSBAUM, H. CH. Die Form der Saaldecken in ihren Beziehungen zur Luftbewegung, Heizung und Akuftik. Gefundh.-Ing. 1899, S. 305.

In warmen Klimaten kann man durch Vergröfserung eines folchen Ueberftandes auch Schutz gegen die Sonne fchaffen. Doch ift in unferem Klima derfelbe auf 0,90 bis 1,00 m Breite einzufchränken, wenn man dadurch nicht, wie in Moabit, die Säle verdunkeln will.

η) Thüren.

Bei Anlage der Thüren in Krankengebäuden foll die Zugänglichkeit der Räume für die Angeftellten in der für ihren Dienft erwünfchten Weife erleichtert werden; dagegen erfordert das Intereffe der Kranken, dafs ihre Räume trotz diefes Verkehres möglichft geringe Luftgemeinfchaft mit gewiffen Nachbarräumen oder Gängen geniefsen. Die Thüren follen die einzelnen Räume untereinander je nach Bedarf trennen, aber auch lüften helfen. Man legt fie gern anderen Thür- oder Fenfteröffnungen gegenüber, giebt ihnen dort, wo fie bezüglich des Luft- oder Lichteintrittes zugleich die Fenfter erfetzen follen, unter Umftänden gröfsere Breite, als der blofse Verkehr der Kranken es erfordern würde, und ordnet über denfelben Lüftungsfenfter an, die von unten leicht beweglich find, auch bis zur Höhe der Aufsenfenfter reichen.

72 Anlage.

In einigen amerikanifchen Baracken-Hofpitälern, wie im *Hammond hofpital*, im *Lincoln hofpital* und im *Harewood hofpital*, erhielten die eingefchofsigen Säle aufser beiden Endthüren in der Mitte beider Längswände Ausgangsthüren, ebenfo in Hamburg-Eppendorf, um den Transport von in Betten liegenden Kranken in das Freie zu erleichtern.

Das Oeffnen von Thüren im Gebäude foll in den Krankenräumen keinen Zug hervorrufen.

Vor allem find die Hauptzugangsthüren zu den Krankenabteilungen durch Windfänge gegen aufsen, durch Vorflure mit Thüren an beiden Enden und feitlichen Lüftungsfenftern gegen Verbindungsgänge und andere Krankenabteilungen zu fchützen.

Die Hauptzugangsthüren zum Gebäude und zu gröfseren Krankenräumen erfordern wenigftens 1,50 m, alle anderen wenigftens 1,20 m Durchgangsbreite.

73 Gröfse.

Das erftere Mafs kann an Endthüren von Sälen beträchtlich wachfen, wie in Moabit und an anderen Orten. Dagegen darf die Thürhöhe verhältnismäfsig niedrig fein, um ein gutes, durch das Schwinden von Holz möglichft wenig beeinträchtigtes Schliefsen derfelben zu erreichen, vorausgefetzt, dafs über den Thüren die geforderten Lüftungsfenfter fo hoch wie die Aufsenfenfter, alfo bis unter die Decke reichen. Auch die Thüren zu den kleineren Krankenräumen follen bei fonft gleicher Anlage, wenn möglich, nicht weniger als 1,20 m Durchgangsbreite erhalten.

Die Konftruktion mufs ein thunlichft geräufchlofes Oeffnen und Schliefsen der Thüren geftatten, die bündig mit der inneren Wandfläche des Krankenraumes liegen und in kleinen Räumen nach innen fchlagen follen, wobei der gewöhnlich benutzte Flügel oder die einflügelige Thür gegen das nächfte Bett im Raum fchlägt, fo dafs die durch das Oeffnen einftrömende Luft nicht unmittelbar nach dem Bett getrieben wird. Nur die Hauptthüren ftärker belegter Räume find, um Unglück bei einer Panik zu vermeiden, nach aufsen fchlagend anzulegen.

74 Konftruktion.

Für die Thüren felbft verwendet man nach wie vor Holz, am beften hartes Holz; fie follen entweder ganz glatt gearbeitet fein oder nur runde, bezw. fchräge Rahmenprofile, weder Gewände noch Bekrönungen erhalten, an eifernen Winkelzargen hängen, und die aufsenfeitige Laibung ift abzurunden (fiehe Art. 63, S. 37).

Glatte, mit Eifenblech befchlagene und mit weifser Emailfarbe angeftrichene Thüren erhielten die Krankenfäle der chirurgifchen Klinik in Marburg; die Umgebung der Drücker mufste hier mit Platten aus weifsem emaillierten Blech, teils mit Milchglas belegt werden.

Schwellen find, wo zwifchen allen Räumen einer Abteilung eine gleichmäfsige Temperatur herrfchen foll, nur an den Eingangsthüren von aufsen nötig; fie dürfen nur wenig vorflehen und find über dem niedrigen lotrechten Rand abzufchrägen. Abrunden verhindert den beabfichtigten Schlufs. Eingefchnittene Spurrinnen haben fich nach *Lorenz*[71]) nicht bewährt und werden zu Staubrinnen.

Bei Doppelthüren wird ein Teil oft verglaft, um den Saal von aufsen überwachen zu können; doch wünfcht *Hügel* für Kinderfäle nur im oberen Dritteil Verglafung. Thüren, die vom Krankenraum nach aufsen führen, behandelt man als Fenfterthüren. *Tollet* teilt den verglaften Teil in mehrere Felder, die man nach Bedarf ganz, auf ²/₃ der Höhe oder nur im oberen Teile öffnen kann.

Man verwendet ein- und zweiflügelige, Schlag-, Pendel- und Schiebethüren, letztere dort, wo das Auffchlagen flören würde. Schiebethüren dürfen nicht in Wandfchlitzen laufen, fondern müffen an der Wand liegen; fie follen fehr glatt und geräufchlos laufen, verurfachen aber auch dann, wenn fie zweiteilig find, beim Zufammenklappen Geräufch. Beffer find Flügelthüren. Man teilt grofse Thüren in gleich, kleinere in ungleich breite Flügel. In der Diakoniffenanftalt zu Dresden hat in den 1,20 m breiten Thüren der eine Flügel etwa ³/₄ und der andere ¹/₄ Thürbreite.

75. Befchläge.

Bei zweiflügeligen Thüren erhält am beften jeder Flügel einen Basküleverfchlufs, wie in der eben genannten Dresdener Anftalt. Die Thüren zu den Nebenräumen find, wo man eine Luftgemeinfchaft zwifchen zwei Räumen nicht unnütz vermehren will, felbftfchliefsend herzuftellen.

Selbftfchliefser werden nur in Kinderzimmern bedenklich gefunden. Die Umgebung der Thürdrücker ift oft durch eine Glasplatte vor Verunreinigungen gefchützt. Alle fichtbaren Befchlagteile, Drücker u. f. w. nimmt man glatt und vernickelt, was bei der Reinigung Zeit fpart. Aufserdem kommt polierter Rotgufs zur Verwendung, wie im Urban. Schlöffer bleiben am beften weg; wo fie nötig find, follen fich die Schlüffel nur in den Händen der Wärter befinden. In der Diakoniffenanftalt zu Dresden erhielten die Thüren der Privatzimmer einen Innenriegel, welcher fich von aufsen durch Dornfchlüffel nötigenfalls öffnen läfst, um dem Kranken den gewohnheitsmäfsigen Verfchlufs feines Zimmers fcheinbar zu ermöglichen.

ϑ) Fenfter.

76. Lage der Fenfter zur Bettenftellung.

Die Lage der Fenfter zu den Krankenbetten wird thunlichft fo gewählt, dafs ein Luftftrom beim Oeffnen gegenüberliegender Fenfter nicht über Betten hinweggeht. Man verteilt zu diefem Zwecke im zweifeitig belichteten Krankenfaal mit gegenüberliegenden Fenftern letztere in gleichmäfsigen Abftänden derart an den Längswänden, dafs entweder 1 oder 2 Betten zwifchen einem Fenfterpaar ftehen.

In Hamburg-Eppendorf, wo man die Betten fo ftellte, dafs nahezu ein Bett vor dem Fenfter und das nächfte vor dem Wandpfeiler liegt, hielt man dies für unbedenklich, da die Fufsbodenheizung den Fenfterzug unfchädlich machen follte.

Ordnet man jedes Bett vor einen Wandpfeiler an, fo erleichtert das gleichmäfsige Licht die Unterfuchung. Wo die Betten paarweife vor breiten Pfeilern ftehen, drängt man fie oft vor diefen zufammen und läfst nur zwifchen den Paaren den breiteren Raum. Dann trennt man die Paare, nicht die Individuen. Dafs dies nicht das Erwünfchte ift, läfst fich auch daraus fchliefsen, dafs man diefe paarweife Stellung in der Praxis oft nicht einhält und die Abftände der Betten gleich macht, fo dafs fie nun nicht mehr allein vor den Pfeilern, fondern zum Teile auch vor den Fenftern ftehen. Die Lüftung der Umgebung des einzelnen Bettes, fowie die Belichtung der Plätze unter und hinter demfelben find bei der einfachen Stellung jedenfalls beträchtlich beffer als bei der paarweifen.

Der Verfuch, den Pfeilern einer Längswand gegenüber Fenfteröffnungen anzuordnen, wie in einigen Parifer Baracken von 1870—71, ift ebenfowenig wieder aufgenommen worden, wie *Smith*'s Vorfchlag, die Betten hierbei an einer Längswand vor die Pfeiler, an der anderen aber vor die Fenfter zu ftellen. Im

---

71) Siehe: LORENZ. Ueber zweckmäfsige Einrichtung von Kliniken. Berlin 1890. S. 15.

erfteren Fall find alle, im letzteren die Hälfte der Betten dem Blenden der Fenfter mehr ausgefetzt als bei einer Stellung der Betten gegenüber den Pfeilern.

Zwifchen den Endbetten und der Scheide- oder Stirnwand foll unmittelbar an letzterer ein Fenfter liegen.

<small>Diefe Anordnung findet fich u. a. im Evakuations-Pavillon von Bethanien, in den Pavillons des Garnifon-Lazaretts zu Tempelhof, in der chirurgifchen Klinik zu Berlin, in den Pavillons der inneren Kliniken zu Halle und Marburg. In England ift das Eckfenfter namentlich in den kleinen Infektions-Pavillons zu einer charakteriftifchen Erfcheinung geworden, da man ihm dort die nur für feinen Zweck nötige Breite von 0,60 m giebt. In St.-Denis hat man ein folches fchmales Fenfter in die aufsen unter 45 Grad abgeftumpfte, innen ausgerundete Ecke gelegt und diefe in folcher Weife durchbrochen.</small>

Noch nötiger als in zweifeitig belichteten Krankenfälen wären diefe Eckfenfter in einfeitig belichteten Krankenräumen. Wo diefe an einem Fenfterkorridor liegen, müfste fich dasfelbe Syftem dann an beiden Korridorwänden wiederholen, fo dafs voller Querdurchzug mittels der Fenfter gefchaffen werden kann.

<small>Von den alten Korridor-Krankenhäufern hat diefe Anlage das Heilige-Geift-Hofpital zu Frankfurt a. M.</small>

Einfenftrige Krankenräume können durch Eckfenfter zu zwei- oder dreifenftrigen verwandelt werden, was ficher nicht zum Nachteil derfelben gereichen würde; doch fetzt dies eine entfprechende Breite des Raumes voraus.

<small>Im chirurgifchen Pavillon zu Heidelberg findet fich ein 2-Bettenzimmer von 3,60 m Breite, worin das einzige Fenfter von gewöhnlichen Abmeffungen unmittelbar an der einen Scheidewand liegt, während in der anderen der Frifchluftkanal (Etagenkanal genannt) die Aufsenwand durchbricht. Diefelbe Anordnung haben u. a. die Krankenzimmer des Infektions-Pavillons im Johns-Hopkins-Hofpital zu Baltimore.</small>

Jeder Krankenraum foll ausreichend hell fein, um die Reinhaltung überwachen zu können. Die Ausdehnung der Fenfterfläche, die ein Raum zu folcher Erhellung bedarf, richtet fich nach feiner äufseren Umgebung. Sie wird bei freier Lage geringer fein können als bei umbauter Lage; doch kann nur für die erftere ein annäherndes Verhältnis der Lichtflächen feftgefetzt werden, da die letztere in jedem Einzelfall befonderer Beurteilung bedarf. Einer zu grofsen Flächenausdehnung der Fenfter fteht in kühlerem Klima die Erwärmungsfähigkeit des Raumes gegenüber.

<small>77. Fenftergröfse.</small>

Die Ausdehnung der Fenfterfläche hat man nach der Anzahl Betten, nach dem Luftraum oder nach der Bodenfläche für 1 Bett normiert.

<small>Snell[72]) ift den erften Weg gegangen und hat die reinen verglaften Fenfterflächen, die auf jedes Bett in einer Anzahl bekannter Krankenhäufer entfallen, zufammengeftellt, und Lorenz[73]) normiert die Fenfterfläche für 1 Bett bei einfeitiger Beleuchtung auf 2,0 qm und bei zweifeitiger auf 1,6 qm. Galton[74]) rechnet 1 qm Fenfterfläche für 15,2 bis 21,3 cbm Luftraum (= 1 Quadr.-Fufs auf 50 bis 70 Kub.-Fufs), und 1 qm auf 21,3 cbm (= 1 Quadr.-Fufs auf 70 Kub.-Fufs) empfiehlt Thorne-Thorne[75]) für Infektions-Hofpitäler. Rubner[76]) fordert fchliefslich bei freier Lage für ausreichende Helligkeit während des gröfsten Teiles der Sonnenfcheinzeit eine Fenfterfläche gleich 1/5 der Fufsbodenfläche — die Fenfterkreuze abgerechnet.</small>

Von diefen drei Berechnungsarten eignen fich die erften beiden am wenigften zum Vergleich. Bei der Berechnung nach Betten würden kleine Räume fehr viel und grofse Säle — die gleiche Bettenzahl vorausgefetzt — wenig Fenfterfläche erhalten. Bei der Berechnung nach dem Luftraum können Räume bei gröfseren Abftänden der gegenüberliegenden Wände je nach ihrer Höhe in der Mitte zu wenig, bei kleinerem Abftand zu hell beleuchtet fein. Die Berechnung nach der Fufsboden-

---

<small>
72) MOUAT, H. & H. S. SNELL. *Hofpital conftruction and management.* London 1883—84. Teil II, S. 279.
73) Siehe: LORENZ, a. a. O., S. 16.
74) Siehe: GALTON, a. a. O, S. 202.
75) Siehe THORNE-THORNE in: *Tenth annual report of the local government board 1880—81. Supplement containing report and papers fubmitted by the boards medical officer on the ufe and influence of hofpitals for infectious difeafes. Prefented to both houfes of Parliament by command of Her Majefty.* London 1882. S. 182.
76) Siehe: RUBNER, a. a. O., S. 205.
</small>

Fläche kann bei hohen Räumen auch Mifsverhältniffe ergeben; aber fie ermöglicht am beften einen Vergleich. In untenftehender Ueberficht wurden daher eine Anzahl von Gröfsen aus der *Snell*'fchen Zufammenftellung in ihrem Verhältnis zur Fufsbodenfläche umgerechnet. Eine gröfsere Glasfläche, als fich aus der *Rubner*fchen Norm von 1 : 5 ergeben würde, findet fich nur in drei Krankenhäufern, in denen diefes Verhältnis über 1 : 4 fteigt. *Galton's* Zahlen geben, auf den von *Thorne-Thorne* für Fieberkranke empfohlenen Saal von $56{,}64$ cbm ($= 2000$ Kub.-Fufs) Luftraum und $13{,}38$ qm ($= 144$ Quadr.-Fufs) Bodenfläche angewendet, eine Fenfterfläche von 1 : 3,6 bis 1 : 5 der Bodenfläche.

Das letzte Verhältnis, welches *Thorne-Thorne* als Mindeftmafs für Fieberkranke fordert, entfpräche fomit dem von *Rubner* für Wohnräume gegebenen, vorausgefetzt, dafs erfterer es auch auf die verglafte Fläche, nicht auf das lichte Mauerwerk bezogen wiffen will, worüber er nichts andeutet. Bei einem Vergleich mit deutfchen Verhältniffen ift jedoch die frühere Atmofphäre Englands zu berückfichtigen. Ein Beifpiel zu grofser Ausdehnung der Fenfterflächen, welches *Thorne-Thorne* tadelt, ift das Kinderhofpital zu Pendlebury, wo die Heizung bei Fenfterlüftung erfchwert ift. Dort ftellt fich die Fenfterfläche wie 1 : 2,12 der Bodenfläche.

	Betten zahl	Für 1 Bett				Verhältnis der verglaften Fenfterfläche zur Fufsbodenfläche
		Wandraum	Fufsbodenfläche	Luftraum	Verglafte Fenfterfläche, einfchl. Endfenfter und Laternen	
Herbert-Hofpital	32	2,23	9,02	37,21	1,75	1 : 5,1
St. Thomas-Hofpital	28	2,43	11,77	53,37	3,02	1 : 3,9
Edinburg: Erdgefchofs	21	2,74	14,26	58,61	3,25	1 : 4,4
I. Obergefchofs	21	2,74	14,26	64,17	3,61	1 : 3,9
II. Obergefchofs	21	2,74	14,26	56,31	2,81	1 : 5,1
St. Marylebone	28	1,83	6,69	26,48	1,35	1 : 5,0
Stuivenberg-Hofpital	20	2,94	13,80	75,95	2,63	1 : 5,2
Heidelberg, Medizinifche Baracke	14	2,01	9,02	47,79	1,78	1 : 5,0
Moabit-Berlin	28	1,88	6,42	24,45	1,04	1 : 6,1
Halle, Medizinifcher Pavillon	16	2,79	12,60	57,58	1,53	1 : 8,2
Chirurgifcher Pavillon	24	2,89	13,04	62,59	2,42	1 : 5,4
Lariboifière: Erdgefchofs	32	2,39	10,85	55,60	1,39	1 : 7,8
I. Obergefchofs	32	2,39	10,85	52,35	1,50	1 : 7,2
II. Obergefchofs	32	2,39	10,85	52,35	1,58	1 : 6,2
Hôtel-Dieu: Erdgefchofs	24	2,54	11,62	68,23	2,04	1 : 5,7
I. Obergefchofs	24	2,54	11,62	63,78	1,92	1 : 6,0
II. Obergefchofs	24	2,54	11,65	62,88	1,68	1 : 7,0
Tenon: Erdgefchofs	22	2,13	9,95	57,44	1,77	1 : 5,6
I. und II. Gefchofs	22	2,13	9,95	51,39	1,64	1 : 6,1
St.-Denis	16	2,49	10,62	69,53	2,35	1 : 4,5
St.-Eloi	28	2,18	10,04	65,83	1,93	1 : 5,2
Johns-Hopkins-Hofpital	24	2,28	9,94	50,10	2,60	1 : 3,8
		Quadr.-Met.		Kub.-Met.	Quadr.-Met.	

78.
Form der Fenfteröffnungen.

Bezüglich der Verteilung der Fenfterfläche empfiehlt *Tollet* lieber eine grofse Anzahl kleiner als eine kleine Zahl grofser Fenfter zu bilden, um Licht und Luft beffer zu verteilen und die Fenfter beweglicher zu machen.

Soll das durch die Fenfter einfallende Licht alle Teile der Saalwände, der

Decke und des Fufsbodens möglichft gut belichten, fo müfsten erftere am Fufsboden beginnen, bis zur Decke reichen und wagrecht gefchloffen fein, wie in *St. Marylebone* zu London. Die Nachteile geringer Breite für den Lichtzutritt kann man durch Abfchrägung der Fenfterlaibungen, wie in Gebirgsgegenden, einfchränken. Unter der Decke foll das Fenfter fo hoch geführt werden, als feine Ueberdeckung geftattet; am Fufsboden ift bei uns eine Fenfterbrüftung erwünfcht, um eine zu grofse Abkühlung der Luft am Fufsboden zu vermeiden. Durch diefe Fenfterbrüftungen fallen Schatten auf den Fufsboden vor ihnen; mit jeder Steigerung ihrer Höhe wird es wegen mangelnden Lichtes fchwieriger, die Reinheit des Saales zu überwachen, und dies befonders in einfeitig belichteten Sälen. Eine geringe Höhe der Fenfterbrüftung ift auch erwünfcht, um den Kranken den Blick in das Freie zu ermöglichen, und bei Flügelfenftern, um eine bequeme Höhe für den Verfchlufs der unteren Flügel zu erhalten. Die englifchen Schriftfteller fordern in der Regel 0,61 bis 0,92 m Brüftungshöhe; fonft wird meift 0,75 bis 1,00 m Höhe gewünfcht.

Hügel verlangte, dafs die Brüftung nicht über 0,95 m vom Fufsboden reichen folle, weil man fonft ungleiches Licht erhalte, wodurch die Unterfuchung, befonders bei chirurgifchen Kranken, erfchwert werde.

Andererfeits hat man die Brüftungshöhe gefteigert, um Zugluft zu vermeiden, um zu hindern, dafs bei geöffneten Fenftern die Luft von einem Kranken einem anderen zugetrieben wird, um die Bettenftellung unabhängig von den Fenftern bewirken zu können, oder auch um den Verkehr der Kranken durch das Fenfter mit Aufsenftehenden zu hindern.

Im k. k. Kaiferin-Elifabeth-Spital zu Wien beträgt die Brüftungshöhe 1,40 m, und in der *Briftol Royal infirmary* 2,00 m. Im *Billroth*-Pavillon der erfteren Anftalt wurden die Fenfter galerieartig 2,30 m über dem Fufsboden angeordnet. (Siehe Art. 87, S. 53.) Auch in Hamburg-Eppendorf ift man von 0,95 m in den alten Pavillons auf 1,30 m Höhe in den neuen übergegangen.

Solche Ausnahmen mögen gerechtfertigt fein, wo fcharfe Winde herrfchen, wie in Wien. Sonft wird man 0,95 m als das Höchftmafs einer Brüftung betrachten können. In Kinderkrankenzimmern hält *Rauchfufs* Brüftungen unter 1,00 m für gefährlich.

Fig. 5.

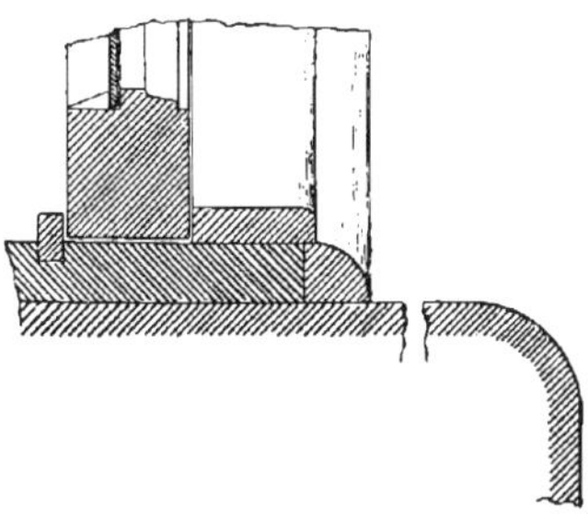

Die Fenfterbrüftung ordnet man am zweckmäfsigften bündig mit der Innenfeite der Aufsenwand an, da durch das Zurückfetzen derfelben hinter die letztere Ecken entftehen, deren Reinhaltung viele Mühe verurfacht. Wo die Fenfter hinter der Wand zurückliegen, wird ihre Brüftung abgerundet, wie im Johns-Hopkins-Hofpital (Fig. 5 [7]), wodurch Fugen vermieden find, oder man giebt ihr eine ftark geneigte Abdeckung durch eine Schiefer-, Marmor- oder Glasplatte, auf welcher infolge ihrer Neigung weniger Staub liegen bleibt.

Querfchnitt durch eine Fenfterbrüftung im Johns-Hopkins-Hofpital zu Baltimore [7]).

Eine folche Einrichtung hindert auch die Infaffen, das Fenfterbrett als Sitz und zum Abftellen von Saalgefchirr oder Geräten zu benutzen, was auszufchliefsen ift, weil hierdurch das Oeffnen der Fenfter gehindert wird und kein Gefchirr oder Geräte diefer Art im Saale bleiben foll, aufser in der Zeit unmittelbarer Benutzung derfelben.

[7]) Fakf.-Repr. nach: BILLINGS, a a. O., Pl. 23.

79. Anordnung und Konstruktion.

. Die Anwendung hölzerner Fensterbretter ift wegen ihres Eintrocknens und der Bildung von Riffen im Putz ausgefchloffen. Die Kanten der Fenfterlaibung find abzurunden, wie diejenigen der Thüren. Beffer würden auch die Fenfter bündig mit der Innenwand liegen, wie die unteren Fenfter in der chirurgifchen Klinik zu Göttingen, in der Zülpenicherftrafse zu Cöln, in *St. Marylebone* und neueren englifchen Krankenhäufern. Die Fuge zwifchen Futterrahmen und Wandputz wird im letzteren Falle mittels einer Holzleifte gedeckt.

Bei der Lüftung des Krankenraumes fpielt die unregelmäfsige Lüftung durch unmittelbar nach aufsen führende Fenfter in den Längs- und Querwänden eine um fo gröfsere Rolle, je gröfser der Raum ift und je mehr Menfchen darin verfammelt find. Aufgabe der zu wählenden Konftruktionen ift, den Krankenraum beim Oeffnen einzelner Teile der Fenfter möglichft gegen die wechfelnden äufseren Einflüffe der Witterung, der Temperatur und der Jahreszeit zu fchützen. Diefe Lüftung erfordert aber eine verftändige Benutzung, ohne welche ihr ohnehin unregelmäfsiges Wirken noch mehr eingefchränkt wird oder zu Schädlichkeiten für die Kranken führen kann. Diefe Benutzung foll mit dem regelmäfsigen Lüftungsfyftem im Einklang ftehen. (Siehe Art. 101, S. 62.)

<small>Im *Bradford small-pox hofpital* zu Bradford dienen die Fenfter nur zum Lichteinlafs. Sie find hermetifch gefchloffen, um das Abfaugen mittels des Lüftungsfchornfteines nicht zu ftören und keine infizierte Luft durch die Fenfter entweichen zu laffen. (Siehe unter b, 5, ϑ.)</small>

Solche Ausnahmen abgerechnet, dient das Fenfter im Krankenraum zur Lichtwie Luftzuführung, mufs in gefchloffenem Zuftand zugfrei fein, möglichft grofse Lichteinlafsflächen bieten, ausgiebige zugfreie Lüftung beim Oeffnen und ein ficheres Oeffnen und Schliefsen aller Teile mit möglichft wenig Handgriffen geftatten. Dementfprechend ift die Teilung des Fenfters in gefchloffene und bewegliche Flächen zu wählen. Grofse Fenfter find in der Nähe von Krankenbetten zu vermeiden, da fie leicht undicht werden.

<small>Gleichmäfsiges Material in allem Rahmen- und Sproffenwerk verdient vor gemifchtem Material den Vorzug, weil ungleichmäfsiges Zufammenziehen oder Ausdehnen desfelben Riffe oder Spalten verurfacht. Holz zieht man bis jetzt anderem Material, auch dem Metall, vor, da es fich weniger ausdehnt und ein fchlechterer Wärmeleiter ift; doch bedingt es abgerundete Profile und einen riffefreien deckenden Anftrich, wie ihn das im Urban verwendete Ripolin gewährt. Gut ausgelaugtes, unter verfchiedenen Temperaturen genügend lang getrocknetes Eichen- oder Efchenholz ift das geeignetfte Material. *Lorenz* empfahl bei Doppelfenftern das äufsere Fenfter aus Eichen-, das innere aus Kiefernholz herzuftellen.</small>

80. Verglafung.

Der verfchiedene Grad der Durchläffigkeit des Fenfterglafes für Licht kann die Helligkeit fteigern oder mäfsigen. Das meifte Licht läfst poliertes Spiegelglas durch, welches in England viel Verwendung findet, da bei ftarkem Glas auch der Wärmeverluft fich zugleich demjenigen der Wand nähert. Es wird dort auch als Erfatz für Doppelverglafung benutzt, da zwei Glasplatten von gutem Tafelglas weniger Licht einlaffen als eine Platte Spiegelglas.

Galton[78]) giebt eine Zufammenftellung über die Durchläffigkeit verfchiedener Glasforten für Licht. Der oft trübe Himmel zwingt in England, möglichfte Helligkeit anzuftreben, die im allgemeinen auch bei uns erwünfcht ift, erforderlichenfalls die Lichtkraft einer zu geringen Ausdehnung des Fenfters verbeffern und befonders nötig werden kann, wo das Gebäude keine freie Lage hat.

In Krankenräumen, wo die Helligkeit dauernd einzufchränken ift oder wo dauernde Abblendungen einzelner Teile nötig find, kann man farbige oder getönte Gläfer einfetzen.

<small>[78]) Siehe: GALTON, a. a. O., S. 201. - Siehe auch die Angaben über Lichtdurchläffigkeit verfchiedener Glasforten in Teil III, Bd. 3, Heft 1 (Abt. IV, Abfchn. 1, Kap. 1) und Bd. 4, 2. Aufl. (Abt. IV, A, Abfchn. 4, Kap 1) diefes »Handbuches«.</small>

So erhielten die kreisförmigen Säle im *St. Leonards* und *East Suffex hofpital* matte Scheiben, diejenigen im *Suburban hofpital* zu Erdington violette Scheiben in den oberen Teilen der Fenfter. *Tollet's* Vorfchlag, in allen Krankenfälen die Fenfter *en grifaille* zu malen, wie in mittelalterlichen Hofpitälern, z. B. in Tonnerre, würde die Säle unnütz verfinftern und nur bei gewiffen Kranken oder für die genannten Abblendungszwecke in Frage kommen können.

Die Befchläge der Fenfter richten fich nach ihrer Konftruktion. Welcher Art fie fein mögen, fie müffen ftark fein, ein ficheres, geräufchlofes, leichtes und fchnelles Oeffnen und Schliefsen aller Teile durch Perfonen, die im Saal ftehen, ermöglichen, auch die unveränderliche Bewegung, bezw. Erhaltung der betreffenden Fenfterteile in ihrer Lage gewährleiften; daher ift befonderer Wert auf gutes Anfetzen der Befchläge an die Rahmen zu legen.

81.
Befchläge.

Wo die Wahl zwifchen zwei nahezu gleichwertigen Verfchlüffen, z. B. zwifchen Efpagnolette- oder Basculeverfchlufs, freifteht, wird man fich fonach lieber zu Gunften desjenigen entfcheiden, der in der Oertlichkeit fchon Eingang gefunden hat und dem Arbeiter geläufig ift. Bezüglich der Ausftattung der Befchläge vergl. Art. 75 (S. 44). Billige Verfchlufskonftruktionen führen oft zu mangelhafter Handhabung derfelben oder zum Aufserbetriebfetzen der Fenfterlüftung, wie bei zerriffenen Schnüren, Ketten u. f. w.

In einzelnen Fällen, wie in Ifolierzimmern, ift das Vergittern der Fenfter erwünfcht, was man in unauffalliger Weife durch Einfetzen eiferner Sproffen in die Fenfterrahmen bewirkt.

In der Diakoniffenanftalt zu Dresden find die Flügel nach Breite und Höhe durch zwei Sproffen in neun Felder geteilt. Hier rechtfertigt der befondere Zweck die Verwendung von Eifen und Holz in einem Rahmenwerk.

Die verfchiedenen Fenfterarten werden als einfache und als Doppelfenfter ausgeführt. In Hamburg-Eppendorf haben die Säle einfache Fenfter erhalten. Auch die Friedens-Sanitätsordnung erachtet Doppelfenfter in der Regel nicht für erforderlich und verlangt im Bedürfnisfall Begründung. Einfache Fenfter find fchwer dauernd fo dicht zu erhalten, dafs fie keine fühlbaren Luftadern einlaffen, befördern im Krankenraum das Herabfallen von Luft, die fich an ihren Glasflächen abgekühlt hat, und das Befchlagen der letzteren.

82.
Einfache
und
Doppelfenfter.

In kälteren Gegenden haben fich einfache Fenfter nach *Lorenz* »faft ausnahmslos nicht bewährt; wo diefelben noch vorhanden find, tritt lebhaft der Wunfch nach einer Befferung hervor«[79]). Das Schweifswaffer und die Eisblumen fchränken auch das Licht zu Zeiten ein, wo man es am meiften braucht.

Doppelte Verglafung einfacher Fenfter befeitigt wenigftens das in Krankenräumen zu vermeidende Schweifswaffer an Fenftern und damit die Wafferkäften zur Anfammlung desfelben, die nie gereinigt zu werden pflegen und, wenn fie unvermeidlich find, frei angehängt werden müfsten.

Der Scheibenabftand foll bei doppelter Verglafung 5 bis 6 cm, bei Doppelfenftern nur fo viel mehr betragen, als die Verfchlüffe beanfpruchen, da der Wärmeverluft mit dem Abftand zwifchen Innen- und Aufsenglas wächft.

Genügenden und dauernden Schutz vor Zug durch die Falze, wie ihn unfer Klima fordert, bieten nur gut gearbeitete Doppelfenfter.

Die hauptfächlich in Krankenräumen verwendeten Fenfterkonftruktionen fchliefsen fich an die in den verfchiedenen Ländern fonft üblichen Arten an und zeigen nur gewiffe Abänderungen, welche durch die Notwendigkeit leichter und zugfreier Lüftung bedingt find. Zur Verwendung kommen drei Grundformen, die man auch teilweife untereinander verbindet: das Schiebefenfter, das Flügelfenfter und das Klapp- oder Kippfenfter.

83.
Fenftergattungen.

Das Schiebefenfter, welches Platz vor den Saalwänden fpart, ift in England und Amerika allgemein auch in Krankenräumen gebräuchlich, obwohl es meift nur

84.
Schiebefenfter.

---

[79]) Siehe: LORENZ, a. a. O., S. 17.

das Oeffnen des Fenfters zur Hälfte feiner Fläche geftattet, und kommt als einfaches und als doppeltes Schiebefenfter zur Verwendung.

Beim einfachen Schiebefenfter wird der untere Rahmen oft fo gearbeitet, dafs das untere Fenfter etwa 5 cm gehoben werden kann, wobei eine Schiene am unteren Rahmholz den hierdurch entftehenden Zwifchenraum deckt. Alsdann hat die Aufsenluft zwifchen den beiden Fenftern Zutritt, ohne Zug zu erzeugen. Ueber diefem Fenfter ift öfter, wie beifpielsweife im *Heathcote hofpital Leamington*, ein $0{,}45$ m ($= 1{,}5$ Fufs) hohes Kippfenfter angebracht, das nach innen klappt und Seitenwangen hat.

Das doppelte Schiebefenfter (*double hung and double fafh*) kann für zugfreie Lüftung benutzt werden, indem man den äufseren unteren Fenfterfchieber hebt und den inneren oberen fenkt, was fich gleichzeitig vollzieht, da fie zufammengehängt find. *Niernfée* fchlug vor, den auf diefe Weife entftehenden Luftftrom durch ein gelochtes Blech oder ein Drahtfieb, das wagrecht am oberen Rahmholz des inneren unteren Schiebefenfters zwifchen den Doppelfenftern befeftigt ift, noch in fehr kleine Luftftröme zu teilen.

In den neuen Londoner Fieberhofpitälern find verbefferte Konftruktionen verwendet worden. Hier wurden die Futter zum Aufklappen eingerichtet, fo dafs man die Gewichte und Leinen erneuern kann, ohne die Schiebefenfter herausnehmen zu müffen. — Nach einer anderen von *Hall* angegebenen Konftruktion im *Park hofpital* laffen fich die Schiebefenfter auch nach innen klappen und in jedem Winkel öffnen, wodurch fie innenfeitig behufs Reinigen, Malen und Wiederverglafen zugänglich gemacht find. Ein folches Fenfter läfst fich in der doppelten Ausdehnung eines gewöhnlichen Schiebefenfters öffnen, und eine Feftftellvorrichtung hindert es am Klappern.

Neuerdings haben auch bei uns u. a. *Ehrke & Blei*, fowie *Franz Spengler*[80]) verbefferte Schiebefenfterkonftruktionen eingeführt.

Das Klappfchiebefenfter von *Spengler* mit Doppelglasrahmen bietet die Vorteile von Doppelfenftern und wird durch Bänder aus Aluminiumbronze bewegt.

85. Verbindung von Schiebefenfter und Flügelthür.

Snell hat bei feinen faft bis zum Boden reichenden Fenftern in einigen *Workhoufe infirmaries* das obere Schiebefenfter mit einer unteren Flügelthür verbunden (Fig. 6[81]).

Die offen ftehenden Flügel der Thür, welche bündig mit der Wand liegt, fchützen den Kopf der Patienten in den Betten zu Seiten des Fenfters, felbft bei herabgelaffenem Schiebefenfter, vor Zug, und die fonft nur bei Windftille oder bei gleichen Innen- und Aufsentemperaturen mögliche Querlüftung des Saales in feinen oberen und unteren Luftfchichten ift in diefer Weife auch zu anderen Zeiten ohne Schaden möglich.

Der Querriegel liegt $2{,}74$ m ($= 9$ Fufs) über dem Fufsboden und wird daher eine leicht vergeffene Staublage bilden. Die aufsen verbleibende Laibungstiefe der Thür foll als Blumenbalkon benutzt werden

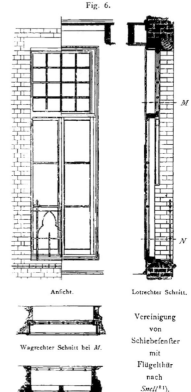

Fig. 6.

Anficht. Lotrechter Schnitt.

Wagrechter Schnitt bei *M*.

Wagrechter Schnitt bei *N*.

Vereinigung von Schiebefenfter mit Flügelthür nach *Snell*[81]).

$\tfrac{1}{50}$ w. Gr.

---

80) Siehe: Deutfche Bauz. 1897, S. 73; 1895, S. 484.
81) Nach: SNELL, H S. *Charitable and parochial eftablifhments*. London 1888. S. 19.

und ift bis Bruftungshöhe vergittert. An der Innenfeite der Saalwand deckt eine Holzleifte das Fenfterfutter ringsum ab.

In den übrigen Ländern verwendet man Flügelfenfter, denen man vorwirft dafs bei geringem oder vollftändigem Oeffnen in der ganzen Höhe des Fenfterflügels ein mittlerer Streifen Luft eintritt und fich befonders am Fufsboden unangenehm bemerkbar macht. Flügelfenfter bedürfen einer Stellvorrichtung, um fie in einer beftimmten Lage zu halten, die bei den oberen Flügeln kaum anzubringen ift. Dagegen geftatten fie das Oeffnen der Fenfter in ihrer ganzen Breite und Höhe, wovon jedoch felten bei allen Fenftern Gebrauch gemacht wird, obwohl dies nicht nur bei der Reinigung der Räume, fondern auch an heifsen Tagen von grofsem Wert fein kann. Im nordamerikanifchen Bürgerkrieg waren die Baracken an folchen Tagen trotz Firftlüftung unerträglich heifs, und es bewährte fich das Zelt mit aufgezogenen Wänden. Ein Saal mit Fenftern an allen Seiten, die man in ganzer Ausdehnung öffnen kann, würde dem Zelt in folchen Fällen nahe kommen.

86. Flügelfenfter.

In der Nebenabteilung für Aeufserlichkranke in der Charité zu Berlin laffen fich bei den dreiteiligen Doppelfenftern die feitlichen äufseren und die inneren oberen Flügel nur gleichzeitig und die inneren unteren Flügel nur durch einen Dornfchlüffel öffnen.

Da es die Witterungsverhältniffe bei uns wünfchenswert machen, vorzugsweife die oberen Flügel zu öffnen, um vor Zug gefchützt zu fein, dies aber fchwieriger ift und meift unterbleibt, wenn fie von unten nicht erreichbar find, hat man diefen oberen Teil als Klappe konftruiert, die fich an der unteren Kante nach innen dreht und durch einen dauerhaften Mechanismus in jeder Lage von unten ftellbar fein foll.

87. Verbindung von Flügel- und Kippfenfter.

Diefe Form fand auch in England bei den grofsen Fenftern an der Saalftirnwand Eingang, wo der untere Teil Flügelfenfter hat und der obere, halbkreisförmige Teil als Klappfenfter ausgebildet ift, was fich zur Lüftung der Säle, befonders bei Nacht, vorzüglich bewährt hat.

Um die fchräge Richtung, welche Kippfenfter der Luft gegen die Saaldecke hin geben, nicht an den Seiten abzulenken, fchliefst man letztere durch Wangen mit Falz, in welche fich das Fenfter beim Oeffnen hineinlegt. Damit diefe Seitenwangen den freundlichen Eindruck des Saales möglichft wenig beeinträchtigen, wurden fie öfter aus Glas hergeftellt. Oeffnet man folche Kippfenfter an zwei Seiten eines Saales, fo kann das eine als Lufteinlafs, das andere als Luftauslafs dienen, welche Wirkung fich bei Beachten der Windftärke und -Richtung durch geringeres oder weiteres Oeffnen von beiden oder von einem derfelben fördern läfst.

So klar und einfach dies ift, begegnet man noch oft fehr verkehrten Anlagen von Oberfenftern, wozu befonders diejenigen gehören, die fich um ihre Mittelachfe drehen und fomit einen Teil eintretender kühlerer Luft unmittelbar zu Boden fallen laffen. Der Wettbewerb für die bewegliche Baracke in Antwerpen bot eine ganze Mufterkarte für Konftruktionen von folchen Fenfterklappen aller Art.

In einzelnen preufsifchen Kliniken brachte man Verbindungen von einfachen und Doppelfenftern zur Ausführung.

In Bonn[82]) trennt ein Losholz in $2/3$ der Höhe das untere Doppelfenfter vom oberen Kippfenfter. Das erftere ift nochmals in halber Höhe geteilt, und jede diefer Hälften hat 2 Flügel, die gegen einen feften Mittelpfoften fchlagen. Da das Doppelfenfter innerhalb der Fenfterlaibung vor das einfache Kippfenftern nach innen vorfpringt, bildet das Losholz eine Staubablagerungsfläche, und die 8 Fenfterflügel würden ebenfo vieler Stellvorrichtungen bedürfen, um beliebig geöffnet zu werden. Bei diefer Anordnung finkt die abgekühlte Luft an dem Kippfenfter, wenn es gefchloffen ift, über das untere Innenfenfter herab.

Dies fuchte man in Göttingen (Fig. 7[83]) zu vermeiden, wo die Fenfter bis zu halber Höhe doppelt, aber hier nicht verbunden find, damit die an der Innenfeite der oberen einfachen Fenfter herabgleitende kühle Luft fich zwifchen den Doppelfenftern erwärme und über den Rand des inneren Fenfters ohne Beläftigung

---
82) Siehe: LORENZ, a. a. O., Abb. S. 16.
83) Nach ebendaf., S. 17.

in das Zimmer tritt. Im ganzen Fenster sind aufser dem Kippflügel 6 Flügel zu öffnen, von denen die 2 einfachen ihren Verschluss 2,75 m über dem Fufsboden haben, also für diesen schon einer besonderen Stellvorrichtung bedürfen.

Die Nachteile derartiger Fenster bestehen, abgesehen von der möglichen Schweifswasserbildung an den einfachen Fensterteilen, in den zahlreichen Verschlüssen.

Macht man die Oberflügel doppelt, so müssen sie sich leicht öffnen laffen.

Die von *Reinhardt* erfundene, durch Patent geschützte Verschlufseinrichtung von Doppelkippfenstern (Fig. 8 bis 10[84]) beruht darauf, dafs der seitliche Schlufs zwischen Fenstern und Wange nicht nur bei vollem Oeffnen, sondern auch bei allen Zwischenstellungen dicht bleibt, indem *Reinhardt* die Kippflügel mit den Schutzblechen verbindet und letztere fächerförmig gestaltet.

Mittels einer Kette oder Schnur ohne Ende kann durch ein Zahnrad das Fenster in jeder beliebigen Weite geöffnet und geschlossen werden, da sich die Backen in die ausgeschnittenen Fensterrahmen, bezw. in das Futter einlegen, so dafs bei geschlossenem Fenster von den Fächern nur die schmalen Vorderkanten sichtbar bleiben.

Durch diese Konstruktion, die sich u. a. auch im Kaiser- und Kaiserin-Friedrich-Kinderkrankenhaus zu Berlin bewährt hat, wird, von den anderen Vorteilen abgesehen, bei bequemer und sicherer Handhabung ein gleichmäfsiges An- und Abdrücken der Flügel zu beiden Seiten bewirkt, und diese verharren beim Oeffnen ohne besondere Feststellung in jeder beliebigen Lage.

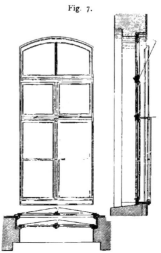

Fig. 7.

Fenster in der chirurgischen Klinik zu Göttingen [83]).

1/50 w. Gr.

Das parallele Drehen von zwei Kippflügeln nach innen hat den Nachteil, dafs zwischen den Doppelfenstern eine Stabjalousie oder ein Rouleau nicht angebracht oder doch bei gleichzeitig geöffneten Kippflügeln nicht benutzt werden kann und

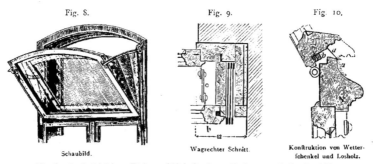

Fig. 8.   Fig. 9.   Fig. 10.

Schaubild.   Wagrechter Schnitt.   Konstruktion von Wetterschenkel und Losholz.

Kippflügel mit seitlichem Fächerverschlufs für Doppelfenster von *C. Reinhardt*[84]).

dafs die bei offener Stellung von aufsen eingetriebene Luft oft wagrecht durch den Saal geht und bei äufserer schwacher Luftbewegung im Inneren schnell zu Boden sinkt. Eine bessere Ablenkung der eintretenden Luftströme nach der Decke wird

---

[84]) Nach freundlicher Mitteilung des Architekten Herrn *Reinhardt* in Berlin.

durch eine folche Stellung der Oberflügel ermöglicht, bei der fich der innere um feine wagrechte untere Kante nach innen und der äufsere um feine obere Kante nach aufsen dreht, wobei auch eine temperierte Luftfchicht zwifchen den gefchloffenen unteren Doppelfenftern entfteht.

Im Kaifer-Franz-Jofeph-Hofpital zu Wien wurde zu diefem Zweck eine Hebelkonftruktion (Fig. 11[85]) angewendet. Die Kurbel b, welche durch Radübertragung eine Welle a treibt, an deren Enden Hebel die Leitftangen d auf und nieder bewegen, ift abnehmbar. Die Kippflügel können durch Entfernung von Splinten leicht herausgenommen und bis zu 60 Grad gegen die lotrechte Stellung geöffnet werden.

Im Neubau der Diakoniffenanftalt zu Dresden ift der Seitenfchlitz, in welchem der Hebel liegt, leicht zugänglich und geftattet die Reinigung. Hier find über den unteren Flügelfenftern 2 Kippflügelpaare nebeneinander mit eigenen Hebelvorrichtungen angeordnet, was mehr Koften verurfacht und dazu führt, dafs meift nur eines benutzt wird. Die Hebelvorrichtung bedingt 0,17 m Abftand zwifchen den Doppelfenftern, was die abkühlende Wirkung des Fenfters verftärkt.

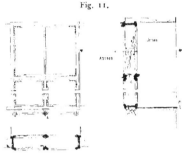

Fig. 11.

Fenfter im Kaifer-Franz-Jofeph Hofpital zu Wien [85]).

$^1/_{50}$ w. Gr.

Auch beim Flügelfenfter hat man Lufteinläffe am unteren Ende des äufseren und am oberen Ende des inneren Fenfters hergeftellt, um bei ftärkerem Wind gleichfalls die Fenfter öffnen zu können, wie beim englifch-amerikanifchen Doppelhängefenfter. In den Fenftern, die fich in den Pavillons des Carola-Krankenhaufes zu Dresden vorfinden, ift dies in der Weife erreicht, wie Fig. 12 [86]) zeigt.

Das äufsere Fenfter kann man mittels Zahnradmechanismus leicht durch einen Gurt etwas anheben und in diefer Lage feftftellen, während hierbei das obere innere Klappfenfter nach innen fällt. Läfst man das Aufsenfenfter wieder herab, fo hat man ein gewöhnliches Doppelfenfter mit Flügeln im unteren und Kippfenftern im oberen Teile.

Der Luftweg, wie er in Fig. 13 dargeftellt ift, der auch den Vorzug hat, dafs grober Staub fich zwifchen den Fenftern abfetzen kann, läfst fich in einfacherer Weife dadurch herftellen, dafs im äufseren Fenfter unten eine um die obere Kante fich drehende Klappe und im inneren Fenfter oben eine folche angebracht ift, die fich an ihrem unteren Rande nach innen dreht, wie auch *Schumburg* [87] empfiehlt. Doch wird in diefem Falle der Lüftungsquerfchnitt auf die Breite eingeengt, welche dem Abftand der beiden Fenfter entfpricht. Die Lüftung mit einem folchen Fenfter ift auch nur im Sommer möglich, da im Winter der Wert des Doppelfenfters durch diefen Luftweg verloren gehen würde. Doch könnte man mit einer derartigen Fenfterkonftruktion auch die obere Kippfenfterftellung der Dresdener Diakoniffenanftalt verbinden, wenn man fie unter einer darüber liegenden fchmalen oberen Klappe anordnet.

Im *Billroth*-Pavillon des Rudolfinerhaufes zu Wien hat *v. Gruber* die Fenfter zum Teil als Etagenkanal (fiehe Art. 78, S. 47) verwendet.

In den 2,30 m hohen Brüftungen wurde jedes zweite der galerieartig angeordneten Fenfter in feiner unteren Hälfte mit Oeffnungen über dem Fufsboden verbunden, welche innen mit Schiebern, aufsen mit

---

[85]) Nach: Jahrbuch der Wiener k. k. Kranken-Anftalten, Jahrg. I (1892). Wien und Leipzig 1893. Taf. XLIX.
[86]) Nach freundlichen Mitteilungen des Herrn Architekten *Heinrich* zu Dresden.
[87]) Siehe: SCHUMBURG, a. a. O., S. 302.

88. Klappfenfter.
Jaloufien und Drahtgittern verfehen find. Die obere Hälfte aller Fenfter haben die Geftalt von Klappflügeln, die fich in Gruppen von je dreien mittels Kurbelantrieb ftellen laffen.

Im Middlefex-Hofpital zu London wurde das ganze Fenfter [88]) in Klappen zerlegt, die fich um eine wagrechte Mittelachfe drehen. Da die Klappen aber durch eine Stange verbunden find, fo laffen fich alle nur gleichzeitig und gleich weit öffnen, geftatten fomit bei uns keine Winterlüftung. Man müfste fie um ihre untere Achfe drehbar konftruieren und über ihnen ein befonderes Lüftungsfeld anbringen.

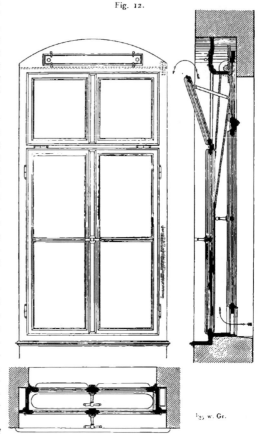

Fig. 12.

Fenfter im Carola-Krankenhaus zu Dresden [86]).

$\tfrac{1}{2}$ w. Gr.

Solche befondere Lüftungsfenfter oder -Klappen finden fich häufig über den eigentlichen Fenftern. Sie haben Fenfterbreite, 0,25 bis 0,75 m Höhe und dienen zum Erfatz des dann fehlenden Kippflügels oder zu feiner Ergänzung. In dem von *Henrici* gebauten Krankenhaus zu Goslar klappen diefe Felder nach innen und erhielten aufsen Schutzdächer.

89. Vorkehrungen für dauernden Luftwechfel.
Fenfter oder Lüftungsöffnungen, die man während längerer Zeit oder zu dauerndem Luftwechfel benutzen will, wo es das Klima geftattet, bedürfen zur Abhaltung von Regen, bezw. zur Zerteilung der einftrömenden Luft befonderer Vorkehrungen, wie Jaloufien oder durchbrochener Tafeln.

Im *London fever hofpital* haben die Fenfter im Saale für Fleck- und Rückfalltyphus gar kein Glas, fondern ftets offene Jaloufien. — *Effe* fetzte bewegliche Glasjaloufien in ein paar Fenfter der Charitébaracke ein. — Auch *Rubner* hält den Lufteintritt durch folche für empfehlenswert. — In Hamburg-Eppendorf hat man auf *Curfchmann's* Veranlaffung die Hälfte der Lüftungsfelder über den Fenftern mit Jaloufien, die fich nicht ganz fchliefsen liefsen, verfehen. Die Heizung kam den Jaloufien gegenüber nicht auf, fo dafs fie durch Vorfatzklappen gefchloffen und in den neuen Pavillons weggelaffen wurden. Die Reinhaltung von Jaloufien fordert viele Arbeit und ift, wenn fie hoch liegen, fchwer zu überwachen.

Im Cockerillhaus des Luifen-Hofpitals zu Aachen hat man im äufseren unteren rechten, ebenfo wie inneren oberften linken Fenfterflügel je eine fechsteilige ftellbare Glasjaloufie an Stelle der Scheibe ein-

[85]) Siehe: Die betreffende Abbildung in: HUSSON, a. a. O., S. 372.

gefetzt. Im übrigen laffen fich die Fenfter nur durch befondere Drücker öffnen, da fie zu allen Jahreszeiten gefchloffen bleiben follen. Nach *Dinkler* hat fich diefe Fenfterlüftung fehr bewährt[89]).

Feinmafchiges Drahtgewebe als Einfatz für Thüren und Fenfter im Sommer wurde u. a. im Katharinen-Hofpital zu Stuttgart und von *Mencke* benutzt. Nimmt man es fehr fein, fo verftopft es fich leicht; ift es gröber, fo läfst es, wie die gewöhnlichen durchlochten Zinktafeln, Windftöfse und Regen durch. In den *Wilkinfon*'fchen Fieberbaracken in Irland verwendete man deshalb Zink- oder Weifsblechtafeln, in welche 0,21 cm grofse Löcher in Abftänden von 2,1 cm gefchlagen waren; die vorfpringenden Ränder der Löcher kehrte man nach aufsen, um den Regen abzuhalten.

In England fanden auch die *John Warners & Sons pat. ventilating glas bricks and windows*, Glastafeln mit 7,60 cm (= 3 Zoll) langen Spalten, deren 8 bis 10 auf 0,09 qm (= 1 Quadr.-Fufs) kommen, Verwendung.

Als Vorkehrungen zu vorübergehendem Schutz gegen Licht und Wärme für Fenfter an der Sonnenfeite benutzt man im Krankenraum Zug- oder Rollvorhänge, Stabjaloufien oder Läden und verwendet oft verfchiedene diefer Schutzmittel gleichzeitig.

90. Vorkehrungen für vorübergehenden Schutz gegen Sonnenlicht.

So erhielten im Hofpital für Hautkrankheiten zu Frankfurt a. M. alle Fenfter innen Leinenrouleaus, welche fich von unten nach oben bewegen, die gegen Süden und Südweften gerichteten Fenfter aber auch hölzerne, jaloufieförmig durchbrochene und im Unterteile aufftellbare Schiebeläden.

Die Wahl der Vorrichtung, welche man zu diefem Zweck anwenden will, und die Art ihrer Anbringung hängen wefentlich von der Fenfterkonftruktion ab.

Rubner empfiehlt als geeignetftes Material für Vorhänge ungebleichte Leinwand. Man foll die Zuggardinen zur Verminderung des Einfalles von Sonnenftrahlen von unten nach oben und umgekehrt gehen laffen, fo dafs man beliebige Teile des Fenfters abdecken kann, wie im Kaifer- und KaiferinFriedrich-Kinderkrankenhaufe zu Berlin. In den hier entftehenden Querfalten fetzt fich, namentlich zur Zeit der Nichtbenutzung, Staub an, was bei Zuggardinen, die wagrecht gezogen werden, vermieden ift. Die Anordnung wurde dort wohl hauptfächlich durch die Kippfenfterkonftruktion bedingt.

Selbftthätig mittels Spiralfedern fich felbft aufrollende Vorhänge, die fich in jeder Lage feft ftellen laffen und zwifchen beiden Fenftern liegen, finden fich im Kaiferin-Elifabeth-Spital zu Wien.

In der *Maternité* von *Lariboifière* verlegte man die Vorhänge nach aufsen.

Aeufsere Rollvorhänge aus wafferdichtem Segeltuch, die fich von innen ohne Oeffnen der Fenfter herab- oder hinaufziehen laffen, benutzt man in Heinrichs-Hofpital zu Arlen (Baden); fie laufen in eifernen Schienen, find durch zahlreiche Holzftäbe verfteift, gewähren guten Schutz gegen Regen, Wind und Sonnenfchein, erforderten in 9 Jahren faft keine Ausbefferung und wurden auch in dem zum Krankenhaus gehörigen Sanatorium für die vom Fufsboden bis zur Decke reichenden Fenfter verwendet[90]).

Marquifen, Läden oder Stabjaloufien aufsen vor den Fenftern, welche das Licht abhalten, aber die Luft frei einlaffen, fchützen am beften vor Ueberhitzung durch die Sonne. Sie müffen feft anlegbar fein, damit fie bei windigem Wetter kein Geräufch verurfachen. Im Johns-Hopkins-Hofpital find die Läden, der Fenfterteilung entfprechend, in 4 gleich grofse Flügel geteilt, die fich in der gewöhnlichen Art oben und unten öffnen und fchliefsen laffen; doch kann man die 2 unteren Flügel auch, an ihren oberen Kanten drehend, nach aufsen ftellen, fo dafs fie freien Luftzutritt geftatten und gegen die Sonne einen Schutz bilden.

Cohn empfahl an Stelle wagrechter Stäbe in den Jaloufien folche mit lotrechten Stäben, wie fie in Schaufenftern zur Verwendung kommen. Sie dürften gegen Wärme nicht genug Schutz gewähren.

ε) Dachreiter.

Oeffnet man den Firft einer mit der Dachfläche anfteigenden Decke in der ganzen Länge des Daches und fchützt die Oeffnung durch ein nur wenig über dem Hauptdach liegendes, befonderes Dach, fo entfteht die fog. Dachreiterlüftung, deren erfte Ausbildung durch die Engländer im Krimkrieg erfolgte. Durch Oeffnen des Dach- und Deckenfirftes in ganzer Länge wollte man das fchnelle Entweichen der den Raum unter dem Dach erfüllenden Luft erreichen, um derfelben nicht Zeit zur

91. Kennzeichnung.

---

[89]) Siehe: Klinifches Jahrbuch, Bd. 8 (1900), S. 573.
[90]) Siehe: PANNWITZ, G. Deutfche Induftrie und Technik bei Einrichtung und Betrieb von Sanatorien und Krankenhäufern. Berlin 1899. S. 26.

92.
Offene Dachreiter

Abkühlung unter der Decke zu laffen. Giebelöffnungen hatten fich für den Zweck nicht als ausreichend erwiefen. Doch tritt das Auffetzen von Lüftungslaternen oder -Rohre auf den Dachfirft mit der Dachreiterlüftung in Wettbewerb.

Der Krimdachreiter war offen, ohne Verfchlufsklappen und wurden in der kälteren Jahreszeit zugenagelt.

Der Firftfchlitz hatte 7,60 bis 10,00 cm Breite; der Abftand des Reiterdaches vom Hauptdach betrug 7,60 bis 12,70 cm und der Dachüberftand des erfteren über den Schlitz jederfeits 0,38 m. Diefes Oeffnen des Daches genügte in Verbindung mit den übrigen Wand- und Giebelöffnungen der Baracke zur Erzeugung des lebhaften Luftwechfels, der zur Entlüftung der fo ftark belegten kleinen Baracken notwendig war. Auf die Firftöffnungen und die ebenfo unverfchliefsbaren Wandöffnungen über dem Fufsboden legten die englifchen Aerzte den Hauptwert, weil fie unabhängig von Wärterhand Tag und Nacht wirkten.

Fig. 13.

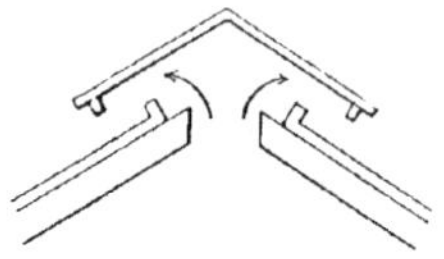

Im Bürgerkrieg der Vereinigten Staaten erhielt der vorfchriftsmäfsige Dachreiter in den dort viel geräumigeren Baracken die Geftalt in Fig. 13[91]).

Die Anordnung unterfcheidet fich von derjenigen des Krimdachreiters durch die zur möglichften Verhinderung des Eintreibens von Schnee und Regen angefetzten Latten an den Rändern. Bezüglich der abfoluten Mafse findet fich in der *Medical hiftory* die Notiz, dafs bei den fpäteren Pavillons in *Satterlee hofpital* der Abftand zwifchen beiden Dächern mit 20 cm zu grofs bemeffen war und 10 cm genügt hätten.

Vorfchriftsmäfsige Dachreiter-lüftung der Baracken-Hofpitäler im Bürgerkrieg der Vereinigten Staaten[91]).

Hammond verlangte 0,25 m (= 10 Zoll) Schlitzbreite, 0,10 m (= 4 Zoll) Abftand zwifchen den Dächern und 0,61 m (= 2 Fufs) Vorfprung des Dachreiters über dem Schlitz.

Das Schlufsurteil desfelben Berichtes über den vorfchriftsmäfsigen Dachreiter kam darauf hinaus, dafs Reinheit der Luft nur bei regelbaren Oeffnungen am Fufs der Wände zu fichern war, dafs an heifsen Sommertagen, bei Mangel einer afpirierenden Kraft am Firft und bei gleicher Aufsen- und Innentemperatur, der offene Firft nicht wirkte und dafs er beim Herannahen des Winters gefchloffen werden mufste.

Diefe Formen des Dachreiters waren nur als Luftausläffe gedacht, in welchem Sinne bei Wind, je nach der äufseren Luftbewegung, bezw. der Befchattung der Dachflächen, meift nur eine Seitenöffnung wirken kann, durch welche die Luft abgefaugt wird. Bei diefen Dachreitern foll der von den fchrägen Dachflächen reflektierte oder doch von feiner wagrechten Richtung abgelenkte Wind zwifchen den Dachflächen hindurch gedrückt werden. Mit wachfender Firftfchlitzbreite oder mit gröfserem Abftand des Reiterdaches über dem Hauptdach oder mit beiden zugleich wächft die Möglichkeit, dafs Aufsenluft in den Saal hineingetrieben wird, fobald beide Seiten geöffnet bleiben. Die Gröfse des Dachvorfprunges über dem Schlitz richtet fich nach der Neigung des Daches und wird im umgekehrten Verhältnis zu ihr ftehen muffen, alfo mit zunehmender Steigung geringer werden, foll aber das Eintreiben von Schnee und Regen möglichft ausfchliefsen. Hohe Dachreiter und hohe Firftlaternen laffen in höherem Grade Luft ein, und die *Medical hiftory* fagt von folchen offenen Firftlaternen, dafs fie Verfchlüffe hätten erhalten müffen.

In letzterer Geftalt, d. h. mit viel gröfseren Abftänden zwifchen den Dachflächen, wurde dann im franzöfifch-deutfchen Krieg 1870—71 der offene Dachreiter, deffen Dach in der vorfchriftsmäfsigen preufsifchen Lazarettbaracke auf den fich überfchneidenden Sparrengebinden ruhte, verwendet. Nach der noch gültigen Kriegs-Sanitätsordnung von 1878 foll er ebenfo konftruiert, aber auf drei Dachlaternen eingefchränkt werden.

---

[91]) Fakf.-Repr. nach: Sanitätsbericht über die deutfchen Heere im Kriege gegen Frankreich 1870/71. Der Sanitätsdienft Bd. 1: Adminiftrativer Theil. Berlin 1884. Taf. XXIX, Fig. 5.

Im beigefügten Plan (fiehe unter c, 1, 7) ift die Firftöffnung 0,70 m breit; die Vorderkanten des Reiterdaches überragen die Firftöffnung nach jeder Seite um 1,00 m und liegen 0,30 m über derfelben. *Roth* und *Lex* empfahlen einen immer offenen durchlaufenden Dachfchlitz von 0,10 m Weite. Jedenfalls find diefe Firftöffnungen im Winter einzufchränken und mit Klappen zu verfehen, fo dafs ihre Querfchnittsöffnung nach Belieben geregelt werden kann.

Der offene Dachreiter ift meines Wiffens auf Kriegsbaracken befchränkt geblieben. Auch diefe erhielten fchon im Bürgerkrieg der Vereinigten Staaten oft hohe Firftlaternen mit Klappenverfchlufs, die aber wegen mangelhafter Konftruktion verfehlt waren. Solche oder ähnliche Verfchlufsanordnungen find im franzöfifch-deutfchen Kriege zahlreich ausgeführt worden.

93. Firftlaternen mit Verfchlüffen.

Sie beftehen aus zwei gegenüberliegenden Fenfter- oder Holzklappen und haben die Nachteile wie die Vorzüge von beiden, denn fie find nicht allein Luftausläffe, fondern auch Lufteinläffe, und bei mangelhafter Konftruktion fenden fie Ströme kalter Aufsen- oder abgekühlter Innenluft herab, über welche u. a. *Virchow* klagte.

Schliefslich gewöhnte man fich an das Einftrömen der Aufsenluft durch die Firftlaterne, wie durch hohe Dachreiter, und *Piftor* wunfchte eine Konftruktion des Dachreiters, durch welche in den Krankenraum reichlich Luft, aber nicht zu fchnell, gelangt, was durch zweckmäfsige Anlage verftellbarer Klappen erreichbar fei[92]).

Aufsenluft kann durch eine zweckmäfsige Fenfterkonftruktion in jeden Raum in genügendem Umfange eingeführt werden. Die Firftlüftung foll dies dadurch fördern, dafs fie die Luft unter einer fteigenden Saaldecke abzieht. Bei der beften Konftruktion von Dachreitern werden, namentlich in heifsen und kalten Tagen, Fälle eintreten, wo fie nicht oder entgegengefetzt wirken; dann foll man fie abfchliefsen können. Aber für die Lufteinführung follten fie nicht konftruiert werden.

Die Schwierigkeiten, welche das Oeffnen, das Reinhalten und das Ausbeffern folcher ausgedehnten verglafter Seitenflächen an Dachreitern bereitet, hat zu koftfpieligen Konftruktionen mit inneren Umlaufgängen und zu den grofsen Abmeffungen geführt, welche die Firftlaternen in Dresden, Heidelberg u. f. w. erhielten. Solche Konftruktionen brachten viele Winkel und ausgedehntere Flächen mit fich, die der Reinigung bedürfen und dadurch Arbeit verurfachen.

Die Nachteile hoher, gefchloffener oder offener Firftlaternen, bezw. Dachreiter fuchte man durch die Art ihrer Verfchlüffe auszugleichen.

Die fchlechtefte Art derfelben für längere Zeit ift wohl Leinwand, mit welcher u. a. in der Charité zu Berlin die Firftlaterne des *Effe*'fchen Zeltes zugefpannt wurde. Durchbrochene Metallplatten hindern das wünfchenswerte Durchziehen des Windes durch den Dachreiter, bezw. feine abfaugende Wirkung. Glasjaloufien hatten fich in der Charitébaracke gut bewährt, wo fie auf jeder Seite durch eine Stellftange regelbar waren, verurfachen aber in der Reinhaltung viel Arbeit. Glasfenfter müfsten nach den Bedingungen, die bei den Kippfenfterkonftruktionen erörtert wurden, angeordnet fein; doch find die Verglafungen durch Klappenkonftruktionen verdrängt worden, die man im Saal von unten aus ftellt, wodurch die Laufbrücken überflüffig wurden.

Damit konnte der Dachreiter feinen urfprünglichen Zwecken wieder mehr genähert werden. Die nachfolgenden Beifpiele zeigen die Entwickelung, welche feine Ausbildung in dem Sinne, möglichft der Luftabführung zu dienen, bisher genommen hat.

94. Neuere Dachreiterkonftruktionen.

Holzzementdächer fetzen wegen ihrer flachen Neigung der Wirkung von Dachreitern mehr Schwierigkeiten entgegen, weil das Reflektieren der wagrecht fich bewegenden Aufsenluft von den fchrägen Dachflächen nahezu wegfällt.

95. Dachreiter auf Holzzementdächern.

---

[92]) Siehe: Pistor, M. Grundzüge, Einrichtung und Verwaltung von Abfonderungsräumen und Sonderkrankenhäufern für anfteckende Krankheiten. Deutfche Viert. f. öff. Gefundheitspfl. 1893. S. 659.

Um das Durchwehen des Windes zu verbeffern, haben *Gropius & Schmieden* im Doppelpavillon des Elifabeth-Krankenhaufes zu Berlin den Unteranfichten der vorfpringenden Teile des Reiterdaches eine fchräg nach aufsen fteigende Verfchalung gegeben. Der Dachreiter geht hier über den ganzen Pavillon, alfo auch über die Mittelräume hinweg, die er mit entlüftet, da fie unter fich nur durch niedrige Wände getrennt find. Die Oeffnung in der Deckenfläche erhielt einfache wagrechte Klappen, während die mit Jaloufien verfehenen Seitenöffnungen, der Ifolierung gegen Kälte wegen, aufsen Doppelklappen haben, die im Sommer unter dem etwa 0,70 m ausladenden Reiterdach feftgelegt werden. Da das letztere nach unten durch eine wagrechte Decke verfchalt ift, fo kann der Hohlraum, den der Dachreiter umfchliefst, rings nach aufsen gegen Kälte ifoliert werden. Die Firftklappen jeder Saalfeite find hier durch einen einzigen Zug zu öffnen und zu fchliefsen [93]).

Fig. 14.

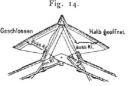

Im chirurgifchen Pavillon zu Frankfurt a. M.[94]) wurden je vier Aufsenklappen mit der zugehörigen Innenklappe durch Bügel verbunden, fo dafs fie gleichzeitig durch eine Schnur geöffnet werden können.

In Urban werden die lotrechten äufseren und die wagrechten inneren Klappen durch einen leicht beweglichen Mechanismus geftellt.

Dachreiterlüftung in Form von Firftluken im ftädtifchen Krankenhaus zu Moabit [95]).

96. Dachreiter auf fteilen Dächern.

Tollet gab feinen Decken mit fpitzbogigem Profil fchmale Firftöffnungen in ganzer Länge der Baracke. Diefe Schlitze von 0,10 m Breite, die nur durch Klappen gedeckt find, welche fich durch Schnüre öffnen und fchliefsen laffen, können einen fünfmaligen Luftwechfel des Saales in der Stunde bewirken. Bei der fteilen Form der Decken erwies fich ein folcher Dachfchlitz für allgemeine Krankenhäufer als überflüffig; aufgefetzte Lüftungsrohre genügten (fiehe Art. 70, S. 71).

Doch hatte *Tollet* feiner verfetzbaren Baracke auf der Antwerpener Barackenausftellung, wohl des ftarken Lüftungsbedürfniffes wegen, wieder einen durch Klappen verfchliefsbaren Firftfchlitz gegeben (fiehe unter c, 1, ζ). Im Firft ruht auf den Sparren ein hochkantiges Längsholz, das unmittelbar ein flachgebogenes Reiterdach trägt, welches die fchmalen Oeffnungen im Barackendach rechts und links vom Längsholz von je 11 cm Breite überragt. Die Klappen, welche diefe Firftöffnungen beiderfeits fchliefsen, legen fich beim Oeffnen unter die Reiterdachflächen.

Fig. 15.

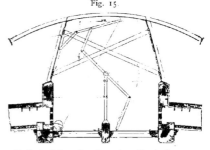

97. Dachreiter für Sommer- und Winterlüftung.

Mehrere Dachreiter find für Sommer- und Winterlüftung angeordnet worden, wie in Moabit, im *Hôpital Trouffeau* zu Paris und in Hamburg-Eppendorf.

In Moabit liegt die Dachreiterkonftruktion (Fig. 14[95]) nicht über einer zufammenhängenden Deckenöffnung, fondern über einer Anzahl zweifeitiger Dachluken im Firft. Sie beginnen erft hinter dem erften Saalfenfter und hören vor dem vorletzten auf. 11 Saalfenftern auf diefer Strecke in jeder Längswand entfprechen 9 folche Dachluken[96]). Jede Firftöffnung ift durch 2 innere, die Dachlukenöffnungen find durch äufsere Klappen gefchloffen. Die inneren Klappen liegen in der Fläche der inneren Dachfchalung und laffen fich einzeln vom Saal aus durch Schnüre nach oben heben. Die äufseren Klappen drehen fich um ihre obere Kante unter den Lukendächern und fchlagen gegen die

Dachreiterlüftung im allgemeinen Krankenhaus zu Hamburg-Eppendorf [97]).
1/25 w. Gr.

---

[93]) Siehe: Börner, O. Bericht über die allgemeine deutfche Ausftellung auf dem Gebiete der Hygiene und des Rettungswefens Berlin 1882—83. Bd. II. Breslau 1885. S. 99 u. Fig. 29.
[94]) Siehe: Centralbl. d. Bauverw. 1894, S. 490.
[95]) Fakf.-Repr. nach: Börner, a. a. O., S. 92 u Fig. 23.
[96]) Siehe: Die öffentliche Gefundheits- und Krankenpflege der Stadt Berlin, herausgegeben von den ftädtifchen Behörden. Berlin 1890. S. 122 (wo die Langenanficht einer Baracke gegeben ift).

Randbretter, welche längs der Firftöffnung in der äufseren Dachfchalung, um Schnee und Regen abzuhalten, aufgefetzt find; die äufseren Klappen laffen fich gleichfalls einzeln durch Schnüre vom Saal aus ftellen. Die Konftruktion geftattet auch bei ftarkem Wind, Regen oder Schneetreiben den Abzug der verbrauchten Saalluft. Die Arme der Gasbeleuchtung hängen hier lotrecht unter den Firftöffnungen, fo dafs die Verbrennungsgafe gleichfalls durch letztere entweichen. Im Winter fällt jedoch bei Windftille auch die kalte Luft durch den Firft in die Mitte des Saales, wo fie den Kranken nicht fchädlich ift.

Im Scharlachpavillon des *Hôpital Trouffeau* zu Paris wurde der Lüftungsfchlitz im Firft durch ein fehr feinmafchiges Gitter in der Dachfläche vor dem Eintreten von Infekten gefchützt. Die ftellbaren Klappen liegen darüber, und die Seitenwände des niedrigen, aber weit ausladenden Dachreiters find durch Jaloufien gefchloffen. Derfelbe zieht hier auch die Luft im Hohlraum der doppelten Umfaffungswand ab, die im Winter durch ein Heizrohr erwärmt wird.

In Hamburg-Eppendorf befteht der Dachreiter aus Eifen, und eine innere rechte Klappe ift mit einer äufseren linken Klappe gekuppelt, fo dafs ein fo verbundenes Klappenpaar ftets gleich weit geöffnet wird (Fig. 15 [97]). Hier ift von der Bauverwaltung feftgeftellt worden, dafs beim Oeffnen beider Seiten über Manneshöhe Wirbelung entfteht; ein Teil der Luft entwich nach oben, der andere Teil kehrte zurück. Wenn aber nur ein Klappenpaar geöffnet ift, ftrömt die erwärmte Luft nach oben, und zwar wird ftets die Windfeite gefchloffen gehalten. Windftille ift bei der Lage des Krankenhaufes ausgefchloffen. Im Winter find 4 Klappen im

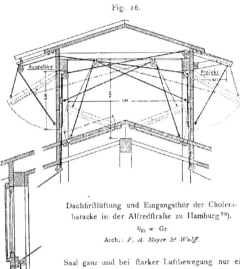

Fig. 16.

Dachfirftlüftung und Eingangsthür der Cholerabaracke in der Alfredftrafse zu Hamburg [98]).

1/25 w. Gr.

Arch.: *F. A. Meyer & Wulff*.

Saal ganz und bei ftarker Luftbewegung nur ein Viertel geöffnet. Die Oberkante der äufseren Firftöffnung im Saaldach liegt 34 cm unter der Seitenklappe. Der untere Abfchlufs befteht aus zwei durch eine hölzerne Mittelproffe geteilten, wagrechten, 0,40 × 0,85 m grofsen Eifenklappen, welche je eine 0,33 m breite Oeffnung überdecken, fich an der äufseren Seite in Gelenkbändern bewegen und in gefchloffenem Zuftand auf einem Filzrand liegen, wodurch Dichtung und geräufchlofer Schlufs bewirkt wird. In den Seitenwänden des mit Wellblech gedeckten Dachreiters liegen eiferne Seitenklappen mit Filzdichtung und von gleicher Gröfse wie die unteren wagrechten Klappen. Die letzteren auf der rechten Seite find mit den entfprechenden linken Seitenklappen durch ein eifernes Hebelwerk, deffen Ständer auf der Mittelproffe des unteren Dachreiterabfchluffes ruht, fo gekuppelt und ausbalanciert, dafs fie fich leicht vom Saal aus durch Schnüre, die über Rollen gehen, öffnen und fchliefsen laffen. Infolge diefer kreuzweifen Verkuppelung nähert fich die Luftbahn bei geöffnetem Zuftand etwa einem Winkel von 30 Grad, wodurch das einfeitige Abfaugen derfelben befördert werden foll. Der genaue Schlufs der Klappen und überhaupt das pünktliche Funktionieren diefer Vorrichtung hängt von der ficheren Lage des Ständers ab, welcher das Hebelwerk ftützt, und dies ift der einzige Punkt in der ganzen Konftruktion, der, wie mir die dortige Bauverwaltung freundlichft mitteilte, dadurch zu verbeffern wäre, dafs man die hölzerne Mittelproffe durch eine Eifenfproffe erfetzte. In Fig. 15 zeigen die punktierten Linien die Klappen und Hebelftellung einer Seite in geöffnetem, die ausgezogenen Linien in gefchloffenem Zuftand.

---

[97]) Nach freundlicher Mitteilung des Herrn Baudirektors *Zimmermann* in Hamburg. (Vergl. auch die 2 Abbildungen, welche die geöffnete und gefchloffene Stellung eines Klappenpaares gefondert zeigen in: ZIMMERMANN, C. J. CH. & F. RUPPEL. Das neue allgemeine Krankenhaus in Hamburg-Eppendorf. Berlin 1892. S. 3 u. Abb. 2, 3.)

[98]) Fakf.-Repr. nach: MEYER, T. A. Cholera-Barackenlazarethe und Leichenhäufer, fowie Nothftands-Wafferverforgung in Hamburg während der Choleraepidemie im Jahre 1892. Anlage VIII zu: Arbeiten aus dem kaif. Gefundheitsamte. Bd. X (1896), S. 126.

Eine einfachere Konftruktion von Dachreitern ift u. a. in der Cholerabaracke der Alfredftrafse zu Hamburg (Fig. 16 [98]) ausgeführt worden. Diefe liefsen' Regen und Windftöfse nicht ein, erftreckten fich nur auf Firftauffätze und hatten 2 Paar beweglicher Seitenklappen, die durch Rollzüge vom Saal aus ein- oder zweifeitig geftellt werden konnten.

x) Andere Deckenöffnungen.

98.
Luftfchlote.

Oeffnet man den Dachfirft nicht in ganzer Länge, fondern nur in wenigen Teilen desfelben, fo müffen die Firftöffnungen, welche als Erfatz für einen Dachreiter dienen follen, ihren wachfenden Abftänden untereinander entfprechend gröfser fein.

Die *Wilkinfen*'fchen Fieberbaracken in Irland erhielten Lüftungstürmchen, zwifchen deren Dach und Wänden rings ein fchmaler Abftand gelaffen war.

Die preufsifche Militär-Lazarettbaracke (verbeffertes *Döcker*'fches Syftem) von 15 m Länge hat, weil fich für die Belegbarkeit eine Firftlüftung als unbedingtes Erfordernis geltend machte, zwei dachreiterartige Auffätze von je 1,00 m Länge mit feften Stirnwänden und mit einem Satteldach, welches der Neigung des Hauptdaches folgt, erhalten. Die verglaften Klappen der Dachreiteröffnungen drehen fich um ihre wagrechte Mittelachfe. — Ueber die Dachlaternen der Lazarettbaracke fiehe Art. 92 (S. 56).

Die Friedens-Sanitätsordnung fchreibt für einftöckige und für die oberen Säle zweiftöckiger Pavillons eine Firftlüftung durch Luftfchlote mit verftellbaren Verfchlufsklappen an der unteren Mündung, Saugkopf über Dach und möglichfter Sicherung gegen das Eintreiben von Schnee und Regen vor. Bei grofsen Sälen läfst fie die Wahl zwifchen folchen und Dachreitern offen.

Innes hatte feinem Modell für den Barackenwettbewerb in Antwerpen Lüftungslaternen mit durchbrochenen Zinkplatten an den Seiten gegeben.

Diefe Beifpiele beziehen fich auf Decken, welche unmittelbar unter der Dachfläche liegen. Wo wagrechte Decken einen darüber befindlichen Dachraum abfchliefsen, bedient man fich einzelner Lüftungsfchlote, da hier ein Dachreiter wegen der ausgedehnten Seitenwände, die fein Lüftungsfchlot erfordern würde, nicht in Frage kommt. Diefe mehr oder weniger dicht zufammenftehenden Wände würden fich der Reinigung entziehen oder fie doch erfchweren und bei einftrömender Luft durch den an ihnen angefetzten und dann in den Saal zurückkehrenden Staub fchädlich fein können.

Lüftungsfchlote in Decken müffen weit genug und zugänglich fein, erhalten am beften innen glatte Wand, fowie äufsere und innere Verfchlüffe. Häufig hat man

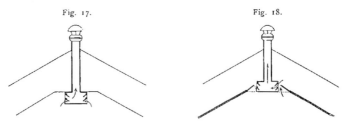

Fig. 17.   Fig. 18.

Entlüftungsrohre im Dachfirft. — Vorfchlag von *Gebr. Putzeys* [99]).

in Räumen mit oder ohne wagrechten Decken ftatt eines oder zweier Lüftungsfchlote eine gröfsere Zahl von runden Rohren in der Längsachfe der Decke eingefetzt und diefen oben Saugköpfe und unten Verfchlufsklappen gegeben.

Gebr. Putzeys wollen das Eindringen von Luft ausfchliefsen und das Abziehen derfelben durch folche

---

[99]) Nach: PUTZEYS, F. & E. PUTZEYS. *Defcription de l'hôpital militaire de Bruxelles*. Lüttich 1889. Pl. IV.

Rohre mittels Anbringen von *Boyle*-Ventilatoren an ihrem unteren Ende fördern (Fig. 17 u. 18[99]). Unter gewiſſen Verhältniſſen können ſolche ſtill ſtehen und nicht wirken.

Andere Beſtrebungen, das Hereindringen von Auſſenluft durch Deckenöffnungen weniger ſchädlich zu machen oder ganz zu verhindern, beruhen urſprünglich in der Entlüftung des Saales in den Dachraum und erſt durch dieſen in das Freie, was man durch Einſchränkung dieſes Dachraumes auf einen Firſtkanal, den man für Durchzug mit der Auſſenluft verbindet und zugänglich macht, zu verbeſſern ſuchte.

99 Firſtkanallüftung.

λ) Lufteinläſſe.

Luftauslaſſe in den oberen Teilen des Saales machen Lufteinläſſe am Fuſsboden desſelben erforderlich, die man häufig unter den Betten anordnete, um die eintretende Luft nicht unmittelbar an den Kranken zu bringen, wie im Evakuationspavillon der Entbindungsabteilung in der Charité zu Berlin.

100. Lufteinlaſsrohre.

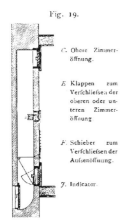

Fig. 19.

C. Obere Zimmeröffnung.

E Klappen zum Verſchlieſſen der oberen oder unteren Zimmeröffnung

F. Schieber zum Verſchlieſſen der Auſſenöffnung.

J. Indicator.

Schnitt durch einen Etagenkanal im neuen akademiſchen Krankenhaus zu Heidelberg[100]).

Die Zuführung erfolgt hier durch Thonrohre, deren emporgebogenes Ende unter den Betten mündet, deren anderes Ende durch Gitter abgeſchloſſen iſt. Das Zuſtrömen der Luft kann durch Droſſelklappen geregelt werden. Im Winter ſchlieſst man die Einläſſe durch ſchwere in Filz gefugte Deckel.

Die engliſche Kommiſſion für Kaſernen und Hoſpitäler legte alle Einläſſe dicht unter die Decke.

Die von *Boehm* angegebenen ſog. Etagenkanäle geſtatten Lufteinlaſs am Fuſsboden und unter der Decke; im akademiſchen Krankenhaus zu Heidelberg haben ſie die aus Fig. 19[100]) erſichtliche Geſtalt. Derartige Etagenkanäle ſind auch im Kaiſer-Franz-Joſeph-Spital zu Wien verwendet worden.

Die Auſſenöffnung des Kanals iſt durch eine vom Saal ſtellbare Schiebethür F geſchloſſen. Beide Oeffnungen gegen den Krankenraum erhielten Thüren mit feſtſtehenden Jalouſien, deren Bleche nach unten, bezw. oben gerichtet ſind. Hinter der unteren Jalouſiethür liegt eine Klappe E, die ſich vom Zimmer aus, wie in Fig. 19 punktiert dargeſtellt iſt, nach oben legen läſst und dann den Luftzutritt durch die obere Zimmeröffnung C des Kanals ſchlieſst. Ein in letzterer eingeſetzter Indikator J, welcher bei der Reinigung des Kanals herausgenommen werden kann, zeigt die betreffende Luftbewegung im Saale an.

Die Anweiſung zur Benutzung dieſer Etagenkanäle von 1876[100]) beſtimmt u. a., daſs dieſelben bei niedriger Auſſentemperatur zu ſchlieſſen ſind. Von den Innenklappen iſt die obere C bei mäſsiger oder nur teilweiſer Heizung an ſchönen Tagen und in der Nichtheizperiode ſo lange zu öffnen, als keine Beläſtigung eintritt. Dagegen ſoll die untere Klappe E nur dann offen ſein, wenn die Indikatoren J das Abflieſsen der Luft in das Freie anzeigen, und bei gänzlicher Luftſtille; dieſe Klappe iſt zu ſchlieſſen, ſobald der Luftzutritt läſtig wird.

Thatſächlich iſt die obere Innenklappe im Sommer immer und die untere bei ganz heiſſem, hauptſächlich bei windſtillem Wetter offen. Letztere kann nicht öfter benutzt werden, da infolge der Rohr und Klappenkonſtruktion Wind in läſtiger Weiſe einſtöſst. Der Schluſs der Auſſenklappe F iſt nicht genügend dicht, ſo daſs es im Winter Zug giebt. Die Indikatoren haben ſich bewährt; das Wärterperſonal beobachtet ſie jedoch nicht.

Solche Lufteinlaſſe in den Mauern, die oft auch zu Luftauslaſſen werden, müſſen ſich leicht reinigen laſſen. Beſſer legt man den inneren Einlaſs nur ſo hoch über den äuſſeren, daſs kein Einſtoſſen des Windes in den Raum erfolgen kann,

---

[100]) Nach: SCHÄFER. Die Behandlung der Heizungs- und Ventilations-Einrichtungen im Neuen Academiſchen Krankenhaus zu Heidelberg. Heidelberg 1877.

was ein tägliches Auswifchen erleichtert. Man könnte dann, wo dies für nötig gehalten wird, getrennt von ihm auch noch einen Einlafs oben anlegen.

Bei Korridorbauten empfiehlt fich die Anordnung von glafierten Thonrohren im Fufsboden, bezw. in der Decke, welche die Zimmer mit der Aufsenluft jenfeits des Korridors verbinden, wie in der medizinifchen Klinik zu Bonn. Sie find mit Drahtnetzen und Klappen zu verfehen.

2) Lüftung und Heizung der Krankengebäude.

101 Zweck.

Die Lüftung und Heizung eines Krankenraumes foll den regelmäfsigen Luftwechfel im ganzen Jahre und ununterbrochene Einhaltung der verlangten Temperaturen in der Heizperiode fichern. Die Lüftungsmittel, welche bisher befprochen wurden, find für eine regelmäfsige Lüftung in unferem Klima nicht geeignet. Wo man fie in das Lüftungsfyftem einer Anlage als unentbehrlichen Teil einfügte, wird eine geficherte Wirkung nicht eintreten. Dagegen behalten fie ihren Wert als ergänzende Teile des Syftems auch im Winter, wenn fie diefem angepafst find — was bei Planung der Anlage zu berückfichtigen ift — und finngemäfs gehandhabt werden, was genaue Inftruktionen regeln müffen.

Lüftung und Heizung follen getrennt nebeneinander beftehen können, und ihre Regelung vom Saal aus mufs die denkbar einfachfte fein. Einfachheit, Ueberfichtlichkeit der gefamten Anordnung und die einheitliche Geftaltung von Lüftung und Heizung bilden die zu erftrebenden Ziele.

Die Menge von regelmäfsig und unregelmäfsig wirkenden Lüftungsvorrichtungen, das Vorhandenfein von 3, 4 und noch mehr Heizftätten für verfchiedene Zwecke in einem eingefchoffigen Pavillon führt nur zu Vernachläffigungen und oft zu Wirkungen, die den beabfichtigten entgegengefetzt find [101]).

Die Lüftung und Heizung behandelt Teil III, Band 4 diefes »Handbuches«, fo dafs im folgenden nur über die befonderen Gefichtspunkte, Vorfchläge und Ausführungen zu berichten ift, zu welchen der Krankenhausbau angeregt hat.

α) Lüftung.

102. Aufgabe der Lüftung.

Nach den in Art. 33 bis 35 (S. 19 bis 20) mitgeteilten heutigen Anfichten über das Verhalten pathogener Mikroorganismen, über ihre Verbreitung durch Staub und durch bewegte Luft und über die Gefahr einer Luftinfektion ift bei der Lüftung von Krankenräumen nach *Flügge* [102]) noch folgendes zu berückfichtigen.

Gröberer Staub kann nur aus der nächften Umgebung der Abluftöffnungen fortgeführt werden. »Direkte Verfuche mit bakterienhaltigem Staub haben ergeben, dafs felbft eine Ventilation, bei welcher der Luftraum des Zimmers 4-mal ftündlich erneuert wird, noch nicht im ftande ift, eine wefentlich fchnellere Verminderung der in der Luft fufpendierten Keime herbeizuführen, als beim Fehlen jeder Ventilation. In Krankenzimmern, wo ,fortdauernd Keime durch Bewegungen und Hantierungen abgelöft und in die Luft übergeführt' werden, bewirkt die dauernd auf höchftens 1- bis 1½-malige Lufterneuerung zu fchätzende Lüftung ,keine nennenswerte Verminderung diefer Luftkeime'.«

Wolffhügel [103]) verlangte Verhütung plötzlicher Steigerungen des Luftwechfels, wie nach dem Gebrauch der Bettfchüffel durch Oeffnen der Fenfter, Vermeidung ftofsweife auftretender, ftürmifcher und wirbelnder Luftftrömungen, welche Staubteilchen von Fufsböden, Wänden und Gegenftänden losreifsen können, und Verhinderung der Umkehr von Luftftrömungen in den ihnen vorgefchriebenen Luftwegen.

Hiernach ift eine möglichft gleichmäfsige und geficherte Wirkung der beabfichtigten Luftbewegung anzuftreben, die zugfrei erfolgt. Mit diefem Vorbehalt foll die Lüftung die Wegführung der übrigen Produkte, welche der Kranke in

---

[101]) Siehe: WOLFFHÜGEL, G. Zur Lehre vom Luftwechfel. München 1893. S. 26 u. ff.
[102]) Siehe: FLÜGGE, a. a. O., S. 397 ff.
[103]) Siehe: WOLFFHÜGEL, a. a. O., S. 15 ff.

noch höherem Grade als der Gefunde ausfcheidet, aus feiner Nähe bis in die freie Luft bewirken.

Die Natur diefer Stoffe entzieht fich, mit Ausnahme der Kohlenfäure und des Anthropotoxins, unferer Kenntnis. Zu denfelben treten die durch äufserliche und innerliche Medikamente, durch Desinfektionsmittel, durch den Wechfel von Verbänden hervorgerufenen gafigen Luftverunreinigungen und die Verfchlechterung der Luft in den Stunden des öffentlichen Befuches oder desjenigen der Studierenden in klinifchen Lehranftalten. Wenn man auch die Entftehung abnormer Mengen übelriechender Luft jetzt nach Möglichkeit einzufchränken fucht, um nicht eine ausnahmsweife 4- bis 5-malige Lufterneuerung bewirken zu müffen, fo bleibt doch ein unvermeidlicher Reft derfelben zu befeitigen.

Der nötige Luftwechfel foll nach *v. Pettenkofer* die Einhaltung eines Kohlenfäuregehaltes von 0,0007 oder nach *Rietfchel* die Sicherung einer beftimmten, nicht zu überfchreitenden Temperatur bewirken und kann hiernach oder nach Erfahrungsfätzen bemeffen werden.

103. Gröfse des Luftwechfels.

Unter Berückfichtigung diefer drei Gefichtspunkte und vorausgefetzt, dafs die Räume keine oder elektrifche Beleuchtung befitzen, gelangte *Rietfchel*[104]) zur Forderung eines ftündlichen Luftwechfels in Krankenräumen von 75 cbm für Erwachfene und 35 cbm für Kinder. Da man in folchen Sälen Gas- oder Petroleumbeleuchtung durch unmittelbaren Abzug der Gafe unfchädlich zu machen pflegt, bedürfen diefe Werte für Allgemeinkranke auch bei Benutzung derartiger Beleuchtungsarten keiner Abänderung.

Manche Programme für Krankenhausbauten forderten dauernd oder vorübergehend eine beträchtlich höhere Leiftung wie für den Fall von Epidemien, wo ein doppelt ftarker Belag der Krankenräume eintreten kann. Fieberkranke, welche fchneller atmen, fcheiden mehr Kohlenfäure aus. *Rubner* fteigert bei Epidemien den Luftwechfel auf 150 cbm. Man wird daher gut thun, das Mindeftmafs nach der preufsifchen minifteriellen Vorfchrift auf 80 oder noch beffer auf 90 cbm, wie *Degen*[105]) auf Grund eines Kohlenfäuregehaltes von 0,0006 der Luft empfiehlt, als Norm feftzufetzen und eine Steigerung auf das Doppelte vorzufehen.

Für die allgemeinen Säle des Johns-Hopkins-Hofpitals zu Baltimore waren 102 cbm und die Möglichkeit der Steigerung auf 204 cbm gefordert.

In Einzelzimmern oder in kleineren Räumen für Schwerkranke ift ein ftärkerer Luftwechfel nötig.

Das Nürnberger Programm[106]) verlangte in Ifolierzimmern 100 cbm. Schläft hier zugleich eine pflegende Perfon oder ift das Zimmer für einen Leichtkranken und einen Schwerkranken beftimmt, fo würde Durchfchnittsberechnung eintreten können. In den Einbettenzimmern des Pavillons für Zahlende im Johns-Hopkins-Hofpital zu Baltimore foll die Luftzuführung 153 cbm (= 5400 Kub.-Fufs) und in denjenigen der Ifolierpavillons 204 cbm (= 7200 Kub.-Fufs) betragen. In einzelnen Zellen des letzteren läfst fie fich bis zu 816 cbm (= 28800 Kub.-Fufs) fteigern.

In Nürnberg ift in den Aerzte- und Wärterzimmern, fowie in den Flurgängen 1-maliger, im Tageraum, Bade- und Spülzimmer 2-maliger und in den Aborten 5-maliger Luftwechfel vorgefchrieben.

Die Lüftung der Räume kann durch Eintreiben, durch Abfaugen von Luft oder durch Beides gleichzeitig erfolgen. Erfteres läfst fich nur mittels Ventilators, das Abfaugen mittels eines folchen oder durch Temperaturunterfchied bewirken. Ueber die Vorzüge und Nachteile des einen oder anderen Verfahrens in der Anwendung auf Krankenfäle liegen verfchiedene Unterfuchungen vor.

104. Art der Lüftung.

Bei den von *Graffi* in Paris angeftellten Beobachtungen, welche dann *Morin* u. a. nachprüften, bezw. berichtigten, kamen zum Vergleich: in *Lariboifière*[107]) drei mit Sauglüftung gegen drei mit Drucklüftung ausgeftattete Pavillons, im *Hôpital Beaujon* und im *Hôpital Necker* Sauglüftung gegen je einen

---

[104]) Siehe: RIETSCHEL, H. Leitfaden zum Berechnen und Entwerfen von Lüftungs- und Heizungs-Anlagen. Berlin 1893. S. 13.
[105]) Siehe: DEGEN, L. Das Krankenhaus und die Caferne der Zukunft. München 1882. S. 76.
[106]) Siehe: Programm für die Herftellung der Lüftungs- und Heizungsanlage, fo wie für die Warmwafferverforgung des neu zu erbauenden Krankenhaufes der Stadt Nürnberg. Nürnberg 1893. Stadtmagiftrat. S. 4
[107]) Siehe: GRASSI. *Études comparatives fur les deux fyftèmes de chauffage et ventilation à l'hôpital Lariboifière*. Paris 1856.

Pavillon mit Druckluftung [106]). — Die fpäter durch *v. Weltzien* und *Henneberg* im Friedrichshain angeftellten Unterfuchungen erftreckten fich nur auf Sauglüftung. — Aufser diefen find in nachfolgendem noch die Beobachtungen von *Pfuhl* in der preufsifchen Lazarettbaracke herangezogen worden.

105. Sauglüftung.

Haupteinwände gegen die Abfaugung waren: das Anfaugen von Thür- und Fenfterluft, die Schwierigkeit, die an der Lüftung des Raumes wirklich teilnehmende Luftmenge feftzuftellen, und die Möglichkeit einer rückläufigen Bewegung.

Die Fenfterfpaltenluft kam der Saallüftung in einem Saal von *Lariboifière* nicht zu gute, da fie unmittelbar durch Oeffnungen am Fufs der Fenfterpfeiler nach dem Lüftungsfchlot abgefaugt wurde. Das gleiche Anfaugen der Fenfterluft trat im Sommer ein, wo die zur Einführung beftimmten Luftwege durch die Heizkörper hindurch gar nichts lieferten; man fchlofs daher die Zuluftkanäle im Sommer und lüftete mittels der Fenfter. Oeffnen von zwei Fenftern in *Lariboifière* fteigerte bei Sauglüftung den Abzug in den Abluftkanälen von 119 cbm bei gefchloffenen Fenftern und Thüren auf 156 bis 170 cbm; dagegen nahm die durch die Heizkörper eingeführte Zuluftmenge um mehr als $^1/_6$ ab [109]).

Im Friedrichshain [110]) entwichen im Schornftein beträchtlich gröfsere Luftmengen, als durch die Ablufttöffnungen, weil fich die Luft im Schornftein ausdehnt und derfelbe nicht ausfchliefslich Luft vom Saal entnahm.

Pfuhl beobachtete in der preufsifchen Lazarettbaracke mit Pappbekleidung 811 cbm Spaltenluft, alfo mehr als die Hälfte der 530 cbm betragenden abgefaugten Luft [111]). Hier verteilt fie fich auf die zahlreichen Fugen in Fufsboden, Wand und Decken, tritt zuglos ein und fördert die Lüftung.

Das Anziehen von Luft durch Thür- und Fenfterfpalten tritt bei Sauglüftung auch in Gebäuden mit gut fchliefsenden Doppelfenftern und Thüren ein und ift namentlich bei einfachen Fenftern Urfache zu Vorkehrungen in der Heizanlage geworden. Das Anfaugen von Luft durch Thürfpalten, befonders durch offene Thüren, bewirkt Luftgemeinfchaft mit Nachbarräumen, was fich durch Herftellung felbftändiger, gleich kräftiger Abfaugung der Luft in den Nebenräumen hindern läfst.

Morin empfahl für Krankenfäle Sauglüftung, da fie wenig koftfpieligen Unterhalt erfordere, beffere Gewähr gegen Rückftrömungen beim Oeffnen von Fenftern und Thüren biete und weil es nicht nur auf die Menge der Zuluft, fondern hauptfächlich auch auf das gleichmäfsige und ftete Abziehen der Abluft aus allen Teilen des Raumes ankomme. Zur Sicherung deffen bedarf jedes Abluftrohr, welches in das Freie mündet, an feinem Fufs einer Wärmequelle, die ununterbrochen wirkt. Bei Sauglüftung kann die Luft auf kürzeftem Wege von aufsen in jedes einzelne Gebäude oder auch in einen einzelnen Raum eingeführt und unter Umftänden unmittelbar ohne Zwifchenkanäle von einem oder mehreren erwärmten Saugfchloten abgefaugt werden. Der letztere Vorteil geht verloren, wenn man nicht nur verfchiedene Räume, fondern verfchiedene Gebäude, wie in Halle, an einen einzigen Abluftfchornftein anfchliefst.

106 Druckluftung.

Druckluftung erfordert eine zentralifierte Luftzuführung, wenn man nicht für jedes Krankengebäude zwei eigene Ventilatoren befchaffen und unterhalten will. Die Koften ihrer treibenden Kraft find in vielen Fällen Urfache geworden, dafs man den Betrieb der Druckluftung auf 14 bis 15 Stunden täglich einfchränkte, wie dies felbft im *Hôpital Necker* gefchah.

Aehnliche Fälle berichtet u. a. *v. Gruber* vom Lazarett des Knappfchaftsvereines zu Völklingen [112]), das nur im Winter, und vom Marine-Lazarett zu Kiel, welches im Winter nur bei Tage, im Sommer nur dann fo gelüftet wurde, wenn man des Keffels für andere Zwecke bedurfte. Beim Abftellen der Lüftung

---

[105]) Alle drei Berichte finden fich in: DEGEN, L. Der Bau der Krankenhäufer mit befonderer Berückfichtigung der Ventilation und Heizung. München 1862. S. 38—156.

[109]) Siehe ebendaf., S. 127, 62.

[110]) Siehe: GROPIUS & SCHMIEDEN. Das ftädtifche allgemeine Krankenhaus in Berlin. Zeitfchr. f. Bauw. 1875, S. 453—482.

[111]) Siehe: LANGENBECK V., v. COLER & WERNER, a. a. O., S. 260.

[112]) Siehe: GRUBER, a. a. O, S. 28.

drangen hier Abortgafe in die Krankenzimmer. — Auch im *London fever hofpital* wurde der Ventilator aufser Thätigkeit gefetzt.

Die Verfuche von *Graff* zeigten beim Oeffnen von Fenftern und Thüren eine Verminderung der abziehenden Luftmenge im Abzugskanal [113]).

Die Hauptvorzüge, welche *Graffi* bei Drucklüftung feftftellte, waren: Mefsbarkeit der zugeführten Luft, zugfreie Lüftung im Winter bei Zuführung von warmer Luft aus einer nachweisbaren Quelle, gleich ftarke Sommer- und Winterlüftung und gröfserer Luftwechfel ohne Zugerfcheinungen. Für die Drucklüftung find u. a. *Pettenkofer* und neuerdings *Wolffhügel* befonders auch wegen der Gefahr von Rückftrömungen bei Sauglüftung, eingetreten. Sie ift öfters zur Anwendung gelangt, wo zentralifierte Luftzuführung für ein Gebäude mit vielen kleineren Krankenräumen für wünfchenswert erachtet wurde.

Beifpielsweife erhielt das gynäkologifche Inftitut in Bonn Drucklüftung. Die Abluft entweicht hier durch lotrechte Rohre nach einem Sammelkanal im Dach und aus diefem durch Zinkrohre in das Freie. — Auch in der Heilftätte Oderberg wird die Luft durch einen Ventilator in die von den Kranken benutzten Räume eingetrieben. (Siehe unter γ.)

Hauptbedingung für die befriedigende Wirkung einer Drucklüftung in Krankenhäufern ift das ununterbrochene und gleichmäfsige Wirken des Ventilators, zu welchem Zweck man einen folchen ebenfo, wie einen Motor, in Referve zu halten hat und die Mittel für regelmäfsige Unterhaltung und Betrieb der Anlage fchon zur Zeit der Planung nachzuweifen find.

Eintreiben der frifchen Luft und Abfaugen der Abluft je mittels eines Ventilators erfordert Kanalifierung für Frifchluft und Abluft.

Im Bergwerks-Hofpital zu Hazleton wurde durch paffende Gröfse der Ventilatoren erzielt, dafs ein gewiffer Ueberdruck befteht, fo dafs kein Fenfterzug ftattfindet. Man kann dort einen 4-maligen Luftwechfel bewirken.

Ser hat im *Hôtel-Dieu* zu Paris beide Syfteme verbunden, indem er dafelbft die Ventilationsluft durch Druckventilatoren von einer Zentralftelle aus einführte und in jedem Pavillon gefondert durch einen Saugfchlot abfaugte.

107. Verbindung von Saug- und Drucklüftung.

Derartige Lüftungen find u. a. im *Hôpital Tenon* zu Paris, im Kinderhofpital zu Dresden an der Chemnitzerftrafse, in dem von *Marx* erbauten Teil des ftädtifchen Krankenhaufes zu Magdeburg für Innerlichkranke und im Sabbatsberghofpital zu Stockholm vorhanden. — Bei der gleichen Anlage im Gafthuis Stuivenberg zu Antwerpen wurde die geforderte Leiftung durch die Sauglüftung allein erzielt.

Eine Verbindung von Druck- und Sauglüftung kann dort, wo befonders ftarker Luftwechfel gefordert wird, und in Gebäuden, die ohnehin hierfür ein Kanalfyftem fordern, in Blockbauten und zur Sanierung alter Korridorbauten in Frage kommen.

Als das zu erftrebende Ziel einer guten Krankenhausanlage hat man oft die felbftändige Lüftung jedes einzelnen Krankenraumes erachtet. In anderen Fällen begnügte man fich damit, jedes Gebäude felbftändig zu luften, den Krankenräumen darin aber gemeinfame Luft-Zu- und -Abführung, letztere in Anfchlufs an einen Lüftungsfchlot, zu geben, und an anderen Orten zentralifierte man die Zuleitung der reinen Luft zu allen Krankengebäuden oder die Ableitung ihrer verdorbenen Luft.

108. Ausdehnung der Lüftung.

Fifcher [114]) machte auch gegen die felbftändige Entlüftung eines Gebäudes geltend, dafs die Luft fich oft wie der Rauch in gefchloffenen Zügen bewegt, dafs fie auch tief ftreichen und in die Luftleitung der anderen Häufer gelangen kann. Von diefem Gefichtspunkte aus fei die zentralifierte Ableitung nach einem gemeinfchaftlichen, hohen Schornftein, deffen faugende Kraft fichergeftellt werden könne, wie in Halle (fiehe unter γ) zu prüfen. Doch hält er fchliefslich für die befte Löfung der Frage, die Kranken-

---

[113]) Siehe: Degen, a. a. O., S. 86 ff.
[114]) Siehe: Fischer, H. Ueber die Heizung und Lüftung der Krankenhäufer. Zeitfchr. d. Arch.- u. Ing.-Ver. zu Hannover 1887, S. 397 ff.

gebäude einzeln, die übrigen Bauten des Krankenhaufes zentral zu entlüften, aber den Krankengebäuden hohe Abluftfchlote zu geben, um Keime zu zerftreuen, bevor fie zur Erde fallen.

Die Forderung hoher Abluftfchlote läfst fich mit einer weitgehenden Dezentralifation der Entlüftung innerhalb eines jeden Gebäudes bei Abfaugung nur durchführen, wenn man die Schlote verfchiedener Gefchoffe oder Räume getrennt hält, aber um eine Wärmequelle gruppiert. Dies erfordert meift längere wagrechte Abluftkanäle. Die Luftzuführung wird man für ein Gebäude gemeinfam organifieren, wenn man die Luft entftauben oder weiter reinigen mufs. Die Trennung der Zuleitung zu den einzelnen Räumen beginnt dann erft mit dem Eintritt der Luft in die einzelnen Heizkammern.

Bei Drucklüftung ift die Ausdehnung der Lüftung unvermeidlich. Die Zuführung neuer Luft mufs zentralifiert fein, wenn man fie durch einen Ventilator eintreibt. Das Gleiche gilt von der Ableitung, wenn man die Luft durch einen Exhauftor abfaugt und mehrere Räume oder, wie öfter in gröfseren Krankenhäufern, mehrere Gebäude zu einer folchen Anlage vereinigt.

Gegen zentrale Luft-Zu- und -Abführung für mehrere Gebäude ift der Einwand erhoben worden, dafs durch die Kanäle das Verfchleppen von Keimen erfolgen kann, wodurch die fonft ftreng durchgeführte Trennung der Bauten aufgehoben wird.

<small>109. Entnahme der Zuluft.</small>

Die Entnahmeftellen für die Zuluft find möglichft entfernt von Orten zu legen, welche Verunreinigungen der Luft in irgend einer Art verurfachen können. Im übrigen hängt ihre Lage, die fchädliche Windwirkungen thunlichft ausfchliefsen foll, von den örtlichen Verhältniffen und von der Art der Luftvorwärmung ab.

Zentralifiert man die Luftzuführung für ein Gebäude, fo kann man fich mit einer einzigen Luftentnahmeftelle begnügen, bezw. zwei gegenüberliegende vorfehen, um die Luftzuführung vor faugenden oder drückenden Einflüffen des Windes zu fichern. Die Luftentnahme läfst fich dann auf den Rafenplätzen zwifchén den Gebäuden unmittelbar an den Umfaffungsmauern des Sockelgefchoffes oder oberhalb des Daches bewirken. Gegen das erftere fpricht die Notwendigkeit einer Luftleitung von der Entnahmeftelle bis zur Staubkammer, die meift unterirdifch geführt wird, welche das Herabfetzen der Temperatur im Sommer bis zu 4 Grad und die Erhöhung derfelben im Winter zur Folge hat, aber auch Kontrolle bezüglich ihrer Reinhaltung erfordert. Die Luftentnahme erfolgt hierbei durch Schächte mindeftens 0,50 m über der Gartenfläche.

<small>Die Luftleitung ift vor Feuchtigkeit zu fchützen, was in Nürnberg [115] durch Abdecken des Gewölbes mit zwei Schichten Afphalt und Holzzement erfolgte. Der Kanal hat hier 1,30 m Breite bei 1,80 m Höhe.</small>

Gegen die Luftentnahme dicht am Haufe ift geltend gemacht worden, dafs hier die Luft wegen Oeffnens der Fenfter im Krankenraum als unrein betrachtet werden müffe. Man würde die Luft daher thunlichft an einer Stelle des Gebäudes entnehmen müffen, welche nicht hierdurch verunreinigt werden kann.

<small>Schumburg führt die Zufammenftellung dreier Fälle durch *Villaret* an, in welchen bei Zuführung unreiner Ventilationsluft Erkrankungen an Diphtherie vorgekommen find [116]).</small>

Die Entnahme der Luft über dem Dach fcheint einwandfrei, wenn keine Rauchrohre in derfelben Höhenlage münden. Aber gegen diefe Lage fpricht der Umftand, dafs die höheren Teile der Atmofphäre die geeignetften Stellen für die Abführung der Abluft find.

<small>[115] Diefe und die in vorliegendem und unter β wiedergegebenen Einzelheiten über die Lüftung in Nürnberg finden fich in: Feftfchrift zur Eröffnung des neuen Krankenhaufes der Stadt Nürnberg. Nürnberg 1898. S. 198 ff., 221 ff.
[116] Siehe: Schumburg, a. a. O., S. 344.</small>

Wird die Luftzuführung für ein Gebäude nicht zentralifiert, fo entnimmt man die Luft, wo man fie braucht, und führt fie möglichft unmittelbar zu den Heizkörpern oder zu kleinen Heizkammern unter, neben oder in den zu beheizenden Räumen.

Diefe Anordnung wurde von *Morin* vorgefchlagen, kam auch in England und im Johns-Hopkins-Hofpital zu Baltimore für die Säle zur Ausführung.

Bei einer folchen fich auf viele Punkte verteilenden Luftzuführung erfolgt die Einnahme der Luft, wie bei der Fenfterlüftung, ohne Reinigung, wenn man fie nicht von unten durch Luftkammern, wie bei eingefchoffigen Bauten, den Heizkörpern zuführen kann. Etwaige Kanäle müffen kurz fein (fiehe Art. 112). In wagrechten Zuluftrohren verengt die Staubablagerung auch ihren Querfchnitt.

Wünfchenswert ift die Reinigung der Zuluft durch eine helle, geräumige, begehbare Staubkammer mit dichtfchliefsender Thür oder, wenn dies nicht geht, mittels Braufevorrichtung. Filtern der Luft wird nur nötig, wo die Lage des Krankenhaufes keinen guten Zuftand der Luft fichert. Mit Hinweis darauf, dafs man diefelbe Luft zu anderen Jahreszeiten durch die Fenfter einläfst, hat man ein Filtern für überflüffig erklärt. Der Haupteinwand gegen das Filtrieren der Luft liegt in der groben Vernachläffigung, in welcher man Filter gefunden hat, wie beifpielsweife im *Hôtel-Dieu* zu Paris[117]; fie gehören daher zu denjenigen Dingen im Krankenhaufe, die einer ftrengen Ueberwachung bedürfen. Wo diefe nicht gefichert ift, follte man das Filtrieren unterlaffen.

110. Reinigung der Zuluft.

In Nürnberg erhielten die Frifchluftkammern in ²/₃ Kellerhöhe eine flache Gewölbabdeckung aus poröfen Luftfteinen, über welchen zur Vermeidung der Abkühlung des Erdgefchofsfufsbodens der Hohlraum mit dem Kellerraum freie Verbindung hat. Alle Ecken wurden abgerundet, Wände und Decken mit hydraulifchem Kalkmörtel glatt geputzt und weifs getüncht.

Die Heiz- oder Warmluftkammern find ohne Vorfprünge mit ausgerundeten Ecken zu mauern, mit glatter, undurchdringlicher Maffe oder mit glafierten Kacheln zu bekleiden, gegen innere Räume durch doppelte, gegen aufsen durch dreifache Fenfter zu belichten und fo weit zu machen, dafs eine bequeme Befichtigung und Reinigung aller in demfelben befindlichen Heizkörper u. f. w. ftattfinden kann.

111. Heizkammern.

Jedes Gefchofs foll eigene Heizkammern erhalten, die für einzelne Raumgruppen wiederum zu trennen find und ihre Lage, bezw. Ausdehnung foll die lotrechte Führung der Warmluftkanäle nach den zu beheizenden Räumen ermöglichen.

In Nürnberg befteht der Fufsboden in den Heizkammern aus Stampfbeton mit 15 mm ftarkem, geglättetem Zementmörtelüberzug. Die Wände und die wagrechten, aus poröfen Lochfteinen zwifchen Eifenträgern in Zementmörtel gemauerten, 0,30 m hoch mit reinem Sand überlagerten Decken erhielten geglätteten Zementmörtelverputz.

Zur Vermeidung von Zugerfcheinungen in den Krankenräumen find nach *Rietfchel*[118] die Zuluftkanäle weit, die Abluftkanäle enger zu machen und zur Aufhebung des Zuges an den Fenftern in ihren Brüftungen Heizkörper anzuordnen. In den Flurgängen foll ftarker Ueberdruck herrfchen. Um Gerüche nicht in diefelben übertreten, fondern ihre Luft nach den Krankenräumen ftrömen zu laffen, find nur Zuluft- und keine Abluftkanäle anzuordnen. Aborte, Baderäume und Spülküchen erhalten Unterdruck, alfo nur Abluft- und keine Zuluftkanäle.

112. Zu- und Abluftkanäle.

Die Zu- und Abluftkanäle müffen in allen Teilen für Reinigung und Kontrolle zugänglich fein und aus enggefügten Ziegeln, Kacheln oder einem anderen leicht zu reinigenden Material hergeftellt werden. (Siehe auch Art. 109, S. 66.)

---

[117] Siehe: GRUBER, a. a. O., S. 13.

[118] Siehe: RIETSCHEL. Die Auswahl der Ventilationsfyfteme für Schulen, Theater, Kirchen u. f. w. Gefundh.-Ing. 1897, S. 214.

Abluftrohre führt man am beften lotrecht bis über den Dachfirft, wenn man den Rohren, welche dies erfordern, eine Wärmequelle geben oder mehrere um eine folche gruppieren kann (fiehe Art. 108, S. 66); fie follen thunlichft nicht in den Aufsenwänden liegen und aus verfchiedenen Gefchoffen in verfchiedener Höhe enden.

Will man wagrechte Sammelkanäle nach Abluftfchloten vermeiden, fo hat man die Zahl der Entlüftungsrohre in den Sälen einzufchränken. Kann man Sammler nicht umgehen, fo follen fie unter dem Fufsboden oder im Dachraum fo weit freiliegen, dafs fie der Reinigung zugänglich find. Bei Zufammenführungen im Dach mufs die den Auftrieb erzeugende Luftfäule genügende Höhe haben.

Die Erwärmung der Luft in den Abluftleitungen follte nur dort, wo ein ununterbrochenes Feuer brennt, durch das Rauchrohr desfelben erfolgen. Sonft erwärmt man fie durch einen Heizkörper der Sommerheizung, was vorzuziehen ift, da die Erwärmung durch Rauchrohre die Regelung des Luftabzuges je nach der Stärke der Heizung erforderlich macht. Selbftändige Lockfeuer werden meift nicht angezündet. Wo Gas zur Erwärmung von Einzelkanälen verwendet wird, bringt man die Flamme fo an, dafs fie vom Saal aus durch eine Glasfcheibe im Abluftkanal zu fehen ift. Zur Verftärkung des Abzuges dienen in kleineren Krankenhäufern u. a. nachts dort, wo kein elektrifches Licht benutzt wird, die in die Vorderwand des Kanals eingefetzten Laternen für die nächtliche Beleuchtung.

In Nürnberg find am Fufs der Abluftkanäle fchmiedeeiferne, durch Ventile regelbare Niederdruck-Heizfpiralen angeordnet, wo der Luftwechfel bei einer höheren Aufsentemperatur als + 5 Grad C. zu fichern war. Die unteren Abluftgitter mit verftellbaren Fallklappen fitzen in der Reinigungsthür; die oberen mit Jaloufieklappen laffen fich wie diejenigen der Zuluftkanäle durch Dornfchlüffel öffnen, und die Abdeckung der fchmiedeeifernen Auffätze auf den Abluftfchloten find zum Umklappen eingerichtet. — Im Kinderkrankenhaus an der Chemnitzerftrafse zu Dresden hat man die gemauerten und gefugten Kanäle durch Blechthüren zwifchen beiden Oeffnungen zugänglich gemacht.

Eine Kettenverbindung der oberen und unteren Verfchlufsvorrichtung von Abluftöffnungen hindert das gleichzeitige Oeffnen derfelben an heifsen Tagen u. f. w.

113. Zu- und Austrittsöffnungen für erwärmte Luft.

Durch eine paffende Lage der Stellen für den Zutritt und Austritt der Ventilationsluft im Krankenraum hat man die Bewegung der Luft in demfelben derart fichern wollen, dafs die an die Luft übergehenden Ausfcheidungen des Kranken unmittelbar aus feiner Umgebung entfernt werden, ohne ein anderes Krankenbett auf ihrem Weg in das Freie zu treffen. Zu diefem Zweck führte man die Luft in oder vor den Längswänden ein oder ab.

Leitet man die Warmluft hier hinter oder unter den Betten ein, fo kann man den Saal nach oben durch Firftöffnungen, wie in Moabit und in den Bauten des Syftems *Tollet*, entlüften. Zieht man die Abluft unter, bezw. hinter den Betten ab, fo fordert ihre Abfuhrung Kanäle.

Hierbei kann man die Warmluft ebenfalls hinter den Betten einführen, wie in den Rechteckfälen des Johns-Hopkins-Hofpitals, oder in der Längsachfe des Saales, wie im

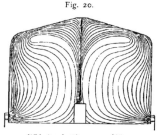

Fig. 20.

Bild der Luftbewegung [119]).

Friedrichshain, durch 3 tifchartige Oeffnungen über dem Fufsboden, wobei man den in Fig. 20 [119] dargeftellten Luftumlauf beobachtete, oder von oben, wie in den Kreisfälen des Gafthuis Stuivenberg durch die Hohlfäulen der kreisförmigen Einbaues, oder in den Saalftirnwänden, wie im Urban.

---

[119]) Fakf.-Repr. nach: Zeitfchr. f. Bauw. 1875, S. 459.

Um das Kanalifieren der Abluft zu vermeiden, hat man das unmittelbare Abziehen derfelben an den Betten an anderen Orten aufgegeben, indem man einen oder mehrere Abluftfchlote in der Mitte oder in der Saallängsachfe aufftellte, durch welche die Luft unten oder oben entweichen kann, wie bei Einführung der Warmluft hinter den Betten im Achteckfaal des Johns-Hopkins-Hofpitals, bezw. im Parkhofpital *Hither green*.

Heffe[120]) fchlug vor, die Luft unter der Decke ein- und abzuführen.

Zu diefem Zweck foll gekühlte Luft gleichmäfsig verteilt durch zahlreiche kleine Oeffnungen in Rohren unter der Decke einftrömen. Sie fällt fchnell herab, erwärmt fich unten und fteigt mit der Exfpirationsluft beladen zur Decke, wo fie abgeführt wird.

Wählt man die Saalftirnwände zur Ein- und Ableitung der Luft, fo mufs die erftere oben, die letztere unten erfolgen, und der Strom der Abluft geht unter und teils über den Betten hinweg.

In der Mitte der Stirnwände ftellte man früher in England Kamine vor Heizkammern auf (fiehe Art. 128, S. 75). Hierbei zieht die Abluft am Fufsboden zum Verbrennungspunkt, wo der gröfsere Teil von Luft und Wärme durch den Kaminfchornftein entweicht. Der Reft fteigt, bevor er zum Feuer gelangt, durch die ftrahlende Wärme verdünnt am Kamin zur Decke empor, mifcht fich mit der durch die Heizkammer eintretenden Zuluft, breitet fich von da an den Seitenwänden und der gegenüberliegenden Wand aus, fällt zu Boden und ftrömt wieder nach der Feuerftelle. In der Hauptfache ift diefe Bewegung eine fphärifche, wenn auch nach dem graphifchen Bild, das *Galton* giebt, an der Decke Wirbel innerhalb diefer Bahn eintreten[121]).

In Nürnberg liegt einem Zuluftrohr in der einen Stirnwand ein Abluftrohr in der Ecke der anderen gegenüber, und dies wiederholt fich umgekehrt an der anderen Seite.

Alle diefe beabfichtigten Luftbewegungen werden durch die Abkühlungsflächen der Umfaffungswände und unter Umftänden auch der Decke, durch Oeffnen von Fenfteroberteilen u. f. w. mehr oder weniger geftört, was zum Teile durch Anordnung von Heizkörpern fich berichtigen läfst. Doch wird auch im gefchloffenen Raum immer ein gewiffer Teil der Abluft wieder an den Betten zurückftrömen.

Bezüglich der grundfätzlichen Frage, ob die Zu- und Abluftöffnungen unten oder oben liegen follen, find die Anfichten noch geteilt.

114. Aufwärts oder abwärts gerichtete Lüftung.

Die abwärts gerichtete Lüftung, wobei die Eintrittsöffnungen oben, die Austrittsöffnungen unten angeordnet werden, wird in Teil III, Band 4 (Art. 116, S. 97) diefes »Handbuches«[122]) von *Fifcher* vertreten.

Rietfchel hält für das vorteilhaftefte, die Luft mit grofser Gefchwindigkeit (etwa 2 m) unter der Decke und nahezu parallel mit diefer über einem Heizkörper eintreten zu laffen, um eine fchnelle Luftverteilung im Raume, eine gleichmäfsigere Temperatur an allen Stellen desfelben und gewünfchten Falles ftarken Luftwechfel zu erzielen. Man könne dann felbft bei Einführung einer Zuluft, die 4 bis 5 Grad C. unter der Zimmertemperatur gehalten ift, 5-fachen Luftwechfel ohne Zugerfcheinungen erreichen, der fich bei gröfserer Raumhöhe und höherer Temperatur der Zuluft vielleicht fteigern laffe.

Romanin-Jacqur[123]) liefs die Luft durch zahlreiche Oeffnungen in der Decke, unter denen Blechfchirme angebracht find, eintreten und unter den Betten, wie in der Mitte des Saales abziehen und erzielte hierbei 5-fachen Luftwechfel. (Siehe die 1. Auflage des vorliegenden Heftes, Art. 640, S. 548.)

Wie der abwärts gerichteten Bewegung die im Raum auffteigende leichtere Abluft entgegenfteht, fo werden der aufwärts gerichteten Bewegung die an den abkühlenden Flächen herabfallenden Luftftröme hinderlich. Um diefe zu befeitigen, hat man Heizkörper an die Aufsenwände gelegt. Eine folche Lüftung erfordert geringere Gefchwindigkeit der eintretenden Luft, die in der Nähe der Menfchen nach dem Programm von Friedrichshain nicht mehr als 0,50 m und nach *Rietfchel*,

---
120) Siehe: HESSE, E. Ueber die Ziele der Ventilation. Berl. klin. Wochfchr.: Bd. 25, S. 830
121) Siehe: GALTON, a. a. O., S. 106 u. Fig. 12.
122) 2. Aufl.: Art. 173, S. 157.
123) Siehe: GRUBER, a. a. O., Taf. II u. S. 159 ff.

wenn möglich, weniger als 0,20 m in der Sekunde betragen foll. Doch läfst fich auch bei diefer Anordnung beträchtlicher Luftwechfel zugfrei erreichen.

Greenway[124]) fchlug für Infektions-Pavillons vor, die Zuluft durch zahlreiche Oeffnungen im Fufsboden einzuführen (fiehe in der 1. Auflage diefes Heftes Art. 645, S. 553), was in einigen Zellen des Johns-Hopkins-Hofpitals und im Scharlach-Pavillon des *Hôpital Trouffeau* zu Paris zur Ausführung kam. Ueber den erreichten Luftwechfel in den erfteren fiehe Art. 103 (S. 63). — *Kochard*[125]) wollte die auffteigende Bewegung durch Heizen der Mauern oder durch ftrahlende Heizflächen ringsum fördern und reine Luft unmittelbar an die Krankenbetten führen.

Das Niederfinken der Keime wird am meiften durch Anordnung der Abluftöffnungen über dem Fufsboden gefördert. Da jedoch bei Ueberhitzung des Raumes oder bei ftarker Entwickelung übelriechender Dünfte bei diefer Lüftung vorübergehend das Entlüften nach oben und bei umgekehrter Lüftung das Abziehen abgekühlter, herabfallender, verdorbener Luft über dem Boden erwünfcht fein kann, hat man auch für die Winterlüftung Abluftöffnungen unten und oben angeordnet, wie im Johns-Hopkins-Hofpital zu Baltimore.

Wylie[126]) wollte das Zubodenfinken von Keimen, fchweren Gafen und organifchen Materien fefter Form fördern, indem er vorfchlug, warme Luft 1,00 m über dem Fufsboden aus Heizkammern hinter 2 Doppelkaminen in der Saallängsachfe, und bei ftärkerer Kälte auch aus Heizkammern in den Saalecken, dagegen kalte Luft 2,20 m über dem Fufsboden durch 3 über Dach geführte fchliefsbare Schlote mit Zerftreuungsplatte am unteren Ende einzuführen. Letztere erwärmt fich beim Herabfinken, und der Luftabzug erfolgt nach Bedarf unter den Betten nach dem Mantelraum der Kaminfchornfteine, durch Klappen über den Fenftern und im Dachreiter. (Siehe den Pavillonplan unter b, 1, γ) und den Hüttenplan unter c, 1, α.)

β) Heizung.

115. Allgemeines.
Im Krankengebäude bedarf man der Heizung zur Erwärmung der Räume der Zuluft, die während der Heizperiode warm einzuführen ift, der Luft in den Abzugsfchloten und für die Warmwafferbereitung, Wärmefchränke u. f. w. Die Einrichtungen für die Erwärmung der Räume und der Zuluft wird man unter fich trennen, um im Herbft und Frühjahr, folange die Fenfter geöffnet bleiben, den Raum erwärmen zu können. Die Abzugsfchlote, Wafferbereitung u. f. w. bedingen das ganze Jahr hindurch Wärme; ihre Verforgung mit derfelben bildet daher zweckmäfsig einen felbftändigen Teil der Gefamtheizung. Wo die Warmwafferbereitung nur Tagesbetrieb hat, wird man fie wieder von der Erwärmung der Abluftfchlote trennen.

Die Heizung ift eine örtliche oder Einzelheizung, wenn jeder Raum feine eigene Heizftätte erhält, und eine Sammelheizung, wenn die Heizftätten für eine Gruppe von Räumen, für ein ganzes Gebäude oder für mehrere Gebäude gemeinfam find.

116. Temperatur der Räume.
Für die Krankenräume wird die Erzielung einer beftimmten gleichmäfsigen Temperatur zu Tag- und Nachtzeiten bei den niedrigften Aufsentemperaturen, welche in der betreffenden Gegend vorkommen, gefordert. Im allgemeinen ift in feuchtem Klima, wie in England, weniger Wärme als in trockenen Gegenden nötig: dort wo die Temperatur an einem Tage, bezw. tags und nachts beträchtlich fchwankt, tritt in den Krankenräumen leicht Ueberhitzung ein.

Die preufsifche minifterielle Anweifung von 1893 fchreibt für Krankenzimmer eine Temperatur von 22 Grad C., wie in den Kliniken zu Halle, vor. In den anderen Univerfitätskliniken waren mehr oder weniger geringere Wärmegrade angenommen. — In der medizinifchen Klinik zu Bonn find den Heizanlagen 15, in der chirurgifchen und in der Augenklinik zu Königsberg 17, bezw. 17,5, in der medizinifchen Klinik zu Marburg, im geburtshilflichen Inftitut und in der Augenheilanftalt zu Greifswald, in den chirurgi-

---

[124]) Siehe: GREENWAY, H. *On a new mode of hofpital confruction.* *Britifh medical journal,* Bd. 1 (1872), S. 495.
[125]) Siehe: *Revue d'hyg.* 1883, S. 312, 314.
[126]) Siehe: WYLIE, W. G. *Hofpitals. Their hiftory, organifation and confruction.* New York 1877, S. 99 u. 128.

fchen Kliniken zu Bonn und Berlin 20 Grad C. zu Grunde gelegt worden[127]). — Die Friedens-Sanitäts-ordnung verlangt 18,75 Grad C. (= 15 Grad R.).

Aerztlicherfeits find für gewiffe Krankheiten befondere Wärmegrade verlangt worden.

Jones forderte in einem gut gebauten Hofpital Säle von verfchiedenen Temperaturen: für Krankenräume im allgemeinen 60 Grad F. (= 15,55 Grad C.), für akute Fieberfälle, für gewiffe Fälle von Pneumonie und Phthifis 40 bis 55 Grad F. (= 4,44 bis 12,80 Grad C.). »Krankhafte Affektionen des Larynx und der Bronchialröhren und chronifche Krankheiten des Herzens und der Nieren, die von Lungenkongeftionen und fchwerem Atem begleitet find, fordern einen gewiffen Grad von Wärme und Feuchtigkeit.« Rekonvalefcenten an Fieberfällen und an anderen akuten Krankheiten, bei denen eine fchnelle Umgeftaltung von Blut, Geweben und Organen fich vollzieht, follen vor plötzlichem Temperaturwechfel bewahrt und warm gehalten werden[128]). Weiteres hierüber fiehe unter b, 5.

In den Nebenräumen nähert man jetzt die Temperatur thunlichft derjenigen der Krankenräume.

Das Nürnberger Programm fchrieb wie für die Krankenräume in den Bade- und Tagräumen 20, in den Aerzte-, Warte- und Spülzimmern, in den Aborten, Flurgängen, Treppen u. f. w. 18 Grad C. vor.

Heizvorrichtungen im Raum follen wenigftens teilweife auch ftrahlende Wärme für die Rekonvalescenten bieten können. Alle Heizkörper, mögen fie im Krankenraum oder aufserhalb desfelben ftehen, müffen fich leicht reinigen laffen, an hellen zugänglichen Plätzen ftehen, geräufchlofen Betrieb und gleichmäfsige, milde Erwärmung geftatten. Die Wärmeregelung ift möglichft einfach und verftändlich zu geftalten.

117. Heizvorrichtungen.

Heizkörper für Sammelheizungen find aus glatten, thunlichft aus lotrechten Rohren herzuftellen, auf Wandträgern über dem Fufsboden zu lagern, dürfen an keinen Stellen Temperaturen erhalten, welche das Verfchwelen oder Verbrennen von Staubteilchen möglich machen, und follen bei thunlichft niedriger Eigentemperatur die verlangte Wärme liefern.

Verkleidungen find Urfache von Verfchmutzungen geworden und daher ebenfo wie Schmuckteile auszufchliefsen.

Oefen und Kamine werden, wenn ihre Bedienung im Krankenraum erfolgt, durch den Lärm und Staub, welchen das Einbringen von Brennftoff verurfacht, durch das etwaige Rauchen und das nötige öftere Reinigen fehr läftig. Heizung von aufsen bedingt die Lage der Oefen und Kamine an Wänden oder in Ecken und dadurch ungleichmäfsige Wärmeverteilung.

118. Einzelheizung.

Oefen follen während der Nacht möglichft keiner oder geringer Bedienung bedürfen und Vorkehrungen zur Erwärmung der Zuluft erhalten; ihre Rauchrohre können zur Erwärmung der Abluft benutzt werden; ihre Bedienung erfordert einen Raum oder einen Kaften für einen kleinen Vorrat von Brennftoff und unter Umftänden auch Aufzüge zum Transport desfelben und der Afche.

Kachelöfen haben fich wegen langfamer Erwärmung und geringer Ventilationsleiftung am wenigften für Krankenräume geeignet gezeigt. *Lorenz*[129]) fchlug vor, ihre Wandungen mit Ziegeln zu hintermauern, um Wärme aufzufpeichern.

Eiferne Oefen fanden vielfach Verwendung und find einwandfrei, wenn das übermäfsige Erhitzen der Ofenwand vermieden werden kann.

Die Verfuche im hygienifchen Inftitut zu Berlin haben ergeben, dafs ein vermeintliches Austrocknen der Luft durch eiferne Oefen nur fcheinbar befteht, dafs diefes Gefühl nur durch verkohlte Staubteilchen, fowie durch Deftillationsprodukte folcher unverbrannter Partikel hervorgerufen wird und dafs dies der

---

[127]) Siehe: LORENZ & WIETHOFF. Statiftifche Nachweifungen betreffend die Anlage-, Unterhaltungs- und Betriebskoften der feit dem Jahre 1875 in preufsifchen Staatsbauten ausgeführten Central-Heizungs- und Lüftungs-Anlagen. Berlin 1892. S. 7, 33. 35—37.
[128]) Siehe: *Hofpital plans. Five effays* etc., S. 121 u. ff.
[129]) Siehe: LORENZ, a. a. O., S. 23.

Schleimhaut der Augen und den Luftwegen nachteilig werden kann. Eiserne Oefen follen einen weiten Mantel haben, dem die Luft in einem nicht zu engen und langen Schlot dem Ofen zuzuführen ift [130]).

Gasöfen erfordern keine Arbeit, verurfachen keinen Rauch und Rückftände und ermöglichen rafche, gleichmäfsige Temperatur auch während der Nacht. Inwieweit diefe Vorzüge die höheren Betriebskoften aufwiegen, wird im Einzelfall zu entfcheiden fein.

Die beften Konftruktionen heizen geruchlos, erwärmen die unteren Teile des Raumes, bieten ftrahlende Wärme und geftatten felbftthätige Regelung der Wärmeerzeugung und -Verteilung. *Pannwitz* [131]) empfiehlt die von *C. A. Schuppmann* (Berlin) für Krankenhäufer gelieferten Oefen. — Gasofenheizung erhielt u. a. das ftädtifche Krankenhaus zu Karlsruhe.

119. Sammelheizung.

Je weniger Heizftätten eine Krankenhausanlage zu erhalten braucht, um fo leichter ift ihre Heizanlage zu bedienen, um fo weniger Staub und Rauch entwickelt fie in der Nähe der Kranken, um fo leichter ift auch die Ueberwachung der Heizung und des Brennftoffes. Eine möglichft zentralifierte Anordnung ift fchon aus pekuniären Gründen vorzuziehen; fie wird nur dort, wo man einen Teil der Gebäude zeitweife nicht benutzt, teuerer als getrennte Heizung jedes einzelnen Gebäudes [132]).

120. Feuerluftheizung.

Der meiften Heizftätten bedarf die Feuerluftheizung. Wenn die Heizvorrichtungen unmittelbar unter Krankenräumen liegen, fo ift das mit ihrer Bedienung verbundene Geräufch, namentlich nachts, ftörend. Die geheizten Räume kühlen verhältnismäfsig fchnell ab, wodurch bei Abfaugung die Wirkung der Lüftung verringert wird.

Diefe Gründe fprachen im Friedrichshain [133]) gegen die Feuerluftheizung, obgleich das Anlagekapital nur $^3/_4$ und der Kohlenverbrauch nur $^2/_3$ von demjenigen betrug, den die Wafferheizung erforderte, und obgleich die Räume bei Feuerluftheizung fchneller erwärmt wurden; die Lüftung konnte bei Abfaugung auf das $2^1/_2$-fache der geforderten Ventilationsmenge gefteigert werden.

Feuerluftheizung liefert trockene Wärme und hat häufig Rauch und verfengten Staub in Korridore und Zimmer gebracht, wie in der geburtshilflichen Klinik zu Königsberg [134]).

Baginsky verwirft fie für Kinderkrankenhäufer wegen der Empfindlichkeit der kindlichen Refpirationsorgane. — Auch *Lorenz* [135]) beftätigt die Klagen, zu denen fie Veranlaffung gegeben hat, und empfiehlt fie u. a. für Treppenhäufer, Aborte u. f. w. — In Heidelberg erhielten 6 Baracken und der Pavillon der II. medizinifchen Klinik, fowie die Bäder, Aborte und Wärterzimmer der I. medizinifchen und der chirurgifchen Klinik Feuerluftheizung, deren ummantelte Rauchrohre die verdorbene Luft aus den Räumen abfaugen. — Mit Sauglüftung ift auch die Feuerluftheizung der medizinifchen Klinik in Bonn verbunden, wo ein 3-facher Luftwechfel in Zimmern, Aborten und Bädern und ein einfacher in den Korridoren erzielt wird.

121. Wafferheizung.

Die Warmwafferheizung erhielt im Friedrichshain vor der Feuerluftheizung, trotz der hohen Anlagekoften und der erforderlichen beträchtlichen Menge von Brennftoff [136]), den Vorzug, weil fie nur einer Heizftätte im Pavillon bedurfte, die Räume durch gröfsere Wärmeauffpeicherung gleichmäfsigere Temperatur erhielten und die Lüftung durch Saugfchornfteine das $3^1/_2$-fache der vorgefchriebenen Menge leiftete. Sie wird als Wafferluftheizung oder unmittelbar verwendet, geftattet auch

---

[130]) Siehe: Kgl. preufs. Minifterial-Erlafs vom 14. Juli 1890, betreffend die Verwendung eiferner Oefen in Schulräumen höherer Lehranftalten. Deutfche Viert. f. öff. Gefundheitspfl. 1891, S. 515.

[131]) Siehe: PANNWITZ, G. Deutfche Induftrie und Technik bei Errichtung von Sanatorien und Krankenhäufern. Berlin 1899. S. 184.

[132]) Siehe: HAGEMEYER, A. Das allgemeine Krankenhaus der Stadt Berlin im Friedrichshain, feine Einrichtung und Verwaltung. Berlin 1879. S. 61 ff.

[133]) Siehe: Zeitfchr. f. Bauw. 1875, S. 461 ff.

[134]) Siehe: BÖRNER, P. Bericht über die allgemeine deutfche Ausftellung auf dem Gebiete des Hygiene- und Rettungswefens. Berlin 1882—83. Breslau 1885. Bd. II, S. 79.

[135]) Siehe: LORENZ, a. a. O., S. 23.

[136]) Siehe: Zeitfchr. f. Bauw. 1875. S. 460.

leichte Teilbarkeit und Verteilung der wegen geringer Warmeftrahlung nicht zu ummantelnden Heizkörper. Die Froftgefahr erfordert aber bei ftärkerer Kälte Dauerbetrieb oder eine vor Froft gefchützte Lage aller Teile.

Die heutigen Beftrebungen gehen dahin, mit möglichft geringem Wafferinhalt von Keffel und Heizkörper zu arbeiten bei zentraler Selbftregelung der Temperatur des Heizwaffers und handlicher Regelung des Wafferumlaufes an den Heizkörpern. — Das *Angrick*'fche Regulierungsventil ermöglicht zur Froftficherung das Durchleiten eines fchwachen Wafferftromes durch das Syftem auch bei äufserlichem Abftellen der Leitung. Füllfchächte an den Keffeln erleichtern den Nachtbetrieb.

Dampf wurde fchon in *Lariboifière* zur Heizung der Wafferheizkeffel dreier Pavillons von einem Punkte aus verwendet; damit war die Ausdehnung der Warmwafferheizung auf eine Anzahl Gebäude erleichtert. Aufser in diefer Form ift er für Luftheizungen benutzt worden, oder man vereinigte je nach Bedarf Dampf-, Dampfwarmwaffer- und Dampfluftheizung. Hochdruckdampfheizungen und Dampfwafferheizungen mit umlaufendem Dampf find wegen des Geräufches, welches fie erzeugen, nicht zu empfehlen. Niederdruckdampfheizung ift überall verwendbar und erhält wegen der geringeren Anlagekoften häufig den Vorzug vor der Warmwafferheizung.

122. Dampfheizung.

Dampfheizung ermöglicht beträchtliche, wagrechte Ausdehnung, verfchiedenartige Erwärmung der Räume, auch unregelmäfsigen oder unterbrochenen Betrieb, verlangt aber während der Benutzung der Räume dauernden Betrieb oder Auffpeicherung der Wärme für die Zeit der Unterbrechung in Warmwafferöfen. Die Roftgefahr der Rohre wird bei den gefchloffenen Syftemen mit geringftem Druck von $1/10$ bis $1/20$ Atmofphäre auf das erfte Anroften befchränkt. Hierbei bedürfen die Heizkörper keiner Ummantelung, können zur Erwärmung unmittelbar eingeführter Luft benutzt werden und arbeiten bei getrennter Dampf- und Kondensleitung geräufchlos. Der Dampf bietet als Wärmeträger auch den Vorteil, dafs er zugleich zur Heizung der Abluftfchlote, der Warmwafferbereitung, der Sterilifations- und Desinfektionsapparate, der Koch- und Wafchküche, des Mafchinenbetriebes u. f. w. verwendet werden kann; Dampf eignet fich daher zu einer einheitlichen Geftaltung des Heizwefens im Krankenhaus.

Dampfniederdruckheizungen find u. a. von *Rietfchel & Henneberg* (Berlin) in den ftädtifchen Krankenhäufern zu Hannover und Frankfurt a. M., im Kreiskrankenhaus zu Bernburg, in Goslar und in München ausgeführt worden. — Bei der Dampfniederdruckheizung von *Gebr. Körting* (Hannover) endigt die an der Kellerdecke angeordnete Luftleitung in einem Gefäfspaar mit Siphonregulierung.

Käuffer benutzt bei feiner patentierten Heizung mit Wafferdunft, Abdampf oder reduziertem Hochdruckdampf eine in Wafferverfchlufs fchwimmende Glocke als Ausdehnungsgefäfs. Diefe Heizung wurde für Anlagen bis mit 200 Räumen bei 300 m wagrechter Ausdehnung verwendet und kam u. a. in der Heilanftalt Oderberg (fiehe unter 7), in 2 Pavillons zu Worms, in den Kreiskrankenhäufern zu Gumbinnen und Lübbecke i. W. u. f. w. zur Ausführung. — Beim *Körting*'fchen patentierten Luftumwälzungsverfahren mifcht fich der einftrömende Dampf mit der in Heizkörper verbliebenen Luft gleichmäfsig, wodurch letzterer in allen feinen Teilen ebenfalls eine gleichmäfsige, je nach Bedarf höhere oder geringere Wärme erhält.

Durch felbftthätige Regelung der Verbrennung, des Abzuges der Verbrennungsgafe und der Dampftemperatur im Keffel, durch Regelung des Dampfzutrittes in die Heizkörper mittels Regulierventilen mit Skalafcheibe ift bei diefen Syftemen eine vollkommene Regelbarkeit der ganzen Anlage erreicht.

Mit den Heizkörpern hat man auch die Befeuchtung der Luft durch Auffchrauben von Vafen verbunden, deren Wafferdampfung mit der Heizkörpertemperatur, alfo bei niedriger Aufsentemperatur, wenn der Feuchtigkeitsgrad geringer ift, fteigt.

Vorkehrungen für Umlaufheizung haben fchon bei der Ofenheizung den Nachteil, dafs durch den fo geregelten Umlauf der Luft Staub aufgewühlt und in den Luftftrom geführt wird.

123. Umlaufheizung.

Ganz unglücklich ift aber die im Alexandrowo-Hofpital zu St. Petersburg [137]) beliebte Leitung der an der Fenfterwand niederfallenden Luftftröme nach den Oefen behufs Rückführung derfelben in den Saal, was eine vor die Wand geftellte, von diefer 18 cm abftehende Holzwand in Brüftungshöhe vermittelt, wobei abgekühlte, an der Fenfterwand herabfallende Abluft vorzugsweife mit angefaugt wird. — In der Augenklinik zu Königsberg [138]) hat man fogar die Feuerluftheizung zur Umlaufheizung eingerichtet und führt die Saalluft, wenn nicht verbraucht, zur Heizkammer zurück.

124.
Unterbrechung der Heizung.

Unterbrechungen des Heizbetriebes in der Nacht follen fich auf möglichft kurze Zeit befchränken, wenn gleichzeitig die Lüftung eingeftellt wird.

Das Nürnberger Programm nahm bei 0 Grad im Freien eine 5 ftündige Betriebsunterbrechung in Ausficht, während welcher die Temperatur in den Krankenräumen nur um 3 Grad (von 20 auf 17) herabgefetzt werden foll. Es waren die Koften für den Fall anzugeben, dafs gleichzeitig die Lüftung ganz oder auf die Hälfte unter Verminderung der Einftrömungstemperatur von 24 auf 16 Grad abgeftellt würde.

η) Lüftungs- und Heizungsanlagen.

125.
Anordnung.

Die folgenden Beifpiele beziehen fich auf Gebäude für allgemeine Kranke. Anlagen, welche für befondere Krankheitsarten getroffen wurden, werden bei den Beifpielen unter b, 5 befprochen. Ueber die Lüftung und Heizung von Baracken und Zelten fiehe unter c, 1 u. 2.

126.
Mantelöfen.

Die Ofenheizung ift in ftändigen Krankengebäuden nur zur Erwärmung kleinerer Säle bis zu 18 Betten und in Krankenzimmern in Betracht gekommen. Mit der Zahl der Oefen wächft diejenige der nötigen Arbeitskräfte.

Bei eifernen Oefen begnügt man fich meift, die frifche Luft durch Einführen zwifchen Ofen und Mantel zu erwärmen.

Gropius & Schmieden haben das gemeinfame Rauchrohr von zwei gekuppelten Koksmantelöfen zum Abfaugen verdorbener Luft verwendet. Der eine von beiden Oefen faugt Aufsenluft an, und der andere dient zur Umlaufheizung. In diefer Weife find im Evakuations-Pavillon von Bethanien zu Berlin, im Garnifons-Lazarett zu Tempelhof, fowie im ftädtifchen Krankenhaus zu Wiesbaden Säle von 10 bis 16 Betten geheizt, in deren Mitte das Ofenpaar fteht; der Mantel des Rauchrohres beginnt 0,30 m über dem Fufsboden.

Käuffer'fche Mantelöfen find in den verfchieden grofsen Sälen des *Koch*'fchen Inftitutes für Infektionskrankheiten zu Berlin verwendet worden. Die Zuluft ftrömt ihnen durch eine Frifchluftkammer im Sockelgefchofs zu; ihre Heizung erfolgt von aufsen. Ihre Mäntel wurden, um Umlaufheizung zu ermöglichen, nicht bis zum Fufsboden herabgeführt. In den gröfseren Sälen von 14 und 18 Betten ftehen fich je 2 derfelben diagonal in 2 Saalecken gegenüber. In den anderen zwei Saalecken und in der Mitte jeder Längswand find Abluftfchlote mit unten lotrecht und oben wagrecht drehbaren Jaloufieklappen und mit *Bunfen*-Brennern hinter Glasthürchen angeordnet. Die Anlage ift bei niedriger Aufsentemperatur auf 80 cbm - 2-maligen Luftwechfel — berechnet.

In der Göttinger Frauenklinik bewähren fich *Käuffer*'fche Ventilationsmantelöfen, die vom Flurgang aus heizbar find, bezüglich der Lüftung und Regulierung fehr gut, erfordern aber bedeutende Arbeitskräfte.

Von aufsen heizbare *Meidinger*-Ventilationsöfen mit weifsemaillierten Mänteln hat *v. Gruber* im Refervepavillon des Rudolfinerhaufes zu Wien verwendet.

Von aufsen bedienbare Magdeburger Kachelöfen mit gufseifernen Einfätzen, Füllreguliervorrichtung und Einrichtung zur Heizung mit Ventilationsumlauf erhielten im Rudolfinerhaus die Krankenzimmer in Pavillon I. und II. Klaffe wegen vorausfichtlich nicht dauernden Belages.

127.
Eiferne Oefen in Heizkammern.

Durch vollftändige Ummantelung des Ofens wird der Mantel zur Heizkammer, wie bei den *Böhm*'fchen Ventilationsfullöfen und bei neueren Oefen von *Kori*. Mittels der erfteren find ein 9-Bettenfaal des chirurgifchen Pavillons und die 11-Bettenfäle des I. medizinifchen Pavillons im akademifchen Krankenhaus zu Heidelberg geheizt [139]). Der eiferne Füllofen, der gröfsere

---

[137]) Siehe: Das ftädtifche Alexander-Barackenkrankenhaus in St. Petersburg. Centralbl. d. Bauverw. 1887, S. 505.
[138]) Siehe: BÖRNER, a. a. O., S. 77.
[139]) Die Zeichnung findet fich in: SCHÄFER, a. a. O., S. 10 u. Plan.

Mafse erhielt, als fonft üblich ift, fteht in einer Saalecke und hat einen gemauerten, mit Kacheln bekleideten Mantel. Die frifche Luft tritt durch einen kurzen, wagrechten Fufsbodenkanal im Abftellraum von der Nordfeite des Gebäudes aus in den Mantelraum und durch einen Blechauffatz desfelben in den Saal. Eine Klappe geftattet die Regelung der Zuführung frifcher kalter Luft und eine Schiebethür im Ofenmantel Umlaufheizung. Die Luft geht hier im Sommer denfelben Weg durch den Ofenmantel. Aufserdem hat jeder Saal 4 fog. Etagenkanäle (fiehe Art. 100, S. 61). Der Abzug der verbrauchten Luft erfolgt in den 3 anderen Saalecken durch lotrechte, nicht erwärmte Wandkanäle, deren Thätigkeit unregelmäfsig ift, über Dach. Diefe Elemente bilden das fog. *Böhm*'fche Heiz- und Ventilationsfyftem.

Fig. 21.

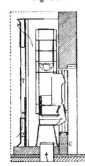

Kori machte die Heizkammern für feine Dauerbrandöfen zugänglich (Fig. 21 [140]). Bis zur Höhe des Feuerherdes find die Oefen doppelt ummantelt, wobei man den Doppelmantel zur Umlaufheizung verwenden kann. Die Heizkammer ift zugänglich, wenn man den Umlaufkanal Z feft mit einer Reinigungsthür T verbindet. Für Ifolierzellen Tobfüchtiger foll der Hohlraum zwifchen beiden Mänteln mit Zement ausgegoffen werden, um laue ftrahlende Wärme zu erhalten. In beiden Fällen ift die Rückfeite der Heizkammer hinter der Bedienungsnifche N mittels eines abnehmbaren Blechverfchluffes vom Flurgang aus zugänglich, durch welchen der Ofenhals hindurchreicht.

Ofenummantelung nach *Kori* [140].

Kamine hat man im Krankenraume befonders als Mittel zum Abfaugen der verdorbenen Luft in manchen Gegenden beibehalten.

128 Kamine.

Nach *Tollet* bewirkte in Montpellier [111]) ein Kamin von 2,50 m Länge und 1,80 m Höhe mit 2 ummantelten Rauchrohren allein die Entlüftung des Saales in 1 Stunde mit 2,00 m Gefchwindigkeit bei einem Kohlenaufwand von 4 kg.

Die Verwendung der Kamine zu Heizzwecken wird für gröfsere Räume durch ihre geringe Heizkraft eingefchränkt, deren Wirkung man in England auf 9,12 m (= 30 Fufs), *Tollet* auf 8,00 m Abftand fchätzt. Die Erwärmung der Zuluft hat man in verfchiedener Weife mit Kaminen zu verbinden gefucht.

Galton führte hinter dem Kamine eine Heizkammer bis zur Saaldecke empor, deren Luft durch die Seitenwände des Kamins, wie durch ein Futterrohr erwärmt wird, welches innerhalb der Heizkammer aus Gufseifen beftand. (Vergl. Art. 113, S. 69.) Die Stellung diefer Kamine an den Saalftirnwänden befriedigte nicht; man verlegte fie an die Fenfterwände, was Wärmeverluft und wieder fchlechte Wärmevertheilung zur Folge hatte, bis man fie dann frei in der Mitte der Säle anordnete und den Rauch unter dem Fufsboden nach Wandkanälen leitete. Aber auch ihre Leiftung genügte für grofse Säle nicht, fo dafs man fchon im Thomashofpital zu London den dort aufgeftellten 3 Kaminen ein unabhängiges Heiz- und Lüftungsfyftem hinzufügte.

Snell [142]) fteigerte die Heizkraft des Kamins durch Ausnutzung feines Feuers für Warmwafferluftheizung. Jeder Kamin ift an 3 Seiten mit Warmwafferkäften umgeben, welche mit feitlich angeordneten Bündeln von Warmwafferheizrohren in Verbindung ftehen. (Siehe Fig. 83 bis 86, S. 413 in der 1. Auflage diefes Heftes.) Zwifchen dem Kaften und den Rohrbündeln tritt durch einen Frifchluftkanal unter den Kaminen von beiden Seiten frifche Luft ein, die oberhalb derfelben erwärmt ausftrömt, und das Expanfionsgefäfs des in den Rohren umlaufenden Waffers benutzt man zur Befeuchtung der Luft. Das Rauchrohr ift — in Sand gebettet — im Frifchluftkanal nach Wandrohren geführt, wo freiftehende Doppelkamine Verwendung finden. — Jeder Saal von Marylebone erhielt 2 der letzteren, welche zur Heizung und Lüftung genügten, fo dafs ein aufserdem vorgefehenes Wafferheizfyftem in den erften beiden Jahren nicht benutzt wurde.

Für gröfsere Krankenräume empfiehlt man jetzt auch in England und in Frankreich die Kaminheizung allein nur in den Uebergangszeiten und zur Entlüftung.

---

[140] Nach: KORI, H. *Heizungs- und Lüftungsanlagen beim Bau mittlerer und kleinerer Krankenhäufer.* Deutfche Bauz. 1898, S. 225.
[141] Siehe: TOLLET, C. *Les édifices hofpitaliers.* Paris 1892. S. 262.
[142] Siehe: SNELL, H. *Charitable and parochial eftablifhments.* London 1881. Taf. 6 u. S. 22.

ergänzt diefelbe daher durch ein felbftändiges Heizfyftem für die kältere Zeit und zur Erwärmung der Zuluft. (Siehe Art. 113, S. 69.) Die Rauch- und Abluftrohre werden aber unmittelbar über Dach geführt, da die wagrechten Rohre Niederlagen von Keimen ermöglichen und fchwer zu reinigen find.

In Verbindung mit Berliner Oefen kamen in Deutfchland Kamine in der geburtshilflichen Klinik zu Königsberg zur Verwendung. Die Oefen werden vom Korridor aus geheizt; doch find aufserdem Lüftungsrohre vorhanden, welche Gasflammen hinter Milchglaslaternen erwärmen.

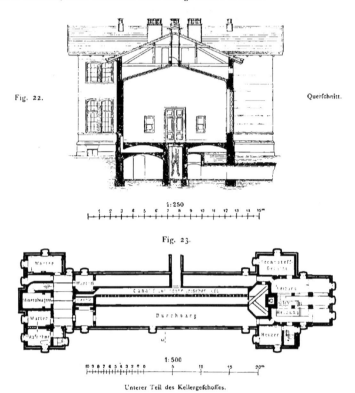

Fig. 22.   Querfchnitt.

Fig. 23.

Unterer Teil des Kellergefchoffes.

Heizungs- und Lüftungsanlage im eingefchoffigen Pavillon des ftädtifchen allgemeinen Krankenhaufes im Friedrichshain zu Berlin [143]).

129. Sammelheizung.

Bei der Sammelheizung können die Wärmequellen auch zur Zentralifierung der Frifchlufterwärmung und der Entlüftung benutzt werden, foweit dies mit der wünfchenswerten Trennung der Luftgemeinfchaft zwifchen den Krankenräumen vereinbar ift.

130. Pavillonbauten.

In einfachen Pavillonbauten läfst fich diefe zwifchen den wenigen vorhandenen Krankenräumen verhältnismäfsig leicht erreichen. Doppelpavillons follten, bezüglich der Lüftung, wie zwei zufammengebaute Einzelpavillons behandelt werden, fo dafs jede Seite ihre eigene, felbftändige Zu- und Entlüftung erhält. Die

---

[143]) Fakf.-Repr. nach: Zeitfchr. f. Bauw. 1875, Bl. 45 u. 46.

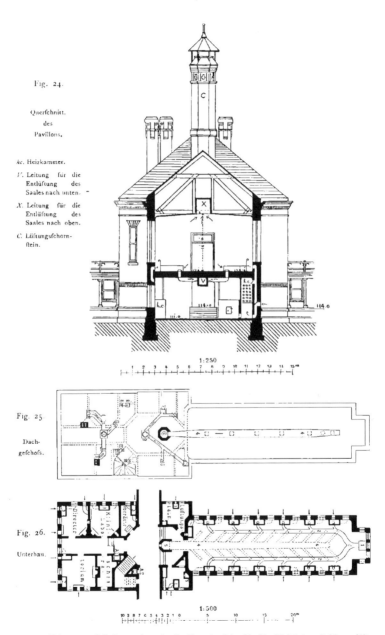

Heizungs- und Lüftungsanlage der Pavillons im Johns-Hopkins-Hospital zu Baltimore[114].

[114] Faks.-Repr. nach: BILLINGS, a. a. O., Taf. 22 u. 23.

folgenden Beifpiele beziehen fich daher auf Einzelpavillons, in denen jedes Gefchofs für fich zu lüften ift. Alle in den 6 Beifpielen befprochenen Pavillons haben eigene Entlüftung. In den erften drei wird die Abluft durch Sammelkanäle, in den anderen drei unmittelbar abgefaugt.

131. Beifpiel I.
Die drei eingefchoffigen Pavillons für chirurgifche Kranke in Friedrichshain zu Berlin erhielten Mitteldruckwafferheizung zur Erwärmung der Zuluft und kanalifierte Sauglüftung. Jedes Gebäude hat eigene Heizftätten, deren Rauchrohre den Lüftungsfchlot erwärmen (Fig. 22 u. 23 [143]).

Die Heizung ift in zwei Syfteme zerlegt, von denen das eine die Zuluft vorwärmt, das andere die Wafferöfen im Saal und den übrigen Räumen, auch das Badezimmer, fowie den Abort, heizt. Ein Schüttofen follte die Erwärmung des Lüftungsfchlotes zu Zeiten bewirken, wenn die anderen Heizungen nicht im Gang find, und Kamine im Saal und im Tagraum können an nebeligen Tagen ftrahlende Wärme bieten. Die frifche Luft wird von einem Lüftungsgehäufe durch einen Kanal der langgeftreckten Heizkammer zugeführt und fteigt, von deren Rohrfträngen erwärmt, durch 3 tifchartige Rohrregifter in den Saal. Die Abluft entweicht am Fufs der Fenfterpfeiler durch Fufsbodenkanäle zum Lüftungsfchornftein, an welchen auch die aufserdem über Dach geführten Abluftkanäle der Nebenräume angefchloffen find, deren Zuluft durch eine kleinere Heizkammer erwärmt wird. Der Saal hat für den Sommer Dachreiterlüftung.

Die Anlage wurde von der Berliner Aktiengefellfchaft für Zentralheizung, Waffer- und Gasanlagen, vorm. *Schäffer & Walcker* ausgeführt.

132. Beifpiel II.
In den eingefchoffigen Pavillons des Johns-Hopkins-Hofpitals zu Baltimore wird frifche Luft den kleinen Heizkammern im Unterbau unmittelbar von aufsen zugeleitet und durch Warmwaffer von den Keffeln im Küchengebäude, bezw. im Pflegerinnenheim aus erwärmt. In einem derfelben ift auch Eintreiben der Zuluft vorgefehen. Die Schlote, welchen die Abluft durch Sammelkanäle zugeführt wird, find durch Dampffpiralen von einem Hochdruckkeffel im Küchengebäude aus geheizt (Fig. 24 bis 26 [144]).

Die Anordnung der 12 Heizkammern unter dem Saal und anderer unter den Nebenräumen zeigt Fig. 27 [144]). Die frifche Luft tritt 1,50 m über dem Fufsboden in ein verzinktes Eifenrohr ein, welches zum Saalfufsboden empor- und unter die Rohrregifter in der Heizkammer hinabgeführt ift. Die vom Saal aus ftellbare Klappenanordnung geftattet, die frifche Luft unmittelbar in den Saal zu laffen, fie zu zwingen, den Weg durch die Heizkammer zu nehmen oder durch Benutzung beider Wege beliebige Mifchungen warmer und kalter Luft herzuftellen. Im Saal tritt die Luft am Fufs der Fenfterpfeiler ein. Für fehr kaltes Wetter wurden auch Warmluftöffnungen unter den Fenftern vorgefehen, zu denen von den Heizkammern Luft geleitet wird (Fig. 26). Letzteren, welche im unteren Teil durch Mauerwerk, im oberen durch leicht entfernbare Eifenblechtafeln mit Filzeinlage umwandet find, foll an windftillen und heifsen Tagen durch ein befonderes Kanalfyftem *s* im Unterbau von einem mittels Dampf getriebenen Ventilator *a*, Luft zugeführt werden. Durch Regelung der Gefchwindigkeit des Wafferlaufes in jedem Heizkörper kann die Wärterin feine Temperatur — gewöhnlich 66 Grad C. (= 150 Grad F.) — und damit diejenige der Zuluft einfchränken. Längs der Aufsenwand der Saalnifche liegen Warmwafferrohre in eifernen, mit eben folchen Platten abgedeckten Fufsbodenkaften, um dem Abfallen kalter Luft an den verglaften Flächen vorzubeugen.

Der Luftabzug erfolgt unter den Betten durch verzinkte Eifenrohre an der Decke des Unterbaues — deren Oeffnungen mit Drahtnetzhauben gefchützt find — nach dem hölzernen, mit verzinktem Blech gefütterten Sammelkanal *g* und *V*, welcher in dem Lüftungsfchornftein *s* und *C* mündet. Im Fall einer Ueberheizung des Saales oder, wenn es erwünfcht ift, um aus irgend einem Grunde eine grofse Menge Luft durch den Raum ftreichen zu laffen, werden die Deckenöffnungen nach dem Entlüftungskanal im Dachraum *g* und *x* durch eine eiferne Hebelftange geöffnet. Bei gemäfsigtem und warmem Wetter find beide Wege nach unten und nach oben offen. Zur Regelung des Zuges im Lüftungsfchlot dient ein Klappenfyftem am oberen Ende desfelben, welches von einem eifernen Hebel im Schornftein, der durch die Thür gegenüber der Saaleingangsthür zugänglich ift, enger oder weiter geftellt wird. Von den Nebenräumen wurden

Fig. 27.

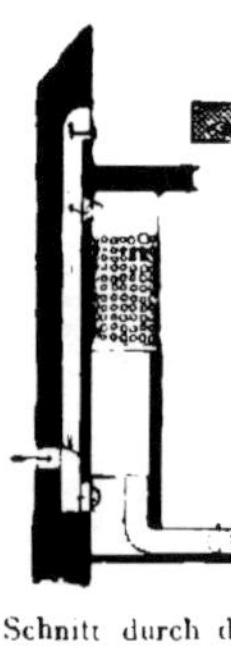

Schnitt durch die Heizkammer [144]).

1/25 w. Gr.

Aborte, Bade- und Wafchraum an einen gemeinfchaftlichen, Ifolierzimmer und Speifezimmer an einen anderen Lüftungsfchlot angefchloffen. Die übrigen Nebenräume und die Aufzüge haben eigene Luftabzugsrohre *5* bis *12* (Fig. 25).

Die Anlage ift für eine Luftungsmenge von 0,028 cbm (= 1 Kub.-Fufs) für 1 Sekunde und 1 Perfon, gleich 100,8 cbm für 1 Stunde, und für die Möglichkeit der Verdoppelung diefer Menge auf kurze Zeit zum Auslüften des Saales geplant. Die Gefchwindigkeit der eintretenden Luft foll 0,46 m (= 1½ Fufs) in der Sekunde betragen. Unterfuchungen, welche *Abott* bezüglich der Leiftungsfähigkeit der Anlage im Dezember 1889 anftellte, als der Saal mit 24 Betten belegt war, ergaben im Lüftungsfchornftein bei ge-

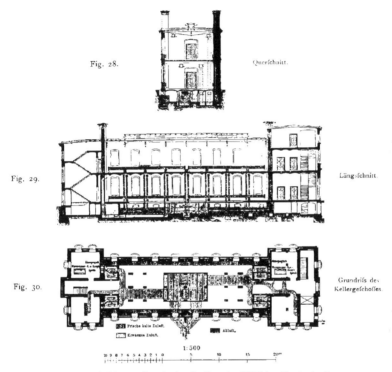

Fig. 28.　Querfchnitt.

Fig. 29.　Längsfchnitt.

Fig. 30.　Grundrifs des Kellergefchoffes.

Lüftungs- und Heizungsanlage in den Pavillons des ftädtifchen Krankenhaufes am Urban zu Berlin [145]).

heizter Dampffpirale eine Gefchwindigkeit der Luft von 1,16 m (= 3,8 Fufs) in der Sekunde und einen Luftwechfel von 408 cbm (= 4 Kub.-Fufs) in der Sekunde für jedes Bett; bei nicht geheizter Dampffpirale fank die Gefchwindigkeit auf 0,85 m (= 2,8 Fufs). Im Lüftungsfchlot der Aborte betrug fie gleichzeitig 0,92 m (= 3,02 Fufs). An frifcher Luft wurden je nach der Stellung der Klappen 163,12 bis 336,14 cbm (= 1,6 bis 3,3 Kub.-Fufs) in der Sekunde eingeführt.

Sämtliche Zu- und Abluftrohre find für die Reinigung zugänglich gemacht.

Die Pavillons im ftädtifchen Krankenhaus am Urban zu Berlin erhielten Dampfwarmwafferheizung. Die Zuluft fteigt aus den Heizkammern der Pavillons durch lotrechte Kanäle in den Saalftirnwänden — für die Gefchoffe getrennt — empor. Die

133. Beifpiel III.

---

145) Fakf.-Repr. nach: BÖTTGER, P. Grundfatze für den Bau von Krankenhäufern. Berlin 1894. S. 35—38.

Abluft wird in den Fensterpfeilern nach Sammelkanälen im Keller und aus diesen durch Abluftschlote in den Saalecken abgesaugt (Fig. 28 bis 30 [145]).

Die Zuführung des Dampfes von 4 bis 5 Atmosphären erfolgt in Gestalt einer Winterleitung und einer das ganze Jahr hindurch benutzten sog. Sommerleitung, welche beide als Rundstränge ausgebildet wurden. Der Winterstrang heizt in jedem Gebäude 2 isolierte Kessel auf eisernen Böcken, die das Warmwasser für die Heizung der Räume liefern. Ihre lotrechten Zu- und Rücklaufleitungen sind an den höchsten Punkten durch schwächere Abzweige mit dem Expansionsgefäfs im Dachraum verbunden.

Die mit Dampf- und Kondensationsventil ausgestatteten Heizkörper bestehen in den Sälen aus schmiedeeisernen Rohrsträngen in gufseisernen Endkasten an den Längswänden. Jeder mit Zu- und Rückleitung verbundene Kasten ist geteilt und auf Rollen gelagert (Fig. 31 [146]). In den anderen Räumen sind Doppelrohrregister mit Staubablenkungsblechen darüber, in den Wohnräumen Rippenregister hinter Wellblechvorsetzern mit teilweiser Gitterfüllung angeordnet. Der Sommerstrang dient zur Erwärmung der Zuluft in den Heizkammern durch Dampfrohrschlangen, welche auf 1 oder 2 Dritteile absperrbar sind, zur Heizung der Rohrspiralen in den 4 Abluftschloten, der Wasserbehälter auf dem Boden, der Wärmespinde und des Sterilisierungsapparates. Die Zuluft passiert vor den für die Geschosse geteilten Heizkammern die Luftkammer und die Filter. Alle Zuluftkanäle der Säle und anstofsenden Zimmer sind zu Kaltluftkanälen unter den Heizkammern hinabgeführt. Vor ihrem Eintritt in diese wurden Wechselklappen angeordnet, welche

Fig. 31.

Lagerung der Rohrstränge in den Sälen des städtischen Krankenhauses am Urban zu Berlin [146]. — 1/25 w. Gr.

von den oberen Räumen aus die Regelung der Zulufttemperatur ermöglichen. Die übrigen Räume erhielten unmittelbare Einführung frischer Luft vom Kaltluftkanal aus, deren Zutritt bei den Rohrregistern im Sockel, bei den Rippenheizkörpern neben oder hinter diesen erfolgt und sich regeln läfst.

Jede Hälfte eines der Sammelkanäle ist am Eintritt jedes Abluftrohres und des in der Saalecke liegenden Schlotes durch eine Drosselklappe mit Stellquadrant und Zeiger von diesen abstellbar. Der obere Saal hat für die Sommerlüftung Dachreiter (siehe Art. 95, S. 58). In den übrigen Räumen sind die Abluftrohre nicht zum Keller, sondern über Dach geführt.

Der Luftwechsel sollte 75 cbm in den Sälen und 100 cbm in den Einzelzimmern betragen; es ergaben sich in den unteren Sälen bei vollkommen geschlossenen Thüren nach *Hagemeyer* 105 cbm in der kalten und 78 cbm in der warmen Jahreszeit. Da die Luft lästige Trockenheit im Winter zeigte, wurden in 3 Pavillons über den Dampfrohrspiralen der Heizkammern 1,20 cm weite und 1,40 m lange Kupferrohre mit kleinen Löchern zum Ausströmen von Dampf angesetzt; der Zutritt des Dampfes wird durch ein Ventil geregelt. Die Anlage ist je zur Hälfte von *Pflaum & Gerlach* und von *Rietschel & Henneberg* ausgeführt worden.

134. Beispiel IV.

In den Pavillons zu Nürnberg erfolgt die Heizung der Räume durch Dampfwarmwasser-Niederdruckheizung, die Erwärmung der Zuluft in den Heizkammern und der Abluftkanäle durch Niederdruckdampf. Die Zuluftrohre steigen aus ersteren lotrecht empor, und die Abluftkanäle sind ebenso unmittelbar über Dach geführt. Jeder Saal erhielt je zwei der ersteren und letzteren. Beide Geschosse sind für Zu- und Abluft getrennt (Fig. 32 bis 34 [147]).

Die Erwärmung der 2 Warmwasserheizkessel x und k erfolgt durch einen Abzweig der vom Kesselhaus kommenden Mitteldruckdampfleitung. Von den Hauptleitungen der Warmwasserheizung an der Kellerdecke gehen die lotrechten Stränge zu den Heizkörpern ab. Zu- und Rückleitungen sind behufs unabhängiger Regelung der Heizkörper voneinander getrennt. Das Ausdehnungsgefäfs ist im Dachgeschofs unter der Decke der Spül-

---

[146] Nach freundlicher Mitteilung der Herren *Rietschel & Henneberg* in Berlin.
[147] Faks.-Repr. nach: Festschrift zur Eröffnung des neuen Krankenhauses der Stadt Nürnberg. Nürnberg 1898. S. 201, 202, 203.

küche angeordnet und durch Signalleitung mit dem Keller verbunden; ein Abzweig der in das Entwäfferungsrohr geführten Ueberlaufleitung mündet, offen in den Spültifch diefes Raumes. Die Heizkörper find in den Sälen als Längsftränge, in den übrigen Räumen als Doppelrohrregifter auf Wandträgern ausgebildet und mit Regelung verfehen. In einem anderen Abzweig der Hauptdampfleitung wird der Dampf für die Heizfchlangen der Warmluftkammern durch ein *Salzmann*'fches Druckverminderungsventil auf 0,25 Atmofphären gebracht. Befondere, mit Doppelventil und Skala regelbare Dampfleitungen erhielten die bei beftimmter Aufsentemperatur (fiehe Art. 112, S. 68) in Thätigkeit tretenden *Perkin*'s-Rohrfpiralen der Abluftrohre und Schlote.

Von den 6 Luftwärmekammern *WL*, denen die Zuluft durch einen Entnahmefchacht zwifchen den Bauten, einen begehbaren Kanal und die Frifchluftkammer *FL* zugeführt wird, dienen je zwei für

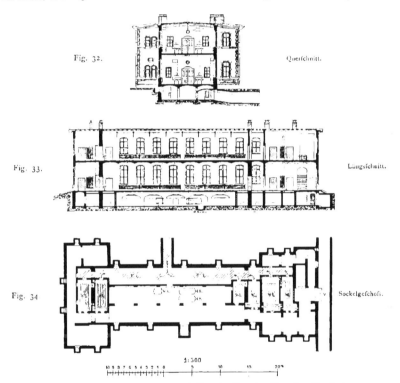

Fig. 32. Querfchnitt.

Fig. 33. Längsfchnitt.

Fig. 34 Sockelgefchofs.

1:500

Heizungs- und Lüftungsanlage der zweigefchoffigen Pavillons im allgemeinen Krankenhaus zu Nürnberg [147]).

Saal, Tagraum und Querflur und je eine für die Räume im vorderen Kopfbau in jedem Gefchofs. Abort, Baderaum und Theeküche erhielten keine Luftzuführung. In diefen Kammern und in den unter der Decke mündenden Zuluftkanälen find Winkelthermometer, in jedem Abluftkanal Gasrohrftücke mit Blechkapfeln zum Einbringen von Pneumometerköpfen eingefetzt. Zur Beobachtung des Luftfeuchtigkeitsgrades dienen *Krell*'fche Feuchtigkeitsmeffer.

Die gleiche Heizungseinrichtung wie die eingefchoffigen Pavillons im Johns-Hopkins-Hofpital zu Baltimore (fiehe Art. 132, S. 78) haben die zweigefchoffigen Achteckpavillons dafelbft; doch erfolgt hier die Entlüftung der Säle unmittelbar in den mittleren Lüftungsfchlot, an welchen auch Kaminheizung angefchloffen werden kann. Die Lüftung erfolgt für beide Gefchoffe getrennt. (Siehe den Gefamtplan in Kap. 4 unter b, 2, β.)

Jeder Saal erhält die erwärmte Zuluft von 8 Heizkammern im Unterbau durch Oeffnungen in den Fenfterbrüftungen, und die Abluft entweicht im unteren Saal unmittelbar durch 8 Oeffnungen über dem Fufsboden und unter der Decke in den von einer Dampffpirale und dem Rauchrohr der Kamine erwärmten Schlot, im oberen nach einem ringförmigen Teil des letzteren. Das zur Bildung des Ringes eingefetzte Eifenblechrohr von 1,75 m (= 5 Fufs 9 Zoll) Durchmeffer ruht auf einem eingemauerten eifernen Rand und erhielt reichlich die Höhe des Obergefchoffes.

136. Beifpiel VI.

Im Parkhofpital *Hither green* zu London [148]) heizt in jedem Pavillon ein Dampf-warmwaffer-Niederdruckheizfyftem die ummantelten Heizkörper in den Fenfter-brüftungen der Räume, denen Frifchluft von aufsen zugeführt wird. Die Entlüftung erfolgt durch 2 Rohrpfeiler in der Längsachfe des Saales, welche durch die Rauch-rohre der Kamine erwärmt find.

Der Warmwafferkeffel fteht am Abzweig des Verbindungsganges im Keller zum Pavillon. Von der gut ifolierten Zu- und Rücklaufleitung rings an der Pavillonwand unter der Kellerdecke fteigt zu jedem Heizkörper ein getrenntes Rohrpaar empor. Die gufseifernen Gehäufe der Heizkörper erhielten ver-fchliefsbare Thüren vorn und 2 Frifchlufteinlaffe in der Umfaffungsmauer, deren Klappen gekuppelt find und durch einen Hebel oberhalb des Gehäufes geftellt werden, wo die Luft durch eine grofse Klappe in den Saal tritt. Bei fehr kalter Witterung wird fie durch Klappen in den unteren Teilen der Gehäufe-thüren eingeführt, nachdem fie im Heizkörper zirkuliert hat. Jeder Rohrpfeiler, an welchem 2 Kamine angebaut find, befteht aus 4 Rauchrohren, welche von 8 Abluftrohren umgeben find, und ift mit glafierten Platten bekleidet. Alle Rohre, von denen die Hälfte für ein Gefchofs beftimmt ift, werden vom Unterbau aus gereinigt, von welchem der Heizer auch alle wagrechten Heizrohre und Klappen überwachen kann, ohne die Säle betreten zu müffen.

137 Gemeinfchaft-liche Luft Zu- oder Abführung für mehrere Pavillons.

Von den nachftehenden Beifpielen für Sammellüftung beziehen fich die erften beiden auf gemeinfame Luftzuführung für mehrere Bauten bei getrennter Entlüftung derfelben, das dritte auf gemeinfame Entlüftung für mehrere Gebäude, deren jedes jedoch einzeln, aber kanalifiert belüftet wird.

Im Gafthuis Stuivenberg zu Antwerpen erfolgt die Zuleitung des Dampfes und das Eintreiben frifcher Luft zu den Pavillons durch Ventilatoren vom Keffelhaus aus. Die Luft wird, den beiden Stock-werken entfprechend, vom Keller aus gefondert durch die Hohlfäulen des mittleren Kreisbaues ein-geführt, und ebenfo getrennt durch Wand- und Kellerkanäle nach dem Luftungsfchornftein in jedem Pavillon abgefaugt.

Im Sabbatsberghofpital zu Stockholm find 6 zweigefchoffige Pavillons mit gemeinfamer Dampf-heizung, Dampfluftheizung und Drucklüftung, aber mit getrennter Sauglüftung ausgeftattet. Der Eintrieb der vorgewärmten Luft erfolgt hier jedoch vom Wirtfchaftsgebäude aus für jedes Gebäude, feinen beiden Stockwerken entfprechend, durch je 2 einzelne glafierte Rohre [149]).

In den medizinifchen Lehranftalten zu Halle mit tief herabhängenden, diagonalen Scheidewänden wird die Zuluft für jedes Gebäude oberhalb der Dächer entnommen, fällt in Schächten herab zu grofsen ummantelten Dampföfen, fteigt an diefen empor in die Korridore und tritt dann durch Maueröffnungen unter die Dampfmantelöfen in den Sälen. Dagegen ift hier die Entlüftung an einen fünf Kliniken ge-meinfchaftlichen Lüftungsturm, der durch 2 gufseiserne gerippte Schornfteine der Keffel erwärmt wird, um deren Feuer auszunutzen. Die Abluftkanäle nach demfelben find befahrbar.

δ) Heizung von Blockbauten.

138. Blockbauten.

Der gewichtigfte Einwand gegen die Verwendung von Korridor- oder Block-bauten zur Krankenunterkunft befteht darin, dafs weder eine gute Fenfterlüftung, noch eine andere Lüftungsart mit Ausfchlufs einer gewiffen Luftgemeinfchaft der verfchiedenen an einem oder um einen Korridor gelegenen Krankenräume zu erreichen

---

[148]) *The Park hofpital, Hither green Lewisham.* Builder, Bd. 73 (1897), S. 49.
[149]) Die Pläne und Näheres der vorftehend befprochenen Beifpiele finden fich in der 1. Aufl. diefes Heftes (S. 423 ff.).

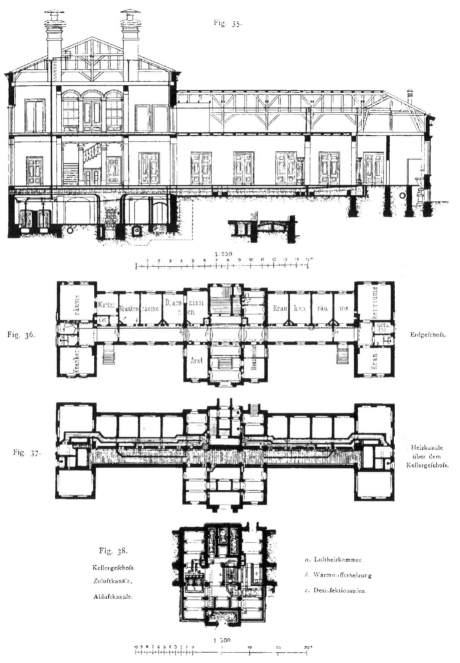

Heizungs- und Lüftungsanlage im Krankenhaus zu Langensalza [150]).

ift. Wie weit die Luftgemeinfchaft unter Umftänden geht, wurde öfters durch das Beifpiel des Viktoria-Hofpitals zu Netley belegt, in deffen langem Linearblock das Oeffnen eines ftarke Gerüche verbreitenden Abfceffes in einem fehr entfernten Saal fich bemerkbar machte. In folchen Gebäuden kann man felbft durch die beften Lüftungseinrichtungen die Luftgemeinfchaft nur einfchränken, nicht ausfchliefsen, wenn man, wie dies auch fonft gefchehen foll, jedem Raum feine eigenen, regelmäfsig wirkenden Lüftungsmittel giebt und die Querlüftung durch Fenfter, Schieber u. f. w. blofs benutzt, wo fie ordnungsmäfsig überwacht werden kann. Die Friedens-Sanitätsordnung fchreibt dementfprechend auch für die Krankenzimmer die nötigen eigenen, durch die Heizung erwärmten Frifchluftkanäle und Abluftkanäle vor.

Frifche, vorgewärmte Luft follte fomit den einzelnen Räumen gefondert zugeführt werden. Bezüglich der Korridore fiehe Art. 112 (S. 67).

139. Beifpiel I.

Im eingefchoffigen Krankenhaus zu Langenfalza mit zweigefchoffigem Mittelbau war eine Teilbarkeit in drei Raumgruppen für Zeiten geringen Andranges und für Anfteckendkranke die Benutzbarkeit der Kopfbauten mit je einem Nebenraum zu berückfichtigen. Die Erwärmung der Heizkörper erfolgt durch Warmwaffernieder-druckheizung und diejenige der Zuluft durch Feuerluftheizung; die Abluft wird durch Saugfchornfteine abgezogen (Fig. 35 bis 38 [150]).

Dementfprechend wurden für die Heizkörper in den Räumen 2 Keffel, von denen einer ausfchaltbar ift, im Keller vorgefehen. Das Warmwaffer fteigt zu einem Verteilungsrohr im Dach, von welchem die Fallftränge zu den Heizkörpern abzweigen, und Sammelftränge in den Warmluftkanälen führen das Waffer zu den Keffeln zurück. Das Expanfionsgefäfs im Dach hat durch ein Signalrohr mit einem Hahn im Heizerftand Verbindung. Am tiefften Punkt der Rückleitung erfolgt das Füllen und Entleeren. Schieber im Dach ermöglichen das Ausfchalten von Raumgruppen. Die Heizrohre find in den Wänden und Decken durch Hülfen umgeben, in nicht bewohnten Räumen gut ifoliert.

Die einem Schacht rechts vom Eingang (Fig. 38) entnommene Luft fteigt nach Erwärmung am Feuerluftofen aus der Heizkammer jederfeits in die Fufsbodenkanäle unter den Flurgängen und aus diefen unter die Heizkörper der in den Flügeln zu heizenden Räume. Die Warmluftzuführung ift aber teilbar, um die Heizanlage in einer ausgefchalteten Raumgruppe vor Froft zu fchützen; doch ermöglicht die Zungenteilung in den Fufsbodenkanälen getrennte Luftzuführung zu den Abteilungen an den Enden des Gebäudes.

Die hinter den Fufsbodenkanälen gelegenen Sammler für die Abluftrohre wurden hingegen entfprechend den zwei Raumgruppen jedes Flügels geteilt zu einem durch das Rauchrohr der Heizftätten — im Sommer durch Kokesöfen — erwärmten Lüftungsfchornftein am Treppenhaus geführt und find vom Keller aus durch Droffelklappen abfperrbar. Ein befonderer, teils aus glafierten Rohren beftehender Sammelkanal unter dem Erdboden fchliefst an einige Abluftrohre an, deren Einführung in die Hauptfammler unthunlich war. Das Abfperren der Abluft einzelner Raumgruppen ift durch Droffelklappen vom Keller aus ermöglicht.

Die Anlage wurde von *Rietfchel & Henneberg* (Berlin) ausgeführt.

140. Beifpiel II.

Der neue dreigefchoffige Blockbau in Wiesbaden hat Dampfniederdruckheizung für die Erwärmung der Heizkörper in den Räumen und der Zuluft in den Heizkammern. Die nicht erwärmten Abluftrohre find für die Gefchoffe getrennt über Dach geführt (Fig. 39 bis 41 [151]).

Da die Keffel, von denen zunächft zwei ausgeführt wurden, den benachbarten Irrenpavillon und erforderlichenfalls die Hälfte des Verwaltungsgebäudes mit verforgen follten, find diefelben des Geländes wegen tief geftellt. Die lotrechten Stränge von der Hauptdampfleitung nach den Heizkörpern wurden gut ifoliert, in Rohrfchlitze gelegt und verputzt. Das Kondenswaffer fliefst durch dasfelbe Rohr zurück und wird im Keller an den Abzweigftellen in die Kondensleitung geführt.

Unter dem Warmluftkanal, welcher die 4 Heizkammern verbindet, liegt der Kaltluftkanal, dem nach Paffieren von Filtern durch vergitterte Kellerfenfter von zwei Seiten Aufsenluft zugeführt wird, um

---

[150] Nach: HESSE, C. F. Krankenhaus zu Langenfalza. Deutfche Bauz. 1885, S. 248 u. 249.
[151] Nach freundlicher Mitteilung des Herrn Stadtbaumeifters *Ifrael* in Wiesbaden.

Fig. 39.

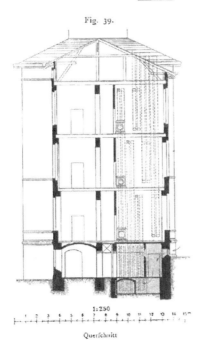

1:250

Querschnitt

Fig. 40.

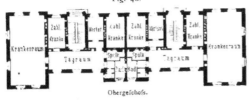

Obergeschoss.

Fig. 41.

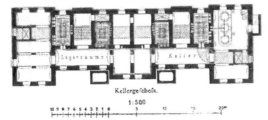

Kellergeschoss.

1:500

Heizungs- und Lüftungsanlage des neuen Krankenpavillons im städtischen Krankenhaus zu Wiesbaden [151].

[152] Siehe: PANNWITZ, a. a. O., S. 179.

auch bei ungünstiger Witterung Frischluft zu erhalten. Bis zu diesem Kaltluftkanal sind die von der Heizkammer lotrecht in den Scheidewänden aufsteigenden Zuluftrohre hinabgeführt, und Mischklappen gestatten, die aufsteigende Luft zu mischen, bezw. nur warme oder kalte Luft zuzuführen. Durch eine Drosselklappe in jedem Warmluftkanal kann die Luftzuführung gänzlich abgestellt werden. Die Zuluftrohre münden in den zu lüftenden Räumen unter der Decke. Vorgeschrieben war eine Lüftungsmenge von 60 cbm bei 10 Grad C. für die Kranken- und 1-maliger Luftwechsel in den anderen Räumen.

In der Heilstätte Oderberg bei St. Andreasberg im Harz [152] erfolgt die Heizung, Lüftung und Warmwasserbereitung durch Dampf von $1/10$ Atmosphäre.

Beispiel III.

Den Heizkörpern wird der im Kesselhaus reduzierte Dampf durch einen gut isolierten Strang zugeführt. Die Bäder erhielten eigene Leitung, da dort Heizung erforderlich wird, wenn diejenige der anderen Räume abgesperrt ist. Zum Vorwärmen der Frischluft, zur Warmwasserbereitung oder für letztere allein benutzt man den Abdampf der Betriebsmaschine. Wenn derselbe nicht genügt oder nicht vorhanden ist, strömt selbstthätig frischer auf $1/10$ Atmosphäre reduzierter Dampf in die betreffende Leitung. Die Lüftungsmenge von 100 cbm treibt ein Ventilator von 1500 mm Flügeldurchmesser, dessen Elektromotor am Tag von der elektrischen Beleuchtungsanlage, nachts von Akkumulatoren seinen Strom erhält, den in den einzelnen Räumen aufgestellten Heizkörpern zu. Die unter der Decke eintretende Luft wird durch Lenkbleche möglichst zerstreut, so dass auch kühl eingelassen werden kann.

ε) Fußboden- und Wandheizung.

142.
Fußboden-
heizung durch
Warmluft-
kammern.
Jäger [170]) in Paris hat zuerst die Heizung eines Pavillons aus Eisen und Ziegeln mittels einer Heißwasserheizung unter einem Fußboden aus Schieferplatten auf Eisenträgern vorgeschlagen. Er heizte dann das Spital der *Kunz*'fchen Spinnerei zu Windifch in der Schweiz zu demfelben Zwecke mittels eines Luftheizungsofens im Unterbau unter einem folchen Schieferfußboden [177]); doch war die Erwärmung nur bei Einftellung der Lüftung genügend.

143.
Beifpiel
I.
In der Kinderabteilung für ansteckende Krankheiten der Königl. Charité zu Berlin erhielten die Ifolierzimmer, Säle und Veranden der drei eingefchoffigen

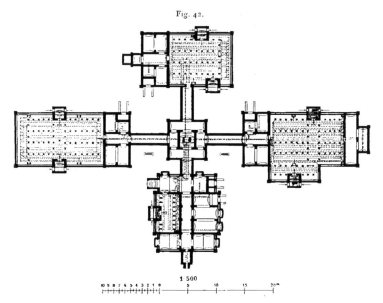

Fig. 42.

Fußbodenheizung und Lüftungsanlage im Kinderkrankenhaus für ansteckende Krankheiten der Kgl. Charité zu Berlin.

Sockelgefchofs [153]).

Pavillons für Scharlach, Diphtherie und Mafern, sowie drei Beobachtungszimmer im Erdgefchofs des Aufnahmepavillons (siehe den Plan in Kap. 4, unter c, 3) eine derartige Fußbodenheizung durch Dampf (Fig. 42 u. 43 [153 u. 154]).

Die Wände der Gebäude beftehen aus 0,13 m ftarkem Eifenfachwerk, welchem zur befferen Hinderung der Wärmeleitung innenfeitig 4 cm ftarke *Monier*-Platten vorgefetzt find, die Fußböden aus einer durchgehenden, 5 cm ftarken Zementplatte mit Eifeneinlagen, auf Steinpfeilern und einem 4 cm ftarken Granitobelag, die Dächer aus 2 Wellblechlagen mit Strohlehmauftrag auf der unteren.

Die zu heizenden Räume erhielten, mit Ausnahme der gefchloffenen Veranden, fägeartige Dachlichter, durch welche fie im Sommer entlüftet werden. Infolge der beträchtlichen Abkühlungsflächen wurde dauernder Betrieb Tag und Nacht hindurch vorgefehen.

[153]) Fakf.-Repr. nach: Anftalten des öffentlichen Gefundheitswefens in Preufsen. Berlin 1890. S. 117.
[154]) Nach: Neubau eines Kinderkrankenhaufes für anfteckende Krankheiten bei der kgl. Charité in Berlin. Centralbl. d. Bauverw. 1888, S. 62.

Der vom Keffelhaus der Charité zu den Gebäuden geleitete Dampf wird vor Eintritt in den Aufnahmepavillon auf 0.5 Atmosphäre gebracht und durch 5 isolierte Zweigleitungen unter der Decke des 1,80 m hohen Sockelgeschosses den einzelnen Gebäuden zugeführt. Hier find in den als Heizkammern dienenden Räumen 0,20 bis 0,40 m unter ihrer Decke die Dampfrohre parallel untereinander so verbunden, dafs entweder die gesammte Heizfläche oder zwei, bezw. ein Drittel derselben benutzt werden kann, was sich durch Ventile regeln läfst.

Die frische Luft wird durch die halb vor den Heizkammern vortretenden Schächte entnommen, paffiert ein Tarpaulinfilter in abhebbaren Rahmen, wird in der Heizkammer durch ausströmen den Dampf befeuchtet und tritt durch die mit Verschlufs- und Mischklappen verfehenen Zuluftrohre in der Mitte der Längswände unter der Decke der Säle in diefe ein. — Die über Dach geführten Abluftrohre in den Saalecken find unter dem Fufsboden mit Verfchlufsklappen verfehen. Den kleinen Räumen wird frifche Luft durch abfchliefsbare Maueröffnungen hinter Rippenheizkörpern zugeführt, deren fchmiedeeiferne Mäntel mit Ifolierpappe gefüttert wurden und oben eine Klappe zur Regelung der Wärmeabgabe haben. Abluftrohre find hier nicht vorhanden. — Im Winter 1888—89[155]), wo die Aufsentemperatur nicht unter — 13,5 Grad C. fank, waren nach *Klutmann* nie mehr als $^{2}/_{3}$ Heizfläche in der Kammer unter Dampf; bei — 0,5 Grad ftieg die Saaltemperatur fchon bei Heizung von $^{1}/_{3}$ Fläche zu hoch. Der Dampfdruck betrug meift nur 0,1 Atmofphäre, fo dafs bei folchen Anlagen eine Regelung der Wärmeabgabe in engeren Grenzen möglich fei. Die Luftbewegung von oben nach unten trat nur bei hohen und mittleren Aufsentemperaturen ein, nahm aber bei grofser Kälte den umgekehrten Weg — vermutlich infolge vieler durchläffiger Fugen des Daches und der Deckenlichter, was wegen läftigen Zuges dann das Schliefsen der Abluftkanäle bedingte. Bei mittlerer Wintertemperatur konnte gegenüber dem geforderten Luftwechfel von 80 cbm der doppelte gemeffen werden.

Die Heizungsanlage wurde von *Rud. Otto Meyer* (Hamburg) ausgeführt. Die Koften der Heizanlage betrugen, einfchliefslich derjenigen für die Warmwafferbereitung, die Rohrleitungen von und nach dem Keffelhaus, fowie für die zugehörigen Maurer- und Stemmarbeiten, 16 000 Mark.

Verfuche im Hamburger allgemeinen Krankenhaus, den fteinernen Fufsboden, deffen Kühle man das Vorkommen bösartiger Erkältungen und Rückfälle zufchrieb, zu erwärmen, führten, nachdem die Erwärmung desfelben durch Luftheizung nicht befriedigt hatte, zur Heizung des Kanalfyftems unter demfelben mittels Heifswaffer, welche das unerwartete

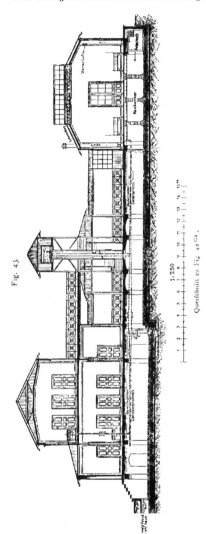

Fig. 43. Querfchnitt zu Fig. 42 1:250

144.
Fufsbodenheizung
mittels
Warmluft
Beifpiel
II.

---
155) Siehe: KLUTMANN, H. Betriebsergebniffe der Fufsbodenheizung in der Kinderabteilung der Charité. Centralbl. d. Bauverw. 1889, S. 463 u. ff.

Ergebnis lieferte, dafs eine anderweitige Heizeinrichtung nur noch bei grofser Kälte erforderlich wurde.

In Hamburg-Eppendorf wählte man Niederdruckdampfheizung von *Bechem & Poft*. Jeder der eingefchoffigen Pavillons hat eine eigene Feuerftätte und einen Keffel, von welchem ein Syftem von Dampfrohren ausgeht, das fowohl den Hohlraum unter dem Saal und dem Badezimmer, als auch die Heizkörper in den übrigen Räumen und die Frifchluft erwärmt. Die Entlüftung erfolgt nur durch Thüren, Fenfter, Jaloufien über letzteren und Dachreiter (Fig. 44 u. 45 [156]).

Die zur Heizung nötigen Räume im Keller des nordweftlichen Kopfbaues find von aufsen durch den Kellerhals zugänglich. Halbftein ftarke, an ihren unteren Teilen durchbrochene Wände auf einer 0,20 m ftarken Konkretfchicht bilden die 0,75 m breiten und hohen Kanäle, welche durch 6 cm ftarke Zementplatten von 0,85 m Seitenlänge mit Eifeneinlage abgedeckt wurden, deren freiliegende Fugen durch untergelegte Flacheifenfchienen und Zementvergufs gedichtet wurden. Auf diefen Platten liegt ein 2 cm ftarker Terrazzobelag, und 10 cm unter denfelben find die Dampfheizrohre auf Eifenbahnfchienen gelagert; fie wurden vorher innen mit heifsem Firnis oder mit Goudron, Petroleum und Teer (fehr dünn und in heifsem Zuftand) getränkt und dann abermals erwärmt. Das ganze Kanalnetz ift vom Keller aus mittels einer dicht fchliefsenden Thür zugänglich und lüftbar gemacht.

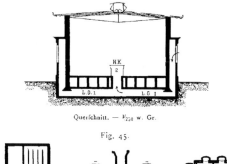

Fig. 44.

Querfchnitt. — 1/250 w. Gr.

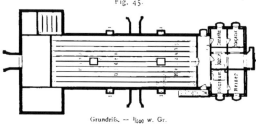

Fig. 45.

Grundrifs. — 1/600 w. Gr.

Heizungs- und Lüftungsanlage der grofsen eingefchoffigen Pavillons im neuen allgemeinen Krankenhaus zu Hamburg-Eppendorf [156]).

Frifche Luft wird an den Saallängswänden durch die Luftfchlote *s* entnommen und durch unterirdifche Kanäle mit Gazefiltern und dicht fchliefsbaren Klappen den Rippenheizkörpern *z* zugeführt, deren Mäntel fich zur Erlangung ftrahlender Wärme thürartig öffnen laffen. Diefe Heizkörper fetzt man im Frühjahr und Herbft vor Beginn der Fufsbodenheizung allein in Betrieb und follen bei fcharfer Aufsenkälte, unter ftärkerer Dampfzuführung und Schliefsen der Frifchluftzuführungen, die Fufsbodenheizungen unterftützen. Unter dem Baderaum kann die Heizung, da diefer in den Uebergangszeiten oft höhere Temperatur als der Saal beanfprucht, gefondert in Betrieb gefetzt werden. In den Einzelzimmern find die Heizkörper auch zur Umlaufheizung verwendbar; im Tagraum wird ihnen frifche Luft durch Thonrohre unter dem Fufsboden zugeführt. Tagraum, Spülküche und die Einzelzimmer des vorderen Kopfbaues erhielten über Dach geführte Abluftkanäle.

Nach *Zimmermann & Ruppel* [157]) zeigte der Saalfufsboden bei einer Kanaltemperatur von 32,5 bis 35,0 Grad C. (= 26 bis 28 Grad R.) eine folche von 22,5 bis 25,0 (= 18 bis 20 Grad R.) und die Luft 17,5 Grad C. (= 15 Grad R.). Nach *Deneke* betrugen der mittlere Unterfchied zwifchen Fufsboden- und Lufttemperatur 3,75 bis 6,25 Grad C. (= 3 bis 5 Grad R.) und die Heizkoften vom 1. Oktober bis 30. April 1887:

---

[156]) Nach: DENEKE, TH. Mittheilungen über das neue allgemeine Krankenhaus zu Hamburg-Eppendorf. Unter Mitwirkung von Dr. H. CURSCHMANN. Deutfche Viert. f. öff. Gefundheitspfl. 1888, S. 565, 581.

[157]) Siehe: ZIMMERMANN & RUPPEL, a. a. O., S. 2, 3.

23,10, in den kälteften Wintermonaten 25 Pfennige für 1 Bett. *Meyer*[158]) giebt die Koften für die Heizung und Warmwafferbereituug, einfchliefslich Bedienung und Unterhalt, während der Zeit vom 1. Juli 1889 bis 30. Juli 1890, bezw. 1891 bei 545617, bezw. 593344 Kranken- und Beamtentagen, fomit für den Kopf zu 0,23, bezw. 0,26 Mark an.

Doch führte die in Hamburg-Eppendorf den Winden fehr ausgefetzte Lage, die Anordnung von einfachen Fenftern, Glasjaloufien und Dachreitern in den Pavillons zum Schliefsen der Jaloufien und unter Umftänden zum Abfchliefsen der Zuführung frifcher Luft, um obige .Temperaturen zu erreichen, fo dafs der Luftwechfel dann auf Thüren, Fenfterfpalten und einige Dachreiteröffnungen eingefchränkt wurde.

Fufsbodenheizungen desfelben Syftems erhielten auch der neue Doppelpavillon der chirurgifchen Abteilung des ftädtifchen Krankenhaufes zu Frankfurt a. M. und die fünf neuen Pavillons im St. Jakobs-Hofpital zu Leipzig [159]).

<small>145. Beifpiel III.</small>

In letzterem werden die Niederdruckdampfkeffel der Pavillons vom Keffelhaus aus mit Dampf verforgt, die Fenfterfpaltenluft im Saal durch ein Rohrfyftem erwärmt und die Abdeckung des Kanalnetzes durch ftärkere, die Wärme beffer auffpeichernde Zementplatten bewirkt.

Die Heizung der Wandflächen ift teils allein, teils in Verbindung mit Fufsbodenheizung ausgeführt oder in Vorfchlag gebracht worden.

<small>146. Wandheizung</small>

Im Kinder-Hofpital zu Bafel[160]) erfolgte die Erwärmung der Scheidewände von drei zweifeitig belichteten Sälen des Mittelbaues durch umlaufende, in einer Heizkammer des Sockelgefchoffes mittels zweier gufseifernen Oefen erwärmte Luft. Die Rauchrohre der erfteren heizen in befonderen Kammern die Zuluft, welche erforderlichenfalls durch einen Ventilator in die Säle getrieben wird, und die verbrauchte Luft zieht durch befondere Rohre in den Scheidewänden ab.

Fig. 46.

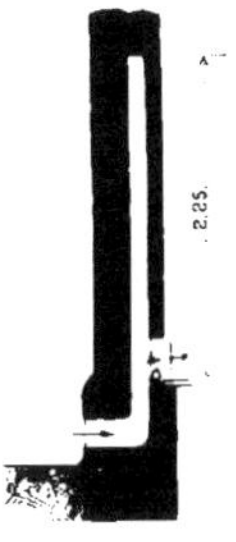

Die Gebrüder *Putzeys* fchlugen bei Befprechung des Militär-Hofpitals zu Brüffel[161]) (fiehe b, 1, unter *a*) vor, eine Erwärmung des unteren Teiles der Saalwand mit der Frifchluftzuführung zu verbinden und das hinter einer falfchen Plinthe zu diefem Zweck angeordnete Heizrohr (Fig. 46[162]) auch zur Erwärmung kleiner Heizbatterien unter den Fenftern zu verwenden. Da hierdurch die Gefahr kalter Strahlung und herabfallender Luftftröme befeitigt wird, fo wollen die Verfaffer die Aufsenluft fo niedrig als erwünfcht, erforderlichenfalls mit 15 bis 18 Grad, hier einführen. Auf gleiche Weife könne die Temperatur der Saaldecke erhöht werden, um die von den Verfaffern befürwortete Aufwärtsbewegung der Luft zu fördern.

Wandheizung nach *F. & E. Putzeys*[162]).

Die Wandheizung in Verbindung mit Fufsbodenheizung kam im Scharlach-Pavillon des *Hôpital Trousseau* zu Paris zur Ausführung.

<small>147 Wand- und Fufsbodenheizung.</small>

Der ganze Raum unter dem Fufsboden bildet eine Heizkammer, die ebenfo wie der Hohlraum der aus Eifengerüft und doppelten Holzwänden beftehenden Wände durch Heizrohre mit Waffer von 150 Grad C. geheizt wird. Die Heizvorrichtungen find in Anbauten an den Stirnfeiten des Pavillons untergebracht. Dem Krankenraum ftrömt die Luft aus der Heizkammer durch Oeffnungen im Fufsboden in der Längs- und Querachfe und im Wandfockel zu. Ein Heizrohr zwifchen den Doppelfenftern, deren Scheiben *en échelons* ftehen, erwärmt die Fenfterfpaltenluft. Die verbrauchte Luft foll der Dachreiter (fiehe Art. 97, S. 59) abziehen. (Vergl. den Plan des Gebäudes unter b, 5, x.)

Eine elektrifche Heizung ift im Hofpiz des Mont Carmel[163]) in der Nähe der Niagarafälle zur Ausführung gelangt.

<small>148. Elektrifche Heizung.</small>

Der von dem 3 km entfernten Elektrizitätswerk bezogene Strom heizt in dem unteren, 4,50 m hohen Gefchofs 11 Schlafzimmer mit je einer Heizvorrichtung, 1 Speifefaal, 1 Bureau und den 36 m langen, 3 m breiten Flurgang, letzteren durch 9 Heizvorrichtungen zu 4 Pferdeftärken. Im ganzen find für diefe Räume im Winter ca. 75 Pferdeftärken erforderlich. Der mit 220 Volt ankommende Strom wird auf 110 Volt

---

[158]) Nach freundlicher Mitteilung von Herrn *Rud. Otto Meyer* in Hamburg.
[159]) Siehe: Leipzig und feine Bauten. Leipzig 1892. S. 281.
[160]) Siehe: RAUCHFUSS. Die Kinderheilanftalten. In: GERHARDT. Handbuch der Kinderkrankheiten. Bd. I. Tübingen. S. 494.
[161]) Siehe: PUTZEYS, F. & E. PUTZEYS. *Defcription de l'hôpital militaire de Bruxelles*. Lüttich 1889. S. 72.
[162]) Nach ebendaf., Taf. V u. Fig. 11.
[163]) Siehe: Elektrifche Heizung für ein Krankenhaus. Gefundh.-Ing. 1900, S. 130.

transformiert. Im Keffel für die Erwärmung des Wafch- und Badewaffers mit 1800 l Wafferinhalt wird das Waffer in 6 Stunden von 15 auf 100 Grad gebracht. In einem zweiten folchen Keffel von 675 l Inhalt erzeugt man das erforderliche kochende Waffer. In einem elektrifchen Ofen der Küche kann man 12 kg Fleifch gleichzeitig braten und in zwei kleineren Öfen bei 30 Ampère und 10 Volt in 18 Minuten Brot backen.

3) Künftliche Beleuchtung.

149. Gas-beleuchtung

Die künftliche Beleuchtung im Krankengebäude ift fo anzuordnen, dafs jede Krankenabteilung eigene Lichtzufuhrung erhält, alfo bei Gasbeleuchtung eine eigene abfperrbare Leitung vom Hauptrohr aus hat, um fie nach Belieben aus- oder einfchalten zu können.

Alle Leitungen innerhalb des Gebäudes find frei in wenigftens 5 cm Abftand von der Wand, bezw. unter der Deckenfläche und fo zu montieren, dafs bei Ausbefferungen die fchadhaften Stellen fchnell aufgefunden und, ohne die Wandfläche zu befchädigen, ausgebeffert oder ausgewechfelt werden können. Abfperrhähne follen mit Schlüffeln verfehen fein, die fich in der Hand der Oberwärterin befinden.

Zur Vermeidung von Rohrbogen fetzte man in Nürnberg die Verftärkungen der Aufsenmauern nach aufsen, diejenigen der Zwifchenmauern auf der rohrfreien Seite ab.

Die Anordnung der Beleuchtungskörper in den Krankenräumen mufs eine entfprechende Abend- und Nachtbeleuchtung geftatten. Oft hat man fie aufserhalb des Krankenraumes hinter Gangfenftern oder hinter Aufsenfenftern, wie dies *Tollet* in Montpellier geplant hat, angebracht, um die Verbrennungsgafe vom Saal fern zu halten; oder man beleuchtete die Räume nachts aus demfelben Grunde durch gefchloffene Wandlaternen, die zur Förderung des Abzuges der Saalluft mit Abluftkanälen in der Mauer verbunden find oder unmittelbaren Abzug ihrer Feuergafe nach aufsen erhielten. Durch folche Anordnungen erzielt man nur die Nachtbeleuchtung und bedarf auch bei diefer in befonderen Fällen, wie bei Unterfuchungen, Operationen u. f. w., Beleuchtungsarme, die von der Decke herabreichen, wie folche in den Sälen des Kaiferin-Elifabeth-Spitals zu Wien neben gefchloffenen Wandlaternen vorgefehen find.

Böhm empfahl, nur Beleuchtung in der Mitte des Saales über den Tifchen durch Hängearme mit Schirm oder Kugel anzubringen, die fich herunter- und hinaufziehen laffen, und wenn fie oben find, »eine brauchbare Abendbeleuchtung und, wenn die Ampel bis auf Tifchhöhe herabgezogen und die Flamme angemeffen reduziert ift, eine entfprechende Nachtbeleuchtung« bieten.

Eine folche Anordnung fchliefst das unmittelbare Abziehen der Verbrennungsgafe aus, würde alfo nur unter einem immer offenen Dachreiter möglich fein, wenn man die Saalluft nicht durch diefe Gafe noch verfchlechtern will. Abzugsrohre von 4 cm Weite follen auch bei der Lage der Lichtquellen in der Saalmitte die Gafe der letzteren nach aufsen oder nach Abluftfchloten leiten. Dies verlangt eine fefte Lage der Beleuchtungskörper. Diefe geben das gleichmäfsigfte Licht, wenn fie in der Längsachfe hintereinander oder in zwei parallelen Reihen liegen.

Schumburg [161]) rechnet bei Gaslicht auf 18 Betten 4 Flammen, alfo im zweireihigen Saal zwifchen jedem Bettenpaar eine Lichtquelle. In England haben die Gasarme meift 3 bis 5 Flammen und find dementfprechend verteilt. In der *Birmingham general infirmary* und im Johns-Hopkins-Hofpital zu Baltimore find aufserdem über den Betten an den Seitenwänden Gasflammen, bezw. Doppelarme für Gas angebracht.

In kleinen Krankenzimmern ift die Lichtquelle fo anzubringen, dafs fie den

---

[161]) Siehe: Viert. f. ger. Medicin, Bd. IV, S. 326.

Kranken nicht belaftigt, und wenn thunlich fo hoch über einem Tifch, dafs fie Lefen und Schreiben daran geftattet.

Gänge und Treppen bedürfen nur hinreichender Beleuchtung, die das notwendige Mafs nicht überfchreiten foll.

Böhm [165]) empfahl das Anbringen von Druckreglern, um für eine ruhige und vorteilhafte Ausnutzung des Leuchtgafes Sorge zu tragen. Die Beleuchtungskörper follen in folchen Räumen in einer Höhe liegen, dafs Befchädigungen oder Mifsbräuche ausgefchloffen find.

Als Beleuchtungsmaterial wird man das befte in der Oertlichkeit erlangbare wählen, wenn nicht das Vorhandenfein eines Keffels in der Anftalt es geftattet, elektrifches Licht felbft zu erzeugen, was bei Kombinationen von Dynamomafchinen mit Akkumulatoren ohne Nachtdienft möglich ift.

<small>150. Elektrifche Beleuchtung.</small>

Für nicht zu kleine Krankenhäufer empfiehlt *Pannwitz*, einen eigenen Gasgenerator für die *Körting*'fchen Gasdynamos aufzuftellen, bei kleinen Anlagen einen Benzindynamo zu verwenden.

Auch alle Umhüllungen von elektrifchen Leitungen follen frei liegen.

Von der Anordnung der elektrifchen Beleuchtungskörper in den Krankengebäuden des Urban giebt *Hagemeyer* Pläne.

Die 30-Bettenfäle der Männerabteilungen find mit je 10, diejenigen der Frauenabteilungen mit je 8 Glühlampen zu je 16 Normalkerzen ausgeftattet, die in 2 Reihen von 3,00 m Abftand in der Längsrichtung des Saales von der Decke herabhängen [166]). Sie geftatten durch Anbringen befonderer Dunkelftellvorrichtungen die Abftufung ihrer Helligkeit und durch Anfetzen einer mit biegfamer Leitungsfchnur ausgeftatteten Handlampe an Stelle einer Glasbirne eine intenfive Beleuchtung des Kranken.

In Nürnberg erhielt jeder 32-Bettenfaal 8 Deckenpendelglühlampen und 4 Anfchlufsdofen für bewegliche Handlampen und, wie die Krankenzimmer, Dunkelfchalter für 5 Abftufungen der Helligkeit. Die Glühlampen der Säle können zu 1 bis 7 Lampen brennen. Nachts genügt meift das durch die nach dem Quergang führende Glasthür einfallende Licht.

In der *Glasgow Victoria infirmary* hat nach *Schumburg* jedes Krankenzimmer eine zu therapeutifchen Zwecken geeignete Leitung, an welche nur die Drähte anzufetzen find, wenn man die Kranken im Bett zu elektrifieren hat [167]).

Als bewegliche Beleuchtungsgegenftände eignen fich in Krankengebäuden tragbare Glühlampen vorzüglich.

In den Heilftätten für Lungenkranke haben fich von anderen Beleuchtungsarten die durch Oelgas mittels *Auer*'fcher Gasglühlichtbrenner, womit die von *Heinrich Hirzel* (Leipzig-Plagwitz) ausgeführte Anlage in Albertsberg ausgeftattet ift, und die Acetylenbeleuchtung durch *Julius Pintfch* (Berlin) am Grabowfee als vorteilhaft erwiefen.

<small>151. Andere Beleuchtungsarten.</small>

Litteratur
über »Lüftung und Heizung von Krankengebäuden«.

α) Allgemeines.

PETTENKOFER, M. Bericht über Ventilationsapparate. Abhandlungen der naturwiffenfchaftlich-technifchen Commiffion bei der königl. bayerifchen Academie der Wiffenfchaften in München. Bd. II. München 1858. S. 38.

PETTENKOFER, M. Ueber den Luftwechfel in Wohngebäuden. München 1858.

MORIN, A. *Études fur la ventilation*. Paris 1863.

STAHMANN. Die Ventilation in Krankenhäufern und anderen öffentlichen Anftalten. Berlin 1863.

[165]) Siehe: BÖHM, a. a. O., S. 578.
[166]) Siehe: HAGEMEYER, a. a. O., »Situationsplan«.
[167]) Siehe: SCHUMBURG, a. a. O., S. 327.

SCHARRATH. Ueber Ventilation mit befonderer Berückfichtigung der Einrichtung in Krankenhäufern. ROMBERG'S Zeitfchr. f. prakt. Baukunft 1870, S. 295.

WOESTYN, C. De la ventilation dans les hôpitaux. Moniteur des arch. 1870—71, S. 152.

DEVES, A. Syftematifche ununterbrochene Ventilation der Krankenzimmer. Journ. f. Kinderkrankheiten 1872, S. 45.

Ventilating double fireplaces for provifional hofpitals. Builder, Bd. 30 (1872), S. 366.

Du chauffage et de la ventilation dans les hôpitaux. Gazette des arch. et du bât. 1874, S. 11.

Ventilation der Krankenhäufer. Rohrleger 1878, S. 37.

BILLINGS, J. S. The principles of ventilation and heating and their practical application. London 1884.

FISCHER, H. Ueber die Heizung und Lüftung der Krankenhäufer. Zeitfchr. d. Arch.- u. Ing.-Vereins zu Hannover 1887, S. 397. — Vergl. auch: Deutfche Bauz. 1887, S. 330 — fowie: Gefundh.- Ing. 1888, S. 32.

PLANAT, P. Chauffage et ventilation d'un hôpital. La femaine des confr. 1889—90, S. 157.

RIETSCHEL, H. Leitfaden zum Berechnen und Entwerfen von Lüftungs- und Heizungsanlagen. Berlin 1893.

WOLFFHÜGEL, G. Zur Lehre vom Luftwechfel. München 1893.

Anweifung zur Herftellung und Unterhaltung von Central-Heizungs- und Lüftungsanlagen. Berlin 1893.

The ventilation of fmall-pox hofpitals. Britifh medical journal, Bd. 2 (1894), S. 667.

VOIGT. Heizung und Lüftung mehrgefchoffiger Krankenhäufer mit Mittelflur. Centralbl. d. Bauverw. 1895, S. 353 (betr. das Diakoniffenhaus in Frankfurt a. O.).

WERNICH, A. Ueber verdorbene Luft in Krankenhäufern. Rohrleger u. Gefundh.-Ing. 1880, S. 77, 91.

KORI, H. Heizungs- und Lüftungs-Anlagen beim Bau mittlerer und kleiner Krankenhäufer. Deutfche Bauz. 1898, S. 219, 225. — Auch in: Baugewks.-Ztg. 1898, S. 1531.

SCHENK, H. Einige Unterfuchungen über Centralheizung, ausgeführt im Infelfpital zu Berlin. Ref. Hygien. Rundfchau 1898, S. 537.

HESSE, E. Ueber die Ziele der Ventilation. Berl. klin. Wochfchr. 1898, S. 830.

SCHMIDT, R. Bericht über Heizung und Lüftung. Gefundh.-Ing., Jahrg. XXI, S. 213.

PARTAL, G. Ueber Ventilation, Heizung und Beleuchtung in den Spitälern. Ref. Hygien. Rundfchau 1898, S. 42.

β) Befchreibung einzelner Anlagen.

Heizung und Ventilation des Spitals du Nord. Allg. Bauz. 1854, S. 78.

GRASSI. Hygiène publique. Chauffage et ventilation des hôpitaux. Étude comparative des deux fyftèmes de chauffage et ventilation établis à l'hôpital Lariboifière. Paris 1856.

STENT, F. W. Alderfhot hofpital. Ventilation. Builder, Bd. 15 (1857), S. 467.

VERNOIS, M. & GRASSI. Mémoires fur les appareils de ventilation et de chauffage établis à l'hôpital Necker d'après le fyftème du Dr. Van Hecke. Paris 1859.

Der Heiz- und Ventilationsapparat nach dem Syftem des Dr. van Hecke im Hofpital Necker zu Paris. Allg. Bauz. 1861, S. 8.

RÖMER. Heizung und Ventilation im Hofpital Beaujon. Zeitfchr. f. Bauw. 1862, S. 410.

Ventilation im Garnifonfpital Nr. I. Zeitfchr. d. öft. Ing.- u. Arch.-Ver. 1862, S. 102.

HALLER, C. Luftwechfel in den Krankenzimmern. Jahresbericht des k. k. allgemeinen Krankenhaufes für das Jahr 1870. Wien. — Auch als Sonderabdruck erfchienen. — Referat hierüber in: Deutfche Viert. f. öff. Gefundheitspfl. 1872, S. 509.

TOBIN'S neue Ventilationsmethode in St. George's Hofpital in London. Correfpondenzbl. d. niederrhein. Vereins f. öff. Gefundheitspfl. 1876, S. 114. — Vergl. auch: Wiener medizin. Preffe 1876, Nr. 11.

SCHÄFER. Die Behandlung der Heizungs- und Ventilations-Einrichtungen im Neuen Academifchen Krankenhaus zu Heidelberg. Heidelberg 1877.

DU CAZAL. La ventilation du nouvel Hôtel-Dieu. Gazette hebdom. de médec., 2. Serie, Bd. 16 (1879), S. 17.

Die Heizungs- und Ventilations-Anlage im neuen flädtifchen Hofpital zu Antwerpen. Gefundh.-Ing. 1884, S. 281, 329.

WUTTKE, O. & LENZNER. Die Ventilationsanlage in dem Garnifonlazareth zu Pafewalk. Danzig 1884.

Centrale Heizungs- und Lüftungs-Anlage im neuen Freimaurerkrankenhaufe in Hamburg. Gefundh.-Ing. 1886, S. 8, 50.

Heizungs- und Lüftungsanlage der chirurgifchen Klinik in Bonn, ausgeführt von H. Röficke (Berlin). Gefundh.-Ing. 1888, S. 73 u. Taf. 2—4.

Heizungs- und Lüftungsanlage für das Krankenhaus des Stiftes Bethlehem in Ludwigsluft in Mecklenburg. Gefundh.-Ing. 1888, S. 209 u. Taf. 5—8.

FLOHR. Ueber die Heizungs- und Lüftungsanlage des neuen Freimaurer-Krankenhaufes in Hamburg. Zeitfchr. d. Ver. deutfcher Ing. 1888, S. 41.

Die Heizung und Lüftung des ftädtifchen Krankenhaufes in Frankfurt a. M. Zeitfchr. d. Ver. deutfch. Ing. 1889, S. 717.

Heizungs- und Lüftungsanlage des Militärkrankenhaufes zu Brüffel. Gefundh.-Ing. 1889, S. 801 u. Taf. 8.

KLUTMANN, H. Betriebsergebniffe einer Fufsbodenheizung. Centralbl. d. Bauverw. 1889, S. 453.

MANGIN, L. *Chauffage et ventilation de l'Hôtel-Dieu.* La femaine des conftr. 1889—90, S. 42, 102.

PLANAT, P. *Chauffage et ventilation d'un hôpital.* La femaine des conftr. 1889—90, S. 157.

Hamburg-Eppendorf. Neues allgemeines Krankenhaus. Fufsbodenheizung. Centralbl. d. Bauverw. 1890, S. 38.

HIECKE, E. Die Heizungs- und Lüftungs-Anlagen in den neu erbauten Theilen der Hofpitäler S. Bonifacius und S. Maria zu Florenz. Gefundh.-Ing. 1890, S. 385 u. Taf. IV, V.

Programm für die Herftellung der Lüftungs- und Heizungs-Anlage, fowie für die Warmwafferverforgung des neu zu erbauenden Krankenhaufes der Stadt Nürnberg. Nürnberg den 13. Juni 1893.

4) Nebenräume.

Jede Krankenabteilung erhält eine geringere oder gröfsere Zahl von Nebenräumen und Einrichtungen für die Kranken, das Warteperfonal und den Arzt, welche den Krankenräumen beizugeben find. (Siehe auch Art. 31, S. 18.)

152. Nebenräume.

Als folche können in Betracht kommen:

𝔄) folche für die Kranken;
𝔅) folche für das Warteperfonal, und
ℭ) folche für den Arzt.

Von diefen erfordern befondere Befprechung:

Zu Gruppe 𝔄 gehörig:

a) Aufnahmezimmer (fiehe unter α);
b) Abfonderungszimmer (fiehe unter β);
c) Tagraum (fiehe unter γ);
d) Veranden (fiehe unter δ);
e) Baderäume (fiehe unter ϵ);
f) Wafchraum (fiehe unter ζ);
g) Abortraum (fiehe unter η);
h) Unterfuchungszimmer (fiehe unter ϑ).

Zu Gruppe 𝔅 gehörig:

a) Wärterzimmer (fiehe unter ι);
b) Spülküche (fiehe unter $\varkappa$);
c) Raum für reine Wäfche (fiehe unter λ);
d) Raum für Hausgeräte (fiehe unter μ);
e) Desinfektionsraum für fchmutzige Wäfche (fiehe unter ν);
f) Raum für das Ausgufsbecken u. f. w. (fiehe unter ξ).

Zu Gruppe ℭ gehörig: Arbeitszimmer für Aerzte (fiehe unter o).

Um diefe Lifte nicht unnütz zu vermehren, find Räume und Vorkehrungen, welche in Kap. 3 u. 4 weitere Befprechung erfahren, wie Räume für Patientenkleidung, Operationsräume mit ihren Nebenräumen u. f. w., hier nicht angeführt, obwohl diefelben auch öfter in einzelnen Krankengebäuden vorkommen.

α) Aufnahmezimmer.

Wo das Baden und Einkleiden der neu angekommenen Kranken auf der Krankenftation erfolgt, hat man fchon öfters, wie im Friedrichshain und in neueren Kliniken, ein hierfür beftimmtes Badezimmer in den Sockelgefchofsen der Krankengebäude vorgefehen. Im *Rudolf-Virchow*-Krankenhaus zu Berlin erhielt jeder

153. Zweck und Einrichtung.

Doppelpavillon ein Aufnahmezimmer. Die Anlage eines folchen unterftützt die Ordnung im Betrieb, da von hier die Patientenkleidung unmittelbar zur Desinfektionsabteilung gelangt und der Kranke gereinigt und neu gekleidet in den Saal gebracht wird.

Zu den Einrichtungsgegenftänden des Aufnahmezimmers [168]) gehören eine an Wafferleitung und Entwäfferung angefchloffene Badewanne, ein Ausgufs, ein Wäfchewärmer, ein Schreibtifch und eine Perfonenwage.

ß) Abfonderungszimmer.

<small>154 Beftimmung.</small> Die Abfonderung in Zimmern mit 1 bis 3 Betten wird für Kranke nötig, bei denen die Befürchtung vorliegt, dafs eine anfteckende Krankheit zum Ausbruch kommt, ferner für Zahlende, Schwerkranke, lärmende oder ekelhafte Kranke. Die erfteren follen fofort aus dem allgemeinen Krankengebäude nach einer Beobachtungsftation gebracht werden, bedürfen fomit in demfelben kein Zimmer. Für Zahlende hat man in neueren Anftalten eigene Gebäude errichtet, jedoch ohne die Abficht, fie gänzlich aus den allgemeinen Gebäuden herauszunehmen, da die Zahlenden eine nicht genug zu fchätzende Ueberwachung des Gebarens in einem folchen Haufe ausüben. Ihre blofse Anwefenheit kann fchon gewiffe Mifsbräuche verhüten. Man follte daher thunlichft ein Zimmer für Zahlende refervieren. Ein zweites Zimmer ift dann für Schwerkranke und ein drittes für lärmende oder ekelhafte Kranke nötig, da es ausgefchloffen ift, diefelben mit anderen zufammenzulegen. Eine gröfsere Abteilung von etwa 30 Betten würde fomit drei folcher Zimmer bedurfen, wie fie in Hamburg-Eppendorf auch vorgefehen find. Dies giebt eine fehr beträchtliche Vermehrung der Nebenräume, die fich namentlich in Pavillons nicht leicht in paffender Weife einfügen laffen. Man hat fich daher häufig nicht nur in kleineren Abteilungen mit zwei oder auch mit einem folchen Raume begnügt.

<small>*Mifs Nightingale* fchlug vor, diefe Zimmer vollftändig vom Pavillon zu trennen, in einem befonderen Gebäude zu vereinigen und ihnen dort einen eigenen Stab von Wärtern zu geben, wie dies im *Herbert hofpital* zu Woolwich gefchah. — In der chirurgifchen Klinik zu Halle hat man fie in das Hauptgebäude verlegt. Abgefehen von Gründen der befferen Pflege wurde dadurch erreicht, dafs kein Raum in den Pavillons vorhanden ift, in welchem ein Kranker, der verdächtige Symptome zeigt, oder ein folcher mit einer leichten infektiöfen Krankheit auch nur vorübergehend untergebracht werden kann.</small>

<small>155. Zahl der Abfonderungszimmer.</small> Die Zahl der Betten, für welche Abfonderungszimmer erforderlich find, und ihre Verteilung auf diefelben mufs nach Vorftehendem im Einzelfall feftgeftellt werden, ift auch in den verfchiedenen Abteilungen nicht gleich.

<small>In der chirurgifchen Klinik zu Halle wurden von 123 Betten 11 in einem Zimmer mit 4, in einem mit 3 und in zwei Zimmern mit je 6 Betten untergebracht, während in der medizinifchen Klinik von 142 Betten 32 auf 6 Zimmer mit je 3, auf 1 mit 2 und auf 12 mit je 1 Bett verteilt wurden; von den letzteren erhielt hier jede der 2 Baracken eines. Nach diefem Verhältnis berechnet, könnte ein 28-Bettenfaal in einer inneren Klinik 6 und in einer chirurgifchen Klinik 2 bis 3 Betten in Abfonderungszimmern nötig machen. Beide Kliniken zufammen haben von 265 Betten 43 in Abfonderungsräumen, was 1/6 der Gefamtzahl gleich kommt. Hier gab es kein befonderes Gebäude für Zahlende.

Daffelbe Gefamtverhältnis (104 von 610 Betten) rechnete *Tollet* [169]) in Montpellier auf Ifolierzimmer, verteilte fie aber fo, dafs jeder Pavillon für Innerlich- oder Aeufserlichkranke 34 Betten in Sälen und 4 in 2 Zimmern mit je 2 Betten erhielt, während in den Ifolierpavillons je 9 Betten 2 ebenfolche Ifolierzimmer mit zufammen 4 Betten beigegeben und 32 Zahlende in einem befonderen Haufe und in Räumen unter dem Verbindungsgang, in letzterem unmittelbar an den Pavillons, untergebracht wurden.

Nach *Ruppel* entfallen etwa in Hamburg-Eppendorf 10, im Friedrichshain 12, im Urban 15, in Antwerpen 16 und im Johns-Hopkins-Hofpital zu Baltimore 30 Ifolierbetten auf 100 Kranke.</small>

<small>[168]) Siehe: MERKE, H. Verwaltung, Betrieb und Einrichtung der Krankenhäufer. In: WEYL, Th. Handbuch der Hygiene. Bd. V, Lief. 3. Jena 1899. S 305 u. 407 ff.
[169]) Siehe: TOLLET, C. *Les édifices hofpitaliers depuis leur origine jusqu'à nos jours*. 2. Aufl. Paris 1892. S. 269.</small>

Wo die Abfonderungsräume einer Krankenabteilung unmittelbar zugegeben werden müffen, follten fie den Aborten, wenn möglich auch dem Badezimmer, nahe liegen, damit die darin abgefonderten Kranken nicht Räume durchfchreiten müffen, in denen die anderen Kranken verkehren. Jedenfalls dürfen folche Zimmer weder untereinander, noch mit dem Krankenfaal unmittelbare Verbindung haben.

Schumburg verlangt, dafs fie nie von Mittelkorridoren zugänglich fein follen. — In Antwerpen find fie durch helle Flurgänge unter fich und von allen anderen Räumen getrennt.

156. Lage.

Ueber die Abmeffungen, die Anordnung von Fenftern und Thüren in Abfonderungszimmern ift in Art. 45 (S. 26 u. 28) und in Art. 72 bis 74 (S. 43) u. 76 (S. 45) das Nötige gefagt worden.

157. Ausftattung und Einrichtung.

Die Heizung und Lüftung, fowie die Ausftattung foll mit der gleichen Sorgfalt wie im Krankenfaal eingerichtet werden. *Schumburg* tadelt, dafs namentlich die Lüftung oft viel zu wünfchen laffe.

Da man den Abfonderungszimmern nicht gegenüberliegende Fenfter geben kann, fo foll man für Abfonderungszwecke möglichft Eckräume wählen, deren Fenfter nach Süd, Oft oder Weft liegen.

An Einrichtungsgegenftänden find im Abfonderungszimmer aufser den Betten nebft Nachttifchen und je 2 Stühlen nach *Merke*[170]) erforderlich: ein kleiner Tifch mit Schubkaften und Decke, ein Krankenftuhl mit Seitenlehnen, ein offener Kleiderfchrank aus Eifengeftell mit abnehmbarem leinenem Bezug, ein Spiegel, ein fefter Wafchtifch mit Mundfchale und Seifnapf, eine Uhr und eine elektrifche Klingelverbindung.

γ) Tagraum.

Die wünfchenswerte Abfonderung der Rekonvalescenten von den übrigen Kranken kann eine vollftändige, auf Tag und Nacht fich erftreckende oder eine folche fein, die fich nur auf die Zeit ausdehnt, während deren der Rekonvalescent aufser Bett ift. Ift fie eine vollftändige, fo erfolgt fie:

158. Beftimmung.

a) in befonderen Anftalten aufserhalb der Anftalt;
b) in eigenen Gebäuden innerhalb derfelben, oder
c) innerhalb des Krankengebäudes, in welchem die Rekonvalescenten bettlägerig waren.

Von diefen drei Arten hat uns hier nur die letztere zu befchäftigen. Sie wurde von der Akademie der Wiffenfchaften in Paris empfohlen, welche den Rekonvalescenten das Erdgefchofs der dreigefchoffigen Pavillons einräumte, da man damals annahm, dafs $^1/_3$ der Kranken Genefende feien, und ift in neuerer Zeit in Frankreich von *Tollet* verwirklicht worden, welcher $^1/_5$ der Kranken als Rekonvalescenten im Unterbau feiner Pavillons unterbringt (fiehe die Befprechung des *Hôpital Montpellier* in Kap. 4 unter b).

Behalten die Genefenden ihre Schlafftellen im Krankenfaal, fo fucht man fie am Tage möglichft abzufondern, und ftellt ihnen hierfür während der Zeit, welche fie nicht im Freien verbringen können, einen Tagraum zur Verfügung. Diefe Art der Abfonderung kann erfolgen:

a) in einem Tagraum für die Kranken eines ganzen Krankengebäudes, oder
b) in einem Tagraum für jede Abteilung des Gebäudes.

Der Tagraum — die Wärmftube des alten Hofpitals — foll den Krankenfaal am Tage von den nicht bettlägerigen Kranken entlaften und ihnen einen geeigneten Aufenthaltsraum bieten, um das Herumftehen oder -Sitzen derfelben in Gängen und Nebenräumen auszufchliefsen. Im Tagraum nehmen diefe Kranken ihre Mahlzeiten ein. So erwünfcht die Anlage eines befonderen Raumes für diefe Zwecke auch

---

[170]) Siehe: MERKE, a. a. O., S. 407 (wo fich auch Abbildungen von offenen Kleiderfchränken finden).

scheint, so dringend er auch neuestens von Aerzten gefordert wird, so lehrt doch die Praxis, dass sein Bestand oft von kurzer Dauer ist.

In *Lariboisière* und im Friedrichshain sind die Tagräume längst in Krankenräume verwandelt worden; in den zwei kleinen Isolierpavillons am Urban dienen sie demselben Zweck, bezw. als Wärterraum. Wenn in so hervorragenden Krankenhäusern, deren Verwaltung immer mit ganz besonderer Sorgfalt seitens der beteiligten Behörden gepflegt wurde, die Widmung solcher Räume für den geplanten Zweck nicht sicherzustellen ist, so scheint ihre dauernde Sicherstellung in stark besuchten Krankenhäusern nicht möglich zu sein.

Der Tagraum ist in den angeführten und in sehr vielen anderen Anstalten dem Mangel an Krankenräumen zum Opfer gefallen. Dies wird überall wieder geschehen, wo man nicht rechtzeitig neue Krankenhäuser bauen will oder bauen kann, sobald die bestehenden gefüllt sind. Dann belegt man jeden hierfür möglichen Raum mit Betten, und die Tagräume mit reichlichem Luft- und Lichtzutritt bilden die ersten Opfer. Meist geschieht dies nicht zum Vorteil der geplanten Gesamtanlage des Krankengebäudes und der Kranken.

<small>Die Säle in den chirurgischen Pavillons im Friedrichshain erfuhren durch die unmittelbare Nachbarschaft des Tagraumes eine Vergrösserung ihres Luftraumes, da die Krankenzahl im Saal sich um die Zahl der Rekonvalescenten im Tagraum verminderte.

Jetzt wird der Saal nicht mehr durch die letzteren entlastet; seine Längslüftung ist ausgeschlossen oder muss zwischen den 6 im Tagraum gelagerten Kranken hindurch erfolgen, und letztere liegen in einem Raum, dessen Aufsenwand in 5 dicht zusammengedrängte Fenster aufgelöst ist, was der Eigenart eines Tagraumes, nicht aber dem Bedürfnis eines Krankenraumes entspricht. Der ganze Pavillon wäre wahrscheinlich anders angeordnet worden, wenn er 2 Krankensäle, einen zu 28 und einen zu 6 Betten, erhalten sollte anstatt des programmmäsigen einzigen grosen Saales nebst Tagraum. Die zwei jetzt vorhandenen Krankensäle würden dann wohl kaum unmittelbare Verbindung untereinander, sondern der kleinere eigenen Zugang haben.</small>

159. Lage.

Am meisten gesichert scheinen Tagräume dort zu sein, wo man für den Aufenthalt der ausser Bett Befindlichen keinen abgeschlossenen selbständigen Raum vorsieht, sondern für diesen Zweck den Vorraum der Abteilung oder einen Durchgangsraum verwendet, den man dann grossräumiger hält, als er sonst nötig wäre. In diesen Raum öffnen sich meist mehrere Thüren; das Aufstellen von Betten würde sich durch die Gestalt und Benutzungsart des Raumes ausschliessen lassen; auch wäre die stete Ueberwachung, wie sie der Tagraum fordert, hier vorhanden.

<small>So dienen Durchgangsräume im Pavillon für Innerlichkranke zu Wiesbaden, zu Sebenico u. s. w. als Tagraum. — Doch wurde im chirurgischen Pavillon des Kaiserin-Elisabeth-Spitals zu Wien bei einer ganz ähnlichen Lage des Raumes seine Verwendung zum Aufstellen von Krankenbetten von vornherein in Aussicht genommen und möglich gemacht.</small>

Die Unterkunft der ausser Bett Befindlichen in einem Raume, der noch anderen Zwecken dient, hat dagegen den Nachteil, dafs sich die wünschenswerte Ruhe in demselben, namentlich wenn es sich um gröfsere Abteilungen handelt, nicht aufrecht erhalten läfst. Besser ist dann eine Lage seitlich am Korridor in Form einer Ausbuchtung oder mit halbhohem Glasabschluss gegen denselben, wenn man ihn nicht vollständig von ihm trennen will.

In Amerika hat man den Tagraum in den *Sun room* und in den *Dining room* geteilt. Der *Sun room*, für die Erholungsbedürftigsten bestimmt, erhält kleine Abmessungen und wird ganz für den Zutritt der Sonne von drei Seiten geplant.

<small>Am Achtecksaal des Johns-Hopkins-Hospitals ist der Tagraum gegen Süden erkerartig angebaut, aber nur durch eine Thür vom Saal aus zugänglich; seine Aufsenwand wird aus fünf Seiten eines Achteckes von etwa 4,50 m Durchmesser gebildet und erhielt dementsprechend 5 Fenster. In den rechteckigen Pavillons</small>

desfelben Hofpitals bildet der *Sun room* eine durch ebenfalls 5 Fenfter belichtete Saalnifche. Die eine oder andere diefer Geftalten erhielt er in mehreren Plänen, welche die *Fire effays* enthalten. Der *Dining room* dient gleichzeitig zum Aufenthalt am Tage für Rekonvalescenten, die fchon durch Spiele u. dergl. fich zerftreuen können, und liegt möglichft weit vom Saal neben der Spülküche.

In neueren englifchen Krankenhäufern fällt der Tagraum weg, da die Rekonvalescentenpflege aufserhalb des Krankenhaufes fo weit ausgebildet ift, dafs ein befonderer Raum für Rekonvalescenten nicht erforderlich wird [171]).

Von den möglichen Lagen des Tagraumes zur Himmelsrichtung ift diejenige gegen Norden auszufchliefsen, und nach dem, was in Art. 55 (S. 33) gefagt wurde, wenn möglich diejenige nach Süden zu wählen. Seine Lage zu den übrigen Räumen mufs geftatten, dafs die Rekonvalescenten aus demfelben zum Abort und, wo er im Erdgefchofs liegt, zum Garten gelangen können, ohne den Krankenfaal durchfchreiten zu müffen.

In feiner Eigenfchaft als Speiferaum foll der Tagraum neben der Spülküche liegen, kann mit diefer Verbindung haben, darf aber nicht den alleinigen Zugangsweg dazu bilden. Diefe Nachbarfchaft fichert die befte Ueberwachung des Tagraumes. Auch kann bei folcher Lage die Verteilung der Speifen für die übrigen Kranken im Tagraum vor oder nach der Speifung der Rekonvalescenten erfolgen. Eine unmittelbare Verbindung mit dem Krankenfaal oder mit -Räumen foll nicht beftehen, da das Fernhalten der Speifedünfte, die fich im Tagraum entwickeln, von den Krankenräumen einen wefentlichen Nebenzweck feiner Anlage bildet. Speifegerüche find den Bettlägerigen oft läftig, und das allmähliche Befeitigen diefer Gerüche durch Lüftung erfordert geraume Zeit. Ihre Entftehung oder Herbeiziehung foll daher möglichft eingefchränkt werden. Auch mufs bei folcher Lage das Durchlüften des Saales in der Längsachfe, über die Köpfe der Rekonvalescenten im Tagraum hinweg, erfolgen oder in den unteren Saalfchichten gänzlich unterbleiben.

Bei einigen Kreisfälen, wie im Kinder-Hofpital zu Bradford (fiehe Kap. 4, unter c, 2) und in Burnley hat man den Tagraum auf dem Dach aufgebaut und rings verglaft. — In Burnley, wo man dem Saal eine Treppe und einen Aufzug anlegte, können die Kranken auch im Bett nach demfelben oder nach dem daneben liegenden Raucherraum gebracht werden.

Jeder Rekonvalescent bedarf im Tagraum wenigftens desfelben Luftraumes, wie im Krankenraum, und da man die Tagräume nie höher, eher niedriger halten wird als erftere, fo bedürfen fie auch wenigftens der gleichen, wenn nicht einer gröfseren Fufsbodenfläche wie dort. Dies vorausgefetzt, beftimmt fich die Gröfse eines Tagraumes durch das Verhältnis der Rekonvalescentenzahl zu derjenigen der Kranken. In Abteilungen, wo viele Todesfälle vorkommen, wird diefes Verhältnis ein anderes fein als in folchen, wo dies nicht der Fall ift. Zu den Rekonvalescenten find die übrigen, meift bettlägerigen Kranken hinzuzurechnen, deren Zahl in den verfchiedenen Abteilungen voneinander abweicht, was im Einzelfall feftzufetzen ift. Vielleicht hat man diefem Schwanken die aufserordentliche Verfchiedenheit der geforderten Durchfchnittsgröfsen folcher Räume zuzufchreiben. *Schumburg* [172]) verlangt für Grundfläche und Luftraum die Hälfte derjenigen der zugehörigen Krankenräume, *Böttger* [173]) $1/3$ bis $1/5$ und *Tollet* [174]) $1/5$ derfelben.

160. Gröfse.

---

[171]) Siehe: Viert. f. ger. Medicin, Bd. III (1892), S. 390.
[172]) Siehe ebendaf., Bd. IV (1893), S. 312.
[173]) Siehe: BÖTTGER, a. a. O., S. 24.
[174]) Siehe: TOLLET, a. a. O., S. 260.

Die Tagraumfläche verhält fich zur Saalfläche

in Strafsburg [175]) wie 1 : 3,9, und auf 1 Saalkranken entfallen 2,35 qm
in Friedrichshain » 1 : 5,4, » » » » » 1,92 »
in Hamburg-Eppendorf » 1 : 5,0, » » » » » 1,42 »
in Nürnberg » 1 : 5,5, » » » » » 1,36 »

In chirurgifchen Abteilungen kann die Mehrzahl der Kranken den Tagraum benutzen.

161. Ausgeftaltung.
Der Tagraum ift fehr freundlich zu geftalten, wozu namentlich die Art und Reichlichkeit des Sonnenlichteinfalles in der Weife wie bei den amerikanifchen *Sun rooms* beitragen kann. Die Anordnung eines geräumigen Erkers, in welchen fich einzelne, erft kurz aufser Bett Befindliche zurückziehen können, oder die Anlage einer kleinen, nur für die Rekonvalescenten beftimmten Terraffe mit Sonnenfegel vor der reichlich mit Fenftern zu durchbrechenden Front, ferner Blumen zwifchen oder vor den Fenftern werden eine freundliche Wirkung fördern.

In Hamburg-Eppendorf erhielt der Tagraum nach dem Garten zu eine 6,60 m breite, die ganze Höhe des Raumes einnehmende Glaswand mit Schiebethür und 3 übereinander liegenden Reihen von Fenftern, deren untere als Schiebefenfter ausgebildet find. Ein grofses Leinendach fchützt erforderlichenfalls vor läftigen Sonnenftrahlen.

Im übrigen mufs der Tagraum, da in ihm die Kranken verkehren, wie der Krankenraum ausgebildet fein; doch darf er keinen kühlen Fufsboden haben.

Man kann ihn aus Riemen in Afphalt herftellen und mit Linoleum belegen. Ein fteinerner Fufsboden müfste, wenn er nicht zur Heizung dient, wenigftens durch eingelegte Heizrohre erwärmt fein, und die Heizkörper des Raumes könnten Längsftränge an der Fenfterwand oder an den Aufsenwänden bilden, wie in den *Sun rooms* des Johns-Hopkins-Hofpitals zu Baltimore. Die Thüren erhalten Selbft-fchliefser, um den Speifegeruch möglichft von anderen Räumen fernzuhalten, und Verglafung. Unter Umftänden kann ein gröfserer Teil einer Wand, um die Ueberwachung zu erleichtern, verglaft werden, wenn eine folche z. B. an einem allgemeinen Vorraum liegt.

Der Weg in das Freie foll, wenn möglich, durch eine Rampe vermittelt werden.

162. Einrichtung.
In der chirurgifchen Klinik zu Marburg hat man die Wafchvorrichtung, beftehend aus einem langen Wafchtifch mit 6 Kippbecken im Tagraum aufgeftellt. — *Merke* [176]) verlangt darin eine Uhr mit grofsem Zifferblatt. — In Hamburg-Eppendorf befteht die Einrichtung aus zwei Efstifchen von Eifen mit 2,75 m langer Eichenholzplatte, 2 eifernen Bänken mit hölzernen Sitz- und Rücklehnen, 8 ebenfolchen Stühlen, 1 Messerputzmafchine und 35 Efsbrettern [177]). Aufserdem follten einige Spiele, eine kleine Bibliothek und 1 bis 2 Lehnftühle vorhanden fein.

ß) Veranden.

163. Beftimmung.
Veranden, Terraffen und Balkone an Krankengebäuden find hauptfächlich für bettlägerige Kranke beftimmt, die man in der guten Jahreszeit in ihren Betten dahin fchafft, um fie unmittelbar der freien Luft auszufetzen, oder auch, um den Saal, während fie dort liegen, einer gründlichen Durchlüftung zu unterziehen. Doch benutzen dann auch die Rekonvalescenten die Veranden mit, für welche fie dort, wo Tagräume vorgefehen find, nicht nötig wären. Sie können fefte oder bewegliche Ueberdachung erhalten oder bleiben unbedeckt und werden durch Säulen oder andere Freiftützen getragen oder balkonartig vorgekragt.

Für die Freiluftbehandlung der Kranken haben diefe Vorrichtungen in den

---

[175]) In der chirurgifchen Abteilung.
[176]) Siehe: MERKE, a. a. O., S. 408.
[177]) Siehe: ZIMMERMANN & RUPPEL, Das neue allgemeine Krankenhaus Hamburg-Eppendorf. Berlin 1892. S. 14.

Krankenhäufern grofse Bedeutung erlangt. Umfangreiche Anwendung von ihnen machte man u. a. im Rudolfinerhaus zu Wien und in Braunfchweig. Ihre Lage ift aber oft ungünftig für die Krankengebäude.

Wo Veranden die Geftalt von überdeckten, feitlich offenen Plätzen haben, ift ihre bauliche Anordnung meift nur mit Einfchränkung des Lichtzutrittes zu den Räumen möglich, denen fie vorgelegt find. Dies kann in heifsem Klima notwendig fein. In unferem Klima ift die fchattenfpendende Wirkung folcher Veranden eine fehr nachteilige Beigabe, da fie zu dem hier in Frage ftehenden Zweck nur in einem Teil des Jahres, und auch während diefem häufig nicht, verwendbar find, aber den Raum, vor welchem fie liegen, das ganze Jahr hindurch verfinftern. Man wird daher ihre Anlage im einzelnen Falle erwägen und fie, wenn nötig, in möglichft unfchädlicher Form einzufügen haben.

164. Bedeckte Veranden

In mehreren chirurgifchen Kliniken wurden Veranden in ausgedehnter Weife angeordnet und mit befonderer Vorliebe an die Längsfeiten der Säle gelegt.

165. Veranden an den Längsfeiten des Saales.

In der chirurgifchen Klinik zu Königsberg [178]) hielt man es für nötig, nicht nur die Säle, fondern auch die anftofsenden Ifolierzimmer im Erdgefchofs mit einer 2,40 m breiten bedeckten Veranda zu umgeben, indem man letztere an beiden Längsfeiten und an einer Querfeite des Pavillons herumfuhrte. — In Halle wurde den eingefchoffigen chirurgifchen Pavillons, deren Säle nur an ihren gegen Norden und Süden gerichteten Längsfeiten Fenfter haben, eine 3,00 m tiefe Veranda in ganzer Länge ihrer Südfront vorgelegt, deren Dach die Fortfetzung des Saaldaches bildet. — In der chirurgifchen Klinik zu Göttingen [179]) nimmt eine von fteinernen Pfeilern getragene, gewölbte, offene Halle ebenfalls eine Längsfeite des Saales ein.

Ihren nachteiligen Einflufs auf die Säle hat man öfters, wie in Nürnberg, dadurch zu beffern gefucht, dafs man ihr Dach unter einen Kampfer des Saalfenfters legte, fo dafs die oberen Klappflügel frei bleiben. Dies ift nur in eingefchoffigen Hallen möglich. — In den mehrgefchoffigen Krankenblocks zu Braunfchweig, wo fie an der Oftfeite liegen, fchränkte man ihre Tiefe auf 2,25 m Tiefe ein.

Wenn man fich entfchliefsen kann, in einem Krankenfaal fo weit gehende Einfchränkungen des unmittelbaren Lichteinfalles vorzunehmen, müfste die Lage diefer Veranden an feinen Längsfeiten grofsen Nutzen bieten. Die Vorteile einer folchen Lage find die leichte Zugänglichkeit, wenn die nötigen Thüren vorgefehen find, und die beträchtliche Ausdehnung der Veranda, welche, je nachdem man fie an einer oder beiden Längsfeiten wiederholt, geftattet, dort die Hälfte oder die ganze Zahl der Saalbetten aufzuftellen. Das gleichzeitige Auslüften des Saales durch offene Fenfter erfolgt hierbei über die Veranda hinweg. Wird nur ein Teil der Kranken in diefe verlegt, fo leidet der im Saal verbleibende Teil unter der Unruhe und dem Geräufch auf derfelben, namentlich wenn die Veranda hölzernen Fufsboden hat.

Diefe Nachteile werden abgefchwächt, wenn man die Veranda an einer Stirnfeite des Saales anordnet.

166. Veranden an den Stirnfeiten des Saales.

In England wurde fie häufig zwifchen den Ecktürmen für die Abort- und Baderäume angeordnet, die ihre Mafse einengen und ihre Luft verfchlechtern, wenn fie nach den Veranden Fenfter haben. — Bei den kleinen 8-Bettenfälen der inneren Klinik zu Marburg ift letzteres vermieden; doch hat die Veranda dort die Form einer eingebauten Halle. — In den Blockbauten für Innerlichkranke zu Wiesbaden find die Veranden frei an die Säle angebaut, wie auch vor dem einen Saal der *Billroth*'fchen Baracke im Rudolfinerhaus und in dem von *Wylie* geplanten Pavillon; in letzterem liegt die Veranda an der füdlichen Stirnwand, und ihre geringe Höhe geftattet die Anordnung von Saalfenftern über derfelben.

Oft hat man die Veranda an der Stirnfeite des Pavillons angeordnet, aber vom Saal durch andere Räume getrennt.

---

[178]) Siehe Teil IV, Bd. 6, b diefes »Handbuches«, Taf. bei S. 415.
[179]) Siehe: LORENZ, a. a. O , S. 26 u. Fig. 13.

Im chirurgifchen Pavillon im Friedrichshain liegt zwifchen Abort und Baderaum der Tagraum, deffen ganze Fenfterwand die Veranda einnimmt, fo dafs der Bettentransport nach derfelben durch den Tagraum erfolgen mufs, was ebenfo wie die vor feinen Fenftern ftehenden Betten die gleichzeitige Benutzung des Tagraumes wefentlich fchädigt. Aehnlich ift die Anordnung in den Pavillons der chirurgifchen Klinik zu Berlin, wo der Tagraum weniger darunter leidet, da hier fein bequem gelegenes Seitenfenfter frei bleibt.

In anderen Fällen wird die Verbindung zwifchen Saal und Veranda durch einen Gang hergeftellt, an deffen beiden Seiten Nebenräume liegen, wie in der medizinifchen Klinik zu Halle u. f. w.

Diefe Anordnungen find keine Verbefferungen gegenüber der unmittelbaren Lage einer dreifeitig offenen Veranda an einer Saalftirnwand. Eine folche hat nur bei gröfseren Sälen den Nachteil, dafs ihre hier mögliche Anlage für die Zahl der darin unterzubringenden Betten zu wenig Raum bieten kann.

167. Veranden zwifchen den Gebäuden.

Morris fchlug vor, die Veranda an der Stirnfeite durch eine andere längs der Verbindungsgänge zwifchen den Gebäuden zu ergänzen, wie dies in der inneren Klinik zu Tübingen fpäter zur Ausführung kam; doch leidet hierdurch dort die Querlüftung der Gebäudegruppe.

Im Urban wurden Veranden unmittelbar zwifchen den Pavillons im Erdgefchofs eingebaut, was hier einen ähnlichen Nachteil für die Aufsenlüftung hat, da ihre Rückfeiten, wie in Tübingen, gefchloffen oder doch nur mittels Fenfter durchbrochen find.

Oeffnet man die Rückwände und ficht nur für den nötigften Schutz Leinenvorhänge vor, fo ift diefe Lage, die fich auch in mehreren Gefchoffen wiederholen kann, befonders dort zu empfehlen, wo die Schatten folcher Veranden nicht auf die Plätze zwifchen den Pavillons fallen. Um die Aufsenlüftung längs der Gebäude nicht zu fchädigen, kann man auch ihre Enden beiderfeits offen halten; doch mufs man folche Veranden möglichft vor dem Mifsbrauch fchützen, dafs fie fpäter in gefchloffene Krankenräume umgewandelt oder als Verbindungsgänge benutzt werden können, wie dies im Augufta-Hofpital zu Berlin gefchah.

168. Terraffen mit oder ohne Leinendächer.

An Stelle dauernd gedeckter Veranden oder zu ihrer Ergänzung verwendet man öfter unbedeckte Terraffen, die durch Glaswände, bezw. Vorhänge gegen Seitenwind oder zugleich durch aufrollbare Leinendächer gegen Sonne und Regen gefchützt werden können.

Tollet empfahl, folche Terraffen an den Längsfeiten der Pavillons anzulegen, was in Montpellier an beiden und in St.-Denis an einer Seite derfelben zur Ausführung kam, dort aber, die hohen Unterbauten noch tiefer macht und dadurch den Zutritt von Sonne und Licht zwifchen den Gebäuden einfchränkt. — Vorzuziehen find folche Terraffen zwifchen den Pavillons, auf denen, wie auf den Terraffen der Verbindungsgänge im Johns-Hopkins-Hofpital zu Baltimore, Zelte aufgeftellt werden.

169. Mafs und Ausgeftaltung.

Die Tiefe einer Veranda ift durch die Gröfse der Saalbetten bedingt; *Tollet* bemifst fie auf 2,60 und *Wylie* auf 3,60 m. Da die Betten auch hier fenkrecht zur Rückwand ftehen und die Möglichkeit bleiben mufs, andere Betten an ihrer Vorderfeite vorbei zu tragen, bedarf die Veranda bei 0,95 m breiten und 2,00 m langen Betten 3,15 m lichter Tiefe bei unmittelbarer Stellung der Betten an der Wand und 3,50 m bei 0,35 m Abftand von derfelben. Der letztere mufs gröfser fein, wo die Veranda vor Fenftern liegt, die nach aufsen fchlagen. Da das Dach möglichft gegen das Eindringen von Regen fchützen foll, genügen 2,50 bis 3,00 m Höhe an der Vorderkante desfelben. Die Veranda erfüllt den beabfichtigten Zweck am beften, wenn ihr Fufsboden in gleicher Höhe mit demjenigen der Krankenabteilung liegt, welcher fie dient; geringe Höhenunterfchiede kann man durch fehr flache Rampen ausgleichen, die einen Transport mit dem Bettwagen noch geftatten. Sie mufs wie der Krankenraum einen feften, nicht zitternden Fufsboden aus Mettlacher Platten, eine möglichft glatte Decke und ein verzinktes Eifengeländer aus glattem Rundeifen, wie dasjenige der Treppen (fiehe unter 5, b), erhalten. Wenn das Dach einer Unterftützung bedarf, fo find glatte Metallftützen ohne Zierformen zu wählen. Veranden follen möglichft viel offene Seiten erhalten. In Heidelberg und a. a. O. hat man fie an drei Seiten verglaft. Solche Glashäufer eignen fich zur Lagerung von Kranken nicht; fie find im Sommer zu heifs und im Winter zu kalt, werden gar nicht oder nur im Sommer benutzt und fchränken blofs die fonft mögliche Lüftung der anliegenden Räume ein.

In den chirurgifchen Baracken zu Heidelberg wurde nach *Snell* die heizbare Veranda nicht mit Betten belegt, da fie im Sommer zu heifs und im Winter zu kalt ift.

Loggien über anderen Räumen erfordern forgfältige Fufsbodenifolierung.

Im *Billroth*-Pavillon des Rudolfinerhaufes zu Wien wurde zwifchen dem Deckengewölbe und feiner Betonüberlage eine Korkplattenlage eingefchaltet und der Loggiafufsboden darüber afphaltiert.

e) Baderäume.

Für die im Krankengebäude felbft zu verabreichenden Bäder benutzt man verfetzbare Wannen, welche in den Krankenräumen zur Verwendung kommen, Wannen, die in befonderen Badezimmern aufgeftellt find, folche für Dauerbäder und gegebenenfalls auch Einrichtungen für Dampf- und Warmluftbäder. In gröfseren Anftalten vereinigt man einen Teil diefer Badeeinrichtungen, foweit fie im befonderen, für Genefende oder gehfähige Kranke und für nicht verdächtiges Perfonal beftimmt find, mit anderen in einem befonderen Gebäude oder Anbau (fiehe Kap. 3, unter f).

170. Erfoderniffe

In den Badezimmern der Abteilungen werden meift auch die verfetzbaren Wannen aufbewahrt, gefüllt und entleert. In manchen Anftalten mufs diefer Raum noch zu anderen Zwecken dienen.

171. Badezimmer.

In chirurgifchen Abteilungen benutzte man ihn bisweilen für kleinere Operationen oder für Verbandwechfel, wie u. a. im St. Thomas-Hofpital zu London. — Im Elifabeth-Kinderkrankenhaufe zu Berlin wurde die Wäfche in diefem Raum gefpült und getrocknet. — Oefters bedient fich das Perfonal der Wannen mifsbräuchlich zur Aufbewahrung fchmutziger Wäfche, zumal in Abteilungen, wo fie felten zu Heilzwecken Verwendung finden. Infolgedeffen haben einige Aerzte verfetzbare Wannen, welche an anderen Stellen zu füllen find, als Erfatz für Baderäume vorgefchlagen. Solche Wannen follen an möglichft zugänglichen, der allgemeinen Ueberwachung unterliegenden Plätzen angeordnet werden. — Infolgedeffen verlegte *Snell* in der *St. Olaves Union Rothertithe infirmary* die verfetzbare Badewanne und die Wafchtifchanlage auf den Ruheplatz des Treppenhaufes; doch hat die Erfahrung gelehrt, »dafs keine gröfsere Reinlichkeit herrfchte«. — Im *Rudolf Virchow*-Krankenhaus zu Berlin wurden in einer Bettenreihe jeden Saales eine verfetzbare Wanne an Stelle des letzten Bettes, aber aufserdem Badezimmer geplant, und in *Ste. Eugénie* zu Lille vermied man die Anlage von Badezimmern bei den Abteilungen durch Zufammenlegen der erforderlichen Wannen im Sockelgefchofs.

Hiernach kann der Bedarf an Badewannen in den Baderäumen der Abteilungen ein verfchiedener fein. Wo aufser einer verfetzbaren Wanne eine zweite benötigt wird, ift ein Badezimmer erforderlich, da das Zufammenlegen der Wannen, wie in Lille, meift nicht erwünfcht fein wird. Im allgemeinen rechnet man auf 10 bis 15 Kranke eine Wanne.

Für die eingefchoffigen grofsen Pavillons in Hamburg-Eppendorf, in Nürnberg, in Leipzig und im Johns-Hopkins-Hofpital zu Baltimore wurde auf 28 bis 35 Betten 1, im *Rudolf Virchow*-Krankenhaus in Berlin auf 23 Betten 2 feftftehende Wannen im Baderaum vorgefehen.

In Infektions-Pavillons wünfcht *Mc Neill*[180]) 1 Baderaum für Säle von 6

---

[180]) Siehe: Mc NEILL, R. *The prevention of epidemics and the conftruction and management of ifolation hofpitals*. London 1894. S. 139.

und mehr Betten. Wo nur 2 bis 3 kleinere Krankenräume die Abteilung bilden, genüge eine verfetzbare Wanne. — Bäder für das Perfonal bedürfen, wenn folche mit der Station zu verbinden find, ftets getrennter Einrichtungen, bezw. gefonderter Baderäume.

Für ein Badezimmer verlangt die Friedens-Sanitätsordnung 10, 15 oder 20 q^m Grundfläche, je nachdem dasfelbe 1, 2 oder 3 Wannen enthält, unter der Vorausfetzung, dafs die Wafcheinrichtung nicht in diefem Raume liegt; wenn dies der Fall ift, fo find die Mafse zu vergröfsern.

172. Lage.

Der Baderaum foll nahe am Saal oder in der Mitte der Abteilung angeordnet, aber in England vom Krankenraum durch einen gut lüftbaren Flur getrennt werden. Bei uns hat man in einer folchen Verbindung bisher keinen Nachteil gefehen und es bisweilen für zweckmäfsiger gehalten, den Platz, welchen ein Vorraum beanfpruchen würde, gegebenenfalls dem Baderaum felbft zuzugeben. Die Badezimmer find daher im Friedrichshain, in Hamburg-Eppendorf, Leipzig, Nurnberg u. f. w. vom Saal aus zugänglich. Doch wurden fie in Hannover, in Aufsig und im *Rudolf Virchow*-Krankenhaus zu Berlin an Flure gelegt, welche fie vom Saal trennen.

173. Ausftattung.

Die Ausftattung des Baderaumes mufs fo befchaffen fein, dafs er leicht und gründlich zu desinfizieren ift, Waffer und Wafferdämpfen Widerftand leiftet und die Feuchtigkeit nicht festhält, was durch undurchläffige Fufsböden, Decken und Wände erreicht wird. Wenn möglich foll er zwei Fenfter übereck erhalten, um fchnellen Abzug von Wärme und Dampf bewirken zu können. Die notwendige Ueberwachung der Reinlichkeit macht, fo weit als möglich, helle Färbung des Raumes erwünfcht. Schon aus diefem Grunde ift Afphaltboden nicht paffend, der auch allmählich uneben wird. Geeignet ift dagegen weifser Terrazzo- oder Mettlacher Plattenboden auf einer Afphaltfchicht.

Gerhardt macht auf einen Belag aus vulkanifierten, fchachbrettartig ineinander greifenden Guttaperchaplatten aufmerkfam, der dauerhaft, warm für die Füfse und weich ift.

Der Fufsboden mufs Gefälle nach einem Wafferabzug erhalten, deffen Lage zugleich die Entleerung der verfetzbaren Wanne geftattet. Kanten und Ecken find, wie dies in Art. 61 u. 63 (S. 36 u. 37) verlangt wurde, abzurunden. Wand und Decke können Portlandzementputz mit Emailfarbenanftrich erhalten; häufig wird wenigftens der untere Teil der Wand mit glafierten Mettlacher Platten verkleidet oder mit glafierten Ziegeln gemauert. Die wenigften Ausbefferungen werden entftehen, wenn man Wände und Decke aus glafierten Ziegeln herftellt. Oelfarbenanftrich ift fchon wegen des in Art. 65 (S. 38) Gefagten auszufchliefsen, würde auch durch Schwefelbäder gefchädigt werden.

Für die doppelt anzuordnenden Fenfter find bequem zu benutzende Verfchlüffe zu wählen, die je nach Bedarf vorübergehendes oder dauerndes Lüften geftatten. Wo das Hereinfehen möglich ift, verfieht man die unteren Teile derfelben in den äufseren Flügeln und je nach Lage des Raumes die ganzen Fenfter mit geriffeltem Glas und giebt ihnen entfprechend gröfsere Flächenausdehnung, um dem dadurch eingefchränkten Lichtzutritt nachzuhelfen.

Degen[181]) fchlug vor, den Badezimmern fefte Fenfter in Gufseifenrahmen oder ungefchliffene Spiegelfcheiben, die man in einen Falz von Portlandzement fetzt, zu geben und fich mit den regelmäfsigen Lüftungsvorrichtungen zu begnügen. Oft ift aber in Baderäumen ein fchnellerer Luftwechfel nötig, namentlich, wenn mehrere Bäder hintereinander gegeben werden. Man wird daher auf das wohlthätige Fenfteröffnen hier, fo wenig wie in anderen Badeanftalten, verzichten können. Den Schäden, welche die

---

[181]) Siehe: DEGEN. Das Krankenhaus und die Kaferne der Zukunft. München 1882. S. 310.

Feuchtigkeit hölzernen Fensterrahmen zufügt, kann man durch Anstrich mit Ripolin und durch sorgfältige Unterhaltung desselben begegnen, wenn man sie nicht aus Eisen konstruieren will.

Für die Thüren empfiehlt *Degen* Konstruktionen aus Walzeisen und Schieferplatten, die schwer sind und für welche in Badezimmern, in denen keine Dampfbäder verabreicht werden, eine Notwendigkeit nicht vorliegt; in solchen entsprechen gut hergestellte und unterhaltene Holzthüren den zu stellenden Forderungen. Ihre Breite muss das Einbringen von Krankenbetten ermöglichen, also 1,20 m betragen. Alle Beschlagteile an Fenstern und Thüren sollen aus Metallen hergestellt sein, die nicht leicht oxydieren, wie aus Rotguss oder Nickel.

Die Anordnung der Heizkörper kann dort, wo Dampf- oder Wasserheizung vorhanden ist, in Gestalt von Längssträngen an der Wand erfolgen, was zugleich das Niederschlagen von Feuchtigkeit an den Wänden und den vor ihnen liegenden Leitungsrohren einschränken würde.

Feuerluftheizung, bei welcher der Heizkörper ausserhalb des zu heizenden Raumes steht, ist in Heidelberg für den Baderaum und andere Nebenräume verwendet worden. Wo Fussbodenheizung für den Saal benutzt wird, empfiehlt diese sich besonders auch für das Badezimmer.

Zur Einrichtung eines Baderaumes gehört das Folgende:

174. Einrichtung.

Die erforderlichen Badewannen, Vorrichtungen zum Wärmen der Wäsche und Decken, kalte und warme Brausen, ein Hahn für Anschrauben eines Gummischlauches zum Abspritzen der Badenden und zum Reinigen des Raumes, Warm- und Kaltwasserhähne für die versetzbare Wanne, wenn diese nicht vom Zuflussrohr der feststehenden aus gefüllt wird, 1 Ausguss, 1 kleiner Tisch mit Kammkasten, Behälter für Seife und Badesalz, 1 fahrbare Tragbahre, 1 Uhr und Klingelverbindung mit dem Saal. Waschvorrichtungen für die Kranken sind nur vorzusehen, wenn nicht anderweit dafür gesorgt ist (siehe Art. 177, S. 106).

Alle Einrichtungsgegenstände sollen leicht abnehmbar sein, so dass das Bespülen der Umhüllungsflächen des Raumes mit einem Wasserstrahl ohne Schwierigkeit erfolgen kann. Wo in einer Abteilung Kranke von wesentlich verschiedenem Alter vorhanden sind, bedarf man Wannen von entsprechenden Grössen, die man ineinander stellen kann.

Lorenz empfiehlt für Erwachsene bei oberer Länge von 1,70 m und Breite von 0,70 m eine Fussbodenlänge der Wanne von 1,40 m bei 0,60 m Breite und eine Höhe von 0,55 bis zu 0,70 m. In Urban betragen die oberen Masse 1,66 $\times$ 0,72 m und die unteren 1,36 $\times$ 0,45 m bei 0,56 m Höhe.

Da man für Badewannen poröse Materialien der schwierigen Reinhaltung wegen ausschliessen muss, kommen im Krankengebäude lediglich Metall und glasierter Thon zur Verwendung.

Zink wird nur noch für wenig gebrauchte Wannen empfohlen. 16-er Zink hat sich im Urban schlecht bewährt; 18-er Zink entsprach bei Anwendung von Längsversteifungen besser. Bei wiederholter Reinigung durch Säuren werden Zinkwannen rauh und unrein, weshalb man in Leipzig von solchen Abstand nahm. — Starkwandige kupferne und verzinnte Wannen, die aus einem Stück getrieben sind, empfehlen sich mehr. Der Preis stellte sich in Hamburg-Eppendorf für eine verzinnte Kupferwanne auf 90 Mark. *Merke* empfiehlt jedoch Zink- und Kupferbadewannen nur dort, wo das leichtere Gewicht in Betracht kommt, wie bei versetzbaren Wannen, da ihre Wandungen durch einige Salze und durch Säuren angegriffen werden, auch ihre gewissenhafte Reinigung viel Zeit beansprucht. — Wannen aus nickelplattiertem Stahlblech, die auch im Urban zur Verwendung kamen, empfahl *Hagemeyer* als bisher keiner Reparatur bedürftig. — Gusseiserne emaillierte Wannen werden in Amerika allgemein auch als versetzbare Wannen verwendet, erfordern aber sorgfältige Behandlung. Bei uns haben sie sich wegen geringer Dauer des Emails nicht bewährt [182]), und in England sind sie durch die glasierten Terrakottawannen verdrängt worden, deren Erwärmung viel Brennstoff erfordert, welche aber die aufgenommene Wärme lange halten, daher besonders bei öfterer, nacheinander folgender Benutzung von *Galton*[183]) empfohlen werden. Ihre Reinigung ist sehr leicht zu bewirken. Sie haben neuerdings bei uns mehr Verbreitung gefunden, kosteten in Hamburg-Eppendorf je 240 Mark, einschliesslich Beschlag, und empfehlen sich besonders für Medizinal- und Schwefelbäder und wo Desinfektion der Wanne vorkommt.

---

[182]) Siehe: LORENZ, a. a. O., S. 35.
[183]) Siehe: GALTON, a. a. O., S. 217.

Die Badewanne foll aus einem einzigen Stück beftehen und glatt fein, ausgerundete Kanten und einen breiteren Rand erhalten, der beim Ein- und Aufsteigen zur Stütze dienen kann. Ihn aus Holz herzuftellen, wie dies *Galton* empfiehlt, ift ohne Anfatzfugen, die fich nicht rein halten laffen, nicht ausführbar. Oefters giebt man der Wannenrückwand eine Form, welche der Körperhaltung im Bade entfpricht.

Verfetzbare Wannen, die mit dem fertigen Bad zum Krankenraum gebracht werden, erhalten einen Auslafshahn und 3 oder 4 mit Gummiriemen befpannte, verzinkte Gufseifenräder, bei 3 Rädern auch eine Deichfel am Lenkrad, oder man bedient fich befonderer Geftelle mit Rädern zum Transport derfelben, was vorzuziehen ift.

In einzelnen Abteilungen werden aufser Vollbädern auch Sitz-, Arm- oder Fufsbäder benötigt, für welche dann entfprechende Wannen vorhanden fein müffen.

Die im Baderaum zur Verwendung kommende Vollbadewanne kann feftftehend oder beweglich fein. Bei fefter Stellung foll fie den Fufsboden nicht berühren, um diefen unter der Wanne fpülen zu können; man ftellt felbft glafierte Terrakottawannen auf Füfse aus demfelben Material. Da hierdurch die Wanne erhöht und das Einfteigen erfchwert wird, hat man fie vertieft aufgeftellt, fo dafs fie 20 bis 30 cm in den Fufsboden eingelaffen ift; doch mufs die Vertiefung gröfseren Umfang als die Wanne haben[134]). Solche Vertiefungen laffen fich, auch wenn fie mit Ablauf verfehen find, fchwer rein halten, oder es erfordert dies doch beträchtliche Arbeit und Kontrolle. Diefer Umftand und die Erfahrung, dafs das Reinhalten des ganzen Raumes auch erleichtert wird, wenn die feften Rohrverbindungen zwifchen Wanne, Fufsboden und Wand wegfallen, haben neuerdings auch bei uns dazu geführt, im Baderaum, wenn möglich, nur verfetzbare Wannen zu verwenden, was in Amerika fchon längft gefchieht.

Das Füllen folcher Wannen erfolgt von oben oder durch Gummifchläuche, und das Entleeren über der allgemeinen Fufsbodenentwäfferung des Raumes, die Geruchverfchlufs erhält. Im Urban ift diefe Entwäfferung aus Gufseifen konftruiert, das verzinkt fein müfste. Reinlicher find folche Entwäfferungsausläffe aus glafiertem Steinzeug, wie fie in England vorgefchlagen wurden.

Die Lage der Entwäfferung hängt von der Stellung der Wanne ab, die ftets geftatten müfste, dafs Wärter an beiden Längsfeiten dem Kranken beim Ein- und Ausfteigen oder fonft zur Seite ftehen können. Man follte daher die Wanne fenkrecht zur Wand unter den Wafferhahn an derfelben ftellen, fo dafs die Längsfeiten zugänglich bleiben, und die Wanne am freiftehenden Ende entwäffern. Werden zwei Bäder gleichzeitig nötig, fo ftellt man zwifchen die Betten Wandfchirme; fefte Abteilungen follen nicht vorhanden fein. Badewannen für Kinder müffen hoch ftehen, bedürfen fomit Untergeftelle aus verzinktem Eifen.

Zum Belag des Fufsbodens vor der Wanne verwendet man vielfach noch Lattenrofte, die nicht zur Reinhaltung beitragen und beffer durch Decken erfetzt werden, welche fich leicht reinigen und desinfizieren oder verbrennen laffen.

Alle Wafferleitungsrohre find, wie die Gasleitungsrohre (fiehe Art. 149, S. 90), frei an Wänden oder Decken zu montieren, damit jede Undichtheit fofort fichtbar ift und Feuchtigkeitsniederfchläge an den Rohren herabrinnen können, ohne mit der Mauer in Berührung zu kommen. *Galton* fchlägt vor, die Warm- und Kaltwafferrohre, fowie die Abflufsrohre durch verfchiedenfarbigen Anftrich kenntlich zu machen.

Mit der Wannenleitung verbindet man eine fefte und eine bewegliche Braufe, deren Waffertemperatur regelbar und an einer Metallfkala oder einem Thermometer ablesbar fein foll und für welche je nach

[134]) Siehe: LORENZ, a. a. O., S. 35 (wo fich die Abbildung einer folchen Anlage vorfindet).

Bedarf verfchieden geformte Mundftücke vorhanden fein müffen. Den Zuflufs zu den Badewannen bewirkt man, um Dampfentwickelung möglichft einzufchränken, durch einen Mifchhahn. Der Verfchlufs des Abfluffes in der Wanne erfolgte in Hamburg-Eppendorf bei feftem Anfchlufs an das Abwafferrohr durch einen Gummipfropfen ohne Kette. In der Rudolfftiftung zu Wien findet das Oeffnen und Schliefsen des Zulaufes und Ablaufes durch befondere, vom Warteperfonal geführte Schlüffel ftatt. In Antwerpen liegt der Verfchlufs des Ausflufsrohres aufserhalb der Wanne. Bei fefter Verbindung der letzteren mit einem Abflufsrohr mufs die Verbindungsftelle jedenfalls bequem zugänglich fein.

Die Zu- und Abflufsvorrichtungen werden jetzt meift vernickelt; doch follte dies, wie bei allen Vernickelungen, fehr gut ausgeführt fein, was oft nicht der Fall ift.

Die Vorrichtung zum Erwärmen der Badetücher, der Wäfche und Decken ift am zweckmäfigften in Verbindung mit vorhandenen Heizrohren oder über einem Heizkörper anzuordnen, wo man die Wäfche über Meffingftangen oder Rollen hängt oder in einen erwärmten Behälter einlegt.

Die Abbildung eines folchen Wäfchewärmers, deffen Kaften $0,19 \times 0,30 \times 0,27$ m Gröfse hat und auf Freiträgern ruht, giebt *Hagemeyer* [185]); der Kaften wird mittels einer Rohrfchlange erwärmt, durch welche das warme Badewaffer ftrömt.

Ueber die Warmwafferbereitung fiehe in Kap. 4, unter a.

In chirurgifchen Abteilungen bedarf man für Schwerkranke auch Dauerbäder, bei denen die mit Waffer gefüllte Wanne das Bett des Kranken bildet. Diefe Wannen ftehen nicht im Badezimmer, fondern meift in einem befonderen Raume der Abteilung, der im übrigen wie ein Baderaum auszubilden ift. Im Urban wurden 1893 450 folcher Bäder verabreicht, die einen Aufwand von 5700 Mark für Brennftoff erforderten. *Hagemeyer* empfahl daher dort, wo eine Sammelheizanlage befteht, die ftändigen Bäder in das allgemeine Badehaus zu verlegen, wie in Hamburg-Eppendorf. *Merke* hat diefelben in Moabit in den Sälen felbft an den Stirnwänden aufgeftellt, um die befte Ueberwachung des Kranken zu ermöglichen.

<small>175. Ständige Bäder.</small>

Dauerbäder bedürfen fteten Wechfels des Waffers, dem unter Umftänden eine desinfizierende Subftanz beizumifchen ift, bei Einhaltung einer Temperatur desfelben von 28 bis 30 Grad. Das Mifchen von kaltem und warmem Waffer mufs vor dem Einlaufen erfolgen. Das Waffer foll in der Wanne unten zu- und oben abfliefsen. Der Kranke liegt auf einem Badetuch, das mit Knöpfen, Haken oder Klemmvorrichtungen am Rande der Wanne befeftigt ift. Letztere wird öfter zur Vermeidung der Abkühlung mit einer Holzbekleidung umgeben und durch ein Leintuch oder einen zufammenlegbaren hölzernen Deckel mit Halsausfchnitt abgedeckt. Der Wafferwechfel ift bei manchen Kranken 3-, bei anderen 6- bis 8mal in der Stunde erforderlich. Die Hauptfchwierigkeit liegt in der Erhaltung der annähernd gleichmäfsigen Temperatur.

Die Erwärmung des Waffers kann durch eingelegte Dampfrohre oder, beffer, mittels einer *Schafftädt*'fchen Gegenftromvorrichtung erfolgen. Die Verwendung von Elektrizität hierfür erwies fich in der Diakoniffenanftalt zu Dresden als zu teuer. — In Hamburg-Eppendorf dient ein befonderer Warmwafferkeffel im Keller mit felbftthätig regelbarer Feuerung nach *Bechem & Poft*, welcher mit einem Warmwafferbehälter im Dach in Verbindung fteht, zur Erwärmung; das Waffer in demfelben mufs 37 Grad R. haben, um in den Wannen die nötige Temperatur zu erreichen, welche dort zwifchen 25 und 30 Grad R. fchwankt [186]).

Die Wannen haben im Urban für diefe Zwecke gröfsere Abmeffungen; fie betragen am Boden $1,79 \times 0,59$ m und oben $2,05 \times 0,77$ m bei $0,62$ m Höhe; in Hamburg-Eppendorf erhielten die Wannen 900 l Wafferraum.

---

[185]) Siehe: HAGEMEYER, a. a. O., S. 40.
[186]) Siehe: ZUSCHLAG, G. Die Anwendung des permanenten Wafferbades im Neuen allgemeinen Krankenhaus zu Hamburg-Eppendorf. Jahrbücher der Hamburgifchen Staatskrankenanftalten, Bd. V (1895—96), S. 113 ff.

Als Material für diefelben verwendete man meift Fayence oder *Monier*-Maffe mit Bekleidung von Fliefen oder glafierten Steinen, was wegen der nötigen Fugen nicht fauber ift. Um den Kranken in verfchiedene Lagen bringen zu können, find über den Wannen Hebewerke erforderlich. *Merke* empfiehlt auch für Dauerbäder eine verfetzbare Metallwanne auf Rädern[187]).

Wannen für hydroelektrifche Bäder find aus nicht leitendem Material herzuftellen oder durch folches zu ifolieren.

176. Warmluft- und Dampfbäder.
Dampf- und Warmluftkaftenbäder hat man früher in England und Amerika in den Badezimmern vorgefehen und feft eingebaut. Wo fonft keine anderen Vorkehrungen für Dampfbäder vorhanden find, genügt unter Umftänden die Befchaffung eines verfetzbaren Kaftens, der in den verfchiedenen Abteilungen des Gebäudes verwendet werden kann. So bedient man fich im chirurgifchen Pavillon des Kaiferin-Elifabeth-Spitals zu Wien eines *Thursfield*'fchen Schwitzkaftens. In einzelnen Kliniken hat man auch ein vollftändiges römifch-irifches Bad in fehr kleinen Mafsen der Abteilung eingefügt, deffen Mauern Ifolierfchichten gegen Abkühlung erhalten müffen (fiehe Fig. 47[188]). Näheres über die Anlage folcher Bäder fiehe in Kap. 3 (unter h) und in Teil IV, Halbband 5, Heft 3 (Abt. V, Abfchnitt 4, Kap. 3, unter b) diefes »Handbuches«.

Fig. 47.

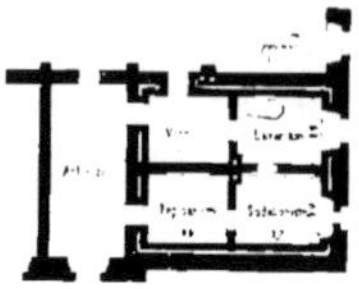

1/200 w. Gr.
Römifch-irifches Bad nach *Lorenz*[188]).

ς) Wafchraum.

177. Zweck.
Die aufser Bett befindlichen Leichtkranken und die Rekonvalescenten bedürfen einer Wafchvorrichtung, welche man in einem befonderen Raum, im Tagraum, in einem Korridor mit unmittelbarem Fenfter, im Vorraum des Badezimmers oder der Aborte oder im Badezimmer felbft untergebracht hat, wenn man nicht die Reinigung im Saal vornehmen laffen wollte. Da die Anordnung von Wafchvorrichtungen im Badezimmer Unzuträglichkeiten für die Badenden zur Folge hat, wurde in den neuen Leipziger Pavillons und in Braunfchweig ein befonderes Wafchzimmer eingerichtet. *Merke* zieht, wenn dies nicht angängig fei, die Anordnung der Wafchtifche im Krankenfaal an der hinteren Querwand anderen Plätzen vor. Der zum Wafchen benötigte Raum foll durch Bettfchirme abgefchloffen werden.

178. Ausftattung.
Die Zahl der Becken richtet fich nach derjenigen der aufser Bett Befindlichen, wird daher in Abteilungen für Leichtkranke und in folchen für gewiffe Aeufserlichkranke, Hautkranke u. f. w. gröfser fein müffen als in anderen Abteilungen. Man rechnete bisher im allgemeinen auf je 5 bis 10 Kranke durchfchnittlich 1 Wafchbecken. Doch ift es nötig, jedem Gehkranken eigene Handtücher, Seifen- und Zahnbürftenfchalen u. f. w. zu geben und dementfprechend unter Umftänden die Beckenzahl zu vermehren. In Braunfchweig find für die 16-Bettenfäle je 5 Wafchbecken vorgefehen. — Ein Wafchtifchplatz erfordert einen Raum von 0,80 m Breite und 1,80 m Tiefe.

Im *Koch*'fchen Inftitut für infektiöfe Krankheiten zu Berlin find getrennte Wafchplätze zur Verwendung gekommen, fo dafs dort, wo mehrere in einem Raume benötigt waren, die Wafchtifche nebeneinander, durch Zwifchenräume getrennt, oder auch an gegenüberliegenden Wänden angeordnet wurden. Diefe Trennung der Plätze bedingt, wenn der Zweck, die Reinlichkeit zu fördern, ganz erfüllt werden foll, einen folchen Abftand zwifchen den Becken, dafs das Ueberfpritzen des

---
[187]) Siehe: MERKE, a. a. O., S. 400 (wo fich eine Abbildung der Anordnung vorfindet).
[188]) Nach: LORENZ, a. a. O., S. 36 u. Fig. 20.

Waffers von dem einen auf ein anderes beim Wafchen ausgefchloffen ift. Der Wafchtifch foll möglichft frei und fo ftehen, dafs der Platz unter demfelben hell ift. Daher verbieten fich Stellungen, wie diejenige in der Ecke oder vor den Fenftern von Räumen mit einfeitiger Beleuchtung. Die Lage vor dem Fenfter ift auch deswegen nicht zu empfehlen, weil fie Urfache fein würde, dasfelbe meift gefchloffen zu halten. Die Friedens-Sanitätsordnung fchreibt vor, dafs die Tifche von beiden Seiten zugänglich find.

Die Tifchplatte foll 0,10 m von den Wänden abftehen, welche vom Fufsboden an hinter dem Wafchtifch bis zu etwa 1,00 m Höhe über demfelben eine Bekleidung mit Glas oder Fliefen erhalten. Unter dem Wafchtifch ift der Fufsboden in genügender Ausdehnung wafferdicht, wie im Baderaum, herzuftellen oder mit Linoleum zu belegen. Im Wafchraum ftellt man am beften je 2 Wafchtifche mit gemeinfchaftlicher Rückwand und beiderfeitigen Konfolplatten für die Spülgläfer, die Schalen

Fig. 48

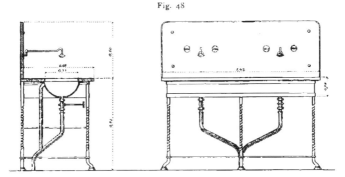

Zweiftändige Wafchtifcheinrichtung im Badezimmer des neuen allgemeinen Krankenhaufes zu Hamburg-Eppendorf [189].

mit Seife, Nägel- und Zahnbürfte und für desinfizierende Flüffigkeiten frei auf. Fufsboden, Wände und Rohrleitungen find wie im Badezimmer herzuftellen.

Für die Wafchtifchplatten empfehlen fich Porzellan, glafiertes Steinzeug oder beiderfeits emailliertes Eifen. Marmor wird von Säuren angegriffen und leicht fleckig. Die Platten ruhen auf Eifenrohrgeftellen oder Trägern von Gasrohren und find an den Ecken abzurunden.

Man verwendet Kippbecken, fefte und verfetzbare Wafchbecken.

Die Friedens-Sanitätsordnung fchreibt noch die erfteren vor, welche einer gründlichen Reinigung und Inftandhaltung Schwierigkeiten entgegenfetzen; auch wird bei fchnellem Umkippen meift Waffer auf die Tifchplatte gefchleudert. — Im Urban entleeren fich drei Kippbecken in eine gemeinfchaftliche Mulde, aus welcher das Waffer unmittelbar in die Ablaufleitung fliefst. Solche Mulden pflegen nicht rein gehalten zu werden. — *Küfter* und *Metzing* haben für die chirurgifche Klinik in Marburg Kippbecken konftruiert, die auseinandernehmbar find.

Bei fefter Verbindung von Platte und Becken empfiehlt es fich, beide aus einem Stück herzuftellen, um Fugen zu vermeiden. *Merke* wünfcht der Einfenkung längsovale Form von 50 cm Länge und 30 cm Breite zu geben. Der Verfchlufs des Wafferabfluffes ift unterhalb des Beckens durch einen Kegelhahn und nicht durch die üblichen Stöpfel an unreinen Ketten zu bewirken.

---

[189] Nach: ZIMMERMANN & RUPPEL, a. a. O., Bl. 7.

In Frankfurt a. M.[190] wurden auch die Abflufsrohre aus vernickeltem Meffing hergeftellt; wo Bleirohre in der Anlage verwendet waren, erhielten fie übergefchobene, vernickelte Hülfen. Auch alle kleineren Eifenteile, wie Rohrhaken, Konfolen, Handtuchhalter u. f. w., find dort vernickelt. Gröfsere Eifenteile können auch verzinkt werden. Der Zuflufs erfolgt durch Hähne für Kalt-, bezw. für Warmwaffer und durch einen Mifchhahn, welche fämtlich fo hoch über der Tifchplatte anfetzen follen, dafs man diefe, den Hahn und das Zuflufsrohr in allen Teilen leicht reinigen kann. Zu diefem Zweck find auch die Hähne möglichft glatt, mit einfachen glatten Griffen zu konftruieren. Schwenkhähne hat man in den Wafchräumen zu Frankfurt a. M. vermieden. Die Wafferverfchluffe der Abfallrohre liegen dort in einem 0,95 m hohen Raum unter dem Fufsboden, der zugänglich ift, in Nürnberg im Fufsboden.

Die Anordnung der feften Wafchbecken in Hamburg-Eppendorf zeigt Fig. 48[189]).

Verfetzbare, gewöhnliche glatte Wafchbecken auf einer ebenfolchen zum Abflufs des verfchütteten Waffers eingerichteten Platte find neuerdings empfohlen und im Neubau der Diakoniffenanftalt zu Dresden verwendet worden.

Sie erhielten eine abgerundete Randleifte, fowie Gefälle nach einem Wafferabzug und ruhen auf Trägern; Wafchbecken und Seifennapf ftehen frei auf der Platte, ein Wafferkrug auf dem Fufsboden. Das Schmutzwaffer müfste fomit durch Eimer entfernt werden, wenn man es nicht auf der Wafchtifchplatte ausgiefsen will, was einen genügend hohen Rand und Nachfpülen bedingt.

179. Einrichtung.

An Einrichtungsgegenftänden ift für etwa 30 Kranke nach *Merke*[191]) aufserdem das Folgende erforderlich:

1 bis 2 Mundfpülbecken, 1 Ausgufs, 1 Spiegel, 1 Mülleimer, 2 Stühle, Haken für Handtücher, fowie ein kleiner Tifch und für die bettlägerigen Kranken 6 tragbare Wafchbecken, 2 Wafferkannen und 4 Waffereimer.

η) Aborträume.

180. Einteilung.

Ueber Abortanlagen im allgemeinen handelt Teil III, Band 5 (Abt. IV, Abfchn. 5, D: Aborte und Piffoirs) diefes »Handbuches«. In nachftehendem find daher nur die Krankenaborte zu befprechen. Man trennt diefelben im Krankengebäude von den Aborten der Aerzte und des Warteperfonals, auch bezüglich der Vorräume und Zugänge. Dasfelbe gilt für die Aborte der beiden Gefchlechter, falls männliche und weibliche Kranke in einem Gebäude untergebracht find, wie auch für die der Anfteckendkranken, wenn folche und Nichtanfteckende darin gepflegt werden.

181. Lage.

Die Krankenaborte follen den Kranken aufser Bett, alfo Genefenden und Leichtkranken, die fich teils in ihren Krankenräumen, teils im Tagraum der Abteilung aufhalten, dienen, daher von diefen Räumen bequem zugänglich fein, damit die Benutzung der Bettgeräte durch folche Kranke möglichft eingefchränkt wird. Meift legt man die Aborte einer Abteilung, foweit als dies thunlich ift, zufammen, was fich empfiehlt, da die dringend nötige, ftete Ueberwachung derfelben durch das Warteperfonal nicht erfchwert werden darf. Nur in Doppelpavillons wird man jedem Saal eigene Aborte, auch falls beide Säle zu einer Abteilung gehören, geben, wenn fich dadurch ihre Anordnung beffer geftalten läfst. In verfchiedenen Gefchoffen müffen fie übereinander liegen, damit ihr Rohrfyftem nicht durch andere Räume zu leiten ift und letzteren aus Undichtheiten der Rohre Nachteile erwachfen.

Oefters verwies man die Aborte an die Nordfeite, um fie im Sommer kühl zu haben; dann zieht aber ihre kühlere Luft leicht nach dem wärmeren Saal.

Nach der Kriegs-Sanitätsordnung follen fie in Bezug auf die herrfchende Windrichtung windabwärts, alfo bei uns in der Regel an der Nordoftecke[192]) liegen.

---

[190] Siehe: WOLFF, C. Die chirurgifche Abtheilung des ftädtifchen Krankenhaufes in Frankfurt a. M. Centralbl. f. Bauverw. 1894, S. 486.
[191] Siehe: MERKE, a. a. O., S. 406.
[192] Diefe Lage verlangt der Text; im beigegebenen Plan liegt der Abort an der Südoftecke.

Andere wollen den Einfluſs der desinfizierenden und desodorifierenden Wirkung des Sonnenlichtes und den natürlichen Temperaturunterſchied für die Lüftung ausgenutzt ſehen und halten es nicht für bedenklich, die Aborte an eine Sonnenſeite zu legen. In England befinden ſie ſich oft an der Südweſt- oder Südoſtecke. Da die ſchlechten Dünſte durch den Wind nicht aus dem Abort in das Gebäude getrieben werden ſollen, wurde unter den zwei äuſseren Ecken des Baues, welche windwärts liegen — im übrigen gleiche Wahl vorausgeſetzt — diejenige die geeignetſte ſein, von welcher die Luft anderen Gebäudeteilen nicht zugeweht wird.

In Anſtalten mit Schwemmkanaliſation hat man den Abortraum öfters unmittelbar vom Krankenraum aus zugänglich gemacht und durch groſse Raumverhältniſſe die Verdünnung der Gaſe in demſelben beabſichtigt, wie im Friedrichshain und in Hamburg-Eppendorf. An anderen Orten wurde wie bei Barackenbauten die Luftgemeinſchaft zwiſchen Abort und Krankenraum möglichſt eingeſchränkt, indem man erſteren in das Freie verlegte und ihn äuſserſtenfalls durch einen Gang, deſſen Wände Seitenöffnungen haben, mit dem Saal verband.

In der Baracke der Kriegs-Sanitätsordnung befindet ſich der Abort an der einen Längsſeite desjenigen Saalendes, an welchem ſonſt keine Nebenräume liegen, und der trennende Verbindungsgang iſt unmittelbar vom Saal aus zugänglich.

In Bremen (Fig. 49 [193]) wurden Abort, Ausguſs und Wäſcheabwurf an einen Gang gelegt, der nur von der groſsen Veranda aus zugänglich war, nach der ſchmaleren aber keine Oeffnung erhielt, wodurch

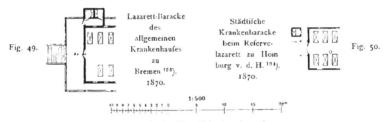

Fig. 49. Lazarett-Baracke des allgemeinen Krankenhauſes zu Bremen [193]. 1870.

Städtiſche Krankenbaracke beim Reſervelazarett zu Homburg v. d. H. [194]. 1870.

Fig. 50.

Abortanlagen in deutſchen Kriegsbaracken 1870—71.

das Eintreiben von Abortluft in den Saal ausgeſchloſſen iſt. Die Anlage wiederholt ſich an derſelben Seite am anderen Ende der Baracke, welche zwei Säle enthält, zwiſchen denen die übrigen Nebenräume liegen.

Die Art, wie in Homburg v. d. H. (Fig. 50 [194]) der Abort angeordnet wurde, vermeidet einen Vorſprung an der Längsſeite, wie dies dort erwünſcht iſt, wo die Längsachſe der Baracken mit der herrſchenden Windrichtung zuſammenfällt. Die Anlage wäre für den Winter brauchbar zu machen, wenn der zum Abort führende Gang geſchloſſen und der Zugangsweg von auſsen zum Saal windfangartig abgetrennt würde.

In der preuſsiſchen verſetzbaren Baracke iſt der Abort an der einen Stirnſeite angeſetzt und vom überdachten Vorplatz vor der Barackenthür aus zugänglich. Der hierbei ebenfalls durch die freie Luft erfolgende Zugang zum Abort wird unter Umſtänden durch Spannen einer Leinwand geſchützt. Der Abortraum enthält einen Nachtſtuhl, hat ein Wandfenſter und iſt durch ein Abzugsrohr im Dach, ſowie durch Aufklappen eines ſtellbaren Wandfeldes lüftbar.

Lüftungsgänge mit gegenüberliegenden Fenſtern zwiſchen Abortraum und Saal ſind in England ſeit dem Krimkrieg in den meiſten dauernd errichteten Bauten, in den Anſtalten, welche *Tollet* ausführte, und bei uns in Cöln, Birkenfeld, Nürnberg und a. a. O. in verſchiedener Art angeordnet, auch von *Rochard* und neuerdings von *Schumburg* empfohlen worden.

---

[193] Nach: Sanitätsbericht über die deutſchen Heere im Kriege gegen Frankreich 1870—71, Bd. I. Adminiſtrativer Teil: Sanitätsdienſt bei den deutſchen Heeren. Berlin 1884. Taf. LIII bei S. 368.

[194] Nach ebendaſ., Taf. XLIV bei S. 356.

Im *St. Thomas-*, fowie im *Norfolk* und *Norwich hofpital* und in der *Royal infirmary* zu Edinburg mündet das eine Fenfter des Zwifchenganges auf den gedeckten Balkon, gegen den fich das Stirnfenfter des Saales öffnet, wie auch im Birkenfelder Krankenhaus. Gegenüber folchen Mifsgriffen ift manche andere Zugänglichkeit des Abortes auch ohne Fenftergang vorzuziehen. Beffer ift die Anordnung in der *General infirmary* zu Leeds (Fig. 51[195]), wo kein Balkon fich anfchliefst. — Seitliche Lage am Krankenraum

Fig. 51.   Fig. 52.

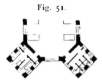   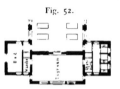

Abort-, Bade- und Wafchraum in der *General infirmary* zu Leeds[195]).   Bade- und Abortraum im Krankenhaus an der Strangriede zu Hannover[196]).
1/500 w. Gr.   1/500 w. Gr.

erhielten die Aborte in Hannover (Fig. 52[196]) und im Ifolierblock zu Hamburg-Eppendorf, und quer vor der Saalftirnwand liegen fie in den Infektions-Pavillons zu Tunbridge und Weymouth. (Siehe unter b, 4.)

Bei Lage des Abortraumes an einem Flurgang fucht man diefem an beiden Enden Verbindung mit der Aufsenluft zu geben oder ihn vom Abort durch einen Lüftungsflur zu trennen.

Die Anordnung, welche man öfter für die Baracken des nordamerikanifchen Bürgerkrieges wählte, zeigt Fig. 53[197]). Der Abortraum ift hier vom Seitengang des Hauptzuganges zum Saal aus zu betreten.

Fig. 53.   Fig. 54.

Amerikanifche Lazarett-Baracke[197]).   Krankenbaracke des Refervelazaretts Nr. III am Welfenfchlofs zu Hannover[198]).
1/500 w. Gr.   1870.
                                                                                           1/600 w. Gr.

In Hannover (Fig. 54[198]) war in ähnlicher Weife ein Quergang angeordnet, welcher an der Aufsenwand liegt und zugleich den Zugang zu einer kleinen Spülküche vermittelt. Ungünftig bleibt hierbei die nahe Lage des Querganges an dem durch einen Windfang nicht gefchützten Eingang.

Die Friedens-Sanitätsordnung empfiehlt, den Abortraum vermittels eines beiderfeitig mit Thüren abgefchloffenen, ausreichend erhellten und lüftbaren Zwifchenflures an den Hauptflur anzufchliefsen.

Im Doppelpavillon für Innerlichkranke zu Aufsig hat man den in Fig. 55[199]) dargeftellten Ausweg getroffen. Beffer für die Belichtung des Flurganges ift die Anordnung im Infektions-Pavillon dafelbft und im Infektionsblock des Kaifer-Franz-Jofeph-Spitals in Wien. (Siehe unter b, 4.)

Fig. 55.

Der Abortraum dient oft nicht allein zur Aufnahme der für die Abteilung erforderlichen Sitze und Piffoirftände, fondern enthält meift auch ein bis zwei Ausgüffe für unreine Flüffigkeiten und einen beträchtlichen Teil des Saalgerätes, den Abwurf für unreine Wäfche

182. Grofse.

Pavillon für Innerlichkranke zu Aufsig[199]).
1/500 w. Gr.

---

[195]) Nach: MOUAT & SNELL, a. a. O., Abt. II, Taf. bei S. 16.
[196]) Nach: WEYL, TH. Handbuch der Hygiene, Bd. V, Abt. 1 (1896), S. 69.
[197]) Nach: *The medical and furgical hiftory* etc. Teil III, Bd. I, S. 551.
[198]) Nach: Sanitätsbericht der deutfchen Heere im Kriege gegen Frankreich 1870—71, Bd. I. Adminiftrativer Teil Sanitätsdienft bei den deutfchen Heeren. Berlin 1884. Taf. XXXV bei S. 338.
[199]) Nach: WEYL, a. a. O., Bd. V, Abt. 1, S. 69.

u. f. w. Danach fchwankt feine Gröfse von 1 qm Grundfläche in der preufsifchen verfetzbaren Baracke mit einem Nachtftuhl bis zu 28 qm in Hamburg-Eppendorf, wo aufser den vorher genannten Vorrichtungen 4 eiferne Nachtftühle, 2 eiferne Schemel und 1 hölzerner Gefchirrfchrank darin untergebracht find. Somit laffen fich nur für die Gröfse und Zahl der Abortzellen allgemeine Anhalte geben. Die Friedens-Sanitätsordnung fordert für 10 Kranke 1 Sitz, für 20 derfelben 1 Piffoirbecken.

Im Friedrichshain find 2 Sitze und 2 Piffoirftände für 30 Betten, in Hamburg-Eppendorf 2 Sitze[200]) und 1 Piffoirftand für 33, im Urban 2 bis 3 Sitze und 1 Piffoirftand für 36 derfelben vorhanden.

In verfchiedenen Fällen hat man die Piffoirs befeitigt und benutzt die dafür eingerichteten Sitzbecken auch als folche, wie im Krankenhaus Rudolfftiftung zu Wien, weil das Vorhandenfein von Piffoirs die Reinhaltung der Abortluft nicht fördert.

Nach *Böhm*[201]) hat der Erfolg die Berechtigung diefer Mafsregel beftätigt. — *Snell* teilt mit, dafs in manchen Anftalten, wie in der *General infirmary* zu Leeds, die Piffoirs nie benutzt wurden, und liefs fie in feinen *Workhoufe infirmaries* weg.

Für die Grundflächen der Zellen hat man Mindeftmafse feftzuftellen gefucht.

Die englifche Kommiffion für Kafernen und Hofpitäler gab als folche 0,75 m Breite und 1,30 m Tiefe (= 2,5 × 4,0 Fufs) an. — *Galton* wünfcht die Breite der Zelle nicht unter 0,85 m; letzteres Mafs würde zur Benutzung genügen. — *Lorenz* empfiehlt 1,0 × 1,5 qm Grundfläche, da der Kranke mehr Raum zur Bewegung als der Gefunde brauche.

Jedenfalls mufs dasjenige Mindeftmafs eingehalten werden, welches die leichte und gründliche Reinigung der Zelle und befonders des Raumes rings um das Becken herum und unter demfelben erfordert. Wo das Becken auf Trägern ruht und die Konftruktion unter demfelben den Fufsboden nicht berührt, ift weniger Zellenbreite erforderlich als bei Becken, welche auf dem Fufsboden ftehen; bei Anwendung der letzteren kann fie bis zu 1,10 m fteigen müffen. Auch die Art der künftlichen Beleuchtung beeinflufst die Breite; wenn ein Beleuchtungskörper innerhalb einer niedrigen Zelle feitlich angebracht werden mufs, ift mindeftens 1,00 m Breite erforderlich.

Oefter fuchte man die beffere Reinhaltung des Sitzes feitens der Kranken bei Benutzung desfelben durch fehr enge Raumverhältniffe oder durch Einfchränkung der Höhe bei Weglaffung der Wände zwifchen mehreren Sitzen zu erreichen. Doch find derartige Einengungen für Kranke mit Vorficht anzuordnen; fie können zur Nichtbenutzung der Sitze führen.

Wand und Fufsboden des Abortraumes follen gänzlich undurchdringlich fein. Die Zerfetzungsftoffe des Urins liefern bei Kranken oft einen noch unerträglicheren Geruch als bei Gefunden. Wand und Fufsboden kommen am Piffoir, am Sitzbecken, am Ausgufs und überall, wo mit Uringefchirren hantiert wird, mehr oder weniger mit Urin in Berührung.

183. Ausftattung.

Marmor ift porös und nimmt Urin auf. *Emmerich*[202]) fchreibt den oft unerklärlichen Geruch in fcheinbar fehr reinlichen Abortträumen der Zerfetzung von Urin in den Poren des Marmorfufsbodens zu; Marmorterrazzo ift daher auszufchliefsen. Aus denfelben Gründen, fowie wegen Staubens und Riffebildens eignet fich Zement hierfür nicht[203]). Afphalt löft fich mit der Zeit durch Spülwaffer und Harn auf. Im Abort des Scharlach-Pavillons im *Hôpital Trouffeau* lag Bleifufsboden. Da Blei beim Begehen abfärbt, fo würde auch an ihm haftender Staub durch das Schuhwerk mit herumgetragen werden, und feine Farbe läfst keine Prüfung auf Reinheit zu.

---

[200]) Im Abortraum liegen drei; doch ift einer derfelben für das Perfonal zu rechnen, da für diefes kein anderer Abort im Pavillon vorgefehen ift.

[201]) Siehe: BÖHM, a. a. O., S. 560.

[202]) Siehe: EMMERICH. Die Wohnung. In: PETTENKOFER & v. ZIEMSSEN. Handbuch der Hygiene. Teil I, Abt. 2, Heft 4. München 1894. S. 463, Anmerkung.

[203]) Siehe: RUBNER, a. a. O., S. 436.

Danach bleiben nur Mettlacher Platten übrig von moglichft heller Färbung, die man mit Gefälle nach einem einzufügenden Abflufs verlegt. — Die Wände können eine Bekleidung mit Fliefen bis zu einer Höhe von wenigftens 1,30 m, darüber Zementputz mit Emailfarbenanftrich erhalten. Ob letzterer vom Urin nicht zerfetzt wird und diefe Bekleidung fich daher auch für die unteren Wandteile empfiehlt, wurde meines Wiffens noch nicht unterfucht. Der Anfchlufs von Fufsboden und Wand, fowie die Wandecken find auszurunden.

Jede Abortzelle foll ein eigenes Fenfter nach aufsen mit Kippflügel oder Jaloufien erhalten, welches entweder mit der inneren Wandfläche bündig liegt oder doch eine durchlaufende Brüftung hat und fo angeordnet ift, dafs der Fufsboden, wenn möglich, auch um den Sitz herum hell beleuchtet wird. Die Scheidewände der Zellen können aus verzinktem Eifen und ebenfolchem Blech oder aus Xylolith hergeftellt werden, brauchen nur 0,30 m über dem Fufsboden zu beginnen, bis zu 1,80 m Höhe über demfelben zu reichen und follen von der Rückwand 0,10 m abftehen.

Die Abortzellen in *St.-Jean* zu Brüffel haben keine Thüren, was bedingt, dafs vor ihnen nur ein Zugangsweg vorhanden ift und alle anderen im Abortraum aufzubewahrenden Gegenftände feitwärts liegen.

Beffer ift es, Thüren vorzufehen, welche ebenfoviel vom Fufsboden abftehen und gleiche Höhe haben wie die Zellenwände. Sie müffen bei wenig geräumigen Zellen nach aufsen fchlagen und erhalten einen Riegelverfchlufs, der fich von aufsen öffnen und erkennen läfst, ob die Zelle befetzt ift. Bei diefer Anordnung bildet nicht die Zelle, fondern der Raum, in welchem fie fteht, den »Abortraum«. Der letztere hat abfichtlich Luftgemeinfchaft mit der Zelle, ift alfo nicht als ein Vorraum derfelben zu betrachten, der unmittelbar an den Krankenraum angefchloffen werden kann. Soll er als folcher dienen, fo müffen die äufseren Zellenwände an die Umfaffungswand anftofsen und diefe wie die Thüren vom Fufsboden bis zur Decke reichen.

Auch den Fenftern im Vorraum giebt man Kippflügel oder Jaloufien.

Thorne-Thorne verlangt, dafs diefe Lüftungseinrichtungen, um Durchzug zu erhalten, weder durch die Wärterin noch durch die Patienten gefchloffen werden können, da die Fenfter, »ausgenommen bei fehr warmem Wetter, nahezu immer gefchloffen gehalten werden«[204]).

Häufig hat man, namentlich in England, beide Thüren des Vorraumes, diejenige vom Saal und diejenige vom Abortraum, durch einen Mechanismus verbunden, der das Oeffnen der einen Thür nur geftattet, nachdem die andere gefchloffen ift, die Thüren auch fo fchlagen laffen, dafs dadurch der Luftübergang zwifchen den Räumen möglichft beeinträchtigt wird. Das Anbringen des genannten Mechanismus ift überflüffig, wenn man den Thüren Selbftfchliefser giebt, welche praktifcher find, weil das Warteperfonal oft die Hand beim Paffieren der Thür nicht frei hat, wo im Abortraum die Reinigung der Bettgefchirre ftattfindet.

184 Entfernung der Auswurfftoffe

Unter oder neben einem Krankengebäude foll nie eine Abortgrube liegen. Wo reichliche Wafferfpülung gefichert werden kann, ift überall eine Spülanlage jedem Abfuhrfyftem vorzuziehen; wo die zur Verfügung ftehende Waffermenge hierzu nicht ausreicht oder wo eine unterirdifche Spülanlage nicht möglich ift, kann die Feuerlatrine oder die Abfuhr nach dem Tonnenfyftem in Frage kommen. Ueber die Entwäfferung der Krankengebäude findet fich das Nähere in Kap. 4, unter a.

185. Spülaborte.

Die Spülaborte follen von einfachfter Konftruktion fein — Druckftrahlaborte (Aborte mit Sturzfpülung) oder *Wafh-down*-Aborte —, rings frei auf Trägern ruhen und Gefäfse von Porzellan oder dem haltbareren weifsen Steinzeug in Becken- oder Trichterform erhalten, deren S-Verfchlufs unmittelbar in die Abzweige der Fall-

---

[204]) Siehe: Thorne-Thorne, a. a. O., S. 15.

ftrange übergeht. Das ringförmige Sitzbrett aus hartem Holz follte nicht bis zur Wand reichen, fondern unmittelbar am Becken befeftigt und klappbar fein, auch durch ein Gegengewicht zur Zeit der Nichtbenutzung offen gehalten werden, um das Abfetzen von Gefäfsen, wodurch Befchmutzungen entftehen, zu verhindern. Ein derartig angeordneter Abort kann zugleich als Piffoirbecken dienen.

Eine Konftruktion mit vorn ausgefchnittenem Sitzbrett, bei welcher das läftige Ueberfpritzen von Urin vermieden wird, empfiehlt *Gerhard* (Fig. 56 [205]).

Verftopfungen, denen die Aborte in Krankengebäuden befonders ausgefetzt find, da fie zu heimlicher Befeitigung von allerlei Gegenftänden benutzt werden, laffen

Fig. 56.

Abortfitz nach *Gerhard* [205].

fich vermeiden, wenn man das Abflufsrohr enger als den Siphon hält, deffen Reinigungsöffnung leicht zugänglich fein foll. Am billigften und einfachften ift die unmittelbare Hahnfpülung aus einer Druckleitung. Spülbehälter machen die Waffermenge unabhängig von der benutzenden Perfon, müfsten aber genügend viel Waffer liefern, um reichlich ausgefchiedene Exkremente gänzlich zu entfernen, was oft nicht der Fall ift, und durch das Oeffnen der Zellenthür entleert werden, wenn fie vollftändig unabhängig funktionieren follen. Ob fich dies empfiehlt, hängt von der Art der Lüftung des Abort-

raumes ab. Erfolgt die Entleerung des Beckens nach der Benutzung durch das Aufklappen des Sitzbrettes, fo ift die Verwendung des Abortes als Piffoir auszufchliefsen, da nach feiner Benutzung als folches das Spülen nicht erfolgen würde.

Spülbehälter find von Holz mit Kupfereinfatz, aber nicht aus Eifen herzuftellen, weil letzteres fchwitzt und Tropfen bildet und entftehender Roft das Becken färbt. *Gerhard* verlangt für das Rohr vom Behälter zur Abortfchale mindeftens 32 mm Weite.

Bei Tonnenfyftem fordert die Friedens-Sanitätsordnung folgende Einrichtung.

Sitztrichter aus Porzellan oder aus innen und aufsen glafiertem, gebranntem Thon öffnen fich mit einer 20 cm weiten Oeffnung über einem 30 cm weiten, innen und aufsen glafierten, lotrecht ftehenden Fallrohr aus gebranntem Thon, welches »am unteren Ende einen flachen, ringförmigen Anfatz erhält, um das Umherfpritzen des Tonneninhaltes zu verhüten«. In der durch luftdichte oder Doppelthüren gegen Froft und Luftzutritt von aufsen geficherten, mit maffiven Mauern umfchloffenen, möglichft engen Tonnenkammer fteht zentrifch unter jedem Fallrohr eine Tonne auf einem Gleis, welches zur Thür der Tonnenkammer führt. Tonnen und Sitzlöcher bleiben offen. Gefchloffene Keffelwagen werden bei fonft gleicher Anlage für zuläffig erklärt, wenn jedes Gefchofs feinen eigenen Wagen in einem befonderen, felbftändig gelüfteten Raum erhält.

Die Umfchliefsungen der Tonnenkammer find möglichft undurchläffig herzuftellen.

Für die Kriegsbaracke fieht die Kriegs-Sanitätsordnung in der Regel Abfuhr vor.

Unter zwei mit Deckel verfchliefsbaren Brillen fteht ein $2,20 \times 0,50 \times 0,50$ m grofser, innen geteerter Kaften, der auf Rädern in Geftalt runder Holzfcheiben ruht, in entfprechender Weife mit Desinfektionsmaffe gefüllt wird und beim Abfahren durch einen innen geteerten Deckel zu fchliefsen ift. Die Abfuhr erfolgt durch eine Klappe an der Hinterfeite des Abortes.

Wo Piffoirs angewendet werden, empfiehlt fich die Schnabelform mit S-Verfchlufs und felbftthätiger Spülung.

Die Friedens-Sanitätsordnung fordert unter den Piffoirbecken kleine, vertieft liegende Sammelbecken, die durch Meffinggitter abzudecken und deren Abflufsrohre durch Geruchverfchlüffe mit dem Haupturinrohr zu verbinden find.

186. Aborte mit Abfuhr.

187. Piffoirs und Bidets.

---

[205] Fakf.-Repr. nach: GERHARD, P. Ausgeführte Beifpiele von amerikanifchen Hausentwäfferungsanlagen. Gefundh.-Ing. 1899. S. 3.

Handbuch der Architektur. IV. 5, a. (2. Aufl.) 8

In der chirurgifchen Klinik zu Marburg erhielt jedes Piffoirbecken einen halbkreisförmigen, mit Torfmull gefüllten Blechunterfatz.

Bidets können dort, wo fie verlangt werden, aus Porzellan hergeftellt fein. In der *Royal infirmary* zu Edinburgh find fie mit Warm- und Kaltwafferzuflufs und Entwäfferungsrohr verfehen.

188. Heizung und Lüftung der Aborte.

Im Abortraum foll während der Heizperiode, wo die Fenfter gefchloffen find, die Temperatur gleich oder höher fein als im Krankenfaal, um das Abziehen feiner Dünfte nach dem Saal zu hindern. Schon deshalb und um den Kranken keiner Erkältung auszufetzen, ift er mit einer dementfprechenden Heizvorrichtung zu verfehen. Dasfelbe gilt vom trennenden Lüftungsflur. Der Abortraum bedarf nur der Entlüftung und keiner Zuluftrohre, wenn man einen Luftftrom vom Vorraum, bezw. vom Saal nach dem Abortraum fichern will. Das Luft-Abzugsrohr des Abortraumes erfordert dann einen gröfseren Querfchnitt, welcher auch zur Entlüftung des Vorraumes genügt. Anderenfalls ift für Zutritt erwärmter Luft zu forgen. Die Zugkraft des Abluftrohres mufs durch eine ununterbrochene Wärmequelle gefichert werden. Der Abort jedes Gefchoffes erhält ein eigenes Abluftrohr, welches unmittelbar in das Freie führt. (Siehe Art. 103 [S. 63], 112 [S. 67] u. 117 [S. 71]. »Zu- und Abluftkanäle« und Teil III, Band 5 [Abt. IV, Abfchn. 5, D, Kap. 22: Lüftung der Aborte] diefes »Handbuches«.)

Bei Spülaborten hat fich die unmittelbare Entlüftung des Raumes durch das Abortbecken vor dem Wafferverfchlufs nach dem Abluftrohr bewährt, wobei die hier entftehenden Gafe fich nicht vor ihrer Abfuhrung im Abortraum verbreiten.

In folcher Weife erfolgt die Lüftung im Evakuations-Pavillon der Entbindungsanftalt [206]) und in der Nebenabteilung für Aeufserlichkranke in der Charité zu Berlin [207]), wo zur Vermeidung der Stauung von Gafen hinter dem Wafferverfchlufs ein zweites Rohr nach dem Abluftrohre abzweigt.

Wenn im Abortraum auch der Ausgufs und der Aufbewahrungsort der für Befichtigung durch den Arzt zurückzuhaltenden Stuhlgänge, bezw. Bettfchüffeln liegen, fo wäre anzuftreben, ihre Entlüftungsrohre mit denjenigen der Aborte oder des Raumes felbft um eine oder zwei Wärmequellen zu gruppieren.

Beim Tonnenfyftem fchreibt die Friedens - Sanitätsordnung Entlüftung jeder Tonnenkammer durch einen erwärmten Lüftungsfchlot vor, an welchen der eigentliche Abortraum keinen unmittelbaren Anfchlufs erhält. Bei mehreren Tonnen-

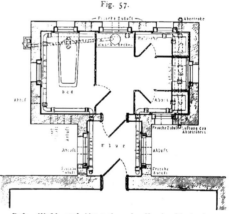

Fig. 57.

Bade-, Wafch- und Abortanlage der Krankenfäle in der *St. Marylebone infirmary* zu London [208]).
Grundriffe. — $\frac{1}{100}$ w. G.

[206]) Siehe: MEHLHAUSEN. Bericht über den Neubau eines Evacuations-Pavillons für die Entbindungsanftalt in dem Charité Krankenhaufe. Charité-Annalen, Jahrg. II (1875), S. 755 ff.

[207]) Siehe: VIRCHOW, R. & A. GUTTSTADT. Die Anftalten der Stadt Berlin für die öffentliche Gefundheitspflege und für den naturwiffenfchaftlichen Unterricht. Berlin 1886. S. 362.

[208]) Nach: SNELL, a. a. O., Taf. bei S. 17.

kammern ift der Schlot, ihrer Anzahl entfprechend, durch eiferne Platten in mehrere lotrechte Lüftungsfchlote zu teilen.

Wafch- und Baderaum find oft einzeln oder zufammen mit dem Abortraum zu einer Gruppe vereinigt worden, die man in der *St. Marylebone infirmary* zu London durch einen Lüftungsgang vom Krankenfaal trennte. In Antwerpen hat man bei ähnlicher Anordnung mit den genannten Räumen auch noch die Spülküche vereinigt (fiehe unter b, 1, γ). Das erftgenannte Beifpiel bietet in der Wahl knapper Abmeffungen, in der Anordnung von Fenftern, Thüren, Lüftung und Heizung mancherlei Intereffe (Fig. 57 [208]).

189. Vereinigung von Wafch-, Bade- und Abortraum.

Hier liegt diefe Gruppe am Saalende und nimmt eine überbaute Grundfläche von 14.47 qm ein. Der Verbindungsflur vom Saal zum Abortgebäude hat geringe Abmeffungen erhalten, um das Abftellen von Sachen oder den Aufenthalt von Perfonen darin auszufchliefsen. Ohne diefen Grund hätte er die ganze Breite des Nebengebäudes haben können, wodurch die einfpringenden Aufsenwinkel vermieden worden wären. Die Art, wie die Thüren fich öffnen, foll das Zuftrömen der verdorbenen Luft zum Saal möglichft hindern.

Alle Fenfter haben eine 1,22 m hohe Brüftung, reichen bis zu 0,25 m unter die Decke und find bündig mit der Innenwand angeordnet. Der Baderaum erhielt 2,82 × 1,90 = 5,36 qm, jede Abortzelle 1,90 × 0,81 m Grundfläche und der Mittelgang 1,30 m Breite. Luftausläffe in das Freie liegen unter der Decke, ebenfolche Einläffe über dem Fufsboden.

ϑ) Unterfuchungs- und Verbandzimmer.

Die Unterfuchung der Kranken, befonders der Aeufserlichkranken, während ihrer Pflege, bezw. das Wechfeln der Verbände erfolgt in Moabit im Saale felbft, vor deffen Stirnwand ein Teil durch Wandfchirme abgetrennt ift; in anderen Anftalten findet dies im Zimmer des Arztes oder in einem befonderen Verbandzimmer ftatt, wie in den Pavillons für Aeufserlichkranke im *Rudolf Virchow*-Krankenhaus zu Berlin.

190. Unterfuchungs- und Verbandzimmer.

Merke [209]) fordert für jede chirurgifche Station ein Verbandzimmer von wenigftens 25,00 qm Grundfläche, welches in feiner baulichen Ausftattung derjenigen eines Operationsraumes (fiehe Kap. 3) zu entfprechen habe, um auch kleinere Operationen darin ausführen zu können.

Die Einrichtung foll beftehen aus: 1 Sterilifationsvorrichtung für die Inftrumente, 1 Inftrumentenkocher, wenn möglich 1 Vorrichtung zur Herftellung fterilen Waffers, Wafcheinrichtung mit Kalt- und Warmwafferleitung und mehreren Wandträgern mit Glasplatten, auf denen Verbandftoffe, fterile Wäfche u. f. w. bereit gehalten werden. In einem Nebenraum ift eine Vorrichtung zur Desinfektion des Verbandmaterials mit mindeftens 0,5 cbm nutzbarem Innenraum, fowie ein fchrankartiger Behälter zur Aufbewahrung des letzteren aufzuftellen.

191. Einrichtung.

Ein Zimmer zu gynäkologifchen Unterfuchungen auf der Frauenftation bedarf des Nebenraumes nicht, erfordert aber 2 Wafchtifche, 1 Ausgufs von Porzellan und Klingelverbindung zum Schwefterndienftzimmer und zum Krankenfaal.

In einer fyphilitifchen Abteilung ift ein Raum für die Einreibungen, die wegen der Queckfilberdämpfe nicht im Krankenzimmer vorgenommen werden follen, für Mund- und Scheidefpülungen nötig, welches bei gleicher Ausftattung andere Einrichtung erhält.

192. Schmierzimmer.

Zu diefer gehören nach *Merke* [210]): 2 bis 3 Wafchtifche, 4 bis 5 Stück 80 bis 90 cm vom Fufsboden und 20 cm von der Wand abftehende Porzellanbecken zum Mundfpülen (von etwa 40 cm Durchmeffer), darüber Wandträger mit Glasplatten für die Gurgel- und Spülgläfer und für die entfprechende Frauenabteilung noch — beffer in einem befonderen Zimmer — 4 bis 5 *Bidets* auf 30 bis 35 Kranke. Die Wafchtifche, Mundfpülbecken und *Bidets* find mit Warm- und Kaltwaffer-Zu- und Abflufs zu verfehen.

---

[208]) Siehe: MERKE, a. a. O., S. 408 ff.
[210]) Siehe ebendaf., S. 408 ff. u. 414 ff.

ι) Wärterzimmer.

193.
Schlafräume
für
Pflegerinnen.

Wo die Pflegerin, der Oberwärter oder der Saalmeister in unmittelbarer Nähe der Kranken fchlafen follten, gab man ihnen ein abgefchloffenes Zimmer, oft Wärterraum genannt, das in Korridorbauten neben dem Saal, häufig auch zwifchen diefem und einem Ifolierzimmer, lag und von welchem aus ein feftes Fenfter geftattete, die anliegenden Krankenräume zu überfehen, wie dies *Mifs Nightingale* und die englifche Kommiffion für Kafernen und Hofpitäler vorfchrieb.

Im *Belvidere hofpital* zu Glasgow [211]) ift diefer Raum in der Mitte der einen Saallängswand aufsen angebaut; die Trennungswand zwifchen beiden wurde als Glaswand ausgebildet, welche in Geftalt von drei Seiten eines Achteckes in den Saal vorfpringt, deren mittelfte die Thür bildet.

Die Anordnung einer unmittelbaren Verbindung des Wärterzimmers mit dem Krankenfaal durch Fenfter oder Thür hat aber »häufig nur die Nachläffigkeit der Wärter im Dienft unterftützt« [212]), fo dafs man dasfelbe in Hamburg-Eppendorf und in Nürnberg nicht mehr neben den Krankenfaal, fondern neben ein Ifolierzimmer gelegt hat, mit dem es auch keine unmittelbare Verbindung erhielt.

Böhm [213]) wünfchte, dafs in jedem Krankenunterkunfts-Komplex Vorforge für Unterbringung einer Hilfsperfon während der Nacht getroffen werde, welche einer Schlafftelle in der Nähe des Krankenfaales bedürfe, »um im Bedarfsfall zur Unterftützung der in Dienfte befindlichen Krankenpflegerin fofort zur Hand zu fein«. Je nach den befonderen Verhältniffen der Anlage und des Betriebes fei zu entfcheiden, ob ihr ein eigenes kleines Zimmer (mit mindeftens 25 cbm Rauminhalt) zu widmen oder ob ihr der Spülraum zuzuweifen ift. — *Wylie* fchlug vor, im Raum für die reine Saalwäfche ein Bett für die Oberwärterin aufzuftellen, das für den Fall zu benutzen wäre, wenn befonders wichtige Fälle ihre Nähe am Saal nötig machen.

194
Tagräume
für
Pflegerinnen.

Die jetzt in England meift gültige Anficht ift diefelbe, welche auch *Böhm* im übrigen feftgehalten wiffen will. Das Warte- und Pflegeperfonal befindet fich danach, nur wenn es im Dienft ift, in der Abteilung. In dienftfreier Zeit foll es ungeftörter Ruhe pflegen können, die es in der Nähe der Krankenräume nicht findet. Im Dienft bedarf dasfelbe keines befonderen Raumes bei den letzteren. Die hieraus folgende Befeitigung des Wärterzimmers ift auch deshalb willkommen, weil diefes oft als Niederlage für alle möglichen erlaubten und unerlaubten Dinge verwendet wird. *Rauchfufs* [214]) hält auch in Kinder-Hofpitälern Wärterzimmer für überflüffig. Wo ein Zimmer für die Pflegerin in England nicht vorgefehen wurde, dient die Spülküche für fie als Zufluchtsort, welche dann die Bezeichnung *Nurfe duty room* erhält.

Merke wünfcht auf jeder Krankenftation ein Schwefterndienftzimmer, wo die Schweftern Frühftück und Kaffee einnehmen, auch vorübergehend fich im Dienft erholen können.

195
Einrichtung.

Wird ein Wärterzimmer vorgefehen, fo foll es jedenfalls keinen Verfchlag im Krankenraum bilden, keine unmittelbare Verbindung mit demfelben haben, und feine Ausbildung foll derjenigen des Krankenraumes gleichen.

Merke [215]) empfiehlt für ein Schwefterndienftzimmer folgende Einrichtungsgegenftände: 1 Wafchtoilette, 1 verfchliefsbares Speifefchränkchen, 1 Wanduhr und 1 Telephon.

x) Spülküche.

196
Zweck.

Die Spülküche einer Abteilung dient für folgendes, foweit dies nicht in der Küchenabteilung erfolgt: zum Aufbewahren des Efs- und Trinkgefchirres, zum An-

---

[211]) Siehe: ALDWINCKLE, T. W. *Fever hofpitals*. *Journal of the Royal inftitute of Britifh architects* 1895, S. 276 u. Pl. S. 279.
[212]) Siehe: RUHNER, a. a. O., S. 437.
[213]) Siehe: BÖHM, a. a. O., S. 559 u. 563.
[214]) Siehe: RAUCHFUSS, a. a. O., S. 516 ff.
[215]) Siehe: MERKE, a. a. O., S. 406.

richten, bezw. Austeilen der von der Küche gelieferten Speifen, zum Aufwafchen des Efs- und Trinkgefchirres, als Speiferaum für das Warteperfonal, zum Wärmen, bezw. Bereiten von Getränken und Suppen, fowie der etwa nachts benötigten warmen Speifen und Getränke, zum Wärmen von Wäfche, zum Aufbewahren von Thee, Milch und Speifen.

In diefer vollftändigen Geftalt vereinigt die Spülküche zugleich die frühere Theeküche, den Anrichteraum und die Speifekammer. Je nach den befonderen Verhältniffen trennt man fie wieder in diefe Teile. Wo von der allgemeinen Küche aus alle diefe Dinge beforgt werden, wie in kleinen Anftalten, ift manchmal die Spülvorrichtung in der Krankenabteilung ganz in Wegfall gekommen. In den Kliniken zu Göttingen und Breslau fteht die im Erdgefchofs liegende Anrichte, bezw. Spülküche durch Aufzüge mit Räumen zum Anrichten und Verteilen der Speifen in den verfchiedenen Gefchoffen, bezw. Abteilungen in Verbindung [216]).

Die alten Theeküchen legte man in Korridor-Krankenhäufern oft an den Korridor, fo dafs fie fich gegen diefen öffneten und ohne eigenes Fenfter waren oder doch kein Aufsenfenfter hatten, wie neuerdings u. a. in der chirurgifchen Klinik zu Strafsburg. Bei folcher oder ähnlicher Lage verbreitet fich immer ein Teil des in der Theeküche entftehenden Dunftes im Korridor oder in den Nachbarräumen. Die Spülküche foll, ob grofs oder klein, ein eigenes Fenfter haben und in der Nähe des oder der Krankenräume liegen. Früher forderte man, dafs diefe von der Spülküche aus zu überfehen find, letztere aber mit ihnen keine unmittelbare Verbindung hat.

137. Lage und Gröfse.

Hieran hält man noch in England feft, und *Aldwinckle* gab den nicht zu öffnenden Fenftern der Spülküche nach dem Saal und dem Sonderzimmer im *Brook fever hofpital, Shooter's Hill*, wo fie zwifchen diefen beiden Räumen liegt, die Geftalt von Glaserkern, die in Form eines halben Sechseckes in den Krankenraum vorfpringen, fo dafs man auch das Eckbett noch überfehen kann [217]).

In Hamburg-Eppendorf hat man die Spülküche vom Saal hinweg an den Tagraum gelegt, der zum Anrichten und Verteilen der Speifen mit verwendet wird und von dem fie allein zugänglich ift. Diefelbe Lage erhielt fie in den neueften Moabiter Pavillons; doch will *Merke* fie weder in der unmittelbaren Nähe des Krankenfaales, noch des Tagraumes haben, um das Eindringen der Dünfte aus derfelben nach diefen Räumen zu vermeiden. In Halle liegt die Spülküche am Eingang des Pavillons, wohin man fie auch fonft vorzugsweife gern legt, weil fie der geeignetfte Raum ift, von welchem der Eingang mit überwacht werden kann; dort bildet fie zugleich den Eingangsflur, wodurch umgekehrt die befte Ueberwachung der Spülküche, in welcher oft Unfug getrieben wird, und ihre Reinhaltung erreicht ift. In Halle nimmt fie in den Baracken der medizinifchen Klinik nebft dem Wärterzimmer die Stirnwand des Saales und in den Pavillons der chirurgifchen Klinik die letztere allein ein und dient in diefem Falle zugleich als Vorratsraum. Einen ähnlichen Vorfchlag machte *Böhm*, der infolge der argen Unzukömmlichkeiten, zu denen Theeküchen geführt haben, empfahl, fie zu befeitigen und den nötigen Wärmeofen im Vorraum oder in einem fonft leicht überwachbaren Nebenraum aufzuftellen.

Die Gröfse der Spülküche hängt im allgemeinen davon ab, ob fie alle oder nur einen Teil der oben angegebenen Zwecke zu erfüllen hat, und von der Gröfse der Abteilungen.

Im *Koch*'fchen Inftitut für Infektionskrankheiten zu Berlin erhielt die Spülküche 7,71 qm Grundfläche in den Abteilungen für 6 Betten und 8,82 qm in denjenigen für 18 Betten, im Kaifer- und Kaiferin-

---

[216]) Siehe: LORENZ, a. a. O, S. 46.
[217]) Der Plan findet fich in: ALDWINCKLE, a. a. O., S. 293.

Friedrich-Kinderkrankenhaus zu Berlin bei fehr vollftändiger Ausftattung 3,00 < 5,20 = 15,00 qm und in den vorher genannten Pavillons der chirurgifchen Klinik zu Halle bei 24 Betten 10,00 × 4,00 = 40,00 qm. Von englifcher Seite wurde darauf hingewiefen, dafs man auf Schiffen Spülküchen finde, die den gleichen Zwecken dienen und fehr geringe Mafse befitzen, welche die Reinhaltung aufserordentlich erleichtern; doch müffen in gröfseren Pavillons 3 Perfonen gleichzeitig darin hantieren können, und wenn das Perfonal darin fpeift, ift dies zu berückfichtigen.

198. Ausftattung und Einrichtung.
Die Ausftattung der gut lüftbaren und hell beleuchteten Spülküche foll die Erhaltung der peinlichften Reinlichkeit ermöglichen; der Fufsboden ift daher, wenn thunlich, mit weifsem Terrazzo oder Mettlacher Fliefen, die Wand mit wafchbarem hellen Ueberzug zu bekleiden, und Ecken und Kanten find, wie in den Krankenräumen aus- oder abzurunden. In Hamburg-Eppendorf erhielt der untere Teil der Wandfläche eine Verblendung mit Mettlacher Platten.

Alle im nachftehenden zu befprechenden Einrichtungsgegenftände follten auf glatten, winkelförmigen, verzinkten, eifernen Wandkonfolen ruhen und abnehmbar fein, fo dafs der Fufsboden frei bleibt, oder find freiftehend zu gruppieren. Fig. 58 [218]) zeigt die von *Schmieden & Speer* vorgefehene Anordnung der Spülküche im zweiftöckigen chirurgifchen Pavillon des Kaifer- und Kaiferin-Friedrich-Kinderkrankenhaufes zu Berlin.

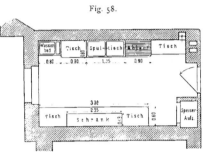

Fig. 58.

Spülküche im zweigefchoffigen chirurgifchen Pavillon des Kaifer- und Kaiferin-Friedrich-Kinderkrankenhaufes zu Berlin [218]).

$^1/_{100}$ w. Gr.

Für die in Art. 196 angeführten Zwecke würden erforderlich fein: ein Gefchirrfchrank oder Gefchirrbretter, ein Halter für Küchentücher, ein Anrichte-, bezw. ein Speifetifch, eine Spülvorrichtung mit Ausgufs, ein Wärmfchrank, eine Vorrichtung zum Kochen, ein Schränkchen für Thee und Arzneien und ein Behälter für Getränke und Speifen.

Der Gefchirrfchrank befitzt oft Form und Gröfse eines gewöhnlichen Küchenfchrankes, mit Kaften und Fächern, in welchen Schmutz fich anfammeln kann. Daher hat man empfohlen, das Gefchirr auf offenen Bordbrettern aufzuftellen, wie in Hamburg-Eppendorf, wo emailliertes Efsgefchirr benutzt wird. *Merke* fchlägt vor, den Gefchirrfchrank aus Glas und Eifen und zugleich als Wärmfchrank auszubilden, fo dafs alles Gefchirr für warme Speifen hier gewärmt wird, wodurch die Abkühlung der Speifen bei ihrem Zerlegen und Verteilen befeitigt fein würde, auch die Kranken immer warme Koft erhalten können.

Seine Gröfse foll die Aufnahme des fämtlichen zu einer Mahlzeit erforderlichen Gefchirres geftatten. *Merke* empfiehlt für 30 Betten 0,90 m Breite, 0,60 m Tiefe und 1,15 m Höhe.

Der Wärmfchrank der Abteilung für Kinderkrankheiten in der Charité zu Berlin ruht auf Konfolen, hat 0,45 m Breite, 0,30 m Tiefe und 0,55 m Höhe und drei übereinander liegende Fächer, deren unterftes von 0,20 m Höhe zum Kochen dient, zu welchem Zweck zwei Gaskocher im Boden desfelben eingefügt find. Der Schrank erhielt in der oberen Ecke einen Dunftabzug [219]). — Im Kaiferin-Elifabeth-Spital zu Wien hat der Schrank ringsherum doppelte Umwandung, zwifchen welcher die Gafe der unter feinem Boden brennenden Gasflamme abziehen. — Im Urban [220]) erfolgt feine Erwärmung mittels Dampf. Der

---
[218]) Nach freundlicher Mitteilung des Herrn Baurat *Schmieden* in Berlin.
[219]) Siehe: LORENZ, a. a. O., Abb. auf S. 46.
[220]) Siehe: HAGEMEYER, a. a. O., S. 40 u. Abb. auf S. 41.

0,89 m breite, 0,50 m tiefe und 0,85 m hohe Wärmfchrank fteht auf einem 0,15 m hohen, gemauerten Sockel und erhielt einen 4 cm ftarken Ifoliermantel aus Korkfteinen mit fchmiedeeiferner Blechhülle. Zwei Drittteile der Höhe nehmen zwei übereinander liegende, durch eine fchmiedeeiferne Flügelthür verfchliefsbare Wärmfächer aus verzinktem Eifenblech von je 0,47 m Breite, 0,40 m Tiefe und 0,20 m Höhe ein, während der obere Teil aus einem kupfernen, innen verzinnten *Bain-marie*, mit kupfernem, in Gelenkbändern drehbarem Deckel von 0,60 × 0,40 × 0,30 m Rauminhalt und daneben liegendem, ebenfolchem Wafferkaften von 0,10 × 0,40 × 0,30 m Gröfse mit Ablafshahn und abnehmbarem Deckel befteht, deren Wafferzuführung durch einen Schwenkhahn über beiden Kaften bewirkt wird. Der Wafferkaften dient zur Bereitung von kochendem Waffer für Thee u. f. w. Die Böden der zwei Wärmfächer und des *Bain-marie* beftehen aus durchlochten, verzinkten Eifenblechen. Unter dem Boden des letzteren und des unterften Wärmfaches, fowie im Wafferkaften liegt je eine kupferne, verzinnte Dampffchlange. Das *Bain-marie* wird nur bis zu feinem durchlochten Boden mit Waffer gefüllt, was durch ein aufsen angebrachtes Wafferftandsglas mit Ablafshahn regelbar ift.

Zum Wärmen der Wäfche dienen in der Rudolfftiftung zu Wien glafierte Thoneinfätze, deren Wandungen runde Löcher erhielten, damit etwa noch in der Wäfche vorhandene Feuchtigkeit in den Raum zwifchen dem Einfatz und der ihn umgebenden Blechwand und aus diefem durch ein Blechrohr nach dem Schornftein entweichen kann.

Erfolgt das Kochen mit Gas, fo ift für Abzug der Verbrennungsgafe zu forgen. Gaskocher find, wo fie vorhanden waren, vielfach aufser Betrieb gefetzt worden, da fie zu mifsbräuchlicher Verwendung für Brat- und Kochverfuche von Speifereften geführt haben. Das Bereiten von kochendem Waffer und das Aufwärmen von Suppen erfolgt jetzt häufig in einer kupfernen Kanne mittels Elektrizität.

Mit Koch- und Wärmzwecken hat man in englifchen Infektions-Pavillons in der Spülküche auch die Bereitung von Warmwaffer für den Ausgufs und die Badewanne verbunden.

Je nach Bedarf könnte man in einer Heizvorrichtung eine folche Warmwafferbereitung mit einem durch Dunftabzug zu lüftenden Gefach zum Kochen, mit Wärmfächern oder Wafferbad für Speifen und Wärmfächern für Wäfche, letztere mit Steinguteinfätzen, wie es *Böhm* [221]) vorgefchlagen, vereinigen und den Wärmfächern für Speifen eine folche Ausdehnung geben, dafs fie das Saalgefchirr nach *Merke*'s Vorfchlag mit erwärmen können. Erfolgt die Heizung in folchen Fällen mittels Koks, fo benötigt man für den Tagesbedarf einen kleinen Brennftoffbehälter.

Zum Sterilifieren von Milch wurde in der Kinderabteilung des Urban eine befondere Dampfvorrichtung im Anfchlufs an die Hauptleitung vorgefehen [220]).

Die nötige Aufwafcheinrichtung unterfcheidet fich nicht von derjenigen in anderen Aufwafchküchen (fiehe Teil III, Band 5 [Abt. IV, Abfchn. 5, A, Kap. 3: Küchenausgüffe und Spüleinrichtungen] diefes »Handbuches«).

Gufseiferne, emaillierte Spültröge u. a. werden im Kaifer-Franz Jofeph-Hofpital, kupferne Spültifche mit verzinnten Einfätzen und eifernem Untergeftell in Hamburg Eppendorf, Spülfteine von gebranntem Thon im Urban verwendet. Sie find zwei- oder dreiteilig für warmes und kaltes Waffer und mit Ueberlauf und Ablauf angeordnet; der Geruchverfchlufs des letzteren ift mit Reinigungsbüchfe zu verfehen.

Merke empfiehlt die von *Senking* eingeführten Spültifche von Duranametall wegen geringen Gefchirrbruches und dem Fehlen des widerlichen metallifchen Geruches, der beim Scheuern von Kupfer, Zinkblech u. f. w. entfteht. Jede der beiden Abteilungen foll 1,00 m lang, 0,45 m breit und 0,18 m hoch, das aus einer kupfernen gewölbten Platte beftehende Abtropfbrett 0,50 bis 0,80 m breit fein [222]).

Die Wand hinter dem Spültifch wird mit Glasplatten oder mit Kacheln bekleidet. Bezüglich der Zu- und Ablaufleitungen fiehe Art. 174 (S. 105).

In den Baracken des *Koch*'fchen Inftitutes für Infektionskrankheiten zu Berlin wurde neben dem Spültifch ein Ausgufsbecken angeordnet. Ein folches kann Zapfhähne für warmes und kaltes Waffer und eine Einrichtung zum Unterfetzen von

---

[221]) Siehe: Böhm, a. a. O., S. 561.
[222]) Siehe: Hagemeyer, a. a. O., S. 42.

Eimern unter letztere in Geftalt eines Metallkreuzes erhalten, da in der Spülkuche nur Geräte, welche für Efswaren und Getränke dienen, ausgeleert werden dürfen. Ift für den Transport der Speifen ein Aufzug erwünfcht, fo mufs fich diefer in der Spülküche öffnen. Hat das Gebäude mehrere Gefchoffe, fo erhält jede Spülküche einen eigenen folchen Aufzug (fiehe unter 5, γ).

Speifevorräte follten, wenn möglich, nicht in der Spülküche aufbewahrt werden. Die in England übliche Sitte, einen kleinen Schrank mit durchbrochenen Wänden vor dem Fenfter anzubringen, ift in unferem Klima nur im Sommer anwendbar. Anftatt der fonft üblichen Eis- oder Fliegenfchränke empfiehlt es fich, zu diefem Zweck einen kleinen gefonderten, von zwei Seiten durch Fenfter lüftbaren Raum von der Spülküche abzutrennen, der zum Aufbewahren der täglichen kalten Koft und zum Halten von Milch, Butter, Käfe, *Beef-tea* u. f. w. dient. In England hält man einen folchen Raum befonders in den Infektions-Pavillons für unerläfslich. Die Vorräte können hier auf Glasborden liegen, find aber gegen Infekten zu fchützen.

λ) Raum für reine Wäfche.

199. Zweck und Einrichtung.

Die zum Handgebrauch jeder Abteilung gehörige reine Wäfche wird bei uns meift in Schränken, die in den Vorräumen ftehen, aufbewahrt. In England fieht man dafür gern einen befonderen kleinen Raum vor, der nicht vom Saal, fondern von einem Gang zugänglich, trocken fein und, wenn möglich, fonnig liegen foll. Dies hat den Vorteil, dafs die Wäfche auf offenen Lattengeftellen liegen kann, was von Wert ift, da fie oft noch feucht in das Gebäude kommt. In Korridoren ift dies nicht möglich. Jedenfalls follte ihr Platz thunlichft entfernt von derjenigen Stelle liegen, wo die fchmutzige Wäfche gelagert ift, und nicht mit letzterer einen gemeinfchaftlichen Zugangsweg haben.

Merke[223]) fieht in diefem Raum 4 Schränke vor, je 1,31 m breit, 0,60 m tief und 2,00 m hoch, von denen 2 für Wäfche, 1 für Gummigegenftände, Schuhzeug u. f. w. und 1 für wollene Refervedecken, Refervekiffen u. dergl. beftimmt find.

μ) Geräteraum.

200. Zweck und Anordnung

Die Ordnung und Reinhaltung in der Abteilung erfordert, dafs jeder Gegenftand feinen eigenen Platz hat. Dies ift befonders bei allen Geräten wichtig, mögen fie dem Patienten, dem Warteperfonal oder dem Arzt dienen. Gröfsere Geräte aller Art, Krankentragen, Bettwagen, Fahrftuhle, Feuerlöfchgeräte u. f. w., welche nicht regelmäfsig verwendet werden, follen nicht in Gängen u. f. w. herumftehen. Sie können im Freien, unter einer Verdachung, die nahe beim Zugang zur Treppe, bezw. zum Aufzug liegt, oder im Sockelgefchofs untergebracht fein.

Das kleinere Gerät, insbefondere dasjenige, welches zu Reinigungszwecken aller Art dient, ift meift auf Gängen offen oder in Schränken mit Drahtgeflecht untergebracht. Frei liegende Eimerbretter, Wandriegel für die Befen u. f. w. entfprechen keinesfalls der Reinlichkeit, da in den Gängen leicht an diefelben angeftreift werden kann. Ihr Unterbringen in Schränken zwingt dazu, die Gänge um die Tiefe der letzteren zu verbreitern. Solche Schränke müfsten zweiflügelige Schiebethüren erhalten, die fich übereinander fchieben.

In England und im Kaifer- und Kaiferin-Friedrich-Kinderkrankenhaufe zu Berlin hat man kleine Gerätefchränke oder Wandfchränke angeordnet, die maffiv konftruiert, innen mit Emailfarbe angeftrichen und gelüftet find. Beffer wäre es, Wandnifchen in einer Aufsenwand in ganzer Dicke der letzteren auszufparen, fie rückwärts mit verzinktem Drahtgitter oder anderen Lüftungseinrichtungen, vorn mit hölzernen oder, der Ueberwachung wegen, mit doppelt verglaften, gut fchliefsenden Thüren auszuftatten oder auf

---

[223]) Siehe: Merke, a. a. O., S. 405.

befonderen Balkonen anzuordnen, die bedeckt find, alfo die Geräte thunlichft auch im Freien, aber in gröfserer Nähe, zu haben, als dies bei den grofsen Geräteftücken nötig ift.

Im *Rudolf Virchow*-Krankenhaufe zu Berlin hat man jedem Saal einen Geräteraum von 2,30 × 4,60 m Bodenfläche beigegeben. — *Merke*[221]) wünfcht, dafs ein folcher Raum möglichft weit von den Krankenräumen entfernt, etwa neben demjenigen für die fchmutzige Wäfche, liege.

Die Geräte follen hier nicht in gefchloffenen Schränken untergebracht werden. An Einrichtungsgegenftänden fordert *Merke* ftarke eiferne, von der Wand 10 cm abftehende Stangen mit gabelförmigen Haken zum Aufhängen von Befen, Schaufeln u. f. w., Eimerbänke aus Gasrohr, 1 Geftell zum Aufhängen und Trocknen der Scheuerlappen, eine Vorrichtung zur Kleiderreinigung und 1 Ausgufsbecken[221]).

201. Einrichtung.

v) Raum für fchmutzige Wäfche.

Die fchmutzige Wäfche bildet eine gefährliche Quelle verdächtigen Staubes, wenn fie längere Zeit im Krankengebäude bleibt.

202. Zweck.

Rubner teilte mit, dafs in der medizinifchen Klinik zu Halle die fchmutzige Wäfche 8 Tage im Nebenzimmer der Wärterin lag, in Bethanien 2mal wochentlich abgeholt wurde und nicht länger als 24 Stunden im Gebäude liegen folle.

Da diefe Wäfche möglichft fchnell aus dem Krankenbereich zu bringen ift, vor Ablieferung an die Wafchküche aber der Kontrolle wegen abgezählt und notiert werden mufs, bedarf man eines Raumes zu ihrer vorübergehenden Aufbewahrung, der mit dem Saal und feinen Nebenräumen keine unmittelbare Luftverbindung haben foll. Dorthin ift die Wäfche auf dem kürzeften Wege, ohne Weiterverbreitung von Krankheitskeimen, zu bringen.

Um diefen Raum thunlichft von der Krankenftation zu entfernen, legte man ihn in den Keller des Gebäudes und beförderte die Wäfche dahin durch Abwurffchlote, die behufs Lüftung über Dach zu führen, in Lage und Anordnung aber oft nicht einwandsfrei find.

203. Abwurffchlote.

Man findet fie in Mittelkorridoren, die weder End- noch Seitenfenfter haben. Im Kaiferin-Elifabeth-Spital zu Wien erfolgt der Einwurf im Tagraum und in anderen Anftalten unmittelbar vom Saale aus. Oft liegen die Entleerungskammern im Kellergefchofs und find dem Tageslicht nicht unmittelbar zugänglich. In mehrgefchoffigen Bauten dient meift ein einziger Schlot für alle Gefchoffe.

Da diefe Schlote erfahrungsgemäfs oft nicht pünktlich gefchloffen gehalten werden, fo kann fich ihr Dunft und der in ihnen fich entwickelnde Staub in die Räume nicht nur eines, fondern gegebenenfalls mehrerer Stockwerke verbreiten. Der Raum, in welchem der Einwurf liegt, foll daher von den Aufenthaltsräumen der Kranken getrennt, hell und unmittelbar nach aufsen lüftbar fein. Die Einwurföffnung ift mit verfchliefsbarer Thür oder verfchliefsbarem Deckel zu verfehen und jedem Krankengefchofs ein eigener Abwurffchlot zu geben. Dem Uebelftand, dafs feine Wandungen durch abfallende Wäfcheftücke befchmutzt werden, hat man durch grofse Weite begegnen wollen. Im Neubau der Diakoniffen-Anftalt zu Dresden find Schächte von viereckigem Querfchnitt vorhanden, die reichlich 1,30 m Seitenlänge haben, wodurch der oft penetrante Geruch, der darin auffteigt, nahezu befeitigt zu fein fcheint. Der Durchmeffer folcher Abwurffchlote foll mindeftens 0,80 m betragen.

Als Material verwendete man glafierte Thonrohre, welche leicht durch die Wäfche verftopft wurden, Blechrohre von viereckigem Querfchnitt, die man, wie in Hamburg-Eppendorf, lackierte, oder man ftellte fie aus *Rabitz*-Maffe mit Emailfarbenanftrich, wie im Kaifer- und Kaiferin-Friedrich-Kinderkrankenhaus zu Berlin. Ihre

---

[221]) Siehe: MERKE, a. a. O., S. 404.

Reinhaltung verlangt ein mit Desinfektionsmitteln wafchbares, wenn möglich helles Material, weifse, hartgebrannte Fliefen in Zement, glafierte Ziegel oder ftarke Glasplatten. Zur Vermeidung einer Befchmutzung der Schlotwände wirft man die Wäfche jetzt meift in Säcken verpackt ab.

In Hamburg-Eppendorf (fiehe Art. 253) fällt die Wäfche in Kaften von Drahtnetz, wo man fie im betreffenden Raum erft fortiert, bevor man fie weiter fchafft. Für infizierte Wäfche hat man dort bei den neuen Pavillons einen Wäfchefchlot mit je einer verfchliefsbaren Eifenthür innen und aufsen in der Aufsenwand des Abortvorraumes eingebaut. Befchmutzte Wäfcheftücke werden von der Wärterin fofort dorthin gebracht, in einen grobmafchigen Netzbeutel durch Bleiplombe mit der Pavillonnummer verfchloffen und von ihr felbft in den Schacht geworfen. Sie trägt die Stücke in das Wäfchebuch ein, und der Fahrer bringt die angefammelten Beutel in verfchliefsbaren Eifenblechkarren nach dem Desinfektionshaus. (Siehe Kap. 3, unter I.)

In den Infektions-Pavillons des Kaifer- und Kaiferin-Friedrich-Kinderkrankenhaufes zu Berlin fällt die Wäfche in Zementtröge, in denen ihre Desinfektion durch 0,1-prozentige Sublimatlöfung erfolgen foll, bevor fie in das Wafchhaus kommt, wohin fie feucht befördert wird.

204. Sammeln der fchmutzigen Wäfche.

Als Erfatz für Abfallfchlote empfahl man das Sammeln der Wäfche in verfchliefsbaren Gefäfsen bei Trennung der verdächtigen Wäfche von den unverdächtigen Stücken.

In den Pavillons des Urban befinden fich in einem Abteil des Beamtenabortes zwei Kaften; in die kleineren wird die zu desinfizierende Wäfche gelegt, welche in einem mit rotem Kreuz verfehenen Sack zur Desinfektion getragen wird.

In Moabit dienten zur vorläufigen Aufbewahrung grofse eiferne Kaften, mit durchbrochener Wandung im Freien.

In anderen Anftalten fammelt man die fchmutzige Wäfche in keimdichten Leinenbeuteln, die durch Sublimat oder Karbol befeuchtet werden, und bringt diefe nach der Wafchanftalt, bezw. zum Desinfektionshaufe.

205. Behandlung der fchmutzigen Wäfche.

Alle Fleckenwäfche ift vor dem Kochen einzuweichen und in kaltem Waffer auszuwafchen, da fonft die von Kot, Blut und Eiter herrührenden Flecken einbrennen.

Soll dies in der Krankenabteilung ftattfinden, fo ift hierfür eine Spülvorrichtung erforderlich.

Im Urban zu Berlin dient zu diefem Zweck ein aus *Monier*-Maffe mit dunkler Marmoreinfaffung und vertieftem, eingemauertem, gufseifernem Exkrementenausgufs verfehenes Becken. Das Spülwaffer fliefst nach dem Ausgufs ab, der mittels Geruchverfchlufs nach dem Kanal entwäffert ift. Im Kaifer- und Kaiferin-Friedrich-Kinderkrankenhaufe zu Berlin find Spülbecken für Fleckenwäfche mit Ablaufbord und Ausgufs aus Fayence vorgefehen.

Wäfche von Anfteckendkranken hat man vor der weiteren Behandlung zu desinfizieren, was, foweit fie nicht befleckt ift, durch ftrömenden Dampf im Desinfektionshaus erfolgen kann.

Wo ein folches fehlt, empfehlen *Levy* und *Wolf*[225] halbftündiges Sieden in einer Löfung von 250 g Schmierfeife und 2 grofsen Löffeln Petroleum auf 30 l Waffer, Nachfpülen in kaltem, Wafchen mit Seife in heifsem, abermaliges Nachfpülen in kaltem Waffer und Legen in reines Waffer während einer Nacht.

Verdächtige Fleckenwäfche verträgt eine Dampfdesinfektion aus denfelben Gründen wie das Kochen nicht und wird durch Einwirkung von Chemikalien oder Seifenlöfungen ohne oder mit Erhitzung unfchädlich gemacht.

Die Desinfektion mittels 5-prozentigen Karbol-, Lyfol-, Solutol- u. a. Löfungen ift, da diefe nach jedesmaligem 3-ftündigen Gebrauch erneuert werden müffen und die Fleckenwäfche einen grofsen Teil der Krankenwäfche bildet, koftfpielig. Sublimat fucht man auch wegen der giftigen Wirkung zu vermeiden.

Mit Seifenlöfungen werden folgende Verfahren empfohlen:

Nach *Förfter*[226] 6- bis 24-ftündiges Einlegen in 10-fach verdünnte Krefolfeifenlöfung (Krefolwaffer der Pharmakopöe), dann kaltes, bezw. mäfsig erwärmtes (40 Grad C.) Ausfpülen und Ausreiben der Flecke.

---

[225] Siehe: Handbuch der Krankenverforgung und Krankenpflege. Bd. 1. Berlin 1899. S. 203.
[226] Siehe: FÖRSTER. Zeitfchr. f. Med.-beamte. 1900, S. 541.

Nach dem Choleraregulativ 3-ftündiges Einlegen in 3-prozentige Schmierfeifenlöfung, die nach *Beyer* auf 50 Grad C. erwärmt ift und 48-ftündiges Liegenlaffen in der abkühlenden Flüffigkeit.

Nach *Merke* mehrftündiges Einweichen in kalter Sodafeifenlöfung (0,5 kg Soda, 1,0 kg Seife oder *Leffive Phénix* auf 450 Liter Waffer), dann langfames Erhitzen derfelben bis unter den Siedepunkt (95 bis 98 Grad C.).

Nach *Rumpel* (Hamburg-Eppendorf) Einweichen in kaltem Waffer und 15 Minuten langes Aufkochen mit 5-prozentiger Seifenwafferlöfung [227].

Fig. 59.

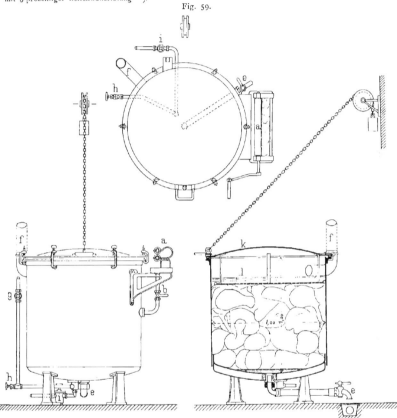

Wäfche-Sammel- und Desinfektionsvorrichtung nach *Merke* [228].
1/25 w. Gr.

Die Wäfchedesinfektion kann auf der Krankenftation, im Desinfektionshaufe oder in einem befonderen Abteil des Wafchhaufes erfolgen.

In Hamburg-Eppendorf wollte man bei der Ausdehnung der Anftalt das Hantieren mit der Wäfche auf der Station und den Transport naffer Wäfche vermeiden und bringt die Netzbeutel (fiehe Art. 203, S. 122) zum Desinfektionshaufe, wo fie den Einweich- und Kochprozefs ungeöffnet durchmachen; ihr Inhalt wird erft nachdem im Wafchhaufe entleert und telephonifch zur Krankenftation zurückgemeldet.

[227] Siehe: Jahrbuch der Hamburger Staatskrankenanftalten. Bd. III. Hamburg 1892. Teil II, S. 5.
[228] Nach: WEYL, TH. Handbuch der Hygiene. Jena 1899. Bd. V, Abt. I, S. 370.

206. Wäsche-Sammel- und Desinfektionsvorrichtung.

In Moabit hat *Merke* fein Verfahren auf den Krankenftationen durchgeführt, wobei er fich folgender Einrichtung bedient.

Die von *Rietfchel & Henneberg* in Berlin zu beziehende Vorrichtung (Fig. 59 [228]) ift für Hochdruck- oder Niederdruckdampfheizung verwendbar und kann aus Holz oder aus Metall hergeftellt werden. Im erfteren Falle erfolgt die Erwärmung mittels einer Dampffpirale zwifchen den Doppelböden, deren oberer durchlocht ift, im letzteren durch Zirkulation von Dampf zwifchen einem doppelwandigen Boden. Die Wäfche wird vom Krankenraum unmittelbar in den mit der Sodafeifenlöfung gefüllten Keffel gebracht und weicht darin mehrere Stunden bei gefchloffenem Deckel. Durch Oeffnen des mit einer Regulierung *h* verfehenen Dampfleitungsventils *g* 3 Stunden vor der Wäfcheablieferung erwärmt fich die Flüffigkeit allmählich auf 95 bis 98 Grad C. Nach diefer Zeit läfst man bei gefchloffenem Deckel die heifse Lauge ab, fpült durch kaltes Waffer nach, öffnet den aus einem dampfdicht fchliefsenden oberen und einem durchlochten unteren Teil beftehenden Doppeldeckel *k*, *l*, wringt die herausgenommene Wäfche auf der mit einem Wafferablflufs *b* ausgeftatteten Wringmafchine *a* aus und läfst das Waffer durch den Hahn *e* ab. Die Flecken können alsdann durch das darauf folgende Wafchverfahren leicht entfernt werden.

207. Raum für fchmutzige Wäfche.

Merke empfiehlt, um jede Verfchleppung von Krankheitskeimen aufserhalb der Krankenabteilung auszufchliefsen, auf jeder Station in einem befonderen Raum eine folche Vorrichtung für Desinfektion und Vorbehandlung fämtlicher befchmutzter Krankenwäfche einzubauen und die gefamte Wäfche durch den Keffel gehen zu laffen, »da die Möglichkeit der Uebertragung auch folcher Krankheiten, die bisher für nicht infektiöfer Natur gehalten wurden, nicht ausgefchloffen erfcheint«.

Ein derartiger Raum (Fig. 60 [229]) foll durch eine Scheidewand geteilt werden, in welche der Keffel *e* fo einzubauen ift, dafs die kleinere Hälfte auf der unreinen Seite *a* zum Einwurf, die gröfsere auf der reinen Seite *b* zur Herausnahme, zum Auswringen, Sortieren und Verpacken der desinfizierten Wäfche dient. Jede Hälfte des Apparates hat eigenen Deckel. Ein Keffel von 700 l Inhalt genügt für den 24-ftündigen Wäfcheverbrauch von 30 bis 35 Kranken.

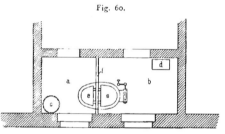

Fig. 60.

Raum für fchmutzige Wäfche nach *Merke* [229].

Auf der unreinen Seite ift noch ein Einweichbottich *c* zur einftweiligen Aufnahme fchmutziger Wäfche, während der Apparat in Thätigkeit ift, auf der reinen ein Schreibtifch *d* vorzufehen. Der Raum *b* kann durch Einwurffchächte oder Aufzüge — für die Stockwerke getrennt — mit einem Sammelraum des unterften Gefchoffes verbunden werden zur Beförderung der verpackten Wäfche nach numerierten Verfchlägen aus Rundeifen, aus denen ihre Abholung nach der Wafchküche erfolgt.

Ein zur Aufnahme unreiner Wäfche beftimmter Raum ift mit Fufsbodenfpülung und Schlauchhahn, abwafchbaren Wänden und abgerundeten Ecken auszuftatten, gut zu belichten und zu lüften.

Im *Rudolf Virchow*-Krankenhaufe zu Berlin, wo für jeden Saal der Doppelpavillons ein derartiger Raum angeordnet wurde, erhielt er eine Grundfläche von 3,20 × 5,30 m und feine reine, halb fo grofse Seite eine Thür nach aufsen.

ε) Raum für Ausgufsbecken u. f. w.

208. Ausgufsbecken.

Zum Entleeren und Spülen von Nachtgefchirren, Bettfchüffeln, Speigläfern und von allen Gefäfsen oder Geräten, welche mit Ausfcheidungen des menfchlichen Körpers oder mit Wunden der Kranken in Berührung kommen, ift in jeder Krankenabteilung wenigftens ein hierzu geeigneter Ausgufs erforderlich, der nur zu diefen

---

[229] Nach ebendaf., S. 372.

Zwecken, aber niemals zum Reinigen der Efsgefchirre oder dergl. verwendet werden darf, daher von dem in der Spülküche vorhandenen möglichft getrennt liegen mufs. Nach dem Vorbild, welches die englifche Kommiffion für Kafernen und Hofpitäler gab, follte diefer Ausgufs etwa die Geftalt des Beckens eines Spülabortes haben, aber mit Ablaufbord und Spülrand, fowie mit Hähnen für Warm- und Kaltwaffer verfehen fein. Man wählt dafür noch heute Porzellan, Fayence oder verzinktes Kupfer. Winkel und Ecken, welche fich nicht durch Spülung mittels Waffer und Desinfektionsmitteln vollftändig reinigen laffen, find zu vermeiden. *Morris* verwarf die rechteckige oder konifche Form und empfahl, dem Ausgufsbecken die fphärifche Geftalt zu geben.

Der Wafferzuflufs in diefe Becken darf nicht zur Entnahme von Waffer zu anderen Zwecken verwendet werden, aber auch zur Spülung von Eimern benutzbar fein.

Fig. 61.

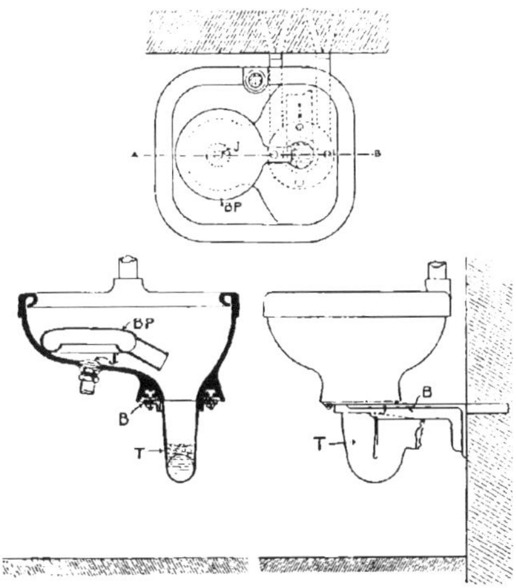

Bettfchüffelausgufs nach *Aldwinckle*.
(Patent *Helleyer*.[231])
Grundrifs, Querfchnitt nach *A B* und Seitenanficht.
B. Eiferne Konfole. *BP*. Bettfchüffel.
J. Wafferzuflufs. *T*. Bleifiphon.

Schumburg berichtet von einem Ausgufs in der *Royal infirmary* zu Liverpool, in welchem die Wafferfpülung durch einen unter dem Spülbecken hervorragenden Hebel feitens der Wärterin mittels des Knies bewirkt werden kann, wenn fie keine Hand zum Aufdrehen frei hat.

Zur Spülung von Bettfchüffeln und Uringläfern ohne Handreinigung wurde in England nach *Mc Hardy's* Angaben von *Dent & Helleyer*[240]) ein patentierter Ausgufs und Spültrog aus glafiertem gebranntem Thon hergeftellt.

In diefen Spültrog werden die Bettfchüffeln umgekehrt auf ein eingehängtes Lager gelegt und ein Wafferftrahl von unten gegen fie gerichtet. In höherer Lage befindet fich ein eingehängter Roft für die Uringläfer, die hier fo eingelegt werden, dafs mittels eines vor ihrem Halfe angeordneten Metallrohres Waffer eingefpritzt werden kann. Der Trog hat Randfpülung und Geruchverfchlufs.

Da diefer Spültrog auf dem Fufsboden fteht und da er eine fehr ausgedehnte, rein zu haltende Innenfläche hat, zog es *Aldwinckle* vor, zwei Ausgüffe zu verwenden, von denen der eine, das *Slop fink*, für Reinigung der Bettfchüffeln und der andere, das *Scalding fink*, zum Spülen der Uringefäfse und anderer Gegenftände dienen foll.

Hierdurch war es möglich, beide fo anzuordnen, dafs fie den Boden nicht berühren, und die von *Mc Hardy* angegebene Art der Reinigung konnte doch beibehalten werden. In dem patentierten, von *Dent & Helleyer* ausgeführten *New bracket bed-pan fink* (Fig. 61) befteht das Lager für die Bettfchüffeln in einer in der Mitte ausgehöhlten Plattform des aus ftark glafiertem gebranntem Thon gebildeten Beckens. Das Waffer, welches von unten gegen die eingelegte Bettfchüffel fpritzt, fowie dasjenige der Randfpülung fliefst leicht nach tiefer gelegenen bleiernen Geruchverfchlüffen ab.

Das *Scalding fink*, aus demfelben Material angefertigt — 0,91 m (= 3 Fufs) breit, 0,61 m (= 2 Fufs) tief und 0,25 bis 0,30 m (= 10 bis 12 Zoll) tief — erhält dagegen einen Metallroft zum Einlegen von Uringläfern und dient für alle Geräte, welche warmes oder heifses Waffer zur Reinigung erfordern.

Da bei der üblichen Form der gewöhnlich zu kleinen und zu flachen Ausgufsbecken das Herumfpritzen der Flüffigkeit und Befchmutzen von Wand und Fufs-

---

[230]) Siehe: ALDWINCKLE, a. a. O., S. 296 u. Fig. 13 a.
[231]) Fakf.-Repr. nach ebendaf., S. 296 u. Fig. 13 a.

boden nicht zu vermeiden ift, empfiehlt *Merke*, wo Dampf zur Verfügung fteht, den von ihm angegebenen Ausgufs- und Reinigungskeffel (Fig. 62 [232]) als Ausgufsbecken für Bettfchüffeln, Urin- und Speigläfer, zur Reinigung und Desinfektion diefer Gefäfse und zur Desinfektion anfteckender Ausfcheidungen der Kranken — auch bei Epidemien — vor Ablafs derfelben in die Kanäle zu benutzen, wobei keine manuelle Beihilfe erforderlich ift (Fig. 62 [232]).

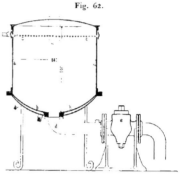

Fig. 62.

Ausgufs- und Reinigungskeffel [232].
1/25 w. Gr

Der Keffel befteht aus Kupfer, hat doppelten Boden *b* mit Dampf-Ein- und -Ausftrömung, am Rand einen durchlöcherten Spülwafferzufluſs *c*, einen gut paffenden verfchliefsbaren Deckel, ein Abflufsrohr *d* mit Verfchlufshahn *e* und ein über Dach zu führendes Dunftrohr.

Bei Entleerung der Gefäfse in diefen Keffel fliefst ihr Inhalt in die allgemeine Entwäfferungsanlage, und zur Reinigung des Keffels genügt das Oeffnen des Wafferzuleitungshahnes. — Behufs Desinfektion der Gefäfse ftellt man fie in geflochtenen Weidenkörben in den Keffel, füllt diefen halb mit Waffer, fchliefst den Deckel, öffnet die Dampfzuleitung, läfst nach einviertelftündigem Kochen das Waffer ab und reinigt die Gefäfse, nachdem fie abgekühlt find, in einem kupfernen, mit Kalt- und Warmwaffer-Zu- und Abflufs verfehenen Kaften mit der Hand. — Zur Desinfektion der Dejektionen ftellt man die Gefchirre mit Inhalt in denfelben, füllt ihn zur Hälfte mit Waffer, fetzt etwas übermanganfaures Kali zu, welches desodoriſiert, und verfährt wie vorher. Bei Choleradejektionen genügt ein viertelftündiges Kochen. In gewöhnlichen Zeiten kann die Desinfektion von den Wärtern beforgt werden; in Zeiten von Epidemien bedarf fie befonderer Leute zur Bedienung. Das Verfahren habe bei den Speigläfern auch den Vorzug vor einer Desinfektion in ftrömendem Dampf, dafs das zähe Sputum nicht wie bei diefer an den Glaswänden trocknet und mit der Hand entfernt werden mufs.

Wo kein Dampf verwendet werden kann, giebt *Merke* dem Ausgufs die Form eines cylindrifchen Keffels von 0,60 m Tiefe und Durchmeffer mit guter, fchräg nach unten gerichteter Wafferfpulung, Abflufsrohr und Wafferverfchlufs.

210. Lage der Ausgüffe.

Den Ausgufs hat man in englifchen Krankenhäufern meift in einer befonderen Zelle des Abortraumes, die in den Mafsen denjenigen für die Abortfitze gleicht, angebracht. Bei uns liegt er vorzugsweife frei im Vorraum des Abortes.

Im Johns-Hopkins-Hofpital zu Baltimore ift er in den Vorraum des Pflegerinnenabortes verlegt. Im Infektions-Pavillon desfelben liegt er in einer Wandnifche, welche vorn durch Glasthüren abfchliefsbar ift; diefe hat befondere Luftzuführung und Luftabzug, und die Exkremente können vollftändig desinfiziert werden, bevor man fie in den Ausgufs abfliefsen läfst. Im Pavillon für Zahlende dafelbft und im Diakoniffenhaufe zu Dresden wurde ein befonderer kleiner Ausgufs für die vorgenannten Zwecke, der in letzterem Falle vom Vorraum der Aborte zugänglich ift, vorgefehen.

211. Raum für den Ausgufs.

Für die Anordnung eines Ausgufskeffels nach *Merke's* Angabe empfiehlt fich die Herftellung eines befonderen Nebenraumes, welcher durch einen Vorflur von den übrigen Räumen zu trennen ift. Hier wären aufser diefem und dem fchon genannten Spülkaften auch die Bettfchüffeln, die Urin- und Speigläfer unterzubringen, wozu Glasplatten auf Wandarmen oder, wenn man fie vorwärmen will, Borde aus verzinkten, durch Warmwafferumlauf heizbaren Eifenrohren dienen.

Zu erwägen ift fchliefslich, ob in diefem Raum auch die Aufbewahrung derjenigen Leibgeräte erfolgen foll, deren Inhalt einer Befichtigung durch den Arzt zu unterziehen ift, wie in der Dresdener Diakoniffenanftalt.

[232]) Nach WEYL, Th. Handbuch der Hygiene. Bd. V, Abt. I. Jena 1899.

Dies erfolgt oft in fehr mangelhafter Weife in den Vorräumen der Aborte. Neuerdings hat man dafür in der Wand ausgefparte Nifchen mit Entlüftungsrohren nach aufsen vorgefehen, die vorn durch eine verzinkte Eifenthür verfchloffen fein müffen. In England legt man folche Behälter in die Aufsenwand und läfst fie nach aufsen offen. Man würde fie bei uns durch doppelt verglafte Fenfter abfchliefsbar — aber luftbar — machen können. Unzweckmäfsig erfcheint die Aufbewahrung folcher gefüllter Geräte ganz im Freien, auf Balkonen u. f. w., wie dies vorgekommen ift, weil hier Verfchüttungen ihres Inhaltes vorkommen können, welche Stellen befchmutzen, die dann unter Umftänden nicht genügend gereinigt werden.

Abfallfchlote für Afche, Kehricht u. f. w. find meift wieder, wegen ihrer ftarken Staubentwickelung, gefchloffen worden. Man trägt diefe Stoffe gegenwärtig unmittelbar in gefchloffenen Eimern nach den Sammelftellen.

o) Arbeitszimmer für den Arzt.

Als Arbeitsraum für den Oberarzt oder für den Affiftenzarzt genügt ein einfenftriges Zimmer von 2,50 bis 3,00 m Breite und 10 qm Grundfläche zur Erledigung der fchriftlichen Arbeiten. In den neueren gröfseren Krankenhäufern, wie im Urban, in Hamburg-Eppendorf und in Nürnberg, erhielt jeder zweigefchoffige Pavillon einen folchen Raum im Erdgefchofs. In der letzteren Anftalt ift auch in den grofsen eingefchoffigen Pavillons für 36 Betten ein Arztzimmer vorgefehen. In Hamburg-Eppendorf fehlt ein folches in den eingefchoffigen Bauten; dafür find dort Schreibtifche in den Krankenfälen angeordnet.

212. Zimmer der Aerzte.

Die Ausftattung der Arztzimmer im Urban befchränkt fich auf 1 Schreibtifch, 1 Wafchbecken, 1 Kleiderriegel mit 2 Haken, 1 Konfolebrett und 1 an der Wand befeftigten Sterilifierungsapparat von 0,50 m Breite, 0,15 m Tiefe und 0,70 m Höhe. Bakteriologifche Unterfuchungen follen in diefen Räumen nicht vorgenommen werden. Wenn folche im Krankengebäude nötig find, fo bedürfen fie befonderer Räume.

Wo man das Zufammentreffen von Aerzten verfchiedener Abteilungen mit anfteckenden Krankheiten in einem gemeinfchaftlichen Laboratorium im Leichenhaufe vermeiden will, kann ein befonderer Raum für bakteriologifche Unterfuchungen im Krankengebäude nötig werden, der eine Ausftattung erfordert, wie in Kap. 3 bei den Leichenhäufern befprochen werden wird, und möglichft abgelegen fein foll. Am beften erhält er keine Verbindung mit den übrigen Krankenräumen, fondern Zugang von aufsen.

213. Zimmer für bakteriologifche Unterfuchung.

Im Sockelgefchofs der Pavillons des Johns-Hopkins-Hofpitals zu Baltimore befinden fich mehrere Räume für folche Unterfuchungen, die dort wohl der Lehrzwecke wegen fo ausgedehnt find. (Siehe Fig. 26, S. 77.)

5) Verkehrswege innerhalb des Krankengebäudes.

Der Verkehr zwifchen den einzelnen Räumen eines Gefchoffes erfordert unter Umftänden die Anlage von Gängen; der Verkehr zwifchen den verfchiedenen Gefchoffen macht Treppen und Aufzüge unvermeidlich. Diefe Verkehrswege follen die Verbindung der Räume untereinander vermitteln, aber, wo eine Gemeinfchaft zwifchen ihnen nicht beftehen darf, eine folche auch nicht herftellen. In einzelnen Fällen haben fie den Zweck, Räume thunlichft zu trennen, was durch die Anordnung von Fenftern und Thüren, fowie paffende Lüftungsmittel erreicht werden foll. Sie dienen dem Beamtenperfonal, den Kranken und den Befuchenden.

214. Allgemeine Gefichtspunkte.

Die Angeftellten bedürfen kurzer Wege, fchneller Beförderungsmittel und Einfchränkung derfelben auf das durchaus Notwendige, da jeder Gang und jeder Schacht Reinigung und Ueberwachung erfordert. Wegen der letzteren müffen diefe Verkehrsmittel, die auch verbotenen Zwecken dienen können, überfichtlich angeordnet und in allen Teilen dem Tageslicht unmittelbar und reichlich zugänglich fein.

Der Verkehr der Kranken innerhalb des Gebäudes, fowie zwifchen diefem und aufsen erfolgt zu Fufs, mittels Krankenftühlen oder -Wagen, auf Bahren und in Betten; er foll fich fo leicht als möglich bewerkftelligen laffen und keine Hinderniffe finden. Dies bedingt bequeme Benutzbarkeit der Verkehrswege für die Kranken, möglichfte Vermeidung von Ecken und Winkelwegen, Ausfchlufs, bezw. Einfchränkung von Stufen, Erfatz derfelben durch Rampen, wenn es fich um kleinere Höhenunterfchiede handelt, und Anlage bequemer Treppen, wenn folche nötig find.

Wo die Zahl der Befuchenden zu beftimmten Stunden fich häuft, wie in grofsen Abteilungen, namentlich in Kliniken, find die Hauptverkehrswege, welche die Befucher benutzen, entfprechend geräumig zu geftalten.

α) Flurgänge.

215. Mit gegenüberliegenden Fenftern.
Am beften wäre es, wenn Flurgänge in einem Krankengebäude ganz vermieden werden könnten, was, wo angängig, durch Gruppierung der Räume um einen unmittelbar belichteten Vorraum möglich ift. Die Nachteile, welche jeder Gang hier mit fich bringt, fucht man durch eine möglichft geringe Ausdehnung desfelben, durch ausgiebige Belichtung und Lüftung einzufchränken. Dies wird häufig beffer in Gängen mit gegenüberliegenden Fenftern an ihren Enden erreicht, als durch folche mit Seitenlicht, weil man erftere, unabhängig von den anftofsenden Räumen, fchon durch Oeffnen der Fenfter gründlich durchlüften, fomit eine reine Luftfchicht zwifchen denfelben herftellen oder einen benachbarten Raum durch Oeffnen feiner Thür gegen einen folchen Flurgang mittels deffen Fenftern zugfrei entlüften kann. Dasfelbe liefse fich auch durch eine entfprechende Anordnung, bezw. Handhabung der Heiz- und Lüftungsanlage in folchen Korridoren vorübergehend, z. B. nachts, erreichen, wo man am Tage, wegen des häufigen Oeffnens und Schliefsens von Thüren, eine gleichmäfsige Temperatur im Korridor und in den anliegenden Räumen zu erhalten vorzieht. (Vergl. Art. 112 u. 116, S. 67 u. 71.)

Ueber kurze Flurgänge diefer Art ift fchon in Art. 81, S. 109 das Nötige gefagt worden. Trennende Gänge quer durch den Pavillon forderte die englifche Kommiffion für Kafernen und Hofpitäler zwifchen zwei Sälen, die benachbart liegen müffen; fie trennen in den Pavillons in Friedrichshain Nebenräume vom Saal und haben eine Länge gleich der Saalbreite. Hier öffnen fich noch alle anliegenden Räume gegen diefen Querflur, während in Hamburg-Eppendorf, bei fonft ähnlicher Anordnung, nur der Saal und die Eingangsflur mit ihm Verbindung haben, fo dafs er zum reinen Lüftungsflur für die beiden Räume wird.

In mehrgefchoffigen Bauten begrenzt fich die zuläffige Länge derartiger Gänge durch die Notwendigkeit vollftändiger Erhellung mittels der Fenfter, wobei man beide Stirnwände von der Fenfterbrüftung an ganz in folche auflöfen kann. In eingefchoffigen Bauten hat man ihre Lüftbarkeit durch Deckenlüftung ergänzt.

Wylie gab zu diefem Zweck dem Mittelkorridor im Nebengebäude feines Pavillons aufser den Stirnfenftern einen Dachreiter, und im Infektions-Pavillon des Johns-Hopkins-Hofpitals zu Baltimore erhielt der Flurgang hohes Seitenlicht, aber eine Höhe gleich feiner 3½-fachen Breite; die Unterkante der beweglichen Glasjaloufien liegt 9.₀₀ m über dem Fufsboden, fo dafs fie nur von aufsen zugänglich find, und die ausgedehnten Wandflächen bilden eine fehr unangenehme Zugabe.

Giebt man dem Gang geringe Höhe, fo kann man manchmal in den anftofsenden Räumen noch ein Aufsenfenfter über demfelben gewinnen oder den Gang als Brückengang geftalten oder beides thun.

216. Mit Fenftern an einer Seite.
Gänge mit Fenftern an einer Längsfeite find verwendbar, wenn fich gegen diefelben keine Kranken- oder andere Räume öffnen, zwifchen denen Luft- oder Perfonalgemeinfchaft auszufchliefsen ift. Sie follten, wenn irgend möglich, fo angelegt fein, dafs eine Längsdurchlüftung mittels Fenfter oder Thüren an ihren Stirn-

wänden möglich ift, und nur geringe Länge haben oder durch Quergänge entlüftet werden, wie im grofsen Pavillon für Infektionskranke im Kaifer-Franz-Jofeph Hofpital zu Wien. (Siehe Fig. 141.) Vergl. das in Art. 138 (S. 82 u. ff.) bezüglich der Heizung von Korridorbauten Gefagte.

Liegt das einzige Fenfter oder die Thür an einer Stirnfeite, fo follten Flurgänge nicht länger fein, als die Lichtkraft diefes Fenfters reicht, und am anderen Ende für eine energifche Entlüftung geforgt werden. Solche Mittelgänge bilden in vielen Pavillonbauten den Eingangsflur. Da hier die Eingangsthür das Fenfter erfetzt, müfsten in diefer, fowie neben und über ihr die nötigen Lüftungsflügel vorgefehen werden.

<small>Im Infektions-Hofpital zu Weymouth hat man den Eingangsflur fo viel vor dem Gebäude verlängert, dafs er hier Seitenfenfter erhalten konnte. Am anderen Ende, wo fich der Flur mit einem fenfterlofen Quergang kreuzt, wurde über der Kreuzung ein Licht- und Lüftungsfchlot angeordnet. (Siehe Fig. 127.) — In den Pavillons des Kaifer- und Kaiferin-Friedrich-Kinderkrankenhaufes zu Berlin hat *Schmieden* dem fich tief in das Gebäude hineinziehenden Eingangskorridor im hinteren Teil hohes Seitenlicht gegeben.</small>

Mittelkorridore, welche keine Aufsenwand haben, find in mehrgefchoffigen Bauten durchaus auszufchliefsen. Licht von Quergängen oder von anliegenden Treppenhäufern, welche eine Aufsenwand mit Fenftern befitzen, genügt nicht in dem für ein Krankengebäude nötigen Mafse. In eingefchoffigen Bauten hat man folche Mittelkorridore durch Dachreiter entlüftet oder durch Dachlaternen, bezw. durch hohes Seitenlicht zugleich erhellt.

<small>217. Mit hohem Seitenlicht.</small>

<small>Die letztere Art wurde von *Gropius & Schmieden* in ihren Berliner Kliniken und im Pavillon des israelitifchen Krankenhaufes dafelbft angewendet. Sie fetzt voraus, dafs fich ein folcher Gang zeitweife durch Thuren auch in den unteren Teilen ausgiebig lüften läfst, follte alfo nur zwifchen kleineren Sälen angeordnet werden. Diefer Möglichkeit entfpricht der mittlere Quergang in dem vorftehend genannten Pavillon. — Im *Rudolf-Virchow*-Krankenhaus zu Berlin hat man den Längsgang im zweigefchoffigen Mittelbau durch einen breiten mittleren Querflur, durch Oberlichter in eingefchoffigen Quergängen an feinen Enden und durch Fenfter in den anliegenden Nebenräumen thunlichft erhellt. (Siehe Fig. 161.)</small>

Alle Korridore, an deren Längsfeiten Eingangsthuren zu Krankenzimmern oder Veranden liegen, erfordern 2,50 m Breite, wenn keine Möbel oder Geräte darin ftehen, um deren Tiefe fich die Breite vergröfsern müfste, da das genannte Mafs beim Wenden und Einbringen von Bettwagen und Bahren in die Krankenräume wünfchenswert ift. Man wird gut thun, diefelbe Breite auch Gängen zu geben, an deren Querfeite eine Eingangsthür zu einem Krankenraum liegt, fobald ein Bettentransport darin erfolgen foll, um das Ausweichen zu ermöglichen. Diefe Breite follte aber nicht wefentlich überfchritten werden, wo nicht fchon die Lage des Ganges oder andere Umftände die Möglichkeit einer Aufftellung von Betten im Gang ausfchliefsen, wozu folche Gänge oft mifsbräuchlich verwendet werden. Anderen Gängen, die nur dem Perfonenverkehr dienen, giebt man lediglich die hierfür nötigen Mafse, damit fie nicht als Stapelplatz für alles mögliche Hausgerät oder zum Stelldichein von Wärtern u. f. w. benutzt werden können. Doch ift zu berückfichtigen, dafs die Wärter oft Geräte hindurchzutragen haben und dafs gegenfeitiges Ausweichen auch mit vollen Händen möglich fein mufs. Dies erfordert 1,50 bis 1,80 m Breite, je nachdem der Gang zu einem oder mehreren Räumen führt und kleinere oder gröfsere Geräte darin fortzubewegen find.

<small>218. Abmeffungen.</small>

Alle Gänge, insbefondere die Zugangswege zu den Krankenräumen, follten fchon der Feuersgefahr wegen Fufsböden auf feuerfeften Konftruktionen und, wenn

<small>219. Ausftattung</small>

möglich, auch folche Decken erhalten. Da auf diefen Gängen Transporte von Kranken, bezw. von deren Entleerungen u. f. w. ftattfinden, müffen Fufsböden und die unteren Teile der Wände undurchdringlich fein.

Für erftere empfehlen fich weifser Marmorterrazzo oder Fliefen mit hohlkehlenförmigem Wandanfchlufs und für die Wände Ausrundung der Ecken und Emailfarbenanftrich, wenigftens bis zu 2,00 m Höhe. Die ganze Wand ift fehr hell, nahezu weifs zu halten.

Die Fenfter follen in Ausdehnung und Konftruktion den Anforderungen entfprechen, welche unter ϑ für die Krankenräume entwickelt wurden.

Rohglas oder anderes nur durchfcheinendes Glas ift im allgemeinen von den Gangfenftern auszufchliefsen, da jeder Gang auch von aufsen, bezw. von Nachbargebäuden des Krankenhaufes aus der Ueberwachung wegen überfehbar fein foll.

Hochliegende Seitenfenfter müffen fich leicht von unten öffnen laffen. Das mangelhafte Funktionieren der Verfchlufsvorrichtung folcher hochliegender Seitenfenfter im Kaifer- und Kaiferin-Friedrich-Kinderkrankenhaufe zu Berlin wurde nach *Baginsky*[233]) gehoben, feit man die an ihrer Unterkante nach innen klappenden Fenfter mit Gegengewichten an Hebelftangen verfah, welche den Schlufs bewirken, fobald die Schnur, mittels deren man das Fenfter öffnet, nicht mehr angezogen ift.

Thüren von Nebenräumen läfst man im allgemeinen nicht nach Gängen fchlagen (fiehe Art. 74, S. 43). Dafs Ausnahmen hiervon nötig werden können, zeigt die Abortanlage in St. Marylebone (vergl. Fig. 57, S. 114). Alle Hauptzugangsthüren zu einem Gang im Inneren des Gebäudes find durchfichtig zu verglafen, fo dafs der Gang von den anftofsenden Räumen aus möglichft zu überfehen ift.

β) Treppen.

220.
Treppenhäufer

Ein mehrgefchoffiges Krankengebäude kann, je nach feiner Gröfse, eine oder mehrere Treppen, bezw. eine Haupttreppe und Nebentreppen bedingen. Da jedes Treppenhaus nicht nur den Verkehr, fondern auch die Luftgemeinfchaft zwifchen den Gefchoffen fördert, fo ift es erwunfcht, die Zahl gefchloffener Treppenhäufer fo weit einzufchränken, als der notwendige Verkehr unerläfslich bedingt. Eine Nebentreppe ift in einem einfachen Pavillon bei durchaus maffiver Konftruktion desfelben überflüffig. Wo Holz oder andere brennbare Stoffe verwendet werden und wo eine Nebentreppe nur der Feuerficherheit oder der baupolizeilichen Forderung und nicht des nötigen Verkehres wegen angelegt werden mufs, bedarf fie keiner Umwandung.

Jedes Treppenhaus in einem Krankengebäude foll einen unmittelbaren, jedoch durch einen Windfang gefchützten Zugang von aufsen erhalten.

Wenn durch die Treppenverbindung keine Luftgemeinfchaft zwifchen den verfchiedenen Gefchoffen hergeftellt werden darf, fo ift das Treppenhaus derart anzuordnen, dafs man auf dem Wege von einem Gefchofs zum anderen gezwungen ift, die freie Luft zu durchfchreiten. Zwifchen Erdgefchofs und Unterbau foll keine unmittelbare Treppenverbindung beftehen. In zweigefchoffigen Bauten mit einem Saale in jedem Gefchofs müfsten beide Gefchoffe getrennte Zugänge erhalten, wenn zwifchen ihnen keine Gemeinfchaft beftehen foll.

Im Sabbatsberg-Hofpital zu Stockholm liegen die getrennten Zugänge am gemeinfchaftlichen Verbindungsgang zwifchen den Pavillons, fo dafs diefer die Luftgemeinfchaft wieder herftellt, wenn nicht feine Fenfter geöffnet find.

Im Pavillon III des Karola-Krankenhaufes zu Dresden (fiehe Kap. 4, unter b, 2, 3) liegt dagegen der Treppenhauseingang frei an der Aufsenluft neben dem Zugang zum Erdgefchofs.

In Infektionsabteilungen, wo der Weg durch die Aufsenluft zwifchen zwei Gefchoffen möglichft

---

[233]) Siehe: BAGINSKY, a. a. O., Bd. 2, S. 2 (wo fich die Abbildung des Verfchluffes befindet).

lang fein follte, würde man das Treppenhaus an die eine und den Erdgefchofszugang an die entgegengefetzte Seite des Pavillons legen können.

Im Scharlach-Pavillon des *Brook fever hofpital, Shooters Hill* zu London hat man das Treppenhaus dauernd offen gehalten, wie es die Kommiffion der Akademie der Wiffenfchaften zu Paris feiner Zeit vorfchlug. Der Zugang und der Endaustritt der Treppe liegen hier an der einen Stirnwand des Pavillons und haben an beiden Enden Oeffnungen in das Freie, während die übrige Umwandung des Treppenraumes, um den Aufftieg zugfrei zu halten, keine Durchbrechungen erhielt. (Siehe unter 5.)

In der Abteilung für anfteckende Kinderkrankheiten der Charité zu Berlin ift die nicht umwandete, in den Wafferturm eingebaute Treppe mit der im Obergefchofs des einen Pavillons gelegenen Beobachtungsftation durch eine Brücke verbunden, die weder Seitenwände noch Ueberdachung erhielt.

In Doppelpavillons hat man öfters ein Treppenhaus in der Mitte des Gebäudes als Lüfter der anliegenden Räume ausgebildet.

Rubner[234]) fpricht fich gegen die Verwendung der Treppen zu Lüftungszwecken aus, da fie »dies Gefchäft in einer für die Hygieniker durchaus nicht willkommnen Weife« beforgen.

Die befprochenen, in zweigefchoffigen Bauten zur Ausführung gelangten Gefichtspunkte find zum Teile auch auf mehrgefchoffige Bauten anwendbar, wenn es fich um Ausfchlufs der Luftgemeinfchaft zwifchen den Gefchoffen handelt.

In England verwendet man Brückengänge zur Ifolierung von Treppenhäufern.

Im *Royal Victoria hofpital* zu Montreal[235]) hat *Snell* mit dem Treppenhaufe in jedem Gefchofs die Nebentreppe, die Beamtenaborte, die Räume für die Patientenkleidung und diejenigen für reine Wäfche von zwei Pavillons in einen Block vereinigt, in die Mitte desfelben den grofsen Saugfchornftein gefetzt und diefe Gruppe durch beiderfeits lüftbare Brückengänge mit den Pavillons verbunden.

In der *Derbyfhire Royal infirmary*[236]) ift nach *Keith D. Young*'s Plan der Verbindungsgang des Erdgefchoffes zwifchen mehreren Pavillons, bezw. Pavillonpaaren nebft den an ihnen liegenden Treppenhäufern und Aufzügen zufammen als ein Ganzes von den rechtwinkelig zum Verbindungsgang ftehenden Pavillons durch Lüftungsgänge ifoliert.

Als eine nochmalige Weiterbildung diefes Gedankens giebt *Galton*[237]) eine Skizze, nach welcher jedes Treppenhaus nebft Aufzügen zwifchen einem Pavillonpaar mit diefem und mit dem nächften Treppenhaus in jedem Gefchofs durch Brückengänge verbunden ift. Der Verbindungsgang kehrt in ebenfovielen Stockwerken übereinander in Geftalt von Brückengängen wieder, als die Pavillons Gefchoffe haben.

Solche Brückengänge werden in diefem Falle den beabfichtigten Zweck nur dann ganz erreichen, wenn fie wenigftens an einer Seite offen bleiben. Im übrigen find von den angeführten Ifoliermitteln alle diejenigen, welche den Weg durch die Aufsenluft in die Höhe der verfchiedenen Gefchoffe verlegen, nur dort ausreichend, wo eine Luftifolierung genügt, wo alfo der Treppenverkehr für das Perfonal und die Befuchenden der verfchiedenen Gefchoffe ein gemeinfamer fein kann.

Wo auch der Verkehr zwifchen zwei Gefchoffen aufgehoben werden mufs, find gefonderte Treppen für jedes Gefchofs mit eigenen Zugängen von aufsen, wie bei den zweigefchoffigen Gebäuden befprochen wurde, unvermeidlich, oder es hat an Stelle wagrechter Trennung der Abteilungen nach Gefchoffen eine lotrechte Teilung in ganzer Gebäudehöhe ftattzufinden, wobei jede Abteilung ihre eigene, die verfchiedenen Gefchoffe derfelben verbindende Treppe erhalten kann, die dann, wenn nötig, zwecks Luftifolierung nochmals in den Gefchoffen abgefondert werden könnte.

Der Haupteinwand gegen jede Ifolierung zwifchen zwei Gebäudeteilen durch Paffieren der freien Luft befteht darin, dafs die Angeftellten, insbefondere die Aerzte, welche die Runde durch das Hofpital machen müffen, dadurch gefundheitlich ge-

---

[234]) Siehe: RUBNER. Bericht, erftattet im Auftrag des Kultusminifteriums. Zeitfchr. f. Med.-Beamte 1892, S. 442.
[235]) Siehe: KUHN, F. O. Eine canadifche Krankenhausanlage. Deutfche Bauz. 1894, Plan auf S. 25.
[236]) Siehe: BURDETT, C. H. *Hofpitals and afylums of the world*. London 1893. Pl. 14.
[237]) Siehe: GALTON, a a. O., S. 233 u. 234.

fchädigt werden. Doch weift *Lancet*[238]) diefen Einwand durch den Vergleich mit einem Arzt, der in einem Dorf Umgang hält, zurück. Das Beftreben des Architekten folle fein, »jede Perfon, die von einem Saal zum anderen geht, zu zwingen, durch die freie Luft zu gehen«. Die Verbindungswege könnten Schutz vor Wind gewähren. Für die Gefundheit der Wärter hielt *Bouorden* folche Wege bei angemeffener Vorficht nicht nachteilig, fondern nur vorteilhaft.

221. Gröfse.

Die Breite des Treppenlaufes richtet fich nach der Gröfse des Verkehres. Dient die Treppe mehreren Pavillons, wie in *St.-Jean* zu Brüffel, fo wird man ihr reichliche Breite geben. Stehen für den Kranken- und Leichentransport Aufzüge zur Verfügung, fo kann die Treppe verhältnismäfsig fchmal fein.

Hiernach fchwankt die Breite zwifchen 1,50 bis 2,25 m, welche Mafse auch die Friedens-Sanitätsordnung angiebt; *Böhm* fordert 1,60 bis 2,20 m, *Schumburg* dagegen 2,00 bis 2,50 m, damit ein Kranker zwifchen zwei Wärtern gehen kann.

In den gröfsten neueren Krankenhäufern find diefe Höchftmafse felten erreicht worden. Die Stufenbreite beträgt u. a. 1,83 m (= 6 Fufs) in St. Thomas-Hofpital zu London, im Gafthuis Stuivenberg zu Antwerpen, im Johns-Hopkins-Hofpital zu Baltimore und im I. medizinifchen Pavillon zu Heidelberg; fie wird im neuen *Hôtel Dieu* und im *Tenon*-Hofpital zu Paris mit 1,92 m, fowie in Lille mit 2,50 m übertroffen, geht dagegen in den Flügelbauten der chirurgifchen Klinik zu Strafsburg auf 1,40, in den Londoner *Workhoufe infirmaries* von St. Marylebone und *St. George's Union* auf 1,30 m (= 4 Fufs 3 Zoll) herab.

Das Steigungsverhältnis der Treppen foll bequem, aber nicht übertrieben, d. h. nicht ungewohnt flach fein.

Das Verhältnis des Auftrittes der Stufen zu ihrer Höhe beträgt im *Tenon*-Hofpital zu Paris 39,6 : 15,3, im Johns-Hopkins-Hofpital zu Baltimore 30,5 : 15,3, in der chirurgifchen Klinik zu Strafsburg 29,2 : 17,3 und in St. Marylebone 28,0 : 15,9 cm.

Die Länge eines Laufes von Ruheplatz zu Ruheplatz will *Böhm* auf 12 bis 15 Stufen und *Schumburg* auf 10 bis 16 Stufen = 1,60 m Höhe eingefchränkt wiffen; dies bedingt zwei Zwifchenabfätze in einer Gefchofshöhe. In folcher Weife find die Treppen in den drei- und mehrgefchoffigen Pavillons der englifchen Hofpitäler faft durchweg angelegt. Je mehr vielgefchoffige Pavillons ein Krankenhaus hat, um fo kürzer müffen die Treppenläufe fein, um das viele Steigen der Treppen erträglich zu machen; aber in zweigefchoffigen Bauten genügen zweiläufige Treppen, da es fich hier nur um Ueberwindung einer einzigen Gefchofshöhe handelt.

Wichtig find befonders bequeme Ruheplätze, und das Erlangen folcher macht es namentlich bei dreiläufigen Treppen wünfchenswert, dem Treppenlauf die genügende Breite zu geben, da auch diejenige der Ruheplätze von diefer abhängt. Bei zweiarmigen Treppen mit zwei parallelen Läufen kann man dem Ruheplatz leicht gröfsere Tiefe geben, was zum Ausweichen und zum Umwenden mit den Beförderungsmitteln erwünfcht ift.

Diefe verfchiedenen Gefichtspunkte bedingen den Aufwand an Bodenfläche, den das Treppenhaus im Krankengebäude einnimmt.

Das Treppenhaus beanfprucht bei dreiläufigen Treppen mit freiem Mittelraum, in welchem öfter Aufzüge angeordnet find, 100 qm in Lille, 83,61 qm im *Tenon*-Hofpital zu Paris, 58,06 qm im St. Thomas-Hofpital zu London und 36,23 qm in St. Marylebone, dagegen bei zweiläufigen Treppen mit Ruheplätzen gleich der Stufenbreite, aber ausfchliefslich etwaigen Raumes für Aufzüge in der Strafsburger chirurgifchen Klinik nur 16,81 qm.

222 Konftruktion und Ausftattung.

Treppen und Treppenräume im Krankengebäude find feuerficher zu konftruieren und zu umfchliefsen, hell durch Fenfter am Tage und ausreichend in der Nacht zu beleuchten, gegen die Krankenabteilung durch verglafte Thüren abzu-

---

[238]) Siehe: *Royal infirmary at Edinburgh, Lancet,* Bd. II (1880), S. 395 u. 463.

fchliefsen und felbftändig zu heizen, fowie zu lüften. Wenn möglich, ift das Treppenhaus ganz, jedenfalls aber bis zu 2,00 m Höhe mit wafchbarer, heller Bekleidung zu verfehen.

Das Material für die Stufenauftrittsflächen foll hart, nicht porös und nicht glatt fein, ein ficheres Auftreten und Gehen ermöglichen und fich leicht rein halten laffen, daher möglichft hell fein. Als Belag für die Treppe, welche aus Vollftufen von Granit, aus Mauerwerk auf Gewölbe oder aus Eifen hergeftellt find, eignen fich daher Holz und Zement nicht. Marmorbelag wäre beffer, ift aber teuer. Schieferplatten verwendet man in Amerika, auch öfters in England. Afphaltbelag erhielten die eifernen Treppen im Johns-Hopkins-Hofpital zu Baltimore; Afphalt verlangt jedenfalls ausgezeichnete Ausführung und feine Farbe ift der Reinhaltung ungünftig. Ein geeignetes Material, das überall zu mäfsigem Preis erhältlich ift und der Textur von Schiefer oder Mettlacher Platten entfpricht, fehlt noch. Der häufig zum Dämpfen des Geräufches, welches der Verkehr auf Treppen verurfacht, gewählte Linoleumbelag empfiehlt fich wegen der Kanten an den Stufen, die bald abgetreten werden und Staub erzeugen, hier nicht. Beffer wäre, wo nur fchwacher Verkehr herrfcht, ein Belag mit Leinwandläufern.

Die Treppenläufe find an beiden Seiten mit Handleiften von Mahagoni- oder Eichenholz zu verfehen, die auf Haltern ruhen und nicht in die Wand eingelaffen werden dürfen. An den frei liegenden Seiten der Treppenläufe ift ein eifernes Geländer aus glatten Stäben anzuordnen, bei deren Verbindungen untereinander alle fpitzen Winkel zu vermeiden find. Man hält diefe Geländer auch oft zum Schutz gegen das Herabftürzen höher als in Wohngebäuden.

η) Aufzüge.

223. Zahl.

Aufzüge können im Krankengebäude für die Beförderung von Kranken und Leichen, von Geräten und Betten, für Speifen, für Brennftoff und fchmutzige Wäfche gefordert werden. Die Durchführung ftrenger Reinlichkeit würde für die angegebenen Zwecke eigene Aufzüge und die Trennung der Luftgemeinfchaft in einem dreigefchoffigen Bau, je nach der Höhe des Unterbaues, die zwei- oder dreifache Zahl derfelben bedingen. Man fuchte daher ihre Zahl möglichft einzufchränken, benutzte den Krankenaufzug auch für Geräte und für die Leichenbeförderung, den Aufzug für fchmutzige Wäfche zugleich für Kehricht, Abfälle und, wo Einzelheizung vorgefehen ift, auch für den Brennftoff und bedurfte dann nur noch eines Aufzuges für die Speifen, der jedenfalls für nichts anderes dienen foll.

224. Krankenaufzüge.

Aufzüge für Kranke und Leichen kommen in chirurgifchen Abteilungen in zweigefchoffigen Bauten vor; *Schumburg* hält fie erft in drei- und mehrgefchoffigen Gebäuden für nötig.

In den zweigefchoffigen Pavillons des Urban hat man fie vorgefehen, weil die Treppe der Raumerfparnis wegen nur 1,25 m Breite erhielt, benutzt fie aber nur zur Leichenbeförderung, da nach *Hagemeyer* die oberen Stockwerke mit Leichtkranken belegt find, die in den feltenften Fällen des Fahrftuhles bedürfen. Dann dient letzterer vorzugsweife zum Verkehr zwifchen dem Erdgefchofs und dem Verbindungsgang im Keller. Daher wird es gut fein, bei zweigefchoffigen Gebäuden im Einzelfall zu erwägen, ob Kranken-, bezw. Leichenaufzüge notwendig werden.

225. Andere Aufzüge.

Der Speifenaufzug kann fchon bei hohem Unterbau wünfchenswert fein, wenn er dort liegt, wo die Speifen zur Verteilung kommen. In zwei- und mehrgefchoffigen Bauten ift er jedenfalls unentbehrlich, da er beträchtliche Arbeitskraft und Zeit fpart. Auf demfelben find Gefäfse mit fchmutziger Wäfche, Kehricht oder Abfälle und Geräte, welche im Geräteraum fonft aufbewahrt werden, nicht zu befördern. Diefe bedürfen eines befonderen Aufzuges, auf welchem auch die Beförderung von Brennftoff, wo dies nötig ift, erfolgen kann.

226. Lage.

Um nicht für jedes Gefchofs eigene Aufzüge jeder Art zu bedürfen, hat man fie oft ganz oder teilweife in das Treppenhaus verlegt, wo fie nicht mehr zur Luftgemeinfchaft zwifchen den Gefchoffen beitragen als diefes felbft und, wie in Art. 220

(S. 131) angegeben ist, mit ihm isoliert werden können. Für den Krankenaufzug wäre aber ein abgeschlossener Schacht neben dem Treppenhause besser als innerhalb desselben. Die anderen erforderlichen Aufzüge liegen günstiger in den Räumen, zu denen sie gehören. Zweckmäsiger wäre es, alle Aufzüge ausserhalb des Gebäudes vor die zugehörigen Räume zu legen; sie bedürfen dann keiner Schächte, können frei in einem eisernen Gestell auf- und abgehen und einwandsfrei alle Geschosse bedienen.

227. Abmessungen. Die Beförderung von Kranken in Betten erfordert ein lichtes Längsmas des Krankenaufzuges von $2{,}10$ m, wie im Thomas-Hofpital, im Urban und in der chirurgischen Klinik zu Strassburg, diejenige in Bahren ein solches von $2{,}50$ m, wie in St. Marylebone; letzteres Mas gestattet die weitgehendste Benutzung. Die Tiefe ist in Strassburg mit $1{,}00$ m zu gering bemessen, da neben dem Bett noch zwei Wärter stehen müssen, was mindestens $1{,}50$ m erfordert. Bei anderen Aufzügen genügen für das Lichtmas des Kastens $0{,}90$ m Tiefe und $0{,}90$ bis $1{,}00$ m Breite.

228. Ausbildung. Liegt der Aufzug in einem Schacht, so sollte dieser an seinem Fuss unmittelbar von aussen zugänglich sein, daher möglichst an einer Aussenwand liegen. Jeder solche Schacht bedarf eines eigenen Lüftungsschlotes, dem frische Luft am unteren Ende zugeführt wird und der am oberen Ende in das Freie mündet, um das Stagnieren der Luft darin zu Zeiten der Nichtbenutzung zu hindern.

Die Krankenbeförderung erfolgt in einem verschliessbaren Kasten, der innen auswaschbar sein mufs, also aus Eisenblech mit Emailfarbenanstrich bestehen kann. Wo der Aufzug aussen liegt, würde man ihm ein Fenster geben und den Kasten ummanteln können, so dafs ein Hohlraum zwischen Mantel und letzterem verbleibt; doch wird überall dort, wo man die Kranken mittels zugedeckter Betten, Bahren oder Körben durch das Freie zu befördern pflegt, einfache Umwandung genügen.

Dagegen mufs der Kasten für den Speisenaufzug bei freier Lage einen Isoliermantel erhalten; er kann bei dieser Lage auch von einem Anrichteraum im Erdgeschofs aus bedient werden. Der Aufzug für schmutzige Wäsche, bezw. Brennstoff bedarf nur eines einfachen Kastens aus verzinktem Eisenblech oder dergl.

6) Einrichtungsgegenstände des Krankenraumes[239]).

229. Bettgestelle. Den heutigen Anschauungen über die Ausbildung des Krankenraumes entsprechend, find in neueren Anstalten auch die Einrichtungsgegenstände desselben nach dem Vorgang *Curschmann*'s im allgemeinen Krankenhause zu Hamburg-Eppendorf auf das sorgfältigste mit Rücksicht auf leichte Reinhaltung und Möglichkeit einer Desinfektion in trockener Hitze oder Dampf oder auf nassem Wege ausgebildet worden. Von solchen Gegenständen bedarf jeder Kranke für sich eine Bettstelle mit Matratze, Bett und Bettwäsche, einen Nachttisch und einen Bettstuhl.

Die Bettstellen für Erwachsene haben in den Männerabteilungen der preufsischen Kliniken $2{,}00$ m Länge und $0{,}95$ m Breite, in den Frauenabteilungen derselben $1{,}85$ m Länge und $0{,}85$ m Breite. Innerhalb dieser Grenzen schwanken die Mafse in den verschiedenen anderen Anstalten. Betten für Entbundene und für Frauen mit Kindern erhalten in den Londoner *Workhouse infirmaries* $0{,}91$ bis $1{,}21$ m Breite. Die Streckbetten machte man im Urban $2{,}14$ m lang. Kinderbettstellen kommen in vier verschiedenen Längen, $1{,}60$, $1{,}40$, $1{,}26$ und $0{,}95$ m, vor und haben bei den erstgenannten drei Abmessungen $0{,}70$ m und beim kleinsten Längenmafs $0{,}55$ m Breite.

Bettstellen werden jetzt für die meisten Abteilungen nur noch aus Metall hergestellt. Man verwendet Gasrohre oder *Mannesmann*-Rohre und zu Verbindungsteilen auch Formeisen.

Wylie empfahl, sie aus nickelplattiertem Schmiedeeisen herzustellen. Hauptbedingung für die Konstruktion ist, dafs die Bettstellen ein sicheres Lager gewähren, also bei der Unterfuchung des Kranken

---

[239]) Unter obiger Ueberschrift sind die im vorliegenden Heft oft genannten Schriften von *Hügel* (S. 378 ff.), *Böhm* (S. 155 ff.), *Wylie* (S. 130 ff.), *Hagemeyer* (S. 44 u. ff.), *Lorenz* (S. 47 ff.), *Zimmermann & Ruppel* (S. 14 u. Bl. VII), *Rauchfufs* (S. 510 ff.), *Baginsky* (S. 28), *Mencke* (S. 40 ff.) und *Merke* in: WEYL, TH., Handbuch der Hygiene, Bd. V, Abt. 1, Jena 1899 (S. 382 ff.), mit benutzt worden, in denen sich viele Abbildungen der besprochenen Gegenstände vorfinden.

nicht auf leichten Druck nachgeben. Die einzelnen Teile müssen leicht auseinandernehmbar fein und, foweit fie übereinftimmende Form haben, ganz gleiche Mafse befitzen, fo dafs beim Zufammenfügen nicht erft nach paffenden Stücken zu fuchen ift. Sie follen in der Farbe möglichft hell fein; im Urban wurden fie mit Ripolin angeftrichen.

Bettftellen für Erwachfene erhalten keine Seitenlehnen, welche das Einbringen der Kranken erfchweren. Eckverbindungen follen daher, wo fie dies beeinträchtigen können, eine kleine Ausdehnung erhalten. Im Urban befteht das Geftell aus 3,3 cm ftarken Gasrohren; die 1,0 cm ftarken Verfteifungen wurden in diefe Rohre eingenietet. In den preufsifchen Kliniken und in Hamburg-Eppendorf verwendete man meift verfchraubte Rohre von 2,6 cm, bezw. 1,9 cm Durchmeffer. Die Ecken der Fufs- und Kopfwände rundet man ab.

230. Bettftellen für Erwachfene.

Im allgemeinen Krankenhaufe zu Hamburg-Eppendorf hat das Geftell (Fig. 63 [240]) keine Längswände; die Rohre, welche den Bettboden tragen, find mit den Stirnwänden oben und unten durch eiferne

Fig. 63.

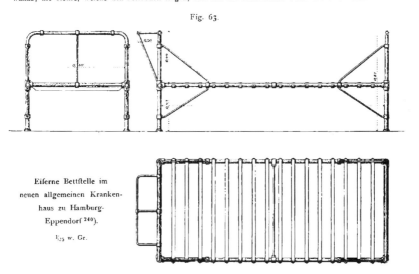

Eiferne Bettftelle im neuen allgemeinen Krankenhaus zu Hamburg-Eppendorf [240]).
1/25 w. Gr.

Verftrebungen und unter fich durch ein T-Eifen verbunden. Die Stirnwände erhielten in ihrer Mitte eine lotrechte Verfteifung, und der rückwärtige Bügel dient für Handtücher und Kleider.

Eiferne Bettfüfse verurfachen auf hellen Fliefen Roftringe. Rollen, welche man ihnen zur Erleichterung der Fufsbodenreinigung gab, nehmen dem Bett den ruhigen Stand. Beffer find gedrehte, eingefchraubte Pockholzplatten oder auf Linoleumfufsboden Glasfüfse. In der chirurgifchen Klinik zu Marburg verwendete man dicke Porzellanunterfätze.

In das eiferne Geftell werden meift hell polierte Kopf- und Fufsbretter und, wo eiferne Seitenteile fehlen, auch Seitenbretter eingelegt, bezw. eingehakt. Da Holzteile aber der Dampfdesinfektion nicht widerftehen, empfiehlt *Merke* an Stelle diefer Bretter ftarke, innenfeitig mit Linoleum bezogene Eifenbleche.

An einer Stange am Kopfende find die Tafel, welche den Namen und die Krankheit des Patienten nennt, das Journalblatt nebft Temperaturtabelle, das Fieberthermometer und Haken für Handtücher oder Kleider anzubringen. Das Bewegen diefer Gegenftände darf kein Geräufch verurfachen.

Unter der Matratze liegt ein Bettboden aus Leinwand, Gurten, geflochtenem Strohgewebe oder dergl., wenn er oft gereinigt, bezw. vernichtet werden mufs, oder er befteht bei dauerndem Gebrauch aus wagrechten Spiralfedern von gut verzinktem Draht. Jeder Bettboden bedarf eines eigenen Metallrahmens, um ihn herausnehmen zu können. Die unelaftifchen Quergurte in Hamburg-Eppendorf mufsten durch Böden aus Ringen und wagrechten Federn erfetzt werden. *Merke* giebt zur Zeit den Stahlfprungfeder-

[240] Fakf.-Repr. nach: ZIMMERMANN & RUPPEL, a. a. O., Pl. VII.

matratzen mit wagrecht liegenden Spiralfedern am Kopf- und Fußende, wie fie *E. Lentz, Schulz* und *Weſtphal & Reinhold* — fämtlich in Berlin — liefern, den Vorzug, verwendete auch einen auf beiden Seiten überpolſterten Rahmen für zweiſeitige Benutzung, um bei der Desinfektion nur mit einem Stück zu thun zu haben, deſſen Preis fich auf 60 Mark ſtellte.

Für Verletzte find federnde Bettböden nicht brauchbar. In der chirurgifchen Klinik zu Marburg wurden fie zur Sicherung ruhiger Lage nur aus ſtarken eifernen Bändern hergeſtellt.

Stellbare Kopfrahmen, Rücklehnen, Krankenheber und Schutzgitter find nach Bedarf vorzufehen. In den Räumen für Zahlende im Johns-Hopkins-Hofpital zu Baltimore hat man über den Betten drehbare Wandarme mit Gürtelhaltern, an denen der Kranke fich aufrichten kann, angebracht.

In der Göttinger Frauenklinik verwendete man jedoch wegen Befürchtung nachteiliger Kälte fur die Kranken und wegen der jährlichen Anſtricherneuerung kein Eifen bei den Möbeln, die zur unmittelbaren Benutzung der Kranken dienen.

_{231.}
Kinder-
bettſtellen.

Kinderbettſtellen weichen in manchem von denjenigen für die Erwachfenen ab. Im Urban haben fie Vorder- und Hinterteile aus 2,6 cm, Seitenteile von 1,6 cm ſtarkem Gasrohr und einen mit Handgriffen verfehenen Bettboden, der aus einem Winkeleifenrahmen und einem 0,4 cm ſtarken, mit doppelt übereinander geflochtenen Spiralfedern befpannten Stahldrahtrahmen beſteht. — *Rauchfuſs* giebt die Abbildung einer anderen Konſtruktion. — Im Kaifer- und Kaiferin-Friedrich-Kinderkrankenhaufe zu Berlin laſſen fich die Bettböden mit dem Kinde anheben und durch Klammern am Vorder- und Hinterhaupt in eine Höhenlage bringen, welche den Verbandwechfel bei operierten Kindern erleichtert.

Dem Kinde foll der Ausblick aus dem Bett nach feinen Genoſſen nicht verdeckt werden. Die ringsum 0,45 m hohen Bettwände erhalten daher Schnürgeflecht; die Seitenwände find zum Herunterklappen einzurichten.

In Hamburg-Eppendorf erhielt ein Teil der Betten einen hohen, mittleren Längsbügel aus Gasrohr, der mit zwei Spreizen auf jeder Stirnwand auffitzt und zum Halten der Kranken mittels aufgehängter Gurte u. f. w. dient.

Hinter Kinderbetten hat man im Elifabeth-Kinderkrankenhaufe zu Berlin verfuchsweife Glasplatten an die Wand gefchraubt, da die Kinder die Wand immer befchmutzen.

_{232.}
Bett-
ausſtattung.

Die Bettausſtattung beſteht im Urban, wo die Mafse der Betten 1,94 × 0,95 m betragen, aus folgendem:

α) 1 Matratze von grauem Drillich mit 12 kg Pferdefchweifhaaren;
β) 1 wollene Unterlage über der Matratze;
γ) 1 Bettlaken aus weifser Leinwand;
δ) 2 wollene Decken, je 2,33 × 1,33 m grofs, aus feinſter weifser Landwolle, 2,25 kg fchwer;
ε) 1 weifser Leinenbezug für Decken;
ζ) 1 Keilkiffen mit Rofshaaren;
η) 1 Kopfkiffen mit Bettfedern;
ϑ) 1 Stecklaken;
ι) 2 Leinenbezüge für Kopf-, bezw. Keilkiffen, und
κ) wo *Grotthoff*fche Bettböden verwendet wurden, 1 Matratzenfchoner aus Drillich unter der Matratze.

Fig. 64.

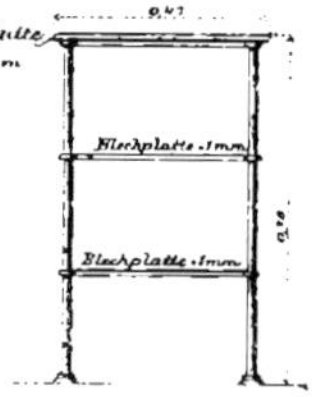

Nachttifch im neuen allgemeinen Krankenhaus zu Hamburg-Eppendorf [240],

Vorderanficht.

1/10 w. Gr.

_{233.}
Nachttifche
und
Stühle.

Die Nachttifche neben den Betten wurden in Hamburg-Eppendorf aus 4 Gasrohrfüſsen, einer oberen Rohglasplatte von etwa 0,47 × 0,37 cm Flächenmafs und zwei Zwifchenplatten aus Eifenblech (Fig. 64) hergeſtellt.

Merke giebt zur Verdeckung der nicht appetitlich ausfehenden Urin- und Speigläfer dem Platz über dem Mittelboden feitlich Eifenblechwände und vorn eine ebenfolche Thür, läfst aber zwifchen diefer und jenen zur Luftbewegung eine Spalte; unter dem Mittelboden befindet fich ein länglicher Kaften für Kamm und Bürſte. Ein verzinnter Eifenblechkaften mit wölbförmigem Anfchluſs an den vorderen und hinteren Seitenteil und zwei nach der Mitte aufklappbaren Deckeln befindet fich unter der gläfernen Tifchplatte.

In der Göttinger Frauenklinik erhielten die Betttifche ein Ausmafs von 0,35 × 0,35 × 0,7 m und nur bei den Kranken Schubladen, bei den Wöchnerinnen keine folchen.

Auch die Stuhle macht man aus gebogenen Gasrohren mit hölzernen Sitzen und Lehnen, wobei zwifchen dem Eifen und Holz genügender Raum zu bequemer Reinigung frei bleibt.

Die neuerdings in Gaftwirtfchaften verwendeten Stühle aus vernickeltem Stahldraht würden fich wohl für diefen Zweck eignen, wenn fie aus ftärkerem Draht und in paffender Form hergeftellt würden. Für Rekonvalescenten find einige Ruheftühle erforderlich, Lehnftühle mit feitlicher Arm- und beweglicher Rückenlehne und Triumphftühle, die auch im Freien verwendet werden können. In Amerika benutzt man auch Wiegeftühle.

Liegeftühle werden aus Rohr hergeftellt, welches nicht von der Temperatur beeinflufst wird, und find leicht durch Bürften und Abwafchen zu reinigen.

Aufserdem erhielt im allgemeinen Krankenhaus zu Hamburg-Eppendorf jeder normale Krankenfaal: 1 Wafch- und Schreibtifch für die Aerzte, 2 Wärter-, bezw. Gerätetifche, 1 Medizin- und Inftrumentenfchrank, 1 Unterfuchungstifch, 1 Irrigatorenftänder und einige Bettfchirme. — Befonderen Wert legt man heute auf reichliche Wafchvorrichtungen.

234. Andere Einrichtungsgegenftände.

Im Inftitut für Jnfektionskrankheiten zu Berlin find in jedem 6-Bettenfaal 2, in den 14-Bettenfälen je 4 Wafchbecken, und in den Sälen der chirurgifchen Klinik zu Marburg wurde an jedem Saalende 1 Wafchtifch mit je 3 Kippbecken angeordnet.

Ausgüffe zum Entleeren von Speigläfern, die auch als Speibecken benutzt werden können, find im Urban zu Berlin im Saal vorgefehen. In den Heilftätten für Lungenkranke werden fie jetzt für Krankenräume ausgefchloffen, aber auf Treppen, Fluren, Aborten, im Baderaum und in anderen gemeinfchaftlichen Räumen vorgefehen, da verfetzbare Spucknäpfe nicht benutzt werden follen. Inwieweit erftere auch in Krankenhäufern einzuführen find, ift zu erwägen.

Zur Vermeidung von Bacillenverfpritzung follen folche Ausgüffe an der Wand — nicht dicht an den Ecken — angebracht und zum Teil mit Waffer gefüllt werden.

Die in Loslau nach befonderem Entwurf von *Pfeffer* gelieferten Becken wurden teils nach Art der Kippbecken, teils mit Selbftregulierung eingerichtet, in einer Höhe von 0,90 m und unmittelbar an die Abflufsleitung angefchloffen, und über jedem Becken liegt ein Zapfhahn der Wafferleitung.

In Dr. *Weihe's* Krankenheim zu Görbersdorf haben fich in den gemeinfamen Räumen Speinäpfe in Sanduhrform als praktifch bewährt [241]).

Nachtftühle können vorübergehend in Krankenräumen nicht entbehrt werden.

Merke wünfcht in jedem Krankenfaal eine von allen Betten aus fichtbare Uhr mit möglichft grofsem Zifferblatt ohne Schlagwerk und Perpendikel.

In einer chirurgifchen Abteilung find grofse Verbandtifche und kleine Rolltifchchen für Verbandmaterialien, auf Frauenftationen befonders ausgeftattete Unterfuchungstifche nötig.

Die Gefamtanordnung von Krankenfälen zeigt das Schaubild eines folchen im ftädtifchen Krankenhaus zu Nürnberg (Fig. 65 [242]).

An Beförderungsmitteln bedarf man:

235. Beförderungsmittel.

für den Transport im Freien Bahren, Körbe, Fahr- und Tragftühle mit Verdeck;
für Leichtkranke im Gebäude Bahren, Rollftühle, Tragftühle und Verbandtifche auf Rollen;
für Schwerkranke innerhalb des Gebäudes Bettwagen oder Bettheber.

Die Länge der Bahren giebt *Lorenz* zu 2,30 m, diejenige der Fahr- und Tragkörbe zu 3,00 m an.

Die Bettwagen fchiebt man unter das Bett, welches durch einen Hebelmechanismus gehoben wird. In Hamburg-Eppendorf erfolgt dies durch einen Kurbelmechanismus. Handlicher und weniger platzraubend find die mit Rädern verfehenen Bettheber, von denen je einer am Kopf- und am Fufsende unter das Bett gefchoben wird und dann das Emporheben des Bettes ermöglicht, wenn man es verfetzen oder zu den Aufzügen bringen will.

[241]) Siehe: Pannwitz, a. a. O, S. 66, 124.
[242]) Fakf.-Repr. nach: Feftfchrift zur Eröffnung des neuen Krankenhaufes der Stadt Nürnberg. Nürnberg 1898. S. 231.

936. Vorkehrungen gegen Feuersgefahr.
Zu den Vorkehrungen gegen Feuersgefahr gehören, aufser einer feuerficheren Konftruktion, die Anlage von geeigneten Notausgängen, von Feuerhähnen mit Schlauchverfchraubungen und Gummifchläuche, wie folche in den mit hölzernen Decken verfehenen Pavillons des allgemeinen Krankenhaufes zu Hamburg-Eppendorf im vorderen Querflur und im Abortraume, alfo an beiden Saalenden, angeordnet

Fig. 65.

Schaubild des grofsen Krankenfaales im ftädtifchen Krankenhaus zu Nürnberg [242]).

wurden, fowie gegebenenfalls Wafferbehälter. Je mehr das Holz in der Konftruktion eines Krankengebäudes vorwiegt, um fo forgfältiger find die Vorkehrungen gegen eine Ausbreitung von Feuer zu treffen.

b) Krankengebäude für dauernde Zwecke.

937. Gröfse.
Die Gröfse eines Krankengebäudes mufs fich dem Umfang der zu bildenden ärztlichen Abteilung anpaffen; das Gebäude kann einen Teil derfelben bilden, fie ganz aufnehmen oder mehrere folche Abteilungen umfaffen; feine Ausdehnung foll aber ihre Grenze finden, wenn es nicht mehr möglich ift, reine Luft und Licht in dem bisher unter a befprochenen Umfang allen Räumen des Gebäudes zuzuführen und in denfelben zu erhalten.

Die heutigen Beftrebungen find darauf gerichtet, für vermehrten ärztlichen Beiftand und reichliches Warteperfonal zu forgen.

Die Deutsche Naturforscherversammlung von 1876 verlangte einen dirigierenden Arzt und zwei Assistenzärzte für je 100 bis 120 Kranke. — Diefelbe Forderung stellte der Deutsche Aerztetag, während die Deputation des Berliner Magistrats für öffentliche Gefundheitspflege auf 150 Kranke einen dirigierenden Arzt zu rechnen empfahl. — In London find folche Abteilungen auf 50 und in Paris auf 80 Betten eingefchränkt. — In Wien foll nach der neuen Organifation eine Abteilung für Acufserlichkranke und für Augenkranke je 80, eine für Innerlichkranke 100 und eine für Syphilitifche und Hautkranke 150 Betten höchftens haben, und in der königl. Charité zu Berlin standen 120 bis 150 Kranke unter einem dirigierenden Arzt.

Hat man die Abteilung eines Affiftenzarztes, alfo nach dem Vorfchlag der Naturforfcherverfammlung 50 bis 60 Betten, ohne Rücksicht auf eine Trennung nach den Gefchlechtern oder Krankheitsformen, in ebenerdigen Sälen unterzubringen, fo kann dies in einem einzigen Saal, in zwei und mehr nebeneinander liegenden Sälen oder in zwei und mehreren einzelnen Gebäuden erfolgen.

<small>238. Eingefchoffige Bauten.</small>

Im erften Falle befteht die gröfste Anhäufung von Kranken innerhalb eines Raumes und Gemeinfchaft zwifchen allen; eine Längslüftung des Saales würde von geringerem Wert, vielleicht fogar nachteilig fein.

Zwei Säle in ihrer Längsachfe aneinander gereiht, teilen die Luftgemeinfchaft der Kranken nur dann nicht, wenn fie mittels undurchbrochener Scheidewände abgetrennt find und wenn jeder Saal eigene Nebenräume erhält. Die Längslüftung der Säle ift hierbei ausgefchloffen, wenn man das Gebäude nicht durch Quergänge noch mehr verlängern will.

Im dritten Falle find auch für jeden Saal eigene Nebenräume, aber zwifchen den Gebäuden noch trennende Geländeflächen wegen der Befonnung nötig; doch können die beften Lüftungsverhältniffe gefchaffen werden.

Von diefen drei Fällen bietet der letztere die meiften Vorteile und die Wahl zwifchen den beiden erfteren würde von der zuläffigen Saalgröfse (fiehe Art. 39, S. 22 ff.) abhängen, wobei zwei oder mehr Saalbauten mit Zubehör entfprechend teurer fein werden als ein oder zwei derfelben.

Will man 50 bis 60 Betten auf mehrere Säle übereinander verteilen, fo erfordert jeder Saal eigene Nebenräume, das ganze Gebäude Treppen und Aufzüge. Die Pflege wird teurer und mühevoller, auch der Weg für die Rekonvalescenten nach dem Garten erfchwert. Bei einer Panik infolge von Feuersgefahr ift die Räumung fchwierig, und nur der oberfte Saal kann Firftlüftung erhalten. Dagegen find kleine Säle unter fonft guten Lüftungsbedingungen erlangt. Die Luftgemeinfchaft der Säle läfst fich bis auf den Austaufch, der durch übereinander liegende Fenfter möglich ift, mittels undurchläffiger Decken und durch getrennte Treppen, die übrige Gemeinfchaft durch getrennte Zugänge ausfchliefsen, wie dies in Art. 220 (S. 131) erörtert wurde.

<small>239. Stockwerksbauten.</small>

Die weitaus gröfste Zahl der mehrgefchoffigen Krankengebäude hat gemeinfchaftliche Treppen für alle Gefchoffe. In folchen Bauten zieht die Luft aus den unteren in die oberen Gefchoffe und bewirkt einen Luftaustaufch, welcher unter Umftänden noch mittels durchläffiger Fufsböden und Decken unterftützt wird. Deshalb verwarf *Rubner* in Halle die Benutzung von Räumen im Sockelgefchofs auch für Wärterwohnungen. (Siehe Art. 57, S. 35.)

Gleich gute Belichtung vorausgefetzt, werden die oberen Gefchoffe in weniger günftiger Lage fein als die unteren, weshalb man fie Leichtkranken zuweift, wie im Urban, oder Chronifchkranken, wie im chirurgifchen Pavillon des Kaiferin-Elifabeth-Spitals zu Wien.

Aus diefen Grunden hat man die Gebäude auch möglichft auf zwei Gefchoffe eingefchränkt.

<small>240 Vergleich zwifchen ein- und zweigefchoffigen Bauten.</small> Wenn man freie Wahl zwifchen zwei eingefchoffigen Bauten mit je einem Saal für 30 Betten und einem zweigefchoffigen Bau mit zwei ebenfolchen Sälen hat, fo wird man vom rein fanitären Standpunkt, fonft gleiche Ausführung vorausgefetzt, die eingefchoffigen Bauten vorziehen. Hat man aber die Wahl zwifchen einem eingefchoffigen Bau mit einem Saal von 60 Betten und jenem zweigefchoffigen Bau, fo wird der letztere, wenn er, wie in Art. 220 (S. 130) befprochen wurde, unter Ausfchlufs einer Gemeinfchaft zwifchen den Gefchoffen gebaut ift, den Vorzug verdienen, weil er fich aus Sälen mit 30 Betten zufammenfetzt und eine beffere Innenlüftung erhalten kann, da er mehr Stirnwände für Säle oder fur Räume mit übereck liegenden Fenftern bietet. Dagegen können bei wachfender Stockwerkszahl, wegen Teilung der Krankenzahl und Vervielfältigung der Nebenräume, die letzteren, wenn man fie in vollem Umfang bei kleineren Sälen nicht wiederholen kann, räumlich fo eingefchränkt werden müffen, dafs diefer Nachteil die Vorteile der Teilung in kleine Säle aufhebt.

Für Gebäude mit zwei und mehr Gefchoffen wird fich auch bei gewiffen örtlichen Verhältniffen beffere Aufsenlüftung und Belichtung ermöglichen laffen, als an derfelben Stelle fur eingefchoffige Bauten erreichbar wäre. Die gröfseren Gartenflächen zwifchen mehrgefchoffigen Bauten find für gärtnerifche Anlagen ebenfalls vorteilhaft.

Der Einflufs, den das Uebereinanderlegen von Krankenabteilungen gegenüber dem Nebeneinanderordnen derfelben in einem Gefchofs oder in mehreren eingefchoffigen Gebäuden auf die Baukoften ausübt, hängt von der Tiefe der Fundamente, der Höhe des Unterbaues, der Ausdehnung der Nebenräume gegenüber der Gröfse der Krankenräume und von der Art der Dachbildung ab. An ausgeführten Beifpielen laffen fich die Baupreife nicht vergleichen, da felbft in folchen Anftalten, wo es ein- und zweigefchoffige Bauten giebt, die Pläne der letzteren meift, über die hinzuzufügende Treppe hinaus, beträchtliche Abweichungen von denjenigen der eingefchoffigen Bauten zeigen.

Die Ausdehnung des Geländes, welches ein Gebäude bezüglich feiner notwendigen Befonnung in Anfpruch nimmt, ift bei zwei eingefchoffigen Bauten, wenn fie nur auf das Sockelfundament geftellt werden, etwas gröfser als bei einem zweigefchoffigen Bau. Dagegen beanfprucht der Doppelpavillon geringere Ausdehnung feiner Umgebung als der letztere.

<small>Nimmt man die Grundfläche eines eingefchoffigen Pavillons für 28 Betten zu $10{,}00 \times 40{,}00$ m, feine Wandhöhe bei $0{,}70$ m hohem Sockel zu $5{,}70$ m und feinen Abftand vom Nachbarbau gleich dem Doppelten derfelben an, fo beanfprucht er 1100 qm Geländefläche oder $39{,}28$ qm für 1 Bett. Der zweigefchoffige, fonft gleich gebaute Pavillon würde wegen des hinzutretenden Treppenhaufes $10{,}00 \times 44{,}00$ m Grundfläche und $10{,}70$ m Höhe, fomit 2054 qm Geländefläche erfordern und in jedem Gefchofs über die 28 Betten noch ein 1-Bettenzimmer in dem für Treppenhaus und Aufzug zugefchlagenen Teile, fomit 58 Betten enthalten, auf deren jedes $35{,}41$ qm Geländefläche entfallen. Stöfst man dagegen zwei eingefchoffige Pavillons nach obigen Mafsen mit ihrer Stirnfeite aneinander, fo würde ein folcher Doppelpavillon 1956 qm Geländefläche und für jedes feiner 56 Betten $34{,}93$ qm beanfpruchen.</small>

Somit bedarf der zweigefchoffige Pavillon obiger Gröfse $9{,}8$ Vomhundert weniger Gelände als zwei eingefchoffige.

Diefe allgemeinen Gefichtspunkte treten zurück, wenn die Unterkunft einer Krankenzahl von 50 bis 60 Betten nicht frei getroffen werden kann und die Rückfichtnahme auf eine Trennung verfchiedener Krankheitsgattungen und Gefchlechter eine beftimmte Zahl von Unterabteilungen vorfchreibt, die je nach Umftänden zu ihrer Verteilung auf verfchiedene Gebäude oder zum Wiederzufammenfaffen folcher getrennter Teile in einem Bau zwingt. Wie weit man hierin zu gehen hat, ift ebenfalls im Einzelfall zu entfcheiden. Das Klarlegen der Zahl und Gröfse folcher Unterabteilungen innerhalb des Wirkungskreifes jedes Affiftenzarztes in Einklang mit dem notwendigen Wartedienft, das Feftftellen der zuläffigen oder auszufchliefsenden Gemeinfchaft zwifchen ihnen, fowie der erforderlichen Nebenräume und ihrer Gröfse bildet daher eine hervorragende Bedingung, welche das Bauprogramm für ein Krankenhaus zu erfüllen hat.

Aus den Nebenräumen einer Abteilung fetzt fich nebft den unvermeidlichen Verkehrsmitteln das Zubehör derfelben zufammen. Von den in Art. 152 (S. 93) angeführten Nebenräumen können nach den Erörterungen, welche an ihre Einzelbefprechung (fiehe unter 4, α bis o) geknüpft wurden, für jede gröfsere Krankenabteilung in Gebäuden für allgemeine Kranke die folgenden zu dauerndem Gebrauch als unentbehrlich betrachtet werden, foweit deren Zahl nicht durch veränderte mafsgebende Anfichten oder durch die befonderen Verhältniffe im Einzelfall vermindert, bezw. vermehrt werden mufs:

<small>241. Zubehör der Abteilung.</small>

Für die Kranken zwei bis drei Abfonderungszimmer und je ein Tagraum, Veranda, Bade- und Wafchraum, fowie Aborte.

Für das Warteperfonal die Spülküche, ein Abort, ein Geräteraum, ein folcher zur Desinfektion fchmutziger Wäfche und ein anderer für das Ausgufsbecken, falls die beiden letzteren nicht räumlich zu vereinigen find.

Von den übrigen Nebenräumen wird ein Aufnahmezimmer nur nötig, wo die Einkleidung nicht im Hauptgebäude erfolgt, ein Unterfuchungszimmer dann, wenn die in einem folchen vorzunehmenden Handhabungen fich nicht im Saal oder in einem zu diefem Zweck durch Bettfchirme abzugrenzenden Teile desfelben bewirken laffen, wie in den älteren Baracken in Moabit — was keinen gröfseren Luftraum, aber engere Bettenftellung oder gröfsere Saallänge bei einem Mindeftmafs von Breite bedingen würde — befonders aber in Abteilungen für Chirurgifchkranke und in einigen Krankengebäuden für befondere Zwecke (fiehe unter 5). Den Raum für reine Wäfche hat man oft durch Aufftellen der Wäfchefchränke in zweifeitig belichteten, nicht dem Hauptverkehr dienenden Querfluren, das Wärterinnenzimmer durch Ausbildung der Spülküche zu einem Wärterinnendienftraum erfetzt, und ein Dienftzimmer für den Arzt wird nur erforderlich fein, wo die ganze Abteilung desfelben in einem Krankengebäude vereinigt ift.

Die befonderen Anforderungen bezüglich des Zubehörs in anderen Arten von Krankengebäuden werden unter 5 befprochen.

Ueber Wohnungen für das Warte- und Aerzteperfonal fiehe das Nähere in Kap. 3. Im Urban, wo man fie den Pavillons eingefügt hat, bedauert *Hagemeyer* ihre Unvollftändigkeit. Jedenfalls braucht ihre Aufnahme in ein Krankengebäude die Anordnung feines Hauptgefchoffes nicht zu ftören, da folche Wohnungen in Obergefchoffen, gegebenenfalls mit getrennten Eingängen, angeordnet werden können.

Aus allem, was bei Befprechung der Nebenräume bereits über ihre Lage zu einander, bezw. zum Krankenfaal gefagt wurde, folgt, dafs, wenn man dem Saal möglichfte Ruhe geben und ihn thunlichft vom unnützen Durchlaufen feitens der

<small>242. Lage der Nebenräume.</small>

Wärter und Patienten frei halten will, der Tagraum und die Abfonderungsräume nahe bei Abort-, Wafch- und Baderaum liegen müffen und dafs der Tagraum mit der Spülküche Verbindung haben foll. Wollte man aus dem Badezimmer, dem Wafchraum und der Spülküche eine Gruppe, aus den Räumen für die Aborte, den Ausgufs, die Desinfektion der fchmutzigen Wäfche und die Geräte eine andere bilden, fo müfste die eine wegen des Baderaumes, die andere wegen der Aborte auch dem Krankenfaal benachbart fein. Daher würde eine Anordnung, bei welcher diefe Gruppen mit dem Tagraum und den Abfonderungszimmern einerfeits und mit dem Saal andererfeits nahezu Zufammenhang haben, für alle Räume, foweit als ihre Verbindungen untereinander in Betracht kommen, als finngemäfs und zweckmäfsig erfcheinen. Eine derartige Vereinigung diefer Nebenräume an einer Saalfeite ermöglicht befte Ueberficht und Ueberwachung derfelben, wenn letztere die Eingangsfeite bildet, und wäre als das erftrebenswerte Ziel zu betrachten, wenn fie ohne Störung der Innenlüftung des Gebäudes möglich ift, da fie feiner Aufsenlüftung und Befonnung bei entfprechender Stellung des Baues zur Windrichtung und zur Sonnenbahn kein erhebliches Hindernis entgegenfetzt, auch wenn die Breite diefer Raumgruppe diejenige des Saales überfchreitet.

Bezüglich der Reihenfolge, in welcher die Nebenräume der Eingangsfeite unter fich aneinander fchliefsen, bezüglich ihrer Lage zu den Himmelsrichtungen und zu den notwendigen inneren Vorräumen oder Flurgängen find verfchiedene Gruppierungen denkbar. Zu den in Art. 241 als unentbehrlich bezeichneten Nebenräumen gehört noch die Veranda, deren Lage frei bleibt.

Eine folche Lage der Nebenräume zum Saal hat· man nicht immer gewählt, und, wo diefer Weg eingefchlagen wurde, ift oft ihre Gruppierung um enge, fchlecht lüftbare und ebenfo belichtete Vorräume und Flure die Urfache geworden, ihn nicht als vorbildlich zu betrachten. Man ift dann auf die Verteilung der Nebenräume an beiden Saalenden zurückgegangen, die man befonders bei uns in Deutfchland und in England bevorzugt hat, wobei man die Nachteile, welche diefe Anordnung für den Saal bietet, auf verfchiedene Art zu verbeffern fuchte. Dem gegenüber ftehen die Verfuche auf volles Freilegen des Saales an drei und auch an allen Seiten in Frankreich und Amerika.

243. Ausdehnung der Nebenräume.

Eine Hauptfchwierigkeit der guten Geftaltung des Zubehörs liegt oft in feiner fchon im Bauprogramm zu gering bemeffenen Ausdehnung.

Rochard[243]) gab den Nebenräumen in Pavillonfkizzen, die er feinem Lageplan beifügt, eine Bodenfläche, deren Länge fich zur Gebäudelänge wie 1 : 4,5 verhält, was für dauernde Zwecke vollkommen ungenügend ift. — *Tollet* rechnet dagegen auf einen Saal mit 24 Betten 240, auf die Nebenräume 100 qm, ausfchliefslich der von ihm im Erdgefchofs geplanten Rekonvalescentenabteilung. — Im Friedrichshain und im Johns-Hopkins-Hofpital zu Baltimore nimmt das Zubehör etwa $\frac{1}{7}$ mehr ein als der Saalbau; in Montpellier verhält fich dasfelbe, einfchliefslich der Terraffen, zur Saalfläche rund wie 6 : 7, in Antwerpen wie 2 : 3,5 und in Lille wie 6,8 : 10. — Je kleiner man die Abteilungen macht, um fo mehr wird andererfeits das Zubehör zufammenfchmelzen müffen, wenn es nicht die Krankenräume überwuchern foll.

244. Aufsenlüftung.

Aufser der inneren Zweckmäfsigkeit in der Anordnung des Gebäudes ift gleichzeitig in möglichft peinlicher Weife feine Aufsenlüftung und Befonnung zu fichern. Hierzu gehört, dafs vorfpringende Bauteile, welche Nebenräume enthalten, die Wirkung von Sonne und Wind auf die Krankenräume thunlichft wenig einfchränken. Wo fich nicht vermeiden läfst, dafs andere Bauten einer Seite des Krankengebäudes nahe treten, kann feine Geftaltung auch durch diefe beeinflufst werden.

---

[243]) Siehe: *Revue d'hygiène* 1883, S. 303.

Nach den Zwecken, welchen Krankengebäude für dauernden Gebrauch dienen, laſſen ſie ſich in 4 Unterabteilungen gruppieren:

1) die allgemeinen Krankengebäude für Innerlich- und Aeuſserlichkranke (ſiehe im folgenden unter 1 bis 3);
2) die Gebäude für Anſteckendkranke (ſiehe unter 4);
3) die Krankengebäude für beſondere Zwecke (ſiehe unter 5), und
4) die Krankengebäude für Beobachtungszwecke (ſiehe unter 6).

245. Einteilung der Krankengebäude.

Für die allgemeinen Krankengebäude ergeben ſich nach ihrer Geſtaltung und nach der Zahl der in jedem Geſchoſs angeordneten Krankenſäle oder -Zimmer drei Grundformen:

α) der Pavillon mit einem Saal,
β) der Pavillon mit zwei Sälen, und
γ) der Blockbau.

Dieſe drei Typen entſprechen dem Bedürfnis nach groſsen, mittleren und kleineren Krankenräumen, und innerhalb derſelben wurde im folgenden zwiſchen den allgemeinen Gebäuden für Aeuſserlich- und Innerlichkranke kein grundſätzlicher Unterſchied gemacht. Im Rudolfinerhaus zu Wien hat *Billroth* ſogar die Vereinigung dieſer Kranken in gemeinſamen Sälen ohne Nachteil durchgeführt. Ueber Erweiterung des Zubehörs der erſteren durch Hinzutreten eines Operationszimmers findet ſich das weitere in Kap. 4 (bei Beſprechung von Abteilungen). Seitdem man auch nichts mehr von den Nachteilen des Aufenthaltes und der ſchlechten Heilung Rheumatiſcher in Pavillons, bezw. in Baracken hört[244]), liegt auch kein Bedürfnis vor, für dieſe beſondere Gebäude mit nur ſeitlichen Gängen zu bauen, wie dies in der inneren Klinik zu Halle geſchehen iſt. Hier hat man unter einem zweiſeitig belichteten Saal einen einſeitig belichteten Raum durch Abtrennen eines ſeitlichen Korridors geſchaffen, in welchem die in zwei Reihen ſtehenden Betten ſich in viel ſchlechteren Licht- und Luftverhältniſſen befinden als im oberen Saal, wozu die Sorge vor Zug und Kälte führte[245]).

1) Pavillonbauten.

Unter Pavillonbau verſteht man den einfachen Saalbau in einem oder mehreren Geſchoſſen übereinander. Dem Pavillonſaal kann man die freieſte Lage geben, wenn man ſeine Vorzüge ausnutzt und ſeine Seiten möglichſt wenig mit Nebenräumen in Berührung bringt. Doch ſind dieſe Vorzüge noch nicht in dem Umfang verwertet worden, daſs er in ſeiner reinen Form Verbreitung gewinnen konnte. Meiſt wurde er, infolge der Bevorzugung ſeiner Nebenräume, mehr oder weniger verbaut. Der einfache Pavillon ſtellt die vollkommenſte Form des Krankenhausbaues dar, wenn es ſich um das Unterbringen von Sälen mit 16 bis 32 Betten handelt, die in höchſtens zwei Reihen ſtehen ſollen. Sein Vorwiegen muſs nur eingeſchränkt werden, wenn beim Bedarf nach kleineren Saal- oder Zimmergröſsen ſich die Zahl ſolcher Bauten und ihre Bau- und Betriebskoſten zu ſehr ſteigern würden.

246. Kennzeichnung.

α) Pavillonbauten mit zweiſeitig belichteten Sälen.

Von den drei Arten, dem Saal Sonnenſchein und Luft zuzuführen, folgt diejenige, bei welcher ſeine Nebenräume an beiden Saalenden in zwei Gruppen ver-

247. Anordnung

---
[244]) Siehe: Riener, a. a. O., S. 435.
[245]) Siehe: Teil IV, Bd. 6, Heft 2 (S. 436 u. Fig. 365 u. 366, S. 440 ff.) dieſes »Handbuches«.

einigt werden, dem Plan von *Lariboifière*. Diefe Trennung bietet der Ueberwachung Schwierigkeiten, und der Saal geniefst nicht die Ruhe wie in dem Falle, wenn alle Nebenräume an einem Ende vereinigt find, da entweder die Abfonderungszimmer oder der Tagraum von den Aborten entfernt liegen, was unnütze Wege und Geräufch im Saal verurfacht. Von dem Eintretenden kann nur die eine Gruppe der Nebenräume und günftigftenfalls der Saal fchnell überfehen werden. Diefe fur letzteren wenig günftige Anordnung bietet aber Vorteile für die Nebenräume, denen zwei freie Pavillonsecken mehr zu ftatten kommen, die dem Saal entzogen find.

Von den folgenden 12 Beifpielen beziehen fich 8 auf eingefchoffige Bauten, die der wachfenden Zahl der Nebenräume nach in fteigender Reihe geordnet wurden, und 3 auf mehrgefchoffige Gebäude diefer Gattung. Zum Teile find beide Gruppen an den Enden gleich grofs gehalten; in den eingefchoffigen Pavillons zu Bourges, Brüffel und St.-Denis wurden die Abortgebäude getrennt, und in den eingefchoffigen Pavillons zu Philadelphia, Hamburg-Eppendorf, Berlin und Wien ift die Symmetrie der Raumgruppen gänzlich aufgegeben.

248.
Beifpiel I.

In den vier maffiv gebauten chirurgifchen Baracken des Akademifchen Krankenhaufes zu Heidelberg (Fig. 66 bis 69[246]) liegen am Eingang Spülküche, Bade- und Abortraum, am Ende zwei Abfonderungszimmer mit vorgebauter verglafter Veranda zur Lagerung Kranker, die einen Ausgang über Stufen zum Garten hinab hat.

Fig. 66.

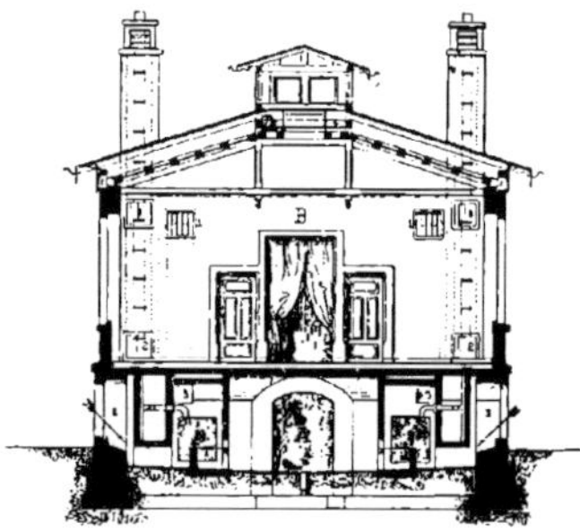

Querfchnitt zu Fig. 67 bis 69[246].
1:250 w. Gr.

Die Baracken ftehen mit oft-weftlichen Längsachfen einander paarweife an ihren Eingangsfeiten gegenüber und find durch feitlich offene Gänge unter fich und mit anderen Gebäuden verbunden. Die Höhe der Aufsenwände der Baracken beträgt 6,60 m und der Abftand zwifchen den Längswänden 17,00 m; erftere verhält fich fomit zum Abftand wie 1 : 2,5. Das im Lichten 2,30 m hohe Sockelgefchofs liegt 1,40 bis 1,70 m über dem Erdboden. Im Saal, deffen Bettenftellung keine Beziehung zu den Fenfterachfen hat, wurden durch Bretterwände 2 Betten abgefondert. Seine Decke folgt der Neigung des Daches in 0,30 m Abftand. Der Zwifchenraum fteht durch Klappen mit der Aufsenluft in Verbindung. In der Spülküche führt die Treppe zu einem Halbftockraum und zu den Umgängen des Dachreiters (fiehe Art. 93, S. 57), welcher auch die Mittelgänge zwifchen den Endräumen lüftet. Die Fenfter des gewölbten Sockelgefchoffes unter dem Saal werden nur bei grofser Kälte gefchloffen. Zwei *Reinhardt*'fche Feuerluftöfen, welche die Zuluft des Saales erwärmen, liegen an der Eingangsfeite im Sockelgefchofs, zwei andere für die Abfonderungszimmer unter dem Saalende. Die Heizung von Bad und Abort erfolgt durch einen eifernen *Meidinger*-Ofen. Der Raum unter der Veranda für die Patientenkleidung hat Fenfter mit feften Jaloufien.

Von der überbauten Fläche entfallen 161,50 qm auf den Saal[247] und 122,50 qm auf das Zubehör.

249.
Beifpiel II.

Jeder der nach *Tollet*'s Syftem gebauten 12 Pavillons im Hofpital des VIII. Armeecorps zu Bourges (Fig. 70[248]) ftellt eine Halle mit fpitzbogenförmigem Querfchnitt auf niedrigem Unterbau dar, in welche je zwei Nebenräume an den Enden durch Fachwerkwände und Decken über Kämpferhöhe eingebaut wurden.

Die Pavillons find zu je 6 an der Eingangsfeite durch einen heizbaren Gang verbunden, der wie das Abortgebäude fo niedrig gehalten ift, dafs eine Längsdurchlüftung des Saales mittels feiner hoch

---

[246] Nach: KNAUFF, a. a. O., Taf. XXI u XXII.
[247] Hier und in den folgenden Beifpielen ift der Saal einfchliefslich feiner Umwandung in Rechnung geftellt.
[248] Nach: GRUBER, a. a. O., S. 229.

gelegenen Rofettenfenfter in den Giebeln erfolgen kann. Doch bieten die Decken der niedrig eingebauten Nebenräume im Saale beträchtliche Staubablagerungsflächen. Die Gebäude ftehen einander in zwei Reihen fymmetrifch gegenüber; ihre Längsachfen find von Nordweft nach Südoft gerichtet und umgekehrt. Bei

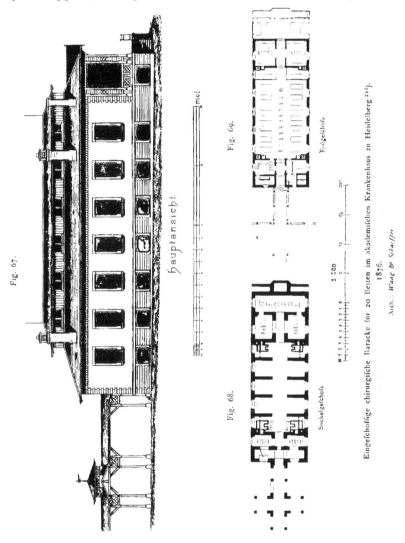

5,05 m Wandhöhe und 15,00 m Abftand ift die Höhe der Pavillons dem 3-fachen ihres Abftandes gleich; ihr Fufsboden liegt 1,50 m über dem Erdreich auf gewölbtem Unterbau.

Der Tagraum hat, wie die Spülküche, einen Ausgang nach dem Garten erhalten. Das Abortgebäude ift durch einen gedeckten Gang und drei Thüren vom Saal getrennt worden, da man die Ausscheidungen in Tonnen (Syftem *Coux*) fammelt und desinfiziert. »Ungeachtet deffen erhalten die Säle, wenn der Wind von diefer Seite kommt, den Geruch der Aborte, befonders wenn fie nicht forgfältig gehalten werden.« Die nur 2,oo m hohen Fenfter in den Längswänden haben bewegliche eiferne Jaloufien und wirken gedrückt. Ueber die Konftruktion des Saales fiehe Art. 70 (S. 41). Zwei chirurgifche Pavillons erhielten eine von *Genefte & Herfcher* in Paris geplante Kaminluftheizung.

Die überbaute Fläche des ganzen Pavillons beträgt ohne Verbindungskorridor 360 oder für jedes Bett 12,41 qm; hiervon beanfprucht der Saalbau 259 und das Zubehör 102 qm Grundfläche.

Fig. 70.

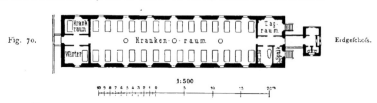

Erdgefchofs.

Eingefchoffiger Kranken-Pavillon für 29 Betten im *Hôpital militaire* zu Bourges [249]).
1878.
Arch.: *Tollet.*

250.
Beifpiel
III.

In den 6 Pavillons des *Hôpital militaire* zu Brüffel (Fig. 71, 73 u. 74 [249 u. 250]), welche im Grundplan denjenigen in Bourges verwandt erfcheinen, find die Nebenräume nicht in den Saal eingebaut, wie in Bourges, fondern in ganzer Höhe von ihm getrennt.

Die Pavillons mit nordöftlich-füdweftlicher Längsachfe erhielten niedrige Unterbauten und find durch heizbare Gänge miteinander verbunden. Der äufsere Abftand der Pavillonwände beträgt 14,oo m bei einer Gebäudehöhe von 6,25 m, fomit das 2,25-fache diefer Höhe. Der Pavillonfufsboden liegt 0,65 m über dem Erdboden und 1,30 m über dem Boden des Hohlraumes unter dem Pavillon.

Durch Fenfter in den Stirnwänden des Saales und des Gebäudes würde eine Längsdurchlüftung der oberen Saalfchichten möglich fein, wenn man, wie in den Doppelpavillons desfelben Hofpitals den Schnitt in Fig. 72 [249] zeigt, die Flurgänge hoch geführt hätte. Die vorhandenen Dachräume über Nebenräumen und Saal find als Luftregelungskammer gedacht und nicht rein zu halten. Die Anordnung der Nebenräume ift fchlechter als in Bourges, da diejenigen, welche fich in dem als Tagraum dienenden Speifezimmer aufhalten, durch den Saal zu den Aborten gehen müffen und die Spülküche, welche nach dem Plan in *Putzeys*' Buch vom Wärterzimmer abgetrennt wurde, vom Speifezimmer weit abliegt; zwifchen Bade- und Wafchraum ift dort keine Wand. Bezüglich der Vorfchläge, welche *Putzeys* an feine Kritik der Heizungs- und Lüftungsanlage knüpft, fiehe Art. 98 u. 146 (S. 60 u. 89).

Die gefamte überbaute Fläche beträgt etwa 307 qm, fomit für 1 Bett 14,60 qm; davon find auf den Saal 207 und auf die Nebenräume 100 qm zu rechnen.

251.
Beifpiel
IV.

In den drei chirurgifchen Pavillons des Hofpitals zu St.-Denis wurden die Nebenräume vom Saal und von den Aborten durch Glasgänge getrennt; eine unbedeckte Terraffe liegt der Südfront vor. Diefer Einteilung des Grundplanes entfprechend, gliedert fich der Aufbau des Pavillons auch in verfchiedenen Höhen. Fig. 75 u. 76 [251]) ftellen den mittleren Pavillon dar.

Der Abftand der in der Längsachfe gereihten Pavillons beträgt zwifchen den Stirnfeiten 7,oo m. Ihr Fufsboden liegt 0,25 über der Erdgleiche auf einem 3,30 m hohen Pfeilerbau, der an der Nordfeite durch Hinabführen der Umfaffungsmauer abgefchloffen, an der Südfeite hingegen bis auf 4,55 m Breite vor dem Gebäude, bis wohin das Erdreich abgeböfcht wurde, offen gelaffen und durch 2 Treppen vom Erdgefchofs aus erreichbar ift.

Die Decke des nach *Tollet*'s Syftem gebauten Saales walmt fich allfeitig ab. Nach der Terraffe zu wurden nur Thüren mit Klappen in den oberen Teilen, wie in den Fenftern angeordnet. Die Er-

[249]) Nach: PUTZEYS, F. & E. PUTZEYS. *Defcription de l'hôpital militaire de Bruxelles.* Lüttich 1889. Pl. IV u. Fig. 4, 7, 8.
[250]) Nach: Heizungs- und Lüftungsanlage des Militärkrankenhaufes zu Brüffel. Gefundh.-Ing. 1889, S. 801 u. Taf. 8.
[251]) Nach: *Nouv. annales de la confir.* 1881, Pl. 50, 51.

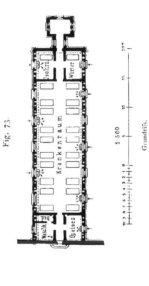

Fig. 71. Langsansicht. 1:250

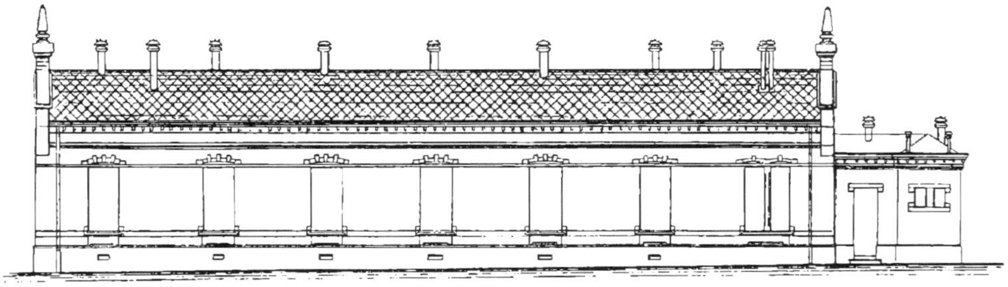

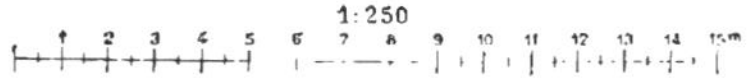

Fig. 72. 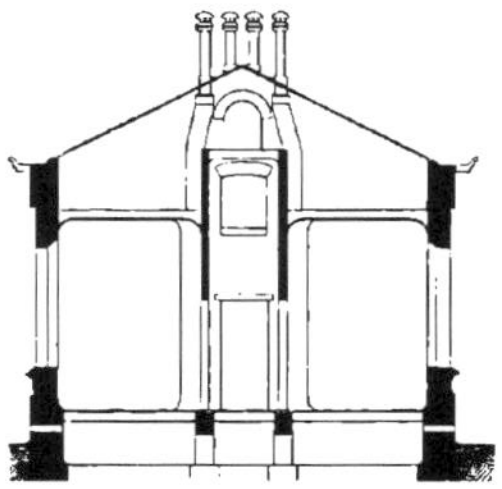 Schnitt durch die Nebenräume.

Fig. 73. Grundriss. 1:500

Fig. 74. Schnitt durch den Krankensaal.

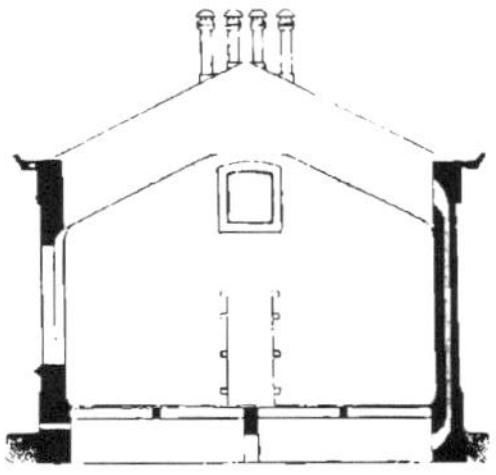

Eingeschossiger Kranken-Pavillon für 21 Betten im *Hôpital militaire* zu Brüssel nach dem Plan des *Colonel du génie De Vos* [249 u. 250]. 1889.

wärmung des Saales erfolgt durch zwei Luftheizungsöfen nach *Perret* im Unterbau und durch zwei offene Feuerplätze in der Saalmitte, die Entlüftung durch den Mantelraum des Heizrohres und zwei Lüftungsrohre im Firft. Der Tagraum erhielt gewöhnliche Ofenheizung. Im Abortgebäude liegt ein Abwurf für fchmutzige Wäfche nach einem im Unterbau ftehenden Gleifewagen. — Die Benutzung der Räume weicht in den anderen zwei Pavillons, welche nur je ein Abortgebäude erhielten, von derjenigen im *Pavillon central* ab. An der einen Seite des Saales dienen fie als Zimmer für den Chirurgen, Baderaum und Schlafraum für den Saalwärter, an der anderen Seite als Tagraum, Pflegerinnenraum und Spülküche. Von den überbauten 340 qm beanfprucht der Saalbau 196 und das Zubehör 144 qm Grundfläche.

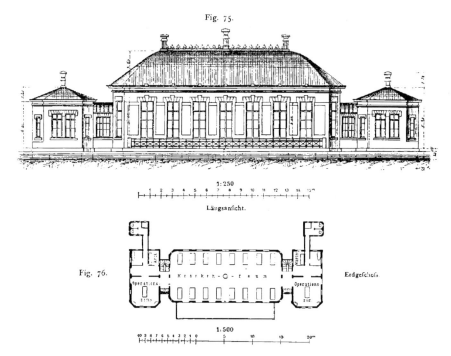

Fig. 75.

Längsanficht.

Fig. 76.   Erdgefchofs

Eingefchoffiger chirurgifcher Pavillon für 16 Betten im *Hôpital municipal de Saint-Denis*[251]).
1880.
Arch.: *Laynaud*.

251 Beifpiel V

Im chirurgifchen Pavillon des *Presbyterian hofpital* zu Philadelphia (Fig. 77 [252]) wurden faft alle Nebenräume an der Eingangsfeite zu beiden Seiten des Mittelganges vereinigt und nur der Tagraum dem Saalende vorgelegt.

Bei diefer Anordnung müffen alle Rekonvalescenten durch den Saal zum Abort gehen und ihre Ueberwachung im Tagraum ift erfchwert. Der Saal, in welchem die Betten fehr eng ftehen, hat Dachreiter.

253. Beifpiel VI

Infolge der gröfseren Zahl von Abfonderungszimmern, welche die 23 grofsen Pavillons im neuen allgemeinen Krankenhaus zu Hamburg-Eppendorf (Fig. 78 bis 80[253]) erhielten, find diefe Zimmer dort nebft einem Wärterraum zu feiten des Einganges

251) Nach Wylie, a. a. O., S. 216. — Dafelbft befindet fich auch die Längsanficht.
253) Nach: Denecke, a. a. O., S. 571, 567, 581.

Fig. 77.

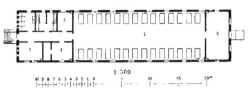

1. Krankenfaal. 2. Tagraum. 3. Operationszimmer. 4. Pflegerin. 5. Spülküche.

Eingefchoffiger chirurgifcher Pavillon für 28 Betten im *Presbyterian hofpital* zu Philadelphia [252].
1875.

Der Dachreiter des Saales (fiehe Art. 97, S. 59) ift über den Lüftungsflur hinweggeführt. In letzterem liegt der Abwurf für fchmutzige Wäfche nach dem Keller; die Spülküche ift nur vom Tagraum aus zu erreichen. Kalt-

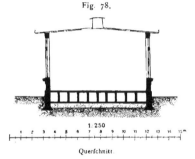

Querfchnitt.
Fig. 79.

Fig. 80.

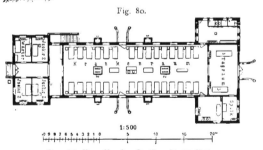

Eingefchoffiger Kranken-Pavillon für 33 Betten im neuen allgemeinen Krankenhaus zu Hamburg-Eppendorf [253].
1886.
Arch.: *Zimmermann & Ruppel*.

gelegt, aber vom Saal durch einen Lüftungsgang getrennt worden. Das übrige Zubehör liegt in weit vorfpringenden Vorlagen zu beiden Seiten des wie in Beifpiel V angeordneten Tagraumes.

Die Pavillons flehen frei und parallel unter fich in Reihen; ihre Aufsenwände haben 7,00 m Höhe und 20,00 m (gleich ihrer 2,85-fachen Höhe) Abftand.

wafferbehälter find über Abort, Spülraum und Wärterzimmer angeordnet. Letztere Räume haben nur 3,60 m Höhe, und ein Warmwafferbehälter liegt über dem Wärterzimmer. Der vordere unterkellerte, aber nur von aufsen zugängliche Gebäudeteil enthält aufser den Räumen für die Heizung (fiehe Art. 144, S. 88) Kammern für Geräte und die Patientenkleidung. Von der überbauten Fläche find 251 qm auf den Saal, 215 qm auf das Zubehör zu rechnen.

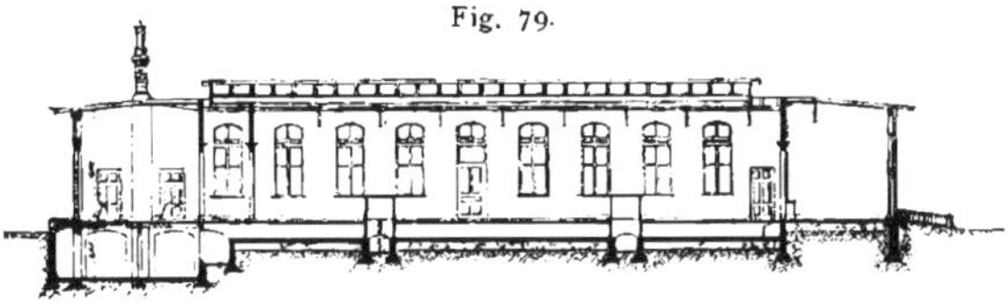

In den fünf neuen Moabiter Baracken (Fig. 81 [254]) ift bei ähnlicher Gefamtanordnung das Verhältnis des Zubehörs zur Saalgröfse noch beträchtlicher.

254. Beifpiel VII.

Hier ift im öftlichen Kopfbau den 2-Bettenzimmern ein Bade- und Abortraum zugegeben, und zum Zubehör am Tagraum gehört ein Zimmer für Desinfektionseinrichtungen (fiehe Art. 206 u. 209, S. 124 ff.). Der Saal erhält Firftlüftung

---

[254] Nach: Berlin und feine Bauten. Berlin 1896. Bd. II, S. 439.

und ein Deckenlicht über dem Unterfuchungstifch. Ein folches wurde auch in die Decke des Eingangsflures eingefügt. Dahinter liegen eine Einfteigeklappe und über dem Saaleingang, wie über dem Lüftungsflur vor dem Desinfektionsraum je ein Warmwafferbehälter.

Von den 406 qm überbauter Fläche entfallen auf den Saal 193, auf das Zubehör 213 qm.

255.
Beifpiel
VIII.

Das Vorbild für Hamburg-Eppendorf waren die vier chirurgifchen Pavillons im ftädtifchen allgemeinen Krankenhaufe am Friedrichshain zu Berlin; doch erhielten diefe aufser fehr reichlichem Zubehör auch Wohnungs- und Schlafräume für Wärter und für einen Affiftenzarzt (Fig. 82 bis 85 [255]).

Die Pavillons haben nord-füdliche Längsachfe und flehen fich paarweife mit der Eingangsfeite gegenüber, fo dafs die Tagräume wie die ihnen vorliegenden Veranden in zwei Gebäuden nach Norden, in den anderen nach Süden gerichtet find.

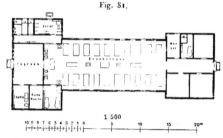

Fig. 81.

Baracke für 26 Betten im 3. ftädtifchen Krankenhaus zu Moabit in Berlin [254]).
1895—96.
Arch.: *Blankenftein*.

Die äufsere Wandhöhe der Pavillons beträgt 8,50 m und der Abftand derfelben untereinander 54,00 m oder das 6,34-fache ihrer Höhe. Der Saalfufsboden liegt 1,10 m über der Erdgleiche, der Kellerfufsboden 2,00 m unter derfelben und das Obergefchofs im vorderen Teil 4,50, im hinteren 5,00 m über dem Erdgefchofs.

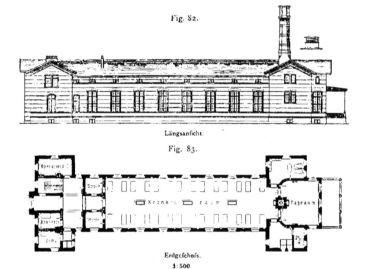

Fig. 82.

Längsanficht.

Fig. 83.

Erdgefchofs.
1:500

Eingefchoffiger chirurgifcher Pavillon für 32 Betten
im ftädtifchen allgemeinen Krankenhaus am Friedrichshain zu Berlin [255]).
1874.
Arch.: *Gropius & Schmieden*.

[255]) Nach: Zeitfchr. f. Bauw. 1875, Bl. 45 u. 46.

Der Saal, welcher 28 Betten fafst, hat fchräg anfteigende Decke und Dachreiter. Der Querflur wird zur Aufftellung der Geräte und Wäfchefchränke benutzt. Im Obergefchofs des Kopfbaues befinden fich 2 Abfonderungszimmer und die Affiftenzarztwohnung, im Kellergefchofs 3 Wärterzimmer, 1 Aufnahmebad und 1 Vorratsraum. In anderen Pavillons hat das Operationszimmer als Wechfelraum und ein Wärterzimmer im Sockelgefchofs als Leichenkammer für vorübergehende Zwecke Verwendung gefunden. Ueber dem Endbaukörper wurden Räume für die Hilfswärter, die Patientenkleidung und den Wafferbehälter angeordnet, während hier im Keller nur folche für die Heizung liegen (fiehe Art. 131, S. 78). An überbauter Fläche beanfprucht der Pavillon 648,00, bezw. einfchliefslich der Veranda 680,00 qm; hiervon entfallen auf den Saal 316,00 qm und 332,00, bezw. 364,00 qm auf das Zubehör.

Benutzung und Einrichtung verfchiedener Räume haben fich feit der Erbauung geändert. Der Tagraum wurde zum Krankenraum; die Abfonderungszimmer im Obergefchofs laffen fich bei ihrer abgelegenen Lage fchwer beauffichtigen und erhielten mit dem Erdgefchofs Klingelverbindung. In den 4 Pavillons giebt es nur noch ein einziges Operationszimmer. 3 Pavillons dienen jetzt für Männer, 1 für Frauen, und der Wartedienft ift aus Männerhänden zum Teile in Frauenhände übergegangen. Die Oberwärterin fchläft im Wärterzimmer am Saal, und die 3 Wärterräume in Kellergefchofs bewohnen jetzt 1 Hilfswärterin, 1 Hausdiener und in den Männerpavillons 1 Wärter. Im niedrigen Wärterraum über dem Tagraum wurden, der ruhigen Lage wegen, 4 Nachtwärterinnen einquartiert.

In den zweigefchoffigen Pavillons des ftädtifchen Krankenhaufes am Urban zu Berlin (Fig. 84 [256]), die für Aeufserlich- und Innerlichkranke dienen, erhielt der

256 Beifpiel IX.

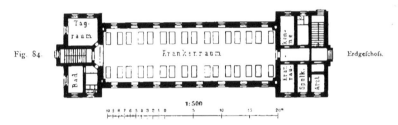

Fig. 84.

Erdgefchofs.

Zweigefchoffiger Kranken-Pavillon für 68 Betten mit dreigefchoffigem vorderen Kopfbau im ftädtifchen Krankenhaus am Urban zu Berlin [256]).
1890.
Arch.: *Blankenftein*.

Kopfbau an der Eingangsfeite ein drittes Gefchofs. Von den 9 Bediensteten des Pavillons wohnen 6 bis 8 darin; aufserdem find ein Arztzimmer, aber nur in einem Pavillon der chirurgifchen Abteilung eine Affiftenzarztwohnung vorgefehen.

Von den 68 Betten des Pavillons find in jedem Gefchofs 34, davon 32 im Saal, 2 in Einzelzimmern untergebracht. Die Pavillons ftehen fich zu je drei mit nord-füdlicher Längsachfe und parallel untereinander fymmetrifch gegenüber.

Ihr Abftand in einer Reihe beträgt zwifchen den Saalwänden 22,50 m oder, bei einer Höhe von 11,40, bezw. 13,70 m im zwei-, bezw. dreigefchoffigen Teil, das 1,95 fache der erfteren. Der Fufsboden des Erdgefchoffes wurde etwa 0.50 m über Erdgleiche und 2,30 m über dem Fufsboden des Kellergefchoffes angeordnet.

Die Haupttreppe und der Aufzug find durch einen Thürverfchlufs von den anderen Räumen getrennt. Die Kellertreppe erhielt einen Nebeneingang von aufsen. Im I. Obergefchofs tritt an Stelle des Arztraumes ein Pflegerinnenzimmer, und der Saal erhielt über dem Holzcementdach einen Dachreiter. Im II. Obergefchofs wohnt das Perfonal. Bezüglich der Heizungs- und Luftungsanlage fiehe Art. 133 (S. 70). Unter dem Dach befindet fich ein Wafferbehälter mit Dampffchlange.

Von den 557 qm [257]) überbauter Fläche entfallen auf den Saal 339 qm und auf das Zubehör 218 qm.

---

[256]) Nach: ALBRECHT, Neuere Krankenhäufer. Gefundh.-Ing. 1890, S. 731

[257]) Im Durchfchnitt der 3 Pavillons der Männerabteilung. Diejenigen für die Frauen find kürzer; ihre Säle enthalten nur 28 Betten.

257
Beispiel X.

Den Grundtypus der mehrgeschossigen Pavillonbauten bildeten die 6 Pavillons im *Hôpital Lariboisière* zu Paris (Fig. 85 [258]). Ihre drei Geschosse sind mittels der unmittelbar am Eingangsflur und Saal gelegenen Treppe verbunden, wodurch für den Eintretenden grofse Ueberfichtlichkeit der Säle, aber auch volle Gemeinschaft der unteren Säle mit den oberen entsteht.

Von den 102 Betten des Pavillons liegen in jedem Geschofs 34, davon 32 im Saal und 2 im Abfonderungszimmer. Je drei Pavillons mit Längsachsen von Oft nach Weft find parallel unter fich durch einen vorgelegten terraffierten Gang verbunden, an dem zwifchen je 2 Gebäuden der für alle Geschosse

Fig. 85.

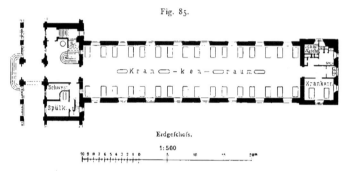

Erdgeschofs.
1:500

Dreigeschoffiger Kranken-Pavillon für 102 Betten im *Hôpital Lariboisière* zu Paris [258].
1853.
Arch.: *Gauthier*.

beftimmte Tagraum ebenfalls ebenerdig eingebaut ift, welcher die ganze Breite ihres Abftandes einnimmt. Die zweite Reihe fteht der erfteren gegenüber. Die Aufsenwände der Pavillons haben 18,75 m Höhe; ihr Abftand voneinander beträgt 21,00 m zwifchen den Saalwänden und 15,50 m zwifchen den vorderen Kopfbauten oder das 1,12-fache der Höhe der erfteren. Der Fufsboden des Erdgeschoffes liegt 0,75 m über dem Erdreiche.

Im Treppenhaus wurde ein Ausgang nach dem Hof zwifchen den Pavillons angeordnet. Der Tagraum ift vom Verbindungsgang aus zu betreten und erhielt 85,23 qm Fufsbodenfläche, von welcher auf jedes Geschofs 28,42 qm zu rechnen wären. An die Spülküche grenzt eine Nifche für die Badewanne. Ueber den Räumen gegenüber der Treppe find in Zwifchengeschoffen Kleidermagazine eingefchoben. Im rückwärtigen Kopfbau ift die Anordnung der Räume winkelig. Der Raum für fchmutzige Wäfche erhielt Abfallfchlote. Ueber die Heizungs- und Lüftungsanlage fiehe Art. 104, 105 u. 122 (S. 63 ff. u. 73).

Von den 600 qm überbauter Fläche entfallen 416 auf den Saal und 184 auf das Zubehör.

258. Beispiel XI.

In den 3 zweigeschoffigen Pavillons für Innerlichkranke des Kaifer-Franz-Jofeph-Spitals zu Wien ift das ausgedehnte Zubehör faft ganz an der nordweftlichen Eingangsfeite vereinigt (Fig. 86 [259]). Ein Teil des Kopfbaues erhielt ein III. Obergeschofs.

Der Abftand der Pavillons mit nordweftlich-füdöftlicher Längsachse beträgt bei 12,70, bezw. 15,70 m Höhe zwifchen den Sälen 28,00 und den Kopfbauten 15,00 m. Der Fufsboden des Erdgeschoffes liegt 1,20 m über dem Erdreich.

Den Saal mit 22 Betten ergänzen hier die 4 anftofsenden Ifolierzimmer und ein Krankenraum für 5 Betten. Im Zubehör befindet fich an Stelle einer vollftändigen Spülküche eine Theeküche, und als Tagraum kann nur der Querflur benutzt werden. — Im I. Obergeschofs ift der Raum für den Primärarzt dem 5-Bettenraum angefchloffen, und in einem II. Obergeschofs, welches über dem Kopfbau bis zu den

---

[258] Nach: MOUAT & SNELL, a. a. O., Section II, Taf. bei S. 141.
[259] Nach: Jahrbuch der Wiener k. k. Krankenanftalten 1892. Wien u. Leipzig 1893. Taf. XLI.

Ifoherzimmern und feitlich bis zu den vorderen Gebäudevorfprüngen reicht, befinden fich 2 Schlaffäle für das Warteperfonal nebft 1 Abort und Magazin. Das Gebäude wurde nur fo weit unterkellert, als die Heizungsanlage und die teilweife tiefer geführten Fundamente erforderten.

In dem unter *Billroth*'s Mitwirken entftandenen und feinen Namen tragenden Pavillon für Kranke III. Klaffe im Rudolfinerhaus zu Wien ift das Erdgefchofs für

259. Beifpiel XII.

Fig. 86.

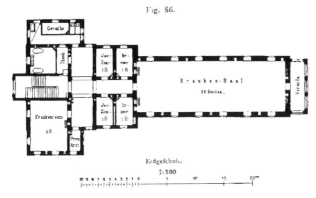

Zweigefchoffiger Pavillon für 62 Innerlichkranke im Kaifer-Franz-Jofeph-Spital zu Wien [259].
1889.
Arch.: *Hrauatfch & Fellner.*

Frauen und Kinder, das Obergefchofs für Männer beftimmt. Auf jeder diefer 3 Stationen dienen die Krankenräume für Aeufserlich- und Innerlichkranke, da in den Sälen der Baracke derfelben Anftalt eine Vereinigung diefer Kranken keinen Nachteil gebracht hatte (Fig. 87[260]).

Das am öftlichen Ende gelegene Treppenhaus betritt man vom Verbindungsgang aus. Im Erdgefchofs dient der 16 Betten faffende Saal den Frauen, ein zweiter für 6 Betten unter der Loggia mit vorgelegter Terraffe den Kindern, und eine über Menfchenhöhe reichende, matt verglafte Wand hinter

Fig. 87.

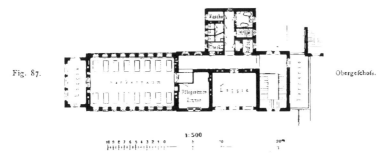

Obergefchofs.

Zweigefchoffiger Pavillon für 38 Betten im Rudolfinerhaus zu Wien [260].
1894.
Arch.: *v. Gruber.*

---

[260] Nach freundlicher Mitteilung des Herrn Hofrat Profeffor *v. Gruber* in Wien.

dem Aufzug vom Treppenhaus aus schliefst diese beiden Abteilungen ab. Die Kranken des Erdgeschosses gelangen von der Loggia am Saal über eine Rampe in den Garten. Als Ersatz dafür wurde der Männerabteilung, welche das Obergeschofs einnimmt, reichlicher Platz in 2 Loggien und auf der Terrasse über dem Verbindungsgang im Freien gegeben. Jedes Pflegerinnenzimmer enthält 3 Betten. Das übrige Zubehör ist an der Nordseite vereinigt. Unter der hier angeordneten eisernen Dachtreppe liegt ein Geräteraum.

β) Pavillonbauten mit dreiseitig belichteten Sälen.

260.
Anordnung.

Dieser Typus ist in England in der schon in Art. 181 (S. 110) besprochenen unvollkommenen Weise zur Ausführung gelangt, wobei die eine Stirnseite teilweise der Aufsenluft zugänglich ist, die vorspringenden Ecktürme aber die Aufsenlüftung berücksichtigen.

Reine Form mit freier Stirnseite zeigen die rechteckigen Pavillons im Johns-Hopkins-Hospital zu Baltimore.

261.
Beispiel I.

In den drei allgemeinen Pavillons des Johns-Hopkins-Hospitals zu Baltimore (Fig. 88 [261]) wurden alle Nebenräume am Nordende vereinigt. Der Verbindungsgang, welcher gleiche Höhe mit dem Unterbau hat, ist beiderseits in das Gebäude hineingeführt und seine Terrasse vom Pavillondach überdeckt.

Die Pavillons stehen parallel zu einander. Die Gebäude haben eine Höhe von $10{,}36$ m; ihr Abstand beträgt zwischen den Nebenräumen $13{,}40$ m und zwischen den Sälen $18{,}30$ m, gleich dem

Fig. 88.

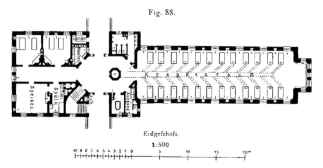

Erdgeschofs.
1:500

Eingeschoffiger Kranken-Pavillon für 28 Betten im Johns-Hopkins-Hospital zu Baltimore [261]).
1889.
Arch.: *Niernsee*, sowie *Cabot & Chandler*.

$1{,}76$-fachen der Höhe. Der Fufsboden des Unterbaues liegt $0{,}30$ m, derjenige des Erdgeschosses $4{,}10$ m, der des Verbindungsganges $1{,}37$ m über Erdgleiche, und der unter letzterem vorhandene Rohrtunnel hat $2{,}13$ m lichte Höhe.

Im Erdgeschofs münden die Treppe, der Aufzug für schmutzige Wäsche und der Raum für Patientenkleidung auf die genannte Terrasse, also in das Freie, und der Raum für reine Wäsche erhielt ein Fenster nach derselben. In den Nebenräumen zwischen Saal und Terrasse wurden die lotrechten Zu- und Ableitungsrohre mit ihren Geruchsverschlüssen in schrankartigen, dauernd erwärmten, über Dach geführten Schloten zusammengelegt. In letztere sind auch die Abluftrohre der Spüllaborte und Pissoirs eingeführt. Im hohen Unterbau (siehe Fig. 26, S. 77) liegen ein für sich abgeschlossenes klinisches Laboratorium, ein Magazin und der Raum für schmutzige Wäsche. Ueber die Heizungs- und Lüftungsanlage siehe Art. 132 (S. 78).

Die überbaute Fläche beträgt 640 qm, wovon 298 qm auf den Saal und 342 qm auf die Nebenräume zu rechnen sind.

---

[261]) Nach: BILLINGS, a. a. O., Taf. 21.

Die neue *Royal infirmary* zu Edinburgh hat vier zweigefchoffige Pavillons (Fig. 89 [262]) für Innerlichkranke, in welchen die eingefchränkten Bad- und Aborttürme am Südende, die fehr ausgedehnten Nebenräume zu beiden Seiten eines Mittelganges am Nordende angeordnet wurden. Letzteren betritt man von einem Querflur aus, in welchen die allen Gefchoffen gemeinfame Treppe und Aufzüge münden. Diefer Querglang wurde im Sockel- und im Erdgefchofs als Verbindungsgang zwifchen den Pavillons beiderfeits fortgefetzt.

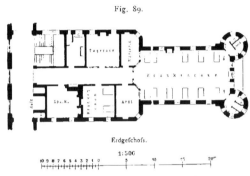

Fig. 89.

Erdgefchofs.
1:500

Dreigefchoffiger Pavillon für Innerlichkranke mit 69 Betten in der *Royal infirmary* zu Edinburgh [262].
1879.
Arch.: *Bryce*.

Ueber dem Sockelgefchofs, das wegen fallenden Geländes gegen Süden frei liegt und hier die Anlage eines Rekonvalescentenraumes geftattete, befinden fich zwei Krankengefchoffe und ein ausgebautes Dach für die *Ward-affiftants*. Das Gebäude enthält 69 Betten, von denen in jedem feiner drei Gefchoffe 21 im Saal und 2 in einem Abfonderungszimmer aufgeftellt find. Der Höhe der Pavillons von 14,00 m (= 46 Fufs) bis zum Dach entfpricht ein Abftand der Saalwände bei den mittelften zwei Gebäuden von 34,16 m (= 112 Fufs) und zwifchen diefen und den äufseren von 30,50 m (= 100 Fufs); das Verhältnis von Höhe zum Abftand ift fomit 1 : 2,50, bezw. 1 : 2,15.

Der Tagraum wird nur durch eine niedrige Glaswand vom Mittelgang getrennt. Im Saal ftehen an der Weftwand 1 und an der Oftwand 2 Kamine, daher an erfterer 11 und an letzterer 10 Betten.

Die überbaute Fläche beträgt einfchliefslich des zum Pavillon gehörigen Teiles des Verbindungsganges etwa 739 qm, fomit für 1 Bett 10,70 qm. Von diefer Fläche nimmt der Saal 360 qm ein, fo dafs für das Zubehör 379 qm verbleiben.

Eine eingehende Kritik in der Zeitfchrift »*Lancet*« [263]) tadelt die verfchwenderifche Ausdehnung, die Zahl der Nebenräume und die Vernichtung der beabfichtigten Wirkung des Pavillonfyftems durch Herftellung der Luftgemeinfchaft mittels Treppen und Aufzügen an gefchloffenen, geheizten Verbindungsgängen. Ein Syftem von Abluftrohren endet im Saugfchornftein am Wafferbehälter, und am anderen Ende des Pavillons liegen 3 offene Feuerplätze; »... wir verftehen nicht, wie man eine folche Bewegung des Luftftromes in diefen Rohren in einer Richtung immer fichern kann«. Die an beiden Enden gelegenen Abortfallrohre führen unmittelbar in einen Entwäfferungskanal, fo dafs der Saal zwifchen zwei Stellen liegt, von denen gelegentlich Gafe in denfelben eindringen können.

γ) **Pavillonbauten mit allfeitig belichteten Sälen.**

In zweifacher Weife hat man verfucht, den Saal nach allen vier Seiten mit der Aufsenluft in Verbindung zu bringen, indem man entweder die Nebenräume an den Enden feiner Längsfeiten verteilte oder fie alle zufammenlegte und in Geftalt eines Nebengebäudes nur in lofe Verbindung mit dem Saal brachte. — Die erftere Art empfahl *Tollet*, deffen Plan unter den nachftehenden Beifpielen folgt; fie ermöglicht gute Innenlüftung des Saales in der Längs- und Querrichtung in allen

---

262) Nach: *Builder*, Bd. 45, S. 8.
263) Siehe: *New Royal infirmary at Edinburgh. Lancet* 1880 — II, S. 393 u. 463.

Hohenlagen durch entsprechende Fenster oder Thüren, gute Lüftung der Nebenräume, die an drei Seiten Fenster erhalten können, und fordert wenige oder gar keine Gänge im Krankengebäude. Dagegen leidet die Aufsenlüftung durch die vorspringenden Baukörper, und die Ruhe des Saales wird durch den Verkehr zwischen den Nebenräumen, deren Ueberwachung erschwert ist, mehr als nötig beeinträchtigt.

Diese Nachteile werden bei vollständigem Freilegen des Saales und bei Vereinigung seines Zubehörs in einem Nebengebäude vermieden, wie dies zwei nachstehende Pläne zeigen. Derselbe Grundgedanke liegt dem ausgeführten Scharlach-Pavillon im *Hôpital Trousseau* in Paris zu Grunde (siehe unter b, 5, x), während in den Antwerpener Pavillons die Nebenräume in zwei Nebengebäude verteilt wurden. Nachteile in der Handhabung der Pflege scheinen sich hier nicht herausgestellt zu haben. In Antwerpen vollzieht sich der Verkehr in den Pavillons mit grosser Ruhe und Sicherheit. Ob man den Gedanken einer vollständigen Trennung der Nebenräume vom Saal, die aus anderen Gründen auch in der preufsischen versetzbaren Lazarett-Baracke vollzogen wurde, in allgemeinen Krankenhäusern weiter ausbilden wird, mufs der Zukunft überlassen bleiben. Jedenfalls ermöglicht diese Anordnung die vollkommenste Ausbildung eines Krankensaales in Bezug auf Sommerlüftung.

264. Beispiel I.

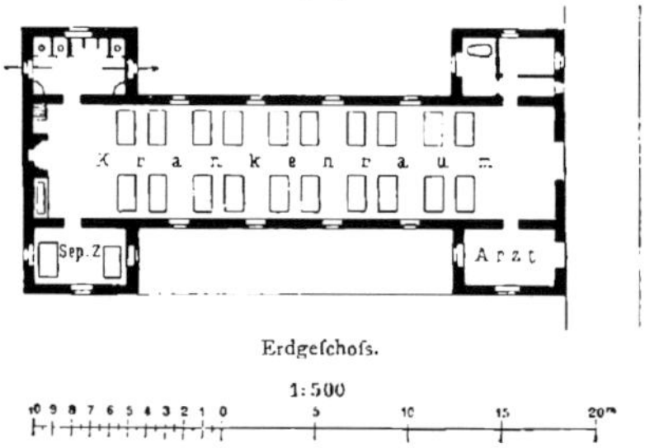

Nach *Tollet*'s Plan für einen zweireihigen Saal betritt man denselben unmittelbar vom Verbindungsgang aus, der an einer Stirnseite des Pavillons liegt (Fig. 90 [264]). Längs des Saales ist an einer Seite zwischen den Nebenräumen eine Terrasse angeordnet.

Fig. 90.

Erdgeschofs.
1:500

Eingeschossiger Kranken-Pavillon für 22 Betten [264].
1878.
Arch.: *Tollet*.

Die langgestreckte Saalform ermöglicht die Stellung der Betten zwischen den freiliegenden Teilen der Längswände, wo sie paarweise an den Pfeilern geplant sind. In den Endteilen des Saales sollen die Kranken aufser Bett sich aufhalten, bis sie den von *Tollet* geforderten Rekonvalescentenabteilungen zugewiesen werden können. Dem Saaleingang gegenüber liegt der Kamin, über welchem, wie in der Eingangswand, ein Rosettenfenster angeordnet ist.

265. Beispiel II.

Smith trennte in seinem Plan (Fig. 91 [265]) das im Nebengebäude vereinigte Zubehör durch einen beiderseits mit Fenstern versehenen Gang vom Saal, führte an dieser Stelle den Verbindungsgang, dessen terrassiertes Dach gleiche Höhe mit dem Unterbau des Pavillons hat, zwischen beiden Gebäudeteilen durch und verlegte die ihm in der Nähe des Saales entbehrlich erscheinenden Nebenräume in den Unterbau.

Das Nebengebäude enthält in dem über den Erdboden hervorragenden Untergeschofs die Diensträume des Warteperfonals und die durch einen Speiseaufzug mit dem Anrichte- und Tagraum verbundene

---

[264] Nach: Tollet. *Les édifices hospitaliers.* Paris 1892. S. 242.
[265] Nach: *Hospital plans. Five essays relating to the construction, organization and management of hospitals, contributed by their authors for the use of the Johns Hopkins hospital of Baltimore.* New York 1875. Taf. bei S. 326.

Fig. 91.

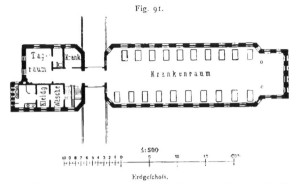

Erdgeschoſs.

Vorſchlag zu einem eingeſchoſſigen Kranken-Pavillon mit 20 Betten für das Johns-Hopkins-Hoſpital zu Baltimore nach *Smith*[265]).
1875.

Fig. 92.

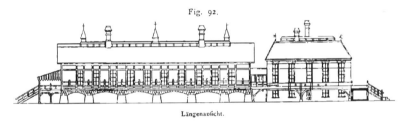

Längenanſicht.

Fig. 93.

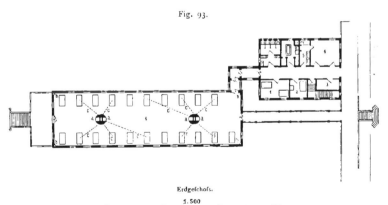

Erdgeschoſs.

1. Krankenſaal.
2. Unterſuchungszimmer.
3. Pflegerin.
4. Tagraum.
5. Spülküche.

a. Schornſtein und Lüftungsrohr.
b. Hilfsheizrohr.
c. Luftabzug nach dem Lüftungsſchornſtein.

Eingeſchoſſiger chirurgiſcher Pavillon für 23 Betten nach *Wylie*[266]).
1875.

Spulküche. Die als Blumennifche gedachte Saalerweiterung am Südende ift fo angegliedert, dafs dem Saal auch hier abgeftumpfte, von Fenftern durchbrochene Ecken gegeben werden konnten. In den Längswänden find die Fenfter gegeneinander verfetzt (vergl. Art. 76, S. 44), und die Betten ftehen an einer Wand vor den Fenftern, an der anderen vor den Pfeilern.

266. Beifpiel III.
Wylie legte die Längsachfe feines Nebengebäudes parallel zu derjenigen des Saales (Fig. 92 u. 93 [266]), fo dafs feine Stirnfeite ganz frei bleibt, und verband beide durch einen Winkelgang. Auch in diefem Plan erhielten Saal und Nebengebäude einen Unterbau in der Höhe des terraffierten Verbindungsganges.

An der Nordfeite ift die äufsere Umgebung durch die Brückenverbindung, welche einen unmittelbaren Zugang zum Saal von der Terraffe des Verbindungsganges aus ermöglichen foll, winkelig geworden. Im Unterbau des Nebengebäudes liegen Schlafräume der Bedienfteten und Magazine nebft Räumen für die Patientenkleidung und für Geräte. In feinem Hauptgefchofs erhielt der Mittelgang Firftlüftung auch über dem Winkelgang, der dasfelbe mit dem Saal verbindet, und Endfenfter. Zwifchen Abort und Baderaum fordert *Wylie* — abweichend vom Plan — eine Thür und in letzterem 2 Fenfter. Ueber dem Saal ift ein Dachreiter geplant. Bezüglich der Heizungs- und Lüftungsanlage des Saales fiehe Art. 114 (S. 70).

Der Saalbau beanfprucht 235 qm, das Nebengebäude 152 qm und die Veranda 36 qm überbaute Fläche.

267. Beifpiel IV.
Die zweigefchoffigen Säle im Gafthuis Stuivenberg zu Antwerpen (Fig. 94 [267]) fetzen fich aus drei gefonderten Teilen, dem Nebengebäude, dem kreisrunden Saalbau und dem Abortgebäude zufammen. Erfteres liegt öftlich, letzteres weftlich vom

Fig. 94.

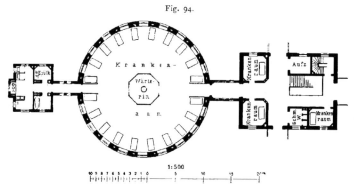

Zweigefchoffiger Pavillon mit 46 Betten im Gafthuis Stuivenberg zu Antwerpen. — Obergefchofs [267]).
1885.
Arch.: *Baeckelmans*, fpäter *Belmeyer & Van Kiel*.

Saal und umgekehrt, da die Pavillons einander in zwei Reihen fymmetrifch gegenüber ftehen. Diefe Stellung widerfpricht einem Hauptbeweggrund bei Wahl der Kreisform für Säle: fie möglichft der Sonne zugänglich zu machen. Sowohl die Strahlen der Morgenfonne, wie diejenigen der Abendfonne werfen bei einer folchen Lage der Nebengebäude Schatten auf einen Teil der Saalfenfter. Nur zwei Pavillons erhielten eine abweichende Achfenrichtung.

Die Höhe des Saalbaues beträgt von der Erdgleiche aus 14,00 m und der geringfte Abftand zweier Pavillons 22,50 m, gleich dem 1,6-fachen der erfteren; das Nebengebäude ift 12,00 und das Abortgebäude 11,00 m hoch.

Im erfteren dient der am Eingang gelegene Raum rechts unter der Nebentreppe, welche zum Dachgefchofs führt, als Magazin. Im Raum für fchmutzige Wäfche befinden fich die Abwürfe für

---
[266]) Nach: WYLIE, a. a. O., Taf. bei S. 99.
[267]) Nach: *Builder*, Bd. 45, S. 25.

diefelbe. In jedem Gefchofs ftehen 20 Betten (fiehe Art. 47 u. 48, S. 28 u. 30) im Saal und 3 in Einzelzimmern. Der Pavillon enthält fomit 46, bezw. 54 Betten. Bezüglich des Dachraumes fiehe Art. 68 (S. 40). Die Heizungs- und Lüftungsanlage wurde in Art. 137 (S. 82) befprochen.

Die überbaute Fläche beträgt 540 qm oder 11,74 qm für 1 Bett; von diefer fallen auf den Saal 345,70 qm, auf das Nebengebäude 151,60 qm und auf das Abortgebäude 42,70 qm Grundfläche.

2) Pavillons mit zwei Sälen in jedem Gefchofs.

Im Doppelpavillon bereitet das An- oder Einfügen des Zubehörs Schwierigkeiten. Soll eine Gemeinfchaft zwifchen beiden Sälen nicht ausgefchloffen werden, fo giebt man dem Bau nur einen Eingang in der Mitte, wie z. B. in Montpellier (fiehe Fig. 97) oder wie in den eingefchoffigen Pavillons des Roten-Kreuz-Hofpitals zu Budapeft, wo am Mitteleingang auch alle Nebenräume vereinigt wurden, fo dafs die Säle je an drei Seiten frei blieben. In eingefchoffigen Bauten können die Sale auch Längslüftung in den oberen Teilen erhalten, wenn man die in der Mitte vereinigten Nebenräume niedriger als die Säle hält; doch laffen fich die Mittelräume ohne rechtwinkelig zur Längsachfe des Pavillons eingefchaltete Quergänge fchwer ausgiebig genug luften, fo dafs ihre Atmofphäre in die Säle ziehen kann. Ein Verfuch, dies zu verbeffern, wurde u. a. im englifchen Normalplan für ein Regiments-Hofpital gemacht (fiehe Kap. 4, unter e, 1, β); doch dehnt fich die Gebäudelänge bei einfeitiger Lage der Nebenräume an einem Flurgang wie dort ihrer wachfenden Zahl entfprechend aus. — Verteilt man die Nebenräume auf die Mitte und die Enden, fo kann man in der Mitte diejenigen vereinigen, welche beiden Sälen gemeinfchaftlich fein dürfen, auch u. a. den mittleren Eingang für das Perfonal refervieren und den Kranken Ausgänge an den Enden geben, falls die Trennung der Abteilungen oder Gefchlechter dies wünfchenswert macht. — Vollftändige Perfonaltrennung bedingt gefonderte Eingänge in der Mitte oder an den Enden, jedenfalls aber eine undurchbrochene Trennungswand zwifchen beiden Gebäudehälften.

Diefelben Geftchtspunkte gelten für die Anordnung des Zubehörs bei mehrgefchoffigen Bauten, wo fich dasfelbe noch durch die Treppenverbindungen vermehrt. Giebt man dem Doppelpavillon eine Treppe in der Mitte, fo kann man bei Anordnung von Nebentreppen in den Kopfbauten eine lotrechte Teilung mit der wagrechten verbinden, wie in Verfailles, wo die Kopfbauten den Offizieren, bezw. auch den Schweftern dienen, und wie in Lille, wo man in den Blockbauten von *Ste.-Eugénie* auf folche Art die Rekonvalescenten untergebracht hat. Auch Zahlende könnte man in gleicher Weife getrennt halten, ohne fie von der Abteilung vollftändig zu verlegen.

Im übrigen fiehe bezüglich der Treppenanlagen Art. 220 (S. 131).

Die parallele Stellung der Säle führt zum Hufeifenbau und hat die Nachteile fchlechter Aufsenlüftung.

Unter gewiffen Umftänden kann man mit Vorteil einen kleinen und einen grofsen Saal in einem Gebäude verbinden, wie in der *Dewsbury Union workhoufe infirmary* zu Liverpool und in jeder Hälfte der Blockbauten zu Lille, welche in Art. 281 befprochen werden.

Von den folgenden 9 Beifpielen ftellen die erften 4 eingefchoffige Bauten dar; die übrigen beziehen fich auf mehrgefchoffige Gebäude. Beifpiel VIII zeigt einen Pavillon mit parallel ftehenden und Beifpiel IX einen mit ungleichen Sälen.

268. Anordnung.

269.
Beispiel
I.

Der Saal mit einer Reihe Betten, dem *Tollet* den Vorzug gab, wurde von ihm in Geftalt eines Doppelfaales in Vorfchlag gebracht (Fig. 95 [268]).

Der Umftand, dafs Säle mit 1 Bettenreihe ein Gebäude beträchtlich verlängern müffen, veranlafste ihn zur Anordnung eines Teiles der Nebenräume zwifchen zwei derfelben. Wenig glücklich ift dabei die Art der Zugänglichkeit diefes von ihm geplanten Doppelpavillons von feiner Stirnfeite aus, fo dafs man nur durch den vorderen Saal, zwifchen den Nebenräumen hindurch, zum zweiten gelangen kann und die Leichenbeförderung aus letzterem durch den Vorderfaal hindurch erfolgen müfste. *Tollet* giebt zu, dafs folche Säle auch nur für kleinere Krankenhäufer von 50 bis 100 Betten verwendbar fein würden.

Fig. 95.

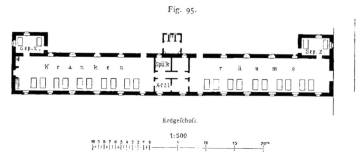

Erdgefchofs.
1:500

Plan für einen eingefchoffigen Doppelpavillon mit 24 Betten [268]).
1878.
Arch.: *Tollet*.

In der Mitte liegen neben dem Arztzimmer dasjenige der Pflegerin, neben der Spülküche der Baderaum. Der Weg zu den Aborten führt durch die freie Luft. Die Raummafse für jedes Bett in den Abfonderungszimmern an den Gebäudeenden find viel geringer als in den Sälen.

270
Beispiel
II.

In *St.-Eloi* zu Montpellier hat *Tollet* fein Spitzbogenfyftem auf 8 eingefchoffige Doppelpavillons mit Sälen für 2 Bettenreihen übertragen, welche einen hohen Unterbau erhielten (Fig. 96 bis 100 [269]), der, foweit er offen ift, für die Rekonvalescenten als Spazierplatz, in Kriegszeiten aber zur Aufnahme von Verwundeten benutzt werden foll, welchem Zweck die geringe Höhe und die infolge der vorgebauten Veranden mangelhafte Belichtung nicht entfpricht.

Die 8 Pavillons mit nordoft-füdweftlicher Längsachfe ftehen zu je 4 parallel zu einander in zwei Reihen gegenüber und find in jeder Reihe an einem Ende durch Flurgänge verbunden, deren Unterbau zwifchen den Pavillons durchbrochen ift. Wenn der Abftand der Pavillonachfen untereinander, wie *Tollet* angiebt, 27,00 m beträgt, fo würden die Höfe zwifchen denfelben etwa 17,50 m breit fein. Der Saalfufsboden liegt 3,50 m über dem Erdboden; die Seitenwände der Pavillons haben bis zur Dachfläche 8,70 m Höhe; ihr Abftand gleicht fomit dem 2-fachen der letzteren; doch vermindert er fich zwifchen den Balkonen auf 11,50 m und zwifchen den Nebenräumen auf 8,50, bezw. 7,50 m.

Von den 38 Betten jeder Pavillonhälfte find 28 im grofsen Saal, 4 zu je 2 in Ifolierzimmern und 6 für Rekonvalescenten im Unterbau geplant.

Im Obergefchofs zeigen die Einzelzimmer in den Plänen nur Fenfter nach dem Saal. Bezüglich der Konftruktion der Säle vergl. Art. 70 (S. 41).

Die überbaute Fläche beträgt einfchliefslich Terraffen 1274 qm und einfchliefslich des zugehörigen Teiles des Verbindungsganges 1409 qm, wovon 993 durch die Saalbauten und 581, bezw. 716 m durch das Zubehör eingenommen find.

[268] Nach: TOLLET, a. a. O., S. 242.
[269] Nach ebendaf., S. 272 u. 273.

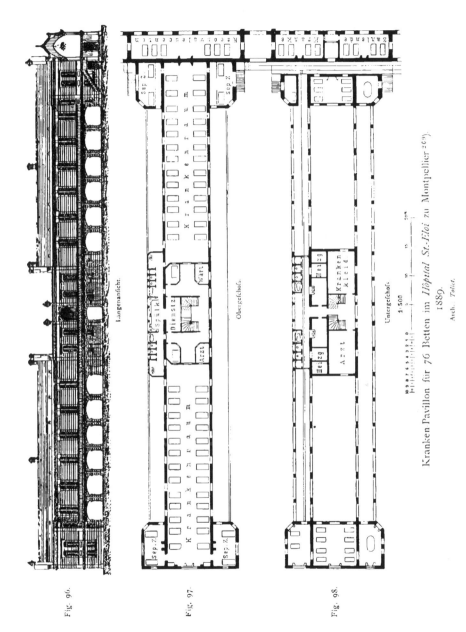

Fig. 96. Längenansicht.
Fig. 97. Obergeschoß.
Fig. 98. Untergeschoß.

Kranken-Pavillon für 76 Betten im *Hôpital St.-Eloi* zu Montpellier [26].
1889.
Arch. *Tollet.*

Tollet[270]) giebt in feiner vergleichenden Studie über Säle mit zwei-, drei- und allfeitiger Belichtung eine Variante diefes Planes, den er als den beften Typus bezeichnet.

271. Beifpiel III.
Die noch nicht vollendeten Doppelpavillons im *Rudolf-Virchow*-Krankenhaus zu Berlin erhielten im Mittelbau ein Obergefchofs für die Wohnungen des gefamten Perfonals (Fig. 101[271]).

20 Krankengebäude, welche parallel zu ihrer füd-nördlichen Längsachse und in zwei Reihen ftehen, folgen diefem Typus; der Abftand derfelben beträgt zwifchen den Sälen 22,00 m, ihre äufsere Höhe an den Sälen 4,50 m, an den Endkörpern 5,50 m und am Mittelbau 8,00 m. Der Saalfufsboden liegt 0,70 m über dem Erdreich. Hiernach ift die Sonnenbelichtung der Plätze zwifchen diefen Gebäuden eine fehr günftige. Der Zugang erfolgt über 5 Stufen an der Oft-, die Zufahrt über die Rampe an der Weftfeite. Aufserdem find Ausgänge für die Kranken an beiden Enden der Tagräume neben den Sälen und Notausgänge an den Stirnfeiten der Pavillons vorhanden. — Von den Flurgängen im Mittelbau, deffen Quergang an den Enden noch Oberlichter erhielt (fiehe Art. 217, S. 129), haben nur folche Räume Zugang, welche für den Dienft des Perfonals beftimmt find. Alles Zubehör für die Kranken ift jedem Saal im anfchliefsenden Kopfbau beigegeben. — Im Obergefchofs ift die linke Seite für das weibliche Perfonal, die rechte für das männliche beftimmt. Links liegen vorn 1 Zimmer für 2 Schweftern nebft demjenigen der Oberfchwefter, über der Wärmküche ein Vorrats- und Geräteraum mit

Fig. 99.

Vorderanficht zu Fig. 97 u. 98.

Fig. 100.

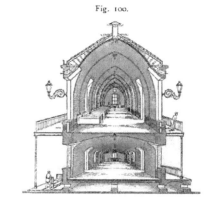

Querfchnitt zu Fig. 97 u. 98.
1/250 w. Gr.

der Bodentreppe, rückwärts 1 Zimmer für 4 Mägde und 1 folches für 2 Schweftern. Rechts befinden fich 1 Zimmer für 1 Volontärarzt und 1 Zimmer für 1 Wärter und den Hausdiener, rückwärts die Wohnung des Affiftenzarztes. Ein Raum für Vorräte und Wäfche über dem hinteren Eingangsflur trennt beide Hälften.

Von 1123,00 qm überbauter Fläche entfallen 493,18 qm auf die Säle und 629,82 qm auf das Zubehör im Erdgefchofs.

Die Pavillons für Aeufserlichkranke weichen nur dadurch von diefem Plan ab, dafs der linke Tagraum um den Dienftraum des Arztes vergröfsert wurde und für beide Säle dient, während an Stelle des rechtsfeitigen Tagraumes ein Verbandzimmer tritt.

272. Beifpiel IV.
Der eingefchoffige Pavillon für Aeufserlichkranke im Bürger-Hofpital zu Worms (Fig. 102 bis 104[272]) hat ein Sockelgefchofs für Kriegszeiten und andere Notfälle erhalten, deffen Fenfter zwar nicht, wie in Montpellier, durch Terraffen verdunkelt

---

[270] Siehe: TOLLET, C. *Des falles de malades* etc. *Revue d'hygiène* 1889, S. 829.
[271] Nach freundlicher Mitteilung des Herrn Stadtbaurat *Hoffmann* in Berlin.
[272] Nach freundlicher Mitteilung des Herrn Geh. Oberbaurat *Hofmann* in Darmftadt.

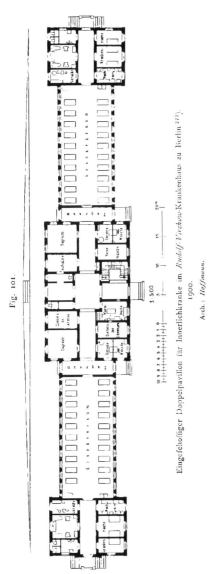

Fig. 101. Eingeschossiger Doppelpavillon für Innerlichkranke im Rudolf-Virchow-Krankenhaus zu Berlin[272]. 1900. Arch.: Hoffmann.

werden, deffen Fufsboden jedoch unter Erdgleiche liegt. Alle 3 Abteilungen erhielten gemeinfchaftlichen Zugang, aber getrennte Nebenräume.

Das Gebäude mit nordweftlicher Längsachfe fteht frei. Das im Lichten 3,00 m hohe Sockelgefchofs überragt das Erdreich um 2,23 m. Die Saaldecke bildet das Holzzementdach, welches infolge des grofsen Dachreiters, deffen Lauffteige vom Obergefchofs durch Treppen zugänglich find, eine fchwere Konftruktion erhielt (vergl. Art. 69 u. 93. S. 40 u. 57).

Die Spülküche hängt räumlich mit dem Krankenfaal zufammen und empfängt durch eine grofse Gufsglasfcheibe vom Baderaum Licht. — Die Abteilung im Obergefchofs (Fig. 104) dient für Syphilitifche. Der Pavillon befitzt Niederdruckdampfheizung. Die Entlüftung erfolgt durch den grofsen Saugfchlot in der Mitte des Gebäudes.

Von der überbauten Fläche, welche ohne Veranden 518,00 qm, einfchliefslich derfelben 584,00 qm beträgt, entfallen 263,00 qm auf die Säle und 255,00, bezw. 321,00 qm auf das Zubehör.

273. Beifpiel V.

Im akademifchen Krankenhaus zu Heidelberg erhielten 2 Doppelpavillons für Innerlichkranke (Fig. 105 [273]) über einem Untergefchofs für die Bedienfteten, zwei Obergefchoffe für Kranke und ein ausgebautes Dachgefchofs für Angeftellte, bezw. Zahlende. Das Zubehör im Mittelbau ift beiden Sälen gemeinfchaftlich.

Die Längsachfe der Pavillons ift von Often nach Weften gerichtet; fie ftehen einander mit den Stirnfeiten gegenüber und find mit anderen Gebäuden durch überdeckte, feitlich offene Gänge verbunden, die fich im Unterbau als einfeitiger Flurgang fortfetzen. Das 4,00 m hohe Untergefchofs liegt 0,10 m über dem Erdboden und enthält 1 Speife- und 1 Schlaffaal für die Wärterinnen der medizinifchen Abteilung, 2 Schlafzimmer für Hausburfchen und Räume für Heizzwecke.

Im unteren Krankengefchofs ift ein Ifolierzimmer durch ein Zimmer für die Pflegerin erfetzt. Der Mittelgang ift gut erhellt und gelüftet. Bezüglich der Heizung und Lüftung von Sälen und Mittelbau nach Böhm's Syftem fiehe Art. 127 (S. 74) und über diejenige der Endräume mittels Reinhardt'fcher Luftheizungsöfen Art. 120 (S. 72).

Jeder Pavillon bedeckt 647 qm überbaute Fläche.

---

[273] Nach: KNAUFF, a. a. O., Taf. XVII.

274
Beispiel VI.

In den beiden zweigeschoffigen Doppelpavillons für Körperlichkranke im Landeskrankenhaus und Irrenhaus zu Sebenico (Fig. 106 [274]) haben beide Säle gemeinschaftlichen Zugang, aber getrennte Nebenräume im Mittelbau und dreiseitige Belichtung.

Die Pavillons stehen frei und in reichlichem Abstand von anderen Gebäuden.

Der Weg vom Treppenhause zu den Sälen durch den Tagraum ist winkelig, so dass sich dem Eintretenden kein schneller Ueberblick zum Zweck der Ueberwachung bietet. Der Baderaum wurde im Erd-

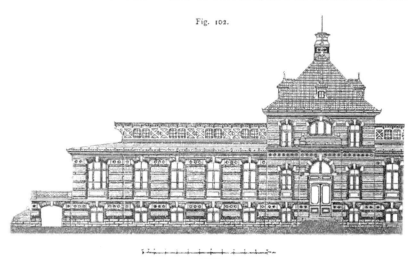

Fig. 102.

1 : 250
Ansicht.

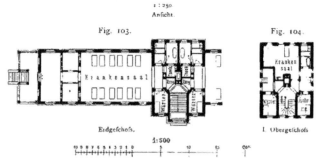

Fig. 103. Fig. 104.

Erdgeschofs.   I. Obergeschofs

1:500

Chirurgischer Doppelpavillon für 34 Betten im Bürger-Hofpital zu Worms [275]).
1889.
Arch.: *Hofmann.*

geschofs in 2 Badezimmer geteilt. Die Heizung erfolgt durch *Meidinger*-Oefen mit Luftzuführung, die Entlüftung durch Wandkanäle.

275
Beispiel VII.

Der dreigeschoffige chirurgische Doppelpavillon im Kaiferin-Elifabeth-Spital zu Wien erhielt 6 Abteilungen mit je 17 Betten. Das Erdgeschofs war für die Frischverletzten, das I. Obergeschofs für die operativen Fälle und das II. Ober-

[274]) Nach: WAIDMANN, K. Krankenhaus und Irrenanstalt in Sebenico (Dalmatien). Allg. Bauz. 1890, Bl. 50.

gefchofs für die Kranken mit chronifchen, tuberkulöfen und eiternden Prozeffen beftimmt (Fig. 107 [275]).

Der Pavillon hat nord-füdliche Längsachfe, fteht durch ebenerdige, gefchloffene Gänge mit anderen Gebäuden in Verbindung und den medizinifchen Pavillons an feinen Giebelfeiten fo nahe, dafs deswegen feine Säle an diefen Seiten keine Fenfter erhielten.

Fig. 105.   I. Obergefchofs.

Zweigefchofiger Pavillon für 54 Betten für Innerlichkranke im akademifchen Krankenhaus zu Heidelberg [273]).
1876.
Arch.: *Schäfer*.

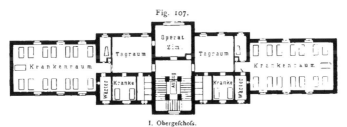

Fig. 106.   I Obergefchofs.

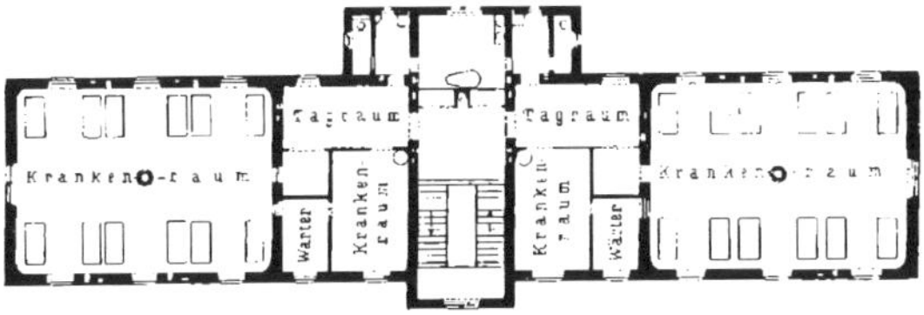

Zweigefchoffiger Pavillon für 56 Betten im Krankenhaus zu Sebenico [274]).
1889.
Arch.: *Waidmann*.

Fig. 107.

I. Obergefchofs.

Dreigefchoffiger Pavillon für 102 Betten für Aeufserlichkranke im Kaiferin-Elifabeth-Spital zu Wien [275]).
1890.
Arch.: *Schnal*.
1:500

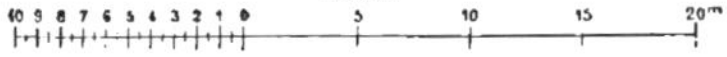

---

[275]) Nach: Schopf, F. & E. Sehnal. Das neue Kaifer-Franz-Jofef-Krankenhaus in Rudolfsheim-Wien. Leipzig u. Wien 1891. S. 23.

Im Sockelgefchofs, welches infolge des fallenden Geländes am Südende 3,00 m über dem Erdboden hervorragt, kam eine geplante, allgemeine Badeanlage für die ganze Anftalt nicht zur Ausführung; dasfelbe enthält jetzt nur zwei Badezellen für das Warteperfonal, eine für Aerzte, Kleider- und Wäfcheniederlagen, Räume für Brennftoff, Heizungs- und andere Zwecke. Im Treppenhaufe liegen der Kranken- und der Speifenaufzug, unter dem Operationsraum das Zimmer für den dirigierenden Arzt und für 1 Ambulanten, über demfelben 2 Zimmer für Sekundärärzte.

Im I. Obergefchofs dient eines diefer Zimmer zur Herftellung und Aufbewahrung von Verbandftoffen. Bezüglich des Tagraumes fiehe Art. 159 (S. 96). Wärter- und Badezimmer find von der Saaleingangsnifche aus zugänglich. Die von *J. I. Bacon* in Wien ausgeführte Heifswaffer-Mitteldruckheizung wurde, um eine Seite des Pavillons gegebenenfalls von der Benutzung ausfcheiden zu können, in zwei Syfteme geteilt, von denen nur eines in fteter Benutzung fein foll und daher das Operationszimmer und das Treppenhaus mitheizt. Im Sockelgefchofs ftehen zwei Warmwafferkeffel, die mit einem Behälter in jedem Flügel des II. Obergefchoffes verbunden find.

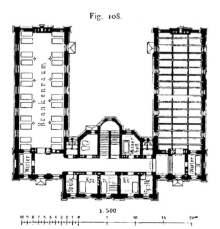

Fig. 108.

1 : 500

Zweigefchoffiger chirurgifcher Doppelpavillon für 118 Betten in der ftädtifchen Krankenanftalt zu Magdeburg [276].
1882.
Arch.: *Sturmhöfel*.

276. Beifpiel VIII.

Im hufeifenförmigen Doppelpavillon für Aeufserlichkranke der ftädtifchen Krankenanftalt zu Magdeburg (Fig. 108 [276]) haben die Flügelbauten zwei und der Mittelbau drei Gefchoffe. Von feinen 5 Abteilungen enthalten vier je 27, eine 10 Betten. Das teils getrennte Zubehör liegt an dem beiden Sälen gemeinfchaftlichen Gang.

Die Längsachfen der Säle find von Nordnordweften nach Südfüdoften gerichtet. Bei der Berechnung der angeblichen 118 Betten ift jeder Saal mit 24, jedes Abfonderungszimmer mit 2 Betten und das Dauerbad mit 1 Wanne belegt angenommen, da im II. Obergefchofs nur 10 Betten Platz haben. Die Stirnfeiten der Säle blieben fenfterlos, fo dafs eine volle Längsdurchlüftung im Sommer nicht möglich ift. Hingegen wurden über den Seitenfenftern befondere Lüftungsklappen angeordnet. Die Saaldecke ift im Erdgefchofs durch zwei Reihen eiferner Säulen geftützt.

Die Heizung erfolgt durch verbefferte *Heckmann*'fche Luftheizungsöfen im Kellergefchofs, deren eiferne Rauchrohre die Abluft unter dem Fufsboden abfaugen. Der Dachboden dient u. a. zum Aufbewahren von Kleidern und Wäfche.

277. Beifpiel IX.

Infolge beengter Bauftelle verband man in der *Royal infirmary* zu Liverpool einen rechteckigen und cinen Kreisfaal zu einem Doppelpavillon mit zwei Krankengefchoffen (Fig. 109 [277]). Jede feiner vier Abteilungen hat eigenes Zubehör zwifchen dem Saale und dem mehrere Pavillons verbindenden Flurgang, der auch zu ihrer gemeinfchaftlichen Treppe nebft Aufzügen führt.

Jede Kreisfaalabteilung erhielt 20, jede andere 25 Betten, von denen im Kreisfaal 18, im Rechteckfaal 14 ftehen. Zwifchen den zahlreichen Nebenräumen am Rechteckfaal wurden 2mal Quergänge zur Lüftung eingefchaltet.

Der nördliche Kreispavillon erhielt hohen Unterbau, der unter den Nebenräumen Kohlengelaffe, unter dem Saal Magazine nebft Ambulanzen und unter dem Abortgebäude eine Stallung enthält. In

---

[276] Nach: STURMHÖFEL. Erweiterungsbau der ftädtifchen Krankenanftalt zu Magdeburg Wochbl. f. Arch. u. Ing. 1882, S. 2.

[277] Nach: *Building news*, Bd. 53, S. 18.

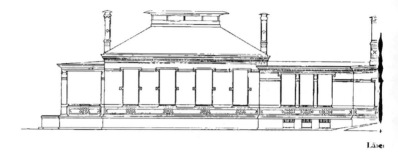

Läre

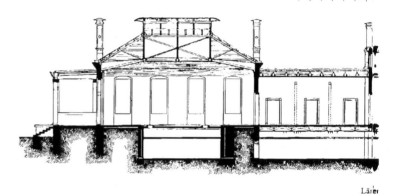

Läre

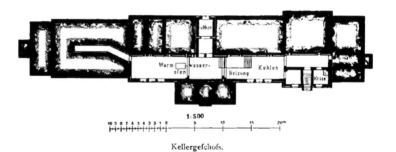

Kellergeschofs.

Eingefchoffiger Krankenblockbau für 4 ℔

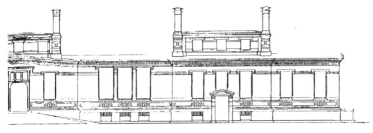

ficht.

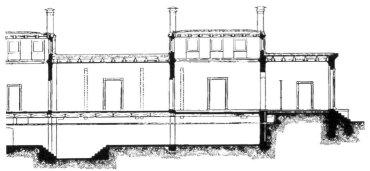

nitt.

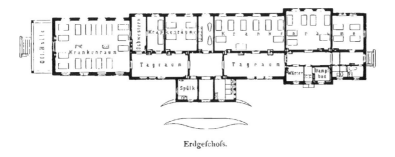

Erdgeschofs.

ten im Kreiskrankenhaus zu Bernburg.

& Speer.

Nach den von Herrn Baurat *Schmieden* in Berlin freundlichſt zur Verfügung geſtellten Planen.

den Obergefchoffen liegen vom Verbindungsgang aus links am Mittelgang der Raum für die Patientenkleidung, je ein Arzt-, Speife- und Schwefternzimmer, rechts ein Abfonderungszimmer für 2 Betten und eine Spülküche. Im Südpavillon wurden am breiteren Mittelgang Krankenräume für 4 Wärterinnen, ein Baderaum für diefe und ein Dampfbad für Zahlende angeordnet. Hinter diefer Gruppe folgen: ein Quergang, Räume für 5 zahlende Kranke und für Patientenkleidung, dann der zweite Quergang, das Schwefternzimmer und die Spülküche.

3) Blockbauten.

Der Blockbau wird notwendig, fobald man mehr als zwei Krankenräume — ausfchliefslich der Abfonderungszimmer, die im vorliegenden Heft immer zum Zubehör gerechnet werden — mit gemeinfamen Nebenräumen vereinigt. Die fo gebildete Gruppe kann entweder ein ganzes Gefchofs für fich beanfpruchen, oder mehrere Gruppen werden in einem Gefchofs zufammengelegt, erhalten gemeinfchaftlichen oder getrennten Zugang und wiederholen fich in darüber liegenden Gefchoffen, je

278. Kennzeichnung.

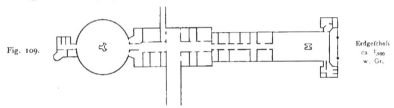

Fig. 109.

Erdgefchofs
ca. 1,400
w. Gr.

Planfkizze zum zweigefchoffigen Doppelpavillon für 26 chirurgifche und Innerlichkranke
in der *New Royal Infirmary* zu Liverpool[277]).
1889.
Arch.: *Waterhoufe*.

nachdem man der Krankheitsgattungen oder der Gefchlechter wegen Trennungen bedarf. Jede Gruppe kann fich aus gleich oder aus verfchieden grofsen Krankenräumen zufammenfetzen. In beiden Fällen werden fie an zwei oder drei Seiten eines gemeinfchaftlichen Vorraumes angelegt, oder man reiht die Krankenräume an einer Seite eines Korridors und bringt die Nebenräume zwifchen erftere oder jenfeits des Flurganges. In folchen Bauten follte man die Krankenzahl eines Gebäudes noch kleiner zu halten fuchen als in den Pavillons. Ihre Verwendung fteht nach *Rubner* nicht im Widerfpruch mit dem Prinzip der Dezentralifation; denn »die Vereinigung von wenigen Kranken, 20 bis 30, in einem grofsen Saal oder in mehreren kleinen bedingt keinen wefentlichen Unterfchied«[278]). Schwierigkeiten bereitet in allen Blockbauten die paffende Lage der Räume zum Sonnenlicht, da immer einige Krankenräume nur einfeitige Belichtung und der Tagraum oft Nordlicht erhalten.

In einzelnen Fällen kommen auch Mifchformen vor, wie im *Hôpital Ménilmontant* zu Paris, deffen beide mittlere Pavillons im Erdgefchofs 4-Bettenzimmer an einem Flurgang und im Obergefchofs zweifeitig belichtete Säle enthalten.

Von den folgenden 4 Beifpielen zeigt nur eines die eingefchoffige Bauweife; die anderen Bauten haben mehrere Gefchoffe.

Aus drei ungleichen Abteilungen, die man vereinigt oder getrennt benutzen kann, befteht jeder der 4 eingefchoffigen Blockbauten im Kreiskrankenhaus zu Bernburg (fiehe die nebenftehende Tafel). Die weftliche Abteilung mit getrenntem

279. Beifpiel 1.

---

[278]) Siehe: RUBNER, a. a. O., S. 441.

Zugang dient in 2 Blocks für Hautkranke und in den 2 anderen für Tuberkulose. Die linke Abteilung zählt 21, die zweite Abteilung 16 und die dritte 4 Betten.

Die Längsachse ift von Often nach Weften gerichtet. Der, fo weit als es die Heizvorrichtungen erforderten, unterkellerte Fufsboden liegt 0,90 m über dem Erdreich. Beide Hauptabteilungen werden durch den mittels hohen Seitenlichtes erhellten, inneren Flur betreten, von dem aus Spülküche, Aborte, Bade- und Wafchraum der erften Abteilung zugänglich find, in welcher fich alle übrigen Räume nach dem Tagraum öffnen. Die zweite Abteilung erhielt eigenen Wafchraum, Dampfbad und Abort, die dritte Abteilung rechts von der Glaswand im Flur eigenen Baderaum und Abort. Diefe Verteilung des Zubehörs ermöglicht beliebiges Trennen oder Zufammenziehen der Abteilungen. Der Zugang zu den Heizanlagen im Keller erfolgt von aufsen unter der Weftabteilung und die Luftentnahme an der Südfeite. Die Heizung gefchieht durch Warmwafferöfen.

Die überbaute Fläche beträgt, einfchliefslich der Veranda, 708 qm, fomit 17,30 qm für 1 Bett; auf die Krankenräume entfallen 435 und auf das Zubehör 273 qm derfelben.

280. Beifpiel II.

In Wiesbaden erhielten die zweigefchoffigen Pavillons für Innerlichkranke, bezw. für Syphilitifche und Hautkranke (Fig. 110[279]) 2 Gefchoffe mit je 2 getrennten Ab-

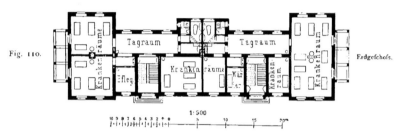

Fig. 110.

Pavillon für Innerlichkranke mit 46 Betten im ftädtifchen Krankenhaus zu Wiesbaden[279]).
1879.
Arch.: *Gropius & Schmieden*.

teilungen zu 11, bezw. 12 Betten, fo dafs hier eine lotrechte und wagrechte Teilung vorhanden ift. Die erftere, deren Folge eine eigene Treppe für jede Gebäudehälfte war, ermöglicht vollftändige Trennung der Gefchlechter im Gebäude.

Die Längsachse des Pavillons ift von Nordoften nach Südweften, die Eingangsfeite gegen Südoften gerichtet.

Bad, Abort und Spülküche find an der Mittelwand in einem nur durch niedrige Wände geteilten Raum von etwa 21,50 qm Grundfläche eingebaut, wobei die Spülküche kein unmittelbares Licht erhielt. Der Wafchtifch liegt im Vorraum der Pflegerin. Die Heizung der Krankenräume erfolgt durch ummantelte, im 9-Bettenfaal auch gekuppelte Ventilationsöfen. Ein demfelben Typus folgender Neubau im Krankenhaus erhielt Sammelheizung (fiehe Fig. 39 bis 41, S. 85).

281. Beifpiel III.

Die zwei grofsen, dreigefchoffigen Blockbauten im *Hôpital Ste.-Eugènie* zu Lille (Fig. 111 u. 112[280]) haben in jedem Gefchofs 2, zufammen 6 Hauptabteilungen. Je drei übereinander erhielten gemeinfchaftliche Treppe, aber fonft getrenntes Zubehör und bilden eine Gebäudehälfte für fich, von der man zur anderen nur nach Durchfchreiten der freien Luft gelangen kann. Jede Hauptabteilung, mit Ausnahme derjenigen, welche Operationsräume enthalten, hat 35 Betten.

Die Längsachse des Blocks ift von Südoften nach Nordweften gerichtet, und feine Kopfbauten ftehen mit anderen erdgefchoffigen Gebäudeteilen, feine Treppenhäufer durch rechtwinkelig in fie mündende Verbindungsgänge mit anderen Teilen des Hofpitals in Verbindung. Jeder Block ift 140 m lang; der Abftand

---
[279]) Nach: Börner, a. a. O., Bd. II, S. 103.
[280]) Nach: *Encyclopédie d'arch.* 1876, Pl. 318 u. 331.

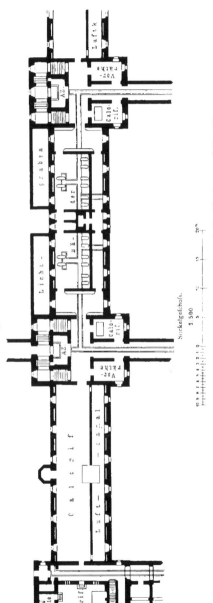

Dreigeschossiger Kranken-Pavillon für 200 Betten im *Hôpital Ste.-Eugénie* zu Lille 280).
1873.
Arch. *Mourcou*.

der Blocks beträgt 100 m und ihre Höhe bis zum Hauptgefims 17,50 m, bis zur Oberkante der fteilen Manfarde 21,70 m, gleich dem 4,6-fachen ihres Abftandes. Der Erdgefchofsfufsboden befindet fich 0,80 m über dem zwifchen den Blockbauten gelegenen Hofe und etwa 2,30 m über dem Erdreich aufserhalb desfelben.

In jeder Gebäudehälfte erhielten der kleine Saal mit 6 und der grofse mit 22 Betten gemeinfchaftliches Zubehör. Ueber dem Operationsraum liegen in beiden Obergefchoffen je 1 Rekonvalescentenraum mit 5 Betten und ein 1-Bettenzimmer, und im Erdgefchofs wurde an die Nebentreppe eine Wärmeftube für Rekonvalescenten angebaut. Alle Krankenräume haben Luftofenheizung und Sauglüftung. Im Sockelgefchofs find die fämtlichen Badewannen des Blocks in 2 Abteilungen vereinigt.

Von 1175 qm überbauter Fläche entfallen auf die Säle einfchliefslich des Rekonvalescentenraumes 1036, auf das Zubehör 679 qm.

4) Gebäude für anfteckende Kranke.

282 Kennzeichnung.

Kranke, welche an anfteckenden Krankheiten leiden, foll man weder in die Säle, noch in die Abfonderungszimmer von allgemeinen Krankengebäuden legen oder darin belaffen, wenn fich eine folche Krankheit bei ihnen nach erfolgter Aufnahme zeigt. Für ihre Unterkunft bedarf man daher einzelner Abfonderungsgebäude, welche teils beliebig für die eine oder andere anfteckende Krankheit Verwendung finden können, teils befondere Vorkehrungen erfordern, wie fie die Behandlung der einen oder anderen anfteckenden Krankheit bedingt. Derartige Vorkehrungen werden unter 5 und die vorübergehend für Zeiten von Epidemien errichteten Bauten werden unter c, 1, β befprochen.

In Nachftehendem haben wir daher nur mit Abfonderungsgebäuden der erfteren Art zu thun, welche je nach Bedarf den Abteilungen für Innerlichkranke, für Aeufserlichkranke und für Anfteckendkranke dienen. Da Zahl und Art derartiger abzufondernder Erkrankungen wechfeln, müffen in Abfonderungsgebäuden die Räume unter Umftänden nacheinander für verfchiedene Patienten mit verfchiedenen Krankheiten ohne Nachteil für die Kranken verwendbar fein. Dasfelbe gilt auch von den allgemeinen Krankengebäuden in Krankenhäufern für anfteckende Kranke.

283. Ausgeftaltung.

Um diefem wechfelnden Bedarf entfprechen zu können, erfordert ein Gebäude zur Behandlung Anfteckendkranker in diefem allgemeinen Sinn die höchfte Vollendung in allen den Eigenfchaften, die bisher für Krankengebäude im allgemeinen verlangt wurden.

Thorne-Thorne[281]) hält durchfchnittlich eine Zahl von 12 folchen an anfteckenden Krankheiten Leidenden für die höchfte, welche einer Pflegerin unterftellt werden kann, und betrachtet diefe Zahl auch als das Höchftmafs an Betten, welche ein Krankengebäude für Anfteckendkranke faffen foll, wenn das Verhältnis zwifchen akuten und rekonvalescierenden Fällen für die verfchiedenen Alter das gewöhnliche ift.

Die geringfte Ausdehnung erhielten die Ifolierpavillons in St.-Denis und in der Norm A des *Local government board* zu London, in Hamburg-Eppendorf, Berkfhire, Tunbridge u. f. w., wo Gebäude für 4 bis 6 anfteckende Kranke errichtet wurden, in denen meift eine Trennung der Gefchlechter noch möglich ift. An anderen Orten fteigerte man ihre Ausdehnung beträchtlich, im Kaifer-Franz-Jofeph-Spital fogar bis auf 74 Betten.

Die eingefchoffige Bauweife hat fich nach *Thorne-Thorne* für die Verwaltung am bequemften erwiefen; nach feiner Meinung bringen jedoch Gebäude mit zwei Gefchoffen bei einem mit Rückficht auf die Gebäudehöhe ausreichenden Gelände,

---

[281]) Siehe: THORNE-THORNE, R. *Englifh ifolation hofpitals*. *Transactions of the feventh international congrefs of hygiene and demography*. London, Auguft 10th—17th 1891. London 1892. Section VI, S. 126.

fowie unter der Vorausfetzung guter Lüftung beider Gefchoffe und ebenfolcher Verwaltung keine Nachteile. Ueber die Trennung der Gefchoffe durch Treppenhäufer fiehe Art. 220 (S. 130).

Bezüglich der Lagerung von Anfteckendkranken hält man in England befonders am weiten Bettenftand feft, um jeden Kranken möglichft von feinem Nachbar abfondern zu können.

In den englifchen Memoranden des *Local government board* werden für ein Bett 3,66 m Wandraum, 14,50 qm Bodenfläche und 56,64 cbm Luftraum (= bezw. 12 Fufs, 156 Quadr.-Fufs und 2000 Kub.-Fufs) gefordert.

Von befonderen Vorkehrungen zum Unfchädlichmachen des infektiöfen Staubes hat der von *Schumburg*[282]) gemachte Vorfchlag, feine Entftehung durch Herbeiführung einer gewiffen Feuchtigkeit« zu hindern, nach meiner Kenntnis zu befonders ftarker Befeuchtung der Luft bisher nicht geführt. Ueber die Verfuche zur Sterilifierung der Abluft vor Entfernung derfelben aus dem Gebäude findet fich das Nähere unter 5, ϑ: bei den Bauten für Pockenkranke. Im Inftitut für infektiöfe Krankheiten zu Berlin hält man das ganze Jahr hindurch die oberen Fenfterflügel etwas geöffnet.

Sehr bemerkenswert ift das Beftreben, das Zubehör der Krankenräume möglichft zu vereinfachen, wie aus der von *Thorne-Thorne* für feinen 12-Bettenbau geforderten geringen Zahl von Nebenräumen hervorgeht, worin beide Säle nur durch den Eingangsflur und den *Nurfe's duty-room* getrennt werden und jeder nur einen eigenen Abort und einen Ausgufs an dem im übrigen freien Saalende erhält. Allerdings nimmt er dabei an, dafs einzelne Abfonderungszimmer in befonderen Gebäuden vorhanden feien, läfst aber ihre Verbindung mit gröfseren Krankenräumen nur in ganz kleinen Hofpitälern zu.

Aldwinckle verlangt auch Räume für die Badewanne, für reine Wäfche, Ausgufs, Pflegerinnenabort und Kleidung, fowie eine Speifekammer und für jeden Krankenraum einen eigenen, unmittelbar aus demfelben zugänglichen Abort. — Am weiteften ift man in Moabit gegangen, wo man den Verfuch machte, alles Zubehör für die eine Ifolierbaracke mit 9 Betten durch eine vorgelegte Glashalle zu erfetzen, bezw. darin zu vereinigen. -- Oefter fchläft das Perfonal in einem Obergefchofs.

Das befondere Gepräge erhält das Abfonderungsgebäude dadurch, dafs feine Abteilungen, wenn deren mehrere vorhanden find, eigenes Zubehör, eigene Heizung und Lüftung und eigene Zugänge erhalten und die Möglichkeit der Aufhebung einer Verbindung diefer Abteilungen unter fich befteht. Unter Umftänden ift auch die Perfonalverbindung des Abfonderungsgebäudes mit anderen Gebäuden vollftändig auszufchliefsen, was dann zu befonderen Vorkehrungen bezüglich des Hereinreichens von Speifen und Vorräten führt, wie fie Beifpiele unter 5 zeigen. Diefes und die Ueberwachung des Einganges macht die Lage der Spülküche oder des Wärterinnenzimmers an demfelben hier befonders notwendig.

Zu den bisher befprochenen Bautypen: dem Pavillon, dem Doppelpavillon und dem Blockbau, kommt für Anfteckendkranke auch noch als eine Abart des zuletzt genannten das Krankengebäude mit Einzelzimmern zur Verwendung.

234. Pavillonbau

Der Pavillonbau hat für die in Rede ftehenden Zwecke als Einzelbau weniger Verwendung gefunden, da darin das Unterbringen von zwei Gefchlechtern oder Krankheiten nur bei zweigefchoffiger Bauweife möglich wird, kommt aber dort zur Geltung, wo ihre Trennung mehrere folche Bauten erfordert oder wo es fich nur um ein Gefchlecht handelt, wie in Militär-Hofpitälern. Wird das Zubehör umfang-

---

[282]) Siehe Viert. f. ger. Medicin, III. Folge, Bd. IV, S. 336.

reicher, fo ift er namentlich auch dann den Doppelpavillons vorzuziehen, wenn drei Saalfeiten frei bleiben können.

Von den 6 folgenden Beifpielen betreffen die erften 4 ein-, die anderen zweigefchoffige Bauten, welche nach der wachfenden Zahl der Betten in den beigefügten Abfonderungsräumen geordnet wurden.

285. Beifpiel I.
In Hamburg-Eppendorf[283]) find die gröfseren Ifolierpavillons für 15 Betten den allgemeinen Pavillons (vergl. Fig. 80, S. 149) nachgebildet, wobei folgende Aenderungen vorgenommen wurden.

An der Eingangsfeite, wo links nur 1 Ifolierzimmer, rechts der Baderaum liegen, fiel der Querflur weg. In dem mit 14 Betten befetzten Saal ftehen diefe fo eng wie in den allgemeinen Pavillons. Neben dem 4 m tiefen Tagraum liegen rechts die Spülküche und links die Aborte mit dem Wäfcheabwurf; doch ift hier die erftere nur vom Saal zugänglich. Unter dem Tagraum und feinen Nebenräumen liegen der Heizraum, ein Geräteraum, eine Niederlage und ein Raum für fchmutzige Wäfche. Der Saal erhielt Dachreiter und die Hälfte der Fenfter Glasjaloufien.

286. Beifpiel II.
Im *Koch*'fchen Inftitut für Infektionskrankheiten zu Berlin enthalten die eingefchoffigen Baracken je 18 Betten, welche in zwei derfelben einen Saal füllen, während in den anderen beiden jeder Saal nur 14 Betten fafst und 4 derfelben in zwei Einzelzimmern liegen. Die letztere Gattung ftellen Fig. 113 u. 114[284]) dar. In allen diefen Baracken wurden am Weftende des Saales Tagraum und Saalabort und am Oftende das übrige Zubehör angeordnet.

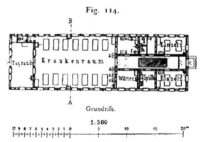

Fig. 113.

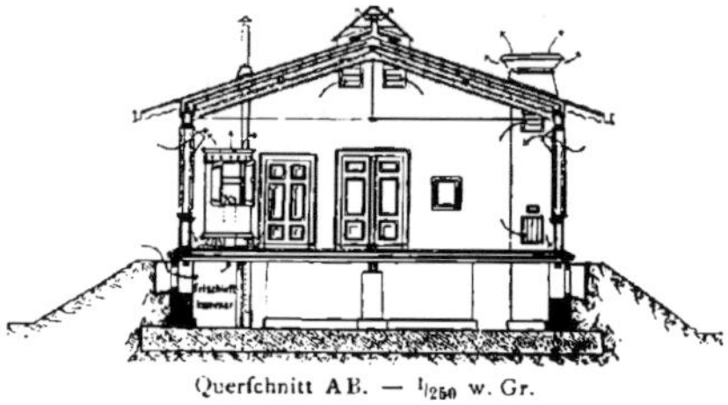

Querfchnitt AB. — 1/250 w. Gr.

Fig. 114.

Grundrifs.

1:500

Eingefchoffige Baracke für 17 Betten im Inftitut für Infektionskrankheiten zu Berlin[284]).

1891.

Arch.: *Böttger*.

Wegen des aus Schwemmfand beftehenden Erdreiches, wegen feiner tiefen Lage gegen die benachbarte Strafse und wegen des nötigen Gefälles nach dem Strafsenkanal erhielten die Baracken eine Unterkellerung; ihr Erdgefchofsfufsboden liegt 2,00 m über dem umgebenden Gelände; der Keller fteht auf einer 0,60 m ftarken, unter dem ganzen Gebäude durchgeführten Betonplatte, und die Seitenwände des Kellers find durch eine Erdböfchung gefchützt. Da die Gebäude im Winter errichtet werden mufsten, hat man fie aus Fachwerk mit Gipsplattenbekleidung hergeftellt. Um die Baumaterialien trocken zu halten, ftehen der Saal durch gelochte Bleche mit den Hohlräumen von Fufsboden, Wand und Decke und diefe wieder durch Sauger im Dachfirft mit der Aufsenluft in Verbindung. Der Eingangsflur ift durch Deckenlicht erhellt; die Eckräume haben fehr reichliches Fenfterlicht. Im fenfterlofen Vorraum des Abortes liegt der Bettfchüffelausgufs *b* nebft Piffoir *c*. Der Baderaum ift vom Flur und vom Saal zugänglich. Die reichlich vorgefehenen Wafcheinrichtungen *a* und die Bäder werden von einem 1000 l faffenden Wafferbehälter unter der Flurdecke gefpeift, der mittels Umlauf vom Warmwafferkeffel im Geräteraume *c* erwärmt ift. In der Schüttfeuerung der letzteren foll der Kehricht verbrannt werden. Die Beleuchtung erfolgt

---

283) Siehe: ZIMMERMANN & RÜPPEL, a. a. O, S. 4 u. Taf. II.
284) Nach: Centralbl. f. Bauverw. 189:, S. 203 — und: Berliner klinifche Wochenfchr. 1891, S. 903.

durch elektrifches Glühlicht. Alle Gas-, Waffer- und Entwäfferungsleitungen, die Geruchverfchlüffe derfelben, u. f. w. wurden, leicht zugänglich, im Keller angeordnet.

Bezüglich der Heizung und Lüftung fiehe Art. 126 (S. 74). Eine Längsdurchlüftung der oberen Teile des Saales ift durch Oeffnungen in den Giebelwänden von Saal, Tagraum und Flur ermöglicht.

In der »Abfonderungsbaracke« des Garnifon-Lazaretts zu Stettin (Fig. 115 [285]) follen der 12-Bettenfaal für Epidemien und die 3 Abfonderungszimmer für verfchiedene anfteckende Krankheiten dienen; doch haben alle 4 Krankenräume gemeinfchaftliches Zubehör.

287. Beifpiel III.

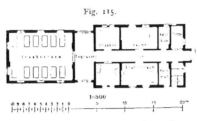

Fig. 115.

Eingefchoffige Abfonderungsbaracke für 20 Betten im Garnifon-Lazarett zu Stettin [285]).

Die Längsachfe der »Baracke« ift von Nord nach Süden gerichtet. Ueber dem langen Mittelgang wurde vor dem Tagraum ein Lüftungsfchlot angeordnet. Der Keller erhielt nur geringe Ausdehnung. Hier liegen nach Weften unter dem 3-Bettenzimmer nebft Wärterftube ein urfprünglich zum Lazarettgehilfen-Wohnzimmer, dann aber zum Geräteaufbewahrungsraum und Schulzimmer für die Lazarettgehilfen-Schule beftimmter Raum, und unter denjenigen für Wärtergeräte und Aborte ein Kohlen-, bezw. Gerätegelaſs zur Erleichterung der Abfperrung des Betriebes der Baracke.

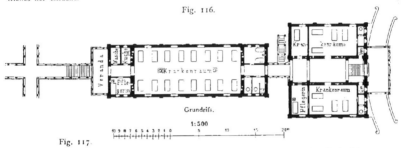

Fig. 116.

Grundriſs.

1:500

Fig. 117.

Eingefchoffiger Pavillon für 25 Betten im St.-Ladislaus-Epidemiefpital zu Budapeft [286]).

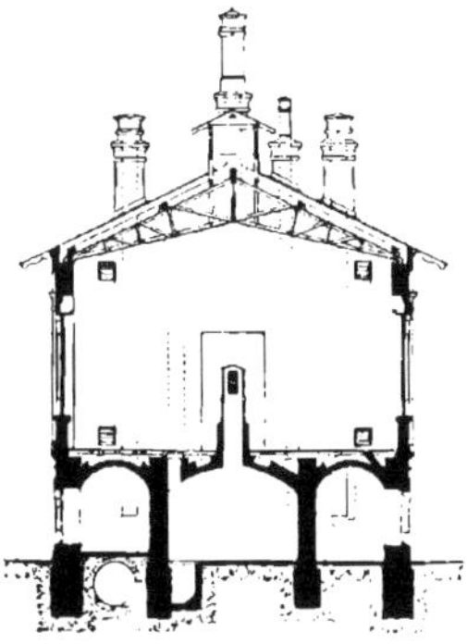

Querfchnitt — 1/250 w. Gr.

In den Pavillons des St.-Ladislaus-Epidemiefpitals zu Budapeft (Fig. 116 u. 117 [286]) ift eine Trennung für zwei Gefchlechter oder Krankheiten ermöglicht worden, indem man den Kopfbau mit dem Saalbau durch eine kurze Glashalle verband und jeder diefer Raumgruppen von 16, bezw. 9 Betten einen gefonderten Eingang gab.

Die Pavillons, deren Längsachfe von Nordnordweft nach Südfüdoften gerichtet ift, haben 2,00 m hohe Unterbauten und liegen parallel unter fich mit 43,00 m Achfenabftand in 2 Reihen fymmetrifch zu einem offenen Verbindungsgang.

Das Zubehör des Saalbaues befteht in je 1 Wärterzimmer, Raum für reine Wäfche, Theeküche, Badezimmer und Abort, das-

288. Beifpiel IV.

---

[285]) Nach: Das Garnifonlazareth in Stettin. Berlin 1896. Taf. 33. — Sonderabdruck aus: »Befchreibung der Garnifon Stettin«.

[286]) Nach: ALDWINCKLE, a. a. O., S. 289.

jenige des Kopfbaues in 1 Ifolierzimmer und 1 Wärterraum. Im Unterbau befinden fich die Räume für die Heizung, die Desinfektion der Bettwäfche, die Handwagen zur Speifenbeförderung, die Patientenkleidung und den Heizer. Die Decke des Saales ift aus Betongufs zwifchen eifernen Bindern hergeftellt. Zur Erwärmung dient eine mit der Lüftungsanlage verbundene Niederdruckdampf- und Dampfluftheizung. Der mittlere Teil des Saales hat einen Dachreiter.

289. Beifpiel V.

Eng begrenztes Gelände zwang im Infektions-Hofpital zu Sheffield (Fig. 118 [287]) zur Anordnung von vier zweigefchoffigen Pavillons mit dreifeitig belichteten Sälen zu je 8 Betten, welche unten für Männer und oben für Frauen dienen, aber gemeinfchaftlichen Eingang haben.

Fig. 118.

Ihre Längsachfe ift von Nordoften nach Südweften gerichtet. Das Wärterinnenzimmer dient als Spülküche, enthält daher einen Herd und Spülftein. Die Heizung und Lüftung erfolgen durch 2 in der Mitte des Saales aufgeftellte Feuerplätze mit Heizkammern und Frifchluftzuführung.

290. Beifpiel VI.

Das Parkhofpital *Hither Green* bei London hat 6 zweigefchoffige Ifolierpavillons für 2 getrennte übereinander liegende Abteilungen zu je 5 Betten (Fig. 119 [288]) mit gefonderten Eingängen.

ca. 1:400 w. Gr.
Zweigefchoffiger Abfonderungs-Pavillon für 16 Betten im Hofpital für infektiöfe Krankheiten zu Sheffield. — Erdgefchofs [287]).
1880.
Arch.: *Swann*.

Das an der Nordfeite angeordnete Treppenhaus ift daher unmittelbar vom Verbindungsgang aus zugänglich. Am benachbarten Erdgefchofseingang liegt der Pflegerinnenabort nebft Ausgufs.

Zwifchen den Kopfbauten am Südende ift eine Veranda angeordnet, und von den Sälen aus kann man mittels der angebauten eifernen Treppe unmittelbar in den Garten gelangen. (Siehe den Gefamtplan in Kap. 4, unter d, 1, α.)

291. Doppelpavillon.

Der Doppelpavillon hat wegen feiner guten Eignung zur Trennung der Gefchlechter ausgedehntere Anwendung auch zu Abfonderungszwecken in Deutfchland, England und neuerdings ebenfalls in Frankreich gefunden. Der leitende Typus war längere Zeit derjenige des von *Gropius & Schmieden* geplanten Evakuations-Pavillons in Bethanien zu Berlin [289]), deffen Eingänge an den Enden zwifchen je 2 Einzelzimmern liegen und deffen doppeltes Zubehör in der Mitte durch eine Querwand getrennt ift. Die beiden hier in der Front angeordneten Wärterzimmer haben nur gemeinfchaftlichen Zugang durch einen Windfang.

Fig. 119.

Erdgefchofs.
1:500

Zweigefchoffiger Ifolierpavillon für 10 Betten im Parkhofpital *Hither Green* zu London [288]).
1895—97.
Arch.: *Hall*.

Die nachfolgenden 6 Beifpiele find nach ihrer fteigenden Bettenzahl geordnet und ftellen fämtlich eingefchoffige Bauten dar. Die erften beiden zeigen je 2 einreihige Säle, die in Tunbridge eine

---

[287]) Nach: *Tenth annual report of the local government board 1880—81. Supplement containing report and papers fubmitted by the boards medical officer on the ufe and influence of hofpitals for infectious difeafes. Prefented to both houfes of Parliament by command of Her Majefty.* London 1882. Taf. XXXVI.
[288]) Nach: *Builder*, Bd. 73 (1897), S. 47.
[289]) Siehe: GROPIUS & SCHMIEDEN. Der Evacuations-Pavillon für die Krankenanftalt Bethanien in Berlin. Zeitfchr. f. Bauw. 1873, S. 131.

gemeinfchaftliche Längsachfe haben und in Berkfhire parallel zu einander ftehen. Von den anderen Beifpielen für zweireihige Doppelfäle haben zwei einen gemeinfchaftlichen Zugang in der Mitte, die anderen beiden getrennte Zugänge zu den Sälen.

Die Pläne der zwei Doppelpavillons im Hofpital für Infektiöfe zu Tunbridge geben Fig. 120 u. 121 [290]) wieder.

292. Beifpiel VII.

Die geringe Breite der Säle wurde durch die vorhandenen kurzen Bauhölzer veranlafst, welche verwendet werden follten. Die Heizung erfolgt durch Wandkamine, die Lüftung durch Lufteinläffe über dem Fufsboden und doppelwandige Firftrohre.

Fig. 120.

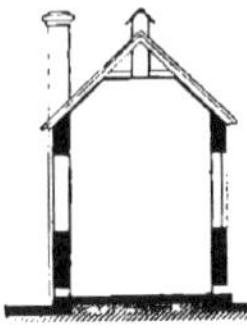

Querfchnitt.
1/250 w. G.

Fig. 121.

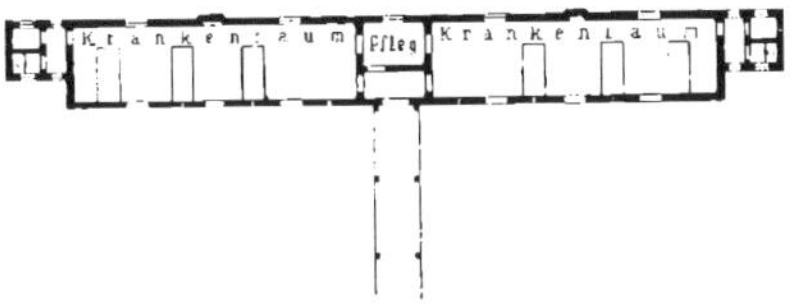

Grundrifs. — 1/600 w. Gr.

Eingefchoffiger Pavillon für 6 Betten im Hofpital für infektiöfe Krankheiten zu Tunbridge [290]).
1880.
Arch.: *Noos*.

Im *Royal Berkfhire hofpital* zu Reading find die Mängel der ⊓-Form infolge des geringen Abftandes der Baukörper noch vermehrt; doch hat man verfucht, durch eine gute Innenlüftung die gefundheitlichen Verhältniffe des Baues zu verbeffern. Der eine Saal dient den Männern und der andere den Frauen. Jeder hat vollftändiges Zubehör.

293. Beifpiel VIII.

Eine gemeinfchaftliche Küche, in deren Thüren Ausgabefenfter angeordnet find, trennt beide Säle (Fig. 122 bis 124 [291]).

Neben erfterer liegen getrennte Pflegerinnenaborte. Die hochgelegenen Fenfter in den Saaleingangswänden wiederholen fich in den Eingangsfluren. Zur Heizung dienen Kamine von *Shillibo & Co.* mit Luft-Zu- und Abführung. Ungewärmte Luft kann auch in den 4 Saalecken eingeführt und durch einen *Howard*-Ventilator über der Mitte der Decke abgezogen werden.

Dem von *Schmieden & v. Weltzien* geplanten Doppelpavillon im israelitifchen Krankenhaufe zu Berlin konnte infolge des befchränkten Geländes und der baupolizeilichen Beftimmungen nur gedrungene Form gegeben werden (Fig. 125 u. 126 [292]).

294. Beifpiel IX.

Am Eingangsflur liegt jederfeits ein kleiner, mit Aufsenfenfter verfehener Geräteraum. Der Abort ift vom Saal, vom Badezimmer und von der Spülküche aus zugänglich. Die hohen Fenfter des Querganges laffen fich durch Schnüre von unten öffnen, fo dafs eine ausgiebige Durchlüftung des Gebäudes auch in der Längsachfe möglich ift. Da die Heizung vom Dampfkeffel im Hauptgebäude aus erfolgt und diefer keinen Nachtbetrieb hat, erhielten die Warmwafferöfen genügenden Durchmeffer, um die nötige Wärme für die Nacht auffpeichern zu können; fie umfchliefsen das Abluftrohr, welches unter der Decke für die Sommerlüftung ummantelt wurde; durch Klappen kann man diefen Mantelraum fchliefsen.

Beträchtlich gröfsere Längenausdehnung haben die zwei eingefchoffigen Doppelpavillons im Infektions-Krankenhaufe zu Weymouth (Fig. 127 [293]).

295. Beifpiel X.

Ihre Längsachfe ift von Nord nach Süd gerichtet, und die feitliche Lage des Abortraumes geftattet auch hier eine Längslüftung der Säle durch Stirnfenfter. Ueber der Kreuzung des Eingangs- und Querflures befindet fich ein Lüftungsfchlot. An erfterem liegen links ein kleiner Vorratsraum, ein Brennftoff- und darüber ein Regenwafferbehälter, rechts ein Ausgufs. Die Fenfter in den Saalftirnwänden wurden höher geführt als die im übrigen flache Decke, welche hier nach den Fenftern anfteigt. Vergitterte Lüftungsöffnungen mit Schiebern find am Fufsboden hinter den Betten und unter der Decke vorhanden. In der Mitte jedes Saales fteht ein Kamin mit einer Warmluftkammer, deffen Rohr durch einen Lüftungsfchlot geführt ift.

[290] Nach: THORNE-THORNE, a. a. O., S. 265 u. Pl. XXXIX.
[291] Nach: *Builder*, Bd. 36 (1878), S. 324.
[292] Nach: BÖRNER, a. a. O., Bd II, S. 96.
[293] Nach: THORNE-THORNE, a. a. O., Taf. LIV u. S. 283.

295.
Beifpiel
XI.

Vollftändig getrennt find die beiden Abteilungen der Doppelbaracken im Inftitut für Infektionskranke zu Berlin (Fig. 128[294]), die aus zwei zufammengeftofsenen Einzelpavillons beftehen.

Ihre Längsachfen find von Norden nach Süden gerichtet. In der Ausgeftaltung gleichen fie den einfachen Baracken. (Siehe Art. 286, S. 172.) Nur die Warmwafferverforgung wird hier für das Badewaffer durch Badeöfen, für den Spülraum und die Wafchtifche durch Gasfeuerung bewirkt.

297.
Beifpiel
XII.

Aus getrennten Hälften befteht auch der Pavillon im Kaifer-Franz-Jofeph-Krankenhaus zu Böhmifch-Leipa (Fig. 129[295]).

Hier liegt das Zubehör an unmittelbar belichteten Fluren; dagegen haben die Säle nur an 2 Seiten Fenfter.

298.
Blockbauten.

In Hamburg-Eppendorf hat man in den kleinen Ifolierblocks Typen gefchaffen, welche nur einer anfteckenden Krankheit und einem Gefchlecht dienen follen. Ihre zwei Krankenräume haben gemeinfchaftliches Zubehör. Diefelbe Gemeinfchaft befteht in der Ifolierbaracke zu Moabit zwifchen ihren drei Krankenräumen.

Für das Unterbringen von beiden Gefchlechtern und für die gleichzeitige Trennung von zwei, bezw. mehreren verfchiedenen Infektionskrankheiten in einem Gebäude find Blockbauten entftanden, wie der nur teilweife zur Ausführung gelangte Ifolierbau im *London fever hofpital* zu London,

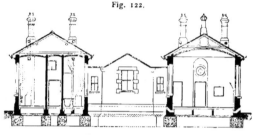

Fig. 122.

Querfchnitt — $\frac{1}{250}$ w. Gr.

Fig. 123.

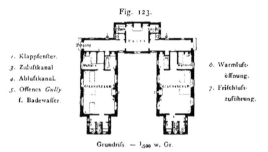

1. Klappfenfter.
3. Zuluftkanal
4. Abluftkanal.
5. Offenes *Gully*
6. Badewaffer.

6. Warmluftöffnung.
7. Frifchluftzuführung.

Grundrifs — $\frac{1}{500}$ w. Gr.

Fig. 124.

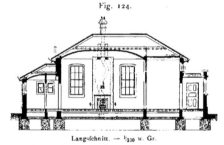

Langsfchnitt. — $\frac{1}{250}$ w. Gr.

Eingefchofsiger Infektions-Pavillon für 6 Betten im *Royal Berkfhire hofpital* zu Reading [291].
1879.
Arch.: *Morris & Stallwood.*

1:500

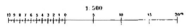

die Doppelblocks nach den Plänen des *Local government board* zu London und für ländliche Epidemiefpitäler in Kärnten, fowie diejenigen in Kopenhagen. Diefe Pläne

---

294) Nach: Berliner klinifche Wochfchr. 1891, S. 904.
295) Nach: Bautechniker 1892, S. 554.

geben die nächsten 6 Beispiele, welchen mehrgeschoffige Ifolierblocks in Wien folgen, die man in 3, bezw. 4 Abteilungen trennen kann.

Von den kleinen Ifolierblocks in Hamburg-Eppendorf (Fig. 130 bis 132[296]) find in der dortigen Anftalt 11 Stück ausgeführt worden. Vier davon dienen als Auf-

299. Beifpiel XIII.

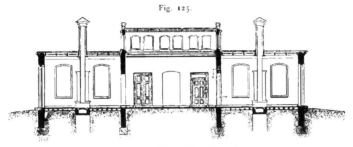

Fig. 125.

Längenfchnitt zu Fig. 126[292]). — $1/250$ w. Gr.

nahmegebaude und die übrigen, je nach Bedarf, der chirurgifchen, der medizinifchen und der Epidemieabteilung.

Von dem gegen Südweften gelegenen Eingangsflur, in welchem die Schränke für reine Wäfche, Efsgefchirr u. f. w. ftehen, betritt man das Badezimmer, das zugleich als Verband-, bezw. Operationsraum benutzt wird und den Zugang zu beiden Krankenzimmern vermittelt. Das kleinere Krankenzimmer erhielt, um es abfondern zu können, Ausgang nach dem Garten; beide haben Dachreiter, Luftungsjaloufien und Ofenheizung mit Luftzuführung. In dem Gang, welcher den Abort nebst einem Raum für unreine Geräte von den Zimmern trennt, liegen der Ausguß mit Wafferzapfhahn und in der Fensterbrüftung ein Einwurf für schmutzige Wäfche nach dem durch ein Wellblechdach gefchützten Drahtkasten an der Außenfeite des Gebäudes. Die Warmwafferbereitung erfolgt im kupfernen Badeofen. Alle Räume außer den Krankenzimmern find nicht heizbar. Der Wärter foll in einem Krankenraume und nur bei Raummangel im Badezimmer schlafen.

Fig. 126.

Grundriß.
$1/300$ w. Gr.

Eingefchoffiger Doppelpavillon für 14 Betten im ifraelitifchen Krankenhaus zu Berlin[292]).
1882.
Arch.: *Schmieden & v. Weltzien*.

Fig. 127.

Eingefchoffiger Pavillon für 12 Betten im Hofpital für infektiöfe Krankheiten zu Weymouth, Port[293]).
1880.
Arch.: *Crickmay & Son*.
1:500

Im städtifchen Krankenhaufe zu Moabit befteht die 1883 errichtete Ifolierbaracke nur aus drei quadratifchen Krankenräumen für je 3 Betten, die nebeneinander liegend fich an ihrer Nordfeite einer verglaften Vorhalle öffnen, deren 11 Fenfter herausnehmbar find und in deren Stirnfeiten Flügelthüren nach außen angeordnet wurden[297].

300. Beifpiel XIV.

---

296) Fakf.-Repr. nach Zimmermann & Ruppel, a. a. O., Taf. II
297) Siehe: Die öffentliche Gefundheits- und Krankenpflege der Stadt Berlin. Berlin 1890. S. 215 u. Abb. auf S. 126.
Handbuch der Architektur. IV. 5, a. (2. Aufl.)
12

Jedes Zimmer hat zeltartig anfteigende Decke; unter ihrer Mitte fteht ein Dampfrippenkörper, der ganz oder teilweife in Betrieb gefetzt werden kann und die Zuluft erwärmt. Die Abluft entweicht durch ein Rohr in der Mitte der Decke in das Freie und durch Abzugsrohre nach einem Turm über der Mitte der Vorhalle, welcher den Warmwafferbehälter enthält und über Dach entlüftet ift. In ähnlicher Weife wird die Vorhalle geheizt, in deren Oftecke ein befonders gelüfteter, mit Holzverfchlag umgebener Spülabort eingebaut und an deffen Nordwand der von aufsen zu entleerende Kaften für fchmutzige Wäfche angebaut wurde. Zum Baden dient eine verfetzbare Wanne.

301. Beifpiel XV.

Ein Schritt zur Rekonftruktion des *London fever hofpital* zu London nach neueren Grundfätzen wurde durch Errichtung des eingefchoffigen Blockbaues mit zwei Krankenräumen für 3, bezw. 2 Betten als Teil eines grofsen Blockes von 12 folchen Räumen gethan (Fig. 133 u. 134[298]). Der Plan folgt nahezu demjenigen eines Blockbaues von *Springall* im *Sanatorium for the corporation of the borough of Folkeftone*[299]), der 1878 entftand.

Fig. 128.

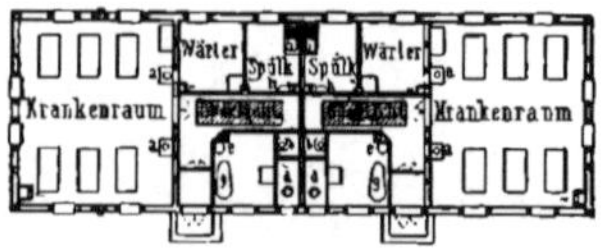

Baracke für 12 Betten im Inftitut für Infektionskrankheiten zu Berlin[294]). 1891.
Arch.: *Böttger*.
1/500 w. G.

Der Pavillon erhielt einen offenen Unterbau auf Arkaden, der im Lichten 1,83 m (= 6 Fufs) Höhe hat und bis 1,22 m (= 4 Fufs) unter das Erdreich reicht, welches rings um den Pavillon bis zu diefer Tiefe abgeböfcht wurde, um durch die Zulufteinläfie über den Zimmerfufsböden eine möglichft von Erddünften befreite Luft einzuführen. Aufserdem follte der Unterbau bei gutem Wetter als kühler Aufenthalt für Rekonvalescenten dienen. Beide Krankenräume und das Wärterinnenzimmer find nur von der offenen Veranda zugänglich, wo die verfetzbare Badewanne fteht. Die Zimmer erhielten *Boyd*-Oefen mit Warmluftkammern und werden hinter jedem Bett durch Oeffnungen am Fufsboden, die mit dem *Ellifon*-Radiator ausgeftattet find, und durch die Kippfenfter gelüftet.

Fig. 129.

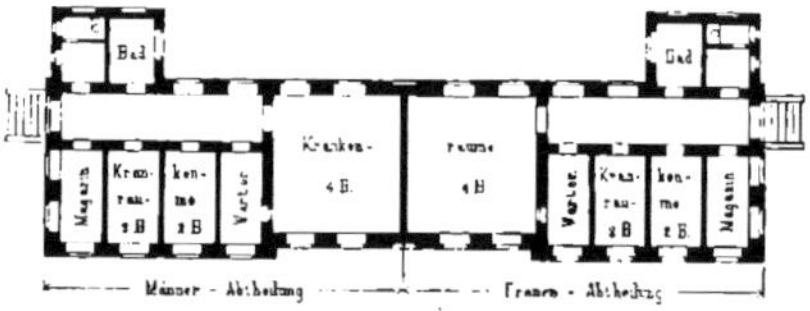

Doppelpavillon für 12 Anfteckendkranke im allgemeinen Kaifer-Franz-Jofeph-Krankenhaus zu Böhmifch-Leipa[295]). 1892.
Arch.: *Kreifsl*.

302 Beifpiel XVI.

Dem in vorftehendem Beifpiel mitgeteilten Plan fchliefsen fich die Typen A und B der Normalien an, welche der *Local government board* in feinen Memoranden

Fig. 130.   Fig. 131.   Fig. 132.

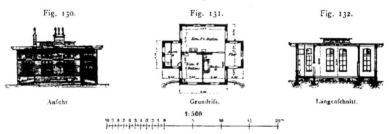

Anficht.   Grundrifs.   Längenfchnitt.

1:500

Kleiner Ifolierblock für 6 Betten im neuen allgemeinen Krankenhaus zu Hamburg-Eppendorf[296]). 1889.
Arch.: *Zimmermann & Ruppel*.

[298] Nach: *The London fever hofpital.* Builder, Bd. 45 (1883), S. 822.
[299] Siehe: THORNE-THORNE, a. a. O., S. 119 u. Taf. XVI.

von 1885, 1888, fowie von 1892 niedergelegt hat und den von diefer Behörde fchon 1876 feftgeftellten Bedürfniffen entfprechen. Der Typus A zeigt einen Doppelblock für 4 Betten mit zwei Abteilungen zur Trennung der Gefchlechter oder der Krankheiten, von denen jede aus einem 2 Bettenzimmer, einem *Nurfe-duty-room* und einer Veranda befteht. Zwifchen beiden Gebäudehälften liegt die nur von einer derfelben zugängliche Dachtreppe, an die jederfeits der betreffende Pflegerinnenraum anftöfst. Doch findet zwifchen beiden Abteilungen keine Verbindung ftatt, da ihre Veranden, welche die Zugänge vermitteln, nach entgegengefetzten Himmelsrichtungen gekehrt find. Die Pflegerin kann im Dachgefchofs fchlafen.

Fig. 133.

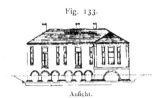

Anficht.

Fig. 134.

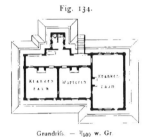

Grundrifs. — 1/500 w. Gr.

Eingefchoffiger Ifolier-Pavillon für 5 Betten im *London fever hofpital*[298]).
1882.
Arch.: *Keith & D. Young.*

Der Typus B enthält 2 Abteile mit je 5 Betten, welche fich wieder aus 2 Krankenräumen zufammenfetzen. In den nach diefem Typus von *Adams* bearbeiteten Plänen (Fig. 135 bis 139[300]) find im Dachgefchofs aufser den Schlafräumen des Perfonals noch 2 Zimmer für Zahlende untergebracht worden. Wo das Perfonal im Verwaltungsgebäude fchläft und die Dachtreppe wegfällt, ift auch der für die Dachtreppe vorgefehene fchmale Raum in der Mitte feiner Tiefe geteilt und dient jederfeits zur Auffteilung der betreffenden Badewanne.

Im fpäteren Plan wurde der 3-Bettenfaal in jeder Abteilung durch ein 2-Bettenzimmer erfetzt, das gleiche Gröfse und Richtung hat wie das andere, fo dafs die Veranda vor beiden vorübergeführt werden konnte. Das Abortgebäude wurde hier jederfeits an die Grenze zwifchen beiden Abteilungen gerückt, die unmittelbar aneinander ftofsen. Die Dachtreppe ift weggefallen, und die Wanne fteht auf der Veranda. Das ganze Gebäude enthält fomit 8 Betten. Das flache Verandendach reicht nicht bis zur Decke, fo dafs fich die Fenfter in ihrem oberen Drittel über diefem Dach öffnen laffen.

Im *Heathcote infectious hofpital* zu Leamington wurde jedes 2-Bettenzimmer an der Grenze der Abteilungen in zwei Einzelzimmer zerlegt. — Dagegen hat man im *City of Liverpool fouthern infectious hofpital* einen Doppelblock aus zwei ungleichen Hälften gebildet, deffen eine Seite nur ein 2-Bettenzimmer und einen Pflegerinnenraum, deffen andere aufserdem noch ein 1-Bettenzimmer enthält. — Schliefslich ift das Syftem auch im *Ladywell fanatorium* zu Salford zweigefchoffig, behufs Trennung von 4 verfchiedenen Krankheiten, ausgeführt worden, wo die Treppe zwifchen beiden Hälften und die zwei Veranden gegen Weften liegen; die Aborte befinden fich in der Mitte nebeneinander, und den *Nurfes-duty-rooms* wurden Flure vorgelegt, von denen aus man die Krankenzimmer betritt, wodurch ihre Thüren nach Art eines Windfanges gefchützt find.

Den »Mufterplan« für ländliche Epidemie-Spitäler in Kärnten zeigt Fig. 139[301]).
Die gefchloffenen Gänge find durch die angelegten Theeküchen lüftbar. Auf die Lage des Wärterzimmers zwifchen den Krankenräumen ift hier verzichtet. Den Kranken fehlt ein gefchützter Aufenthalt aufserhalb der letzteren.

303.
Beifpiel XVII.

Aus zwei getrennten Abteilungen, je für zwei Gefchlechter, fetzt fich der eingefchoffige Doppelblock im Blegdam-Hofpital bei Kopenhagen zufammen. Das Gebäude erhielt vier Zugänge.

304.
Beifpiel XVIII.

Die Längsfronten find gegen Südweften, bezw. Nordoften gekehrt (Fig. 140[302]).
In jeder Gebäudehälfte trennen das Zimmer der Pflegerin und die Abortanlage die Säle, zwifchen denen die Verbindungsthüren gefchloffen werden können. Jeder 6-Bettenfaal hat eigene Heizung und

---

300) Nach: LOVEGROVE, H. *Practical architecture with detailed eftimates.* Building news, Bd. 55 (1888), S. 418 u. 419.
301) Nach: WEYL, Handbuch der Hygiene etc., S. 234.
302) Nach: SÖRENSEN, S. T. & F. J. HERMANN. *Defcription fommaire de l'hôpital des maladies épidemiques de Copenhague (»Blegdam hofpitalet«), publiée à l'occafion du huitième congrès international de médecine par le »Magiftrat« de Copenhague.* Kopenhagen 1889. Pl. XVI.

Lüftung erhalten. Die Luftheizungsöfen stehen in Warmluftkammern gegenüber den Saaleingängen und werden wie die Abluftschlote hinter den Pflegerinnenräumen von außen geheizt.

305 Beifpiel XIX

Im Kaifer-Franz-Jofeph-Spital zu Wien enthält der grofse Pavillon für Infektiöfe (Fig. 141[303]) 4 Abteilungen verfchiedener Gröfse — 2 zu je 14 und 2 zu je 23 Betten —, die auf 2 Gefchoffe verteilt und nach dem Korridorfyftem angeordnet wurden, vollftändig voneinander zu trennen, aber auch vereint zu benutzen find. In der Breite der Vorfprünge an der Eingangsfeite wurde ein II. Obergefchofs aufgebaut.

Die Front liegt gegen Nordweften, hatte 4 gefonderte Eingänge entfprechend den 4 Abteilungen, von denen im Erdgefchofs die erfte links 1 Saal mit 11 und 2 Ifolierzimmer mit 1, bezw. 2, im ganzen

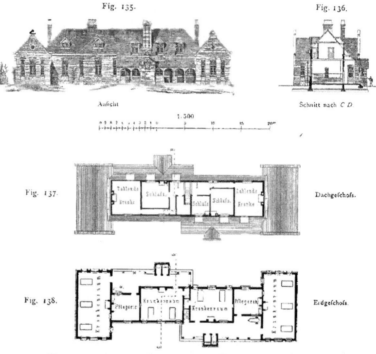

Fig. 135.
Fig. 136.
Auficht
Schnitt nach C D
Fig. 137.
Dachgefchofs.
Fig. 138.
Erdgefchofs.

Norm des Local government board für einen Ifolierblock mit 12 Betten [306]).
Arch.: M. B. Adams.

14 Betten enthielt; die zweite fetzte fich aus den übrigen Krankenräumen, alfo aus 1 Saal mit 11, je 2 Ifolierzimmern mit 1, 2 und 3, im ganzen mit 23 Betten zufammen. Im I. Obergefchofs legte man die kleinere Abteilung auf die rechte, die gröfsere auf die linke Seite, und dementfprechend reihten fich im Mitteltrakt die Räume auch entgegengefetzt. In den Aufbauten befanden fich Schlaffäle für das Warteperfonal nebft Zubehör.

1896 wurden zur Aufnahme von Doppelinfektionen 4 Ifolierzimmer mit getrennter Bade- und Abortanlage eingerichtet. Der Mittelbau erhielt unmittelbaren Eingang und Mauerabfchlufs im Verbindungsgang, wodurch die Erweiterungsfähigkeit der Abteilung befeitigt war. Man gewann 2 Zimmer; Schwefter-

[303]) Nach: Jahrbuch der Wiener k. k. Krankenanftalten 1892, Taf. XXXIX.

raum, Abort und Bad nehmen die 3 rechten Achfen ein. In den beiden II. Obergefchoffen ift jederfeits 1 Schwefter-, 1 4-Betten- und 1 2-Bettenzimmer hergeftellt worden[304]).

Der dreigefchoffige Ifolierblock des Kaiferin-Elifabeth-Spitals zu Wien (Fig. 142[305]) foll Kranke verfchiedener anfteckender Krankheiten, deren Zahl untereinander fchwankt, aufnehmen, erhielt aber eine für alle Abteilungen gemeinfchaftliche Treppe.

306. Beifpiel XX.

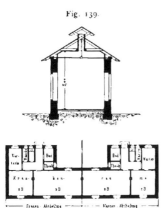

Fig. 139.

Mufterplan zu einem eingefchoffigen Blockbau mit 10 Betten für ländliche Epidemie-Spitäler in Kärnten[304]).

Der Eingang erfolgt von Often durch das Treppenhaus, von welchem aus der Speifenaufzug bedient wird. Der Beftimmung gemäfs kann man in den unteren beiden Gefchoffen das ganze Gefchofs, jede Hälfte für fich oder mit dem 10-Bettenfaal abfondern, welcher links von feinem Eingang eigenen Abort und Ausgufs hat. Im II. Obergefchofs fchlafen über dem 10-Bettenfaal alle im Haufe wirkenden Schweftern. Im Erdgefchofs ift ein Aufnahme-, in jedem Obergefchofs ein Beobachtungsraum vorhanden, und dem Gebäude wurde weftlich ein Garten angefchloffen.

Des unregelmäfsigen Belages wegen wählte man aus ökonomifchen Gründen eine Heizung mit ummantelten *Meidinger*-Füllöfen und Luftzuführung. Aufserdem find »Etagenkanäle« und »Dachkanäle« vorgefehen.

Die Pflege in Einzelzellen ift die ältefte Form der Abfonderung von fehr anfteckenden Kranken. Entweder waren die Zellen nur durch Wände in einer grofsen Halle eingebaut, in welchem Falle fie keine Decke erhielten, oder fie bildeten eine Reihe eingefchoffiger Zimmer, mit unmittelbarem und alleinigem Zugang von aufsen oder von einer offenen Halle aus.

307. Blockbauten mit Einzelzellen

Das Syftem der aneinander gereihten Zellen bei unmittelbarer Verbindung mit der Aufsenluft ermöglicht die vollftändigfte Abfonderung und ift in den beiden erften folgenden Beifpielen durchgeführt, während in dem dritten fich die Zellen an einem Flurgang mit offenen Stirnfeiten reihen. (Vergl. auch die Beifpiele unter 5, 2.)

Fig. 140.

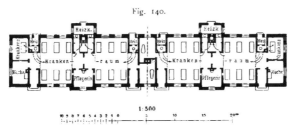

Eingefchoffiger Blockbau für 26 Betten im Blegdam-Hofpital zu Kopenhagen[302]). 1883.

Im Ifolierhaus des *Presbyterian hofpital* zu New York wurde jedem Einzelzimmer ein Wärterinnenraum beigegeben (Fig. 143[306]).

308. Beifpiel XXI.

---

[304]) Siehe ebendaf. 1896, S. 42 u. Taf. VI.
[305]) Nach Schoff & Sehnal, a. a. O., Generalplan.
[306]) Nach: Weyl, Handbuch der Hygiene etc., S. 239.

Die 4 Abteilungen, welche noch durch ein Beobachtungszimmer ergänzt werden, find hier um den Hof gruppiert, und 3 Seiten des Gebäudes wurde ein Glasdach vorgelegt. Eine Verbindung zwifchen jedem Kranken- und Wärterinnenzimmer ftellt nur der gemeinfchaftliche Windfang her.

309. Beifpiel XXII. Die Ifolier-Pavillons im *Hôpital de Saint-Denis* beftehen aus 2 Paar Einzelzimmern, die vom Zubehör durch eine feitlich offene Veranda getrennt find (Fig. 144[307]).

Jedes Zimmerpaar wurde durch einen Flurgang gefchieden, an welchem beide Zimmer Eingänge, die fich nicht gegenüberliegen, erhielten. Oeffnet man die Thüren der Flurgänge an beiden Enden, fo find die Zimmer rings von der Aufsenluft umfpült, da beide Zimmerpaare wieder durch einen offenen Zu-

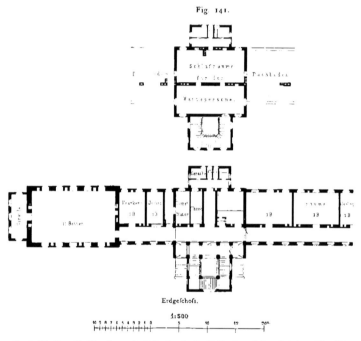

Fig. 141.

Erdgefchofs.
1:500

Zweigefchoffiger Pavillon für 74 Infektionskranke im Kaifer-Franz-Jofeph-Spital zu Wien[303]).
1887—88.
Arch.: *Hranatfch & Fellner.*

gang zur Veranda getrennt find. Ein offener Gang verbindet letztere mit den Aborten. Die Fenfter der Zimmer find gegen Süden und Norden gerichtet. Zur Heizung und Lüftung dienen Kamine.

310. Beifpiel XXIII. Im Ifoliergebäude des Johns-Hopkins-Hofpitals zu Baltimore find die Einzelzimmer für gefährliche und anftöfsige Fälle, aber nicht für die gefährlichften, und zwar für Zahlende und Nichtzahlende beftimmt. Der Bau folgt in der Hauptanordnung dem Vorfchlag *Folfom*'s, bezw. dem Ifoliergebäude im *Maffachufetts hofpital.*

Die 20 Zimmer zu beiden Seiten eines von Norden nach Süden verlaufenden Längskorridors, der an beiden Enden offen blieb und durch hohe bewegliche Fenfter Seitenlicht erhielt, werden durch Doppel-

---

[307]) Nach: LAYNAUD. *Nouvel hôpital de Saint-Denis (Seine). Nouvelles annales de la conftr.* 1881, Pl. 50, 51.

Fig. 142.

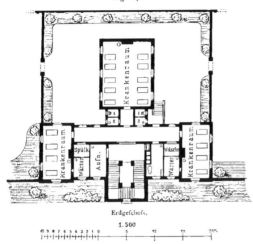

Erdgefchofs.
1:500

Dreigefchoffiger-Ifolier-Pavillon für 46 Betten
im Kaiferin-Elifabeth-Spital zu Wien [305]).
1890.
Arch.: *Schnal.*

wände vom Korridor getrennt. In der Mitte des Gebäudes find die Nebenräume eingefchaltet. Um die Zimmer möglichft voneinander abzufondern, erhielt jedes eigene Heizung und Lüftung, und es wurden keine gemeinfchaftlichen Spülaborte und Baderäume vorgefehen (Fig. 147 bis 150 [308]).

Der Fufsboden des 3,05 m (= 10 Fufs) hohen Sockelgefchoffes liegt 0,38 m (= 1,25 Fufs) über dem Erdreich. Man betritt das Gebäude an der Weftfeite im Erdgefchofs vom Verbindungsgange oder im Hauptgefchofs von feiner Terraffe aus. In der Mitte liegen zu beiden Seiten des Korridors einander gegenüber je ein Zimmer für 2 hier fchlafende Pflegerinnen, neben diefen deren Spülabort und der Ausgufs für die Leibftühle in den Zellen, welche hier desinfiziert werden können, bezw. der Raum für die verfetzbare Badewanne, mit einem Streuabort. An diefen ftöfst eine Diätküche nebft Speifenaufzug und an die Treppe das Zimmer für reine Wäfche. An letzterem und an einem der Pflegerinnenräume wurden noch Aufzüge angeordnet. Die Stirnwände des Mittelganges find durch Thüren mit Jaloufien gefchloffen, welche zu je einer Veranda führen.

In den Einzelzimmern, deren Decken von der Fenfterwand zur Korridorwand anfteigen, fteht das Bett zwifchen Fenfter und Zuluftkanal. Die Erwärmung der Zuluft ift die gleiche wie in den allgemeinen Pavillons (fiehe Art. 132, S. 78). In der Korridorwand liegen in der Mitte ein Kamin, deffen gufseifernes Rauchrohr durch ein Abluftrohr geführt ift, daneben einerfeits die Doppelthür zum Korridor, anderfeits eine mit verzinktem Eifen ausgekleidete Wandnifche für den Leibftuhl (Fig. 145 [308]), deffen Gefäfs durch eine Oeffnung nach dem Korridor entfernt werden kann; die Zimmerthür der Nifche ift im unteren Teile durchbrochen, und ihr durch ein Dampfrohr über dem Leibftuhl erwärmtes Entlüftungsrohr wurde nach dem genannten Abluftrohr geführt, da die Zimmerluft hauptfächlich auf diefem Wege entweichen foll.

Fig. 143.

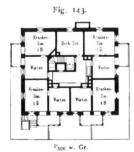

1/500 w. Gr.

Eingefchoffiger Ifolierblock für 5 Betten in *Presbyterian hofpital* zu New York [306]).

In die 3 gröfseren Zellen der nordweftlichen Ecke können 0,11 cbm (= 4 Kub.-Fufs) Luft in jeder Sekunde eingeführt werden, und ihre Bewegung foll eine ftetig aufwärts gerichtete fein, fo dafs kein Teil derfelben mit dem Patienten zum zweitenmal in Berührung kommt. Zu diefem Zweck ift der Fufsboden, wie dies *Greenway* vorgefchlagen hatte (fiehe Art. 114, S. 70), bis zu 2,12 m (= 7 Fufs) von der Aufsenmauer mit Löchern von 0,63 cm (= 1/4 Zoll) Lichtweite derart durchbrochen, dafs 50 derfelben auf 0,09 qm (= 1 Quadr.-Fufs) verteilt find und die ganze Fufsbodenfläche 5000 Löcher enthält. Durch diefe glatten und trichterförmigen Oeffnungen tritt die im Untergefchofs mittels Heizrohren (Fig. 146 [308]) erwärmte Luft in das Zimmer. Die überbaute Fläche beträgt ausfchliefslich der Veranden 725,32 und einfchliefslich derfelben 765,81 qm oder 36,26, bezw. 38,49 qm für jedes Bett.

---

[308]) Nach: BILLINGS, a. a. O., Taf. 26 bis 28. — Vergl. auch S. 94.

5) Krankengebäude für befondere Zwecke.

311.
Ueberficht

Die unter vorftehender Ueberfchrift zufammengefafsten Krankengebäude dienen für beftimmte Krankenabteilungen, welche in baulicher Beziehung von denjenigen in allgemeinen Krankengebäuden abweichende oder fie ergänzende Anordnungen erfordern, denen man ihre Ausbildung anzupaffen gefucht hat.

Solche Sondergebäude find entftanden für:

α) zahlende Kranke,
β) Genefende,
γ) Irre,
δ) Hautkranke,
ε) Geburtshilfe,
ζ) Gynäkologifchkranke,
η) Lungenkranke,
ϑ) Pockenkranke,
ι) Diphtheriekranke,
κ) Scharlachkranke,
λ) Mafernkranke.

Nach den hier zu erörternden Geſichtspunkten hat man thunlichſt auch die betreffenden Abteilungen zu bilden, wenn für fie keine eigenen Gebäude errichtet werden können. Die befonderen Einzelheiten, welche zum Teil bei den Beifpielen felbſt zu befprechen find, beziehen fich u. a. auf Verfuche einer Verteilung der Kranken nach beftimmten Gruppen oder auf Sonderpflege in Einzelzimmern, auf dauernde oder vorübergehende Mitabfonderung des Perfonals, auf Einrichtungen für das Ein- und Ausbringen von Sachen und Perfonal, wie Schleufen und Desinfektionsvorrichtungen, auf Abfonderung von Rekonvalescenten und auf gewiffe Forderungen bezüglich der Lüftungs- oder Heizungsanlagen.

Fig. 144.

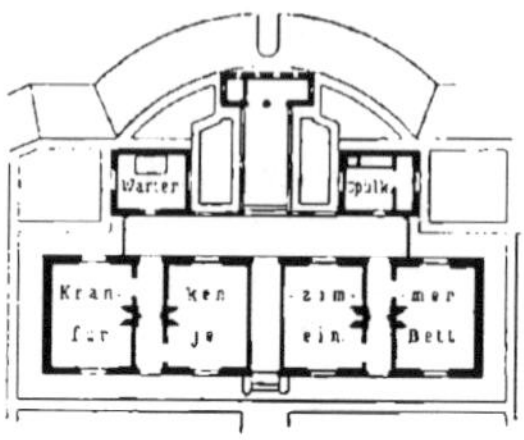

$^{1}/_{500}$ w. Gr.
Eingefchoffiger Pavillon für Infektiöfe mit 4 Einzelzimmern im *Hôpital de Saint-Denis*[307].
Arch.: *Laynaud*.

α) Gebäude für Zahlende.

312.
Zweck

Unter »Zahlenden« find hier Penfionäre, Koſtgänger u. f. w. verftanden, die gegen Zahlung eines beträchtlich höheren Tagesfatzes, als er in den Sälen gezahlt wird, eine befondere Unterkunft beanfpruchen. Neuerdings hat die Unterbringung derfelben in eigenen Gebäuden der allgemeinen Krankenhäufer — in England auch in Hofpitälern für Anſteckende — Eingang gefunden, weil fie ein Bedürfnis wurden und Zahlende gute Einnahmequellen für letztere bilden. Da man diefe Bauten möglichſt nur aus 1- oder 2-Bettenzimmern zufammenfetzt, fo iſt man meiſt dem Korridorfyſtem gefolgt. Im übrigen iſt für Zahlende gröfserer Komfort und unter Umſtänden eigenes, aber nicht abzufonderndes Perfonal vorzufehen.

313.
Beifpiel 1.

In Hamburg-Eppendorf erhielten die äufsere und die innere Abteilung, den beiden Gefchlechtern entfprechend, je zwei fog. »Koſtgängerhäufer« für die befferen Stände. Das Obergefchofs des Frauenblocks zeigt Fig. 151[309]).

Anordnung des Leibſtuhles[308]).

Fig. 146.

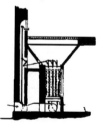

Einzelheit der Heizeinrichtung[308]).

---

[309]) Nach: Deutfche Viert. f. öff. Gefundheitspfl. 1889, S. 290.

Fig. 147.

Schaubild

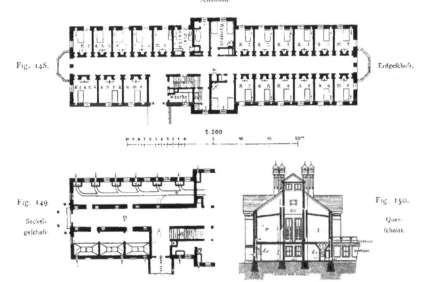

Fig. 148. Erdgeschofs.

1:500

Fig. 149. Sockelgeschofs.

Fig. 150. Querschnitt.

Eingeschoffiger Ifolier-Pavillon für 20 Betten im Johns-Hopkins-Hofpital zu Baltimore.[398]
1889.
Arch. *Nierufée*, fpäter *Cabot & Chandler*.

Im Erdgefchofs liegen unter den Konverfationszimmern der Eingangsflur nebft Spülküche und Oberwärterinzimmer und im linken Kopfbau eine auch von aufsen zugängliche Affiftenzarztwohnung mit eigenem Bade- und Abortraum im Keller, wo auch die anderen Wohnungen des Perfonals fich befinden. Der Flurgang im Obergefchofs hat Dachreiterlüftung.

314. Beifpiel II.

Im zweigefchoffigen Krankenbau für Privatkranke in Nürnberg follte wagrechte und lotrechte Teilung für die Gefchlechter oder Krankheiten möglich fein.

Daher wurden bei ähnlicher Gefamtanordnung, wie in Fig. 151, Treppe, Wärterzimmer, Spülküche und eine Affiftenzwohnung im Mittelbau vereinigt, wo eine Querwand im Gang die Trennung der Abteilungen bewirkt.

315. Beifpiel III.

Im Johns-Hopkins-Hofpital zu Baltimore ift für jedes der beiden Gefchlechter ein Blockbau vorhanden (Fig. 152[310]).

Jedes Gebäude wurde in der Mittelachfe an den Verbindungsgang angefchloffen.

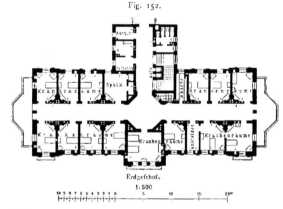

Fig. 151.

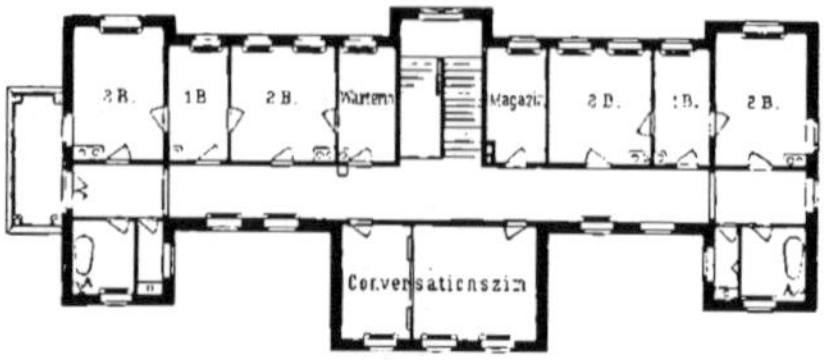

Obergefchofs. 1:500

Zweigefchoffiger Blockbau für zahlende Frauen für 19 Betten in neuen allgemeinen Krankenhaus zu Hamburg-Eppendorf [309]).
1889.
Arch.: *Zimmermann & Ruppel*.

Die Kreuzungsftelle beider Flurgänge empfängt im Obergefchofs Deckenlicht durch eine Laterne; im Erdgefchofs foll der anftofsende Lichtfchacht genügen. Der Längsgang ift aufserdem durch Thüroberlichter erhellt. In jedem Zimmer wurde ein Kamin mit Rauchrohr eingebaut und eine ähnliche Warmwafferluftheizung vorgefehen wie in den allgemeinen Pavillons (fiehe Art. 132, S. 78); doch ift hier die

Fig. 152.

Erdgefchofs.
1:500

Zweigefchoffiger Blockbau für zahlende Kranke mit 30 Betten im Johns-Hopkins-Hofpital zu Baltimore [310]).
1889.
Arch.: *Niernfee*, fowie *Cabot & Chandler*.

Zuluft durch den Keller zugeführt. Die in der Korridorwand gelegenen Abluftrohre vereinigen fich im Dach durch eiferne verzinkte Sammelrohre, die in dem lotrechten, durch eine Dampfrohrfchlange erwärmten Lüftungsfchlot über dem Achteckraume münden. — Im Frauengebäude dient das Zweibettenzimmer des Obergefchoffes als Operationsraum.

[310]) Nach: BILLINGS, a. a. O., Taf 14 u. 15.

ʒ) Gebäude für Genefende.

Das Ausfcheiden der Genefenden in befondere Gebäude ift neuerdings wieder bei langer Dauer der Rekonvalescenz in folchen Fällen, wo die Genefenden befonderer ärztlicher Pflege nicht mehr bedürfen, zur Ausführung gelangt. In allgemeinen Krankenhäufern hat dies zu ihrem Ausfcheiden in felbftändige Heimftätten für Genefende, deren Lage befonders für den Zweck ausgefucht werden kann, geführt, um die Krankenhäufer von ihnen zu entlaften. Hierüber handelt Teil IV, Halbband 5, Heft 2 (Abt. 5, Abfchn. 2, Kap. 3) diefes »Handbuches«. In Anftalten für Anfteckendkranke, deren Rekonvalescenz zum Teil noch längere Trennung von Gefunden fordert, können bei genügender Gröfse der Anftalten derartige Gebäude innerhalb der Anftalt zweckmäfsig fein, wie im Alexander-Hofpital zu St. Petersburg. In London, wo dem *Metropolitan afylum board* mehrere folcher Krankenhäufer unterftehen, werden deren Genefende einem Sonderhofpital am Winchmore Hill überwiefen, wo fie jedoch in getrennten Gebäuden mit zugehörigen Gärten verpflegt werden.

316. Erforderniſſe.

Im ftädtifchen Alexander-Barackenkrankenhaufe zu St. Petersburg, welches für Anfteckendkranke männlichen Gefchlechtes beftimmt war, hat man zwei einge-

317. Beifpiel I

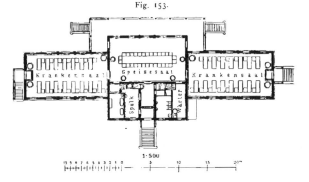

Fig. 153.

Eingefchoffiges Gebäude für 30 Genefende
im ftädtifchen Alexander-Barackenkrankenhaus zu St. Petersburg [311]).
1883.
Arch.: *Sfokolòw*.

fchoffige Baracken für je 30 Genefende errichtet, die fomit zufammen 60 Betten, gleich ⅕ des auf 300 Betten geplanten Gefamtbelages, enthalten (Fig. 153 [311]).

Jede Baracke in Geftalt eines Doppelpavillons erhielt einen geräumigen als Speifefaal dienenden Tagraum, gegen Südfüdoften mit vorgelegter Veranda, welche wie die Krankenfäle Treppenverbindung mit dem Garten hat.

Im *Northern hofpital (convalefcent fever hofpital)* Winchmore Hill find 2 Gebäudetypen für Genefende zur Ausführung gelangt. In beiden wurden die Tag- und Schlafräume nach Gefchoffen getrennt und erfteren eine Küchenabteilung angegliedert.

318. Beifpiel II.

Den einen Typus für ein Gefchlecht zeigt Fig. 154 [312]) im Erdgefchofs. Im Obergefchofs liegen die 2 Schlaffäle mit je 16 Betten und unmittelbar zugänglichem Bade- und Wafchraum mit 1 Wanne und

---

311) Nach: Das ftädtifche Alexander-Barackenkrankenhaus in St. Petersburg. Centralbl. d. Bauverw. 1887, S. 505.
312) Nach: BURDETT, a. a. O., Taf. 75.

4 Wafchbecken. Die Veranda nebft den Saalerkern und der Anbau, welcher die Küche enthält, fallen hier weg. Ueber der Speifekammer liegen ein Raum für reine Wäfche und der Abort für die Pflegerin, über dem Tagraum ihr Schlafzimmer.

Hiernach waren 1893 9 Gebäude errichtet. Bei 2 weiteren derartigen Bauten find die Säle kürzer, und 3 erhielten 16-Bettenfäle, aber keine Veranda vor ihren Tagräumen.

Ein Bau, der für zwei Gefchlechter beftimmt ift, folgt dem zweiten Typus. Hier ftofsen die in einer Flucht liegenden, je mit Eingangsflur, 1 Pflegerinnen- und 1 Wafchraum an ihrem Ende ergänzten Säle unmittelbar aneinander; ihrer getrennten Zugänglichkeit entfprechend ift die Veranda durch die Erker geteilt, und jeder Saal dient als Tag- und Speiferaum.

Fig. 154.

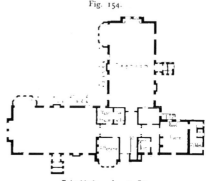

Erdgefchofs. — 1:500 w. Gr.

Zweigefchoffiges Gebäude für 32 Rekonvalescenten im *Northern hofpital (convalefcent fever hofpital)* Winchmore Hill[312]).

γ) Gebäude für Irre.

319. Erfoderniffe.

Wo für die Pflege von Irrfinnigen, Deliranten u. f. w. eigene Anftalten vorhanden find, bedarf man in Krankenhäufern nur einer Irrenabteilung für ihre vorübergehende Unterkunft, bis die Feftftellung der Erkrankung oder die Erfüllung der Aufnahmeformalitäten in eine Irrenanftalt für folche Kranke ftattgefunden hat. Das Unterbringen einer derartigen Abteilung in allgemeinen Krankengebäuden hat grofse Nachteile für die Ruhe der anderen Kranken. Man zieht daher die Errichtung eines felbftändigen Haufes für Irre vor, welches aus den angegebenen Gründen eine verhältnismäfsig geringe Ausdehnung haben kann. Bezüglich der Krankenzimmer und des Zubehörs, fowie ihrer Ausgeftaltung ift auf das nächftfolgende Heft diefes Handbuches«, im befonderen auf Abt. V, Abfchn. 2, Kap. 1, c u. d zu verweifen.

Fig. 155.

Irrengebäude im ftädtifchen Krankenhaus zu Erfurt[313]). 1883.

Fig. 156.

Irrengebäude im ftädtifchen Krankenhaus zu Wiesbaden[314]). 1889.

Arch.: *Ifrael.*

In den Krankenräumen find alle Vorfprünge zu vermeiden und dementfprechend auch die Einrichtungen befonders in den Zellen, welche innen bündige, aufsen Schallthüren erhalten, anzuordnen.

320. Beifp'ele.

Bei einer geringeren Zahl von Kranken entfprechen einfache Gebäude mit Tobzellen und 2-Bettenzimmern dem Bedürfnis, wie z. B. diejenigen in Erfurt (Fig. 155[313]) und in Wiesbaden (Fig. 156[314]), die beide mit Mittelgang und im erfteren Falle auch mit Beobachtungsgang vor den Tobzellen angelegt find.

[313] Nach Centralbl. f. allg. Gefundheitspfl. 1883, S. 194.
[314] Nach freundlicher Mitteilung des Herrn Stadtbaumeifters *Ifrael* in Wiesbaden.

Wo die gleichzeitige vorübergehende Unterbringung von Alkoholiften eine
grofsere Zahl von Krankenräumen erfordert, wird der Abteilung auch reicheres Zubehör gegeben. So erhielt das für zwei Gefchlechter in der Mitte geteilte Delirantenhaus in Braunfchweig[315]) in
jeder Hälfte 5 Zellen, von denen 4 im Kopfbau paarweife beiderfeits an einem Tagraum liegen, der fich
an den Mittelgang des Haupttraktes anfchliefst, in welchem in der Front die fünfte Zelle, der Abort
und der beiden Hälften gemeinfame Eingangsflur, jenfeits Spülküche, Bad und Wärterzimmer angeordnet
find. Neben jeder Zellenthür mit Beobachtungsloch ift ein kleines Fenfter zur Darreichung der Speifen
angebracht. Das zur Beleuchtung dienende Glühlicht liegt zwifchen dem doppelt verglaften Oberlicht
über der Thür. Aufser den teils unter der Kellerdecke zur Fufsbodenheizung, teils unter der Zellendecke
angelegten Heizrohren ift Dampfluftheizung mit hochgelegenen Einftrömungsöffnungen vorhanden. Die
lotrechten Abluftrohre in den Seitenmauern wurden geteilt und nach dem Grundgedanken kommunizierender Röhren angeordnet, um einen dauernden Frifchluftumlauf zu ermöglichen, was fich bewährt hat.
Die mit ftarken Schrauben am Fufsboden befeftigten eichenen Betten reichen faft bis zu letzterem herab.
— Auf der Frauenfeite find zunächft nur 3 Zellen ausgeführt.

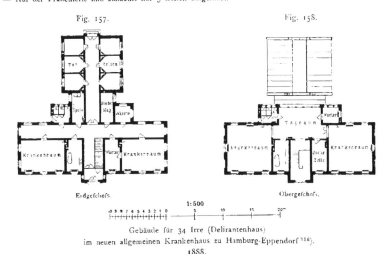

Fig. 157. Fig. 158.

Erdgefchofs. Obergefchofs.

1:500

Gebäude für 34 Irre (Delirantenhaus)
im neuen allgemeinen Krankenhaus zu Hamburg-Eppendorf[316]).
1888.

Arch.: *Zimmermann & Ruppel.*

In Hamburg-Eppendorf erhielt der Längsbau des Delirantenhaufes (Fig. 157 u.
158[316]) ein Obergefchofs für die Genefenden.

Im Erdgefchofs dienen die 2 Säle für je 6 mäfsig unruhige, frifch aufgenommene Verwirrte, über
deren Abfonderung in Tobzellen noch nicht entfchieden ift, und im Obergefchofs dient jeder der mit
Dachreiterlüftung verfehenen Säle für 8 Rekonvalescenten. Der verglafte Tagraum ift beiden Sälen
gemeinfchaftlich. Die Holierzelle dient für bemittelte oder zweifelhafte Kranke. — In den Zellen liegen
den von aufsen zu öffnenden, hochgelegenen Fenftern mit Glasjaloufien Klappfenfter über den Thüren
gegenüber, die von dem mit Dachreiter verfehenen Mittelgang aus ftellbar find. Die Heizkörper in den
Ecken wurden durch fchräg geftellte, 3 m hohe *Rabitz*-Wände, welche fich zurückklappen laffen, gedeckt;
die Zellenluft zirkuliert durch die Schlitze eines ftarken Bleches am Fufsboden der Wände. Die Lüftung
erfolgt durch Abluftrohre gegenüber den Heizkörpern. Die zur Erleuchtung dienenden Glühlampen befinden fich hinter Spiegelfcheiben in den Flurwänden.

---

315) Siehe: Pfeiffer, H. Die Gebäude der neuen herzoglichen Krankenanftalt in Braunfchweig. Braunfchweig
1897. S. 12.
316) Nach: Deutfche Viert. f. öff. Gefundheitspfl. 1889, S. 284 u. 265.

Der eingeschossige Krankenbau für Geisteskranke beider Geschlechter in Nürnberg[317]) besteht aus einem Längstrakt mit rückseitigen Flügeln. Zwischen den beiden gleichen Gebäudehälften liegt der Eingangsflur und jenseits des Mittelganges das Zimmer des Arztes, der durch je ein Fenster jeden der beiden Höfe für die unruhigen Kranken welche durch die Gebäudeflügel seitlich abgeschlossen wurden, übersehen kann. In jeder Gebäudehälfte sind für ruhige Kranke im Längsbau 4 1-Betten- und 1 4-Bettenzimmer, 1 Tagraum nebst dem aus Wärter-, Bade-, Abstell- und Abortraum und Spülküche bestehenden Zubehör vorhanden. Der die Gebäudeecke bildende Tagraum besteht an den zwei freiliegenden Seiten aus Glaswänden. Die Abteilungen für unruhige Kranke mit 1 Wärter-, 1 4-Bettenzimmer und 2 Tobzellen von verschiedener Größe liegen in den Flügeln. Das Gebäude ist durch Höherführung des Mittelganges mit Seitenfenstern, welcher in den Tagräumen mündet, durch Verlängerung der hofseitigen Flurgänge in den Flügeln über die Tiefe des Längsbaues hinaus gut gelüftet. — Den in Mauernischen gelegenen, bündig mit der Wand durch gelochte Eisenblechplatten abgeschlossenen Heizkörpern wird vorgewärmte Luft zugeführt. Die Verschlüsse der Zu- und Abluftkanäle sind vom Flurgang aus zu stellen. Stellbare Zugjalousien ermöglichen die Verdunkelung der Krankenräume. In den größeren Tobzellen liegen Matratzen auf dem Boden; die kleineren haben keinerlei Einrichtung, und in Zimmern für Unruhigkranke sind hohe Zellenbetten für Tobsüchtige mit Wachstuchmatratzen und mittlerem Ablauf vorhanden.

δ) **Gebäude für Haut- und Geschlechtskranke.**

321.
Erfordernisse.

Die heutige Auffassung, den Haut- und Geschlechtskranken mehr Fürsorge in den Krankenhäusern zu widmen, ist auch auf der Versammlung deutscher Naturforscher und Aerzte in Nürnberg 1893 von *Lang* geteilt worden, der im besonderen gegen Absonderungskrankenhäuser für die Geschlechtskranken eintrat und ihre bedingungslose Aufnahme in den öffentlichen Heilanstalten, auch Abteilungen für

Fig. 159.

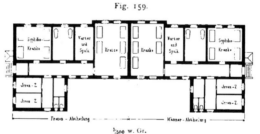

Doppelblock für 18 Syphilitische und Krätzekranke und 4 Irre zu Bielefeld[318]).

Zahlende derselben forderte. Nach den heutigen Ansichten sind für solche Kranke zur Erhaltung größter Reinlichkeit ausgiebige Brause- und andere Baderäume, Aborte, Untersuchungs-, bezw. Verband- oder Operationszimmer und Unterabteilungen für Kranke verschiedener Klassen nötig. Eine solche Abteilung erfordert zur Absonderung der verschiedenen Krankheitsarten auch getrennte Krankenräume.

322
Beispiel
I.

Ein kleines Beispiel dieser Art zeigt der Doppelblock in Bielefeld (Fig. 159[318]), welcher auf Krätze- und Syphiliskranke beschränkt ist, aber bei Mitbenutzung der Irrenzellen noch für andere in solche Gebäude gehörende Kranke erweitert werden könnte.

[317]) Siehe: Festschrift zur Eröffnung des Neuen allgemeinen Krankenhauses der Stadt Nürnberg. Nürnberg 1898. S. 246 ff.

[318]) Nach: G. Liebe, P. Jacobsohn & G. Meyer. Handbuch der Krankenversorgung und Krankenpflege. Bd. 1. Berlin 1899. S. 818

In Nürnberg find getrennte Bauten für die hautkranken und fyphilitifchen Männer und Frauen vorhanden[319]).

In dem eingefchoffigen Gebäude für Männer find die Räume beiderfeits an einem durchlaufenden Mittelgang angeordnet, an deffen einem Ende der Eingang liegt. Der Gang wird durch Seitenfenfter über Dach erhellt. Die 60 Betten wurden auf je 2 Räume mit 12, 9, 6 und auf 1 Zimmer mit 4 Betten verteilt. In jedem derfelben befindet fich 1 Marmorwafchtifch mit 2 Becken in den grofsen, 1 Becken in den kleinen Räumen, und die Fenfter find im unteren Teil mattverglaft. Aufserdem ift eine Strafzelle mit Doppelthür und 3,00 m hoch gelegenem Fenfter vorhanden. Das Zubehör befteht aus 2 Wärterzimmern und je 1 Unterfuchungsraum, Arztzimmer, gemeinfchaftlichem Tagraum (8,00 × 7,00 m), Spülküche, Baderaum, 4 Aborten mit gemeinfchaftlichem Vorraum, deren Benutzung nach den Krankheitsarten aber vorgefchrieben ift, und 1 Abort- nebft Baderaum für das Wartepersonal. Im Krankenbadezimmer befinden fich 2 kupferne Wannen, 1 emaillierte gufseiferne Wanne für Hautkranke und 1 Marmorwafchtifch.

Der Bau für die Frauen ift für 2 Gefchoffe im allgemeinen nach dem Schema von Fig. 151 (S. 186), doch beträchtlich gröfser geplant und durch das Treppenhaus in der Mitte, fowie an dem einen Flurgangende zugänglich. Von feinen 75 Betten liegen im Erdgefchofs 35. 3 Säle mit je 10, 1 Zimmer mit 4 und 1 Einzelzimmer nebft 1 Strafzelle, die Affiftenzarztwohnung und das Wärterinnenzimmer wurden an der einen Seite des Flurganges angeordnet, an deffen anderer Seite in der Mitte neben dem Treppenhaus Sprech- und Vorzimmer des Oberarztes, bezw. die Spülküche, der Wärterinnenabort mit einem Abftellraum, an den Enden je 1 Badezimmer mit 1 Wanne und 2 Aborte angelegt find. — Im Obergefchofs befinden fich über der Affiftenzarztwohnung je ein 4-Betten- und 1-Bettenzimmer und über den Räumen für den Oberarzt der Unterfuchungsraum.

Die weitgehendfte Teilung in Unterabteilungen, die fich hier auch auf die Zufügung eigenen Zubehörs zu denfelben erftreckt, ift in Elberfeld durchgeführt, wo fich die Abfonderung der 150 Haut- und Gefchlechtskranken jedoch auf die oberen Gefchoffe eines anderen Zwecken zugleich dienenden Gebäudes befchränkt.

323. Beifpiel II.

324. Beifpiel III.

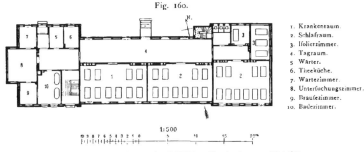

Fig. 160.

1. Krankenraum.
2. Schlafraum.
3. Ifolierzimmer.
4. Tagraum.
5. Wärter.
6. Theeküche.
7. Wartezimmer.
8. Unterfuchungszimmer.
9. Braufezimmer.
10. Badezimmer.

Pavillon für venerifche Frauen im ftädtifchen Krankenhaus zu Kiel[320]).
Belag: 68 Betten.
1895—96.
Arch.: Ramien.

Hier wurde die Frauenabteilung im II. Obergefchofs untergebracht, wo je 1 Saal mit 8 bis 12 Betten für luetifche, blennorrhoifche, hautkranke und krätzekranke Frauen, für hautkranke Knaben und Mädchen vorhanden find, nebft den nötigen Privatzimmern mit 1 bis 4 Betten und Räumen für Unterfuchungs-, Mikrofkopier- und bakteriologifche Zwecke.

Im weftlichen Aufbau befinden fich 4 Zimmer mit je 2, und 2 mit je 5 Betten für die Proftituierten, welche vollftändiges Zubehör nebft kleinem Operations- und grofsem Tagraum erhielten. — Der mittlere Aufbau enthält 1 Saal mit 14, fowie 5 Zimmer mit je 2 Betten, Baderaum, Spülküche, Abort und 1 Rauchzimmer für hautkranke Männer, fowie 1 Saal mit 12 Betten für Krätzkranke und eigenem Zu-

---

319) Siehe: Feftfchrift zur Eröffnung des neuen Krankenhaufes etc., S. 240 u. ff.
320) Fakf.-Repr. nach: HOPPE-SEYLER, G. Der neue Pavillon für venerifche Frauen in Kiel. Deutfche Viert. f. öff. Gefundheitspfl. 1897, S. 302 u. Fig. 37.

behör. — Im östlichen Aufbau liegen schliefslich die venerifchkranken Männer in 2 Zimmern mit je 5, 2 mit je 3 und 3 mit je 2 Betten, zu deren Zubehör 1 Tagraum und 1 Rauchzimmer gehören. Zu allen Abteilungen gehören reichliche Abort- und Baderäume, unter letzteren auch folche für Dampfbäder.

325 Beifpiel IV.

An anderen Orten hat man den Gefchlechtskranken eigene Gebäude zugewiefen und die aufser Bett befindlichen in denfelben zu befchäftigen gefucht.

Die neue Frauenabteilung für venerifche Kranke im ftädtifchen Krankenhaufe zu Kiel ift nach den Gefichtspunkten, welche im Veftre-Hofpital zu Kopenhagen durchgeführt wurden, als eine Verbindung von Krankengebäude und Arbeitshaus nach den Angaben von *Hoppe-Seyler* von *Kamien* für 68 Betten geplant (Fig. 160[320]). Der zweigefchofige Blockbau enthält in feinem weftlichen Kopfbau u. a. im Erdgefchofs die Aufnahmeräume, darüber Zimmer für Aerzte zu mikrofkopifchen und chemifchen Unterfuchungen, im Dachgefchofs Zimmer für die Oberwärterin, Räume für Kleider, Wäfche u. f. w. Im übrigen ift den unter Kontrolle ftehenden Frauen das Erdgefchofs und den jüngeren das Obergefchofs eingeräumt. Erfteres hat vom Tagraum Ausgang zu dem durch Mauern abgeteilten nördlichen, letzteres vom Treppenhaus aus Zugang zum füdlichen Gartenteil. In jedem Gefchofs find die bettlägerigen Kranken in einen Saal, die aufser Bett befindlichen in zwei Schlaffälen, welche am Tag abgefchloffen werden, und im langen Tagraum untergebracht, der als Arbeitsraum dient. Zum Zubehör jedes Gefchoffes gehören u. a. 1 Wärter- und 1 Unterfuchungszimmer, nebft einem Bade- und einem Brauferaum. Das Warteperfonal befteht aus 1 Schwefter, welche hauptfächlich die Befchäftigungen der Kranken leitet, und 2 Wärterinnen. Die Baukoften betrugen 90000 Mark oder 1323 Mark für jedes der 68 Betten.

ε) Gebäude für geburtshilfliche Abteilungen.

326. Erforderniffe.

Ueber die Gebäude zur Pflege von Wöchnerinnen, wie fie in felbftändigen Entbindungsanftalten vorkommen, handelt das nächfte Heft (Abt. V, Abfchn. 2, Kap. 2), und über die geburtshilflichen Kliniken findet fich das Nähere in Teil IV, Halbband 6, Heft 2 (Abt. VI, Abfchn. 2, C, Kap. 11, unter b) diefes »Handbuches«. Im vorliegenden Heft haben wir es nur mit der Behandlung von Wöchnerinnen in allgemeinen Krankenhäufern zu thun.

In den allgemeinen Krankenhäufern fondert man die geburtshilfliche Abteilung von den anderen Kranken und von derjenigen für Frauenkrankheiten (fiehe hierüber unter ζ) ab, weil die Wöchnerinnen eine Quelle der Infalubrität für die anderen Infaffen des Krankenhaufes find und weil fie felbft eines ficheren Ortes bedürfen, wo fie gegen Infektion von aufsen, befonders vor jedem Herd feptifchen Giftes, gefchützt find[321]).

In einer geburtshilflichen Abteilung trennt man aus demfelben Grunde die Hochfchwangeren von den Wöchnerinnen, und von diefen die an Kindbettfieber oder an feptifchen Erkrankungen Leidenden, bezw. Verdächtigen durch Ueberführung in Sonderabteilungen (fiehe Art. 334), wo jede unmittelbare Berührung mit der übrigen Entbindungsanftalt ausgefchloffen ift.

327. Abteilung für Schwangere.

In der Abteilung der Schwangeren verteilt man diefelben thunlichft auf mehrere Schlafräume von verfchiedener Größe, die möglichft unmittelbar mit Wafch- und Badezimmern verbunden find, und giebt ihnen einen von den Schlafzimmern getrennten Tagraum.

In der Frauenklinik zu Göttingen find die 24 Betten auf 3 Säle mit je 7 und 1 Zimmer mit 3 Betten, in Braunfchweig die 40 Betten auf 2 Säle mit je 16 und 2 Zimmer mit je 4 Betten verteilt, welche hier 28, bezw. 27 cbm Luftraum für 1 Bett bieten. Auf je 4 Betten entfällt 1 Wafchbecken, auf je 5 Betten 1 Abort, auf 20 Betten 1 Badewanne, und der gemeinfchaftliche Baderaum hat 40,30 qm Grundfläche.

[321]) Siehe FAUVEL & VALLIN, a. a. O., S. 696.

Die Wöchnerinnenzimmer find wie Krankenzimmer auszuftatten, mit Kalt- und Warmwafferleitung zu verfehen und wirkfam (2- bis 3-maliger Luftwechfel), aber zugfrei zu lüften. An die Betten, welche nie zwifchen Fenfter und Thür ftehen follen, mufs man beiderfeits herantreten können.

Mifs *Nightingale* verlangte für jedes Bett in Einzelzimmern 17,66 qm Flächen- und 65,14 cbm Luftraum, in 4-Bettenzimmern 13,94 qm und 53,81 cbm. In Braunfchweig find 40,00, im *Hôpital Beaujon* 41,00 cbm Luftraum bei bezw. 8,76 und 12,8 qm Grundfläche für jedes Bett vorhanden. Für 1 Wärterinnenbett wurden in Braunfchweig nur 20 cbm gerechnet.

Die Entbindungsfäle, deren thunlichft zwei — zum Wechfeln — vorhanden fein follen, erhalten Nordlicht, gleiche Fufsboden- und Wandausftattung wie Operationsräume, Raum für 2 Entbindungsbetten und 1 Nebenzimmer mit unmittelbarem Ausgang.

Die Mafse der zwei Entbindungsfäle in Braunfchweig find 6,60 × 6,00 und 7,8 × 6,00 m. Zur Ausftattung gehören 2 Wafchbecken und 1 kleine Badewanne für das Kind. — Im *Hôpital Beaujon* enthält der Saal 4 Betten, 2 Wafchtifche mit je 2 Becken und Pedalbetrieb und 1 Wäfchewärmer. Für den Entbindungsfaal, den Operations- und den Baderaum liefert eine Vorrichtung von *Ruart-Geneft & Herfcher* ftündlich 15 l deftilliertes Waffer von 15 bis 80 Grad C. je nach Bedarf.

Für die Unterbringung der Wöchnerinnen hat man infolge der Anfteckungsgefahr verfchiedene Syfteme der Anordnung ihrer Räume angewendet.

In einem Wöchnerinnenfaal erfordert das einmalige Auftreten eines Falles von Kindbettfieber nach erfolgter Entfernung der erkrankten Wöchnerin eine gründliche Reinigung und Desinfektion der Lagerftelle und gegebenenfalls des Raumes; auch das Verlegen der übrigen Wöchnerinnen des betreffenden Saales nach einem anderen Raum kann notwendig werden; letzterer müfste nebft feinem Zubehör von der Abteilung der gefunden Wöchnerinnen getrennt fein, wenn die zu verlegenden Wöchnerinnen als verdächtig zu betrachten find. Auch wenn kein Kinbettfieberfall vorgekommen ift, verlangt die Erhaltung der Salubrität eines Wöchnerinnenraumes zeitweife gründliche Reinigung und andauernde Fenfterlüftung. Diefe Umftände haben zur Anlage von Wechfelfälen oder Refervestationen — falls gröfsere und kleinere Räume gewünfcht wurden — für Wöchnerinnen geführt, deren man fich in den deutfchen Kliniken vorzugsweife bedient, weil fie fich den Bedingungen des Lehrzweckes beffer anpaffen. Man bildet hier Refervestationen für $1/3$ bis $1/4$ der Wöchnerinnenzahl.

Da folche Referven beträchtliche, oft längere Zeit nicht benutzte Räumlichkeiten erfordern, auch in gröfseren oder in wachfenden Städten wegen eintretenden Platzmangels bald zu dauerndem Belag herangezogen zu werden pflegen, fo hat man durch Teilung der Wöchnerinnenzahl in möglichft kleine Gruppen von 1 bis 5 Betten diefe Nachteile des Ausfcheidens oder Leerhaltens ihrer Räume einzufchränken gefucht. Hiermit ftrebte man zugleich an, im Fall einer Anfteckung die Ausbreitung derfelben ganz oder auf eine entfprechend kleine Zahl von Betten einzufchränken.

Die weitgehendfte Verteilung der Wöchnerinnen in Einzelzimmern hatte *Tarnier* 1866[322]) vorgefchlagen und *Stadtfeld* 1871[323]) in der Entbindungsanftalt zu Kopenhagen zur Anwendung gebracht; doch boten hierbei die Vereinfamung und Langeweile der Wöchnerinnen, wie auch ihre Ueberwachung und Verpflegung Schwierigkeiten.

---

[322]) Siehe: Tarnier. *Les maternités. L'union méaicale* 1870, S. 191 u. Pl. S. 195.
[323]) Siehe: Stadtfeld, A. *Les maternités, leur organifation et adminiftration* etc. Kopenhagen 1876. S. 6.

Derartige Mifsſtände ſtellten ſich in der nach dem Syſtem *Tarnier* gebauten *Maternité* des *Hôpital Tenon* zu Paris[324]; ein: »Die Frauen langweilen ſich und verlaſſen ihre Betten, weil eine Ueberwachung unmöglich iſt«[325]. Der Plan war hier auch noch durch Anordnung eines Windfanges nebſt Beobachtungsraum zwiſchen Zimmer und Veranda nachteilig verändert worden, da der Beobachtungsraum als Stapelplatz für ſchmutzige Wäſche u. ſ. w. diente. (Siehe auch den Geſamtplan in Kap. 4.)

Ein früherer Plan von *Tarnier*, wonach jeder Wöchnerin 1 Wärterin beigegeben und die Zimmer von auſsen zugänglich, aber von einem Mittelgang aus durch Fenſter beobachtbar waren (ſiehe Teil IV, Halbband 5, Heft 2 [Abt. V, Abſchn. 2, Kap. 2, unter c] dieſes »Handbuches«) kam nicht zur Ausführung.

Das 2-Bettenzimmerſyſtem iſt in kleinen geburtshilflichen Abteilungen, wie in Sebenico und in Montpellier, zur Verwendung gekommen.

In Sebenico hat man ſich auf zwei 2-Bettenzimmer für je 2 Wöchnerinnen oder für 1 ſolche und 1 Wärterin mit einem Abſonderungszimmer beſchränkt (Fig. 161[326]).

In der *Maternité* zu Montpellier verband *Tollet*[327] fünf 2-Bettenzimmer untereinander durch Thüren; doch ſind dieſelben auch von einer glasbedeckten Veranda zugänglich, um beim Schlieſsen der Verbindungsthüren eines oder mehrere Zimmer abſondern zu können. Dieſe Raumgruppe bildet den einen Längsflügel des Gebäudes, welchen 2 Wärterinnenzimmer mit einem geräumigen Flur vom einreihigen 10-Bettenſaal für die Schwangeren trennen. Durch offene Hallen ſteht der Bau mit den Aborten, einem Wirtſchaftsgebäude und dem Entbindungsſaal in Verbindung. Für Fälle von Kindbettfieber iſt ein Abſonderungspavillon vorhanden (ſiehe Art. 335, S. 197).

Fig. 161.

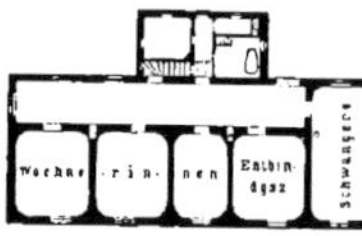

Eingeſchoſſiges Gebäude für Wöchnerinnen im Landeskrankenhaus Sebenico[326]).
1/500 w. Gr.
Arch.: *Waidmann*.

Gallois bildete in ſeinem Plan für den Neubau der *Maternité* zu Paris[328]) Gebäude aus 1 einreihigen 5-Bettenſaal mit 3 Einzelzellen.

Von einem Mittelgang aus, welcher die Zellen vom Saal trennt, iſt der letztere zugänglich; die erſteren, deren Thüren ſich nach auſsen unter einem Glasdach öffnen, laſſen ſich durch Fenſter vom Gang aus beobachten. Nach dieſem Syſtem iſt jeder der beiden Flügel in 3 zweigeſchoſſigen Doppelblocks gebildet; doch haben beide Flügel gemeinſchaftliche Treppen und Nebenräume im Mittelbau. Die Ammen- und Wärterinnenwohnungen liegen in einem II. Obergeſchoſs des mittleren Blockhauſes, hinter welchem der Entbindungsblock durch einen Gang mit ihm und durch gedeckte Wege in Verlängerung der Mittelgänge in den drei Blockbauten mit dieſen verbunden wurde. Die Schwangeren erhielten ein beſonderes Gebäude.

331. Selbſtändige Abteilungen für Wöchnerinnen.

Bei allen dieſen Verſuchen, die Wöchnerinnen in mehr oder weniger kleinen Gruppen unterzubringen, behielten letztere gemeinſchaftliches Zubehör. Nebenher gingen andere Beſtrebungen zur Bildung kleiner Abteilungen mit eigenem Zubehör.

Im *Ladies charity and lying in hoſpital* zu Liverpool[329]) wurden 3 Einzelzimmer nebſt Spülküche, Abort und Wärterinnenſchlafraum an einem gemeinſchaftlichen Flur ſo angeordnet, daſs die Wärterin von ihrem Bett durch feſte Fenſter, bezw. Glasthüren die Betten der Wöchnerinnen überſehen konnte, deren jede in ihrem Zimmer entbunden wird.

Miſs *Nightingale*[330]) ſchlug vor, ein 4-Bettenzimmer oder vier Einzelzimmer an der einen Seite eines Ganges, Spülküche, Abort und Ausguſs an ſeine andere Seite zu legen, mehrere ſolcher Gruppen durch Gänge zu verbinden und jedem Geſchoſs 2 Entbindungsräume — zum Wechſeln — mit eigener Spülküche und einem Nebenraum für ſehr erſchöpfte Entbundene zu geben.

Im kliniſchen Inſtitut für Geburtshilfe zu Berlin[331]) ſind in 3 von *Gropius & Schmieden* errichteten Blockbauten 7 getrennte Abteilungen mit je 1 Vorraum, Wärterinnenzimmer und Abort vorhanden; davon

---

[324]) Siehe Teil IV, Halbbd. 5, Heft 2 (Fig. 38, S. 67) dieſes »Handbuches«.
[325]) Siehe: THEVENOT. *Rapport ſur les nouvelles maternités au nom d'une commiſſion*. Revue d'hygiène 1882, S. 677.
[326]) Nach: Allg. Bauz. 1830, Bl. 50.
[327]) Siehe: TOLLET, C. *Les édifices hoſpitaliers*. Paris 1892. S. 275.
[328]) Siehe: NAPIAS, H. & A.-J. MARTIN. *L'étude et les progrès de l'hygiène en France de 1878 à 1882.* Paris 1882. S. 293.
[329]) Siehe: BURDETT, H. C. *The hoſpitals of the world*. London 1893. Taf. 91 u. Bd. IV, S. 293.
[330]) Siehe: GALTON, a. a. O., S. 267 ff.
[331]) Siehe Teil IV, Halbband 6, Heft 2 (Taf. bei S. 430) dieſes »Handbuches«.

dienen 2 für vier und 5 für acht Betten in 4-, 3- und 2-Bettenzimmern. Jede der fünf 8-Bettenabteilungen erhielt auch ein Badezimmer. Bade- und Aborträume für Schwangere und für den Stationsarzt befinden fich im Unterbau. Für normale Wöchnerinnen find aufserdem 4-Bettenzimmer in einem Flügelbau vorgefehen, die an einem Flurgang liegen.

Wo man für Wöchnerinnen grofse Säle verwenden mufs, fucht man durch peinlichft gehandhabte Desinfektionsmafsregeln, welche durch bauliche Einrichtungen zu unterftützen find, und durch ftrengfte Erhaltung der Reinlichkeit der Ausbreitung von Infektion vorzubeugen.

So erreichte man in *Lariboifière* zu Paris[332]), wo man einen der 28-Bettenfäle im II. Obergefchofs eines der Pavillons (fiehe Fig. 85, S. 152) der geburtshilflichen Abteilung einräumte, durch Abtrennung eines Desinfektionsraumes am Eingang des Saales und durch Einrichtung einer Abfonderungsabteilung mit 4 Betten in einem anderen Gebäude befriedigende Zuftände.

In der Königl. Charité zu Berlin[333]) erhielt der 1875 errichtete eingefchoffige Evakuationspavillon der Entbindungsabteilung aus ökonomifchen Gründen 2 Säle zu je 14 Betten; doch hat jeder eigenes Zubehör im Mittelbau und kann getrennt vom anderen verwaltet werden, auch in folchem Fall eigenen Zugang erhalten. Aufserdem waren in der Entbindungsabteilung kleine Räume zu Abfonderungszwecken vorhanden.

Ueber 8 Betten in einem Saal ift man in den neueren Entbindungsabteilungen nicht gegangen.

Die folgenden Beifpiele zeigen die Gefamtanordnung von zwei gröfseren Anlagen ohne und mit Hinzunahme von kleineren Wöchnerinnenräumen.

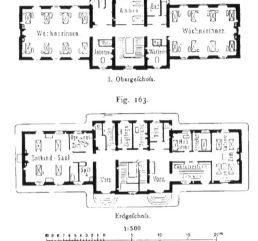

Fig. 162.

I. Obergefchofs.

Fig. 163.

Erdgefchofs.

1:500

Maternité für 32 Wöchnerinnen im *Hôpital Beaujon* zu Paris[334]). 1895.
Arch.: *Belouet*.

332 Gefamtanlagen: Beifpiel I.

Die *Maternité* des *Hôpital Beaujon* zu Paris fetzt fich aus einer Poliklinik, einer Abteilung für 32 Wöchnerinnen und einer folchen für 10 bis 12 Schwangere zufammen (Fig. 162 u. 163[334]).

Im Erdgefchofs erhielt die Poliklinik, deren Konfultationszimmer zugleich für Lehr- und Konferenzzwecke dient, gefonderten Zugang von aufsen. Den nicht Aufgenommenen fteht ein Toilettenraum zur Verfügung; die Zugelaffenen treten durch ein Gitter im Flur zur *Maternité* über und vertaufchen in einem unter der Treppe angeordneten Badezimmer ihre Kleidung mit der Anftaltswäfche. Die andere Hälfte des Erdgefchoffes hat auch unmittelbaren Zugang von aufsen und enthält den Entbindungsfaal nebft einem kleinen Operationsraum mit dem nötigen Zubehör. — Im I. und II. Obergefchofs find je 2 Wöchnerinnenfäle mit gemeinfchaftlichem Zubehör vorhanden. Ueber dem Wärterin- und Internenzimmer liegen im

---

332) Siehe: PINARD, A. *Du fonctionnement de la maternité de Lariboifière et des réfultats obtenus depuis 1882 jusqu'en 1887.* Revue d'hygiène 1887, S. 346 — ferner: PINARD, A., wie zuvor, aber *pendant les années 1887 et 1888.* Ebendaf. 1889, S. 298.
333) Siehe: MEHLHAUSEN. Bericht über den Neubau eines Evacuationspavillons für die Entbindungsanftalt in dem Charité-Krankenhaufe. Charité-Annalen 1875. Berlin 1877. S. 751 u. Taf. IV.
334) Nach: BELOUET. *La nouvelle maternité de l'hôpital Beaujon.* Revue d'hygiène 1895, S. 579 u. 581.

II. Obergefchofs die Spulküche, bezw. Räume für reine Wäfche und Geräte. — Im III. Obergefchofs befindet fich der Haupttreppe gegenüber ein Arbeits- und Speiferaum für die Schwangeren.

Die Heizung erfolgt in jedem Gebäudeflügel durch 2 *Caloriféres à étages* (Syftem *Robin-Perret*), welche einzeln und zu zweien verbunden benutzt werden können. Bei mildem Wetter genügt ein Ofen für das ganze Gebäude. Den Mittelgang hat man durch Verglafung der oberen Wandteile erhellt.

Zu diefer Abteilung gehört ein Abfonderungsgebäude (fiehe Art. 335, S. 197), ein bakteriologifches Laboratorium und ein Stall für Verfuchstiere.

333. Beifpiel II.

Eine vollftändige Entbindungsanftalt wurde der neuen herzoglichen Krankenanftalt in Braunfchweig eingefügt, welche Raum für 40 Schwangere, ebenfoviele Wöchnerinnen, eine Hebammenfchule für 12 Lernende, 25 Gynäkologifchkranke und eigene Wafchabteilung enthält.

Fig. 164.

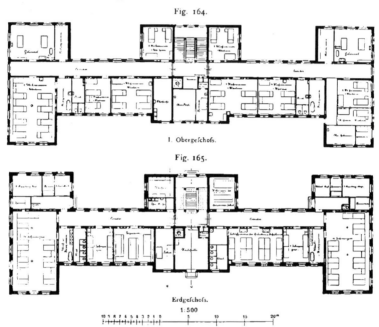

I. Obergefchofs.

Fig. 165.

Erdgefchofs.
1:500

Entbindungsanftalt für 40 Wöchnerinnen in der neuen herzogl. Krankenanftalt zu Braunfchweig [335]).
1897.
Arch.: *Pfeifer*.

In dem dreigefchoffigen Bau mit oftweftlicher Längsachfe nehmen die Abteilung für Schwangere und die Hebammenfchülerinnen das Erdgefchofs (Fig. 165[335]) ein, in deffen beiden rückwärtigen Flügeln von aufsen zugängliche Wohnungen für Afiftenzärzte liegen. Die Schwangeren find in 2 Gruppen mit je 1 Saal für 16 und 1 Zimmer für 4 Betten geteilt. Jeder Saal erhielt unmittelbare Verbindung mit einem Wafch- und Badezimmer, und der gemeinfchaftliche Tagraum hat 40,50 qm Grundfläche. — Das I. Obergefchofs dient ausfchliefslich der Entbindungsabteilung, deren beide Hälften durch das Zimmer des Oberarztes und einen Unterfuchungsraum getrennt werden. Nach der Planung (Fig. 164[335]) enthält die linke Hälfte 16 und die rechte 13 Wöchnerinnenbetten; doch ift ihre Gefamtzahl nach dem der Veröffentlichung beigegebenen Text 40, welche fich auf 2 Säle mit je 8 in den Flügeln, auf 3 4-Betten- und 2 2-Betten-

---

[335]) Fakf. Repr. nach: Pfeifer, H. Die Gebäude der neuen herzoglichen Krankenanftalt in Braunfchweig. Braunfchweig 1897. Taf. XIII u. XIV.

zimmer verteilen. Aufserdem befindet fich in jedem Wöchnerinnenraum 1 Wärterinnenbett; für die Oberhebamme find neben dem Treppenhaus Stube und Kammer angeordnet, und jeder der beiden Entbindungsfäle mit Nordlicht hat einen Nebenraum. — Ueber die Einteilung des II. Obergefchoffes fiehe Art. 337 (S. 199). — Das Bade- und das Efszimmer der Wärterinnen und die Wafchküche befinden fich im Keller.

Die Abfonderung aller am Kindbettfieber oder an feptifchen Erkrankungen leidenden und der in diefem Sinn verdächtigen Wöchnerinnen erfolgt am vollftändigften in eigenen, hierfür beftimmten Gebäuden mit befonderem Perfonal. Für folche Abfonderungsgebäude empfahl *Tarnier*[336]) das Einzelzimmerfyftem. Sein erfter Vorfchlag beruhte auf demfelben Plan wie für fein Wöchnerinnenhaus (fiehe Art. 330, S. 194).

<small>334 Abfonderungsgebäude für geburtshilfliche Abteilungen.</small>

Für den Pavillon *Tarnier*[337]), welcher 1876 in der *Maternité* zu Paris zur Ausführung kam und in 2 Gefchoffen zufammen 8 Betten enthält, geftaltete er, um die Vereinfamung der Wöchnerinnen zu mildern, den Plan wie folgt um.

<small>335 Beifpiele.</small>

Die Treppe nebft Abort und Ausgufs mit dem dahinter liegenden, zugleich als Spülküche dienenden Wärterinnenraum bildet den mittleren Teil des Gebäudes, an welchen fich jederfeits ein Zimmerpaar anlehnt. In diefen nur von aufsen zugänglichen Wöchnerinnenzimmern ftehen die Betten fo, dafs man fie durch Fenfter vom Wärterinnenraum aus überfehen kann. Zwifchen den die Eingänge zu den Zimmern fchützenden Glasdächern und der Aufsenwand ift ein Abftand für die Luftbewegung gelaffen. Das Perfonal wohnt in einem befonderen Gebäude. Jede Perfon wird in ihrem Zimmer entbunden, in welchem fie als Wöchnerin verbleibt. Erkrankt eine Frau, fo erhält fie eine befondere Wärterin; »ein Arzt des *Hôpital du midi* übernimmt ihre Pflege, und ihr Zimmer darf von keiner anderen dienenden Perfon betreten werden«.

Sechs Einzelzimmer in einem Gefchofs enthält die *Infirmerie* der *Maternité* in St.-Eloi zu Montpellier.

Nach *Tollet's* Plan[338]) liegen je 3 Zimmer an einer Halle zu beiden Seiten eines Mittelbaues, der einen Vorraum und zwei Wärterzimmer, letztere zu beiden Seiten eines mittleren Durchganges enthält.

Die Zimmer erhielten zwei gekuppelte Fenfter, neben denen in den Raumecken das Wafchbecken und der Kamin liegen. Bett und Wiege nehmen die dritte, die einzige Thür die offenen Halle die vierte Ecke ein. Diefe Räume erhielten fpitzbogenförmigen Querfchnitt. Parallel zum Krankengebäude, in 9,00 m Abftand, aber durch eine feitlich offene Halle mit ihm verbunden, fteht ein Nebengebäude, welches den Raum für reine Wäfche, die Spülküche, das Badezimmer und die Apotheke enthält.

Für ebenfoviele Betten, aber auf 4 Zimmer verteilt, ift der Abfonderungsbau der *Maternité* im *Hôpital Beaujon* zu Paris (fiehe Art. 332, S. 195) beftimmt. (Fig. 166[339]).

Der in den Flügeln nur zur Durchlüftung unterkellerte Bau hat zweigefchoffigen Mittelbau. Der als »Bad« bezeichnete Raum dient als Spülküche und enthält die verfetzbare Badewanne. Der Geräteraum ift für die Vorrichtungen des Operationszimmers beftimmt und in der offenen, glasgedeckten Veranda, von welcher aus die mit Kacheln bekleideten Oefen geheizt werden, ftehen

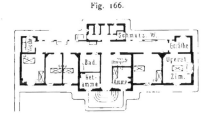

Fig. 166.

Abfonderungsbau für 6 kranke Wöchnerinnen der *Maternité* im *Hôpital Beaujon* zu Paris[339]).
1/500 w. Gr.
1895.
Arch.: *Belouet*.

je 2 Kleiderfchränke und Kohlenkaften. Die Warmwafferbereitung erfolgt in dem mit Keffel verfehenen Ofen der Spülküche.

---

[336]) Siehe: PINARD. *Les nouvelles maternités*. Revue d'hygiène 1880, S. 411.
[337]) Siehe: THEVENOT, a. a. O., S. 677 u. ff.
[338]) Siehe: TOLLET, C. *Les édifices hofpitaliers*. Paris 1892. S. 275, Fig. 271.
[339]) Nach: *Revue d'hygiène* 1895, S. 584.

5) Gebäude für Gynäkologifchkranke.

336.
Erfordernifse

Eine gynäkologifche Abteilung ift von einer geburtshilflichen ftreng zu trennen (fiehe Art. 326, S. 192), und innerhalb der erfteren hat man wieder eine Anzahl der Kranken abzufondern, da ein Teil der Erkrankungen der weiblichen Organe anfteckend ift. Jede der beiden Abteilungen erfordert, wo Zahlende zugelaffen werden follen, auch kleinere Räume für Kranke der I. und II. Klaffe.

Für das Verhältnis der Raumgröfsen und für die Lage der Krankenräume zu einander und zu dem für eine folche Abteilung erforderlichen Operationsfaal oder deren zwei, wenn ein befonderer Raum für Unterleibseröffnungen (Laparotomien) erforderlich ift (hierüber fiehe Näheres in Kap. 3, unter i), geben die folgenden Beifpiele einen Anhalt.

Die gynäkologifche Abteilung in dem nach den Plänen von *Gropius & Schmieden* erbauten klinifchen Inftitut für Geburtshilfe zu Berlin[340]) enthält 48 Betten, von denen 35 für nichtanfteckende, 13 für anfteckende Kranke beftimmt waren. In der erfteren Abteilung bilden 8 Betten in Einzelzimmern für Penfionäre der I. und II. Klaffe nebft Wärterinnenzimmer, Bade-, Abortraum und eigener Treppe eine abgetrennte Gruppe im I. Obergefchofs des Kopfbaues an der Ecke der Artillerie- und Ziegelftrafse, in

Fig. 167.

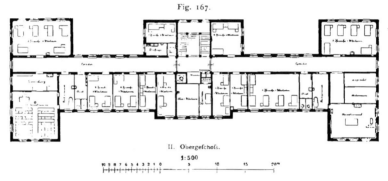

II. Obergefchofs.
1:500

Gynäkologifche Abteilung für 24 Kranke in der neuen herzogl. Krankenanftalt zu Braunfchweig[343]).
1897.
Arch.: *Pfeifer*.

welcher die Räume zu beiden Seiten eines Flurganges mit Endbelichtung liegen. Die übrigen 27 Betten find in demfelben Gefchofs des Hauptgebäudes auf 2 Raumgruppen zu beiden Seiten der Haupttreppe und des Operationsfaales für Laparotomie verteilt. Die eine Gruppe fetzt fich aus je 1 Saal zu 6 und 4 Betten nebft 4 Einzelzimmern, die andere nur aus letzteren und 1 10-Bettenfaal zufammen. Zu jeder Gruppe gehört 1 Wärterinnenzimmer; das übrige Zubehör ift beiden gemeinfchaftlich. — Die Abteilung für Anfteckendkranke nimmt den rechten Flügel im II. Obergefchofs des Hauptgebäudes ein und befteht aus einem Saal mit 9 Betten, 4 Einzelzimmern, Wärterinraum, Theeküche, Bad und Abort. In diefem Gefchofs liegt im linken Flügel, abfeits von allen Krankenräumen, aber mit dem I. Obergefchofs verbunden, der grofse als Amphitheater ausgebildete Operationsfaal.

In der durch *v. Tiedemann* geplanten Frauenklinik zu Breslau[341]) mit H-förmigem Grundrifs find für die 31 Kranken rechts vom Mittelbau 10 Betten III. Klaffe in einem Saal, 6 II. Klaffe in 3 2-Bettenund 5 I. Klaffe in Einzelzimmern untergebracht, denen 1 Ifolierzimmer, je 2 Theeküchen und Wärterinnenräume, aber nur 1 Bade- und 1 Abortraum zugefügt find. Im linken Flügel befinden fich ein zweiter 10-Bettenfaal mit eigenem Zubehör und der Laparotomienfaal, nebft Ablageraum für Operierte und Inftrumentenzimmer, im Querbau der allgemeine Operationsfaal.

---
340) Siehe Teil IV, Halbbd. 6, Heft 2 (S. 430 u. Fig. 359, fowie 360, S. 431) diefes »Handbuches«.
341) Siehe ebendaf., Fig. 357 u. 358, S. 428 ff.

In der Frauenklinik zu Göttingen[342]) find für Gynäkologifchkranke 3 6-Bettenzimmer nebft 3 folchen für ein bis zwei, zufammen 21 Betten, und 1 Laparotomienfaal, für die Septifchkranken 2 6-Bettenzimmer vorhanden. Zu letzteren gehört ein eigenes Wärterinnenzimmer.

Die Anordnung der gynäkologifchen Abteilung im II. Obergefchofs der Entbindungsanftalt der neuen herzoglichen Krankenanftalt in Braunfchweig (fiehe Art. 333, S. 196) zeigt Fig. 167[313]).

337.
Beifpiel
I.

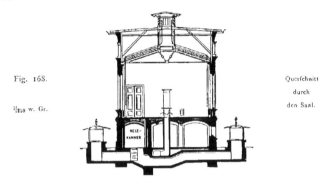

Fig. 168.

1/250 w. Gr.

Querfchnitt
durch
den Saal.

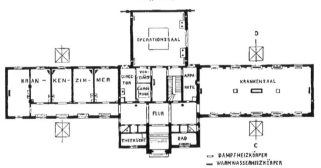

Fig. 169.

Grundrifs. — 1/500 w. Gr.

Gynäkologifcher Pavillon für 29 Betten in der Königl. Charité zu Berlin[344]).
1885.
Arch.: Zaftrau.

Hier trennt die Wohnung der Oberwärterin und das Treppenhaus beide Abteilungen von je 12 Betten in Räume mit 5, 4, bezw. 2 und 1 Betten. Jedes Krankenzimmer erhielt hier 1 Wärterinnenbett; auf diefes wurden 20,00, auf 1 Krankenbett 50,00 cbm Luftraum gerechnet. An Stelle der Operationsabteilung liegt im anderen Kopfbau ein Unterrichtsfaal für die Hebammen.

Ein befonderes Gebäude für Gynäkologifchkranke wurde in der Königl. Charité zu Berlin erbaut (Fig. 168 u. 169[344]).

338.
Beifpiel
II.

Die Längsachfe des Gebäudes ift von Nordnordoft nach Südfüdweft gerichtet. Der Saal enthält 17, der andere Flügel 12 Betten in 2 3-Betten- und 3 2-Bettenzimmern. Der Operationsfaal erhielt

---

[342]) Siehe: RUNGE, M. Die neue Univerfitäts-Frauenklinik in Göttingen. Klin. Jahrb., Bd. 6 (1898), S. 594.
[343]) Fakf.-Repr. nach: PFEIFER, a. a. O., Taf. XIV.
[344]) Fakf.-Repr. nach: GUTTSTADT, A. Die naturwiffenfchaftlichen und medicinifchen Staatsanftalten Berlins. Berlin 1886. S. 364.

Nord- und Deckenlicht, der Krankenſaal Firſtlüſtung. Die Räume der Kranken ſind mit Dampfluft- und Dampfwarmwaſſerheizung, die übrigen mit Dampfregiſtern geheizt. Im Obergeſchoſs des Mittelbaues befinden ſich Wohnungen für einen unverheirateten Arzt und die Wärterinnen, über den kleinen Zimmern Bodenkammern, im Keller auſser den Heizanlagen Wirtſchaftsräume.

η) Gebäude für Lungenkranke.

339 Zweck

Für die Lungenkranken ſind jetzt an vielen Orten eigene Anſtalten verſchiedener Art entſtanden, welche im nächſtfolgenden Heft dieſes »Handbuches« beſprochen werden, da ſie zu den Pflegeanſtalten gehören.

Fig. 170.

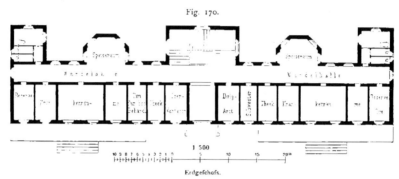

Erdgeſchoſs.

Plan zu einem zweigeſchoſſigen Sanatorium für Lungenkranke mit 39 Betten in der Königl. Charité zu Berlin [347]). 1898.

Ueber die Aufnahme und Abſonderung der Lungenkranken in den allgemeinen Krankenhäuſern waren die Anſichten auf dem Kongreſs zur Bekämpfung der Tuberkuloſe als Volkskrankheit (1899) geteilt[345]).

Lazarus erachtete nur die Spätſtadien der Krankheit für eine Behandlung in demſelben als geeignet, wollte aber keine Sonderabteilungen für Lungenkranke, die als ſolche für Hoffnungsloſe gemieden werden würden, zulaſſen.

v. Leube hielt das Zuſammenlegen der Tuberkulöſen in beſtimmten ſonnigen und luftigen Sälen oder eigenen Baracken mit Veranden und Liegehallen im Intereſſe der Kranken ſelbſt für empfehlenswert wegen unvermeidlicher Mängel in der Prophylaxe und zur Erleichterung einer ſorgfältigen Wartung.

Für Bildung von Abteilungen aus Lungenkranken in gröſseren Krankenhäuſern trat *Schaper* ein[346]). Dieſe ſeien ganz wie die Lungenheilſtätten und mit allen Hilfsmitteln der neuzeitlichen Therapie, mit beſonderen Räumen für mediko-mechaniſche und elektriſche, für Inhalations- und pneumatiſche Therapie, mit Bädern verſchiedener Art und einem photographiſchen Kabinett für *Röntgen*-Strahlen auszuſtatten. Die verſchiedenen Lungenkranken ſollen behufs individualiſierender Behandlung hier ebenfalls in kleineren Gruppen und auch einzeln untergebracht werden, da ſie »den verſchiedenen Stadien der Erkrankung entſprechend in ganz verſchiedener Weiſe infektiöſe Sputa produzieren und ſich gegenſeitig im Huſten ſtören«.

[345]) Siehe: Tageblatt für den Corgreſs zur Bekämpfung der Tuberculoſe als Volkskrankheit, Berlin 24. bis 27. Mai 1899, Heft 1, S. 12 u. 9.
[346]) Siehe: SCHAPER, H. Ueber die Nothwendigkeit der Einrichtung beſonderer Abtheilungen für Lungenkranke in gröſseren Krankenhäuſern. Berl. kliniſche Wochſchr. 1898, S. 161.
[347]) Nach ebendaſ., S. 162.

Eine folche Abteilung gliedert *Schaper* in 3 Raumgruppen.

Die Gefamtzahl diefer Kranken ergab fich in der Charité zu 76 = 20 Vomhundert aller Kranken der inneren und der Nafen- und Ohrenklinik. Davon find:

die I. Gruppe mit 25 Betten zur Beobachtung zweifelhafter und zur Behandlung initialer, nicht infektiöfer Formen in Ifolierzimmern,

die II. Gruppe mit 12 Betten für hoffnungslos eingelieferte Fälle und für folche mit fehr übelriechendem, maffenhaftem Auswurf oder für folche Kranke, die andere Kranke ftören würden, in einer befonderen Station,

die III. Gruppe mit 39 Betten in einem Sanatorium mit kleineren Zimmern unterzubringen.

Alle 3 Gruppen würden in einem Gebäude liegen können; doch plante *Schaper* für die Charité der Lehrzwecke und der Platzverhältniffe wegen nur das Sanatorium als Sondergebäude (Fig. 170[347]).

339. Beifpiel I.

Fig. 171.

Sanatorium für Lungenkranke im Heinrichs-Hofpital zu Arlen (Baden[349]).

In dem vor Weftwinden gefchützten Gebäude enthält jedes der beiden Gefchoffe 2 Krankenabteilungen. Getrennt von diefen liegen am Eingang das Unterfuchungs- und Arbeitszimmer des dirigierenden Arztes und der Raum für die Oberwärterin, darüber ein folcher für therapeutifche Zwecke, bezw. ein Laboratorium. Jede Krankenabteilung hat 3 Krankenzimmer und 1 Raum für Behandlungszwecke. Ueber den Referveräumen des Erdgefchoffes befinden fich Zimmer für Halskranke. Die Wandelhalle erhielt wegen ihrer Lage gegen Nordweften auch Stirnfenfter, der nifchenförmig angebaute Speiferaum Fenfter gegen Often und Weften. Vor den Zimmern find 3,00 m tiefe Liegehallen angeordnet. Im Erdgefchofs follen 10 Männer und 9 Frauen, im Obergefchofs 20 Männer und in einer befchränkten Manfarde die Wohn- und Schlafräume des Warteperfonals untergebracht werden.

Im Heinrichs-Hofpital zu Arlen (Baden[348]) entftand 1896 ein Sanatorium für die Tuberkulöfen, welches zum Zweck ihrer gefonderten Behandlung nahe dem Hofpital unter Schutz gegen Norden und Often am füdlichen Fufs eines Abhanges für 16 Kranke erbaut wurde (Fig. 171[349]).

341. Beifpiel II.

[348]) Siehe: PANNWITZ, a. a. O., S. 16 ff.
[349]) Fakf.-Repr. nach ebendaf., S. 28.

Das eingefchoffige Gebäude auf hohem Unterbau hat 2 für die Gefchlechter getrennte Abteilungen, beflehend je aus 1 Tagwohnraum, 1 Schlafraum mit 4 Betten nebft Wafchkabinett, 2 Schlafzimmern für je 2 Kranke, 1 grofsen glasgedeckten Liegehalle und einer kleinen, nach vorn offenen, feitlich verglaften Loggia. Der Speifefaal ift für beide Abteilungen gemeinfchaftlich. Die ganze Südfront der 5 m hohen, für die Kranken beftimmten Räume wurde in Fenfter aufgelöft. Aufserdem find noch je 1 Zimmer für dienftliche Zwecke, für ärztliche Zwecke und für die Pflegefchwefter nebft Wirtfchaftsräumen vorhanden. Die Heizung erfolgt durch Warmwaffer.

ϑ) Gebäude für Pockenkranke.

342. Erfoderniffe.

Fauvel & Vallin waren der Meinung, dafs bei fporadifchem Auftreten der Pocken eine weniger peinliche Abfonderung genügen könne, aber zu gewiffen epidemifchen Zeiten »die befonderen Abteilungen innerhalb der allgemeinen Gebäude alle prophylaktifche Wirkfamkeit, welche man ihnen zeitweilig zufchreibt, verlieren«, da jeder Fall zum Mittelpunkt neuer Herde werde, welche eine grofse Neigung, fich auszubreiten, haben[350]).

Ob und wie weit bei der Ausbreitung von Pocken eine Uebertragung des Kontagions durch die Luft ftattfindet, erfcheint noch zweifelhaft.

Nach den Beobachtungen von *Knauff* in Heidelberg, von *Bertillon*, *Blondeau* und *Colin* in Paris und von *Fürbringer* in Berlin, fowie nach den Unterfuchungen von *Power* über den Einflufs des *Fulham fmall-pox hofpital* in London auf feine Umgebung und denjenigen der *Small-pox and fever commiffion* fcheint eine Ausbreitung des Pockenkontagions durch die Luft nicht ausgefchloffen zu fein[351]).

Dagegen glaubten *Vallin* und *Alefuil* die Haupterklärung für die Ausbreitung von Pockenepidemien in der Umgebung der Hofpitäler, im befonderen auch in den angeführten Parifer und Londoner Beifpielen, dem grofsen und leichten Verkehr von Aufsenftehenden mit dem Hofpital und der unabläffigen Verbindung von feinem Material und Perfonal mit aufsen finden zu müffen, und *Acworth* hält »nach den jüngften Erfahrungen zu Gore Farm« das Kontagion durch die Luft für minimal, wenn eine ftrenge Disziplin die Verbindungen des Perfonals und der Sachen mit Aufsenftehenden regelt[352]).

Nach *Levy* und *Wolf* wirken anfteckend der Bläscheninhalt, die Hautfchuppen und die verfchiedenen Sekrete; »das *Virus* haftet aufserordentlich lange an gebrauchten Kleidern, Wäfche u. f. w.«[353]).

Fauvel & Vallin forderten die Verlegung von Pockenkranken in befondere Hofpitäler, wenn man nicht in Bezug auf Perfonal und Verwaltung ftreng abgefchiedene Gebäude oder Abteilungen in anderen Krankenhäufern für fie fchaffen könne. Einem Gebäude für Pockenkranke in einem allgemeinem Hofpital werden fomit Räume für fein eigenes Perfonal, Desinfektionseinrichtungen für dasfelbe und für ausgehende Sachen fowie die notwendigften Wirtfchaftsräume anzugliedern fein. Die Rekonvalescenten find in einem befonderen Raum unterzubringen; denn die Genefenden bedürfen der Aerzte und Arzneien nicht mehr, follen aber nicht vor vollftändiger Herftellung ihrer Epidermis wieder entlaffen werden. In gröfseren Pocken-Hofpitälern empfiehlt fich daher die Errichtung befonderer Rekonvalescentengebäude (fiehe unter β). Die Krankenzimmer follen nach *Vidal* 2 bis 4, für Variolide 4 bis 6 Betten enthalten[354]). In den Londoner Pocken-Hofpitälern hatte

---

[350]) Siehe: FAUVEL & VALLIN, a. a. O., S. 678, 682 ff.

[351]) Siehe: KNAUFF, a. a. O., Anm. auf S. 26. — BERTILLON. *Sur un mode de propagation de la variole et de la diphthérie*. Revue d'hygiène 1880, S. 385, 395 ff. — FÜRBRINGER, P. Die jüngften Pockenfälle im Krankenhaufe zu Friedrichshain. Deutfche medic. Wochfchr. 1896, S. 4. — *Tenth annual report of the local government board 1880—81. Supplement containing report and papers fubmitted by the boards medical officer on the ufe and influence of hofpitals for infectious difeafes. Prefented to both houfes of Parliament by command of Her Majefty.* London 1882. S. IX. — GALTON, a. a. O., S. 66 ff.

[352]) Siehe: Revue d'hygiene 1880, S. 467 ff.; 1887, S. 356 ff. — ACWORTH, W. M. *Aërial diffufion of fmall-pox.* Britifh medical journal 1894, S. 731.

[353]) Siehe: LIEBE, G., P. JACOBSOHN & G. MEYER, Handbuch der Krankenverforgung und Krankenpflege Bd. I, Berlin 1899, S. 228.

[354]) FAUVEL & VALLIN, a. a. O., S. 680.

man Säle zu 8 bis 12 Betten, einige Einzelzimmer und einen Rekonvalescentenfaal in jedem Pavillon.

Befonderer Wert ift auf reichliche Lüftung der Krankenräume zu legen. Pockenkranken fchadet nach den Erfahrungen in Hampftead felbft Zugluft nicht. Man hatte dort (nach *Spiefs*) die Fenfter viel geöffnet, »ftets fehr viel frifche Luft hereingelaffen und nie Eryfipel oder eine fonftige nachteilige Folge von Zugluft«[355]) beobachtet. Eine Temperatur von 15 Grad C. genügt für diefe Kranken. Doch ftellte *Thorne-Thorne*[356]) feft, dafs es bei befonders fchweren Fällen fchwierig fei, felbft mit vorhandenen reichlichen Lüftungsmitteln die Luft in den Krankenräumen ftets frifch zu halten, und empfahl, den Betten einen gröfseren Abftand zu geben als in anderen Infektionspavillons.

Vidal forderte 120 bis 150, *Sanderfon* 283 cbm ftündlichen Luftwechfel für 1 Bett. In Kendray wurde eine Leiftung von 134, in Bradford eine folche von 210 cbm von der Lüftungsanlage verlangt.

343. Lüftung.

Die Sorge um die Ausbreitung der Krankheit durch die Luft hat zu verfchiedenen Vorfchlägen und Verfuchen geführt, die Abluft des Krankenraumes vor Ueberführung in das Freie zu fterilifieren.

Romanin Jacur wollte die Abluft durch die Feuerftelle der Keffelanlage in ihren hohen Schornftein leiten und durch Exhauftoren vor der erfteren die gleichmäfsige Wirkung des Saugfchlotes zu allen Zeiten fichern oder fie durch Schwefelfäure treiben[357]).

Felix fchlug vor, die Saalluft durch 4 blecherne Lockfchornfteine abzufaugen und mit diefen feine Karburatoren, »die mit Hilfe von Kapfeln aus feuerfeftem Thon durch Gas- oder Petroleumbrenner eine Temperatur von 300 bis 400 Grad zu erzeugen geftatten . . . .«, zu verbinden[358]).

Sanderfon hatte 1882 empfohlen, in einer kreisförmigen Abluftkammer, welche den Kern feines runden Saales (fiehe Fig. 172, S. 204[359]) bildet, die in letzterem durch Wandöffnungen am Fufsboden ein- und durch Oeffnungen unter der Saaldecke austretende Luft mittels eines Ventilators zu fammeln und nach einer Kammer in der Mitte des Daches zu treiben, wo die Vernichtung der Keime durch Gasfeuer erfolgen follte.

Diefer Vorfchlag wurde im *Kendray fever hofpital* zu Barnsley 1889[360]) dahin abgeändert, dafs die Abluft hinter jedem der 17 unter der Decke angeordneten Ausläffe einen *Reeling*'fchen Deftruktor paffiert, dann in 6 wagrechten radialen Rohren gefammelt und nach dem in der Mitte des kreisförmigen Innenraumes errichteten Saugfchornftein geführt wird, durch welchen das Rauchrohr der Heizungsanlage geleitet ift. Nach *Burdett* follen durch den *Reeling*'fchen Ventilator rechnungsmäfsig 84 cbm (= 3000 Kub.-Fufs) Abluft bei einer durch Gasflammen erzielten Temperatur von 232 Grad C. (= 450 Grad F.) gehen; die Fenfter find feft gefchloffen. *Barry*[361]) fand, dafs der Abzug der Abluft ungenügend war, dafs gelegentliches Entweichen derfelben durch die Zuluftöffnungen ftattfand und dafs die Abluft nach Paffieren der Gasflammen Mikroben enthielt, die auf Gelatine kultiviert werden konnten.

Im *Bagthorpe hofpital* zu Nottingham verfuchte man 1890 in einem Pocken-Pavillon die entweichende Luft durch einen *Bunfen*-Brenner im Abluftfchlot zu fterilifieren. *Barry* fand jedoch unverbrannte Baumwolle und Papierftücke darin, und oft löfchte der Luftftrom die Flamme aus.

Ein weiterer Verfuch wurde im Bradford *small-pox hofpital* zu Bradford gemacht. Nach dem hier eingefchlagenen, mit Patent gefchützten Verfahren wird die Abluft durch den zum Zweck der Reinigung begehbaren Kanal CVA (Fig. 172 u. 173[362]) mit wachfendem Querfchnitt, unter dem die Heizkammer

---

[355]) Siehe: SPIESS, A. Ueber neuere Hofpitalbauten in England. Deutfche Viert. f. öff. Gefundheitspfl. 1873, S. 265.
[356]) Siehe: THORNE-THORNE, a. a. O, S. 14.
[357]) Siehe: GRUBER, a. a. O., S. 167 u. 16.
[358]) Siehe ebendaf., S. 113
[359]) Nach: MOUAT & SNELL, a. a. O., Section II, Taf. bei S. 274.
[360]) Siehe: BURDETT *Hofpitals and afylums of the world*. London 1893. Bd. IV, S. 274 und Plan auf Taf. 81.
[361]) Siehe: *The ventilation of fmall-pox hofpitals*. Britifh medical journal, Bd. II (1894), S. 667.
[362]) Fakf.-Repr. nach: ALDWINCKLE, a. a. O., S. 299.

für die Zuluft *PC* liegt, zu einem Verbrennungsherd aus Ziegelsteinen geleitet, in welchem sie ein Zellensystem passiert und von 15,3 auf 371 Grad C. (= 60 auf 700 Grad F.) erwärmt werden soll, wonach sie durch den Lüftungsschornstein entweicht. Gegenüber dem bedungenen Luftwechsel von 210 cbm (= 7500 Kub.-Fuss bei 60 Grad F.) leistete die Anlage 252 cbm (= 9000 Kub.-Fuss bei 63 Grad F.) zu einer Zeit, wo der Saal nicht mit Patienten belegt war[363]). Auch hier stellte *Barry* fest, dass die Luft nach dem Passieren des Feuers noch lebende Mikroben enthielt, die man auf Gelatine weiter entwickeln konnte. Auch hänge die kräftige Wirkung der Lüftung von der Aufmerksamkeit des Heizers ab.

Barry stellt anheim, ob das Eintreiben der Zuluft und das Austreiben der Abluft wie im *Victoria hospital* zu Glasgow zu bewirken und mit dem Sterilisieren der Abluft durch grosse Hitze und Entführen derselben durch hohe Schornsteine zu verbinden seien.

Der Plan von *Couper* für einen Luftsterilisierungsofen, welchen 1888 ein *Committee* des *Metropolitan asylum board* für einen Saal des *Western fever hospital* zu Fulham empfahl, kam wegen der Verlegung der Pockenkranken auf die Hospitalschiffe in London nicht zur Ausführung, findet sich aber im unten genannten Werke[364]).

344. Beispiel I.

Den eingeschossigen ringförmigen Pavillon, welchen *Sanderson* vorschlug, zeigt Fig. 172[359]). Der im *Kendray fever hospital* zu Barnsley von *Morley & Woodhouse* 1889 erbaute Pavillon ist nach demselben wie folgt ausgebildet worden.

Eine Scherwand in der Mittelachse teilt den Saal in 2 Hälften für die Geschlechter mit je 5 Betten, welchen im rückwärtigen Teil 2 Baderäume mit angebauten Aborten, an der Eingangsseite 2 an den verlängerten Gang

Fig. 172.   Grundriss.

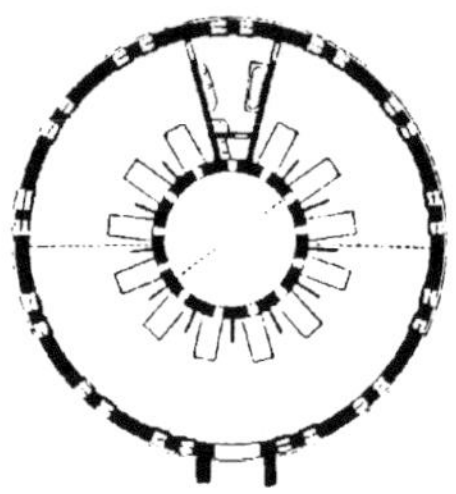

¹⁄₅₀₀ w. Gr.

Eingeschossiger ringförmiger Pavillon
für 12 Pockenkranke nach *Burdon Sanderson*[359]).

angebaute Wärterinnenräume entsprechen. Der Gang ist dann als seitlich offener Verbindungsweg bis zu einem kleinen, eingeschossigen Nebengebäude mit der Küche, Spülküche und einem Magazin fortgesetzt.

345. Beispiel II.

Der Doppelblock des *Bradford small-pox hospital* ist in Fig. 173 u. 174[362]) wiedergegeben.

Die in Art. 343 (S. 203) besprochene Lüftungsanlage teilt jeden Saal der Länge nach in 2 Hälften für je 6 Betten mit eigenen Abort-, Baderäumen und Pflegerinnenzimmer. Der Zugang zum Blockbau erfolgt vom eigenen kleinen Verwaltungsgebäude aus durch einen seitlich offenen Gang in der Mitte des Blocks, wo für jede Gebäudeseite ein Einzelzimmer und eine Schleuse für Rekonvalescenten vorhanden sind, welche sich hier auskleiden, baden und mit ihren desinfizierten Sachen bekleiden; sie verlassen das Gebäude an der dem Eingang entgegengesetzten Seite.

Das Verwaltungsgebäude enthält im Erdgeschoss je 1 Wohnraum für den Arzt und die *Matron*, 1 Raum für reine Wäsche, die Kochküche nebst Spülküche und anderem Zubehör, im Obergeschoss des mittleren Teiles Schlafräume für die Pflegerinnen und die *Matron*. — Dem Gebäude wurde noch ein eigenes Waschhaus und Leichenhaus beigegeben; an ersteres ist die Desinfektionsanlage angefügt.

346. Beispiel III.

Das Pockengebäude im städtischen Krankenhause zu Frankfurt a. M.[365]) ist ein Blockbau von ⊢-förmigem Grundriss mit zweigeschossigem Querbau.

Das in der Mitte angeordnete Treppenhaus trennt die Geschlechter. Im Erdgeschoss des Querbaues liegen auf jeder Seite vom Eingang einseitig an einem Flurgang je ein Pförtner-, bezw. Wärterinnenraum, Raum für reine Wäsche, 1-Bettenzimmer und Baderaum mit 3 Wannen; in jedem Flügel trennt ein Zimmer für einen Gefangenen 3 1-Betten- und 1 2-Bettenzimmer nebst Wärterinnenraum, Spülküche und Abort von einem 10-Bettensaal mit gleichem Zubehör. Die Krankenzimmer und das genannte Zubehör sind ebenfalls einseitig an einem jenseits des Querbaues fortgesetzten hofseitigen Flurgang angeordnet,

---

[363]) Siehe: BURDETT, a. a. O., S. 262.
[364]) Siehe: GALTON, a. a. O., S. 69—73.
[365]) Siehe: Frankfurt a. M. und seine Bauten. Frankfurt a. M. 1886. S. 178.

von welchem auch das Badezimmer im Querbau zugänglich ift. Im Obergefchofs befinden fich kleinere Zimmer, im Keller Koch- und Wafchküche für nicht epidemifche Zeiten. Das Gebäude wird durch einen Beobachtungspavillon (fiehe Art. 361) und im Falle von Epidemien durch 3 Baracken ergänzt.

ε) Gebäude für Diphtheriekranke.

Fauvel & Vallin[366]) wollten in allgemeinen Krankenhäufern für Erwachfene die Abfonderung von Diphtheriekranken in Zimmern, welche keine unmittelbare Verbindung mit benachbarten Sälen haben, und nur bei fporadifchen Fällen zulaffen,

347. Erforderniffe

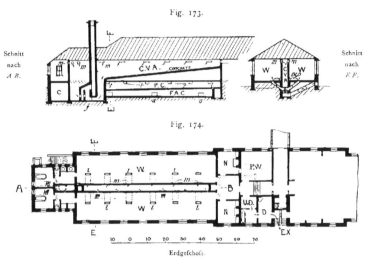

Fig. 173.

Schnitt nach *A B*.

Schnitt nach *E F*.

Fig. 174.

Erdgefchofs.

Doppelpavillon mit 26 Betten für Pockenkranke im *Bradford fever hofpital* zu Bradford [362]).
1892.
Arch.: *Morley & Woodhoufe*.

a. Frifchlufteinlafs.
l. Zulufteinlafs.
m. Abluftöffnung.
C. V. A. Abluftkanal.
P. C. Heizkammer.

F. A. C. \
C. A. J. / Frifchluftkanal.
B. Vorraum.
W. Krankenfaal.

P. W. Einzelzimmer.
N. Pflegerin.
U. D. Entkleideraum für Rekonvalescenten.
D. Ankleideraum.
E. X. Ausgangsthür für Rekonvalescenten.

empfahlen aber in Kinder-Krankenhäufern befondere Abteilungen in einem entlegenen Teil des Hofpitals, um die Möglichkeit von Uebertragungen zu verringern. In diefen follten die verfchiedenen Erkrankungsftadien und -Formen getrennt werden.

Nach dem vorgefchlagenen Plan bilden das Zubehör mit den Desinfektionsvorrichtungen die Mitte des Gebäudes, je eine Abteilung für Knaben, bezw. Mädchen feine Flügel. Jede diefer Abteilungen fetzt fich aus Abfonderungszimmern, 1 Operationsraum, 2 Räumen mit je 6 Betten für Fälle in der Entwickelung und für Kranke, welche Leichtbefallene fowie Genefende beunruhigen könnten, und für Rekonvalescenten zufammen. Ruckwärts vom Mittelbau und mit diefem nur durch feitlich offene Gänge verbunden ift ein kleiner Gebäudekörper mit 4 voneinander unabhängigen Zimmern für Mifchfälle von Diphtherie mit Scharlach, Mafern oder Pocken vorzufehen.

---

366) Siehe: FAUVEL & VALLIN, a. a. O., S. 692.

Die Wärterinnen follen im Pavillon fchlafen, »... dürfen nicht die anderen Säle betreten, können aber mit Vorficht in den Teilen des Krankenhaufes verkehren, welche den allgemeinen Dienften gewidmet find«, und nur bei den Rekonvalescentenzimmern find unter gewiffen Vorfichtsmafsregeln die Eltern zuzulaffen, weil die Rekonvalescenz lang ift, die Kinder Bedürfnis nach Zerftreuung haben und die Gefahr der Uebertragung fich mit der Dauer der Krankheit vermindert.

1885 empfahl *Vallin*[367], in Paris für dringende Fälle je 1 Abfonderungsgebäude mit vollftändig gefonderten Dienfträumen innerhalb einer Einfriedigung im *Hôpital Trouffeau* und im *Hôpital des enfants malades* zu bauen, die Kranken aber, fobald fie transportfähig find, nach einem befonderen, zu *Bicêtre* zu errichtenden Diphtherie-Hofpital überzuführen, weil Abfonderungsgebäude für Diphtherie in Krankenhäufern eine Gefahr bilden, da die Abfonderung nie ftreng durchgeführt werde.

Die Kommiffion für die geplanten Infektionsabteilungen im *Hôpital Trouffeau* zu Paris fchlug 1887[368]) vor, für die Diphtherieabteilung mehrere Einzelgebäude wie folgt zu bilden.

Die 31 Betten follen in 4 Gruppen geteilt werden. Für einfache Diphtherie (a) find vorzufehen: 1 Raum für Knaben mit 5, 1 dergl. mit 6 Betten und 3 Einzelzimmer; für Diphtheriemafern (b), fowie für Diphtheriefcharlach (c) je 1 Raum mit 4 Betten und 2 Einzelzimmer; für Diphtherie mit zweifelhaften Nebenkrankheiten (b) 5 Einzelzimmer. — Die Abteilungen a bis b erhalten je eine Spülküche, einen Baderaum und einen Spülabort; in b bis b find Vorkehrungen für pflichtmäfsige Desinfektion beim Ausgang zu treffen. Diefer Plan kam wegen ungenügenden Platzes nicht zur Ausführung.

In der Diphtherieabteilung des Kaifer- und Kaiferin-Friedrich-Kinderkrankenhaufes zu Berlin find der fortfchreitenden Pflege entfprechend die 34 Betten in 3 Stationen ftaffelmäfsig angeordnet worden.

Die I. Station enthält je 2 4-Betten- und 2 2-Bettenzimmer, zufammen 12 Betten, die II. 2 Säle mit je 8, fomit 16 und die III. 1 Rekonvalescentenfaal für 6 Betten. (Siehe Art. 349.)

Ein Diphtheriehaus erhält in allgemeinen und in Kinderkrankenhäufern ein Operationszimmer für Kehlkopfunterfuchungen und Tracheotomien, fowie eigenes Perfonal.

348. Bautypen

Unter den zahlreichen Diphtheriegebäuden, welche in Krankenhäufern entftanden, find die folgenden Haupttypen hervorzuheben: Blockbauten mit weitgehenden Teilungen der Krankenräume mit und ohne befondere Vorkehrungen für das Ein- und Ausbringen von Perfonen und Sachen (Berlin, bezw. Dresden und Braunfchweig); Doppelpavillons mit zwei- oder dreigefchoffigem Mittelbau für Einzelzimmer (Leipzig), und Pavillonbauten für zwei Etappen nebft Ifolierpavillon (Charité zu Berlin und London).

349. Blockbauten.

Das unter Mitwirkung von *Virchow* entftandene Diphtheriegebäude im Kaifer- und Kaiferin-Friedrich-Kinderkrankenhaufe zu Berlin war urfprünglich je zur Hälfte für Diphtherie und Scharlach geplant, deren Räume auch in Bezug auf die Wohnungen des Dienftperfonals und der Entlüftung getrennt fein follten. Noch während der Ausführung wurde der Bau für Diphtherie allein beftimmt (Fig. 175 bis 177[369]).

Der am Nordende gelegene Eingangsflur ift vom Querflur durch ein Gitter abgefperrt. Der Eintretende foll das Zimmer der Pförtnerin und die aus 3 Räumen beftehende fog. Schleufe paffieren, deren erfter und letzter zum Ab- und Anlegen der Kleider oder Ueberkleider und deren mittlerer als Badezimmer dient. Befuchende können hier vollftändig desinfiziert werden; das Perfonal wechfelt gewöhnlich nur die Kleidung, und der dirigierende Arzt benutzt einen Gummimantel.

[367]) Siehe: *Revue d'hygiène* 1887, S. 358.
[368]) Siehe: MARTIN, A.-J. *Rapport fur un projet de conftruction de fervices d'ifolement à l'hôpital Trouffeau fait au nom d'une commiffion. Revue d'hygiène* 1887, S. 1091.
[369]) Nach: BAGINSKY, a. a. O., Bd. I, S. 18 u. 19.

Die weitgehenden Teilungen im Inneren ermöglichten eine dreifache Trennung der 34 Betten (fiehe Art. 347, S. 206) und der Mittelgang mit hohem Seitenlicht thunlichft die Sonderung der Gefchlechter. Zur I. Station gehören der Aufnahmeraum, 1 Wärterinnen- und 1 gewölbtes Dampfzimmer mit eiferner, mit Meffingbefchlägen befetzter Thür, der Operationsraum, 1 Abort und die Spülküche, welche die Speifen von aufsen durch einen Schrank erhält, in den die Transportgefäfse hineingefchoben und aus dem fie wieder abgeholt werden. Die II. und III. Station haben gemeinfchaftliches Zubehör. Alle 3 Abteilungen

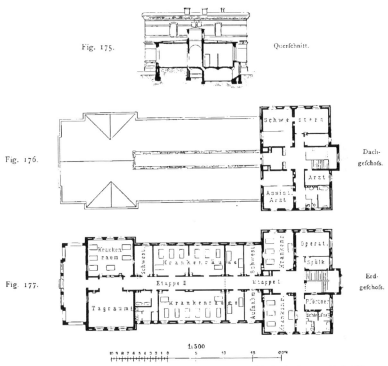

Fig. 175. Querfchnitt.

Fig. 176. Dachgefchofs.

Fig. 177. Erdgefchofs.

1:500

Gebäude für Diphtheriekranke im Kaifer- und Kaiferin-Friedrich-Krankenhaus zu Berlin [389]).
1890.
Arch.: *Gropius & Schmieden*.

werden im Flur durch verfetzbare Gitter getrennt. Bezüglich der Entfernung der fchmutzigen Wäfche fiehe Art. 203 (S. 122). — In einem Obergefchofs über dem Kopfbau wurden Wohnungen für den Affiftenzarzt, 6 Schweftern und 2 Mägde untergebracht.

Der Dampf, welchen man dem Gebäude vom Wafchhaus zuführt, fetzt die Warmwafferheizung in Betrieb, wärmt die Zuluft für die Krankenräume vor, heizt die Rippenregifter der Nebenräume und die beiden mit Saugern verfehenen Abluftfchlote, denen die Luft durch Kellerkanäle zugeführt wird. Die Kanäle haben einen folchen Querfchnitt, dafs fie bei der Reinigung zugänglich find, und wurden mit vollen Fugen gemauert.

Die überbaute Fläche beträgt 674 qm ohne und 733 qm mit Veranda oder 19,80, bezw. 21,55 qm für jedes Bett.

Im ftädtifchen Krankenhaus zu St. Jakob in Leipzig, wo die Diphtheriekranken zur inneren Abteilung gehören, aber an die Abteilung für Aeufserlichkranke über-

350.
Doppelpavillon.

gehen, fobald eine Operation erforderlich wird, erhielt demgemäfs das Diphtheriehaus die Geftalt eines Doppelpavillons (Fig. 178 bis 180[370]).

Rechts vom Mittelbau mit eigenen Nebenräumen für jede Abteilung liegt an dem durch Deckenlicht erhellten Querflur die äufsere, links die innere Abteilung. Die Säle, in welchen je 1 Baderaum abtrennbar ift, erhielten Firftlüftung, Fufsbodenheizung wie in den neuen allgemeinen Pavillons von St. Jakob

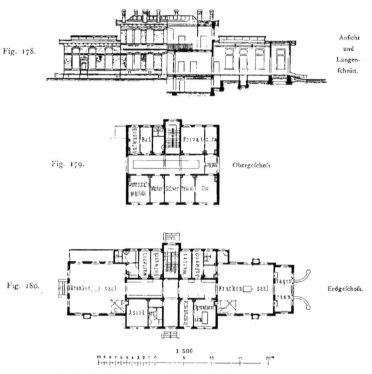

Fig. 178. Anficht und Längenfchnitt.

Fig. 179. Obergefchofs

Fig. 180. Erdgefchofs.

Doppelpavillon für Diphtheriekranke im ftädtischen Krankenhaus St. Jakob zu Leipzig [370]).
1893.
Arch.: *Licht*.

(fiehe Art. 145, S. 89) und in ihrer Mitte ummantelte Rippenheizkörper zur Erwärmung der Zuluft. Im Obergefchofs befinden fich die für Zahlende beftimmte Abteilung von 4 Zimmern mit gemeinfchaftlichem Zubehör und Räume für Wärter, Schweftern und Wirtfchaftsgegenftände.

Der dem vorftehenden verwandte Plan des Doppelpavillons für das Diphtheriegebäude im Kinderkrankenhaus zu Leipzig ift im Gefamtplan der Anftalt (in Kap. 4) einzufehen.

Der wefentliche Unterfchied befteht in dem dreigefchoffigen Mittelbau, wo im Erdgefchofs vorn am Mittelgang, welcher kein Deckenlicht erhielt, ein vom Operations-, bezw. Wärterraum flankierter grofser Tagraum, jenfeits desfelben jederfeits vom Treppenhaus 1 Abort-, 1 Baderaum und 1 Abfonderungszimmer liegen. In jedem der 12-Bettenfäle find 2 Dampfzimmer für Croupkranke eingebaut. In den beiden

---

[370]) Nach freundlicher Mitteilung des Herrn Baudirektors *H. Licht* in Leipzig.

Obergeschosse wurden 10 Einzelzimmer, die Wohnung des Arztes der Infektionsabteilung und Wärterinnenräume untergebracht.

In Dresden und in Braunschweig sind Absonderungsgebäude für Diphtherie- und Scharlachkranke zusammen entstanden, deren Abteilungen man am ersteren Ort trennte, in Braunschweig aber verschiebbar plante.

351. Gebäude für Diphtherie- und Scharlachkranke.

Im Diphtheriegebäude des Kinder-Hospitals an der Chemnitzerstrafse zu Dresden wurde eine Scharlachabteilung angelegt, die keinerlei Gemeinschaft mit derjenigen für Diphtherie haben sollte. Beide Abteilungen erhielten dementsprechend auch getrennte Keller- und Heizanlagen und entgegengesetzt gerichtete Eingänge an den Stirnseiten des Gebäudes (Fig. 181 u. 182[371]).

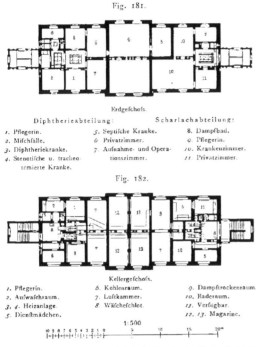

Fig. 181.

Erdgeschofs.

Diphtherieabteilung:
1. Pflegerin.
2. Mischfälle.
3. Diphtheriekranke.
4. Stenotische u. tracheotomierte Kranke.

5. Septische Kranke.
6. Privatzimmer.
7. Aufnahme- und Operationszimmer.

Scharlachabteilung:
8. Dampfbad.
9. Pflegerin.
10. Krankenzimmer.
11. Privatzimmer.

Fig. 182.

Kellergeschofs.

1. Pflegerin.
2. Aufwaschraum.
3, 4. Heizanlage.
5. Dienstmädchen.
6. Kohlenraum.
7. Luftkammer.
8. Wäscheschlot.

9. Dampftrockenraum.
10. Baderaum.
11. Verfügbar.
12, 13. Magazine.

1:500

Gebäude für Diphtherie- und Scharlachkranke im Kinder-Hospital an der Chemnitzerstrafse zu Dresden [371]).
Arch.: *Wimmer.*

In den durch Deckenlicht erhellten Fluren wurden ein Aufwaschschrank, ein Gaskocher und die hier zu füllende versetzbare Badewanne untergebracht, da aufser den Aborten und Pflegerinnenräumen alles Zubehör im Kellergeschofs liegt. Der Raum für stenotische und tracheotomierte Kranke ist wie das Privatzimmer für Dampf eingerichtet, der mittels beweglicher und gegliederter Arme nach jedem Bett gerichtet werden kann und nicht überhitzt ankommt, da er vom Hauptgebäude hergeleitet wird. Diese Räume haben Zementfufsboden, eiserne Fenster und Oelfarbenanstrich.

Die Abteilung für Diphtherie erhielt eine teils unmittelbar, teils in Gestalt von Luftheizung wirkende Heifswassermitteldruckheizung, die für jede Seite der Abteilung ausschaltbar ist. Die Zuluftrohre liegen an den Fensterseiten. Zum Abzug der Abluft dient ein durch das Rauchrohr der Heizanlage erwärmter Schlot. Das Zimmer für septische Kranke hat Abluftkanäle mit gröfserem Querschnitt und das Zimmer für Mischfälle ganz unabhängige Heizung und Lüftung durch einen ummantelten Dampfwasserofen, sowie eigene Zuluft- und Abluftkanäle. Die Scharlachabteilung besitzt Feuerluftheizung. Im Untergeschofs der Diphtherieabteilung liegen u. a. die Spülküche und Schlafzimmer für dienstfreie Wärterinnen, unter der Scharlachabteilung ein Dienstmädchenzimmer und ein Badezimmer für das Personal. Das Gebäude erhielt eigenes Pflege- und Dienstpersonal, einschliefslich Heizer und Wäscherin. Das Waschen der Wäsche erfolgt in einem nur von aufsen zugänglichen Raum des Hauptgebäudes; die Speisen werden durch ein Fenster des letzteren verabfolgt, und das Geschirr ist für die Abteilungen besonders gezeichnet.

In der neuen herzoglichen Krankenanstalt zu Braunschweig gehört das 1897

---

[371]) Nach: Börner, a. a. O., Bd. II, S. 118 u. 119.

errichtete Diphtherie- und Scharlachgebäude³⁷²) zur inneren Abteilung, foll »allgemein für alle anfteckenden Krankheiten« dienen und ift behufs Abfonderung verfchiedener Krankheitsarten oder nur teilweifer Benutzung in 4 felbftändige Abteilungen teilbar.

In jedem der beiden Gefchoffe eines Längsbaues mit durchlaufendem Mittelgang trennen das Treppenhaus und unten der Operationsraum, oben das Arztzimmer 2 fymmetrifch angeordnete, aus 4 Einzel- und 4 2-Bettenzimmern, Wärter-, Wafch-, Bade- und Abortraum nebft Spülküche beftehende Abteilungen. Im Erdgefchofs find diefelben durch je einen flügelartig vorfpringenden 6-Bettenfaal diesfeits und 1 Tagraum jenfeits des verlängerten Mittelganges für Leichtkranke und Genefende vergröfsert, fo dafs jede Abteilung im Erdgefchofs 14, im Obergefchofs 8 und das ganze Gebäude 44 Betten enthält.

Der Zugang zu den unteren Abteilungen erfolgt an den Stirnfeiten des Mittelganges, zu den oberen durch den rückwärtigen Eingang im Treppenhaus. Die im Keller angeordnete Heizanlage ift wie die Sauglüftung in 4 Abteilungen geteilt.

<small>352. Pavillonbauten.</small>

Die Geftalt eines eingefchoffigen Pavillons erhielt das Diphtheriehaus der Ifolierabteilung für anfteckende Kinderkrankheiten in der Charité zu Berlin.

Doch wurde der Saal mittels einer Querwand in einen 8- und einen 4-Bettenraum für 2 Etappen geteilt. Für Mifch- und Beobachtungsfälle dient das zur Abteilung gehörige Abfonderungsgebäude. (Siehe den Gefamtplan in Kap. 4, unter c, 3.)

In den Londoner Fieber-Hofpitälern des *Metropolitan afylum board*, deren jedes mehrere Gebäude für Diphtherie enthält, hat man grofse Säle mit 12 Betten gebaut, durch ihre Wiederholung in einem Obergefchofs die Bildung einer II. Etappe ermöglicht und jedem oder mehreren Pavillons ein Ifoliergebäude beigefügt, wodurch Abfonderungszimmer im Pavillon felbft entbehrlich wurden.

Die zweigefchoffigen Diphtheriepavillons im *Brook fever hofpital, Shooter's Hill*, zu London unterfcheiden fich von den in Art. 357 (S. 212) zu befprechenden Scharlachpavillons nur durch die geringere Länge der Säle — 27,43 m für 12 Betten. Jeder Pavillon fafst deren 28, einfchliefslich eines 2-Bettenzimmers, in jedem Gefchofs.

x) Gebäude für Scharlachkranke.

<small>353. Erforderniffe.</small>

In Kinderkrankenhäufern haben die vielen internen Scharlachfälle, welche auftraten, wenn Scharlachkranke in allgemeinen Sälen verpflegt wurden, zur Bildung gut abgefonderter Abteilungen und Gebäude für diefe Kranken geführt. *Fauvel & Vallin*³⁷³) wünfchten, dafs das Perfonal in denfelben fchläft, forderten aber nicht fo ftrenge Abfonderung desfelben, wie in Pockenpavillons. Die Rekonvalescenten, d. h. diejenigen, welche fchon Bäder genommen haben, follen in einen befonderen Raum verlegt werden, um die lange Zeit der Genefung möglichft abzukürzen. Die Lüftung ift mit Vorficht, am beften mittels warmer Luft, zu handhaben, um die gefährlichen Erkältungen der Hautoberfläche zu vermeiden. Erwachfene find gleichfalls abzufondern — obgleich man infolge erlangter Immunität durch früheres Ueberftehen der Krankheit unter ihnen Anfteckungen feltener beobachtet hat —, da unter den Befuchenden der allgemeinen Säle fich oft Kinder befinden, welche durch folche Kranke angefteckt werden können. Doch genügt für fie aufser zu Zeiten von Epidemien ein gut abgefondertes Zimmer. Kleider, Betten und Räume, welche mit Scharlachkranken in Berührung kommen, und diefe felbft find zu desinfizieren.

Nach *Levy* und *Wolf* wirken bei Scharlach die Hautfchuppen und die Sputa anfteckend; »fie halten fich unter Umftänden bis zu 6 Monaten an den Gebrauchsgegenftänden infektionstüchtig«³⁷⁴).

<small>
³⁷²) Siehe: Pfeifer, a. a. O., S. 11 u. Taf. VIII.
³⁷³) Siehe: Fauvel & Vallin, a. a. O., S. 685 ff.
³⁷⁴) Siehe: Liebe, Jacobsohn & Meyer, a. a. O., S. 228.
</small>

Die folgenden Beifpiele von Gebäuden für Scharlachkranke find, wie bei den Diphtheriegebäuden, nach den allgemeinen Bautypen geordnet.

Das Ifolierhaus für Scharlachkranke im St. Wladimir-Kinderhofpital zu Moskau (Fig. 183[375]) befteht nach den Angaben von *Rauchfufs* aus einem zweigefchoffigen Kopfbau und einem eingefchoffigen Mittelflügel.

354. Blockbauten.

Letzterer fetzt fich aus einem Saal von 6 Betten für die frifchen, hochfiebernden Fälle und aus den beiden 2-Bettenzimmern für die fpäteren Stadien der Krankheit zufammen. Der Kopfbau enthält im Obergefchofs 2 Zimmer mit zufammen 4 Betten für feptifche, diphtheritifche und andere Formen oder gegebenenfalls für gewöhnliche Fälle, 1 Separatkrankenraum, das Pflegerinnenzimmer, 1 Abort nebft verfetzbarer Badewanne und die Wäfchenicderlage. Bei der Raumgruppierung war mafsgebend, das Uebereinanderlegen von Kranken zu vermeiden. Bezüglich der reichlichen Belichtung des 6-Bettenfaales fiehe Art. 52 (S. 31).

Fig. 183.

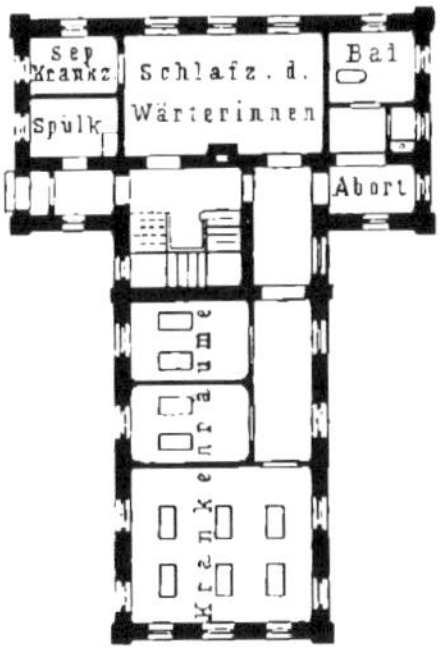

Erdgefchofs. — $\frac{1}{500}$ w. Gr.

Gebäude für Scharlachkranke mit 17 Betten im St. Wladimir-Krankenhaus zu Moskau [375]).
1876.
Arch.: *Goedicke*.

Heizkörper einer Niederdruckwarmwafferheizung unter den Fenftern erwärmen die Räume unmittelbar und ebenfolche in den Heizkammern des Sockelgefchoffes die Zuluft. Für die Sommerlüftung find Oeffnungen in den Aufsenmauern unter der Decke vorhanden. Die Abluft wird im Winter und Sommer durch gegebenenfalls befonders geheizte Schlote abgezogen.

Der Blockbau für Scharlachkranke im Kaifer- und Kaiferin-Friedrich-Kinderkrankenhaus zu Berlin gleicht dem Diphtheriegebäude dafelbft (fiehe Art. 349, S. 206).

Die Geftalt eines Doppelpavillons hat das Scharlachhaus im Kinderkrankenhaus zu Leipzig, deffen Anordnung im Gefamtplan (fiehe Kap. 4, unter c, 1) zu erfehen ift.

355. Doppelpavillon.

Hier werden 2 10-Bettenfäle durch den Tagraum mit vorgelegter Veranda getrennt. Ein Längsgang hinter diefem Doppelpavillon vermittelt die Verbindung zwifchen feinen Räumen und dem an der anderen Gangfeite in einer Reihe angeordneten Zubehör, zu welchem 3 Einzelzimmer gehören. Die Wärterinnen fchlafen nicht im Pavillon.

Die Säle erhielten Niederdruckdampfheizung, welche vom Diphtheriehaus her den Fufsboden und die Heizkörper heizt.

Das Syftem von Wechfelfälen wollte man in den geplanten Infektionspavillons für das *Hôpital Trouffeau* zu Paris[376]) zu dem befonderen Zweck einführen, um eine täglich zweimalige, gründliche Reinigung der Säle vornehmen zu können. Die Wechfelfäle follten während diefer jedesmal auf etwa 2 Stunden bemeffenen Zeit alle Saalbetten aufnehmen und im übrigen als Tagräume dienen.

356. Wechfelfäle.

Nach dem Plan, welchen *Grandjacquet* im Zufammenwirken mit der Kommiffion der *Société de médecine publique* 1887 aufftellte[377]), find die Säle der Länge nach in den einreihigen, 5,30 m breiten 10-Bettenraum und den 3,50 m breiten Wechfelraum geteilt. — In der Trennungswand waren hinter allen Betten Thüren zum Hinausfchieben derfelben und zwifchen ihnen in den oberen Wandteilen Lüftungsfenfter angeordnet.

In den nach *André*'s Plan ausgeführten Scharlachpavillons in demfelben Hofpital und im *Hôpital des enfants malades* wurden Wechfelräume durch Querteilung der Säle gebildet (Fig. 184 u. 185[378]), um denfelben gegenüberliegende Fenfter zu laffen.

---

[375]) Nach: GERHARDT, C. Handbuch der Kinderkrankheiten. Bd. I. Tübingen 1877. S. 500.
[376]) Siehe: MARTIN, A. J. *Rapport fur un projet de conftruction de fervice d'ifolement à l'hôpital Trouffeau au nom d'une commiffion.* Revue d'hygiène 1887, S. 1060 ff.
[377]) Siehe die 1. Aufl. diefes Heftes, Art. 100c (S. 88z).
[378]) Nach: E. R. *Hôpital Trouffeau à Paris, Pavillons d'ifolement* Encyclopédie d'arch. 1888—89, S. 102, 103, 119.

Der Zutritt zum Pavillon erfolgt durch das an feiner Weftfeite angeordnete Nebengebäude mit vorgebauter Schleufenkammer zum Abfetzen von Kranken, Lebensmitteln, Geräten u. f. w., deren Aufsenfchlüffel der Direktor und deren Innenfchlüffel die Oberpflegerin haben follte. Die Aerzte treten durch das Arztzimmer ein, wo fie reine Kittel finden, und legen beim Weggehen letztere im Desinfektionsraum ab. Diefer Verkehr in einer Richtung wurde durch eine befondere Anordnung der Thürfchlöffer und Federn gefichert. Das Perfonal und die Befucher betreten und verlaffen das Gebäude nur durch den Bade- und den Desinfektionsraum. In letzterem liegt ein Abwurf für Wäfche, die von aufsen unter dem Fufsboden abgeholt wird. Doch führt vom verglaften Verbindungsgang des Nebengebäudes mit dem Pavillon ein Nebenausgang nach dem Garten. — Diefer Gang fetzt fich im Saalbau fort, wo feine Wände in den Fluchten der Betten verglaft find und fein hinterer Teil für die Wärterin abgetrennt wurde, welche von hier beide Säle — für Knaben, bezw. Mädchen — überfehen kann.

Fig. 184. Querfchnitt.

Fig. 185.

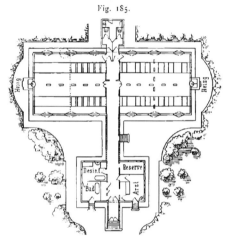

Die Querteilung in jedem Saal befteht vom Wölbanfatz der Wand an aus einer doppelten Glaswand, darunter aus Doppelvorhängen. Zur Zeit der Reinigung einer Saalhälfte fchiebt man die auf Schienen laufenden Betten in der anderen zufammen und fchützt letztere in der kühlen Jahreszeit durch warme, aus Fufsbodenöffnungen zwifchen den Doppelvorhängen auffteigende Luft vor Abkühlung.

Die Konftruktion des aus Eifen und Holz beftehenden Pavillons follte feine Desinfektion erleichtern. Bei derfelben wird der aus Tafeln beftehende, die Wände nicht berührende Fufsboden entfernt; alsdann fpült man den unteren, mit Zink bekleideten und beiderfeits nach Wafferrinnen an den Wänden abfallenden Fufsboden mit einem Wafferftrahl, legt einen Refervefatz von Fufsbodenplatten ein, desinfiziert, wäfcht und wächft die infizierten Platten und legt fie am nächften Tage in der zweiten Saalhälfte auf. Wenn der ganze Pavillon desinfiziert werden foll, nimmt man auch die und fetzt das Eifengerüft dem Feuer aus.

Eingefchoffiger Pavillon für 24 Betten im *Hôpital Trouffeau* und im *Hôpital des enfants malades* zu Paris[378]).
1889.
Arch.: *André*.

nur aufgefchobenen Bretter von den Wandbekleidungen ab

Ueber die Heizung und Luftung fiehe Art. 147 (S. 89). In diefem Pavillon brach am 23. Oktober 1895 Feuer aus, während der Pavillon von 55 Kindern, fomit mehr als doppelt ftark belegt war. Bei folchem Belag wurde die geplante Art der Benutzung feiner Wechfelfälle vermutlich hinfällig.

357 Pavillonbauten.

In den ausgedehnten Londoner Anftalten für Anfteckendkranke begnügt man fich auch für Scharlachkranke aus den in Art. 351, S. 209 mitgeteilten Gründen mit Pavillonbauten. Den Plan der Scharlachpavillons im *Brook fever hofpital, Shooter's Hill* zu London zeigt Fig. 186[379]).

Diefe 8 Pavillons erhielten in jedem ihrer 2 Gefchoffe Säle mit 20 Betten und 1 Abfonderungszimmer mit 2 Betten, erforderlichenfalls für eine Mutter mit Kind. Die dem Saal vorgelegte Veranda

---

[379]) Nach: ALDWINCKLE, a. a. O., S. 293.

liegt gegen Süden. Da die Pflegerinnen nicht im Pavillon schlafen, so ist für sie 1 Umkleideraum nebst Abort am Treppenhaus, welches behufs Trennung der Geschosse offen ist, angebaut. Das Isolierzimmer erhielt eigenen Abort, welcher wie die Saalaborte vom Krankenraum durch Brückengänge getrennt ist. Bezüglich der zugehörigen Abfonderungsgebäude siehe den Gesamtplan in Kap. 4, unter a, 1.

Fig. 186.

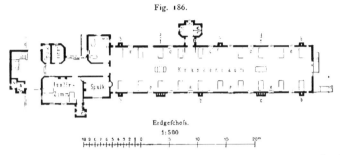

Erdgeschofs.
1:500

Zweigeschossiger Scharlachpavillon für 44 Betten im *Brook fever hospital, Shooter's Hill* zu London[379]).
1895—98.
Arch.: *Aldwinckle.*

| *a.* Pflegerinnenkleidung. | *c.* Rauchrohr. | *e.* Heizregister mit |
| *b.* Lüftungsschlot. | *d.* Frischlufteinlass zu den Doppelkaminen. | Frischluftzutritt. |

λ) Gebäude für Masernkranke.

In Kinder-Hospitälern dürfen nach *Fauvel & Vallin*[380]) Masernkranke infolge der leichten Uebertragbarkeit und Schwere der Krankheit bei jungen Kindern nur ganz vorübergehend in den Absonderungsabteilungen der allgemeinen Gebäude behandelt werden, weil Kinder-Hospitäler sich zu oft mit Kachektischen, Schwächlichen oder Unheilbaren füllen und die Masern vorzüglich diese rekonvalescierenden, schwachen oder durch dauernde Krankheiten erschöpften Kinder befallen. In Hospitälern für Erwachsene genügt für sporadische Fälle ein Zimmer für 2 bis 4 Betten in einem abgelegenen Teile des Gebäudes, aber unter Ausschluss einer Thür- und Personalverbindung mit den anderen Teilen desselben, da in schlecht abgesonderten Zimmern und in allgemeinen Sälen die Uebertragung auf einen durch lange Krankheit geschwächten Patienten stattfinden kann und die Uebertragung auf Kinder unter den Besuchern anderer Kranker unvermeidlich sein würde.

Aus diesen Gründen forderten *Fauvel & Vallin* die Absonderung von Masernkranken in einem Pavillon eines Absonderungshospitals oder, besser, in einem besonderen Gebäude innerhalb der Einfriedigung von Kinder-Hospitälern. Die Wärterinnen müssen die Krankheit selbst überstanden haben — wenn man auch selten Uebertragungen durch Dritte beobachtet — und schlafen am besten im Saal nahe bei den Kranken. Die Lüftung und Heizung muss, wegen der Häufigkeit bronchialer Komplikationen, eine milde, gleichmässige und leicht angefeuchtete Luft sichern.

Vallin[381]) hat später vorgeschlagen, transportable Fälle in ein besonderes Masern-Hospital zu verweisen, für nicht transportable Fälle aber in jedem Kinder-Hospital 2 getrennte Gebäude zu errichten: eines für Verdächtige mit 10 getrennten Zellen und das andere mit 10 Betten für die bestätigten Fälle.

358.
Erfordernisse.

380) Siehe: FAUVEL & VALLIN, a. a. O., S. 688.
381) Siehe: VALLIN, a. a. O., S. 359.

Nach *Levy* und *Wolf*[382]) find bei Mafern die Patienten mit Bronchopneumonien ftreng von den übrigen zu trennen, »da man fonft Gefahr läuft, dafs letztere fo gefährliche Komplikation ihrerfeits im Ifolierraum epidemifch wird. Das Virus ift zu fuchen im Nafen-, Mund- und Konjunktivalfekret und in den Hautfchuppen; dasfelbe ift fehr vergänglich, hält fich höchft wahrfcheinlich nicht über 1 bis 2 Tage hinaus; infolgedeffen ift auch eine nachträgliche Desinfektion des Krankenraumes unnötig.«

359. Beifpiele.

Im St. Wladimir-Kinderkrankenhaus zu Moskau erhielt das nach den Angaben von *Rauchfufs* erbaute eingefchoffige Ifolierhaus für Mafernkranke die Geftalt eines Korridorbaues mit zwei kurzen fchmalen Flügeln[383]).

Im Längstrakt liegen zwei Säle mit je 8, zwei Abfonderungszimmer mit 1 bis 2 Betten und ein Pflegerinzimmer gegen Süden an einem 5,00 m breiten Flurgang, deffen Fenfter gegen Norden gerichtet find, im Oftflügel Eingangsflur und Theeküche, in welcher die Speifen übernommen werden, im Weftflügel Abort und Badezimmer an gemeinfamem Vorraum. Das Gebäude erhielt Warmwafferheizung und künftliche Lüftung; doch find aufserdem Zuluftöffnungen unter der Decke Tag und Nacht, fowie zu allen Jahreszeiten zur Verbindung mit der Aufsenluft offen.

Der urfprüngliche Plan für einen Mafernpavillon im Kaifer- und Kaiferin-Friedrich-Kinderkrankenhaus zu Berlin von *Schmieden* ift im Gefamtplan der Anftalt (fiehe Kap. 4, c, unter 1) zu erfehen.

Der Pavillon unterfchied fich von dem in Fig. 175 bis 177 mitgeteilten Diphtherieblock durch Einfchaltung eines Saales für 16 Betten mit gegenüberliegenden Fenftern und Zubehör an feinen beiden Enden an Stelle des Mittelganges und feiner Seitenräume und durch Teilung des Zimmers am Tagraum in 2 2-Bettenräume.

Anftatt diefes Baues kam zunächft eine von *Virchow* geftiftete Magnefitbaracke für Mafern und Keuchhuften (Fig. 187 u. 188[384]) zur Ausführung, in welcher die Abteilungen ftreng getrennt find.

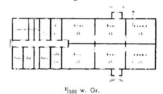

Fig. 187.

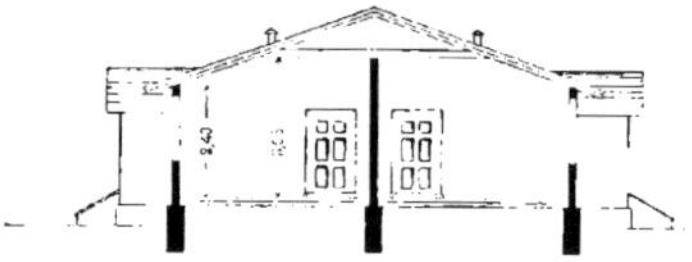

Schnitt *A B*. — ¹/₂₅₀ w. Gr.

Fig. 188.

¹/₅₀₀ w. Gr.

Baracke für 21 Mafern- und Keuchhuftenkranke im Kaifer- und Kaiferin-Friedrich-Kinderkrankenhaufe zu Berlin[384]).
1894.
Arch.: *Kohlmetz*.

Die Anordnung der Krankenräume für je 3 Betten erfolgte hier derart, dafs fie in 2, 3 oder 4 Abteilungen benutzt werden können, je nachdem man die Flureingänge, bezw. gleichzeitig einen oder beide Seiteneingänge unter Schlufs der Thüren zwifchen den erften und zweiten Zimmern benutzt. Die Endabteilungen find im befonderen für Pertuffis und Morbillen beftimmt und erhalten bei Abtrennung derfelben ihre eigenen Wärterinnen, deren Weg zum allgemeinen Zubehör der Baracke durch das Freie führt. — Die bereits baufälligen Baracken follen jetzt durch ein dauernd errichtetes Gebäude erfetzt werden.

Im Kinderkrankenhaus zu Leipzig gleicht die Mafernbaracke derjenigen für Scharlachkranke (fiehe Art. 355, S. 211).

---

[382]) Siehe: LIEBE, JACOBSOHN & MEYER, a. a. O., S. 228.
[383]) Siehe: GRUBER, a. a. O., S. 187 — ferner: FAUVEL & VALLIN, a. a. O., S. 729.
[384]) Nach: SIMON, J. Die neuen Magnefitbaracken im Kaifer- und Kaiferin-Friedrich-Kinderkrankenhaus. Berliner klin. Wochfchr. 1894, S. 181.

6) Krankengebäude für Beobachtungszwecke.

Ein folgerichtig durchgeführtes Abfonderungsfyftem für anfteckende Krankheiten macht die Beobachtung zweifelhafter Fälle nötig, wenn die mutmafsliche Krankheit nicht klar genug ausgefprochen ift, um den Kranken einer beftimmten Abteilung zu überweifen, ohne Gefahr zu laufen, dadurch eine anfteckende Krankheit in diefelbe einzufchleppen, oder wenn vom Krankenhaufe anfteckende Krankheiten überhaupt fernzuhalten find. Die Verdächtigung kann auch darin begründet fein, dafs Kranke von einem bekannten Infektionsherd kommen, ohne dafs fie zunächft irgend welche Symptome einer übertragbaren Krankheit zeigen. Das Bedürfnis nach Abfonderung derartiger Kranker ift in allen Anftalten, welche fich mit der Pflege von Kranken befchäftigen, gleich grofs und dringend, da es fich in jedem Krankenhaufe darum handelt, bereits Gefchwächte, deren Genefung durch einen zweiten Fall verzögert oder gehindert werden könnte, vor Anfteckung zu fchützen. Ueber Quarantänen findet fich das weitere in Kap. 4 (unter d, 3). Im Vorliegenden handelt es fich nur um Gebäude für verdächtige oder zweifelhafte Kranke in folchen Fällen, wo entfprechende Zimmer oder Abteilungen innerhalb anderer Krankengebäude nicht genügende Abfonderung zulaffen würden.

360. Zweck.

Fig. 189.

Fig. 190.

Beobachtungs-Pavillon
für 6 Betten
im Hofpital für infektiöfe Krankheiten am
Orefund [385]).
$\frac{1}{500}$ w. Gr.

Zum Anfchlufs einer folchen Abteilung an andere Gebäude hat oft ihr vermutlich geringer Umfang geführt, wenn diefe Abteilung keine hinlängliche Befchäftigung für einen befonderen Arzt und das Wärterperfonal erwarten liefs.

So nimmt die Beobachtungsftation im Wladimir-Kinderhofpital zu Moskau (fiehe Kap. 3, unter g), im Kaifer- und Kaiferin-Friedrich-Kinderkrankenhaus zu Berlin und im Kinderkrankenhaus zu Leipzig das obere Gefchofs oder einen Teil deffelben Gebäudes ein, in welchem die Poliklinik und das Aufnahmebureau im Erdgefchofs liegen. — Im Kinder-Hofpital des Prinzen von Oldenburg zu St. Petersburg befindet fich die Beobachtungsabteilung nebft Zimmern für Mifchfälle im Erdgefchofs des Abfonderungshaufes. — In der Abteilung für anfteckende Kinderkrankheiten der königlichen Charité zu Berlin füllt fie nebft den Aufnahmeräumen und denjenigen mit den Stationsarzt das Erdgefchofs desjenigen Gebäudes, in deffen Obergefchofs die Mifchfälle liegen; doch ift hier durch vollftändigfte Trennung des offen angelegten Treppenhaufes vom Erdgefchofs (fiehe Art. 220, S. 131) wenigftens die thunlichfte räumliche Abfonderung der Mifchfälle von den zu beobachtenden Fällen erreicht, die in einem kleinen, beiden gemeinfchaftlichen Gebäude möglich ift.

Gegen eine folche, durch Verwaltungsgründe veranlafste, enge Vereinigung von fich gegenfeitig fchädigenden Abteilungen in einem einzigen Gebäude wird eingewendet, dafs fich das Pflegeperfonal derfelben, auch wenn getrennte Eingänge vorhanden find, nicht ftreng gefondert halten läfst und die Anordnung der Beobachtungsabteilung in fich felbft leidet.

Wir finden hier meift die an einem Mittelgang einander gegenüberliegenden Zimmer, welche öfter auch für mehr als einen Kranken benutzt werden und zwifchen denen die allen gemeinfchaftliche Wärterin einen fortgefetzten Verkehr herftellt. Die Erfparniffe, welche man bei folchen Anordnungen zu erzielen fucht, rächen fich dann oft durch weitere Uebertragungen von Krankheiten in die Aufnahmeabteilung oder von den Räumen für Mifchfälle in die Beobachtungsftation, durch die dann verlängerte Krankheitsdauer u. f. w.

Auch dort, wo man für die zu beobachtenden Fälle ein eigenes Gebäude errichtet hat, wie beifpielsweife am Orefund (Fig. 189 u. 190 [385]) und in Frankfurt a. M.

361 Beifpiele.

---

[385]) Nach: Baugwkszeitg. 1879, S. 169.

(Fig. 191 [386]), wurde durch die Vereinigung von je 2, bezw. 3 Beobachtungsräumen am Mittelgang der Möglichkeit von Uebertragungen zwischen Kranken wieder Vorschub geleistet.

In England benutzt man für Beobachtungszwecke vorzugsweise die Typen *A* und *B* der Normalien des *Local government board* (Art. 302, S. 178), wo ebenfalls 2, bezw. 4 Kranke unter einer Wärterin stehen.

Für Beobachtungszwecke ist nach *Baginsky* [387]) das Zellensystem mit getrenntem Pflegepersonal für jede Zelle die beste Anordnung. Kann man wegen Platzmangels nicht so weit gehen, jedem zu Beobachtenden mit seiner Wärterin eine rings frei gelegene Absonderungszelle zu geben, so kann man die notwendigen Einzelzellen doch so zusammenlegen, dafs eine Verbindung zwischen ihnen nur durch die freie Luft möglich ist. Beispiele dieser Art zeigen geplante oder ausgeführte Absonderungsgebäude für Wöchnerinnen (siehe Art. 334 ff., S. 197 ff.).

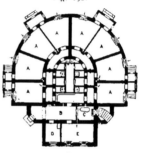

Fig. 191.

Beobachtungs-Pavillon für 4 Betten im städtischen Krankenhaus zu Frankfurt a. M. [386]). $^1/_{500}$ w. Gr.
1886.
Arch: *Koch*.

Diesen Versuchen schliefst sich der Beobachtungsblock für 6 Betten im Hospital für Ansteckende zu Stockholm (Fig. 192 [388]) an.

Hier wurden 8 Zimmer in einem Halbkreis angeordnet, dessen Basis die Wohnung der Pflegerin mit Spülküche, Bade- und Vorzimmer einnehmen. Sehr zweckmäfsig ist hier die Vorkehrung, dafs bei 2 der 6 Abteilungen die Wärterin im Nachbarzimmer sein kann, weshalb zwei Paare von Zimmern je einen gemeinschaftlichen Windfang haben; die übrigen 4 besitzen eigene Zugänge. Jedes dieser Doppelzimmer und die 4 Einzelzimmer erhielten einen Spülabort, der vom Krankenraum durch einen Vorraum getrennt ist; in letzterem werden die Kittel und Waschbecken der Wärter untergebracht.

Ein Beispiel für 4 Zimmer mit je 1 Wärterraum zeigt der Beobachtungsblock im *Ullevold's hospital* zu Christiania (Fig. 193 [389]), wo die Thüren zwischen je 2 Wärterräumen abschliefsbar und die Aborte an die Aufsenseite gelegt sind.

Nach den Plänen, die *André* für einen Badeort im südlichen Frankreich [390]) und für das Hospital für Kontagiöse zu Bukarest aufstellte, wird der Beobachtungsdienst fast ohne Kosten durch 6 bis 10 versetzbare Zellen hergestellt, die heizbar find und Spülaborte erhalten.

Diese Zellen stehen auf Wagengestellen und können, wenn der Fall sich entschieden hat, mittels Gleisen nach der betreffenden Abteilung gefahren werden; ist kein Platz frei, so bleibt der Kranke in der Zelle. Hierdurch wurde zugleich die Einschränkung der Abteilungen auf ein kleines Mafs angestrebt, da man dieselben gegebenenfalls durch eine Anzahl folcher Zellen erweitern kann.

Fig. 192.

Beobachtungsblock im Hospital für Ansteckende zu Stockholm [388]).
1893.
A. Krankenzimmer. *B*. Eingang. *C*. Bad. *D*. Theeküche. *E*. Wärterin.

Fig. 193.

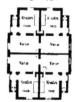

Beobachtungsblock für 4 Betten im *Ullevold's hospital* zu Christiania [389]).
$^1/_{500}$ w. Gr.
Arch.: *A. Schermer*.

---

[386]) Nach: Frankfurt a. M. und seine Bauten. Frankfurt a. M. 1886. S. 178.
[387]) Siehe: BAGINSKY, a. a. O., S. 3 ff
[388]) Fakf.-Repr. nach: *Revue d'hygiène* 1891, S. 197.
[389]) Nach: BURDETT, a. a. O., Taf 82.
[390]) Siehe: ANDRÉ, O. *Nouvelles études sur l'isolement dans les hôpitaux. Revue d'hygiène* 1891, S. 1122.

Litteratur
über »Krankengebäude für dauernde Zwecke«.
α) Bau und Einrichtung.

NIGHTINGALE, F. Bemerkungen über Hospitäler. Nach dem Englischen bearbeitet und mit Zusätzen versehen in besonderer Rücksicht auf Feld- und Nothhospitäler von H. SENFTLEBEN. Memel 1866.

GREENWAY, H. On a new mode of hospital construction. British medical journal, Bd. 1 (1872), S. 11 u. 495. — Derselbe: Hospital construction. Ebendas., Bd. 2 (1873), S. 366 u. (1874) S. 419. — Ferner: Additional remarks on a new mode of hospital construction. Ebendas., Bd. 2 (1873), S. 571.

GROSSHEIM. Die Mittel zur Reinhaltung der Luft in Krankenhäusern nach dem heutigen Stande der Wissenschaft besprochen. Deutsche Viert. f. öff. Gesundheitspfl. 1876, S. 393. — Auch als Sonderabdruck erschienen.

MARSHALL, J. On a circular system of hospital wards with remarks and illustration by P. G. Smith. London 1879.

TOLLET, C. Sur les logements collectifs, hôpitaux, casernes etc. Congrès international d'hygiène, tenu à Paris du 1er au 10me Août 1878. Paris 1880. Bd. II, S. 350—364. — Diskussion hierüber ebendas., S. 364—368.

NAPIAS, H. & A. J. MARTIN. L'étude et les progrès de l'hygiène en France de 1878—1882 avec une préface de Brouardel. Société de médecine publique et d'hygiène professionnelle. Paris 1882. S. 249.

SOUTHERLAND. Hospitals; their history construction, and hygiene. Edinburgh 1882. Hospital construction. The Architect 1882, S. 225, 232.

ROBINS, E. C. Modern hospital construction. Builder, Bd. 44 (1883), S. 875. — Diskussion: The planning of hospitals. Ebendas., Bd. 45, S. 8, 27.

YOUNG, KEITH D. Notes on the relation between structural defects in hospitals and the spread of disease. — Referat hierüber: The design of the hospital and spread of disease. Builder, Bd. 44 (1883), S. 309.

PUTZEYS, F. & E. PUTZEYS. Description d'un nouveau système de pavillons permanents pour le traitement des maladies épidémiques et contagieuses. Lüttich 1884.

Circular hospital wards. Builder, Bd. 47 (1884), S. 1, 815; Bd. 48 (1885) S. 9; Bd. 49 (1885) S. 443, 549, 521, 600, 804.

KUHN, F. O. »Krankenhäuser«, in: BÖRNER, P. Bericht über die allgemeine deutsche Ausstellung auf dem Gebiete der Hygiene und des Rettungswesens unter dem Protectorate Ihrer Majestät der Kaiserin und Königin in Berlin 1882—83. Bd. II. Berlin 1885. S. 85—173.

MÜHLKE. Ueber Krankenhäuser mit kreisförmigen Sälen. Centralbl. d. Bauverw. 1886, S. 168, 180. — Siehe auch: 1887, S. 197; 1888, S. 110.

Krankenhaus-Pavillons mit kreisförmigem Grundriss. Deutsche Bauz. 1887, S. 597. — Vergl. 1888, S. 489.

PLANAT, P. De la construction des hôpitaux. La construction moderne, Jahrg. 3 (1887—88), S. 469.

GSCHIRHAKL. Ueber Isolirräume für inficirte Kranke. Wiener klinische Wochenschr. 1888—I, S. 423, 440.

CADIAT, E. Construction en tôle d'acier emboutie et galvanisée. Système Danly. Nouv. annales de la constr. 1888, S. 135, 154.

LOVEGROVE, H. Practical architecture with detailed estimates. Building news, Bd. 55 (1888), S. 397, 435, 490, 500, 534, 568, 626, 659, 690, 704, 734.

TOLLET, C. Des salles de malades et des annexes destinées à loger leurs services particuliers; position relative, formes, dimensions, surfaces d'éclairement, placement des lits. Revue d'hygiène 1889, S. 816.

LORENZ. Ueber zweckmässige Einrichtungen von Kliniken (mitgetheilt auf Grund amtlicher Berichte). Centralbl. d. Bauverw. 1889, S. 311, 320, 367; 1890, S. 21, 38, 304, 314, 404. — Auch als Sonderabdruck erschienen.

BORNE. Construction des hôpitaux. La construction moderne, Jahrg. 5 (1890), S. 418, 454.

KEITH, D. YOUNG. On the planing and construction of hospitals. A paper read on the 2nd inst. before the architectural association as elsewhere mentioned. Builder, Bd. 58 (1890), S. 337, 358. — Diskussion hierüber: S. 359, 380.

RUBNER. Erfahrungen über den Bau und Betrieb von Krankenhäusern. Bericht, erstattet im Auftrage des Kultusministeriums. Zeitschr. f. Medicinalbeamte 1891, S. 433. — Auch in: Klinisches Jahrbuch 1892, S. 88.

SCHUMBURG. Hygienische Grundsätze beim Hospitalbau und die Berücksichtigung derselben in englischen Krankenhäusern. Vierteljahrsschr. f. gerichtl. Medicin u. öff. Sanitätswesen. III. Folge, Bd. 3 (1892), S. 375; Bd. 4 (1892), S. 130, 295.

On the plan of construction of hospitals and infirmaries. Builder. Bd. 70 (1896), S. 561.
STEINMEYER. Das prophylaktifche Krankenzimmer für Infectionskrankheiten. Verh. d. Gef. f. Kinderheilkunde (Wiesbaden) 1898, S. 92. — Monatsbl. f. öffentl. Gefundheitspfl., Bd. XXI, S. 189.
SCHAPER. Ueber die Nothwendigkeit der Einrichtung befonderer Abtheilungen für Lungenkranke in gröfseren Krankenhäufern. Berl. klin. Wochfchr. Bd. XXXV 1898, S. 161. Siehe auch S. 271.
BERGER, F. Ueber Bedürfniffe moderner Krankenanftalten. Zeitfchr. d. öft. Ing.- u. Arch.-Ver. 1899, S. 678; 1900, S. 305, 325.
HEMMAN, W. *The construction of hospitals. Architecture and building,* Bd. 29, S. 67.
SCHULTZE. Ein Glühlichtreflector zur Beleuchtung von Krankenzimmern. Aerztl. Polytechnik. Bd. 20, S. 11.
NUSSBAUM, H. Ch. Die Form der Saaldecken in ihren Beziehungen zur Luftbewegung, Heizung und Akuftik. Gefundh.-Ing. 1899, S. 277.
NUSSBAUM. Die Bauart der Wände und Decken in ihrem Einflufs auf die Heizung. Gefundh.-Ing. 1899, S. 305.
Gasglühlichtbeleuchtung mit Kleinftellvorrichtung in Krankenfälen, Schulräumen u. dergl. Gefundh.-Ing. 1898, S. 26.
HINTERBERGER, A. Bauart und Ventilation eines nahe dem Centrum einer Grossftadt zu erbauenden Krankenhaufes. Zeitfchr. d. öft. Ing.- u. Arch.-Ver. 1900, S. 80.

β) Befchreibung einzelner Krankengebäude.

Pavillons im Städt. Krankenhaus in Dresden. Deutfche Bauz. 1872, S. 363. — Vergl. auch: FRIEDRICH, TH. Die Pavillonbauten im Stadtkrankenhaufe zu Dresden. Correfpondenzbl. d. niederrhein. Ver. f. öff. Gefundheitspfl. 1874, S. 18.
Les hôpitaux-baraques en Ruffie. Gazette des arch. et du bât. 1872, S. 46.
GROPIUS & SCHMIEDEN. Der Evacuations-Pavillon für die Krankenanftalt Bethanien in Berlin. Zeitfchr. f. Bauw. 1873, S. 131. — Zeitfchr. d. Arch.- u. Ing.-Ver. zu Hannover 1874, S. 165. — Auch als Sonderabdruck erfchienen.
Die neue Baracke der chirurgifchen Klinik in Dorpat und ihre Ventilation. Dorpater medicin. Wochfchr. 1875, S. 81.
The new pavilion of the Presbyterian hospital of Philadelphia. Building news, Bd. 28 (1875), S. 458.
MEHLHAUSEN. Bericht über den Neubau eines Evacuationspavillons für die Entbindungsanftalt in dem Charité-Krankenhaufe. Charité-Annalen 1875. Berlin 1877. S. 751 u. Taf. IV.
New infectious wards. Royal Berkfhire hospital. Builder, Bd. 36 (1878), S. 322.
Combinirte Station für äufserlich Kranke der königlichen Charité zu Berlin. Zeitfchr. f. Bauw. 1879, S. 435. Das Barackengebäude bei der ftädtifchen Krankenanftalt zu Halberftadt. ROMBERG'S Zeitfchr. f. prakt. Bauk. 1880, S. 111.
Neuer Pavillon im hamburgifchen allgemeinen Krankenhaufe. Centralbl. d. Bauverw. 1881, S. 354.
The sturges pavilion. Belle vue hospital New York. Builder, Bd. 40 (1881), S. 75.
STURMHÖFEL. Erweiterungsbau der ftädtifchen Krankenanftalt zu Magdeburg. Wochbl. f. Arch. u. Ing. 1882, S. 1.
MARSHALL, J. *A note on the new hospital at Antwerp with remarks on the advantages of the circular ward fyftem of hospital construction. Britifh medical journal* 1882—II, S. 349.
WOLFF. Krankenpavillon des Katharinenhofpitals. Architektonifche Studien. Veröffentlichung vom Architekten-Verein am königl. Polytechnikum zu Stuttgart. Heft 62 (1885), Bl. 4.
MEHLHAUSEN. Entwickelung der gynäkologifchen Klinik in der Charité und Befchreibung eines gynäkologifchen Pavillons. Charité-Annalen 1885, S. 119.
Infectious difeafes hospital of ten beds, or block of special isolation rooms. Building news, Bd. 48 (1885), S. 972.
GRUBER, F. v. Krankenpavillon I. u. II. Claffe des Rudolphiner-Vereins in Unter-Döbling-Wien. Bautechniker 1886, S. 1.
OSTHOFF, G. Eiferne Krankenbaracke in Plauen im Voigtlande. Centralbl. d. Bauverw. 1887, S. 21.
NAPIAS, H. *Les cellules d'aliénés dans les hôpitaux au point de vue de l'hygiène. Revue d'hygiène* 1889, S. 309.
Hôpital Trouffeau. Pavillons d'ifolement. Encyclopédie d'arch. 1888—89, S. 102, 118, 127.
ANDRÉ, O. *Note fur un pavillon d'ifolement pour fcarlatineux, conftruit à l'hôpital Trouffeau et aux enfants-malades. Revue d'hygiène* 1889, S. 613.
BELOUET. *La nouvelle maternité de l'hôpital Beaujon. Revue d'hygiène* 1895, S. 575.

BELOUET. *Service de la diphthérie.* *Revue d'hygiène* 1896, S. 209.
HOPPE-SEYLER, G. Der neue Pavillon für venerifche Frauen in Kiel. Deutfche Viert. f. öff. Gefundheitspfl. 1897, S. 302.
EICHHOFF. Die neue Abtheilung für Hautkrankheiten und Syphilis in den ftädtifchen Krankenanftalten zu Elberfeld. Monatshefte f. prakt. Dermatologie 1898, S. 221.
KORTÜM. Erweiterungsbauten des ftädtifchen Krankenhaufes in Erfurt. Techn. Gemeindebl., Jahrg. 2 (1899), S. 296.

c) Krankengebäude für vorübergehende Zwecke.

1) Barackenbauten.

Bei Krankengebäuden für vorübergehende Zwecke mehren fich die Schwierigkeiten einer im Sinne von Art. 36 bis 37 (S. 20 ff.) gehaltenen einwandfreien Ausführung, wenn die nötige Zeit oder die geeigneten Materialien fehlen. Sind beide vorhanden, fo können, wie in Art. 38 dargelegt wurde, folche leichtere Strukturen mit dauernd errichteten Krankengebäuden zeitweife wetteifern. Derartige Bauten, wie die zu Verfuchszwecken oder zu vorübergehender Aushilfe in Krankenhäufern errichteten Gebäude ftehen oft, fo weit fie vorzugsweife aus unverbrennbarem Material hergeftellt find, dem Pavillonbau näher als dem Barackenbau, find daher mehrfach auch bei den dauernd errichteten Gebäuden befprochen worden. Von diefen bis zu den flüchtigen Notunterkünften, wie fie im Krieg und während fchwerer Epidemien gefchaffen werden müffen, gibt es eine Reihe von Zwifchenftufen, bei denen man unter der Not der Verhältniffe auch nicht feuerfichere und andere Stoffe hinzuziehen mufs, die weniger einwandfrei find und deren Nachteile für Krankenunterkünfte zum Teile nur eingefchränkt werden können. Auch folchen Krankengebäuden fucht man heute durch Verbindung oder Bekleidung mit anderen Stoffen und durch frühzeitige Vorbereitung eine beffere Befchaffenheit zu geben. Die weitgehendften Verfuche und Hoffnungen in diefer Beziehung haben fich an die »verfetzbaren« Baracken geknüpft, die bei genügendem Vorrat die erfte Hilfe bieten follten, wo es an Zeit, geeignetem Material oder Arbeitskräften fehlt. Doch find dies bei grofsen Ereigniffen nur kleine Mittel, die der Ergänzung durch neu zu fchaffende Räume bedürfen und unter Umftänden ganz verfagen können. So wird der Barackenbau neben derartigen Hilfsmitteln in feinem vollen Umfang zeitweife immer wieder aufleben, wie in Kriegszeiten und zuletzt vor wenigen Jahren bei der Choleraepidemie in Hamburg.

362. Allgemeines.

In folchen Zeiten ift es nötig, alle örtlich fchnell erlangbaren, geeigneten Materialien zuerft zu verarbeiten. Für das Gerüft kann man reines Steinmaterial, wenigftens Mauerwerk, wenn es fich um Eile handelt, nicht benutzen.

363. Material.

Der Bau der 4 mit Ziegeln gedeckten Steinbaracken in Speyer (1870[391]) erforderte 5 bis 6 Wochen Zeit. Die Ende Juli begonnenen erften Baracken wurden im Auguft, vermutlich alfo in noch naffem Zuftand, belegt, und ihre Heizung war fpäter trotz der maffiven Wände fchwierig.

Für das Gerüft bleiben fomit nur Holz und Eifen übrig; zu deren Bekleidung kommen aufser diefen Stoffen natürliche und künftliche Steine, Dielen von Gips, Spreu, Magnefit, Zement und Steinholz, Platten aus Korkmaffe, Asbeft, Linoleum, Tektolin und Pappe, Draht- und Holzgewebe und -Netze mit Mörtelbewurf, wie die *Rabitz-* und *Monier-*Wände, oder Platten und fchliefslich gewebte Stoffe der verfchiedenen Art in Betracht, die man, je nach ihrer Natur, durch Anftrich feuerficher und wafferdicht machen kann. Ueber diefe Materialien und ihre Anordnung bei

---

[391]) Siehe: Sanitätsbericht etc., S. 378.

Bildung von Fufsböden, Wänden oder Decken findet fich das Nähere in Teil III, Band 2, Heft 1 u. 3, fowie Band 3, Heft 3 diefes »Handbuches«. Die Zahl derfelben vermehrt fich fortwährend, fchrumpft jedoch beträchtlich zufammen, wenn es fich um plötzliche Errichtung einer gröfseren Zahl von Bauten handelt, da fie meift Zeit zu ihrer Herftellung oder Austrocknung bedürfen und nicht in genügend grofsen Mengen vorrätig gehalten werden. In diefem Falle hat man unter den vorhandenen Stoffen jeweilig das Beftmöglichfte zu wählen. Da ein wefentlicher Gefichtspunkt bei ihrer Beurteilung die Eignung zur Abhaltung der Witterungseinflüffe ift, wird der Einzelbefprechung der Teile von Baracken in nachftehender Tabelle eine Zufammenftellung über Wärmeverlufte von einigen gebräuchlichen Materialien und Verbindungen derfelben vorausgefchickt, welche einer gröfseren derartigen Lifte, die *Lange*, nach Unterfuchungen der Firma *Grünzweig & Hartmann* in Ludwigshafen a. Rh., veröffentlichte[392]), entnommen find und die fich ergaben, wenn man diefe Verlufte bei einem 4 cm ftarken Korkftein gleich 100 fetzt.

37	Backftein, maffiv, 12 cm ftark	165
36	Backftein, hohl, 12 cm ftark	160
40	Tuffftein, 12 cm ftark	120
43	Korkftein, 12 cm ftark	55
5	Schilfbretter, 3 cm ftark	143
6	Holzbrett, 2,4 cm ftark, mit dichten Fugen und Rohrputz	119
7	Korkftein, 5 cm ftark	115
8	Holz ohne Fugen, 4 cm ftark	113
9	Korkftein, 3 cm ftark	109
10	Korkftein, 4 cm ftark	100
1	Wellblech, *Hilgers'* Profil 1 (25 × 120 cm)	292
2	Falzziegeldach	260
3	Dachpappe auf 2,6 cm ftarken Brettern, an der Unterfeite mit Rohrputz	129
18	Falzziegeldach mit 2,6 cm ftarker Schalung	124
4	Holzzementdach aus 2,6 cm ftarken Brettern, 4 Bogen Papier und 6 cm ftarker Kiesfchicht	110
26	Ziegeldach mit zwei Bretterlagen von 2,6 cm Stärke, dazwifchen eine Luftfchicht von 2 cm, darunter Rohrputz	68
14	Dachpappendach aus 2,6 cm ftarken Brettern mit 4 cm ftarken Korkfteinen verfchalt, darunter Rohrputz	74

364. Natürlicher Fufsboden.

Der einfachfte Fufsboden für eine Baracke, der Erdboden, wurde nicht nur in Feldbaracken, fondern in einzelnen Fällen teils unmittelbar, teils mit Schüttungen von Sand oder Kies auch in Barackenanlagen des Inlandes benutzt.

Reinen Sandboden lobte *Broklesby* in den Baracken von Winchefter. Die oberfte Schicht hob man alle 3 bis 4 Tage ab. — Geftampften, trockenen Erd- oder Sandfufsboden hielt auch *Kraus* in improvifierten Krankenräumen für zweckentfprechend; doch warnte er vor oberflächlich zufammengefügten Laufbrettern, weil fie Staub verurfachen und die Reinhaltung erfchweren.

Natürlichen Boden hatten 1870—76 die Krankenbaracken für Kriegsgefangene auf der Wahner Heide bei Cöln, auf der Büderifchen Infel bei Wefel und auf der Lockftädter Heide; mit einer Schüttung von reinem Sand oder Kies mit oder ohne Laufbretter wurde er in den Mannheimer Sommerbaracken, in Beffungen-Darmftadt, fowohl im Orangeriegarten als im Alice-Hofpital, in Edesheim und Ludwigsburg verwendet; in letzterem Ort ftanden die Bettfüfse in den Aushöhlungen von Erdpfählen. Bezüglich diefer Anlagen, für die ein guter Untergrund Bedingung war, teilt der betreffende Sanitätsbericht[393]) keine nachteiligen Folgen mit.

In Edesheim wurden die Heilergebniffe als fehr günftige bezeichnet; die Baracken waren 4 Monate — vom 10. Auguft bis 11. Dezember — belegt[394]).

---
[392]) Siehe: LANGE, W. Der Barackenbau mit befonderer Berückfichtigung der Wohn- und Epidemie-Baracken. Leipzig 1895. S. 23 ff. — Die obigen Ordnungsnummern entfprechen denjenigen von *Lange*.
[393]) Siehe Sanitätsbericht etc., S. 390, 395, 371, 356 u. 376.
[394]) Siehe ebendaf., S. 379.

Wo der Erdboden hierfür nicht unmittelbar geeignet erfchien, hat man ihn mit anderem Material befchüttet [395]).

In Speyer wurde 1870 der anfangs rohe, mit Gras bewachfene Boden fpäter mit Gerberlohe aufgefüllt und mit lofen Laufbrettern belegt. — Im Barackenzelt des Garnifonlazaretts zu Frankfurt a. M. bedeckte man den durch Sand und Schotter um 0,28 m erhöhten Erdboden mit einer 14 cm ftarken geftampften Lehmfchicht, und im Barackenzelt des *Hôpital Cochin* zu Paris erhielt der mit einer 8 bis 10 cm ftarken Kiesfchicht auf Steinknack bedeckte Boden aufsen eine afphaltierte Rinne. — *Fifcher* (Breslau) benutzte in Forbach feiner desinfizierenden Eigenfchaften wegen Kohlengriefs, bei welchem das Wegnehmen der oberften Schicht leicht Staub verurfacht, und Laufbretter.

Beffer ift ein unmittelbar auf dem Erdboden oder auf einer Kokesfchüttung liegender Bretterboden, deffen Lagerhölzer in diefelbe gebettet find.

365. Bedeckung des Erdbodens.

So war 1870 der nach *Fifcher*'s Angaben in Neunkirchen ausgeführte Fufsboden und derjenige in Bonfecours bei Nancy. — In der amerikanifchen *Ambulance* (Paris) mufste aber ein derartiger Boden während des Betriebes aufgenommen und nebft dem Untergrund desinfiziert werden. — Man hat daher auch einen eben folchen, aber aus lofe aufliegenden gröfseren Tafeln beftehenden Fufsboden vorgefchlagen, wobei ein leichtes Aufnehmen, Reinigen und Wiederverlegen derfelben möglich wäre. Solche Tafeln können an der unteren Seite Pflöcke erhalten, um ihre Lage zu fichern, wie die Karrdielen auf Ziegeleien. — *Evans* empfahl für fein Barackenzelt, fchmale Bohlenftreifen in Kies zu legen, hierauf rauhen Bretterboden zu nageln und diefen mit Wachstuch zu bedecken.

Zementfufsböden mit Gefälle und Entwäfferung, die in der Brandbaracke (Nr. 50 der Vereinsbaracken) auf dem Tempelhofer Felde bei Berlin 1870—71 mit guter Wirkung bezüglich der Heizbarkeit verwendet wurden, fchreibt die Kriegs-Sanitätsordnung für Seuchenlazarette vor. (Siehe auch Art. 59 u. 60, S. 36.)

In den erften Hamburger Cholerabaracken (1892) beftand der Fufsboden aus Zementkonkret und hatte rings an der Umfaffungswand einen Rand, nach der Mitte Gefälle (1 : 25) und Anfchlufs an die allgemeine Entwäfferung. — In den fpäteren, eilig errichteten Bauten dafelbft mufste man von feiner zu viel Zeit erfordernden Herftellung abfehen und wählte Zementtrottoirplatten auf Sandunterlage, welche auch unter den Grundfchwellen der Holzwände durchliefen und aufserhalb der Baracke durch Steinborde eingefafst waren. Die fefte Lage der Grundfchwellen wurde durch verkröpfte Eifenbänder an den Steinborden gefichert. (Siehe Fig. 209 bis 212, S. 237.) — Eine leihweife Verwendung von Mettlacher Platten, die *Roth & Lex* bei kurzer Benutzungszeit vorfchlugen, dürfte auch in der Herftellung des geeigneten Untergrundes Schwierigkeiten finden.

Holzdielen, Zement-, Afphalt-, Gips- und Lehmeftrich bedürfen eines Belages mit Linoleum, Steinholz oder anderen Stoffen.

Nach den Hamburger Erfahrungen ift dem Betonfufsboden vor Auflegen von Linoleum ein Afphaltanftrich zu geben, damit das Linoleum nicht fchimmelt.

Trennt eine Luftfchicht den Fufsboden vom Erdreich, fo ift unter Holzböden diefer Art wegen ihrer Luftdurchläffigkeit mittels Riffen und Fugen die Reinheit des Untergrundes, wie in den vorftehenden Artikeln befprochen, wenn nötig, zu verbeffern. Hohl liegende Bretterfufsböden müffen in der Längsrichtung des Saales, bezw. fo verlegt und durch Nut und Spund untereinander befeftigt werden, dafs fich beim Transport von Kranken u. f. w. Erfchütterungen nicht auf die Betten übertragen; deshalb find auch Doppelbretterlagen, die fich kreuzen, wie in den Tempelhofer Vereinsbaracken, unzuläffig.

366. Hohl liegende Fufsböden.

In den Baracken von *St.-Louis* zu Paris ruhte der aus gefugten Tannenbrettern beftehende Fufsboden auf Erdpfählen 20 bis 30 cm über dem gereinigten, mit Kies und Eifenfchlacken aufgefüllten Boden. — In den Zeltbaracken von Oberwiefenfeld beftand derfelbe aus herausnehmbaren Tafeln, die 0,88 m über dem Gelände lagen. — Im *Park Hill hofpital* zu Liverpool wurden zwifchen der das Erdreich deckenden 15,3 cm ftarken Konkretfchichte und dem Fufsboden Luftdurchzüge angeordnet.

Die Durchläffigkeit des Fufsbodens macht ihn kalt.

---

[395]) Die meiften in folgendem angeführten Beifpiele find dem »Sanitätsbericht« (fiehe Fufsnote 198, S. 120) entnommen.

Virchow[396]) lobte an dem fonft mangelhaften Afphaltbelag auf Brettern in den Tempelhofer Vereinsbaracken feinen Schutz gegen Kälte, weil er auch im Sommer die Kranken aufser Bett vor Erkältungen der Füfse bewahrte. — Beffer wäre für diefen Zweck das Einlegen einer Dachpappenfchicht zwifchen zwei Brettlagen von gleicher Richtung, aber mit überdeckten Fugen. — Bei den kleinen verfetzbaren Baracken fieht man andererfeits in der durch die Dielenfpalten in das Innere des Krankenhaufes einftrömenden Luft, welche im ftetig befchatteten Raume unter der Dielung fich abgekühlt hat, ein wichtiges Hilfsmittel für die Lüftung folcher Bauten, da die Luft auf dem Wege »vom Fufsboden zu den am Firft angebrachten Dachreiterlaternen ebenfo lufterneuernd, wie temperaturherabfetzend wirkt«. Diefe Dielenfpaltenluft foll auch im Winter nur aufgegeben werden, wenn mit der Heizvorrichtung eine ausreichende Zufuhr frifcher, vorerwärmter Aufsenluft verbunden wird[397]).

Einfacher, hohl liegender Fufsboden erfordert in der kühleren Jahreszeit zum Abhalten der Kälte einen feitlichen Abfchlufs des Hohlraumes unter dem Fufsboden bei Belaffung der notwendigften, aber verfchliefsbar einzurichtenden Lüftungsöffnungen.

Diefer Verfchlufs foll nach der Kriegs-Sanitätsordnung je nach der Art des Unterbaues aus Ziegelgemäuer oder Bretterfchalung, bei der preufsifchen verfetzbaren Baracke aus angelegten Brettern beftehen, gegen welche aufsen bis zur Fufsbodenhöhe Erde anzubőfchen ift, und die Lüftungsöffnungen find einander gegenüber zu legen. So wurde 1870—71 meift auch verfahren. Das Anbőfchen mit Erde, Steinen u. f. w. an den Seitenwänden ift jedenfalls mit Vorficht zu benutzen, wie die Beobachtungen der Engländer in der Krim lehrten. Lehmiger, thoniger Boden, Steine, welche hygrofkopifch find, wie Granit u. f. w., follten hierfür ausgefchloffen fein und ein Anbőfchen nicht über Fufsbodenhöhe erfolgen. *Tilfchkert*[398]) empfiehlt, die gebőfchte Erde durch eine Decke aus Dachpappe vor Durchnäffung zu fchützen.

In den Alexanderbaracken zu St. Petersburg find zur Verbefferung der Heizfähigkeit die Zwifchenräume zwifchen den Grundpfählen und den Pfeilern bis zu froftfreier Tiefe — 1,75 m unter der Erdoberfläche — mit Balken verfchloffen worden, und das Erdreich unter dem Fufsboden wurde mit einer ftarken Lehmlage bedeckt.

367. Doppelte Holzböden mit trennendem Luftraum.

Doppelte Fufsböden mit einem Hohlraum dazwifchen fchützen gegen Kälte nur bei möglichft vollftändigem Abfchlufs diefes Raumes.

Zu diefem Zweck wurden in der *Billroth*'fchen Baracke im Rudolfinerhaus zu Wien der auf Schwellen liegende Blindboden mit einer Schicht forgfältig untereinander verkitteter, an den Wandfchwellen hoch gebogener Tafeln aus Afphaltpappe bedeckt und auf diefe die Polfterhölzer des Eichenfriesbodens gelegt.

Wo Zeit vorhanden ift, verwendet man die im Wohnhausbau übliche Anordnung eines Fehlbodens mit Lehmeftrich und Sandfüllung, wie in den Baracken auf dem Exerzierplatz in Leipzig. Denfelben Zweck follen auch eiferne Federn zwifchen den Brettern beider Böden erfüllen; doch fchützen diefe nicht gegen Bretterriffe. Beffer wird man für den unteren Boden ein Material, welches nicht zufammentrocknet, wie Gipsdielen, Spreudielen oder dergl. verwenden.

In den Vereinsbaracken zu Aachen hatte der hochliegende untere Fufsboden Fugendeckleiften auf Streifen von Teerpappe.

368. Belag von Holzböden.

Bei hölzernen Böden läfst fich das Verfchmutzen der Dielenfugen nur durch einen fugenfreien, undurchläffigen Belag vermeiden.

Ein folcher mit doppelt gewichftem Wachstuch leiftete einem halbjährigen Betrieb in den epidemifchen Baracken zu Heidelberg (1870—71) Widerftand, litt aber in den Friedrichsbaracken zu Karlsruhe bei längerem Gebrauch, wo das Gewebe der Leinwand frei zu Tage kam. Der Belag koftete für jede Baracke in Heidelberg 857 Mark (= 500 Gulden). — Dauerhafter als Wachstuch und zugleich wärmehaltender ift Linoleum und am fefteften das von *Lange* befürwortete Steinholz (Xylolith).

369. Wandbekleidung aus Holz, Leinwand und Papier.

Für Wandverfchalungen hat man mit befonderer Vorliebe am Holz feftgehalten. Bei langfam vorbereiteten oder in Vorrat gehaltenen Bauten, z. B. bei verfetzbaren Baracken, kann man dasfelbe feiner für Krankenräume fchlechten Eigen-

---

[396]) Siehe: VIRCHOW, R. Gefammelte Abhandlungen aus dem Gebiete der öffentlichen Medicin und der Seuchenlehre. Berlin 1879. Bd. II, S. 47.

[397]) Siehe: LANGENBECK, V., v. COLER & WERNER. Die transportable Lazareth-Baracke mit befonderer Berückfichtigung der von ihrer Majeftät der Kaiferin und Königin Augufta hervorgerufenen Baracken-Ausftellung im September 1885. 2. Aufl. Berlin 1890. S. 267.

[398]) Siehe: TILSCHKERT, V. Gemauerte Baracken mit Erdeinhüllungen, Kafernen minderer Kategorie. Oeft. militär. Zeitfchr., Jan. 1893.

schaften durch künstliches Austrocknen, Verarbeiten in schmalen Breiten, Bedecken mit einem Ueberzug u. s. w. entkleiden. — In Fällen eiligen Bedarfes wird man an das zu verarbeitende Holz nur die Forderung stellen können, dafs es möglichst trocken ist; doch lehrt auch der Feldzug von 1870—71, dafs aus Mangel von solchem oft frisches Material verwendet wird, welches dann bald, infolge starker Rissebildung, den genügenden Schutz gegen Witterungseinflüsse nicht mehr gewährt und zugleich dem Staub Niederlagstellen und Schlupfwinkel bietet.

Einfache Bretterwände sind im Sommer heifs und in kalten Sommernächten, im Frühling und Herbst wegen der von ihnen auch bei fugendichtem und rissefreiem Zustand ausgehenden kalten Strahlung für Krankenräume nicht zu empfehlen.

Häufig bestand die einfache Schalung aus gehobelten, gespundeten oder aus wagrechten, sich einseitig überdeckenden Brettern. — Schon *Michaelis* verlangte Decken ihrer Fugen durch Latten.

In den Altonaer Baracken Nr. 5 bis 9 legte man mit gutem Erfolg für die Heizbarkeit der äufseren vorhandenen Holzwand eine Bekleidung mit Dachpappe in 1,9 cm Abstand vor. — Die Cholerabaracken zu St. Pauli bei Hamburg erhielten gespundete Wand mit Dachpappenbelag, der mit Latten übernagelt war, auf welchen man in der kalten Jahreszeit eine Aufsenschalung befestigte. — In St. Johann-Saarbrücken genügte es, die einfache rauhe Holzwand nach Verstopfen ihrer Fugen durch Moos beiderseitig mit Mörtel zu putzen, um die Baracke mit zwei Oefen heizbar zu machen. — Die Isolierung einfacher Bretterwände durch Auflegen einer dicken Schicht von Lehm, Spreu und Häckfel auf ihrer äufseren, mit kleinen Holzkeilen zu befestigenden Fläche, wie dies *Pirogoff* empfahl [399]), oder durch äufseren Lehmestrich auf Stroh, wie ihn die Baracke 10 auf dem Tempelhofer Felde hatte und die Kriegs-Sanitätsordnung zuläfst, müfsten bei geeigneter Witterung und Temperatur ausgeführt werden, wenn sie Regen und Frost widerstehen sollen.

Bei Fachwerkbauten führt schon die Notwendigkeit, das Fachwerk weder innen noch aufsen frei liegen und zu Staubniederlagen werden zu lassen, zu doppelseitiger Bekleidung, die bei sorgfältiger Ausführung mit Fugendichtung auch ihre Heizbarkeit ermöglicht, wie 1870 die Baracken in Sachsenhausen, in Aachen und im Elisabethkrankenhaus zu Berlin gezeigt haben.

[370 Wände aus Holzfachwerk.]

So bestanden in Homburg v. d. H. die Aufsenwände aus wagrechten, sich einseitig überdeckenden, die Innenwände aus stehenden Brettern, in den Vereinsbaracken zu Aachen die innere Wandschalung aus gefalzten, gehobelten und geschellackten, wagrechten, die äufsere aus lotrechten Brettern, letztere mit Fugendeckleisten auf Streifen von Teerpappe. — In Neustadt-Eberswalde teilte man den zwischen beiden Verschalungen vorhandenen Hohlraum durch eine Pappschicht auf Latten, und in Kottbus bespannte man die innere Bretterbekleidung mit Segelleinen, welches tapeziert wurde.

Oefter verwendete man nur für die eine Wand Holz, für die andere — unter Belassung eines Hohlraumes zwischen beiden — einen anderen Stoff.

Wünschenswert ist es dann, die Innenwand aus einem rissefreien Material herzustellen. Bewährt hat sich in den amerikanischen Baracken ein innerer Lattenbeschlag des Fachwerkes mit Wandputz, bei einer Aufsenbekleidung desselben mit überschobenen Brettern. — In den Baracken des Luxembourg-Gartens zu Paris erhielt die Aufsenwand Fugenleisten, und die Innenwand bestand nur bis zu 2,00 m Höhe aus Schalung, darüber aus Leinwand, die mit Rollenpapier beklebt war. — Auf dem Möncheberg bei Kassel wurden die Aufsenwände der Baracken mit Dachpappe benagelt und die Innenwand ganz durch Leinwand ersetzt, welche über das Fachwerk gespannt und tapeziert war. — In Sachsenhausen setzte man der äufseren Holzwand innen doppelte Rahmen vor, die einseitig mit Leinwand bespannt, mit Papier beklebt, in 6 cm Abstand von der Aufsenwand und am inneren Rande des Fachwerkes durch Anschlagen des überragenden Leinwand- und Papierbezuges befestigt wurden, was zwei Tage erforderte; 1 qm dieser Wanddichtung kostete 2,07 Mark (= 1,12 Gulden [400]).

Sehr häufig ist der Hohlraum zwischen beiden Schalungen mit schlecht leitenden Füllstoffen ausgefüllt worden, wie Holzwolle, Stroh, Heu, Moos, Sägespäne, Kaff, Sand, Steinkohlenasche, Koke oder trockene Steine. Von diesen Materialien sind

---

[399]) Siehe: PIROGOFF, N. Bericht über die Besichtigung der Militär-Sanitäts-Anstalten in Deutschland, Lothringen und Elsafs im Jahre 1870. Deutsch von *N. Iwanoff*. Leipzig 1871 S. 37.

[400]) Siehe: VARRENTRAPP, G. Zelt- und Barackenbau in Frankfurt a M. Deutsche Viertelj. f. öff. Gesundheitspfl. 1871, S. 403 ff.

diejenigen organifcher Natur und jene, welche Staub bilden, der durch die Bretterfugen dringen kann, auszufchliefsen, oder man hat ihre nachteiligen Wirkungen zu hindern; fie fördern die Warmhaltung, aber fchädigen die Reinlichkeit.

Im *Park Hill hofpital* zu Liverpool wurde das Rahmenwerk aufsen mit Wellblech, innen mit gefpundeter Schalung bekleidet und der Hohlraum mit Baumwolle gefüllt, die mit kiefelfaurem Salz behandelt war *(filicated cotton)*.

371.
Wände aus
Steinfachwerk

Ein Teil der für den Winter gebauten Baracken von 1870—71 erhielt ausgemauertes Fachwerk und nur innere Holzbekleidung, letztere meift mit Deckfugen.

So waren die Baracken in Leipzig, die Friedrichs-Baracken in Karlsruhe, die Epidemiebaracken in Heidelberg, die Nürnberger Baracken und diejenigen auf der Pfingftweide in Frankfurt a. M.; bei letzteren foll die erft fpäter erfolgte Ausmauerung keine unangenehme Feuchtigkeit in der Baracke entwickelt haben. — In der Lazarettanlage bei Burg i. D. am Nord-Oftfeekanal wurde das Fachwerk der Aufsenwände der Krankenftuben ausgemauert und der Anfchlufs des Mauerwerkes an das Fachwerk rings durch feftgenagelte Latten aus dreieckigem, 3×3 cm ftarkem Querfchnitt gedeckt; das Mauerwerk erhielt aufsen Rappputz und Kalkmilchanftrich; doch blieben die Hölzer fichtbar [401]).

372.
Eifengerüft.

Die im vorftehenden befprochenen Wandbekleidungen können auch auf Eifengerüfte ubertragen werden.

Ausgemauertes Eifenfachwerk mit einer inneren *Monier*-Wand in 4 cm Abftand haben die Gebäude für anfteckende Kinderkrankheiten in der Charité zu Berlin (fiehe Art. 143, S. 86); Eifengerüft mit doppelter wagrechter gefpundeter Holzverfchalung erhielt der Scharlachpavillon im *Hôpital Trouffeau* zu Paris (fiehe Art. 147 u. 356, S. 89 u. 212); Gerüfte mit einer Bekleidung von Jute und Pappe hatten die *Völkner'*fchen Baracken in der Herzegowina, und eiferne Binder mit Holzwänden gaben *Völkner & Gruber* der *Billroth'*fchen Baracke im Rudolfinerhaus zu Wien.

373.
Baracken aus
Eifenblechwänden.

Eifen-, bezw. Stahlblech ift teils zur äufseren, teils zur beiderfeitigen Wandbildung verwendet worden, aber nur mit Nutzen bei Anordnung eines Hohlraumes zwifchen dem Blech und einer zweiten Wand oder bei Hinterlegung mit einem fchlecht leitenden Material. Einfache Eifenbekleidung eignet fich felbft in der guten Jahreszeit nicht für Krankenräume, da fich alle Temperaturfchwankungen von aufsen fofort in das Innere übertragen.

Glatte Eifenblechhaut und innere Bretterverfchalung in 0,35 m Abftand hatten die eifernen Baracken auf Guadeloupe. — In der fpitzbogenförmigen Baracke zu Plauen i. V. ruht das Wellblech ohne Befeftigung auf doppelten hölzernen Bogenrippen von $12{,}0 \times 4{,}7$ cm Querfchnitt, an deren anderer Kante die innere Schalung aus 3 cm ftarken, 8 cm breiten, rauhen, gefpundeten Brettern befeftigt ift, welche berohrt und geputzt wurde; der Hohlraum hat eine Füllung mit Torfftreu erhalten. Die Baracke liefs fich im kalten Klima Plauens im Februar mit einem *Kutfcher'*fchen Gasofen auf 17,5 Grad C. heizen [402]).

Bei der beim Wettbewerb um eine verfetzbare Mannfchaftsbaracke (1887) den erften Preis ausgezeichneten Wellblechbaracke von *L. Bernhard & Co.* in Berlin, in welcher gleichfalls Wand und Dach aus einem Stück nach kielbogenförmigem Querfchnitt gebogen find, liegt hinter dem 1 mm ftarken Wellblech eine 1,2 cm ftarke Holzbekleidung aus Holzlatten, die in den Wellen des Bleches ruhen.

Eine beiderfeitige Wand aus Eifenblechplatten von 1 mm Stärke mit beweglicher Luftfchicht dazwifchen hatte die im 1886 mit dem dritten Preis ausgezeichnete Lazarettbaracke von *J. Felix & J. Danly* (Brüffel und Aifeau) in Antwerpen; die Wand ift ohne Gerippe aus einzelnen Tafeln, welche zur Verftärkung geprefste Rahmenprofile erhielten, zufammengefetzt, indem die Platten an ihren rechtwinklig umgebogenen Rändern mittels vernieteter Bolzen zufammengefügt und beide Wände durch gelochte Eifenblechftreifen in gewiffen Abftänden untereinander verbunden und verfteift werden [403]).

Nach Dr. *Grünzweig'*s Verfuchen hat fich bei Wellblechwänden, wenn Luftfchichten angewendet wurden und ihr Abfchlufs nicht vollkommen luftdicht war, Niederfchlagwaffer gebildet. Das Auskleiden der Blechwellen durch entfprechend geformte Korkfteine von 3,3 cm Stärke verminderte den Wärmeverluft gegenüber

---

[401]) Siehe: LANGE, a. a. O., S. 94.
[402]) Siehe: OSTHOFF, G. Eiferne Krankenbaracke in Plauen im Voigtland. Centralbl. d. Bauverw. 1887, S. 21.
[403]) Siehe: LANGENBECK, v., v. COLER & WERNER, a. a. O., 2. Aufl., S. 120.

reinem Wellblech um 40 Vomhundert[104]). Eifen- oder Stahlblech ift durch Verzinken und Anftreichen vor Roft zu fchützen.

Die Herftellung des Daches von Baracken fordert vor allem Dichtung gegen das Eindringen des Waffers; hierfür find keine Koften und Mühen zu fcheuen, da Ausbefferungen während des Belages grofse Störungen hervorrufen. Wo es möglich ift, kann man Dachrinnen und Abfallrohre anbringen. Jedenfalls foll das Dach nicht zu weit vorfpringen, um dem oberen Teil der Fenfter nicht unnutz Licht zu entziehen.

374. Dächer.

Ziegeldächer empfahl *Brückner* innen mit Kalk und Sand zu verftreichen, um fie ftaubfrei zu machen. — In den nordamerikanifchen Baracken bewährten fich die Schindeldächer. — Die Zeltbaracke in Oberwiefenfeld hatte innen verfchaltes, aufsen mit Schindeln gedecktes Dach. — Im *Park Hill hofpital* zu Liverpool erhielten die Wellblechbaracken Doppeldecke in 3,8 cm Abftand mit *Silicated cotton*-Füllung und 4-fachem Belag von *Willesden paper*. — In den Cholerabaracken zu St. Pauli bei Hamburg waren die Dächer wie die Wände hergeftellt (fiehe Art. 396, S. 237). — Die Baracken von *St.-Louis* in Paris hatten nur einfache gefpundete, mit einem Segel überfpannte Schalung, welches an der unteren Dachkante 10 cm abftand und die Schalung 30 cm überragte.

Bezüglich der Anordnung von Luftfchichten in der Dachdeckung gilt das in Art. 69 (S. 40) Gefagte.

In Sachfenhaufen und im Frankfurter Vereinslazarett erhielten 1870—71 die Barackendächer innen eine Ifolierung durch Vorfetzen eben folcher einfachen Rahmen, wie fie bei den Wänden in Geftalt von Doppelrahmen erfolgte (fiehe Art. 370, S. 223).

Jedenfalls follte eine Ifolierung des Daches nicht nachträglich den Luftraum einfchränken, wie dies beim Welfenfchlofs in Hannover durch Einziehen wagrechter Decken gefchah, wo der Luftraum dadurch auf 15,3 cbm für jedes Bett herabgedrückt wurde.

Die Fenfter fetzen der Heizung einer Baracke Schwierigkeiten entgegen. Dies führte öfter zu beträchtlichen Einfchränkungen der Fenfterflächen, was nicht erwünfcht ift. Andererfeits find Uebertreibungen in der Ausdehnung der Fenfter, wie fie vielfach in Baracken vorkamen, zu vermeiden.

375. Fenfter und Thüren.

Um fich im Sommer vor der gefteigerten Wärme hinter einfachen Fenftern zu fchützen, hatte man in den fiskalifchen Baracken auf dem Tempelhofer Feld bei Berlin (1870) nur die Nordfenfter verglaft, die Südfenfter durch Vorhänge und Rouleaux gefchloffen. — Neun Baracken für Kriegsgefangene auf dem Karthäufer Plateau und alle Baracken auf dem Petersberge bei Koblenz, die für den Winter gebaut wurden, erhielten nur auf einer Seite Fenfter. — Die erftere Anordnung ift nur in einem Teil des Jahres bei uns zuläffig; bei der letzteren leidet der mangelnden Fenfter wegen die Lüftung.

Einige Baracken erhielten beiderfeits eine ununterbrochene Fenfterreihe, wie in Bonfecours bei Nancy, wo fie unter dem Dach lag und ¹/₄ der Wandhöhe einnahm, und in den Hamburg-Altonaer Baracken, wo ²/₃ der Wand in Fenfter aufgelöft wurden.

Die Erfparnis, welche man an den Heizkoften erzielen kann, würde wohl allein fchon die Anordnung von einfachen Spiegelglasfenftern (roh oder gefchliffen), von doppelt verglaften Fenftern, die wie jene nach aufsen fich öffnen, oder von Doppelfenftern rechtfertigen, die auch im Sommer zur Abhaltung der Ueberhitzung notwendig find, wenn man nicht, wie 1870 meift in der heifsen Zeit, die Fenfter durch Leinwandrahmen erfetzt. In der Baracke beim Krankenhaus zu Bremen erhielten die Fenfter Holzläden.

Lüftungsvorrichtungen find bei den Fenftern vorzufehen; hierzu gehört vor allem, dafs das Fenfter fich in allen Teilen öffnen läfst und nicht feftgenagelt wird.

In der Charité-Baracke zu Berlin öffneten fich die Fenfter nach aufsen, um fie innen durch breite Rouleaux überdecken zu können. — In den irifchen Fieber-Hofpitälern fetzte man in jedes Fenfter eine

---

[104]) Siehe: LANGE, a. a. O., S. 27.

			Bettenzahl	Oefenzahl	Januar aufsen	Januar innen	Februar aufsen	Februar innen	März aufsen	März innen
Kaffel	Ref.-Laz. I	beim Garnifonslazarett	30	3	—3,1	15,0	0,5	15,5	7,5	13,7
Kaffel	Ref.-Laz. II	auf dem Mönchsberg	30	3	—3,1	16,2	0,5	15,5	7,8	15,7
Meiningen	Ref.-Laz.	auf dem Exerzierplatz	30	3	—5,0	16,3	0,0	16,5	5,6	17,7
Lübeck	»	auf d. früh. Exerzierplatz	30	2	—6,1	11,3	2,1	15,7	5,6	17,7
Altona	»	an der Verbindungsbahn	24—30	3	—3,5	15,1	—0,9	13,7	6,1	15,6
Hamburg	»	»	25—30	3	—3,5	15,8	—0,9	16,2	6,1	16,8
Karlsruhe	»	Friedrichsbaracken	31	6	aufsen —15,0 bis 17,5, innen 17,5 bis 20,0					
Heidelberg[405]	»	Krankenbaracken	{35 / 75}	5 / 3	innen 12,5 bis 18,75[405]					
Pofen	»	beim Garnifonslazarett	{40 / 60}		—8,3 / —8,3	18,8 / 17,8	—4,3 / —4,3	16,2 / 19,7	4,1 / 4,1	16,7 / 18,6
St. Johann-Saarbrücken	Internat. Laz.	a.d.Saarbr.-Mainz. Lndftr	20	2	—	—	—4,6	16,8	8,8	16,6
Wiesbaden	Vereinslaz.		32	3	—2,5	18,5	—0,6	19,6	—	—
Frankfurt a. M.	Ref.-Laz. I	auf der Pfingftweide	20	2	—	10,6 / 14,1 / 15,3	2,0	10,6 / 14,1 / 15,3	7,1	12,3
Frankfurt a. M.	Ref.-Laz. II	in Sachfenhaufen	10 u. 20	1 u. 2		13,0 / 19,3	2,0	18,5	7,1	15,8
Frankfurt a. M.	Vereinslaz.	kurfürftl. Villa	10 u. 20			10,6 / 15,7	2,0	15,8	7,1	14,1
Neuftadt-Eberswalde	Ref.-Laz.	auf dem Kafernenhofe	30	3	—1,3	16,6	—1,5	16,0	6,3	17,7
Brandenburg a. H	»	i. Garten d. Garnifonslaz.	20	2	—5,1	13,0	—2,5	18,6	6,4	18,3
Bunzlau	»	auf der Schiefshauswiefe	30	3			—2,9	17,3	3,4	17,5
Koblenz	Kriegsgef.-Laz.	auf dem Petersberg	52	4				18,7		17,0
Deutz	»	auf dem Gremberg	100					15,1		16,8
Glogau	»	auf dem Exerzierplatz	35	7				—3,6		18,3
Königsberg i. Pr.	»	auf d. kleinen Exerzierplatz	28	4	—10,3	17,1	—8,1	18,7	3,0	18,7
Wittenberg	» Bar. I	»	129	22			—2,5	16,2	6,5	15,8
Pofen	»	b.d.St. Adelberts-Kaferne	120	11	—8,0	17,4	3,8	16,1	7,5	16,0
							Grad C.			

Zink- oder Weifsblechtafel, die mit Löchern durchfchlagen war, ein (fiehe Art. 89, S. 55). Weder Drahtgaze, die nach einiger Zeit durch Staub fich verftopft, noch die gewöhnlichen gelochten Zinktafeln leifteten das Gleiche; beide liefsen Windflöfse und Regen durch. — In Wefel erhielt im Winter jedes Fenfter eine Doppelfcheibe; bei der äufseren war oben und bei der inneren unten ein Spalt freigelaffen, fo dafs die Lüftung ohne Zug erfolgte.

Den Thüren gab man überall im Winter Windfänge, Ueberpolfterungen oder Verdoppelungen mit ruhender Luftfchicht. Vom grofsen Südthor wurde öfter die eine Hälfte ganz gefchloffen, die andere nur mit einem Vorhang innen überdeckt.

376. Lüftung.

Zur Lüftung der Baracken gehörte in der Krim und in Nordamerika der Dachreiter, welcher Oeffnungen über dem Fufsboden nötig machte. In der verfetzbaren Baracke follen den Luftzutritt hauptfächlich die Fufsbodenfpalten vermitteln (fiehe Art. 366, S. 222).

In der franzöfifchen Baracke zu Chaumont-en-Bafigny waren zu diefem Zweck in den Fufsboden mehrere fiebartige Platten eingelegt, die erft bei 17,3 Grad C. gefchloffen werden mufsten.

In einigen Baracken hat man der Wandlüftung mehr oder weniger ausgedehnte Geftalt gegeben.

Zwifchen den Längswänden und dem Dach blieb in den fiskalifchen Baracken auf dem Tempelhofer

[405] Nach: FRIEDREICH, N. Die Heidelberger Baracken für Kriegsepidemien während des Feldzuges 1870—71. Heidelberg 1871. S. 16.

Täglicher Brennstoffverbrauch	Art der Oefen	Heizung und Lüftung verbunden	Für Winter eingerichtet	Für Winter gebaut	Saalbreite	Leistung der Heizung
150 bis 100 kg Kohlen	eiferne Oefen	ja	ja	—		—
	eiferne Oefen	ja	ja	—		befriedigend
	eiferne Füllöfen [407]	ja	ja	—		»
100 kg Kokes [406]	Kokesfüllöfen	ja	ja	—		ausreichend
150 bis 100 kg Kohlen	eiferne Füllöfen	ja	ja	—	7,5	befriedigend
1,75 hl Kohlen [406]	Kachel- und eiferne Oefen	—	ja	—		»
	eiferne Oefen	ja	—	—	8,2	»
	eiferne Oefen	ja	—	ja	9,0	»
8,8 bis 11,0 hl Kohlen [406]	eiferne Kanonenöfen	ja	ja	—		»
	eiferne Kanonenöfen	ja	ja	—		»
	eiferne Oefen		ja	—	6,27	»
	2 Steinkohlenfüllöfen, 1 Kokesofen		ja	—		»
150 kg Kohlen [406]	grofse eiferne Cylinderöfen [407]	ja	ja	—	7,45	ausreichend
150 bis 185 kg Kohlen [406]	grofse eiferne Oefen [407]	ja	ja	—	6,60	günftig
150 kg Kohlen [406]	grofse eiferne Regulierfüllöfen	—	ja	—	6,0	ausreichend
	eiferne Kanonenöfen	—	ja	—		befriedigend
0,83 bis 1,10 hl Kohlen	eiferne Oefen	ja	ja	—	9,4	genügend
	2 eiferne u. 1 Kachelofen f. Torfheizung	—	—	ja		ausreichend
	grofse eiferne Oefen	—	—	ja	6,9	»
	eiferne Oefen	ja	—	ja	11,3	mäfsig
1,35 bis 1,51 hl Kohlen [406]	4 Ziegel- u. 3 eiferne Kanonenöfen	ja	—	ja		völlig ausreichend
17,6 bis 22,0 hl Kohlen	Steinkohlenöfen	ja	—	ja		nicht unbefriedigend
11,0 bis 13,8 hl Kohlen [406]	eiferne Säulenöfen	—	—	ja	12,5	ausreichend
	Steinkohlenöfen	—	—	ja	Meter	

Felde ein fchmaler Raum ganz frei. — In der *Fifcher*'fchen Baracke zu Neunkirchen war diefer Raum mit Klappen fchliefsbar. — Ein handbreiter Streifen über dem Fufsboden wurde in der Baracke des Referve-Garnifonlazaretts zu Minden freigelaffen.

  Die Einflüffe der Zeltbaracken zeigten fich in dem Beftreben, Teile der Wände zum Aufklappen einzurichten.

  Die kleinere Pofener Baracke hatte einen feften unteren und oberen Wandteil; zwifchen den Fenftern konnte die Wand entfernt werden.

  In den Baracken von *St.-Louis* zu Paris beftanden die Wände über dem 1,15 m hohen feften Teil aus einer Reihe nahezu ebenfo hoher, 1,00 m breiter Fenfter, die fich, an ihrer oberen Kante drehend, nach aufsen ftellen liefsen und dann ein Schutzdach um die ganze Baracke bildeten; über der Fenfterreihe lagen volle Wandfelder, die, an ihrer unteren Kante drehend, nach innen gelegt werden konnten.

  Das vollftändigfte derartige Beifpiel bot die Mufterbaracke in Homburg v. d. H. Hier war der obere Teil jeder Saalwand etwa 1,75 m hoch in 6 feftgenagelte Fenfter und 12 Holzklappen aufgelöft, welche, an der oberen Riegelkante fich drehend, beliebig weit nach aufsen geöffnet werden konnten; über den Fenftern lag je eine nach innen ftellbare Klappe von 1,00 × 0,26 m Gröfse, und die innere Doppelwand wurde unter den Fenftern über dem Fufsboden durch je eine 0,94 × 0,13 m grofse Klappe durchbrochen, welcher in der äufseren Verfchalung fünf kleine Oeffnungen von 5,2 × 5,2 cm Querfchnitt entfprachen.

  In den Vereinsbaracken zu Sachfenhaufen beftanden die Wandteile aus Leimwandrahmen, welche fich, wie die unter ihnen liegenden Holzklappen, ebenfo bewegen liefsen.

[406] In der kälteften Zeit.
[407] Mit verlängerten Rauchrohren.

Ueber die Dachreiter und Firftöffnungen in Baracken ift in Art. 91 bis 97 (S. 55 bis 60) fchon das Nötige mitgeteilt worden.

Man würde fie nur beim Holzzementdach und bei wagrechten Decken entbehren können. Die Kriegs-Sanitätsordnung fchreibt offene, verhältnismäfsig hohe Dachlaternen für Baracken vor, während *Roth* und *Lex*[408]) einen immer offenen durchlaufenden Dachfchlitz von $0{,}10$ m Weite empfahlen. Jedenfalls find die Firftöffnungen im Winter einzufchränken und mit Klappen zu verfehen, fo dafs ihre Querfchnittsöffnung nach Belieben geregelt werden kann.

377.
Heizung durch Oefen

Die Heizbarkeit von Baracken durch eiferne Oefen hat fich bei einigermafsen forgfältiger Ausführung der Gebäude auch unter geordneter Zuführung vorgewärmter Luft im Bürgerkrieg der Vereinigten Staaten Nordamerikas und im Feldzug 1870—71 erwiefen.

In umftehender Tabelle[409]) find nach Mitteilungen des »Sanitätsberichtes« die höchften im letztgenannten Feldzug bei Ofenheizung erzielten Temperaturen, nebft den Randbemerkungen, die fich in Beilage 99 desfelben Bandes finden, zufammengeftellt.

Andererfeits erreichte man beifpielsweife in den Baracken auf dem Tempelhofer Felde bei Berlin nur bei Schlufs aller Lüftungsöffnungen 12,5 bis 15 Grad C. »Da dies zu einer felbft für die Nafe fehr deutlich wahrnehmbaren Verfchlechterung der Luft führte, fo war — nach *Virchow*[410]) — nur die Wahl zwifchen anhaltender Kälte oder einer durch periodifchen Wechfel unterbrochenen fehr mäfsigen Wärme. Der Mangel einer Zuleitung erwärmter Luft führte zur Ueberheizung der Oefen und zu plötzlichen Temperaturfchwankungen bei jedem Verfuch, eintretende Luftverfchlechterung durch ausgiebigen Luftwechfel zu verbeffern. Soll eine Lüftung eintreten, fo macht man die Firftklappen oder Fenfter auf. Alsbald dringen kalte Ströme mit folcher Heftigkeit in die Baracke, wie fie nicht empfindlicher gedacht werden kann ...« Diefe Worte find hier im Zufammenhang wiedergegeben, da fie oft nur teilweife abgedruckt und irrtümlicherweife als ein Beleg zur Verurteilung von Dachreitern benutzt wurden. (Vergl. auch Art. 39, S. 57.)

Häufig war die geringe Zahl der aufgeftellten Oefen oder mangelhafter Brennftoff die Urfache ungenügender Erwärmung. Die Befchaffung geeigneter Oefen kann in Kriegszeiten, wenn es fich um Maffenlieferungen handelt, Schwierigkeiten bereiten. Ungeeignete, befonders fchlechte Kohle, welche fchnelle Verrufsungen der durch den Raum hingezogenen Rohre und häufige Reinigungen derfelben zur Folge hat, vermehrt oft die übrigen fchlechten Eigenfchaften der Oefen.

So litten in den maffiv aus Ziegelfteinen aufgemauerten, mit Schieferdach verfehenen franzöfifchen Baracken des *Hôpital provifoire* bei Mourmelon-le-Grand (Chalons) trotz der Tag und Nacht unterhaltenen Heizung die Kranken, namentlich die Rheumatiker und Rekonvalescenten, unter der Kälte fehr, und das Lazarett wurde am 23. Februar 1871 gefchloffen; in jedem Saal, der 467,5 cbm Luftraum hatte, waren 2 Oefen in Betrieb gewefen.

Die Einführung der frifchen Luft erfolgte in Nordamerika zwifchen dem Ofen und einem halbkreisförmigen Mantelfchirm von beiden Seiten der Baracke durch Querkanäle im Fufsboden, deren Enden mittels nach unten gerichteten Brettern gefchützt waren. Die Entlüftung der Baracke bewirkte man durch den Mantelraum des feitlich abgeleiteten Rauchrohres behufs Ausnutzung der Rauchwärme.

Die in Fig. 194[411]) dargeftellte Anordnung von 1870—71 ermöglichte, den Rauchrohrmantel zum Luftabzug im Dachfirft wie auch am Fufsboden zu verwenden.

Die Rauchrohre find nicht zu eng zu halten, und ihr nahezu wagrechter Teil ift durch Reinigungsbüchfen an den Enden zugänglich zu machen. Die Kriegs-

---

[408]) Siehe: Roth & Lex, a. a. O., S. 401.
[409]) Nach: Sanitätsbericht etc., S. 340, 349, 358, 366, 376, 390, 391, 393, 395 — und »Beilagen« diefes Berichtes S. 262 ff. — In der Tabelle find die Wärmegrade in Grad C. und die Gewichte, fowie Raummafse nach dem metrifchen Syftem umgerechnet.
[410]) Siehe: Virchow, a. a. O., S. 78.
[411]) Nach: Sanitätsbericht etc., Taf. LXIV, Fig. 6 u. 7 bei S. 394.

Sanitätsordnung fchreibt vor, dafs auf je 250 bis 300 cbm Raum ein Ofen zu rechnen fei, der Mantel vom Ofen etwa 0,50 m abftehen und die Heizthür frei laffen foll, damit die Luft durch ihre Fugen mit abgefaugt wird. Das Rauchrohr ift mit einem etwa 0,50 m weiten Mantelrohr zu umgeben.

Eine vollftändige Ummantelung der eifernen Oefen hatte während des amerikanifchen Bürgerkrieges im *Jefferfon Hofpital* zu Jefferfonville of the Ohio zur Folge, dafs die untere Luftfchicht nicht warm wurde und die Mannfchaften unter kalten Füfsen litten.

Fig. 194.

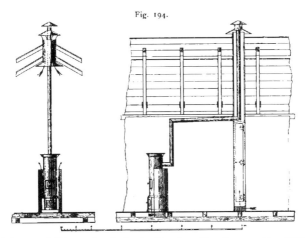

Lüftungs- und Heizungsanlage in den deutfchen Lazarettbaracken von 1870—71 [411]).

Das Abfaugen der Luft von Oeffnungen an den Saalwänden her durch den Fufsbodenhohlraum wurde nach dem Vorbild der Charité-Baracke in Berlin in der Kuppelbaracke des Augufta-Hofpitals dafelbft und im Kriegsgefangenen-Lazarett zu Minden benutzt, mufste aber in der erftgenannten Baracke durch unmittelbares Abfaugen im Mantelraum des Rauchrohres erfetzt werden, da die unteren Böden eintrockneten, und empfiehlt fich auch aus den in Art. 382 (S. 232) angegebenen Gründen nicht.

Auch das Auffpeichern der Wärme eiferner Oefen durch Kacheln ift verfucht und vorgefchlagen worden.

Zwei mit Kacheln ummantelte eiferne Oefen heizten die Charité-Baracke zu Berlin. Zwifchen ihrem Mantel und dem fchlangenförmig durchgeführten Rauchrohr erwärmte fich die Zuluft, und letzteres erhielt oberhalb des Ofens behufs Abfaugung der Abluft einen Mantel. Doch mufste, um ein fchnelleres Anheizen diefer Oefen zu bewirken, der eine durch einen freiftehenden, eifernen erfetzt werden.

Kori fchlägt vor, einen eifernen Dauerbrandofen mit einem Kachelofen derart zu verbinden, dafs erfterer in einer Heizkammer die Zuluft, feine Heizgafe aber den letzteren erwärmen (Fig. 195 [412]).

378. Sammelheizung.

Sammelheizungen find in Baracken öfter zur Ausführung gelangt. Eine Feuerluftheizung erhielt 1870 die Baracke der Kronprinzeffin in Homburg v. d. H. und ein Saal der *Heyl'*fchen Doppelbaracke [413]) in Worms.

Im Unterbau der erfteren Baracke, welcher im Herbft unter Freilaffung einer Thür an der Nordoftfeite und 22 Lüftungsöffnungen in jeder Längsfeite durch Backfteinmauerwerk gefchloffen wurde, war eine Feuerluftheizung eingerichtet. Den Schornftein der Feuerung, über welcher die gewölbte Heizkammer lag, hatte man feitlich an der Baracke angebaut. Die von aufsen zugeführte Luft gelangte aus der Heizkammer durch ein mit Abzweigungen verfehenes Rohr zu den mit Schiebern ausgeftatteten 10 Fufsbodenöffnungen im Krankenfaal und zu je einer derfelben in jedem Nebenraum. Bei regelmäfsiger

---

[412]) Nach: Kori, a. a. O., 1898, S. 225.
[413]) Siehe: Sanitätsbericht etc., S. 361 u. 357.

Benutzung der Lüftungsklappen liefs fich auch in der kälteften Zeit in Betthöhe eine ftetig gleichbleibende Temperatur von 15 bis 16,25 Grad C. halten, während die Wandthermometer in 1,57 m Höhe im Dezember nur 8,4 und im Januar 8,75 Grad C. zeigten.

In den Fachwerkbaracken von Moabit erfolgte die Heizung durch Dampfrohre.

Im Saal liegen an der Nordfeite zwei und an der Südfeite ein Strang, 0,30 m über dem Fufsboden, den Wänden entlang, in denen hinter den Rohren Zuluftöffnungen angeordnet wurden. Die frifche Luft erwärmt fich an den Rohren und entweicht durch den Dachreiter. Die Heizung hat fich »auch bei befonders ftrengen Wintern aufserordentlich gut bewährt«[414]).

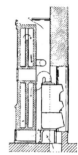

Fig. 195.

Im *Park Hill hofpital* zu Liverpool gehen von den offenen Feuerplätzen in der Mitte des Raumes Dampfrohre aus, welche von dort die Saalwände rings umziehen und die frifch eintretende Luft erwärmen[415]).

Günftige Ergebniffe hat man nach *Berthenfon*[416]) durch Sammelheizung in Rufsland erzielt.

In St. Petersburg, Moskau, Kiew, Kharkoff, Riga, Dorpat u. f. w. konnte man in Baracken mit Firftlaternen und gegenüberliegenden Fenftern bei fchwankenden Aufsentemperaturen von — 31,25 bis 0 Grad C. im Inneren 25 Grad erreichen und erhalten. Die Luft war nach den Analyfen vollkommen rein. »Die Lüftung vollzieht fich durch Heizung und Reiterdach.« Doch konnten auch die Fenfter ohne »geringften Schaden für die Kranken und das Sanitätsperfonal geöffnet werden«.

Verbindung von eifernen und Kachelöfen nach *Kori*[412]).

379 Saalabmeffungen.

Die nebenftehende Tabelle giebt eine Zufammenftellung der Saalabmeffungen in ausgeführten Baracken.

380. Kennzeichnung der Barackenarten.

Je nach den verfchiedenen Zwecken, welche die Baracken zu erfüllen hatten, find zwifchen der forgfältig ausgeftalteten Verfuchsbaracke und den vom Augenblick oder den Verhältniffen abhängigen Unterkunftsräumen bei Befprechung ihrer Gefamtgeftalt folgende Gattungen zu unterfcheiden:

α) die Verfuchsbaracke;
β) die Epidemiebaracke;
γ) die Baracke des Refervehofpitals;
δ) die Zeltbaracke;
ε) die Notbaracke, und
ζ) die verfetzbare Baracke.

α) Verfuchsbaracken in Krankenhäufern.

381. Zweck

Für die Entwickelung des Krankenhausbaues ift in den letzten 40 Jahren öfter die Errichtung von Verfuchsbauten von Wert gewefen, die vorzugsweife dem Zweck ihre Entftehung verdankten, an ihnen neue Anordnungen von Konftruktionen, Lüftungs- oder Heizfyfteme bezüglich ihres Einfluffes auf die Krankenpflege zu erproben. Die fchon an anderen Stellen befprochenen derartigen Beifpiele, wie die im *Hôpital Trouffeau* zu Paris (fiehe Art. 356, S. 212), in der Kinderabteilung für anfteckende Krankheiten in der Berliner Charité (fiehe Art. 143, S. 86) und nach *Tollet's* Syftem (fiehe Art. 27 u. 70, S. 14 u. 41) find hier noch durch folgende zu ergänzen.

---

[414]) Siehe: Die öffentliche Gefundheits- und Krankenpflege der Stadt Berlin, herausgegeben von den ftädtifchen Behörden. Berlin 1890. S. 125.
[415]) Siehe: *Engineer*, Bd. 69, S. 44.
[416]) FAUVEL & VALLIN, a. a. O., S. 755.

Saalabmeffungen.

Ort	Gebäude	Jahr	Betten	Breite	Länge	Fufsbodenfläche	für 1 Bett	Höhe	für 1 Bett
Verfuchsbaracken:									
Kgl. Charité ..... Berlin	Chir. Baracke	1866/67	40	8,79	26,00	228,54	10,39	4,16—5,86	52,04
St.-Louis ...... Paris	Baracke	1869	10	7,50	12,00	90,0	9,00	—	—
Rudolfiner-Haus .... Wien	Doppelbaracke	1882	10	7,50	11,00	82,5	8,25	3,88	32,00
Nach Wylie	Hütte	1875	2	6,10	6,10	37,21	18,60	—	—
Kgl. Charité ..... Berlin	Ifolierbaracke	1883	2	3,68	3,32	12.21	6,02	3 30	19,87
Städtifches Krankenhaus . Plauen	Baracke	1887	16	6,90	15,40	106,16	6,69	3,10	20,74
Kriegsbaracken:									
Lager .... Winchefter	Hütte	1761	24	5,8	9,54	54,8	2,28	—	—
Am Rofsgärtnerthor . . . Königsberg	Baracke	1807	60	11,3	19,78	223,61	3,73	2,83	10,56
Nach Brückner .... Sachfen	»	1813	20	5,94	11,74	69,74	3,49	3,40	11,86
Nach Brückner .... »	»	»	30	5,94	17,40	103,35	3,45	3,40	11,73
Nach Brugmans .... Brüffel	»	1815	1	4,65	1,66	7,17	7,77	3,33	25,87
Nach Brugmans .... »	»	»	2	6,00	1,833	11,00	5,50	3.33	18,33
Nach Brugmans .... »	»	»	2	6,66	1,66	11,10	5,55	4,00	22,22
Portsmouth-Hütte .... Krim	»	1855	12	4,57	8,23	37,61	3,14	1,83—3,66	8.62
Navalbrigade ..... »	»	»	—	4,68	—	—	—	1,73—3,25	—
Hofpital ...... Renkioi	»	»	50	12,19	24,36	297,17	5,94	3,66—7,02	33,50
Lazarettbaracke .... Nordamerika	»	1864	60	7,32	50,36		6,14	4,27—6,10	31,84
Sanatorium ...... Wynberg	Doppelbaracke	1863	20	6,10	22,86	139	6,96	3,05—4,57	26,94
Kriegsminifterium ... Preufsen	»	1866	20	6,25	18,83	118	5,91	4,08	24,1
Vorfchriften	Baracke	1870	30	6,6	24,5	161,7	5,39	3,14—4.71	21,96
Kriegs-Sanitätsordnung . .	»	1878	20	7,0	23,66	166	8,30	3,30—4,25	33,34
» ...	»	»	30	7,0	23,66	166	5,53	3,30—4,75	22,30
Refervelazarett Nr. I . . Berlin	»	1870	30	6,6	23,8	156	5,19	3,10—4.70	20,24
» » II . . »	»	»	30	6,6	28,3	187	6,23	3,10—4,00	22,10
Privatlazarett .... Altona	»	»	24	7,5	21,34	160	6,67	2.80—4,00	30,9
Friedrichs-Baracken ... Karlsruhe	»	»	32	9,7	35,4	308	9,62	4,2—5,6	47,1
Akademifches Krankenhaus Heidelberg	»	»	32	9,0	32,4	292	9,13	4,2—6,2	47,18
Refervelazarett Nr. 1 . . Frankfurt a. M.	»	»	20	6,5	16,2	105.	5,27	4,00—5,70	25,56
» » II . . »	»	»	21	6,6	21,0	139	6,60	3,10—4,70	26,40
Infanteriekaferne .... Homburg v. d. H.	»	»	20	7,5	20,1	151	7,54	2,80—5,57	31,59
Klofter Mariabrunn ... Aachen	»	»	28	7,5	26,9	202	7,20	4,80—6,20	39,00
Exerzierplatz ..... Düffeldorf	»	»	20	7,6	17,4	132	6,61	3,14—6,3	31,20
Kurfürftl. Villa ..... Frankfurt a. M.	»	»	20	6,0	20,2	121	6,07	3,13—4.3	22,48
Flafchnerhofgarten ... Nürnberg	»	»	32	8,8	28,2	248	7,76	5.4—8,0	51,99
Friedensfpital .... Neu-Ulm	»	»	32	7,30	27,7	202	6,32	3,00—5,18	27,74
Petersberg ...... Koblenz	»	»	52	6,90	37,5	259	4,98	2,08—3.90	14,89
Städtifche Baracken ... Speier	»	»	56	10,00	15,5	155	2,77	3,50—7,00	14,51
Refervelazarett .... Brandenburg a. d. H.	»	»	20	9,40	15,7	148	7,40	4,70	34,78
Barackenlazarett ... Giefsen	»	»	25	6,50	27,2	177	7,07	3,60—4.70	39,34
Vereinsbaracke .... Weilbach	»	»	30	6,20	28,3	175	5,85	3,00—4,70	22,52
Feld- u. Notbaracken:									
7. und 9. Feldlazarett . . Floing	»	»	20	6,27	18,8	118	5,90	2,35—4,70	20,6
10. Feldlazarett ... Montmirail	»	»	20	7,50	15,0	113	5,65	4,70—3,10	38,98
Polygon .... Metz	»	»	50	7,00	47,0	329	6,58	3,10	20,40
				Meter		Quadr.-Meter		Meter	Kub.-M.

	Ort	Gebäude	Jahr	Betten	Breite	Länge	Fufsbodenfläche	für 1 Bett	Höhe	für 1 Bett
							Hauptkrankenfaal			
Lazarettbauten	Szegedin	Baracke	1879/90	22	6,00	17,00	102	4,64	4,30	19,95
Plan von zur Nieden		»	1886	14	6,20	14,40	89	6,35	2,50–5,10	24,2
Plan von Port		»	1887	6	3,00	7,00	21	3,50	2,50	8,75
Epidemiebaracken:										
Plan von Hoffmann	Berlin	Cholerabaracke	1831	32	9,11	31,4	286	8,94	3,92	35,00
Plan von Wilkinfon	Irland	Fieberbaracke	1847	25	4,73	15,24	72	2,88	3,96	8,98
Northweft hofpital	Hampftead	»	1871	34	7,93	47,26	375	11,02	4,26	46,95
Park Hill hofpital	Liverpool	»	1885	16	7,62	15,85	121	7,56	4,27	32,28
St. Pauli	Hamburg	Cholerabaracke	1892	10	8,00	8,50	68,00	6,8	4,00–4,30	28,2
An der Erikaftrafse	»	»	»	35	7,00	27,60	193,20	5,52	3,52–4,5	22,14
Franz-Jofeph-Spital	Wien	Pockenbaracke	»	6	6,00	10,03	60,00	10,03	3,5–4,2	38,62
Zeltbaracken:										
Nach Stromeyer	Langenfalza	Baracke	1866	30	5,84	25,41	148,39	4,95	4,56	22,57
Nach Volckmann	Trautenau	»	»	30	3,77	49,00	184,7	6,36	5,00–3,00	25,1
Hofpital zum heil. Geift	Frankfurt a. M.	»	1867	10	6,15	9,50	58,42	5,84	2,75–3,83	19,27
Bürgerhofpital		»	1869	10	6,83	8,00	54,64	5,46	3,35–4,84	22,93
Garnifonkrankenhaus	Oberwiefenfeld	»	1870	32	6,12	30,46	204,69	6,40	4,52–6,20	34,30
Filialhofpital	Schwabing	»	»	10	3,65	13,72	50,08	5,01	2,04	10,27
Park St.-Cloud	Paris	»	1871	24	5,00	40,00	200,00	8,30	4,00–6,00	41,65
Verfetzbare Baracken:										
Paneled hut	Krim	»	1855	27	5,00	22,56	112,80	4,18	1,78–3,50	11,04
Militärlazarettbaracke	Preufsen	»	1890	14	5,00	15,00	75,00	5,36	2,35–3,65	16,03
	»	»	»	20	5,00	15,00	75,00	3,76	2,35–3,65	11,25
Syftem Bernhardt-Grove	Berlin	»	»	18	5,00	15,00	75,00	4,37	2,50–3,40	12,89
Syftem Vogler & Noah	Hannover	»	»		5,80	11,00	63,80	—	2,40–4,00	—
Syftem Tollet [17]	Paris	»	1885	13	6,00	9,00	69,68	5,36	2,68	14,38
					Meter		Quadr.-Meter	Meter		Kub.-M.

382. Beifpiel I.

Die aus Holz konftruierte »Lazarettbaracke« in der Königl. Charité zu Berlin (fiehe Art. 26 ff., S. 13) wurde unter *Effe*'s Mitwirkung für 20 Chirurgifchkranke geplant (Fig. 196 [418]).

Der Saal ift rings zum Schutze vor Schnee und Regen, bezw. zum Aufenthalte von Rekonvalescenten mit Veranden umgeben, welche an den Längsfeiten die vorgekragten Fufsbodenbalken, an den Stirnfeiten 1,70 m hohe, gemauerte Pfeiler tragen. Ebenfolche ftützen die Saalwände. In dem mit durchlanfendem Dachreiter (fiehe Art. 93, S. 57) ausgeftatteten Saal ftehen 2 Oefen O, und die als Wärterraum, Bad und Abortraum dienenden Zellen wurden nur durch 3,11 m hohe, im oberen Teil vergitterte Wände ab-

[17] Die zwei Anbauten von je 2,80 × 2,80 m Grundfläche find nicht eingerechnet.
[18] Nach: Deutfche Bauz. 1870, S. 263.

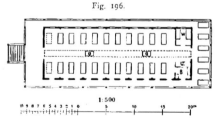

Fig. 196.

Baracke für 20 Aeufserlichkranke nach *Effe* in der Königl. Charité zu Berlin [418].
1866–67.
Arch.: *Blankenftein*.

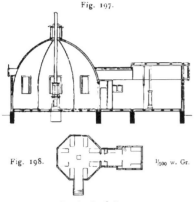

Fig. 197.

Fig. 198.   1/500 w. Gr.

Baracke für 8 Betten
im Augusta-Hofpital zu Berlin [420].
1870.
Nach Angabe von *Esse*.

gefchlagen. Ueber das Abziehen der Luft während der Heizperiode durch den Fufsbodenhohlraum von den Rändern der Baracke her und deffen Erfatz fiehe Art. 377 (S. 229). Die Veranda wurde dann auch rings verglaft.

Die Bauten, welche *Huffon* 1869 im *Hôpital St.-Louis* zu Paris zum Vergleich mit den Zelten im *Hôpital Cochin* errichten liefs (fiehe Art. 26, S. 13), fetzten fich aus einem Saalbau für 10 Chirurgifchkranke und 4 kleinen Baracken zur Unterbringung feines Zubehörs zufammen.

Nach *Huffon*[419]) beftand die Gruppe aus zwei beiderfeits mit dem Saal durch 3,00 m lange, feitlich offene Hallen verbundenen Baracken mit je 3,00 × 3,00 m Grundfläche, welche als Spülküche, bezw. als Schwefternraum dienen, und aus zwei Baracken für je 2 Betten — für 1 Schwerkranken und 1 Wärter — mit 3,00 × 5,00 m Fufsbodenfläche, die hinter jenen in 11,00 m Abftand

383
Beifpiel
II.

errichtet und vor denen bewegliche Dächer als Veranden angeordnet wurden. Der Saal mit beweglichen Wänden (fiehe Art. 376, S. 227) erhielt einen Dachreiter.

Fig. 199.

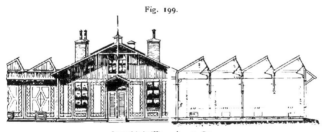

Längsfchnitt[422]). — 1/250 w. Gr

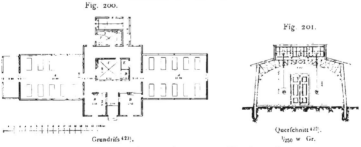

Fig. 200.

Grundrifs[423]).

Fig. 201.

Querfchnitt[422]).
1/250 w Gr.

Billroth'fche Baracke im Rudolfiner-Haufe zu Wien für 20 Betten.
Arch.: *v. Gruber & Volkner*.

[419]) Siehe: Husson. *Note sur les tentes et baraques appliquées au traitement des blessés*. Bulletin de l'académie de médecine, Bd. XXXIV (1869), S. 530.
[420]) Nach: Esse, C. H. Das Auguftahofpital und das mit demfelben verbundene Afyl für Krankenpflegerinnen zu Berlin. Berlin 1873. Taf. 7 u. 8.

384.
Beifpiel III.

Die zwei kleinen, aus Eifen und Holz konftruierten, achteckigen Kuppelbaracken (fiehe Art. 377, S. 229) im Augufta-Hofpital zu Berlin entftanden ebenfalls unter *Effe*'s Mitwirken und erhielten kuppelförmigen Querfchnitt (Fig. 197 u. 198 [420]). Die Eifenrippen der 0,29 m ftarken, mit Brettern belegten Wände ftiegen von einem Holzkranz auf; der Anbau für 2 Wärterinnen erfolgte fpäter. Die Baracken bewährten fich nach *Effe* gut, waren aber zu ftark — zeitweife mit 9 Betten — belegt [421]).

385.
Beifpiel IV.

Die Doppelbaracke des »Rudolfinervereines zur Heranbildung von Pflegerinnen für Kranke und Verwundete« im »Rudolfinerhaufe« zu Wien ift nach einem von *Völkner & v. Gruber* für Krankenfäle von Kriegsbaracken geplanten Typus und auf Grund eines von *Billroth* aufgeftellten Programms erbaut (Fig. 199, 200 [422]) u. 201 [423]).

Die Säle, zwifchen denen der durch Deckenlicht erhellte Operationsraum liegt, follten fehr gleichmäfsig und intenfiv durch Deckenlicht erhellt werden, welches in Geftalt von *Shed*-Dächern, deren Lichtfläche fich zur Fufsbodenfläche wie 1 : 6 verhält, angeordnet wurde. Zu diefem Zweck war jeder Saal durch 3 Binder in 4 *Shed*-Joche geteilt. Jedes *Shed*-Fenfter hat 3 Flügel. Die Binder find mit den I-eifenförmigen Stützen verfchraubt und untereinander an den Enden der *Sheds* durch I-Eifen, im übrigen durch Holzriegel verbunden, aus welchen auch das Gerippe der Wände an den Stirnfeiten und im Mittelbau befteht. Ueber die Wände und Dächer fiehe Art. 372 (S. 224). Alle Holzteile erhielten als Feuerfchutzmittel eine Imprägnierung mit borfaurer Talkerde. Ueber die Konftruktion des Fufsbodens fiehe Art. 367 (S. 222).

Fig. 202.

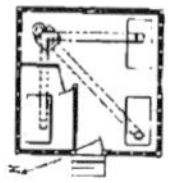

Hütte für 2 Betten nach *Wylie*[424]). 1/500 w. Gr.

386.
Beifpiel V.

In kleinen Baracken für 1 und 2 Betten für Schwerkranke erprobte *Wylie* (Fig. 202 [421]) fein Lüftungsfyftem (fiehe Art. 114, S. 70). Die *Wylie*'fche Hütte [424]) hatte eine Eingangsthür und an den anderen drei Seiten Fenfter. Das Wärterbett ftand hinter einem Verfchlag.

β) Epidemiebaracken.

387.
Zweck.

Baracken, die zu Zeiten von Epidemien nötig werden, müffen vor allem eine leichte Desinfizierung des Krankenraumes ermöglichen. Die wefentlichen Epidemien der neueren Zeit: Pocken, Typhus und Cholera — bedingen auch im einzelnen verfchiedene Anforderungen, welche zum Teil fchon bei den Krankengebäuden für befondere Zwecke befprochen find.

388.
Baracken für Pockenkranke. Beifpiel I.

Das Unterbringen von Pockenkranken in Baracken hat fich gut bewährt, wenn fie reichliche Lüftung haben. Bezüglich der Gebäude für folche Kranke fiehe Art. 342 ff. (S. 202 ff.) das Nähere.

Das Pocken-Lazarett in Hampftead (jetzt *North-weftern hofpital*) wurde während der Epidemie von 1871 errichtet [425]).

Die Baracken mit Eingangsflur, Spülküche und Baderaum am einen und angebauten Spülaborten am anderen Ende erhielten ergänzende Nebenräume jenfeits eines Verbin-

Fig. 203.

Baracke für 28 Pockenkranke zu Moabit [426]). 1/500 w. Gr.

---

[421]) Siehe: Sanitätsbericht etc., S. 379.
[422]) Fakf.-Repr. nach: VÖLKNER & v. GRUBER. Befchreibung der Verwundeten-Baracke des Rudolfiner Vereines zur Heranbildung von Pflegerinnen für Kranke und Verwundete in Wien. *Quatrième congrès international d'hygiène et démographie à Genève (du 4 au 9 Septembre 1882). Comptes rendus et mémoires, publiés par P. L. Dunant.* Genf 1883. Bd. II, Taf. IX zu S. 200.
[423]) Fakf.-Repr. nach: EULENBURG. Realencyclopädie etc., 2. Aufl., Bd. XVII, S. 535.
[424]) Nach: WYLIE, a. a. O., S. 128.
[425]) Siehe: Deutfche Viert. f. öff. Gefundheitspfl., S. 263.
[426]) Nach: Die öffentliche Gefundheits- und Krankenpflege der Stadt Berlin, herausgegeben von den ftädtifchen Behörden, Berlin 1890. S. 123. — Der Plan des neuen Pavillons findet fich ebendaf., S. 124.

dungsganges. Der Saal hat 34 Betten, bei 47,20 m Länge 14 Fenster jederseits und 10 kleine, mit festen Jalousien ausgestattete schliefsbare Dachreiter. Die Heizung erfolgt durch 3 grofse Backsteinöfen mit je zwei offenen Kaminen.

Für die alten Krankengebäude im sog. Baracken-Hofpital zu Moabit (Fig. 203[426]) waren die 1870—71 auf dem Tempelhofer Felde bei Berlin gemachten Erfahrungen mafsgebend.

389. Beispiel II.

Die mangelhafte Heizbarkeit der letzteren wurde Veranlassung, dafs die Moabiter Baracken eine Sammelheizung erhielten. Die Längsachse ist von Nord nach Süd gerichtet und die freie Giebelseite mit einem grofsen Thor durchbrochen. Ueber die Dachreiterlüftung siehe Art. 97 (S. 58). Der Raum für schmutzige Wäsche dient jetzt als Isolierzimmer. Die Reinigungsgeräte und die Kasten für die schmutzige Wäsche sind aufserhalb des Gebäudes untergebracht. — In 5 später erbauten Baracken zu Moabit wurden dem Zubehör 2 Einzelzimmer zugefügt, die nebst einem zweifenstrigen Wärterzimmer, einem Geräte- und einem geräumigen Baderaum den Kopfbau bilden, während der Abortraum und die Spülküche jederseits die erste Fensterachse des Saalbaues erhielten; letzterer hat nur noch 24 Betten.

Fig. 204.

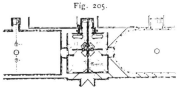

Fig. 205.

Baracken und Zelte für ansteckende Krankheiten in Liverpool[427].
1/500 w. Gr.
1885.
Arch.: Dunscombe.

Im *Park Hill hospital* zu Liverpool wurden je 2 Wellblechbaracken, bezw. -Zelte mit einem Nebengebäude aus Fachwerk durch kurze Gänge verbunden.

390. Beispiel III.

Im Nebengebäude ist das aus Wärterraum, Baderaum und Abort bestehende Zubehör für die anstofsenden Säle getrennt (Fig. 204 u. 205[427]). Die Wellblechhütten von 15,85 m Länge und 7,62 m Breite haben 6 Fenster an jeder Längs-, 2 an jeder Stirnwand, und eine Fensterfläche von 25,8 qm, die sich zur Fufsbodenfläche wie 1:4,7 verhält. Die Fenster lassen sich in ganzer Ausdehnung öffnen und erhielten oben Kippflügel. Frische Luft tritt auch durch konische Luftziegel ein, und Luftauslässe sind unter Decke und Dach vorhanden. „Verglaste Thüren führen vom Saal durch den beiderseits mit hochliegenden Fenstern versehenen Gang zum Wärterzimmer. Die Gebäude wurden mit Gasleitung und Feuerhähnen mit angesetztem Schlauch und Mundstück zu sofortigem Gebrauch versehen.

Ununterbrochene Lüftung ist nach *Fauvel*[428] eine der besten Bedingungen bei Behandlung der Typhösen. Eine reichliche Lufterneuerung »wird gewöhnlich sehr gut durch die Typhischen ertragen; sie wäre für die meisten anderen Kranken gefährlich«. Dies schon schliefse eine gemeinschaftliche Behandlung mit anderen Kranken aus. Die Typhuskranken fühlen sich bei 15,0 bis 16,2 Grad C. wohl[429]; ihre Rekonvalescenten bedürfen gröfsere Wärme, find daher abzusondern. In den Typhusbaracken zu Hampstead (jetzt *North-western hospital*) ist für sie ein Drittteil des Saales durch die Glaswand abgetrennt. *Fauvel* verlangte wenigstens 60 cbm Luftraum für jeden Typhösen bei möglichster Steigerung dieses Mafses, soweit die Dienstverhältnisse dies gestatten, und Teilung der Kranken in Gruppen von 6 bis 8 Personen. Der grofse Luftraum wird in England mehr gefordert, um die Uebertragung auf Wärter und Aerzte einzuschränken.

391. Baracken für Flecktyphus.

Bei Erkrankungen am Flecktyphus schreibt auch die Kriegs-Sanitätsordnung gute Lüftung der Räume vor. *Koch* führte die günstigen Ergebnisse in der Behand-

---
[427] Nach: *Engineer*, Bd. 69, S. 44.
[428] Siehe: FAUVEL & VALLIN, a. a. O. S. 693.
[429] Siehe: LENT. Die Heizeinrichtung im Zeltlazareth des Garnisonlazarethes in Köln. Correspondenzbl. d. niederrhein. Ver. f. öff. Gesundheitspfl. 1871, S. 24.

lung des Flecktyphus in der Krim auf die ausgiebige, zur Anwendung gebrachte Lüftung zurück (fiehe Art. 33, S. 19).

In den Londoner Fieberhofpitälern rechnet man für Flecktyphuskranke $^1/_4$ mehr Luftraum als für die an *Typhus abdominalis* Erkrankten, während für ihre Rekonvalescenten derfelbe gleich demjenigen für die letzteren anzunehmen ist[430]). Die meiften Baracken für Typhuskranke von 1870—71 wichen von den anderen während des Feldzuges benutzten Baracken nicht ab. In zwei Fällen fand jedoch eine Teilung in kleinere Krankenräume ftatt.

392. Beifpiel IV.

So liefs *Billroth* in Mannheim auf dem Steinplatz öftlich von der Stadt eine Ifolierbaracke für Flecktyphuskranke mit 48 Betten errichten, die in 4 Zimmer mit je 12 Betten, 4 Schwefternzimmer und 1 Badezimmer geteilt war[431]).

In der 5,60 m hohen, mit einfachem Bretterfufsboden und gefugten Bretterwänden verfehenen Baracke hatte jeder Raum einen guten eifernen Mantelofen erhalten, durch den, in Verbindung mit dem Oeffnen der hohen Fenfter, die Lüftung erfolgen follte; doch kam die Baracke nicht zur Verwendung.

393. Beifpiel V.

Auf einer Teilung mittels Luftkorridoren in 12 4-Bettenzimmer beruhte die für 48 Betten beftimmte Typhusbaracke, welche 1870 in der grofsen Krankenfammelftation zu Château-Thierry von der Stadtgemeinde im Verein mit der freiwilligen Krankenpflege auf dem Schlofsberge errichtet wurde (Fig. 206 u. 207[432]).

Fig. 206.

Anficht.

$^1/_{500}$ w. Gr.

Fig. 207.

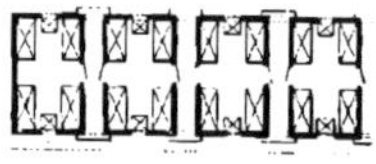

Grundrifs.

Baracke für Typhuskranke zu Château-Thierry[432]). 1870.

In der 47,80 m langen und 5,20 m breiten Baracke hatte jeder Krankenraum ein Ausmafs von 4,80 × 3,20 × 2,50 bis 3,80 m, zwei gegenüberliegende Fenfter und Thüren — letztere in der Mitte der Luftkorridore —, fowie ein ftellbares Dachfenfter und bot jedem Bett 3,84 qm Fufsbodenfläche und 12,10 cbm Luftraum. Die Baracke war nicht heizbar, kam nur bis zum Winter 1870 und vom 22. März bis 2. Juni 1871 zur Benutzung.

394. Beifpiel VI.

Während der »Sanitätsbericht« über den Wert diefer beiden Baracken keine Mitteilung macht, werden die Erfolge einer Baracke in Montmirail als günftig bezeichnet.

Diefe beftand aus einem einzigen Krankenraume für 20 Betten mit Pultdach und höherer vorderer Längswand, jederfeits zwei Fenftern neben der Eingangsthür und je einem an den Stirnfeiten[433]. Auf 1 Bett entfielen 5,62 qm Fufsbodenfläche, 21,74 cbm Luftraum und 0,99 qm Fenfterfläche; aufserdem dienten zur Lüftung zwei an jedem Ende nahe der Front das Dach durchfetzende Dunftrohre. Die Baracke mufste im Oktober geräumt werden, weil fie Regen und Sturm nicht widerftand, dankte daher wahrfcheinlich ihrer Fugendurchkläffigkeit ihre guten Erfolge.

395. Cholerabaracken.

Bei Cholerakranken hatte man fchon 1831 möglichfte Abfonderung der Kranken untereinander und im befonderen der Genefenden von den Kranken gefordert (fiehe Art. 22, S. 12).

Die Erfolge in der Behandlung Cholerakranker in *Val-de-Grâce* zu Paris 1849 fchrieb *Levy* zum Teil der Errichtung eines Rekonvalescentenfaales zu. Als im Auguft 1892 in Hamburg unter ärztlicher Mitwirkung die Errichtung von Baracken geplant wurde, ftrebte man auch möglichfte Abfonderung der Kranken unter fich an und bildete Baracken mit 10-Bettenfälen.

[430]) Siehe: Stirfss, a. a. O., S. 256.
[431]) Siehe: Sanitätsbericht etc., S. 360.
[432]) Nach ebendaf., Taf. XXXIII.
[433]) Siehe ebendaf., S. 325.

Die Bauten, welche beim Seemannskrankenhaus in St. Pauli und auf dem Gelände des alten allgemeinen Krankenhaufes an der Lohmühlftrafse zur Ausführung kamen, waren Doppelbaracken (Fig. 208 [434]).

Fig. 208.

1:200 w. Gr.
Cholerabaracke für 22 Betten am Seemannskrankenhaus zu St. Pauli bei Hamburg [434].
1892.
Arch.: *Ruppel*.

396.
Beifpiel
VII.

Jeder Saal erhielt eigenes Zubehör; ihre Eingänge zu den Sälen lagen an den Giebelfeiten, der Zugang zu der gemeinfchaftlichen Spülküche in der Mitte der einen Längsfeite.

Bei den eintretenden Maffenerkrankungen, als es galt, in 4 ftatt in 14 Tagen Baracken zum Belag fertigzuftellen, entfchlofs man fich zu überfichtlichen, grofsen Sälen und Erfatz der Ifolierzimmer durch Bettfchirme. Als Normaltypus für folche Baracken empfiehlt *Meyer* den Plan der Baracken am Schlump (Fig. 209 bis 212 [435]).

397.
Beifpiel
VIII.

Die Aerzte gaben grofsen Sälen bis zu 35 Betten mit 6 m Breite und freiem Mittelgang, in welchem Tifche und Oefen an Stelle eines der Betten in jeder Reihe angeordnet wurden, den Vorzug. Die Breite von 5 m in den *Döcker*'fchen Baracken erwies fich als zu gering. Bei 7 m Breite, wie in der Erikaftrafse

Fig. 209 bis 212.

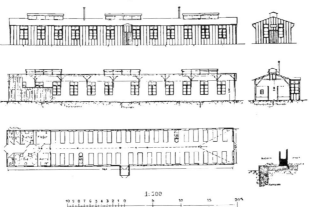

1:500

Cholerabaracke für 36 Betten an der Alfredftrafse und am Schlump in Hamburg [435].
1892.
Arch.: *Meyer*.

(fiehe Art. 734, S. 622), wurden die Mittelgänge befetzt. Da Ausbefferungen während des Betriebes ausgefchloffen find, empfiehlt fich die Anordnung von 3 kleineren Dachreitern gegenüber einem durchlaufenden, deffen lange Klappen bald fchlecht fchliefsen.

Die fpäter erbauten Baracken in der Erikaftrafse erhielten auf ärztlichen Wunfch fofort nach der Fertigftellung auch die Wintereinrichtung, hatten denfelben Grundplan, aber 7,00 m lichte Weite.

398.
Beifpiel
IX.

---

[434]) Nach: RUPPEL. Die Cholera-Baracken in Hamburg. Centralbl. d. Bauverw. 1892, S. 411.
[435]) Fakf.-Repr. nach: MEYER, A. Cholerabarackenlazarethe und Leichenhäufer, fowie Nothftands-Wafferverforgung in Hamburg während der Choleraepidemie des Jahres 1892. Arbeiten aus dem Kaiferl. Gefundheitsamte, Bd. 10 (1896), Anl. VIII, S. 123.

Befondere Einrichtung erhielten die in jedem Saal vorhandenen 2 Wafchtifche. Ihre 1,20 × 0,60 m grofsen Tifchplatten hatten 3 Ausfchnitte für 3 Becken, deren eines mit Kochfalzlöfung für die Infufionen bei Cholerakranken gefüllt war und durch Gasbrenner unter dem Becken auf einem beftimmten Wärmegrad gehalten wurde. Die anderen beiden Becken, welche zum Händewafchen dienten, wurden vom erfteren durch eine Holzwand getrennt, an welcher ein Wafferbehälter befeftigt war, der Warmwaffer für die eine Schale aus Steingut lieferte. In die zweite gläferne Schale konnte durch Gummifchläuche Sublimatlöfung aus mehreren auf einem Bordbrett ftehenden Glasflafchen eingelaffen werden. — Im Arztzimmer waren Gasrohre mit Schlauchverfchraubungen bis zur Tifchplatte geführt, auf welche die mikrofkopifchen Unterfuchungen ftattfanden.

Von anderen Baracken, welche infolge diefer Epidemie in Deutfchland entftanden, teilt *Lange* die Pläne derjenigen zu Mainz, Heidelberg und Godullahütte mit. In allen drei Orten find Doppelbaracken zur Verwendung gekommen, was in Heidelberg unter Vermeidung von Mittelgängen in ähnlicher Art wie in der Leipziger Baracke (fiche Fig. 224, S. 243) erfolgte. In Mainz war auch ein einfacher Saaltypus vorhanden.

γ) Baracken der Refervehofpitäler.

399. Kennzeichnung.

Die Baracken der Refervehofpitäler follen keine Notunterkünfte fein; fie werden vorzugsweife in Gegenden errichtet, die vor dem Feinde gefichert erfcheinen, find auch für längere, geordnete und ruhige Pflege der Verwundeten und Kranken beftimmt. Daher kann man an fie gröfsere Anfprüche in Bezug auf Geräumigkeit und Ausführung ftellen, welchen man bei eingehender Vorbereitung folcher Bauten auch wird entfprechen können.

400. Gröfse und Anordnung.

Die amerikanifche Lazarettbaracke, welche im Bürgerkrieg fich öfter aus mehreren Sälen zufammenfetzte, enthält nach dem Zirkular Nr. 6 vom Jahr 1864 nur einen folchen für 60 Betten. In den deutfchen Lazaretten von 1870—71

Fig. 213.

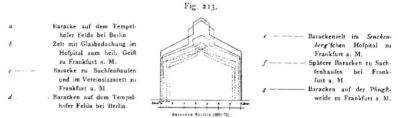

a   Baracke auf dem Tempelhofer Felde bei Berlin
b   Zelt mit Glasbedachung im Hofpital zum heil. Geift zu Frankfurt a. M.
c   — — —   Baracke zu Sachfenhaufen und im Vereinslazarett zu Frankfurt a. M.
d   . .   Baracken auf dem Tempelhofer Felde bei Berlin.
e   — — — —   Barackenzelt im *Senckenberg*'fchen Hofpital zu Frankfurt a. M.
f   — — — —   Spätere Baracken zu Sachfenhaufen bei Frankfurt a. M.
g   ————   Baracken auf der Pfingftweide zu Frankfurt a. M.

Zufammenftellung mehrerer Zelt- und Barackenquerfchnitte nach *Seeftern-Pauli*[436]).

fchwankte im Lazarett für Kriegsgefangene auf der Wahner Heide der Saalbelag bis zu 100 Betten; die vorfchriftsmäfsige preufsifche Lazarettbaracke war jedoch für 20 bis 30 Betten beftimmt, und der durchfchnittliche Belag in den in Deutfchland an Referve- und Vereinslazaretten errichteten Baracken ftellte fich auf 27,7 Betten.

Von der grofsen Verfchiedenheit der Raummafse giebt die Zufammenftellung einiger Baracken und Barackenzelte zu Frankfurt a. M. und auf dem Tempelhofer Felde bei Berlin in Fig. 213[436]) ein Bild.

Die Baracken ftanden 1870—71 oft hoch über dem Boden. Heute ftellt man fie thunlichft wenig hoch, um das bequeme Herausfchaffen der Betten in das Freie

---

[436]) Nach: Varrentrapp, G. Zelt- und Barackenanlagen in Frankfurt a. M. Deutfche Viert. f. öff. Gefundheitspfl. 1871, S. 402.

über Rampen und gegebenenfalls durch Thüren in den Längswänden des Saales zu ermöglichen.

In wenigen Fällen ift dem Bedürfnis nach einem gedeckten Platz zur Lagerung von Kranken im Freien entfprochen worden.

In den Tempelhofer Vereinsbaracken konnten vor den grofsen Thoren Leindwandvorhänge zeltartig ausgefpannt werden. — In Leipzig, in den Karlsruher Friedrichs-Baracken und in der Hamburg-Altonaer Privatgruppe waren den Stirnfeiten Veranden vorgelegt, die aber in der letzteren im Winter mit Brettern

Fig. 214.

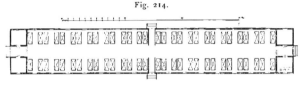

Amerikanifche Lazarettbaracke nach dem Zirkular Nr. 6 vom 20. Juli 1864[437]).

verfchalt wurden. — Der Charité-Baracke folgend, hatten die ftädtifchen Baracken auf dem Tempelhofer Felde und im allgemeinen Krankenhaufe zu Bremen rings Veranden, die fich in den erfteren durch Leinwandvorhänge fchliefsen liefsen.

Wie auch im einzelnen die Geftalt einer derartigen Baracke fein mag, fo follte fie zu allen Jahreszeiten den nötigen Schutz gegen Witterungseinflüffe bieten. Da hierzu doppelte oder genügend anders gegen Wärme und Kälte ifolierte Wandungen, Dach und Fenfter gehören, würde bei einer folchen Ausführung auch das nachträgliche Einbringen von Wintereinrichtungen, welche 1870—71 viele Koften und Störungen verurfachten, fich auf weniges befchränken. Ueberfeilte Konftruktionen und mangelhafte Wahl der Lage von Refervebaracken führte oft zu ihrer Unbrauchbarkeit.

Querfchnitt. — 1/250 w. Gr.

Fig. 216.

Grundrifs. — 1/500 w. Gr.

Vereinsbaracke für 28 Betten zu Aachen[440]). 1870—71.

In Sulzbach verliefs man eine als einfache Holzbude errichtete Baracke nach zweitägiger Benutzung wegen ihrer zu leichten Bauart mit Rückficht auf die nafskalte Witterung. — In Bretten wurden zwei Baracken vom Sturm zerftört. — In Oldesloe, in Würzburg auf dem Wall und im Barackenlager der Kriegsgefangenen zu Mainz bot die freie, den Winden ausgefetzte Lage der Erwärmung grofse Schwierigkeiten. — In Gorze bei Metz mufste die vom 7. Feldlazarett (III. Armeecorps) im Anfang September erbaute Baracke am Ende desfelben Monates nicht nur wegen der fchwierigen Heizbarkeit, fondern auch wegen ihrer Lage an einer belebten, ftaubigen Strafse, welche ungünftig auf das Befinden der Verwundeten einwirkte, geräumt werden. — In Meiningen erfolgte die Räumung von 3 Baracken wegen Ueberfchwemmungsgefahr; fpäter wurde dafelbft eine Baracke weggefchwemmt und eine zweite eingeriffen. — Von den Baracken für Kriegsgefangene auf der Spellner Heide, deren Fachwerkwände mit

---

[437]) Nach: Sanitätsbericht etc., Taf. XXIX.

Schwemmſteinen in einer Steindicke ausgemauert waren, mufsten 2 im Herbſt wegen Baufälligkeit verlaſſen werden. — Durch Feuer find ſchliefslich 5 Baracken für Kriegsgefangene in Minden und die Baracke am oberſchleſiſchen Bahnhofe zu Poſen zerſtört worden [438]).

401. Baracken mit 1 Saal.
Bei Anordnung der folgenden Beifpiele wurden, wie bei Beſprechung der Pavillons, die Pläne mit einem Saal den Doppelbaracken vorangeſtellt.

402. Beiſpiel I.
Die »Amerikaniſche Lazarettbaracke« (Fig. 214 [437]) hatte 4 Ausgänge, an den Giebeln je einen Raum für die Oberpflegerin und für die Aerzte, bezw. für die Badewanne und für den Nachtſtuhl.

In Fig. 214 ſtehen die Betten paarweife; in dem Plane, welchen die *Medical hiſtory* [439]) mitteilt, find fie einzeln angeordnet. Der über die ganze Baracke hinweggeführte Dachreiter iſt in Fig. 13 (S. 56) wiedergegeben; bezüglich der Heizung ſiehe Art. 377 (S. 228).

403. Beiſpiel II.
Die 3 Vereinsbaracken in Aachen ſtanden auf höheren Unterbauten (Fig. 215 bis 216 [440]).

Ihre geringen Holzſtärken bedingten von vornherein Abſteifungen der Wände. Die 4 Nebenräume wurden als Abort-, Bade-, Wärter- und Spülraum benutzt. Unter jedem der 14 Fenſter von je 1,00 qm lichter Fläche mit Luftſcheiben im unteren und mit nach innen klappenden Flügeln im oberen Teile

Fig. 217.

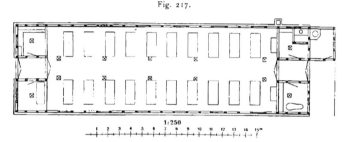

Baracke Ihrer Königl. Hoheit der Frau Kronprinzeſſin von Preuſsen zu Homburg v. d. H.
für 20 Betten [441]).
1870.

lagen noch Lufteinläſſe für die Lüftung. Im Winter erfolgte die letztere in der üblichen Weife durch die Mäntel der Oefen und der Rauchrohre. Zur Waſſerverforgung war neben der einen Baracke ein Waſſerturm errichtet (Fig. 215).

404. Beiſpiel. III.
Die »Baracke Ihrer Königlichen Hoheit der Frau Kronprinzeſſin von Preuſsen« in Homburg v. d. H. auf dem Exerzierplatz war als Muſterbaracke gedacht; ihre Längsrichtung folgte dem von Südweſt nach Nordoſt fallenden Gelände (Fig. 217 [441]).
Die Baracke ruhte auf einem 1,25 bis 2,80 m hohen Unterbau auf gemauerten Pfeilern. Der Zugang erfolgte an der ſüdweſtlichen Giebelſeite. Rechts vom Eingangsflur lag ein Wärter-, links ein Verbandmaterialienraum. Am Ausgangsende waren rechts der Bade-, links der Abortraum angeordnet, an welche links ein Waſchraum und rechts eine Rampe nach dem Garten anſchlofs. Alle 4 Nebenräume erhielten in 2,80 m Höhe eine mit Leinwand überzogene Decke. Das Dach trug in ganzer Länge einen 1,80 m breiten und 0,90 m hohen Dachreiter mit jederſeits acht 3,00 × 0,37 m grofsen Längsklappen und Stirnklappen. Ueber der ſüdweſtlichen Eingangsthür befand ſich ein grofses Giebelfenſter. Die Baracke hatte Waſſer- und Gasleitung. Warmwaſſer wurde im eingemauerten Keſſel der Waſchküche bereitet, und die mit hydrauliſchen Verſchlüſſen verſehenen Abflufsrohre aus Steingut mündeten in den nahen Wieſen. Der Fufsboden war angeſtrichen und lackiert und der ganze Bau reich und wohnlich ausgeſtattet.

[437]) Siehe ebendaf., S. 379, 354, 369, 375, 395, 320, 339, 392 u. 382.
[439]) Siehe: *The medical and ſurgical hiſtory*, Teil III, Bd. I, S. 944.
[440]) Nach: Sanitätsbericht etc., Taf. L.
[441]) Fakſ.-Repr. nach ebendaf., Taf. XLVIII.

Die Baracke wurde 1873 im ganzen gehoben, etwa 70 m weiter neben das Garnifonlazarett verfetzt und dort in den Sommermonaten wieder in Gebrauch genommen.

Die Baracke der Kriegs-Sanitätsordnung (Fig. 218 bis 220 [112]), nach deren Schema ein Teil der Baracken von 1870 gebaut war, bewährte fich in vieler Hinficht gut.

405. Beifpiel IV.

Die Baracke hat aufsen 27,66 m Länge und 7,00 m Breite. Unter derfelben foll man die oberfte Schicht des Erdbodens ausftechen und bis 15 cm über dem Boden mit Sand, Kies, Kohlenfchlacken oder dergl. verfüllen. Längs der Süd- und Oftfeite ift ein Waffergraben nach einem 1,00 m tiefen Sammelloch anzuordnen. Bei mangelnder Zeit genügt das Legen des Schwellenwerkes auf guten, trockenen, mit Kies und Kohlenfchlacken feftgeftampften Boden; fonft ruht die Baracke auf 3 Reihen von je 23 gemauerten, den gewachfenen Boden um 30 cm überragenden Mauerpfeilern von $1^{1}/_{2} \times 1^{1}/_{2}$ Stein Querfchnitt, deren Achfenftand von 1,25 m in der Längsrichtung zugleich derjenige der Fufsbodenhölzer, Stiele und Sparren ift. Die Pfeiler tragen die Fufsbodenhölzer, diefe an ihren Enden die Längsfchwellen, in denen die Stiele eingefetzt find, welche unter der Fenfterbrüftung durch Querriegel und unter dem Dach durch einen Rahmen verbunden find. Die Eckfelder und 2 Mittelfelder in jeder Längswand werden durch je einen Streben gekreuzt. Alle diefe Hölzer und Rahmen haben 16×16 cm, die Sparren 13×13 cm und die mit den Sparren verbolzten Zangen 5×26 cm Querfchnitt. Die Stiele erhalten 3,00 m Höhe; die Sparren, welche fich in einer Scheitelhöhe von 4,75 m über dem Fufsboden behufs Bildung des Dachreiters kreuzen, überragen die Seitenwände um 1,00 m. Der Fufsboden befteht aus 3,5 cm ftarken, gut gefpundeten und gehobelten Brettern; die Wände erhalten eine einfache Bekleidung aus ungehobelten, überftülpten Brettern, das Dach einfache Schalung aus aneinanderftofsenden, 2 cm ftarken Brettern und Dachpappendeckung, wie der Dachreiter, welcher über die ganze Baracke hinweggeführt ift. Ueber feinen Erfatz durch 3 Dachlaternen fiehe Fig. 92 (S. 56).

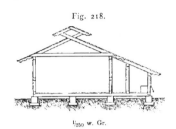

Fig. 218.

$^{1}/_{250}$ w. Gr.

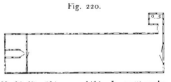

Fig. 219.

$^{1}/_{500}$ w. Gr.

Fig. 220.

Vorfchriftsmäfsige preufsifche Lazarettbaracke. 20 bis 30 Betten [442]). 1870.

Am Nordende trennt ein 1,25 m breiter Flur in Länge der drei Endachfen der Baracke zwei durch Rahmenwerk und einfache Bretterwände abgefchlagene Räume, die einerfeits als Theeküche und Baderaum, anderfeits als Wärter- und Wäfcheraum dienen. Ueber diefem Flur, der einen Windfang bildet, an der Eingangsfeite durch eine $1,25 \times 2,00$ m grofse verfchliefsbare Thür, am Krankenraum durch einen verfchiebbaren Vorhang abgefchloffen ift und nur 2,00 m Höhe erhält, liegt ein Geräteraum. Im Südgiebel ift ein $3,14 \times 3,14$ m grofses Thor angeordnet, deffen beide Flügel fich nach aufsen öffnen und an deffen Innenfeite ein verfchiebbarer Vorhang von Drillich die ganze Oeffnung deckt. Jede Seitenwand hat zehn $1,09 \times 2,00$ m grofse Oeffnungen, welche einfache Fenfter, deren oberer Teil um feine untere Achfe drehbar und ftellbar ift, und Vorhänge erhalten. Erforderlichenfalls können Fenfter und Thüren durch Holzklappen und Vorhänge erfetzt werden. Der zwei Wandfelder breite und 1,90 m tiefe Abortraum ift durch einen $1,00 \times 1,50$ m grofsen Flur mit zwei fchliefsbaren, 2,00 m über dem Fufsboden gelegenen Luken und mit zwei Thüren von der Baracke getrennt.

Der Fufsboden foll mehrmals mit heifsem Oel getränkt, die Baracke im übrigen mit Wafferglasfarben angeftrichen oder innen mit einfacher weifser oder lichtblau gefärbter Kalkmilch getüncht werden, was bei trockener Witterung zur Luftverbefferung bei Anwefenheit der Kranken ausgeführt werden kann. Das Pappdach ift aufsen bei grofser Hitze weifs anzuftreichen.

---

[442]) Nach ebendaf., Taf. XXXI, Fig. 4—6.

Handbuch der Architektur. IV. 5, a. (2. Aufl.)

Für Winterbenutzung der Baracke gelten die folgenden Beftimmungen. Die Wände erhalten bei vorhandener Innenfchalung eine äufsere geftülpte Schalung und eine Füllung aus trockenen Ziegelfteinen, Kokesafche oder Lohe, Stoffe, die der Infektion nicht unterworfen find, bei vorhandener Aufsenfchalung entweder eine halb gefpundete, innere Verfchalung und zwifchen beiden eine ruhende Luftfchicht oder eine äufsere Bekleidung der Aufsenfchalung mit Steinpappe, oder auf der äufseren Schalung eine 5 bis 8 cm ftarke, mit Eifendraht und Nägeln befeftigte Strohlage und darüber einen 3 bis 6 cm ftarken Lehmputz. — Das Dach foll eine zweite innere Bretterbekleidung mit verfchliefsbaren Oeffnungen unter dem Dachreiter nur bei befonders niedrigen Temperaturverhältniffen des betreffenden Ortes erhalten. — Die Zahl der Fenfter ift auf das für die Erhellung zuläffige Mafs einzufchränken; die anderen Fenfter find mit Läden, verfchiebbaren und nicht vom Wind bewegbaren Strohmatten zu fchützen, die Thüren durch Windfänge aber nur fo weit zu fchliefsen, als fich mit dem Bettentransport bei Feuersgefahr verträgt, und der Dachreiter ift bis auf einzelne, mit Klappen verfehene Oeffnungen zu verfchalen. Bezüglich der Heizung fiehe Art. 377 (S. 228). Die Oefen erhalten als Unterlage eine flache Steinfchicht oder Eifenblech.

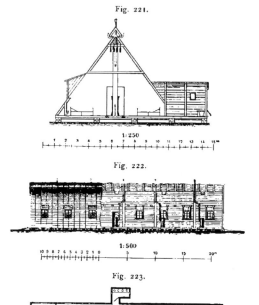

Fig. 221.

Fig. 222.

Fig. 223.

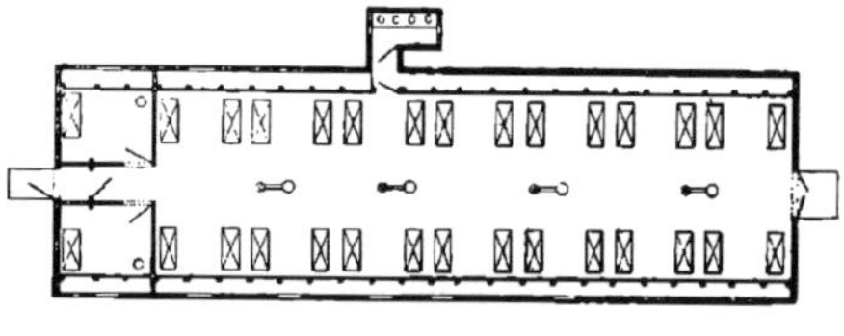

Krankenbaracke des Kriegsgefangenen-Lazaretts zu Minden[443]).
1870—71.

406. Beifpiel V.

Die 13 Baracken des Barackenlazaretts für Kriegsgefangene hatten fatteldachförmigen Querfchnitt mit durchlaufender Firftlüftung (Fig. 221 bis 223[443]).

Von denfelben waren 7 für 20, 6 für 24 Betten beftimmt. Die ausgeführten Mafse der gröfseren Baracken (26,30 × 11,10 × 7,20 m) weichen von den planmäfsigen ab. Auch waren unter dem Firft eine 1,25 m breite, wagrechte Decke und in den feitlichen Ecken 2,50 m hohe lotrechte Wände eingezogen. 4 grofse, um eine wagrechte Achfe drehbare Klappen durchbrachen die Deckenfläche. Ueber die Lüftung bei Heizung fiehe Art. 377 (S. 229). Der Luftraum für 1 Bett betrug 20,0 bis 21,5 cbm; die Luft war »ftets bemerkenswert rein«, und die Heizung genügte, da die Temperatur nie unter 12,5 Grad C. fank. An einem Ende lagen Theeküche und Wärterzimmer. Der Brand, welcher 5 diefer Baracken und die Kapelle niederlegte, wurde auf zu ftarkes Heizen des nahe an der Giebelwand ftehenden Ofens der Theeküche in einer derfelben zurückgeführt.

407. Baracken mit einer Reihe Betten.

Für eine Reihe Betten waren die nach dem Gefecht bei Weifsenburg auf Betreiben des 5. bayerifchen Hauptfeldfpitals zu Bretten errichteten, aber wegen Weiterrücken des Feldfpitals nach Frankreich nicht belegten, im Oktober durch einen Orkan zerftörten 2 Baracken für je 50 Betten erbaut.

Das Innere des 90,00 × 4,50 × 3,50 bis 5,50 m grofsen Gebäudes bildete einen einzigen Krankenraum mit Thüren in den Stirnwänden, einem Thor nebft Vorhalle und breiter dreiftufiger Treppe in der

Mitte der gegen Süden gekehrten Hauptfront mit 16 Fenftern von 1,20 × 0,60 m Fläche in jeder Längswand, Satteldach und 0,90 m langen Dachreitern zwifchen je zwei Bundgefpärren. Die Baracke wurde ringsum mit Windftreben und Abzugsgräben verfehen; Laufbretter führten zu gedeckten Aborten in der Nähe.

Fig. 224.

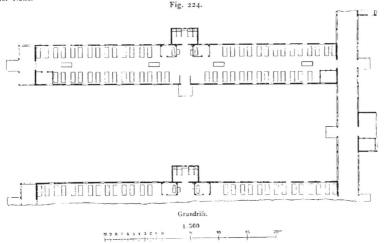

Grundrifs.
1:500

Doppelbaracken für 55 Betten zu Leipzig (Refervelazarett I [445]).
1870—71.

408. Doppelbaracken.

Den Typus der Doppelbaracke hatte die preufsifche Lazarettbaracke vom 29. Mai 1866. Ihre 2 Säle zu je 20 Betten wurden durch 2 Vorflure mit Kochherden getrennt, deren rückwärtiger den Zugang zu den angebauten Aborten vermittelte [444]). Andere Ausbildungen von Doppelbaracken zeigen die folgenden Beifpiele.

409. Beifpiel VI.

Unter Vermeidung von inneren Gängen wurden auch die Nebenräume im Barackenlazarett auf dem Exerzierplatze zu Leipzig angeordnet (Fig. 224 [445]).
Sie hatten oft-weftliche Längsachfe und 3 Eingänge. An den Giebeln lagen je ein Wärterzimmer, in der Mitte 2 Baderäume zu feiten eines Vorraumes mit Ausgufsbecken und zwei Tifchen und dahinter nach Norden der Abortraum. Jede Baracke erhielt Wafferleitung, 6 Gaslammen und 4 grofse, eiferne Steinkohlenfüllöfen mit gemauertem, oben offenem Mantel, der je nach der Klappenftellung die Erwärmung von Zuluft oder das Abfaugen von Abluft geftattete. Die Rauchrohre waren durch einen unten zu öffnenden Lüftungsfchlot geführt. Die Handhabung diefer Oefen erfolgte oft in unrichtiger Weife; auch wurde über ftarke Temperaturfchwankungen geklagt.

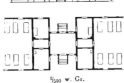

Fig. 225 u. 226.

1/500 w. Gr.
Krankenbaracken der Stadt Nürnberg [446]).
1870—71.

410. Beifpiel VII.

In den doppelten Krankenbaracken der Stadt Nürnberg waren beide Säle nur durch eine Veranda verbunden (Fig. 225 u. 226 [446]).

---
[443]) Nach ebendaf., Taf. LXIII.
[444]) Siehe die 1. Aufl. des vorliegenden Heftes (Fig. 278 u. 279, S. 613).
[445]) Nach Sanitätsbericht etc., Taf. XXXVIII. (Siehe auch S. 348.)
[446]) Nach ebendaf., Taf. LII. (Siehe auch S. 365 ff.)

411.
Beispiel
VIII.

Diese 2,33 m tiefe Veranda vermittelte den Zugang zu beiden Sälen; doch hatte jeder Saal feine eigenen, auf beide Enden verteilten 4 Nebenräume.

Im Plan der englifchen Kommiffion für Kafernen und Hofpitäler zu einem Sanatorium des chinefifchen Heeres zu Wynberg am Kap der guten Hoffnung für 40 Betten wurde eine Querlüftung zwifchen beiden Sälen wie in Fig. 227 u. 228[447]) bewirkt.

Die Mittelräume dienen für die Spülküche, das Bad und 2 Wärter. Gleiche Lüftungsgänge trennen an den anderen Saalenden je 1 Wafchraum und 2 Spülaborte vom Saal. Die infolge der Dachausbildung freibleibenden Saalgiebel erhielten hochliegende Fenfter. Das doppelte Dach bildet die Decke, hat in ganzer Länge Firftlüftung, und in den oberen Teilen der Wand unter der Decke liegen Sheringham-Ventilatoren.

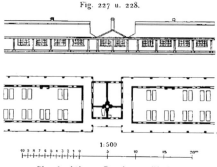

Fig. 227 u. 228.

Plan für hölzerne Baracken zu Wynberg am Kap der guten Hoffnung[447]).
1861.

Litteratur

über »Krankengebäude für vorübergehende Zwecke«.

α) Anlage und Einrichtung.

NUTTEN. Die Behandlung der Kranken unter Zelten. Medicin. Zeitg., neue Folge, Jahrg. 2 (1859), S. 147, 154, 158.

Krankenbehandlung in Zelten zu Pofen. Preufs. militärärztl. Zeitg., Jahrg. 3 (1862), S. 264.

PARKES, E. A. *A manual of practical hygiene prepared efpecially for ufe in the medical fervice of the army.* London 1864. S. 284—286: *Wooden huts.* — S. 286—289: *Tents.*

BÄRWINDT. Die Behandlung von Kranken und Verwundeten unter Zelten im Sommer 1866 zu Frankfurt a. M. Würzburg 1867.

BLANKENSTEIN. Ueber Anordnung der Barackenlazarethe. Zeitfchr. f. Bauw. 1868, S. 307.

ESSE. Krankenhaus und Barackenlazareth. ROMBERG's Zeitfchr. f. prakt. Baukunft 1869, S. 293 u. Taf. 33—35.

HAAG, J. Anlage für Heifswafferheizung der Lazarethbaracken. Deutfche Viert. f. öff. Gefundheitspfl. 1869, S. 281.

HUSSON. *Note fur les tentes et baraques, appliquées au traitement des bleffés. Bulletin de l'académie de médecine,* Bd. XXXIV (1869), S. 525.

LE FORT, L. *Des hôpitaux fous tente. Gazette hebdomadaire de médecine et de chirurgie* 1869, S. 595, 627, 662, 692.

BLANKENSTEIN. Die Lazarethbaracke im Kriege und im Frieden. Deutfche Bauz. 1870, S. 257, 263.

VARRENTRAPP, G. Zelt- und Barackenbau in Frankfurt a. M. Deutfche Viert. f. öff. Gefundheitspfl. 1871, S. 387.

SCHATZ. *Etude fur les hôpitaux fous tente. Thèfe de doctorat. Annales d'hygiène,* II. Serie, Bd. 34 (1870), S. 241. — Auch als Sonderabdruck erfchienen: Paris 1870.

VIRCHOW, R. Ueber Lazarethe und Baracken. Vortrag, gehalten vor der Berliner medicinifchen Gefellfchaft am 8. Februar 1871. Berliner klinifche Wochfchr. 1871, Nr. 10—14. — Auch in: VIRCHOW, R. Gefammelte Abhandlungen aus dem Gebiete der öffentlichen Medicin und der Seuchenlehre. Berlin 1879. Bd. II, S. 56.

---

[447]) Nach: *General report of the commiffion appointed for improving the fanitary condition of barracks and hofpitals.* London 1861. S. 201.

DEMOGET, A. *Étude fur la conftruction des ambulances temporaires fous forme de baraquements, fuivi d'un effai fur les hôpitaux civils permanents avec un appendice médico-chirurgical par le docteur Broffard.* Paris 1871.
LENT. Die Heizeinrichtung im Zeltlazareth des Garnifon-Lazarethes in Köln. Correfpondenzbl. d. niederrhein. Vereins f. öff. Gefundheitspfl. 1872, S. 20.
RÜHL, TH. Ueber proviforifche Feld-Spitalanlagen. Wien 1872.
HEYFELDER. Baracke und Zelt in Krieg und Frieden. Deutfche Zeitfchr. f. Chirurgie 1872, S. 399.
KUSSMAUL, A. Barackenbauten für Blatternkranke. Deutfche Viert. f. öff. Gefundheitspfl. 1872, S. 651.
JÄGER, F. & E. SABOURAUD. *Étude fur les hôpitaux-baraques.* Paris 1872.
Kriegs-Sanitäts-Ordnung vom 10. Januar 1878. Berlin 1878. — Neuer Abdruck mit den veränderten Beilagen V u. VI. Berlin 1888.
VÖLKNER, C. Die ovalbogenförmige Kriegsbaracke. Wien 1878.
Sanitätsbericht über die deutfchen Heere im Kriege gegen Frankreich 1870/71. Der Sanitätsdienft. Bd. I: Adminiftrativer Theil. Berlin 1884. S. 311—396: Kap. 7. Zelte und Baracken.
LARRISSOW, W. W. Erdhütten als Unterkunft für Soldaten im Kriege. Differtation. St. Petersburg 1884.
LANGENBECK V., v. COLER & WERNER. Die transportable Barackenbaracke mit befonderer Berückfichtigung der von Ihrer Majeftät der Kaiferin und Königin Augufta hervorgerufenen Baracken-Ausftellung in Antwerpen im September 1885. Berlin 1886. — 2. Aufl. 1890.
NIEDEN, J. ZUR. Zelte uud Nothbaracken, deren Gerüfte aus Stangen und Draht nach Art der Bauruftungen zufammengefetzt werden. Berlin 1886.
ARNOLD & WIEDEMANN. Lazarethbaracken. Centralbl. f. allg. Gefundheitspfl. 1886, S. 62.
PORT. Die Selbftherftellung von Unterkunftsräumen für Kriegsverwundete. Deutfche militärärztl. Zeitfchr. 1887, S. 122.
NICOLAI. Das erfte Obdach der Kriegsverwundeten. Deutfche militärärztl. Zeitfchr. 1888, S. 302.
TILSCHKERT. Ueber die Unterkunft gröfserer Heereskörper im Aufmarfchraume und von cernirten Feftungen. Ein neues Barackenfyftem. Organ der militär-wiffenfchaftlichen Vereine. Bd. XXXVII. Wien 1888.
NIEDEN, J. ZUR. Zerlegbare Häufer. Berlin 1888.
WALDHAUER, C. fen. & A. WINDELBANDT. Errichtung und Einrichtung transportabler Baracken und Barackenlazarethe. Deutfche Zeitfchr. f. Chirurgie, Bd. XXIX (1889), S. 202 u. Taf. III—IV.
TILSCHKERT, V. Gemauerte Baracken mit Erdeinhüllungen, Kafernen minderer Kategorie. Oeft. milit. Zeitfchr., Jan. 1893.
SCHMIEDEN, H. Die transportable Lazareth-Baracke in ihrer heutigen Geftalt und Einrichtung. Gefundh.-Ing. 1863, S. 97 u. Taf. I.
GROSSHEIM, C. Erfahrungen über das Zeltfyftem. Nach einem Vortrag, gehalten auf dem VIII. internationalen Congrefs für Hygiene und Demographie in Budapeft. Deutfche militärärztl. Zeitfchr. 1894, S. 385.
LANGE, W. Der Barackenbau mit befonderer Berückfichtigung der Wohn- und Epidemie-Baracken. Leipzig 1895.
MAJEWSKI, K. Ueber die Verwendung der Kiefelfteine zur improvifirten Erwärmung der Krankenzelte und Bleffürtenwagen in einem Winterfeldzuge. Wiener medicin. Preffe 1898, S. 376.

β) Befchreibung einzelner Baulichkeiten.

ESSE, C. H. Das Barackenlazareth der königl. Charité zu Berlin in feinen Einrichtungen dargeftellt. Berlin 1868.
ESSE, C. H. Die Baracke des Frauen-Lazareth-Vereins. Deutfche Viert. f. öff. Gefundheitspfl. 1869, S. 165.
FRIEDREICH, N. Die Heidelberger Baracken für Kriegsepidemien während des Feldzuges 1870—71. Heidelberg 1871. — VARRENTRAPP's Referat hierüber in: Deutfche Viert. f. öff. Gefundheitspfl. 1872, S. 266.
HEUSNER, R. Das Zeltlazareth am Thürmchen zu Cöln. Cöln 1871.
Das »Radcliffe«-Hofpitalzelt. Deutfche Viert. f. öff. Gefundheitspfl. 1871, S. 595.
Der Pavillon für freiwillige Hülfe im Kriege. Allg. militärärztl. Zeitg., Bd. 14 (1873), S. 193.
EVANS, T. W. *Hiftory of the American ambulance eftablifhed in Paris during the fiege of 1870—71 together with the details of its methods and its work.* London 1873.
Baracken und Nothfpitäler für die Ueberfchwemmten in Sczegedin 1879. Atlas 1883.
RIEGER, F. Ueber den Bau von Baracken in Bosnien und der Herzegowina. Mittheilungen über Gegen-

ftände des Architekten- und Ingenieurwefens. Herausg. vom technifchen und adminiftrativen Militär-Comité. Jahrg. XIV. Wien 1883. S. 327–392.

Pavillon der Rudolfsgefellfchaft zu Wien. *Quatrième congrès international d'hygiène et de démographie à Genève (du 4 au 9 feptembre 1882)*, Bd. II. Genf 1883. S. 197 u. Taf. IX.

JULLIARD. *Baraques de l'hôpital continental de Genève. Quatrième congrès international d'hygiène et de démographie à Genève (du 4 au 9 f. ptembre 1882).* Bd. II. Genf 1883. S. 193.

BRANDT. Cholera-Baracke für Ottenfen. Baugwks.-Ztg. 1886, S. 232.

CHATIAU. Transportable Cholerabaracke. Baugwks.-Ztg. 1886, S. 997, 1016.

PERISSÉ, S. *Note fur le pavillon d'hôpital temporaire de l'union des femmes de France. Revue d'hygiène* 1889, S. 417.

RUPPEL. Die Cholerabaracken in Hamburg. Centralbl. d. Bauverw. 1862, S. 440, 449.

LINDÉN, K. E. Die Epidemiebaracke des finnifchen Militärs zu Helfingfors. Deutfche militärärztl. Zeitfchr. 1895, S. 204.

ε) Zeltbaracken.

412 Kennzeichnung.

Erfetzt man einzelne Teile der Barackenumhüllung durch Leinwand, fo entfteht die »Zeltbaracke«. *Stromeyer* wählte diefe Bezeichnung für feine Baracken in Langenfalza, im Gegenfatz zu den nur aus feftem Gerüft mit vollftändiger Stoffumhüllung beftehenden »Barackenzelten«. Die letzteren werden, ihrer Natur entfprechend, im Anfchlufs an die Zeltfäle befprochen.

413. Beifpiele.

In Langenfalza entftanden unter *Stromeyer*'s Leitung zwei Typen ohne Nebenräume.

Der eine der beiden (Fig. 229[448]) für 30 Betten hatte keinen Fufsboden, gefchloffene Südgiebel- und weftliche Längswand, hingegen teilweife geöffneten Nordgiebel und nur halbhoch gefchloffene Oftwand mit ftellbaren Leinwandfeldern darüber, feftes Dach, offenen Dachreiter und eine Thür in der Südgiebelwand. Das Oeffnen der Baracke gegen Often und Norden follte die Lüftung fördern. — Der zweite in Langenfalza zur Ausführung gekommene Typus erhielt nur in den Giebeldreiecken volle Schalung, feftes, mit Dachreiter verfehenes Dach und Fufsboden; dagegen beftanden die Seitenwände rings aus Vorhängen von Segelleinen. So waren auch die 1870/71 von *Julliard* im *Hôpital continental* zu Genf als Evakuationsbaracken zu je 8 Betten für die chirurgifche Abteilung im Sommer errichteten 9 Zeltbaracken ausgeführt[449]).

Fig. 229.

Stromeyer'fche Zeltbaracke zu Langenfalza[448]). 1866.

Die Frankfurter Zeltbaracken von 1867 und diejenigen in Oberwiefenfeld erhielten Zubehör, erftere auch Glasdächer.

In den zwei Zeltbaracken im Hofpital zum heiligen Geift in Frankfurt a. M.[450]) fchlofs man die Flächen zwifchen den 5 jederfeits das Dach tragenden eifernen Säulen durch 4 in der Höhe geteilte Rollvorhänge, die fich markifenartig ftellen liefsen. Das von einem durch Holzklappen fchliefsbaren Dachreiter überragte Dach hatte doppelte, mit hellgrauer Oelfarbe angeftrichene Verglafung, aufsen 0,5 cm ftark, innen von gewöhnlicher Scheibendicke. Die äufsere Dachfläche erhielt Beriefelung, und der 9,5 cm hohe Raum zwifchen beiden Flächen wurde rings luftdicht gefchloffen, gegen *Varrentrapp*'s Wunfch, der 20 cm Abftand haben wollte, um das Licht durch Auf- und Abziehen ungebleichter Leinwand über eine Rolle regeln zu können. Leinene Wände trennten an jedem Barackenende 2 Nebenräume mit dazwifchenliegendem Gang ab, deffen Eingangsthür aufsen rückfchiebbare Vorhänge, innen Doppelflügelthüren aus Rahmen mit Leinwand erhielten.

Die beiden Zeltbaracken im Garnifonkrankenhaufe zu Oberwiefenfeld[451]) hatten hölzerne Stirnwände, Seitengardinen, Doppeldach und Dachreiter mit Glasjaloufien. Die 3 Nebenräume lagen in dem mit der Baracke durch einen gedeckten Zugang verbundenen Anbau am öftlichen Giebel.

---

[448]) Nach: Sanitätsbericht etc , Taf XXX.
[449]) Siehe: JULLIARD. *Baraques de l'hôpital cantonal de Genève. Quatrième congrès international d'hygiène et de démographie à Genève (du 4 au 9 Septembre 1882).* Genf 1883. Bd. II, S. 193.
[450]) Siehe: VARRENTRAPP, a. a. O., S. 388 ff.
[451]) Siehe: Sanitätsbericht etc., S. 380 u. Taf. LIX.

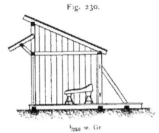

Fig. 230.

$\frac{1}{250}$ w. Gr.

Volkmann'fche Zeltbaracke für 30 Betten in einer Reihe zu Trautenau [454]. 1866.

Zu luftig waren die Sommerbaracken im Orangeriegarten zu Beffungen bei Darmftadt [452] angelegt.

Längs- und Stirnwände beftanden ganz aus Segelleinen, deren obere Hälfte fich feitlich aufziehen liefs, und das doppelt verfchalte Dach hatte offenen Dachreiter. Der ungenügende Schutz gegen Regen und Wind machte halbhohe Schalung der Längswände mit Lüftungsluken über dem Fufsboden, markifenartige Anordnung der Vorhänge über diefen Wänden, Verfchalung der Stirnwände, Belegen des Daches mit Dachpappe und Klappenverfchlufs des Dachreiters nötig.

Dagegen litten unter ungenügender Lüftung die Zeltbaracken der *American ambulance* zu Paris (1870 [453]).

Ihre Wände beftanden bis 0,40 m unter dem Dach aus Brettern, darüber aus Leinwand, ihr Dach aus einer doppelten Zeltdecke, die auch nach Auflegen einer dritten leckte, was man der Sparrenunterlage zufchrieb. Diefe Baracken waren felten frei von Spitalgeruch und fchwerer als die Zelte zu heizen.

Halbbaracken mit einer Reihe Betten und einer offenen Längswand entftanden in Trautenau und in St.-Cloud.

414 Halbe Zeltbaracken.

Bei den nach *Volkmann*'s Angaben in Trautenau hergeftellten Baracken (Fig. 230 [454]) teilte man die offene Seite der Höhe nach durch ein Wetterdach; ihr oberer, 0,94 m (= 3 Fufs) hoher Teil konnte durch Vorhänge und ihr unterer durch 11 Rollvorhänge gefchloffen werden.

Fig. 231.

Zeltbaracke mit 24 Betten für 12 Verwundete im Park zu St.-Cloud. Nach Angaben von Dr. *Mundy* [455] 1871.

Aehnlich, aber gröfser waren die 8 *Mundy*'fchen Zeltbaracken für Schwerverwundete in St.-Cloud für 24 Betten, von denen je 2 für einen Schwerverwundeten dienen follten (Fig. 231 [455]). Die Vorhänge griffen übereinander, konnten durch Knöpfe verbunden, durch Ringe am Fufsboden befeftigt, aber auch nach Belieben zur Seite gefchoben oder ausgefpannt werden. Bei ftarker Hitze befeuchtete man fie mit einer Handfpritze. Die fortgefetzte Regelung diefer Vorhänge nach Wind, Sonne und Regen erforderte 4 befondere Arbeiter. In einer Stirnwand war 1 Thür, in jeder derfelben 1, und in der Längswand waren 5 um ihre Mittelachfe drehbare Fenfter eingefetzt. An der Eingangsfeite trennte ein zweiteiliger Quervorhang einen Raum für die Badewanne, Wäfche u. f. w. ab; am anderen Ende wurden 2 Erdaborte und 1 Piffoir angelegt.

Die Baracke *»Dupuytren«* für verwundete Offiziere erhielt durch 12 zweiteilige Quervorhänge 13 getrennte Abteile.

ε) Notbaracken.

Bei Belagerungen ift die Befchaffung paffenden Materials zu geeigneten Unterkunftsmitteln für Verwundete und Kranke unter Umftänden fchwierig, befonders auch für die Belagerten in Feftungen.

415. Baracken bei Belagerungen.

---

[452] Siehe ebendaf., S. 370 u. Taf. LV.
[453] Siehe: EVANS, T. W. *Hiftory of the American ambulance eftablifhed in Paris during the fiege of 1870—71 together with the details of its methods and its work*. London 1873. Pl. I u. S. 315 ff.
[454] Nach: Sanitätsbericht etc., Taf. XXX u. S. 314.
[455] Nach: FILLENBAUM, C., J. NETOLITZKY, F. DANEK & G. GUTTL. Bericht über das franzöfifche Baracken-Lazareth für Verwundete im Parke von St.-Cloud im Jahre 1871. Wien 1872. Taf. II. (Vergl. ebendaf. S. 3 ff.)

416.
Beispiel I.

Vor Sebaftopol benutzten die Engländer die »Chefterhütten«, Lagerhütten mit Doppelwand und Dach, deren Lüftung fie durch Höherlegen der Firftbretter, Herftellung eines Luftftromes zwifchen beiden Umhüllungen u. f. w. verbefferten. Der hieraus entftandene Typus (Fig. 232 u. 233[456]) war auch für die fpäteren Baracken im *General hofpital* zu San Georgio und die *Naval brigade* mafsgebend.

Die Klappfenfter aus rohem Spiegelglas an den Seitenwänden wurden in $2{,}03$ m ($= 6$ Fufs 8 Zoll) Achfenabftand angeordnet, begannen $0{,}76$ m ($= 2$ Fufs 6 Zoll) über dem Fufsboden und waren $0{,}41$ m ($= 1$ Fufs 4 Zoll) hoch und $0{,}84$ m ($= 2$ Fufs 10 Zoll) breit. Die reichliche Längs-, Quer- und Firftlüftung ergänzte den geringen Luftraum. Windfänge fchützten die Thüren in den Stirnwänden, und an der Sonnenfeite trat das Dach beträchtlich vor dem Gebäude zum Schutz für

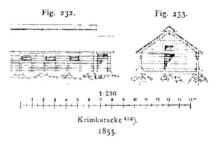

Fig. 232.   Fig. 233.

Krimbaracke [456].
1855.

Rekonvalescenten und gegen die Sonne vor. Ein anderer Plan, den die Kommiffion in ihrem Bericht mitteilt, zeigt die innere, untere Wandklappe nicht. — »Solche Hütten wurden während fehr heifsem Wetter benutzt. Ihre Temperatur war nicht höher als aufsen im Schatten und während eines rigoros kalten Winters waren fie ausreichend. Die Innenluft blieb nach dem Bericht der Kommiffion (fiehe Art. 23, S. 12) immer genügend rein felbft während heifsem Wetter.«

Empfohlen wurde auch, in dem einen Windfang einen von aufsen zugänglichen Abort unterzubringen, am anderen eine kleine Spülküche und ein Wärterzimmer anzufchliefsen.

417.
Beispiel II.

In Metz errichteten die Franzofen 1870 auf dem Polygon 30 Baracken, welche nur unter Zuhilfenahme aller vorhandenen Mittel herftellbar waren[457].

Man fuchte die Handarbeit möglichft zu verringern, bediente fich nur im Handel vorkommender Materialien, vereinfachte alles fo, dafs jede Arbeit durch jeden Handwerker gemacht werden konnte, nnd verwendete auch alte Schreinerarbeiten und Materialien, die in Metz und Umgegend aufzutreiben waren. Alle Arten von Verbindungen wurden durch Stifte und Schrauben hergeftellt, fo dafs fich die nötigen Werkzeuge auf Säge, Hammer und Zange einfchränken liefsen. Das Zerfchneiden der Bretter erfolgte mittels einer durch Lokomobile getriebenen Kreisfäge.

Die in die Erde gegrabenen Stiele, die Querbalken, Firftfäulen und Zwifchenftützen wurden unter fich und mit den aus halben Bretterbreiten hergerichteten Doppelfparren verlafcht. Pfetten aus T-artig genagelten Brettern verbanden die Gefpärre. Ein $0{,}40$ m breiter Streifen zwifchen Wand und Decke fetzte fich aus abwechfelnden, $2{,}00$ m langen Holz- und Fenfterklappen zufammen, und das Dach hatte Dachreiter.

418.
Feldbaracken nach Schlachten.

Am gröfsten ift der Andrang der Verwundeten nach Schlachten, wo der Bedarf an geeigneten Räumen am dringendften und ihre fchnelle Herftellung bei mangelndem Material am fchwierigften wird. Zu den leichteren Konftruktionen, die hier Verwendung finden können, gehören bretterne Flugdächer mit darüberliegenden dichten Baftmatten, die fich in öfterreichifchen Hofpitälern im franzöfifch-fardinifchen Krieg auch bei grofser Hitze bewährten, und Baracken aus Matten und Flechtwerk, die im ruffifch-türkifchen Krieg benutzt wurden. Von den verhältnismäfsig wenigen derartigen Bauten im Feldzug 1870—71 war ein Teil fchliefslich wegen Undichtigkeit und Durchläffigkeit oder aus anderen Gründen nicht brauchbar.

---

[456] Nach: *Report to the Right Hon. Lord Panmure, G. C. B. & Minifter at War, of the Proceedings of the fanitary commiffion difpatched to the feat of war in the Eaft 1855—56. Prefented to both Houfes of Parliament by Command of Her Majefty March 1857,* London. Accounts and Papers (2) Army; navy Seffion 3 February—21 March 1857. Bd. IX, 1857.

[457] Siehe: DEMOGET, A. *Étude fur la conftruction des ambulances temporaires fuivie d'un effay fur l'application des baraquements à la conftruction des hôpitaux civils permanents. Avec un appendice médico-chirurgical par M. L. Broffard.* Paris 1871. — Die Pläne finden fich auch in: RIEHL, TH. *Ueber provisorifche Feldfpitalsanlagen.* Wien 1872.

Die nach der Schlacht von Wörth am 7. Auguft in Sulz unter dem Walde auf einer etwas feuchten Wiefe vom 4. Feldlazarett (XI. Armeecorps) errichteten Baracken mufsten wegen des Untergrundes am 6., 8. und 9. September geräumt werden. Das Gerüft war aus Hopfenftangen gezimmert, mit Latten und Brettern benagelt und in ganzer Länge mit einem Dachreiter gekrönt. Der obere Teil der Giebeldreiecke blieb frei; Vorhänge fchloffen die Eingänge; der natürliche Boden bildete den Fufsboden.

Nach der Schlacht von Sedan wurde in Floing unter der Leitung *Stromeyer*'s eine Baracke für 20 Betten, ähnlich derjenigen in Langenfalza (fiehe Art. 736, S. 623), von 45 Pionieren unter Kommando von 2 Ingenieuroffizieren in einem Tage gebaut. Das leinene Dach hatte einen Dachreiter, der in der einen Baracke an der Nordfeite keine Klappen erhielt. Die Erfolge waren günftig. Gegen die Regengüffe im Oktober fchützte die Baracke jedoch nicht; fie mufste geräumt werden.

Die in Douzy nach Angaben von *Thierfch* durch bayerifche Geniefoldaten entftandene Baracke fafste 60 Betten. Eine mit Spalierpfirfichen bepflanzte, hohe Gartenmauer bildete die eine, Bretter mit eingefetzten Glasfenftern die andere Längswand. Der Dachreiter wurde im Oktober durch Wagenplanen gefchloffen, und die Lagerftellen ftanden auf dem mit Zwergobftbäumen eingefafsten Gartenweg. Später ftellte man Oefen ein, und die Baracke war vom 11. September bis 20. Oktober belegt [458]).

Die Kriegs-Sanitätsordnung empfiehlt als Notbaracke den für Refervelazarette beftimmten Typus in vereinfachter Form, mit einer Bekleidung von Segelleinen oder Brettern, die fich einfeitig überdecken. — Vorfchläge für Notbaracken find auch von *Port* und von *zur Nieden* gemacht worden.

419. Pläne

Die von *Port* [459]) empfohlene Hütte für 6 Betten hat mit Rückficht auf Sturmficherheit die geringen Mafse von 7,00 × 3,00 × 2,50 m. Ihr Querfchnitt zeigt die Geftalt eines Satteldaches mit ungleichen Schenkeln, weil die Mittelftützen im erften Drittel der Stirnwand ftehen, um in der Mitte derfelben eine Thür zu haben und jederfeits eines Mittelweges 3 Betten der Länge nach ftellen zu können. Die mit gefirnifster Leinwand überzogenen Thürrahmen erfetzen die Fenfter.

Das Gerüft der *zur Nieden*'fchen Notbaracke [460]) ift der Mindener Baracke (fiehe Fig. 122, S. 242) nachgebildet. Die Sparren liegen in 1,80 m Abftand auf Holmen zwifchen paarweifen Wandpfählen und überkreuzen fich im Firft zur Aufnahme der Firftpfetten, deren Enden durch Drähte, die nach Erdpflöcken gefpannt find, gefichert werden. Erdpfähle dienen auch zur Befeftigung der Sparren am Boden. Alle anderen Verbindungen erfolgen durch Bindedraht und Stricke.

Zu den Notbaracken find auch die Erdhütten zu rechnen. Nach *Brockelesby*'s Erfahrungen ift auch eine in trockenem Boden in die Erde gefenkte Hütte zur Krankenunterkunft möglich.

420. Erd- und Lehmhütten.

Verfchiedene Typen, die an diefes Beifpiel anfchliefsen, teilt *Larriffow* [461]) mit. Derartige Unterkünfte find den mit Erde überfchütteten Hütten vorzuziehen, da letztere der Feuchtigkeit und des Mangels an Licht wegen nur in äufserftem Notfall benutzt werden follen.

Lehmhütten, welche *Pirogoff* für Rufsland empfahl, werden in Notfällen wegen ihres langfamen Austrocknens felten zu benutzen fein.

Die Feuchtigkeit der Lehmhütten-Baracken in Simferopol und Sebaftopol, in denen die Verwundeten an Katarrhen und Rheumatismen litten, führt *Pirogoff* auf ihr ungenügendes Austrocknen zurück.

Um folche Lehmhütten nach dem Barackenfyftem [462]) einzurichten, hätte man nach *Pirogoff*:

a) die Lage, welche in den Lehmhütten aus mit Lehm beftrichenen Holzbohlen befteht, für den Sommer abnehmbar zu machen;

b) in der Wand und im Dach Luken mit Läden anzubringen;

c) die Hütten felbft in etwas gröfserem Mafsftabe mit einem Unterdielenraum auszuführen — wie in Rufsland die Vorratsmagazine auf dem Lande (auf Pfählen mit einer Diele, die 0,71 m [= 1 Arfhin] und mehr vom Boden abfteht) gebaut werden.

---

[458]) Siehe: Sanitätsbericht etc., S. 317, 321 u. 322.

[459]) Siehe: PORT. Die Selbftherftellung von Unterkunftsräumen für Kriegsverwundete. Deutfche militärärztl. Zeitfchr. 1887, S. 122.

[460]) ZUR NIEDEN. Zelte und Nothbaracken, deren Gerüfte aus Stangen und Draht nach Art der Baurüftungen zufammengefetzt werden. Berlin 1886.

[461]) Siehe: LARRISSOW, W. W. Erdhütten als Unterkunft für Soldaten im Kriege. Differtation. Petersburg 1884. (Ruffifch.) S. 4, 8.

[462]) Siehe: PIROGOFF, a. a. O, S. 132.

	Unterbau		Fufsboden
Militär-Lazarettbaracke	der mediz. Abt. des preufsifchen Kriegsminifteriums	Schwellenrahmen	Dielenplatten auf Dielenhölzern
Militär-Lazarettbaracke	Döcker'fchen Mufters	Kiftenboden	Kiftenboden
Militär-Lazarettbaracke	Döcker'fchen Mufters	Kiftenboden	Kiftenboden
Zerlegbares Krankenhaus	von zur Nieden	Schwellen	Dielenplatten auf Koke und Dielenhölzern
Stahlblech-Baracke	von Bernhardt & Grove	Schwellenrahmen	Rollfufsboden auf Lagerhölzern
Eifenblech-Baracke	von Vogler & Noah	doppelte Schwellen	Dielenplatten auf Dielenträgern
Spitzbogenförmige Baracke	Syftem Tollet	Schwellenrahmen	Dielenplatten auf Trägerbalken

ζ) Verfetzbare Baracken.

421.
Zweck

Die verfetzbare Baracke, welche feit dem Wettbewerb um diefe Gattung im Jahr 1885 zu Antwerpen im befonderen feitens der Medizinalabteilung des preufsifchen Kriegsminifteriums weiter ausgebildet wurde, foll nicht allein zur Verwendung im Kriege, fondern auch für vorübergehende Unterbringung Kranker im Frieden dienen und ift feit ihrer jetzigen Ausbildung in ausgedehnter Weife in Krankenhäufern zu Evakuationszwecken und bei Epidemien benutzt worden.

Die Erforderniffe, welche man an eine verfetzbare Baracke ftellen mufs, find aufser ihrer Eignung für die Krankenpflege: leichte Verfendbarkeit, möglichft geringes Gewicht, kompendiöfe Verpackung und leicht zu bewirkende Aufftellbarkeit auch durch ungeübte Leute.

Die Gröfsen und Gewichte von 6 Haupttypen, welche nachftehend befprochen find, enthält die obenftehende Ueberficht.

422.
Beifpiel I.

Ein Hauptgrundgedanke der heutigen verfetzbaren Baracken war fchon in den *Paneled huts* vorhanden, die Ende 1855 von England für die Winterkampagne nach der Krim gefchickt wurden und infolge ihrer Struktur für Transport und Aufftellung beträchtliche Erleichterungen boten.

Sie beftanden aus doppelten Füllungen — um die Wärme abzuhalten —, welche man auf die Bauhölzer fchraubte, erhielten durch Jaloufieklappen gefchützte Giebelöffnungen und im Dachfirft 5 grofse, mit Zink gedeckte Ventilatoren. Bei verfchiedenen Längen bis zu 22,56 m war ihre Breite 5,00 m, ihre Höhe 1,78 bis 3,50 m. Nach dem Bericht der Krimkommiffion beftanden ihre Fehler in dem Mangel an Dachvorfprüngen, die den Regen von den Fundamenten hätten abhalten können, und in der Neigung des Daches, zu lecken; letzteres konnte durch Decken der Fugen mit Pappe leicht befeitigt werden.

423.
Beifpiel II.

Das Eigentümliche der von *Chriftoph & Unmack* (Kopenhagen) in Antwerpen ausgeftellten Lazarettbaracke (Mufter *Döcker*) mit Pappbekleidung war die Konftruktion ihres Oberbaues (Fig. 234 bis 236⁴⁶³).

Diefer Oberbau beftand nur aus 4 in ihrer Querachfe ftehenden Holzpfoften — 2 in der Mitte der Längswände und 2 im Raum —, welche Sparren und Längsleiften tragen; diefelben find mit den Pfoften und den Endwänden zum Erfatz von Verftrebungen durch eiferne Winkelftücke verbunden. Wände und Dach beftehen aus Holzrahmen, die beiderfeits mit Pappplatten befpannt werden, welche in Falzen des Rahmens ruhen und einen Luftraum zwifchen fich laffen. Die Verkoppelung der Tafeln untereinander ift durch Patent gefchützt.

Diefer Oberbau blieb bei der Militär-Lazarettbaracke (Mufter *Döcker*) mit Pappbekleidung nahezu derfelbe; doch haben fich die Mafse, der Fufsboden und der Unterbau geändert.

Die Länge wurde von 10,00 m erft auf 13,00, dann auf 15,00 m erhöht, die Breite von 6,00 m

---

[463] Fakf.-Repr. nach: LANGENBECK, V., v. COLER & WERNER, a. a. O., 2. Aufl., Taf. XIII.

Bekleidung der Wandrahmen	Füllung	Bekleidung der Dachrahmen	Bettenzahl	Länge	Breite	Höhe	Gewicht	Preis
Segeltuch	—	desgl.	14—20	15,0	5,0	2,35—3,65	3220	3135
Pappe	—	desgl.	14—20	15,0	5,0	2,35—3,65	3600	3655
Pappe	Moostorf	desgl.	14—20	15,0	5,0	2,35—3,65	4350	4040
Weber-Falkenberg'fche Leinwand	—	innen desgl., aufsen Kiftenbrett u. Dachpappe	—	—	—	—	—	—
aufsen Stahlblech, innen Holz	—	desgl.		15,0	5,0	2,50—3,40	7300	5200
Eifenblech	Torfmaffe oder Kalkpulver	desgl.		12,15	5,80	2,40—4,00	6370	4038
Holzplatten mit Blech befchlagen	—	desgl.		11,60 [464]	6,00	3,80 [465]	6500	6318
				Meter			Kilogr.	Mark

auf 5,00 m vermindert (Fig. 237, S. 252). Bei den letzteren Mafsen kann man im Sommer 20, im Winter 18 Betten bei einem Luftraum von 11,25, bezw. 12,50 cbm für 1 Bett ftellen, die ein Wärter ordnungsmäfsig überfehen und verforgen kann.

Die früher auf Unterlaghölzern ruhenden Fufsbodentafeln find, um an Gewicht und Verpackungsmaterial zu fparen, durch einen Boden erfetzt worden, welcher fich aus den 12,5 cm hohen Hälften der

Fig. 234 bis 236.

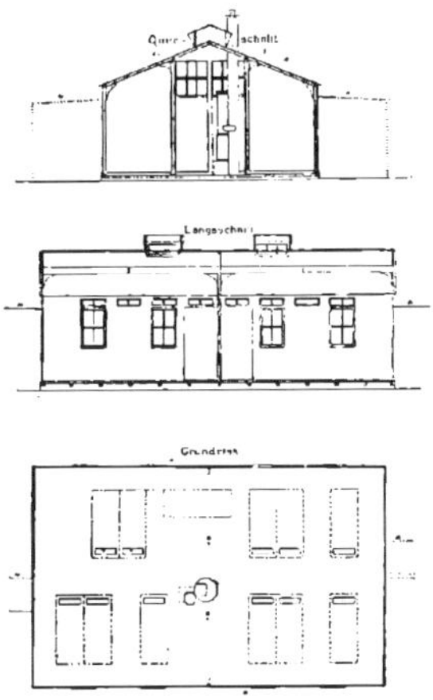

1/250 w. Gr.
Preisgekrönte verfetzbare Baracke
von *Chriftoph & Unmack*.
(Syftem *Döcker* [466]).
1885.

aus 2 kofferartig aufeinander liegenden Teilen beftehenden Kiften für die Wand und Dachtafeln zufammenfetzt, welche mit Falzen übereinander greifen und mittels mehrerer an ihren inneren Wänden befeftigten Stützen auf anfchraubbaren Fufsbodenplatten ruhen, fo dafs der Fufsboden 0,25 m über dem Erdboden liegt. Querhölzer in den Kiften, die bei der Verpackung umgeklappt werden, aber fich hoch ftellen laffen, dienen zur Verfteifung der Dielung.

Entfprechend der gröfseren Länge hat die Baracke jetzt 2 Querreihen von ftützenden Pfoften. Die Wandtafeln fitzen in einer Nut des Fufsbodens, find hier mit befonderem Keilverfchlufs zu befeftigen, greifen an ihren Längsfeiten mit Falzen übereinander, find paarweife durch 5 Gelenke verbunden und an den freien Kanten mit Haken und Oefen verfehen, durch welche fie untereinander und mit den Dachtafeln, in deren Fugen fie greifen, befeftigt werden. Die befonders zubereitete Pappe der Tafeln erhielt zur Verftärkung an der Rahmenfeite einen Jutebezug, aufsen zweimaligen Oelfarbenanftrich. — In jeder Längswand (Fig. 237 [466]) befinden fich 6 Fenfter und 13 verglafte Luken (Legfcheiben), in jeder Giebelwand eine Thür mit grofsem, darüber liegendem Fenfter, und das Dach hat 2 dachreiterartige Auffätze, die mit drehbaren Glasfenftern fchliefsbar find. Das Mittelfeld jeder Wand kann aufgeftellt werden. Die Thür der rückwärtigen Stirnwand führt zu dem nur überdeckten Vorraum des aufsen angehängten Abortes, deffen Thür erft geöffnet werden kann, wenn die Saalthür gefchloffen ift.

Zwei Baracken füllen ein offenes Convoy oder einen grofsen gefchloffenen Güterwagen.

Eine Baracke erfordert auf gutem Pflafter 1 Rollwagen, auf guten Wegen 2 zweifpännige und im Felde 3 bis 4 folche Wagen; ihre Aufftellung kann bei nicht ungünftigem Wetter durch 10 ungeübte Perfonen in 8 bis 10 Stunden erfolgen. Sie widerftand in Colberg einer Windftärke von Nr. 9 bis 12 der 12-teiligen Skala und dem Schneedruck. Die durch Glaferkitt zu dichtenden Fugen zwifchen den Dachtafeln überklebt man, um fie dicht zu halten, mit Segeltuch; auch kann man den Deckleiftenverfchlufs der »Leinwandbaracke« (fiehe Art. 424, S. 252) auf das Dach anwenden. Moostorf-Füllplatten zwifchen den Pappfchichten, die leicht desinfizierbar find, und eine Verftärkung der Rahmendicke von 4 auf 5 cm

[464] Gröfste Länge.
[465] Im Scheitel.
[466] Fakf.-Repr. nach: LANGENBECK, v., v. COLER & WERNER, a. a. O., 2. Aufl., S. 181.

empfehlen fich in kaltem Klima. Die dadurch für die Heizung erzielbaren Vorteile wiegen in anderen Gegenden den Nachteil des höheren Gewichtes nicht auf.

Ueber die Heizbarkeit der Baracke fiehe Art. 430 (S. 254). Im Sommer folgt die Temperatur im Inneren derjenigen des Zeltinneren und beträgt etwa 2,5 Grad C. weniger als aufsen, weshalb eine Befchattung durch Bäume empfohlen wird. Beim Oeffnen der Dachreiterfenfter und der 6 Legfcheiben windabwärts ergab fich im Sommer ein Kohlenfäuregehalt, der dem in den Zelten gefundenen nahe kam. Bei gefchloffenen Thüren und Fenftern war er in der Baracke beträchtlich höher, weil im Zelt noch der nicht fchliefsbare Firftraum zwifchen den Dächern offen blieb.

Die Baracke erwies fich bei der Behandlung von Wunden und äufseren Verletzungen als günftig, bei der Behandlung von Rheumatikern dort, wo zur Erzielung einer warmen Fufsbodentemperatur der Unterbau abgefchloffen und eine gleichmäfsige Temperatur erzielbar war, als unbedenklich, bei Gelenkrheumatismus öfter fehr günftig und vorteilhaft für akute und chronifche Erkrankungen der Atmungsorgane mit allgemeinen Ernährungsftörungen und bei fehlerhafter Blutmifchung. Bei Typhuskranken konnte in Kolberg im Sommer, in Rendsburg und Flensburg auch im Winter Bäderbehandlung in der Baracke ftattfinden.

Fig. 237.

Preufsifche, 15 m lange Militär-Lazarettbaracke (Mufter *Docker* [466]) für 20 Betten.

424 Beifpiel III.

Einer befchleunigten Herftellung gröfserer Mengen von Pappbaracken würden der Zeitaufwand des doppelten Oelanftriches der Tafeln und das mühfame, gleichzeitig ftattfindende Verpaffen derfelben, fowie der ausgedehnte, fur beides benötigte, fchwerlich erlangbare gedeckte Raum entgegenftehen. Diefe Erwägungen fuhrten zur Konftruktion der Leinwandbaracke.

Bei diefer find die Pappe durch wafferdichtes Segeltuch und die Verkoppelung der Tafeln durch beiderfeitige, mittels Schraubenbolzen und Schraubenmuttern auf die Fugen geprefste Deckleiften, die eine randftändige Berührung entbehrlich machen, erfetzt, fo dafs Scharnierverbindungen nur zwifchen Wandtafeln und Binderftielen vorkommen. Die Wand- und Dachtafeln erfordern keine Verpackung in Kiften; der Unterbau befteht daher aus Schwellenrahmen, Dielenträgern und Dielenplatten. Alle übrigen Teile derfelben entfprechen derjenigen der Pappbaracke.

Die Leinwandbaracke bietet bezüglich der Lüftung Vorzüge vor der Pappbaracke infolge der Luftdurchläffigkeit der mit Leinwand überfpannten Rahmenflächen, die jedoch nicht als Zug empfunden wird. Ueber die Heizung fiehe Art. 430 (S. 254). Die Wandtafeln geftatten eine fichere Desinfektion mittels ftrömenden Wafferdampfes, ohne Schaden zu nehmen. Der Aufbau geftaltet fich wegen des Deckleiftenverfchluffes bequemer, aber nicht wefentlich fchneller als bei der Pappbaracke. Ihre Verpackung wird erleichtert durch die Möglichkeit, die durch Zufammenfchnüren mehrerer Tafeln zu bildenden Packftücke beliebig leicht herftellen zu können.

Fig. 238.

Baracke mit geöffneten Wänden [467].

Arch.: *zur Nieden*.

425. Beifpiel IV.

Die Baracke von *zur Nieden* (Fig. 238 [467]) foll einen Wechfel in der Herftellung dreier Zuftände — fefte Form, Zeltgeftalt und Laubenform — in leichter Weife ermöglichen, um fie fchnellen Temperaturveränderungen anpaffen zu können, und erhielt zu diefem Zweck ein eifernes Gerippe.

Die eifernen Giebel und Zwifchenbinder find durch L-Eifen in der Längsrichtung der Wände und des Daches verbunden, an denen Flachfchienen hängen, welche die Fugen der herausnehmbaren mit *Weber-Falkenftein*'fcher Leinwand befpannten Rahmen decken, die mittels Vorreibern feftgelegt werden. Die aufsen mit Kiftenbrettern und Dachpappe belegten Dachtafeln hängen am tragenden Firftholz. Unter dem Dachüberftand liegen fefte Fenfter, unter diefen Rollvorhänge welche im Sommer bei geöffneten

---

[467] Fakf.-Repr. nach ebendaf., S. 197.

Wänden und in allen Jahreszeiten hinter den gefchloffenen Wänden zur Verhütung von fühlbarem Spaltenzug herabgelaffen werden können. Die Baracke hat fich als heizbar bewährt und wird in verfchiedenen Gröfsen ausgeführt.

Die nach Angaben *Bernhardt*'s von der Firma *Grove* in Berlin hergeftellte Stahlblechbaracke hat hölzernes Gerippe ohne Sparren.

Zwifchen den Wand- und Firftftielen der Binder find Streben eingehängt, die mit den Zangen verbolzt werden. Eingehängte Firft- und Traufhölzer verbinden die Binder; Spreizftangen zwifchen Traufhölzern und Zangen ftellen die Längsverfteifung her.

Die aufsen mit glattem Stahlblech, innen mit Brettern bekleideten Tafeln greifen unten mit Stiften in Löcher des zufammenlegbaren Schwellenrahmens und find oben wie die Dachtafeln am Traufholz eingehängt. Letztere werden am Firftholz mit Kappen gedeckt und mit demfelben verfchraubt. Der 2 cm ftarke Rollfufsboden liegt auf Lagerhölzern.

426. Beifpiel V.

Fig. 239.

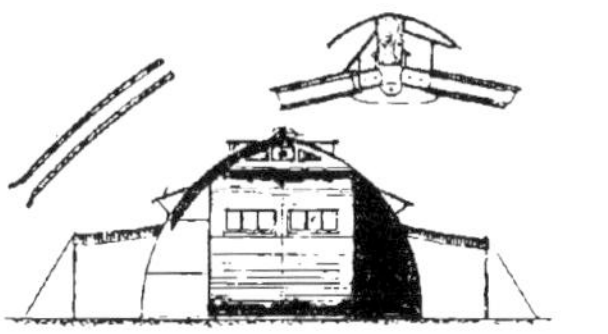

Querfchnitt.

$\frac{1}{250}$ w. Gr.

Fig. 240.

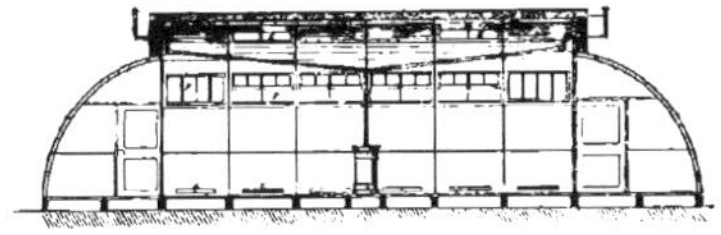

Längsfchnitt.

Fig. 241.

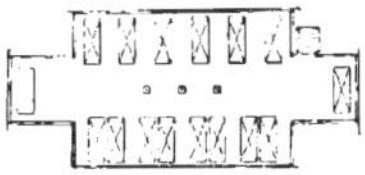

Grundrifs.

$\frac{1}{500}$ w. Gr.

Verfetzbare Baracke der *Société nouvelle des conftructions* (Syftem *Tollet*) zu Paris [469]).

Die Baracke erfordert keine Verpackung und hat fich im Garnifonlazarett 1 zu Berlin bei Abfchlufs des Unterbaues als heizbar bewährt. Ohne diefe Vorkehrung war die Temperatur am Fufsboden infolge der zahlreichen Ritze des Rollfufsbodens überall niedriger als in der Pappbaracke.

Die Baracke von *Vogler & Noah* in Hannover hat ein zufammenhängendes und zufammenklappbares Gerippe[468]).

427. Beifpiel VI.

Die 5 zufammenlegbaren Binder find durch Trauf- und Firftpfetten, fowie durch je zwei Streben verbunden, bezw. verfteift. Die mit Eifenblech überfpannten Wandtafeln haben Füllung aus Torfmaffe oder Kalkpulver.

Von *Vogler* wurde fpäter ein Gerippe mit einfacherem Binder gebildet, das mit doppelter Leinwand bekleidet als Barackenzelt und mit feften Wänden als Baracke dienen kann.

Eifengerippe erhielt auch die Baracke der *Société nouvelle des conftructions* (Syftem *Tollet*) zu Paris (Fig. 239 u. 241[469]).

428. Beifpiel VII.

Zwifchen der eifernen Schwelle, die reifenförmig auch die einfpringenden Winkel der Baracke umkreift und mit verfchliefsbaren Luftlöchern durchbrochen ift, liegen die 11 cm ftarken Trägerbalken für die Fufsbodenplatten. Die fpitzbogenförmigen Rippen werden im Scheitel durch einen hölzernen Firftbalken und in etwa halber Länge durch einen zweiten Reifen verbunden. In denfelben liegen die mit ihnen verbolzten, doppelten, ihrer Krümmung folgenden Holztafeln, deren eine Seite mit lackiertem Zinkoder Eifenblech benagelt ift und zwifchen denen ein lüftbarer Hohlraum von 8 cm Tiefe bleibt.

Der eigentliche Krankenraum von 9,00 × 6,00 m Grundfläche und 3,80 m Firfthöhe erweitert fich an den Enden um die 2,80 × 2,80 m grofsen Nifchen für 1 Wärterbett, bezw. 1 Tifch auf 14,60 m Länge und bietet 187 cbm oder bei einem Belag von 13 Betten je 14,38 cbm und bei 17 Betten je 11 cbm Luftraum. In jeder Nifche find 2 Thüren, deren eine zu dem mit Segeltuch umkleideten Abort führt. Acht Wandplatten haben aufzuklappende Leinwand oder Glasfenfter, und zwei Wandklappen in der Nähe des Firftes find zu öffnen. Ueber die Firftlüftung fiehe Art. 96 (S. 58).

[468]) Siehe ebendaf., S.200.
[469]) Fakf.-Repr. nach ebendaf., Taf. VIII.

Beim Transport werden die Wandtafeln in Kiften verpackt. Den Aufbau bewirken 4 ungeübte Arbeiter in 20 Stunden. Im Sommer können an den Längsfeiten Zeltdächer ausgefpannt werden[470]).

429. Verfetzbares Lazarett in Tempelhof.
Ueber die vergleichsweife Zufammenftellung von zwei Leinwand- und einer Pappbaracke in dem 1891 zu Tempelhof errichteten verfetzbaren Lazarett berichtete *Menger* dem Zentralkomitee der Deutfchen Vereine vom Roten Kreuz[471]).

Der Bericht kam zu dem Ergebnis, dafs der Pappbaracke befonders für Herbft und Winter und wegen ihrer 4 bis 6 Wochen erfordernden Herftellung in Friedenszeiten, der in wenig Tagen herftellbaren und luftigeren Leinwandbaracke dagegen in Kriegszeiten und im Sommer der Vorzug zu geben fei. Die Heizung der Baracke bedürfe mit Rückficht auf die Befchaffenheit des Fufsbodens einer Verbefferung. (Siehe Art. 430. S. 255.)

430. Ofenheizung der preufsifchen Lazarettbaracke.
Ueber die Heizbarkeit der preufsifchen verfetzbaren Lazarettbaracken von Pappe und Leinwand durch eiferne Oefen ohne und mit Lüftung hat die preufsifche Militärverwaltung Verfuche anftellen laffen[472]).

Die Durchläfigkeit der vielen Wand-, Fufsboden- und Deckenfugen bedingt die Wahl von Ofengröfsen, die für einen gröfseren Raum als denjenigen der Baracke berechnet find. Der Betrieb mufs aufserdem ein bei Tag und Nacht ununterbrochener fein. Unter folchen Umftänden liefsen fich felbft mit einfachften, fog. Kanonenöfen 15,00 bis 18,75 Grad C. (= 12 bis 15 Grad R.) erzielen. Eine gleichmäfsige und ausreichende Erwärmung wurde weniger durch Kälte als durch ftürmifches Wetter geftört, wobei die eindringenden kalten Luftftröme die Temperatur an der Windfeite um 6 Grad herabfetzten. Zur Erzielung einer gleichmäfsigen Temperatur eigneten fich der nicht mit Lüftungsvorrichtungen verfehene *Möhrlin*'fche Zirkulationsofen und die mit folchen verfehenen *Keidel*'fchen und *Käuffer*'fchen Oefen.

Bei Einführung frifcher Luft durch Lüftungsöfen, Oeffnen einiger Legefcheiben und eines Dachreiterfenfters erreichte *Nicolai* in Freiburg i. B. eine ausreichende und die gebotene Raumerwärmung nicht hindernde Lufterneuerung, folange noch auf 1 Bett 16 cbm Luftraum entfielen.

Die Verwendung von Abzugsfchloten im Garnifonlazarett I zu Berlin (1890) ermöglichte durch Lüftungsöfen bei Schliefsen aller Oeffnungen nach *Pfuhl* eine »allen Anfprüchen genügende« reine Luft (fiehe die umftehende Tabelle). Die Leinwandbaracke erfordert eine viel weniger ausgiebige Ofenventilation, welche hier im Notfalle ganz entbehrt werden kann[473]). — Bei diefen Verfuchen waren 2 Abzugsfchlote in Thätigkeit. Den einen bildete der Mantel vom Rauchrohr des in der einen Ecke ftehenden Ofens; der andere war nicht erwärmt und ftand in der gegenüberliegenden Ecke. Der erftere zog einen Teil der

Ofengattung	Temperatur			Eintretende Luftmenge durch den Frifchluftkanal	Abzugsfchlote		Länge der Baracke	Bettenzahl	Luftraum der Baracke	Kohlenfäure Frifchluftkanal und Abzugsfchlote		
	aufsen	innen		in Kopfhöhe	gefchloffen	geöffnet				gefchloffen	geöffnet	
		am oberen Mantelrand	am Fufsboden								am Fufsboden	in Kopfhöhe
Pfälzer Schachtofen[474]	+3,5	—	9	10,5	—	—	—	—	—	1,58	1,84	
	+4,7	82,0	15	21	153	—	15	18	225	—	—	
	+4,7	73,5—78	15	21	—	219	—	—	—	—	—	
Keidel'fcher Ofen Nr. 3[475]	+1,0	61,5—37,5	15—14,5	23—21	261	409	13	13	195	2,65	—	1,056
Käuffer'fcher Ofen Nr. 24[476]	+8,0	34,0—58,0	—	—	—	363	638	13	15	195	2,64	0,83	0,93
		Grad C.			Kub.-Met.		m		cbm	Vomtaufend		

[470]) Siehe ebendaf., S. 129.
[471]) Siehe: MENGER, H. Das transportable Barackenlazareth zu Tempelhof vom 1. Juli bis 31. December 1891. Bericht von dem Central-Comité der Deutfchen Vereine vom Rothen Kreuz. Berlin 1892. S. 12 ff., fowie S. 31.
[472]) Siehe: LANGENBECK, v., v. COLER & WERNER, a. a. O., 2. Aufl., S. 227 bis 272.
[473]) Siehe ebendaf., S. 265.
[474]) Siehe ebendaf., S. 259.
[475]) Siehe ebendaf., S. 262.
[476]) Siehe ebendaf., S. 264.

aus dem Mantelraum des Ofens ftrömenden Zuluft an. Ein Abzugsfchlot bedarf daher einer gewiffen Entfernung vom Ofen, um gleichmäfsige Durchlüftung zu erzielen. Steht der Ofen in der Mitte des Raumes, fo würde man an jedem Ende einen folchen anzuordnen haben [477]).

Der Brennftoffverbrauch wurde in Tempelhof (1891) von *Menger* bei einer vergleichsweifen Prüfung von 2 Leinwand- mit 1 Pappbaracke wie in nachftehender Tabelle feftgeftellt [478]).

Zur Verwendung kam neben *Geisler*'fchen Oefen ein *Lönholdt*'fcher eiferner Lazarettofen mit Sturzflammenfeuerung, mit dem fich bei völliger Rauchverzehrung und zweimaligem täglichen Auffchütten eine gleichmäfsig regelbare Temperatur erzielen liefs. Empfohlen wurde die Aufftellung zweier folcher Oefen für je 200 bis 300 cbm Rauminhalt — da bei einem Ofen von doppelter Leiftungsfähigkeit die Barackenenden kühl waren — und möglichft unmittelbare Herausführung des Rauchrohres bis zu 2,00 m über Dach. Der Verbrauch an Brennftoff ift aus nachftehender Tabelle zu erfehen. In der Leinwandbaracke zeigte fich ein ftarker Wärmeunterfchied zwifchen Bett- und Mannshöhe.

Gattung	Heizperiode	Oefen		Kohlenverbrauch in 24 Stunden
		Zahl	Gattung	
Pappbaracke . . .	22. Nov. bis 10. Dez.	1	*Lönholdt*'fcher Ofen	30 l Steinkohle
Pappbaracke . . .	11. Dez. bis 15. Dez.	1	*Lönholdt*'fcher Ofen	150 bis 180 l feuchter Torf
Leinwandbaracke .	22. Nov. bis 15. Dez.	2	*Geisler*'fche Oefen	120 l Steinkohle

Auch gemauerte und Kachelöfen liefs die preufsifche Militärverwaltung für diefen Zweck prüfen.

In Thorn wurden in zwei Lazarettbaracken je 2 Backftein-, bezw. 2 Kachelöfen aufgeftellt, um ihre Wirkung zu vergleichen; man heizte mit dem einen früh, fchlofs ihn nach 3 Stunden und heizte abends genau fo mit dem anderen; das Ergebnis war bei den Kachelöfen 12,9 und bei den Backfteinöfen 12,4 Grad R. Mit zerlegbaren Kachelöfen, aus 4 Teilen beftehend, erzielte man bei — 11 Grad R. im Freien eine gleichmäfsige Erwärmung von 13 bis 14 Grad im Inneren [479]).

Zur Nieden [480]) fchlug vor, die Verbrennungsgafe des eifernen Ofens durch einen aus Luftziegeln mit Luftzügen gemauerten, neben dem Ofen errichteten Schirm zu leiten, was fich bei der Heizung von Bahnwärterhäufern bewährt haben foll.

Eine Ausnutzung der Rauchwärme ift in verfchiedener Weife, zum Teil auch für die Erwärmung der Zu- und Abluft, in Vorfchlag gebracht worden [481]).

431. Ausnutzung der Rauchwärme.

Tollet liefs das Rauchrohr des in der Barackenmitte ftehenden Ofens fich gabeln und führte es beiderfeits mit geringer Steigung bis zu den Giebelwänden und durch diefe in das Freie.

Bocquillon ftellte die Heizvorrichtung an ein Barackenende und gab dem unter der Decke zum anderen Ende geleiteten Rauchrohr einen durchbrochenen, durch die Giebelwand geführten Metallmantel, um in entgegengefetzter Richtung Luft anzufaugen.

Fig. 242.

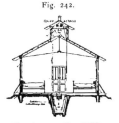

Baracke von *Hugedé* [482]).

Arnoldi & Wiedemann ummantelten das zwifchen 2 Mantelöfen ihrer kreisförmigen Baracke auffteigende Rauchrohr doppelt. Der engere Mantel für die Abluft faugt durch den Hohlraum des Fufsbodens die Abluft unter den Betten ab und geht mit dem Rauchrohr hoch über Dach; der weitere Mantel zum Anfaugen der Zuluft ift mit dem Mantelraum der Oefen verbunden und reicht nur bis wenig über das Dach. Eine befondere Feuerung im Rauchrohr ermöglicht die Sommerlüftung.

Andere verwandte Vorfchläge beziehen fich auf Einführung der Zuluft durch Wärmegräben, wobei die Heizvorrichtung innerhalb oder aufserhalb des Raumes angeordnet wurde.

477) Siehe ebendaf., S. 263.
478) Siehe: MENGER, a. a. O., S. 12 ff., fowie S. 31.
479) Siehe: LANGENBECK, v., v. COLER & WERNER, a. a. O , 2. Aufl., S 247.
480) Siehe ebendaf., S. 242.
481) Siehe ebendaf., S. 135 u. 124.
482) Fakf.-Repr. nach ebendaf., Taf. XIV.

Hugeté in Paris ftellte in der Baracke 2 eiferne Oefen auf und führte ihre Rauchrohre durch einen Fufsbodenkanal von Eifenblech, der mit der Aufsenluft Verbindung hatte (Fig. 242 [482]). Die in diefem Kanal erwärmte Luft foll entweder durch verfchliefsbare Oeffnungen im Fufsboden in den Raum ausftrömen oder die Luftfchicht im Doppelfufsboden und in der Doppelwand erwärmen.

Waldhauer und *Windelbandt* [483]) empfahlen nach ihren ruffifchen Erfahrungen, von einer Luftkammer aus, in welcher ein ruffifcher Bauernofen fteht, die erwärmte Luft durch einen Wärmegraben mit grätenartigen Seitenkanälen in dem aus Lehmfchlag hergeftellten Fufsboden einzuführen und den Schornftein behufs Abzugs der Luft in die Krankenräume zu legen und zu ummanteln.

In der *Peters*'fchen Wagenbaracke [484]) wurde der Rauch durch eiferne Rippenkörper im Zuluftkanal vom Feuerraum unter dem Fufsboden aus nach beiden Enden des Raumes und dort über Dach geleitet.

2) Zeltbauten.

432. Kennzeichnung.

Das Zelt, die ältefte Form verfetzbarer Krankenunterkunftsräume, ftellt zugleich die beweglichfte und luftigfte Geftalt derfelben dar, wenn es nach allen Seiten, je nach der Windrichtung, geöffnet werden kann. Ein Zelt befteht aus einem Stützwerk, welches einen raumbildenden gewebten Mantel trägt, und mufs fich auffchlagen und abbrechen laffen, ohne dafs dabei feine Teile leiden. Die Beweglichkeit der Zelte foll für beftimmte Zwecke, wie für den Feldlazarettdienft, fo weit als möglich getrieben werden, kann aber bei regelmäfsig an einer beftimmten Stelle benutzten Zelten, wo felbftändige, dauernd oder doch für längeren Bedarf errichtete Gerüfte vorhanden find, auf den Zeltmantel eingefchränkt fein. Dementfprechend find die leicht verfetzbaren Zelte von den letzteren, den Barackenzelten, getrennt zu befprechen, zwifchen denen die aus mehreren Zelten zufammengefetzten Zeltfäle ftehen.

433. Fufsboden.

Bei genügend vorbereiteter oder dauernder Zeltverwendung gilt bezüglich der Zeltfufsböden das bei den Baracken in Art. 365 (S. 221) Gefagte. Mufs man den Erdboden benutzen, fo fucht man einen ftaubfreien Grund oder belegt ihn mit einer undurchläffigen Decke, wie Wachstuch oder dergl.; doch bleibt die Sicherung der Trockenheit des Fufsbodens durch Herftellung eines Grabens um das Zelt herum erfte Bedingung für die Benutzung der Zelte als Krankenunterkunftsräume. Wo man innerhalb des Zeltes den Untergrund nicht vor Verunreinigungen fchützen kann, foll man das Gelände öfter wechfeln. Bretterböden follten daher auseinandernehmbar fein, was zugleich ihre Reinigung auch dort erleichtert, wo fie fonft länger würden liegen können.

434. Zeltgerüft.

Das Zeltgerüft ift auf das notwendigfte Stützwerk einzufchränken und möglichft widerftandsfähig herzuftellen. Vom Eifen, welches fchon 1840 in Preufsen und fpäter von 1866—80 in den reglementsgemäfsen Zelten dafelbft Verwendung fand, kam man ab, weil das Eifengeftell vielfach durch Sturm erheblich litt und dann die Zelte unbrauchbar machte, wie 1870 am Bahnhofe zu Saarbrücken, oder doch teilweife durch Holz erfetzt werden mufste, wie in Gravelotte [485]). Bei dem zum Teil aus Drahtfeilen konftruierten kreisförmigen Zelt von *George Turner* fcheuerte fich der Mantel, wo er auf diefen Seilen lag, leicht durch [486]). Hingegen bewährten fich nach dem Sanitätsbericht die englifchen Zelte in Neuwied mit feftem,

---

[483]) Siehe: Waldhauer, C. & A. Windelbandt. Errichtung und Einrichtung transportabler Baracken und Barackenlazarethe. Deutfche Zeitfchr. f. Chirurgie, Bd XXIX (1889), S. 202 ff.
[484]) Siehe: Langenbeck, v., v. Coler & Werner, a. a. O., 2. Aufl., S. 158.
[485]) Siehe: Sanitätsbericht, S. 235 u. 318.
[486]) Siehe: Evans, a. a. O., S. 359.

gedrungenem Eifengerüſt[187]), und im neuen Zelt von *Curd Hahn* liegt ein abermaliger Verſuch mit einem eiſernen Stützwerk vor. Solches iſt jedenfalls bei länger benutzten Zelten in Krankenhäuſern vorzuziehen, wobei die neueren Erfahrungen an Zelten in Reſtaurationsgärten verwertbar ſind.

Da die einzelnen Teile des Stützwerkes das Gewebe möglichſt wenig berühren ſollen, weil beſonders an ſolchen Stellen Waſſer durchlecken kann, vermeidet man thunlichſt Sparren und ſpannt die Zeltdecke freitragend mittels Schnüren von den mittleren Stützen nach Zeltpflöcken oder nach Zäunen aus, welche aufſerhalb des Zeltes parallel mit ſeinen Wänden ſtehen. Sind mehrere Mittelſtützen vorhanden, ſo verbindet man ſie durch einen Firſtbalken oder durch eine über ſie hinweggezogene Sturmleine zu einem Bockgerüſt. Die Seitenwände befeſtigt man an ſelbſtändigen Gerüſten, an Stangen oder am Zeltdach. Beſondere Wandpfoſten ſind zu beiden Seiten von Fenſtern und Thüren vorzuſehen; doch fehlen Fenſter meiſt ganz, wo die Durchläſſigkeit des Stoffes für Licht genügt. Die ſchon genannten, von den Zeltenden nach Erdpfählen geſpannten Sturmleinen erſetzen die Verſtrebungen in der Längsrichtung, ſind aber ſo anzuordnen, daſs ſie die Zugangswege nicht verſperren. In kleinen öſterreichiſchen Marſchzelt für zwei Kranke, welches *Evans* beſchreibt[488]), waren die Sturmleinen in das Zelt verlegt und bildeten die 4 Dachgrate, wie dies auch beim neuen Zelt von *Curd Hahn* in ähnlicher Weiſe geſchehen iſt.

Den gewebten Stoffen, aus welchen die Zelthülle hergeſtellt wird, ſucht man möglichſt ihre Poroſität, die Luft und Licht durchläſst, zu erhalten, während die Stoffe für Wärme, Kälte und Regen thunlichſt undurchläſſig ſein ſollen.

435
Wand
und Decke.

Zur Verwendung kommen Gewebe aus Baumwolle, Hanf und Flachs, Wolle- und gemiſchten Stoffen. Baumwollengewebe ſind undurchläſſiger gegen Waſſer als leinene. In kalten Gegenden zieht man Wollſtoffe vor, die je ſtärker um ſo luftundurchläſſiger werden. Für heiſses Klima ſind weiſse, für kaltes Klima braune Zelte empfohlen worden.

Die Behandlung der Stoffe durch chemiſche Flüſſigkeiten iſt darauf gerichtet, ſie dauerhafter und feuerſicherer zu machen, vor allem aber ihnen bei Durchnäſſung die Neigung zum Schrumpfen zu nehmen, was zur Lockerung von Pfählen und Stützwerk oder zum Einreiſen der Zeltdecke führt, immer aber die Standfeſtigkeit des Zeltes gefährdet.

Zur weiteren Sicherung der Porenlüftung überſpannt man das Zelt mit einer zweiten Decke, unter Belaſſung eines Abſtandes zwiſchen beiden, oder ummantelt es vollſtändig.

In dieſen Fällen ſtellt man den Mantel aus waſſerdicht präpariertem »Zeltſtoff«, das Innenzelt aus Segelleinen her, welches, ſoweit es nicht umhüllt iſt, gleichfalls waſſerdicht gemacht wird, und giebt dem Raum zwiſchen Zelt und Hülle Verbindung mit der Auſsenluft, wodurch man auch das Zeltinnere am beſten vor den Schwankungen der Auſsentemperatur und vor der Ueberhitzung ſchützt.

Die Luftbewegung zwiſchen Mantel und Zelt war in den Zelten des *Hôpital Cochin* zu Paris (ſiehe Art. 447, S. 262) nach *Le Fort* um ſo lebhafter, je ſtärker die Sonnenſtrahlen wirkten. Die Innentemperatur ſtieg bei 49 Grad C. in der Sonne bis auf 28 Grad C., ohne infolge der lebhaften Luftbewegung im Zelt unerträglich zu werden, und war niedriger als in den Baracken von St.-Louis; andererſeits ſank ſie in kalten regneriſchen Nächten unter 13 Grad C.[489]).

Den Vorzügen einer ſolchen Umhüllung mit Luftſchicht ſtehen die Nachteile des dadurch vermehrten Gewichtes, ſomit geringere Beweglichkeit gegenüber.

Ueberall, wo das Stützwerk die Zelthülle berührt, iſt letztere vor dem Durchreiben durch Verdoppelungen zu ſchützen. Die Ränder, welche auf den Erdboden aufſtoſsen, werden öfter mit undurchdringlichen Stoffen befetzt. Bei groſsen Zelten trennt man Wände und Dach. Erſtere müſſen ſich leicht heben oder ganz beſeitigen laſſen. Bei doppelten Dachflächen hängt man die innere an den Firſtbalken an; erwünſcht wäre es, dieſelbe leicht abnehmbar zu machen, um ſie bei gutem Wetter der Luft und Sonne ausſetzen zu können.

Das Seilwerk, welches zur Befeſtigung der Gewebe dient, iſt möglichſt einzuſchränken und ſo anzuordnen, daſs es thunlichſt wenig in der Umgebung hinderlich wird. Soweit Seile zum Spannen von Flächen dienen, ſind ſie mit Vorrichtungen zu verſehen, die das Nachlaſſen beim Zuſammenziehen der

---

[487]) Siehe: Sanitätsbericht etc., S. 367.
[488]) Siehe: EVANS, a. a. O., S. 384.
[489]) Siehe: LE FORT, L. *Des hôpitaux ſous tente*. *Gazette hebdomadaire de médecine et de chirurgie* 1869, S. 663 u. 694.

Stoffe ermöglichen. Ueber verschiedene Befestigungsmittel der Stoffflächen untereinander finden sich bei den nachfolgenden Beispielen Angaben.

436. Belichtung. Im geschloffenen Zelt entbehrt der Kranke den Ausblick in das Freie; der nötige Lichtzutritt hängt von der Porosität des Gewebes ab, mit deren Schwinden die Lichtmenge abnimmt. Dagegen wird die Art, wie das Licht eintritt, welches gleichmäfsig alle Winkel durchdringt, als wohlthuend für die Kranken bezeichnet. Die Urteile der Benutzbarkeit von Zelten zu operativen Zwecken find, je nach den angewendeten Stoffen und ihrer Anordnung, verschieden. Das Einsetzen von Glasfenstern bietet Schwierigkeiten, die sich bei ummantelten Zelten noch steigern.

Im Zelt von *Curd Hahn* sind in jeder äufseren Dachfläche aus dem Zelttuch 2 Rechtecke ausgeschnitten und dafür besonders präparierte dichte, weifse Leinwandflächen eingenäht. Das durch letztere eindringende Licht scheint auch durch das leinene Innenzelt und erhellt den Raum ausgiebig. — Das Tortoife-Zelt hat 2 eingesetzte Glasfenster an den kurzen, 3 an jeder Längsfeite und 6 in der Dachfläche.

437. Lüftung. Jedes Zelt erfordert für den geschloffenen Zustand Lüftungsmittel zur Ergänzung der Porenlüftung bei feuchter Luft und bei Näffe, sowie zur Beseitigung überschüffiger Luftfeuchtigkeit, welche den Zelten schädlich wird. Zuluftöffnungen sind jedoch mit Vorsicht, wegen des Zuges beim Oeffnen der Eingänge und des Eindringens von Regen und Wind, anzulegen. Daher hat man sich vorzugsweise mit Abluftöffnungen begnügt.

Wagrechte Schlitze oder Wandlöcher, die man durch Stoffstreifen deckt, laffen Regen und Wind meist durch, wie im früheren *Unger*'schen Zelt, wo sie sich zwischen Wand und Dach nicht bewährten. — *Michaelis* schlug vor, kleine mit Jaloufien geschützte Oeffnungen anzulegen. — Im Zelt von *Curd Hahn* hat das Innenzelt einen schmalen Firftschlitz und der Mantel schliefsbare, lukenartige Oeffnungen an den Firftenden. — Im *Tortoife*-Zelt verbinden Lüftungsrohre beide Hüllen. — Im satteldachförmigen preufsischen Zelt (Fig. 245, S. 261) fteht der zwischen beiden Dachflächen bleibende Hohlraum durch jederfeits 4 Lüftungsausfchnitte im Unterdach mit dem Zelt, durch feine offenen Giebelfeiten und eine Lüftungsfcheibe von 0,61 m Durchmesser auf dem Mittelfländer mit der Aufsenluft in Verbindung. — In den zwölfeckigen Zelten zu Hamburg-Eppendorf läfst fich die fchirmartige Spitze heben, deren Stiel in dem röhrenförmigen Ständer gleitet.

438. Heizung. Die Verfaffer der »Transportablen Baracke« wollen die Verwendbarkeit der Zelte bei uns auf die Zeit vom Mai bis Oktober eingefchränkt wiffen, weil im Winter die Lufterneuerung in Zelten ohne völlige Veränderung ihres Wefens infolge des gebotenen Abfchluffes ihrer Wände unzureichend werden würde[190]). Zelte konnten nach den Berichten durch Feuerftellen innerhalb derfelben, durch Feuerkanalheizung oder durch Sammelheizung öfter ausreichend erwärmt werden. Doch fehlen Meffungen über den Kohlenfäuregehalt, bezw. über den Luftwechfel während der Heizung, fo dafs bezüglich des Wertes ihrer Heizung noch nicht endgültig geurteilt werden kann. Diefer wird wefentlich von der Konftruktion abhängen.

In ummantelten Zelten, wo die innere Zelthülle trocken bleibt, läfst fich vermutlich fchon durch ihre Poren und Spalten infolge der Temperaturunterfchiede von Aufsen- und Innenluft ein Luftzutritt erreichen, wenn man dem Mantelraum Verbindung mit der Aufsenluft giebt.

439. Heizftellen in Zelten. Liegt die Feuerftelle im Zelt, fo bedarf fie des Rauchabzuges.

Bei den nordamerikanifchen *Tilton*-Zelten lag die offene Feuerftelle in der Mitte des Raumes, und der Rauch entwich durch eine Oeffnung im Dach. — Im *Sibley*-Zelt, fowie in den Zelten von *Turner* und von *Curd Hahn* benutzte man den Schornstein als Zeltftange, was bei der Verpackung des Zeltes leicht Befchmutzungen zur Folge hat. — In der Ukraine bildete man Schornsteine aus im Kreis geftellten Stangen, zwischen denen Weiden geflochten wurden, die man mit Lehm beftrich.

Haase empfiehlt, an Stelle von Ofenmänteln bretterne, 0,50 m über dem Fufsboden beginnende Schirme zu verwenden, um die Wärmeftrahlung unter die Betten

---

[190]) Siehe: LANGENBECK, V., V. COLER & WERNER, a. a. O, 2. Aufl., S. 229.

nicht auszufchliefsen [491]). Bei Fuhrung des Rauchrohres unter dem Fufsboden in das Freie entfteht Rauch, wenn der Schornftein nicht hoch genug ift, in welchem Falle er durch einen Windfchirm gefchützt werden mufs.

In den ruffifchen Zelten im ruffifch-türkifchen Krieg (1878) mit einfacher Leinwandhülle genügte die Ofenheizung nicht [492]).

Die 0,71 m hohen Wände waren innen mit dickem grauem Tuch überzogen und erhielten aufsen im Winter Strohfchüttung oder Maisftengelgeflecht, gegen welches Erde gehäuft wurde, und über das Dach war ein Segel, wie im amerikanifchen Zelt, gefpannt.

Eine Kanalheizung erhielten nach dem Vorbild der Goldgräberzelte in Kalifornien die nordamerikanifchen Zelte (1864).

<small>440. Heizftellen vor den Zelten.</small>

Vor der Thür des Hofpitalzeltes ftellte man durch Ausheben des Erdreiches eine 76 cm (= 2½ Fufs) tiefe Grube her, leitete von diefer einen Graben durch das Zelt, der auf der anderen Seite defselben in einen Schornftein mündete. Der Graben wurde im Inneren des Zeltes mit Platten aus Eifenblech, die das Quartiermeifterdepartement lieferte, bedeckt. Das in der Grube entzündete Feuer »hielt das Innere des Zeltes auch im kälteften Wetter behaglich warm. Bei den Weftarmeeen deckte man den Graben mit regelmäfsig gelagerten Eifenbahnfchienen« ab.

Mit diefer Kanalheizung hat man auch Erwärmung der Zuluft verbunden.

Tomkins & Nortons bildeten in ihrem Tortoife-Zelt (Fig. 243 u. 244 [493]) das Rauchrohr im Wärmegraben halbkreisförmig und deckten den Graben mit durchlochten Blechen ab.

Fig. 243.

Querfchnitt. — 1/250 w. Gr.

Fig. 244.

Wärmegraben.

Heizungsanlage des Tortoife-Zeltes von Tomkins & Nortons [493]).

Evans [494]) heizte die aus 5 bis 6 Zelten beftehenden Zeltpavillons der amerikanifchen Ambulance zu Paris (1870—71), indem er in die Grube vor dem Zelt einen eifernen Ofen ftellte, von deffen Steinmantel einen Warmluftgraben durch den Zeltpavillon entlang führte und in diefen das Rauchrohr des Ofens legte. Der Graben war teilweife abgedeckt. Bei —1,7 Grad C. Aufsenluft wurden durchfchnittlich 14,7 Grad C. Innentemperatur erzielt. Die Wärme, welche dem Erdreich zugeführt wird, teilt fich nach Evans durch Leitung und Strahlung im Erdboden gleichfalls dem Saale mit.

Eine nach dem Sammelfyftem ausgebildete Wafferheizung erhielten die Zeltfäle des Garnifonlazaretts in Köln (1870—71 [495]).

<small>441. Sammelheizung.</small>

Die Heizung wurde unter Leitung des Ingenieurs Langen ausgeführt. Die Keffel beider Zeltgruppen hatten einen gemeinfchaftlichen Schornftein. In jedem Zeltpaare liefen 2 Rohrleitungen, die auf Böcken ruhten, zwifchen beiden Sälen ifoliert und hier durch eine Rampe überbrückt waren, an den Wänden entlang; fie geftatteten zugleich Wafferentnahme innerhalb derfelben. In den Sälen III und IV, wo ftärkere Rohre verwendet wurden, erzielte man bei kochendem Keffelwaffer 17,5 bis 15,0 Grad C. bei einer Aufsentemperatur von 12,5 bis 15 Grad C. Kälte, wobei die Fenfter offen bleiben konnten und kein Zug bemerkbar war.

Aborte find in nächfter Verbindung mit den Zelten unerläfslich, wenn nicht eine ftarke Befchmutzung der Zeltumgebung und des Zeltfufsbodens eintreten foll, auf welchen, wenn das Zelt natürlichen Boden hat, die Wärter oft die Nachtgefchirre ausgiefsen.

<small>442. Aborte.</small>

Die Zeltform wird durch die Dachform beftimmt, die rings abgewalmt oder fattelförmig ift. Andere Formen bieten dem Wind zu viel Angriffsfläche. Das Zelt-

<small>443. Zeltform.</small>

<small>[491]) Siehe: HAASE, a. a. O., S. 53 ff.
[492]) Siehe: GOLDENBERG. Unfere Zelte (ruffifch). Referat NICOLAI's hierüber in: ROTH's Jahresberichte 1881—82, S. 109.
[493]) Fakf.-Repr. nach: LANGENBECK, v., v. COLER & WERNER, a. a. O, 2. Aufl., S. 423, Fig. 79b u. 79d.
[494]) Siehe: EVANS, a. a. O., S. 527 ff
[495]) Siehe: LENT. Die Heizeinrichtung im Zeltlazareth des Garnifonlazarethes in Köln. Korrefpondenzbl. des niederrhein. Ver. für öff. Gefundheitspfl. 1872, S. 20 — ferner: Sanitätsbericht etc., S. 333.</small>

dach kann unmittelbar auf dem Boden ftehen und kegel- oder manfardenförmig fein oder durch Wände vom Boden getrennt werden. Die erftere Form bietet wenig begehbaren Raum und tote Winkel. Auch manfardenartige und Wandzelte entfprechen den Bedürfniffen der Krankenpflege nur bei genügend hohen Wänden gänzlich.

Zelte mit hohen Wänden laffen fich leichter rein halten. Ihre Höhe kann bei fatteldachförmigen Zelten etwas geringer fein als bei rings abgewalmten.

Die Dachneigung hängt von der Art der Ausfpannung der Dachflächen ab. Je flacher das Dach ift, um fo länger werden die Schnüre und der Platz, welchen es erfordert, wenn man es nicht zwifchen Zäunen fpannen kann.

Für den Grundrifs kommen nur viereckige Zelte mit geraden oder halbkreisförmigen Enden und Kreiszelte in Betracht.

444. Raummafse.

Die Mafse des Zeltinneren verfchiedener Zelte, foweit dasfelbe als Krankenraum benutzt wird, finden fich in nachftehender Ueberficht.

Zeltabmeffungen.

		Jahr	Betten	Breite	Länge	Hauptkrankenraum Fufsbodenfläche	Tür 1 Bett	Höhe	für 1 Bett
Verfetzbare Zelte:									
Nordamerikanifches Zelt	Satteldach	1860	6	4,42	4,37	21,57	3,60	1,37–3,35	8,50
Preufsifches Zelt	Walmdach	1862	22	7,85	19,46	152,76	6,89	1,26–5,0	—
Nordamerikanifches Zelt	Satteldach	1863	6	4,57	4,27	21,57	3,60	1,37–3,35	8,50
Englifches *Hofpital Marquee*	Walmdach	1866	10	4,57	9,14	35,79	3,58	1,52–4,57	9,44
Preufsifches Zelt	Satteldach	1867	12	6,28	8,79	55,19	4,60	1,57–4,23	13,34
Zelt nach *Le Fort*	»	1868	6	5,00	5,00	25,00	4,17	—	—
Preufsifches Zelt	»	1880	12	7,50	8,00	60,00	5,00	1,60–3,82	13,56
Zelt nach *Port*	»	1887	5	2,50	5,00	12,50	2,50	1,60	3,75
Zelt nach *Nicolai*	Walmdach	1888	4	2,00	3,00	6,00	1,50	1,80	2,70
Tortoife-Zelt von *Tonkins & Norton*		1888	20	6,70	9,75	65,34	3,26	1,50–3,00	7,45
Mountain Service		1890	4	2,44	3,66	8,93	2,26	0,25–2,44	3,01
Britifh Privates		1890	8	4,87	6,10	29,7	3,72	1,68–3,2	8,10
Tente de confeil du nouvel modèle	Kreiszelt	—	—	6,00	—	—	—	3,50	—
Krankenzelt	Hamburg-Epp.	»	1890	4	5,70	—	—	—	2,20–4,40	—
Zelt von *Curd Hahn*	Berlin	Walmdach	1895	20	7,20	13,00	93,6	4,68	1,90–4,00	13,57
Barackenzelte:									
Barackenzelt (Entwurf)	nach *Gerlach*	Walmdach	1792	52	6,29	36,74	231,10	4,44	2,20–4,40	14,65
Nach *Kiefer*	Brüffel	Satteldach	1815	63	6,20	41,17	255,25	4,00	4,00	16,00
Nach *Kiefer*	Brüffel	»	1815	96	10,44	41,17	429,81	4,48	4,16	20,00
Charité	Berlin	»	1864	21	7,22	16,64	120,14	5,72	2,83–4,39	20,65
Garnifonlazarett	Frankfurt a. M.	»	1866	28	5,56	13,38	74,39	4,65	3,23–5,80	19,39
Höpital Cochin	Paris	»	1868	—	7,00	20,00	140,00	—	2,25	—
Plan von *Evans*		»	1873	18	6,10	18,29	111,57	6,20	2,0–4,88	21,33
				Meter		Quadr. Meter		Meter	Kub.-Meter

a) Verfetzbare Zelte.

Die verfetzbaren Zelte für Kranke und Verwundete entfprechen faft durchweg den im Feldlazarett entftandenen Typen. Der Felddienft verlangt möglichft geringes Gewicht und einfache Konftruktion, deren Teile leicht vorübergehend erfetzbar find. Die Zeltgröfse ift nach Wagen-, Tragtier- oder Menfchenlaften zu bemeffen, je nachdem man die Beweglichkeit fteigern will.

Die Hauptanordnung einiger allfeitig abgewalmten Zelte ift aus folgenden 3 Beifpielen erfichtlich.

Das ältefte Zelt diefer Art ift das aus dem Orient ftammende englifche Markifenzelt für 10 Betten, welches von 2 Ständern mit Firftbalken geftützt wird und eine doppelte Hülle hat, die einen rechteckigen Unterteil und einen rings abgewalmten oberen Teil umfchliefst. Ventilatoren und eine grofse Klappe im Oberteil dienen der Lüftung; auch kann das »Fly« gehoben werden. Das Gewicht beträgt 232 kg (= 512 Pfund) und einfchliefslich der 65,77 kg (= 145 Pfund) fchweren Fufsbodendecke 297,77 kg [496]). — Die englifchen Zelte, die 1870 auf dem Rochusberge bei Bingen und am Türmchen bei Cöln [497]) (fiehe Art. 451) benutzt wurden, hatten die gleiche Gröfse und Grundform, aber einfaches Dach und Wände.

Das im Winter 1895/96 in Tempelhof geprüfte Zelt von *Curd Hahn* in Berlin für 20 Betten walmt fich auf rechteckigem Grundplan nach allen Seiten manfardenartig ab, und die Ecken find bis zur Wandhöhe in Geftalt dreieckiger Flächen abgeftumpft. Ueber das aus Gasrohren mit Fufsbodenblechen und aus Drahtfeilen beftehende Gerüft ift die Aufsendecke von Zelttuch gezogen, deren einzelne Teile unter fich und mit einem die Bafis des Zeltes umgrenzenden Drahtfeile mittels Gurtfchnallen verbunden werden. Das Seil ift auf dem Erdboden durch eiferne Schraubenpfähle befeftigt. Das leinene Innenzelt hängt in einem Abftand unter dem Aufsendach und hat lotrechte Wände. In der Mitte jeder Wand ift ein Thürfeld durch Stellftangen ausfpannbar. Das Spannen und Nachlaffen der Zeltdecke erfolgt durch eingefetzte Schraubengewinde in den aus Gasrohr hergeftellten Stützen.

Rechteckige Grundform mit vierfeitig abgewalmtem Dach gaben *A. S. Tomkins* und *A. T. Norton* den *Tortoife*-Zelten für 20 Kranke, die als Teile eines Feldlazaretts in ihrem Wagen bis hart an den Kampfplatz geführt werden follen; fie können über diefem felbft (fiehe Fig. 243, S. 259) oder unter Fortlaffung desfelben aufgefchlagen werden, haben doppelte Hülle [498]) und wiegen 170,5 kg. Die lotrechten Wände find an den kurzen Seiten mittels Thüren durchbrochen. Ueber die Fufsbodenheizung des Zeltes fiehe Art. 440 (S. 259). Als Abortraum dient ein 1,06 × 0,91 × 1,82 bis 1,92 m grofses, befonderes Zelt.

Die 4 weiteren Beifpiele zeigen Zelte mit Satteldachform.

Das neue etatsmäfsige preufsifche Krankenzelt vom 15. Juni 1880 für 12 Betten (Fig. 245[499]) erhielt ein Gerüft aus 3 in hölzernen Fufskreuzen ruhenden Mittelftändern, die den Firftbalken tragen, 4 Thürpfoften mit hölzernen Unterlagsbrettchen in den Giebelwänden und jederfeits 9, zufammen 18 unmittelbar auf dem Erdboden ftehenden hölzernen Zeltftangen in der Flucht der Längswände. Alle Stützen tragen Dorne mit Schraubengewinden; auf die Zelt- und Thürftangen find »Puppen« gefchroubt, und der Firftbalken fetzt fich aus zwei Teilen zufammen. Das Oberdach überragt das untere feitlich um 1,00 m, wird, wie das mittels Traggurten am Firftbalken hängende Unterdach, auf die Spindeln der Thürpfoften gefteckt und von da an bündig mit diefem durch jederfeits 11 Handleinen an 9 Zugriemen ausgefpannt. Die Vorhänge der Giebel find am Unterdach angenäht und durch je 3 Schnallen mit den Seitenwänden zu ver-

Fig. 245.

Neues etatsmäfsiges preufsifches Zelt vom 15. Juni 1880 [499]).

---

[496]) Siehe: PARKES, E. *A manual of practical hygiene.* 8. Aufg. London 1891. S. 525.
[497]) Siehe: Sanitätsbericht etc., Taf. XXXIV u. S. 332.
[498]) Siehe: LANGENBECK, v., v. COLER & WERNER, a. a. O., 2. Aufl., S. 309 ff.
[499]) Nach: LANGE, a. a. O., S. 6.

binden, welche auf den Dornen der kleinen Zeltſtangen hängen, mit Lederriemen am Unterdach angeſchnallt und am Erdboden angepflockt werden. 8 Thürſtangenleinen und 3 Sturmleinen fichern das Zelt, welches einen Platz von etwa 19,00 × 15,50 m erfordert. Ueber feine Lüftung fiehe Art. 437 (S. 258). Die Aufſenmaſse find 9,00 × 7,50 × 1,60 bis 4,23 m. Innen ift am einen Ende ein 1,00 m breiter Streifen für 1 Abort und 1 Wärterbett abgetrennt, welche zwifchen der Thürſtangenflucht und den Längswänden liegen. Der Krankenraum mifst 8,00 × 7,50 × 1,60 bis 3,82 m und bietet 102,75, fomit für 1 Bett 13,56 cbm Luftraum. Das Zelt wiegt 425 kg. Im Winter find 2 diagonal gegenüberliegende Ecken für die Oefen freizuhalten. Man ſtellt dann jederſeits 5, in der Mitte 2 Betten. — Für den erſten Anſturm im Feld berechnet *Haaſe*[500]) die Aufnahmefähigkeit des Zeltes auf 30 bis 45 Verwundete in 3 Reihen und bei Ausſpannen der Seitenwände auf 60 bis 75 in 5 Reihen, ſo daſs ein Wagen mit 2 Zelten Obdach für 120 bis 150 Verwundete befördern könnte. — Unterſuchungen im Auguſt und September 1885 mit den alten (ſiehe die 1. Auflage [Art. 776, S. 642] dieſes Heftes) und neuen Zelten ergaben bei meiſt ungünſtiger Witterung und Schlieſsen des unteren Zeltrandes ſowie der Eingänge, namentlich in den Zelten ohne Firſtlüftung, nach anhaltendem Regen im Zelt eine dumpfige Luft. Die Innentemperatur blieb 1 bis 3 Grad unter der höchſten und über der niedrigſten Aufsentemperatur. Vorteilhaft erwies fich die Zeltbehandlung für ſolche, »deren Leiden oder Kräftezuſtand den Aufenthalt in freier Luft angezeigt machten«; fie war unbedenklich für Aeuſserlichkranke; Innerlichkranke erforderten eine Auswahl nach der Witterung, beſonders bei Erkrankungen der Atmungsorgane, auf welche kühles und regneriſches Wetter ungünſtig wirkte. Das Licht genügte zur Vornahme von Operationen und gröſseren Verbänden nicht. — Bei ſpäteren Unterſuchungen (Mitte Juni 1890) im Garniſonlazarett I zu Berlin herrſchte bei kühler Aufsentemperatur im Zelt, ſelbſt wenn die Vordereingänge geöffnet waren, eine ſchwüle, dumpfige Luft, welche auch beim Oeffnen des hinteren Einganges in den Ecken blieb; die Kleidungsſtücke der Infaſſen waren bei trübem und naſsem Wetter am Morgen empfindlich feucht und kalt, und der Mangel an Sonnenlicht machte fich »für das Wohlbefinden der Kranken wie für die Ausübung der Krankenpflege ſtörend geltend«. Der Kohlenſäuregehalt im Zelt ſtellte fich in Tauſendteilen zu 0,69 bis 1,13 in Kopfhöhe und zu 0,44 bis 0,79 am Fuſsboden, je nach der Luftbewegung und Feuchtigkeit[501]).

Das kleine mit einem Segel überſpannte amerikaniſche Hofpitalzelt von 1863 faſst 6 Betten. Zwei eingegrabene Pfoſten aus Eſchen- oder Zedernholz mit Spindeln an den oberen Enden halten den Firſtbalken und die Zeltdecke, welche jederſeits durch 7 Schnüre auszuſpannen ift und rückwärts ein überhängendes Ende *(Lapel)* hat, das zur Ueberdeckung mit einem Nachbarzelt dienen kann. Durch ebenſoviele Pflöcke werden die Seitenwände und durch 5 Pflöcke jede Stirnwand am Erdboden befeſtigt. Zwei an den Mittelpfoſten angebundene Sturmleinen fichern das Zelt, deſſen Segel jederſeits durch 7 Stricke ausgeſpannt wird. 1870 koſtete ein Zelt 400 Mark (= 100 Dollar), und fein Gewicht von 70,31 kg (= 155 lbs) ermöglicht, daſs ein Maulefel ein Zelt tragen kann. Das Segel wird auch zur Vergröſserung des Zeltes benutzbar, wenn man es an feiner rückwärtigen Kante auf die Spindel des vorderen Zeltpfoſtens hängt, einen neuen Firſtbalken und Zeltpfoſten improviſiert und das Segel feitlich ausſpannt, ſo daſs eine Veranda vor dem Zelte entſteht; auch kann man ſelbſtändige, leichte Zelte aus ihm bilden. — Die Nachteile des Zeltes find feine niedrigen Wände und der mangelnde Schutz gegen nächtliche Abkühlungen[502]).

Le Fort erhöhte in feinen zugleich für Ambulanzzwecke gedachten Ifolierzelten im *Hôpital Cochin* zu Paris (1868) die Wände des amerikaniſchen Zeltes mittels vermehrter Stützpunkte für das Dach, gab ihnen doppelte Wände mit Oeffnungen[503]). 2 Mittelſtangen trugen den Firſtbalken, welcher durch eine Scheide der inneren Decke geſteckt war, die dadurch tiefer lag als die Aufsendecke. Beide fielen parallel bis zur Dachkante und dann zum Boden. An der Dachkante ruhte die innere Decke auf je 2 Spreizen, die gelenkartig an einem kurzen, auf jeder Mittelſtange gleitenden Rohre befeſtigt waren und an ihren freien Enden Eifenſpindeln mit Schrauben hatten, welche auch die äuſsere Decke in 20 cm Abſtand von der inneren faſsten. Dieſe »Kompaſs« genannte, leicht in Unordnung zu bringende Konſtruktion follte das Spannen der am Boden angepflöckten Decken ermöglichen, die fich auch ganz ausſpannen lieſsen, wodurch das Zelt zum Zeltdach wurde. Teilte man die Innendecke in eine Dach- und Wandfläche und hing die letztere, ſeitlich verſchiebbar, an Stricken auf, ſo konnte gleichzeitig die Aufsendecke ausſpannbar bleiben. In der äuſseren Wände jederſeits 3 Klappen, in der inneren eine groſse Anzahl Oeffnungen in Firſthöhe und in einer Längsfeite als Schirmdach aufſtellbarer Wandausſchnitt vorhanden. — Das Zelt wog 100 kg, ſo daſs ein Packwagen 10 Zelte für zuſammen 60 Kranke, welche ſonſt 6 Ambulanz-

---
[500]) Siehe: HAASE, a. a. O., S. 11 ff.
[501]) Siehe: LANGENBECK, V., V. COLER & WERNER, a. a. O., S. 227 ff., 269 ff.
[502]) Siehe: EVANS, a. a. O., S. 389 ff.
[503]) Siehe: LE FORT, L. *Des hôpitaux ſous tente. Gazette hebdomadaire de médecine et de chirurgie* 1869, S. 694.

wagen erfordern würden, weiter führen kann. Der Preis eines Zeltes betrug 640 Mark (= 800 Franken) oder 106,66 Mark für 1 Kranken.

Da in der deutschen Armee die von den Truppen selbst mitzuführenden Zeltbahnen, Stöcke, Pflöcke und Spannleinen zur Herstellung von Biwakzelten benutzt werden, hat man ihre Verwendung auch für die erste Krankenunterkunft auf oder in der Nähe des Schlachtfeldes in Aussicht genommen. Das Modell eines gröfseren Zeltes aus 22 solchen Zeltbahnen und 5 Setzstangen, welche letzteren die Fahrzeuge des Sanitätsdetachements mitführen, war auf dem Hygienekongrefs in Rom zu sehen [504]).

Kleinere Zelte zu 2 bis 4 Betten wurden neuerdings häufiger für den Felddienst vorgeschlagen und ausgeführt; dazu gehören die mehr oder weniger zu improvisierenden Unterkunftsmittel, wie sie *Port* und *Nicolai* vorschlugen, die zum Teil auf dem Marsch oder an der Verwendungsstelle hergestellt werden sollen [505]).

448. Kleinere Zelte.

Kreisförmige Wandzelte für 4 Betten sind gegenwärtig wieder für Kriegs- und Friedenszwecke verwendet worden.

449. Kreisförmige Zelte.

In Frankreich wurde als Ersatz der Markise das *Tente de conseil du nouveau modèle*, ein Schirmzelt von 6 m Durchmesser mit mansardenartigem Querschnitt, eingeführt. Ein 3 m hoher Ständer mit 8 in halber Höhe strahlenförmig angeordneten 1,75 m langen Armen stützt den Mantel [506]); das Zelt hat zwei gegenüberliegende Thüren.

Ueber das Gerüst von *G. Turner*'s kreisförmigem Zelt siehe Art. 434 (S. 256). Seine doppelte Decke bestand aus Kautschuk; seine Wände waren aus Baumwolle hergestellt, und die Lüftungsöffnung am oberen Ende, von welcher die den Mantel tragenden Drahtseile ausgehen, war schliefsbar [507]).

Ein *Circulartent* für 4 Kranke oder Verwundete bildet in England einen Teil der neuen Feldequipierung [508]). Dieses Zelt hat Doppeldecke, höhere Wände und wiegt 45,36 kg (= 100 Pfd.), so dafs 5 solche Zelte 20 Betten enthalten, während die *Marquee* bei gleichem Gewicht nur 10 derselben Raum gewährt.

In Hamburg-Eppendorf fand eine gröfsere Zahl von zwölfeckigen Zelten Verwendung. Hier empfahl sich die Kreisform besonders auch, weil sie die Geländeflächen zwischen den Gebäuden am wenigsten beschattet. Das eiserne Gestell besteht aus Wandstützen nebst Rahmen und einem röhrenförmigen Mittelständer mit schirmartigen Sprossen, die einen Ring von etwa 1,80 m Durchmesser tragen. Die ringförmige Oeffnung wird von einem verschiebbaren Helm überdeckt. (Siehe Art. 437, S. 258.) Das für 4 Betten geplante Zelt hat etwa 5,70 m Durchmesser bei 2,20 bis 4,40 m Höhe [509]).

β) Zeltsäle.

Bei längerer Verwendung von Zelten oder zur Erleichterung des Dienstes hat man mehrere Zelte zu Sälen vereinigt, welche beim Oeffnen der Thüren besseren Schutz der Kranken vor Luftzug, festeren Stand, leichtere und billigere Heizung ermöglichen und Geländefläche sparen.

450. Kennzeichnung.

Im Sezessionskrieg kamen viele solche aus 3 bis 4 amerikanischen Lazarettzelten zusammengesetzte Säle zur Verwendung.

451. Beispiele.

Aus 5 bis 6 ebensolchen Zelten setzte *Evans* 1870 die Zeltsäle in der *American ambulance* zu Paris [510]) zusammen, denen er an den Enden geräumige Windfänge gab.

Am Türmchen bei Cöln [511]) verband man 3 der 1870 dort verwendeten einfachen, rings abgewalmten, mit Fenstern versehenen Zelte in ihrer Längsachse untereinander und legte diesem Zeltsaal ein als Ein-

---

[504]) Siehe: GROSSHEIM, C. Erfahrungen über das Zeltsystem. Nach einem Vortrag, gehalten auf dem VIII. internationalen Kongrefs für Hygiene und Demographie in Budapest. Deutsche militärärztl. Zeitschr. 1894, S. 383.
[505]) Siehe die 1. Aufl. des vorliegenden Heftes (Art. 781, S. 644).
[506]) Siehe: MORACHE. *Traité d'hygiène militaire*. 2. Ausg. Paris 1886. S. 381 — und: EVANS, a. a. O., S. 371.
[507]) Siehe: EVANS, a. a. O., S. 356.
[508]) Siehe: PARKES, a. a. O., S. 526.
[509]) Siehe die 1. Aufl. des vorliegenden Heftes, Fig. 305c bis 307 (S. 645).
[510]) Siehe: EVANS, a. a. O., Pl. 1 u. S. 450 ff., sowie S. 514 ff.
[511]) Siehe: Sanitätsbericht etc., S. 332.

gangs- und Tagraum dienendes viertes Zelt quer vor. Zwifchen den Zelten blieben verfchiebbare Vorhänge. Die fo gebildeten 9 Säle mit je 27 Betten waren durch Oefen leicht heizbar und bewährten fich während 11 Monaten im allgemeinen gut.

Beim Garnifonlazarett zu Cöln erhielten die aus 3 preufsifchen Zelten 1870 in der Typhusflation gebildeten Säle an den Enden durch die Wärter- und Aborträume einen doppelten Abfchlufs. Die anderen Zwifchenvorhänge dienten zur Bildung von Räumen für erkrankte Offiziere, Aerzte u. f. w. Die Spalte zwifchen den Zelten fchlofs man durch Aufnähen eines 0,31 m breiten Segeltuchftreifens. Der Boden erhielt Schüttung von grobem Kies und Holzdielenbelag. In jedem Zelt wurden zu beiden Seiten des Firftes je ein Fenfter von 0,94 × 0,78 m Fläche mit Zinkrahmen aufgenäht, das fich durch eine Drahtftange öffnen liefs. Das Segeltuch der Seitenwände war am Boden zwifchen zwei hochkantige, durch Drahtftifte verbundene Bretter geklemmt, die innen an Pfählen und aufsen durch ungeböfchte Erde feftgelegt wurden. In jedem Saal befand fich eine Gaskocheinrichtung, und drei Gasflammen an jedem Ständer dienten zur Beleuchtung. 2 diefer Säle waren der Länge nach in einem Abftand von 1,88 m angeordnet, und parallel zu diefem Paar ftand ein zweites in 7,10 m Entfernung. Ueber die Heizung fiehe Art. 441 (S. 259).

Säle aus 5 Ambulance-Zelten von *Le Fort* kamen 1870 feitens der *Société de fecours aux bleffés* zur Verwendung. Sie hatten jedoch einfache Decken und keine Vorhänge zwifchen den Zelten [512]).

Die aus je 7 finnifchen Offizierszelten mit doppeltem Mantel von *Lindén* und *Nyftrom* für Cholerakranke in Helfingfors [513]) 1892 gebildeten zwei Zeltfäle ftanden parallel auf einem afphaltierten Plateau, waren durch einen Mittelweg getrennt und durch ein gemeinfames Zeltdach überdeckt. In jedem Saal blieb das erfte Zelt für 1 bis 2 Betten gefondert; diefem folgten zwei durch Auffchlagen der Zwifchenwände vereinigte Doppelzelte für je 3 bis 4 Betten, und die letzten zwei Zelte der beiden Reihen dienten dem Arzte, den Feldfcheren und Lazarettdienern, für Aufbewahrung reiner Wäfche u. f. w. Um das Zeltuch vor Verunreinigung zu fchützen und Zug in den Zelten zu vermeiden, wurde dasfelbe innen bis zu 0,85 m Höhe mit geöltem Tuche bekleidet. Eine Afphaltleifte längs der äufseren und inneren Seiten der Afphaltböden hielt das Spülwaffer innerhalb der Zelte zurück. Ueber die Entwäfferung fiehe Kap. 4, unter a, 4.

γ) Barackenzelte.

452.
Kennzeichnung.

Billiger als Zeltfäle find Zelte mit ftehenden Gerüften, die fog. Barackenzelte, deren eingefchränktefte Geftalt das mit Gewebe gedeckte Notdach ift. Jedes folche Dach läfst fich durch Einhängen einer unteren Decke und durch Herftellung einer einfachen oder doppelten Umwandung vervollftändigen. In diefem Sinn kann das Barackenzelt dort, wo entfprechende Gewebe vorhanden find und andere geeignete Materialien fehlen, fchnellfte Hilfe gewähren. Vorrätige folche Zelte würden fich verhältnismäfsig, d. h. unter Berückfichtigung der gröfseren Zahl von Lagerftellen, welche fie bieten, von allen Unterkunftsmitteln für Kranke am fchnellften benutzbar machen laffen, wenn man fie fo konftruiert, dafs unter dem einfachen oder doppelten Dach Betten aufftellbar find, ohne dafs durch nachträgliches Anbringen der übrigen Stoffteile die Benutzung geftört wird.

Barackenzelte können geräumiger und widerftandsfähiger gegen Wind geftaltet werden als Zelte, auch Fenfter erhalten, die den Ausblick und reichliche Erhellung im Inneren ermöglichen. Bei guter Konftruktion laffen fich die von den Bewegungen, dem Rafcheln und Klappen der Gewebe herrührenden Störungen einfchränken. Die Barackenzelte find leicht durch Firftlaternen ausgiebig lüftbar zu machen und durch Ausfpannen ihrer Seitenwände in halb oder ganz offene Hallen zu verwandeln.

453.
Beifpiele.

Kiefer empfahl, auf Grund der Erfahrungen in Brüffel nach der Schlacht bei Belle-Alliance, den Barackenzelten hohe, nur an der Wind- und Sonnenfeite mit Vorhängen fchliefsbare Wände und flaches, doppeltes Dach zu geben.

---

[512] Siehe: EVANS, a. a. O., S. 401.
[513] Siehe: LINDÉN, K. F. Die Epidemiebaracke des finnifchen Militärs zu Helfingfors. Deutfche militärärztl. Zeitfchr. 1895, S. 204.

In dem 1864 errichteten Barackenzelt der Charité zu Berlin verurfachte die aus gummierter Leinwand auf Sparren beftehende Decke bei zugezogenen Gardinen drückende Luft und bei Wind Geräufch, was nach Unterlegen derfelben durch dünne Bretter mit weiten Fugen, bezw. Auffetzen eines Dachreiters befeitigt wurde.

Im Garnifonlazarett zu Frankfurt a. M. entftanden 1866 zwei Barackenzelte mit Holzgerüft, Sparrenwerk und Dachreiter, doppeltem Leinendach und einfachen Seitengardinen, von denen eines Firftlüftung hatte[514]). Die innere, 0,71 m unter dem äuferen Dach und parallel mit ihm angeordnete Decke beftand aus 2 Teilen, die in der Mitte nicht zufammenfliefsen; doch liefs fich der Abftand zwifchen beiden, fowie der Hohlraum zwifchen Decke und Dach durch bewegliche Zeltftücke fchliefsen, um je nach Belieben eine ftehende oder eine bewegte Luftfchicht zwifchen ihnen herzuftellen. Die Heilergebniffe waren fehr günftig.

Das 1868 nach *Le Fort*'s Angaben von *Ganot* im *Hôpital Cochin* zu Paris[515]) konftruierte Barackenzelt hatte zu viele Stränge, gleitende Ringe, Schnallen und Riemen.

Diefe, den mangelhaften Schlufs der Zeltwände und die fchwere Konftruktion des Zeltes fuchte *Evans* in feinem Plan für ein Barackenzelt[516]) zu vermeiden. Das Gerüft des für 19 Betten beftimmten, 18,29 m langen Zeltes befteht aus 16 Erdpfoften, von denen 6 in den Längsfronten und je 1 Paar in jeder Querwand — mit 1,22 m Abftand für Thüren — ftehen und welche einen ringsum laufenden, oben abgerundeten Rahmen von 10 × 18 cm Querfchnitt tragen. In der Mitte jedes Stirnrahmens fitzt ein Giebelpfoften auf, der mit ihm, wie die Längsrahmen an ihren Enden mit den Seitenwandpfoften, Schuhverbindung erhält. Jeder Giebelpfoften hat unten 12,7, oben 7,6 cm (= 5, bezw. 3 Zoll) Stärke, ift vorn abgeplattet und trägt, wie jeder der beiden unten 15,2, oben 7,6 cm (= 6, bezw. 3 Zoll) ftarken Mittelpfoften des Zeltes, eine Spindel, auf welcher die unter fich verfchuhten oben gleichfalls abgerundeten Firftbalken, die Zelthülle, ein Ball und das Segel aufgefteckt werden. — Die innere Zeltdecke befteht jederfeits aus einer Dachfläche, 2 Giebeldreiecken, 2 End- und 5 Seitengardinen. Jede Dachfläche wird auf den Firftbalken geknöpft und am unteren, die Seitenwände überragenden Ende durch Schnüre in Abftänden von 0,68 m (= 2 Fufs 3 Zoll) ausgefpannt. Zum Anknöpfen der Stoffbekleidung am Gerüft dienen Ringe in 15 bis 20 cm Abftand, durch welche Schnüre oder Stifte gefteckt werden. Die Gardinen und Giebeldreiecke greifen übereinander, und die untere Gardine wird eingerollt, fo dafs ein fefter Schlufs zu erzielen ift. Die äufsere Decke bildet ein aus 3 Stücken beftehendes, wie beim amerikanifchen Zelt auszufpannendes Segel, welches auch zur Herftellung einer Vorhalle vor dem Zelt verwendbar ift. Das Zelt erhielt Dachlukenlüftung.

---

3. Kapitel.

Andere zum Krankenhaufe gehörige Gebäude.

Aufser den für die Krankenunterkunft beftimmten Räumen erfordert ein Krankenhaus:

A. folche für die Verwaltung und Oekonomie,
B. folche für vorübergehende Krankenbehandlung und
C. folche für Desinfektion, Wäfche und Leichenbehandlung.

Nach der heutigen Auffaffung der Verbreitung anfteckender Krankheiten follten diefe drei Gruppen unter fich fowohl räumlich, als auch bezüglich ihres Perfonals getrennt werden können, felbft wenn fie infolge von Raummangel oder wegen des geringen Umfanges der Anftalt in einem Gebäude liegen müffen. Doch hat fich das Zerlegen in einzelne Bauten auch hier als das befte Mittel erwiefen, diefe Trennung durchführbar zu machen, wobei man gleichzeitig die Lage der Gebäude unter fich, fowie jedes einzelnen zu den Krankenbauten, zur Windrichtung u. f. w. am zweckmäfsigften geftalten kann. Aufserdem werden noch innerhalb diefer Gruppen

454.
Ueberficht

---

[514]) Siehe: BÄRWINDT. Die Behandlung von Kranken unter Zelten im Sommer 1866 zu Frankfurt a. M. Würzburg 1867 — ferner: Deutfche Viert. f. öffentl. Gefundheitspfl. 1871, S. 391 — auch · Sanitätsbericht etc., S. 314.
[515]) Siehe: LE FORT, a. a. O., S. 662.
[516]) Siehe: EVANS, a. a. O., S. 437 ff., u. Taf. X.

weitere Teilungen wunfchenswert, da darin Dienfte zufammengefafst find, die örtlich nicht zufammengehören. In grofsen Krankenhäufern find daher folgende Einzelgebäude entftanden, welche eine befondere Befprechung erheifchen:

Zu Gruppe A gehörig:
1) Thorgebäude (fiehe unter a),
2) Verwaltungsgebäude (fiehe unter b),
3) Apothekengebäude (fiehe unter d),
4) Küchengebäude (fiehe unter e),
5) Wohngebäude für das Warteperfonal (fiehe unter f).

Zu Gruppe B gehörig:
6) Aufnahmegebäude (fiehe unter c),
7) Polikliniken (fiehe unter g),
8) Badegebäude (fiehe unter h),
9) Operationsgebäude (fiehe unter i),
10) Gebäude für Heilgymnaftik (fiehe unter k).

Zu Gruppe C gehörig:
11) Desinfektionsgebäude (fiehe unter l),
12) Wafchhäufer (fiehe unter e),
13) Leichenhäufer (fiehe unter m).

455. Perfonal. Im Krankenhaufe foll thunlichft das gefamte darin befchäftigte Perfonal wohnen und fchlafen, da fich dasfelbe hierdurch am beften von aufsen abfchliefsen läfst, wenn dies zu Zeiten von Epidemien nötig wird, um die Ausbreitung der letzteren in der Stadt vom Krankenhaufe aus zu hindern.

Das Perfonal fetzt fich in einem gröfseren Krankenhaufe aus folgenden Gruppen zufammen:

a) Aerztliche Direktoren,
b) Abteilungsärzte,
c) Affiftenzärzte,
b) Apotheker,
e) Verwaltungsbeamte,
f) Pflegeperfonal,
g) Warteperfonal,

h) Hausdiener,
i) Küchenperfonal,
f) Wafchperfonal,
l) Mafchinen- und Heizperfonal,
m) Leichenperfonal,
n) Desinfektor,
o) Pförtner.

Die Zahl der Angeftellten und Befchäftigten richtet fich nach der Gröfse der Anftalt, der Art ihrer Organifation und ihren technifchen Einrichtungen; doch bieten die nebenftehenden Zufammenftellungen einige Anhaltspunkte.

Wie in Art. 237 (S. 139) fchon befprochen wurde, geht das Streben gegenwärtig dahin, unter Oberleitung der ärztlichen Direktoren kleinere Abteilungen zu bilden. In den ftädtifchen Krankenhäufern zu Berlin befteht jetzt das ärztliche Perfonal aus je einem »Direktor« der inneren, bezw. der äufseren Abteilung, einem »dirigierenden Arzt« der erfteren, einem »Oberarzt« der letzteren, einem Profektor und der entfprechenden Zahl von Affiftenten. Im Friedrichshain kamen 1878 durchfchnittlich 1 Affiftenzarzt auf 55 Kranke; 1894 war das Verhältnis in Bethanien 1 : 58, im Urban 1 : 77 und im *Koch*'fchen Inftitut für Infektionskrankheiten ebendafelbft dagegen 1 : 22.

An Pflege- und Haushaltungsperfonal für das Krankengebäude hat man nach der in der 1. Aufl. des vorliegenden Heftes (Art. 794, S. 664) mitgeteilten Ueberficht durchfchnittlich in allgemeinen Krankenhäufern 1 Perfon auf 7 bis 8,33, in Kinderkrankenhäufern 1 auf 3,00 bis 6,25 und in Anftalten für Anfteckendkranke 1 auf 2,17 bis 4,60 Betten zu rechnen.

Merke fordert in allgemeinen Krankenhäufern für je 25 Kranke 3 Schweftern einfchliefslich der die Auflicht führenden, 1 Magd und 1 Hausdiener, fomit auf 5 Betten 1 Perfon[517]).

Im Kaifer und Kaiferin Friedrich-Kinderkrankenhaus zu Berlin entfielen in der Abteilung für Aeufserlichkranke 1 wartende Perfon auf 5,77, in derjenigen für Anfteckendkranke 1 auf 4,25 Betten.

Für die neuen Londoner Hofpitäler des *Metropolitan afylum board* wurde diefes Verhältnis auf 1 zu 2,33 feftgeftellt, um einerfeits die Pflege der hier behandelten, an anfteckenden Fieberkrankheiten Leidenden zu verbeffern, andererfeits die Wärterinnen zu fchonen, deren Gefundheit durch reichliche Ruhepaufen, Aufenthalt im Freien u. f. w. in möglichft widerftandsfähigem Zuftande erhalten werden foll.

Wo das Pflegeperfonal unter einer Oberin fteht, find für diefe befondere Räume zu fchaffen. Die Apotheke ift bei religiöfen Genoffenfchaften öfters Pflegerinnen unterftellt. Sonft find ein oder mehrere Apotheker, bezw. ihre Gehilfen unterzubringen.

Der Betrieb der Dampfküche erfordert in dem für 614 Betten eingerichteten ftädtifchen Krankenhaufe am Urban zu Berlin unter der Leitung eines Küchenverwalters 1 Oberköchin und 13 Küchenmädchen.

In derfelben Anftalt fteht das ebenfalls für Dampfbetrieb eingerichtete Wafchhaus unter Auflicht eines Hausvaters, welchem die Oberwäfcherin, 11 Wafchmädchen, 1 Mafchinift und 1 Hausdiener unterftellt find; die tägliche Leiftung von 1500 kg Wäfche erfordert fomit dort 15 Perfonen, oder für je 100 kg ift eine erforderlich.

Im *Hôpital Laënnec* zu Paris wurden 1893 8000 kg täglich gewafchen, und das Perfonal wird zu 24 Männern und 43 Frauen angegeben, fo dafs hier 1 Perfon auf je 120 kg zu rechnen ift, welche Leiftung fich nach Aufftellung einer neuen Mafchine, die täglich 1000 kg trockene Wäfche bis einfchliefslich ihrer Spülung wäfcht, verbeffert haben müfste, da nach *Kremer* 1 Mann zwei folcher Apparate bedienen kann[518]).

Das gefamte Perfonal im Allgemeinen ftädtifchen Krankenhaufe im Friedrichshain zu Berlin fetzte fich 1890 bei einem Belage von 784 Betten aus 192 Perfonen, und zwar wie folgt zufammen[519]):

Beamte:			Uebertrag . 37	31
Verwaltungsdirektor	1		Haustifchler 1	
Aerztliche Direktoren	2		Oberköchin 1	
Affiftenzärzte	11		Oberwäfcherin 1	
Prediger	1		Wafch- und Küchenmädchen . . . 30	
Oekonomieinfpektor	1			70
Bureauaffiftenten und Hilfsarbeiter .	10		Warteperfonal:	
Hausväter	3		Oberwärter 3	
Bureaudiener	2		Wärter 20	
		31	Oberfchweftern 12	
Dienft- und Arbeitsperfonal:			Schweftern 36	
Mafchinenmeifter	1		Hilfswärterinnen 11	
Mafchinift	1		Apotheker 2	
Heizer	10		Operationsfchweftern 2	
Desinfektor	1		Operationsdiener 1	
Tagespförtner	2		Leichendiener 2	
Nachtpförtner	1		Badewärter 1	
Nachtauffeher	2		Badewärterin 1	
Hausdiener	19			91
	37	31	Summa	192

---

[517]) Siehe: WEYL, Th. Handbuch der Hygiene. Bd. V, Abt. I Jena 1896. S. 301.
[518]) Siehe: KREMER, PH. *Le blanchiffage dans les hôpitaux*. (Buanderie de l'hôpital Laënnec buanderie centrale) Revue d'hygiène 1894, S. 160.
[519]) Nach: Die öffentliche Gefundheits- und Krankenpflege der Stadt Berlin. Berlin 1890. S 133.

Hiernach entfallen rund 1 Perfon auf 4 Betten.

Für das *Rudolf Virchow*-Krankenhaus in Berlin hat man auf 1650 Betten 550 Perfonen, fomit 1 auf 3 Betten in Anfchlag gebracht.

Während des Bürgerkrieges der Vereinigten Staaten von Nordamerika rechnete man auf 1000 Betten aufser dem dirigierenden Arzt 13 bis 14 Aerzte, denen gelegentlich *Medical cadets* zur Seite ftanden, 3 bis 4 *Stewards*, 1 Kaplan, fowie 120 bis 200 Angeftellte und Arbeiter, fomit zufammen 138 bis 220 oder 1 auf 4,54 bis 7,25 Perfonen.

Wie fchon erwähnt, erftreckt fich die Dezentralifation im Krankenhaufe auch auf diefes umfangreiche Perfonal, welches zum Teile, foweit als feine Verrichtungen an beftimmte Gebäude oder Gebäudegruppen gebunden find, auch in diefen wohnen, fchlafen und fpeifen foll. Dies gilt jedoch, wie in Art. 241 ff. (S. 141 ff.), fowie in Art. 194 (S. 116) bereits befprochen wurde, weniger vom ärztlichen und vom Warteperfonal, welches nur bei Anfteckungsgefahr im Krankengebäude mit abzufondern ift, fonft aber im Verwaltungsgebäude oder teils auch in felbftändigen Bauten untergebracht werden kann. Wo das erftere durch Einfchaltung von vielen Wohnungen zu umfangreich geworden wäre, hat man auch den Beamten eigene Gebäude gegeben. Von folchen Wohngebäuden erfordern nur diejenigen für das Warteperfonal (fiehe unter d) eine befondere Befprechung, da das Raumbedürfnis für Aerzte und Beamte bei den Verwaltungsgebäuden angegeben wird und ihre bauliche Form von anderen Bauten gefunder Art nicht abweicht.

a) Thorgebäude.

456. Zweck.

Gefonderte Thorgebäude am Haupteingang werden nötig, wenn die gefunden Eintretenden von den Kranken und im befonderen von anfteckenden Perfonen fernzuhalten find und die Scheidung aller das Krankenhaus Betretenden an der Eingangspforte erfolgen foll, was in Infektionskrankenhäufern zur Anlage einer infizierten und einer nicht infizierten Pforte geführt hat. Der Hauptzweck folcher Thorgebäude ift vor allem der, das Verwaltungsgebäude, in welchem fonft die Zurechtweifung aller Eintretenden erfolgt, von allen Elementen freizuhalten, welche nicht zu demfelben Zutritt erhalten follen.

457. Pförtnergebäude.

Diefe Bedürfniffe erfordern mindeftens an einem oder zwifchen zwei Eingängen die Anlage eines Pförtnerhaufes oder doch eines Aufenthaltsraumes für den Pförtner, welcher dort im Nachtdienft von einem anderen abgelöft werden kann.

Mit einem Pförtnerhaus hat man fich z. B. im Johns-Hopkins-Hofpital zu Baltimore und in der *Royal infirmary* zu Edinburgh begnügt, in welch letzterer Anftalt diefes Haus zwifchen zwei Eingangsthoren fteht[520]. — In *St.-Eloi* zu Montpellier wird das für Einfahrt und Seiteneingänge angelegte Gitterthor einerfeits vom Pförtnerhaus, andererfeits von einem Gebäude flankiert, welches je einen Raum für einen Internen, für Wartende und für Befuchende enthält. Die Aborte liegen bei beiden Bauten aufserhalb derfelben.

Im *London hofpital Whitechapel read* wurden hinter der Einfriedigung, in einer Reihe parallel mit diefer, 4 Häuschen angeordnet, die nur aus je einem Raum beftehen, von denen das erfte zu Ifolierzwecken, das zweite als Warteraum für Ambulanzen und die beiden anderen als Pförtnerlogen dienen. Zwifchen ihnen find in der Einfriedigung 3 Eingangspforten vorgefehen, von denen die Ambulanzen die beiden äufseren als Ein-, bezw. Ausfahrt benutzen[521].

Noch weiter werden diefe Anordnungen in Infektions- und Epidemiekrankenhäufern ausgebildet.

Wenn die Pförtnerloge zwifchen einem infizierten und einem nicht infizierten Eingang liegt, foll fie

---

[520] Siehe: BURDETT. *The hofpitals and afylums of the world*. Bd. 4 London 1893. Taf. 16.
[521] Siehe: BURDETT, a. c. O., Taf. 36.

nach *Aldwinckle* nach beiden Seiten Ausgänge mit überglaften Veranden zum Untertreten haben, von denen die am reinen Eingang gelegene zu einem Warteraum führt, wo Aufsenftehende warten können, bis ihre Angelegenheiten erledigt find. — Im *Belvedere hofpital* zu Glasgow wurde am Eingang ein Raum eingerichtet, wo Befuchende fich nach Kranken erkundigen können. Die erfteren ftehen auf einer 1,22 m (= 4 Fufs) hohen Plattform, die vom übrigen Raum durch eine Wand mit glafierten Fliefen und Fenftern getrennt ift, welche die Nummern der Säle tragen. Für die verfchiedenen Krankheiten werden zu beftimmten Stunden Karten ausgegeben, und die Pflegerin beantwortet an den betreffenden Fenftern, ohne die Möglichkeit einer Berührung mit den Befuchenden, deren Fragen.

In englifchen Infektionshofpitälern errichtet man jetzt auch möglichft nahe der Pförtnerloge einen fog. Entlaffungsblock, in welchem der Genefene in einem Auskleideraum die Hofpitalkleidung ablegt, ein Bad nimmt und dann in einem dritten Raum feine eigenen Kleider anlegt. Neben letzterem liegt ein Warteraum für die Angehörigen, der mit hellfarbigen Fliefen ausgekleidet fein foll.

458. Entlaffungsgebäude.

Schumburg berichtet von folchen Bauten im *Montfall fever hofpital* zu Manchefter und bei den Pockenfchiffen auf der Themfe, deren Räume mit Fliefen, Zement und Oelfarbe ausgekleidet find[522]).

Aldwinckle[523]) fchlägt vor, in derartigen Anftalten auch die Niederlage der Patientenkleidung bei den Entlaffungsräumen anzuordnen.

b) Verwaltungsgebäude.

Im Verwaltungsgebäude hat man bisher meift im Erdgefchofs die Aufnahme- und die Verwaltungsräume, die Apotheke, Verfammlungsräume für die Mitglieder des Kuratoriums und die Affiftenzärzte untergebracht. Häufig findet man hier auch die Poliklinik mit oder ohne befonderen Eingang von aufsen. In den Obergefchoffen liegen oft Räume für zahlende Kranke, Wohnungen für die Aerzte, Pflegerinnen, Beamte und Bedienftete, im Keller Wirtfchaftsräume und im Dachgefchofs Niederlagen.

459. Raumbedarf.

Diefe grofse Zahl von Räumen, welche fehr verfchiedenen Forderungen zu entfprechen haben, find fchwer in einem Gebäude fachgemäfs und in fanitär einwandfreier Weife unterzubringen, was dann zu jener Ausfcheidung der widerftrebendften Raumgruppen geführt hat.

Die Aufnahmeräume bedürfen einer dem Krankenverkehr entfprechenden Anordnung. Kranke, die nicht gehfähig find, kommen auf Bahren oder in Wagen an, für die eine Unterfahrt oder beffer eine zugfreie Halle vorhanden fein mufs, in welcher fie bis zur Erledigung der Formalitäten, deren jede Aufnahme bedarf, warten können, um alsdann unmittelbar nach dem betreffenden Krankengebäude gebracht zu werden, wo erft das Baden und Einkleiden erfolgt; oder es wird der Kranke in der Halle aus dem Wagen gehoben, auf eine Bahre gebettet und von hier nach dem Krankenraum transportiert. Für diefe Fälle ift ein Raum für Bahren, Tragfeffel u. f. w., fowie unter Umftänden ein Aufzug unmittelbar an der Halle erforderlich. Wo die letztere zugleich den Eingang in das Krankenhaus bildet, find an diefelbe die Pförtnerräume anzufchliefsen. Gehfähige Kranke werden nach dem Warteraum gewiefen, an welchen getrennte Aborte für beide Gefchlechter und das Zimmer des dienfthabenden Arztes ftofsen. Aufserdem gehören zu den Aufnahmeräumen: 1 Unterfuchungszimmer, das Aufnahmebureau, 1 Baderaum, worin die Patienten ihre Kleidung ablegen, falls die Einkleidung hier erfolgt, die nach der Desinfektionsabteilung kommt, und 1 Zimmer für den dienfthabenden Beamten. Wünfchenswert ift, dafs diefe Gruppe von Räumen möglichft in der Gleiche des Haupteinganges liegt, fo dafs die Kranken keine Stufen zu überwinden haben, und dafs der Warte-

460. Aufnahmeräume.

---

[522]) Siehe: SCHUMBURG, a. a. O., Bd. IV, S. 322.
[523]) Siehe: ALDWINCKLE, a. a. O., S. 286.

raum unmittelbar an die Halle ftöfst und nicht zugleich einen Durchgangsraum für das übrige Gebäude bildet. In Hamburg-Eppendorf ift letzteres vermieden; doch liegt hier nur der Warteraum eine Stufe über der Durchfahrt, um fchwer fortzufchaffende Kranke hier laffen zu können, und von diefem Raum führt eine achtftufige Treppe zu dem dreiachfigen Aufnahmeraum.

Auch gedeckte Warteräume für die Angehörigen der Kranken, welche vor den öffentlichen Befuchsftunden bei ungünftigem Wetter oft längere Zeit im Freien warten müffen, follen für einzelne Berliner Krankenhäufer, in denen keine vorhandenen Hallen Schutz gewähren, jetzt vorgefehen werden.

461. Verwaltungsräume. An die Aufnahmeabteilung fchliefst fich zweckmäfsig die Gruppe der Verwaltungsräume an, die fich aus dem Bureau, der Regiftratur und dem Archiv, den Arbeitszimmern des Verwaltungsbeamten und der ärztlichen Direktoren nebft Vorzimmern zufammenfetzt und gegebenenfalls, wie in Hamburg-Eppendorf, auch Sprechzimmer für die Oberärzte oder, wie an anderen Orten, auch die Arbeits- und Sprechzimmer der Oberin enthält. In diefem Arbeitszentrum follen alle elektrifchen Klingeln und Fernfprecher zufammengeführt werden.

Ueber das Raumerfordernis der Apotheke findet fich das Nähere unter d.

462. Wohnungen. Die verfchiedenen Gruppen von Wohnräumen für die Aerzte, Beamten und das Warteperfonal follen räumlich getrennt werden und eigenes Zubehör, Wohnungen von verheirateten Beamten auch unmittelbaren Zugang von aufsen erhalten, um deren Familien und ihren Befuch vom Verwaltungsgebäude auszufchliefsen.

Im Urban zu Berlin liegt die aus 7 Zimmern beftehende Wohnung des dirigierenden Arztes im I. Obergefchofs und erhielt eigene Treppen. Ebenfo wurde die Wohnung des Verwaltungsinfpektors von 6 Zimmern angeordnet.

Jeder Affiftenzarzt erhält ein Wohn- und ein Schlafzimmer, die oft zu klein bemeffen werden. Einer Gruppe folcher Zimmer find ein Badezimmer und Aborte beizugeben. Der Verfammlungsraum der Affiftenzärzte nebft Lefezimmer kann getrennt von ihren Wohnräumen liegen. — Wenn Pflegerinnen im Verwaltungsgebäude wohnen, fo follte ihnen nicht dasfelbe Gefchofs zugewiefen werden, wie den Affiftenzärzten, oder ihre Abteilung mufs genügend gegen letztere abgefchloffen fein. — Im übrigen fiehe über Wohnräume für das Warteperfonal das Nähere unter f und über die Anordnung eines Betfaales, welchem feine Raumgruppe unter Umftänden anzufchliefsen ift, in den Beifpielen von Kap. 4.

463. Magazine. Von den Magazinen des Krankenhaufes finden meift nur diejenigen für Betten und Bettftellen, für Spitalsgeräte und Einrichtungsgegenftände, unter Umftänden auch die Niederlage für die Patientenkleidung im Verwaltungsgebäude Unterkunft; doch hat man die erfteren oft im Wafchgebäude untergebracht. Die Lage des Vorratswäfchemagazins richtet fich danach, wem die Verwaltung desfelben unterftellt ift. Die Niederlagen für Brennftoff, Lebensmittel und Getränke find in oder bei den Keffel-, Heiz- und Küchenanlagen unterzubringen.

Die Bettenniederlagen, welche auch genügende Vorräte für Epidemien faffen müffen, legt man ebenfo, wie diejenigen für Geräte und Einrichtungsgegenftände, in die Bodenräume oder in den Unterbau, wenn letzterer trockene Räume enthält. Im erfteren Falle bedarf man eines Aufzuges. Ueber die Niederlagen zur Aufbewahrung der eigenen Kleidung der Patienten nach der Desinfektion fiehe das Nähere unter l. Bezüglich ihrer Lage in Anftalten für Anfteckendkranke im Entlaffungsblock fiehe Art. 458 (S. 269).

Wäfchemagazine find nur zum Unterbringen der Wäfchevorräte nötig, welche der regelmäfsige Erfatz und ein gröfserer Bedarf in Epidemiezeiten erheifcht, da für den täglichen Bedarf die Wäfche in den Krankengebäuden oder -Abteilungen niedergelegt wird. Ueber die Einrichtung von Wäfchenniederlagen fiehe unter e, 2.

464. Wirtfchaftsräume. Sind im Verwaltungsgebäude auch Wirtfchaftsräume unterzubringen, fo erfordern diefe für ihren Aufsenverkehr auch unmittelbare Zugänglichkeit von aufsen.

465. Räume für Kranke. Eine fehr ungeeignete Belaftung erfährt das Verwaltungsgebäude häufig durch Einfügen von Räumen für Zahlende oder für andere Kranke.

Die Urfache hierfür lag öfters darin, dafs man dem Verwaltungsgebäude von vornherein diejenige Gröfse geben wollte, die der ganzen geplanten Bettenzahl des Krankenhaufes entfpricht, welches im übrigen aber zunächft nur in geringerem Umfang zur Ausführung gelangte, fo dafs im Verwaltungsgebäude Raum übrig blieb, der, fo gut es geht, zur Krankenunterkunft hergerichtet wird. Die Anordnung derartiger Krankenabteilungen geftaltet fich dann bezüglich ihres Zubehörs u. f. w. meift fchlechter als in Krankengebäuden, wenn man nicht ihretwegen das ganze Verwaltungsgebäude entfprechend luftig und weiträumig, fomit auch in den unteren Gefchoffen umfangreicher und teurer bauen will, als es fonft nötig wäre. Beffer ift es, in folchen Fällen den überfchüffigen Raum im Verwaltungsgebäude für Wohnungen — etwa für Unterkunft der Pflegerinnen — zu verwenden und für diefe fpäter die Errichtung eines eigenen Gebäudes in Ausficht zu nehmen.

Führen andere Gründe dazu, dem Verwaltungsgebäude eine Krankenabteilung anzugliedern, fo erfolgt dies beffer in Geftalt eines Anbaues als felbftändige Raumgruppe mit eigenem Zugang von aufsen u. f. w. — Dasfelbe gilt von einer Beobachtungsabteilung (fiehe Art. 360, S. 215).

Auch die Poliklinik foll, wenn eine folche an das Verwaltungsgebäude anzufchliefsen ift, vom Gebäude getrennt und von aufsen zugänglich fein. Das Nähere über ihre Anordnung findet fich unter g.

466. Poliklinik.

Die Gefamtanordnung des Verwaltungsgebäudes wird fich, je nachdem einzelne oder mehrere der vorftehend befprochenen Raumgruppen ausfcheiden, fehr verfchieden geftalten. Bei derfelben ift befonders zu berückfichtigen, dafs die Wege der Kranken nicht mit denjenigen des Verwaltungsperfonals und Aufsenftehender zufammenfallen. Das Gebäude erlangt den kleinften Umfang, wenn es fich nur um das Unterbringen der Aufnahme- und Verwaltungsräume oder etwa noch der Apotheke handelt.

467. Gefamtanordnung.

In kleinen Krankenhäufern genügen unter Umftänden ein zugleich als Aufnahmeraum dienendes Arztzimmer, welches auch eine kleine Hausapotheke enthält, und die Wohnung des Hausverwalters.

In den klinifchen Univerfitätsinftituten zu Breslau enthält das Erdgefchofs die Bureauräume der Verwaltungsinfpektion nebft Trefor, das Obergefchofs die Wohnung des Verwalters und der Unterbau diejenige eines Unterbeamten.

In Braunfchweig, wo man das Verwaltungsgebäude von der Stirnfeite aus betritt, liegen an beiden Seiten des Mittelganges 1 Warte-, 1 Unterfuchungszimmer, 3 Gefchäftsräume des Infpektors, der Speife- und der Leferaum für die Aerzte nebft 2 Zimmern für die Apotheke. Im I. Obergefchofs befinden fich die Wohnungen des Infpektors, des Apothekers und feiner Gehilfen, im II. Obergefchofs Magazine.

In grofsen Verwaltungsgebäuden nehmen meift die Aufnahme- und Verwaltungsräume die eine, die Apotheke die andere Hälfte des Erdgefchoffes ein. Im

Fig. 246.

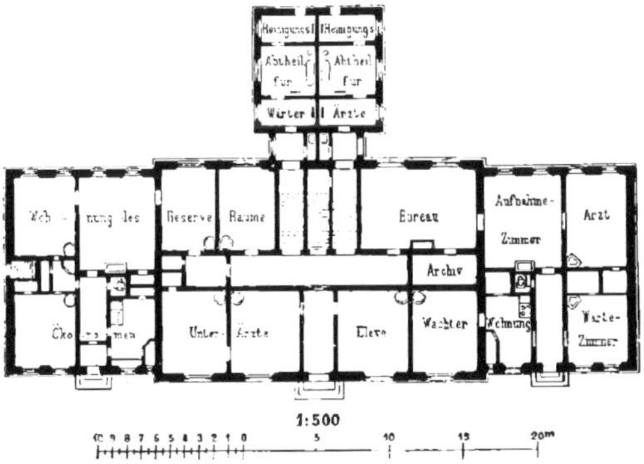

Verwaltungsgebäude im Hofpital für Anfteckende zu Stockholm [524]. 1893.

[524] Nach: TALAVRACH. *Le nouvel hôpital de Stockholm pour les maladies épidémiques. Revue d'hyg.* 1894, S. 198.

übrigen ift auf die zahlreichen Beifpiele von Verwaltungsgebäuden bei den Gefamtplänen in Kap. 4 zu verweifen.

468.
Verwaltungsgebäude für Infektionskrankenhäufer.
In Anftalten für Anfteckendkranke fucht man das Verwaltungsgebäude durch vollftändige Trennung von der Aufnahmeabteilung einerfeits und durch Vermeidung von Krankheitseinfchleppung von den Krankenabteilungen her anderfeits zu fchützen, wie in Stockholm (Fig. 246⁵²¹).

Das letztere erfolgt hier durch je eine Schleufe für die Aerzte und fur die Pflegerinnen hinter dem Treppenhaus, welche behufs Desinfektion von ihnen paffiert werden müffen, wenn das Gebäude vom Gelände der Krankengebäude aus betreten werden foll. Doch befindet fich bei der ärztlichen Schleufe noch ein unmittelbarer Nebenausgang aus dem Verwaltungsgebäude.

Die Aufnahmeabteilung bildet den rechten Flügel und hat eine eigene, nicht mit dem Hauptgebäude verbundene Wächterwohnung und Pförtnerraum, auch unmittelbaren Eingang von aufsen, wie die ebenfalls getrennt gehaltene Wohnung des Oekonomen im linken Flügel. Im Obergefchofs haben die Pflegerinnen aufser den bei den Krankengebäuden vorgefehenen noch befondere Wohnzimmer, wo fie ihre ftädtifche Kleidung finden, die nach dem Ausgang wieder hier verbleibt.

c) Aufnahmegebäude.

469. Zweck.
Um im Verwaltungsgebäude Hausinfektionen von kommenden Kranken vollftändig auszufchliefsen, ift man zuerft in Pendlebury (fiehe Kap. 4, unter c, 1), dann bei den neueren Infektionshofpitälern des *Metropolitan afylum board* zu London, in der Infektionsabteilung des Kaifer Franz Jofeph-Hofpitals zu Wien, im Cholerahofpital am Schlump zu Hamburg u. a. O. dazu übergegangen, eigene Aufnahmegebäude zu errichten.

470. Beifpiele.
Aldwinckle wünfcht in Infektionskrankenhäufern die Aufnahmeabteilung den zugehörigen Krankenräumen möglichft zu nähern und empfiehlt einen befonderen Aufnahmeblock für Scharlachfieber und einen zweiten für Entericfieber zu bilden.

Jeder foll je einen Aufnahme-, Unterfuchungs- und Baderaum, ein Zimmer für die Ambulanzpflegerinnen mit einem heizbaren Raum für Bettdecken und Kleidungsftücke, fowie in Verbindung mit dem Aufnahmeraum ein kleines Zimmer für bakteriologifche Prüfungen enthalten, und diefem Block ift ein Warteraum für Befuchende anzufchliefsen, die hier die Befuchskleidung anlegen und beim Weggehen fich in einem Wafchraum reinigen können.

In der genannten Wiener Anftalt hat man das fog. Adminiftrationsftöckel 1896 zu einem Krankenaufnahmegebäude umgebaut (Fig. 247⁵²⁵).

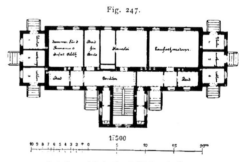

Fig. 247.

Aufnahmegebäude der Infektionsabteilung im Kaifer Franz Jofeph-Spital zu Wien⁵²⁵).
1896.

Die Einteilung des Gebäudes ermöglichte an den Gebäudeenden je 3 ifolierte, von aufsen zugängliche Unterfuchungszimmer einzurichten, um Hausinfektionen zu vermeiden. Benachbart fteht ein befonderes Gebäude mit zwei getrennten Abteilungen für Perfonendesinfektion.

Ueber das Aufnahmegebäude im Kinderkrankenhaus zu Leipzig fiehe den Gefamtplan in Kap. 4, unter c, 1.

---

⁵²⁵) Fakf.-Repr. nach: Jahrbuch der Wiener k. k. Krankenanftalten, Jahrg. 5 (1896). Wien u. Leipzig 1898. Taf. VI.

Fig. 248.

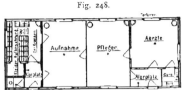

Grundrifs. — 1/250 w. Gr.
Aufnahme- und Aerztehaus im Cholerafpital am Schlump zu Hamburg [526]).
1892.
Arch.: *F. A. Meyer*.

Die Einteilung des Aufnahme- und Aerztehaufes am Schlump in Hamburg zeigt Fig. 248[526]).

Das Haus hatte zwei Eingänge an der einen Längsfront.

Der linke führte zu einem Vorflur, von welchem der Aufnahmeraum, das Gelaſs für die Patientenkleidung und ein Abort zugänglich waren.

Vom rechten Eingangsflur gelangte man zu einer Kleiderablage, zum Aerzte- und zum Pflegerinnenzimmer. Letzteres grenzte an den Aufnahmeraum und hatte mit diefem Thürverbindung.

d) Apothekengebäude.

Eine eigene Apotheke ift in jedem gröfseren Krankenhaufe wegen der zeitlich unabhängigen und ökonomifcheren Verforgung der Kranken mit Medikamenten erforderlich.

47 t. Raumerfordernis

Für kleinere Lazarette verlangt die Friedens-Sanitätsordnung (S. 486 ff.): eine Stube (12 bis 24 qm) mit einer 3,50 m langen, undurchbrochenen Wand, einen Keller- und einen Bodenraum. In ganz kleinen Krankenhäufern werden die nötigften Arzneien im Zimmer des dienfthabenden Arztes untergebracht und die übrigen aus kontraktlich verpflichteten Apotheken geholt.

Für gröfsere Lazarette fordert fie: 1 Arzneiftube (24 qm) mit einer nicht durchbrochenen Wand von 5,00 m Länge; 1 Wohnzimmer für den Apotheker, welches an die Arzneiftube anftöfst; 1 Laboratorium (10 qm); 1 Magazin; 1 Keller (10 bis 12 qm), und 1 Kräuterboden (16 bis 20 qm).

Im ftädtifchen Krankenhaus zu Nürnberg enthält die im Verwaltungsgebäude untergebrachte Apotheke folgende Räume:

im Erdgefchofs:

vorn: das chemifche Laboratorium;
den Apothekenraum;
ein Mikrofkopierzimmer;
das Bureau des Oberapothekers;
die Wohnräume deſfelben;

rückwärts: das pharmazeutifche Laboratorium;
das Speifezimmer der Apotheker;

im Unterbau:

1 Tinkturenkammer;
1 Materialienkammer;
1 Keller für Mineralwaffer;
1 Weinkeller;
1 Stofskammer;
das Gläferlager;
den Packraum.

Alle Räume im Unterbau haben mit dem Apothekenraum elektrifche Klingel- und Sprachrohrverbindung.

Verbandmittel find, wo ein Operationsraum vorhanden ift, in der Nähe deſfelben aufzubewahren, bezw. vorzubereiten. Sonft ift der dafür nötige Raum an die Apotheke anzufchliefsen.

Im Johns-Hopkins-Hofpital zu Baltimore hat man die Apotheke aus dem Verwaltungsgebäude ausgefchaltet und mit dem Speifefaal und den Wohnräumen der Bedienfteten in einem Gebäude vereinigt. (Siehe den Gefamtplan in Kap. 4.) — Das erftere empfiehlt auch *Merke*[527]) im Intereffe einer befchleunigten Expedition und befferen Kontrolle des mit der Beforgung von Medikamenten beauftragten Perfonals bei folgender Raumanordnung:

Das hochgelegene Erdgefchofs (Hochparterre) foll enthalten: Den unmittelbar von aufsen zugänglichen,

---

[526] Fakf.-Repr. nach: MEYER, F. A. Cholera-Barackenlazarethe und Leichenhäufer, fowie Nothftands-Wafferverforgung in Hamburg während der Cholera-Epidemie 1892. Arbeiten aus dem kaif. Gefundheitsamte. Bd. X. Berlin 1896. Anl. VIII, S. 118.
[527] Siehe: WEYL, TH., Handbuch der Hygiene. Bd. V, Abt. 1. Jena 1899. S. 423 ff.

nur vom beforgenden Perfonal zu betretenden Empfangs- und Abgaberaum, welcher blofs Schalterverbindung mit dem Expeditionsraum und dem gleich grofsen (6,00 × 9,00 m) Apothekenraum hat, einen Spül- und Reinigungsraum, 1 Bureau- und je 1 Frühftückszimmer für die Apotheker und die Apothekendiener. — Im Sockelgefchofs (Tiefparterre) find das Laboratorium und die Räume zur Aufbewahrung von Wein, Spiritus, Aether, der Gläfer, Kiften und Emballagen unterzubringen. — Im Obergefchofs liegen die Wohnungen der Apotheker und Apothekendiener.

In England, wo man die Apotheke der Poliklinik anzugliedern pflegt, in welcher die ambulanten Patienten meift freie Arznei erhalten, erfordert diefelbe, dem ftarken Verkehr entfprechend, eine verhältnismäfsig gröfsere Ausdehnung; doch tritt man jetzt dort dafür ein, dafs die Apotheke der Poliklinik von derjenigen des Krankenhaufes getrennt wird.

472. Ausbildung und Einrichtung.

Der Apothekenraum foll möglichft nach Norden oder Nordoften liegen, hoch, luftig und gut belichtet fein, den nötigen Wandraum zum Unterbringen der Schränke und der freiftehenden Rezeptiertifche bieten, auch 1 Wafchtifch mit Kalt- und Warmwafferzuflufs enthalten.

Im Expeditionsraum find nach *Merke* an den Wänden Schränke oder Regale für die zum Transport der abzugebenden Medikamente dienenden Körbe anzuordnen.

Die Laboratorien verlangen bequem gelegene Gas- und Wafferleitungsanfchlüffe an die Abdampffchränke, an die Arbeitstifche und an einen aus fäurebeftändiger Maffe beftehenden Ausgufs mit Kalt- und Warmwaffer-Zu- und -Ableitung. Die Abdampffchränke bedürfen eines Luftabzugs über Dach aus glafierten Thonrohren, welcher durch eine Gasflamme erwärmt werden kann. Zur Herftellung der Infufen und Dekokten kann man als Heizmittel Dampf verwenden, wo folcher vorhanden ift. — Das pharmazeutifche Laboratorium erhielt in Nürnberg Mettlacher Fufsboden- und 2 m hohen glafierten Wandplattenbelag, das chemifche Riemenboden und Emailfarbeanftrich.

e) Küchen- und Wafchgebäude.

473. Ueberficht.

Küchen- und Wafchgebäude wurden oft zufammengebaut. Für das Zufammenbauen trat u. a. im Friedrichshain *Effe* ein, obgleich die Architekten die billigere getrennte Bauweife vorfchlugen, und *Degen* hält die dort erfolgte gleichzeitige Vereinigung mit dem Keffelhaufe für vorteilhaft, weil das Rauchrohr des letzteren zur Entlüftung beider benutzt werden kann. Derartige Anlagen werden unter 3 befprochen. Vom Standpunkt der Salubrität gehören fie nicht zufammen. Auch die wünfchenswerte Lage läfst fich den Gebäuden, wenn fie verbunden find, nicht geben, da das Küchengebäude den Krankengebäuden nahe, das Wafchhaus fern von ihnen liegen foll.

1) Küchengebäude.

474. Lage und Erforderniffe.

Wenn die Küchenabteilung im Krankenhaufe nicht ein eigenes Gebäude erfordert, fo baut man fie am zweckmäfsigften mit dem Verwaltungsgebäude zufammen (fiehe Art. 464, S. 270).

In kleinen Krankenhäufern befchränkt man fich auf die notwendigften Räume. Je gröfser die Anftalten find, um fo mehr müffen die Haupt- und Nebenräume der Küche Teilungen erfahren. Da die Ausmafse derfelben fehr häufig zu klein gehalten werden, giebt *Merke* [528]) folgende Anhaltspunkte für die Küchenabteilung eines Krankenhaufes von 1000 Betten:

---

[528]) Siehe: WEYL, TH. Handbuch der Hygiene. Bd. V, Abt. 1. Jena 1899. S. 344—367. — Diefes Werk ift in den Abfchnitten 1 u. 2 mit benutzt worden und enthält viele weitere Einzelheiten.

Kochküche	16,00 × 12,00 = 192,00 qm	Wirtschafterinarbeitsraum			30,00 qm
Bratküche	9,00 × 7,50 = 67,50 »	Wirtschafterinvorratsraum			30,00 »
Speisenausgabe	8,00 × 7,50 = 60,00 »	3 Speisekammern, davon 1 24 qm, zuf. 60,00 bis 64,00 »
Speisenabnahme	7,50 × 3,75 = 28,13 »	2 Vorratsräume zuf. . . . . . . 80,00 bis 100,00 »
Spülküche	9,00 × 7,50 = 67,50 »	Eßzimmer für 30 Perfonen . . . . . 48,00 »
Gefchirrabnahme	7,50 × 3,75 = 28,13 »	Befenkammer . . . . . 10,00 bis 12,00 »
Gefchirrraum	80,00 »	Umkleideraum für weibl. Perfonal 10,00 bis 12,00 »
Gemüfeputzraum	6,50 × 7,50 = 67,50 »	Umkleide- und Aufenthaltsraum für
Fleifchkammer	11,00 × 8,00 = 88,00 »	männl. Perfonal . . . . . . 18,00 »
Fleifchzurichteraum	36,00 »	2 Bureauräume zuf. . . . . 48,00 »

Zu diefen 1076,76 qm faffenden Räumen kommen noch Aborte für Männer und Frauen, fowie 1 Baderaum mit 2 Wannen und 1 Braufebad hinzu.

Im Keller werden verlangt: 1 Mafchinenraum unter der Kochküche (192 qm), 1 Kartoffelkeller (80 bis 100 qm), 1 Gemüfekeller (40 bis 50 qm), 1 Raum für Sauerkohlfäffer (50 qm), 1 Luftkammer für Pökelfchinken und Dauerwürfte (60 qm), 1 Pökelkammer (60 qm), 1 dreiteilige, von letzterer durch kurzen Flurgang getrennte Räucherküche nebft Zubehör, 1 Weinkeller (60 qm), 1 Lagerraum für Bier und Selterswaffer (42,00 qm), 1 Utenfilienraum für die Kaffeeröftmafchine u. f. w. (40 qm), 1 Raum zum Flafchenfpülen (40 qm). Im oberen Stockwerk follen liegen: Wohn-, bezw. Schlafräume für die Oberköchin, die Wirtfchafterin und das Perfonal, im ganzen 25 Perfonen.

In manchen Krankenhäufern giebt es noch eine Bäckerei, die beifpielsweife in St. Marylebone 73,20 qm (= 240 Quadr.-Fufs) Grundfläche einnimmt; in anderen fieht man befondere Mehlfpeifenküchen vor. Wo ein eigenes Küchengebäude befteht, foll das Küchenperfonal darin wohnen und fpeifen (fiehe Art. 455, S. 268).

Der Betrieb erfolgt im ftädtifchen Krankenhaufe am Urban zu Berlin nach *Hagemeyer*[529]) in folgender Weife.

475. Betrieb.

Die Waren werden täglich früh um 6 Uhr von den Lieferanten in die Anftalt gebracht, vom Küchenverwalter übernommen und weiter verteilt. Zu den feftgefetzten Stunden erfolgt die Beförderung der Speifen in 4 befonders konftruierten Wagen nach den einzelnen Gebäuden, und zwar derjenige von Backwaren in Körben, von Kaffee und Milch in Blechkannen, von Gemüfen und Kartoffeln in Speifeeimern, von Fleifch in verzinnten Eifenblechkaften mit 3 Fächern u. f. w. Die Transportgeräte werden nebft den darin verbleibenden Reften eine Stunde nach jeder Mahlzeit zur Küche zurückgebracht, dort gereinigt und verwahrt. Die auf dem Submiffionswege verkauften Küchenabfälle find vom Abnehmer täglich abzuführen; die nicht benutzbaren Fettabgänge gehen zur Wafchküche behufs Bereitung weifer Stückenfeife.

Die Beköftigung des Perfonals und der Kranken erfolgt in 3 Gruppen, von denen die I. die Affiftenzärzte und Apotheker, die II. die Viktoriafchweftern, die Oberköchin und die Oberwäfcherin, III. das Dienft- und Wartperfonal, fowie die Kranken umfafst. Für die letzteren giebt es 4 Diätformen, welche teils dauernd oder einmalig untereinander abgeändert oder durch »Extradiät« ergänzt werden können.

Ueber die bauliche Anlage und Einrichtung von Küchengebäuden findet fich das Nähere in Teil III, Band 5 (Abt. IV, Abfchn. 5, A, Kap. 1 u. 2) diefes »Handbuches«. In Krankenhäufern foll ihre gefamte Anordnung der peinlichften Reinlichkeit Vorfchub leiften, und bei Auswahl der Einrichtung ift vor allem die Herftellung einer guten und geeigneten Krankenkoft auf thunlichft fchnelle und ökonomifche Weife mafsgebend.

476. Bauliche Anlage.

Die umftehende Tabelle zeigt die Grundflächen einiger Krankenhausküchen im Verhältnis zur geplanten Bettenzahl.

477. Koch- und Bratküche.

Der eigentliche Küchenraum foll wafferdichte Bekleidung von Fufsboden, Wand und Decke erhalten. Erfterer befteht am beften aus Mettlacher gerillten Platten erfter Klaffe, die für Wafferabfluss nach den vergitterten Rinnen oder zu den einzelnen Abzugsftellen zu verlegen find, da man die Spülwaffer der Keffel unmittelbar auf den Fufsboden abfliefsen läfst. Wand und Decke werden am zweckmäfsigften mit weifsen,

529) Siehe: Hagemeyer, a. a. O., S. 98 ff.

Ort	Raum	Tiefe	Länge	Fußbodenfläche	Bettenzahl	Fußbodenfläche für 1 Bett
Hôpital Lariboisière ... Paris	Küche	16,00	11,50	—	181,00	613	0,30
St. Eloi .... Montpellier	Küche	8,00	20,00	—	160,00	610	0,26
Kaiser-Franz Joseph-Spital ... Wien	Küche	11,00	14,00	—	154,00	610	0,25
St. Marylebone infirmary ... London	Küche	12,19	11,02	—	171,02	744	0,23
Kgl. Charité .... Berlin	Kochküche	14,76	11,52	172,03	}271,55	1300	0,21
	Bratküche	7,51	13,53	101,01			
Neues allgemeines Krankenhaus ... Hamburg-Eppendorf	Kochküche	14,00	12,00	168,00	}270,96	1500	0,18
	Bratküche	8,74	11,78	102,96			
Städtisches Krankenhaus am Urban ... Berlin	Küche	13,00	8,00	—	104,00	612	0,17
Allgemeines Krankenhaus ... Nürnberg	Küche	14,00	9,00	—	126,00	761	0,17
Barackenlazarett .... Tempelhof (1870)	Küche	9,10	9,10	—	82,81	500	0,17
Friedens Sanitätsordnung ... —	Küche	—	—	—	40,00	250	0,16
Sedgwick hospital ... Greenville (1864)	Küche	8,85	10,50	—	93,24	600	0,16
Verfetzbare preußische Wirtschaftsbaracke.	Küche	5,00	6,00	—	30,00	200	0,15
		Met.		Quadr.-Met.			Quadr.-Met.

glasierten Steinen verblendet. Wenn angängig, legt man die bis zur Decke reichenden Fenster, deren Reinigung bei größerer Höhe in den oberen Teilen unter Umständen vorgekragte Galerien erfordert, in gegenüber liegende Wände. Für ausgiebige Tages- und Nachtbeleuchtung, für vorzügliche Lüftung mittels Zuführung erwärmter Luft im Winter von den Fensterbrüstungen her und mittels dauernd erwärmter Abluftschlote ist zu sorgen. Letztere sind in Nürnberg in der Mitte der Decke aufgesetzt, erhielten ein Lichtmaß von $1,00 \times 1,00 \times 7,00$ m, eine Dampfspirale und Klappenverschluß. Die Decke darf nicht unmittelbar das Dach bilden, um Tropfenentstehung durch Niederschlagen der feuchten Dünste an derselben zu vermeiden.

Bei Wahl der Vorrichtungen für die Zubereitung der Speisen wird das vorteilhafteste Zubereitungsverfahren entscheidend sein. Gegenüber beträchtlichen jährlichen Ersparnissen im Küchenbetrieb kommen die Anlagekosten auch für teure Vorrichtungen nicht in Betracht.

In der Kochküche benutzt man thunlichst Dampf oder heißes Wasser zum Heizen der Kessel, deren Gesamtinhalt wegen der nötigen Reserve bei Ausbesserungen und für stärkere Leistung bei Epidemien *Merke* zu 5,5 bis 6,5 l für jeden Kranken annimmt. Infolge der notwendigen Mannigfaltigkeit der Speisen ist dieser Gesamtinhalt auf eine größere Zahl von Kesseln verschiedener Größe mit 30 bis 600 l zu verteilen. Ihre Reinigung und Benutzung wird erleichtert, wenn man sie einzeln ummantelt und frei auf eisernen Füßen in der Mitte des Raumes aufstellt.

In Nürnberg ist die Wärme des Wrasens der hermetisch geschlossenen Deckel für die Warmwasserbereitung ausgenutzt.

In der Charité zu Berlin sind die doppelwandigen Dampfkochkessel meist so eingerichtet, daß man auch mit halbem oder ganzem Wasserbad kochen kann, wie dies Milch und Fische erfordern. Beim Heben des Deckels tritt selbstthätig ein Schwenkhahn für Kalt- und Warmwasser über ihre Oeffnung. Die Dampf-Kondensations- und Wrasen-Ableitungsrohre liegen in den Standsäulen. — Die Milch bedarf besonderer, für nichts anderes benutzter Kessel. Bei dem ohne Zinnplattierung hergestellten kupfernen *Senking*'schen Milchkocher ist das Anbrennen durch stete Zirkulation vermieden, und es erfolgt gleichzeitig eine gute Sterilisation der Milch.

Für die wie die Kochküche auszustattende Bratküche wird jetzt zum Braten meist Gas verwendet, dessen Verbrennungsgase unmittelbar abzuleiten sind. — Besondere

Fürforge erfordert das Warmhalten der Speifen nach ihrer Fertigftellung bis zur Ablieferung an die Bedienfteten, da die Speifen in möglichft heifsem Zuftand an den Patienten gelangen follen. Die Einrichtung grofser Küchen zeigen die zwei folgenden Beifpiele.

In der von *Küpperbufch & Söhne* (Schalke i. W.) eingerichteten neuen Charitéküche zu Berlin (Fig. 249) befteht die Kocheinrichtung aus 14 grofsen, einzelftehenden Dampfkochkeffeln mit je 100 bis 600, zufammen 5400 l Inhalt für Gemüfe, Fleifch, Bouillon, Kartoffeln, Kaffee und Milch, nebft 9 Kippkochkeffeln auf gemeinfchaftlichem Unterbau für den I. Tifch mit 30 bis 50, zufammen 350 l Inhalt. Diefe 23 Keffel bieten fomit einen Gefamtinhalt von 5750 l, welcher 4,42 l für jedes der geplanten 1300 Betten entfpricht. Das Zerteilen des Fleifches erfolgt auf grofsen eifernen Wärmtifchen. An der Seite ftehen 2 Kartoffelkocher für einen Tagesbedarf von 700 kg mit 16 durchlöcherten, aus- und einfchiebbaren Roften. Zum Warmhalten der zubereiteten Speifen dienen hier und in der Speifenausgabe Wärmtifche, zum Braten von Koteletten und zum Auslaffen von Talg 2 Tafelherde mit Kohlenfeuerung. — Die Bratküche enthält 3 Gasbratöfen mit je 3 übereinanderliegenden Brateinrichtungen für eine Tagesleiftung von 600 kg Fleifch, 1 Wärmtifch von 6 m Länge zum Zerlegen des Fleifches, 2 Wärmfchränke, 1 Warmbad und 1 Fifchkocher mit mehreren Etagen.

In Nürnberg benutzt man 8 feftftehende doppelwandige Wafferbaddampfkeffel von *A. Senking* (Hildesheim) — je 2 für 380, 290, 190 und 100, zufammen 1920 l Inhalt, deren gufseiferner Auffenkeffel ifoliert und mit einer fchmiedeeifernen Ummantelung verfehen ift. Aufserdem find 3 Dampfkochtöpfe mit Kippvorrichtung für je 30 l und eine Kaffeekochvorrichtung mit 2 Keffeln desfelben Inhaltes vorhanden, fo dafs für die 761 Betten ein gefamter Keffelinhalt von 2070 l oder 2,72 l für jedes Bett vorgefehen wurden. — Im übrigen befteht die Einrichtung aus: 1 Kartoffelkocher mit 10 Einfätzen für 700 l, 1 grofsen Gaskoch- und Bratherd (3,20 × 1,25 m), 1 verfetzbaren Wafferbad mit 6 Kafferollen, 1 Gasetagen-Brat- und Backofen (1,42 × 0,91 × 1,70 m) mit 4 Bratröhren und 2 Wärmräumen, 1 Gasfpiefsbratvorrichtung, 1 Gaskaffeebrenner für 6 kg Kaffee, 1 fchmiedeeiferner Speifeausgabetifch (Platte 6,45 × 1,10 m), 1 ebenfolcher Anrichte- und Tranchiertifch (3,00 × 0,80 m), beide mit Wärmfchrank (Schiebethüren) darunter, 1 Fayenceausgufs, verfchiedenen Tifchen und 1 elektrifchen Uhr.

478. Speife-Ausgabe- und -Entnahme- raum.

Der Speifenentnahmeraum foll unmittelbar von aufsen zugänglich, auch heizbar fein und darf mit den Küchenräumen nur Schalterverbindung, je eine für warme und kalte Speifen, haben, um die Hausdiener von der Küche zu trennen.

In einem der Schalterfenfter ift ein Schiebefenfterchen zum Verabreichen einzelner Speifen und Getränke aufserhalb der Abgabezeit, wie in Nürnberg, anzuordnen.

Merke fchlägt vor, die Tifchplatte unter dem Schalter für warme Speifen als Wärmplatte auszubilden, oder zwifchen Küche und dem Ausgaberaum Wärmfchränke mit beiderfeits verfchliefsbaren, den Stationsnummern entfprechend bezeichneten Fächern für die Speifekaften einzubauen, welche man in der Küche einfchieben und im Vorraum entnehmen foll, oder auf Wandflützen an freien, erreichbaren Wandftellen Wärmplatten etagenweife anzubringen. — In Nürnberg fahren die Speifetransportwagen in den Speifeausgabevorraum ein, welcher zu diefem Zweck für Ein- und Ausfahrt 2 breite zweiflügelige Thüren nach aufsen erhielt. An den Vorraum ftöfst das Schreibzimmer der Küchenfchwefter. — In Braunfchweig liegen an der Speifeausgabe rechts eine befondere Brotausgabe, links eine Kaffeeausgabe.

479. Nebenräume.

Auch bezüglich der Nebenräume der Küche und ihrer Einrichtung ift Fig. 249 einzufehen, wo die entfprechenden Fufsbodenentwäfferungen eingetragen find.

Im Keller bedürfen der letzteren die Luftkammer, die Pökelkammer und der Flafchenfpülraum.

Wafferdichte, glatte Wand erhalten der Spülraum, der Gemüfeputzraum bis zu 2 m Höhe, die Luft- und Pökelkammer, befonders aber der Fleifchzurichteraum und die Fleifchkammer, wo Mettlacher Platten I. Klaffe zu empfehlen find.

Im Spülraum follte die Rückgabe der Gefäfse ebenfalls derart erfolgen, dafs fein Betreten durch die Hausdiener der Krankengebäude ausgefchloffen ift. Zur Einrichtung gehören eine Spülvorrichtung, eine Vorrichtung zum Trocknen der Scheuer- und Putztücher nebft Bordbrettern an den Wänden. — In Amerika benutzt man in neueren Krankenanftalten zum Wafchen des Gefchirres Mafchinen, die teuer find, aber viel Handarbeit fparen. Ihre Abflüffe follen wie diejenigen der Ausgüffe in befondere, aufserhalb des Gebäudes liegende Fettfänge münden.

Im Gefchirrraum find Wandbretter und freiftehende Regale für die Speifetransportgefäfse, Glas- und Porzellanfachen vorzufehen.

Der Gemüseputzraum enthält die Becken zum Waschen und Einweichen der Gemüse, zum Waschen der Kartoffeln, für geschälte Kartoffeln und für Fische mit Kaltwasser-Zu- und -Abfluß. Kann man sie nicht alle aus Marmor herstellen, welcher die leichteste Reinigung ermöglicht, so genügen für die ersteren auch Granit oder *Monier*-Masse.

Der Fleischzurichteraum erfordert ein Wandregal von Messingstangen, Glasplatten auf Wandträgern für Gewürzbüchsen und frei vor der Wand liegende Messingstangen mit Fleischhaken.

Die 2 Vorratsräume und 2 von den 3 Speisekammern in *Merke*'s Programm sollen heizbar sein. Die nach Norden zu legenden Fenster der Fleischkammer sind durch Jalousien, Markisen oder dergl. und in ganzer Ausdehnung mit Drahtgaze von $2^{1}/_{2}$ mm Maschenweite zu schützen, und ihr Abluftrohr ist dauernd künstlich zu erwärmen. Die Einrichtung besteht in freistehenden eisernen Gerüsten mit verzinkten Eisenhaken. Zum Einlagern von Dauerfleischwaren in Schweinefett genügen nach *Merke* gemauerte Behälter mit guter Fußbodenisolierung und starkem, glattem Zementputz innen, außen und oben.

Von den Räumen im Keller sind die Luft-, die Pökelkammer und der Flaschenspülraum heizbar zu machen. Der letztere bedarf eines Ausgusses.

480. Gesamtanordnung.

Bei der Gesamtanordnung der Räume ist zu berücksichtigen, daß der Kochraum Verbindung mit dem Speisenausgaberaum, mit der Bratküche, der Spülküche, dem Geschirr-

630) Faks.-Repr. nach: Prospekt der Schalker Herd- und Ofenfabrik *F. Küpperbusch & Söhne A.G. Schalke* in Westfalen. Mai 1901.

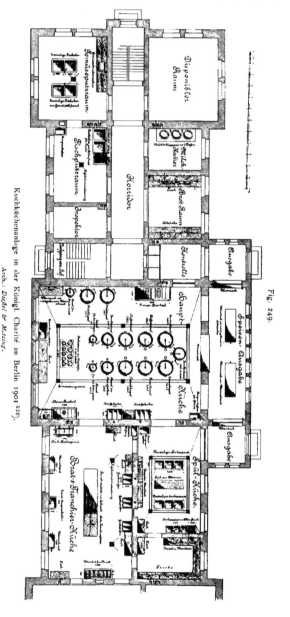

Fig. 249.

Kochküchenanlage in der Königl. Charité zu Berlin 1901 [630]. Arch.: *Diestel & Meising.*

raum und dem Fleifchzurichteraum, der Spülraum Verbindung mit dem Gefchirrabgaberaum und dem Gefchirrraum und der Gemüfeputzraum Fahrftuhlverbindung mit dem Kartoffelkeller erhalten. Der Speifenabnahmeraum und der Gefchirrabgaberaum liegen zweckmäfsig an einer Gebäudefeite, welche fonft keinen Zugang hat, wie in Kopenhagen.

Im *Park hofpital Hither Green* find die Fifch- und Fleifchniederlagen in einem befonderen Gebäude auf dem Küchenhof untergebracht.

Im Keller follen nach *Merke* die Räucherküche von der Luft- und der Pökelkammer durch einen Flurgang getrennt, alle 3 Räume heizbar fein, nach Norden oder Often liegen und jeder unmittelbar von aufsen Zugang haben. Das letztere verlangt er auch von dem Abteil für Gemüfe und Sauerkohl, von dem Ausgaberaum für Getränke, welcher mit dem Wein- und Bierkeller Thürverbindung erhält, und vom Mafchinenraum, während der Kartoffelkeller zugleich von innen zugänglich zu machen ift.

Für die Spüleinrichtungen im Spülraum und im Fleifchzurichteraum empfiehlt fich Duranametall. Kühlfchränke, bezw. -Vorrichtungen find im Vorratsraum der Wirtfchafterin, für die Aufbewahrung von Milch, Fleifch, Geflügel und Wurftwaren, fowie für die Fleifchkammern vorzufehen. — In der Charité zu Berlin wird die Milch in 3 beftändig von kaltem Waffer umfpülten Nickelkeffeln gekühlt.

Da verfchiedene Beifpiele für Küchengebäude in allgemeinen Krankenhäufern bei den Wirtfchaftsgebäuden (unter 3) folgen, gelangen hier nur 4, und zwar je eines für Küchen in einem allgemeinen Krankenhaus und in einem folchen für epidemifche Krankheiten, fowie zwei für Küchen in Kriegsrefervehofpitälern zur Befprechung.

481. Beifpiele.

Das 1900 eröffnete Küchengebäude der Charité zu Berlin zeigt Fig. 249[530]).

Der nicht dargeftellte rechte Kopfbau enthält 3 Speifekammern, die Aborte u. f. w. — Im Kellergefchofs liegen die Vorratsräume für Kartoffeln, Wein, Bier u. f. w., der von *L. Bahr* eingerichtete Kühlraum für Fleifch und unter der Kochküche der wegen feiner hohen Temperatur von den übrigen Räumen getrennte, nur von aufsen und vom Rohrtunnel aus zugängliche Rohrkeller. — Das Obergefchofs dient einerfeits von der Kochküche für die Wohnräume des Oeconomieinfpektors und des männlichen, andererfeits für diejenigen des weiblichen Dienftperfonals mit Speife- und Anrichteraum für das letztere.

Im Blegdam-Hofpital bei Kopenhagen (Fig. 250[531]) wurden eine grofse und eine kleine Küche vorgefehen, letztere für Zeiten geringen Belages der Anftalt. Die in der Mitte liegende grofse Küche ift unmittelbar von aufsen durch einen mittels Windfanges gefchützten Eingang zugänglich, zu deffen beiden Seiten die Spülküche und ein kleiner Putzraum liegen. An der entgegengefetzten Längsfeite betritt man rechts und links Ausgabeftellen, von denen diejenige an der linken Seite zugleich für die anftofsende kleine Küche dienen kann, die ihren eigenen Zugang an der Stirnfeite des Gebäudes hat, wie auf der anderen Seite das ähnlich gelegene Speifezimmer der Bedienfteten. An jedem Seiteneingang ift eine Treppe zum Obergefchofs über den betreffenden Flügel angeordnet. Die Aborte liegen aufserhalb des Gebäudes.

Im Barackenlazarett auf dem Tempelhofer Feld bei Berlin (1870—71) hatte man infolge der getrennten 3 Verwaltungen, welchen dafelbe unterftand, 3 Küchen für den Gefamtbelag von 1500 Betten nach dem Grundrifs in Fig. 251[532]) errichtet. Am Küchenraum mit einem Raummafse von $9{,}10 \times 9{,}10 \times 3{,}77$ m (= $29 \times 29 \times 12$ Fufs), um deffen mittleren Lüftungsfchornftein die Kochherde gruppiert waren, lagen hier in den niedriger gehaltenen Flügeln 1 Gemüfe- und 1 Fleifchraum, 1 Aufwafchraum, 1 Zimmer für das Perfonal und Schuppen für Brennftoff.

Im Küchengebäude des *Sedgwick hofpital* zu Greenville, einem der Generalhofpitäler im Bürgerkrieg der Vereinigten Staaten von Nordamerika (Fig. 252[533]), lag die Küche an einem Ende des Gebäudes, das in feiner Längsachfe von einer Gleisanlage durchfchnitten war, an welcher innerhalb der Küche Ausgabetifche ftanden. Im übrigen enthielt das Gebäude nur 2 Vorratsräume und die Schlafräume für das Perfonal.

---

[531]) Nach: SORENSEN & HERMANN, a. a. O., Taf. V.
[532]) Fakf.-Repr. nach: Deutfche Bauz. 1870, S. 259.
[533]) Nach: *The medical and furgical hiftory of the war of the rebellion.* Teil III, Bd. 1. Wafhington 1888. S. 947.

482.
Eishäufer.

Ein Eishaus forderte man früher für jedes Krankenhaus. Von *Mencke* wurden die amerikanischen Eishütten befonders empfohlen. In England hat man in manchen Krankenhäufern Eismafchinen. Im Urban zu Berlin wird der tägliche Eisbedarf 750 kg (= 15 Zentner) für 613 Betten von Lieferanten bezogen und in zwei eifernen Kiften mit je 125 kg Rauminhalt verwahrt, was keine höheren Koften als der Betrieb eines Eishaufes verurfacht. Wenn man eines folchen in der Anftalt bedarf, wird man eine oberirdifche Anlage wählen. Näheres hierüber fiehe Teil III, Band 6 (Abt. V, Abfchn. 3, Kap. 3) diefes »Handbuches«.

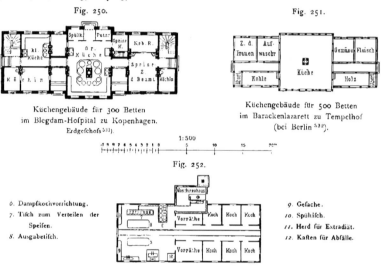

Fig. 250.

Küchengebäude für 300 Betten im Blegdam-Hofpital zu Kopenhagen. Erdgefchofs 531).

Fig. 251.

Küchengebäude für 500 Betten im Barackenlazarett zu Tempelhof (bei Berlin 532).

Fig. 252.

6. Dampfkochvorrichtung.
7. Tifch zum Verteilen der Speifen.
8. Ausgabetifch.

9. Gefache.
10. Spülifch.
11. Herd für Extradiät.
12. Kaften für Abfälle.

Küchengebäude für 600 Betten im *Sedgwick hofpital* zu Greenville 533).

Das Eishaus im Friedrichshain hat einen Innenraum von $5{,}50 \times 5{,}50 \times 4{,}50$ m = 135 cbm, bietet fomit 0,19 cbm Raum für jedes der 700 geplanten Betten. — In Hamburg-Eppendorf entfallen bei einem Ausmafs von $8{,}10 \times 7{,}00 \times 4{,}80$ m = 272,16 cbm ebenfalls 0,19 cbm auf jedes feiner urfprünglichen geplanten 1400 Betten. Doch find hier noch dem Eisraum ein Raum für Mundeis ($4{,}30 \times 3{,}00 \times 3{,}80$ m) und ein Fleifchraum ($4{,}00 \times 3{,}40 \times 3{,}80$ m) vorgelegt, deren Fufsboden 1 Stufe über dem Gelände und 1,00 m über dem tieferen Eiskellerboden angeordnet wurde, welcher unmittelbaren Schmelzwafferabfluss mit Siphonverfchlufs erhielt. In Nürnberg bereitet man das Eis künftlich.

Diefe Eisbereitungs- und Kühlanlage im Keller des Wirtfchaftsgebäudes liefert nach dem Ammoniakverfahren bei 10-ftündigem Betrieb 1000 kg Kunfteis. Zur Kühlung, Trocknung und Reinigung der Luft für den benachbarten Kühlraum dient eine Luftkühlvorrichtung mit Salzwafferpumpe, Ventilator und Luftzuführungsrohr. Für das Eis benutzt man das ftädtifche Leitungswaffer, für die Klareisbereitung keimfreies Waffer. — Der mit gerippten Mettlacher Platten belegte Fufsboden wird durch 2 Bodenausläffe entwäffert. Den Dampf für die Eisbereitungsanlage liefert die Dampfmafchine der Wafchabteilung.

2) Wafchhäufer.

483
Art des Wäfchereibetriebes.

Die Wäfche des Krankenhaufes kann in der eigenen Wafchanftalt desfelben oder, wie in Paris, in einem für mehrere Krankenhäufer gemeinfamen, aber unter derfelben Verwaltung ftehenden Wafchhaufe oder, wie oft in England, in einer Privatanftalt gewafchen werden.

Gegen das letztere fpricht die Schwierigkeit einer Ueberwachung der vorher nötigen Desinfektionsmafsregeln und die leicht eintretende Verfchleppung von Infektion aufserhalb des Krankenhaufes. Die fanitären Einwände fteigern fich, wenn bei Auftreten von Epidemien ein Krankenhaus ohne Wafchhaus mit anfteckenden Kranken belegt werden mufs, wo fonft die Aufnahme derartiger Kranken ausgefchloffen war.

Die Einrichtung eines eigenen Wafchereibetriebes in jedem Krankenhaufe ift in fanitärer Beziehung jeder Zentralifation desfelben, welche den Transport der Wäfche über die Umfaffung der Anftalt hinaus nötig macht, vorzuziehen. Das Wafchen follte auch im kleinften Krankenhaufe in einem fowohl von den Kranken, wie von den Verwaltungsräumen getrennten eigenen Gebäude erfolgen, welches, wenn es mit dem Keffel- und Mafchinenhaus oder mit anderen zum allgemeinen Betrieb dienenden Bauteilen zufammenzubauen ift, keine innere Verbindung mit denfelben erhält, wenn man fein Perfonal von demjenigen jener anderen Räume zu trennen hat.

Die Gröfse des Wafchhaufes hängt vom Umfang der Anftalt, von ihrem Wäfchebedarf, der in den Anftalten nicht gleich ift, und davon ab, ob eine oder mehrere Wafchabteilungen zu bilden find.

484. Umfang des Wafchhaufes.

Der Bedarf an reiner Wäfche nimmt mit den wachfenden hygienifchen Vorfichtsmafsregeln bedeutend zu.

In den Hofpitälern und Hofpizen von Paris ftieg derfelbe von 6 000 000 kg im Jahre 1861 [534]) auf 9 000 000 kg im Jahre 1880, auf 12 000 000 kg im Jahre 1889, und er betrug 1895: 16 000 000 kg. Dort wäfcht die *Nouvelle buanderie* im *Hôpital Laënnec* die Wäfche von 4 Hofpitälern, deren Wäfchebedarf täglich in der *Charité* 3,12, im *Neckerhôpital* 2,77, in *Cochin* 2,30, in *Laënnec* 2,13 kg und durchfchnittlich in allen 4 Anftalten 2,6 kg [535]) für jedes vorhandene Bett betrug; hierbei kommt jedoch in Betracht, dafs im *Hôpital Charité* und *Necker* Maternités vorhanden find. In *Cochin* und *Laënnec* zufammen bedurfte man nur 2,21 kg reiner Wäfche. Dies ift beträchtlich mehr als in den Parifer Hofpizen, deren täglichen Verbrauch *Kremer* auf 1,5 kg fchätzt.

Im ftädtifchen Krankenhaus Moabit (Berlin) wurden im Mai 1897 bei durchfchnittlich täglich 778 Kranken 35 300 oder 1,46 kg täglich für jeden Kranken gewafchen.

Die Wäfcherei in Braunfchweig ift zu täglich 10 bis 12 Zentner Wäfche bei einem Perfonenftand bis zu 600 Köpfen, fomit zu 0,83 bis 1,00 kg für den Kopf und Tag angelegt.

In manchen englifchen Anftalten wird die Wäfche der Beamten von derjenigen der Kranken getrennt gewafchen, wie dies *Aldwinckle* jedenfalls in Krankenhäufern für Anfteckendkranke fordert.

Im *Park hofpital Hither green* wurde diefe Trennung auch durchgeführt wegen der völlig verfchiedenen Zurichtung, welche die Beamtenwäfche fordert. Da fich die Zahl der Angeftellten zur Zahl der Krankenbetten dort wie 316 : 548 verhält, erhielten beide Abteilungen gleiche Gröfse.

Im Kaifer-Franz-Jofeph-Spital zu Wien wäfcht man die Wäfche der Anfteckendkranken nach vorheriger Desinfektion in einer befonderen Wafchküche.

Bezüglich der Betriebskoften giebt folgende Zufammenftellung einige Anhaltspunkte.

485. Betriebskoften.

Sie betrugen 1861 nach *Huffon* in *La Salpêtrière* 105 919 Mark (= 132 399 Franken) für 2 297 239 kg, fomit für je 100 kg 4,61 Mark (= 5,76 Franken), und nach *Kremer*'s Angaben ftellte fich derfelbe Betrag für die Wäfche, welche die Adminiftration in ihren Wafchanftalten wufch, 1890 auf 7,20 und 8,00 Mark (= 9 und 10 Franken) und für jene, welche durch die Privatinduftrie gewafchen wurde, auf 11,20 Mark (= 14 Franken). Dagegen berechnet *Kremer* die Wäfchekoften in der *Nouvelle buanderie* für 1893 zu 4,26 Mark (= 5,33 Franken), welchen Preis man nach Inftallation einer neuen Wafchmafchine von der Aus-

---

[534]) Siehe: Husson, a. a. O., S. 99.
[535]) Siehe: Kremer, Ph. *Le blanchiffage dans les hôpitaux (Buanderie de l'Hôpital Laënnec. Buanderie centrale) Revue d'hygiène* 1894, S. 149 ff. — Obige Zahlen beruhen auf *Kremer*'s Grundzahlen, aus welchen fich 2,16 kg als Durchfchnittszahl gegen 3,10 kg bei *Kremer* ergeben.

ſtellung in Chicago auf 3,60 Mark (= 4,80 Franken) herabzudrücken hoffte, obgleich dieſe Maſchine mehr Waſſer und Dampf erforderte. Hierbei iſt jedoch in Betracht zu ziehen, daſs im Preis der Privatinduſtrie die Amortiſation, Verzinſung und Unterhaltung ihrer Betriebsanlagen eingeſchloſſen ſind und dieſen nur die reinen Betriebskoſten der Adminiſtration gegenübergeſtellt wurden.

In Berlin verurſachte 1897—98 der Wäſchebetrieb für 1 kg im Friedrichshain 2,7, im Moabit 2,9, im Urban 2,8, dagegen in der Gitſchinerſtraſse bei Frauenkrankheiten 9,9 Pfennige Koſten.

Das eigentliche Waſchverfahren in der Waſchabteilung ſetzt voraus, daſs bei der allgemeinen, der infizierten und der Beamtenwäſche die im Krankenhauſe für notwendig erachtete Desinfektion vorhergegangen iſt, die in den Krankenabteilungen (ſiehe Art. 206, S. 124), im Desinfektionsgebäude (ſiehe Art. 531) oder in einem Vorraum der Waſchküche zu erfolgen hat. Somit unterſcheidet ſich der Wäſchebetrieb im allgemeinen nicht von demjenigen in anderen Anſtalten; bezüglich ſeiner Einzelheiten iſt auf Teil IV, Halbband 5, Heft 4 (Abſchn. 4, B) dieſes »Handbuches« zu verweiſen. Doch ſtellt derſelbe bezüglich der Reinlichkeit, der Behütung des Perſonals vor Erkrankungen und der Oekonomie gewiſſe Forderungen an die Räume und Einrichtungen.

486. Raumbedarf.

Den Raumbedarf eines Waſchhauſes für 1000 Betten nimmt *Merke* [536]) unter Berückſichtigung der bei Epidemien nötigen Erweiterungsfähigkeit wie folgt an:

Vorraum für unreine Wäſche	28 qm	Raum für die Betriebs-		Nähſtube	70—80 qm
Wäſcheabnahmeraum	70 »	maſchine	38—40 qm	Plättſtube	80—90 »
Wäſcheeinweicheraum	75 »	Vorratsraum für Seiſe u. ſ. w.	21 »	Wäſcheausgaberaum	80—100 »
Waſchraum	180	Trockenraum	150—160	Vorraum für reineWäſche	30—35 »
Wäſchekochräume	38—40 »	Mangelraum	150—160 »	Schreibſtube	20 »

Auſser dieſen Räumen von zuſammen 1030 bis 1099 qm iſt noch erforderlich: 1 Eſszimmer für 36 Perſonen mit Anrichte- und Spülküche, 1 Aufenthalts-, Umkleide- und Eſsraum für das männliche Perſonal, 1 Baderaum mit 2 Wannen und Brauſebad, Aborte für Männer und Frauen, 1 Beſen- und 1 Eimerraum von 14 qm, Wohnungen, bezw. Schlaſräume für die Wäſcheverwalterin, die Buchhalterin, die Oberwäſcherin, die Obernäherin, für ein Perſonal von 30 Perſonen und 12 Näherinnen, falls dieſe im Krankenhauſe ſchlafen, nebſt 1 Waſchzimmer, Bodenräume für Gegenſtände des Perſonals, ſowie Kellerräume für die Rohranlagen, Apparate und das Garteninventar.

487. Wäſche-Abgaberaum.

Der Vorraum für das Perſonal, welches die unreine Wäſche abliefert, iſt unmittelbar von auſsen zugänglich zu machen und erhält nur Thürverbindung mit dem Wäſche-Abnahme- und Sortierraum, welcher mit gerripptem Mettlacher Flieſenboden, abwaſchbarer Wand, Schlauchhahn und Fuſsbodenentwäſſerung auszuſtatten iſt.

An ſeinen Wänden ſind Abteile von 1,20 × 1,00 × 1,60 m für die verſchiedenen Wäſcheſorten aus verzinktem oder mit Emailfarbe angeſtrichenen Rundſtäben mit einhängbaren, 1 m hohen Gitterthüren herzuſtellen.

488. Waſchraum.

Bezüglich der Raumgröſsen von Waſchräumen in ausgeführten Bauten giebt die nebenſtehende Ueberſicht Auskunft.

Gegen die groſse Höhe, welche man ihnen oft gegeben hat, wendet *Merke* ein, daſs ſich die Waſſerdämpfe in den oberen Schichten hauptſächlich an den Auſsenwänden und Fenſtern ſchnell abkühlen und als regenartige Nebel herabfallen. *Merke* hält eine Höhe von 4,50 m für genügend; dagegen erreicht ſie in vielen deutſchen Krankenhäuſern 7,00 m und mehr. In St. Marylebone bildet ein ſteiles Dach mit offenem Dachſtuhl die Decke des Waſchraumes, der eine Höhe von 4,27 bis 9,11 m (= 14 bis 30 Fuſs) erhielt. In ſolchen Fällen iſt Firſtlüftung erforderlich. Die gegenüberliegend anzuordnenden Fenſter ſind bis unter die Decke zu führen und mit leicht zu öffnenden Lüftungsflügeln zu verſehen. Als Material für den

---

[536]) Siehe: WEYL, TH., Handbuch der Hygiene. Bd. V, Abt. 1. Jena 1899. S. 367—382. — *Merke*'s hier angegebene Ratſchläge ſind in dieſem Abſchnitt mitbenutzt.

Ort		Raum	Tiefe	Breite	Fufsbodenfläche	Bettenzahl	Fufsbodenfläche für 1 Bett
Friedrichshain	Berlin	Wafchküche	13,00	9,40	—	122,20	600	0,205
Städt. Krankenhaus Moabit	Berlin	Wafchküche	11,45	11,65	—	133,35	828 535	0,161
Urban	Berlin	Wafchküche	13,00	8,00	—	104,00	612	0,170
Neues allgemeines Krankenhaus	Hamburg-Eppendorf	Wafchküche	14,00	16,00	224,0	279,16	1500	0,186
		Nebenraum	6,50	8,20	55,16			
Kaifer-Franz-Jofeph-Spital	Wien	Wafchküche	11,05	8,35	90,78	159,18	610	0,261
		desgl. f. infiz. Wäfche	9,00	6,60	59,40			
Hôpital Lariboifière	Paris	Wafchküche	9,50	11,00	123,00	157,00	613	0,256
		Beuchraum	4,00	6,00	24,00			
Holborn Union infirmary	London	Wafchküche desgl. f. Beamte	7,32	13,11	98,16	153,16	620	0,247
			5,00	7,00	35,00			
		desgl. f. infiz. Wäfche	4,00	5,00	20,00			
St. Olave's Union infirmary	London	Wafchküche	6,10	10,66	—	65,03	377	0,172
St. Marylebone infirmary	London	Wafchküche	7,62	19,81	—	150,95	744	0,203
Friedens-Sanitätsordnung	—	Wafchküche	—	—	—	—	—	0,20
Verfetzbare preufsifche Baracke	—	Wafchküche	5,00	5,00	—	25,00	200	0,125
			Met.		Quadr.-Met.		Quadr.-Met.

Fufsboden empfehlen fich geriefte Mettlacher Platten. Der geglättete Zementboden in Moabit blätterte ab und bewirkte Ausgleiten. Wände und Decken erhalten am beften eine Verblendung mit weifs glafierten Ziegeln, die wegen ihrer grofsen Haltbarkeit nicht als Luxus zu erachten ift, Helligkeit und Reinlichkeit aber beträchtlich fördern hilft. Die Entwäfferung des Fufsbodens erfolgt durch zugängliche, mittels verzinkter Gitter abgedeckte Rinnen oder nach einer Anzahl einzelner Abzugsftellen. Zum Spülen von Fufsboden und Wänden in allen Richtungen mit reichlichen Waffermengen find Vorkehrungen zu treffen. Die Lüftung des Wafchraumes mufs vorzüglich fein, da fich ohne eine folche die Neigung des Perfonals zu Erkrankungen fteigert. Sie bedingt ausgiebige, zugfreie Zuführung erwärmter Luft und Vermeidung von Winkeln in ihren Zuführungswegen. Die Luftabführung foll unmittelbar nach einem erwärmten Lüftungsfchlot, der am beften über einer Deckenöffnung liegt, oder mittels Abfaugens durch einen Ventilator erfolgen.

Das Wafchverfahren beruht heute auf möglichftem oder gänzlichem Erfatz der teuren Handwäfche, welche bei Zuhilfenahme von Bürften die Wäfche fchädigt, durch mafchinellen Betrieb. Hierbei werden die Wäfche möglichft gefchont, an Zeit und Arbeitskräften gefpart und letztere vor dem ftundenlangen Hantieren in heifsem Seifenwaffer bewahrt, was leicht Hauterkrankungen, Ekzeme u. dergl. erzeugt. In Moabit geftaltete fich die Handwäfcherei mit Kochen im Dampfkochfafs 25 Vomhundert höher als die Mafchinenwäfcherei [539]. — In Villach wird die fämtliche Wäfche für das 100 Betten faffende Krankenhaus bei Dampfmafchinenbetrieb von 2 bis 3 Perfonen in 2 bis 3 Tagen gewafchen [540]).

[537] Siehe: MERKE, H. Ueber Wafchanftalten für Krankenhäufer. Viert. f. gerichtl. Medizin u. öff. Sanitätswefen, neue Folge, Bd. XXXVI (1882), S. 345.
[538] Bettenzahl 1890.
[539] Siehe: Viert. f. gerichtl. Medizin u. öff. Sanitätswefen, neue Folge, Bd. XXXVI (1882), S. 344.
[540] Siehe: KOMAREK, F. X. Mafchinelle Anlage im Kaifer-Franz-Jofef-Krankenhaufe in Villach. Bautechniker 1892, S. 33.

Gemauerte Einweichebehälter find mit Kacheln oder Fliefen auszulegen und erhalten Kalt- und Warmwafferzuflufs.

Zum Wafchen giebt *Merke* den einfachen Trommelmafchinen vor den Doppeltrockenmaschinen wegen geringerer Unterhaltungskoflen und leichterer Reinigung der einfachen Trommel bei gleich fchneller und die Wäfche nicht fchädigender Leiftung den Vorzug. — Nur fehr fleckige Wäfche wird gekocht. Wo Dampf zur Verfügung fteht, benutzt man hierzu Dampfkochkeffel. Das Zurückfliefsen von Kondenswaffer in das Gefäfs durch fein Abzugsrohr wird vermieden, wenn man das letztere 2 cm tief in den aus verbleitem Eifenblech oder emailliertem Gufseifenrohr beftehenden, in die Wand einzulaffenden Abzugskanal von $0{,}16^{cm}$ Durchmeffer einführt.

Die Wäfchekochgefäfse follen nach *Merke* behufs Schonung des übrigen Perfonals vor Wärme und Wafferdämpfen in einem befonderen, nur durch eine Thür mit dem Wafchraum verbundenen Abteil ftehen.

Das Wäfchefpülen erfolgt in grofsen, mit Waffer-Zu- und -Abflufs verfehenen Bottichen mittels Schaufelrädern, das Ausringen durch Zentrifugen, die für kleinere Krankenhäufer auch für Handbetrieb erhältlich find.

Im Urban zu Berlin ift die Verteilung der Mafchinen im Raum die folgende: An der einen Längswand ftehen das dreiteilige, gemauerte Einweichebecken, 2 Einweichebottiche und 1 Trommelmafchine, an der anderen Längswand 2 der letzteren, 1 Spülmafchine und 2 Zentrifugaltrockenmafchinen, an der Querwand 3 Kochfäffer für Seife und Soda, an der gegenüberliegenden Fenfterfeite 1 Vorwafchtifch und in der Mitte 1 kippbare Beriefelungsvorrichtung; aufserdem ift 1 Seifekochfafs zur Herftellung weifser Stückenfeife (fiehe Art. 475, S. 275) vorhanden. Bei Entleerung der Wafchmafchinen bedient man fich untergefahrener Handwagen. Die für das Wafchhaus benötigte Dampfmafchine leiftet 12 Pferdeftärken.

In Hamburg-Eppendorf hat man den Raum für Einweichen und Kochen der Wäfche vom übrigen Wafchraum getrennt. — Im *Hôpital Laënnec* bei Paris wird die Wäfche trocken in die neue Mafchine (fiehe Art. 485, S. 281) eingeführt und kommt gefpült aus derfelben heraus; doch fagt *Kremer* nichts über die Behandlung der ftark befchmutzten Wäfche. — Im Blegdam-Hofpital bei Kopenhagen ift eine eigene Wafchmafchine für wollene Decken vorhanden.

489. Trockenräume.

Das Trocknen der Wäfche bewirkt man, wenn Platz und Witterung dies geftatten, am beften in freier Luft.

In Hamburg-Eppendorf verbindet zu diefem Zweck eine Gleisanlage den Wafchraum mit dem Trockenplatz. — Im Johns-Hopkins-Hofpital zu Baltimore dient als folcher das flache, mit Wäfchepfoften und Geländer befetzte Dach, zu welchem eine Wendeltreppe und ein Aufzug führen, und in St. Marylebone zu London wurde der Trockenboden rings durch unverfchloffene Oeffnungen mit der Aufsenluft in Verbindung gefetzt.

Auf heizbaren Trockenböden leidet das befchäftigte Perfonal ungemein an Erkältungskrankheiten.

Aehnliche Wirkungen treten, wenn auch »nicht annähernd in dem Mafse«, beim Herausziehen von Rahmen bei Trockenmafchinen ein. *Merke* empfiehlt daher folche mit Gehäufe.

In diefen wird die Wäfche vermittels mafchineller Vorrichtungen durch einen angeheizten, gut ventilierten Raum hindurchbefördert und in getrocknetem Zuftand automatifch, ohne Zuthun des Bedienungsperfonals, entleert.

490. Mangel- und Bügelraum.

Das Mangeln, Bügeln, Falten und Flicken der reinen Wäfche und ihre Aufbewahrung vollzieht fich bei uns meift in getrennten Räumen, in England in einem einzigen Raum, dem »Bügelraum«, der fehr hell, nach *Aldwinckle* mit weifs glafierten Ziegeln ausgekleidet und durch einen Ventilator entlüftet fein foll.

In den Londoner Infirmerien von *Snell* und in *Lariboifière* zu Paris erhielt diefer Raum die gleiche Form und Gröfse wie der Wafchraum. — In Hamburg-Eppendorf nehmen die an feine Stelle tretenden 4 Einzelräume nahezu die gleiche Fläche ein, von denen die Mangelftube 67, die Flickftube 40, der Bügelraum 108 und der Vorratsraum 44 qm Fufsbodenfläche erhielten.

Der Raum zum Wäfchelegen und Mangeln foll, wenn irgend möglich, von zwei Seiten Luft, nach *Merke* 6 m Höhe erhalten und fehr gut gelüftet werden, um den beim Einfprengen und Anfeuchten der Wäfche entftehenden Dunft auf kürzeftem Weg abzuführen.

Die Docktifche müffen in voller Belichtung und den Rollmafchinen, welche durch Dampf betrieben werden, wo folcher vorhanden ift, thunlichft nahe ftehen.

Im Bügelraum find die feuchten Dünfte fchnell ab- und frifche Luft zuzuführen.

Mit Kohlen geheizte Bügelöfen bewirken Ueberhitzung und Austrocknung der Luft, die nach *Merke* leicht zu Katarrhen der Luftwege führt. Solche mit Gasfeuerung bedürfen unmittelbare Ableitung der Verbrennungsprodukte nach einem Abzugsrohr.

Der Raum zum Wäfcheausbeffern erfordert gutes Licht für jede Arbeitsperfon und nach *Merke* 4,5 bis 5 qm Fufsbodenfläche, welche thunlichft undurchläffig fein mufs, weil die ftarke, dem Nähperfonal nachteilige Staubentwickelung in diefem Raume ein täglich mehrmaliges Aufwifchen des Bodens erfordert.

<small>491. Ausbefferungsraum.</small>

Für die Wäfcheniederlagen müffen luftige, gut ventilierbare Räume mit vielem unmittelbarem Sonnenlicht, undurchläffigem Fufsboden und ebenfolchen Wänden vorgefehen werden, welche zur Vermeidung des Einftaubens der Wäfche täglich mehrmals mit feuchten Tüchern abzuwifchen find.

<small>492. Wäfcheniederlage.</small>

Die Wäfche lagert auf offenen, von beiden Längsfeiten zugänglichen Regalen.

In dem ebenerdig anzulegenden Wäfche-Ausgaberaum ift der nötige Vorrat für den täglich abzuholenden Bedarf der Krankenabteilungen niederzulegen. Er darf mit dem Wäfche-Entnahmeraum nur Schalterverbindung erhalten, um Einfchleppen von Schmutz durch die Hausdiener auszufchliefsen, foll heizbar fein und einen undurchdringlichen Fufsboden haben, da diefer nach jeder Wäfcheausgabe nafs aufzuwifchen ift.

<small>493. Wäfche-Ausgabe- und Entnahmeraum.</small>

Fahrftühle, welche nötig werden, wenn die Räume auf verfchiedene Gefchoffe zu verteilen find, müffen verfchliefsbar fein und dürfen nicht zu Perfonenbeförderung dienen. Findet eine Treppen- oder Aufzugsverbindung zwifchen Wafch- und Trockenraum ftatt, fo ift es nötig, wenn letzterer über dem erfteren liegt, diefe Verbindungsmittel durch einen Vorraum von den Wafch- und Trockenräumen zu trennen.

<small>494. Fahrftühle.</small>

Das Wafchperfonal foll Gelegenheit haben, regelmäfsige Reinigungsbäder zu nehmen.

Bei Anlage eines Wafchhaufes im Krankenhaufe ift zu berückfichtigen, dafs eine beträchtliche Steigerung des Betriebes zu Epidemiezeiten nötig werden kann und dafs gleichzeitig thunlichfte Verringerung der Betriebskoften und Schonung des Perfonals anzuftreben ift. Hierzu gehört auch die möglichft vorteilhafte Konftruktion und Ausnutzung der Keffel- und Mafchinenanlage. Die Ueberficht und Ueberwachung der Räume will *Aldwinckle* durch grofse Fenfter zwifchen denfelben fördern.

<small>495. Gefamtanlage.</small>

Die Anordnung der Räume untereinander foll dem fortfchreitenden Gang der Wäfchebehandlung folgen, wobei auszufchliefsen ift, dafs die Wäfche einen Raum zum zweitenmal paffiert, bevor fie gereinigt das Haus verläfst.

Dementfprechend liegen die Räume im *Hôpital Lariboifière* zu Paris, in *St.-Eloi* zu Montpellier und in der *St. Olave's infirmary* zu London in einer Reihe. In der letzteren bilden die Ein- und Ablieferungsräume die Stirnfeiten des Gebäudes, zwifchen denen der Wafch-, der Trocken- und der Bügelraum angeordnet wurden. Diefe 5 Räume erhielten gegenüberliegende Fenfter. Aborte und eine Treppe zu den im Keller angeordneten Mafchinen-, Keffel- und Desinfektionsräumen find rückwärts an die übrige Gebäudetiefe überfchreitenden Trockenraum links, bezw. rechts angebaut.

In dem an die Umfaffungsmauer des Geländes grenzenden, daher nur einfeitig belichteten Wafchhaus der *Holborn infirmary* zu London (Fig. 253[541]) wurde diefe Gruppierung durch Anfügen von Räumen für die Oberwäfcherin am linken, für die infizierte Wäfche am rechten Ende und für die Beamtenwäfche in der Mitte vervollftändigt. Hinter dem Raume für letztere befindet fich die Kellertreppe zu den Keffel-, Mafchinen- und Kohlenräumen.

<small>496. Beifpiele.</small>

---

[541] Nach: Snell, a. a. O., Taf. bei S. 9.

Im dreigefchoffigen Wafchhaus zu Hamburg-Eppendorf liegen im Erdgefchofs an einer gemeinfchaftlichen Annahme- und Ausgabehalle, in deren hinterem Teil die fchmutzige Wäfche übernommen wird, geradeaus der eingefchoffige Raum zum Einweichen und Kochen der Wäfche und der Desinfektionsraum, rechts der Wafchraum und links der Vorratsraum nebft Mangel-, Flick- und Plättftuben. Die das I. und II. Obergefchofs einnehmenden Trockenböden ftehen einerfeits durch Dampfaufzug mit dem Wafchraum, andererfeits durch einen hölzernen Abfallfchacht mit der Mangelftube in Verbindung. In der Mittelhalle erhält jeder Wärter für jedes Stück fchmutzige Wäfche, welches er abliefert, ein gleichartiges reines. Die Efs- und Wohnräume, fowie die Mafchinenftube liegen in den Kopfbauten.

Dagegen wurden im viergefchoffigen Wafchhaufe der *St. Marylebone infirmary* zu London die Wafchräume auf die verfchiedenen Gefchoffe verteilt. Hier liegen der Annahme-, der allgemeine und

Fig. 253.

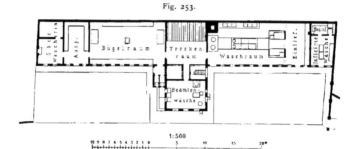

1:500

Wafchhaus in der *Holborn Union infirmary Highgate* zu London [541]).
Arch.: *Saxon Snell.*

der Beamtenwafchraum im III., der Trockenboden im II., die Trockenmafchine, der Bügelraum und die Wohnung der Oberwäfcherin im I. Obergefchofs. Ein Aufzug im Vorraum der im Erdgefchofs angeordneten Desinfektionsanlage führt zum Annahmeraum im oberften Gefchofs und ein anderer Aufzug auf der entgegengefetzten Seite von den Wafchräumen herab zum Ablieferungsraum im Erdgefchofs, deffen Zugang aber mit dem Vorraum der Desinfectionsanlage durch das Treppenhaus Verbindung hat. (Siehe den Gefamtplan in Kap. 4 unter b, 2, β.)

Im Blegdam-Hofpital zu Kopenhagen hat man aus den bei dem Küchengebäude befprochenen Gründen (fiehe Art. 481, S. 279), eine grofse und eine kleine Wafchküche vorgefehen.

3) Wirtfchaftsgebäude.

497. Gefamtanordnung.

Bezüglich der Vereinigung von Koch- und Wafchküche in einem Gebäude fiehe Art. 473 (S. 274). Bei Neubauten diefer Art ift auf thunlichfte Trennung der Eingänge für das Perfonal beider Küchen von ihren Abgabeftellen und eine möglichft entfernte Lage der letzteren unter fich Wert zu legen.

498. Beifpiele.

Im ftädtifchen Krankenhaus am Friedrichshain zu Berlin (Fig. 254 [342]) find die Speife- und Wäfcheabgabe durch den Aufzug und eine Treppe getrennt, welche zur Heizer- und Hausdienerwohnung, fowie zum Warmwafferbehälter führt. Beide Küchen ragen durch 2 Gefchoffe. In den Obergefchoffen der Seitenteile liegen die nach dem Zellenfyftem eingerichteten, mit Gardinen gefchloffenen Schlafräume der Mägde und die Wohnung der Oberköchin u. f. w. Ueber der füdlichen Gebäudehälfte wurde ein 2,20 m hoher, durch Luftheizung erwärmter Wintertrockenboden, darüber ein Matratzenraum, über der nördlichen ein Lufttrockenboden mit ganzer Dachhöhe angeordnet, und über die ganze Dachlänge geht ein Dachreiter mit 2 Lüftungstürmchen an feinen Enden. Diefe und der Dachreiter erhielten, wie die Fenfter, Glasjaloufien.

Im Bürgerhofpital zu Worms wurden mit dem Wirtfchaftsgebäude das zunächft noch von den Pfleglingen des ftädtifchen Verforgungshaufes mit benutzte allgemeine Bade- und das tiefer liegende Keffelhaus

---

[542]) Nach: GROPIUS & SCHMIEDEN. Das ftädtifche allgemeine Krankenhaus in Berlin. Zeitfchr. f. Bauw. 1876, Taf. 12.

zufammengebaut (Fig. 255 [543]). Hier erhielt das Perfonal beider Hälften ein gemeinfchaftliches Gefinde-
fpeifezimmer. Im Obergefchofs des Hauptgebäudes liegen die Wohnung des Mafchiniften, Zimmer für die
Koch- und Wafchmägde, fowie die nötigen Vorrats- und Trockenräume, und auf dem höchften Dachboden des
Mittelbaues fteht der Wafferbehälter. Die Kohlenkeller des Keffelhaufes reichen auch unter das Badehaus,

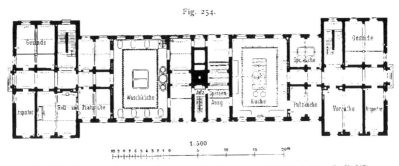

Fig. 254.

Wirtfchaftsgebäude im ftädtifchen allgemeinen Krankenhaus am Friedrichshain zu Berlin [542]).
Arch.: *Gropius & Schmieden*

in deffen Keller die Desinfektionsvorrichtung aufgeftellt ift. Das Badehaus enthält im Erdgefchofs 1 Dampf-,
bezw. Warmluftbad, 1 Brauferaum, 3 Badezellen und 1 Zimmer für einen Badewärter; der zweite Wärter
hat fein Zimmer im Dachraum.

Im Wirtfchaftsgebäude des ftädtifchen Krankenhaufes am Urban zu Berlin [544]) haben der Mittelbau 2, feine Endrifalite 3 Gefchoffe. An diefe wurden in der Längsachfe des Gebäudes die durch 2 Stock-

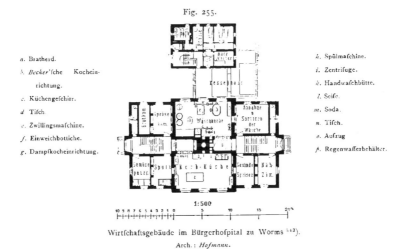

Fig. 255.

a. Bratherd.
b. *Becker*'fche Kochein-
richtung.
c. Küchengefchirr.
d. Tifch.
e. Zwillingsmafchine.
f. Einweichbottiche.
g. Dampfkocheinrichtung.

h. Spülmafchine.
i. Zentrifuge.
k. Handwafchbütte.
l. Seife.
m. Soda.
n. Tifch.
o. Aufzug.
p. Regenwafferbehälter.

Wirtfchaftsgebäude im Bürgerhofpital zu Worms [543]).
Arch.: *Hofmann*.

werke ragenden Küchen mit freien Endftirnwänden angelegt, welche vorn und rückwärts an ihren Längsfeiten durch das engere Zubehör derfelben in eingefchoffigen Anbauten flankiert find. Sämtliche Zugänge
liegen in der Front, diejenigen für das Perfonal der Küchen im Mittelbau, diejenigen zu den Abgabeftellen
vor den Küchen.

---

[543]) Nach freundlicher Mitteilung des Herrn Geh. Oberbaurat *Hofmann* in Darmftadt.
[544]) Siehe: HAGEMEYER, a. a O., S. 8 ff.

Die verfetzbaren Wirtfchaftsbaracken, welche die Medizinalabteilung des preufsifchen Kriegsminifteriums herftellen liefs, haben eine folche Einteilung, dafs fie für verfchiedene Zwecke, je nach Bedarf, verwendet werden können (Fig. 256[545]). Die Baracke erhielt gleiche Bauart und Abmeffungen wie die Militär-Lazarettbaracke *Döcker*'fchen Mufters (fiehe Art. 423, S. 250). Der Fufsboden befteht aus Unterlagsfchwellen mit Unterlagshölzern und Dielenplatten, und die Baracke wiegt etwa 4700 kg. Auf 10 Krankenbaracken mit zufammen 200 Betten find 4 derartige Baracken gerechnet. Wenn man mit a den gröfseren, mit b den kleineren Endraum, mit b den Raum neben dem Eingang und mit c den ihm gegenüberliegenden Doppelraum bezeichnet, fo ift nach *Haafe*[546]) diefe vierfache Verwendung wie folgt möglich.

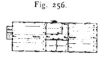

Fig. 256.

Verfetzbare Wirtfchaftsbaracke, *Döcker*'fches Mufter [545]).

$\frac{1}{500}$ w Gr.

Verwaltungsbaracke: *a*) Aufnahme und Gefchäftszimmer, *b*) 1 Sergeant, 1 Unteroffizier (Schreiber), *c*) 3 Lazarettauffeher, *b*) Montierungskammer, 1 Unteroffizier.

Wirtfchaftsbaracke: *a*) Küche, *b*) 1 Koch, 1 Krankenwärter, *c*) Vorratskammer [547]), *b*) Wafchküche.

Apothekenbaracke: *a*) 6 Lazarettgehilfen, 10 Krankenwärter [548]), *b*) 1 Apothekenhandarbeiter, 1 Krankenwärter, *c*) Apotheke, *b*) Operationsfaal [549]).

Wohnbaracke: *a*) 3 Affiftenzärzte, 1 Apotheker, 1 Lazarettinfpektor, 1 Lazarettrendant, *b*) Stabsarzt, *c*) Chefarzt, *b*) Speife- und Verfammlungszimmer der Sanitätsoffiziere und -Beamten.

f) Wohngebäude für das Warteperfonal.

499. Ueberficht.

Die Geftaltung befonderer Gebäude für das Warteperfonal richtet fich nach feiner Organifation. Von alters her gab man dort, wo religiöfe Genoffenfchaften die Krankenwartung übernahmen, diefen gemeinfchaftliche, abgefchloffene Gebäude, welche meift mit der Kapelle des Krankenhaufes in Verbindung ftehen. Wo das Warteperfonal aus beiden Gefchlechtern fich zufammenfetzt, werden 2 Gebäude für feine Unterkunft erforderlich.

Auch für das weltliche Warteperfonal find eigene Gebäude entftanden, infolge der eingeführten Trennung des Perfonals in ein folches, dem die eigentliche Krankenpflege zufällt, welches zu diefem Zweck technifch befonders vorzubilden ift, und in ein anderes für die gröbere Hausarbeit, infolge des Ueberhandnehmens weiblicher Pflege im Krankenhaus und des Beftrebens, das Warteperfonal im allgemeinen nicht mehr bei den Krankenfälen fchlafen zu laffen.

In Hamburg-Eppendorf, wo das Warteperfonal in den Krankengebäuden fchläft, baute man nur für 8 verheiratete Wärter und 4 ebenfolche Oberwärter zufammen 2 Häufer. — Das Inftitut für Infektionskrankheiten zu Berlin erhielt 2 Gebäude für fein Warteperfonal (fiehe den Gefamtplan in Kap. 3).

In vielen Krankenhäufern beftehen Pflegerinnenhäufer, welche zugleich Lehrzwecken dienen.

500. Pflegerinnenhäufer.

Von den Gebäuden für Pflegerinnen gehören notwendig in die Umfchliefsung des Krankenhaufes nur diejenigen zur Aufnahme der in der Anftalt felbft die Pflege ausübenden Perfonen. Aufser diefen find Lernende und Lehrräume in folchen Gebäuden in dem Fall unterzubringen, wenn unter einer im Krankenhaufe wirkenden Vorfteherin oder Oberin die Pflege hier erlernt werden foll. Diefe Pflegerinnenhäufer im engeren Sinne des Wortes müffen allen mit der perfönlichen Pflege der Kranken beauftragten Perfonen aufserhalb ihrer Dienftzeit einen gefunden Aufenthalt gewähren, wo fie vollftändige Ruhe oder auch die nötige Zerftreuung geniefsen können und der Umgebung der Kranken entzogen find.

---

[545]) Fakf.-Repr. nach: Friedens-Sanitätsordnung. Berlin 1891. S. 509.
[546]) Nach: HAASE, a. a. O., S. 91 ff. — Die Trainunteroffiziere und -Mannfchaften werden bei den Pferden untergebracht.
[547]) Die Zwifchenwand ift einzufetzen.
[548]) Ein Teil derfelben ift ftets im Dienft befchäftigt.
[549]) Bei Seuchenlazaretten Desinfektionsraum.

An Räumen werden in einem solchen Pflegerinnenhaus erforderlich:

Wohn- und Schlafzimmer der Vorsteherin und unter Umständen ihrer Vertreterin, Sprechzimmer derselben, 1 Speise- und 1 Versammlungsraum der Pflegerinnen, welcher auch als Kapelle dienen kann, Lehrräume für Lernende, bestehend aus 1 Vortragsraum, 1 Schulküche und 1 Studienraum, ferner 1 Bibliothekzimmer und gesonderte Schlafräume für die Hauptpflegerinnen, die Pflegerinnen — je nach der Organisation getrennt für den Tag- und Nachtdienst — sowie für die Lernenden, 1 Krankenabteilung und Vorratsräume. Fällt die Lehrküche weg, so bedarf man einer besonderen Küche in diesem Gebäude nicht, sobald eine Zentralküche die Kost der Pflegerinnen liefert; doch sind in diesem Falle eine Spülküche mit einem kleinen Kochherd und Wärmeschrank, sowie einer Speisekammer vorzusehen.

Gemeinsame Schlafsäle für jede einzelne Gruppe der Pflegenden hält man im Interesse der Ruhebedürftigkeit derselben nicht mehr für wünschenswert; *Miss Nightingale* verwarf sie auch aus disziplinaren Gründen. Wo nicht die besonderen Bedingungen religiöser Genossenschaften diese Räume vorsehen, giebt man jeder Pflegerin ein eigenes, bis zur Decke abgeschlossenes Zimmer, dessen Größe je nach den Ansprüchen der Unterzubringenden verschieden sein kann, was im Einzelfalle festzusetzen ist. So pflegen die Viktoriaschwestern ihr eigenes Mobiliar mitzubringen, erfordern daher einen genügend grossen, zugleich als Wohnraum eingerichteten Schlafraum.

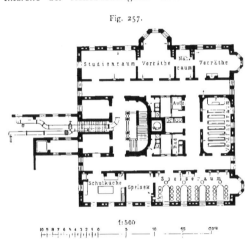

Fig. 257.

Pflegerinnenheim im Johns-Hopkins-Hospital zu Baltimore. Erdgeschoss [550]).

Arch.: *Niernsee, später Cabot & Chandler.*

Jede Thür eines Pflegerinnenzimmers erhält in England ein eigenes Schloss ohne Riegel, und alle Schlösser sollen sich durch einen Hauptschlüssel öffnen lassen. — *Burdett* empfiehlt, Vorkehrungen zum Aufhängen von Bildern zu treffen, um das Eintreiben von Nägeln in die Wand zu vermeiden.

Da die Zahl der Pflegerinnen, wie aus Art. 455 (S. 266) hervorgeht, ausserordentlich schwankt, so ist die Zahl der nötigen Räume in jedem Fall festzusetzen. In einigen grösseren englischen Krankenhäusern erhielten die Lernenden auch eigene Wohnräume. Badezimme sind reichlich vorzusehen; *Burdett* fordert mindestens auf je 10 Pflegerinnen, *Aldwinckle* auf je 8 einen Baderaum. Aborte und Mädchenkammern sollen in jedem Geschoss vorhanden sein. Die Abteilung der Nachtpflegerinnen ist nebst eigenen Bade- und Aborträumen fern von der Treppe zu legen. — Die Krankenabteilung erfordert mindestens einen Raum mit 2 Betten, 1 Speisekammer mit einer kleinen Kochvorrichtung, Abort und Ausguss.

Das ganze Haus soll so gesund, hell und freundlich als möglich gebaut sein.

Das Pflegerinnenheim im Johns-Hopkins-Hospital zu Baltimore ist für Pflegerinnen und Lernende bestimmt. Jede derselben sollte einen eigenen Frontraum erhalten. Dies führte zu einem quadratischen vier-

---

[550]) Nach: BILLINGS, a. a. O, Taf. 36.

gefchoffigen Bau, in welchem die Treppe nebft den Bade- und Aborträumen als ein das Gebäude überragender Turm mit hohem Seitenlicht eingebaut wurde, deffen Mitte ein grofser Lüftungsfchacht bildet. Diefer Zentralturm ift in allen Gefchoffen an feinen 4 Seiten mit breiten Gängen umgeben, von denen 2 bis zu den Gebäudefronten fortgefetzt wurden. Im Erdgefchofs (Fig. 257 550) liegen die Lehrräume. Im I. Obergefchofs öffnet fich das Treppenhaus gegen eine grofse Halle, welche die Mitte der Front einnimmt. Ueber der Spülküche und Speifekammer wurden 2 Räume für die Vorfteherin, über dem Studienraum der *Parlor*, über dem anftofsenden Vorrats- und Nähraum die Bibliothek und über den anderen Räumen 8 Zimmer für Oberpflegerinnen angeordnet. Das II. und III. Obergefchofs enthalten je 17 einfenftrige Zimmer für Pflegerinnen von je $4{,}88 \times 3{,}05$ m ($= 16 \times 10$ Fufs) Fufsbodenfläche, 4 ebenfo grofse Krankenftuben für diefelben mit offenen Feuerplätzen und 1 gleich grofsen Raum für reine Wäfche.

Aldwinckle's Plan für ein Pflegerinnenheim in Krankenhäufern für Anfteckendkranke 551) hat die folgende Geftalt.

Das Heim zerfällt in 3 Blocks, von welchen der I. die Speife-, die Wohnräume und den Erholungsraum (die alle gegen Süden liegen und luftig mit offenen Dächern gebaut fein follen), die Wohnung der Oberin und die Schlafräume der Tag- und Oberwärterinnen enthält. Der II. Block fetzt fich aus den Schlafräumen der Tageshilfspflegerinnen, der III. aus denjenigen für die Nachtpflegerinnen zufammen. Aufser den Einzelzimmern für die Pflegerinnen follen in jedem Block 2 bis 3 für leichte Erkrankungsfälle vorhanden fein. Für fchwerere Fälle find 3 Krankenblocks, je 1 für Scharlach, Diphterie und Entericfieber, in der Nähe der Holiergebäude zu errichten. Aufserdem follen 2 befondere Blocks für die weibliche und männliche Dienerfchaft nach den gleichen Grundfätzen gebildet werden; doch kann man hier die Einzelzimmer durch Schlafräume mit Zellen

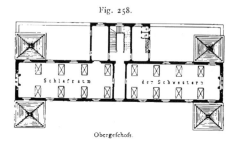

Fig. 258.

Fig. 259.

Communauté im Hofpital-Hofpiz *Auban-Moët* zu Epernay 552).

Arch.: *Tollet*.

erfetzen. Im Gebäude für die männliche Bedienung wohnt der Hausvater und in demjenigen für die weibliche der Proviantverwalter.

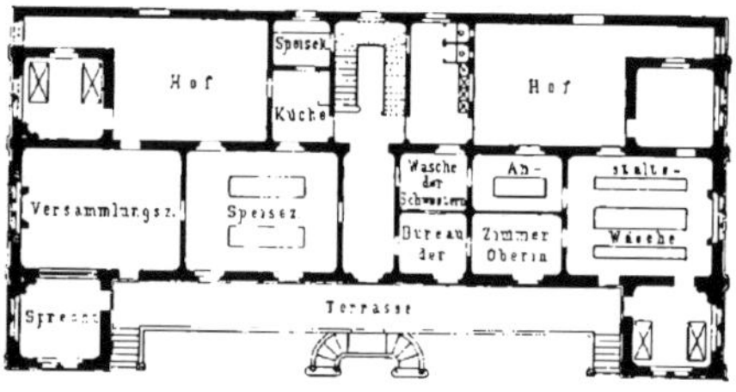

In Frankreich hat fich feit der Zeit, wo nur religiöfe Genoffenfchaften die Pflege ausübten, die Sitte erhalten, mit dem Gebäude für die Schwefterngemeinde die Niederlagen für die reine Wäfche des Krankenhaufes zu verbinden, wie dies bei diefer Art Pflege auch in anderen Gegenden üblich ift.

Ein derartiges Beifpiel zeigt die *Communauté* im *Hôpital d'Epernay* (Fig. 258 u. 259 552). Hier nehmen die gemeinfchaftlichen Räume die eine, die Wäfcheabteilung die andere Hälfte des Erdgefchoffes ein, und im Obergefchofs fchlafen die Schweftern in Sälen.

Weitere Beifpiele von Pflegerinnenhäufern finden fich in den Block- und Gefamtplänen von Kap. 4.

---

551) Siehe: ALDWINCKLE, a. a. O., S. 284 u. 301 ff.
552) Nach: TOLLET, C. *Les hôpitaux modernes au XIX. siècle.* Paris 1894. Fig. 96i u. 96j bei S. 184.

g) Polikliniken.

Die Polikliniken, in denen Aufsenstehende, sog. ambulante Kranke behandelt werden, haben bei uns besonders in den klinischen Lehranstalten eine Ausbildung in der Art erfahren, dafs man einzelnen, unter Leitung eines Oberarztes stehenden Abteilungen Polikliniken beifügte. In Städten, wo solche Anstalten bestehen, pflegt bisher in den allgemeinen Krankenhäusern die Poliklinik zurückzutreten. Spezialkrankenhäuser, wie für Kinder, für Augenkranke u. s. w., erhalten auch bei uns Polikliniken.

In England, Frankreich und Amerika, wo die allgemeinen Krankenhäuser vorzugsweise für Unterrichtszwecke mit benutzt werden, wo der poliklinische Verkehr stark entwickelt und mit der Poliklinik auch die freie Austeilung von Medizinen verbunden ist, pflegt man die poliklinischen Abteilungen zu zentralisieren.

Jede Poliklinik erfordert wenigstens 1 Warteraum mit getrennten Aborten für die Geschlechter, 1 Konsultationsraum, 1 Untersuchungszimmer und 1 Dunkelzimmer. Findet eine Ueberweisung des poliklinischen Kranken in das Krankenhaus statt, so kann auch das Baden und Ablegen der Patientenkleidung hier erfolgen, wenn der Kranke nicht die Aufnahmeräume der Anstalt passieren oder die Einkleidung im Krankengebäude erfolgen soll.

In den Warteräumen sucht man öfter die Geschlechter getrennt zu halten, was durch eingestellte Wandschirme erfolgen kann, auch getrennte Eingänge erwünscht macht. In stark besuchten Abteilungen, wie in der chirurgischen Klinik in der Ziegelstrafse zu Berlin, hat man getrennte Warteräume für die Geschlechter vorgesehen. In Kinderkrankenhäusern soll der Warteraum zweimal und in Augenhospitälern 1/3 gröfser bemessen werden, als die Besucherzahl erfordern würde, wegen des nötigen Raumes für Angehörige und Begleiter.

Die Ausbildung der Warteräume hat sich derjenigen der Krankenräume anzuschliefsen und mufs vollständige, schnelle Reinigung dieser Räume gestatten.

Die Sitzvorrichtungen, Scherwände u. s. w. dürfen nicht am Fufsboden befestigt werden, sind versetzbar und desinfizierbar zu gestalten. Jeder Warteraum erfordert 1 Waschbecken, welches im Vorraum der Aborte liegen kann. Auf eine wirksame Lüftung ist Wert zu legen. In der vorstehend genannten Berliner Klinik wird die vorgewärmte Luft durch Ventilatoren eingetrieben.

Die Konsultationsräume sollen unmittelbar von den Warteräumen zugänglich sein, wenn nicht, wie in chirurgischen Polikliniken, zwischen beiden bestimmte Räume einzuschalten sind.

Ueber das Untersuchungszimmer, welches zu jedem Konsultationsraume gehört, siehe Art. 191 (S. 115). Alle Nebenräume sind entsprechend denjenigen in Krankengebäuden zu gestalten.

Bezüglich der Anordnung der Räume verlangt man, dafs der Weg kommender Patienten sich nicht mit demjenigen der gehenden und nicht mit den Wegen der Aerzte kreuzt.

Eine Poliklinik für Aeufserlichkranke, für Hautkranke oder für Kinderabteilungen erfordert zum Teile andere Räume, bezw. Einrichtungen.

In Polikliniken für Aeufserlichkranke sind ein Verbandraum, Auskleide- und Baderäume erforderlich.

In der neuen Poliklinik der chirurgischen Klinik zu Berlin (Ziegelstrafse [553]) sind, entsprechend

---

[553] Siehe: Der Erweiterungsbau der chirurgischen Klinik in Berlin. Centralbl. d. Bauverw. 1893, S. 53.

den getrennten Warteräumen für die Gefchlechter, auch gefonderte Auskleideräume und 1 Baderaum vorhanden. In dem winkelförmigen Bau folgen einander der Pförtnerraum, die Wartefäle, die Aufnahmenebft Dunkelzimmer, ein Raum für mikrofkopifche Unterfuchungen, die Auskleideräume, Bad, Operationsfaal und Operationszimmer, Ruhezimmer, Abort und Ausgang. Somit begegnen die Kommenden und Fortgehenden einander nicht.

Die Befonderheiten einer Poliklinik für Hautkranke und Syphilitifche zeigt diejenige in der Breslauer Univerfitätsklinik.

Dort wurden vom Unterfuchungsraume zu gleichzeitiger Unterfuchung von 2 Kranken 2 durch Gardinen abfchliefsbare Kammern abgetrennt und ein zweiter Raum durch einen Vorhang geteilt, fo dafs die eine Hälfte zu befonderen Unterfuchungen, Katheterifieren, Kehlkopffpiegelungen u. f. w., die andere Hälfte als Verbandraum für poliklinifche Kranke dient. Letzterer ermöglicht die poliklinifche Behandlung einer grofsen Zahl von Kranken, welche fonft ein Krankenhaus auffuchen müffen[554]).

In Kinderkrankenhäufern, wo die Gefahr des Einfchleppens von Anfteckung durch die Poliklinik befonders grofs und gefährlich ift, bedingt das Ausfcheiden Anfteckendkranker bezw. Verdächtiger vor dem Betreten der Poliklinik eine Vorfonderung und unmittelbare Verweifung derfelben nach den betreffenden Kranken- oder Beobachtungsabteilungen. Dies hat zu der häufig vorkommenden Vereinigung der Poliklinik mit der Beobachtungs- und Aufnahmeabteilung in einem gemeinfchaftlichen Gebäude geführt, deren Nachteile in Art. 360 (S. 215) fchon befprochen wurden. Die meiften folcher An-

Fig. 260.

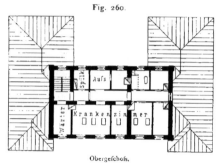

Obergefchofs.

Fig. 261.

Erdgefchofs.

A. Eingang für die Poliklinik.
B. Eingang in das Aufnahmebureau für Kinder.
C. Eingang in das Verwaltungsbureau.

1:500

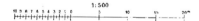

Poliklinik mit Aufnahmebureau und Beobachtungsftation im St. Wladimir-Kinderhofpital zu Moskau[555]).

ordnungen folgen mehr oder weniger dem erften Beifpiel diefer Art im St. Wladimir-Kinderhofpital zu Moskau (Fig. 260 u. 261 [555]).

Hier nimmt die Poliklinik die rechte, die Aufnahmeabteilung nebft dem Verwaltungsbureau die linke Seite des Erdgefchoffes und die Beobachtungsftation das Obergefchofs des Mittelbaues ein. Die beiden Abteilungen im Erdgefchofs haben eigene Zugänge.

An den Vorraum der Poliklinik grenzt ein Abfonderungszimmer, in welches zweifelhafte Fälle anfteckender Art zunächft zur Unterfuchung verwiefen werden, fo dafs in den grofsen Warteraum nur

---

[554]) Siehe: WALDHAUSEN & NEISSER. Die Klinik für Hautkrankheiten und Syphilis. In: WALDHAUSEN, J. Die klinifchen Neubauten in Breslau. Klinifches Jahrbuch, Bd. 4 (1892), S. 170.

[555]) Nach: RAUCHFUSS, a. a. O., in: GERHARDT. Handbuch der Kinderkrankheiten. Bd 1. Tübingen 1877. S. 498.

Kinder eintreten follen, welche dort anderen Kindern keinen Nachteil bringen. An diefem Raum liegen eine kleine Apotheke, ein Operationsraum und ein weiterer Warteraum, an welchen 4 Konfultationsräume ftofsen. An der anderen Seite des Wartefaales befinden fich die Aborte, 1 Baderaum und zwifchen beiden der Zugang zu einem Ruhezimmer für Kinder nach dem Bad oder nach einer Operation.

Von letzterem können Kinder zur Aufnahmeabteilung gebracht werden, an deren Vorzimmer der Pförtner- und Wärterraum grenzen; die Aufnahmeabteilung enthält auch 1 Badezimmer für unmittelbar Eintretende. Die Beobachtungsabteilung im Obergefchofs dient zugleich für zweifelhafte Fälle, die im Krankenhaufe felbft auftreten, und befteht aus 3 Krankenzimmern für zufammen 6 Betten, den Wohnungen der Auffeherin und Wärterinnen, Spülküche, Bad und Abort.

Wo man die verfchiedenen poliklinifchen Abteilungen eines Krankenhaufes zentralifiert, pflegt man diefelben um einen mehr oder weniger gemeinfamen Warteraum zu gruppieren, wodurch man den Vorteil gewinnt, den ganzen poliklinifchen Verkehr im Krankenhaufe ifolieren, ihm gefonderte Zu- und Ausgänge geben und ihn getrennt von den Wegen halten zu können, welche die in das Krankenhaus felbft eintretenden und dort verkehrenden Perfonen gehen. Diefe Anordnung, die fich in Geftalt eines felbftändigen Gebäudes am vollkommenften erreichen läfst, hat den Zweck, das Krankenhaus möglichft vor Einfchleppung von anfteckenden Krankheiten durch den poliklinifchen Verkehr zu bewahren. Doch wird hierbei die Trennung der Kranken und die Führung ihrer Wege innerhalb der Poliklinik fchwieriger, zumal, wenn fie, wie in England und Amerika, am Schlufs die Apotheke paffieren follen. Ueber letztere fiehe auch Art. 471 (S. 274).

506. Zentralifierte Polikliniken.

Das Zurücktreten in den Wartefaal ift im *Great northern central hofpital* zu London vermieden worden. Hier liegen an der Vorderfeite der grofsen Halle zu beiden Seiten des Bureaus kleine, durch Windfänge gefchützte Vorräume, von welchen feitlich offene Gänge zu den Aborten führen. In der grofsen Halle erhielten die Längswände in halber Länge Fenfter, dahinter und quer davor grenzen an die Halle 4 Konfultationsräume mit je 1 Unterfuchungsraum und 1 gemeinfamen Dunkelzimmer. Die Patienten treten aber aus den Unterfuchungszimmern, welche auch unter fich Verbindung erhielten, unmittelbar in einen fie rückwärts verbindenden Flurgang, an dem die langgeftreckte Wartehalle der Apotheke mit Ausgängen an den Enden liegt.

h) Badegebäude.

In allgemeinen Krankenhäufern von gröfserem Umfang wird ein befonderes Gebäude für diejenigen Bäder nötig, welche nicht jedem Krankengebäude beigegeben werden können. Als folche kommen vorzugsweife Dampf- und Warmluftbäder, elektrifche, Sand- und Mineralbäder, fowie unter Umftänden auch Dauerbäder in Betracht. Künftig wird auch das Einfügen der Einrichtungen für Lichtbäder oder Lichtbehandlung zu erwägen fein. Ferner find hier einige Badezimmer für die Aerzte und das Warteperfonal vorgefehen, foweit für diefe folche Räume in den Krankenabteilungen nicht benötigt find. Den hierfür erforderlichen Räumen ift noch ein folcher für 1 bis 2 Wärter anzufchliefsen. Männer und Frauen follen gefonderte Eingänge erhalten.

507. Erfordernis.

In Anftalten, wo Hautkranke und Syphilitifche überwiegen oder allein die Krankenbevölkerung bilden, oder wo fich verhältnismäfsig viele Gehfähige darunter befinden, wird das allgemeine Bad auch zum Spezialbad für diefe Art von Kranken; dann ift den Wannenbädern, wenn der Arzt darauf Wert legt, beträchtlichere Ausdehnung zu geben.

So enthalten die alten *Bains internes* im *Hôpital St.-Louis* zu Paris, deren Plan *Husson*[556] mitteilt, 60 Badezellen für einfache und medizinifche Bäder, 2 Sitzbäder, medizinifche und Dampfbraufen, 6 Bade-

---

[556] Siehe: Husson, a. a. O., S. 102.

zimmer für Zahlende nebft einem Dampfbad und das Wafchhaus für die Badewäfche mit einer Leiftungsfähigkeit von 150 kg täglich, fowie eigener Dampfmafchine.

Oefter follen die allgemeinen Bäder auch von Aufsenftehenden benutzt werden, wie in Krankenhäufern für befondere Gewerke feitens nichtkranker Mitglieder der Gewerkfchaft (vergl. das Beifpiel in Fig. 266) oder dort, wo die Befucher der Poliklinik Freibäder im Krankenhaufe erhalten.

Solche Anlagen erfordern eigenen Zugang von aufsen und beträchtlichere Ausdehnung, befonders in der Wannenzahl. In der Charité zu Paris gab man 1861: 25 520 externe Bäder. In den Kinder-Hofpitälern *Ste.-Eugénie* und *Enfants malades* dafelbft betrug ihre Zahl 15 221, bezw. 7698. In der letzteren Anftalt waren 23 Wannen für den Aufsendienft vorhanden. In ganz Paris entfielen damals an Bädern in den Krankenhäufern — der innere und äufsere Dienft zufammengenommen — 4 bis 5 Bäder täglich auf 1 Wanne.

508. Warmluft- und Dampfbad.

Das in Art. 174 u. 175 (S. 103 ff.) bezüglich der Einrichtung von Baderäumen in Krankengebäuden Gefagte gilt auch für diejenigen im Badehaufe.

Bei der Anordnung des Warmluft- und Dampfbades ift noch folgendes zu berückfichtigen. Der zugleich als Ruheraum dienende Aus- und Ankleideraum (Frigidarium) mufs mit einem Abort- und dem Wafchraum (Lavarium) und diefer mit dem Warmluftbad (Tepidarium), fowie mit dem Dampfbad unmittelbare Verbindung haben; an das Warmluftbad fchliefst fich das Heifsluftbad (Sudatorium) an.

Böhm verlangt für das Warmluftbad im Anfchlufs an ein Dampfbad nur 1 Raum, in welchem die erforderlichen Temperaturen nacheinander wechfeln können, was die gleichzeitige Benutzung feitens mehrerer Kranken nötig macht, wenn der Bedarf nach folchen Bädern gröfser ift. Dagegen wünfcht *Böhm* einen Raum zum Nachfchwitzen nach dem Dampfbad.

Im Ruheraum find einige Ruhebetten, im Warmluft- und Heifsluftbad einige Stühle und Lagerftätten nebft Trinkwafferleitung, im Wafchraum 1 Badewanne oder 1 gemauertes Wafferbecken, 1 Maffiertifch, Wafferbraufen mit Mifchhähnen von oben, von unten und von der Seite, im Dampfraum terraffenförmige Lattengerüfte oder Schwitzftühle, 1 Dampfdouche und Kaltwafferbraufen vorzufehen.

Die erforderlichen Temperaturen find nach dem Nürnberger Programm im Ruheraum 25, im Warmluftbad 37, im Heifsluftbad 56, im Wafchraum 25 und im Dampfbad 56 Grad C. Doch empfiehlt es fich, die Heizflächen fo zu wählen, dafs auch verlangten Falles höhere Temperaturen erreicht werden können.

Der Luftwechfel, welcher im Ruhe- und Wafchraum ein zwei-, im Warmluft-, im Heifs- und im Dampfbad ein viermaliger fein foll, wird durch möglichft unmittelbare Frifchluft-Zuführung aus einer Heizkammer im Keller und Abzug der verdorbenen Luft mittels eines Saugfchlotes bewirkt, um welchen fich die Räume gruppieren, denen einzelne Kanäle innerhalb des Schlotes entfprechen. Die Erwärmung der Räume erfolgt aufserdem noch durch Fufsbodenheizung oder Heizrohre in vergitterten Kanälen, unter dem Fliefenbelag und im Heifsluftraum noch durch Heifswafferrohre rings an den Wänden. — Das Dampfbad bedarf Heizkörper mit Frifchluft-Zuführung, die man in Hamburg-Eppendorf ftark vorgewärmt durch eine im Zuluftkanal angeordnete Dampfbraufe leitet, und kräftige Abfaugevorrichtung, welche gegebenenfalls durch einen Ventilator zu unterftützen ift. Der Dampf wird mittels fiebartig durchlöcherter Kupferrohre unter den Ruheplätzen eingeführt.

Die Einrichtung ift im Nürnberger Badehaus die folgende.

Im Ruheraum befinden fich 1 Marmorwafchtifch mit fchmiedeeifernen Stützen und 2 Becken, 1 Wäfchewärmer und 1 elektrifche Uhr. Die aus Eifenblechtafeln in Gasrohrrahmen hergeftellten, 2,10 m hohen Zellenwände beginnen 0,25 m über dem Fufsboden. Auf den Ruhebänken aus Holz und Drahtgeflecht liegt eine lederbezogene Rofshaarmatratze. Die Kleiderhaken befinden fich an den Blechwänden. Ruheraum, Wafchraum und Dampfbad erhielten feitliche Doppelfenfter, Heifsluft- und Warmluftbad doppeltes Deckenlicht. In den beiden letzteren Räumen ermöglichen die Luftkanäle Heizung mit Lüftung oder mit Umlauf. Die Liegeftühle find aus Rohr (von *Zinn & Co.* in Lichtenfels) ohne Nagelung, die Bänke im Dampfbad aus 5 cm ftarken, gefchliffenen Solnhofer Marmorplatten auf Eifengeftellen mit meffingenen Handgriffen hergeftellt. Ueber den Kopfenden diefer Lagerbänke befinden fich bewegliche Braufearme mit Kaltwafferzuflufs für Strahl und feine Braufe zur Benetzung des Badenden.

Alle Räume find hell und luftig zu geftalten, als Maffivbau in den Umfaffungswänden und mit Hohlräumen über der zu wölbenden Decke herzuftellen, mit Zement zu putzen oder beffer mit glafierten Steinen auszukleiden. Der Wafch- und der Dampfraum erhalten Fufsbodenentwäfferung.

509. Elektrifches Bad und Sandbad.

Die Einrichtung des elektrifchen Bades und des Sandbades ift in Nürnberg die folgende [557]):

Zum elektrifchen Bad gehören 1 Badewanne mit 8 Elektroden, Monopolarftange und 1 Badeumfchalter auf Nufsbaumbrett mit Umformerfpule, doppelpoligem Ausfchalter, Kontrollampe und Voltregler für faradifche Bäder. »Für galvanifche Bäder kommen die vorhandenen transportablen Apparate in Benutzung. Die hölzerne Badewanne ift mit Zu- und Abflufs, Braufe und Wäfchewärmer verfehen.«

Für das Sandbad ift eine von *Herm. Lieban* in Magdeburg-Sudenburg gelieferte fchmiedeeiferne Wanne, 2,75 m lang, oben 0,90, unten 0,50 breit und 0,40 m tief vorhanden, welche 300 kg ftaubfreien, rein gewafchenen Mainfand im Bett und 100 kg zum Nachfüllen im Refervekaften enthält. »Die Seitenwände mit Holzverkleidung find teilweife zum Herunterklappen eingerichtet«, um auch einzelne Körperteile einlegen zu können. Die Erwärmung des Sandes von 10 auf 60 Grad C. erfolgt durch Dampf in dem zur Ableitung des Kondenswaffers geneigten Doppelboden und erfordert 2 Stunden. Vor Benutzung der Wanne ift ihre Heizung abzuftellen, während der mit gefondertem Dampfanfchlufs verfehene Refervekaften weitergeheizt werden kann. Für die Reinigung des Kranken, der das Bad benutzt, dient eine fahrbare Badewanne.

510. Beifpiele.

Fig. 262.

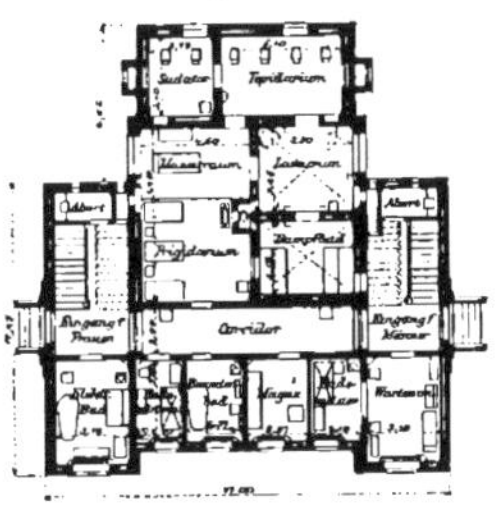

Fig. 263.

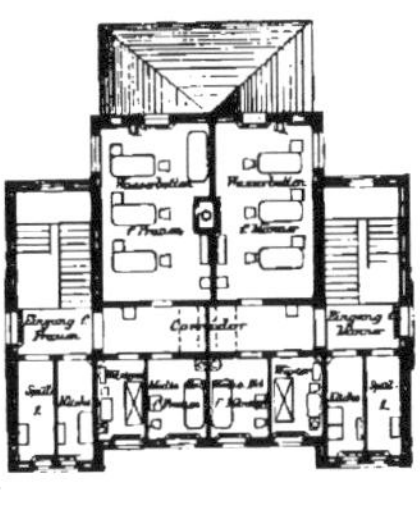

Erdgefchofs.

Obergefchofs.

1:500

Badehaus im neuen allgemeinen Krankenhaus zu Hamburg-Eppendorf [558]).

Arch.: *Zimmermann & Ruppel*.

Die Anordnung von Badehäufern ift aus den folgenden vier Beifpielen und verfchiedenen Anlagen diefer Art in den Gefamtplänen von Kap. 4 zu erfehen.

Das zweigefchoffige Badehaus im neuen allgemeinen Krankenhaufe zu Hamburg-Eppendorf (Fig. 262 u. 263 [558]) enthält auch 6 Wafferbetten, welche hier nebft den medizinifchen Bädern im Obergefchofs liegen, während die Heifsluft- und Dampfbäder, ein elektrifches Bad und das Beamtenbad das Erdgefchofs einnehmen. Infolge der Trennung des Obergefchoffes in 2 Hälften für beide Gefchlechter erhielt das Gebäude doppelte Eingänge und Treppen an entgegengefetzten Seiten. Das Frigidarium, Lavarium und

Dampfbad erhielten einen gemeinfchaftlichen Saugfchornftein. Im Dampfbaderaum erwärmt ein Regifter der Niederdruck-Dampfheizung die Zuluft und verdampft das über demfelben in einem 20 l faffenden Kupfergefäfs befindliche Waffer. Das Tepidarium und Sudatorium (römifch-irifches Bad) hat Fufsbodenheizung; die Zuluft erwärmt fich unmittelbar an Dampfheizrohren, welche frei an den Wänden herumgeführt find, auf 45, bezw. 60 Grad C., und die Abluft entweicht durch einfache Wandkanäle. Im Dampfbaderaum find 1 Stuhl und 1 Dampfbraufe, im Lavarium 2 Kopf- und Seitenbraufen, 2 Strahlbraufen, 1 Unterregenund 1 Kapellenbraufe vorgefehen, welche fich temperieren laffen. Die Bäder, Braufen und Wafchtifche werden

[557]) Siehe: Feftfchrift zur Eröffnung des neuen Krankenhaufes der Stadt Nürnberg. Nürnberg 1898. S. 273.
[558]) Fakf.-Repr. nach: ZIMMERMANN & RUPPEL, a. a. O., Taf. IV.

aus Warm- und Kaltwafferbehältern von je 1,5 cbm Inhalt, die im Obergefchofs aufgeftellt find, gefpeift. In diefem erhielten die Räume für die Dauerbäder (fiehe Art. 175, S. 105) Dachreiterlüftung. Wäfcheabwürfe wurden in den Gängen und Aborte unter den Treppenruheplätzen vorgefehen. In dem von aufsen zugänglichen Keller befinden fich die Keffel für das Warmwaffer der Dauerbäder und für die Niederdruckdampfheizung. Die Baukoften des Gebäudes, deffen Decken im Erdgefchofs gewölbt und im Obergefchofs durch das Holzzementdach gebildet find, betrugen rund 62500 Mark, wozu 22000 Mark für die Heizungsanlage und -einrichtung kommen, foweit letztere feft mit dem Bau verbunden ift.

Den Plan des dem vorftehenden verwandten Badehaufes in Nürnberg zeigt Fig. 283 (S. 313).

Im Johns-Hopkins-Hofpital zu Baltimore (Fig. 264 u. 265 [559]) enthält das vom Verbindungsgang zugängliche Hauptgefchofs des Badehaufes Räume für Heifsluft- und Dampfbäder mit einzelnen Aus- und Ankleidezimmern, fowie je 1 Raum für Merkurial- und für Schwefelbäder. Die Anordnung des Unterbaues mit 6 Badezimmern, je 3 für die Männer-, bezw. Frauenfeite, und mit einem zwifchen beiden Hälften gelegenen Braufebad ift in Fig. 264 zu erfehen. Das Gebäude wird durch Dampf geheizt und durch einen Lüftungsfchornftein mit Dampfrohrfchlange gelüftet.

Eine Anlage, welche zugleich für Aufsenftehende benutzt werden kann, zeigt das Badehaus des Knappfchafts-Lazaretts zu Eisleben (Fig. 266 [560]).

Fig. 264.   Fig. 265.

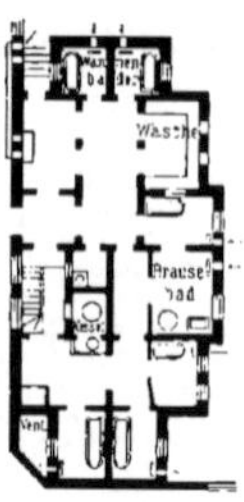

Untergefchofs.   Hauptgefchofs.
1:500 w. Gr.

Badehaus im Johns-Hopkins-Hofpital zu Baltimore [559].

Arch.: *Niernfee*, fpäter *Cabot & Chandler*.

Fig. 266.

Badehaus im Knappfchafts-Lazarett zu Eisleben [560].

a. Badewannen.   e. Dampfheizofen.
b. Betten.   f. Ofen mit Blech-
c. Badefchlange.   mantel.
d. Deckenlicht.   h. Treppe.

1:500 w. Gr.

i) Operationsgebäude.

511. Raumerfordernis.

Das Zerlegen einer chirurgifchen Abteilung in mehrere Krankengebäude hatte zur Folge, dafs die Operationen in einem befonderen Gebäude vorgenommen wurden, dem man eine möglichft zentrale Stellung zwifchen den zugehörigen Krankenbauten gab, um die Wege dahin zu kürzen. Das Raumerfordernis eines folchen Gebäudes für eine äufsere Station mit 270 Betten — gleich derjenigen im Urban zu Berlin — giebt *Körte* [561] wie folgt an.

Im Erdgefchofs:

1 Hauptoperationsraum,
1 Nebenoperationsraum,
1 Zimmer für Inftrumente und Bandagen,
1 Zimmer mit Sterilifierungsvorrichtungen für die Verbandftoffe, die Inftrumente und das Waffer,
1 Warteraum für Männer,
1 Warteraum für Frauen.

Im Obergefchofs:

1 Lagerraum für Verbandftoffe und für Vorbereitung derfelben zum Gebrauch, Wohnräume für das Dienftperfonal und, wenn es der Raum erlaubt, für 1 Affiftenzarzt.

Ebendafelbft oder im Keller:

1 Raum zum Aufbewahren von Gipsabgüffen und ähnlichen Vorrichtungen.

---

[559]) Nach: BILLINGS, a. a. O., Taf. 56.
[560]) Nach: Die Einrichtungen zum Beften der Arbeiter auf den Bergwerken Preufsens etc. Berlin 1875—76. Bd. 2, Taf. VIII.
[561]) Siehe: KÖRTE, W. Das Operationsgebäude im neuen ftädtifchen Krankenhaufe am Urban in Berlin. Klinifches Jahrbuch, Bd. 3 (1891), S. 299.

Von anderer Seite werden die nachfolgenden Räume verlangt.

Billings forderte im kleinften Krankenhaufe einen Vorraum für die Aerzte mit Wafchbecken, der auch zur Kleiderablage dienen kann[562]; *v. Bergmann* einen befonderen Raum zum Verbinden neben dem Operationsfaal, wenn die Abteilung 200 und mehr Betten umfafst[563]; *Schumburg* ein Zimmer für 2 bis 3 Kranke zur Erholung nach der Narkofe und Einzelzimmer für Schweroperierte. — Von folchen Zimmern find in Norwich 6 angeordnet[564]. — *Merke* fordert 2 Räume zur Auffiellung feines Wäfchefammel- und Desinfektionsapparates für die bei den Operationen gebrauchte Wäfche, fowie einen Raum für feinen Ausgufs- und Reinigungskeffel. (Siehe Art. 207 u. 209, S. 124 u. 125.) Schliefslich kommt noch die Anordnung von Räumen zur Aufnahme mit Röntgen-Strahlen in Betracht.

Die Anfichten der Aerzte über die Zweckmäfsigkeit verfchiedener Operationsräume in einem Krankenhaufe gehen noch fehr auseinander.

512. Zahl der Operationsräume.

Schönborn[565]) hält in Krankenhäufern je 1 Operationsraum fehr erwünfcht

für nicht infizierte Kranke,
für Laparotomien,
für infizierte Wunden und
für Tracheotomie bei Diphtherie,

denen man fehr wohl noch einen fünften für Kranke, die von Eryfipelas befallen find, beifügen könnte. *Neuber* fchätzt die Trennung der Operationsräume für feptifche und hochafeptifche Fälle vom Hauptoperationsfaal bei geeigneter Ausbildung derfelben höher als alle Sterilifatoren und Desinfektionsvorrichtungen[566]). — *Trendelenburg* wünfcht einen gefonderten Raum für Tracheotomien, Inzifionen bei Eryfipel u. f. w., da es fich hier »um fpezififche Infektionskrankheiten, deren Uebertragung möglicherweife auch durch die Luft flattfinden kann,« handle[567]).

Dagegen erachtete *Fritfch* für Bauchfchnitte einen eigenen Operationsraum nicht für nötig, da man es nicht durchführen könne, hier nur reine Operationen auszuführen. Auch habe es keinen Sinn, für verfchiedene Operationen getrennte Zimmer zu verlangen, da in jedem derartigen Raum die gleiche Reinlichkeit nötig fei[568]). — *Lucas-Champoinnière* empfahl die Einfchränkung auf einen Saal, weil man einen Operationsraum möglichft viel benutzen foll. »Dies ift die einzige Art, ihn gut zu überwachen und zu unterhalten«[569]).

Auch über die Zuläffigkeit einer Vereinigung mehrerer für die genannten verfchiedenen Zwecke beftimmten Operationsräume in einem Operationsgebäude beftehen abweichende Meinungen.

Wo ein befonderer Raum für Tracheotomie bei Diphtherie vorgefehen wurde, hat man ihn bei uns der Abteilung für diefe angegliedert. — *Trendelenburg* wünfcht auch den Operationsraum für Tracheotomien u. f. w. nicht in der Nähe des allgemeinen Operationsfaales, fondern in der Poliklinik oder im Ifolierhaus, wobei im erfteren Falle auch Panaritien, Karbunkel und jauchige Empyeme darin behandelt werden könnten. — Aufserdem erhielten in Hamburg-Eppendorf die Augenabteilung, in Nürnberg auch diejenige für Syphilis und für Hautkrankheiten eigene Operationsräume. — Doch enthalten die Operationsgebäude im Urban 2 folche Räume, in Nürnberg aufser dem Hauptfaal 1 folchen für feptifche Fälle; in Hamburg-Eppendorf wurde nachträglich noch ein dritter für Frauen angelegt, und im neuen Operationsgebäude zu Moabit-Berlin find ein grofser und zwei kleine Säle[570]) für Laparotomien, bezw. für feptifche Fälle vorhanden.

Hingegen gab man im *Pavillon Pafteur (Hôpital Cochin)* zu Paris den feptifchen und zweifelhaften Kranken ein gemeinfames und den afeptifchen ein eigenes Operationszimmer, gliederte aber jeden diefer Räume dem befonderen Gebäudetrakt an, welcher den betreffenden Kranken gewidmet ift, wodurch fie

---

562) Siehe: BURDETT, a. a. O., S. 76.
563) Siehe: BERGMANN, v. E. Die antifeptifche Wundbehandlung in der kgl. chirurgifchen Univerfitätsklinik zu Berlin. Klinifches Jahrbuch, Bd. 1 (1889), S. 162.
564) Siehe: Viert. f. gerichtl. Medicin u. öff. Sanitätswefen, Bd. 4 (1892), S. 316.
565) Siehe: SCHÖNBORN. Der neue Operations- und Hörfaal der chirurgifchen Klinik in Würzburg. Klin. Jahrbuch, Bd. III (1892), S. 283 u. 286.
566) Siehe: NEUBER, G. Zur afeptifchen Wundbehandlung. Archiv f. klin. Chirurgie, Bd. 44 (1892), S. 445.
567) Siehe: TRENDELENBURG. Ueber Ifolirung in chirurgifchen Kliniken. Klinifches Jahrbuch, Bd. 4 (1892), S. 111 ff.
568) Siehe: FRITSCH, H. Ueber die für den Unterricht nöthigen Räume in Frauenkliniken. Klinifches Jahrbuch, Bd. 2 (1890), S. 176.
569) Siehe: LUCAS-CHAMPOINNIÈRE, J. Des conditions matérielles d'une bonne falle d'opérations. Revue d'hygiène 1890, S 307.
570) Siehe: Berlin und feine Bauten. Berlin 1896. Bd. 2, S. 440.

vollftändig getrennt wurden, und *Tollet* tadelt die nicht genügende Trennung der Säle in Hamburg-Eppendorf, da diefelben zum Teil gemeinfchaftlich benutztes Zubehör, Flurgänge und Treppen erhielten [571]).

In grofsen Anftalten erfordert fchon die Menge der Operationen genügende Fürforge, und dann wird es, wenn angängig, beffer fein, 2 oder mehr Räume hierfür zur Verfügung zu haben, als die Operationen in einem Raum zu vermehren oder gleichzeitig verfchiedene darin auszuführen und ihn dementfprechend zu vergröfsern.

In Göttingen finden während 10 Monaten 1000 Operationen oder an 1 Tag durchfchnittlich 4 ftatt; es können aber 6 bis 8 vorkommen. Für diefen Fall mufs an mehreren Stellen chloroformiert und operiert werden können [572]).

543. Abmeffungen von Operationsräumen.
Die Abmeffungen des Operationsraumes follen im allgemeinen den unentbehrlich nötigen Raum nicht überfchreiten. Der freie, durch Apparate, Schränke oder Heizkörper nicht eingeengte Raum mufs das Schwenken des Operationstifches nach allen Seiten und die Teilnahme der Affiftenten am Operationsakt geftatten. Seine Gröfse fchwankt mit der Zahl der letzteren, ift alfo von derjenigen der Anftalt abhängig. Eine zu grofse Steigerung der Abmeffungen erfchwert die Heizung und Reinigung. — *Lorenz* erachtet in klinifchen Lehranftalten 3,50 bis 4,00 m Breite für die Operationsbühne als genügend; doch mufs diefes Mafs bei Unterbringung von Apparaten u. f. w. im Raum entfprechend vergröfsert werden. Die nachftehende

		breit	tief	hoch
Rudolfinerhaus (*Billroth*'fche Baracke)	Wien	3,50	4,50	—
Operationsraum von Dr. *Meufel*	Gotha	4,50	4,50	3,45
Städtifches Krankenhaus: kleiner Saal	Frankfurt a. M.	4,00	5,37	—
Kaifer- und Kaiferin-Friedrich-Kinderkrankenhaus	Berlin	4,50	7,00	—
Hôpital-Hofpice Auban-Moët	Epernay	5,50	5,00	5,00
Operationsraum *Rue Bizet*	Paris	6,00	4,50	—
Operationsraum von Dr. *Vautrin*	Nancy	6,00	4,75	—
Hôpital Necker (*fervice des grands opérés*)	Paris	6,00	5,00	4,50
Neues allgemeines Krankenhaus:				
grofser Saal	Hamburg-Eppendorf	5,00–5,80	10,00	—
kleiner Saal	»	5,00–5,80	7,00	—
Herzogl. Krankenanftalt:				
grofser Saal	Braunfchweig	6,50	7,00	—
kleiner Saal	»	6,00	4,00	—
Allgemeines Krankenhaus:				
grofser Saal	Nürnberg	7,00	8,80	5,20
kleiner Saal	»	5,62	5,75	—
Städtifches Krankenhaus Moabit:				
grofser Saal	Berlin	9,00	7,20	—
2 kleine Säle je	»	4,20	6,80	—
Städtifches allgemeines Krankenhaus im Friedrichshain	»	7,00	8,37	7,15
Städtifches Krankenhaus am Urban	»	8,10	7,70	—
Bergmannstroft:				
grofser Saal	Halle a. S.	8,00	10,00	6,00
kleiner Saal	»	6,00	6,00	—
Chirurgifche Klinik	Tübingen	3,50	4,50	—
Chirurgifche Klinik	Halle	5,00	5,50	—
Chirurgifche Klinik	Göttingen	5,00	6,67	—
		Meter		

---

[571]) Siehe: Tollet, C. *Les hôpitaux modernes au XIX. fiècle.* Paris 1894. S. 318.
[572]) Siehe: König. Die chirurgifche Klinik in Göttingen. Klinifches Jahrbuch, Bd. 3 (1892), S. 247.

Tabelle enthält die Abmeſſungen einiger ausgeführter Säle, bezw. Operationsbühnen chirurgiſcher Kliniken.

Im Moabiter Hauptſaal und in den angeführten franzöſiſchen Beiſpielen iſt die Breitſeite mit dem groſsen Fenſter gröſser als die Tiefe, was eine gute Aufſtellung der in Frankreich an der Operation teilnehmenden Eleven und die Anordnung der vorhandenen Waſchbecken oder Heizkörper an den kürzeren Seiten ermöglichte. Ueber die Höhe der Säle fiehe auch Art. 516 (S. 300).

Die im Operationsraum nötigen häufigen Spülungen mit wäſſerigen, antiſeptiſchen Löſungen, mit Waſſer- oder Karboldämpfen ſind für die Ausbildung von Wand und Fuſsboden maſsgebend.

514. Fuſsböden, Wände, Decken.

Von Moſaikfuſsböden kommt nur Granito in Betracht, der auf das ſorgfältigſte hergeſtellt werden muſs, um das Ausſpringen von Steinen zu verhüten. — In der *Derbyſhire Royal infirmary* erhielt der Moſaikboden durch eine Marmorhohlkehle Anſchluſs an die Marmorwand. — Im neuen Operationsſaal des Julius-Hoſpitals zu Würzburg erwies ſich der mit weiſsen, geſchliffenen Marmorplatten belegte Fuſsboden widerſtandsfähiger gegen die Spülungen als Terrazzo[573]; doch wird nach *Körte* Marmor von Desinfektionsmitteln angegriffen[574]. Gips und Linoleum widerſtehen der Karbolſäure nicht. — Mettlacher Flieſen müſſen beſter Sorte und ſcharfkantig ſein, ſind auch vorzüglich zu verlegen.

Die Abwäſſerung des Fuſsbodens iſt unter dem Operationstiſch anzulegen; der Ausfluſs erhält hier einen hohen Waſſerverſchluſs und wird mit einem herausnehmbaren Gitter bedeckt, um die Reinigung durch Bürſten und ſtarken Waſſerſtrahl zu ermöglichen. Unter Umſtänden iſt der Abfluſs mit einer Desinfektionseinrichtung zu verbinden.

In Braunſchweig wurde die Entwäſſerung mit Ventil- und Siphonabſchluſs und Spülvorrichtung verſehen, um zu vermeiden, daſs Operationsabfälle im Abfluſsrohr haften bleiben. Zur Desinfektion der Abwaſſer iſt in einem kleinen Nebenraum vor dem Saal eine Miſch- und Rührvorrichtung vorhanden.

Eine geeignete, fugenloſe Wand- und Deckenbekleidung läſst ſich auf verſchiedene Art erreichen.

Emailfarbenanſtrich erwies ſich nach *Körte* im Urban widerſtandsfähig bei Abwaſchungen mit heiſsem Seifenwaſſer, fünfprozentiger Karbollöſung, einfachen und ſauren Sublimatlöſungen[575]; doch verdient vor ihm weiſser, polierter Zementputz den Vorzug, der eine ſpiegelglatte Fläche bietet und ſich in Halle nach *v. Bramann* auch als ſehr widerſtandsfähig gegen gewaltſame Einwirkungen erwieſen hat[576]. Die Zementſchicht erhielt dort nur wenige Millimeter Stärke; ihre fleckenloſe Herſtellung erfordert aber vorheriges vollſtändiges Austrocknen des Mauerwerkes.

Im *Pavillon Paſteur (Hôpital Cochin)* zu Paris ſind Wand und Decke geputzt, erhielten einen Ueberzug von Maſtix, und Anſtrich. — *Billings* empfahl u. a. auch eine Wandbekleidung aus emailliertem Schiefer. — Im Julius-Hoſpital zu Würzburg und in der *Derbyſhire Royal infirmary* beſteht ſie bis zu 2,00 m Höhe aus Marmor, in letzterer darüber aus *Keene's* Zement. Dagegen ſpricht das bei den Marmorfuſsböden Geſagte. — Wandflieſen müſſen ſehr gut verlegt werden; ihre Fugen ſind mit Porzellankitt auszuſtreichen. — In Nürnberg iſt die Wand mit weiſsen, glaſierten Platten bekleidet. Auch Glasplatten werden empfohlen.

Der ganze Raum iſt wie ein Krankenraum unter Vermeidung aller Vor- und Rückſprünge mit aus- und abgerundeten Kanten zu geſtalten.

Bei Anordnung der Thüren hat man darauf Rückſicht zu nehmen, daſs das Oeffnen derſelben die Luft des Raumes nicht abkühlt und hierbei kein Zug den Operationstiſch trifft. Nach Räumen, zu denen kein Geräuſch dringen darf, ſind doppelte und, wo Betten hindurchgerollt werden, mindeſtens 1,50 m breite Thüren anzuordnen. Alle Thüren ſollen bündig mit der Innenwand in eiſernen Winkelzargen liegen und aus Holz oder Eiſen mit beiderſeitigem glatten Eiſenbeſchlag

515. Thüren.

---

[573] Siehe: SCHÖNBORN. Der neue Operationsſaal der chirurgiſchen Klinik in Würzburg. Kliniſches Jahrbuch, Bd. 4 (1891), S. 296.
[574] Siehe: KÖRTE, a. a. O., S. 307.
[575] Siehe ebendaf., S. 302.
[576] Siehe: BRAMANN, v. Der neue Operationsſaal der kgl. chirurgiſchen Univerſitätsklinik in Halle a. S. Kliniſches Jahrbuch, Bd. 4 (1892), S. 181.

hergestellt werden. In Lyon hat man die Thüren in ganzer Höhe vernickelt[577]). Um vorspringende Beschläge zu vermeiden, schlug man vor, das Oeffnen der Thüren mit dem Fufs durch eine Hebeleinrichtung u. f. w. zu bewirken. Zwischen dem Operations- und dem Instrumentenzimmer kann die Wand ganz oder teilweise verglast werden, um in letzterem Ordnung und Reinhaltung vom Operationsraum aus kontrollieren zu können.

516. Tagesbeleuchtung. Operationsräume erfordern ausgiebiges, gleichmäfsiges Licht. Nordlicht gestattet zu jeder Tagesstunde, Westlicht nur bis Mittag das Operieren. Für manche Operationen, wie z. B. im Maftdarm und in der Scheide, wird annähernd wagrechtes, somit Seitenlicht verlangt.

Billings forderte 1,52 m, *Schönborn* 0,80 bis 1,00 m Brüstungshöhe, und *Lorenz* empfiehlt, das Fenster bis zum Fufsboden reichen zu laffen.

Aufser dem grofsen Hauptfenster, welches bis zur Decke geführt werden mufs, bedarf man für gewiffe Operationen Deckenlicht, welches sich bis über das Operationsfeld ausdehnen soll.

In der *Billroth'*schen Baracke des Rudolfinerhauses zu Wien erhielt der Operationsraum nur Deckenlicht in der Ausdehnung von 1/3 der Grundfläche. — Auch der neue Hörsaal der geburtshilflichen Klinik von *Olshausen* in Berlin besitzt nur Deckenlicht, da Verfuche in der chirurgifchen Klinik dafelbst ergaben, dafs das Licht für das Spekulum genüge; doch verlangt *Olshausen*[578]) reichliches Deckenlicht, und an dunkeln Tagen mufs die verfetzbare elektrifche Lampe benutzt werden.

Oft verbindet man Seiten- und Deckenlicht, wobei es erwünfcht ist, ersteres unmittelbar in letzteres übergehen zu laffen und in gleicher Breite mit jenem anzulegen.

Bruns lobt diefe Anordnung in Tübingen wegen des günstigen Winkels, unter welchem das Licht zugeführt wird, das bei nordöstlicher Fensterlage eine Abblendung nicht erfordere[579]). — *Billings* forderte für das Seitenfenster ein Mafs von 2,44 × 3,66 und für das Deckenlicht 2,44 × 2,44 m.

Bei geringer Raumhöhe mufs man das Seitenfenster höher führen und die Decke, foweit es der Lichteinfall erfordert, schräg ansteigen laffen oder durch Deckenlicht ergänzen. Letzteres wurde im Operationssaal für Laparotomie in der Frauenklinik zu Göttingen nötig, da die Wandhöhe nur 4,50 m beträgt. Im alten Operationssaal zu Halle führte man die Operationen in einem quadratifchen, nifchenartigen Ausbau von Glas und Eifen aus. — *v. Tiedemann* gab im Anfchlufs hieran dem Saal der chirurgifchen Klinik dafelbst die Gestalt einer halbkreisförmigen Glasnifche, welche für operative Zwecke sich bewährte, beim Neubau des Saales aber weichen musste, da sich eine folche Nifche für Lehrzwecke nicht eignete. — In Krankenhäufern, die keinen Lehrzwecken dienen, wurden derartige Glasvorbauten, welche allfeitige Belichtung gewähren können, neuerdings häufig ausgeführt. Doch mehren sie die Ecken im Raum, wenn man über die rechteckige Form hinaus zu halben Vielecken übergeht.

Seitliche Fenster hat man einfach und doppelt konftruiert. Wo keine befonderen Lüftungsfenster vorhanden sind, werden Lüftungsflügel angeordnet, um in notwendigen Fällen bei oder nach der Operation schnell Luft einlaffen zu können.

Lorenz hielt die Verglafung durch eine grofse Spiegelscheibe für das Zweckmäfsigste und empfahl auch einfache Fenster aus starkem Spiegelglas, wo Teilungen nötig sind, um die bei Anwendung von Doppelrahmen möglichen breiten Schlagfchatten zu vermeiden. — In der *Derbyshire Royal infirmary* liegt das aus einer einzigen 2,44 × 3,05 m grofsen Glastafel in Walzeifenrahmen beftehende Fenfter gegen

---

[577]) Siehe: PONCET, A. *La nouvelle falle d'opérations de l'Hôtel-Dieu de Lyon.* Revue d'hygiène 1889, S. 447.
[578]) Siehe: OLSHAUSEN. Ueber den Unterricht in geburtshilflichen Kliniken mit Bezug auf den neuen Hörfaal der königl. Univerfitäts-Frauenklinik in Berlin. Klinifches Jahrbuch, Bd. 5 (1894), S. 53.
[579]) Siehe: BRUNS, a. a. O., S. 220.

Nordoften und bündig mit der Innenwand des Saales; drei gegen Nordweften gelegene Fenfter laffen fich zum Lüften öffnen. — Um die Lichtfläche thunlichft wenig durch das Sproffenwerk einzufchränken, hat man das Fenfter in der chirurgifchen Klinik zu Göttingen aus rings mit hölzernen Deckleiften umfchloffenen ⊥-Eifen gebildet, fo dafs die Sproffenbreite zwifchen den Glasfalzen nur 6 cm beträgt. Die Befeftigung der Scheiben erfolgt durch angefchraubte Leiften [580]). Die hierbei möglichen Fugen laffen fich einfchränken, wenn man die ⊥-Eifen als Windeifen aufsen anfetzt.

Im Urban wurde der halbkreisförmige Vorbau in 7 durch fchmale Steinpfeiler getrennte Fenfter von 1,27 m Breite und 2,80 m Höhe geteilt, deren obere, einfache Flügel nach innen klappen, während die inneren Doppelflügel fich behufs fchnellen Lüftens gemeinfam öffnen laffen; die unteren beiden äufseren Scheiben find hier matt gefchliffen. — Die Doppelfenfter des fünffeitigen Vorbaues der chirurgifchen Abteilung in Frankfurt a. M. wurden aus Spiegelfcheiben und Eifenrahmen hergeftellt.

In Nürnberg liegen die 4,00 × 3,60 m grofsen Kaftenfenfter in Winkeleifenrahmen innen bündig mit der Wand. Von ihren 3 Feldern laffen fich das 1,45 × 2,35 m grofse, untere Mittelfeld um die lotrechte Mittelachfe drehen, die äufseren und inneren Seitenflügel gleichzeitig durch einen Griff öffnen.

Einfaches Deckenlicht, wie es aus geriffeltem Glas im *Hôpital Necker* zu Paris [581]) zur Ausführung kam, ift der Undurchfichtigkeit bei Schneefall und der Schweifswafferbildung ausgefetzt, die an einem Deckenlicht über dem Operationsfeld das Herabfallen von Tropfen, welche Staubteile enthalten, zur Folge haben kann. Wird das Deckenlicht von einem Glasdach überdeckt, fo nimmt mit dem wachfenden Abftand zwifchen beiden die Lichtftärke ab. Diefer Dachraum ift behufs Reinigung von Staub oberhalb des Deckenlichtes zugänglich zu machen, wenn man ihn nicht luftdicht abfchliefsen kann. Jedenfalls foll das Deckenlicht feftliegend hergeftellt und zu Lüftungszwecken keine Teile desfelben beweglich gemacht werden, da ftärkere Staubanfammlungen in einem zugänglichen Dachraum nicht zu vermeiden find und fomit beim Oeffnen des Fenfters Staubmengen hinabfallen können. Wünfchenswert ift ein möglichft geringer Abftand zwifchen beiden Glasflächen bei gänzlichem oder thunlichft dichtem Abfchlufs des Zwifchenraumes.

In Nürnberg ift der Deckenlichtraum innen mit 6 t ftarkem, mattgeätztem rheinifchem Tafelglas, aufsen mit ganz weifsem Schalker Drahtglas verglaft und behufs Reinigung durch eine Laufbrücke zugänglich gemacht. (Siehe auch Art. 526, S. 312.)

Im neuen Operationsfaal der chirurgifchen Univerfitätsklinik zu Halle [582]), deffen Decke durch Anordnung manfardenartiger Doppelfenfter auf einen kleinen wagrechten Teil von ftarkem, mattem Glas eingefchränkt werden konnte, der mit durchfichtigem Glas überdacht ift, wurden zur Abblendung des Sonnenlichtes zwifchen den Doppelfenftern der Manfarde, deren innere Flügel fich behufs Reinigung nach innen klappen laffen, Stoffjaloufien angebracht. Derartige freitragende Dachkonftruktionen laffen fich vereinfachen, wenn es fich nicht, wie in Halle, um ein Amphitheater, fondern um die viel kleineren Operationsräume in Krankenhäufern handelt.

Kleine Operationszimmer in Augen- und Ohrenabteilungen erhalten nach *Lorenz* reichliches Seitenlicht durch ein Nordfenfter und in Augenabteilungen Verdunkelungsvorrichtungen.

Die künftliche Beleuchtung im Operationsraum foll um die Reinlichkeit jederzeit überwachen zu können fehr vollftändig fein, fo dafs es keine dunkle Ecke im Saale giebt.

517. Künftliche Beleuchtung.

Hierzu tragen weifse Wände, Decken und Fufsböden viel bei. Künftliches Licht mufs auch am Tage bei trübem Himmel oder, wenn es nötig ift, tiefe Höhlungen zu unterfuchen, zur Verfügung fein.

Gaslicht bringt Wärmeausftrahlungen und Gefahren für die Chloroformnarkofe hervor, wenn die Verbrennungsgafe nicht vollftändig vom Saal auszufchliefsen find.

518. Gaslicht.

---

580) Siehe: LORENZ, a. a. O., S. 19 u. Fig. 10, S. 20.
581) Siehe: BELOUET. *Le nouvel amphithéâtre d'opérations de l'hôpital Necker.* Revue d'hygiène 1894, S. 32 ff.
582) Siehe: BRAMANN, a. a. O., Fig. 6, S. 187.

Nach Unterfuchungen von *Schumburg*[583]) über die Art der Bildung von Zerfetzungsprodukten des Chloroforms bei Gaslicht find entweder das Gaslicht in Operationsfälen durch elektrifche Beleuchtung zu erfetzen oder ftatt offener Gasflammen Sonnenbrenner zu benutzen, die alle Verbrennungsgafe, fomit auch etwa gebildetes Phosgen vollftändig und fofort abführen, oder offene Flammen möglichft hoch über dem Operationstifch und falls nötig in gröfserer Zahl — mit guten Reflektoren ausgeftattet — anzuordnen. Im dritten Falle würde eine Ventilation die fpezififch fchweren Chloroformdämpfe am Boden oder in Manneshöhe möglichft intenfiv abzufaugen haben.

Die üblichen Beleuchtungskörper, bezw. Blendfchirme bieten Staubniederlagen, deren Reinheit fich nicht überwachen läfst; fie müfsten wenigftens eine fteile, aufsen polierte Ueberdachung erhalten.

In verfchiedenen Anftalten find *Wenham*-Lampen im Gebrauch. — *Lorenz* empfahl, über dem Operationsfeld zwei invertierte *Siemens*'fche Regenerativbrenner anzubringen, um Schlagfchatten und beläftigende Wärme zu verhüten. — In der *Derbyfhire Royal infirmary* benutzt man eine dreiflammige Gaslampe mit Lüftungsrohr. — In Würzburg vereinigte man 4 grofse Lampen an einem Kronleuchter. — Im Laparotomiefaal der Frauenklinik zu Göttingen wurden für die Nachtzeit ein 4facher *Auer*-Brenner und feitliche Gasarme mit grofsen Reflektoren angeordnet.

Quénu[584]) fchlug vor, die Beleuchtungskörper über die Decke zu legen und durch eine Glasfcheibe vom Operationsraume zu trennen, was im *Pavillon Pafteur (Hôpital Cochin)* zu Paris zur Ausführung kam. Diefelbe Wirkung würde man erreichen, wenn man die Beleuchtungskörper in einen mit der Spitze nach unten fallenden Glaskörper, der an feiner breiten Seite an der Decke befeftigt ift, einfchlöffe; doch bedingen alle diefe Anordnungen geringe Raumhöhe oder wegen der beträchtlichen Entfernung der Lichtquelle ftarkes Licht.

519 Elektrifches Licht. Der Vorzug des elektrifchen Lichtes vor dem Gaslicht ift allfeitig anerkannt. Die Elektrizität wird auch zu Heilzwecken oder zum Betriebe kleiner Motoren bei Operationen benutzt, was Accumulatoren oder Anfchlüffe für elektrifche Drähte an beiden Saalfeiten bedingt. Diefe können dann zugleich für tragbare elektrifche Lampen dienen. Im Urban zu Berlin[585]) wurden 2 Paar Bogenlampen angeordnet.

Tritt bei einer Lampe eine Störung ein, fo erlifcht die Zwillingslampe gleichfalls. Die mehrfachen Schatten, welche bei diefer Anordnung entftehen, find bei fubtilen Operationen ftörend; doch wurde die Anordnung eines Reflektors, wegen feiner Eigenfchaft als Staubfänger, vermieden. An den Wänden find 4 Doppelglühlichtlampen vorgefehen, an welche eine bewegliche Handlampe mit Reflektor und Handgriff angefchloffen werden kann. Petroleumlampen mit Reflektoren dienen zur Referve für den Fall von Störungen der elektrifchen Beleuchtung. Der unmittelbare Anfchlufs der Beleuchtungs- und galvanokauftifchen Vorrichtungen für chirurgifche Zwecke an das Lichtleitungsnetz wurde dort aufgegeben, weil fich »zumal bei feuchtem Wetter ftörende Erdfchlüffe bildeten, welche für Arzt und Patienten unangenehm waren«. Statt deffen find 2 im Elektrizitätsraum vom Hauptftrom geladene Accumulatorenbatterien im Nebenraume aufgeftellt, die im Bedarfsfalle fchnell hereingerollt werden können. Gegen die Verwendung von Taucherbatterien fprach die Gefahr des Verfagens und die Umftändlichkeit des Füllens.

v. Bramann[586]) zog in Halle dem grellen, unruhigen Lichte der Bogenlampen Glühlampen vor. Manchmal wurde man noch Glühlicht und Gaslicht im Operationsraum. — In Halle wurden 10 Lampen zu 22 *Ampère* verwendet, welche an der aufserdem vorhandenen Gaslampe kranzförmig angeordnet wurden. Vom elektrifchen Licht wird jedoch nur bei längeren Operationen »mit entfprechend protrahierter Chloroformnarkofe« Gebrauch gemacht. In anderen Fällen findet eine Gaslampe von 400 Normalkerzen Verwendung, deren Verbrennungsgafe über Dach geleitet find. — In Hamburg-Eppendorf find 2 Reflektoren mit je 10 Glühlampen und 1 Wenhamlampe vorhanden.

Elektrifches Glühlicht allein kam in Nürnberg und im Bergmannstroft bei Halle in verfchiedener Art zur Verwendung. In Nürnberg wurde im grofsen Saal ein herablafsbarer Neufilberreflektor mit

---

[583]) Siehe: Schumburg. Ueber die Art der Bildung von Zerfetzungsproducten des Chloroforms bei Gaslicht. Hyg. Rundfchau. Jahrg. 8 (1898), S. 921 ff.
[584]) Siehe: Quénu & Rochet. Plan d'un nouveau fervice de chirurgie à l'hôpital Cochin. Le progrès médical, Bd. 14 (1891), S. 397.
[585]) Siehe: Körte, a. a. O., S. 302 ff. u. 314 — fowie: Hagemeyer, a. a. O., S. 25 ff
[586]) Siehe: Bramann, a. a. O., S. 195 ff.

17 Lampen (7 und 10 zufammen fchaltbar) in einem vernickelten, unten durch eine Mattglasfcheibe abgefchloffenen Meffinggebäufe eingehüllt; am Rand desfelben find 2 Anfchlufsdofen von 10 Ampère für den Anfchlufsapparat zur Galvanokauftik, Endofkopie und Faradifation und für den Chirurgenmotor, in den Saalecken über den Wafchtifchen Wandarme und Steckkontakte für Handlampen angebracht (Fig. 267 u. 268 [587]). Kleinere Neufilberreflektoren mit je 4 Lampen benutzt man in den Operationszimmern. — Im Bergmannstroft fuchte man die natürliche Beleuchtung mit ihrem zerftreuten Licht durch 1 Krone mit 10 und 6 an den Wänden gleichmäfsig verteilten Glühlampen zu erfetzen. Außerdem find Handlampen vorhanden.

Zur Vermeidung einer Luftinfektion gehört die Befeitigung von Staub, deffen unmittelbares Eindringen durch die Fenfter eine Rafendecke oder das Feuchthalten der Umgebung vor denfelben einfchränkt. Den im Raum fchwebenden Staub bringt man durch Zerftäuben von fterilifiertem Waffer und antifeptifchen Flüffigkeiten zum Niederfinken. Der Fufsboden ift feucht zu halten; das Zerftäuben erfolgt durch Dampf.

520. Befeitigung von Staub.

Fig. 267.

Fig. 268.

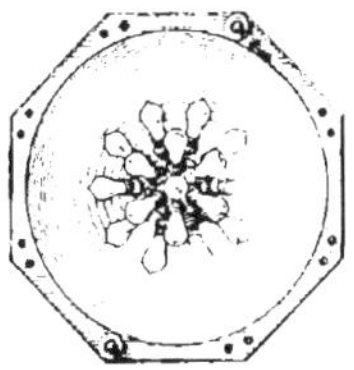

Beleuchtungskörper des Operationsfaales in Nürnberg [587]).

In Frankfurt a. M. fchaltet man zu diefem Zweck die an die Dampfleitung angefchloffene Vorrichtung für keimfreies Waffer aus und benutzt die Zapfftellen desfelben zum Auslaffen von Dampf, der unmittelbar vom Keffelhaufe kommt, in den Raum.

Die Verhinderung von Staubzuführung ift Grundbedingung der Lüftung; jede Möglichkeit des Umkehrens der Richtung in der vorgefchriebenen Luftbewegung foll ausgefchloffen fein. Bei der regelmäfsigen Lüftung find fühlbare Luftftröme zu vermeiden. Dies bedingt Zuführung vorgewärmter Luft. Das Nürnberger Programm fchreibt 1-fachen Luftwechfel vor. Wenn jedoch Aetherdämpfe verwendet werden, welche fich auf warme Metallflächen legen und die Augen des Operateurs reizen, ift Zuführung kalter Luft nötig.

521. Lüftung und Heizung.

Verfchiedenen Anfprüchen hat auch die Heizung zu entfprechen. Die Temperatur im Operationsraume foll 30 Grad C. betragen und mufs bei Einführung kalter Luft fchnell wieder auf diefe Höhe gebracht werden können.

Im neuen Operationsfaal der chirurgifchen Poliklinik in Berlin (Ziegelftrafse) wurde von ärztlicher Seite Luftzuführung für den grofsen Operationsfaal während der Operationen nicht gewünfcht, weil fie Staubteilchen einführt und die Schwängerung der Raumluft mit desinfizierenden Mitteln abfchwächt. Doch erfolgte die Anlage einer mit Dampf geheizten Luftkammer, aus welcher die Luft unmittelbar in den Saal emporfteigt [588]).

v. *Bergmann* verurteilte in Operationsfälen Luftheizungen: »Aus den Klappen, die behufs der Lufterneuerung geöffnet werden follen, fallen maffenhaft und oft beftändig diejenigen feften und ftaubförmigen Stoffe ab, die unfere Verwundeten am meiften zu fürchten haben« [589].

In Frankreich hält man meift an den franzöfifchen Caloriferen feft, welche nicht im Saal vorfpringen follen und von aufsen zu bedienen find. Im *Pavillon Pafteur (Hôpital Cochin)* dafelbft filtriert man die Luft an der Eintrittsftelle zum Operationsfaal, indem man nach *Brouardel*'s Vorfchlag die Zuluftöffnung durch doppelte Gitter fchlofs, zwifchen deren 2 Platten ein filtrierender Körper eingefchoben wurde [590]).

In Tübingen wurde die Warmluftheizung in Niederdruckdampfheizung umgewandelt, da Todesfälle Operierter am Starrkrampf vorkamen und fich in der Zuluft des Operationsfaales häufig Starrkrampfbacillen

---

[587]) Fakf.-Repr. nach: Feftfchrift zur Eröffnung des neuen Krankenhaufes der Stadt Nürnberg. Nürnberg 1898. S. 155.
[588]) Siehe: HAESECKE. Erweiterungsbau der chirurgifchen Klinik in Berlin Ziegelftrafse 10/11. Klinifches Jahrbuch, Bd. 4 (1892), S. 153.
[589]) Siehe: BERGMANN, v., a. a. O., S. 154.
[590]) Siehe: *Revue d'hygiène* 1893, S. 423.

fanden ²⁹¹). — In Marburg, wo Niederdruckdampfheizung wegen der Notwendigkeit einer Maschinenhausanlage und der Befürchtung an grofser Wärmeverlufte als zu teuer erachtet wurde, wählte man dennoch Feuerluftheizung und fuchte fie möglichft zu vervollkommnen ⁵⁹²).

Bei Erwärmung durch Heizrohre legt man diefe längs der Fenfterbrüftungen. Um die Reinigung überwachen zu können, wurden fie im Urban nicht verdeckt; dann müffen fie reichlich von der Wand Abftand haben, um letztere beim Reinigen nicht zu befchmutzen. Wenn keine Luftzuführung mit dem Heizkörper verbunden ift, können fie mit Milchglasplatten umfchloffen werden, die abnehmbar find, aber dicht fchliefsen müffen. — Im Operationsfaal des *Hôpital Necker* zu Paris erfolgt fchnelles Anheizen durch mehrere Heizkörper; bei einem Teil derfelben wird, wenn die Temperatur von 30 Grad erreicht ift, der Zutritt des Warmwaffers eingeftellt. Ift das Oeffnen von Lüftungsklappen während oder zwifchen Operationen nötig, fo werden wieder alle Heizkörper in Betrieb gefetzt⁵⁹³).

Um die möglichfte Gleichmäfsigkeit der Temperatur zu erreichen, erhielten die Operationsfäle in Hamburg-Eppendorf und in Frankfurt a. M. Fufsbodenheizung, welche Ergänzung durch Heizkörper unter den Fenftern bedarf, um Zug von diefen abzuhalten. — *Poupinel* fchlug für folche Säle Heizung der doppelt zu haltenden Wände durch Warmluftumlauf vor.

Eiferne Oefen find, auch wenn fie von aufsen bedient werden, nicht ftaubfrei. Gasöfen wurden im Rudolfinerhaus zu Wien für den Fall aufgeftellt, dafs die Sammelheizung nicht benutzt werden kann oder die nötigen Temperaturen nicht erreicht. — *Lucas-Champoinnière* empfahl, Fayenceöfen zu verwenden, die zugleich zum Wärmen reichlicher Wäfchemengen eingerichtet find.

Bei allen metallenen Heizkörpern, die man frei im Raum aufftellt, wird das fchnelle Verdunften der durch beim Zerftäuben der Fluffigkeiten (fiehe Art. 520, S. 303) entftehenden Niederfchläge auf ihren warmen Flächen erfolgen, wodurch die auf diefen niedergefchlagenen Keime wieder frei werden können. Man wird daher die Anwendung folcher Heizkörper im Raum thunlichft einzufchränken fuchen, was in Nürnberg durch eine Wandheizung unter Einbeziehung der Fenfter und Decke — um alle Zugerfcheinungen aufzuheben — erreicht ift. Nur für kühlere Sommertage und zur Ergänzung der Wandheizung find zu beiden Seiten der Eingangsthür 2 Niederdruckdampfregifter auf Wandftützen aufgeftellt.

Die Luft, welche in einer grofsen Heizkammer unter dem Saal erwärmt wird, gelangt, nachdem fie die 40 cm tiefen Räume zwifchen den Doppelfenftern und dem Deckenlichtraum durchftrömt hat, durch die Eckkanäle in die Heizkammer zurück. Im Sommer foll in letztere frifche, nötigenfalls gekühlte Luft geleitet werden, welche ein elektrifch betriebener Lüfter in einem weiten Abzugskanal des Deckenlichtraumes abzieht. Dem Operationsraum wird frifche, im Winter vorgewärmte Luft aus einer zweiten Heizkammer unter dem kleineren Saal zugeführt, und der Abzug der Abluft kann durch einen elektrifchen Lüfter im Abzugskanal befchleunigt werden. Auch das feptifche Operationszimmer erhielt Niederdruckdampfheizung; die übrigen Räume find mit Warmwaffer geheizt.

522.
Einrichtung.

Die Steigerung in der Zahl von Vorrichtungen, welche ein Operationsraum heute fordert, die durch diefe bedingte Vermehrung von Leitungsrohren und die Nachteile, welche die Vorfprünge von Schränken, Apparaten und Bordbrettern, als Niederlagsftellen von Staub, und durch Schaffung von Winkeln bieten, haben dazu geführt, die feften Schränke und Apparate teils verfetzbar zu machen, oder teils in die Wände einzulaffen, fo dafs fie nicht vorfpringen, und anftatt Bordbrettern thunlichft Rolltifche zu verwenden. Diefe follten nebft jenen verfetzbaren, ebenfalls auf Rollen laufenden Schränken und Geräten im Inftrumentenzimmer, bezw. in demjenigen für die Sterilifierungsvorrichtungen aufbewahrt und vor der Operation in den Operationsraum gebracht werden, deffen dauerndes Inventar nur der Operationstifch, die während der Operation erforderlichen Wafchvorrichtungen und die Irrigatoren bilden würden, die auch *Schönborn* verlangt⁵⁹⁴).

---

⁵⁹¹) Siehe: Küster. Die neue chirurgifche Klinik in Marburg. Klinifches Jahrbuch, Bd. 6 (1898), S. 640.
⁵⁹²) Siehe: ebendaf., S. 617 ff. u. 639.
⁵⁹³) Siehe: Belouet. *Le nouvel amphithéâtre d'opérations de l'hôpital Necker.* Revue d'hygiène 1894, S. 39 ff.
⁵⁹⁴) Siehe: Schönborn, a. a. O., S. 283.

In der Frauenklinik zu Göttingen legte man alle Desinfektions- und Waschapparate in 2 Nebenräume, da sie den Operationsraum beengen und »in äußerst beläftigender Weise die Luft während der Operation« verderben. Für Operationskleidung, Wäsche, Decken u. s. w. wurde im Erdgeschofs ein kleiner Desinfektor aufgestellt[595]).

Im Krankenhaus Wieden zu Wien wurde ein Zimmer für die Sterilisierungsapparate nötig, da nach einer Benutzung des *Rohrbeck*'schen Dampffterilifators die Instrumente im Instrumentenkasten verrostet waren[596]).

Andererseits hat die Beförderung von fterilifierten Verbandstoffen und Instrumenten aus anderen Räumen, deren Ueberwachung und Unterhaltung wenig gesichert ist, Bedenken hervorgerufen.

Bruns hält das Aufstellen eines Dampffterilifators für die Verbandstoffe, Gazetupfer, Servietten, Operationsmäntel u. s. w. in einem anderen Raume, auch wegen der weniger leichten Ueberwachung der Sterilisierung, für weniger sicher und bequem als im Operationsraum[597]).

Zur Irrigation bei nicht infizierten Wunden, auch zum Waschen der Hände und zum Niederschlagen von Keimen in der Luft vor den Operationen verwendet man keimfreies Wasser; zur Irrigation von infizierten Wunden, zur Reinigung der Hände und zur Luftreinigung während der Operation bedient man sich antiseptischer Löfungen. Beide braucht man auch zu Waschungen und zum Zerstäuben durch Dampf. Das Ausströmen der Flüssigkeit regelt man in Paris mit den Füfsen, um die Hähne nicht zu beschmutzen.

Keimfreies Wasser kann man durch Kochen oder durch Verdichten von Dampf bereiten; doch bedarf das Wasser für Irrigationen und Waschungen einer bestimmten Temperatur.

Selbstthätige Vorrichtungen dieser Art haben zu unregelmäfsigen Temperaturen geführt. Bereitet man die nötige Menge vor der Verwendung, so kann das Wasser auf beliebiger Temperatur erhalten oder dieselbe je nach Bedarf schnell gesteigert, bezw. herabgesetzt werden. Bei Verminderung des Wassers im Gefäfs soll dasselbe luftdicht abgeschlossen, und die Leitung des Wassers vom Behälter bis zur Verwendungsstelle muß in ganzer Länge keimfrei bleiben. Gummischläuche bedürfen für diesen Zweck einer Desinfektionseinrichtung. Wasser hat man unter Umständen auch vor dem Kochen zu filtrieren. Bei Verwendung von Dampf aus der allgemeinen Leitung sind Teile, die sich von den Innenwandungen der Rohre loslösen können, auf ihre Schädlichkeit zu prüfen.

In der *Olshausen*'schen Klinik zu Berlin leitet man den Dampf unmittelbar aus dem Dampfkessel in einen kupfernen, bis auf die untere Abflusöffnung völlig geschlossenen Behälter und verdichtet ihn in diesem durch Kühlschlangen. Die Abflusöffnung hat eine Metallkappe, die den Hals der untergestellten Flasche umfasst, so dafs beim Auslaufen des Wassers von aufsen nichts in die Flasche kommt[598]). — In Würzburg bestehen die Irrigatoren für Sublimatlöfungen aus Porzellan, die anderen aus Kupferblech; ein kupferner, durch Gas geheizter, 5 l Wasser fassender Cylinder unter jedem Irrigator liefert den Dampf zur Erwärmung der Flüssigkeit. Der Dampf wird mittels eines Glasrohres durch die Flüssigkeit hindurch bis zum Boden des Gefäfses geführt. Die Irrigatoren mit je 30 l Inhalt sind aufserhalb des Operationsfaales untergebracht, und Glasrohre führen die Flüssigkeiten durch die Wand in den Operationsraum[599]).

Für Platten, auf welchen Geräte u. s. w. stehen, und für Waschtische kommen nur Glas, Porzellan, Fayence, Schiefer, denen im Urban zu Berlin wegen gröfserer Haltbarkeit, besonders gegen wechselnde Temperaturen, der Vorzug gegeben wurde[600]), und emaillierte Lava in Betracht.

Letztere hat sich im *Institut Pasteur* zu Paris bewährt, da ihre weifse, gleichmäfsige und glatte Oberfläche sich vollkommen reinigen läfst und gegen alle chemischen Reagentien, wie gegen Stofs und

---

[595]) Siehe: RUNGE, M. Die neue Universitäts-Frauenklinik in Göttingen. Klinisches Jahrbuch, Bd. 6 (1898), S. 603.
[596]) Siehe: Jahrbuch der Wiener k. k. Krankenanstalten, Jahrg. 5 (1896). Wien u. Leipzig 1898. S. 24.
[597]) Siehe: BRUNS, a. a. O., S. 222.
[598]) Siehe: OLSHAUSEN, a. a. O., S. 54.
[599]) Siehe: SCHÖNBORN, a. a. O., S. 296 ff.
[600]) Siehe: KÖRTE, a. a. O., S. 307.

Handbuch der Architektur. IV. 5, a. (2. Aufl.)

Hitze unangreifbar ift. Ihr Preis betrug 1890 in Paris 64 Mark (= 80 Franken) für 1 qm bei 2 cm Plattenftärke [601]).

Bei den Wafchtifchen vermeidet man die Befeftigung von Leitungen an den Wänden, verlegt alle wagrechten und geneigten Rohrftränge in einen zugänglichen Raum unter dem Fufsboden, der nur 1,20 m Höhe zu haben braucht, und führt von diefem aus an den Verwendungsftellen durch den Fufsboden lotrechte Rohre empor, die in freien Rohrftändern auf Wafchtifchen u. f. w. montiert werden und deren Hähne man durch die Füfse regeln kann.

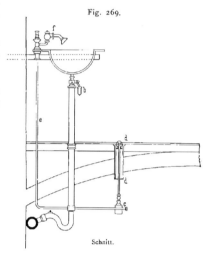

Fig. 269.

Im ftädtifchen Krankenhaufe zu Frankfurt a. M. erhielten die Wafchtifche Decken aus Milchglas; die Becken haben exzentrifchen Abflufs aufserhalb derfelben; die Wafferverfchlüffe liegen unterhalb des Fufsbodens, und die Wafferzuführung erfolgt von einem Keffel mit Thermoftat im I. Obergefchofs aus, da das Waffer ftets eine Temperatur von 40 Grad haben follte.

Die Anordnung der Wafchtifche in Moabit zeigt Fig. 269 u. 270[602]). Der Zuflufs von warmem, bezw. kaltem Waffer wird durch Fufsplatten an den Führungsrohren d bewirkt. Die Braufe fteht feft, und der Abflufs erfolgt durch den ftets offenen Hahn b, der nur zum Zweck der Beckenreinigung gefchloffen wird. Die 25 mm ftarke Porzellanplatte ruht auf 6 verftellbaren Stützen, die in 40 mm ftarke Schmiederohre eingefchraubt find, welche als Träger dienen.

In Halle zeigen über den Wafchtifchen wie vor der Sublimatfchale, Sanduhren, welche an den Ständern für die kippbaren Flafchen mit Alkohol und Sublimat in Eifenringen hängen, die Zeit für die Dauer der Wafchungen an [603]).

Lucas-Champoinnières verwarf zum Händewafchen Einrichtungen mit zentraler Entleerung, die fich faft unmöglich vollftändig reinigen laffen, und empfahl die Benutzung von verfetzbaren Wafchbecken, die man in einen Ausgufs entleert [604]).

Zur Reinigung der Schwämme, Gummidecken u. f. w. dient im Urban ein zweiteiliges Spülbecken aus Thon mit Hähnen für heifses und kaltes Waffer.

Schnitt.

Fig. 270.

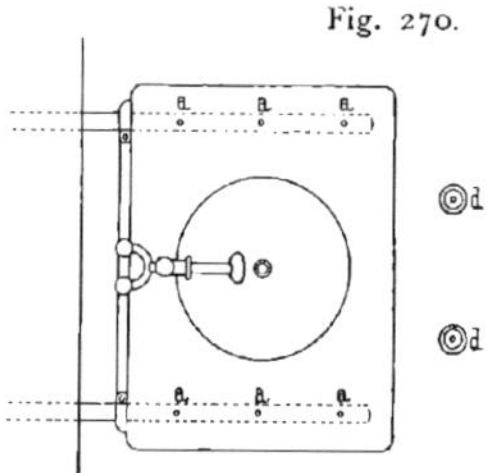

Grundrifs.

Wafchtifch des Operationsgebäudes im ftädtifchen Krankenhaus zu Moabit in Berlin [602]).

1/25 w. Gr.

523. Beifpiele.

Die folgenden Beifpiele zeigen die vollftändige Einrichtung von Operationsfälen.

Im Kaifer- und Kaiferin-Friedrich-Kinderkrankenhaufe zu Berlin (Fig. 273 bis 275 [605]) wurde der Operationsfaal nebft 2 Nebenräumen zwifchen 2 Gebäudegruppen eingebaut (fiehe den Gefamtplan in Kap. 4 unter c, 1).

---

[601]) Siehe: BÖTTGER, P. Bericht über eine Studienreife nach Paris im December 1890. Klinifches Jahrbuch, Bd. 4 (1892), S. 230.
[602]) Siehe: LUCAS-CHAMPOINNIÈRE, a. a. O., S. 331.
[603]) Nach: WEYL, TH. Handbuch der Hygiene. Bd. V, Abth 1. Jena 1898. S. 398.
[604]) Siehe: BRAMANN, V., a. a. O., S. 198.
[605]) Nach freundlicher Mitteilung des Herrn Baurat *Schmieden* in Berlin.

Die als Wärmplatten ausgebildeten Heizkörper liegen unter den in Eifen konftruierten Fenftern und werden durch ein Geftell aus lofe eingefchobenen Milchglasplatten und einen diefes in Höhe der Fenfterbrüftung abdeckenden Glasbord verdeckt. An den Seitenwänden find Gasausläffe mit Schläuchen

Fig. 271.

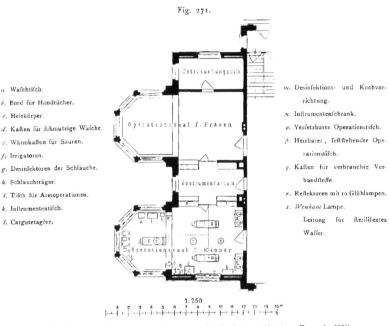

a. Wafchtifch.
b. Bord für Handtücher.
c. Heizkörper.
d. Kaften für fchmutzige Wäfche.
e. Wärmkaften für Säuren.
f. Irrigatoren.
g. Desinfektoren der Schläuche.
h. Schlauchträger.
i. Tifch für Armoperationen.
k. Inftrumententifch.
l. Catgutetagère.

m. Desinfektions- und Kochvorrichtung.
n. Inftrumentenfchrank.
o. Verfetzbarer Operationstifch.
p. Heizbarer, feftftehender Operationstifch.
q. Kaften für verbrauchte Verbandftoffe.
r. Reflektoren mit 10 Glühlampen.
s. *Wenham*-Lampe.
Leitung für fterilifiertes Waffer.

1:250

Grofser Operationsfaal im neuen allgemeinen Krankenhaus zu Hamburg-Eppendorf[606]).
Arch.: *Zimmermann & Ruppel.*

zum Anfchlufs befonderer Lampen vorgefehen. Alle Tifche und Schränke beftehen aus Eifen und Glas. Der Rohranfatz zur Aufnahme der Irrigatorfchläuche und alle Garniturteile der Wafchtifche find vernickelt.

Die Einrichtung des Hauptoperationsfaales in Hamburg-Eppendorf zeigt Fig. 271[606]).

Fig. 272.

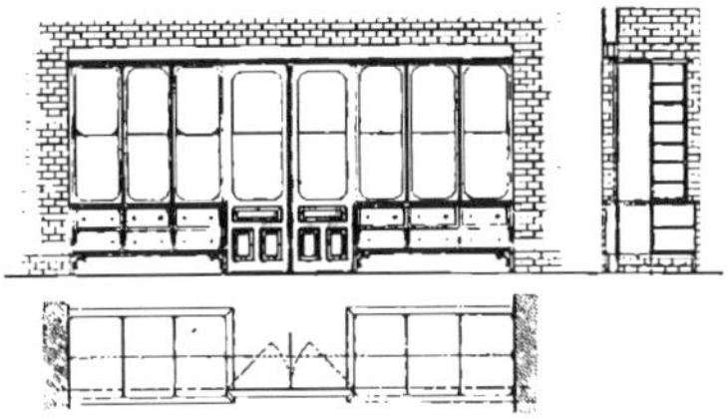

Inftrumentenfchrank im neuen allgemeinen Krankenhaus zu Hamburg-Eppendorf[606]).
¹/₁₂₅ w. Gr.

Diefer Saal war für 3 Operationstifche geplant. Der fefte, heizbare Tifch fteht in dem aus Doppelfenftern und doppeltem Glasdach hergeftellten Glasvorbau; für die anderen beiden verfetzbaren Tifche dient der überbaute, quadratifche Teil, der ein Seitenfenfter erhielt. Die Dampfheizkörper in den Fenfterbrüftungen, welche die Fufsbodenheizung ergänzen, liegen hinter Milchglasplatten, deren Fugen durch Kautfchukftreifen gedeckt wurden, und find mit Einrichtungen zur Zuführung frifcher Aufsenluft verfehen. Das Abluftrohr ift lotrecht über Dach geführt. Fig. 272[606]) zeigt die Anordnung der eingebauten Inftrumentenfchränke *n.*

[606]) Nach freundlicher Mitteilung des Herrn Baudirektor *Zimmermann* in Hamburg.

Fig. 273. Schnitt nach *A B*.

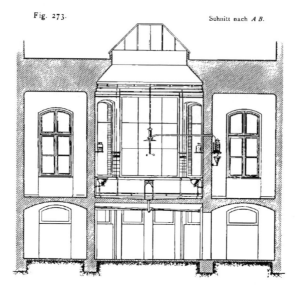

Fig. 274. Grundriſs.

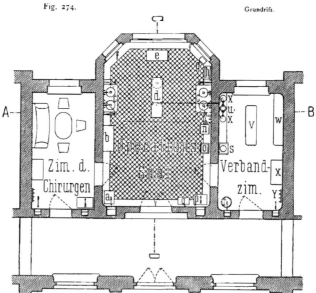

Operationsſaal mit Nebenräumen
im Kaiſer- und Kaiſerin-Friedrich-Kinderkrankenhaus zu Berlin [605]).
Arch.: *Schmieden & Speer.*

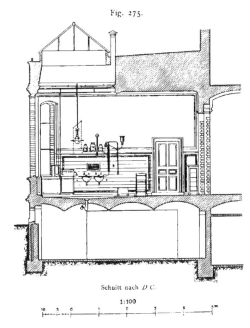

Fig. 275.

Schnitt nach *D C*.
1:100

Operationsfaal:
a. Tifch für Handverbände.
b. Inftrumentenfchrank.
c. Wafchtifch, darüber Spiegel und Glasborde.
d. Operationstifch.
e. Kleiner Verbandtifch.
f. Heizkörper, darüber Glasborde.
g. Heifsluft-Sterilifator mit Gasheizung.
h. Heifswaffer-Sterilifator mit Dampfheizung für Inftrumente.
i. Irrigatorfchlauch.
k. Dampffprühvorrichtung für Karbolzerftäubung.
l. Schlauchhahn für Waffer.
m. Dampfventil zur Speifung der Sprühvorrichtung.
n. Blechkaften auf Rollen für fchmutzige Verbandftoffe.
o. Tifch mit Glasfchalen zur Reinigung der Inftrumente.
p. Kleiner Schrank für Verbandmaterialien.
q. Galvanokauftifcher Apparat.

Verbandzimmer.
r. Dampf-Sterilifator für Verbandftoffe.
s. Wafchbecken.
t. Irrigatorflafchen mit Heizfchlangen.
u. Kupferner Heizkeffel mit felbft regelbarer Gasheizung zur Temperierung der Irrigatorflafchen.
v. Grofser Verbandtifch.
w. Bord in Tifchhöhe.
x. Schrank für Verbandftoffe.

Der Operationsraum in Nürnberg (Fig. 276[607]) enthält an feften Einrichtungsgegenftänden 3 grofse, ovale Wafchbecken von fäurebeftändiger englifcher Fayence — auf fchmiedeifernen Stützen — mit Platte und Rückwand aus einem Stück, Gelenkausläufen für Strahl und Braufe getrennt und mit Durchgangshähnen zur Regelung des Wafferzufluffes (das Abflufsventil wird mit dem Fufs bedient, und über den Wafchtifchen find Glasplatten auf Eifenftützen angebracht). — Ein beiderfeits glafiertes Inftrumentenwafchbecken aus Feuerthon mit wulftartigem Rand und offener Abflufsnifche auf fchmiedeifernen Stützen mit Hahnenbatterie, Gelenkarm und Abflufsventil, fowie vernickelter, kupferner Siebplatte mit Handgriffen. — Ein Inftrumentenfterilifator aus Neufilber für Dampf- und Gasheizung nach *Schimmelbufch* auf vernickelten Meffingträgern mit Kupferplatte. — Abnehmbare polierte, 20 mm ftarke Kryftallplatten 0,35 m breit auf fchmiedeifernen Stützen mit Gummipolftern. — Einen Wafferzerftäuber, eine Dampfbraufe, beide mit Schlauchleitungen, und eine elektrifche Uhr. Alle Rohre, Hähne u. f. w., fowie alle Träger find vernickelt. — Im feptifchen Operationszimmer befinden fich: 2 Operationswafchtifche, 1 Inftrumentenwafchtifch, 1 Inftrumentenfterilifator, 1 Inftrumentenfchrank (1,10 × 0,45 × 1,75 m) mit zweiflügeligen, dicht fchliefsenden Thüren und allfeitig doppelter Verglafung, fowie 1 elektrifche Uhr.

Von den Nebenräumen bedürfen noch die folgenden der Befprechung.

524. Nebenräume.

Im Wartezimmer findet die Vorbereitung des Kranken zur Operation ftatt, wozu die Unterfuchung, das Entkleiden, vorbereitende Wafchungen, eine Desinfektion des Kranken und die Einleitung der Narkofe gehören können. Gegebenenfalls find zwei Wartezimmer, für die Gefchlechter getrennt, vorzufehen. Jedenfalls bedarf der Raum einer Wafchvorrichtung — in Nürnberg enthält er auch eine Badewanne — und ift wie ein Unterfuchungszimmer auszuftatten (fiehe Art. 190 u. 191, S. 115).

Oefter wird das Wartezimmer für Operationen, welche wagrechte Belichtung erfordern, oder zu Augenunterfuchungen verwendet und bedarf im letzteren Falle einer Verdunkelungsvorrichtung.

---

[607] Fakf.-Repr. nach: Feftfchrift zur Eröffnung des neuen Krankenhaufes der Stadt Nürnberg. Nürnberg 1898. S. 263.

Der Inftrumentenraum dient zum Unterbringen chirurgifcher Inftrumente und Apparate, während diefelben nicht im Operationsfaal gebraucht oder bei feiner Reinigung aus demfelben entfernt werden, fowie der Bandagen.

Die Glasfchränke find freiftehend mit dachförmiger Decke anzuordnen, wenn fie nicht, wie in Fig. 272 (S. 307) gezeigt wurde, zwifchen dem Inftrumenten- und dem Operationsraum eingebaut werden follen.

Das Inftrumentenzimmer enthält in Nürnberg: 2 freiftehende, vierthürige Inftrumentenfchränke ($1{,}20 \times 0{,}50 \times 2{,}00$ m), 1 kleinen, an der Wand hängenden fchmiedeifernen Schrank ($0{,}60 \times 0{,}45 \times 0{,}80$ m)

Fig. 276.

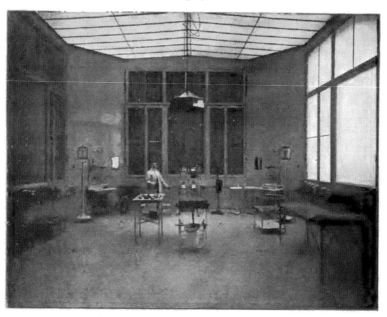

Grofser Operationsfaal im ftädtifchen Krankenhaus zu Nürnberg [607]).

mit zwei Abteilungen und doppeltverglaften Thüren, 1 fchmiedeifernen freiftehenden Bandagenfchrank ($1{,}30 \times 0{,}60 \times 2{,}03$ m) und die elektrifchen Apparate.

Im Raum für die Sterilifierungsvorrichtungen find ein Ausgufs und eine Kochvorrichtung unterzubringen.

In Nürnberg befinden fich in diefem Raum: 1 Dampffterilifator für unmittelbaren Dampf und für Gasheizung mit $0{,}40 \times 0{,}60$ m tiefem Innenraum und 12 verfchliefsbaren, vernickelten Metalleinfätzen. — 1 Apparat zur Herftellung fterilen Waffers durch Verdichtung des vorhandenen Hochdruckdampfes mit zwei auf einer Konfole ruhenden Kannen zum Transport des Waffers. — 1 Sterilifator für Kochfalzlöfungen (30 l Inhalt) mit Dampf- und Kuhlfchlange, Gasbrenner u. f. w. — 1 lüftbarer Wäfcheerwärmer mit drei Abteilungen. — 1 Fayenceausgufs mit Randfpulung und 1 Gaskocher auf Wandftützen.

Ein Raum zum Vorbereiten der Verbandftoffe erfordert einen Tifch aus Eifen mit grofser Glas- oder Schieferplatte, auf welchem das Bindenfchneiden, Kiffennähen u. f. w. erfolgt, kleinere Tifche, abnehmbare Bordbretter aus demfelben Material, Schränke zur Aufbewahrung der Verbandftoffe und 1 Wafchtifch.

In Nürnberg fteht in dem betreffenden Raum auch ein grofser Dampffterilifator für die Verbandftoffe mit 0,50 × 0,50 × 1.00 m Nutzraum und verfchliefsbaren Körben zum Transport der Stoffe.

Für *Röntgen*-Aufnahmen verlangt *Merke* 2 bis 3 kleinere Räume.

Das *Röntgen*-Kabinet erfordert 4,00 × 4,50 m; der Kopierraum und der Dunkelraum follen je
2,50 × 4,50 m Grundfläche erhalten. — In Braunfchweig ift ein kleines Dunkelzimmer von 2,00 × 3,20 m
Fläche vorhanden.

In kleineren Krankenhäufern können nicht alle diefe und die fonft geforderten
Nebenräume gefondert vorhanden fein.

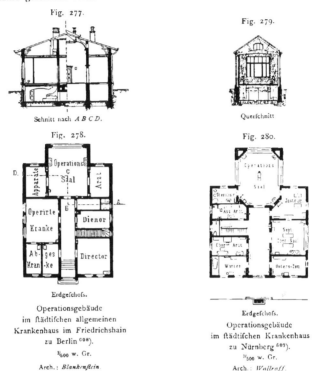

Fig. 277.

Schnitt nach *A B C D*.

Fig. 278.

Erdgefchofs.
Operationsgebäude
im ftädtifchen allgemeinen
Krankenhaus im Friedrichshain
zu Berlin [608]).
1/600 w. Gr.
Arch.: *Blankenftein*

Fig. 279.

Querfchnitt

Fig. 280.

Erdgefchofs.
Operationsgebäude
im ftädtifchen Krankenhaus
zu Nürnberg [609]).
1/500 w. Gr.
Arch.: *Wallraff*.

In der *Billroth*'fchen Baracke des Rudolfinerhaufes zu Wien (fiehe Art. 385, S. 234) begnügte man
fich damit, vom Operationsraum durch 2,00 m hohe Scherwände 1,00 m der Länge abzutrennen und in
2 Zellen zu teilen, deren eine als Inftrumentenraum dient, deren andere als Wäfcheraum benutzt wird;
erfterer ift vom Operationsraum, letzterer von dem ihn umgebenden Gang zugänglich.

In dem in Art. 523 (S. 306) befprochenen Beifpiel liegt neben dem Operationsfaal nur ein Verbandzimmer, in welchem aufser dem Verbandtifch und dem Schrank für Verbandftoffe der Dampffterilifator
für letztere, die Irrigatorenflafchen mit ihrer Wärmvorrichtung und ein Wafchbecken die Haupteinrichtungs-
gegenftände bilden.

Die Ausftattung aller Nebenräume des Operationsraumes foll Wafchungen ihrer
Umfaffungsflächen geftatten.

[608]) Nach: Die öffentliche Gefundheits- und Krankenpflege der Stadt Berlin. Berlin 1890. S. 145 ff.
[609]) Fakf.-Repr. nach: Feftfchrift zur Eröffnung des neuen Krankenhaufes der Stadt Nürnberg. Nürnberg 1898.
S. 261 u. 262.

575.
Gefamt-
anlage.

Bei Anordnung der Räume im Operationsgebäude zu einem Ganzen ift zu berückfichtigen, dafs diejenigen für die chirurgifchen und für die Sterilifierungsapparate neben dem Operationsfaal liegen, wenn möglich nur von diefem zugänglich, aber ohne Verbindung untereinander fein müfsten, während die Wartezimmer keine unmittelbare Verbindung mit dem Saal zu haben brauchen oder doch fchallfrei von ihm abgefchloffen fein follten, wie dies in der medizinifchen Klinik zu Marburg durch doppelten Verfchlufs — Flügel- und Schiebethür — bewirkt wurde. Dennoch mufs das Herüberrollen der Betten leicht erfolgen können. Dasfelbe gilt von den Ifolierzimmern. Aufserdem ift es wünfchenswert, die Räume fo anzuordnen, dafs fich der Rückweg der Operierten zu den Krankenräumen mit dem Weg der zur Operation Gehenden nicht kreuzt. Das Erdgefchofs mufs von aufsen mittels Rampen für Betten oder Bahren auf Rädern zugänglich fein, und Thürfchwellen find zu vermeiden. Die nötigen Räume für die Bedienung richten fich nach den erforderlichen Perfonen. — Inwieweit jeder Operationsraum, wenn deren mehrere im Gebäude zu vereinigen find, aufser dem ftets für jeden getrennt zu haltenden Inftrumentarium eigenes Zubehör erhalten foll, ift je nach der Art ihrer in Ausficht genommenen Verwendung im Einzelfall feftzuftellen.

576.
Beifpiele

Von den folgenden 3 Beifpielen von Operationsgebäuden find das erfte nur für einen, die anderen beiden für zwei Operationsfäle geplant. In allen dreien gruppieren fich die Räume um einen Mittelgang, an deffen einer Stirnfeite der nicht durch Windfang gefchützte Zugang liegt; das andere Ende des Ganges hat nur in Hamburg-Eppendorf unmittelbaren Licht- und Luftzutritt durch das dort angeordnete Treppenhaus, deffen Zugang von aufsen einen Windfang hat.

Fig. 281.

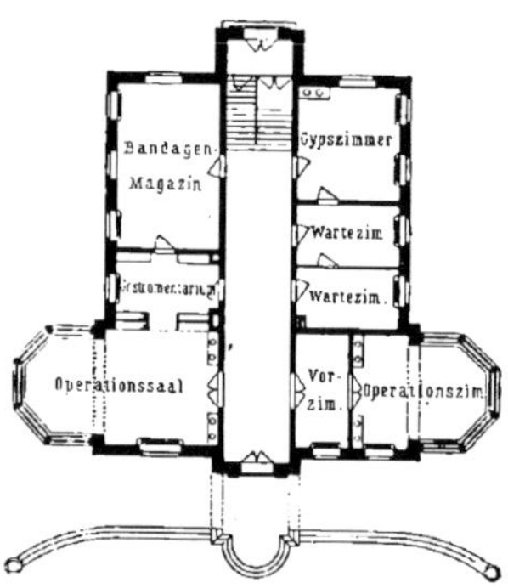

Operationsgebäude im neuen allgemeinen Krankenhaus zu Hamburg-Eppendorf[610]).

1/600 w. Gr.

Arch.: *Zimmermann & Ruppel.*

Bezüglich der Einfügung von Operationsräumen in Krankengebäude findet fich das Nähere in Kap. 4, unter b, 4.

Im Friedrichshain zu Berlin (Fig. 277 u. 278[608]) find Inftrumenten- und Arztzimmer nur vom Operationsfaal aus zugänglich. Der Transport der Kranken mufs hier noch über Stufen erfolgen.

Im Operationsgebäude des ftädtifchen Krankenhaufes zu Nürnberg (Fig. 279 u. 280[609]) liegt das Inftrumentenzimmer zwifchen den beiden Operationsräumen, ift aber nur vom Hauptfaal und vom Flurgang aus zugänglich. Der Sterilifatorenraum hat nur Thürverbindung mit dem Saal. — Das Kellergefchofs enthält aufser den Heizräumen nur 1 Badezimmer nebft Abort unter dem Zimmer des Oberarztes. — Im Obergefchofs dienen die Räume rechts vom Flurgang zur Herftellung und Aufbewahrung der Verbandftoffe; links vor der Treppe befinden fich 2 Schwefternzimmer und hinter derfelben ein über beide Erdgefchofsräume ausgedehntes Mikrofkopierzimmer.

Abweichend von diefen beiden Beifpielen wurden in Hamburg-Eppendorf (Fig. 281[610]) die dort zuerft geplanten beiden Säle mit füdweftlich-nordöftlicher Längsachfe an den Eingang des Gebäudes gelegt. An den linken Saal grenzten früher ein Apparatenraum und an diefen ein Bandagenmagazin an. An Stelle des letzteren trat fpäter ein dritter Operationsfaal für Frauen (fiehe Fig. 271, S. 307) mit einem anflofsenden, nur von diefem Saal aus zugänglichen Unterfuchungszimmer. Ein Abortraum wurde in diefem Gefchofs vermieden. — Im Obergefchofs liegen hier ein Warte- und Sprechzimmer für den chirurgifchen

[610] Nach: Deutfche Viert. f. öff. Gefundheitspfl. 1889, S. 292.

Oberarzt, sowie Magazine und Fabrikräume für Verbandstoffe, im Sockelgeschofs ein Badezimmer für Assistenzärzte zur Benutzung vor den Operationen mit vertieftem Becken nebst 1 Abortraum, Arbeitsräume, 2 Wohnstuben für den Auffeher, 1 Wohnstube für 4 Arbeiter, sowie Geräte und Heizräume für die Niederdruckdampfheizung.

k) Gebäude für Heilgymnaftik.

Zum Zweck der vollkommenen Gesundung Unfallverletzter find zuerft in den Heilanstalten von Berufsgenossenschaften (siehe Kap. 4, unter b, 4), dann auch in allgemeinen Krankenhäusern die sog. medikomechanischen Institute eingeführt worden.

527. Zweck.

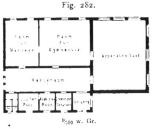

Fig. 282.

1:500 w. Gr.

Mediko-mechanisches Institut des Kranken- und Genesungshaufes Bergmannstroft[611]).
1894.
Arch.: *Hagemann*.

Die gefamte körperliche und geistige Erstarkung nach langwieriger Krankenhausbehandlung soll hier durch aktive und passive Bewegungen und mechanische Einwirkung mittels Vorrichtungen, die zum Teil durch Motoren betrieben werden, durch manuelle Gymnastik und Massage, Thermal-Soolbäder, orthopädische und elektrische Behandlung, sowie durch Arbeit im Zimmer (Holzschnitzerei) und auf dem Felde erreicht werden.

Den Hauptraum dieser Anlagen bildet der Apparatensaal, in welchem die *Zander*'schen Vorrichtungen Aufstellung finden. Auf seine luftige Bauart und reichliche Sommer- wie Winterlüftung ist wegen der starken, bei den Uebungen entstehenden Ausdünstungen besonders Wert zu legen. Dieser Raum erhielt in Braunschweig 166, in Nürnberg 127 und im Bergmannstroft bei Halle 114 qm Grundfläche.

528. Raumbedarf.

Die Apparate find sog. aktive und passive. Der Betrieb derselben erfolgt in Braunschweig durch eine Gaskraftmaschine von 20 Pferdestärken, deren Triebwelle 300 Umdrehungen macht.

Fig. 283.

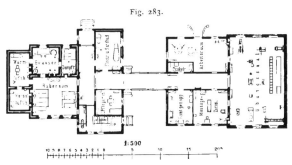

1:500

Mediko-mechanisches Institut und Badehaus im städtischen Krankenhaus zu Nürnberg[612]).
Arch.: *Wallraff*.

Aufser diefem find im Bergmannstroft ein Saal für Heilgymnaftik von 72, in Nürnberg ein Arbeitsraum von 44 qm Grundfläche und in Neurahnsdorf mehrere Arbeitsräume vorhanden. Getrennte Behandlung erfordert die Maffage; die Grund-

---

611) Nach: Denkschrift zur Einweihung des Kranken- und Genefungshaufes Bergmannstroft für die IV. Section der Knappschafts-Berufsgenossenschaft zu Halle a. S. 8. September 1894. Halle a. S. 1894. S. 17.
612) Nach: Festschrift zur Eröffnung des neuen Krankenhaufes der Stadt Nürnberg. Nürnberg 1898. S. 269.

fläche für den Maffageraum beträgt im Bergmannstroft 48, in Nürnberg 30, in Braunfchweig nur 15 qm. In der letzteren Anftalt find jedoch noch ein befonderes Zimmer für den Klopfapparat und ein Ruheraum vorgefehen. An Nebenräumen werden für eine vollftändige Anlage noch benötigt je ein Gelafs für den leitenden Arzt, die Wärter und für Geräte, eine Kleiderablage, Aborte, Piffoirs, Braufen und Badewannen. *Merke* fieht auch einen Raum für lokale Heifsluftbehandlungen vor.

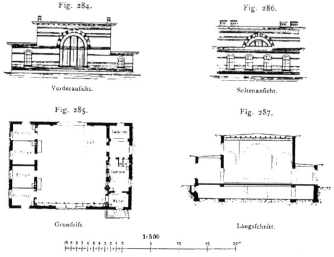

Mediko-mechanifches Inftitut in der neuen herzoglichen Krankenanftalt zu Braunfchweig [613]).
Arch.: *Pfeifer.*

Die Heizung des Gebäudes erfolgt in Braunfchweig wegen der nur ftundenweifen Benutzung durch Gasöfen, die Beleuchtung durch elektrifches Licht.

529
Beifpiele

Im Bergmannstroft (Fig. 282 [611]) wurden die Räume um ein Wartezimmer gruppiert.

In Nürnberg (Fig. 283 [612]) hat man in das Gebäude einen Raum für *Röntgen*-Apparate nebft einer Dunkelkammer verlegt und dasfelbe mit dem Badehaufe verbunden, wodurch die Wiederholung von Baderäumen gefpart wurde.

In Braunfchweig (Fig. 284 bis 287 [613]) liegt der Apparatenfaal zwifchen den anderen beiderfeits angeordneten Räumen.

1) Desinfektionsgebäude.

530.
Zweck.

Zur Desinfektion der Wäfche, der Patienten- und unter Umftänden auch der Anftaltskleidung, der wollenen Decken, Matratzen, Betten und Lagerftellen, der Gardinen, Möbel und Geräte, fowie der hiermit beauftragten Perfonen und der hierzu dienenden Transportwagen, zur Unfchädlichmachung von Speifenreften und zur Vernichtung von Verbänden, Kehricht, Mull u. dergl. find befondere Räume erforderlich, welche der Ueberwachung wegen in einem eigenen, nicht verfteckt liegenden, felbftftändigen Gebäude über der Erde und nicht, wie dies oft gefchieht, im Keller des

---

[613] Nach: PFEIFER, H. Die Gebäude der neuen Herzoglichen Krankenanftalt in Braunfchweig. Braunfchweig 1897. S. 18.

Wafchhaufes angeordnet werden follen. Doch können diefe Abteilungen einen Anbau an letzteres bilden, wenn zwifchen beiden keine Verbindung vorhanden ift.

Die anfteckende Wäfche wird, foweit fie nicht fchon auf den Krankenftationen desinfiziert ift, in Beuteln mittels verfchloffener eiferner Behälter nach dem Desinfektionshaus gefahren und hier einem der in Art. 205 u. 206 (S. 122 ff.) befprochenen Desinfektionsverfahren durch Dampf, chemifche Löfungen oder Kochen unterworfen.

531. Art der Desinfektion.

Gröfsere Kleidungsftücke, Stoffe und Teile der Lagerftätten find durch ftrömenden Wafferdampf zu desinfizieren. Erftere bringt man auf Schnüren gereiht, in Kleiderhüllen verpackt, ein und hängt fie auf hölzernen Bügeln an Haken im Apparat auf. Wollene Decken find einzeln aufzuhängen.

Die Dampfdesinfektionsvorrichtung befteht aus einer an beiden Stirnfeiten mit Thüren verfehenen, zur Vermeidung läftiger Wärmeftrahlung zu ifolierenden Dampfkammer von rundem, elliptifchem oder viereckigem Querfchnitt mit abgerundeten Ecken und Umwandungen, in welchem ein Geftell — der Packraum — mittels vorgelegter Schienenbrücke ein- und auszufchieben ift. Der letztere Raum mufs für gröfsere Stücke, wie die Teile der Lagerftelle, mindeftens 2 cbm Inhalt, bei einem Querfchnitt von 1 qm, und 2 m Länge haben. — Im Urban zu Berlin kann er bei einem lichten Mafs von $2{,}20 \times 1{,}10 \times 1{,}40$ m = $3{,}4$ cbm die aus Stahlrohr hergeftellten Bahren, in den neuen Univerfitätskliniken zu Breslau eine Bettftelle aufnehmen.

Der Dampf wird von einem anderen vorhandenen oder von einem eigenen Keffel geliefert, der gefondert aufzuftellen ift oder die Desinfektionskammer mantelförmig umgiebt.

Beim Desinfektionsverfahren ift die Luft aus der Kammer und den Sachen vollftändig zu entfernen, was mit der Abfuhrung des Kondenfationswaffers verbunden werden kann. Der Dampf arbeitet ohne Spannung, bei gröfseren Apparaten mit $^1/_{10}$ bis $^1/_5$ Atmofphäre Ueberdruck, wodurch fich das Verfahren abkürzt, oder gefpannt mit $^1/_2$ bis 1 Atmofphäre Ueberdruck (110 bis 120 Grad C.). Bei 140 Grad C. werden die widerftandsfähigften Sporen in 1 Minute zerftört. Apparate mit gefpanntem Dampf erfordern wegen Explofionsgefahr forgfame Ueberwachung.

Zum Meffen der Temperatur dienen ein Thermometer an der Grenze des unteren dritten und vierten Viertels, fowie Maximal- und elektrifche Thermometer, welche zwifchen den zu desinfizierenden Sachen mit verpackt werden und eine Klingelvorrichtung in Bewegung fetzen, wenn die erforderliche Temperatur erreicht ift. Das Eindringen von Luft kann man durch geringen Ueberdruck mittels Verengerung der Luftabflufsöffnung, die Luftentfernung aus der Kammer durch Saugevorrichtungen vor Einlafs des Dampfes, zu ftarke Dampfkondenfation durch vorheriges Anwärmen, das Trocknen der nach erfolgter Desinfektion vom Dampfniederfchlag etwa durchnäfsten Kleidungsftücke durch Heizrohre und Frifchluft-Zuführung von der reinen Seite am Boden her bei Abzug des Dunftes an der Decke der Kammer bewirken.

Vergl. im übrigen auch Teil IV, Halbband 5, Heft 3 (Abt. VI, Abfchn. 4, c: Desinfektionsanftalten) diefes »Handbuches«, wo fich Abbildungen von Desinfektionskochfäffern und -Vorrichtungen finden.

Sachen, welche die Einwirkung heifsen Dampfes nicht vertragen, wie folche von Leder, Pelz, Gummi, Sammet, geleimte Möbel u. f. w. find durch wiederholtes Abwafchen, Abbürften oder Befpülen mit 5 Vomhundert Karbol- oder Lyfollöfung oder 1 Vomtaufend Sublimatlöfung zu desinfizieren. Ueber die Anwendung von Formalin fiehe Art. 546 (S. 323). Die Desinfektion von Perfonen erfolgt durch Wechfel der Kleidung und Nehmen eines Bades mit Braufe, diejenige der Speiferefte durch Kochen.

Die gefamte Desinfektion wird, wenn es die Gröfse der Anftalt ermöglicht, von einem befonderen, gefchulten Desinfektor ausgeübt oder fteht unter Leitung desfelben, dem auch das Anfertigen der Löfungen und das Zufammenholen der infizierten Gegenftände von den Krankenabteilungen zu unterftellen ift, um Ueber-

532. Desinfektor.

tragungen von Krankheiten durch das Warteperfonal auszufchliefsen, welches dann zu dem in Rede ftehenden Zweck das Krankengebäude nicht zu verlaffen braucht.

533. Raumerfordernis und Anordnung.
Das Raumbedürfnis des Desinfektionshaufes richtet fich nach der Gröfse der Anftalt, nach der Handhabung ihrer Desinfektionsverfahren und nach der Art ihrer Kranken. Doch dient ein folches Gebäude, namentlich in Krankenhäufern kleinerer Ortfchaften, öfter auch für den Desinfektionsdienft in der Gemeinde oder der näheren Umgebung, und in Epidemiezeiten können fich die Anforderungen an den Dienft beträchtlich fteigern.

Die Wäfchedesinfektion würde, wo kein Aufsendienft befteht und diefelbe auf den Krankenftationen erfolgt, im Desinfektionshaufe u. a. nur Vorkehrungen für die Patientenkleidung, die Beamtenwäfche und für aufserordentliche Fälle ftarken Verbrauches bei Epidemien erfordern. In dem letzteren Fall und in gröfseren Anftalten kann man eine Trennung der Fleckenwäfche von der übrigen nicht vornehmen und hat daher die nötigen Einweiche-, bezw. Kochbehälter von 1 bis 2 cbm Inhalt für alle hier zu desinfizierende Wäfche vorzufehen.

Bei Krankheiten, welche befonders zur Uebertragung neigen, kommt es auch vor, dafs die Wäfche, um den Folgen nachläffiger Bedienung feitens der Beauftragten vorzubeugen, nacheinander mehreren verfchiedenen Desinfektionsverfahren ausgefetzt wird, z. B. auf der Station einem chemifchen, in der Desinfektionsanftalt einem Koch- oder Dampfverfahren.

Fritfch[614]) empfahl, die infizierte Wäfche von Frauenkliniken zuerft in das Ifolierzimmer, dann in Säcken verpackt 24 Stunden lang in den Desinfektionsraum in Sublimatlöfung zu legen, weiter zur Infektionswafchküche und nach erfolgter Reinigung und Trocknung, jedoch vor dem Mangeln, in den grofsen Desinfektionsapparat zu bringen. Die übrige nicht infizierte Wäfche foll unmittelbar nach der Wafchküche gebracht, dort in gewöhnlicher Weife gereinigt werden, aber vor dem Mangeln den Desinfektionsapparat paffieren.

In Infektionskrankenhäufern verlangte *Aldwinckle*[615]) auch getrennte Behandlung für die mit Exkreten verfchiedener Krankheiten befchmutzten Gegenftände.

Für Scharlachfieber, Diphtherie, Enteriefieber, für Ifolier- und befondere Fälle follen je 4 Weichbottiche vorhanden fein, von denen der eine für leinene und baumwollene und der andere für wollene Gegenftände dient. Jeder Behälter ift mit eigener Erwärmung und Entwäfferung zu verfehen.

Für Zeiten von Epidemien hat *Merke*[616]) die Verwendung der Kreiskrankenhäufer als Stützpunkt der Desinfektion vorgefchlagen.

Ein Kreiskrankenhaus foll mit 2 feftftehenden und 1 verfetzbaren Dampfdesinfektionsapparat ausgeftattet werden, von denen die erfteren für Stadt und Umgegend, letzterer mit 4 bis 5 cbm Rauminhalt für das platte Land beftimmt find. Zum verfetzbaren Apparate gehören Beutel und Hullen für das Verpacken; feine Anfchaffungs- und Unterhaltungskoften foll die Provinz tragen. Tritt eine Epidemie in einer gröfseren Zahl von Orten auf, fo find die Apparate der Nachbarkreife heranzuziehen und ein Transport von Gegenftänden in entfprechenden, feitens der Ortfchaften vorrätig zu haltenden Kiften nach den ftabilen Apparaten zu organifieren. Die letzteren follen in kleinen Städten 2,5, bezw. 1,5 cbm, in grofsen 4,0 bis 5,0 cbm Rauminhalt befitzen. Ein folcher Transport infizierter Gegenftände fei auch in epidemiefreien Zeiten wünfchenswert. Das Auskochen der in Beuteln verpackten naffen Wäfcheftücke könne in den Dörfern felbft unter Leitung einer intelligenten Perfon, etwa des Lehrers, erfolgen.

Hiernach ift die Ausdehnung der benötigten Räume für Desinfektionsgebäude in den Krankenhäufern fehr verfchieden. Während man fich in kleineren Anftalten mit je einem Raum für die zu desinfizierenden und für desinfizierte Sachen nebft einem Reinigungsbad für den Desinfektor begnügte, ftrebt man jetzt für die Wäfche-,

---

[614]) Siehe: FRITSCH, H. Die Krankenabfonderung in Frauenkliniken. Klinifches Jahrbuch, Bd. 3 (1891), S. 101 ff.
[615]) Siehe: ALDWINCKLE, a. a. O., S. 302.
[616]) Siehe: MERKE, H. Zum jetzigen Stande der Desinfection. Nach einem Vortrage, gehalten am 26. Januar 1893. Deutfche Viert. f. öff. Gefundheitspfl. 1893, S. 274.

für die Dampfdesinfektion und für das Abwafchen von Sachen durch Chemikalien einzelne Räume an, fügt auch dem Reinigungsbad einen Auskleideraum an der unreinen, einen Ankleideraum an der anderen Seite und erforderlichenfalls beiderfeits Aborte an. Beide Hälften, die unreine und die reine, find durch eine maffive Wand zu trennen und nur auf telephonifchem Wege zu verbinden. Die Thüren, bezw. Deckel der in die Trennungswand einzubauenden Apparate dürfen fich auf der reinen Seite nur öffnen laffen, wenn die gleichen auf der unreinen Seite gefchloffen find, was durch hin- und herzufchiebende Sperrriegel erfolgt. Vor den Wafchkübeln find die gleiche Zahl von Weichbottichen anzuordnen. Den Räumen auf der unreinen Seite giebt man, um Sachen lagern, beffer hantieren und mit dem Wagen vor den Apparaten vorbeifahren zu können, mehr Tiefe als auf der reinen.

Eine Dampfdesinfektionsvorrichtung von 2,50 m Länge nimmt eine Raumtiefe beiderfeits von etwa 7 m in Anfpruch. Die gleiche Tiefe kann man wegen Anordnung der Spülbottiche vor den Kocheinrichtungen dem Wäfchedesinfektionsraum geben. — In Hamburg-Eppendorf beträgt die erftere bei 2,70 m Apparatlänge 7,30 m, die letztere 6,70 m. Eine Raumbreite von 5,60 m genügt für 2 Dampfdesinfektionsvorrichtungen und die gleiche Breite für 2 Wäfchekochfäffer.

Eine fahrbare Desinfektionsvorrichtung erfordert einen Schuppen zu ihrer Reinigung auf der unreinen, bezw. eine Remife auf der reinen Seite, wofür nachftehende Mafse für zwei gangbare Apparatgröfsen ohne Deichfel Anhaltspunkte bieten.

	Länge	Breite	Höhe	Rauminhalt
Vorrichtung	4,00	1,80	2,75	1,80
bezw. .	5,70	2,25	3,00	2,60
Befchickungsweg	1,40	0,80	0,95	—
bezw. .	2,30	1,20	1,25	—
	Meter			Kub.-Meter

An der unreinen Seite find gegebenenfalls auch Schuppen für die Wagendesinfektion, Vorrichtungen für das Kochen von Speifenreften Anfteckendkranker und das Verbrennungshaus anzufchliefsen.

Den erfteren beiden würde das nötige Raumerfordernis auf der reinen Seite zu entfprechen haben, an welcher auch Treppen oder Aufzüge nach einem oberen Stockwerk für Räume zur Lagerung, bezw. Ausbefferung der desinfizierten Sachen, die Kammer für die Patientenkleidung, eine Wohnung für den Desinfektor u. f. w. angeordnet werden können.

Die hell anzulegenden, mit Heizung und guter Lüftung zu verfehenden Desinfektionsräume find maffiv herzuftellen, mit fpülbarem Mettlacher Plattenboden, abwafchbaren Wänden und Decken, mit Schlauchhahn und Wafferabfluß nach der Kanalifation und reichlicher Wafferzuführung zu verfehen, auch im übrigen nach den bei den Krankenräumen befprochenen Gefichtspunkten auszuftatten. Das bei Reinigung der Räume benutzte Waffer ift vor feiner Einführung in die Kanäle in Desinfektionsgruben, die Flüffigkeit der Weichbottiche in diefen felbft unfchädlich zu machen.

534. Ausftattung und Einrichtung.

In Nürnberg befteht die Einrichtung aus: 1 grofsen Desinfektionsapparat mit Wagengeftell für ganze Bettftellen etc., 1 kleinen Apparat für Kleider u. dergl. und 1 Dampfkochfafs für infizierte Wäfche. Auf beiden Seiten, der reinen und der unreinen, befinden fich je 1 Ausgufsbecken mit Kalt- und Warmwaffer-Zuflufs, Schlauchverfchraubung und Ableitung.

535.
Patienten-
kleidung.

Die Kammer für die Patientenkleidung muſs bei genügender Gröſse leicht zu lüften und zu reinigen, auch gut belichtet fein.

Röcke, Ueberzieher u. dergl. werden nach *Merke* auf hölzernen Bügeln an eifernen drehbaren Wandriegeln aufgehängt und mit einer Leinenhülle umgeben; die zugehörige Leibwäfche ift in Säcken zu verpacken, welche ebenfo aufzuhängen find; das Schuhwerk ſteht bei den Kleidern frei auf dem Boden und für die Kopfbedeckungen, Schirme und Stöcke dienen Schränke mit entfprechenden Abteilungen [617]).

536.
Beifpiel
1.

Die nach den Plänen von *Zimmermann* 1892—93 erbaute dreigefchoffige Desinfektionsanftalt des neuen allgemeinen Krankenhaufes zu Hamburg-Eppendorf zeigt Fig. 288 [618]).

Das Gebäude nimmt die Stelle von zwei Dritteilen des fo weit abgebrochenen nördlichen Oekonomiefchuppens ein (fiehe den Blockplan in Kap. 4 unter b, 2, α). An der unreinen Seite werden die Gegenftände in gefchloffenen Handwagen durch Thüren an den Stirnfeiten der beiden aneinander ſtoſsenden Haupträume, die auch untereinander Thürverbindung haben, eingebracht. Die reine Seite der Wäfcheabteilung erhielt Schienenverbindung mit dem Wafchhaus, diejenige des Abteiles für Dampfdesinfektion Perfonenaufzug und Treppe nach den in beiden Obergefchoffen des Gebäudes vorhandenen Lagerräumen und nach einer hier vorgefehenen Matratzenwerkftätte. Ein Teil des anftoſsenden Schuppens dient den unreinen, ein anderer den reinen Wagen, und

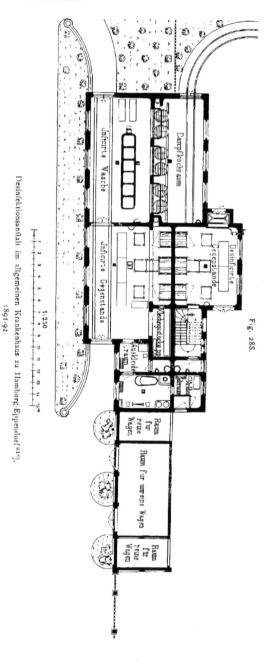

Fig. 288.

[617]) Siehe: WEYL, TH., a. a. O, S. 419.
[618]) Nach: Jahrbücher der Hamburgifchen Staats-Krankenanftalten, Bd. III, Jahrg. 1891—92. Hamburg u. Leipzig 1894. Teil II, S. 9.

die Thore diefer Teile öffnen fich nur nach der entfprechenden Seite. In den Räumen der unreinen Seite wurden Uhren vorgefehen.

Da für die übrigen Räume die Erwärmung durch die frei an den Wänden liegenden Dampfrohre genügt, fo ift nur das Badezimmer nebft den An- und Auskleideräumen mit Dampfheizkörpern geheizt. Der grofse Abzugsfchlot des Dampfkochraumes erhielt eine Dampfheizfchlange und über Dach einen eifernen Auffatz mit Rolljaloufien; die übrigen Räume find mit Luftabzugsrohren verfehen, welche mit Thonrohren gefüttert und über Dach mit Ventilatoren, bezw. Luftklappen ausgeftattet wurden. Vor den Einweiche- und Kochbottichen liegen Lattenrofte, die aus einzelnen Teilen beftehen, um leicht gereinigt werden zu können.

Fig. 289.

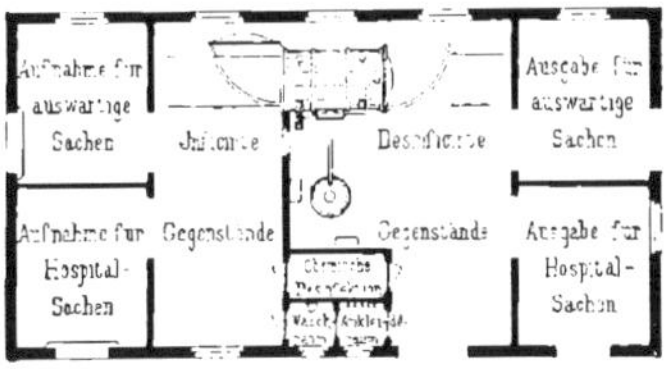

1:250 w. Gr.

Plan zu einem Desinfektionsgebäude für internen und externen Dienft [619]).

Arch.: Tollet.

Der Plan in Fig. 289 [619]) zeigt die Anordnung eines Desinfektionsgebäudes für Krankenhausfachen und für den auswärtigen Dienft nach Tollet.

Die Zugänge find an die verfchiedenen Gebäudefeiten gelegt, um eine Berührung Aufsenftehender mit dem Krankenhausperfonal zu vermeiden, was durch Führung der Zugangswege und Zäune auch in der Umgebung des Haufes zu fichern wäre.

537. Beifpiel II.

Mit der Desinfektionsanlage des Hofpitals für Anfteckende zu Stockholm (Fig. 290 [620]) ift der Verbrennungsofen und die Wafchküche verbunden.

538. Beifpiel III.

Der unreine Raum für die infizierte Wäfche und der Keffelraum mit dem Verbrennungsofen find hier in die Mitte des Gebäudes gelegt, und letzterer kann vom unreinen Raum aus bedient, vom Keffelraum aus befchickt werden.

Fig. 290.

Wafch- und Desinfektionsgebäude im Hofpital für Anfteckende zu Stockholm [620]).

In der Wafchküche erfolgt die Ablieferung der fchmutzigen Wäfche neben dem Flur und die Ausgabe der reinen an ihrer Längsfeite.

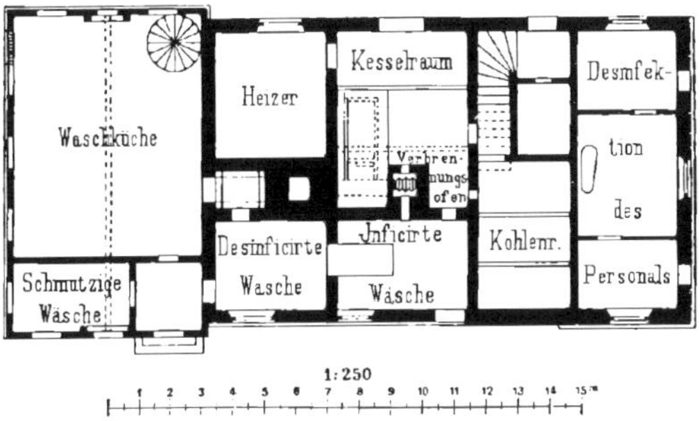

Für Epidemien bietet das improvifierte Desinfektions- und Wafchhaus des Cholera-Lazaretts an der Alfredftrafse in Hamburg (Fig. 291 [621]) ein Beifpiel.

539. Beifpiel IV.

Hier wurden in einem kleineren verfchliefsbaren Holzbottich die Wäfche und Betteinlagen durch Kochen mittels einftrömenden Dampfes, in einem gröfseren Bottich die trocken eingelegten Kleider und Bettmatrazen durch von aufsen eingelaffenen Dampf desinfiziert. Die erfteren trocknete man im Trockenapparat des Marienkrankenhaufes, die letzteren durch Aufhängen unter einem Schuppendach. — Im Schlumplazarett führte man den Dampf in die Kochfäffer behufs befferen Durchkochens durch eine in der Mitte des Bodens aufgeftellte *Körting*'fche Strahldüfe ein, legte auch um die Innenwand des grofsen Bottichs eine Dampffchlange ohne Löcher und darüber ein kupfernes Schlangenrohr mit Löchern zum Ausftrömen von Dampf, um die Gegenftände je nach Bedarf entweder der heifsen Luft oder dem Dampf oder beiden auszufetzen. Die erkaltete Luft wurde am Boden abgefaugt. — Der angebaute Trockenraum erhielt einen am Boden liegenden Apparat mit 6 Rippenkörpern.

[619]) Nach: TOLLET, C. *Les hôpitaux modernes au XIX. fiècle.* Paris 1894. Fig. 209 (S. 310).
[620]) Nach: TALAVRACH. *Le nouvel hôpital de Stockholm.* Revue d'hygiène 1891, S. 200.
[621]) Fakf.-Repr. nach: Arbeiten aus dem kaif. Gefundheitsamte, Bd. X. Berlin 1896. Anl. VIII, S. 130*.

**540.
Unschädlich-
machen
der
Speisereste.**

Zum Unschädlichmachen der Speisereste Ansteckendkranker, welches bei einzelnen Krankheiten nötig wird, ist im Institut für Infektionskranke zu Berlin ein dem Desinfektionshause angegliederter Raum für die Kochvorrichtung vorgesehen (siehe den Gesamtplan in Kap. 4, unter d, β).
Die Reinigung der Trankeimer soll nach *Merke*[622]) durch Auswaschen mit heifser Sodalösung, Sterilisieren mittels Dampf und wiederholtes Nachspülen mit reinem Wasser, wofür die nötigen Vorrichtungen auf der unreinen Seite zu treffen wären, erfolgen. Will man an der letzteren die Aufbewahrung der nicht verdächtigen Speisereste bis zu ihrer Weiterverwertung als Viehfutter anschliefsen, so müfste der hierfür nach *Merke* nötige, nur überdeckte Schuppen auf der reinen Seite liegen.

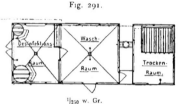

Fig. 291.

$1/250$ w. Gr.

Desinfektions-, Wasch- und Trockenraum im Cholera-Hospital an der Alfredstrafse zu Hamburg[621]).

Arch.: *F. A. Meyer.*

Sein Asphaltboden soll in Gefälle bis zur Kanalisation fortgeführt werden. Die 50¹ haltenden Trankeimer find an einem starken Gerüst aus Rundeisen aufzuhängen, um den Boden reinigen zu können, was die Anlage von Hydranten erfordert.

**541.
Verbrennungs-
haus.**

Das Vernichten von gebrauchtem Verbandmaterial, Müll, abgenutzten Strohsäcken u. dergl. bedarf schon der Ueberwachung wegen, um dem Mißbrauch, der zum Teil mit ihrer Weiterverbreitung getrieben worden ist, vorzubeugen, eines Sammelpunktes. Da die Benutzung der Roste offener Kamine und der Heizkessel hierzu auch mit Ansteckungsgefahr verbunden ist, erfordert ein Krankenhaus einen diesem Zweck dienenden Verbrennungsofen. In grofsen Anstalten häuft sich das zu vernichtende Material beträchtlich.

In Moabit betrug allein der tägliche Höchstverbrauch an Verbandstoffen für 1 Bett in der chirurgischen Station 1,80 ¹, in der inneren Station 0,15 ¹, derjenige an Hausmüll und Kehricht für 1 Bett 0,50 ¹.

Fig. 292 bis 294.

Schnitt *A B.*   Schnitt *C D.*

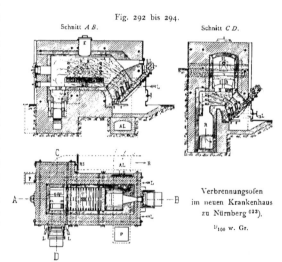

Verbrennungsofen im neuen Krankenhaus zu Nürnberg[623]).

$1/100$ w. Gr.

Für das Verbrennungshaus fordert *Merke* in gröfseren Anstalten aufser dem Verbrennungsraum, in welchem der Ofen steht, einen anderen für die Desinfektion und Reinigung der für den Abfall benutzten Transportgefäfse nebst Desinfektions-

---

[622]) Siehe: Weyl, Th., a. a. O., S. 423.
[623]) Nach: Festschrift zur Eröffnung des neuen Krankenhauses der Stadt Nürnberg. Nürnberg 1898. S. 319.

räumen für das Perfonal. Letztere find entbehrlich, wenn der Verbrennungs- und Reinigungsraum an die unreine Seite des Desinfektionsgebäudes angebaut werden.

Der Verbrennungsofen ift fo anzulegen, dafs das Einbringen der Sachen, des Kehrichts u. f. w. unmittelbar aus den Transportgefäfsen erfolgen kann. Das Verbrennen foll vollftändig fein, fich auch rauch- und geruchlos vollziehen.

542. Verbrennungsofen.

Die Gegenftände find erft einzubringen, wenn der Verbrennungsraum fo weit erhitzt ift, dafs trockene leichte Stoffe aufflammen, um ein Verwehen derfelben zum Schornftein durch den Zug im Ofen auszufchliefsen.

In Nürnberg, wo der Ofen nur für kleinere Gegenftände dient, liegen die beiden Feuerherde an verfchiedenen Seiten (Fig. 292 bis 294 [623]).

543. Beifpiel I.

Fig. 295 bis 299.

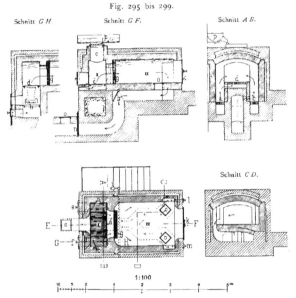

Schnitt *GH*.   Schnitt *GF*.   Schnitt *AB*.

Schnitt *CD*.

1 : 100

Verbrennungsofen von *R. O. Meyer* im allgemeinen Krankenhaufe zu Hamburg-Eppendorf [624]).

Der 3,80 m lange und 2,4 m feitlich ausladende Ofen fteht in einem Raum von 5,30 × 6,20 m Grundfläche im Gebäude der Abwaffer-Kläranlage. (Siehe Fig. 314.) Die Gegenftände werden durch den Schacht *E* in den Verbrennungsraum *VR* eingebracht, welcher zur Vermeidung des Herunterfallens der Gegenftände über den Chamotteroft *SR* an beiden Enden des letzteren mit Gasröhren durchzogen ift. Die Ueberwachung der Verbrennung erfolgt durch die Schaulinfe *SL*, die Reinigung durch Thüren an der Rückfeite. Die abziehenden Gafe ftreichen durch einen weiten Chamotteroft *SR*¹ über das zweite Feuer *FG* und durch den Rauchkanal *R* in den 17 m hohen Schornftein, an welchen auch der Abluftkanal *AL* aus dem Mifchraum der Abwaffer-Kläranlage angefchloffen ift. Beiden Feuerräumen wird behufs vollftändiger Verbrennung erwärmte Luft durch Chamottedüfen zugeführt. Die Koften des Ofens betrugen 2549 Mark.

In Hamburg-Eppendorf ift in dem 3,40 m langen und 2,20 m breiten Ofen (Fig. 295 bis 299 [624]) der Teil I für den täglichen Bedarf, feine Erweiterung II für Epidemiezeiten und zur Vernichtung gröfserer Stücke, wie ftark infizierte Matratzen oder dergl., beftimmt.

544. Beifpiel II.

---

[624]) Nach: WEYL, TH. Handbuch der Hygiene. Bd. V, Abt. 1. Jena 1896. S. 181.
Handbuch der Architektur. IV. 5, a. (2. Aufl.)

Im erfteren Teil find beide Feuerrofte *a* und *b* an der vorderen Stirnwand angeordnet. Die zu verbrennenden Stoffe werden aus den Eimern in einen eifernen Trog *p* oberhalb des Ofens entleert und nach genügender Stärke des Feuers durch die Oeffnung *c* auf den Mittelroft *d* geworfen. Die Verbrennungsgafe, denen bei *e* und *f* frifche Luft zugeführt ift, ziehen durch das Feuer *b* zum Schornftein ab. — Bei Entfernung der Wand *g* wird 'die Erweiterung benutzt, indem man die Klappe *h* durch ein Gegengewicht umlegt und die Gegenftände durch die Thür *k* einfchiebt. Die Verbrennungsgafe, denen auch die Kanäle *l* und *m* frifche Luft zuführen, gehen in der Pfeilrichtung durch den mit Reinigungsklappen *o* verfehenen Fuchs nach dem Schornftein. Die Zugregelung erfolgt durch den Schieber *n*. Ein Umbiegen der Klappe *h* und der Welle, an welcher fie fich dreht, durch die Hitze ift infolge Einführung äufserer Luft zwifchen beiden, die nach dem Schornftein abzieht, vermieden.

545. Beifpiel III.

Kori hat den verfchiedenen Gröfsen von Krankenhäufern entfprechend 3 Typen von Verbrennungsöfen aufgeftellt und zur Ausführung gebracht.

In die Oefen für kleinere Anftalten werden die Stoffe von einem geneigten Vortrocknungsherd nach genügender Austrocknung behufs vollftändiger Verbrennung in die Feuerung hinabgefchoben. Für kleinfte Verhältniffe erfetzt *Kori* das Gewölbe des Vortrocknungsherdes durch eine gufseiferne Platte und fchliefst den ganzen Ofen in ftarke Eifenplatten ein, wodurch die Mafse auf $0{,}60 \times 0{,}90 \times 1{,}75$ m eingefchränkt werden (Fig 300 u. 301 [625]). Die Koften betragen je nach der Gröfse 300 bis 500 Mark. (Ausführungen für Univerfitätskliniken in Berlin, Breslau, Göttingen, im Kinderhofpital zu Athen, im Kaifer-Franz-Jofeph-Krankenhaus zu Karlsbad.)

Fig. 300. Fig. 301.

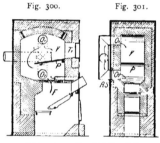

Verbrennungsofen kleinfter Art nach *Kori* [625].

Für mittlere Krankenhäufer erhält der Verbrennungsraum, deffen vorderer Teil zum Vortrocknen dient, die Form eines langgeftreckten Kanals, durch welchen die Flamme fchlägt. Bei Nichtanfchlufs an einen hohen Schornftein wird behufs geruchlofen Betriebes feitlich unter den Abzugskanälen eine zweite kleinere Feuerung angeordnet. (Ausführungen im Urban und im Kaifer- und Kaiferin-Friedrich-Kinderkrankenhaus zu Berlin.)

In den Oefen für grofse Krankenhäufer liegt die Feuerung vorn unter dem Verbrennungsraum, deffen Sohle aus einem fchrägen, durchbrochenen Chamottegewölbe befteht, und die Feuergafe ziehen nach Paffieren des Verbrennungsraumes, deffen Decke mit 2 Oeffnungen durchbrochen ift, über demfelben nach der Endfeite zurück. Nicht verbrannte Stücke find in den unteren Feuerkanal zu fchieben. Fehlt ein hoher Schornftein, fo läfst fich eine zweite Feuerung im Fuchs des Verbrennungsofens einbauen. (Ausführungen im k. k. allgemeinen Krankenhaus zu Wien, für die Neubauten der Königl. Charité zu Berlin und für die Gefamtkliniken in Halle.)

Bei den Verbrennungsöfen für Anatomien u. f. w., in welchen hauptfächlich Fleifch und Leichenteile in Betracht kommen, verwendet *Kori* ähnliche Konftruktionen mit einer zweiten Feuerung für Rauchverzehrung auch dort, wo ein hoher Schornftein zur Verfügung fteht. (Ausführungen für das Inftitut für Infektionskrankheiten zu Berlin, in verfchiedenen Univerfitätsinftituten zu Bonn, Erlangen, Tübingen u. f. w.)

Bei den gröfseren Typen vertieft *Kori* die Feuerung in den Boden und überdeckt den vorliegenden Schürraum bei Benutzung der gleichfalls an der Stirnwand angeordneten Einwurfsöffnung mit einer Platte. Zum Ordnen des Betriebes und zur Reinigung haben die Kanäle an den Rückwänden Oeffnungen.

546. Saaldesinfektion.

Die Desinfektion der Krankenräume kann durch chemifche Löfungen erfolgen.

Hierbei wird nach Entfernung fämtlichen Mobiliars, der Rouleaux u. f. w. und thunlichft bei Oeffnen aller Fenfter und Thüren die Desinfektion der Raumumfchliefsung durch Abwifchen von Fufsboden, Decke und Wänden — in diefer Reihenfolge — mit naffen, in chemifche Löfungen getauchten Wifchlappen bewirkt. Die Wände find unter Umftänden hinterher mit Brot abzureiben, Fenfter und Thüren mit einer Löfung von Kalifeife und mit chemifchen Löfungen nachzuwafchen, mit welchen der Fufsboden dann nochmals auffzuwifchen ift. Ein 24ftündiges Offenhalten von Fenftern und Thüren, Auskochen der noch brauchbaren Wifchtücher in Soda und Seifenlöfung und Verbrennen der nicht mehr verwendbaren, der Brotrefte und Abfälle befchliefst das Verfahren.

---

[625]) Fakf.-Repr. nach: KORI, H. Verbrennungs-Ofen für Abfälle. Gefundh.-Ing. 1900, S. 397, Fig. 225 u. 226.

Neuerdings ift auch die Formalindesinfektion erprobt worden.

Die hierbei zur Anwendung gelangten Verfahren beruhen auf Verdampfen des Formalins mit anderen Subftanzen in Apparaten mit Ueberdruck bei Sättigung der Luft durch Feuchtigkeit. *Rofenberg* verdampft dasfelbe unter Zufatz von Menthol und Methylalkohol, *Schlofsmann* mit 10prozentigem Glykol in einem *Lingner*'fchen Apparat, *Trellat* mit Chlorcalcium durch Autoklaven, und *Schering* hat Lampen zur Verdampfung von Paraformaldehydpaftillen eingeführt. Diefes *Schering*'fche Verfahren kommt nach dem Bericht der »wiffenfchaftlichen Kommiffion«[626]) nur zur Desinfektion von Wand und Decken, jedoch nicht von folchen Wänden in Betracht, die unmittelbar mit Krankheitsftoffen infiziert find. Scheuerleiften und Fufsböden feien wie bisher mit chemifchen Löfungen zu desinfizieren.

Ausgedehntere Anwendung findet jetzt das Verfahren von *Flügge*, welcher eine Polymerifierung des Formalins durch Verdünnung mit Waffer hindert. Mit dem hierbei benutzten fog. Breslauer Apparat und der *Schering*'fchen Lampe wurden vergleichende Verfuche in Hamburg-Eppendorf[627]) ausgeführt. Der Bericht empfiehlt die *Flügge*'fche Methode dringend für die Krankenhauspraxis. Doch fei wegen gröfserer Sicherheit des Erfolges wünfchenswert:

1. Vorherige Entfernung von Wäfche, Betten, Vorhängen behufs Desinfektion derfelben in ftrömendem Dampf.
2. Ausdehnung der Desinfektion von 7 auf 10 Stunden.
3. Gründliche mechanifche Reinigung des Raumes nach der Formalindesinfektion.

Bei Benutzung eines Ammoniakentwicklers ift der Raum nach kurzer Lüftung wieder bewohnbar. Die Koften ftellten fich ohne Arbeitslohn auf 2 bis 3 Mark für 100 cbm Raum.

Nach *Flügge*[628]) ift diefe Methode völlig ausreichend bei Diphtherie, Scharlach, Phthife, Mafern und Influenza.

Für die Raumdesinfektion allein genügt fie bei Kindbettfieber, Eryfipel, Sepfis, Peft und Pocken. Hierbei find jedoch Betten, Wäfche u. f. w. auf die bisherige Weife durch Dampf zu desinfizieren, weil meift mit einem tieferen Eindringen der Sekrete und Exkrete in diefe Sachen zu rechnen ift.

Nicht verwendbar ift fie bei Cholera afiatica, Abdominaltyphus und Ruhr, wegen nur befchränkter Ausbreitung der Erreger auf Betten, Wäfche, Kleider, Efs- und Trinkgefchirre oder dergl., fowie auf die nächfte Umgebung der Betten.

m) Leichenhäufer.

Das Unterbringen der Toten bis zur Beerdigung hat öfter im Sockelgefchofs von Krankengebäuden, fogar unter Krankenzimmern ftattgefunden. Beffer wäre bei befchränktem Raum, wie dies *Burdett* vorfchlägt, die Lage der notwendigften hierfür erforderlichen Räume im oberften Gefchofs mit gefondertem Aufzug und eigener Treppe. Doch foll man diefe Räume fchon aus Rückficht auf die Kranken gänzlich vom Kranken- und von anderen Gebäuden, in deren Nähe Kranke fich aufhalten, trennen, um den Leichentransport und den Verkehr der Leidtragenden den Augen der Kranken zu entziehen.

547. Leichenabteilung.

Mit den Räumen für die Unterkunft und die Vorbereitung der Leichen zur Beerdigung find diejenigen für den Verkehr mit den Aufsenftehenden und für Unterfuchung der Leichen zu verbinden. Neuerdings verlegt man in das Leichengebäude auch die Räume für die chemifchen und bakteriologifchen Unterfuchungen, welche die Kranken der verfchiedenen Abteilungen des Krankenhaufes nötig machen, wenn man fie nicht im Krankengebäude felbft vornehmen will (fiehe Art. 213, S. 127).

Dementfprechend gliedert fich das Raumerfordernis für das Leichengebäude eines grofsen Krankenhaufes in 3 Gruppen:

548. Raumerfordernis.

---

[626]) Siehe: Erlafs des Minifters der u. f. w. Medicinalangelegenheiten vom 14. April 1898, betr. Desinfectionsverfahren mittelft des *Schering*'fchen Formalin-Desinfectors. Zeitfchr. f. Med.-Beamte, Bd. 11 (1898), Beil., S. 72.

[627]) Nach: KRAUSE, P. Bericht über die Desinfectionsverfuche mit Formalin nach der von Prof. C. *Flügge* angegebenen »Breslauer« Methode. Mittheilungen aus den Hamburgifchen Staatskrankenanftalten, Bd. 2. Hamburg u. Leipzig 1900. S. 469.

[628]) Siehe: FLÜGGE, C. Die Wohnungsdesinfection durch Formaldehyd auf Grund praktifcher Erfahrungen. Klin. Jahrbuch, Bd. 7 (1900), S. 435 ff.

Die erfte diefer Gruppen umfafst:
1. den Leichenaufbewahrungsraum;
2. den Einkleideraum;
3. einen Niederlageraum für Särge;
4. einen Raum für Geräte, Bahren u. f. w.;
5. eine Wohnung für den Leichendiener.

Zur zweiten Gruppe gehören:
6. ein Aufbahrungsraum;
7. eine Einfegnungskapelle,
8. eine Sakriftei;
9. ein Raum für Leidtragende nebft Aborten.

Die dritte Gruppe umfafst:
10. den Sezierraum;
11. Arbeitsräume für Aerzte;
12. einen Sammlungsraum für Präparate u. f. w.;
13. Räume, bezw. Stallungen für Verfuchstiere.

549. Leichenaufbewahrungsraum. Der Leichenaufbewahrungsraum foll kühl und licht, aber heizbar und gut lüftbar fein, ringsum eine fteinerne, wafchbare Umfaffung haben, für Spülungen mit Waffer und chemifchen Flüffigkeiten eingerichtet fein und Verbindung mit dem Sezierraum und dem Einkleideraum erhalten. Die Fenfter find, foweit als nötig, mit geriffeltem Glas zu verfehen und nach Norden zu legen. In Infektionskrankenhäufern bekleidet man Wände und Decke mit glafierten Steinen. Die Leichen ruhen auf Pritfchen von Schieferplatten. Ob befondere Beriefelungsvorrichtungen für die Leichen, Kühlkammern oder Eisfärge vorzufehen find, ift im Einzelfall zu entfcheiden.

Unter Umftänden ift auch ein verfchliefsbares Abteil oder ein befonderer, nur von aufsen zugänglicher Raum für Leichen, deren Todesart gerichtlich feftzuftellen ift, vorzufehen. Wo eine befondere Leichenfchau befteht, find die hierfür beftehenden gefetzlichen Beftimmungen zu erfüllen. — Im Friedrichshain zu Berlin wurde ein kleiner Raum zur Beobachtung Scheintoter verlangt.

550. Einkleideraum. Der Einkleideraum, in welchem die Leichen gewafchen, bezw. die Leichenteile nach dem Sezieren wieder vereinigt und eingefargt werden, ift mit Entwäfferung zu verfehen und entfprechend auszuftatten.

Diefer Raum erfordert ein fteinernes Becken und energifche Lüftung, zumal, wenn darin ein Macerationsapparat aufgeftellt wird.

551. Aufbahrungsraum. Der Aufbahrungsraum erhält Ausgang in das Freie und kann, wenn man Leichen von Kranken, die an anfteckenden Krankheiten geftorben find, aufbahren will, einer befonderen Vorrichtung bedürfen.

Aldwinckle fchlägt vor, in Krankenhäufern für Anfteckendkranke den Raum, in welchem die Leiche ruht, durch eine Glaswand von dem Vorraum für die Angehörigen zu trennen [629]).

Unter Umftänden ift noch ein Obduktionsraum für gerichtliche Leichen, neben welchem auch ein Beratungs-, bezw. Verhörzimmer verlangt werden kann, vorzufehen.

552. Sezierraum. Der Sezierraum foll mit dem Leichenaufbewahrungsraum, fowie mit dem Einkleideraum — erforderlichenfalls durch Aufzug — Verbindung haben, für Wafferfpülungen in feinen Umfaffungen eingerichtet, hell, geräumig, heiz- und lüftbar fein, auch künftliche Beleuchtung erhalten. Zur Tagesbeleuchtung genügen bei reichlicher Höhe des Raumes hochgeführte Seitenfenfter, wenn die Seziertifche nahe den Fenftern ftehen können; fonft empfiehlt es fich, dem Raum auch Deckenlicht zu geben. Die unteren Teile des Fenfters müffen geriffeltes Glas erhalten. Die geöffneten Fenfter und Oberlichter find gegen Eindringen von Fliegen durch Netze von Kupferdraht zu fchützen.

Befondere Sorgfalt erfordert die Konftruktion der Seziertifche, deren *Böhm*[630]) zwei verlangt. — In Hamburg-Eppendorf wurden für 1500 Betten 9 Tifche vorgefehen, fo dafs auf 166 Betten einer entfällt. Jeder Tifch bedarf eines Spritzfchlauches und eigener Entwäfferung unmittelbar in Sammelgefäfse oder in den nur durch einen genügend hohen Wafferverfchlufs getrennten, gefchloffenen Abzugskanal. Die drehbare, mit Rand verfehene Tifchplatte aus Eichenholz, Gufseifen oder Schiefer erhält in der Mitte des Tifches durch den Fufs oder in der Mitte feines Endes durch ein Knierohr nach dem Abzugskanal Abflufs,

---

[629]) Siehe: Aldwinckle, a. a. O., S. 300.
[630]) Siehe: Böhm, a. a. O., S. 573.

wie dies verfchiedene folche Konftruktionen in deutfchen Kliniken zeigen (fiehe Teil IV, Halbband 6, Heft 2, Abt. VI, Abfchn. 2, C, Kap. 10, a, 1 [Art.: Sektionstifch] diefes »Handbuches«).

Böhm[630]) empfiehlt, dem Drehfufs die Geftalt einer abgeftutzten Pyramide und ein Thürchen zum Einftellen eines Gefäfses behufs Auffangens der abfliefsenden oder Ausfcheidung der feften Teile, fowie zur Reinhaltung und Ueberwachung der gegen Eindringen von Ratten eng vergitterten Abflufsöffnung zu geben. — Im Johns-Hopkins-Hofpital zu Baltimore wurde im Hohlfufs ein Abluftrohr angeordnet, welches mit dem Lüftungsfchacht verbunden ift.

Zur weiteren Einrichtung des Sezierraumes gehören eine oder mehrere Wafchvorrichtungen mit Kalt- und Warmwaffer-Zuflufs, ein Darmfpülbecken, ein Schreibtifch und Stühle. Wird der Raum auch zur Aufftellung von Sammlungen verwendet, fo find entfprechende Schränke freiftehend anzuordnen.

Die Arbeitszimmer für die Aerzte gleichen denjenigen in anatomifchen und pathologifchen Inftituten. In Moabit begnügte man fich mit je einem gemeinfchaftlichen Arbeitsraum für chemifche und bakteriologifche Arbeiten. In Hamburg-Eppendorf find aufser einem dritten Raum für phyfikalifche Arbeiten ein Zimmer für den Profektor, ein gemeinfchaftlicher Saal für Mikrofkopierarbeiten der Oberärzte und ein ebenfolcher für die Affiftenzärzte vorgefehen. *Weyl*[631]) empfiehlt, zwei Hauptabteilungen in Geftalt des chemifchen und des mikrofkopifch-bakteriologifchen Laboratoriums zu bilden. — In Krankenhäufern für Anfteckendkranke wird es fich empfehlen, auch den Affiftenzärzten Einzelzimmer zu geben.

553. Arbeitszimmer.

Das chemifche Laboratorium kann gegen Süden liegen. *Weyl* rechnet für einen Arbeitsplatz 1,50 m Breite und fordert mindeftens 8,00 m Raumtiefe. Die Arbeitsplätze find in der mittleren Längsachfe anzuordnen, fo dafs die Fenfterfeite frei bleibt. Einige Fenfter dienen als Rückwand für Digeftorien[632]). Zum Laboratorium gehört 1 Wagezimmer.

Der mikrofkopifch-bakteriologifche Arbeitsraum foll Fenfter nach Norden haben. Die Arbeitsplätze liegen hier an den Fenftern, die Digeftorien und Brutfchränke an der Rückwand, fo dafs der Mittelgang frei bleibt. *Weyl* empfiehlt, dem Raum 6,00 m Tiefe und jedem Arbeitsplatz 1,25 m Breite zu geben.

Im Rudolfinerhaus zu Wien erhielt das bakteriologifche Laboratorium Fufsboden von Xylolithplatten auf Beton und ein mit Verdunkelungsvorrichtung verfehenes Fenfter gegen Weften mit freiem Himmelslicht.

In Nürnberg find verfetzbare Arbeitstifche für je 2 Plätze aus Eichenholz mit Milchglaseinlagen, im Inftitut *Pafteur* feftftehende Tifche mit Platten von emaillierter Lava vorhanden, da in dem letzteren zwifchen beiden Plätzen ein Ausgufsbecken in die Tifchplatte eingelaffen wurde, welches mit Abflufs verbunden ift, auch an diefer Stelle Gas- und Wafferftänder für Koch-, Wärme- und Beleuchtungszwecke Anfchlüffe erhielten.

Die übrige Einrichtung befteht in Nürnberg aus einem Arbeits- und Abftelltifch, einer Centrifuge auf Untergeftell, je 1 Brutofen auf Wandftützen, Marmorwafchtifch und Ausgufs nebft einigen Schränken. Die Fenfter erhielten Kryftallglasfcheiben[633]).

Das Nähere bezüglich der Arbeitsräume fiehe in Teil IV, Halbband 6, Heft 2 (Abt. VI, Abfchn. 2, C, Kap. 9, unter a, 1 u. 2 und Kap. 10, unter a, 1 u. 2) diefes »Handbuches«.

Einzelzimmer find derart einzurichten, dafs chemifche, fowie mikrofkopifch-bakteriologifche Arbeiten darin vorgenommen werden können.

Die Fenfterwände der Arbeitsräume löft man möglichft in Fenfter auf, und bei Feftftellung des Raummafses ift darauf Rückficht zu nehmen, dafs in Epidemiezeiten eine ftärkere Befetzung der Räume fich ermöglichen läfst. — Als Zubehör verlangt *Weyl* im Keller Gelaffe für Vorräte, für gröbere chemifche Arbeiten, Bade-

---

[631]) Siehe: WEYL. Ueber Unterrichtslaboratorien in klinifchen Krankenhäufern. Klin. Jahrbuch, Bd. 4 (1892), S. 128.
[632]) Siehe: WEYL. Ueber Unterrichtslaboratorien in klinifchen Krankenhäufern. Klin. Jahrbuch, Bd. 4 (1892), S. 133.
[633]) Siehe: BÖTTGER, P. Bericht über eine Studienreife nach Paris im December 1890. Klin Jahrbuch, Bd. 4 (1892), S. 229 ff.

und Aborträume. Auserdem follen beide Abteilungen gemeinfchaftlich einen Bibliothek- und einen Spülraum erhalten.

<small>534. Stallungen für Verfuchstiere.</small> Die Verfuchstiere bringt man im Sockelgefchofs, wo fie eigenen Zugang und Trennung vom übrigen Gebäude erfordern, oder beffer in befonderen Gebäuden unter. Die Warmblüter erhalten Einzelkäfige, Stallverfchläge oder befondere Stallungen, die Kaltblüter Aquarien zur Unterkunft. Das Erfordernis der Räume richtet fich danach, ob fie nur zum Unterbringen oder auch zur Zucht von Tieren benutzt werden. Letztere ftellte fich im *Inftitut Pafteur* zu Paris, obwohl fie auserhalb der Stadt erfolgte, teurer als der freie Einkauf von Tieren. Die Räume find heizbar und lüftbar zu machen und erfordern gute Belichtung, fowie Abwäfferung.

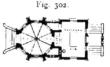

Fig. 302.

$^1/_{500}$ w. Gr.
Leichenhaus im Bürgerhofpital zu Worms[637]).
Arch.: *Hofmann*.

Die Käfige wurden in Moabit gemauert, in 2 Gefchoffen und in 2 Reihen mit dem Rücken gegeneinander, in der Mittelachfe eines Raumes von 10,14 × 5,00 × 2,80 m eingebaut; beide Hälften find jedoch durch die Mittelmauer getrennt, da die eine den gefunden und die andere den infizierten Tieren dient[634]). — Im *Inftitut Pafteur* ift für Tiere mit befonders anfteckenden Krankheiten ein Stall aus Eifenfachwerk vorhanden, der das Ausbrennen ermöglichen foll[635]). Zur Verbrennung von Tierkadavern find im Hofe diefer Anftalt 2 kleine Kremationsöfen vorgefehen.

Vergl. auch die Artikel über Tierftallungen im gleichen Hefte (Abt. IV, Abfchn. 2, C, Kap. 9, unter a, 1 und b, 3, fowie Kap. 10, unter a, 1) diefes »Handbuches«, fowie die betreffenden von *Böttger* befprochenen Einrichtungen im Inftitut für Infektionskrankheiten zu Berlin[636]).

Fig. 303.

$^1/_{500}$ w. Gr.
Leichengebäude der neuen herzogl. Krankenanftalt in Braunfchweig[638]).

Bezüglich der Anlage eines Sammlungsraumes genügt der Hinweis auf Teil IV, Halbband 6, Heft 2 (Abt. VI, Abfchn. 2, C, Kap. 9, unter a, 1 [Art.: Anatomifche Sammlungen] und b, 3 [Art.: Sammlungen]) diefes »Handbuches«.

<small>555. Heizung und Lüftung.</small> Wenn die Gröfse der Anftalt eine regelmäfsige Benutzung einzelner oder aller Räume nicht erwarten läfst, fo ift von einer Sammelheizung abzufehen. In Hamburg-Eppendorf unterblieb auf Wunfch der Aerzte grundfätzlich eine folche; doch würden fanitäre Bedenken nur gegen Zentralifierung der Luftzufuhrung fprechen, die in jedem Raume einzeln erfolgen foll. Wird die Ablüftung zentralifiert, fo ift ein dauernd genügend erwärmter Abluftfchornftein vorzufehen.

<small>556. Gefamtanlage.</small> Bei der Gefamtanlage von Leichenhäufern hat man darauf zu achten, dafs die mit den Aufsenftehenden in Verbindung kommenden Räume ihre Zugänglichkeit auser-

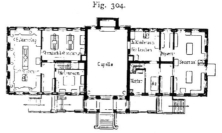

Fig. 304.

Leichengebäude im ftädtifchen Krankenhaus zu Moabit[639]).
Erdgefchofs. — $^1/_{500}$ w. Gr.
Arch.: *Blankenftein*.

---

[634]) Siehe: Die öffentliche Gefundheits- und Krankenpflege der Stadt Berlin. Berlin 1890. S. 310 u. Abb. S. 131.
[635]) Siehe: BÖTTGER, P. Bericht über eine Studienreife nach Paris im December 1890. Klin. Jahrbuch, Bd. 4 (1892), S. 237 ff.
[636]) Siehe: BÖTTGER. Das Koch'fche Inftitut u. f. w. Centralbl. d. Bauverw. 1891, S. 97 u. 223.
[637]) Nach freundlicher Mitteilung des Herrn Geheimen Oberbaurat *Hofmann* in Darmftadt.
[638]) Nach: PFEUFER, a. a. O., S. 24.
[639]) Nach: Die öffentliche Gefundheits- und Krankenpflege der Stadt Berlin. Berlin 1890. S. 130.

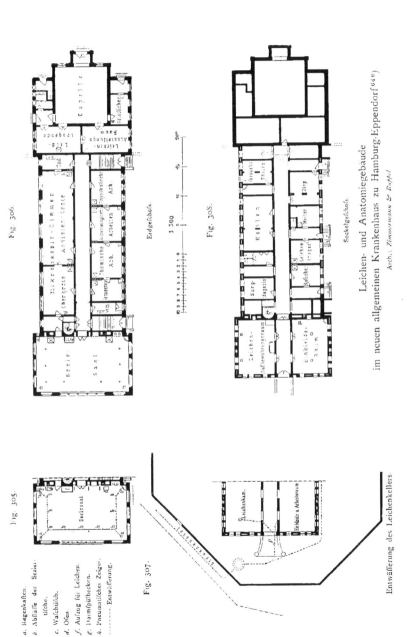

halb der Umzäunung des Krankenhaufes haben, dafs die übrigen Teile des Gebäudes durch ihre Lage oder Einfriedigung vor Einblicken feitens der Kranken gefchützt und dafs die Räume, in denen die Leichen untergebracht und feziert werden, von den übrigen Räumen derart getrennt find, dafs die Luft aus jenen in diefe nicht eindringen kann.

Fig. 309.

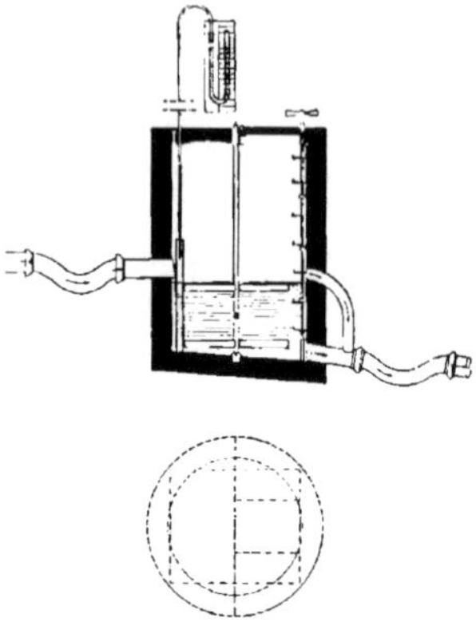

557. Beifpiele.

Die Friedens-Sanitätsordnung fieht für das Aufbewahren der Leichen, fowie für das Sezieren und Aufbahren derfelben, fobald die Bettenzahl 70 nicht überfchreitet, einen einzigen gemeinfchaftlichen Raum vor. — Meift finden fich felbft im kleinften Krankenhaufe 2 Räume, deren einer zum Lagern, Wafchen und Vorbereiten der Leichen für die Beerdigung, deren anderer zur Aufbahrung derfelben und für die Angehörigen dient.

An Stelle des erfteren kann, ohne die Grundfläche zu vergröfsern, ein Sezierraum treten, wenn man diefen zur Erlangung eines Leichenraumes unterkellert, wie in Worms (Fig. 302 [637]).

In der neuen herzoglichen Krankenanftalt zu Braunfchweig liegen am Aufbahrungsraum (Fig. 303 [638]) einerfeits das Zimmer des Profektors mit den Brutöfen, andererfeits nach Norden ein Raum für bakteriologifche Unterfuchungen. Der mit Seiten- und Deckenlicht ausgeftattete Sezierfaal hat Aufzugsverbindung mit dem von aufsen zugänglichen Leichenkeller, deffen Abwaffer, wie diejenigen des Sezierfaales, an

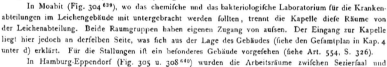

Rührwerk [641]).
$1/_{100}$ w. Gr.

einen Desinfektions-Rührapparat angefchloffen find. Das Abflufsrohr des Sezierfaales ift wie im Operationsfaal (fiehe Art. 514, S. 299) mit Sonderfpülung verfehen.

In Moabit (Fig. 304 [639]), wo das chemifche und das bakteriologifche Laboratorium für die Krankenabteilungen im Leichengebäude mit untergebracht werden follten, trennt die Kapelle diefe Räume von der Leichenabteilung. Beide Raumgruppen haben eigenen Zugang von aufsen. Der Eingang zur Kapelle liegt hier jedoch an derfelben Seite, was fich aus der Lage des Gebäudes (fiehe den Gefamtplan in Kap. 4 unter d) erklärt. Für die Stallungen ift ein befonderes Gebäude vorgefehen (fiehe Art. 554, S. 326).

In Hamburg-Eppendorf (Fig. 305 u. 308 [640]) wurden die Arbeitsräume zwifchen Sezierfaal und Kapelle angeordnet. Der lange Mittelgang ift im Erdgefchofs durch Dachreiter, im Unterbau durch Querflure mit feftftehenden, ftets geöffneten Glasjaloufien, bezw. Aufsenthüren gelüftet und fteigt hier rampenartig zur Kapelle empor. Die Lüftung des Sezierfaales erfolgt durch Wandkanäle, Glasjaloufien und Dachreiter, feine Heizung durch Kachelöfen mit Luftumlauf. Die Arbeitsräume find ebenfalls durch Glasjaloufien in den Fenftern und durch Drehklappen über den Thüren im Gang lüftbar. Die Baukoften betrugen 97 000 Mark. Die Fufsbodenentwäfferung des Sezierfaales, der mit Abflufsleitung und Spritzfchlauch verfehenen Seziertifche, fowie der unter dem Sezierfaal gelegenen Leichenkammer nach einem aufserhalb des Gebäudes angeordneten Schacht mit Rührwerk, worin die Abflüffe vor Eintritt in den Kanal desinfiziert werden, ift aus Fig. 309 [641]) erfichtlich.

Fig. 310.

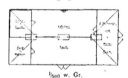

$1/_{500}$ w. Gr.
Leichenhaus der Cholera-Barackenlazarette an der Alfredftrafse und am Schlump zu Hamburg [642]).
1892.
Arch.: *F. A. Meyer.*

Wenn Leichenhäufer fo grofse Ausdehnung erhalten müffen, fo wird in Erwägung zu ziehen fein, ob man in allgemeinen Krankenhäufern nicht die Arbeitsräume von den Leichen-Sezier- und Beerdigungsräumen trennt, wie in den klinifchen Lehranftalten in Freiburg, Heidelberg, Breslau, Göttingen u. f. w. An den letzteren Orten ftehen

---

[640]) Nach: Deutfche Viert. f. öff. Gefundheitspfl. 1890, S. 298 u. 299.
[641]) Nach freundlicher Mitteilung des Herrn Baudirektors *Zimmermann* in Hamburg.
[642]) Fakf.-Repr. nach: Arbeiten aus dem kaif. Gefundheitsamt, Bd. 10 (1896), Anl. VIII, S. 127.

die beiden Gebäude nur durch eine feitlich offene Halle in Verbindung, und in Bonn erhielt die medizinifche Klinik eine befondere Laboratorienbaracke.

Bei Epidemielazaretten befchränkt fich die Anlage von Leichenhäufern hauptfächlich auf den Leichenraum, deffen Mafse beträchtlich zu fteigern find. Die Anordnung der Räume in den Choleralazaretten am Schlump und an der Alfredftrafse zu Hamburg zeigt Fig. 310 [642]).

558. Leichenhäufer bei Epidemien.

Diefe für 110, bezw. 108 Betten beftimmten Lazarette erhielten je einen Raum für 70 Leichen mit Fufsboden aus Stampfbeton in einem Gefälle von $1:20$ bis $1:15$ nach der Entwäfferung und einen Zapfhahn zur Wafferfpülung. Die Leichen wurden in lyfolgetränkte Leinwand eingewickelt und in Reihen unmittelbar auf den Fufsboden gelegt. Zu etwaigen Aufbahrungen diente die offene Vorhalle.

Litteratur
über »Andere zum Krankenhaufe gehörige Gebäude«.

α) Anlage und Einrichtung.

New York ftate. *Charities aid affociation*. Nr. 21: *Hofpital laundries*. New York 1880.

MERKE, H. Ueber Wafchanftalten für Krankenhäufer. Viert. f. gerichtl. Medicin u. öff. Sanitätswefen, neue Folge, Bd. XXXVI (1882), S. 340.

LÖFFLER. Die Praxis der Desinfectionsverhandlungen auf dem VI. internationalen hygienifchen Congrefs zu Wien. Deutfche Viert. f. öff. Gefundheitspfl. 1888, S. 226.

DAUBLER. Ueber die Wirkung der Poliklinik und Errichtung von Krankenhäufern. Berliner klin. Wochfchr. 1888, S. 428.

AUFFRET. *Secours aux bleffés et falles d'opérations etc. Archives de médecine navale*, Août 1888, S. 134.

PFUHL. Ergebniffe der Prüfung einiger neuer Desinfectionsapparate. Deutfche militärärztl. Zeitfchr. 1889, S. 365; 1890, S. 49.

LUCAS-CHAMPOINNIÈRE, J. *Des conditions matérielles d'une bonne falle d'opérations*. *Revue d'hygiène* 1890, S. 302. — Discuffion hierüber ebendaf., S. 342.

WEYL. Ueber Unterrichtslaboratorien in klinifchen Krankenhäufern. Klin. Jahrbuch, Bd. IV (1892), S. 128.

BINNER, B. Kleines Handbuch über die Desinfection nebft einem Anhang, enthaltend fämmtliche auf das Desinfectionswefen bezüglichen Polizeiverordnungen, Bekanntmachungen, den Gebührentarif etc. 2. Aufl. Berlin 1893.

Luft in Operationsräumen. Deutfche Viert. f. öff. Gefundheitspfl. 1893, S. 173.

MERKE, H. Zum jetzigen Stande der Desinfection. Nach einem Vortrage, gehalten am 26. Januar 1893. Deutfche Viert. f. öff. Gefundheitspfl. 1893, S. 266,

POUPINEL. *Inftallations hofpitalières. Nouvelles falles d'opérations. Revue d'hygiène* 1895, S. 1077.

Erlafs des Minifters der u. f. w. Medicinalangelegenheiten vom 14. April 1898 betr. Desinfectionsverfahren mittelft des Schering'fchen Formalin-Desinfectors. Zeitfchr. f. Med.-Beamte, Bd. II (1898), Beil., S. 72.

FLÜGGE, C. Die Wohnungsdesinfection durch Formaldehyd auf Grund praktifcher Erfahrungen. Klin. Jahrbuch, Bd. 7 (1900), S. 435.

WEYL, TH. Handbuch der Hygiene. Band V, Abt. 1, Lief. 3: Verwaltung, Betrieb und Einrichtung der Krankenhäufer. Von H. Merke. Jena 1899. S. 285—425.

β) Befchreibung einzelner Gebäude.

SNELL, H. S. & SON. *Home for nurfes. Marylebone infirmary. Builder*, Bd. 47 (1884), S. 132, 133.

Out patient's department and nurfes home Victoria hofpital for children. Builder, Bd. 48 (1885), S. 898.

New infirmary and laundry, Weft Bromwich union. Building news, Bd. 48 (1885), S. 488.

Bains de l'hôpital Sainte-Antoine. Nouv. annales de la conftr. 1887, S. 35 u. Pl. 12—13.

MOUNOURY, G. *La nouvelle falle d'opérations de l'hôpital de Chartres*. Paris 1888.

BERGMANN, v., E. Die antifeptifche Wundbehandlung in der kgl. chirurgifchen Univerfitätsklinik zu Berlin. Klin. Jahrbuch, Bd. I (1889), S. 147.

PONCET, A. *La nouvelle falle d'operations de l'hôtel-Dieu de Lyon*. *Revue d'hygiène* 1889, S. 447.

SCHULTZ, H. Das Badehaus. Jahrbücher der Hamburgifchen Staatskrankenanftalten. Jahrg. 1 (1889). Leipzig 1890. S. 2.

SCHÖNBORN, C. Der neue Operations- und Hörfaal der chirurgifchen Klinik in Würzburg. Rede, gehalten zu deffen Eröffnung am 29. April 1890. Hygienifche Rundfchau 1891, S. 186. — Siehe auch: Klin. Jahrbuch, Bd. III (1891), S. 280.

Die Laboratoriumbaracke der medicinifchen Klinik in Bonn. Klin. Jahrbuch, Bd. III (1891), S. 279.

Das pathologifche Inftitut der Univerfität Breslau. Centralbl. d. Bauverw. 1891, S. 305.

HAESECKE. Erweiterungsbau der chirurgifchen Klinik in Berlin, Ziegelftr. 10/11. Klin. Jahrbuch, Bd. IV (1892), S. 147.

BRAMANN, v. Der neue Operationsfaal der kgl. chirurgifchen Univerfitätsklinik in Halle a. S. Klin. Jahrbuch, Bd. IV (1892), S. 181.

BRUNS. Der neue Operationsfaal der chirurgifchen Klinik in Tübingen. Klin. Jahrbuch, Bd. IV (1892), S. 224.

Erweiterung der gynäkologifchen Klinik in Breslau. Centralbl. d. Bauverw. 1893, S. 464.

Der Erweiterungsbau der chirurgifchen Klinik in Berlin. Centralbl. d. Bauverw. 1893, S. 53.

Das zweite Anatomifche Inftitut der Univerfität Berlin. Centralbl. d. Bauverw. 1893, S. 102.

Das Wirtfchaftsgebäude der neuen Univerfitätskliniken in Breslau. Centralbl. d. Bauverw. 1893, S. 165.

ZIMMERMANN. Baubefchreibung der neuen Desinfectionsanftalt. Jahrbücher der Hamburgifchen Staatskrankenanftalten. Jahrg. III (1891—92). Hamburg u. Leipzig 1894. Teil II, S. 8.

OLSHAUSEN. Ueber den Unterricht in geburtshilflichen Kliniken mit Bezug auf den neuen Hörfaal der königl. Univerfitäts-Frauenklinik in Berlin. Klin. Jahrbuch, Bd. V (1894), S. 48.

Operationsfaal der chirurgifchen Klinik in Kiel. Centralbl. d. Bauverw. 1894, S. 221.

BELOUET. *Le nouvel amphithéâtre d'opérations de l'hôpital Necker.* Revue d'hygiène 1894, S. 27.

KREMER, PH. *Le blanchiffage dans les hôpitaux (Buanderie de l'hôpital Laennech buanderie centrale).* Revue d'hygiène 1894, S. 148.

Neuer Dampffterilifirungsapparat. Deutfche militärärztl. Zeitfchr. 1894, S. 45.

VOGEL. Ein neuer Desinfectionsapparat mit ftark ftrömendem, gefpanntem Wafferdampf, nebft Bemerkungen über die Bedeutung der Strömung, Spannung, Temperatur des Dampfes bei der Desinfection. Zeitfchr. für Hygiene und Infectionskrankheiten, Bd. 19 (1895), S. 291.

Das neue Anatomiegebäude des ftädtifchen Krankenhaufes in Dresden. Baugwks.-Zeitg. 1896, S. 70.

LOHR, G. Der neue Operationsfaal der chirurgifchen Klinik der Univerfität Kiel. Klin. Jahrbuch, Bd. VI (1897), S. 606.

KÜSTER, E. Die neue chirurgifche Klinik zu Marburg. Klin. Jahrbuch, Bd. 6 (1898), S. 612.

RUNGE, M. Die neue Univerfitäts-Frauenklinik in Göttingen. Klin. Jahrbuch, Bd. 6 (1898), S. 594.

The operating theatre at Weftminfter hofpital. Building news, Bd. 75, S. 490.

Die Neubauten des Kochküchengebäudes, Mafchinen- und Werkftättenhaufes der Charité in Berlin. Centralbl. d. Bauverw. 1901, S. 198.

4. Kapitel.

Gefamtanlage der Krankenhäufer.

559. Einteilung.

Der Befprechung der einzelnen Hauptgattungen von Krankenhäufern find in folgendem allgemeine Gefichtspunkte für ihre Gefamtanlage vorausgeftellt, foweit diefelbe nicht einer Sonderbefprechung für die einzelnen Arten bedarf. Demnach gliedert fich der Inhalt diefes Kapitels in nachftehender Weife:

a) Anordnung im allgemeinen,
b) Allgemeine Krankenhäufer,
c) Kinderkrankenhäufer,
d) Abfonderungshäufer und
e) Militärhofpitäler.

Die Gattungsbezeichnungen der Krankenhäufer fchwanken ebenfo wie ihre Einzelnamen. So bezeichnen die Militärverwaltungen im allgemeinen noch heute ihre Krankenhäuſer als Hoſpitäler, in Preuſsen aber als Lazarette, obgleich unter erſteren urſprünglich die Kranken- und Verpflegungshäuſer und unter letzteren die Abſonderungshäuſer verſtanden wurden. Den Namen Lazarett führen auch zum Teile die Gefängniskrankenhäuſer, und den Namen Hoſpital oder Spital giebt man heute noch vielen alten und neu gegründeten bürgerlichen Anſtalten, welche lediglich der Krankenpflege gewidmet ſind.

a) Anordnung im allgemeinen.

560. Vor- bemerkungen.

Zu den Materien, die bei Beſprechung der Krankenhäuſer eine gemeinſame Behandlung wünſchenswert machen, gehören:

1) Wahl des Bauplatzes,
2) Bebauung im allgemeinen,
3) Waſſerverſorgung,
4) Entwäſſerung,
5) Heizung, Warmwaſſerbereitung, Beleuchtung und Leitungen verſchiedener Art,
6) Koſten.

1) Bauplatz.

561. Gröſse des Bauplatzes.

Die Wahl des Bauplatzes hängt in erſter Linie von ſeiner Gröſse ab, die man nach der erforderlichen Bettenzahl zu normieren geſucht hat, wobei man den Angaben zum Teil Normalſkizzen zu Grunde legte.

Bei eingeſchoſſigen Krankengebäuden und offener Bauweiſe ergaben *Wylie*'s Pläne [643]) für 72 Betten 302, für 400 Betten 248 qm für 1 Bett. — *Rochard* beanſpruchte für 500 Betten je 100 qm; doch ergiebt ſein Plan [644]) nur 330 Betten zu je 151 qm. — *Tollet* gelangte in ſeinem Gegenplan [645]) für 300 Betten auf 153 qm. — *Böhm* [646]) forderte 150 qm für 1 Bett. — Aus einer gröſseren Reihe von Plänen für verſchieden geformte Plätze, welche *Tollet* [647]) für ein Krankenhaus mit 600 Betten aufſtellte, ergab ſich, wenn man einige beſonders ungünſtige Gebäudeſtellungen ausläſst, ein Geländebedarf zwiſchen 104 und 150 qm für 1 Bett.

In Infektionshoſpitälern verlangen der *Local government board* in London für 8 Betten je 506, *Thorne-Thorne* für 20 je 202 und *Piſtor* für 1 Bett 150 bis 200 qm Grundfläche.

Bei ein- und zweigeſchoſſigen Krankenbauten ſind nach der Friedens-Sanitätsordnung 100 bis 150, in kleineren Lazaretten bis 180 qm — bei zweigeſchoſſigen Gebäuden nach *Böhm* 130 qm anzunehmen. Letztere Norm vermindert ſich bei geſchloſſener Bauweiſe auf 90 qm.

Le Fort leitete aus den ſtatiſtiſchen Erhebungen über die Sterblichkeit bei Operationen in kleinen und groſsen Krankenhäuſern eine mit der Bettenzahl ſteigende Geländefläche ab.

Die Ausdehnung des gewählten Terrains ſoll ſich nicht proportional, ſondern einer Progreſſion folgend vollziehen, welche er in den Ziffern 1, 3, 6, 10, 15, 21, 28, 36 ausdrückt, ſo daſs ſich für ein Hoſpital mit 100 Kranken 2500 qm, mit 200 Kranken 7500 qm, mit 300 Kranken 15 000 qm, mit 400 Kranken 20 000 qm, mit 500 Kranken 37 500 qm, mit 600 Kranken 52 500 qm, mit 700 Kranken 70 000 qm und mit 800 Kranken 100 000 qm Bodenfläche ergeben.

Auch *Tollet* verlangte für 100 Betten je 100, für 600 Betten je 150 qm. Die Zwiſchengröſsen ergeben ſich durch ein progreſſives Wachſen um $\frac{90\,000 - 10\,000}{9 + 1} = 8000$ qm bei je 50 Betten zu 120, 130, 136, 140 qm bei 150, 200, 250, 300 Betten u. ſ. w.

---

[643]) Siehe die 1. Aufl. des vorliegenden Heftes (Fig. 54 u. 53, S. 326 u. 324).
[644]) Siehe ebendaſ., Fig. 55, S. 335 und Text S. 336.
[645]) Siehe ebendaſ., Fig. 56, S. 337.
[646]) Siehe: Böhm, a. a. O., S. 551.
[647]) Siehe: Tollet, C. *Les hôpitaux modernes au XIX. ſiècle.* Paris 1894. S. 208 ff.

Wenn die in Art. 567 (S. 340) zu befprechenden Abftände zwifchen den Gebäuden eingehalten werden, fo liegt für eine folche Steigerung des Geländes bei wachfender Bettenzahl kein Grund vor. Der Zweck derartiger Vorfchläge kann alfo nur der fein, gleichzeitig die Abftände wachfen zu laffen, was den Verkehr erfchwert und der Möglichkeit fpäterer Einbauten zwifchen den Gebäuden Vorfchub leiftet.

Normen bringen nur dann keinen Schaden, wenn fie reichlich bemeffen find, da fie häufig zur Wahl eines für die in Ausficht genommene Bettenzahl unzureichenden Grundftückes, infolgedeffen zu fchlecht belichteten und gelüfteten Bauten oder zu mehr Gefchoffen in den Gebäuden geführt haben, als beabfichtigt war, wenn es nicht gelang, noch bei der Aufftellung der Pläne die notwendige Vergröfserung des Grundftückes oder eine Verringerung der Bettenzahl zu erzielen. Da das erftere nur felten möglich ift, fo bleibt dann nur der letztere Weg.

Im Friedrichshain zu Berlin wurde das urfprünglich beftimmte Grundftück während der Planung verdoppelt. — In Antwerpen fetzte man die Bettenzahl unter Vergröfserung des Grundftückes von 400 auf 388 herab. — Im Johns-Hopkins-Hofpital zu Baltimore verlangte der Stifter die Unterbringung von 400 Betten auf dem zur Verfügung geftellten Gelände; der endgültige Plan ergab nur 358 Betten. — Das Krankenhaus Rudolfftiftung in Wien kam für 800 anftatt für 1000 Betten, wie gefordert war, zur Ausführung. — Im Kaiferin-Elifabeth-Spital zu Wien konnten ftatt 500 Betten nur 460 untergebracht werden. — Die für 100 Betten beftimmte *Eaft Suffex and St. Leonhards infirmary* hat man nach Erkenntnis der Unzulänglichkeit des Geländes dann für 75 geplant und fchliefslich nur für 68 Betten ausgeführt.

Eine weit umfangreichere Lifte würde die Aufftellung von Beifpielen ergeben, bei denen trotz ungenügender Befonnung und Lüftung der Gebäude jede verlangte Bettenzahl untergebracht wurde.

Auch die nebenftehende Zufammenftellung von Grundftücksgröfsen ausgeführter Anftalten nach der Betteneinheit bietet nicht ohne weiteres Anhaltspunkte, da in diefen Krankenhäufern die Ausdehnung der einzelnen Bauten, ihre Abftände voneinander teils gröfser, teils geringer find und die Entfernungen von einer Umbauung öfters nicht berückfichtigt zu werden brauchten oder auch, wo es nötig war, nicht in genügender Weife eingehalten wurden. Anftalten, welche zugleich Lehrzwecken dienen oder Polikliniken enthalten und für diefe Zwecke ausgedehntere Räume oder Einzelgebäude erhielten, leiden oft unter einer verhältnismäfsig dichten Bebauung, wenn auch das Gelände für die Betteneinheit reichlich bemeffen erfcheint, wie z. B. im Johns-Hopkins-Hofpital zu Baltimore, wo auf 1 Bett bei teils zweigefchoffiger Bauweife der Krankenbauten 157 qm entfallen.

Bei eingefchoffiger Bauart ift man in Bernburg (362 Betten) und Hamburg-Eppendorf (1474 Betten), wo auf gröfsere zufammenhängende Gartenflächen verzichtet wurde, mit 126 qm für 1 Bett unter Einhaltung einer grofsen Teilbarkeit der Kranken gut ausgekommen, da in letzterer Anftalt für einen Erfatz der wenigen zweigefchoffigen Bauten durch folche mit einem Gefchofs zur Zeit ihrer Erbauung noch Platz vorhanden war. — In Worms, wo bei 220 Betten und 106 qm Geländefläche die Gartenanlagen zufammenhängender find, hat man zu diefem Zweck Krankenräume auch im Verwaltungshaus und in den Aufbauten verfchiedener Krankengebäude unterbringen und zur Erreichung befferer Teilbarkeit der Kranken Doppelpavillons verwenden müffen. — Dagegen ftehen die Krankengebäude im *Grafton Street hofpital* zu Liverpool mit 69 Betten und 120 qm für jedes nur 13,4 m von der Anftaltsgrenze ab und würden den inneren Bauten nicht näher gerückt werden können, fo dafs das von 2 Strafsen zugängliche Grundftück von deren Breite, bezw. der Höhe ihrer Bebauung abhängig fein würde, wenn es hier umbaut werden kann.

Im zweigefchoffigen Stuivenberg-Hofpital (388 Betten) zu Antwerpen war, unbefchadet einer günftigen Befonnung und Aufsenlüftung, gegenüber der Umgebung bei 102 qm Geländefläche eine weiträumigere Stellung der Gebäude möglich, als man ihm gab. — In dem auf 45 qm Geländefläche eingefchränkten Krankenhaus am Urban zu Berlin (614 Betten) find bei gleicher Teilbarkeit der Abteilungen die Abftände von der Umbauung geringer, als deren doppelte Höhe, und die 4 vorhandenen Ifoliergebäude

		Betten	Gefchoffe	Geländefläche für 1 Bett	Bauweife
Allgemeine Krankenhäufer:					
Kreiskrankenhaus	Brix	150	1	183	
Hôpital municipal	St.-Denis	166	1	157	
Kreiskrankenhaus	Deffau	190	1	110	
Bürgerhofpital	Worms	220	1	106	
Kreiskrankenhaus	Bernburg	362	1	126	
Städtifches Hofpital	Riga	400	1	108	
Hôpital St.-Elsi	Montpellier	602	1	150	
Carola-Haus	Dresden	508	1 u. 2	156	
Städtifches Krankenhaus	Wiesbaden	240	1 u. 2	155	
Johns-Hopkins-Hofpital	Baltimore	358	1 u. 2	157	
Städtifches Krankenhaus am Friedrichshain	Berlin	600	1 u. 2	159	
Kaifer-Franz-Jofeph-Spital	Wien	610	1 u. 2	139	offen
Städtifches Krankenhaus	Nürnberg	1000	1 u. 2	101	
Allgemeines Krankenhaus	Hamburg-Eppendorf	1474	1 u. 2	126	
» »	Swanfea	100	2	97	
» »	Kaiferswerth	210	2	243	
Gafthuis Stuivenberg	Antwerpen	388	2	102	
Städtifches Krankenhaus am Urban	Berlin	614	2	45	
Greath Northern central hofpital	London	150	3	29	
Kaiferin-Elifabeth-Spital	Wien	460	3	28	
Ste.-Eugénie	Lille	518	3	76	
Hôpital Tenon	Paris	606	3	87	
Hôpital Lariboifière	Paris	613	3	107	
St. Marylebone infirmary	London	744	3	17	
Krankenpflegehaus	Wilfter	12	1	11	
Städtifches Krankenhaus	Langenfalza	24	1	117	
Werkfpital	Refchitza	15	1	75	
Hôpital St.-Andrée	Bordeaux	650	2	25	
Allgemeines Krankenhaus	Hamburg	1000	2	54	
» »	Wien	2000	2	50	
East Suffex and St. Leonhards infirmary	Haftings	75	3	19	
Israelitifches Krankenhaus	Berlin	100	3	57	ge-fchloffen
Hofpital zum heiligen Geift	Frankfurt a. M.	270	3	36	
General infirmary	Hull	275	3	18	
» »	Leeds	328	3	48	
Diakoniffenanftalt Bethanien	Berlin	350	3	199	
Krankenhaus Rudolfftiftung	Wien	800	4	43	
Krankenhaus	Augsburg	500	4	34	
St. Thomas hofpital	London	572	4	61	
Infektionshofpitäler:					
Heathcote infections hofpital	Leamington	22	1	160	
Ifolations hofpital	Willesden	42	1	684	
Hofpital für anfteckende Krankheiten	Orefund	52	1	320	
Grafton Street hofpital	Liverpool	69	1	120	
Blegdam hofpital	Kopenhagen	168	1	158	
(einfchl. Erweiterung)	»	312	1	246	offen
St. Ladislans-Epidemicfpital	Budapeft	200	1	275	
Städtifches Krankenhaus	Moabit	900	1	84	
Brook fever hofpital	London	488	1 u. 2	249	
Fountain permanent hofpital	»	520	1 u. 2	210	
Northern convalefcent fever hofpital	»	480	2	303	
London fever hofpital	»	776	1 u. 2	94	gefchloffen
Militärhofpitäler:					
Hôpital militaire	Bourges	332	1	26	
Garnifonlazarett	Ehrenbreitftein	124	2 u. 3	34	
»	Düffeldorf	150	1 u. 2	118	
»	Königsberg	374	1 u. 2	136	
» II	Berlin	504	1 u. 2	119	offen
Herbert hofpital	London	650	2	108	
Hôpital militaire	Brüffel	330	3	132	
» »	Vincennes	600	3	100	
Militärhofpital	Amersfort	78	1	274	
General hofpital	Malta	300	2	34	

Quadr.-Met.

mufsten wegen Platzmangels Mittelgänge erhalten. Sein Gelände ift fomit gröfser anzunehmen, wenn feine Ausdehnung mit derjenigen der vorgenannten Anftalt verglichen wird.

Bei der dreigefchoffigen Bauweife haben *Ste.-Eugénie* zu Lille (518 Betten) und das *Tenon*-Hofpital zu Paris (606 Betten) mit 76, bezw. 87 qm reichliche Abftände, aber grofse Krankengebäude, deren Teilbarkeit in der erfteren Anftalt beffer als in der letzteren ift. — Im Kaiferin-Elifabeth-Spital zu Wien (460 Betten) und in St. Marylebone zu London (744 Betten), wo das Gelände nur 28, bezw. 17 qm beträgt, find die Abftände der gleichfalls umfangreichen und wenig teilbaren Bauten von der Umbauung zu klein, und das letztgenannte Krankenhaus entbehrte, da es für Leichtkranke beftimmt ift, jedes Ifoliergebäudes.

Bei vielen in der Lifte genannten Anftalten ift augenfcheinlich die Gröfse des Grundftückes für die Anordnung der Gebäude bezüglich der Bauart und der Zahl der Stockwerke nicht mafsgebend gewefen.

Anhaltspunkte zum Vergleich für die Ausdehnung des Geländes bei ein-, zwei- oder mehrgefchoffigen Krankenbauten würde man nur durch Zufammenftellung von Plänen, die fich aus Krankengebäuden von gleicher Bettenzahl und Saalgröfse bei gleichem Zubehör in jedem Gefchofs zufammenfetzen, erhalten können, wie dies in Art. 240 (S. 140) bezüglich der Berechnung von Grundflächen gefchehen ift, welche ein-, bezw. zweigefchoffige Krankengebäude einer beftimmten Gröfse erfordern. Dann wird fich wie dort ergeben, dafs die zwei- oder mehrgefchoffige Bauweife in verhältnismäfsig geringem Mafse weniger Gelände erfordert als die eingefchoffige. Die nötige Ausdehnung des Geländes hängt von der Art der Gliederung der Anftalt ab und ift, wenn es fich um Erwerbung eines neuen Grundftückes handelt, am zweckmäfsigften in jedem einzelnen Fall, ohne fich zunächft durch Normen leiten zu laffen, an der Hand von vorläufigen Planfkizzen feftzuftellen.

Für das Kaifer-Franz-Jofeph-Spital zu Wien wurde die erforderliche Gröfse und Form in diefer Weife vor dem endgültigen Erwerb des für dasfelbe gewählten Grundftückes klargelegt.

Ebenfo wird man die Zahl der Betten, welche auf einem bereits vorhandenen Grundftück einwandfrei untergebracht werden können, nicht durch Schätzungen, fondern durch Pläne klarlegen müffen, wenn man keine Enttäufchungen erleben will.

562
Lage zum
Ort

Bei Wahl des Grundftückes find feine Lage zur Umgebung bezüglich der Sicherung reiner Luft und Ruhe, ein geeigneter Baugrund, feine reichliche Verforgung mit Waffer und feine einwandfreie Entwäfferung zu berückfichtigen.

Zur Sicherung freier Lage und reiner Luft hat man Krankenhäufer in mehr oder weniger grofsem Abftande von den zugehörigen Orten errichtet, was bei gröfseren Entfernungen zweckentfprechende Verbindungswege mit denfelben und Transporteinrichtungen für Kranke und Befuchende erfordert. Der fchädliche Zeitverluft, welchen eine Ueberführung von Schwerverletzten oder fehr erfchöpften Fiebernden auf längeren Wegen verurfacht, tritt auch ein, wenn folche Kranke z. B. in grofsen Städten aus den Vororten in die Krankenhäufer der Stadt gebracht werden müffen. Wo andere, näher gelegene Anftalten, denen diefe Kranken zugeführt werden können, neben den neuen beftehen, oder wo zur erften Hilfeleiftung bei Schwerverletzten andere öffentliche Einrichtungen vorhanden find, auf welche am Schlufs der Betrachtungen über die allgemeinen Krankenhäufer zurückzukommen ift und wo fich die Aufnahme von Schwerkranken und das Einbringen der Kranken im Einzelfall vorher fichern läfst, bietet eine weitere Entfernung eines Krankenhaufes von dem Ort weniger Nachteil für die Kranken, aber viele Vorzüge für ihre Pflege.

Das neue Krankenhaus für Hamburg liegt im Vorort Eppendorf, welcher Pferdebahnverbindung mit der Stadt hat, 4,8 km vom Rathausmarkt an der Landesgrenze (Fig. 311 [648]); doch wurde bei feiner Erbauung beftimmt, dafs Kranke, bei denen der Transport nicht ohne Schaden zu bewirken ift, dem alten Hamburger Krankenhaufe zugeführt werden follten. — Nach dem Bericht von *Kumpf* über die Cholera-

---

[648] Nach: Deutfche Viert. f. öff. Gefundheitspfl. 1888, Plan bei S. 549.

epidemie in Hamburg 1893 ftellte fich die Sterblichkeit in der neuen Anftalt günftiger als in der alten, in der Strefowerftrafse aber trotz des kürzeren Transportes am höchften, weil nur die fchwereren Fälle dorthin kamen, während die leichteren nach dem alten allgemeinen Krankenhaufe gebracht wurden[649]).

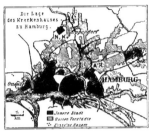

Fig. 311.

Die Lage des Krankenhauses zu Hamburg.

Die Gemeinde Wien errichtete ein Epidemiefpital an der Trieflerftrafse, 1 km von der Grenze des V. Bezirkes, 4 km vom Stephansplatz entfernt, und neben demfelben ift das Kaifer-Franz-Jofeph-Hofpital mit feiner umfangreichen Infektionsabteilung erbaut worden. Die anderen k. k. Krankenanftalten, die Behörden und die Aerzte find angehalten, vor Ueberweifung von Kranken telephonifch anzufragen, ob der nötige Belegraum thatfächlich vorhanden ift.

In Montpellier wurde das *Hôpital St.-Eloi* in einer Entfernung von 1,13 km vom *Hôpital général*, wo Einrichtungen für Wartende und Wagen vorhanden find, in freier Lage und mit diefem durch eine Avenue verbunden, geplant.

Das II. Garnifonlazarett für Berlin liegt in Tempelhof, 5,9 km vom Dönhoffplatz, fteht durch ein befonderes Gleis mit der nach dem Ort führenden Pferdebahn und durch diefe mit allen Berliner Kafernen in Verbindung; zum Krankentransport auf der Bahn dienen befondere Wagen.

Die Erforderniffe der Lage von Anftalten, welche Lehrzwecken dienen oder Polikliniken erhalten, müffen im Einzelfall erwogen werden, da hierbei die Gröfse der Stadt, die Verbindungen mit anderen Lehrftätten für die Studierenden und Aerzte mitfprechen können.

Sollen Krankenhäufer vor den Dünften des Ortes möglichft bewahrt bleiben und letzterem ihre Luft thunlichft wenig zugeweht werden, fo könnten fie nur an zwei gegenüberliegenden Seiten derfelben liegen, z. B. bei herrfchenden Weftwinden, an der Süd- und Nordfeite. Doch vermindert eine gröfsere Entfernung auch die Nachteile folcher Dünfte bei anderen Lagen zum Ort infolge ihrer dann eintretenden Verdünnung.

Bei einer Lage an fchnell ftrömenden Flüffen und am Meere, wo Ebbe und Flut ftattfindet, kann die lebhaftere Luftbewegung, welche durch diejenige des Waffers entfteht, Vorteile für die Aufsenlüftung bieten. Neuerdings hat man, im befondern Infektionshofpitäler, wegen der dadurch auch erreichbaren vollftändigeren Abfonderung, auf Flüffen errichtet. Diefe Lage erfordert eine geficherte Verbindung derartiger Anftalten mit dem Lande für den Krankentransport, die Verwaltung und für Feuergefahr, fcheint auch mehr für eine Schifferbevölkerung als für eine ländliche geeignet.

563. Lage zur Umgebung.

Liegt eine Anftalt an einem träge fliefsenden Waffer, an einem Kanal oder an einem mit Wafferzuflufs verfehenen Teich, fo führt eine leichte Luftbewegung, befonders an warmen Abenden, ihre Dünfte in die Bauten.

Auch bei Windftille und felbft bei gröfseren Abftänden von folchen Waffern entfteht zu diefer Zeit ein auffteigender Luftftrom an den von der Sonne erwärmten, ihnen zugekehrten Gebäudefeiten, der die Wafferdünfte mitzieht und um fo kräftiger wird, je höher und ausgedehnter folche Gebäudefronten find.

Kann die Lage an derartigen Waffern nicht vermieden werden, fo wird ein Krankenhaus an ihrer Süd- oder Weftfeite am beften liegen, fo dafs die Bauten ihnen ihre Nord- oder Oftfeite zukehren, je nachdem im Sommer Süd- oder Weftwinde vorherrfchen, vorausgefetzt, dafs das Waffer in der Nähe feine Richtung nicht ändert.

---

[649]) Siehe: Jahrbücher der Hamburgifchen Staatskrankenanftalten. Jahrg. III (1891—92). Hamburg und Leipzig 1894 Teil II, S. 46.

Die gute Aufsenlüftung des alten *Hôtel-Dieu* in Paris an der fchnell fliefsenden Seine wurde nach Entfernung des gegen Weften gerichteten, den Flufs überbrückenden Querbaues von *Trélat* als gut bezeichnet. Beim Neubau des Krankenhaufes an der Südfeite des anderen Seinearmes hat man aus diefer Lage keinen Vorteil für die Aufsenlüftung der Krankenfäle gezogen.

Das am Oftufer der Themfe gelegene *St. Thomas hofpital* zu London kehrt feine weftlichen Saalftirnfeiten dem Flufs zu und leidet an gewiffen Tagen, wenn die Flut feinen Unrat zurücktreibt, noch mehr durch feine Ausdünftungen, da der Flufs weiter nördlich fich nach Often wendet, fo dafs bei nordöftlichen Luftftrömungen auch im gegenüberliegenden Parlamentsgebäude die Luft verpeftet fein kann.

Die Lage in feuchten Niederungen, in ungenügend befonnten und gelüfteten Thälern, fowie eine folche, wo für das Grundftück die Gefahr einer Ueberfchwemmung befteht, ift auszufchliefsen.

Das *Ofpedale di San Spirito* in Rom ift Ueberfchwemmungen durch den Tiber ausgefetzt. — Infolge feuchter Lage mufste das alte St. Jakobs-Hofpital in Leipzig verlegt werden. — Das Diakoniffen-Mutterhaus in Kaiferswerth leidet oft fchwer unter Ueberfchwemmungen durch den Rhein, was u. a. den Neubau der Krankenanftalt des Mutterhaufes nötig machte. — Bezüglich überfchwemmter Baracken fiehe Art. 400 (S. 239).

Der wünfchenswerte Schutz vor rauhen Winden kann eine Deckung gegen folche durch höher gelegenes Gelände oder durch Gehölz an der Nord- oder Oftfeite nötig machen. Deshalb find freiliegende Spitzen von Hügeln mit Vorficht zu wählen, wo ftarke Winde herrfchen, die den Aufenthalt der Kranken im Freien beträchtlich einfchränken, auch die Regelung der Heizung erfchweren. In England empfiehlt man befonders die Lage auf einem fchwach gegen Süden oder Südweften fallenden Gelände, weil dann der Einflufs der Sonne Kohlen fpart.

Die Nähe von Sümpfen, ftehenden Waffern, geruchverbreitenden Induftrieanlagen, Pferdebahndepots und anderen Stallungen in der Umgebung eines Krankenhaufes ift zu vermeiden, foweit nicht durch die bei der Lage an langfam fliefsenden Waffern befprochene Orientierung des Grundftückes Schutz vor ihren Ausdünftungen erzielt wird.

Gegen die allgemeine Forderung, dafs ein Krankenhaus möglichft geräufchlos liegen foll, fpricht die Lage an einer Eifenbahn, fowie an Strafsen, auf welchen fchwere Laften bewegt werden. Dennoch hat man dies nicht immer vermeiden können.

Lariboifière in Paris liegt am Nordbahnhof, das Inftitut für Infektionskrankheiten in Berlin unmittelbar an der Stadtbahn, und das Gelände des *German hofpital Dalfton* zu London wird durch die *North London railway* in zwei Teile zerfchnitten, welche durch eine Brücke über die Bahn verbunden find.

Zu den Nachteilen des bei folcher Lage entftehenden Geräufches kommen noch diejenigen der Erfchütterungen der Gebäude, welche im befondern für Operierte fchädlich find, was koftfpielige, die Erfchütterungen möglichft einfchränkende Unterbauten oder fehr widerftandsfähige Blockbauten anftatt luftiger Säle nötig machen, alfo die Bauart beeinfluffen kann.

564. Umbaute Grundftücke. Die freie Lage hat für Krankenhäufer nur fo lange Wert, als fie vor Umbauung gefichert ift, wozu gehört, dafs vorausfichtlich unbebaubare Geländeflächen die Anftalten umgeben. Sehr viele noch beftehende alte Krankenhäufer find in freier Lage erbaut, aber fpäter umbaut worden, was heute bei dem Wachfen der Städte fehr fchnell eintreten kann.

Das Kaifer-Franz-Jofeph-Spital in Wien lag anfangs frei; in feiner Nähe waren aber fchon 1892 20 Miethäufer errichtet worden.

In London, wo die meiften Krankenhäufer zur Zeit der Erbauung in offenem Felde und entfernt von Gebäuden errichtet wurden, liegen jetzt nach dem Plan von *Mouat*, in welchem ringförmige Kreife — *Charing Crofs* als Mittelpunkt angenommen — mit Halbmeffern von $0{,}9$, $1{,}6$, $2{,}4$, $3{,}2$, $4{,}8$ und $11{,}3$ km

(= 0,5, 1,0, 1,5, 2,0, 3,0 und 7 Meilen) eingezeichnet find, im inneren Kreis 6 Krankenhäufer, im erften Ring 19 und 1 *Poor law infirmary*, im zweiten 31 und 1 der letzteren, im dritten 39 Krankenhäufer und im vierten 12 derfelben, hauptfächlich feparierte *Poor law infirmaries*, die gegenwärtig ausfchliefslich für die Armen beftimmt find.

Durch Erwerbung eines beträchtlich gröfseren Geländes als dasjenige, welches das Krankenhaus bedarf, ift es möglich, die Umbauung, wenigftens der näheren Umgebung, auszufchliefsen oder doch in fachgemäfser, thunlichft wenig fchädlicher Art zu fichern, wo fie fonft nicht gewahrt erfcheint.

Der Staat Hamburg erwarb in Eppendorf ein Grundftück von 55 ha, obgleich die Anftalt nur 18,61 ha erforderte.

Eine weitere Sicherung gegen die Schäden einer Umbauung wird durch eine über die Umgebung erhöhte Lage gewonnen, wie im Friedrichshain zu Berlin, oder wo diefe nicht gewählt werden kann, durch die Lage an weiten Parkanlagen, Plätzen u. f. w., die vorausfichtlich lange einer Bebauung entzogen bleiben.

Die Lage an zwei Strafsen ift wegen der zweckmäfsigeren Anordnung der Eingänge zum Grundftück derjenigen an einer vorzuziehen. Die Rückficht auf feine Befonnung macht eine Begrenzung des Grundftückes durch Strafsenzüge an feiner Oft-, Süd- und Weftfeite und, wenn auf demfelben hohe Gebäude an der Nordfeite geplant werden, auch eine folche an diefer erwünfcht (fiehe Art. 566, S. 339). Für die Lüftung des Geländes wäre es am vorteilhafteften, wenn Plätze, deren Bebauung durch eine Kirche, Markthalle u. f. w. ausgefchloffen ift, fich an den Seiten der Krankenhäufer, von welchen aus die Winde das Grundftück beftreichen follen, anfchlöffen, während ein Hindernis für die Aufsenlüftung, wie z. B. eine gefchloffene Häuferfront, an denjenigen Seiten für die Anftalt am unfchädlichften ift, wo rauhe oder heftige Winde abzuhalten find.

Für das Grundftück felbft foll ein möglichft reiner Boden gewählt werden, namentlich dann, wenn derfelbe keine Abdeckung unter den Gebäuden erhalten kann und den Krankenräumen die Luft durch ihren Fufsboden zugeführt wird, wie in verfetzbaren Baracken, unter denen das Anfaugen kohlenfäurehaltiger Luft vermieden werden mufs.

565 Befchaffenheit des Grundftückes.

Die gröfste Zahl der maffenhaft auch im fog. jungfräulichen, unbebauten Boden vorhandenen Mikroorganismen ift nach *Flügge*[650]) an der Oberfläche und in den oberflächlichften Schichten vorhanden. In 1 bis 3 m Tiefe beginnt meift eine geradezu bakterienfreie Zone, da poröfer Boden für Flüffigkeiten ein bakteriendichtes Filter bildet. — Von pathogenen Bakterien könne man in gedüngter Erde die häufige Anwefenheit der Bacillen des malignen Oedems und des Wundtetanus nachweifen. Auch einige andere feptifch wirkende Arten wurden durch den Tierkörper bei Einimpfung von Erdproben auf Verfuchstiere im Tierkörper ifoliert. »Eine reichliche Wucherung in den oberen Bodenfchichten wird für den Peftbacillus behauptet« und es »ift anzunehmen, dafs die Erreger der Malaria in geeignetem Boden ihre eigentliche Wohnftätte haben.«

»Eine Verhütung der Infektion vom Boden aus ift am vollftändigften dadurch erreichbar, dafs Strafsen, Höfe und Sohlen der Häufer gepflaftert, afphaltiert oder zementiert werden. Ferner ift es erforderlich, die Oberfläche einer häufigen Reinigung, die durch paffendes Gefälle und gute unterirdifche Ableitung unterftützt wird, auszufetzen und fo oberflächliche Anfammlungen von Abfallftoffen zu verhüten. — Selbft ein Malariaboden kann erfahrungsgemäfs in folcher Weife unfchädlich gemacht werden.«

Ein Untergrund, welcher wenig Waffer auffaugt, ift kälter als ein durchläffiger. Auf Thonboden kann nach den Erfahrungen der Engländer kein Krankenhaus längere Zeit gefund bleiben. Um das Gebäude und das Gelände trocken zu halten, mufs ein hoher Grundwafferftand durch unterirdifche Entwäfferung gefenkt werden können. Undurchläffiger Boden ift zu vermeiden.

---

650) Siehe: FLÜGGE, Grundrifs der Hygiene. 4. Aufl. Leipzig 1897. S. 187 ff.

Handbuch der Architektur. IV. 5, a. (2. Aufl.)

22

Im Landeskrankenhaufe zu Sebenico, welches auf einem fterilen Felsplateau erbaut wurde, erforderte das 3,5 ha grofse Gelände 15 000 Fuhren Bodenauftrag, um es mit Gartenanlagen ausftatten zu können.

Höhenunterfchiede auf einem Grundftück bedürfen einer Regelung, welche den Hauptverkehr zwifchen den Gebäuden in einer Weife ermöglicht, die nicht mit Befchwerden verknüpft ift. Das Beftreben, dies in einer thunlichft wenig koftfpieligen Weife zu bewirken, hat, zumal bei ftarkem Gefälle, zu verfchiedenen Hilfsmitteln geführt, von denen fich eine gedrängte Gebäudeftellung und die Anordnung fonft vermeidbarer Verbindungsgänge am wenigften empfehlen.

Zur Vermeidung von Futtermauern böfchten *Gropius & Schmieden* im Friedrichshain zu Berlin die Anfchüttungen innerhalb der Einzäunung unter Belaffung eines 1,80 m breiten, entwäfferten Weges am Fufs derfelben im Verhältnis von 1 : 3 durch Steine ab, während an der abgetragenen Seite die Mauer auf einem Wall von 1,50 m Kopfbreite fteht, welcher nach der Anftaltsfeite im Verhältnis von 1 : 1,5 abfällt.

Diefelben Architekten verlegten in ihrem Konkurrenzplan für Wiesbaden zur Vermeidung tiefer Gründungen das Wohnhaus des dirigierenden Arztes auf die mittlere Terraffe der zweimal abgetreppten Südfpitze des Grundftückes.

Im Kaiferin Elifabeth-Spital zu Wien beträgt das Gefälle von Norden nach Süden 0,049 : 1, von Weften nach Often 0,009 : 1, was durch mehr oder weniger hohe Sockelbauten ausgeglichen wurde, um Verbindungsgänge in einer Ebene anordnen zu können. 1893 erforderte das Grundftück eine neue Oberflächenentwäfferung, da bei ftarkem Regen und Schneefchmelze das Waffer die Sockelgefchoffe überfchwemmte.

Abfallendes Gelände fuhrte im *Brook fever hofpital Shooters Hill* zur Parallelftellung der auf 3 Geländeterraffen verteilten Gebäude, anfteigendes Gelände in Montbéliard zur Stellung derfelben parallel mit den Höhenkurven, zu Rampenanordnungen und Verbindungsgängen mit Stufen.

Tollet regelte das Gelände in Montpellier unter Belaffung feiner 5,80 m betragenden Steigung im Verhältnis von 0,023 : 1,00 m und treppte die Verbindungsgänge zwifchen den engftehenden Krankengebäuden ab. Das Gelände der noch höher gelegenen Infektionsabteilung wurde terraffiert.

Im Johns-Hopkins-Hofpital zu Baltimore verurfachte die Regelung des Geländes die Terraffierung desfelben für die Gebäude der Zahlenden an der tiefer liegenden Zufahrtsftrafse, und das Verwaltungsgebäude wurde zwifchen ihnen beträchtlich hinter die Einzäunung zurückgelegt, um durch eine Zufahrtsrampe die Steigung zu überwinden. Die Folge deffen war die enge Stellung der rückwärtigen Bauten.

Die ftarke Steigung des Geländes im *Royal Victoria hofpital* zu Montreal in feiner Längs- und Querachfe zwang *Snell* ebenfalls dazu, das Verwaltungsgebäude weit zurückzufchieben und mit den beiden feitlichen Krankengebäuden, deren Eingänge 7,15 m Höhenunterfchied haben, durch Brückengänge zu verketten, die das II. Gefchofs des erfteren mit dem I. des Südweftflügels und mit dem III. des vorderen Teiles vom Nordoftflügel verbinden, in denen der Gang dann in derfelben Gleiche im Dach des medizinifchen Amphitheaters und in III. Gefchofs der anfchliefsenden Klinik weiter geführt ift, um fchliefslich im I. Gefchofs des Gebäudes für Zahlende zu enden. Die Infektionsabteilung liegt auf dem höchften Punkte, 58,0 m über dem Haupteingang zum Grundftück, und ift durch einen etwa 400 m langen Weg mit diefem verbunden [651].

Infolge der Lage an einer Berglehne gab *Schmieden* dem Kreiskrankenhaufe zu Ballenftedt ein hohes, in den Berg eingebautes Untergefchofs.

Ueber Schutzmafsregeln gegen mangelhaften Baugrund fiehe auch Art. 56 (S. 34).

2) Bebauung im allgemeinen.

566. Stellung der Gebäude zur Himmelsrichtung.

Nach den in Art. 53 bis 55 (S. 32 ff.) befprochenen Gefichtspunkten für die Lage eines Krankenraumes zur Himmelsrichtung hängt die wünfchenswerte Stellung eines Krankengebäudes von der Zahl und Lage der mit Fenftern durchbrochenen Aufsenfeiten feiner Krankenräume, von der Art der darin zu verpflegenden Kranken und vom Klima ab. Bei einem freiftehenden Gebäude bereitet die Wahl feiner Stellung, wenn es unter Beachtung diefer Umftände geplant ift, keine Schwierig-

---

[651] Siehe: Kuhn, F. O. Eine canadifche Krankenanlage. Deutfche Bauz. 1894, S. 23.

keit. Ebenso liegt es, wenn mehrere Krankengebäude in freier Stellung, wie in den Barackenlazaretten von St.-Cloud und im Wladimir-Hofpital zu Moskau, oder bei gleicher Richtung ftaffelförmig, wie im Bürgerfpital zu Worms und in den Barackenlazaretten zu Tempelhof und Hamburg-Altona, angeordnet werden. Bei Längsftellung in einer Reihe leidet die innere Längslüftung durch die Stirnfenfter oder Thüren. Bei paralleler Lage der Bauten zu einander fordert man, dafs die herrfchenden Winde zwifchen den Gebäuden hindurchftreichen, da fie bei rechtwinkeliger Wirkung auf die Längsfeiten nur die ihnen zugekehrten Gebäudeflächen treffen und über die anderen Bauten blofs abfaugend hinweggehen würden, was um fo weniger wirkfam ift, wenn niedrige Bauten zwifchen hohen liegen. Die in folchen Fällen mangelhafte Lüftung des Geländes zwifchen den Gebäuden wird befonders dort bemerkbar fein, wo die herrfchenden Winde ftarke und häufige Regenfälle mit fich bringen, und der benäfste Boden dann um fo langfamer trocknet, je weniger durchläffig der Untergrund ift.

In Europa haben im ganzen Jahre die Weft- und Südweftwinde meift die Oberherrfchaft. Weftwinde bedingen weftöftliche Richtung der Geländebahnen und Längsftellung der Gebäude an diefen, was eine Befchattung der Bahnen an der Nordfeite der Bauten und koftfpieligere Heizung der letzteren zur Folge hat. Will man das freie Gelände vor den Oftwinden durch entfprechende Bepflanzung oder Bebauung an der Oftfeite fchützen, fo bleiben nur die Weftwinde voll wirkfam. Bei füdnördlicher Lage der Bahnen und Längsachfen tritt beffere Grundftücks- und Gebäudebefonnung ein; beim Abfperren der Nordwinde ift das Gelände aber nur den Südwinden voll offen.

Nach einer in der 1. Auflage des vorliegenden Heftes (S. 729) mitgeteilten Zufammenftellung der 1848—87 in Berlin beobachteten Windrichtungen ergiebt fich, dafs hier füdnördliche Bahnen felbft bei geöffnetem Nordende die geringfte Zahl von Winden erhalten, während auf die diagonalen Himmelsrichtungen bei offenen Enden nahezu fo viel entfallen, wie auf die weftöftliche bei gefchützter Oftfeite.

Die Menge der Winde ift nicht immer allein entfcheidend, fondern auch ihre Stärke, und die herrfchenden Winde find an manchen Orten befonders heftig. Ueber das Oeffnen des Geländes für ftarke Winde find die Anfichten auseinander.

In Hamburg-Eppendorf wählte man die nordweftliche Richtung für die Längsachfen der Bauten, um die Geländebahnen zwifchen denfelben den dort am kräftigften wirkenden Nordweftwinden zugänglich zu machen, während man in der Rudolfftiftung zu Wien die Säle vor den dort heftigen Weft- und Nordwinden fchützte.

Nach alledem ift in jedem Einzelfall die möglichft günftige Stellung der verfchiedenen Gebäude zur Sonnenbahn und den Winden zu wählen, wobei man bezüglich der letzteren, wenn kein volles Beftreichen der Geländeflächen erreichbar oder erwünfcht ift, fich mit dem Durchftreichen unter einem möglichft günftigen Winkel begnügen mufs. Bei umbautem Gelände ift die Lage der Gebäude auch von den Luftbewegungen abhängig, welche durch die Richtung der das Grundftück beeinfluffenden Strafsenzüge bedingt werden. Die Stellungen in einem Winkel von 45 Grad zur Sonnenbahn bieten, wo fie zuläffig find, den Vorteil allfeitiger Befonnung der Grundftücksflächen und der Gebäude. Aus diefem Grunde empfiehlt *Aldwinckle* für England eine von Nordoft nach Südweft gerichtete Achfe. Diefe oder eine andere mehr oder weniger geneigte Linie zum Sonnenweg wurde auch in Europa öfter gewählt als eine reine nordfüdliche oder oftweftliche Lage, wie die Zufammenftellung von *Snell* lehrt [652]).

Die Gebäude für Anfteckendkranke hat man meift von den anderen Kranken-

---

[652]) Siehe: MOUAT & SNELL, a. a. O., Sektion II, S. 278.

bauten der befferen Perfonaltrennung wegen abgefondert und oft windabwärts oder in reichlichem Abftand von jenen gelegt, da man die unmittelbare Umgebung folcher Bauten als unrein betrachtet, die Rekonvalescenten fich oft im Freien aufhalten, hier auch unter Umftänden Kranke in Zelten gelagert werden können und trotz aller Vorfchriften oft Verftöfse gegen die wünfchenswerte Art der Reinhaltung der Krankenräume, der Perfonen und ihrer Umgebung vorkommen.

In Montpellier und im Viktoria-Hofpital zu Montreal liegen die Infektionsabteilungen auf dem höchften Punkt des Geländes. (Siehe Art. 565, S. 338.)

Wendet man die vorftehend befprochenen Geﬁchtspunkte auf die übrigen Gebäude des Krankenhaufes an, fo wird man auch diefe zum Vorteil der angeftrebten Befonnung und Lüftung der Krankengebäude anzuordnen haben, die Baulichkeiten, deren Luft letzteren möglichft wenig zugeführt werden foll, an diejenigen Seiten legen, wo die geringfte Zahl der Winde herkommt, alfo bei uns im allgemeinen an die Oft- oder Nordfeiten, und davon diejenigen, welche mehr als ein Gefchofs erfordern, vorzugsweife an die letzteren. Neben folchen Erwägungen find natürlich die übrigen örtlichen und inneren Verhältniffe des Krankenhaufes zu berückfichtigen. Bei mehrgefchoffigen Krankengebäuden kann es erwünfcht fein, die anderen Bauten thunlichft nur eingefchoffig zu errichten, welchen Weg man im *Tenon*-Hofpital zu Paris und in *Ste.-Eugénie* zu Lille eingefchlagen hat. Die Wohngebäude des Pflegeperfonals find möglichft aufserhalb der Luft der Krankengebäude, aber unter günftigen Befonnungsverhältniffen anzuordnen.

Für die Abftände der letzteren untereinander und von anderen Bauten hat man Normen aufgeftellt, welche fich teils auf die Höhe derfelben von der Geländefläche bis zum Dach oder bis zum Dachfirft, öfter auch auf das Mafs zwifchen der Fufsbodengleiche des am tiefften gelegenen Krankenraumes bis zum Dach oder Firft, beziehen. Die letztere Art giebt keine Sicherheit für eine genügende Befonnung des Geländes, da die Höhenlage des betreffenden Fufsbodens über demfelben verfchieden ift. Eine Berechnung auf Grund der Firfthöhe, welche *Tollet* mit Rückficht auf feine Bauart wählte, eignet fich wegen der verfchiedenen Tiefe und verfchiedenen Dachformen der Baulichkeiten zu einer allgemeinen Norm ebenfalls nicht. Bei der erftgenannten Art, die Abftände zu regeln, gilt im allgemeinen, dafs diefelben der doppelten Höhe der Bauten entfprechen follen. Haben gegenüberftehende Gebäude verfchiedenes Höhenmafs, fo ift das Doppelte des höheren mafsgebend. Bei befonderen Dachformen wäre diefes Verhältnis erforderlichenfalls dahin abzuändern, dafs die Dachflächen noch in den aus diefer Norm fich ergebenden Winkel fallen. In einigen neuerdings erfchienenen Polizeiverordnungen für Krankenhausbauten wird auch der 30-Grad- und der 45-Gradwinkel unter Feftftellung gewiffer Mindeftabftände zugelaffen.

Bei niedrigen Bauten kann fchon der doppelte Abftand auf 6 bis 7 m herabgehen. In den fpäteren Barackenlazaretten im nordamerikanifchen Bürgerkrieg erweiterte man wegen der Feuersgefahr bei diefen Holzbauten den Abftand der Baracken auf ihre dreifache Höhe, wie durchfchnittlich im Jefferfon-Hofpital. Bei Bauten für Anfteckendkranke will man aus den im vorigen Artikel befprochenen Gründen den Abftand nicht unter ein beftimmtes Mafs herabdrücken, welches nach *Aldwinckle* bei einftöckigen Bauten 15,20, bei zweiftöckigen 20,00 m (= 50, bezw. 65 Fufs) betragen foll, falls die Norm nach der doppelten Höhe nicht gröfsere Abftände bedingt. Sollen die Flächen zwifchen den Gebäuden Gartenanlagen erhalten,

<small>567 Abftände der Bauten voneinander.</small>

fo wäre diefes Mafs entfprechend zu fteigern. In Hamburg-Eppendorf beträgt der Abftand zwifchen den eingefchoffigen Bauten 20,00 m.

Bei zu grofsen Abftänden zwifchen den Krankengebäuden entfteht aufser der Erfchwerung des Betriebes die Verfuchung, fpäter zwifchen folchen Bauten andere einzufchieben, was namentlich bei den weiten Entfernungen zwifchen hohen Gebäuden leicht eintreten kann. Engere Stellungen führen bei eingefchoffigen Bauten zu Gartenanlagen an den Stirnfeiten, wo ein folcher Fall auch möglich ift, aber bei genügender Breite der Gartenplätze und bei Einhaltung freier Geländebahnen für die Windbewegung weniger nachteilig fein wird.

Verfchiedene Schriftfteller wünfchen, dafs auf dem Anftaltsgelände eine fanitäre Zone alle Gebäude des Krankenhaufes umfafst, um fie von den Nachbargrundftücken, Strafsen oder Plätzen zu trennen, wie eine folche bei den alten Pefthofpitälern eingehalten wurde, wo man fie beiderfeits mit Mauern einfafste. Diefe Zone hatte in *St.-Louis* zu Paris 30,00 m Breite. — *Brouard* und *Léon Colin* forderten dafür 20,00 m, *Tollet* und *Fauvel & Vallin* 15,00 m, während der *Local government board* fie für Infektionshofpitäler auf 12,20 m (= 40 Fufs) feftfetzt, aber nur auf die Gebäude ausdehnt, welche infizierte Kranke oder Gegenftände aufnehmen. Die letztgenannte Forderung würde fomit bei freier Lage einer Anftalt mit umgebenden Strafsen die geringfte fein. Ift das Grundftück aber umbaut oder kann eine Umbauung eintreten, fo müfsten die Gebäudeabftände auch von diefer der doppelten dies- oder jenfeits vorhandenen Gebäudehöhe entfprechen.

Nimmt man beifpielsweife das in Berlin zuläffige Höchftmafs von 22,00 m an genügend breiter Strafse für die Umbauung an, fo follten Krankengebäude von den gegenüberliegenden füdlichen, öftlichen und weftlichen Strafsenbaufluchten 44,00 m, von den nördlichen um die doppelte Höhe der dort ftehenden Krankengebäude entfernt liegen, wobei für den Fall von Epidemien ringsherum mindeftens ein 12,00 m breiter Abftand der Krankengebäude und der anderen unreinen Bauten von der Einfriedigung einzuhalten wäre.

Nach *Piftor* follen Infektionshofpitäler von Wohnftätten 100 m entfernt bleiben.

Die günftigfte Befonnung und Lüftung der Anftalt wird man erreichen, wo diefe Geficlitspunkte auf alle Baulichkeiten im Krankenhaufe und feine Umgebung thunlichft angewendet werden.

Für den Verkehr der Angeftellten, bezw. der Kranken und Aufsenftehenden find zwifchen den Eingängen der Bauten eines Krankenhaufes möglichft kurze Verbindungswege anzulegen, die ftaubfrei, bei Regen und Schnee verhältnismäfsig trocken und geräufchlos fein, daher über dem Gelände erhöht, mit einem entfprechenden Belag verfehen und entwäffert werden müffen. Sie können die Geftalt von Fahrbahnen erhalten, wo der Transport der Schwerkranken vom Eingang der Anftalt nach den von Kranken benutzten Gebäuden, der Speifen, des Brennftoffes u. f. w. mittels Handwagen erfolgt.

568. Verbindungswege.

Im Friedrichshain zu Berlin haben die zwifchen den Krankenbauten, dem Verwaltungs-, dem Wirtfchafts- und dem Operationsgebäude angelegten Wege 3,40 m Breite und liegen 0,30 m über der mittleren Geländegleiche, find mit Quarzfandfteinplatten auf flachfeitigem, wenig gewölbtem Ziegelpflafter abgedeckt und beiderfeits mit Granitfchwellen und Rinnfalen aus polygonalem Steinpflafter eingefafst. — Im Zeltlazarett zu Hannover (Schützenhaus) wurden die Bauten durch gedielte, in den Choleralazaretten zu Hamburg durch Zementbahnen verbunden.

Wo diefer Transport zum Teil mit Benutzung von Zugpferden erfolgt mufs, bezw. wo Krankenwagen mit Schwerkranken von der Stadt bis zu den Eingängen der Krankengebäude unmittelbar gebracht werden, legt man Strafsen mit feitlichem Fufsfteig an, was Vorzüge bietet, auch den Transport von neuen Einrichtungsgegenftänden zu den Gebäuden u. f. w. erleichtert.

In Urban zu Berlin ift der 2,30 m breite Fufsweg afphaltiert, der 0,10 m tiefer liegende Fahrweg neben diefem 3,50 m breit und zementiert. — Im Kaifer Franz Jofeph-Spital zu Wien wurden alle Wege und Strafsen makadamifiert. — In Hamburg-Eppendorf haben die Fufsfteige neben den Strafsen, fowie die meift begangenen Fufswege Zementplattenbelag und die Strafsen Reihenpflafter erhalten, nachdem für letztere zuerft ärztlicherfeits Afphalt vorgefchlagen war. Die Hauptwege find an den Eingangsftirnfeiten langgeführt. Von ihrer Gefamtbreite — 10 m — entfallen 4 m auf den Fufsweg längs der Pavillons, 4 m auf die Strafse und 2 m auf den anderen Fufsweg. — In Nürnberg werden die 3,85 m breiten, nur chauffierten Fahrwege von 2,85 m breiten Fufsfteigen beiderfeits eingefafst, was eine Gefamtbreite von 9,55 m ergiebt.

563. Verbindungsgänge.

Um die Paffanten auch gegen Regen zu fchützen, find Verbindungswege, foweit dies nötig erfchien, öfter überdacht worden, was je nach ihrer Richtung eine Befchattung des angrenzenden Geländes zur Folge hat. Schliefst man folche Gänge einfeitig vorübergehend mit Vorhängen, fo hindern letztere die Ueberficht über das Gelände; ein fefter einfeitiger Schlufs beeinträchtigt zugleich die Aufsenlüftung; ein beiderfeitiger Abfchlufs fördert aufserdem die Gelegenheit zu unkontrollierbarem Zufammentreffen und Aufenthalt von Perfonen, ermöglicht auch, wenn er feft ift, eine gewiffe Luftgemeinfchaft zwifchen den Gebäuden, befonders wenn die Gänge geheizt, aber nicht zugleich genügend entluftet und durch Zwifchenräume von den Bauten getrennt werden. Diefe Nachteile gefchloffener Gänge treten ftärker hervor, wenn ihre Führung in Winkeln erfolgt, wenn fie zugleich als Spaziergänge der Genefenden dienen und zu diefem Zweck mit Ruheplätzen ausgeftattet find, und wenn fie Anfchlufs an Gebäude, die mit Anfteckendkranken belegt werden, erhalten. Letzteres kann aber bei Epidemien auch Bauten treffen, die bei der Planung nicht für folche Kranke beftimmt waren.

Die Anlage gefchloffener Gänge, die bezüglich des Materials nach denfelben Gefichtspunkten wie die Krankengebäude, alfo aus Stein und Eifen, herzuftellen wären, verurfacht bei gröfserer Ausdehnung derfelben auch beträchtliche Herftellungs- und Reinigungskoften. Auf Anftalten, in denen man, entgegen dem Sinne des Zerftreuungsfyftems, wonach ihre Gebäude angeordnet find, diefe durch folche Gänge wieder in gefchloffene Bauten verwandelt hat, ift in Kap. 1 (fiehe Art. 18 S. 11) hingewiefen worden. Neuere derartige Pläne finden fich auch im vorliegenden Kapitel. Die Nachteile folcher Verbindungswege hat man durch die Art ihrer Ausbildung zu mindern gefucht.

Da fie nur eine geringe Höhe erfordern, legte man zur Sicherung der Aufsenlüftung der Krankenräume im Johns-Hopkins-Hofpital zu Baltimore den Fufsboden, im Stadtkrankenhaus zu Dresden die Fenfterbrüftung in die Dachhöhe diefer Gänge, und im Carola-Haufe dafelbft, wo fie in Abftänden vor den Bauten vorübergeführt find, ftellte man ihren Anfchlufs an die Gebäude feitlich offen her. In folchen Fällen würden zu den Koften der Gänge noch diejenigen höherer Unterbauten in den Krankengebäuden hinzutreten, als fonft erforderlich und erwünfcht find. — Um die Aufsenlüftung des Geländes nicht zu beeinträchtigen, erhielten die Verbindungsgänge in St. Jakob zu Leipzig offene Unterbauten, die aber fpäter zu Heizzwecken benutzt und gefchloffen wurden. — Zur Verbefferung ihrer Innenlüftung liefs man in den mit Planken verfchlagenen Gängen des Carola-Haufes zu Dresden an der einen Seite zwifchen Wand und Dach einen Zwifchenraum, während die Gartenfeite Fenfter erhielt. — Im Kaiferin Elifabeth-Spital zu Wien und a. a. O. gab man den an den Ecken der Gänge angelegten Pavillons Firftlüftung. — In anderen Anftalten hat man die Wände der Gänge ganz in Fenfter, im Gafthuis Stuivenberg zu Antwerpen fogar in Thüren aufgelöft. Hier laffen fich diefe in ganzer Höhe durch Baskülverfchlufs öffnen; doch findet man derartige Thüren und Fenfter meift nicht geöffnet.

In einzelnen Fällen wurde die Anlage von Verbindungsgängen durch befondere örtliche Verhältniffe begründet.

Für Malta waren fie zur Erzielung von Schatten in der heifsen Jahreszeit geplant, und im *Hôpital militaire* zu Brüffel glaubte man fie wegen der hohen, den Winden ausgefetzten Lage nicht entbehren zu können. Ueber die etwaige Notwendigkeit von Verbindungsgängen bei geneigtem Gelände fiehe Art. 565 (S. 338).

Andererfeits ift die Unentbehrlichkeit der Anlage gefchloffener Gänge zwifchen Gebäuden in Krankenhäufern beftritten worden, und der Betrieb vieler Anftalten ohne folche in Deutfchland und Rufsland hat erwiefen, dafs, wo geeignete Transportvorrichtungen für die Kranken vorhanden find, letzteren aus dem Weglaffen der Gänge auch zwifchen den Kranken- und Operationsgebäuden keine Nachteile erwuchfen.

Rubner wendet fich daher auch gegen eine nur teilweife Verbindung von Gebäuden durch Gänge zu einzelnen Baugruppen, wie dies befonders in deutfchen Kliniken und in kleineren Krankenhäufern typifch geworden ift, wodurch die Pavillons zu Flügelbauten eines gemeinfamen Korridor-Hauptgebäudes gemacht werden. *Rubner* weift darauf hin, dafs fich die Trennung des unmittelbaren Verkehres ftreng nur durchführen läfst, wo gewiffe Unbequemlichkeiten für einen folchen beftehen, d. h. keinerlei gedeckte Wege u. f. w. angelegt find[653]). — *Aldwinckle* verwirft auch in Infektionshofpitälern die offenen Gänge, weil fie den beabfichtigten Schutz nicht bieten und zu entbehren find[654]).

Schliefslich hat man auch unterirdifche Wege angelegt. Selbft wo man diefelben nur zum Leichentransport benutzt, können fie wie alle Verbindungsgänge zu Uebertragungen von Krankheiten und zu nicht überwachbarem Zusammentreffen des Perfonals führen, zumal wenn Ifoliergebäude angefchloffen find, und zu Zeiten von Epidemien. Zum Unterbringen der Rohrleitungen genügen zugängliche Rohrtunnel, welche keine oder nur eine Verbindung mit den von den Obergefchoffen abgefchloffenen Unterbauten erhalten oder wenigftens abfchliefsbar find. Alle unterirdifchen Wege follen ausreichend belichtet und gut gelüftet fein.

570. Unterirdifche Gänge.

In Nürnberg haben diefe Gänge 2,00 m Breite und 2,23 m Höhe, werden am Tag durch ftarke Drahtglastafeln, nachts durch Glühlampen erleuchtet und durch Abzugskanäle in den Umfaffungsmauern der anftofsenden Gebäude gelüftet. Ihr Fufsboden liegt bündig mit demjenigen des Keffel- und des Kohlenraumes.

Alle Wege zwifchen Gebäuden find thunlichft kurz anzulegen; doch follen fie nicht unmittelbar an Krankenaufenthaltsräumen vorbeiführen. Dies bedingt bei einer Lage der Wege längs der Krankenbauten einen Abftand von ihnen, was Abzweigungen zu den Eingängen nötig macht. Ift es unvermeidlich, fie gefchloffen zu überdecken, fo wird man fchon bei der Planung der ganzen Krankenhausanlage auf ihre zweckmäfsige Anordnung Rückficht nehmen müffen und, fo weit als möglich, die Bauten nach den Gängen anordnen und nicht umgekehrt.

571. Führung der Verbindungswege.

In dem fchon genannten Militärhofpital zu Brüffel wurde ihre Einfügung vom *Corps médical* verlangt, als die Bauten meift errichtet waren, was Unüberfichtlichkeit der letzteren zur Folge hatte.

Die Lage einer- oder beiderfeits gefchloffener Gänge wäre am unfchädlichften an der Oft- und Nordgrenze oder an denjenigen anderen Seiten des Geländes, wo nachteilige Winde herrfchen, und ihre Führung müfste in gerader Linie an den Stirnfeiten der Gebäude erfolgen, von denen man fie durch Lüftungsgänge trennen kann. Dies bedingt aber unter Umftänden eine hierfür geeignete Ausdehnung und Geftalt des Geländes, würde alfo auch die Wahl des Grundftückes beeinfluffen, wenn alle Gebäude angefchloffen werden müffen. Ueber Gürtelftrafsen fiehe Art. 647.

Die Wege zum Leichenhaufe find fo anzuordnen, dafs der Leichentransport möglichft wenig von den Krankenaufenthaltsräumen und Plätzen im Freien gefehen wird. Stallungen für Verfuchstiere find von der Leichenkapelle abfeits zu legen, um Störungen durch das Hundegebell zu vermeiden.

---

653) Siehe: RUBNER. Erfahrungen über den Bau und Betrieb von Krankenhäufern. Bericht erftattet im Auftrage des Kultminifteriums. Klin. Jahrbuch, Bd. 4 (1892), S. 100.

654) Siehe: ALDWINCKLE, a. a. O., S. 269.

572. Umgebung der Gebäude.

Die unmittelbare Umgebung der Baulichkeiten foll möglichft waffer- und ftaubfrei gehalten werden. Ihre gebotene Erhöhung über dem Gelände ift fomit für leichten Ablauf der Regenwaffer anzulegen und befonders forgfältig dann, wenn Dachrinnen nicht vorhanden find, wie dies bei Notbauten vorkommt.

Im Friedrichshain zu Berlin wurden die Bauten mit einem 0,95 m breiten Mofaikpflafter, im Kaifer Franz Jofeph-Spital zu Wien mit einem Klinkerpflafter, in Nürnberg mit teilweife gepflafterten Fufswegen umgeben.

Die vor den Ein- und Ausgängen der Krankengebäude anzulegenden Rampen muffen einen leichten Transport von Speifen und Kranken, letzteren in Bettwagen, auf Rollftühlen u. f. w. ermöglichen, daher fehr geringe Steigung und eine entfprechende Oberfläche, wie z. B. durch Mofaikpflafter, erhalten. Vor den Ausgängen können breite und erhöhte Plätze zum Aufenthalt von nicht bettlägerigen Kranken und zum Aufftellen von Betten, Tragbahren und Lehnftühlen angelegt werden, wie beifpielsweife im Marien-Hofpital zu Stuttgart — wo jedoch von den Terraffen Treppen herabführen, was vermieden werden foll —, in Hamburg-Eppendorf und im Epfom-Hofpital.

573. Hof- und Gartenanlagen.

Die Wirtfchaftsgebäude, das Leichenhaus, das Desinfektionshaus und die Wohngebäude für Familien erfordern zugehörige Höfe, welche meift Reihenpflafter erhalten. Bei den erftgenannten Bauten ift dasfelbe befonders forgfältig zu dichten, bezw. durch Zementplatten oder einen anderen geeigneten Belag zu erfetzen.

Alle hiernach verbleibenden Geländeteile, auch diejenigen für fpätere Erweiterung, follen zur Sicherung der Staubfreiheit gärtnerifche Anlagen erhalten. Die in denfelben anzuordnenden Spazierwege find je nach ihrer Bedeutung 1,50 bis 2,50 m breit zu machen und fo den Geländebewegungen anzupaffen, bezw. zu erhöhen und zu befeftigen, dafs fchneller Wafferabflufs von ihnen ermöglicht wird, unter Umftänden zu fchottern und mit Kies zu befchütten, um fie ftaubfrei zu halten. Die Häufung von Gartenwegen ift zwecklos. Ueberflüffige Wege erfordern nur erhöhte Unterhaltungskoften. Im Johns-Hopkins-Hofpital zu Baltimore wurden die weiten, zufammenhängenden Rafenflächen des Mittelplatzes nur von wenigen Wegen durchfchnitten, wie auch im Friedrichshain und in Moabit zu Berlin. Weite Rafenflächen find wohlthuend für das Auge und bedürfen keiner häufigen Reinigung. Die Ausdehnung der Spazierwege richtet fich nach dem Umfang der nötigen Bewegung für die aufser Bett Befindlichen, braucht fomit nur dort gefteigert zu werden, wo die Gärten klein find, bezw. wo, wie in Infektionskrankenhäufern, für die einzelnen Gebäude gefonderte Gartenflächen abgetrennt werden. An diefe Wege find an geeigneten Stellen Ausbuchtungen für Ruhebänke und in der Nähe von Kinderabteilungen, falls nötig, Spiel- und Turnplätze anzufchliefsen. Inwieweit fich die Gartenanlagen und die Führung der Wege mit der leicht eintretenden Berührung der Kranken aus verfchiedenen Abteilungen vertragen, ift, je nach der Art der vorhandenen Kranken und Gefchlechter, im Einzelfalle namentlich dort feftzuftellen, wo örtliche Verhältniffe die Anlage eines gemeinfchaftlichen Parkes für die Kranken anregen können, wie im Carola-Haus zu Dresden, oder wo Flächen für eine künftige Erweiterung vorläufig unbebaut bleiben.

Die Auswahl der Bäume und Sträucher für die Gartenanlagen richtet fich nach den klimatifchen Verhältniffen. Will man bald Schatten erhalten, fo find die widerftandsfähigen, fchnell fich entwickelnden Arten zu wählen.

Ihre Verwendungsweife ift fehr verfchieden. Teils können fie trennende

Schirme gegen Winde und ftaubige Umgebung, gegen das Leichenhaus, zwifchen verfchiedenen Abteilungen oder zur Hinderung des Verkehres von Kranken mit Aufsenftehenden bilden, teils zur Befchattung von Wegen, Plätzen oder gewiffen Gebäuden, wie Eishäufern, Küchen u. f. w., dienen. *Rubner* wünfcht, dafs Bäume und Sträucher weit umfaffender angepflanzt werden, als dies meift gefchieht: befonders tuberkulofen Kindern bekommt andauernder Aufenthalt im Freien gut[655]. Wo angängig, könnte man die Anpflanzung eines kleinen Gehölzes in Erwägung ziehen. In allen Fällen foll die Ueberficht über das Gelände, foweit dasfelbe zu überwachen ift und feine Aufsenlüftung durch Bäume und Sträucher nicht beeinträchtigt werden. Die nächfte Umgebung der Gebäude hält man von beiden frei und die Bepflanzung ftuft man in ihrer Höhe nach den Bauten hin ab.

Im Kaifer Franz Jofeph-Spital zu Wien wurden 2600 hochftämmige Bäume, 7400 höhere und 7800 mittlere Sträucher, fowie 700 Koniferen angepflanzt[656]. — Im Johns-Hopkins-Hofpital zu Baltimore kamen die auf den vorderen Terraffen geplanten Nadelholzgruppen nur am Fufs derfelben und in Geftalt junger Pflanzungen zur Ausführung.

Die im vorliegenden Kapitel aufgenommenen Blockpläne bieten eine grofse Zahl von zum Teil reizvoll geplanten Gartenanlagen, welche, unter den angegebenen Gefichtspunkten beurteilt, ein fehr lehrreiches Material für folche Entwürfe an die Hand geben; doch find diefelben nicht überall in der dargeftellten Weife zur Ausführung gelangt und öfter zum Vorteil der Gefamtwirkung vereinfacht worden. Gegen Blumenbeete oder Rabatten zwifchen dem Grün wird im allgemeinen nichts einzuwenden fein; ihre Pflege verteuert aber die Unterhaltungskoften, zumal in grofsen Anftalten, beträchtlich.

Für die Beamten und Pflegerinnen find entfprechende Gartenteile im Anfchlufs an ihre Wohnungen abzugrenzen. In manchen Anftalten werden auch Wirtfchaftsgärten verlangt, wie im *Hôpital St.-Eloi* zu Montpellier.

Die Einfriedigung des Grundftückes ift bisher meift durch Mauern erfolgt. Ihr Hauptzweck foll fein, die allgemeine Sicherheit der Anftalt zu erhöhen, den Verkehr der Kranken mit Aufsenftehenden zu hindern — welcher zu Mifsbräuchen, zur Einführung fchädlicher Nahrungsmittel u. f. w. geführt hat — und die Kranken vor Störungen von aufsen zu fchützen. Bei ausgedehntem Gelände hat dies keine Nachteile für die Kranken. Ift dasfelbe aber eingeengt, fo fchädigt eine Ummauerung den Zutritt der Luft, welche nur, wo ftarke Winde herrfchen, an diefer Windfeite abgehalten zu werden braucht, beengt den Ausblick der Kranken aus allen Erdgefchofsräumen und, wenn fie fich im Garten befinden, über diefen hinaus. Auch hindern Mauern wegen ihres Schattens das Gedeihen gärtnerifcher Anlagen längs der Südfeite des Grundftückes. Schon die alten Pefthofpitäler zeigen, dafs eine einfache Mauer eine Sicherheit gegen den Verkehr mit Aufsenftehenden nicht bietet, da man doppelter Ummauerungen bedurfte. *Aldwinckle* fchlägt vor, die neutrale Zone in Infektionshofpitälern durch Herftellung einer äufseren Mauer und eines inneren Gitters zu begrenzen.

574. Einfriedigungen.

Die einzige Bedingung, welche *Johns Hopkins* bezüglich der Bauausführung des von ihm für Baltimore geftifteten Krankenhaufes ftellte, bezog fich auf die Einfriedigung durch Gitter. Der Krankenhausgarten follte zugleich eine Zierde der Stadt bilden. Dementfprechend erhielt das Krankenhaus eine einfache Gitterumzäunung,

---

655) Siehe: Rubner, a. a. O., S. 91.
656) Siehe: Jahrbuch der Wiener k. k. Krankenanftalten, Jahrg. I (1892). Wien und Leipzig 1893. S. 128.

wie auch St. Marylebone in London u. a. Eine folche hat den grofsen Vorzug, dem Krankenhaus manches von dem Abfchreckenden zu nehmen, welches die Anftaltspflege infolge von Vorurteilen im Volke noch vielfach hat. Das Störende, was durch Stehenbleiben von Müfsiggängern oder Kindern an Gittern für die Kranken eintreten kann, zeigt fich in befonders unangenehmer Weife, wenn eine Ummauerung an einzelnen Stellen von folchen durchbrochen wird. Unzweckmäfsig find deshalb auch halb hohe Mauern mit aufgefetzten Gittern, welche Kinder zu Kletterübungen veranlaffen. Erfetzt man die Mauer in ganzer Länge durch Gitter auf Sockeln, welche die Anftalt vor Hunden u. f. w. fchützen, fo wird der Einblick für Vorübergehende zur Gewohnheit und entbehrt des Reizes der Neugierde. Der Verkehr der Kranken mit aufsen läfst fich durch Anordnung der Wege in genügendem Abftand vom Gitter oder durch Anpflanzung von Sträuchern hindern, wo die Wege ihm näher kommen.

An denjenigen Stellen, wo gewiffe Vorgänge im Krankenhaufe dem Auge des Publikums entzogen werden follen, wie an den Einbringungsftellen von Schwerkranken und am Leichenhof, auch an Strafsen, deren zu lebhafter Verkehr beunruhigend auf Kranke wirken kann, wird man die Einfriedigung hingegen durch Mauern, bezw. undurchfichtige Thore herftellen müffen.

Innerhalb des Geländes benötigt nur der Leichenhof eines folchen Abfchluffes. Die Abtrennung der Gärten für die Infektions- oder anderen Abteilungen, auch derjenigen für Beamte u. f. w. erfolgt fchon jetzt meift durch Gitter, unter Anordnung der befprochenen Schutzmafsregeln, wo fie für nötig gehalten werden.

Im Kaifer Franz Jofeph-Spital zu Wien ift die Infektionsabteilung durch Drahtgeflecht auf einer 0.60 m hohen Mauer mit Gebüfch und dicht verwachfener Hecke davor abgetrennt; Thore und Thüren beftehen aus Drahtgeflecht.

575. Architektonifche Geftaltung.

Die architektonifche Ausbildung der Krankenhäufer hat in England und Frankreich öfter zu einer reichen Geftaltung diefer Gebäude geführt, die mit ihren Zwecken nicht im Einklang fteht. *Sir R. Wallace* ftellte feinem Architekten bei Errichtung des Hertford-Hofpitals zu Paris die Bedingung, dafs diefe Anftalt in ihrer Erfcheinung an alles erinnern dürfe, nur nicht an ein Krankenhaus und ftellte die Mittel für eine reiche architektonifche Ausbildung zur Verfügung.

Ein palaftartiges Ausfehen von Krankenhäufern ift den Architekten oft feitens der Aerzte zum Vorwurf gemacht worden. Auch in deutfchen Schriften finden fich Tadel gegen die Architekten, welche beim Krankenhausbau nach palaftartigen Wirkungen ftreben, jedoch ohne Belege hierfür in deutfchen Anftalten. Wenn man bei Geftaltung kleiner Krankenhäufer in vereinzelten Fällen in neuefter Zeit zu weit gegangen ift, fo mögen fie namhaft gemacht werden. Allen anderen Krankenhäufern bei uns aus alter und neuer Zeit kann man eher den Vorwurf einer zu vermeidenden Nüchternheit als denjenigen des Reichtumes machen. Vielleicht verwechfelte man Maffenwirkungen, wie fie in den Korridorbauten (fiehe Art. 14 u. 17, S. 9 u. 10) erzielt wurden, mit palaftartiger Geftaltung.

Ein Krankenhaus foll dem Kranken den Aufenthalt in der eigenen Wohnung thunlichft erfetzen, daher fo weit eine folche Geftalt den befonderen hygienifchtechnifchen Forderungen, die in diefem Heft befprochen find, nicht Zwang anthut, im Inneren und Aeufseren einen wohnlichen Charakter erhalten.

Bei den heutigen, mehr oder weniger in Einzelgebäude aufgelöften Krankenhäufern ift die Gefahr ihrer kafernenmäfsigen Erfcheinung durch diefe Bauart nicht befeitigt, aber eine anziehende charakteriftifche Geftaltung der einzelnen Gebäude und Gebäudeteile ohne unnütze Zieraten fehr wohl möglich. Wo bei den Bauten auf architektonifche Glieder und Zieraten, welche in Ecken und auf Flächen Staubablagerungen zulaffen, auch im Aeufseren thunlichft verzichtet werden foll, bleiben eine fachliche Gruppierung, eine Belebung der Fläche durch Farbe, Malerei oder Mofaik, die Veredelung durch finnigen figürlichen Schmuck, die charakteriftifche Geftaltung der Fenfter (fiehe Art. 53 u. 76, S. 32 ff u. 45), der Loggien, Terraffen u. f. w. offen. Wenn befchränkte Mittel zur Verfügung ftehen, fo wird man für einzelne zu fchmückende Bauteile Stifter heranziehen können, wie dies im Kirchenbau gefchieht. Dringender noch als dort bedürfen Genefende, Befuchende der Kranken und Pflegende einer gewiffen Anmut der Krankenftätte. Dafs an folchen freien Stiftungen in diefer Richtung zu viel gefchehen wird, ift nicht zu befürchten. Oefter hat man auch heute derartigen Schmuck hinzugezogen, wenn auch nicht immer an der richtigen Stelle und in wirkungsvoller Art. In erfter Linie wird ein folcher am Haupteingang zum Krankenhaufe und an der Kapelle erwünfcht fein, wie dies in früheren Zeiten gefchehen ift.

Der Eingang zum Krankenhaufe foll einen einladenden Charakter haben. Dementfprechend find Einfahrt, Vorhalle oder Vorhof in würdiger, aber anziehender Weife zu geftalten.

Alte Beifpiele von Schutzdächern vor dem Eingang find diejenigen des alten *Hôtel-Dieu* zu Paris[657]) und des alten *Hôpital* zu Beaune[658]). — Vorhallen, wie zur Zeit der Renaiffance, werden heute, wenn auch in veränderter Geftalt, wieder Bedürfnis für die Befuchenden, welche fich fchon vor der Befuchszeit einfinden und eines Obdaches zum Schutz vor der Witterung bedürfen.

Hallenartiges Anfehen erhielten die vom Haupteingang durchbrochenen Verbindungsbauten zwifchen den auf zwei Baukörper verteilten Verwaltungsräumen in *Lariboifière*, im neuen *Hôtel-Dieu* zu Paris und im Friedrichshain zu Berlin. — In Nürnberg wurde die Einfahrt des neuen Krankenhaufes ftattlich ausgebildet. — Das mächtig wirkende Portal von *Ste.-Eugénie* zu Lille hat ungeachtet des bildnerifchen Schmuckes einen zu ernften Charakter. — Für den Eingang des Marien-Hofpitals zu Stuttgart ftiftete der Verein zur Förderung der Kunft eine Marienftatue.

Wo die Kapelle im Hauptgebäude liegt, kann man in kleineren Krankenhäufern ihre Front zur Steigerung der Wirkung des Einganges benutzen.

Dies hat *Schmieden* in Bernburg, Ballenftedt und Brix gethan. — Auch in St. Marylebone zu London ift dies von *Snell* in geeigneter Weife erfolgt.

In gröfseren Anftalten und überall, wo fich hinter dem Eingangsbau Gärten, bezw. Krankengebäude befinden, wird man aber, der alten Ueberlieferung gemäfs, die Kapelle möglichft auch von den letzteren aus fichtbar machen. Mit Unrecht wurde bei uns oft, wo fie eine folche Lage erhielt oder frei zwifchen den Abteilungen liegt, ihre äufsere Erfcheinung zu Gunften ihres Inneren vernachläffigt. Das Aeufsere ift von den Sälen, Tagräumen oder anderen Aufenthaltsräumen der Kranken und Pflegenden zu fehen. Aufsen kann ein entfprechender Schmuck auf das Gemüt vieler wirken, während das Innere nur den Pflegenden, den aufser Bett befindlichen Kranken aber nur bei günftiger Witterung und in proteftantifchen Gegenden nur an Sonn- und anderen Fefttagen zugänglich ift.

Wenn in vorftehendem eine würdige und zugleich freundliche Geftaltung der Krankenhäufer und ein bedeutfamer Schmuck an geeigneten Stellen gefordert werden, infoweit desfelben eine folche Stätte des Leidens vom menfchlichen Standpunkt aus in höherem Grade bedarf, als man bisher anerkannt hat, fo foll man fich

---
[657]) Siehe: Husson, a. a. O., Taf. bei S. 480.
[658]) Siehe: Tollet. *Les édifices hofpitaliers*. Paris 1892. S. 161.

vor Uebertreibungen huten. Hohe Kuppeln, architektonifcher Formenreichtum, gewaltfame Gruppierung eines Gebäudes, nur um malerifche Wirkungen zu erzielen, find für Anftalten, in denen jede überflüffige Zuthat auszufchliefsen ift, wo die Ueberwachung die möglichfte Klarheit und Ueberfichtlichkeit, die Befonnung und Lüftung alle unnützen An- und Aufbauten verbieten, zu vermeiden. Dies entfpricht auch der meift vorliegenden Notwendigkeit, mit dem Geld zu fparen. Sind reichere Mittel vorhanden, fo follten fie zu reichlicher Erwerbung von Gelände benutzt werden, was mehr Freiheit für ein glückliches Zufammenwirken der Gebäudegruppen mit den Gartenanlagen zu einheitlichen Bildern giebt. Hier liegt ein noch wenig bearbeitetes Feld für künftlerifche Bethätigung. Die alten, aus gleichförmigen Krankengebäuden fich zufammenfetzenden Anftalten werden bei uns immer feltener. Die gröfsere Vielfältigkeit ihrer Baukörper kann eine freiere Gruppierung oder ein Zufammenfaffen der einzelnen Teile zu einem reizvollen Gefamtbild ermöglichen, wobei die zwifchen den Bauten und Gruppen anzuordnenden Gartenanlagen, Baumgruppen und -Reihen mitzuwirken geeignet find. Ein in diefem Sinn auszugeftaltendes Krankenhaus bedarf allerdings einer Kraft, die aufser den vielfachen technifchen Erforderniffen folcher Anftalten auch der künftlerifchen Geftaltung der einzelnen Bauten und dem Zufammenftimmen derfelben zu einem Ganzen gewachfen ift. In dem Unterlaffen des Heranziehens einer derartigen Kraft von der erften Planung des Krankenhaufes an bis zu feiner Vollendung ift die Urfache der nüchternen Geftaltung vieler, auch neuer Krankenhäufer zu fuchen. Einer folchen Kraft wird es auch bei befcheideneren Mitteln gelingen, derartigen Anftalten, wie vereinzelte Beifpiele zeigen, einen anziehenden Charakter zu geben, ohne den hygienifch-technifchen Bedingungen Zwang anzulegen.

3) Wafferverforgung.

576.
Wafferbedarf.

Ueber die Wafferverforgung von Gebäuden im allgemeinen fiehe Teil III, Bd. 4 (Abt. IV, Abfchn. 4, D) diefes »Handbuches«. Die Feftftellung des Wafferbedarfes in Krankenhäufern nach dem thatfächlichen Verbrauch begegnet infolge ungenügender, auch in der Art der Angaben abweichender Veröffentlichungen Schwierigkeiten, da die Einheitswerte teils nach der Zahl der anwefenden Kranken, teils nach derjenigen der geplanten Betten oder auch nach der Gefamtbevölkerung der Anftalt — Kranke und Perfonal zufammen — berechnet werden, wobei im letzteren Fall die Mitteilungen wieder nach der Zahl der Anwefenden oder nach der geplanten Gefamtbevölkerungszahl erfolgen. Auch fehlt meift die Trennung des Wafferverbrauches in den Krankengebäuden von demjenigen in den übrigen Bauten, im befonderen in der Wafchküche und in den Gartenanlagen.

Aus der nebenftehenden Zufammenftellung einiger folcher Angaben geht die beträchtliche Steigerung des Wafferbedarfes in neuerer Zeit hervor, welcher im Urban zu Berlin durchfchnittlich täglich 650 l für 1 Kranken betrug und in amerikanifchen Krankenhäufern und Irrenanftalten oft über 800 l fteigt, wovon jedoch nach *Gerhard* ein guter Teil, befonders bei Anwendung felbftthätiger Spülkaften für Spülaborte und Piffoirs, nutzlos vergeudet wird.

<small>Der höchfte Tagesverbrauch bezieht fich in Moabit auf einen Beftand von 600 Kranken bei 839 vorhandenen Betten. Bei Vollbelag würde fich der fommerliche Höchftbetrag geringer ftellen, da fich das Sprengwaffer dann auf mehr Betten verteilt.</small>

Die erforderliche Menge an Garten-, bezw. Sprengwaffer ift immer getrennt zu

Ort	Jahr	Täglich für	Insgesamt Liter	Haus-wasser	Trink- u. Gebrauchs-wasser f. Koch- u. Waschküche	Für Garten, Räder, Abort, Kanalisation und Dampfbereitung		Wasch-küche	Spreng-wasser	Ausschl. Küche und Waschhaus
Durchschnittlicher Wasserverbrauch in Litern										
Guy's Hospital[658] . . .	London	—	1 Kranken	91	—	—		—	—	—
Ste.-Eugénie[660]	Paris	—	1 Bett	148	—	—		—	—	—
Pitié[660]	„	—	„	166	—	—		—	—	—
St.-Antoine[660]	„	—	„	222	—	—		—	—	—
London Hospital[633] . .	London	—	1 Kranken	282	—	—		—	—	—
Barackenlazarett[661] . .	Tempelhof	1870	„	284	—	—		—	—	—
Allgemeines Krankenhaus[682]	Hamburg Eppendorf	—	„	500	—	—		213	—	—
Western infirmary[659] .	Glasgow	—	„	540	—	—		317	—	—
Urban[683]	Berlin	—	1 Bett	650	—	—		—	—	—
Hôpital Laennec[601] . .	Paris	—	„	—	—	—		—	—	—
Maternité[664]	„	—	„	—	—	—		—	—	463
Kgl. Charité[665] . . .	Berlin	—	1 Kranken	610	—	—		—	—	—
Allgemeines Krankenhaus[666]	Nürnberg	—								
Höchster Verbrauch in Litern			Winter / Sommer			Winter / Sommer				
Herzogl. Krankenanstalt[667]	Braunschweig	1896 bezw. 97	1 Verpflegungstag	480 / 1071	—	108	500 / —	— / 1166	—	—	—
Städt. Krankenhaus Moabit[665]	Berlin	—	1 Kranken	608 / 1274	—	—	—	—	—	—	—
Rudolf Virchow-Krankenhaus	Berlin	geplant	1 Bett	— / 900	—	—	—	—	—	—	—
Sollbedarf										
Friedens-Sanitätsordnung .	—	—	1 Bett	100—150	—	—		—	—	—
Parkes[659]	—	—	„	173—231	—	—		—	—	—
Kerschensteiner	f. Anstalten bis 50 Betten	—	„	300	—	—		—	—	—
Ruppel	—	—	„	150—500	—	—		23—27	—	—
Degen	—	—	„	500	—	—		37	—	—
Böhm	—	—	„	—	—	—		100	—	—
Gerhard	—	—	„	200—800	180—250	—		200	100	—
Franz Josephs-Spital . .	Wien	—	„	608	308[669]	—		—	—	—

veranschlagen, da diefelbe je nach Ausdehnung und Pflege der unbebauten Flächen, fowie nach der gröfseren oder geringeren Durchläffigkeit des Untergrundes verfchieden ift.

Die Norm des Deutfchen Vereins für Gas- und Wafferfachmänner fetzt für 1 qm Strafsenpflafter 1,0 für chauffierte Strafsen und Gartenanlagen 1,5 l zu einmaliger Befprengung an.

Im Friedrichshain zu Berlin und im Kaifer Franz Jofeph Spital zu Wien waren 1,1 bezw. 0,9 l für 1 qm unbebauter Fläche in Anfchlag gebracht.

Die Wafchküche im Krankenhaus ftellt heute fehr beträchtliche Anforderungen an den Wafferverbrauch.

Im *Hôpital Laënnec* zu Paris waren auf Grund der Vorarbeiten für die neue Wafchanftalt für 1 kg Wäfche 60 bis 80 l Waffer erforderlich, und der auf 6000 kg berechneten Anftalt wurden 600 cbm täglich gefichert, um bei gefteigertem Wäfchebedarf genügen zu können, was 100 l für 1 kg entfpricht. Nach Art. 484 (S. 281) find durchfchnittlich in *Laënnec* 2,13 und in der Charité, einfchliefslich ihrer *Maternité*, 3,17 kg gewafchen worden; für jedes Bett in diefen Anftalten waren fomit 213, bezw. 317 l Waffer vorgefehen.

Im Kaifer Franz Jofeph-Spital zu Wien kamen 200 l für 1 Bett in Anfchlag.

Wo viel oder ausfchliefslich Hautkranke verpflegt werden, befonders auch bei Krätzekranken, kann der Bedarf an Wäfche über die vorftehend genannten Mengen noch hinausgehen. Dasfelbe wird überall bei Epidemien, vor allem bei Cholera, der Fall fein. Der Bedarf an Hauswaffer verringert fich in kleinen Anftalten, befonders wo keine Schwemmkanalifation vorhanden ift. Anderfeits wird dort, wo viele Bäder zu verabreichen und wo ausgedehnte Polikliniken geplant find, deren Mehrbedarf zu berückfichtigen fein.

Hiernach ift der Wafferbedarf, bis man für den wirklichen, heute nötigen Verbrauch in Krankenhäufern verfchiedener Art weiteres Material gefammelt hat, in jedem Einzelfall zu fchätzen. Da nach dem heutigen Standpunkt der Krankenhaushygiene, wenn irgend thunlich, für Schwemmkanalifation, Reinigungs- und Wafchzwecke, für Bäder, Dampfkeffel, fowie Feuerlöfchzwecke reichlich Waffer zur Verfügung ftehen foll, wird man die Anlage lieber zu hoch als zu niedrig bemeffen, vor allem aber die angenommene Waffermenge auch fichern müffen.

Im allgemeinen Krankenhaufe zu Wien mufste man die Wäfche fchon feit 1859 auswärts wafchen laffen, weil in der Anftalt infolge des Wachfens der Vorftädte Waffermangel eintrat.

577.
Befchaffenheit des Waffers.

So weit das Waffer im Krankenhaufe oberirdifch Verwendung findet, foll es frei von Beftandteilen fein, welche bei feiner Benutzung nachteilige oder fchädliche Wirkungen hervorrufen können, wozu eine chemifche, mikrofkopifche, bakteriologifche, und zur Sicherung vor Verunreinigungen der Bezugsquelle eine örtliche Prüfung nötig ift, die am fachgemäfeften unter Hinzuziehung eines Arztes oder Medizinalbeamten erfolgt.

Im befonderen mufs alles Trinkwaffer und das Gebrauchswaffer zum Wafchen, zum Spülen und zur Wäfchebehandlung frei von Krankheitskeimen fein; doch ift für die letzteren Zwecke auch ein Waffer verwendbar, welches diefer Forderung entfpricht

---

[659] Siehe: PARKES, E. *A manual of practical hygiene.* 8. Ausg. London 1891. S. 34.
[660] Siehe: HUSSON, a. a. O., S. 349.
[661] Siehe: DEGEN, L. Das Krankenhaus und die Kaferne der Zukunft. München 1882. S. 354.
[662] Siehe: WEYL, TH. Handbuch der Hygiene. Bd. V, Abth. 1. Jena 1896. S. 193.
[663] Siehe: HAGEMEYER, a. a. O., S. 67.
[664] Siehe: *Revue d'hygiène* 1894, S. 149 ff.
[665] Siehe: ESSE, C. H. Die Krankenhäufer, ihre Einrichtung und Verwendung. 2. Aufl. Berlin 1868. S. 17.
[666] Siehe: Feftfchrift zur Eröffnung des neuen Krankenhaufes der Stadt Nürnberg. Nürnberg 1898. S. 158.
[667] Siehe: PFEUFER, a. a. O., S. 36.
[668] Siehe: Die öffentliche Gefundheits- und Krankenpflege der Stadt Berlin. Berlin 1890. S. 130.
[669] Siehe: Jahrbuch der Wiener k. k. Krankenanftalten, Jahrg. 1 (1892). Wien und Leipzig 1893. S. 142. — Je 200 l für 700 Kranke und 100 l für 300 Angeftellte, fomit 508 l für jedes der geplanten 610 Betten, wovon 200 l für die Wafchküche.

und nur in appetitlicher Hinficht oder wegen höherer Temperatur zum Trinkwaffer fich nicht eignet.

Nach *Flügge*[670]) find viele der im Waffer beobachteten Mikroorganismen im ftande, unmittelbare Gefundheitsftörungen hervorzurufen. Grofse Mengen von Gärungs- und Fäulniserregern können abnorme Zerfetzungen des Darminhaltes hervorrufen. Cholera- und Typhusbacillen gelangen durch oberflächlichen Zuflufs in das Waffer. Ein hoher Gehalt von Nitraten und Chloriden deutet auf ftarke Bodenverunreinigung hin, kann jedoch nicht als ein Zeichen von Infektionsgefahr angefehen werden. Beffer »ein reichliches, wenn auch chemifch nicht fo tadellofes Waffer als ein in fpärlicher Menge geliefertes, aber von Nitraten und Chloriden freies«.

Eine Beimengung von Eifen macht das Waffer beim Stehen unappetitlich, auch für Wäfche, Thee- und Kaffeebereitung unbrauchbar und kann die Entwickelung von Crenothrix befördern, welche die Leitungsrohre verftopft. Auch Mangan hat die letztere Eigenfchaft. Ein grofser Gehalt an Kalkfalzen, namentlich Calciumfulfat, wird nach *Flügge*[671]) von manchen Menfchen fchlecht vertragen und ruft Verdauungsftörungen hervor. Sehr hartes Waffer ift zum Kochen verfchiedener Speifen (Hülfenfrüchte, Thee und Kaffee) ungeeignet; hartes Waffer erfordert beim Wafchen ftarken Seifenverbrauch und bildet viel Keffelftein. Von folchen Verunreinigungen mufs das Waffer vor feiner Verwendung befreit werden.

Wo eine öffentliche Anlage die geforderte Waffermenge fichert, erleichtert fich der Betrieb, wenn der Gefamtbedarf durch fie befchafft wird. Ift eine eigene Waffergewinnung für das Grundftück anzulegen, fo kommt in erfter Linie die Entnahme von Grundwaffer durch Benutzung von Brunnen oder Quellen in Betracht.

578. Waffergewinnung.

Für die Reinheit von Grundwaffer ift es wichtig, ob Ortfchaften, namentlich ftark gedungenes Land (Gärten, oder was beffer ift, Wiefe und Wald), im Gebiet der Wafferentnahme liegen, dafs keine unterirdifche Verbindung mit Gruben, Kanälen u. dergl. befteht und dafs die Schicht gewachfenen Bodens bedeutende Stärke hat; denn durch Spalten, Wühlgänge und andere gröbere Verbindungswege können Verunreinigungen in das Grundwaffer gelangen. Quellen find, auch wenn das Waffer anfcheinend aus grofser Tiefe kommt, bezüglich weniger tiefer Zuflüffe zu prüfen[672]).

Hat man die Wahl zwifchen gleichwertigem Brunnen- und Quellwaffer, fo entfcheidet, was relativ billiger ift. Brunnenwaffer erfordert eine Hebeanlage, Quellwaffer unter Umftänden keine, aber längere Leitung, welche vor Verunreinigungen gefichert werden mufs. Brunnen follen, um vor Verunreinigungen gefchützt zu fein, die Geftalt von Röhrenbrunnen haben. Gegrabene Brunnen gewähren, auch wenn fie ausgemauert und zementiert find, nach *Robert Koch* nie einen ficheren Schutz gegen Infektion[673]).

Sie müffen, um letzteren zu bieten, auch tief gefenkt werden, find feitlich völlig undurchdringlich zu mauern und dicht, erforderlichenfalls durch eine Filterfchicht, 1,00 bis 1,50 m mächtig, unter der Erdbodenoberfläche abzudecken. Das Brunnenrohr foll auf einem über der Umgebung erhöhten Punkt ftehen, und die Pumpe ift an ein unterirdifches feitliches Saugrohr, entfernt vom Brunnenkeffel, anzufchliefsen. Die Infektionsgefahr folcher Brunnen befteht aber faft immer[674]).

Im Friedrichshain und in Tempelhof zu Berlin war bei Anlage der Anftalten nur Brunnenverforgung vorgefehen. Im Friedrichshain wurden, da ein Brunnen das geforderte Waffer nicht lieferte, deren zwei angelegt, zwifchen letzteren eine Kanalverbindung hergeftellt, und zwei kombinierte Dampfpumpen konnten je nach Stellung der Schieberhähne einzeln oder zugleich faugen. Später ift der Anfchlufs an das ftädtifche Wafferwerk erfolgt.

In der neuen herzoglichen Krankenanftalt zu Braunfchweig wird das Untergrundwaffer in 9 Brunnen, die auf dem Grundftück verteilt find, aufgefangen und mittels einer Saug- und Druckpumpe in den

---

[670]) Siehe: FLÜGGE, a. a. O., S. 199 ff., 208 u. 213.
[671]) Siehe ebendaf., S. 201.
[672]) Siehe ebendaf., S. 192 ff. u. 218 ff.
[673]) Siehe: KOCH, a. a. O., S. 30.
[674]) Siehe: FLÜGGE, a. a. O , S. 216.

fchmiedeeifernen Hochwafferbehälter befördert. Die Wandungen der in der Sohle 4,00 m weiten, ringförmigen Brunnen find aus Zementbeton hergeftellt und im unteren Teil bis 3 m unter Grundwaffer durch Einfügen von kupfernen Sieben durchläffig gemacht.

Flufswaffer, welches zum Trinken nur verwendet werden kann, wo feine Temperatur im Sommer nicht höher fteigt, als fich mit der notwendigen Frifche, die ein Trinkwaffer in Krankenhäufern befitzen foll, verträgt, mufs ftets gereinigt werden, da feine Befchaffenheit grofsen Schwankungen unterliegt. — Meteorwaffer, das feines unregelmäfsigen Falles wegen in unterirdifchen Cifternen zu fammeln ift, hat faden Gefchmack und enthält zahlreiche Mikroorganismen. Das Dachwaffer von Krankengebäuden, über denen fich Abluftkanäle, Dachreiter u. f. w. öffnen, ift mit Vorficht zu benutzen, auch wenn man bei Regenfällen in der erften Zeit den Zuflufs zum Behälter abfperrt, bedarf daher für Gebrauchszwecke gleichfalls der Reinigung. — Das Waffer aus Landfeen ift nach *Flügge* »chemifch und bakteriologifch verhältnismäfsig rein; doch kommen auch hier grofse Schwankungen vor und ift eine Beurteilung nur von Fall zu Fall möglich«[675]).

579. Mehrere Bezugsquellen. Die Benutzung mehrerer folcher Bezugsquellen wird namentlich in gröfseren Anftalten öfter erforderlich, um reichliche Mengen von Waffer zu befchaffen.

So entnahm man im *Hôtel-Dieu* zu Paris das Gebrauchswaffer der Seine und in *Lariboifière* dafelbft dem *Canal de l'Ourcq*, das Trinkwaffer aber der ftädtifchen Leitung. In Montpellier liefert das letztere die Lez, im Kaifer Franz Jofeph-Spital zu Wien die Hochquellenleitung, während hier das Gebrauchswaffer einem eigenen Brunnen entnommen wird.

Auch die Sicherung einer ununterbrochenen Waffergewinnung bei Betriebsftörungen oder für den Fall von Feuersgefahr und unerwartet gefteigertem Bedarf kann Urfache von Doppelanlagen oder von Verbindungen folcher untereinander werden.

Das *Rudolf Virchow*-Krankenhaus in Berlin foll eigenes Pumpwerk zur Verforgung für den täglichen Höchftbedarf und für Notfälle Anfchlufs an die Wafferleitung erhalten. — In Braunfchweig wurde das durch Brunnen verforgte Hochrefervoir für folche Fälle an die ftädtifche Leitung angefchloffen. — In St. Marylebone zu London ift die Brunnenleitung durch Anfchlufs aller Gebäude an die *Grand Junction Water Works Company* ergänzt. — Im Kaifer Franz Jofeph-Spital zu Wien laffen fich die fonft getrennten Leitungen für das Brunnen- und Hochquellenwaffer durch die Behälter im Wafferturm verbinden. — Im Urban zu Berlin ift die Entnahme des ftädtifchen Leitungswaffers an zwei verfchiedenen Seiten des Grundftückes möglich; an beiden Stellen wurden Waffermeffer eingefchaltet.

580. Reinigung des Waffers. Eine Reinigung des Waffers, im befondern feine Befreiung von Infektionsftoffen, kann auf natürlichem oder künftlichem Wege durch Filtern erfolgen. Das natürliche Filtern macht bei Verwendung von Flufswaffer die Anlage von Sammelbrunnen in der Nähe des Fluffes nötig; das künftliche erfordert eine zentrale Filteranlage oder Hausfilter, als welche die *Pafteur-Chamberland*'fchen Thonfilter und die aus Kiefelguhr hergeftellten Filter von *Berckefeld & Nordtmeyer* empfohlen werden, bedingt aber ftrenge Ueberwachung der Einrichtungen, welche einen durch die Filterreinigung nicht unterbrochenen Betrieb fichern, und unter Umftänden Ausfchaltbarkeit der Filter bei Feuersgefahr. Im Johns-Hopkins-Hofpital zu Baltimore ift zu diefem Zweck die folgende Anlage getroffen worden.

Das von der ftädtifchen Leitung entnommene Waffer paffiert im Keller des Küchengebäudes, wo die Keffel ftehen, zwei *Loomis*'fche Filter, Eifencylinder von 1,83 m (= 6 Fufs) Höhe und 0,61 m (= 2 Fufs) Durchmeffer, die nach je 24 Stunden behufs Reinigung ausgefchaltet werden. Aufserdem ift eine Wafferzuführung mit Umgehung der Filter angelegt, fo dafs die Dampfpumpe, welche die Behälter in der Attika des Anbaues am Verwaltungsgebäude fpeift, im Falle eines Feuerausbruches Waffer unmittelbar entnehmen kann.

---

[675] Siehe ebendaf., S. 196.

Das Entkeimen von Waſſer mittels Kochen, welches bei der letzten Choleraepidemie empfohlen wurde, macht wegen des dadurch entſtehenden faden Geſchmackes den nachträglichen Zuſatz anregender Mittel nötig.

Als chemiſche Desinfektionsmittel werden von *Schumburg* Chlorwaſſer mit 0,029 freiem Chlor unter Neutraliſierung mit Natriumſulfat (0,3 °/00 einer 10prozentigen Löſung) und Brom empfohlen. Die Steriliſation des Trinkwaſſers durch Ozon hat ſich in Blankenberghe, in Joinville le pont bei Paris und in Lille bewährt[676]). Hier koſtet 1 cbm 0,39 Pfennige. Das Verfahren kam jetzt auch durch *Siemens & Halske* (Berlin) zur Ausführung.

Iſt das Entkeimen des Waſſers erforderlich, ſo wird hierfür in den meiſten Fällen behufs leichterer Ueberwachung desſelben eine zentrale Einrichtung Einzelvorrichtungen in verſchiedenen Gebäuden vorzuziehen ſein.

Die Enteiſenung bewirkt man je nach der chemiſchen Verbindung, in welcher das Eiſen ſich vorfindet, durch Zuſatz von Kalkmilch, Lüftung und Filtern oder nur durch die letzteren beiden Verfahren. Das Lüften kann durch regenartiges Herabfallen oder, wenn die Luft länger und kräftiger auf das Waſſer einwirken ſoll, durch Rieſeln erfolgen.

581. Enteiſenung.

Im *Rudolf Virchow*-Krankenhaus zu Berlin hat man die Enteiſenung und Filtration nach *Biefke*'s Syſtem derart geplant, daſs die Lüftung in einem Gradierwerke erfolgt, wo die Kranken die Dünſte aufſaugen können.

Die Verbindung von Rieſelern mit den Waſſerbehältern in Türmen erfordert nach *Müllenbach*[677]) bei einer Stundenleiſtung von 30 cbm zwei Pumpen, deren eine das Waſſer in die Rieſeler hebt, unter welchem ein *Kröhnke*'ſches Patentfilter liegt; die zweite befördert dasſelbe aus der Sammelkammer in den Behälter des oberſten Stockwerkes.

v. d. Linde & Heſs[678]) führen beide Verfahren, die Oxydation des Eiſenoxyduls ohne Berührung mit der Aufſenluft und das nachherige Filtern, in einem patentierten Apparat von *Büttner & Meyer* (Uerdingen a. Rh.) aus, welcher ſich u. a. in Grofslichterfelde bewährt hat. Die Koſten werden für 1 cbm zu 1,037 Pfennige angegeben.

Bei Brunnenanlagen kann man durch Einmantelung des Schachtes mit Stücken von Aetzkalk (Weiſskalk) und Bedecken ſeiner Sohle mit ebenſolchen für viele Jahre das Eiſen des zuſtrömenden Waſſers ausſcheiden.

Das Entkalken von hartem Waſſer findet im Kaiſer Franz Joſeph-Spital zu Wien im Waſſerturm ſtatt[679]).

582. Entkalken.

Für das Waſſer der Waſchanſtalt und der Keſſel iſt ein aus Kalkſättiger, Verteilungsvorrichtung und Klärbecken beſtehender, 1,90 × 3,40 × 6,00 m groſser Apparat (Syſtem *Dervaux*) aufgeſtellt, welcher nach Regelung des Zufluſſes ſelbſtthätig durch Schwimmer arbeitet und in 1 Stunde 5 cbm gereinigtes Waſſer liefert.

Für Feuerlöſch- oder auſsergewöhnliche Zwecke und zur Sicherung regelmäſsiger Waſſerverſorgung iſt ein genügend hochgelegener Waſſerbehälter oberhalb eines höchſtgelegenen Gebäudeteiles oder in einem Waſſerturm vorzuſehen, von welchem aus das Waſſer zu den Verwendungsſtellen geführt werden kann.

583. Waſſerbehälter.

Im *Rudolf Virchow*-Krankenhaus zu Berlin wurde ein Waſſerbehälter zu 100 cbm Inhalt geplant, was 60,6 l für 1 Bett entſpricht. — Im Kaiſer Franz Joſeph-Spital zu Wien faſſen der Nutzwaſſerbehälter 184, der Hochquellenwaſſerbehälter 124, beide zuſammen 308 cbm oder 506 l für jedes vorhandene Bett.

Das Heben des Waſſers zum Behälter kann durch Dampf oder durch elektriſchen Betrieb erfolgen. Die hierfür nötige Anlage iſt unter Umſtänden für Feuer-

---

[676]) Siehe: PLAGGE & SCHUMBURG. Beiträge zur Frage der Trinkwaſſerverſorgung. Geſundh.-Ing. 1900, S. 182 — und: X. internationaler Congreſs für Hygiene und Demographie zu Paris, 10.—17. Auguſt 1900. Deutſche Viert. f. öff. Geſundheitspfl. 1900, S. 704.

[677]) Siehe: MÜLLENBACH, H. Neue Waſſerwerksanlagen mit Enteiſenungs-Vorrichtung. Centralbl. d. Bauverw. 1900, S. 554

[678]) Siehe: Die Waſſerenteiſenung nach dem Verfahren von H. v. d. Linde und Dr. C. Heſs. Geſundh.-Ing. 1900, S. 105.

[679]) Siehe: Jahrbuch der Wiener k. k. Krankenanſtalten. Jahrg. I (1892), Wien u. Leipzig 1893, S. 134.

löfchzwecke doppelt zu fichern. Manches Waffer verliert durch Pumpen an Güte.

584. Rohrleitungen. Das Rohrmaterial foll von befter Art fein: glafierte Steinzeugrohre für die Leitung ohne Druck in gewachfenem, fchwere gut gebettete Gufseifenrohre in anderem Boden und zur Druckleitung.

In Nürnberg legte man die Anfchlufsleitungen der Bauten an die Hauptrohrftränge, den Hauptverbrauchsftellen der Gebäude möglichft nahe, um kurze Leitungen zu bekommen und einer Wassererwärmung durch das Gebäude vorzubeugen, und verzichtete deshalb auch auf Benutzung des unterirdifchen Verbindungsganges für die Wafferleitungen.

Für die Zuflufsrohre zu den Verwendungsftellen ift Gufseifen wegen mangelnder Biegungsfeftigkeit auszufchliefsen. Bei Zulafsung anderer Materialien hierfür hat man im Einzelfall etwaige fchädliche Folgen ihrer Lösbarkeit durch das zu benutzende Waffer zu erwägen, wozu nach *Liebreich* die Kenntnis der Wafferzufammenfetzung allein nicht genügt.

Liebreich[680]) fieht die wefentliche Urfache der Löfung von Blei, Zinn und Zink in einem gleichzeitigen Vorhandenfein oxydierender Stoffe (Luft) und Säuren (freie Kohlenfäure) und benutzt zur Neutralifierung der freien Säure eine genau bemeffene Menge von Soda, wobei fich an der Innenwand der Rohre eine weifse Schicht bildet.

Nach *Biffarié*[681]) foll die unmittelbare Berührung von Bleirohren mit anderen Metallen die Löslichkeit der erfteren wefentlich erhöhen.

Wenn das Waffer wegen fchädlicher Wirkung auf das in Ausficht genommene Rohrmaterial unfchädlich zu machen ift, müfste dies an der Entnahmeftelle gefchehen; doch warnt *Nietner* davor, gutes Waffer wegen bleilöfender Wirkung härter zu machen.

Im Notfall find zum Zurückhalten von Blei Hausfilter zu benutzen.

Hauswafferbehälter follen dicht fchliefsende Deckel, Lüftung und Entleerungsventil am tiefften Punkt des Bodens erhalten, auch vor Froft gefchützt fein. In allen Teilen der Wafferleitungsanlage ift thunlichfte Einfachheit anzuftreben. Zum Ausfchalten einzelner Teile, bezw. Gebäude find die nötigen Vorkehrungen zu treffen, und in den letzteren mufs alles zugänglich fein.

585. Desinfektion von Wafferanlagen. Für eine Desinfektion von Teilen der Wafferverforgungsanlage, deren Brunnen von der Erdbodenfläche aus, deren Behälter und Leitungen bei Reparaturen verunreinigt werden können, ift folgendes zu berückfichtigen.

Rohrbrunnen liefern fchon nach einfachem Auspumpen und mechanifcher Rohrreinigung nahezu keimfreies, nach Eingiefsen 5-prozentiger Mifchung von roher Karbol- mit Schwefelfäure oder mehrftündigem Einleiten von 100-gradigem Dampf für einige Tage keimfreies Waffer. Bei Schachtbrunnen wendet man das letztere Verfahren an, bis das Schachtwaffer 90 Grad Wärme erlangt hat. — Wafferbehälter und gröfsere Leitungsanlagen desinfiziert man durch 2-ftündige Einleitung von Schwefelfäure (1 : 1000[682]).

Karbolfäure, welche *Koch* in Nietleben benutzte, liefs nach 24-ftündigem Einwirken trotz ausgiebigen Nachfpülens lange Zeit Karbolgefchmack zurück. Desinfektion durch Kalkmilch kann Rohrverfchlammung zur Folge haben[683]).

Chlorkalklöfung (1 : 100) bewährte fich bei einer Typhusepidemie in Maidftone (Graffchaft Kent[684]), und übte nur eine leichte Wirkung auf Blei, eine ftärkere auf Leder aus. Man füllte den Hochwafferbehälter mit diefer Löfung einige Stunden lang, dann jeden Hauptftrang ½ Stunde unter Druck, von diefem aus die Neben- und Verforgungsleitungen, reinigte hiernach den Behälter durch Waffer, welches mit dem Bodenfatz gemifcht wurde, und pumpte ihn aus.

---

680) Siehe: Nietner. Reinigung von Trink- und Grundwaffer. Gefundh.-Ing. 1899, S. 316.
681) Siehe: Ueber Einwirkung von Waffer auf Blei. Gefundh.-Ing. 1900, S. 286.
682) Siehe: Fligge, a. a. O., S. 214 u. 217.
683) Siehe: Handbuch der Krankenverforgung und Krankenpflege. Bd. I. Berlin 1899. S. 202.
684) Siehe: Desinfection der Hauptröhren einer Wafferleitung. Gefundh.-Ing. 1900, S. 265.

4) Entwässerung.

Bezüglich der Entwässerung von Gebäuden im allgemeinen ift auf Teil III, Bd. 5 (Abfchn. 5, B u. C) diefes »Handbuches« zu verweifen. In Krankenhäufern erfordern die menfchlichen Ausfcheidungen infoweit befondere Berückfichtigung, als durch diefelben innerhalb oder aufserhalb der Anftalten Krankheiten übertragen werden können.

586. Art der abzuführenden Stoffe.

In den Fäces finden fich nach *Flügge*[685]) »eventuell nur Cholera-, Typhus-, Ruhrkeime und die Erreger anderer infektiöfer Darmkrankheiten (Cholera noftras, Tuberkulofe u. f. w.). Im Harn kommen aufserdem Eiterkokken, Milzbrandbacillen u. f. w. vor. Im ganzen ift die Zahl der in den Exkrementen abgefchiedenen Infektionserreger verhältnismäfsig gering«. — In den Hauswaffern finden fich jedoch neben diefen »beim Reinigen der Spucknäpfe, der Krankenzimmer u. f. w. noch Tuberkel-, Pneumonie-, Diphtheriebacillen, Eiterkokken, die Erreger der Exantheme u. f. w. — kurz alles, was es von Infektionserregern giebt«, vor.

Die Infektionserreger, welche befonders in den Abteilungen für Anfteckendkranke, in Operations- und Leichengebäuden ausfcheiden, find vollftändig zu befeitigen oder unfchädlich zu machen. Zu diefem Zweck follen die Abfallftoffe möglichft fchnell in feuchtem Zuftand aus dem Bereich der Menfchen entfernt, Infektionsquellen, aufserordentlich ftark verdünnt, in tiefere Bodenfchichten oder unbenutzte Flüffe übergeführt oder nachträglich desinfiziert werden. Offene Lager von Abfallftoffen innerhalb der Wohnung und in deren Nähe können die Verbreitung von Infektionserregern durch Menfchen, Infekten, Luftftrömungen, Gerätfchaften u. f. w. vermitteln.

Die Abfuhr in Tonnen führt leicht zu einem rückfichtslofen Umgehen mit den Abfallftoffen, erfordert daher forgfältigen Betrieb und gute Ueberwachung. Findet ein Vergraben der abgefahrenen Stoffe, wie in Kriegslazaretten, ftatt, fo follen die Gruben nach der Kriegs-Sanitätsordnung wenigftens 70 m (= 100 Schritt) von denfelben[686]) windabwärts und in trockenem Boden liegen, möglichft eng und tief fein und täglich mit Desinfektionsmitteln, Erde oder Afche, befchüttet werden.

587. Abfuhr.

Kann die Abführung der Abwaffer ohne vorherige Reinigung innerhalb der Anftalt erfolgen, fo geftaltet fich diefelbe am einfachften für den Betrieb bei Abfchwemmung fämtlicher Ab- und Regenwaffer nach einem öffentlichen Kanal, wenn reichliche Wafferfpülung gefichert ift, und wäre, wo fie zugelaffen wird, jedem Abfuhrfyftem vorzuziehen. (Siehe Art. 184, S. 112.)

588. Entwäfferung ohne vorherige Reinigung.

Die unmittelbare Einleitung der Abwaffer in einen Flufslauf ift im Einzelfall nach Gröfse der Anftalt, der Art ihrer Kranken, fowie nach den örtlichen Flufs- und Uferverhältniffen zu entfcheiden.

Sie wurde für die Abwaffer des Landkrankenhaufes H in die Fulda[687]) geftattet, weil in fo kleinem Betriebe und bei feltenem Vorkommen von Infektionskrankheiten dort kein Anlafs fei, die allenfallfige Befeitigung von Krankheitskeimen erft im Abwaffer anzuftreben, da die Gewähr beftehe, dafs Krankheitserreger bei ihrem Austritt aus dem Kranken felbft befeitigt und durch eine wirkfame Desinfektion, die man im Krankenhaufe vorausfetzen darf, vernichtet werden.

Die Abführung nach einem Beriefelungsfeld kann unmittelbar durch einen öffentlichen Kanal erfolgen, wenn derfelbe zu einem folchen führt, wie bei den ftädtifchen Krankenhäufern in Berlin, oder durch Weiterführung des Anftaltskanals auf ein dem Krankenhaufe zur Verfügung ftehendes Feld mit Untergrunddrainage. Das letztere Verfahren erfordert eine genügende Entfernung und Gröfse des Feldes, eine Lage desfelben aufserhalb der herrfchenden Windrichtung nach der Anftalt zu und

---

[685]) Siehe: FLÜGGE, a. a. O., S. 416 ff. u. 425.
[686]) Siehe: Kriegs-Sanitätsordnung, vom 10. Januar 1878. Berlin 1878. S. 225.
[687]) Siehe: Gutachten der königl. wiffenfchaftlichen Deputation für das Medicinalwefen über die Einleitung der Abwäffer des Landkrankenhaufes zu H. in die Fulda. Referenten: RUBNER u. SCHMIDTMANN. Viert. f. gerichtl. Medicin, Bd. 16 (1898), Suppl.-Heft, S. 19.

wird durch die Länge der Rohrleitung koftfpielig, zumal wenn natürliches Gefälle zum Felde nicht vorhanden, alfo mafchinelle Beförderung der Abwaffer nötig ift. Der Ueberführung in tiefere Bodenfchichten, welche Brunnenanlagen auf dem Grundftück ausfchliefst, hat man fich im Johns-Hopkins-Hofpital zu Baltimore, wo diefelbe auch auf weitere Abgänge aus dem Krankenhaufe ausgedehnt ift, bis zur Herftellung einer entfprechenden ftädtifchen Entwäfferungsanlage bedient.

Die Abwaffer der Kranken-, Verwaltungs-, Apotheken-, Küchen- und Pflegerinnengebäude werden hier nach einem gemeinfchaftlichen, diejenigen des Leichen- und Wafchhaufes einzeln, die des Amphitheaters und der Poliklinik gemeinfam nach anderen Sinkbrunnen geleitet. Der für die erftgenannte Bautengruppe weftlich vom Pflegerinnenheim gelegene Brunnen hat $2{,}13$ m Weite, $24{,}68$ m Tiefe (= 7, bezw. 71 Fufs) und wird durch ein Rohr im Lüftungsfchachte diefes Gebäudes entlüftet. Sein unteres Ende tritt in eine Schicht von grobem Kies ein, durch welche das Waffer ftetig, aber langfam abfliefst. In $4{,}57$ m (= 15 Fufs) Abftand vom Brunnen wurde rechtwinkelig zu diefem unterirdifchen Strom ein Tunnel von $0{,}61 \times 1{,}52$ (= 2×5 Fufs) Querfchnitt angelegt, deffen Boden die wafferführende Kiesfchicht, deffen übrige Umfchliefsung Ziegel ohne Mörtel und Zement bilden. Aehnlich find die Sinkbrunnen für die anderen Gebäude; doch erhielten die Entwäfferungsrohre diefer Bauten vor Einführung in den Brunnen Wafferverfchlüffe, Frifchluft-Zuführung und freie Oeffnungen über Dach. Die übrigen Hauswaffer werden mit den Regenwaffern nach dem Strafsenkanal geleitet.

Auch das Rohrnetz des Barackenlazaretts in Sachfenhaufen bei Frankfurt a. M. endete 1870 in einer Verficherungsgrube.

Alle Syfteme mit geringem Wafferverbrauch eignen fich für Krankenhäufer nach dem in Art. 586 (S. 355) Gefagten nicht.

589.
Rohrnetz
in den
Gebäuden.

Innerhalb der Gebäude verwendet man verbleite Fallfträngе aus fchweren, innen und aufsen afphaltierten gufseifernen Muffenrohren mit ebenfolchen Abzweigen, die nicht in Mauernifchen, fondern frei oder in zugänglichen Rohrfchächten oder in Hohlmauern (fiehe Art. 723) liegen und mit forgfältig angeordneten Reinigungsöffnungen verfehen fein follen. Alle Geruchverfchlüffe erhalten Reinigungsfchrauben.

Der kürzefte Weg zur Entfernung der Abwaffer aus den Gebäuden wird erreicht, wenn die Fallfträngе möglichft unmittelbar nach aufsen abgeleitet werden. Rohrleitungen follen nicht unter den Gebäuden liegen oder durch Lagerung in und Bedeckung mit Konkret gegen Schadhaftwerden gefichert fein. Wo ein Rohr das Mauerwerk durchfetzt, kann man es überwölben.

In einer medizinifchen Klinik, wo die Abwafferrohre, bevor fie in das Freie gelangten, durch die Breite des Gebäudes unter dem Fufsboden gelegt waren, mufste dies abgeändert werden, da fich infolge von Undichtigkeiten ein peftilenzialifcher Geruch entwickelte. Unter dem Fufsboden »befand fich offenbar feit langem eine reichliche Anfammlung der Abwaffer aller Art in ftinkendfter Zerfetzung«[638].

Sind Unterbauten oder Rohrtunnel vorhanden, fo werden in diefen die Fallrohre in die unter der Decke thunlichft längs einer Hauptmauer anzuordnenden Hauptabflufsrohre eingeführt. Der Anfchlufs von Kellerräumlichkeiten kann für ihre Abwaffer die Anlage von Gruben nötig machen, aus welchen es mittels Hebern entfernt wird, wie im Urban zu Berlin. Unter Umftänden find die Keller gegen Eindringen von Kanalwaffer durch Abfperrvorrichtungen zu fchützen, da Rückftauklappen im Fall der Not verfagen können. In Nürnberg vermied man Kelleranfchlüffe an das Entwäfferungsnetz, um Ueberfchwemmungen der Heizkammern, Luftkammern u. f. w. auszufchliefsen.

Ueber das Einfchalten von Fetttöpfen in die Ableitung der Koch- und Wafchküchen find die Meinungen geteilt.

In Nürnberg wurde für die Apparate der Hauptkoch- und Spülküche im Kellergefchofs ein grofser Fettfang aus Beton errichtet.

[638] Siehe: RUBNER, a. a. O., S. 434

Burdett empfiehlt eine Form der Fetttöpfe, welche zur vollständigen Reinigung aufser dem abnehmbaren Deckel auch eine herausnehmbare innere Grundplatte mit Rand hat; die Ein- und Austrittsrohre der Leitung in den Topf find fo angeordnet, dafs ihre Oeffnungen unter dem fich bildenden Wafferfpiegel über dem Rand der Grundplatte liegen [689]).

Olshaufen fchlägt vor, Fettfänge möglichft nahe dem Ausgufs anzubringen, um feine Zweigleitung nach dem Fallrohr vor Fettanfatz zu fchützen [690]).

Im Erdreich benutzt man Steinzeugrohre mit innerer und äufserer Salzglafur befter Art, die gut mit Afphaltkitt gedichtet und gebettet werden, in aufgefülltem Boden Eifenrohre mit Bleidichtung auf Betonunterlage.

590. Rohrnetz aufserhalb der Gebäude.

Bei Planung des gefamten Kanalnetzes find unter Berückfichtigung aller nötigen Anfchlüffe möglichft kurze Wege zum Endpunkt der Leitung an der Grenze des Grundftückes anzuftreben. Diefe geftaltet fich am einfachften, wo die anzufchliefsenden Räume in den Gebäuden nur an einer Seite derfelben liegen und wo alle Abwaffer in einem Netz abgeleitet werden können. Die Hauskanäle führt man unter 45 Grad in die Hauptkanäle ein. Zwifchen den Infpektionsfchächten follen die Rohre geradlinig verlegt und Richtungsänderungen in denfelben mit thunlichft grofsem Halbmeffer ausgeführt werden. Wenn das möglichft gleichmäfsig zu geftaltende Gefälle zu fchwach ift, find Staufchächte für zeitweife Spülungen oder felbftthätige Spüleinrichtungen anzulegen.

Im Kaifer Franz Jofeph-Spital zu Wien wurden die Hauptftränge der beiden wegen Lage des Strafsenkanals und der Gefällsverhältniffe ausgeführten Kanalfyfteme, bei welchen tote Enden vermieden find, durch eingefchaltete Verteilungs-, bezw. Staufchächte fpülbar gemacht.

Von Schlammgruben in der Leitung foll, wenn thunlich überall, wo regelmäfsige und reichliche Spülung vorhanden ift, zur Vermeidung von Ablagerungen Abftand genommen werden, wie im Friedrichshain zu Berlin und in Greifswald.

Die ganze Oberfläche des Grundftückes ift in jedem Falle fo zu entwäffern, dafs keine Wafferanfammlungen auf demfelben, im befonderen in der Nähe der Gebäude und Verbindungswege, auch bei ftarkem Regenfall oder Schneefchmelze eintreten können. Meift werden diefe Wege und die gepflafterten Hofflächen durch Kanäle entwäffert. Wenn der Untergrund oder die Umgebungen von Gebäuden zu drainieren find, foll Drainwaffer nie in die Schmutzwafferkanäle geleitet werden, da auch ein Wafferverfchlufs nicht unter allen Umftänden den Untergrund vor rückftauendem Kanalwaffer fchützen würde.

Zur Prüfung der Leitungen empfiehlt *Gerhard* das Schwimmenlaffen eines Balles von einem Einfteigefchacht zum nächften.

Die Führung der Entwäfferungsleitungen in Montpellier, im Friedrichshain und in Moabit zu Berlin, im *Park Hill hofpital* zu Liverpool, fowie in den Barackenlazaretten von 1870—71 zu Tempelhof, Hamburg-Altona und St.-Cloud ift in den Lageplänen diefer Anftalten, diejenige im Karola-Haus zu Dresden und im *Sanitary hofpital* zu Bournemouth in den Gefamtplänen diefer Krankenhäufer zu erfehen.

In der Kanalluft find Keime fpezififch infektiöfer Art nie gefunden worden [691]); doch rufen die Gafe der Abfallftoffe Ekel und Beeinträchtigung der Atmung hervor. Man hat diefe Gafe daher von den Gebäuden fern zu halten, was fich durch Trennung aller Abfallrohre von den Anfchlüffen der Aborte, Ausgüffe u. f. w. mittels geeigneter Wafferverfchlüffe und Lüftung des Rohrfyftems bei richtiger Wahl der Rohrweiten in genügender Weife erreichen läfst.

591. Lüftung der Entwäfferungsrohre.

Das Gasausftrömen aus eingetrockneten, nicht benutzten Siphons kann man durch einen Hahnverfchlufs hindern, wo dies wegen nicht regelmäfsiger Benutzung der Räume zu befürchten ift.

---

[689]) Siehe: BURDETT, H. C. *Hofpitals and afylums of the world*. Bd. 4. London 1893. Fig. 10 (S. 93).
[690]) Siehe: OLSHAUSEN, J. Der Hauptwafferverfchlufs. Gefundh.-Ing. 1898, S. 232.
[691]) Siehe: FLÜGGE, a. a. O., S. 418.

Während man jetzt im allgemeinen die über Dach geführten, nur mit einem Sieb abzuschliefsenden Fallrohre unmittelbar in die Entwässerungsrohre einführt und von einem Hauptwasserverschlufs für die einzelnen Gebäude absieht, was auch *Burdett* für Krankenhausbauten empfiehlt, so hat man in einigen neueren Anstalten sowohl die einzelnen Gebäude durch geeignete Hauptwasserverschlüsse von dem Kanalnetz des Grundstückes, wie auch dieses vom öffentlichen Kanal getrennt, jedem der beiden Rohrsysteme an den unteren Enden frische Luft zugeführt und das Kanalnetz selbständig gelüftet.

Seine Entlüftung ist in Montpellier, im Johns-Hopkins-Hofpital zu Baltimore und im Kaiserin-Elisabeth-Spital zu Wien, hier bei luftdichtem Verschlufs der Einsteigeschächte, durch Anschlufs an die Regenrohre und an den Dampfkesselschornstein, im Franz Joseph-Spital zu Wien durch die Regenrohre und die als Dunstschlote über Dach fortgesetzten Fallrohre, bezw. durch angemauerte Lüftungsschächte, denen Luft durch Gitter in der Strafsengleiche zugeführt wird, bewirkt, was sich bewährt hat [692]).

592 Trennungs-system.
Eine Trennung der Regenwasser von den Hausabwassern wird nötig, wo man die letzteren einer durchgreifenden Reinigung oder Desinfektion zu unterziehen hat. In einigen Anstalten wurden auch bei den Hausabwassern wieder Teilungen vorgenommen.

In Nürnberg werden die Gebrauchswasser nach Durchlaufen von Klärgruben, die Regenwasser unmittelbar dem das Grundstück in schräger Richtung von Südwest nach Nordost durchschneidenden städtischen Hauptkanal zugeführt. Die Lage der Revisionsschächte der Regenwasserleitung ist so gewählt, dafs sie gröfstenteils auch den höherliegenden Hauswasserleitungen dienen, deren beide Hauptstränge am oberen Ende Spülschächte erhielten.

Im *Park hospital Hither green* zu London trennte man die infizierten Abwasserrohre von den nicht infizierten.

Im Hofpital für Ansteckende zu Stockholm sind die Abflüsse der Spülaborte getrennt von den übrigen Hauswassern nach der Desinfektionsanlage geführt (siehe Art. 609, S. 366).

Im *Brook fever hospital*, Shooters Hill zu London, war für das Waschhaus ein eigener Entwässerungsstrang nach dem öffentlichen Kanal geplant, um durch die grofsen, von diesem abfliefsenden Mengen heifsen Seifenwassers die Temperatur in den allgemeinen Entwässerungsrohren und Mannlöchern nicht zu erhöhen [693]).

Sind die Hauswasser allein in unebenem Boden oder auf weitere Entfernungen bei ungünstigem Gefälle abzuleiten, so kann das pneumatische Kanalisationssystem nach *Shone* in Frage kommen.

In der Volksheilstätte des roten Kreuzes am Grabowsee werden die Gebrauchswasser durch einen selbstthätig arbeitenden Ejektor *D* (Fig. 312 [694]) nach der Klärstation (siehe Art. 603, S. 363) gedrückt. Die anfliefsenden Schmutzwasser passieren den Schacht *B* und das Verbindungsrohr *C*. Nach Füllen des Ejektors tritt die von einer kleinen Luftpumpe im Maschinenraum der Anstalt erzeugte Druckluft durch das automatisch sich öffnende Ventil *E* ein und drückt die Jauche durch das Rohr *F* ab. Nach Entleerung des Ejektors strömt die Druckluft durch das sich wieder automatisch öffnende Ventil ins Freie, und seine Füllung erfolgt von neuem durch das Abwasser, welches sich unterdessen in *B* angesammelt hat. Rückschlagklappen an den Ein- und Auslaföffnungen hindern den Rücktritt der Schmutzwasser während der Füllungs- und Förderungszeiten.

Die von der Gesellschaft Hydor (Berlin) hergestellte Anlage liefert eine homogene Flüssigkeit, welche die Klärung des Abwassers erleichtert.

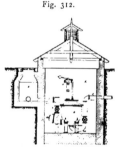

Fig. 312.

Ejektor der pneumatischen Kanalisation der Volksheilstätte des roten Kreuzes am Grabowsee bei Oranienburg [694]).

---
[692]) Siehe: Jahrbuch der k. k. Wiener Krankenanstalten, Jahrg. 1 (1892), Wien u. Leipzig 1893, S. 144.
[693]) Siehe: ALDWINCKLE, a. a. O., S. 303.
[694]) Faks.-Repr. nach: Beschreibung der Entwässerungsanlage der Volksheilstätte des »Rothen Kreuzes« am Grabowsee. Herausg. aus Anlafs des Kongresses zur Bekämpfung der Tuberkulose als Volkskrankheit. Berlin, 24.—27. Mai 1899.

Bei einer Reinigung der Hausabwaſſer iſt zu berückſichtigen, daſs ſie bei Schwemmkanaliſation in Krankenhäuſern infolge des ſtarken Waſſerverbrauches und ihrer Miſchung mit Desinfektionsmitteln in den Gebäuden anders als ſtädtiſche Abwaſſer zuſammengeſetzt ſind und zu den verſchiedenen Tageszeiten — in kleineren Anſtalten auch an den einzelnen Wochentagen — regelmäſsig wiederkehrende Abweichungen zeigen. Das Regenwaſſer enthält wenig oder gar keinen Pferdemiſt, da der Verkehr mit Pferden beſchränkt iſt oder gar nicht ſtattfindet.

Bei Planung der Entwäſſerungsanlage für das Kaiſer Franz Joſeph-Spital zu Wien wurden die Haus-, Küchen- und Waſchwaſſer gleich dem veranſchlagten Waſſerverbrauch mit je 400 l für 700 Kranke und je 100 l für 300 andere Bewohner, ſomit durchſchnittlich zu je 508 l für die geplanten 610 Betten oder zu 310 l für den Kopf der 1000 Perſonen betragenden Krankenhausbevölkerung angenommen.

In Hamburg-Eppendorf ſchätzte man bei den Klärverſuchen (ſiehe Art. 608, S. 366) das Abwaſſer der nach dem Sammelſyſtem entwäſſerten Anſtalt zu 400 l für den Kopf der auf 2000 Perſonen anzunehmenden Krankenhausbevölkerung. Die Abwaſſer ſind nachts zwiſchen 12 und 3 Uhr faſt klar, geruchlos und frei von ſchwebenden Schmutzſtoffen; gegen 6 Uhr morgens zeigen ſie opaleſzierendes Ausſehen und fäkalartigen Geruch. Zwiſchen 6 und 9 Uhr kommen zahlreiche Fäkalbeſtandteile — die ſog. Frühſtückswelle; dann erfolgt Abnahme der Konzentration, bis gegen 12 Uhr der Küchen- und Wäſchebetrieb, nach 1 Uhr das Küchenſpülwaſſer mit reichlichem Fettgehalt ſich geltend machen[695]).

Für die Reinigung der Abwaſſer können die ſog. künſtlichen oder natürlichen Verfahren in Betracht kommen.

Die künſtlichen Verfahren beruhen auf beſchleunigtem Ausſcheiden der Schmutzſtoffe ohne ihre vorherige Zerſetzung durch Fällen derſelben mittels chemiſcher Stoffe (Kalk, Eiſenoxydſalze, Aluminiumſulfat u. ſ. w.) und erfordern Sandfänge, Miſch- und Klärbehälter. Hierbei erfolgt eine Reinigung von gelöſten organiſchen Stoffen nur in unerheblichem Grad oder gar nicht, und bei Einführung der Abflüſſe in öffentliche Gewäſſer können vom gelöſten Kalk gröſsere Mengen in Form von Niederſchlägen ausſcheiden. Dies gilt nach *Dunbar* auch von den *Röckner-Rothe*'ſchen Vorrichtungen bei Anwendung von Kalk und ſchwefelſaurer Thonerde bezw. Magneſia[696]). Ueber das Kohlenbreiverfahren ſiehe Art. 598.

»Dort, wo die Lage der Verhältniſſe auch nicht die Ausſcheidung der feineren ſuſpendierten Stoffe, alſo die Klärung der Abwaſſer fordert, darüber hinausgehend aber keine Veränderung derſelben, kommt man mit Klärbaſſins oder Klärbrunnen und Chemikalienzuſätzen aus. Wo aber nicht nur eine Klärung der Abwaſſer zu fordern iſt, ſondern auch eine Herabſetzung des Gehaltes der Abwaſſer an gelöſten fäulnisfähigen Subſtanzen, da genügt keines von den zahlreichen im Laufe der Jahre bekannt gewordenen chemiſch-mechaniſch wirkenden Verfahren[697]).«

In den mediziniſchen Lehranſtalten zu Halle[698]) wurden die Aborte, um Gärungen der Fäkalſtoffe bis zu den Gruben zu vermeiden, zum Teil mit Desinfektionseinrichtungen nach dem Syſtem *Friedrich* (Leipzig) verſehen, zum Teil nur desinfiziert, was genügte.

Die Kläranlage für ihren Inhalt konnte in einen Geländeabhang zweigeſchoſſig eingebaut werden, ſo daſs die Entleerungswagen unter die Becken fahren. Das Abwaſſer durchſtrömt diagonal 4 Becken, 3 von je 1,90 × 1,90 m und ein viertes von 1,90 × 7,00 Grundfläche bei 2,30 m Tiefe. Drahtgitter, die 0,50 m unter den Waſſerſpiegel eingehängt ſind, halten ſchwimmende Unreinigkeiten ab. Bloſs an ſehr heiſsen Tagen findet Desinfektion in den Becken ſtatt; nur in der erſten Grube war halbjährig eine Entleerung nötig, und das Abwaſſer flieſst ungetrübt und geruchlos nach dem ſtädtiſchen Kanal ab. — Die Dichtung der Grubenumfaſſungswände und -Böden erfolgte durch Mauerung ihrer oberen Schichten in verlängertem

593. Reinigung der Abwaſſer.

594. Künſtliche Reinigungsverfahren.

595. Beiſpiel 1.

---

[694]) Siehe: Dunbar. Zur Frage über die Natur und Anwendbarkeit der biologiſchen Abwaſſerreinigungsverfahren, insbeſondere des Oxydationsverfahrens. Deutſche Viert. f. öff. Geſundheitspfl. 1899, S. 642.

[696]) Siehe: Dunbar. Die Behandlung ſtädtiſcher Spüljauche mit beſonderer Berückſichtigung neuerer Methoden. Deutſche Viert. f. öff. Geſundheitspfl. 1899, S. 152 ff.

[697]) Siehe ebendaſ., S. 634.

[698]) Siehe: Börner, a. a. O., S. 149 ff. (wo ſich auch der Plan findet).

Zement, Zementputz, heifsem Anftrich von Goudron und Ausfütterung mit Dachpappe, Rollenpapier und Holzzement; hierauf wurde eine Verblendung aus 0,13 cm ftarken Klinkern in Zementmörtel vorgemauert und mit glattem Zement verputzt.

596.
Beifpiel II.
Eine Reinigung nach dem Syftem *Röckner-Rothe* befteht u. a. im Univerfitätskrankenhaus zu Greifswald.

Diefe Anlage, welche in Teil III, Bd. 5 (Art. 189, S. 181) diefes »Handbuches« abgebildet und befprochen ift, verurfachte bei einem Anlagekapital von 25 360 Mark jährlich 1890 Mark oder täglich 5,42 Mark Betriebskoften und war auf 80 cbm für den Tag berechnet, welche in 14 Stunden geklärt werden. Unter Vorausfetzung vollen Betriebes wurden fich hieraus 6,77 Pfennige für 1 cbm ergeben.

597.
Beifpiel III.
Die Desinfektions- und Kläranlage für die Gebrauchsabwaffer in Nürnberg (fiehe Art. 592, S. 358) beruht auf dem *Müller-Nahnfen*'fchen Verfahren (Fig. 313 u. 314 [699]) und wurde von *Wegelin & Hübner* (Halle) und *Robert Müller* (Schönebeck a. E.) ausgeführt.

Dem felbfthätig wirkenden Mifchapparat *d* (Patent F. A. Rob. *Müller*, Schönebeck) fliefst das Waffer vom Sandfang *a* durch das Gerinne *c* zu. Die Mifcheinrichtung befteht aus einer wagrechten Welle, mit der 4 Eifenblechkaften in der Mitte und Arme mit Schöpfbechern an den Seiten feft verbunden find, welche aus den Baffins d^I und d^{II} die Klärmittel — 200 kg ungelöfchter Kalk auf 2650 l Waffer und das patentierte Klärmittel (eine Mifchung fchwefelfaurer Thonerde mit Kiefelfäurehydrat) — entnehmen. Durch Füllen eines Kaftens mit Abwaffer dreht fein Gewicht die Welle um 90 Grad, wobei fich die Schöpfbecher in ein Blechgerinne nach dem Kaften entleeren. Das Waffer paffiert hierauf einige Siebe, finkt durch den 4,60 m tiefen Schacht an dem 3,00 m weiten, 7,60 m tiefen Klärbrunnen *f* in diefen ab, fteigt in ihm allmählich empor und läuft nach Durchfliefsen des zweiten Brunnens f^I über feinen Rand als klare, von den Klärmitteln fchwach gelb gefärbte Flüffigkeit durch das Rohr *g* zum Hauptkanal ab. Bei Aufserbetriebfetzung der Mifchvorrichtung wird das Abwaffer im Vorfchacht des Kanals *b* desinfiziert, und die Umlaufkanäle *h* ermöglichen die Ausfchaltung eines der Brunnen.

Der zurückbleibende Schlamm wird durch eine Plungerpumpe *e* nach der Filterpreffe *k* im Erdgefchofs gepumpt, und die ausgepreften Schlammkuchen verwendet man als Dünger. Die beim Mifchprozefs frei werdenden Gafe find der Feuerung des Verbrennungsofens zugeführt.

Die Klärmittel-Rührbottiche im Obergefchofs haben Holzfchlauchverbindung mit den Rührbottichen im Erdgefchofs.

Nach den Erfahrungen bis 1898 waren die Klärbrunnen wöchentlich zu entleeren.

598.
Beifpiel IV.
Mit dem *Degener-Rothe*'fchen Kohlenbreiverfahren ift es in Potsdam unter Mitwirkung von *Proskauer* gelungen, durch die *Rothe-Röckner*'fche Klärung aus ftädtifcher Jauche »auch die gelöften organifchen Subftanzen ebenfo vollftändig auszufcheiden, wie es durch Bericfelung in der Regel gefchieht« [700]), und die Schlammfrage zu befeitigen.

Die Abwaffer aus gemifchter Kanalifation, denen hier 1 kg Fürftenwalder Abfallkohle in Breiform, dann eine Löfung von Eifenoxydfalz als Fällmittel beigefetzt wird, gelangen in Tiefbrunnen, über denen fich die luftleeren *Rothe-Röckner*'fchen Sedimentiercylinder befinden. Die gereinigte Jauche fliefst ab, wird desinfiziert (fiehe Art. 606, S. 365), und den ausgepumpten, dann entwäfferten Rückftand kann man verbrennen oder als Brennftoff verwerten.

599
Natürliche Verfahren.
Von den natürlichen Verfahren, welche das Ausfcheiden, bezw. Mineralifieren der gelöften, organifchen, zerfetzungsfähigen Stoffe ermöglichen, find für Krankenhauszwecke aufser der Bericfelung zweierlei Arten in Betracht gezogen worden:

1) Ohne vorherige Ueberführung der Abwaffer in Fäulnis unter gleichzeitigem Aufftauen derfelben in Filtern (biologifches Verfahren nach *Dibdin* oder Oxydationsverfahren im engeren Sinne nach *Dunbar*);

2) durch Ueberführung derfelben in Fäulnis vor dem Filtern (Oxydationsverfahren im weiteren Sinne — Septingtank- oder Faulkammerverfahren nach *Müller*, *Camoran*, *Schweder*).

---

[699]) Fakf.-Repr. nach: Feftfchrift zur Eröffnung des neuen Krankenhaufes der Stadt Nürnberg. Nürnberg 1898. S. 163.
[700]) Siehe: Deutfche Viert. f. öff. Gefundheitspfl. 1899, S. 152.

600. Oxydationsverfahren.

Das reine Oxydationsverfahren, welches eine Vorreinigung in Sandfang erfordert, kam in Eppendorf unter Benutzung der Abwäffer des allgemeinen Krankenhaufes[701]) (fiehe Art. 593, S. 359) durch *Dunbar* und *Zirn* zur Prüfung.

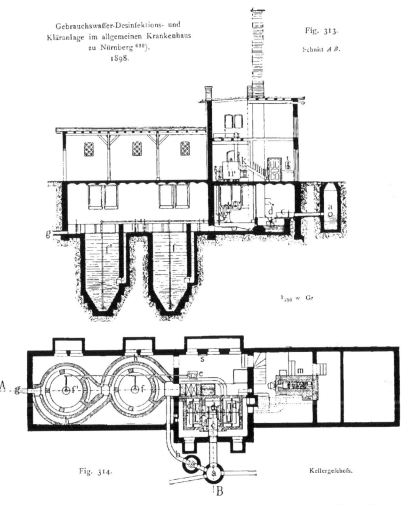

Gebrauchswaffer-Desinfektions- und Kläranlage im allgemeinen Krankenhaus zu Nürnberg[639]).
1898.

Fig. 313.
Schnitt A B.

Fig. 314.
Kellergefchofs.

Der Sandfang von $3{,}70 \times 2{,}00^m = 7{,}4$ qm Grundfläche erwies fich als genügend, um die auf 800 cbm gefchätzte Abwäffermenge in 24 Stunden für die Oxydationskörper vorzubereiten. Hierbei fetzten fich 100 bis 300 l Sedimente von fäkalartigem, meift fauligem Geruch ab, die nach 2-tägigem Betrieb Anzeichen ftinkender Fäulnis zeigten, was im Sommer früher als im Winter eintritt und mindeftens alle 2 Tage eine gründliche Reinigung des Sandfanges notwendig macht.

---

[701]) Siehe ebendaf., S. 636 ff.

In der erften Verfuchsperiode (1. November 1897 bis 21. Juli 1898) wurden im I. der 3 Klärbecken (je 64 qm) die Abwaffer gefammelt und durch ein Rührwerk in Bewegung gefetzt, im II. ein Oxydationskörper mit Bodendrainage aus Kanälen von lofen Ziegelfteinen in 1 m Abftand, walnufsgrofsen Schlackenftücken zwifchen den Steinen und einer 1,25 m hohen Schicht feiner Schlacke angelegt (Gefamthöhe 1,42 m); im III. war ein Sandfilter eingebaut. Die Befchickung erfolgte zu verfchiedenen Tageszeiten, auch nachts, und wurden daher der Berechnung 400 l für den Kopf und Tag zu Grunde gelegt. Der Schlackenkörper nahm bei 1-maliger Füllung täglich 30, bei 6 maliger Füllung 180 cbm auf, lieferte auch im letzteren Fall recht befriedigende Refultate; feine Aufnahmefähigkeit ging aber relativ fchnell — nach der 150. Füllung um 50 Vomhundert — zurück[702]). — Bei täglich 1- bis 3-maligem Füllen betrug die Abnahme der gelöften organifchen Beftandteile 80 und 90, die des Gefamtftickftoffes bis zu 66 Vomhundert. Die behandelten Abwaffer waren und blieben geruchlos und verfielen nicht mehr ftinkender Fäulnis. Diefer Reinigungseffekt wurde fchon nach Aufftauen der Abwaffer während 1 Stunde erreicht. Nach Beendigung der Verfuchszeit ergaben fich 300 l Schlamm auf 1 cbm Schlacken[703]). — In der zweiten Periode[704]) waren der Oxydationskörper im I. Becken in nur 1 m Gefamthöhe, die Kanäle in 2 m Abftand im II. über lofe zufammengefetzten Ziegelfteinkanälen eine 30 cm hohe Kies- und Steinfchicht und darüber eine 40 cm hohe Filterfandfchicht eingebracht. Das Füllen erfolgte 1-mal täglich zur Zeit konzentrierten Abwaffers, wo die Menge der Abwaffer auf 120 l für den Kopf und Tag angenommen werden konnte; fie blieben 4 Stunden im Körper aufgeftaut. Ihre Aufnahmefähigkeit ging in 9 Monaten nach 240 Füllungen um nicht mehr als 3 Vomhundert zurück bei gleich befriedigendem Ergebnis. Der aus dem Oxydationskörper gewonnene Schlamm hatte kein Zeichen ftinkender Zerfetzung. Der Reinigungseffekt in den Abwäffern zeigte fich »weniger in ihrem anfänglichen Ausfehen, als in der chemifchen Zufammenfetzung und darin, dafs fie ftinkender Fäulnis nicht anheimfallen«. — Der Abflufs aus dem Sandfilter, in welchem bei Ruheperioden eine energifche Weiterentwickelung der Oxydation erreicht wird, war in der Regel völlig farblos, geruchlos oder roch fchwach erdig und zeigte keinen Bodenfatz. Die Leiftungsfähigkeit des Sandkörpers hatte nach 9 Monaten nicht abgenommen. — Der Verbrennungsvorgang im Oxydationskörper bewirkt wefentliche Temperaturerhöhung in demfelben.

Bei weiteren Verfuchen mit verfchiedenen Oxydationskörpern und konzentriertem Abwaffer (zu 100 l für den Kopf gefchätzt) ergab fich, dafs eine Verfchlammung der erfteren auch bei gröfstmöglicher Schonung zu erwarten ift, welche ihre qualitative Leiftung erhöht, die quantitative aber herabfetzt[705]), und zwar bei forciertem Betrieb erheblich fchneller als bei fchonendem[706]). Die Schlammenge ift auf 300 bis 400 l für 1 cbm Oxydationskörper nach 500 Füllungen zu fchätzen[707]). Bei 3-maligem täglichen Füllen wird empfohlen, die Abwaffer in 2 Körpern nacheinander zu behandeln, von denen der erfte, auf welchen ein grofser Teil des Schlammes entfällt, kleiner fein kann, wodurch fich feine Reinigung billiger ftellt. Letztere, deren Koften wefentlich die Betriebsausgaben beeinfluffen, bedarf eines Abfpülens des Füllungsmaterials, was u. a. im Bett felbft ftreifenweife mit Abwaffer aus dem Sandfang erfolgen kann, wobei man dasfelbe in eine befondere Grube ableitet, den Körper wieder aufbaut und erfteres nach Abfetzen der Sedimente zur Weiterverwendung wieder auspumpt. Der Schlamm aus dem Oxydationskörper ift unbedenklich in drainirtem Zuftand zu Geländeerhöhungen benutzbar.

601. Faulkammerverfahren.

Das in Deutfchland zuerft in der Grofs-Lichterfelder Verfuchsanlage geprüfte Faulkammerverfahren ift von der Firma *Schweder & Co.* u. a. im Rotherftift dafelbft (12 cbm Abwaffer täglich), im Kreiskrankenhaus zu Bartenftein (12 cbm) und in der Volksheilftätte Carolagrün im Erzgebirge (20 cbm) und von *Merten & Co.* in der letzterer verwandten Anftalt am Grabowfee (50 cbm) zur Anwendung gelangt.

602. Beifpiel I.

Die von *Schweder* angelegte, in einzelnen Teilen patentierte Kläranlage im Rotherftift zu Grofs-Lichterfelde nimmt alle Küchen-, Bade-, Abort- u. a. Abwaffer auf und liegt auf dem Anftaltsgelände 50 m von den Wohn- und Wirtfchaftsgebäuden entfernt[708]).

---

702) Siehe ebendaf., S. 640, 643, 645 ff.
703) Siehe ebendaf., S. 147.
704) Siehe ebendaf., S. 641, 643, 645 ff., 663—666.
705) Siehe: DUNBAR & G. ZIRN. Beitrag zur Beurtheilung der Anwendbarkeit des Oxydationsverfahrens für die Reinigung ftädtifcher Abwäffer. Viert. f. gerichtl. Med., III. Folge, Bd. 19 (1900), Suppl.-Heft, S. 249.
706) Siehe ebendaf., S. 255.
707) Siehe ebendaf., S. 253.
708) Siehe: SENFF, J. Bericht über die Befichtigung der biologifchen Abwaffer-Reinigungsanlagen zu Grofs-Lichterfelde und Treptow etc. Gefundh.-Ing. 1900, S. 42 (wo fich die betr. Abbildung findet) — und: SCHWEDER, V. Ergänzungen zum Bericht u. f. w. Ebendaf., S. 90.

Zur Sedimentierung und Faulung der Jauche dienen ein Sandfang, ein Schlammfang und ein Faulraum, welche zur Aufnahme eines Abwaffers von 72 Stunden = 51 cbm bemeffen find. Die Jauche wird alfo 3 Tage alt, ehe fie auf das Filter gelangt. Der Schlammfang fteht mit dem Faulraum durch 20 Lochungen 0,50 m über der Sohle in Verbindung. 20 eingehängte Knierohre bewirken den Abfluſs vom Faulraum nach einem wagrechten Kanal, der mit den Riefelrinnen der Filterabteile durch abfperrbare Ventile, die den intermittierenden Betrieb im Filter vermitteln, verbunden ift. Das Oeffnen der Ventile erfolgt in 24 Stunden 5-mal auf je 10 bis 15 Minuten nach Anfammlung eines gewiffen Ueberftandes im Faulraum, deffen Menge zum Füllen des zu öffnenden Filterteiles genügt. Die Filterfläche wurde, um das Abwaffer 2-mal der Luft auszufetzen, auf 2 treppenförmig angeordnete Filterbetten aus

Fig. 315 u. 316.

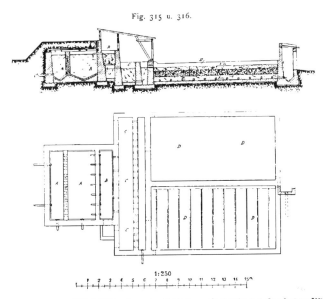

1:250

Kläranlage in der Volksheilftätte des roten Kreuzes am Grabowfee bei Oranienburg[709].
1899.

einer 30 cm hohen, von Kokegrufs überlagerten groben Kiesfchicht verteilt. Das erfte ift überdeckt, da die Jauche mit merkbarem Geruch in dasfelbe einftrömt, und dient vorzugsweife als Filter, aber auch einer gewiffen Oxydation, das zweite nur der letzteren.

Der Abfluſs vom erften Filter ift nach *Schweder* geruchlos, der vom zweiten frei von Schlamm und organifchem Stickftoff, faft frei von Ammoniakftickftoff. Der feine Schlamm, welcher fich auf dem erften Filter abfetzt, wird zeitweife nebft einigem, wieder zu erfetzenden Filtermaterial abgekratzt. Ein vollftändiger Luftabfchluſs des Faulraumes hindert infolge Gasdruckes den Abfluſs der Jauche.

Die Kläranlage der Volksheilftätte am Grabowfee mit 190 Betten ift auf 50 cbm Abwaffer (263 l für 1 Bett) berechnet, welches durch das in Art. 592 (S. 358) befprochene *Shone*'fche Syftem einläuft, und wurde von »Hydor Allg. Baugefellfchaft für Wafferverforgung und Kanalifierung zu Berlin« 1899 ausgeführt (Fig. 315 u. 316[709]).

Die Abwaffer durchfliefsen den Sedimentierraum A, ein Kiesfilter B und das Sandfilter C. Von den beiden mit Kokes gefüllten Oxydationsbetten wird das eine 2-mal, das andere 1-mal täglich befchickt.

---

[709] Fakf.-Repr. nach: Befchreibung der Entwäfferungsanlage der Volksheilftätte des »Rothen Kreuzes« am Grabowfee, herausg. aus Anlafs des Kongreffes zur Bekämpfung der Tuberkulofe als Volkskrankheit. Berlin 24.—27. Mai 1899.

Das abfliefsende Wafser gelangt in Gräben zur Verfickerung. — Abgänge der Acetylenfabrik für die Beleuchtung des Grundftückes haben den Betrieb beeinträchtigt. Die Vorklärung[710]) liefert monatlich 1,0 bis 1,5 cbm Schlamm (= 12 bis 18 cbm im Jahr), den man mit Kalk desinfiziert und im Feld vergräbt. Die Faulkammer mufste zuerft nach 1 Jahr, die Vorklärung (Sandfang und Faulraum zufammen) dann monatlich gereinigt werden. Filter und Oxydationsfelder bedurften nach 1 Jahr noch keiner Reinigung.

604
Vergleich
des
Oxydations-
und
Faulkammer-
verfahrens.

Beide Verfahren erfordern beträchtlich weniger Gelände als ein Riefelfeld, können daher zum Erfatz eines folchen in Betracht kommen. Vergleicht man in Ermangelung weiteren bisherigen Materials die Unterfuchungen in Eppendorf über das Oxydationsverfahren mit dem Faulkammerverfahren nach den beiden befprochenen Beifpielen, fo ift zu berückfichtigen, dafs fich die erfteren auf Abwaffer ohne Trennungsfyftem zu 400 l, bezw. 120 l für den Kopf der Krankenhausbevölkerung, die beiden anderen Anlagen nur auf die Gebrauchsabwaffer, und zwar am Grabowfee auf 263 l Abwaffer für 1 Krankenbett bezogen.

In Eppendorf genügte zur Vorreinigung ein verhältnismäfsig kleiner Sandfang.

Bei dauerndem Betrieb würde feine 1- bis 2-tägige gründliche Reinigung eine Doppelanlage und eine Auffpeicherungsgrube für den Schlamm oder feine Desodorifierung und Desinfektion nötig machen. Bei kleineren Krankenhäufern wird fich daher die Ausdehnung des Sandfanges auf einen Tagesbedarf empfehlen. Dann braucht derfelbe nur felten gereinigt zu werden, und das Abwaffer kommt gleichmäfsig gemifcht auf das Oxydationsbett. Damit wird aber der Sandfang zur Faulkammer, deren Gröfse mit der Menge des täglichen Abwaffers wächft. In diefer bildet fich bald über dem Abwaffer eine Schlammfchicht, welche die riechenden Gafe zurückhält und eine Ueberdachung unnötig machen würde. In England benutzt man zur Konfervierung des Deckenfchlammes während der Reinigung eine Nebengrube.

Am Grabowfee faffen die Sedimentierräume nur 40 cbm bei 50 cbm tägliches Abwaffer. Diefes kommt als homogene Maffe (fiehe Art. 592, S. 358) in diefelbe und paffiert vor den Oxydationsbetten noch Filter von 23 cbm Inhalt. — Im Rotherftift ift die Vorklärung für den dreifachen Tagesbedarf angelegt. Eine folche Anlage beanfprucht in einer grofsen Anftalt beträchtlichen Raum für die Faulkammer.

Die Ausdehnung der Oxydationsbetten hängt gleichfalls von der Abwaffermenge für 1 Kopf oder 1 Bett, aber auch von der Häufigkeit ihrer Befchickung und Reinigung ab.

In Eppendorf erforderte das konzentrierte Abwaffer von 100 l für den Kopf 4 cbm Oxydationskörper bei 1-maligem, 1,33 cbm bei 3 maligem Füllen[711]); letzteres bedingt aber 3-malige Reinigung im Jahr. Bei fehr verdünnten Abwaffern können nach *Dunbar* die Oxydationskörper kleiner hergeftellt werden, weil die täglich mehrfach wiederholte Füllung hierbei weniger nachteilig wirkt als bei konzentrierten; doch empfiehlt er bei kleineren Anlagen über ein 2-maliges Füllen nicht hinauszugehen, die Regenerierung erft nach dem Sinken des Porenvolums auf etwa 20 Vomhundert vorzunehmen und nicht weniger als 2,5 cbm für 1 cbm Abwaffer vorzufehen[712]).

Bei der Anlage im Rotherftift find 2 cbm, und am Grabowfee 3,02 cbm (= 2,4 qm) Oxydationskörper hierfür vorhanden.

605
Wahl des
Klärfyftems

Für die Wahl, bezw. Ausbildung eines diefer Klärfyfteme find die örtlichen Verhältniffe, die chemifche und phyfifche Natur der Abwaffer, befonders auch diejenige des die Anftalt verforgenden Gebrauchswaffers und die Anforderungen, welche bezüglich des Reinigungsgrades zu ftellen find, mafsgebend. Den Raumbedarf und die Koften von 4 vorftehend befprochenen Reinigungsanlagen zeigt die nachftehende Ueberficht.

606.
Desinfektion
der
Abwaffer.

Bei beiden Klärverfahren, den künftlichen und den natürlichen, bedürfen die Abwaffer einer Desinfektion, wenn fie von pathogenen Bakterien frei abgeführt

---

[710]) Nach freundlicher Mitteilung der Gefellfchaft Hydor.
[711]) Siehe: Dunbar & Zirn, a. a. O., S. 259.
[712]) Nach freundlicher Mitteilung des Herrn Prof. Dr. *Dunbar* in Hamburg.

	Bettenzahl	Tägl. Jauche		Ueberbaute Fläche		Anlagekosten				Tägl. Betriebskosten		Größte Längsausdehnung
		im ganzen	für 1 Bett	im ganzen	für 1 cbm Jauche	für 1 Bett	im ganzen	für 1 qm überbauter Fläche	für 1 cbm Jauche	für 1 Bett	im ganzen	für 1 cbm Jauche	
Halle . . .	496	—	—	60	—	0,12	17000	283	-	34,47	—	—	10,5
Greifswald .	—	80	—	80	1	—	15360	317	317	—	5,42	6,77	19,8
Nürnberg [713]	761	200	262	225	1,12	0,30	32463	144	162,3	42,65	2,30	1,15 [714]	32,6
	—	—	—	143	0,71	0,19	—	—	—	—	—	—	19,7
Am Grabowsee	190	50	263	227	4,54	1,20	15000	66	300	79	—	—	22,3
		Kub.-Met.	Liter	Quadr.-Met.			Mark				Mark		Met.

werden follen. Auch die Abflüsse von Riesfeldern sind nicht als sicher frei von Krankheitserregern anzusehen [715]).

Die in Art. 209 (S. 125) besprochene Desinfektion menschlicher Ausscheidungen und der Ausgusswasser innerhalb der Krankenabteilung selbst läßt sich schwer auf die Ausscheidungen der Rekonvaleszenten ausdehnen, da sie die Aborte zu benutzen pflegen, schließt auch nicht die Desinfektion der Wasch-, Bade- und Fußbodenwasser ein. Daher hat man in verschiedenen Anstalten der Desinfektion dieser Stoffe in den Einzelgebäuden eine Sammeldesinfektion für alle vorgezogen, die sich billiger gestaltet, sicherer wirkt, auch das Wartepersonal von diesem Dienst entlastet und überall notwendig wird, wo die Unschädlichmachung sämtlicher Hauswasser und Fäces vor ihrer Abführung erforderlich ist.

Die Desinfektion der gesamten Abwasser kann durch ihre innige Vermischung mit chemischen Mitteln oder durch Kochen, die Unschädlichmachung der Fäces allein auch durch Verbrennen erfolgen.

Von den chemischen Mitteln ist nach den Untersuchungen von *Dunbar & Zirn* [716]) der Chlorkalk dem bisher bevorzugten Aetzkalk vorzuziehen, da sich die Desinfektion mit ersterem sicherer und bequemer vollzieht, nur einmalige Verteilung, also keine fortwährende Bewegung des Abwassers benötigt, viel geringere Schaumbildung als bei Kalk verursacht und sich am billigsten gestaltet. Eine annähernd gleiche desinfizierende Wirkung erfordert für 1 cbm rohes Abwasser:

bei Chlorkalk   0,86 Pfg.   bei Karbolschwefelsäure   72 Pfg.
 » Kalkhydrat   4,2 bis 8,4 »   » Kresol Rasschig   60 »
 » Sublimat   12,5   »   » Formalin   400 »

Der Preis von 0,86 Pfennigen entspricht einem Zusatz von 1 Teil Chlorkalk auf 15000 Teile Abwasser — der Abtötung von Choleravibrionen nach 3 Stunden bewirkt —, erhöht sich aber im Fall der Neutralisierung des im Abwasser verbleibenden aktiven Chlors durch Eisensulfat (etwa 1 : 5800) um 0,64 Pfennige.

Geklärtes Abwasser ist weit leichter, sicherer und mit erheblich geringeren Kosten zu desinfizieren als ungereinigtes [717]).

Das durch Kohlenbreiverfahren geklärte Abwasser in Potsdam erfordert 12 bis 15 g Chlorkalk auf

---
[713]) Die obere Spalte bezieht sich auf das ganze Gebäude, einschl. der Remisen, die untere nur auf die Kläranlage.
[714]) An Desinfektions- und Klärmitteln.
[715]) Siehe: Deutsche Viert. f. öff. Gesundheitspfl. 1899, S. 143.
[716]) Siehe: Viert. f. ger. Medicin, Bd. 16 (1898), Suppl.-Heft, S. 137, 151, 155.
[717]) Siehe: Deutsche Viert. f. öff. Gesundheitspfl. 1899, S. 136 (unter 7) u. 635.

1 cbm und wird durch kleine, mit Holzwolle bedeckte Kohlenfilter, welche die letzten Spuren des Chlorkalkes zurückhalten, neutralifiert.

Die chemifche Abwafferdesinfektion erfordert mindeftens 2 gemauerte, einwandfrei gedichtete, möglichft entfernt von Kranken- und Wohngebäuden liegende Gruben, von denen die eine gefüllt wird, während die Desinfektion in der anderen erfolgt. Ihr regelmäfsiger Betrieb bedingt den Ausfchlufs des Regenwaffers, und in dem Gebäude, welches fie aufnimmt, foll genügender Raum zur Lagerung der Desinfektionsmittel u. f. w. vorhanden fein.

Das Rohrnetz wird bei einer Sammeldesinfektion innerhalb oder aufserhalb des Krankenhaus-Grundftückes nicht desinfiziert. Auch bei Ableitung auf ein Riefelfeld hat man dies bisher unterlaffen.

Im Urban hielt man dies nach *Hagemeyer* nicht für nötig, »da fowohl in den Pavillons, wie im Operations- und Leichenhaufe Desinfektionsmittel in genügender Menge verwendet werden«[719]), die das Kanalnetz paffieren müffen.

607. Beifpiel I.

In den Hamburger Choleralazaretten von 1892 wurden die in offene Gewäffer abfliefsenden Abwaffer durch Kalk desinfiziert.

Zwifchen 2 gemauerten, mit Rührwerk ausgeftatteten Gruben von je $3{,}00 \times 2{,}50 \times 3{,}20$ m Raummafs lag eine kleine Ausfchaltungsgrube, durch welche die Abwaffer von der einen Grube abgefperrt werden konnten, während fie der anderen zufloffen [719]).

608. Beifpiel II.

In Hamburg-Eppendorf kam 1892—93 für alle Hauswaffer der 16 Krankengebäude in der Epidemieabteilung eine Anlage zur Desinfektion auf chemifchem Wege zur Ausführung, Fig. 317 u. 318 [720]). Die alte Entwäfferung der Abteilung wurde zur Abführung des Regenwaffers eingerichtet.

Von der Abwaffermenge, welche für jedes der 320 Betten auf 130 l [721]), fomit auf 41 600 l täglich gefchätzt wurde, follte die Hälfte auf einmal zur Desinfektion gelangen und diefe Menge wiederum auf 4 Gruben verteilt werden. Die beiden von Weften nach Often verlaufenden Hauptrohre der neuen Entwäfferungsleitung find durch Abbiegung rechtwinkelig $1{,}20$ m unter der Mitte des Sielgrubenhaufes vereinigt, von wo Abzweige zu jeder der 4 cylindrifch gemauerten, zementierten Gruben a von $2{,}25$ m Durchmeffer, $2{,}60$ m Tiefe und 5200 l Nutzinhalt führen. Ein hohler Konusverfchlufs jedes Abzweigs ermöglicht durch Eingufs desinfizierender Mittel in feinen Hohlraum die Desinfektion der Flüffigkeit im Abzweig. Jede Grube ift mit pneumatifchem Wafferftandszeiger c und Rührwerk für Handbetrieb ausgeftattet. Der konifche Stangenverfchlufs des Grubenabfluffes zum Kanal wurde, des Rührwerkes wegen, nifchenförmig eingebaut. Im vierteiligen Holztrog c für die Herftellung der Desinfektionsmaffe hat jedes Abteil an feiner Aufsenwand eine Skala, die feinen Inhaltsftand erfichtlich macht, und Verbindung durch d mit einer der Gruben, von denen 3 für Tag und Nacht dienen, die vierte während der 2 bis 3 Stunden dauernden Desinfektion den Gefamtzuflufs aufnimmt. Ein Arbeiter des benachbarten Leichenhaufes beforgt den Betrieb [722]).

609. Beifpiel III.

Im Epidemiehofpital zu Stockholm erfolgt die Desinfektion der Wafch-, Spül- und Badewaffer für die 140 Betten getrennt von derjenigen der Aborte [723]).

Die erfteren Abwaffer durchftrömen 3 in einer Reihe liegende, mit Rührwerk ausgeftattete cylindrifche Behälter von je $2{,}00$ m Durchmeffer und $4{,}30$ m Tiefe unter Zufatz der Desinfektionsmittel (Kalk, Sublimat, *Süvern*'fche Maffe) und werden alsdann durch einen Sammelbrunnen zum Kanal geleitet.

Zwei kleinere, vor den erftgenannten liegende cylindrifche Behälter von $1{,}15$ m Durchmeffer und $2{,}20$ m Tiefe dienen zur Desinfektion des Abortinhaltes in derfelben Weife; doch ift jeder von ihnen durch ein Filtertuch geteilt. Nach Füllen des erften Cylinders wird die Flüffigkeit in den mit dichterem Filter ausgefletteten zweiten, von da in den mittleren der Behälter für die anderen Abwaffer geleitet und mit letzteren weiter behandelt. Zur Verbindung aller Gruben unter fich und mit dem Sammelbrunnen dienen

---

[718]) Siehe: HAGEMEYER, a. a. O., S. 69.
[719]) Siehe: Arbeiten aus dem kaif. Gefundheitsamt, Bd. 10 (1896), Anl. VIII, S. 119.
[720]) Nach: WEYL, TH. Handbuch der Hygiene, Bd. V, Abt. I, Jena 1896, S. 179.
[721]) 30 l Hauswaffer und 100 l = $^1/_3$ des Inhaltes einer Wanne Badewaffer.
[722]) Siehe: RUMPEL. Das Sielgrubenhaus. Jahrbücher der Hamburgifchen Staatskrankenanftalten. Bd. III. (1891—92). Hamburg u. Leipzig 1894. Teil II, S. 14.
[723]) Siehe: TALAVRACH. *Le nouvel hôpital de Stockholm*. Revue d'hygiène 1894, S. 208 ff.

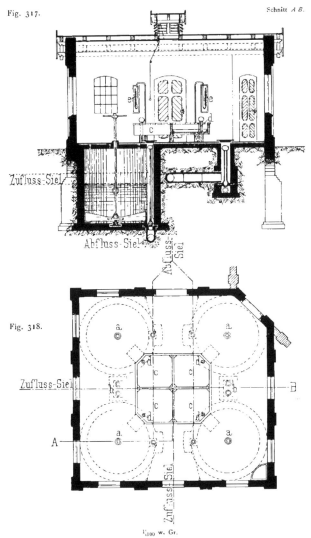

Fig. 317.   Schnitt *A B*.

Fig. 318.

1/100 w. Gr.

Sielgrubenhaus der Epidemieabteilung im allgemeinen Krankenhaus zu Hamburg-Eppendorf[720]).
1892—93.
Arch.: *Klees*.

Rohrleitungen, welche an den nötigen Stellen abfperrbar find. Die in verfchliefsbare Metallbehälter entleerten zurückgebliebenen feften Beftandteile finden zu landwirtfchaftlichen Zwecken Verwertung.

Die Desinfektion aller Abwaffer mittels Kochen und die Vernichtung der Fäcalien durch Verbrennen wurde im Cholera-Zeltlazarett zu Helfingfors vorgefehen.

610. Beifpiel IV.

Der Abflufs der fpülbaren Zeltfufsböden (fiehe Art. 451, S. 264) und der übrigen Zeltabwaffer erfolgte durch eine Rohrleitung auf Ziegelpfeilern nach einem 30 m entfernten Schuppen, wo die Abwaffer in einer grofsen eifernen Zifterne gekocht werden follten. Zur Verbrennung der feften Exkremente war ein Ofen errichtet.

611.
Beifpiel
V.

Die beabfichtigte Ausnutzung der Wärme des Verbrennungsofens für den Torfmüllabort-Inhalt zum Kochen der Abwaffer der Wäfcherei und von 3 Pavillons mit zufammen 120 Betten, die Nutzung der Abwafferwärme zum Heizen einer Wäfchetrockenkammer, fowie eines Teiles der Pavillons führte im Epidemiehofpital zu Brünn zu folgender Anlage.

Fig. 319.

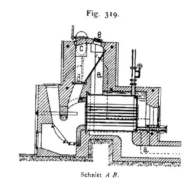

Der vom Erdgefchofs aus bediente Verbrennungsofen fteht im Keller. Sein Keffel hat Steig- und Fallrohrverbindung mit dem, der hohen Pavillonlage wegen, im Dachgefchofs untergebrachten Sterilifierungsbehälter, deffen taffenförmiger Unterfatz Ueberlauf nach einem zugleich als Dunftrohr über Dach geführten Abflufsrohr erhielt. Vom Steigrohr ift im Obergefchofs ein Abzweig nach den Wafferheizkörpern des Trockenapparates geführt. Eine Handpumpe im Erdgefchofs dient zum Füllen des Syftems, und eine Saugleitung derfelben ermöglicht die Entleerung des Keffels nach den höher gelegenen Kanalifationsrohren; ihre Druckleitung ift mit Ueberlaufrohr verbunden.

Schnitt A B.

Fig. 320.

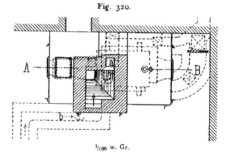

Das in einer benachbarten Zementgrube gefammelte Abwaffer wird durch die Handpumpe in den Sterilifierungsbehälter gedrückt. Nach Füllen des Behälters, des Keffels und der Rohrleitung ift die Keffelfeuerung in Gang zu bringen und zu unterhalten, bis ein Thermometer am Steigrohr 100 bis 110 Grad C. zeigt. Nach Ausnutzung der Abwafferwärme in den Heizkörpern der Wäfchetrockenkammer pumpt man Waffer aus der Zementgrube nach, welches infolge niedriger Temperatur durch das Fallrohr in den Keffel tritt und das wärmfte Waffer an der Oberfläche des Sterilifierungsbehälters durch das Ueberlaufrohr zum Abflufs bringt.

$^1/_{100}$ w. Gr.

Keffel- und Verbrennungsanlage des ftädtifchen Epidemiefpitals zu Brünn [724]).
1881.

Nach Abgabe ihrer Wärme werden die Abwaffer wieder auf 100 Grad und dann durch eine Rohrleitung auf einer 100 m von der Anftalt entfernten, 20 m tief nach dem Schwarzaflufs abfallenden, aus Schotter, Kies und mäfsiger Humusfchicht beftehenden Böfchung zur Verfickerung gebracht. — Die Befchickung der Verbrennungsanlage mit den Fäces kann jederzeit, foll aber, wenn frifches Abwaffer gepumpt wird, nicht erfolgen, bevor deffen Temperatur 100 Grad erreicht hat.

Im Verbrennungsofen (Fig. 319 u. 320 [724]) ift zum Vertrocknen der Fäces, Hauptabgänge, Bandagen u. f. w. eine fich nach unten verjüngende Trockenkammer von quadratifchem Querfchnitt eingebaut, deren gufseiferne Rückwand von den Feuergafen, welche den Keffel umfpülen, erhitzt wird. Ihre Lüftung erfolgt mittels Einführung heifser Luft und Abzug der Dünfte durch die Kanäle b, bezw. a zum Fuchs der Keffelfeuerung. Das Verbrennen findet bei Zuführung frifcher Luft aus dem Keffelraum rauch- und geruchfrei ftatt.

Die nach den Angaben von *Jlg* durch *J. L. Bacon* (Wien) ausgeführte Anlage hat fich be-

---

[724]) Nach: G. A. Das ftädtifche Epidemie-Spital in Brünn und die Einrichtung desfelben zur Befeitigung der Abfallftoffe. Gefundh.-Ing. 1897, S. 58.

währt und ermöglicht das Trocknen und Verbrennen der mit Torf gemifchten menfchlichen Entleerungen in 8 Stunden. Der Inhalt des Keffels ift fo berechnet, dafs er noch einen Teil der Pavillons heizen könnte, und die Aufftellung eines zweiten Keffels wurde vorgefehen.

Für die Vernichtung des Abortinhaltes durch Feuer ift auch die Verwendung der Feuerlatrine, wie fie nach dem Syftem *Weyl-Scip* [725]) von S. J. *Arnheim* (Berlin) in der Kaferne des II. Garde-Feld-Artillerie-Regiments zu Nedlitz bei Potsdam zuerft zur Ausführung kam, vorgefchlagen worden.

<small>612. Feuerlatrine.</small>

Sie erfordert hohe Schornfteine (in Nedlitz 20 m) und Zufammenlegen der Aborte, wurde daher in Frage kommen können, wo diefe Bedingungen erfüllbar find und keine Schwemmkanalifation möglich ift.

Bei einer Sammelanlage mit Schwemmkanalifation wäre der Abortinhalt allein abzuführen, was ein befonderes, weniger gut gefpültes Kanalfyftem zur Folge hat, und der Verbrennungsvorgang wäre wegen der erforderlichen Wafferdampfentwickelung umzugeftalten.

Bei Abfuhr würde die Sammlung des Abortinhaltes und feine Vernichtung in einem Verbrennungsofen, wie in Brünn (fiehe Art. 611, S. 368), in Frage kommen. Anderenfalls ift der Kaften oder die Tonne, welche die Auswurfftoffe aufnehmen, in angemeffener Höhe mit Desinfektionsmaffe zu füllen, bezw. folche nachzugiefsen oder nachzufüllen.

<small>613. Desinfektion bei Abfuhr.</small>

Torfmull wirkt auf Cholerabacillen nur langfam und erhält Typhusbacillen lange lebensfähig; doch läfst er fich durch Zufatz von Säuren (Schwefelfäure) oder von fauren Salzen (Kainit) in ein Desinfziens verwandeln, welches diefe Bacillen in kurzer Zeit abtötet.

In ländlichen englifchen Infektionshofpitälern verbrennt man den Inhalt der Streuaborte nach Zufatz von Petroleum, Paraffin oder dergl., was eine befondere Einrichtung hierfür nötig macht.

Litteratur
über »Entwäfferungsanlagen für Krankenhäufer«.

RUMPEL. Das Sielgrubenhaus. Jahrbücher der Hamburgifchen Staatskrankenanftalten. Bd. III. (1891—92.) Hamburg u. Leipzig 1894. Theil II, S. 24.

Entwäfferung des ftädtifchen Epidemiefpitals zu Brünn. Oeft. Sanitätswefen 1895, Nr. 7; 1896, Nr. 18 — auch: Gefundh.-Ing. 1897, S. 58.

RUBNER & SCHMIDTMANN. Gutachten der königl. wiffenfchaftlichen Deputation für das Medicinalwefen über die Einleitung der Abwäffer des Landkrankenhaufes zu H. in die Fulda. Viert. f. gerichtl. Medicin 1898, Suppl.-Heft, S. 16.

Entwäfferung der Volksheilftätte des »Rothen Kreuzes« am Grabowfee. Herausgegeben aus Anlafs des Congreffes zur Bekämpfung der Tuberculofe als Volkskrankheit. Berlin, 24—27. Mai 1899.

GERHARD, WM. P. Die Kanalifation und Wafferverforgung von Krankenhäufern und Irrenanftalten in: Ausgeführte Beifpiele von amerikanifchen Hausentwäfferungsanlagen. Gefundh.-Ing. 1898, S. 345, 361; 1899, S. 1, 53, 69.

DUNBAR. Zur Frage über die Natur und Anwendbarkeit der biologifchen Abwafferreinigungsverfahren, insbefondere des Oxydationsverfahrens. Deutfche Viert. f. öff. Gefundheitspfl. 1899, S. 625.

DUNBAR & G. ZIRN. Beitrag zur Beurtheilung der Anwendbarkeit des Oxydationsverfahrens für die Reinigung ftädtifcher Abwäffer. Viert. f. gerichtl. Med. III. Folge, Bd. 19 (1900), Suppl.-Heft, S. 216.

SENF, J. Bericht über die Befeitigung der biologifchen Abwaffer-Reinigungsanlagen zu Grofs-Lichterfelde und Treptow etc. Gefundh.-Ing. 1900, S. 42 — und: SCHWEDER, V. Ergänzungen zum Bericht u. f. w., S. 90.

5) Heizung, Warmwafferverforgung, Beleuchtung und verfchiedene Leitungen.

Für die Heizung beftehen in vielen Anftalten noch andere Syfteme neben denjenigen, welche die Krankengebäude (fiehe Kap. 2, unter a, 2) heizen, je nach

<small>614. Heizung.</small>

---

[725]) Siehe: WEYL, TH. Die erfte deutfche Anlage zur Fäkalverbrennung. Gefundh.-Ing. 1897, S. 88.

Handbuch der Architektur. IV. 5, a. (2. Aufl.)

	Moabit					Friedrichshain				
	1889—90	1890—91	1891—92	1892—93	1893—94	1889—90	1890—91	1891—92	1892—93	1893—94
Belag für 1 Tag	520	572	631	550	613	647	591	605	605	622
Koften für 1 Krankentag:										
Insgefamt	2,588	2,733	2,688	3,145	2,776	2,721	3,076	0,040	3,111	0,208
für Beleuchtung	0,079	0,079	0,079	0,090	0,079	0,100	0,123	0,128	0,125	0,149
für Heizung	0,265	0,304	0,282	0,115	0,307	0,228	0,311	0,338	0,317	0,305

den befonderen Erforderniffen der anderen Bauten, doch benutzt man jetzt möglichft Dampf als Wärmeträger für die ganze Anftalt.

In Friedrichshain erhielten Feuerluftheizung das Verwaltungsgebäude, die Wohn- und Magazinräume des Wirtfchaftsgebäudes, die Ifolierblocks (wegen vermutlich unregelmäfsigen Belages) und ein chirurgifcher Pavillon, — Warmwafferheizung (fiehe Art. 131, S. 78) die übrigen Krankengebäude, — Ofenheizung die Beamtenhäufer und Pförtnerräume.

In Hamburg-Eppendorf werden durch Fufsbodenheizung (fiehe Art. 144, S. 88) die Krankenfäle und Baderäume der Ifolier- und Krankenpavillons im Erdgefchofs und die Fufsböden der Operationsfäle, — durch Niederdruckdampfheizkörper die Zuluft derfelben, die Obergefchoffe der zweigefchoffigen Pavillons, die Koftgängerhäufer, das Delirantenhaus, das Operationsgebäude und das Badehaus, — durch Dampfheizkörper alle Räume im Erdgefchofs des Wafchhaufes und im Küchengebäude, die zu feinem Betrieb gehörenden Räume, — durch Feuerluftheizung der Trockenboden — und durch Oefen die Ifolierblocks, die Baracken, das Leichenhaus, das Verwaltungs- und das Oekonomiegebäude, die Wohnhäufer und die Speiferäume erwärmt.

Im Johns-Hopkins Hofpital zu Baltimore find mit Warmwaffer von 2 Keffelgruppen im Küchengebäude und im Pflegerinnenheim aus die vorderen Gebäude und die Krankenbauten (fiehe Art. 132, S. 78), — mit Niederdruckdampf vom Küchengebäude aus, wegen nicht dauernder Benutzung, das Amphitheater, die Poliklinik und das Badehaus, mit eigenen Dampfkeffeln das pathologifche Gebäude und das Wafchhaus geheizt, — während der Dampf für die Heizfpiralen aller Hauptlüftungsfchlote von einem Hochdruckdampfkeffel im Küchengebäude geliefert wird.

In Nürnberg erfolgt die Heizung vom Keffelhaus aus durch Niederdruckdampf im Verwaltungsgebäude, — durch Dampfluftumlauf im Betfaal desfelben, — durch Niederdruckdampf-Warmwaffer in den Krankengebäuden (fiehe Art. 134, S. 80) — und durch Niederdruckdampf die Erwärmung ihrer Zu- und Abluft. — Eigene Niederdruckdampfheizung erhielt das abgelegene Leichenhaus, — Gasöfen die Epidemiebaracke — und Zimmeröfen das Thorwächterhaus.

In Braunfchweig erhielten eigene Niederdruckdampfheizung durch Heizkeffel im Keller die meiften Gebäude, — Gasheizung das Leichenhaus auf Wunfch des Profektors und das mediko-mechanifche Inftitut wegen nur ftundenweifer Benutzung — und Ofenheizung das Verwaltungsgebäude und das Pförtnerhaus.

615. Heizftoff.

Neuerdings werden die Keffel für Dampfniederdruck- und Warmwafferheizung auch mit Kokes, Magerkohle, Braunkohlen und Kraftgas geheizt oder durch Waffergasfeuerung. Die letzteren von *Körting* ausgebildeten Verfahren find billig, faft abnutzungsfrei und leicht zu bedienen. Die Zuleitung des Gafes zu den Keffeln in den einzelnen Gebäuden erfordert keine begehbaren Kanäle für Dampf- und Kondenfationswaffer, da die hierfür verwendbaren, gewöhnlichen, gufseifernen Gasrohre in die Erde verlegt werden können.

616. Heizkoften.

Zur Wertfchätzung der verfchiedenen neueren Heiz- und Lüftungsfyfteme in Krankenhäufern — bezüglich ihrer Betriebskoften im Verhältnis zur Lüftungsmenge und zur Lufttreinheit in den Krankenräumen — fehlt es vollftändig an geeigneten vergleichenden Zufammenftellungen. Die Nachweife von *Lorenz & Wiethoff*[720] geben

---

[720] Siehe: Lorenz & Wiethoff. Statiftifche Nachweifungen, betreffend die Anlage, Unterhaltungs- und Betriebskoften der feit dem Jahre 1875 in preufsifchen Staatsbauten ausgeführten Central-Heizungs- und Lüftungsanlagen. Zeitfchr. f. Bauw. 1892, Anhang, S. 1.

Urban				Hamburg-Eppendorf			Wilster				
1890—91	1891—92	1892—93	1893—94	1892	1893	1894	1886	1887	1888	1889	1890
389	487	520	528	1325	1274	1201	6,77	6,96	6,44	8,06	9,75
3,975	3,447	3,287	3,247	3,178	3,236	3,266	1,480	1,464	1,533	1,423	1,351
0,211	0,146	0,146	0,141	0,115	0,118	0,124	—	—	—	—	—
0,552	0,480	0,392	0,374	0,248	0,201	0,202	—	—	—	—	—

nur die jährlichen Koften für 100 cbm geheizten Raumes bei Sammelheizungen in den preufsifchen klinifchen Lehranftalten und die verlangten Innentemperaturen unter allgemeiner Angabe der Lüftungsart.

Diefe Koften betrugen beifpielsweife in der chirurgifchen Univerfitätsklinik zu Berlin, Ziegelftrafse, bei Dampfluft- und Dampfwafferheizung mit Entlüftung teils durch Saugfchornfteine, teils durch Firftlüftung 56,3 Mark, in den Krankenpavillons der chirurgifchen Klinik zu Königsberg bei Dampf-, Dampfwaffer und Dampfluftheizung mit Zuführung frifcher, vorgewärmter Luft und Entlüftung durch Saugfchlote 75,8 Mark [727]).

In den Berichten der Krankenhäufer werden die Koften der Heizung meift auf den durchfchnittlichen Belag im Jahr berechnet, was infolge des ungleichen Belages in verfchiedenen Anftalten einen Vergleich beeinträchtigt.

So unterlagen die Heizkoften in Moabit nach *Gutmann & Merke* in der Zeit von 1877—89 beträchtlichen Schwankungen, welche nicht allein durch die gröfsere oder geringere Winterkälte, fondern auch durch den Mangel an kleinen Ifolierräumen für ftark infizierte Kranke erklärt wurden, die man behufs Ifolierung auch bei geringer Zahl in grofsen Sälen abfondern mufste [728]).

In obenftehender Ueberficht find die Heizkoften von 5 gröfseren Anftalten, deren Heizfyfteme in diefem Heft befprochen wurden, auf 1 Belagstag berechnet, für mehrere Jahre mit den Beleuchtungs- und Verpflegungskoften zufammengeftellt.

Die Mitteilungen über die Heizung einzelner Krankenbauten, welche in diefem Hefte an verfchiedenen Stellen befprochen wurden, enthalten nur Angaben für den Kohlenverbrauch, der in nachftehender Ueberficht auf die Betteneinheit zurückgeführt ift, wobei, um wenigftens im Gewicht Vergleiche zu erlangen, 1 hl Kohle, bezw. Steinkohle zu 75 und 1 hl Torf zu 50 kg gerechnet wurden.

Für die 8 Wiener Krankenanftalten mit verfchiedenen Heizfyftemen entfielen 1892 an Heizkoften auf jedes der beteiligten 4815 Betten im Jahr 27,4 Mark (= 13,7 Gulden) oder täglich 0,075 Mark, und der Voranfchlag für 1893 fah 30,0 Mark (= 15,0 Gulden), bezw. 0,082 Mark für diefen Zweck vor. Hierbei ift zu berückfichtigen, dafs von diefen Anftalten 3 mit zufammen 2185 Betten durch Oefen verfchiedener Konftruktion geheizt wurden.

617. Warmwafferbereitung.

Die Warmwafferbereitung für den Baderaum verbindet man thunlichft mit derjenigen für die ganze Abteilung oder für das ganze Gebäude. In kleineren Verhältniffen, namentlich in England, wird das warme Waffer für die Bäder öfter von der Koch- oder Wärmeeinrichtung in der Spülküche geliefert (fiehe Art. 198, S. 119).

Wo Badeöfen verwendet werden, kann man auch einen Hahn zur Entnahme von Warmwaffer anbringen; fie find doppelt zu ummanteln und nur für 1 bis 2 Bäder brauchbar. Sollen mehrere Bäder unmittelbar nacheinander verabreicht werden, fo ift eine Keffelheizung nicht zu entbehren. Für fchnelle Erwärmung des Waffers empfehlen fich auch Badeöfen, die durch Gasrofte geheizt werden.

---
727) Siehe: Lorenz & Wiethoff, a. a. O., Abt. 1, S. 36 ff.
728) Siehe: Guttmann, P. & H. Merke. Bemerkungen zu der *Aufrecht*'fchen Mittheilung: Das geeignetfte Baufyftem für allgemeine Krankenhäufer. Berliner klin. Wochfchr., Bd. 27 (1890), S. 98.

Gebäude	Betten-zahl	Brennstoff für 1 Tag im ganzen	für 1 Bett	Koften für 1 Bett	
Maffive Gebäude:					
Friedrichshain, Berlin	Chir. Pavillon	32	375 kg Steinkohle	11,72	—	Siehe Art. 131, S. 78
Allg. Krankenhaus, Hamburg	»	30	—	—	0,08	» » 144, » 88
Hôpital Beaujon, Paris	Maternité	50	600 » Kokeftaub	12,00	0,11	» » 332, » 195
Baracken (1870):						
Münchsberg, Kaffel R L. II	Baracke	30	150 kg Kohlen	5,00	—	» » 377, » 228
Verbindungsbahn Altona	»	24—30	150 » »	6,25—5,00	—	»
Garnifonlazarett Pofen	»	40	825 » »	20,6	—	»
» Brandenburg	»	20	85 » »	4,25	—	»
Exerzierplatz Königsberg	»	28	113 » »	4,04	—	»
St. Adalberts-Kaferne Pofen	»	120	1035 » »	8,62	—	»
Verfetzbare Baracken:						
Tempelhof (1891)	Pappbaracke	16	23 kg Steinkohle	1,44	—	Siehe Art. 430, S. 255
» »	»	16	90 kg Torf	5,62	—	»
» »	Leinwandbaracke	16	90 kg Steinkohle	5,62	—	»
Zeltfaal:						
Garnifonlazarett Köln 1870	Zeltfaal	36	125 kg Koke	3,47	0,08 + 0,01 Mark	Siehe Art. 441, S. 259

Wo Dampfleitung vorhanden ift, kann die Warmwafferbereitung durch Einlegen von Dampfrohren in hoch gelegene, fchmiedeeiferne, gut ifolierte Wafferbehälter erfolgen, welche mit felbftthätiger Regelung des Wafferzufluffes und der Temperatur verfehen, auch vor Ueberlauf gefchützt find und von denen aus fich die Zuleitungsrohre im Gebäude verteilen. Oder es find im Keller, bezw. an einem anderen paffenden Orte Warmwafferkeffel aufgeftellt, die mit der Wafferleitung Verbindung haben, durch Heizfchlangen von den Hauptkeffeln aus oder durch eigene Feuerung geheizt werden und durch Umlaufleitungen das Warmwaffer nach den Verwendungsftellen liefern, wobei die Anlage eine gefchloffene oder offene fein kann. Schliefslich führt man auch Warmwaffer aus einem befonderen Heizkeffel und Waffer eines Kaltwafferbehälters einer Gegenftromvorrichtung zu. *Gerhard* empfiehlt die in Amerika üblichen *Tobey heater* mit automatifch wirkendem Dampfventil, das durch Ausdehnung einer Stange fich öffnet oder fchliefst und Dampf fpart, von denen einer Badewaffer bis 49 Grad C., ein anderer in der Spülküche Waffer bis 82 Grad C. zum Wafchen und Spülen der Koch- und Efsgefchirre liefert.

Warmwafferkeffel unter Wafferleitungsdruck (ca. 4,5 Atmofphären) mit kupferner Dampffpirale erhielten im Nürnberg im Unterbau alle Krankenbauten (fiehe *WK* in Fig. 34, S. 81), das Operations-, Badehaus und Wirtfchaftsgebäude (je 1). Das Verwaltungsgebäude und das Direktorwohnhaus haben gemeinfchaftlich einen. Der Dampf wird dem mit *Angrick'* fchem Regulator verfehenen Ventil zugeführt. Der Regulator hat durch eine Umlaufleitung, an welche der Kaltwaffer-Zuflufs angefchloffen ift, mit dem Inhalt des Keffels Verbindung. Ein Nadelventil regelt den Abflufs des Kondenswaffers aus der Heizfpirale durch den Wafferabfcheider in die Kondenswafferleitung. Bei Warmwafferentnahme ftrömt kaltes Waffer zu und der Regulator öffnet fich, durch die niedrige Temperatur des Zuflufswaffers beeinfluft, felbftthätig, und ebenfo erfolgt der Abfchlufs des Dampfventils durch den Regulator, wenn die Wafferentnahme aufhört und die eingeftellte Wafferwärme von 60 Grad C. im Keffel wieder erreicht ift. Ein Verfagen des Regulirapparates meldet das elektrifche Läutewerk des Kontaktthermometers im oberen Teil der Umlaufleitung nach dem Keffelhaus. — Im Leichenhaufe dient zur Warmwafferbereitung ein Warmwafferbereitungskeffel mit Kohlenfeuerung, in der Epidemiebaracke ein Gasapparat [729]. — In Hannover benutzt man zur Warmwafferbereitung den Abdampf der Betriebsmafchine für die Elektrizität.

---

[729] Siehe: Feftfchrift zur Eröffnung des neuen Krankenhaufes der Stadt Nürnberg, Nürnberg 1898, S. 158.

In einigen Anstalten oder Abteilungen erhielten alle Bäder zweifache Warmwasserverforgung für den Fall von Betriebsunterbrechungen.

Im Kaifer-Franz-Jofeph-Spital zu Wien erfolgt fie in den 4 allgemeinen Pavillons durch Warmwafferkeffel, die im Winter von der Niederdruck-Dampfheizung, im Sommer unmittelbar erwärmt werden, mit Warmwafferbehältern für die Bäder und Spülbecken und durch Badeöfen für je 2 Wannen nebft dem Wafchgrand, — in den 3 Pavillons der Infektionsabteilung und im Adminiftrationsftöckl durch Strahlapparate für die Bäder und durch die genannten Badeöfen. — Für die Heizung, die Wafch- und Badeanftalt find Warmwafferkeffel im Erdgefchofs mit Warmwafferbehältern im Dach oder Erwärmung mit Dampf vom Keffelhaus aus vorgefehen [730]).

Dampf wird, abgefehen von feiner etwaigen Verwendung zur Warmwafferbereitung, zu Koch-, Wafch- und Heizzwecken, zu den Desinfektions- und Sterilifierungseinrichtungen, zur Herftellung keimfreien Waffers und in den Operationsfälen zum Niederfchlagen fchädlicher Beftandteile aus der Luft benötigt. Gas benutzt man als Referve zu Kochzwecken und für den Betrieb von Apparaten, die während der wärmeren Jahreszeit wegen Betriebsunterbrechung der Dampferzeuger nicht benutzt werden könnten, wo die bis jetzt konftruierten elektrifchen Apparate im Betrieb zu teuer find.

618. Dampf, Gas und Elektrizität für Nebenbetriebe.

An die zu diefem Zweck in Nürnberg [731]) vorgefehene Gasleitung wurden angefchloffen: a) im Verwaltungsgebäude: die Kochherde und Wafchkochkeffel der Verwalter- und der Pförtnerwohnung, fowie verfchiedene Apparate in den Laboratorien der Apotheke; b) die Gaskocher der Spülküchen in den Krankenbauten, die Inftrumentenkocher der Operations- und Unterfuchungszimmer, fowie die Verbandftoffsterilifatoren (letztere haben auch Dampfanfchlufs); c) im Wirtfchaftsgebäude verfchiedene Kochapparate der Hauptküche und 1 Bügelofen; b) im Leichenhaus die Arbeitstifche und der Abdampffchrank beider Laboratorien; e) in der Epidemiebaracke die Gasöfen, der Kochherd, die Warmwafferbereitung und die Beleuchtung; f) im Direktorwohnhaus 1 Kochherd, 1 Wafchkeffel, 1 Ofen und 1 Bügelapparat im Keller. — Die Ringleitung von 75 mm Durchmeffer hat an 2 Stellen im Verwaltungsgebäude Hauptanfchlufs mit 100 mm lichtem Rohrdurchmeffer an das ftädtifche Netz. Die Anfchlufsleitungen an fämtliche Bauten mit 50 mm lichtem Durchmeffer find abfperrbar.

In Göttingen erhielt die Frauenklinik aufser der allgemeinen Warmwafferleitung für den Fall von Betriebsftörungen Gasbadeöfen.

Dagegen hat man in Nürnberg zum Betrieb kleiner Motoren die Elektrizität benutzt [732]).

Dort erfolgt der Antrieb des Rührwerkes, der 2 Rührbottiche und der Schlammpumpe in der Abwaffer-Kläranlage durch 2 Wechfelftrommotoren von 2 Pferdeftärken mit direkter Kuppelung, und je ein elektrifcher Ventilator von 0,5 Pferdeftärken dient zur rafchen Lüftung des Operationsfaales und feines Deckenlichtraumes.

Auch als Referve kann, wo Dampf befonders im Sommer nicht, aber elektrifche Beleuchtung vorhanden ift, Elektrizität in Frage kommen, z. B. wenn es fich um Bereitung verhältnismäfsig geringer Warmwaffermengen handelt, wie in Spülküchen, Obduktions- und Operationsräumen, um Gasleitungen für diefe Zwecke zu fparen.

Im Keffelhaus bringt man thunlichft die Dampfkeffel mit ihren Speifepumpen, die Kohlenräume, erforderlichenfalls auch die Mafchinen für den Wirtfchaftsbetrieb, die Beleuchtungsanlage und die Wafferverforgung unter. Für das Betriebsperfonal find ein Wannen- oder Braufebad und Abort vorzufehen. Den Fufsboden des Keffelhaufes fenkte man öfter fo tief in das Erdreich, dafs das Kondenswaffer ohne Hebung zurückfliefsen kann, wie in Nürnberg [733]).

619. Keffelhaus.

---

[730]) Siehe: Jahrbuch der Wiener k. k. Krankenanftalten, Jahrg. I (1892). Wien u. Leipzig 1893, S. 139.
[731]) Siehe: Feftfchrift zur Eröffnung des neuen Krankenhaufes der Stadt Nürnberg. Nürnberg 1898, S. 165.
[732]) Siehe ebendaf., S. 155.
[733]) Siehe ebendaf., S. 277 ff. (wo fich auch der Plan findet.)

Hier ſtoſsen an die weſtliche Längsſeite des 34,80 × 15,50 × 9,00 m groſsen, 2,70 m unter die Hoffläche gelegten Keſſelraumes 2 durch den Pumpenraum getrennte 8,00 m tiefe Kohlenräume mit zuſammen 1000 cbm Nutzinhalt. An die Südſeite grenzen die Werkſtätte (6,50 × 7,30 m), das Heizerbad und 2 Aborte, an die Nordſeite die Desinfektionsanſtalt (6,50 × 12,50 m). Der Keſſelraum hat an der freien Oſtwand 7 Fenſter von 2,50 m Breite und 3,20, bezw. 2,20 m Höhe, deren 3 wagrechte, um die Mittelachſe durch Hebel gruppenweiſe drehbare Flügel infolge der hohen Fenſterlage auch bei kälterer Jahreszeit die Lüftung ohne empfindlichen Zug für das Heizperſonal bewirken und eine Firſtlüftung entbehrlich machen. 3 Dachlichter ermöglichen dem Heizer, von feinem Stand aus die Schornſteinmündung zu beobachten. 6 Schiebethüren (je 2,50 × 2,40 m) führen zu den Kohlenräumen. 6 Doppelflammrohrkeſſel (je 8,80 × 2,20 m) mit je 85 qm Heizfläche für 4 Atmoſphären find für die Heizung, Lüftung und Warmwaſſerbereitung der Bauten und den Betrieb der Kochküche vorhanden. 2 kleinere Keſſel (je 5,80 × 1,80 m) mit je 38 qm Heizfläche für 8 Atmoſphären verſehen die maſchinelle Einrichtung der Dampfwaſchküche und Eisbereitungsmaſchine mit Kühlanlage. Von jeder Gattung dient 1 Keſſel zur Reſerve; Raum für mehr Keſſel bei Vergröſserung der Anſtalt iſt vorhanden. Vor denſelben liegen nebeneinander im Fuſsboden 2 Kanäle, einer zur Beſeitigung der Aſche mit einem Aufzug am Ende, welcher fie in Kippwagen hebt, der andere für die Keſſelſpeiſe-, Entleerungs- und Kondenſationswaſſerleitungen. Das Kondenswaſſer flieſst mit natürlichem Gefälle in den Behälter (50 cbm) des um weitere 2,90 m vertieften Pumpraumes zurück und aus dieſem in die Pumpen. — 2 *Worthington*-Pumpen verſorgen die groſsen, 2 kleinere die kleinen Keſſel. Der Schornſtein verengert ſich von 2,60 m auf 1,80 m bei 50 m Höhe über feiner Sohle.

In Braunſchweig [734]) ſtehen in dem mit Firſtlüftung verſehenen Keſſelhaus für den Wirtſchaftsbetrieb, die elektriſche Beleuchtung und die Waſſerverſorgung 3 Einflammrohrkeſſel (je 60 qm Heizfläche und 8 Atmoſphären Ueberdruck) von *Wilke & Co.* dafelbſt, wovon einer zur Reſerve dient. Durch Reinigung des Waſſers vor Einlauf in die Keſſel nach dem Patent *Dehne* (Halle a. d. S.) iſt Keſſelſteinbildung thunlichſt ausgeſchloſſen. Der Maſchinenſaal enthält die Maſchinen für obige Betriebe und in einem zweigeſchoſſigen Abteil die Accumulatorenbatterie. Auch dieſer Raum hat Firſtlüftung, abwaſchbare Wände und Mettlacher Flieſenboden. Zwiſchen Keſſelhaus und Maſchinenraum find die Reparaturwerkſtätten und der Waſſerturm eingebaut, in deſſen Mitte der 24 m hohe Keſſelſchornſtein hochſteigt. Eine Gleisanlage verbindet den Kohlenſchuppen mit den Feuerſtellen.

Im Kaiſer-Franz-Joſeph-Krankenhaus zu Villach [735]) für 100 Betten beſteht die maſchinelle Anlage aus folgendem. Ein Waſſerrohrkeſſel (Syſtem *F. X. Komarek*) mit 50 qm Heizfläche und zu 6 Atmoſphären liefert den Dampf für 2 Dampfmaſchinen, die Dampfwaſchküche, das Dampf- und Vollbad, den Desinfektionsapparat und das Warmwaſſer. Ein ſotrechter Feuerboxkeſſel mit 15 qm Heizfläche dient als Reſerve für den notwendigſten Dampfbedarf. — Die eine der beiden Dampfmaſchinen zu 20 Pferdeſtärken liefert Kraft für eine Compoundmaſchine, welche 140 Glühlampen zu 16 und 1 Bogenlampe zu 500 Normalkerzen (im Garten) verſorgt. Ihr Abdampf wird teils zur Heizung der Trockenkammer u. ſ. w. verwendet. Platz für einen zweiten Dynamo iſt vorhanden. Die Accumulatoren find für die Nacht (10 Stunden) oder für fämtliche Lampen bei Betriebsunterbrechung (2 Stunden) ausreichend. Die andere Dampfmaſchine zu 5 Pferdeſtärken treibt die Keſſelſpeiſepumpen und die Maſchinen der Waſchküche.

620.
Beleuchtungsanlagen.

Für künſtliche Beleuchtung muſs im Krankenhauſe in allen Gebäuden und auſserhalb derſelben längs der Verbindungswege geſorgt ſein. Ueber die Beleuchtung der Krankengebäude ſiehe Art. 149 ff. (S. 90 ff.) und über diejenige von Operationsſälen Art. 517 bis 519 (S. 301 ff.).

Für eine Sammelbeleuchtung der Anſtalt kommt bei der Wahl von Gas oder elektriſchem Licht das letztere in Betracht, wenn die Anſtalt auch anderen maſchinellen Betrieb hat.

Nach den Berechnungen der ſtädtiſchen Gasanſtalt, welche *Hagemeyer* mitteilt, ſtellten ſich unter Berückſichtigung von Verzinſung und Amortiſation der Anlagen die Beleuchtungskoſten im Urban zu Berlin, welcher neben elektriſcher auch Notbeleuchtung durch Gaslicht erhielt, bei elektriſchem Betrieb auf 47 214 Mark, gegen 49 428 Mark, welche bei gleichem Lichtverbrauch und gleicher Flammenzahl nach den Berechnungen der ſtädtiſchen Gasanſtalt geliefertes Gas zum Preiſe von 0,16 Mark für 1 cbm erfordern würde; dagegen ſinkt die letztere Summe bei Ablaſſung des Gaſes zum Selbſtkoſtenpreiſe von 0,08 Mark für 1 cbm auf 26 444 Mark [736]). — In Hamburg-Eppendorf wurde neben einer Gasbeleuchtung

---

[734]) Siehe: Pfeifer, a. a. O., S. 31 ff.

[735]) Siehe: Komarek, F. X. Maſchinelle Anlagen im Kaiſer-Franz-Joſef-Krankenhauſe in Villach. Der Bautechniker 1892, S. 33.

für die ganze Anftalt eine elektrifche Beleuchtung derjenigen Krankenräume, welche gewöhnlich benutzt werden, angelegt.

Gegen Unterbrechungen der Beleuchtung find Sicherungsvorrichtungen zu treffen.

Die Gasbeleuchtung wurde in den nachftehenden Anftalten verwendet.

621. Gasbeleuchtung

Im Friedrichshain erfolgte die Verforgung mit Gas durch 2 Ableitungen vom Strafsenrohr aus, die zur Vermeidung von Unterbrechungen der Beleuchtung durch einen Rundftrang verbunden find. Jedes Gebäude und jede Dienftwohnung erhielt Gasmeffer. Die 35 Strafsenlaternen haben Anfchlufs an die nächftgelegenen Gebäude.

Im Kaifer-Franz-Jofeph-Spital zu Wien find 2 Zuleitungen — von der Zufahrtsftrafse und von der Triefterftrafse — fo verbunden, dafs Gas im Notfall nur von einer Eintrittsftelle für alle Objekte entnommen werden kann. Das Rohrnetz ift durch Abfperrfchieber in einzelne Teile zerlegt. Jedes Gebäude erhielt vor und hinter dem Eintritt der Leitung Abfperrung, erftere für den Fall der Unzugänglichkeit des Sockelgefchoffes bei Schadenfeuer. In den Bauten find die Flurgänge und Treppenhäufer, fowie die Krankenräume nebft Nebenräumen gruppenweife abfperrbar. Die Schieber des äufseren Rohrnetzes wurden mit Schrifttafeln, die Abfperrhähne in den Gebäuden mit befchriebenen Schutzthüren verfehen. Die Beleuchtungsgegenftände in allen den Kranken zugänglichen Räumen haben Stechfchlüffel; die an die Gasleitung angefchloffenen Wärmefchränke, Rechauds und Strahlapparate erhielten folche zum Schutz gegen unberufene doppelte Abfperrung, und zwar am Apparat felbft und in der Mauer hinter einem Thürchen. Die Beleuchtung der für 610 Betten geplanten Anftalt erfordert 1100 Flammen[737]).

Das allgemeine Krankenhaus in Wien hat auch das *Strache*'fche Waffergas-Auerlicht benutzt, wobei fich die Koften halb fo hoch als bei Steinkohlen-Auerlicht ftellten und die Verbrennungsprodukte die Luft weit weniger verunreinigen[738]).

Die elektrifche Beleuchtung hat jetzt vielfach Eingang gefunden.

622. Elektrifche Beleuchtung.

Im Urban zu Berlin ift die im Rohrtunnel verlegte elektrifche Hauptleitung unterirdifch unter dem Verwaltungsgebäude ebenfalls zu einem Ringftrom verbunden, von welchem die Leitungen nach den Gebäuden abgehen. Das Netz ift in 2 voneinander getrennte Stromkreife zerlegt, und diefe Trennung wurde bis in die Krankenfäle durchgeführt, fo dafs auf Fluren und Treppen, fowie in allen Krankenräumen auch beim Verfagen des Hauptleitungsnetzes genügende Beleuchtung herrfcht. Diefelbe erfolgt durch 1220 Glühlampen zu je 16 Normalkerzen und 30 Bogenlampen zu je 7,5 Ampère Stromftärke mittels 2 Dynamomafchinen für je 800 Glühlampen, welche einzeln oder gemeinfchaftlich den Strom verforgen können. Die 30 Bogenlampen erleuchten das freie Gelände, die Durchfahrt im Verwaltungsgebäude, den Operationsfaal, fowie das Keffel- und das Leichenhaus. Diefe Anlage, von *Gebrüder Naglo* in Berlin hergeftellt, hat einen tadellofen Betrieb ergeben[739]).

In Nürnberg wurde das allgemeine Krankenhaus an das ftädtifche Elektrizitätswerk angefchloffen. Die Anlage umfafst: 9 Bogenlampen (je 10 *Ampère*) für beide Hauptküchen, den Wirtfchaftshof und den Sezierfaal, 1225 Glühlampen verfchiedener Stärke und 75 Handlampen, deren Anfchlufsdofen auch für Kochapparate u. f. w. benutzt werden können. Jedes Gebäude ift von der Ringleitung zweipolig ausfchaltbar[740]).

In Braunfchweig erhielten die gefchloffene Ringleitung 8 Speifeleitungen und jeder mit mehreren Lampen ausgeftattete Raum 2 voneinander unabhängige Stromkreife. Die Accumulatorenbatterie genügt für die Hälfte der inftallierten Lampen[741]).

Die Anftalt ift an die Telephon-, Telegraphen- und Rohrpoftnetze, fowie unmittelbar an die nächfte Feuerwehrwache anzufchliefsen, wo folche beftehen. Wo dies nicht der Fall ift, wird mindeftens eine Telephonverbindung mit den Oberärzten, welche aufserhalb der Anftalt wohnen, und mit einem öffentlichen Amt erwünfcht fein, durch welches Anfragen bei Behörden oder feitens des Publikums vermittelt werden können. Letzteres ift nicht nur von Wichtigkeit, wenn das

623. Sprechleitungen.

---
736) Siehe: HAGEMEYER, a. a. O., S. 67.
737) Siehe: Jahrbuch der k. k. Wiener Krankenanftalten, Jahrg. 1 (1892). Wien u. Leipzig 1893, S. 132.
738) Siehe: Waffergas. Gefundh.-Ing. 1899, S. 128.
739) Siehe: HAGEMEYER, a. a. O., S. 62 ff.
740) Siehe: Feftfchrift zur Eröffnung des neuen Krankenhaufes der Stadt Nürnberg. Nürnberg 1898, S. 152.
741) Siehe: PFEIFFER, a. a. O., S. 36.

Krankenhaus von einem Ort abliegt, fondern auch für Zeiten von Epidemien, wo perfönlicher Verkehr feitens der Infaffen mit Aufsenftehenden mehr oder weniger eingefchränkt wird.

Innerhalb der Anftalt find für eine gute Verwaltung unmittelbare telephonifche Verbindungen zwifchen allen Abteilungen erforderlich, die miteinander zu thun haben. Sie follen nach dem Gefichtspunkt angeordnet werden, dafs jede Erfparnis an unnützen Wegen eine Erleichterung des Dienftes bringt. In kleinen Anftalten können Sprachrohre die Telephone erfetzen.

In Nürnberg [742]) erhielten die 50 Sprechftellen der einzelnen Bauten unter fich, mit der Verwaltung und durch Umfchaltung im Telephonzimmer des Verwaltungsgebäudes mit der Polizeihauptwache unmittelbaren Anfchlufs; 10 Sprechftellen, und zwar in 2 Zimmern der Verwaltung, dem Direktor-, dem Telephonzimmer und der Apotheke — alle 5 im Verwaltungsgebäude — in dem Operationshaus, dem Privatkrankenhaus, dem Gebäude für Syphilis, dem Wirtfchaftsgebäude und Leichenhaus find durch Umfchalter im Telephonzimmer und das Direktorhaus ift unmittelbar an das Staatstelephon angefchloffen.

In Infektionshofpitälern giebt *Aldwinckle* mit Rückficht auf die Häufigkeit eines derartigen Verkehres unmittelbaren Verbindungen den Vorzug gegenüber einer Sammelanlage mit Auswechfelungsftelle, die einen befonderen Beamten erfordert [743]).

Im befonderen follen alle Oberbeamten ihre Unterbeamten, wenn möglich auch jeder der letzteren, welcher in einem befonderen Teil des Gebäudes inftalliert ift, feinen Unterchef rufen können. Zu diefem Zweck müfsten auch die betreffenden Wohnungs-, Aufenthalts- und Speiferäume der Angeftellten mit den Beamten, welchen fie unmittelbar verantwortlich find, telephonifche Verbindung haben. Ueberall, wo Dampf oder bewegende Kraft erforderlich ift, foll Sprechverbindung mit dem Mafchinenmeifter, Ingenieur oder Keffelhaus beftehen.

624.
Andere
Leitungsnetze.

Neben den Sprechleitungen find folche für Glockenfignale, foweit als nötig, zwifchen den Gebäuden und innerhalb derfelben anzulegen, bei deren Ausführung auch der Nachtdienft zu berückfichtigen ift. Jedes Bett in Räumen, welche nicht regelmäfsig mit Wärtern bedient werden, mufs Glockenleitung nach dem Aufenthaltsraum der letzteren erhalten. Bei Inftallation der Glocken ift zu berückfichtigen, dafs ihr Anfchlagen die Kranken, fowie nicht beteiligte Angeftellte möglichft wenig beläftigt.

In Nürnberg haben alle Kranken- und Baderäume Zimmerklingeln mit Stecktaftern, »wodurch die Verbindung jedes Krankenbettes mit dem Läutewerk ermöglicht ift«.

Bei Anlage der Sprech- und Glockenleitungen ift die befondere Organifation des betreffenden Krankenhaufes zu berückfichtigen, da die Anordnungen beifpielsweife in Anftalten, wo ein grofser Teil der Verwaltung oder die ganze unter einer Oberin fteht, andere fein werden als in Anftalten, wo keine Oberin vorhanden ift. Die betreffenden Anlagen erfordern daher, befonders für grofse Anftalten, ein eingehendes Studium unter Hinzuziehung der künftigen Oberärzte, des oberften Verwaltungsbeamten u. f. w. Plant man diefen Apparat reichlich, fo vermeidet man fpätere Aenderungen.

Eine befondere Leitung erfordert die Regelung der Uhren zur Erzielung einer regelmäfsigen Zeiteinteilung.

Im Johns-Hopkins-Hofpital zu Baltimore erfolgt diefelbe durch Luftdruck von einem Sammelapparat im Verwaltungsgebäude aus.

In Nürnberg [744]) befteht eine elektrifche Zentraluhranlage, deren Mutteruhr im Amtszimmer des Verwalters fteht. Je ein Zifferblatt von verfchiedener Gröfse befindet fich im Pförtnerzimmer, im Direktorzimmer, im Sitzungsfaal, im Betfaal und in der Apotheke, in jedem Krankenfaal, in den Vorplätzen der Block-

---

[742]) Siehe: Feftfchrift zur Eröffnung des neuen Krankenhaufes der Stadt Nürnberg. Nürnberg 1898, S. 166.
[743]) Siehe: ALDWINCKLE, a. a. O., S. 304.
[744]) Siehe: Feftfchrift zur Eröffnung des neuen Krankenhaufes der Stadt Nürnberg. Nürnberg 1898, S. 166 ff.

bauten, in den 2 Sälen des Operationsgebäudes, im Sezierfaal, im Uebungsfaal für Heilgymnaftik, im Auskleideraum des Badehaufes, in beiden Hauptküchen und im Keffelhaus. 2 Zifferblätter mit Glocken für Viertel- und Stundenfchlag erhielt der Dachreiter des Verwaltungsgebäudes.

Dafelbft ift auch eine Kontrolluhranlage mit 9 Steckpunkten für den äufseren Nachtwachendienft vorhanden, deren Uhr im Zimmer des Verwalters fteht; auch in der Abteilung für Geifteskranke wird der Nachtdienft der Wärter durch eine Kontrolluhr überwacht.

Wo nicht grofse Sicherheit gegen Blitzgefahr befteht, find die Gebäude unter Anfchlufs aller Waffer- und Gasleitungsgegenftände und grofser Metallmaffen mit Blitzableitungen zu verfehen.

Im Johns-Hopkins-Hofpital zu Baltimore war auch eine Einrichtung zum Feftftellen der jeweiligen Windrichtung geplant, die auf einem Zeigerblatt in der Mitte des Verwaltungsgebäudes, das mit der Windfahne auf der Kuppel verbunden ift, fich kenntlich macht. Wo das Lüften der Fenfter dem Perfonal der Krankengebäude anvertraut ift, würde eine Vorrichtung zum Erkennen der Windrichtung in jedem Saal zur Regelung der Fenfterlüftung fehr wertvoll fein; doch mufste man bei ihrer Konftruktion von den gebräuchlichen, eine richtige Angabe nicht fichernden Wetterfahnen abfehen.

6) Koften.

Die Koften des Grundftückes haben in einzelnen Fällen, wo feine Lage hohen Wert hat, wie in *Lariboifière*, im *Hôtel-Dieu* zu Paris u. f. w., zu grofser Verfchwendung von Geld geführt. Da man aber eine teuere Lage in den meiften Fällen vermeiden kann, fo treten die Grundftückskoften gegenüber den Baukoften beträchtlich zurück. Jedenfalls follte die Grundftücksgröfse nicht, um Koften zu fparen, unter das Mafs herabgedrückt werden, welches mit Rückficht auf die nötigen Abftände der Bauten von der Umgebung (fiehe Art. 567, S. 340) erforderlich ift. Das Befte, was man einem Krankenhaufe geben kann und was für die ganze Zeit feines Beftehens von unveränderlichem Werte bleibt, ift ein in diefem Sinn ausreichendes Mafs von Grundftucksfläche. Diefe verringert fich dort, wo angrenzende Strafsen oder Plätze einen Teil des Geländes, welches die Abftände der Anftaltsbauten von einer Grundftücksumbauung fordern, entbehrlich machen. Deshalb hat man, wie die Beifpiele zeigen, in gröfseren Städten fehr oft rings mit Strafsen umgebene Bauftellen gewählt.

625. Grundftückskoften.

Ueber die Baukoften der Krankenhäufer findet fich das Nähere in den einleitenden Artikeln unter b bis e diefes Kapitels, da fie wefentlich von den Gattungen der Anftalt und innerhalb derfelben wiederum von ihrer befonderen Art abhängen. Die Anforderungen an die Ausdehnung der Krankengebäude einerfeits und an die der allgemeinen Dienfte andererfeits find aufserordentlich verfchieden und erklären zum Teil die abweichenden Gefamtkoften in den Koftenüberfichten unter b bis e, wobei eine offene oder gefchloffene Bauweife diefelben weiter beeinflufst hat.

626. Baukoften.

Zum Vergleich find nachftehend die Koften einzelner Krankengebäude der verfchiedenen Gattungen von Krankenhäufern offener Bauweife zufammengeftellt, bei deren Beurteilung man jedoch die aufserordentlich verfchiedenen Bodenflächen und Lufträume für die Kranken, den Umfang ihres Zubehörs, die Güte ihrer Ausführung, auch das mehr oder weniger teuere Baujahr in Erwägung ziehen follte, wenn man die Einzelpreife für Ueberfchläge heranziehen will.

627. Baukoften von Krankengebäuden.

Die überbaute Fläche vermindert fich in den mehrgefchoffigen Gebäuden und

I. Preise von Pavillons.

Ort	Gebäude	Jahr	Zahl der Geschosse	Betten

Pavillonbauten:

	Ort	Gebäude	Jahr	Geschosse	Betten
Geburtshilfliche Universitätsklinik [745]	Kiel	Baracke	1882-83	1	8
Garnisonlazarett [746]	Düsseldorf	Isoliergebäude	1876-80	1	11
Garnisonlazarett [747]	Naumburg	Absond.-Baracke	1881-83	1	12
Garnisonlazarett [747]	Spandau	Absond.-Gebäude II	1880-82	1	12
Akademisches Krankenhaus	Heidelberg	Med. Baracke	1876	1	14
Allgemeines Krankenhaus	Hamburg-Epp.	Isolierpavillon	1886-89	1	15
Hôpital municipal	Saint-Denis	Chir. Pavillon	1880	1	16
Klinische Universitätsanstalten [745]	Halle	» »	1882-83	1	18
Garnisonlazarett [746]	Konstanz	Isoliergebäude	1879-82	1	20
Akademisches Krankenhaus	Heidelberg	Chir. Baracke	1876	1	20
Allgemeines Krankenhaus [748]	Hamburg	Chir. Pavillon	1881	1	30
Stadtkrankenhaus [749]	Dresden	» »	1871-73	1	30
Klinische Universitätsanstalten [745]	Berlin	Augusta-Pavillon	1878-83	1	31
Allg. Krankenhaus am Friedrichshain [750]	»	Chir. Pavillon VII	1868-69	1	32
» » » »	»	» » VIII	»	1	32
» » » »	»	» » IX u. X je	»		32
Allgemeines Krankenhaus	Hamburg-Epp.	Pavillon	1886-89	1	33
Klinische Universitätsanstalten [745]	Berlin	Viktoria-Pavillon	1878-83	1	39
Chirurgische Universitätsklinik [745]	Königsberg	Absond.-Baracke	1878-81	2	12
Garnisonlazarett [746]	Deutz	Isoliergebäude	1876-79	2	36
Chirurgische Universitätsklinik [745]	Königsberg	Chir. Pavillon	1878-81	2	49
Allg. Krankenhaus am Friedrichshain [750]	Berlin	Med. Pavillon	1871-74	2	64
Allg. Krankenhaus am Urban [751]	»	Pavillon	1890	2	67
Allgemeines Krankenhaus [752]	Hamburg-Epp.	»	1886-89	2	72

Doppelpavillons:

	Ort	Gebäude	Jahr	Geschosse	Betten
Kgl. Universitätsanstalten [745]	Bonn	Absond.-Haus	1880-81	1	20
Garnisonlazarett [753]	Saarburg	Absond.-Baracke	1886-87	1	20
Kgl. Charité [754]	Berlin	Entbindungspavillon	1875-76	1	28
Diakonissenanstalt Bethanien [755]	»	Evakuationspavillon	1872	1	28
Chirurgisches Universitätsinstitut [754]	Kiel	Lazarettbaracke	1878-79	1	28
Chirurgische Universitätsklinik [745]	Halle	Absond.-Haus	1882-83	1	28
Garnisonlazarett [753]	Dieuze	Baracke III	1891-92	1	29
Garnisonlazarett [756]	Kassel	Isolierbaracke	1883-88	1	37
Hilfslazarett [758]	Kronenburg	Baracke I	1889-90	1	40
Akademisches Krankenhaus	Heidelberg	Med. Pavillon I	1876	2	54
» »	»	» » II	»	2	54
Städt. Krankenhaus	Magdeburg	»	1882	2	78
» »	»	Chir. Pavillon	»	2	118
» » am Urban [751]	Berlin	Diphtheriepavillon	1887-88	1	19
» » am Friedrichshain [750]	»	»	1885-86	1	26

[745] Nach: Statistische Nachweisungen, betreffend die in den Jahren 1881—85 vollendeten und abgerechneten preufsischen Staatsbauten aus dem Gebiete des Hochbaues. Zeitschr. f. Bauw. 1890, S. 58, 66, 62, 60, 58, 64, 66, 60, 124, 64.
[746] Nach: Statistische Nachweisungen, betreffend die wichtigsten der in den Jahren 1873—84 zur Vollendung gelangten Bauten aus dem Gebiete der Garnison-Bauverwaltung des Deutschen Reiches. Ebendas. 1887, S. 122, 116, 118.
[747] Nach: Wie vorstehend bezüglich der Jahre 1881—85. Ebendas., S. 74, 26.
[748] Nach: Neuer Pavillon im Hamburgischen allgemeinen Krankenhause. Centralbl. d. Bauverw. 1881, S. 355.
[749] Nach: Die Bauten, technischen und industriellen Anlagen von Dresden. Dresden 1878. S. 238.
[750] Nach: Die öffentliche Gesundheits- und Krankenpflege der Stadt Berlin. Berlin 1890. S. 152.
[751] Nach: HAGEMEYER, a. a. O., S. 125 — der Preis des Pavillons im Durchschnitt auf der Männerseite.

I. Preise von Pavillons.

Ueberbaute Fläche		Baukosten				Keller oder Unterbau		Bemerkungen
im ganzen	für 1 Bett	im ganzen	für 1 Bett	für 1 qm	für 1 cbm			
145	18,1	16403	2050	113	18,7	126	2,4	
203	18,5	17300	1573	85	17,7	—	0,4	
209	17,3	14549	1212	70	14,4	—	0,6	
204	17,0	16868	1406	83	16,9	—	—	
247	16	25900	1850	113	—	ganz	2,6	
241	16	35000	2330	145	—	81,0	2,8	
340	21	54464	3404	160	—	ganz	3,3	System *Toilet*
365	20,3	26991	1497	74	12,7	—	0,9	
282	14,1	27849	1393	99	20,4	—	0,7	
284	14,1	35450	1772	125	—	ganz	2,6	
446	14,7	31995	1066	72	—	—	—	
500	16,7	55146	1838	110	—	ganz	2,6	einschl. Verbindungsgang
611	19,7	124401	4013	204	24,3	ganz	2,7	
684	21,4	132335	4135	194	—	ganz	3,1	teils mit Zwischengeschossen
684	21,4	115335	3604	169	—	ganz	3,1	„ „ „
684	21,4	203697	6366	298	—	ganz	3,1	„ „ „
466	14,1	57000	1697	120	—	101,0	2,8	
613	15,8	118022	3026	193	23,2	ganz	2,7	
231	19,3	65929	5494	285	28,5	ganz	2,5	
324	9,0	44800	1244	138	10	ganz	3,3	
434	8,9	132410	2702	305	22	144	3,5–2,6	
691	10,8	252420	3944	365	—	ganz	3,1	teils mit Zwischengeschoss
557	8,3	133196	1988	230	—	ganz	2,3	mit 1 Aufbau
560	7,7	108000	1500	193	—	214	2,8	
306	15,3	26226	1311	86	14,5	—	1,0	
346	17,3	28620	1431	83	14,0	17,1	2,4–0,7	
457	16,3	98004	3500	215	31,1	—	1,1	
398	14,2	51000	1800	128	—	—	0,6	
400	14,3	50190	1793	125	19,9	186	3,0	künstliche Fundierung
599	21,4	53767	1920	90	11,1	ganz	3,14	
366	12,6	29524	1018	81	15,1	—	0,5	
556	15,0	42900	1160	77	13,3	—	1,2	
555	13,9	37516	938	68	12,4	—	0,5	
647	12,0	115400	2137	178	—	ganz	4,0	im Sockelgeschoss Wohnungen
647	12,0	134700	2495	208	—	ganz	4,0	im Sockelgeschoss Wohnungen
—	—	115150	1476	—	—	ganz	1,7	Aufbau über der Mitte
—	—	204000	1729	—	—	ganz	1,7	Aufbau über der Mitte
275	14,4	43666	2298	159	—	ganz	0,3	mit ausgebautem Dach
337	12,9	65000	2500	193	—	ganz	—	Aufbau in der Mitte
Quadr.-Meter		Mark				Qdr.-M.	Meter	

[752] Nach: ZIMMERMANN & RUPPEL, a. a. O., S. 5.
[753] Nach: Statistische Nachweisungen, betreffend die wichtigsten der in den Jahren 1886–92 vollendeten Bauten der Garnison-Bauverwaltung des Deutschen Reiches. Zeitschr. f. Bauw. 1895, Anhang, S. 24, 26.
[754] Nach: ENDELL & FROMANN. Statistische Nachweisungen, betreffend die in den Jahren 1871–80 vollendeten und abgerechneten preussischen Staatsbauten. Ebendas. 1883, S. 174, 178, 176.
[755] Nach ebendas. 1873, S. 126.
[756] Nach: Statistische Nachrichten über bemerkenswerthe in den Jahren 1884–91 vollendete Bauten der Garnison-Bauverwaltung des Deutschen Reiches. Ebendas. 1893, S. 136.

II. Preife von Blockbauten.

Ort	Gebäude	Jahr	Gefchoffe	Betten
Blockbauten:				
Städtifches Krankenhaus [757] . . . . . Frankfurt a. M.	Beobachtungspavillon	1885	1	4
Allgemeines Krankenhaus . . . . . . Hamburg-Epp.	Ifolierblock	1886–89	1	6
Hôpital Lariboifière . . . . Paris	Ifolierpavillon	1881	1	8
Med. Univerfitäts-Lehranftalten [758]) . . . Göttingen	Chir. Baracke	1890–91	1	11
Univerfitäts-Frauenklinik [745]) . . . . . Berlin	Block A	1880–83	1	16
Plan von Loofe & Rippe . . . . . . Bremen	Abfonderungsblock	1885	1	18
Med. Univerfitätsklinik [759]) . . . . . Breslau	Abfonderungsbaracke	1891–92	1	18
Klin. Univerfitätsanftalten [759]). . . . . Kiel	»	1892	1	18
Plan von Greenway . . . . London	Abfonderungsblock	1872	1	20
Med. Univerfitäts-Lehranftalten [758]) . . . Göttingen	Med. Baracke	1890–91	1	22
Kgl. Charité . . . . Berlin	Gynäkol. Pavillon	1885	1	29
Städtifches Krankenhaus [757]) . . . . Frankfurt a. M.	Blatternhaus	»	1	32
Allgemeines Krankenhaus . . . . . . Hamburg-Epp.	Delirantenhaus	1888	1 u.2	34
Strafanftalt [745]) . . . . Wehlheiden	Krankenhaus	1878–83	2	18
Allgemeines Krankenhaus . . . . . . Hamburg-Epp.	Koftgängerhaus	1889	2	19
Garnifonlazarett [760]) . . . . Lübeck	Krankenblock	1883–84	2	28
Klin. Univerfitätsanftalten [745]) . . . . Bonn	Krankenhaus	1880–83	2	40
Städt. Krankenhaus am Urban [751]) . . . Berlin	Ifolierpavillon	1887–88	2	43
Städt. allg. Krankenhaus i. Friedrichshain [750])	Ifoliergebäude	1872–74	2	44
Städt. Krankenhaus am Urban [751]) . . . »	Ifolierpavillon	1887–88	2	47
Städt. Krankenhaus [757]) . . . . . . Frankfurt a. M.	»	1885	2	48
Garnifonlazarett [761]) . . . . Rawitfch	Krankenblock	1885–86	2	56
Garnifonlazarett [760]) . . . . Braunfchweig	»	1878–81	2	61
Garnifonlazarett [747]) . . . . Spandau	» II	1880–82	2	61
Städt. Krankenhaus am Urban [751]) . . . Berlin	Ifolierpavillon	1887–88	2	62
» » » » . . .	»	»	»	2	62
Garnifonlazarett [756]) . . . . Kaffel	Krankenblock	1883–88	2	63
Kgl. Charité [754]) . . . . Berlin	Station f. äufs. Kranke	1878–79	2	96
Hôpital Ste.-Eugénie . . . . Lille	Krankengebäude	1873	3	200
Kgl. Charité . . . . Berlin	Sommerlazarett	1852	2	192
Militärhofpital (früheres) . . . . . . Dresden	Krankenblock	1869	5	400
Kgl. Charité . . . . Berlin	Neue Charité	1831–34	4	526
Kinderhofpital . . . . Dresden	Diphth.- u. Scharl.-Pavillon	—	1	—
Chir. Univerfitätsklinik [759]) . . . . . Breslau	Kinderbaracke	1891–92	1	9

[757]) Nach: Frankfurt und feine Bauten. Frankfurt a. M. 1886. S. 178, 173.
[758]) Nach: Statiftifche Nachrichten, betreffend die im Jahre 1891 vollendeten und abgerechneten preufsifchen Staatsbauten. Zeitfchr. f. Bauw. 1893. S. 76.
[759]) Nach: Wie vorftehend, Fortfetzung. Ebendaf. 1894. S. 98.

II. Preise von Blockbauten.

Ueberbaute Fläche		Baukosten				Keller oder Unterbau		Bemerkungen
im ganzen	für 1 Bett	im ganzen	für 1 Bett	für 1 qm	für 1 cbm			
150	37,5	26 700	6675	178	—	—	—	tiefe Fundamente
105	17,5	14 000	2330	133	—	—	0,8	
258	32,2	25 640	3205	99	—	—	—	System *Tollet*
208	18,9	22 550	2050	108	22,9	22,5	2,6–0,5	
340	21,3	54 939	3434	162	19,3	ganz	3,3	künstliche Gründung
634	35,2	47 000	2600	74	—	—	0,6	nach Anschlag
474	26,3	49 107	2728	104	21,8	—	0,25	Mittelgang
261	14,5	15 969	887	61	15,5	28,2	2,3–0,2	
600	30,0	60 000	3000	101	—	—	0,7	nach Anschlag
443	20,1	43 380	1972	98	20,9	36,7	2,6–0,5	Mittelgang
650	22,4	112 100	3866	173	13,6	ganz	2,7	teils ausgebautes Dach
899	28,1	138 600	4331	154	—	ganz	—	
411	12,1	61 000	1800	149	—	69	2,8	122 qm nur 1 Geschoss hoch
240	13,3	46 105	2561	192	16,9	ganz	2,7	Korridorbau
388	20,4	98 000	5164	252	—	ganz	3,2	"
255	9,1	48 735	1740	191	14,5	232	2,0	Kopfbau 3 Geschosse
605	15,1	150 450	3761	249	15,6	ganz	3,5	Korridorbau
399	9,3	94 790	2204	238	—	ganz	2,3	Mittelteil 3 Geschosse
511	11,4	199 702	4538	291	—	ganz	0,1	
415	8,8	97 009	2064	234	—	ganz	0,3	Mittelteil 3 Geschosse
630	13,1	145 000	3021	230	—	ganz	—	Korridorbau
574	10,2	74 027	1322	129	11,1	—	1,25	"
712	11,7	120 050	1968	169	13,5	ganz	3,0	"
705	11,6	115 354	1891	164	11,2	ganz	4,1	"
604	9,7	139 318	2247	231	—	ganz	2,3	
564	9,1	134 348	2167	238	—	ganz	2,3	
590	9,4	79 000	1254	134	10,9	295	3,0–0,1	
658	6,9	130 238	1357	198	14,3	545	3,0–0,55	" , Personalwohnungen i. Keller
1715	8,5	539 967	2700	315	—	ganz	2,3	
1692	8,8	242 790	1264	144	—	ganz	1,9	
1370	3,4	486 000	1215	355	—	ganz	1,6	
3047	5,8	480 000	912	158	—	ganz	1,9	
—	—	57 075	—	—	—	teils	—	
186	20,7	16 573	1841	89,2	18,2	—	0,5	
Quadr.-Meter		Mark				Qdr.-M.	Meter	

750) Nach: Statistische Nachrichten über bemerkenswerthe Bauten in den Jahren 1881—86 der Garnison-Bauverwaltung des Deutschen Reiches. Ebendas. 1888, S. 14, 16.
751) Nach: Wie vorstehend, Fortsetzung für die Jahre 1881—87. Ebendas. 1889, S. 12.

III. Preife von Baracken.

Material	Ort	Gebäude	Jahr
Wellblech:			
Stadtkrankenhaus [762]	Plauen	Baracke	1887
Eifengerüft mit doppelter Holzfchalung:			
Hôpital Trouffeau	Paris	Scharlachpavillon	1889
Ziegelfachwerk:			
Klinifche Univerfitätsanftalten [763]	Bonn	Baracke	1880–83
Desgleichen mit Innenfchalung:			
Moabit	Berlin	»	1871–72
» [764])	»	»	1895
Desgleichen mit Doppelfchalung:			
Quarantäneanftalt [763]	Süderfpitze	Schuppen f. Verdächtige	1885–86
» [765])	Emden	Baracke	1886
Fachwerk mit doppelten Gipsdielen:			
Inftitut für Infektionskranke [765]	Berlin	»	1890–91
» » »	»	desgl. mit 2 Ifolierzimmern	»
» » »	»	Doppelbaracke	»
Eifen, Holz und Glas:			
Hofpital zum heiligen Geift	Frankfurt a. M.	Zeltbaracke	1867
Holz [767] :			
Kgl. Charité	Berlin	Chirurgifche Baracke	1866–67
Quarantäneanftalt [765]	Süderfpitze	Cholerafchuppen	1885–86
Vor dem Klausthore	Halle a. d. S.	Baracke	1870
In der Kriegsfchule	Hannover	»	»
Auf dem Möncheberg	Kaffel	»	»
Auf dem Exerzierplatz	Meiningen	»	»
Beim Zentralgefängnis	Kottbus	»	»
Auf dem Exerzierplatz	Stade	»	»
Auf dem Gertrudenberg	Osnabrück	»	»
Vor der Stadt	Schönberg	»	»
Tempelhoferfeld Refervelazarett Nr. I . . .	Berlin	»	»
» » Nr. II . . .	»	»	»
» » Nr. III . . .	»	»	»
Privatbaracken	Altona	»	»
Friedrichsbaracken	Karlsruhe	»	»
Akademifches Krankenhaus	Heidelberg	»	»
Auf der Pfingftweide Refervelazarett Nr. I . .	Frankfurt a. M.	»	»
Sachfenhaufen	»	»	»
Infanteriekaferne	Homburg v. d. H.	»	»
Klofter Mariabrunn	Aachen	»	»
Auf dem Exerzierplatz	Düffeldorf	»	»
Kurfürftliche Villa	Frankfurt a. M.	»	»
Im Flafchnerhofgarten	Nürnberg	»	»
Friedensfpital	Neu-Ulm	»	»
Kartäufer-Plateau	Koblenz	»	»
Auf dem Petersberg	»	»	»
Referve-Garnifonlazarett	Brandenburg a. d. H.	Doppelbaracke	»
Auf der Wahner Heide	Köln	»	»
Bürgerhofpital	Frankfurt a. M.	Zeltbaracke	1869

[762] Siehe: OSTHOFF, G. Eiferne Krankenbaracke in Plauen im Voigtlande. Centralbl. d. Bauverw. 1887, S. 21 ff.
[763] Siehe: Statiftifche Nachweifungen, betreffend die in den Jahren 1881–85 vollendeten und abgerechneten preufsifchen Staatsbauten aus dem Gebiete des Hochbaues. Zeitfchr. f. Bauw. 1890, Anhang; S. 64.
[764] Siehe: Berlin und feine Bauten. Berlin 1896. Bd. II, S. 450.

III. Preise von Baracken.

Betten	Ueberbaute Fläche		Baukosten				Keller oder Unterbau		Winter-einrichtung
	im ganzen	für 1 Bett	im ganzen	für 1 Bett	für 1 qm	für 1 cbm	Grundfläche	Höhe	
16	143	8,9	12807	800	90	—	—	—	
24	—	—	57600	2400	—	—	—	—	
24	464	19,3	32500	1354	70	11,3	44,6	2,6 (1,8)	
28	264	9,4	21000	750	79,5	—	—	—	
26	404	15,6	47000	1808	116,3	—	—	...	
6	182	30,3	6375	1062	34,4	9,0	—	—	
14	186	13,3	6678	477	36	8,5	—	—	
18	283	15,7	42798	2378	151	29,6	ganz	2,0	
18	298	16,6	47071	2615	158	31,0	»	2,0	
12	216	18,0	34736	2895	161	31,6	»	2,0	
11	76	6,9	9255	841	121	37,0	?	0,5	
20	396	18,9	39000	1950	98,5	—	ganz	—	
14	197	14,07	6435	460	32,7	8,4	»	—	
30	182	6,08	5560	185	30,6	7,8	»	0,3	mit
30	182	6,08	6351	211	34,9	8,9	»	0,3	»
30	182	6,08	5897	195	32,4	8,3	»	0,3	»
30	182	6,08	4571	152	25,1	6,4	»	0,3	»
30	182	6,08	4235	141	23,3	5,1	»	0,3	»
30	182	6,08	5654	170	31,1	7,9	»	0,3	»
30	182	6,08	1950	65	10,7	2,7	»	0,3	»
30	182	6,08	2935	97	16,1	4,1	»	0,3	ohne
30	199	6,64	14609	487	73,3	17,5	»	0,4	mit
30	224	7,48	18482	616	82,5	23,2	»	0,9—1,7	»
30	199	6,63	20624	687	103,6	26,6	»	0,25	»
24	216	9,00	3070	128	14,2	4,2	»	0,5	»
32	409	12,8	13483	421	33,0	6,7	»	0,8	»
32	335	10,5	13681	427	40,5	7,1	»	1,3	»
20	142	7,1	6095	304	42,9	11,1	»	0,6	»
20	139	6,9	5143	257	37,0	9,3	»	0,5	»
20	196	9,8	9228	461	47,1	11,3	»	1,3—2,8	»
28	240	8,6	8000	285	33,3	6,1	»	0,3—1,5	»
20	157	7,8	2700	135	17,2	3,7	»	0,3	»
20	135	6,8	3478	174	25,8	7,0	»	0,3	»
32	303	9,5	7653	239	25,3	3,8	»	0,6	»
32	232	10,1	4977	155	21,5	4,9	»	0,3	»
40	243	6,1	4500	137	18,4	—	?	0,6	—
52	309	5,9	4800	109	15,5	5,17	»	0,6	—
40	384	9,1	11345	284	29,5	6,3	»	0,3	—
200	637	3,2	27000	135	42,4	10,6	—	—	—
11	82	7,5	3719	338	35,3	10,5	ganz	1,1	—
	Quadr.-Meter		Mark				Quadr.-Met.	Meter	

765) Siehe: Wie in Fufsnote 763 bezüglich der Jahre 1886—89. Ebendas. 1893, S. 108.
766) Siehe: Wie vorstehend bezüglich des Jahres 1891. Ebendas. S. 78.
767) Die Preise der Baracken von 1870 finden sich in: Sanitätsbericht über die deutschen Heere. Berlin 1891. S. 341, 358, 367. — Der Preis für 1 cbm wurde ausschliefslich des Unterbaues berechnet.

ift durchfchnittlich bei den Blockbauten gröfser als bei den einfachen und doppelten Pavillons.

Diefe fchwankt bei den eingefchoffigen Gebäuden in den Pavillons zwifchen 14,1 zu Hamburg-Eppendorf und 21,1 qm im Friedrichshain, in den Doppelpavillons zwifchen 12,6 in Dieuze und 21,4 qm zu Halle, und der Hamburg-Eppendorfer Pavillon mit 33 Betten beanfprucht die gleiche Grundfläche wie der Doppelpavillon im Hilfslazarett zu Kronenburg mit 2 Abteilungen zu je 20, zufammen 40 Betten. In den Blockbauten beträgt die überbaute Fläche 14,5 qm in Kiel gegen 32,2 im Ifolierpavillon von *Lariboifière*, wo nur Einzelzimmer vorhanden find, und fteigt in den Plänen von *Loofe & Kippe*[768]) auf 35,2 qm. — Bei den leichteren Konftruktionen liegen die Grenzwerte zwifchen 8,9 in Plauen und 19,3 qm in Bonn, bei den Holzbaracken, wo das Zubehör gering zu fein pflegt, zwifchen 3,2 in der Wahnerheide und 14,07 qm im Cholerafchuppen auf der Süderfpitze der kurifchen Nehrung.

Bei zweigefchoffiger Bauart beanfpruchten die Pavillons 7,7 qm in Hamburg-Eppendorf und 19,3 qm in Königsberg; in den Doppelpavillons zu Heidelberg betrug die überbaute Fläche 12,6 qm. Bei den Blockbauten hat die geringfte Grundfläche die Charitéftation für Aeufserlichkranke in Berlin mit 6,9 qm und die gröfste das Koftgängerhaus in Hamburg-Eppendorf mit 20,4 qm.

Von dreigefchoffigen Bauten erforderten der Doppelpavillon in St. Marylebone 4,1 qm und der Blockbau in *Ste.-Eugénie* 8,5 qm.

Noch gröfsere Unterfchiede zeigen die einzelnen Baukoften.

Wenn man einzelne Fälle ungewöhnlich hoher Preife, fowie die Bauten für befondere Zwecke, wie Entbindungsgebäude u. f. w., ausläfst, fo koftete die Betteneinheit bei den eingefchoffigen Bauten für die Pavillons von Naumburg 1212, für den chirurgifchen Pavillon in Hamburg nur 1066, im Augufta-Pavillon der klinifchen Univerfitätsanftalten zu Berlin 4013 Mark, für die Doppelpavillons in Kronenburg 938, in Halle 1920, für die Blockbauten in Kiel 887 und in Breslau 2728 Mark. Dagegen fteigt der letztere Preis im Blatternhaus zu Frankfurt a. M. auf 4331 Mark. Von den leicht konftruierten Bauten waren die Preife einzelner niedriger, andere, wie der des Scharlachpavillons im *Hôpital Trouffeau* mit 2400 und die Baracken im Inftitut für Infektionskrankheiten mit 2378 bis 2895 Mark — diefe wegen der teueren Gründung — beträchtlich höher als die vieler maffiver Bauten. — Von den Baracken erforderte diejenige in der Berliner Charité 1950 Mark, und von den Kriegsbaracken war die Osnabrücker mit Wintereinrichtung für 65 Mark herzuftellen, während die Koften jener auf dem Tempelhofer Feld im Refervelazarett Nr. III ohne diefe Einrichtung 687 Mark betrugen.

Zweigefchoffige Pavillons wurden in Magdeburg für 1476 Mark erbaut; doch erforderte der Diphtheriepavillon im Friedrichshain mit kleineren Sälen 2500 Mark, und der billigfte folche Blockbau in Caffel ftellte fich auf 1245, der teuerfte, das Koftgängerhaus in Hamburg-Eppendorf, auf 5164 Mark für die Betteneinheit.

Bei Beurtheilung von Voranfchlägen für Neubauten ift vor einer Benutzung der geringeren dagewefenen Herftellungskoften um fo mehr zu warnen, als die Anforderungen, die man heute an das Zubehör, die Bauteile und die Ausftattung ftellt, beträchtlich gröfser find als bei den meiften bisherigen Bauten. Daher wird es fich empfehlen, den Umfang der Krankenräume und ihres Zubehörs im Einverftändnis mit den Aerzten genau feftzuftellen, bevor man für Ueberfchläge Erfahrungsfätze heranzieht.

Litteratur

über »Anordnung der Krankenhäufer im allgemeinen«.

α) Organifation, Anlage und Einrichtung.

OPPERT, F. *Hofpitals, infirmaries and dispenfaries, their conftruction, interior arrangement and management.* London 1867. — 2. Ausg. 1883.

OPPERT, F. Hofpitäler und Wohlthätigkeitsanftalten. 3. Aufl. Hamburg 1872.

SPIESS, A. Ueber neuere Hofpitalbauten in England. Deutfche Viert. f. öff. Gefundheitspfl. 1873, S. 231.

SARAZIN, CH. *»Hôpital«*, in: JACCOUD. *Nouveau dictionnaire de médecine et de chirurgie pratiques*, Bd. 17. Paris 1873. S. 688. — Ebendaf.: SAINT-GERMAIN, L. A. DE. *»Maternités.«* S. 754.

BOSC, E. *Étude fur les hôpitaux et fur les ambulances. Encyclopédie d'arch.* 1875, S. 98.

---

[768]) Siehe die 1. Auflage des vorliegenden Heftes, S. 550.

Discussion sur l'hygiène hospitalière. Association française pour l'avance des sciences. Comptes rendus 1873 Paris 1874. Bd. II, S. 890—92.

SANDER, F. Ueber Geschichte, Statistik, Bau und Einrichtung der Krankenhäuser. Correspondenzbl. d. niederrhein. Vereins f. öff. Gesundheitspfl. 1875, S. 1.

FÉLIX, J. *Étude sur les hôpitaux et les maternités avec croquis, plans, devis etc. par M. Liévin-Beffou.* Brüssel 1876.

CHASSAGNE, A. *Hygiène hospitalière. Les hôpitaux sans étages et à pavillons isolés. Avec une préface du Dr. Marmottan. Journal d'hygiène*, Bd. 2 (1877), S. 207, 218, 232, 245, 258, 270, 286, 289.

WYLIE, W. G. *Hospitals. Their history, organization, and construction. Boylston prize-essay of Harvard university for 1876.* New York 1877.

Ueber Geschichte, Statistik, Bau und Einrichtung der Krankenhäuser. Correspondenzbl. d. niederrhein. Vereins f. öff. Gesundheitspfl. 1878, S. 1.

DEGEN, L. Das Krankenhaus und die Kaserne der Zukunft. München 1882.

DEGEN, L. »Krankenanstalten«, in: PETTENKOFER & ZIEMSSEN. Handbuch der Hygiene und der Gewerbekrankheiten. 3. Aufl. Theil II, Abth. 2. Leipzig 1882.

Handbook for hospitals. The hospital building, on supply and heating, drainage and water supply, hospital house keeping, the nursing service, care of the insane, maternity wards, village hospitals. New York 1882.

New York state. Charities aid association, Nr. 32. Handbook for hospitals. New York 1883.

MOUAT, H. & H. S. SNELL. *Hospital construction and management.* London 1883—84.

DEGEN, L. Die öffentliche Krankenpflege im Frieden und im Kriege nach den Ergebnissen der Ausstellung auf dem Gebiete der Hygiene und des Rettungswesens zu Berlin 1883. München 1884.

Discussion au sujet de l'eau non filtrée dans les hôpitaux. Bullet. et mém. soc. méd. des hôp. de Paris, 4. Serie, Bd. 1 (1884), S. 245.

SANDER, F. Handbuch der öffentlichen Gesundheitspflege. Leipzig 1877. S. 445: Krankenhäuser. — 2. Aufl. bearbeitet und herausgegeben vom Vorstand des niederrheinischen Vereins für öffentliche Gesundheitspflege. Leipzig 1885. S. 561: Krankenhäuser.

Welchen Einfluss hat die heutige Gesundheitslehre, besonders die neuere Auffassung des Wesens und der Verbreitung der Infectionskrankheiten auf Bau, Einrichtung und Lage der Krankenhäuser. Deutsche Viert. f. öff. Gesundheitspfl. 1889, S. 181.

TOLLET, C. *Étude comparative des plans généraux des hôpitaux. Revue d'hygiène* 1889, S. 216.

TOLLET, C. *Les hôpitaux au XIX. siècle. Études, projets, discussions et programmes relatifs à leur construction.* Paris 1889.

Die electrische Beleuchtung von Krankenhäusern. Metallarbeiter 1890, S. 90.

LORENZ & WIETHOFF. Statistische Nachweisungen, betreffend die Anlage-, Unterhaltungs- und Betriebskosten der seit dem Jahre 1875 in preussischen Staatsbauten ausgeführten Central-Heizungs- und Lüftungsanlagen. Berlin 1892.

GALTON, D. *Healthy hospitals. Observations on some points connected with hospital construction.* Oxford 1893.

BURDETT, H. C. *Hospitals and asylums of the world: their origin, history, construction, administration, management and legislation; with plans of the chief medical institutions accurately drawn to a uniform scoll, in addition to those of all the hospitals of London in the jubilee year of Queen Victoria's reign.* Bd. 4 und *Portfolio of Plans.* London 1893.

BÖTTGER, P. Grundsätze für den Bau von Krankenhäusern. Vortrag, gehalten auf der XI. Wanderversammlung des Verbandes deutscher Architekten- und Ingenieur-Vereine in Strasburg i. E. Centralbl. d. Bauverein. 1894, S. 389, 398, 403, 410.

Winke für Spitalbauten. Bauz. f. Ungarn 1894, S. 17.

TOLLET, C. *Les hôpitaux modernes au XIX. siècle.* Paris 1894.

RUBNER. Leitende Grundsätze für die Anlage von Krankenhäusern und über die nothwendigen Reformen der Zukunft. Vortrag. Gesundh.-Ing. 1895, S. 106, 123, 139.

SCHMIEDEN. Neuere Erfahrungen und Fortschritte auf dem Gebiete des Krankenhausbaus. Verhandlungen der Deutschen Gesellschaft für öffentliche Gesundheitspflege zu Berlin. Hyg. Rundschau 1895, Beil. Nr. 9, S. 421—439. — Discussion hierüber: S. 440—444. — Auch in: Gesundh.-Ing. 1896, S. 49.

SCHAPER. Die Krankenhäuser des In- und Auslandes. Berl. klin. Wochschr. 1895, S. 685.

WEYL, TH. Handbuch der Hygiene. Bd. V, Abth. 1: Anlage und Bau der Krankenhäufer nach hygienifch-technifchen Grundfätzen. Von F. RUPPEL. Jena 1896.

BORNE, L. *Études et documents fur la conftruction des hôpitaux.* Paris 1898.

Elektrifche Anlagen in Krankenhäufern. Nachrichten von *Siemens & Halske,* Aktiengefellfchaft. 1898, Nr. 6.

ENDELL & FROMMANN. Statiftifche Nachrichten betreffend die in den Jahren 1871 bis einfchl. 1880 vollendeten und abgerechneten preufsifchen Staatsbauten. X: Hofpitäler, Krankenhäufer u. f. w. Zeitfchr. f. Bauw. 1883, S. 174 ff.

Statiftifche Nachweifungen, betreffend die in den Jahren 1881—85 vollendeten und abgerechneten preufsifchen Staatsbauten aus dem Gebiete des Hochbaues. Zeitfchr. f. Bauw. 1890, S. 58 ff. — Wie vorftehend bezüglich der Jahre 1886—89. Ebendaf. 1892, S. 106 ff. — Wie vorftehend bezüglich der Jahre 1891—97. Ebendaf. 1893, S. 74 ff.; 1894, S. 94 ff.; 1896, S. 90 ff.; 1899, S. 4 ff.; 1901, S. 32.

Index catalogue of the library of the furgeon-general's office United States army. Bd. VI, S. 373—470: »Hofpitals«.

β) Verordnungen.

Sanitäre Grundfätze für den Neubau oder Adaptirungsarbeiten von Krankenhäufern (mit Ausnahme von Barackenfpitälern [106]). Statth.-Erlafs vom 13. Mai 1881. Jahrbuch der Wiener K. K. Krankenanftalten. Jahrg. I (1892). Wien u. Leipzig 1893, S. 979.

Runderlafs des königl. preufs. Minifteriums vom 9. Juli 1897, betr. Errichtung von Unfallftationen und Gewinnung von Krankenwärtern und Krankenpflegerinnen unter Mitwirkung der Vereine des Rothen Kreuzes und der Berufsgenoffenfchaften. Viert. f. gerichtl. Med., Bd. XV (1898), S. 215.

Polizeiliche Anforderungen an den Bau und die Einrichtungen von Krankenhäufern. Deutfche Bauz. 1897, S. 194, 223, 240.

Polizeiverordnung über Anlage, Bau und Einrichtung von öffentlichen und Privat-Kranken-, Entbindungs- und Irren-Anftalten. Berlin 1898.

Polizeiverordnung des Ober-Präfidenten der Provinz Sachfen vom 29. April 1898, betr. Anlage, Bau und Einrichtung von öffentlichen und Privat-Kranken-, Entbindungs- und Irren-Anftalten. Deutfche Krankenpfl.-Ztg., Bd. I (1898), S. 115.

Polizeiverordnung königl. preufs. Regierung zu Potsdam vom 8. Juli 1898, betr. Anlage, Bau und Einrichtung von öffentlichen und Privat-Kranken-, Entbindungs- und Irren-Anftalten. Veröffentl. d. kaif. Gefundheitsamtes, Bd. XXII, S. 1036.

Verordnung des grofsherzogl. badifchen Minifteriums des Innern vom 15. Juni 1898, betr. Anlage, Bau und Einrichtung von öffentlichen und Privat-Kranken-, Entbindungs- und Irren-Anftalten. Veröffentl. d. kaif. Gefundheitsamtes, Bd. XXII, S. 1013.

Oefterr. Gefetz, für das Königreich Galizien und Lodomerien fammt dem Grofsherzogthum Krakau vom 28. Juli 1897, betr. die rechtlichen Verhältniffe der allgemeinen und öffentlichen Krankenhäufer, wie auch der Gebäranftalten und Irrenanftalten. Veröffentl. d. kaif. Gefundheitsamtes (Berlin), Bd. XXII, S. 250.

SPRINGFELD. Die Rechte und Pflichten der Unternehmer von Privatkranken-, Privatentbindungs- und Privatirrenanftalten. Ref. D. Medicinal-Ztg., Bd. XIX, S. 430.

BIBERFELD. Conceffionsfähige Privatkrankenanftalten. Eine kritifche Betrachtung. Deutfche medicin. Wochenfchr. 1898, S. 528.

b) Allgemeine Krankenhäufer.

1) Allgemeines.

Die allgemeinen Krankenhäufer follen nach ihrer urfprünglichen Bezeichnung allen Erkrankten und allen Bevölkerungskreifen zugänglich fein. Manche tragen diefen Namen, obgleich in denfelben einzelne Krankheiten von der Aufnahme ausgefchloffen find. Viele Krankenhäufer in Deutfchland und England nehmen Anfteckendkranke nicht auf. In den Statiftiken bildet die Bezeichnung »Allgemeine Krankenhäufer« wie auch nachftehend den Sammelbegriff für die bürgerlichen Krankenanftalten, foweit fie nicht befonderen Heilzwecken dienen, wie diejenigen für Irre, Augenkranke und Wöchnerinnen. Den Befitzverhältniffen nach gehören fie Staaten, Provinzen, Bezirken, Kreifen, politifchen und Religionsgemeinden, religiöfen Orden und Genoffenfchaften, milden Stiftungen und Frauenvereinen, Knappfchaften und Fabrikinhabern oder Privatunternehmern an. Zu den letzteren rechnet man auch die Krankenhäufer der Berufsgenoffenfchaften. Neben den genannten Anftalten beftehen noch gemifchte Krankenhäufer, in denen aufser Kranken auch Sieche verpflegt werden.

Die Gröfse der allgemeinen Krankenhäufer fchwankt zwifchen 6 Betten im *Cottage hofpital Potters Bar* und 2000 im allgemeinen Krankenhaufe zu Wien. Durchfchnittlich hatten die 2561 Anftalten, welche im Deutfchen Reiche 1891 vorhanden waren, 47,1 Betten. Allgemeine Krankenhäufer mit hoher Bettenzahl find nur in grofsen Städten und früher dort meift durch Erweiterung von kleineren oder durch Zufammenlegen mehrerer Anftalten entftanden. Ihr oft beträchtlicher Umfang veranlafste Erörterungen über die Grenzen ihrer Ausdehnung.

629 Gröfse.

Die Kommiffion der Akademie der Wiffenfchaften in Paris wollte das ehemalige *Hôtel-Dieu* durch 4 Krankenhäufer mit je 1200 Betten erfetzen. — *Le Fort* empfahl, allgemeine Krankenhäufer nicht über 400 Betten wachfen zu laffen, und die *Société de chirurgie* zu Paris fchränkte die Höchftzahl derfelben auf 200 bis 250 ein.

Als Vorzüge kleiner Anftalten find ihre geringeren Bau- und Verwaltungskoften (fiehe die Ueberficht auf S. 370 u. 371), die erhöhte Aufmerkfamkeit feitens der leitenden Aerzte für die Kranken und die Möglichkeit, folche Krankenhäufer der zugehörigen Bevölkerung örtlich beffer nähern zu können, geltend gemacht worden.

Die inneren Verhältniffe bieten für ihre Ausdehnung weniger Schwierigkeiten als unter Umftänden die Befchaffung eines geeigneten Grundftückes. Die Dezentralifation der ärztlichen Leitung der Hauptabteilungen in Unterabteilungen mit eigenen Oberärzten (fiehe Art. 237 u. 455, S. 139 u. 266) läfst fich bei den Innerlichkranken leicht, fchwieriger aber bei den Aeufserlichkranken durchführen, da bei letzteren entweder jeder Oberarzt einen eigenen Operationsfaal mit allem Zubehör erhalten oder mit den anderen zufammen einen folchen benutzen müfste, was beides zu Schwierigkeiten führt.

In Hamburg-Eppendorf find die Innerlichkranken in 4 Unterabteilungen zerlegt, denen nach der fpäteren Erweiterung eine fünfte beigefügt wurde, während die 732 Betten für Aeufserlichkranke ungeteilt einem einzigen Oberarzt unterftanden. Seit 1893—94 ift ein neuer Oberarzt angeftellt.

Somit würde die obere Grenze für die Bettenzahl durch die Zahl der Aeufserlichkranken, welche man einem Oberarzt unterftellen kann, beeinflufst werden, wenn man fich nicht zur Verdoppelung oder weiteren Vermehrung der Operationsabteilungen entfchliefsen will.

Bezüglich der unterften Belagsgrenze gingen bei der Diskuffion der XVI. Verfammlung des Deutfchen Vereins für öffentliche Gefundheitspflege über die Errichtung von Krankenhäufern für kleinere Städte die Anfichten auseinander [769].

Viele kleine Anftalten find fchlecht gebaut und führen wegen mangelnder Mittel ein kümmerliches Dafein. In folchen bis zu 50 Betten ift es nicht möglich, Spezialärzte anzuftellen. *Hadlici* hielt den weiteren Transport von Kranken zu tüchtigen Aerzten, die immer in Uebung bleiben, für beffer als die Pflege in einem kleinen Krankenhaufe. *Rapmund* erachtete Anftalten mit weniger als 20 Betten nicht für lebensfähig. Dagegen fehlte es auch nicht an Stimmen, welche kleine Anftalten als fegensreich hinftellten.

Die Schwierigkeiten guter ärztlicher Pflege in fehr kleinen Anftalten hat man einzufchränken gefucht, indem man in denfelben jeden Arzt der Stadt die von ihm zur Aufnahme überwiefenen Kranken weiter behandeln liefs, wodurch man zugleich

---

[769] Siehe: KERSCHENSTEINER. Krankenhäufer für kleinere Städte. Deutfche V:ert. f. öff. Gefundheitspfl. 1891, S. 31, 33.

das allgemeine Intereffe an Anftalten heben wollte, wo fie auf jährlichen Sammlungen beruhen.

In Godesberg follte der Krankenkaffenarzt, der Eifenbahnarzt und der Armenarzt je die Kranken feines übernommenen Pflichtkreifes pflegen; Auswärtigen ftand die Wahl ihres Arztes frei. Doch wurde dann auf Grund einer Vereinbarung der beteiligten Kaffenärzte ein halbjähriger Ablöfungsdienft eingerichtet; jeder konnte aber feine Kranken perfönlich weiter behandeln[770]).

630. Vorarbeiten für das Programm.

Zu den Vorarbeiten für das Programm zum Neubau eines allgemeinen Krankenhaufes gehört die Feftftellung der erforderlichen Zahl von Betten, im ganzen, wie in den Haupt- und Unterabteilungen, diejenige des Perfonals und die Organifation der allgemeinen Dienfte. Diefe Vorarbeiten find bei einem abgegrenzten Wirkungskreis, wie für Knappfchaften, Fabriken, Gefängniffe u. f. w., leicht zu bewerkftelligen, werden aber umftändlicher, wenn das Krankenhaus einer Gemeinde oder einem Landkreis dienen oder deffen Krankenhauspflege ergänzen foll und wurden nicht immer in genügendem Umfang bei der Planung eines Neubaues bewerkftelligt.

631. Zahl der verpflegten Kranken.

In der 1. Auflage des vorliegenden Heftes (S. 764 bis 781) ift der Verfuch gemacht worden, aus den neueren Sammelftatiftiken für den Bedarf an Krankenhausbetten einer Bevölkerung und deren Gliederung in den Abteilungen einige Auffchlüffe zu gewinnen, die den Architekten, der beim Aufftellen eines Programms hinzugezogen wird, die Hauptgefichtspunkte erkennen laffen, welche hierbei zu beobachten find, und Einflufs auf die bauliche Anordnung ausüben können.

Bezüglich der in den öffentlichen und privaten Krankenhäufern verpflegten Kranken ergab fich aus den Statiftiken des Deutfchen Reiches[771]) und der deutfchen Städte[772]) über 50000 Einwohner folgendes:

Im ganzen Reiche entfielen 1885 auf je 10000 Einwohner 127, in Waldeck jedoch nur 43, in Hamburg 408 verpflegte Kranke. Diefe Zahl ftieg im Reich bis 1891 auf 166, in Bremen von 278 auf 455, vermehrte fich in der Provinz Pofen nur wenig und fiel etwas in Schlefien.

In den Städten hatte 1890 Kiel mit 103 Kranken die geringfte, Karlsruhe mit 866 die höchfte Zahl; teils trat ein Steigen, teils ein Fallen derfelben ein; doch war die durchfchnittliche Steigerung geringer als im Reiche. In Berlin wuchs von 1885—90 die Zahl der verpflegten Kranken von 376 auf 410.

Die örtlich abweichende, aber fonft überall vorhandene Steigerung der Krankenzahl fchrieb man hauptfächlich dem Gefetz über die Krankenverficherung zu.

632. Bettenzahl.

Die Zahl der für eine Krankenhausbevölkerung nötigen Betten ift von der durchfchnittlichen Verpflegungsdauer der Kranken abhängig, welche je nach den behandelten Altersklaffen und Krankheitsformen in verfchiedenen Gegenden beträchtlich abweicht.

Nach der Reichsftatiftik von 1885 unterfchied *Rahts*[773]) folgende 3 Gruppen von Ländern, denen fich die anderen mehr oder weniger nähern.

Länder und Landesteile	auf je 10000 Ew. Kranke	Verpflegungsdauer	Sterblichkeit
I. Bayern, Württemberg, Baden, Prov. Schlefien . .	über 130	kurz	gering
II. Prov. Pofen, Prov. Brandenburg, Prov. Oft- und Weftpreufsen, Sachfen, Oldenburg, Elfafs-Lothringen . . .	weniger	länger	höher
III. Berlin, Hamburg, Bremen, Prov. Weftfalen und Rheinprovinz . .	über 200	lang	hoch

[770]) Siehe: FINKELNBURG. Das Victoriahofpital zu Godesberg. Centralbl. f. allg. Gefundheitspfl. 1888, S. 329
[771]) Siehe: RAHTS. Die Heilanftalten des Deutfchen Reiches nach den gemäfs Bundesrathsbefchlufs vom 24. October 1875 ftattgehabten Erhebungen der Jahre 1883, 1884 und 1885. Arbeiten aus dem kaif. Gefundheitsamte, Bd. IV, Berlin 1888. S. 224.
[772]) Siehe: NEEFE. Statiftifches Jahrbuch deutfcher Städte. Jahrgang III (1893), S. 230, 231, 242, 270, 350, 376; Jahrgang IV (1896), S. 244 ff., 230, 309.
[773]) Siehe: RAHTS, a. a. O., S. 240 ff.

»Der einen Gruppe von Krankenhäufern gehen vorzugsweife alte, fieche Perfonen zu, welche naturgemäfs lange behandelt werden und häufig fterben, während in einer anderen Gruppe die jugendlichen Perfonen überwiegen, deren durchfchnittlich leichtere Erkrankungen meift nach kurzer Behandlung zur Entlaffung aus der Heilanftalt, aber felten zum Tode führen[774].« — Die höhere durchfchnittliche Verpflegungsdauer in den privaten Anftalten läfst fich nach *Engelmann*, abgefehen von der auf Erwerb gerichteten Beftimmung derfelben, vielleicht auch auf den Umftand zurückführen, dafs in ihnen vielfach chronifche Kranke, fowie folche, welche fpezialiftifche, befonders chirurgifche Behandlung erfordern, verpflegt werden[775].

Auch in den Städten der füddeutfchen Staatengruppe trat die verhältnismäfsig geringe Verpflegungsdauer und Sterblichkeit trotz der viel gröfseren Krankenzahl hervor.

Inwieweit die vorhandenen Betten der Krankenzahl genügen, ergiebt fich, wenn man die durchfchnittliche Zahl der Kranken, für jedes Bett, mit ihrer Verpflegungsdauer multipliziert. Man erhält dann den Jahresbelag eines Bettes.

Diefer betrug 1885 für die öffentlichen Anftalten in Schwarzburg-Sondershaufen 93, in Hamburg 318 Tage gegen durchfchnittlich 190 im Deutfchen Reiche und war in den 3 füddeutfchen Staaten der I. Gruppe von *Rahts* verhältnismäfsig gering.

In den Städten fchwankte der Jahresbelag 1893 zwifchen 145 in den Chemnitzer Anftalten und 412 in Halle, wo, vorausgefetzt, dafs die *Neefe*'fchen Zahlen den thatfächlichen Verhältniffen entfprachen, in die Krankenräume erheblich mehr Betten eingeftellt gewefen wären, als gezählt find. In den Städten der 3 füddeutfchen Staaten war der Jahresbelag höher als durchfchnittlich in den betreffenden Ländern. In Berlin fchwankte er von 1885—94 zwifchen 253 und 300 Tagen.

Vergleicht man bei einer beftimmten Bevölkerung den Jahresbelag mit ihrer Bettenzahl, fo ergiebt fich, inwieweit die vorhandenen Betten der Einwohnerzahl genügen.

In der Provinz Pofen kamen 11,5 Betten auf je 10000 Einwohner, wobei 8,9 von diefen in den öffentlichen Anftalten nur 157 und 2,6 in den privaten 238 Belagstage hatten, während Hamburg bei 55,5 Betten mit einem Jahresbelag auf 279, bezw. 258 fchon nahezu an Ueberfüllung litt.

In den Städten hatte 1893 Hannover 11,4 Betten mit 281, Cöln 91,5 mit 233 Belagstagen, und in Berlin waren 1885 für je 10000 Einwohner 39, 1890 43 Betten mit einem Jahresbelag von 291, bezw. 250 Tagen vorhanden; hier erklärt fich der Rückgang der Belagsziffer aus der Abnahme der täglichen Verpflegungsdauer.

Den nach Vorftehendem aufserordentlich verfchiedenen Bedarf an Betten in Städten beftätigt auch eine umfangreichere Lifte von *Burdett*, welcher die nachftehenden Angaben über einige ausländifche Städte entnommen find[776].

	Bevölkerung	Betten	auf je 10000 Ew.		Bevölkerung	Betten	auf je 10000 Ew.
London	4221452	24000	56,8	Madrid	500000	2000	40,0
Paris	2344550	23048	98,3	Stockholm	167440	1162	69,4
Rom	265742	4859	182,8	Wien	1100000	5326	48,4
St. Petersburg	1660859	15090	90,8	New York	1515301	5000	33,0
Amfterdam	380000	1770	46,6	Philadelphia	1046864	1071	10,2

In den allgemeinen Krankenhäufern einer grofsen Stadt geftaltet fich die Ausnutzung der Betten abermals verfchieden, je nach ihrer Lage, dem Ruf der Anftalt und ihrer Aerzte. Starken Jahresbelag haben meift die mit medizinifchen Schulen verbundenen Anftalten.

Auch die Verhältniszahlen der Gefchlechter weichen bei den verpflegten Kranken örtlich und zeitlich fehr ab. Im Durchfchnitt ftieg während der Be-

633. Verhältniszahlen der Gefchlechter.

---

[774] Siehe: Medizinal-ftatiftifche Mitteilungen aus dem kaif. Gefundheitsamte. Bd. I (1893), S. 46 ff.
[775] Siehe ebendaf., Bd. III. 1896. S. 47.
[776] Siehe: BURDETT. *Hofpitals and afylums of the world*. Bd III. London 1893. S 309 ff.

richtszeit im Deutfchen Reiche die Zahl der Frauen gegenuber derjenigen der Männer.

In einzelnen Fällen erklären fich diefe Abweichungen durch die befondere Art von Krankheiten, die in den betreffenden Anftalten behandelt werden, welche auch die zum Teil abweichende Zahl der Verpflegungstage bei beiden Gefchlechtern bedingen. Wo diefe bei den Frauen gröfser ift, werden mehr Betten für diefelben benötigt, als nach der Zahl der weiblichen Kranken gegenüber derjenigen der Männer erforderlich wäre, wodurch fich die Bettenzahl für die verfchiedenen Gefchlechter wieder nähern oder ausgleichen kann.

634 Aeufserlich- und Innerlich- kranke.
Bezüglich der Teilung der Kranken in den Anftalten nach den Abteilungen für Aeufserlich- oder Chirurgifchkranke und Innerlich- oder Medizinifchkranke ift man hauptfachlich auf die Berichte der Krankenhäufer angewiefen.

Jahr	Innerlichkranke			Aeufserlichkranke		
	m.	w.	K.	m.	w.	K.
Friedrichshain zu Berlin (Plan)	1874	192	192	—	64	64	—
" " " "	1890	146	129	38	151	125	72
Urban zu Berlin (Programm)	1887	160	110	30	120	50	30
" " " "	1890	138	126	—	153	137	16
Hamburg-Eppendorf	1889	341	265	72	288	226	—
"	1893	356	265	72	398	298	—

Im Friedrichshain und in Hamburg-Eppendorf mufste die Zahl der Männerbetten für Innerlichkranke erhöht werden, während fie im Urban gegen das urfprüngliche Programm unter gleichzeitiger Erhöhung der Zahl der Frauenbetten vermindert wurde. — Die Zahl der Operationen blieb in Berlin von 1886—93 in Bethanien ziemlich ftetig, flieg im Elifabeth-Krankenhaus von 233 auf 524, fiel aber im Augufta-Hofpital von 905 auf 526. Die Eröffnung des Urban liefs die Operationen im Friedrichshain von 1186 im Jahre 1889 auf 829 im Jahr 1891 fallen; aber bis 1893 hatten fie wieder die Zahl von 1216 erreicht.

Aufser den Hauptabteilungen für die Innerlich- und Aeufserlichkranken ift im befonderen die Bettenzahl für die einzelnen Krankheiten feftzuftellen, welche als felbftändige Gruppen neben den beiden Hauptabteilungen geplant werden, wie für Irre, Hautkranke, Augenkranke, Wöchnerinnen, Frauenkrankheiten u. f. w.

635 Anfteckend- kranke.
Ueber die Krankheiten, die ihres anfteckenden Charakters wegen in den allgemeinen Krankenhäufern von den anderen, fowie unter fich abgefondert werden follen, weichen die Anfichten noch ab.

Nach *Fauvel & Vallin*[777]) ift am dringendften die Abfonderung folgender Krankheiten zu fordern:
1) Ausfchlagfieber: Pocken, Scharlach und Mafern;
2) Diphtherie;
3) Flecktyphus und Typhus recurrens in den Ländern, wo diefe zwei Fieber endemifch-epidemifch find;
4) übertragbare puerperale Affektionen;
5) gewiffe plötzliche Epidemien: Cholera u. f. w. und anfteckende chirurgifche Krankheiten.

Nach der für Hamburg-Eppendorf erlaffenen Vorfchrift[778]) follen auch Keuchhuften und Windpocken in befonderen Abteilungen verpflegt werden.

Hierzu kommen unter Umftänden Peft, Milzbrand und Rotzkrankheit, Darmtyphus, epidemifche Ruhr, kontagiöfe Augenkrankheiten und Lungenfchwindfucht.

Ueber die Abfonderungsverfahren fiehe das Nähere in Kap. 2, unter b, 5, ε bis λ und in Kap. 4, unter d.

Die Zahl der in einzelnen Krankenhäufern für Anfteckendkranke bei ihrer

---

[777]) Siehe: FAUVEL & VALLIN. *Prophylaxie des maladies infectieufes et contagieufes. Rapport fait au nom d'une commiffion. Congres international d'hygiene, tenu à Paris du 1er au 10e août 1878*. Paris 1880. Bd. I, S. 655 ff.

[778]) Siehe: Jahrbucher der Hamburgifchen Staatskrankenanftalten, Bd. III (1891—92), Hamburg u. Leipzig 1894, Teil 2, S. 18.

Planung vorgefehenen Betten im Verhältnis zur Gefamtzahl weicht in hohem Grade voneinander ab, was zum Teile durch die geringere oder gröfsere Zahl derartiger Krankheiten, die man zuläfst oder darin abfondern wollte, zum Teile durch das örtlich geringere Vorkommen von anfteckenden Krankheiten begründet gewefen fein kann.

Bezüglich des örtlichen Auftretens diefer Krankheiten in den Anftalten wird von *Rahts*, bezw. *Engelmann* mitgeteilt, dafs der Zugang der Pocken hauptfächlich aus den Nachbarländern verfeuchter Staaten erfolgt, die Diphtherie in der norddeutfchen Tiefebene, Flecktyphus, aufser in den öftlichen Provinzen von den Grenzgebieten aus, faft ausfchliefslich in Braunfchweig, Mecklenburg-Schwerin, fowie in der Provinz Sachfen, Rückfallfieber in den öftlichen Provinzen, teils auch in Bayern, in flärkerem Umfang behandelt wurden.

Die Verbreitung der Tuberkulofe und Lungenfchwindfucht nimmt auch in den Anftalten mit der Dichtigkeit der Bevölkerung zu. Im übrigen wechfelt das Auftreten der Infektionskrankheiten örtlich und zeitlich.

Für die anfteckenden Krankheiten wurde die Trennung nach Gefchlechtern in der Reichsftatiftik nur für die Jahre 1885—87 durchgeführt.

Danach überwog im Reich bei Diphtherie und Keuchhuften das weibliche, bei Flecktyphus, Ruhr, Milzbrand, Genickftarre, Unterleibstyphus, Tuberkulofe und Lungenfchwindfucht das männliche Gefchlecht. Bei den anderen Krankheiten glichen fich beide Gefchlechter annähernd aus; doch kommen in einzelnen Landesgebieten auch beträchtliche Abweichungen vor. In Berlin hielten fich bei den akuten Infektionskrankheiten 1894 beide Gefchlechter die Wage [779]).

Die Verteilung diefer Betten auf die Innerlich- und Aeufserlichkranken in einigen grofsen Anftalten zeigt die nachftehende Zufammenftellung.

	Betten im ganzen	davon für Anfteckendkranke	hiervon				für Innerlichkranke				für Aeufserlichkranke			
			m.	w.	K.	zuf.	m.	w.	K.	zuf.	m.	w.	K.
Urban zu Berlin [780]) .	1890	614	230	109	105	16	168	85	83	—	62	24	22	16
Hamburg-Eppendorf . .	1889	1228	117	63	54	—	75	42	33	—	42	21	21	—
hierzu Epidemieabteilung	»	—	246	144	102	—	—	—	—	—	—	—	—	—
Hamburg-Eppendorf . . .	1893	1317	132	78	54	—	90	57	33	—	42	21	21	—
hierzu Epidemieabteilung	»	—	320	177	143	—	—	—	—	—	—	—	—	—
Nürnberg	1892	712	40	16	24	—	16	8	8	—	24	8	16	—

In Nürnberg wiegen die Ifolierbetten der Aeufserlichkranken, im Urban und in Hamburg-Eppendorf diejenigen der Innerlichkranken vor. Bei diefen erforderten in der letzteren Anftalt die Männer und in Nürnberg die Frauen eine gröfsere Bettenzahl.

636. Anderweitiger Bettenbedarf.

Der Bedarf an Betten, welchen die Fürforge gegen Epidemien und für Zahlende erfordert, ift gefondert zu veranfchlagen. Bezüglich der erfteren fiehe Art. 643, S. 396. Die Zahl der letzteren richtet fich nach dem Charakter der Anftalt. Häufig wird für fie, der wünfchenswerten höheren Einnahmen wegen, eine verhältnismäfsig grofse Zahl von Betten eingerichtet. Ein grofser Teil diefer Kranken findet in Privatanftalten feine Pflege.

637. Ergebniffe

Aus den vorftehenden Mitteilungen geht hervor, dafs man für das Verhältnis des nötigen Bettenbedarfes zur Einwohnerzahl, fowie für dasjenige der Betten bezüglich der Gefchlechter und Krankheitsgattungen keinerlei Norm zu Grunde legen kann, dafs Ziffern, wie fie beifpielsweife *Rochard*, *Oppert*, *Galton*. *Böttger* [781]),

---

[779]) Nach: BOECKH, R. Statiftifches Jahrbuch der Stadt Berlin. Statiftik des Jahres 1894, S. 389.
[780]) Nach: HAGEMEYER, a. a. O., S. 35
[781]) Siehe: BÖTTGER. Grundfätze für den Bau von Krankenhäufern. Berlin 1894. S. 30.

Ruppel[782]) — letzterer mit Vorbehalt —, *Plage* u. a. aufstellten, nur örtlichen und zeitlichen Wert haben.

Soll ein Krankenhaus der Oertlichkeit gerecht werden, so ist das Erfordernis an Betten nach der Inanspruchnahme der innerhalb des Ortes schon bestehenden Krankenhäuser während eines längeren Zeitraumes an der Hand des Jahresbelages im allgemeinen und für die Abteilungen im einzelnen, sowie die mutmafsliche Steigerung des Bedarfes während der Bauzeit und so weit über diese hinaus, als ein bestimmter Jahresbelag aufrecht zu erhalten wäre, schätzungsweise festzustellen. Dieses Verfahren wird in Oertlichkeiten erschwert, wo mehrere Anstalten vorhanden sind, die einzeln oder gruppenweise unter verschiedener Oberleitung stehen, falls eine einheitliche Statistik die mafsgebenden Gesichtspunkte für die bauliche Gliederung der Anstalten nicht berücksichtigt, oder wo diese Statistiken der vorhandenen Anstalten nach verschiedenen Gesichtspunkten aufgestellt werden. Aus solchen Gründen erklären sich auch teilweise die Veränderungen, welche ein Programm selbst bei sorgfältiger Aufstellung der Verhältniszahlen oft noch während der Planung und der Ausführung erfährt.

Für eine gegebenenfalls festzusetzende untere und obere Grenze des Jahresbelages eines Bettes fehlen bisher Untersuchungen. In den 3 süddeutschen Staaten hatte sich dieser durchschnittlich unter, bezw. auf der Hälfte der Jahrestage gehalten, wenn er sie auch in einzelnen Städten überschritt. Dafs zu den günstigen Verhältnissen, die dort herrschen, dieser Umstand, d. h. die reichliche Zahl der Betten, welche das Aufsuchen der Krankenhauspflege in früheren Stadium einer Krankheit erleichtert, mit beiträgt, ist möglich, bis jetzt aber nicht nachgewiesen. Die oberste Grenze in den Berliner Krankenhäusern stellt eine hohe Ausnutzung der Betten dar. Wollte man diese auf die bayerischen Verhältnisse herabsetzen, so würde Berlin in den öffentlichen Krankenhäusern etwa der doppelten Bettenzahl bedurft haben.

Im allgemeinen wird man bei Planung eines neuen Krankenhauses schon wegen des häufig unerwartet gröfseren Andranges zu einem solchen mit einem geringen Jahresbelag rechnen müssen. Für Abteilungen, welche eine häufige Desinfektion der Räume erheischen, würde der Jahresbelag wegen der öfteren hierbei eintretenden Nichtbenutzbarkeit der Betten noch geringer zu veranschlagen sein.

Vom hygienischen Standpunkt allein wäre eine Ziffer des Jahresbelages, die ein öfteres, wechselndes Leerhalten und Lüften aller Krankenräume in den verschiedenen Jahreszeiten ermöglicht, wohl auch heute noch für das Wünschenswerte zu erachten.

638. Personal

Der Feststellung der Bettenzahl für die Kranken hat sich diejenige für das Personal der Anstalt anzuschliefsen, wozu die Bestimmung des Wirkungskreises der Ober- und Assistenzärzte, der Oberwärterin und der Wärterinnen gehört, die innerhalb der Hauptabteilungen sich verschieden gestalten kann, je nach der zu schätzenden Zahl der leichten oder schweren Fälle. Auch die Wahl der Art des Warteperfonals, ob Laienschwestern oder Ordensschwestern, und die Entscheidung, welche Gattung derselben die Pflege übernehmen soll, wie dieses und das Aerzteperfonal wohnt, seine Vereinigung im Verwaltungsgebäude, in eigenen Wohnhäusern oder das gruppenweise Unterbringen desselben zwischen, bezw. in einzelnen Krankengebäuden, wenn sie mit den Kranken abzusondern sind, gehört zu den ersten Vorarbeiten des Programms. Nach der Zahl der Krankenbetten des ärztlichen und Warteperfonals richtet sich die Festsetzung derjenigen der übrigen Anzustellenden und Bediensteten, deren Organisation, soweit sie die baulichen Anordnungen bedingt, klarzulegen ist. (Siehe Art. 455, S. 266.)

---

[782]) Siehe: Weyl, Th. Handbuch der Hygiene. Bd. V, Abt. 1. Jena 1896. S. 29.

Die Bauweife der Krankengebäude wird, wenn die Ausdehnung des Geländes freie Wahl läfst, zunächft von dem wünfchenswerten Grad der Krankenzerftreuung, alfo von der Gröfse der Bettenzahl in den einzelnen Bauten abhängen. Die Teilung in Einzelbauten foll fich dem Wirkungskreife eines Abteilungsarztes, eines Affiftenzarztes oder einer Oberwärterin anfchliefsen (fiehe Art. 39, 237 u. 455, S. 22, 139 u. 266 und läfst einen weiten Spielraum für die Gröfse der Gebäude, die fich in erfter Linie nach derjenigen der Anftalt zu richten hat und fich innerhalb derfelben, je nach der Gröfse der Abteilungen und der Art der darin zu verpflegenden Kranken, verfchieden geftalten kann. Neben vielen allgemeinen Krankenhäufern, die eine mehr oder weniger weit gehende Auflöfung in Einzelgebäude zeigen, deren Bauten aber jedenfalls zur Sicherung guter Innen- und Aufsenlüftung lineare Geftalt erhielten, wiederum teilbar find und nur für die Krankenpflege dienen, entftehen noch fortgefetzt umfangreiche gefchloffene Anlagen verfchiedener Formen, die von den alten Korridorbauten nur durch die geringere Tiefe der Krankenzimmer, ein etwaiges Anfügen von Saalbauten und beffere Durchbildung abweichen, auch die Verwaltungs- und Wirtfchaftsräume — letztere im Unterbau oder in Anbauten — enthalten und unter Umftänden durch ein oder mehrere Ifoliergebäude ergänzt werden. Diefe gefchloffene Bauweife begründet man, foweit fie für die Krankenunterbringung in Betracht kommt, durch die leichte Verfchiebbarkeit der Abteilungen und die Ermöglichung der wünfchenswerten Ergänzung gröfserer Krankenräume durch kleinere. In der nachftehenden Ueberficht einiger neuer Krankenhäufer ift die Zahl ihrer Krankengebäude angegeben.

	Ort	Betten	Zahl der Gebäude	
			für Allgemeinkranke	für Anfteckendkranke
Kreiskrankenhaus	Bernburg	362	9	2
Bürgerhofpital	Worms	220	7	3
Diakoniffenkrankenhaus	Kaiferswerth	210	2	1
Stadtkrankenhaus	Offenbach	250	1	2
Infirmary	Epfom	130	2	2
Hôpital municipal	St.-Denis	128	5	2
Neues Krankenhaus	Auffig	125	4	1

Vergleicht man in derfelben das Offenbacher Krankenhaus, welches neben feinen Ifolierbauten nur ein Hauptgebäude mit 250 Betten befitzt, mit dem am meiften geteilten Bürgerhofpital zu Worms oder mit dem Kreiskrankenhaus zu Bernburg, fo ftellen diefe Krankenhäufer offenbar Anftalten von fehr verfchiedenem Wert dar. Für das weitgehende Zufammenlegen der Betten in Offenbach bildete die Geländeausdehnung keinen Grund; denn die Aufsenflügel haben einen lichten Abftand von 86 m, fo dafs man anftatt diefes einen 3 getrennte Bauten hätte errichten können. Die Verfchiebbarkeit der Abteilungen ift in Worms und Deffau leichter möglich wie in Offenbach, und die Befchaffung kleiner Krankenräume neben grofsen ift überall durch Einfchaltung folcher in den Krankenbauten oder von Blockbauten zwifchen Pavillons zu erreichen.

Die verfchiedene Wertfchätzung, die fo abweichend gebildete Krankenhäufer bei uns gefunden haben, wird vielleicht durch die bei Befprechung der Bettenzahl der Kranken angefuhrten Mitteilungen erklärt (fiehe Art. 632, S. 388), wonach in verfchiedenen Teilen des Deutfchen Reiches in den allgemeinen Krankenhäufern vorwiegend Leichtkranke oder jugendliche Kranke verpflegt werden und gleichzeitig die Anftalten derfelben Oertlichkeiten fchwachen Jahresbelag haben. Ob unter folchen Umftänden bei normalen Zeiten geringere Teilbarkeit der Krankengebäude zweckmäfsig ift, wurde bisher nicht feftgeftellt. Aber wenn dies zuzugeben wäre und unter folchen Verhältniffen triftigere Gründe für das Festhalten an einer gefchloffenen Bauweife beftänden, fo kann das Krankenmaterial einer Oertlichkeit durch Einführen neuer Induftriezweige fich ändern, oder der Befuch kann fich aus anderen Gründen in unerwarteter Weife dauernd oder zu Zeiten von Epidemien fteigern. Im letzteren Falle würden in Worms und Bernburg leicht einige Gebäude frei zu machen fein; in Offenbach müfsten bei Epidemien zur Ifolierung der erften Erkrankungen ein oder beide Ifolierhäufer nach dem grofsen Hauptgebäude evakuiert werden, was leicht Hausinfektionen in letzterem zur Folge haben kann, zumal in diefem auch die Verwaltungs- und Wirtfchaftsabteilungen untergebracht find.

In allgemeinen Krankenhäufern, welche der Gefahr einer Ueberfullung nicht ausgefetzt find, keine Anfteckendkranke aufnehmen und fich auch bei Epidemien vor folchen fchützen können, wird unter Umftänden eine weniger weit gehende Zerlegung ihrer Krankenbauten eintreten dürfen. Im allgemeinen follte aus den in Art. 237 bis 240 (S. 138 ff.) ausgeführten Gründen das Zerftreuungsfyftem möglichft verwertet und dahin geftrebt werden, Krankengebäude nicht über eine Bettenzahl hinaus zu fteigern, welche noch eine lineare Bauweife zuläfst. Wünfchenswert ift es aufserdem, auch für die allgemeinen Kranken Bauten mit verfchieden grofsen Krankenräumen zu fchaffen und umfangreichere Krankengebände abteilbar zu machen.

610
Anordnung der allgemeinen Krankengebäude.

Für die Zahl der Gefchoffe wird auch die Gröfse des Grundftückes und feine Umgebung mitbeftimmend fein. Die eingefchoffige Bauweife, welcher man für Schwerkranke den Vorzug giebt, kann auf Grundftücken, wo die Geländebahnen zwifchen den Krankenbauten den Winden wenig ausgefetzt find, auch durch Dachreiterlüftung wefentlich zur Verbefferung der dort beeinträchtigten Lüftung der Bauten beitragen.

Für die Anordnung der allgemeinen Krankengebäude innerhalb der Krankenhausanlage beftehen zwei Hauptfyfteme. Das I., ältere, welches fchon in den alten Kreuz- und Korridor-Hofpitälern herrfchte und auch den Plänen der Kommiffion der Parifer Akademie der Wiffenfchaften zu Grunde lag, beruht in erfter Linie auf Teilung der Kranken nach den Gefchlechtern, deren jedes eine Hälfte der Krankenbauten und des Geländes zugewiefen erhält; die Unterteilung nach den Hauptkrankheitsgruppen erfolgt in der Männerabteilung und in der Frauenabteilung für fich.

Das II. Syftem, deffen Grundgedanke in der Charité zu Berlin entftand, in welcher beim Wachfen der Anftalt einzelne Krankheitsgruppen aus dem Hauptgebäude allmählich in abgefonderte Neubauten verlegt wurden (fiehe Art. 17, S. 11), befteht in Trennung der Hauptkrankheitsgruppen und Teilung der Gefchlechter innerhalb derfelben, wie im Friedrichshain zu Berlin, in Wiesbaden, in Frankfurt a. M., im Carola-Haus zu Dresden und in den deutfchen klinifchen Lehranftalten.

Beide Syfteme kommen vielfach auch gemifcht vor, indem man die Hauptgebäude der Kranken nach dem Gefchlecht trennt und nebenbei gefonderte Abteilungen für

Infektiöfe, Gefchlechts- und Hautkranke u. f. w. errichtet, innerhalb deren die Gefchlechter gefondert find. Bei allen diefen Anordnungen werden in Stockwerksbauten, fo weit als möglich, die Gefchlechter durch lotrechte Teilung der Gebäude getrennt.

Die fymmetrifchen Anlagen fetzen gleiche Bettenzahl für beide Gefchlechter voraus. Wo diejenige der Männer überwiegt, brachte man in den Frauenabteilungen die Kinder mit unter. Trat auch dann keine Gleichheit der Bettenzahl ein, fo hat man beim I. Syftem die betreffenden Krankengebäude auf der Frauenfeite kürzer gebaut, wie im Urban zu Berlin, in Deffau und in Rathenow, oder man fchaltete zwifchen ihnen andere, nicht von Kranken belegte Bauten ein, wie in *Lariboifière* die Wohnungen der Pflegerinnen auf der Frauenfeite. Beim II. Syftem wird man je nach Gröfse der Krankengruppen dem überwiegenden Gefchlecht ein oder mehrere Bauten oder den gröfseren Teil eines Gebäudes überweifen müffen, wobei, der möglichft für die Gefchlechter getrennt zu haltenden Gartenbenutzung wegen, auf der weniger umfangreichen Seite ergänzende Bauteile für das zur Abteilung gehörige Pflegerinnen- und Arztperfonal zugefügt werden könnten, falls eine gewiffe Symmetrie der Gebäudemaffen erzielt werden foll. — Eine ftreng fymmetrifche Anlage ift aber nur möglich, wo die Stellung der Bauten zur Himmelsrichtung, bezw. ihre innere Anordnung nicht unter der fymmetrifchen Lage leidet (fiehe Art. 159 u. 566, S. 97 u. 338).

Nach dem, was fich bei Befprechung der Bettenzahl für die Abteilungen ergeben hat, follte jedes Syftem ihrer Anordnung auch eine entfprechende Verfchiebbarkeit ihrer Betten untereinander geftatten. Wenn es auch Krankenhäufer giebt, deren Einteilung feit ihrem Beftehen unverändert geblieben ift, fo find die zeitweiligen oder dauernden Veränderungen in der Bettenzahl der Abteilungen in anderen Anftalten fehr beträchtlich gewefen.

<small>Im Friedrichshain zu Berlin war 1890 die Abteilung für Aeufserlichkranke auch auf 2 zweigefchoffige Pavillons derjenigen für Innerlichkranke, und zwar auf je einen in jeder Reihe ausgedehnt.</small>

Eine folche Verfchiebbarkeit ift beim Syftem I für die Krankenabteilungen innerhalb jeder Seite und für die Gefchlechter möglich, wenn man ihre beiden, durch die Mittelachfe des Geländes getrennten Gruppen durch eine quer geftellte Gruppe von Krankenbauten verkettet, wie dies bei einfacher Reihenftellung der Plan des Moabiter Krankenhaufes zeigt. Beim Syftem II würde man in demfelben Sinn die Abteilungen für die Gefchlechter innerhalb jedes Gebäudes verfchiebbar machen oder, wie oben, der überwiegenden Gefchlechts- oder Krankenabteilung ein oder mehrere Bauten abtreten können, wenn diefe keinen zu grofsen Umfang haben, was bei Planung der Abteilungen zu berückfichtigen wäre.

Wird ein Krankenhaus für eine fpätere Erweiterung geplant, fo kann diefe entweder fo gedacht fein, dafs man zwifchen den Abteilungen Stellen für neue Bauten frei läfst, oder man plant das Krankenhaus zunächft bezüglich der Krankengebäude als eine thunlichft abgefchloffene Gruppe. Der erftere Weg hat, wie die Entwickelung des Krankenhausbaues lehrt, oft zu einer Verkümmerung der zuerft errichteten Bauten geführt.

<small>641. Erweiterungsbauten.</small>

<small>Andere mit der Zeit entftandene Verhältniffe können umfangreichere Gebäude bedingen, als an den betreffenden Stellen zuläffig find. Während man beim Neubau einer Anftalt meift einen im Krankenhausbau erfahrenen Architekten zuzieht, werden folche Erweiterungen oft von Kräften geplant, denen die einfchlägigen Erfahrungen nicht zur Verfügung ftehen. Auch die Bequemlichkeit der Beamten und andere in jeder Einzelverwaltung zeitweife eintretende Vernachläffigungen von wichtigen Gefichtspunkten und Geldfragen find oft die Urfache nachträglicher Verfchlechterungen der urfprünglichen Anlage gewefen, wie z. B. die Verbindung freiftehender Pavillons zu Grätenbauten (fiehe Art. 569, S. 342) u. f. w.</small>

Von den beiden angegebenen Wegen wird daher in den meiften Fällen der letztere vorzuziehen fein, der zugleich eine fpäter etwa nötige Ausdehnung einzelner Abteilungen auf Koften anderer ermöglicht und auch für die Geftaltung neuer Bauten mehr Freiheit giebt.

Die Bauten für Aeufserlichkranke, zwifchen denen der Operationsfaal mit feinem Zubehör anzuordnen ift, liegen am beften nahe am Eingang zur Anftalt; doch follen fie, im befonderen diejenigen für Operierte, nicht an Strafsen grenzen, auf denen fchwere Laften bewegt werden, fomit auch nicht an Eifenbahnen, da Erfchütterungen für Verletzte nachteilig find. Zwifchen den Gebäuden fur Aeufserlich- und denjenigen für Innerlichkranke liegt zweckmäfsig das Badehaus und das Apothekengebäude.

642. Abteilungen für Anfteckendkranke.

Die Bauten für Anfteckendkranke kann man entweder in einer befonderen Gruppe vereinigen, oder man bringt fie den einzelnen Abteilungen, zu denen fie gehören, thunlichft nahe. Bildet man eine eigene Infektionsabteilung, fo läfst diefe fich leicht vom übrigen Krankenhausverkehr abfchliefsen und von der Strafse aus zugänglich machen. Eine folche Abteilung, wie fie auch *Rochard* in feinem Normalplan vorfah, findet fich im *Royal Victoria hofpital* zu Montreal, im Kaifer-Franz-Jofeph-Spital zu Wien und im neuen Rudolf-Virchow-Krankenhaus zu Berlin.

Die Annäherung der Abfonderungsgebäude an die zugehörigen Abteilungen erfolgte im Plan des Johns-Hopkins-Hofpitals durch Stellung derfelben an das Ende der Pavillonreihen, im Epfom-Hofpital durch Anbau an den Enden der beiden Krankengebäude; im Urban zu Berlin ftehen fie an beiden Enden der Reihen, in Nürnberg und in Hamburg-Eppendorf zwifchen den allgemeinen Pavillons. Bei den letzten beiden Anordnungen ift die Perfonaltrennung und diejenige der Befuchenden vom übrigen Krankenhaus fchwierig und auf unmittelbaren Zugang von der Strafse meift verzichtet.

In Hamburg-Eppendorf wurde das Warteperfonal verpflichtet, dafür zu forgen, dafs Kinder in folchen Gebäuden im Freien nicht mit anderen Kranken verkehren, und das Perfonal mufs die Speifen u. f. w. im Freien am Gitter an einer dazu eingerichteten Stelle übernehmen, nachdem der Ueberbringer ein Glockenfignal gegeben und fich entfernt hat.

In Oefterreich ift die Zeit für Befuche, foweit folche überhaupt zu derartigen Gebäuden zugelaffen werden, auf eine andere Stunde feftgefetzt als diejenige für den allgemeinen Befuch, um das Zufammentreffen von Befuchenden der Anfteckendkranken mit anderen zu hindern.

Bei zerftreuter Lage der Ifoliergebäude wäre ihre Ueberwachung aus den Fenftern von Spülküchen oder anderen regelmäfsiger benutzten Räumen benachbarter Krankenhausbauten aus erwünfcht. Doch läfst fich ihre Vereinigung in einer durch Gitter u. f. w. abtrennbaren Gruppe bei gleichzeitiger Annäherung an die zugehörigen Abteilungen unter Umftänden durch feitliche Lage der Infektionsabteilung zu diefen erreichen. Das Weitere über die Anordnung von Abfonderungsgebäuden ift in Kap. 2, unter 6, 4 einzufehen.

643. Vorforge bei Epidemien.

In manchen Krankenhäufern begnügte man fich, nur Abfonderungsgebäude für epidemifch auftretende Krankheiten zu errichten, wie in einzelnen klinifchen Anftalten (fiehe Teil IV, Bd. 6, Heft 2 [Art. 476, S. 437] diefes »Handbuches«). In anderen beftehen neben den Ifoliergebäuden befondere Epidemieabteilungen zum Unterbringen der erften Erkrankungsfälle bis zur Errichtung von Notfpitälern. Wo diefe Fürforge den Gemeinden gefetzmäfsig obliegt, werden derartige Abteilungen innerhalb der allgemeinen Krankenhäufer nötig, wenn keine befonderen Anftalten für diefen Zweck vorhanden find.

Für folche und andere Zwecke können zu den dauernd errichteten Krankenbauten auch folche für vorübergehenden Gebrauch hinzutreten. In Krankenhäufern, die einen hohen Jahresbelag haben, werden fie unter Umftänden für die Evakuation während der notwendigen Reinigung oder Desinfektion der dauernd errichteten Bauten nötig. Luftige Hallen oder Zelte find für manche Innerlichkranke und Aeufserlichkranke, befonders für Phthifiker, für Verwundete und Operierte (fiehe Art. 163 ff., S. 98 ff. u. Art. 698, S. 437) erwünfcht, wo keine Hallen an den Krankenbauten angebaut find. Soweit man Vorforge hierfür oder für Anfteckendkranke (fiehe Art. 703, S. 440) und für Epidemien zu treffen hat, find wenigftens geeignete Plätze mit Anfchlufs an die Wafferverforgung und Entwäfferung, erforderlichenfalls mit fteinernem Fufsboden vorzubereiten.

644. Krankengebäude für vorübergehende Zwecke.

Die Trennung der Krankenräume von den wirtfchaftlichen Erforderniffen des Krankenhaufes hat man nun auch in manchen kleinen Anftalten jetzt durchgeführt, wie beifpielsweife im ftädtifchen Krankenhaufe zu Langenfalza für 24 und im Krankenhaus zu Rathenow mit 40 Betten. *Kerfchenfteiner* empfahl, in folchen Krankenhäufern ein Nebengebäude zu errichten, welches einen Raum für Anfteckendkranke, eine Leichenkammer, die Wafchküche nebft Trockenboden, den Desinfektionsraum und eine Gerätekammer enthalten follte. Wenn möglich, wird man auch in kleinen Anftalten die Küche mit den Verwaltungs- und den Wohnräumen in einem anderen Block unterbringen.

645. Andere zum Krankenhaufe gehörige Bauten.

In grofsen Krankenhäufern erfordern die allgemeinen Dienfte alle in Art. 454 (S. 265) angeführten Einzelbauten. Zur Erzielung kurzer Wege zwifchen ihnen und den Krankengebäuden hat man erftere häufig in der Mittelachfe des Grundftückes hintereinander angeordnet, was dort, wo diefe zugleich die Gefchlechter fcheidet, zur Trennung der letzteren beiträgt, aber oft die Urfache mangelhafter Aufsenlüftung der Krankenbauten und anderer Vernachläffigungen der in Art. 566 (S. 338) befprochenen Gefichtspunkte war. Befonders ungünftig ift die Längsftellung derfelben zwifchen Reihen von quer geftellten Krankengebäuden, wo der Wind nicht frei durch die Geländebahnen zwifchen den erfteren ftreichen kann und die Heizftätten mit ihren Kohlenvorräten und Schornfteinen zwifchen den Krankenbauten liegen.

Eine Verteilung der fraglichen Gebäude auf zwei Gruppen am Anfang und Ende der Mittelachfe, unter Belaffung eines freien Platzes zwifchen denfelben, wie im Friedrichshain zu Berlin, verurfacht lange Wege und erfordert viel Gelände.

Im Plan von *Wylie* wurden die allgemeinen Dienfte an der nördlichen Eingangsfront vereinigt (fiehe 1. Aufl. [Fig. 53, S. 324] diefes Heftes) und in Hamburg-Eppendorf, fowie im Johns-Hopkins-Hofpital zu Baltimore an drei Strafsenfeiten des Grundftückes verteilt.

Die Verforgung diefer Bauten von aufsen und die Perfonaltrennung vom übrigen Krankenhaus, foweit diefe erwünfcht ift, befonders aber bei Epidemien zur Notwendigkeit werden kann, verlangen unmittelbare Zufahrt von der Strafse.

Diefe Bauten find je nach Bedarf durch Schuppen für Kohlen, Feuergeräte, Wagen, Garten- und Handwerkszeug, durch Bauten für Werkftätten, Stallungen und Behälter für Afche und Abfälle zu ergänzen. In Wien wurden zur Zeit der letzten Choleraepidemie im allgemeinen und im Wiedener Krankenhaufe, fowie in der Rudolfsftiftung auch Plätze für Desinfektion von Krankenwagen angelegt.

Zu einem gut vorbereiteten Programm für allgemeine Krankenhäufer gehören ferner Beftimmungen über die Art der Aufnahme der Kranken (fiehe Art. 460 u. 469, S. 269 u. 272). *Wylie*, fowie *Fauvel & Vallin* verlangten am Eingang auch Räume zum

646. Aufnahme der Kranken.

Allgemeine Krankenhäuser	Ort	Betten	Grundstück	Kosten für 1 Bett Bau	Einrichtung	Bauweise	Lehrzweck
a) mit eingeschossigen Krankengebäuden:							
Hôpital civil et militaire (St.-Eloi)	Montpellier	602	120	2209	—	offen	ja
Hôpital municipal	St. Denis	166	964	4819	—	"	—
Bürgerhofspital	Worms	120	—	4260[784]	—	"	—
Kreiskrankenhaus	Dessau	100	—	3200[785]	—	geschlossen	—
Stadtkrankenhaus	Langenfalza	24	—	8166	—	offen	—
Plan von *Gruber*		15	—	5720[786]	1500	offen	ja
Horton infirmary	Banbury	12	—	10333	—	geschlossen	—
Krankenpflegehaus	Wilster	12	—	1272[787]	—	"	—
β) ein- und zweigeschossigen Krankengebäuden:							
Allgemeines Krankenhaus	Hamburg-Eppendorf	1474	—	3216	750[788]	offen	—
Allgemeines Krankenhaus	Nürnberg	761	—	3819	484	"	—
Städtisches Krankenhaus am Friedrichshain	Berlin	600	—	6960	575	"	—
Kaiser-Franz-Joseph-Spital	Wien	610	647	6969[789]	—	"	ja
Johns-Hopkins-Hospital	Baltimore	358	—	17320[790]	—	"	—
Carola-Haus	Dresden	208	—	5172	688	"	ja
Hôpital Foncinet	Paris	158	5848	13692	1367	"	ja
Workhouse infirmary	Epsom	130	—	1521	—	"	—
Städtisches Krankenhaus	Neumünster	45	—	1555	220	geschlossen	—
γ) mit zweigeschossigen Krankengebäuden:							
Städtisches Krankenhaus am Urban	Berlin	614	—	4213	664	offen	—
Gasthuis Stuivenbergs	Antwerpen	388	—	5361	—	"	—
Kreiskrankenhaus	Brix	150	—	4250	790	"	—
Rudolfinerhaus	Wien	82	1445	8567[791]	—	"	ja
δ) mit ein-, zwei- und dreigeschossigen Krankengebäuden:							
Hôpital Tenon (Ménilmontant)	Paris	606	2083	10042	813	"	—
Hôpital Ste.-Eugénie	Lille	518	1211	5626	—	"	—
ε) mit dreigeschossigen Krankengebäuden:							
Krankenanstalt Rudolfstiftung	Wien	800	—	6028	500	geschlossen	—
St. Marylebone infirmary	London	744	309	3227	—	offen	—
Hôpital Lariboisière	Paris	613	4163	10428	943	"	ja
St. Thomas-Hospital	London	572	3846	15577	352	geschlossen	ja
Hôtel-Dieu	Paris	566	25442	24300	484	"	ja
Kaiserin-Elisabeth-Spital	Wien	460	180	2466	310	offen	—

Mark

	Friedrichshain			Urban			Hamburg-Eppendorf			Nürnberg			Braunschweig[785]
	Quadr. Met.	Kosten		Quadr. Met.	Kosten		Quadr. Met.	Kosten		Quadr. Met.	Kosten		1 cbm
		im ganzen	1 qm		im ganzen	1 qm		im ganzen	1 qm		im ganzen	1 qm	
Verwaltungsgebäude	1401	393 005	280	748	246 470	330	1291	293 500	227	948	235 671	249	12,82
Wirtschaftsgebäude	1332[791]	270 347	203	1070	206 187	193	—	—	—	1334	272 440	204	22,04
Kesselhaus	—	—	—	475	74 030	156	509	33 000[792]	65	1116[793]	104 415	94	—
Küchengebäude	—	—	—	—	—	—	886	132 500[794]	150	—	—	—	—
Waschhaus	—	—	—	—	—	—	983	131 500[794]	134	—	—	—	—
Eishaus	56	10 668	190	—	—	—	151	13 000	86	—	—	—	18,40
Badehaus	162	39 369	243	199	40 172	202	267	84 500[795]	317	265	45 418	171	22,54
Operationshaus	339	49 095	127	266	49 048	185	350	92 000	267	300	69 242	231	—
Gebäude für Heilgymnastik	—	—	—	—	—	—	—	—	—	320	24 212	76	23,98
Leichenhaus	285	79 740	280	353	65 265	185	886	97 000	110	585	63 310[797]	164	20,79
		Mark			Mark			Mark			Mark		Mark

---

[785] Dieser Betrag sinkt nach Ausführung der fehlenden Bauten.
[786] Anschlagspreis.
[787] 9572 Mark für den ursprünglichen Bau und 5700 Mark für den Anbau, zusammen 15 272 Mark.
[788] Nach: Ruppel, a. a. O., S. 207, einschließlich Instrumente.
[789] Nach dem Jahrbuch der Wiener k. k. Krankenanstalten (Jahrg. I, S. 59) betrugen die Ausgaben für den Bau, vorbehaltlich der Abrechnung, 4 251 372 Mark (= 2 125 686 Gulden), einschl. der Einrichtung. — Lorenz & Diestel geben die Kosten mit 2 534 000 Gulden an, wovon 197 465 Gulden für das Grundstück abzuziehen find.
[790] Ausschl. gesenkten Materials, Arbeitslohnes und Einrichtung der Billroth-Baracke.
[791] Einschl. Anbau von 235 qm für das angebaute Kesselhaus.
[792] Einschl. Dampfschornstein; siehe auch Fußnote 794.
[793] Nebst Desinfektionsanstalt.
[794] Ausschl. der Kosten für die maschinelle Einrichtung, welche für Kesselhaus, Waschhaus und Küchengebäude 145 500 Mark betrugen
[795] Hiervon 22 000 Mark für Heizanlage, mechanische Einrichtung der Bäder und mit dem Gebäude festverbundenem Inventar, wie Wafferbetten u. f. w
[796] Ausschl. Ent- u. Bewäfferungs, sowie Beleuchtungsanlage, einschl. Sammelheizung für die Raumeinheit.
[797] Leichenkapelle nicht vorhanden.

vorlaufigen Unterbringen von Verunglückten oder fehr fchweren Fällen und zur Beobachtung von Kranken, bei denen Anfteckungsgefahr nicht ausgefchloffen ift.

»Man bedarf am Eingang jedes Hofpitals im Vorhof einen von anderen Gebäuden abgefonderten Raum als Warte- oder Operationsfaal für dringende oder fehr fchwere Fälle ... Diefer Saal kann einen Teil des Beobachtungs- und Ifolierpavillons bilden.«

In Hamburg-Eppendorf waren 6 Aufnahmepavillons für zweifelhafte Fälle und nachts ankommende Kranke geplant, je 2, entfprechend den beiden Gefchlechtern, örtlich im Anfchlufs an die Abteilung für Innerlichkranke, für Aeufserlichkranke und für Epidemien; doch erfolgt nach der neuen Desinfektionsvorfchrift die Aufnahme von den an Pocken, Cholera, Flecktyphus, Scharlach und Diphtherie Erkrankten unmittelbar in den betreffenden Krankengebäuden. Kranke mit Mafern, Windpocken, Keuchhuften und Eryfipel kommen in die Tagräume der Aufnahmepavillons. Nach *Ruppel* find die dem Verwaltungsgebäude zuuächft gelegenen Aufnahmepavillons für zweifelhafte Kranke beftimmt [783]).

Im *Hôpital Boucicaut* zu Paris find zu feiten des Verwaltungsgebäudes 2 Beobachtungsblocks angeordnet; doch werden fic nach *Martin* wegen Mangel an Ifoliergebäuden zugleich als folche benutzt, und ihr Zentralraum dient als Garderobe für das ärztliche Perfonal [784]).

647. Zugänge und Wege.

Bei der Gefamtanordnung der Gebäude find die Zugangswege zur Anftalt und zu den einzelnen Abteilungen mitbeftimmend. Liegt fie nur an einer Strafse, fo müffen hier alle Eingänge angeordnet werden. Unmittelbaren Zugang von aufsen erfordern mindeftens das Verwaltungsgebäude, das Leichenhaus, die Poliklinik und das Desinfektionsgebäude, falls letzteres von aufsen mit benutzt wird. Erwünfcht ift ein folcher auch für die Wohnhäufer der Beamten und nach vorftehendem für die Wirtfchafts- und für die Infektionsabteilungen; doch zweigen die Zugangswege zu letzteren öfter erft hinter dem Haupteingang von denjenigen zu den anderen Bauten ab, mit denen fie thunlichft nicht zufammenfallen follen. Die Abficht, die Wege zu den Ifoliergebäuden von denjenigen zu den anderen Krankengebäuden zu trennen, war im *Tenon*-Hofpital zu Paris und in Montpellier die Veranlaffung zur Anlage einer Gürtelftrafse innerhalb der Anftalt, welche die allgemeinen Gebäude von den Abfonderungsbauten fcheiden foll. In beiden Anftalten, wie auch im Plan von *Wylie*, hat diefer Gürtelweg zur Folge gehabt, dafs die Ifoliergebäude näher an die Grundftücksgrenze gerückt wurden, als erwünfcht ift. Auch läfst fich der Verkehr auf folchen Wegen nicht fo leicht überwachen wie auf Zugangsftrafsen, welche für den Hin- und Rückweg von Krankenträgern und Wagen benutzt werden müffen. Am beften ift die unmittelbare Zugänglichkeit aller vorftehend genannten Abteilungen von aufsen, was bei genügender Länge der Eingangsfront felbft von einer Strafse aus möglich ift, wie der Plan des Kreiskrankenhaufes in Bernburg zeigt; doch find die betreffenden Bauten dann fo hinter der Einfriedigung anzuordnen, dafs Wagen unmittelbar zu ihnen gelangen können.

648. Gefamtkoften.

Die Preife für Grundftück, Bau und Einrichtung einiger allgemeiner Krankenhäufer, auf die Betteneinheit berechnet, zeigt die Zufammenftellung auf S. 398.

Die aufserordentlich hohen Baupreife für das St. Thomas-Hofpital zu London und für das *Hôtel-Dieu* zu Paris find wefentlich durch die koftfpieligen Gründungen und durch befondere Bauteile für Lehrzwecke gefteigert worden. — Beim Johns-Hopkins-Hofpital zu Baltimore kommt noch der beträchtliche Rauminhalt der Krankenbauten hinzu. Hier und im St. Thomas-Hofpital ift auch der Aufwand für die architektonifche Ausbildung grofs. — Diefelben Baukoften, wie *Laribifière*, erforderte fpäter das *Hôpital Tenon*, höhere das *Hôpital Boucicaut* zu Paris. — Den Preis von rund 7000 Mark im Friedrichshain zu Berlin hat jetzt das Kaifer-Franz-Jofeph-Spital in Wien wieder erreicht. — Diefen und anderen hohen Zahlen ftehen in der Lifte viel geringere gegenüber. Hamburg-Eppendorf koftete noch nicht die Hälfte der beiden letztgenannten Anftalten; hier hat u. a. auch der geringere Luftraum für die Betten und die grofse Zahl der letzteren die Koften herabgefetzt.

---
[783]) Siehe: WEYL, TH. Handbuch der Hygiene. Bd. V, Abt. 1. Jena 1896. S. 157.
[784]) Siehe: MARTIN, A. J. *Le nouvel hôpital Boucicaut à Paris*. *Revue d'hygiène* 1898, S. 154.

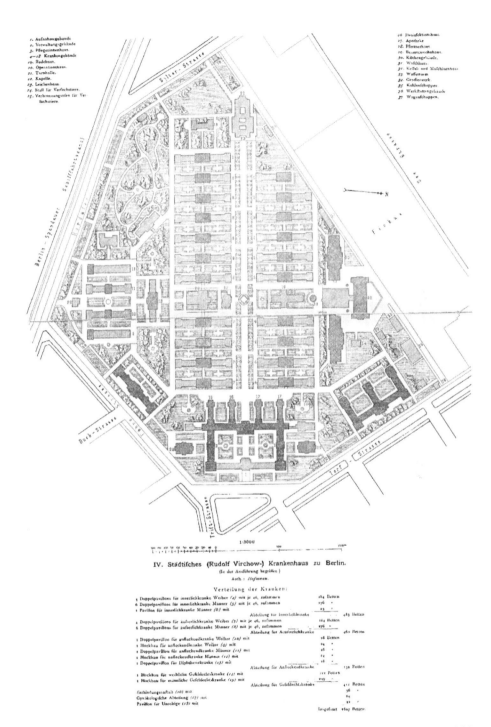

IV. Städtisches (Rudolf Virchow-) Krankenhaus zu Berlin.
(In der Ausführung begriffen.)
Arch.: *Hofmann*.

Vergleicht man mit den grofsen Krankenhäufern die kleinften, mit 12 bis 15 Betten, fo wiederholen fich in Banbury, im Plan von *v. Gruber* und in Wilfter ähnliche beträchtliche Preisabweichungen, welche nur bei der erfteren Anftalt auf teuere Bauweife zurückzuführen find. Die Koften für Ausführung des *v. Gruber*'fchen Planes find nur fchätzungsweife aufgeftellt, beruhen aber auf folchen, »welche kleine, in ähnlicher Weife ausgeführte Krankenhäufer an verfchiedenen Orten beanfprucht haben«. Diefe Anftalten entfprechen bezüglich der Krankenhauspflege ganz verfchiedenen Forderungen. Während man fich in Wilfter mit den notwendigften Unterkunftsräumen für die Kranken begnügte, berückfichtigt der *v. Gruber*'fche Plan die Behandlung anfteckender Kranker in einem kleinen Krankenhaufe, zeigt drei getrennte Gebäude, und die veranfchlagten Koften fetzen eine gediegene Bauausführung voraus. Aehnliche Unterfchiede würden fich auch bei den Verwaltungskoften diefer beiden Anftalten ergeben, da *v. Gruber* ein Perfonal von 3 Schweftern, 2 Küchenmägden und 1 Hausdiener annimmt, während in Wilfter die Hälfte diefer Perfonen, und zwar teils ohne Bezahlung, thätig waren. Die auf S. 370 u. 371 für Wilfter angegebenen Verwaltungskoften laffen fich daher ebenfowenig auf alle kleinen Krankenhäufer im allgemeinen übertragen.

In der zweiten Aufftellung find zur Ergänzung der auf S. 378 bis 383 mitgeteilten Koften von Krankengebäuden die Baukoften einiger anderer zum Krankenhaufe gehörigen Bauten zu erfehen.

2) Offene Bauweife.

Die folgenden Beifpiele allgemeiner Krankenhäufer find je nach ihrer offenen oder gefchloffenen Bauweife in 2 Gruppen angeordnet, wobei unter der letzteren Art folche Anftalten zufammengefafst wurden, in denen die Verwaltungs- und Wirtfchaftsräume oder doch ein Teil derfelben mit der gröfseren Zahl von Krankenräumen als in einem zufammenhängenden Gebäude liegend angefehen werden müffen.

649.
Allgemeines.

Bei den Beifpielen für offene Bauweife wurde auf Sonderung der Krankenhäufer mit erdgefchoffigen Verbindungsgängen von den ganz offenen verzichtet, da diefe Gänge nicht notwendig zu den Gebäuden gehören und ein Vergleich der gebildeten Baukörper bei Anftalten von verwandter Gröfse auf kleinen oder ausgedehnten Grundftücken verfchiedener Form und Lage erleichtert wird.

α) Lagepläne.

In den nachftehenden 17 Lageplänen entfpricht die Zahl der die Bauten hervorhebenden Schraffierungen der Anzahl ihrer Stockwerke; doch find die Beifpiele nicht wie in der 1. Auflage diefes Heftes gruppenweife nach der Höhe ihrer Krankengebäude, fondern fortlaufend nach der Bettenzahl in abfteigender Folge geordnet, um auch den Vergleich zwifchen Krankenhäufern ähnlicher Belagsziffer beffer zu ermöglichen.

650.
Ueberficht.

Das noch im Bau begriffene IV. ftädtifche Krankenhaus zu Berlin am Norduferer des Berlin-Spandauer Schiffahrtskanals dient dem Norden der Stadt. Es ift an feiner Nordweftfeite durch ftädtifches und fiskalifches Gelände von der Seeftrafse, welche die Hauptzufahrt zur Stadt bildet, getrennt, an feinen anderen Seiten von Strafsen begrenzt, foll auch eine Entbindungsabteilung und die Krankenpavillons des benachbarten neuen Inftituts für Infektionskrankheiten aufnehmen und den Namen *Rudolf Virchow*'s tragen, unter deffen Mitwirken es entfteht. (Siehe die nebenftehende Tafel.)

651.
Beifpiel
I.

Seine Haupteinfahrt liegt an der Südfeite; 2 Nebeneinfahrten befinden fich an der Torfftrafse, von denen die nördliche zur Wirtfchaftsabteilung führt. Der hier an der Nordweftgrenze verlaufende Weg ift bis zur Leichenabteilung mit Ausgang an der Sylerftrafse fortgefetzt. Der fünfte Zugang vom Norduferer dient nur der Infektionsabteilung.

Am Eingang find das Aufnahme-, das Verwaltungsgebäude, die Abteilungen für Wöchnerinnen und Gynäkologifchkranke zu einem gefchloffenen Hofbau mit grätenartigen Flügeln vereinigt. Seitlich wurden ein feptifcher Entbindungsfaal, bezw. ein Aerztekafino angebaut. Von da führt eine 42 m breite Doppelallee zwifchen den Doppelpavillons hindurch zum Leichenhaus, neben dem ein Stall für Verfuchstiere und der Blockbau für Unruhige ftehen. In der rechten Reihe für die Innerlichkranken ift das Badehaus, in der linken für die Aeufserlichkranken ein Apothekengebäude und das Operationshaus eingefchaltet. Links von letzterem liegt die Infektionsabteilung (fiehe unter 4), weftlich von diefer eine Turnhalle und das Desinfektionsgebäude mit Zugängen von den allgemeinen Krankenabteilungen und von der Infektionsabteilung. Der Verbrennungsofen ift an der Sylterftrafse geplant. An der Föhrerftrafse wurde der Blockbau für weibliche, an der Torfftrafse derjenige für männliche Gefchlechtskranke angeordnet.

Bei diefer Anlage find alle Krankenpavillons an beiden Längsfeiten befonnt; die Weftwinde ftreichen den Hauptwegen entlang, welche die allgemeine Krankenabteilung von der Infektions- und der Wirtfchaftsabteilung trennen.

Von der Geländefläche (136 786 qm) entfallen auf jedes der 1627 geplanten Betten 84 qm.

652. Beifpiel II.

Das unter Mitwirken von *Curfchmann & Lundt* entftandene neue allgemeine Krankenhaus für Hamburg liegt in Eppendorf an der Martiniftrafse auf einer Anhöhe 20,00 m über der Elbe, 9,00 m über dem Ort und ift an 3 Seiten von Strafsen umgeben. Die herrfchenden Nordweftwinde laffen die Anftalt aufserhalb der ftädtifchen Dünfte und führen ihre Luft nur über die Gartenvorftädte hinweg. (Siehe die nebenftehende Tafel.)

Hinter der Durchfahrtshalle des Verwaltungsgebäudes trennt die von Südoften nach Nordweften gerichtete Mittelachfe für die Krankenabteilung die Gefchlechter. Die beiden erften Querreihen von Gebäuden waren für Aeufserlich-, die 3 folgenden für Innerlichkranke beftimmt. Jede diefer beiden Abteilungen erhielt für Männer und Frauen je 1 Aufnahmepavillon und 1 Koftgängerhaus (fiehe Art. 313, S. 184), diejenige für Aeufserlichkranke das Operationsgebäude (fiehe Art. 526, S. 312), 2 Ifolierpavillons (fiehe Art. 285, S. 172) und 2 Ifolierblocks (fiehe Art. 298, S. 176), jene für Innerlichkranke 3 der erfteren, 5 der letzteren, das Badehaus (fiehe Art. 510, S. 295) und das Delirantenhaus (fiehe Art. 320, S. 189) mit eigenem, abgegrenztem Garten. Die letzten 3 Reihen bilden die Epidemieabteilung mit 2 Aufnahmegebäuden und 4 Ifolierblocks, eigenem Verwaltungs-, Küchen-, Leichen- und Desinfektionshaus und Ausgängen nach beiden Seitenftrafsen. — In der Nordecke liegt an der Frickeftrafse das allgemeine Leichenhaus (fiehe Art. 557, S. 328); auf dem südweftlichen Gelände find die Wirtfchaftsabteilung und die Beamtenwohnhäufer durch einen befonderen Zufahrtsweg von der Martiniftrafse aus zugänglich.

Die Stellung der Bauten ermöglicht gute Befonnung; die Nordweftwinde ftreichen zwifchen ihren Reihen durch und laffen die Krankengebäude aufserhalb der Luft der Wirtfchaftsabteilung; doch erhalten fie diejenige der Epidemieabteilung. Zwifchen den Pavillons wurden 7 der in Art. 449 (S. 263) befprochenen Zelte aufgeftellt. Das Gelände ift an der Martiniftrafse durch Gitter und an den anderen Strafsen durch Mauern eingefriedigt. Von dem 186 100 qm faffenden Grundftück entfielen auf jedes der 1474 Betten 126 qm.

Raummangel führte 1892—93 zur Entfernung der Augenkranken aus der Anftalt und zur Erbauung von 2 weiteren Pavillons mit 33, bezw. 41 Betten für Aeufserlichkranke, 1 Ifolierpavillon für Innerlichkranke und 1 Epidemiepavillon mit 33 Betten — der eine für die Männerfeite —, fowie von 1 ebenfolchen mit 40 Betten auf der Frauenfeite, wodurch der Gefamtbelag auf 1637 ftieg und die Grundfläche für ein Bett auf 113,7 qm fiel. Ueber das Desinfektionshaus fiehe Art. 536 (S. 318) und über das Sielgrubenhaus der Epidemieabteilung Art. 608 (S. 366).

653. Beifpiel III.

Das neue allgemeine Krankenhaus in Nürnberg liegt im Nordweften der Stadt, 1,3 km vom Hauptmarkte entfernt, 20,00 m über der Pegnitz an der Flurftrafse, ift faft allfeitig mit Strafsen umgeben, erhielt eine Epidemieabteilung und Platz zur Erweiterung bis auf 1000 Betten (Fig. 321 [798]). Das benachbarte nördliche Gelände befindet fich im Befitz der Stadt, fo dafs die Möglichkeit einer Platzanlage hier vorhanden ift.

Auf dem breiten füdlichen Geländeftreifen hinter der öftlichen Durchfahrt des Verwaltungsgebäudes find die allgemeinen Krankenpavillons, am Weftende die allgemeinen Dienfte mit unmittelbarer Zufahrt von aufsen angeordnet. — Zur vorderen chirurgifchen Abteilung gehören links vom Operationshaus (fiehe Art. 526, S. 312) 2 grofse und 1 Ifolierpavillon für zufammen 116 Männer, rechts 1 grofser und 2 der

---

[798] Nach freundlicher Mitteilung des Herrn Baurats *Wallraff* in Nürnberg.

B.H. Badehaus.
D.H. Delirantenhaus.
D.W. Wohnhaus des Direktors.
E.H. Eishaus.
J.W., W.W. Beamtenwohnhäuser.
K.G. Küchengebäude.
K.H. Kesselhaus.
L.H. Leichenhaus.
O.G. Oekonomiegebäude.
O.H. Operationshaus.
S. Oekonomieschuppen.
V.G. Verwaltungsgebäude.
V.W. Wohnhaus des Verwalters.
W.H. Waschhaus.
1–45, 47. Krankengebäude.

Epidemieabteilung:

46, 48–53, 55 u. H. Krankengebäude.
D.A. Desinfektionshaus.
P.K. Küchengebäude.
P.L. Leichenhaus.
P.V. Verwaltungsgebäude.

Neues allgemeines Krankh

Arch.: Zinkern

Handbuch der Architektur. IV. 5, a. (2. Aufl.)

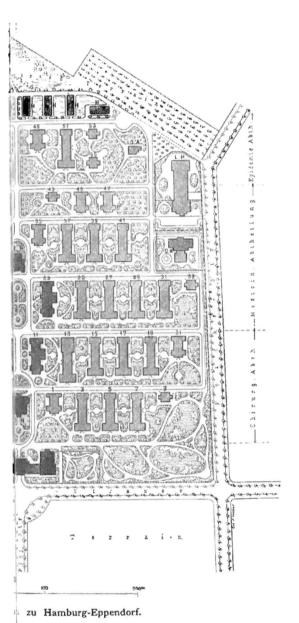

zu Hamburg-Eppendorf.

Verteilung der Kranken:

6 Aufnahmepavillons (1, 2, 28, 25, 26 u. 40) mit je 15, zusammen . . 90 Betten
24 Pavillons (3—5, 7, 12, 11, 13, 17, 19, 21—27, 29—32, 34, 36, 37, 39, 41, 48 u. 51) mit je 33, zusammen 792 "
4 Kostgängerhäuser (10, 11, 20 u. 22) mit je 18 und 19, zusammen . . 74 "
2 Pavillons für Augenkranke (13 u. 16) mit 36 und 72, zusammen . . 108 "
2 Pavillons für Kinder (6 u. 22) mit 36 und 72, zusammen . . . . 108 "
1 Irrenpavillon (D.H.) mit . . . . 35 "
5 Isolierpavillons (8, 21, 44, 45 u. 47) mit je 15, zusammen . . . . 75 "
11 Isolierblocks (9, 18, 33, 38, 40, 42, 43, 50, 52, 53 u. 55) mit je 6, zusammen 66 "
6 Holzbaracken (H.) mit je 21, zusammen . . . . 126 "

insgesamt 1474 Betten.

Nach: Deutsche Viert. f. öff. Gesundheitspfl. 1888, Taf. bei S. 549

Fig. 321.

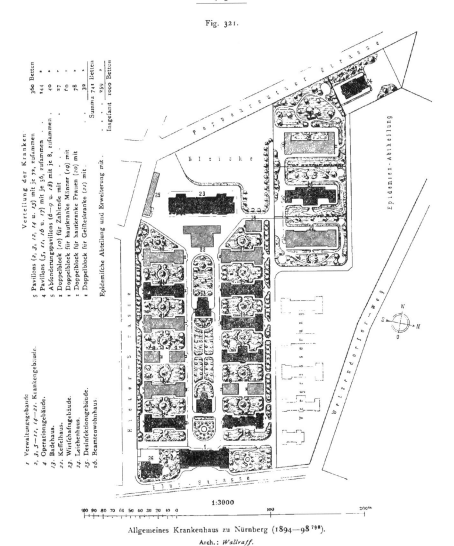

Allgemeines Krankenhaus zu Nürnberg (1894—98 [798]).
Arch.: *Wallraff*.

letzteren für 88 Frauen. In denselben Reihen stehen links vom Badehaus (siehe Art. 529, S. 314) 1 Isolier- und 3 grosse Pavillons für 152 Männer, rechts 3 grosse Pavillons für 180 Frauen der inneren Abteilung und dazwischen ein Blockbau für Zahlende beider Geschlechter. — Hinter dem Verwaltungsgebäude zweigt rechts ein Weg ab, der längs der Nordgrenze des Streifens zu den Abteilungen für die Hautkranken — deren Frauenblock einen Isolierpavillon erhielt — zum Irrenblock (siehe Art. 323 u. 320, S. 191 u. 190), zum Leichenhaus mit Ausgang nach der Poppenreuther Strasse und zur Epidemieabteilung führt. — Das Beamtenwohnhaus an der Flurstrasse hat eigenen Garten.

Alle Kellergefchoffe von *1* bis *23* u. *26* wurden durch unterirdifche, an den Stirnwänden der Bauten langgeführte Gänge verbunden. — Infolge fymmetrifcher Stellung der Pavillons zur Hauptgeländeachfe liegen auf der rechten Geländefeite ihre Tagräume, und die Krankenfäle der Ifolierpavillons gegen Norden, und der Operationsfaal, wie die Fenfterwände der Küchen find gegen Weften gerichtet. Die Längsfeiten der Bauten beftreichen nur Süd- und Nordwinde. Die Säle der Pavillons *5, 14, 16* u. *17* erhielten an der Weftfeite Veranden. Bei *25* wurde nur ein Pförtnerhaus und hinter *23* das Gebäude für die Kläranlage (fiehe Art. 597, S. 360) mit dem Verbrennungsofen errichtet.

Im Verwaltungsgebäude ift ein Betfaal vorgefehen. Das Perfonal fpeift im Wirtfchaftsgebäude. Von der Geländefläche (100 000 qm) entfallen bei vollem Ausbau auf jedes der 1000 Betten 100,0 qm Grundfläche.

Zur Zeit der Eröffnung des Krankenhaufes waren noch für die Epidemieabteilung 1 maffive Baracke für 14 und eine *Döcker*'fche verfetzbare Baracke für 6 Betten errichtet, wodurch der Belag auf 761 Betten ftieg.

654
Beifpiel
IV.

Das jetzige ftädtifche Krankenhaus zu St. Jakob in Leipzig (fiehe Art. 27, S. 14) im füdweftlichen Teile der Stadt ift nördlich durch die Liebigftrafse vom Johannisgarten getrennt, im Weften von Univerfitätsinftituten, denen es auch dient, hinter diefen vom Baugelände der Karolinenftrafse begrenzt und reicht jetzt nach mehrmaligen Erweiterungen öftlich bis zur Johannisallee, an welcher jenfeits der neue Friedhof und der botanifche Garten, fowie die Irrenklinik liegen. Die weiträumige Stellung der umgebenden Bauten läfst den herrfchenden Südoftwinden reichlichen Zutritt zum Krankenhaus; letztere führen jedoch feine Luft der Stadt zu. (Siehe die nebenftehende Tafel.)

An der Liebigftrafse bildet das jetzt vorzugsweife mit Zahlenden, Rekonvalescenten, gefchlechtskranken Frauen und Unheilbaren der Abteilung für Aeufserlichkranke belegte Hauptgebäude, das ehemalige Waifenhaus, den Haupteingang. Den mit Bäumen bepflanzten Gartenplatz umgeben an Oft-, Nord- und Weftfeite Baracken, von denen die an den letzteren beiden Seiten gelegenen behufs leichteren Krankentransports zum Operations-, zum klinifchen Hörfaal und zur Poliklinik Verbindung durch Gänge erhielten. Am Ende des weftlichen Ganges find zwifchen den letzten Baracken eine Kinderfpielhalle, andererfeits 2 chirurgifche Sommerbaracken angebaut. Hierzu kommen die füdlichen 5 Pavillons und das Diphtheriehaus (fiehe Art. 350, S. 207). — Die 4 Doppelbaracken an der Johannisallee mit eigenem Küchengebäude follten eine von diefer unmittelbar zugängliche Ifolierftation (für Pocken) bilden, wurden aber wegen Platzmangel hauptfächlich von Lungenkranken der inneren und gefchlechtskranken Männern der chirurgifchen Station belegt. — Die allgemeinen Dienfte hinter dem Verwaltungsgebäude find unmittelbar von der Liebigftrafse aus zugänglich. Die Leichen werden nach dem pathologifchen Inftitut gebracht. — Die Gänge find fo geführt, dafs fie die Befonnung der Flächen zwifchen den Baracken nicht hindern.

Wegen Platzmangels ift auch das angrenzende Siechenhaus mit Kranken belegt. Eine neue Seuchen- und eine Aufnahmeabteilung wurde geplant. — Von der 85 100 qm grofsen Geländefläche entfallen auf jedes der 946 Betten 90 qm.

655
Beifpiel
V

Das I. ftädtifche Krankenhaus zu Berlin (fiehe Art. 27, S. 13) liegt am Friedrichshain im Nordoften der Stadt auf einer Anhöhe 18,75 m über der Spree und ift an 3 Seiten vom Park umgrenzt, der es im Weften überragt. Jenfeits der Landsberger Allee befinden fich ausgedehnte Begräbnisplätze. Der Eingang wurde an die Weftfeite gelegt und durch einen befonderen Weg zugänglich gemacht, um die Entfernung von den beiden benachbarten Stadtthoren zu kürzen, den Krankenhausverkehr von demjenigen nach den Kirchhöfen zu trennen und die beftehenden Höhenunterfchiede zwifchen der Allee und dem Grundftück zu überwinden. (Siehe die nebenftehende Tafel, in welche auch einige fpätere Zuthaten eingetragen find.)

Das Grundftück erforderte Abtragung des füdlichen und Auffüllung des nördlichen Teiles (fiehe Art. 565, S. 338). Hinter der Durchfahrt des Verwaltungsgebäudes liegen in 2 Reihen die weitgeftellten Pavillons für Innerlichkranke und das Badehaus, füdlich mit verfetzten Längsachfen gegen jene der Ifolierblocks und nördlich ebenfo die Pavillons für Aeufserlichkranke (fiehe Art. 255, S. 150) mit dem Operationshaus (fiehe Art. 526, S. 312) nebft dem Diphtheriehaus, öftlich die Wirtfchaftsabteilung (fiehe Art. 498,

1. Verwaltungsgebäude.
2. Desinfektionshaus.
3. Klinischer Hörsaal. Operations-
    gebäude.
4. Verbindungsgang.
5, 6, 8, 9, 13. Krankengebäude.
5a. Kinderspielhalle.
7. Aborte und Baderaum.
8. Baracken für Pockenkranke.
8a. Küche für Pockenkranke.
10. Gewächshaus.
11. Kesselhaus.
12. Kohlenschuppen.
14. Werkstätten.
15. Magazin.
16. Stallgebäude.
17. Tapezierwerkstätte.
18. Eishaus.

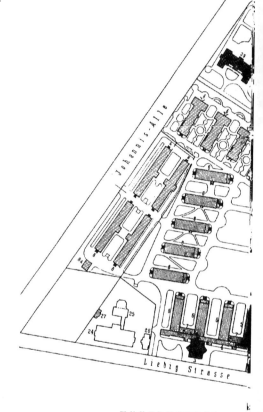

Städtisches Krankenhas

7

Verteilun

Verwaltungsgebäude *(1)* mit . . . .
5 Baracken für Aeufserlichkranke *(5)* mi e
1 Baracke für Aeufserlichkranke *(5)* mit
8 Baracken für Innerlichkranke *(6)* mit ja
4 Pavillons für Innerlichkranke *(6)* mit je
4 Doppelbaracken für Pockenkranke *(8)* t
1 Doppelpavillon für Diphtherickranke *(*
2 Sommerbaracken für Aeufserlichkranke

Handbuch der Architektur. IV. 5, a. (2 Aufl.)

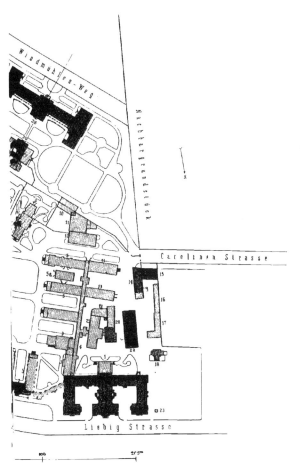

19. Reinigungshaus.
20. Keffelhaus.
21. Badehaus.
22. Wafchhaus.
23. Wagehaus.

Pathologifches
Inftitut:

24. Hörfaal.
25. Sezierhaus.
26. Kapelle.
27. Tierhaus.

Siechenhaus:

28. Hauptgebäude.
29. Kinderhaus.
30. Wirtfchaftsgebäude.

St. Jakob in Leipzig.

Kranken:

	210	Betten
fammen	120	»
. .	34	»
nmen	192	»
men .	136	»
zufammen	176	»
. . .	30	»
24, zufammen	48	»
Insgefamt	946	Betten.

Nach freundlicher Mitteilung des Herrn Stadtbaudirektors *Licht* in Leipzig.

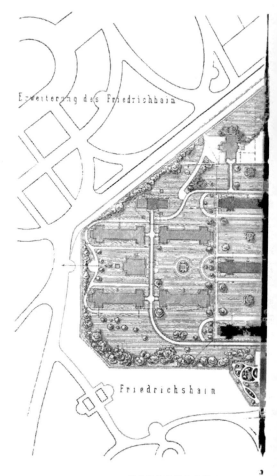

1. Verwaltungsgebäude.
2, 3, 4, 5. Krankengebäude.
6. Wirtschaftsgebäude.
7. Kesselhaus.
8. Thorgebäude.
9. Pflegerinnenhaus.
10. Desinfektionsgebäude.

— — — Gasleitung.

I. Städtisches allgemeines Kran[kenhaus]

Arch.: G[

Verteilun[g]
6 Pavillons für medizinische Kranke (2) mit
4 Pavillons für chirurgische Kranke (3) mit
2 Blockbauten für Ansteckendkranke (4) mit
Doppelpavillon für Diphtherie

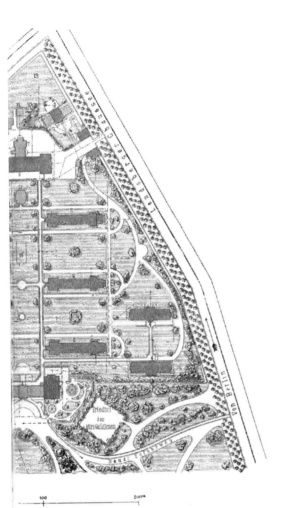

... am Friedrichshain zu Berlin.

Schmieden.

Kranken:

nmen	384	Betten
nmen	128	»
mmen	88	»
	24	»
Insgesamt	624	Betten.

11. Eishaus.
12. Leichenhaus.
13. Trockenplatz.
14. Beamtengarten.
15. Kapelle (geplant).
16. Operationsgebäude.
17. Badehaus.

————— Entwässerung.

S. 286) mit befonderer Zufahrt von der Landsberger Allee, das Pflegerinnen- und das Leichenhaus, deffen Vorplatz von der Parkftrafse aus Zugang hat.

Die Befonnung der Gebäude ift dreifeitig; die herrfchenden Weftwinde treffen unmittelbar nur die weftlichen Krankengebäude.

Von der Einfahrtshalle des Verwaltungsgebäudes, in welche nur Wagen mit Schwerkranken eingelaffen werden, die man von hier auf kleinen Transportwagen zu den Krankengebäuden bringt (fiehe Art. 568, S. 341), führen jederfeits Stufen zu einer die halbe Tiefe des Längstraktes einnehmenden Wartehalle, die fich bis zu den Treppenhäufern an die Gebäudeenden fortfetzt. An diefe fchliefsen fich links die Aufnahmeräume und Bureaus, rechts die Apotheke, die Verfammlungs- und Lefezimmer der Affiftenzärzte nebft einer Beamtenwohnung an. Die Obergefchoffe der Flügelbauten enthalten Wohnungen der 3 Direktoren, eines Affiftenzarztes und des Oekonomieinfpektors, das Sockelgefchofs u. a. 4 Wohnungen für Unterbeamte; 4 andere für Beamte befinden fich in den Thorgebäuden an der Landsberger Allee. — Ueber die Ifolierabteilung fiehe unter 4.

Zu den urfprünglich geplanten 600 Betten kommen noch 26 im Diphtheriepavillon und 24 in 2 *Döcker*'fchen Baracken hinzu, fo dafs nun von der Geländefläche (95500 qm) auf jedes der 650 Betten 147 qm entfallen, wovon 19,0 (zufammen 12384 qm) überbaut find; doch ift das Krankenhaus jetzt für 784 Betten eingerichtet. (Siehe Art. 634, S. 390.)

Das III. ftädtifche Krankenhaus in Berlin — für die Einwohner des füdlichen Stadtteiles — liegt am Urbanplatz und ift an feinen drei anderen Seiten von Strafsen umgeben (Fig. 322[799]).

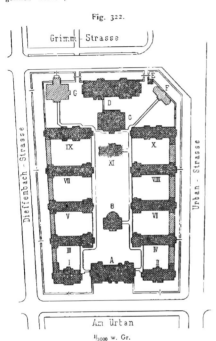

Fig. 322.

Städtifches Krankenhaus am Urban zu Berlin[799].
1883—90.
Arch.: *Blankenftein.*

A. Verwaltungsgebäude. D. Wirtfchaftsgebäude.
I—XI. Krankengebäude.   E. Pförtnerhaus.
B. Operationsgebäude.   F. Badehaus.
C. Keffelhaus.   G. Leichenhaus.

Verteilung der Kranken:
3 Männerpavillons (*III, V, VII*) mit 67, zufammen   201 Betten
3 Frauenpavillons (*IV, VI, VIII*) mit zufammen   180 ″
Abfonderungsgebäude:
2 Doppelpavillons (*I, II*) mit 47 u. 43, zufammen   90 ″
2 Doppelblocks (*IX, X*) mit je 62, zufammen   124 ″
1 Doppelpavillon für Diphtheriekranke (*XI*) mit   19 ″
                                        Insgefamt   614 Betten[800]

Auf dem Gelände wurde die von Weftnordweften nach Südfüdoften gerichtete Längsachfe nach rechts verfchoben. Von der Durchfahrt des Verwaltungsgebäudes aus verbinden ein gröfstenteils untertunnelter Fufsweg und eine Fahrbahn alle Bauten. Hinter der Durchfahrt ftehen zwifchen den Pavillons (fiehe Art. 256, S. 151) das Operationsgebäude und das Diphtheriehaus. Die Gruppe der allgemeinen Dienfte und das Leichenhaus am Ende des Geländes hat Hof-Ein- und Ausfahrt, bezw.- Zugang von der Grimmftrafse.

Alle Bauten wurden durch einen Vorgarten von den Strafsen getrennt. Ihr Abftand von den gegenüberliegenden Bauten beträgt an der Dieffenbachftrafse 30, an der Urbanftrafse 35 und an der Grimmftrafse 70 m. Die Vorgärten erhielten an der Strafse Einfriedigung durch Gitter; das Krankenhausgelände ift teils durch eingebaute Hallen (fiehe Art. 167, S. 100), teils durch Mauern umfchloffen.

656. Beifpiel VI.

[799] Nach: Gefundh.-Ing. 1890, S. 731.
[800] Einfchl. 14 Refervebetten.

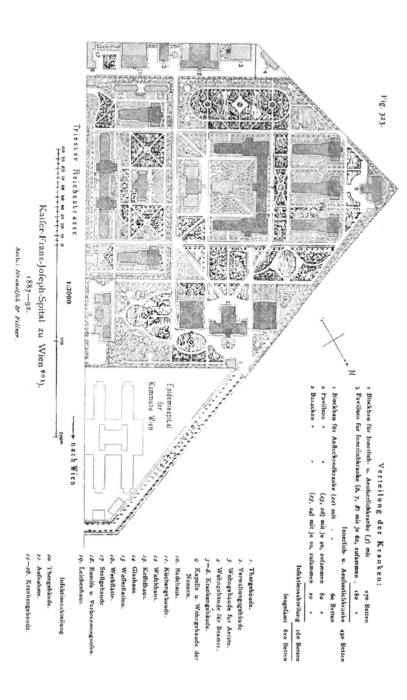

Fig. 323.

Kaiser-Franz-Joseph-Spital zu Wien [801]).
1887—92.
Arch.: *Hrauschek & Fellner.*

Verteilung der Kranken:

1 Blockbau für Innerlich- u. Außerlichkranke (6, 7, 8) mit je 60, zusammen . . . 270 Betten
3 Pavillons für Innerlichkranke (5) . . . . 180 „

Innerlich u. Außerlichkranke 450 Betten

1 Blockbau für Ansteckendkranke (22) mit . . . . 60 Betten
2 Pavillons „ „ (25, 26) mit je 40, zusammen 80 „
2 Baracken „ „ (23, 24) mit je 10, zusammen 20 „

Infektionsabteilung 160 Betten

Insgesamt 610 Betten

1. Thorgebäude.
2. Verwaltungsgebäude.
3. Wohngebäude für Aerzte.
4. Wohngebäude für Beamte.
5—8. Krankengebäude.
9. Kapelle u. Wohngebäude der Nonnen.
10. Badehaus.
11. Küchengebäude.
12. Waschhaus.
13. Kesselhaus.
14. Glashaus.
15. Wasserstation.
16. Werkstätte.
17. Stallgebäude.
18. Remise u. Verbrennungsofen.
19. Leichenhaus.

Infektionsabteilung

20. Thorgebäude.
21. Aufnahme.
22—26. Krankengebäude.

Die Grimmstrasse und die breiteren Vorgärten sind mit Bäumen, die Flächen zwischen den Gebäuden mit Rasen, Ziersträuchern und niedrigen Bäumen bepflanzt. — Von der Grundflücksfläche (27 764 qm) einschliefslich der Vorgärten, entfallen auf jedes der vorhandenen 614 Betten 45,2 qm, wovon 15,2 qm (im ganzen 9329 qm) überbaut sind. Nachträglich wurde links neben dem Kessfelhaus ein Kohlenschuppen nötig.

Das unter Mitwirken von *Böhm* entstandene Franz-Joseph-Spital in Wien (Fig. 323[801]) liegt im Südosten der Stadt im Bezirk Favoriten, 4 km vom Stephansplatz am sog. »Wienerberge«, 68,50 m über der Donau, neben dem Epidemiespital an der Triesterstrasse, an welcher seine Zugänge angeordnet sind, und enthält eine Infektionsabteilung.

657. Beispiel VII.

Die Hauptzufahrt zur Gruppe des Verwaltungsgebäudes, des Aerzte- und Beamtenhauses erfolgt hinter dem Epidemiespital. Im mittleren Geländeteil trennt eine von Nordosten nach Südwesten verlaufende Querstrasse die allgemeine Krankenabteilung mit dem Kuchen-, Bade- und Nonnenhaus von der Infektionsabteilung, welche wie die allgemeinen Dienste an der Südwestseite und das Leichenhaus an der Ostecke unmittelbar von der Triesterstrasse zugänglich ist.

Infolge starken Geländegefälles von der Südecke nach dem Epidemiespital und nach Nordwesten sind die allgemeinen Dienste durch eine Futtermauer vom planierten Gelände der Infektionsabteilung getrennt, hinter welchem das Grundstück im Verhältnis von 1 : 40 fällt. Die herrschenden Nordwestwinde streichen zwischen den Hauptbaugruppen hindurch, da auch die Flügelbauten des grofsen Krankenblocks (5) von dem Längstrakt im Erdgeschofs mittels Durchfahrten getrennt sind. Die Infektionsabteilung liegt windabwärts, und alle Bauten sind rings besonnt.

Im Verwaltungsgebäude befinden sich u. a. 1 besonderes Untersuchungszimmer für etwaige Infektiöse mit unmittelbarem Ausgang ins Freie und eine Poliklinik. Direktions- und Verwaltungskanzlei, der Konferenzsaal sowie die Aufenthaltsräume der Aerzte und Sekundärärzte liegen im I., die Wohnungen der letzteren im II. Obergeschofs. — Die Nachteile der hufeisigen Gestalt des grofsen Krankenblocks suchte man auch im Inneren möglichst zu verbessern. In jedem Flügel ist die von seinen Durchfahrten zugängliche Treppe nebst dem Zubehör des am freien Ende gelegenen Krankensaales an einem Mittelgang angeordnet, der durch einen Querflur gelüftet wird. Im Quertrakt wurde ein 2-seitig belichteter Saal vom Flügel und von seinem am aufsenseitigen Korridor gelegenen Zubehör durch breite Querflure getrennt. Im II. Obergeschofs schläft das Personal. — Ueber die Pavillons siehe Art. 258 (S. 152). Denselben sind auch die Pavillons der Infektionsabteilung (siehe unter 4) nachgebildet. Ueber deren Verwaltungsgebäude siehe Art. 470 (S. 272) und über ihren Krankenblock Art. 305 (S. 180).

Für die Infektionskranken sind im Waschhaus, im Leichenhaus und für ihre Wagen im Remisengebäude besondere Abteilungen vorgesehen. Unter der Remise liegt, von der Infektionsabteilung zugänglich, der Verbrennungsofen.

Das Glashaus besteht aus 1 Kalthaus, 1 Palmen- und 1 Vermehrungsabteilung.

Von dem 84 914 qm grofsen Gelände entfallen auf 1 Bett 139,20 qm, wovon 24,70 qm (im ganzen 15 050 qm) überbaut sind.

Das *Hôpital civil et militaire* zu Montpellier liegt im Nordwesten der Stadt am Ende des *Faubourg Boutonnet*, 50,00 m über der Promenade *Le Peyron* und 30,00 m über dem Thalwege der Lez an der *Avenue nouvelle de l'hôpital* und ist rings von Strafsen umgeben. Die herrschenden Nordwest- und Nordostwinde, sowie die Nordwinde lassen die Anstalt aufserhalb der jenseits von Montpellier liegenden Sümpfe und die Stadt selbst frei von der Atmosphäre des Krankenhauses. Bewaldete Hügel schützen letzteres vor den Nordwestwinden. Die Anstalt dient auch Lehrzwecken. Von ihrem Belag waren 152 Betten für Militär bestimmt (Fig. 324[802]).

658. Beispiel VIII.

Die Richtung des Geländegefälles von Nordnordosten gegen Südsüdwesten wurde nach verschiedenen Vorarbeiten[803]) zur Mittelachse der Anlage gewählt. Ueber die Thorgebäude siehe Art. 457 (S. 268), über die Gürtelstrasse, welche die allgemeinen Krankengebäude (siehe Art. 270, S. 160) und Dienste von den Randgebäuden trennt, Art. 647 (S. 400). In der allgemeinen Bautengruppe wird die Längslüftung zwischen den Doppelpavillons durch die im Erdgeschofs durchbrochenen Verbindungsgänge verbessert, aber durch

---

[801]) Nach: Jahrbuch der Wiener k. k. Krankenanstalten, Jahrg. I (1892). Wien u. Leipzig 1893. Taf. XXXVII.
[802]) Nach: TOLLET, C. *Les édifices hospitaliers.* Paris 1892. S. 269.
[803]) Siehe: TOLLET, C. *Etude comparative des plans généraux des hôpitaux. Revue d'hygiène* 1889, S. 216.

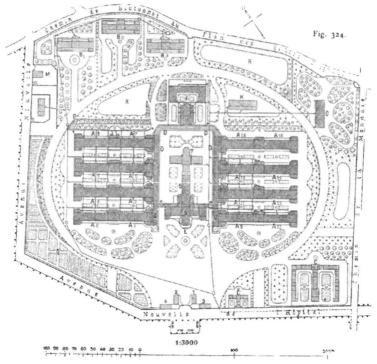

Fig. 324.

Hôpital civil et militaire (St.-Eloi) zu Montpellier [604].
1884—90.
Arch.: *Tollet*.

* Nadelhölzer erster Gröfse.
× Nadelhölzer zweiter Gröfse.
○ Bäume mit schwachem Laub.
● Strauchwerk.
⊛ Buschwerk.

— Entwässerungsleitung.
⚭ Wasserverschlufs.
♦ Reinigungsschacht.
☐ Besichtigungsschacht.
▭ Wasserbehälter für Spülungen.
⊗ Schlammfang für Regenwasser.

1. Pförtner.
2. Warteraum.
3. Niederlage.
4. Stall und Wagenschuppen.
5. Bureaus u. Apotheke, darüber Klinik.
6. Küche.
7. Allgemeine Bäder.

A_1—A_{12}, B_1—B_3, C, C_1, O. Krankengebäude.
A_{13}—A_{18}. Wechselräume.
D. Verbindungsgänge.
E. Allgemeine Dienste.
F. Gemeinde der Schwestern.
G. Kapelle und reine Wäsche.

K. Waschhaus.
L. Leichenhaus [604].
M. Desinfektion.
O. Gebäude für Zahlende.
P. Desinfektion der Abwässer aus der Abteilung für Ansteckendkranke.
Q. Küchengarten.
R. Plätze für Ambulanzen.

Verteilung der Kranken:

	Betten
2 Doppelpavillons für Männer (A_1—A_4) mit je 76, zusammen	152
2 Doppelpavillons für Soldaten (A_5—A_8) mit je 76, zusammen	152
2 Doppelpavillons für Frauen (A_9—A_{12}) mit je 76, zusammen	152
3 Doppelpavillons für Ansteckendkranke (B_1—B_3) mit je 28, zusammen	84
1 Blockbau für Gebärende (C) mit	24
1 Blockbau zur Absonderung von Gebärenden (C_1) mit	6
1 Blockbau für Zahlende (O); hier und im Erdgeschofs der Verbindungsgänge zusammen	32
Insgesamt	602 Betten [605]

[604] Das Gebäude an der linksseitigen Einfriedigung vor dem Desinfektionshause (M).
[605] *Tollet* führt noch 2 Beobachtungspavillons mit zusammen 20 Betten an, deren Lage in seinem Plan nicht angegeben ist.

die im Mittelhof errichteten Bauten — Verwaltungsgebäude, Küche und Badehaus — wieder beeinträchtigt, hinter denen die Kapelle und die Gemeinde der Schweftern stehen. Das rechts von der Kapelle angeordnete Wafchhaus war von *Tollet* zuerft nahe dem Haupteingang zur Anftalt geplant. — Von den Randgebäuden erhielten Nebenausgänge nach den umgebenden Strafsen: das Desinfektionshaus, die auf dem höchften Geländepunkt gelegenen Ifolierpavillons, welche bei Epidemien durch verfetzbare Baracken (fiehe Art. 428, S. 253) auf dem hierfür vorbereiteten Gelände *R* ergänzt werden follen, und das Gebäude für Zahlende die alte *Propriété Fournier*). Ueber die Entbindungsabteilung nebft ihrem Abfonderungshaus fiehe Art. 331 u. 335 (S. 194 u. 197). Die Militärpavillons find durch Gitter abgetrennt. Bei der gewählten Bautenftellung ift die Befonnung des Geländes vollftändig; aber die herrfchenden Winde ftreichen von der Ifolierabteilung über die allgemeinen Bauten hinweg, foweit nicht die nordweftlichen Hügel die Winde abhalten.

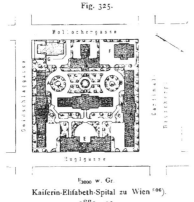

Fig. 325.

1:3000 w. Gr.
Kaiferin-Elifabeth-Spital zu Wien [506]).
1889—90.
Arch.: *Sehnal.*
E. Verwaltungsgebäude. F. Wafchhaus. G. Leichenhaus.
Verteilung der Kranken:
Innerlichkranke (A, B) mit je 156, zufammen 312 Betten
Aeufserlichkranke (C) mit . . . . 102 »
Abfonderungsblock (D) mit . . . . 44 »

Insgefamt 458 Betten[807])

Das Verwaltungsgebäude enthält u. a. den Operationsfaal für 250 Zuhörer, den gleich grofsen Hörfaal für klinifche Medicin und einen Saal für mikrofkopifche Unterfuchungen mit der Bibliothek, die Entbindungsabteilung ein Amphitheater für 100 und das Leichenhaus ein folches für 50 Studierende.

Von den Doppelpavillons kamen nur 6 zur Ausführung, und von dem 90 008 grofsen Gelände entfallen 149,5 qm auf 1 Bett, wovon 22,0 (zufammen 13 276 qm) bebaut find. Wenn die fehlenden Wechfelpavillons errichtet und dauernd belegt werden, würden 754 Betten mit je 119,4 qm Grundftücksfläche vorhanden fein.

Das Kaiferin-Elifabeth-Spital zu Wien (früher Kaifer-Franz-Jofeph-Krankenhaus) liegt an der Huglgaffe, 73,00 m über der Donau, und war bei feiner Erbauung vom Kardinal-Raufcher-Platz und 3 Strafsen begrenzt (Fig. 325[806]).

659.
Beifpiel
IX.

Die Mittelachfe des von der rechten, rückfeitigen nach der linken, vorderfeitigen Ecke abfallenden Geländes ift von Nordoften nach Südweften gerichtet. Die Durchfahrt im Verwaltungsgebäude ermöglicht das unmittelbare Einbringen Schwerkranker im Wagen bis an die gefchloffenen Gänge, welche dasfelbe mit den 3 allgemeinen Krankengebäuden (fiehe Art. 275, S. 164) verbinden. Eine Einfriedigung trennt den rückwärtigen Geländeteil ab, wo das Ifoliergebäude (fiehe Art. 306, S. 181) mit dem Wafchhaus einerfeits und dem Leichenhaus andererfeits Hof- und Strafsenverbindung hat.

Bei der gewählten Achfenftellung haben alle Seiten der Bauten Sonnenlicht; allein es ftehen die Pavillons an der Goldfchlag- und Huglgaffe nur 25,00, bezw. 20,00 m von der gegenüberliegenden Bauflucht ab. Da die Weft- und Nordweftwinde in Wien vorherrfchen, wird die Luft des Ifolierpavillons und des Schornfteins vom Wafchhaus dem linken und dem mittleren Krankengebäude zugetrieben; dagegen ift die in Wien oft heftige Wirkung der Weft- und Nordwinde durch Stellung der Baukörper gebrochen, ohne diefe Winde ganz abzufchliefsen. Beeinträchtigt wird die Luftbewegung auf dem vorderen Teile des Geländes durch die hier angeordneten Verbindungsgänge zwifchen den Gebäuden. Von dem 13 072 qm grofsen Gelände entfielen auf jedes der 460 Betten 28,42 qm.

Nach Einverleibung der Vororte in die Stadt Wien erweiterte man diefes neue Krankenhaus füdöftlich durch das 13 959 qm grofse Gelände zwifchen der Goldfchlag- und Felber-, Hugl- und Hollachergaffe zur Errichtung eines neuen Krankenpavillons, eines Wohngebäudes für die Kongregation und eines gleichen für die Beamten, »für welche in den vorhandenen Baulichkeiten nur unzureichende und mangelhafte Räume zur Verfügung ftanden«. Ein Teil des Leichenhofes wurde abgegrenzt, mit einem Thor zum Einfahren

---

[806]) Nach: Schopp & Sehnal, a. a. O, Generalplan u. S. 9. — Diefe Veröffentlichung erfolgte auf Grund des früheren Namens.

[807]) Wenn, wie geplant war, der 10-Bettenfaal im Obergefchofs für die befonderen Pflegerinnen des Ifolierhaufes benutzt wird; andernfalls fteigt der Gefamtbelag auf 468 Betten.

der Leichenwagen verfehen und ein betonierter Platz zum Desinfizieren von Wagen in demfelben angelegt, auch ein Wagenfchuppen im Oekonomiehof erbaut und eine dritte Abteilung für Innerlichkranke unter Mitbenutzung des Ifolierpavillons eingerichtet [808]).

660. Beifpiel X. Das vor der Stadt an der Landftrafse nach Cuftrena gelegene Kreiskrankenhaus in Bernburg ift an feinen drei anderen Seiten von fiskalifchem Gelände umgeben (Fig. 326[809]).

Von der Landftrafse erhielten unmittelbaren Zugang: das in der oftweftlichen Mittelachfe ftehende Verwaltungsgebäude, feine feitlichen An- und Ausfahrten, die Gärten, bezw. Höfe der Ifolierabteilung links, des Wirtfchaftsgebäudes und des Leichenhaufes rechts. Die Krankenblocks (fiehe Art. 279, S. 167), welche hier in 2 verfchiedenen Gröfsen zur Ausführung kommen und deren Achfen gegeneinander verfetzt find, haben 3-feitige Befonnung; die herrfchende, weftliche Windrichtung ftreicht zwifchen ihnen hindurch und hält die Luft der Ifolierabteilung, der Wirtfchaftsgebäude und des Leichenhaufes von den übrigen Bauten fern.

Im Verwaltungsgebäude mit Unterfahrt befinden fich u. a. die Wohnungen der Schweftern, im Obergefchofs der Betfaal und Zimmer für Zahlende, in den eingefchoffigen Flügeln links eine Beobachtungsftation und rechts die Operationsabteilung. Die Ifoliergebäude erhielten je 2 Abteilungen für Typhus und Mafern, bezw. Diphtherie und Scharlach. Im Wirtfchaftsgebäude trennt das Keffelhaus im Längsbau die Kochküche von der mit einer Desinfektionsabteilung verfehenen Wafchküche. Aufserdem enthält der Bau die Wohnungen des Infpektors und der Angeftellten. — Von der 45666 qm grofsen Geländefläche entfallen auf jedes der 362 Betten 126 qm.

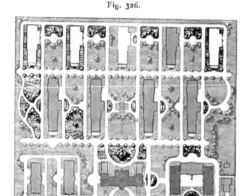

Fig. 326.

$\frac{1}{3000}$ w. Gr.

Kreiskrankenhaus zu Bernburg [809]).
1892.
Arch.: *Schmieden & Speer*.

A. Verwaltungsgebäude.   C. Leichenhaus.
B. Wirtfchaftsgebäude.   D. Klärgrube.

Verteilung der Kranken:

Verwaltungsgebäude (A) mit	17 Betten
2 Blockbauten für Männer (I, II) mit je 40, zufammen	80 »
1 Blockbau für Männer (III) mit	43 »
1 Blockbau für Frauen (IV) mit	40 »
1 Blockbau für Frauen (V) mit	28 »
2 Abfonderungsblocks (1, 2) mit je 16, zufammen	32 »
zufammen	250 Betten
Spätere Erweiterung: 4 Blockbauten mit je 28, zufammen	112 »
Insgefamt	362 Betten

661. Beifpiel XI. Das neue Bürgerhofpital der Stadt Worms an der Mainzerftrafse ift auch an den drei anderen Seiten von Strafsen umgeben (Fig. 327 [810]).

Auf dem Gelände mit oftweftlicher Längsachfe ftehen die Doppelpavillons (fiehe Art. 272, S. 162) hinter dem Verwaltungsgebäude in Längsftellung mit gegeneinander verfetzten Achfen, zwifchen ihnen das durch Seiteneingänge in der Einfriedigung auch von aufsen zugängliche Wirtfchaftsgebäude (fiehe Art. 498, S. 286) und am Weftende die von aufsen zugängliche Kapelle. Die letzten 3 Krankengebäude bilden die Ifolierabteilung. Vorläufig diente jeder der ausgeführten Doppelpavillons für beide Gefchlechter.

Ihr Abftand von der Bauflucht der Johanniterftrafse beträgt 17,00 und 29,00 m. Die Anordnung ift für die Aufsenlüftung, bei Berückfichtigung der nahezu weftlichen Windrichtung, günftig; doch ftehen die

---

[808]) Siehe: Jahrbuch der Wiener k. k. Krankenanftalten, Jahrg. 1 (1892), Wien u. Leipzig 1893. Taf. LXVI u. S. 200.
[809]) Nach freundlicher Mitteilung des Herrn Baurats *Schmieden* in Berlin.
[810]) Nach freundlicher Mitteilung des Herrn Geh. Oberbaurats Profeffor *Hofmann* in Darmftadt.

beiden gröfseren Ifolierpavillons den vorderen Krankengebäuden nahe, und die Sonne trifft nur eine Seite der Säle in den 6 gröfseren von ihnen.

Das Verwaltungsgebäude, zu deffen Erdgefchofs 9 Stufen im Eingangsflur emporfuhren, enthält u. a. die Operationsabteilung, die Wohn- und Speifezimmer der Schweftern, der Oberin und eines Affiftenzarztes, Zimmer für Zahlende, die Kinderabteilung, eine folche für vorübergehend unterzubringende Geifteskranke und im Sockelgefchofs 2 Abteilungen für Krätzekranke. — Von der Geländefläche (23 400 qm) entfallen auf jedes der geplanten 220 Betten 106 qm.

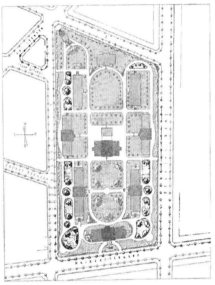

Fig. 327.

¹⁄₃₀₀₀ w. Gr.

Bürgerhofpital zu Worms⁸¹⁰).
1885—88.

Arch : *Hofmann.*

A. Verwaltungsgebäude.   G. Badehaus.
F. Wirtfchaftsgebäude.   H. Leichenhaus.

Verteilung der Kranken:

Verwaltungsblock (A) mit	50 Betten
1 Doppelpavillon für Aeufserlichkranke (B) mit .	34 "
1 Doppelpavillon für Innerlichkranke (C) mit .	38 "
1 Doppelpavillon für Anfteckendkranke (D) mit	18 "
zufammen	120 Betten
Künftige Erweiterung (E):	
2 Doppelpavillons mit je 34, zufammen . .	68 Betten
1 Doppelpavillon mit . . . "	18 "
1 Doppelpavillon mit . "	14 "
Insgefamt	220 Betten

Die neue Krankenanftalt des Diakoniffenmutterhaufes zu Kaiferswerth a. Rh. auf dem Frohnsberg, einer Anhöhe im Often der Stadt am Zeppenheimer Kommunalweg, erhielt eine Kinderabteilung (Fig. 328⁸¹¹).

An dem einzigen Eingang zu dem von Süden nach Norden fich erftreckenden Gelände liegt ein Pförtnerhaus. Von da führt ein Zufahrtsweg am Krankenblock für Erwachfene vorbei zum Verwaltungsgebäude, dann zum Pavillon für Kinder, zum Doppelpavillon für Anfteckende und zum Leichenhaufe. Aufserhalb der Einfriedigung fteht ein Wohnhaus für den Arzt und den Pfarrer.

Die 3 weftlichen Bauten auf dem Gelände find durch einen an feiner Weftfeite gefchloffenen Gang verbunden, der die eingezäunten, den Nord- und Oftwinden geöffneten, anftofsenden Krankengärten dem Weftwinden entzieht. Das Ifolier- und das Leichenhaus liegen fehr nahe an der Grundftücksgrenze, laffen aber bei Weftwinden die übrigen Gebäude aufserhalb ihres Dunftkreifes.

Im Verwaltungsgebäude wurden die Koch- und Wafchküche, die Speife- und Schlafräume der Schweftern und Bedienfteten u. a. untergebracht. — Von der 51 064 qm grofsen Geländefläche entfallen auf jedes der geplanten 210 Betten 243 qm; doch wurde das Krankenhaus für 250 Betten eingerichtet.

Das *Hôpital municipal* zu St.-Denis, im Südoften der Stadt an der *Rue du Fort de l'Eft* ift nördlich vom *Parc de la Légion d'honneur*, an den anderen Seiten von den *Glacis des Forts* begrenzt, vor Umbauung gefichert und enthält auch ein Hofpiz (Fig. 329⁸¹²).

Die Anordnung der Bauten erfolgte hier in 3 Längsreihen quer zur fudnördlichen Geländeachfe. Die erfte Reihe bilden die 2 Verwaltungsgebäude mit der Küche für das Hofpital und das Hofpiz nebft den

---

⁸¹¹) Nach: Anftalten und Einrichtungen des öffentlichen Gefundheitswefens in Preufsen. Berlin 1890. S. 370.
⁸¹²) Nach: *Nouv. annales de la conftr.* 1882, Pl. 50, 51.

Pavillons des letzteren, die zweite, die Pavillons für die Allgemeinkranken (fiehe Art. 251, S. 146) und die dritte die Ifolierblocks (fiehe Art. 309, S. 182).

Von der Einfahrt in der *Rue du Fort de l'Eft* können Kranke im Wagen bis zu ihren Gebäuden gebracht werden. Auf dem vorderen Gartenplatz ift eine Lindenallee angelegt; eine andere längs der nordöftlichen Umfaffung deckt den Leichenzug vor den Blicken der Kranken. Die Einfriedigung erfolgte durch Gitter. Zwifchen den 3 Baugruppen ftreichen die herrfchenden Weftwinde; doch haben die Säle nur einfeitige Befonnung. — Von dem 26 000 qm grofsen Grundftück entfallen auf jedes der 166 Betten 157 qm, wovon 27,50 qm (im ganzen 4570 qm) überbaut find.

664 Beifpiel XIV.

Das *Hôpital Boucicaut* zu Paris liegt an der *Rue de la Convention*, ift rings von Strafsen umgeben, follte eine Entbindungsabteilung erhalten und gefonderte Unterkunft für die Kranken des *Magafin du Bon Marché* bieten. Der Plan ift das Ergebnis eines Wettbewerbes und zeigt eine weitgehende Sonderung der Kranken (Fig. 330[813]). Der Eingang erfolgt durch das Verwaltungsgebäude an der Oftfeite, welches von 2 Beobachtungs-

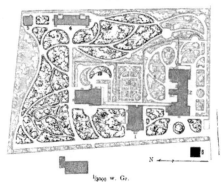

Fig. 328.

Diakoniffen-Krankenhaus zu Kaiferswerth[811]).
1885—89.

1. Verwaltungsgebäude.   5. Leichenhaus.   7. Frauengarten.
2, 3, 4. Krankengebäude.   6. Wohnhaus.   8. Männergarten.
9. Schwefterngarten.   10. Kindergarten.

Verteilung der Kranken:

1 Blockbau für Erwachfene (2) mit . . . . . 120 Betten
1 Pavillon für Kinder (3) mit . . . . 65 »
1 Doppelpavillon für Anfteckendkranke (4) mit   20 »
Insgefamt 110 Betten

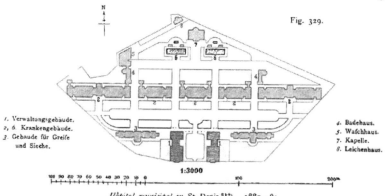

Fig. 329.

1. Verwaltungsgebäude.
2, 6. Krankengebäude.
3. Gebäude für Greife und Sieche.

4. Badehaus.
5. Wafchhaus.
7. Kapelle.
8. Leichenhaus.

1:3000

Hôpital municipal zu St.-Denis[812]). 1880—81.
Arch.: *Laynaud*.

Verteilung der Kranken:

2 Doppelpavillons für medizinifche Kranke (2) mit je 32 und 40, zufammen   72 Betten
3 Pavillons für chirurgifche Kranke (2) mit je 16, zufammen .   48 »
2 Blockbauten für Anfteckendkranke (6) mit je 4, zufammen   8 »
128 Betten
2 Pavillons für Krüppel, Sieche und Greife (3) mit 20 und 18, zufammen . . . . . 38 »
Insgefamt 166 Betten

[813]) Nach: MARTIN, A. J. *Le nouvel hôpital Boucicaut à Paris.* Revue d'hygiène 1898, S. 135.

pavillons flankiert wird. Hinter ihm liegen rechts 4 Pavillons der Abteilung für Innerlichkranke, von denen 2 für Tuberkulöfe beftimmt find, links 4 Pavillons der chirurgifchen Abteilung, von denen je 2 durch Gänge mit einem Operationshaus verbunden find. Eines diefer Pavillonpaare dient für Septifchkranke. — Im Weften an der *Rue des Cevennes* und von diefer aus zugänglich find rechts die durch Gitter abgetrennte Entbindungsabteilung mit Ifoliergebäude, in der Mitte die allgemeinen Dienfte, links das Wafchhaus und die Leichenabteilung angeordnet. Ein Konverfationspavillon des *Bon Marché* am Mittelplatz, links die Kapelle und die *Communs* vervollftändigen die Anlage.

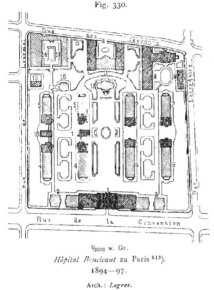

Fig. 330.

1/3000 w. Gr.

Hôpital Boucicaut zu Paris [813]).
1894—97.
Arch.: *Legros*.

1. Verwaltungsgebäude.   11. Allgemeine Dienfte.   14. Leichenhaus.
2—9. Krankengebäude.   12. Bon Marché.   15. Schwefternhaus.
10. Operationsgebäude.   13. Wafchhaus.   16. Kapelle.

Verteilung der Kranken:

1 Pavillon für innerlichkranke Männer (6) mit	21 Betten
1 » » » Frauen (7) mit	14 »
1 » » tuberkulöfe Männer (6) mit	21 »
1 » » » Frauen (7) mit	14 »
Innerlichkranke	72 Betten
1 Pavillon für äufserlichkranke Männer (4) mit	17 Betten
1 » » » Frauen mit	12 »
1 » » eiterndkranke Männer mit	19 »
1 » » » Frauen mit	12 »
Aeufserlichkranke	60 Betten
Entbindungsblock (8) mit 12 Betten	12 Betten
Ifoliergebäude (9) mit	4 Betten
Wöchnerinnen	16 Betten
2 Beobachtungsblocks (2, 3) zufammen	8 »
Insgefamt	158 Betten

Diefe weitgehende oberirdifche Trennung aller Teile wird durch eine unterirdifche Gangverbindung mit Gleisanlage, an welche Abwurffchächte, Perfonen- und andere Aufzüge anfchliefsen und die den gefamten Dienft im Krankenhaufe vermitteln foll, wieder eingefchränkt. Die Gänge find vom Verwaltungsgebäude ausgehend jederfeits zwifchen den Pavillongruppen mit Abzweigungen zu denfelben geführt und vereinigen fich im Halbkreis vor den allgemeinen Dienften, von denen ebenfolche Gänge nach dem Entbindungsblock und dem Wafchhaus abgehen.

Die Pavillons haben die in Frankreich bevorzugte oftweftliche Längsachfe. Die in Paris herrfchenden Südweftwinde führen die Luft des Wafch- und des Leichenhaufes den Krankenpavillons zu.

Im Verwaltungsgebäude liegen links die mit vollftändigem Zubehör ausgeftatteten Räume für die Poliklinik, Aufnahme und Einkleidung der Aeufserlichkranken nebft ebenfolchen für Zahnkranke, in der Mitte des Gebäudes eine heizbare Halle für Befuchende nebft Zellen für die Kleiderablage und Aborte für die Externen der chirurgifchen Abteilung. Rechts befinden fich die Polikliniken u. f. w. für die Innerlichkranken, ein Laboratorium und die Verwaltungsräume. Für Hals- und Augenkranke find keine befonderen Unterfuchungsräume vorhanden; man empfängt fie nur an beftimmten Tagen. Die Inftallierung einer Abteilung für Therapie war geplant. — In den Kopfbauten der Pavillons befinden fich oben 2 1-Bettenzimmer für Kranke des *Bon Marché* nebft Zubehör und 1 Arztzimmer. — Der Entbindungsblock mit eigenen Aufnahmeräumen enthält u. a. eine Abteilung für 8 Schwangere und die Entbindungsabteilung für 12 Wöchnerinnen. Im Abfonderungshaus für infizierte Frauen liegen unten Küche, 3 Dienft- und 1 Hebammenzimmer, oben 2 Zweibettenzimmer, 1 Operationsraum, Bad und Abort.

Das Gebäude für die allgemeinen Dienfte enthält in der Mitte die Küche, im linken Flügel die Wäfcheabteilung, im rechten die Apotheke. Im Obergefchofs befinden fich die Schwefterabteilung und die Schlafräume der Bedienfteten. — Die Desinfektionsräume liegen im Wafchhaus.

665.
Beifpiel
XV

Von der Geländefläche (30250 qm) entfallen auf jedes der 158 Betten 191 qm, wovon 48 qm (im ganzen 7500 qm) bebaut find.

Das Hofpital zu Montbéliard liegt vor der Stadt zwischen der alten und neuen Strafse nach Héricourt am Südabhang eines kleinen Hügels, welcher ihm Schutz gegen die Nordwinde gewährt, 15,00 m über dem benachbarten Bach Luzine und den Wiefen an der Allaine und dient auch als Hofpital für die Garnifon (Fig. 331 [814]).

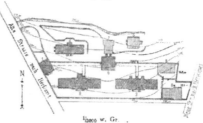

Fig. 331.

1/3000 w. Gr.
Hofpital Montbéliard[814]).
1898.
Arch.: *Surleau*.

1. Verwaltungsgebäude.
2—5. Krankengebäude.
6. Allgemeine Dienfte.
7. Leichenhaus.
8. Wafchhaus.
9. Keffelhaus.
10. Gärtner.

Verteilung der Kranken:

Doppelpavillon für Aeufserlichkranke (2) mit . . 51 Betten
Doppelpavillon für Innerlichkranke (3) mit . . 41 »
Abfonderungsgebäude (5) mit . . . . 6 »
Doppelpavillon für Soldaten (4) mit . . . . 28 »

Insgefamt 126 Betten

Der ftarke Fall des Geländes — 0,12 auf 1 m — führte zur Bildung von 2 Terraffen mit 3,00 m Höhenunterfchied. Auf der unteren, zwifchen dem Verwaltungsgebäude und dem 1. Doppelpavillon für Aeufserlichkranke, liegt der Haupteingang an der alten Strafse. Das Gebäude für die allgemeinen Dienfte ift von beiden Terraffen zugänglich, mit den beiden Doppelpavillons — jeder für beide Gefchlechter — durch gefchloffene,

mit dem Verwaltungsblock und dem Wafchhaus durch offene Gänge längs der Terraffenmauer verbunden. Für den Militärpavillon, das Leichenhaus und den Ifolierblock dienen die Zufahrtswege zur oberen Terraffe, und das Keffelhaus befindet fich am Fufs der unteren.

Die meiften Gebäude haben weftöftliche Längsachfe, und das Keffelhaus liegt abwärts von den herrfchenden Weftwinden, welche das Gelände lüften. *Arnould* tadelt die geringe Geländetiefe vor den Pavillons, welche die Bewegung der Kranken im Freien einfchränkt, und die fehlenden Gartenanlagen, beides Folgen des zu befchränkten Geländes[815]).

Im Verwaltungsgebäude nehmen Aufnahmeräume, Sitzungsfaal und Bureaus das Erdgefchofs, die Wohnung des Oekonomen das Obergefchofs ein. — Der Bau für die allgemeinen Dienfte enthält die Küchen-, die Wäfcheabteilung, eine kleine Apotheke und im Dach Zimmer des Perfonals. Die unter der zweiten Terraffe angeordneten Keller find durch einen kurzen Gang mit der Küche verbunden. — Im Wafchhaus liegen die allgemeinen Bäder, im Keffelhaus die Mafchinen und Desinfektionsräume, im Leichenhaus die Kapelle.

Von dem 11 500 qm grofsen Gelände entfallen auf jedes der 126 Betten[816]) 91,27 qm.

666.
Beifpiel
XVI.

Das Gewerkfchaftsfpital in Neu-Witkowitz follte ein älteres Spital und eine beftehende Epidemiebaracke ergänzen, liegt in Gartenanlagen und wurde für Erweiterung geplant (Fig. 332 [817]).

Für letztere blieb der rechte Geländeteil frei. Das Auf-

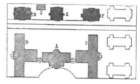

Fig. 332.

1/3000 w. Gr.
Gewerkfchaftsfpital in der Kolonie Neu-Witkowitz[817]).

A. Aufnahmegebäude.
B, C. Krankengebäude.
D. Pflegerinnenheim.
E. Wafchhaus mit Desinfektionsraum und Leichenkammer.
F. Küchengebäude.
G. Eiskeller.

Verteilung der Kranken:

Aufnahmegebäude (A) mit . . 12 Betten
Doppelpavillon (B und C) mit
'e 35, zufammen . 70 »

Insgefamt 82 Betten

---

[814]) Nach: ARNOULD, E. *Les nouveaux hôpitaux de Belfort et de Montbéliard*. Revue d'hygiène 1898, S. 796.
[815]) Siehe ebendaf., S. 789 ff.
[816]) *Arnould* giebt den Belag zu 140 Betten (davon 98 für Bürgerliche und 28 für Militär) mit je 82 qm Geländefläche an; doch find hierbei die Betten für das Perfonal eingerechnet. (Siehe ebendaf.)
[817]) Nach: ALBRECHT, H. Die Deutsche Allgemeine Ausstellung für Unfallverhütung. Berlin 1889. Gefundh.-Ing. 1889, S. 707.

nahmegebäude ift mit den Doppelpavillons durch Lüftungsgänge verbunden, und die allgemeinen Dienfte find in Einzelgebäuden untergebracht. Diefe Anordnung ermöglicht gute Längs- und Querlüftung des Geländes; doch liegen die Pavillons unmittelbar am Zufahrtsweg und die geplanten Erweiterungsbauten dem rechten Doppelpavillon fehr nahe. — Im Aufnahmegebäude find u. a. der Operationsraum, die Wohnung des Afüftenzarztes und 4 Krankenräume für zufammen 12 Betten, im Wafchhaufe ein Desinfektions- und ein Leichenraum untergebracht.

Ein fehr vollftändiges Krankenhaus für eine kleine Gemeinde zeigt der Plan in Fig. 333[318]). Die Anftalt follte am verkehrsfreien Ende des Gemeindebezirkes in einem nach Norden und Süden offenen, 3 km breiten Thal an der Reichsftrafse liegen. In ihrer Nachbarfchaft befinden fich nur gegen Often mehrere eingefchoffige Bauten.

667. Beifpiel XVII.

Das Gelände dehnt fich von Südweften nach Nordoften aus, wird rückwärts durch einen Feldweg begrenzt und foll durch Erwerbung der Parzellen, welche füdlich und nordöftlich anftofsen, vergröfsert werden können. Mit Rückficht hierauf find das Hauptgebäude der gröfseren Parzelle möglichft nahe, der Ifolierpavillon thunlichft fern von derfelben am Südweftende und zwifchen beiden ein Nebengebäude mit Ausgang nach dem Feldweg fo geplant, dafs diefe Bauten hinter der Einfriedigung 5,00 bezw. 6,00 m zurückliegen. Der Abftand des Hauptgebäudes vom Nachbarhaufe auf der angrenzenden Parzelle beträgt 10,00 m, derjenige des Nebengebäudes vom erfteren 13,50 m und vom Ifolierhaus 16,50 m. Die Achfenftellung der Krankenbauten nähert fich fomit derjenigen von Weften nach Often, und die herrfchenden Nordwinde ftreichen zwifchen ihnen hindurch.

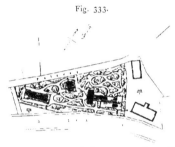

Fig. 333.

Plan zu einem Krankenhaus von 15 Betten für eine kleine Gemeinde[318]).
1897. — 1/3000 w. Gr.
Arch.: v. Gruber.

Das Hauptgebäude zerfällt in 3 Abfchnitte, die mittels eines vortrefflich gelüfteten Ganges verbunden find, an dem die zugleich als Poliklinik benutzbaren Aufnahmeräume in der Mitte nach Norden, die meiften der Krankenzimmer, welche nebft Zubehör und 2 Veranden den öftlichen Teil bilden, nach Süden, die von aufsen zugänglichen Wirtfchafts- und Wohnräume weftlich liegen. — Das Ifolierhaus mit 4 Betten befteht ebenfalls aus 3, hier aber vollftändig gefonderten Teilen mit eigenen Eingängen von aufsen und enthält in der Mitte eine Beobachtungsftation, beiderfeits je 1 Ifolierabteilung; jeder der 3 Abfchnitte hat 2 Einzelzimmer mit Zubehör und Wärterwohnraum. — Im Nebengebäude wurden die Wafchküche mit der Niederlage für fchmutzige Wäfche, eine Desinfektionsanftalt mit 2 Räumen und die zugleich als Sezierraum eingerichtete Leichenkammer vereinigt. Auch diefe 3 Raumgruppen find getrennt und haben Zugang von verfchiedenen Seiten. — Von der Geländefläche (4515 qm) entfallen auf jedes der 15 Betten 301 qm.

β) Gefamtanlagen.

Unter den folgenden 8 Beifpielen von Gefamtanlagen für die offene Bauweife befinden fich auch folche mit eingefchoffigen Verbindungsgängen aus den in Art. 649 (S. 401) gefagten Gründen. Die *Marylebone infirmary* mit 744 Betten ftellt ein grofses Krankenhaus für Nichtanfteckende mit einem einzigen Eingang und dreigefchoffigen Krankengebäuden dar. Ebenfoviele Gefchoffe erhielten die Hauptkrankengebäude des *Tenon*-Hofpitals, 2 diejenigen des Stuivenberg-Hofpitals. Im Johns-Hopkins-Hofpital zu Baltimore, in Wiesbaden und im Karola-Krankenhaus zu Dresden haben die Krankenbauten 1 und 2 Gefchoffe und von den kleineren Anftalten die *Epfom infirmary* 2 und das Rathenower Krankenhaus 1 Gefchofs.

668. Ueberficht

---

318) Nach: GRUBER, F. v. Skizze für ein in einer kleinen Gemeinde zu erbauendes Krankenhaus. Sonderabdruck aus: Das öfterreichifche Sanitätswefen 1887. Beil. zu Nr. 15, S. 5. — Dafelbft finden fich auch die Einzelpläne der Bauten.

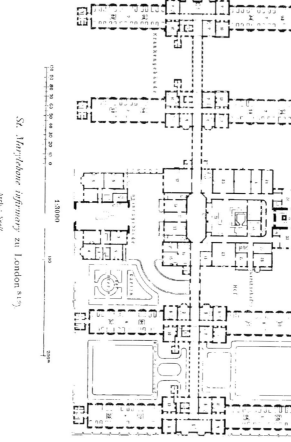

Fig. 334.

Eingangsgebäude:
1. Eingangshalle.
2. Pförtnerzimmer.
3. Inspektor.
4. Wohnung des Assistenzarztes.
5. Wohnung des Arztes.
6. Treppe zur Kapelle.

Krankengebäude:
7. Krankenraum für Männer.
8. Krankenraum für Frauen.
9. Tagraum.
10. Warterzimmer.
11. Aufzug.

Verwaltungs- und Wirtschaftsgebäude:
12. Eingang.
13. Aufnahmeraum für Männer.
14. Aufnahmeraum für Frauen.
15. Apotheke.
16. Apothekerwohnung.
17. Beratungssaal.
18. Bureau der *Matron*.
19. Küche.
20. Spülküche.
21. Backraum.
22. Bureau des Küchenchefs.
23. Vorratsraum.
24. Speisekammer.
25. Mehlkammer.
26. Brotkammer.
27. Magdestube.
28. Nebenraum.
29. Kehrichtraum.
30. Ueberdachter Hof.
31. Vorraum mit Wäscheaufzug.
32. Patientenkleidung.
33. Desinfektionsraum.
34. Wäscheausgabe mit Aufzug.
35. Wohnung des Maschinenmeisters.
36. Totenkammer.
37. Sezierraum.
38. Schornstein.

Hôpital Tenon zu Paris (Ménilmontant)
1872—78.
Arch. Billon.

Verteilung der Kranken:

Die *St. Marylebone infirmary* zu London (Fig. 334 [819]), welche der Behandlung aller armer Kranken mit Ausnahme der anfteckenden des gleichnamigen Kirchfpieles im Norden von London dient, liegt in der weftlichen Vorftadt im Kirchfpiel Kenfington, nahe am *Ladbroke Grove road*, und grenzte zur Zeit ihrer Erbauung nur öftlich an eine Strafse; doch war an ihrer Süd- und Nordfeite die Anlage öffentlicher Wege in Ausficht genommen.

669.
Beifpiel
XVIII.

Das Gelände mit füdnördlicher Querachfe fällt von Südoften nach Nordweften 4,57 m. Die Durchfahrtshalle des Eingangsgebäudes vermittelt allen Verkehr mit dem Krankenhaus. In dem hinter erfterem angeordneten Verwaltungs- und Wirtfchaftsbau find die allgemeinen Dienfte vereinigt. Von den Doppelpavillons für die Kranken fteht der öftliche an der Strafsenflucht, der weftliche nur 6,00 m von der Nachbargrenze ab.

Pavillons, Verwaltungs- und Wirtfchaftsgebäude erhielten 3 Gefchoffe, letzteres mit Ausnahme der um 1 Gefchofs höheren nördlichen Wafchabteilung, über welcher fich der Wafferturm erhebt, und der eingefchoffigen Flügelbauten. Das zweigefchoffige Eingangsgebäude wird von der über der Durchfahrt angeordneten Kapelle überragt. Dem abfallenden Gelände entfprechend liegen die beiden weftlichen Krankengebäude tiefer als die öftlichen, fo dafs der Verbindungsgang mit den letzteren ein und der mit den erfteren zwei Gefchoffe erhalten mufste; doch ruht hier fein Obergefchofs auf offenen Arkaden. Die Höhe der Krankenpavillons, welche gut befonnt find, verhält fich zur Hofbreite wie 1 : 1,9.

Die Wagen fahren bis zum Verwaltungs- und Wirtfchaftsgebäude, wo am Eingangsflur geradeaus der Wartefaal, rechts und links — für die Gefchlechter getrennte — Aufnahmeräume mit Zubehör liegen. Von hier gelangen die Kranken durch die Verbindungsgänge in ihre Gebäude. Aufserdem befinden fich hier vorn die Apotheke, der Sitzungsfaal, rückwärts die Küchenabteilung, in den Obergefchoffen die Schlafräume der Pflegerinnen und an der freiliegenden weftlichen Seite des Sockelgefchoffes Speife- und Erholungsfäle der letzteren. — Das Wafchhaus (fiehe Art. 496, S. 286) enthält im Erdgefchofs auch Räume für die Desinfektion und Patientenkleidung, im rechten Flügel die Leichenabteilung, im linken die Wohnung des Mafchinenmeifters. Jeder Doppelpavillon hat 9 2-Bettenzimmer zu Ifolierzwecken mit getrenntem Zubehör. Bezüglich der Anlage der Anbauten an feinen Stirnfeiten und der Heizung fiehe Art. 189 u. 128 (S. 115 u. 75). Von der Grundftücksfläche (13041 qm) entfallen auf jedes der 744 Betten 17,53 qm, wovon 7,57 qm (zufammen 5631 qm) überbaut find. — Nach Eröffnung des Krankenhaufes wurde der Weg und ein Stück Land an der Südfeite erworben, wodurch das Gelände auf 24,5 qm für jedes Bett ftieg.

Das *Hôpital Tenon* zu Paris, das für den Often der Stadt beftimmt war, liegt im Arrondiffement de Ménilmontant auf einer Anhöhe an einem kleinen, von der *Rue de la Chine* begrenzten Platz, ift rings von Strafsen umgrenzt und dient zugleich Lehrzwecken. (Siehe die nebenftehende Tafel.)

670.
Beifpiel
XIX.

Die Gürtelftrafse trennt den rechteckigen allgemeinen Teil mit füdweftlich-nordöftlicher Mittelachfe für die Kranken und deren Dienfte von der rechten, dreieckigen Geländefläche mit dem Wöchnerinnengebäude nebft dem Leichenhaus und von dem linken Dreieck mit den Ifolier-, Wagen- und Werkftättengebäuden nebft einem Schuppen für fchmutzige Wäfche. Von den Bauten bleibt der Querbau des viergefchoffigen Verwaltungsblocks unter der Höhe der vier 3-gefchoffigen, von denen Manfarden überragten Krankenbauten; die Kapelle, die Gemeinde der Schweftern und die Entbindungsabteilung erhielten die Höhe von 2 Gefchoffen. Alle anderen Bauten und die unterkellerten Verbindungsgänge haben nur 1 Gefchofs.

Die Bauten find allfeitig befonnt; ihre Aufsenlüftung leidet im Erdgefchofs durch die Verbindungsgänge; die allgemeinen Krankenbauten werden beiderfeits nur von den Südweftwinden geftreift, und die Gebäude auf den dreieckigen Geländeflächen reichen bis hart an die Strafsen heran. Zwifchen dem Ifolierhaus und dem benachbarten Krankenblock beträgt der Abftand 12,00 m.

Im Erdgefchofs des Verwaltungsgebäudes liegen rechts die Aufnahmeräume und die von aufsen zugängliche Poliklinik, links die Bureaus, die Bibliothek und die Speiferäume der Eleven, in den oberen Stockwerken Wohnungen der letzteren und der Beamten. — In den Erdgefchoffen der 2 mittleren Krankengebäude find die Verbindungsgänge eingebaut; ihre oberen Gefchoffe enthalten wie die anderen Doppelpavillons je 2 Säle mit gemeinfchaftlichem Zubehör. Die Ueberwachung der Ifolierzimmer ift fchwierig, und die Treppenhäufer, welche ohne Windfänge an die Gänge anfchliefsen, find zugig. Diefelbe Einteilung haben die Manfarden, deren Säle als Schlafräume der Bedienfteten und als Wechfelfäle dienen follten. Auf den

---

[819] Nach: SNELL, a. a. O., Taf. bei S. 11.

Handbuch der Architektur. IV. 5, a. (2. Aufl.)   27

Terraffen der freiliegenden Verbindungsgänge werden Betten zum Lagern der Kranken im Freien aufgeftellt.

Beide Badegebäude find für den internen und externen Dienft beftimmt, entbehren aber der Warteräume, fo dafs die aufser Bett Befindlichen in den offenen Hallen am Mittelhof, die Auswärtigen, deren Zugang von der *Rue Pelleport* aus erfolgt, in denjenigen am rückwärtigen Hof warten müffen. Die Säle für die Wannenbäder erhielten Beleuchtung durch Dachlaternen. — In der linken Erdgefchofshälfte des Schwefternhaufes wurden feit Einführung der Laienpflege Niederlagen, in den Obergefchoffen die Oberwärter und Oberwärterinnen untergebracht. Im Küchengebäude wohnt über dem Zubehör der Küche das weibliche, im Dachgefchofs des Apothekengebäudes das männliche Perfonal. Die Studenten gelangen vom Haupteingang zu diefem Bau, wie zum Leichenhaus mit 2 Kapellen — einer gröfseren für Katholiken und einer kleinen für Proteftanten — durch die Gürtelftrafse, ohne das übrige Hofpital zu betreten. — Ueber dem Entbindungsblock (fiehe Art. 330, S. 194), deffen koftfpielige Pflege in Einzelzimmern getadelt wird, find im II. Obergefchofs des Mittelraumes eine Krippe und Unterkunftsräume für die Pflegerinnen vorgefehen. — In dem befonders für Pockenkranke erbauten Ifoliergebäude, welches zur Trennung der Gefchlechter als Doppelpavillon ausgeführt ift, fchlafen im Obergefchofs feines Mittelbaues die Pflegerinnen. Das Wafchen der fchmutzigen Wäfche und der Verbandwäfche erfolgt im Stallgebäude[820]).

Von der Geländefläche (52 708 qm[821]) entfallen auf jedes der 606 Betten 87,0 qm und, fobald auch die Manfarden, welche 120 Betten enthalten, belegt find, 72,6 qm.

671.
Beifpiel
XX.

Das *Gafthuis Stuivenberg* zu Antwerpen, im nördlichen Stadtteil, nahe an der Station gleichen Namens gelegen, ift von der *Rue des Images* zugänglich und rings mit Strafsen umgeben. (Siehe die nebenftehende Tafel.)

Das Verwaltungsgebäude fteht unmittelbar an der füdlichen Strafsenfront. Hinter ihm folgen in der Mittelachfe die Kapelle, das Küchen- und Apothekengebäude, das Haus der *Filles de la charité*, das Badehaus und das Wafchhaus, an der Weft- und Oftfeite das Operationsgebäude, bezw. das Leichenhaus und jederfeits 4 Krankenpavillons. Alle Bauten, mit Ausfchlufs des Wafchhaufes, wurden untereinander durch unterirdifche und durch eingefchoffige, terraffierte Gänge verbunden, welch letztere nur zwifchen dem erften Pavillonpaar offen find, um das Befahren der beiden vorderen Mittelhöfe von der Durchfahrt des Verwaltungsgebäudes aus zu ermöglichen. — Unmittelbaren Zugang von aufsen haben das zugleich anderen Anftalten dienende Wafchhaus, das Leichenhaus und das Operationsgebäude. Aufserdem ift an zwei Stellen die gemauerte, mit Gittern gekrönte Einfriedigung von Eingängen durchbrochen.

Einige Teile des Verwaltungs- und des Küchengebäudes, das Operations-, das Leichen- und das Badehaus erhielten 1, die anderen Bauten 2 Gefchoffe. Die Krankengebäude haben reichlichen Abftand von den Bauflüchten der Seitenftrafsen. Im Schwefternhaus liegen die Schlafräume meift gegen Norden, in den Wirtfchaftsgebäuden die Küchenfenfter gegen Süden. Die Aufsenlüftung ift nur, foweit fie nicht durch die Verbindungsgänge gehindert wird, alfo in den Obergefchoffen, gut und wird durch die Kreisform der Pavillons bei allen Windrichtungen gefördert. Bezüglich ihrer Befonnung fiehe Art. 267 (S. 158).

Das Verwaltungsgebäude enthält u. a. die Beamten- und Elevenwohnungen; im Küchengebäude find die Apotheke, das chemifche Laboratorium und 2 Speiferäume für Rekonvaleszenten untergebracht, und das Badehaus dient auch Externen.

Die Anftalt wurde für 484 Betten eingerichtet. Von der Geländefläche (39 787 qm) entfallen auf jedes Bett 102, bezw. 82 qm, von welchen 27,3, bezw. 22,0 qm (zufammen 10 658 qm) überbaut find, je nachdem man den Belag zu 388, bezw. 484 Betten rechnet.

672.
Beifpiel
XXI.

Das von *Johns-Hopkins* gegründete Hofpital zu Baltimore liegt im Often der Stadt, nahe an der Spitze einer Anhöhe am *Broadway*, durchfchnittlich 31,00 m über dem Meere; es ift rings von Strafsen umgeben, hat während der herrfchenden Südwinde keinen Luftaustaufch mit der Stadt, dient der medizinifchen Lehrabteilung der Univerfität, follte durch ein Rekonvaleszentenheim ergänzt werden und ift unter Beiftand von *Billings* auf Grund vieler Vorarbeiten geplant. (Siehe die zweite der nebenftehenden Tafeln.)

Der mangelhafte, von Südoften nach Nordweften abfallende Bauplatz mufste vorher geebnet und entwäffert werden. Die weftöftliche Mittelachfe ift um 11,00 m nach rechts gelegt, um an der linken Seite für die den Lehrzwecken dienenden Bauten Platz zu gewinnen, wo fie der medizinifchen Abteilung der Univerfität

---

[820]) Siehe: RIVOALEN. *Hôpital Tenon à Paris. Nouv. annales de la conftr.* 1887, S. 82.
[821]) Nach *Snell*. — *Narjoux* giebt die Grundftücksfläche zu 56 566 qm an.

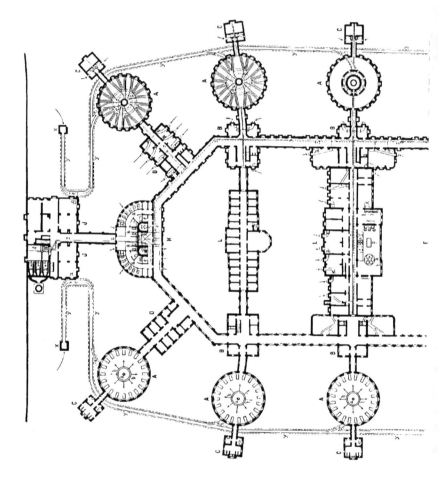

Zu S. 418.

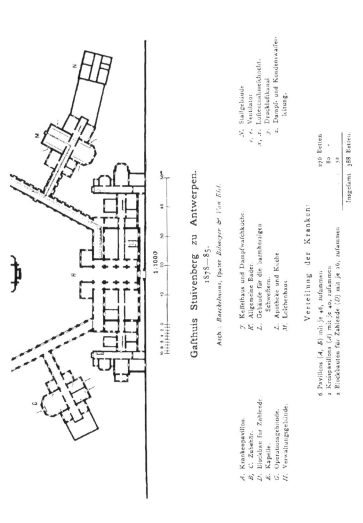

Gasthuis Stuivenberg zu Antwerpen.
1878—85.

Arch.: *Baeckelmans*, später *Bilmeyer & Van Riel*.

A. Krankenpavillon.
B, C. Zubehör.
D. Blockbau für Zahlende.
E. Kapelle.
G. Operationsgebäude.
H. Verwaltungsgebäude.
J. Kesselhaus und Dampfwaschküche.
K. Allgemeine Bäder.
L. Gebäude für die barmherzigen Schwestern.
L. Apotheke und Küche.
M. Leichenhaus.
N. Stallgebäude.
o, e. Ventilator.
x, x. Luftentnahmeschacht.
y. Druckluftkanal.
z. Dampf- und Kondenswasserleitung.

Verteilung der Kranken:

6 Pavillons (A, B) mit je 46, zusammen   276 Betten
2 Kreispavillons (A) mit je 40, zusammen   80   „
2 Blockbauten für Zahlende (D) mit je 16, zusammen   32   „
                                             _____
                                    Insgesamt 388 Betten.

Nach: Die Heizungs- und Ventilationsanlage im neuen städtischen Hospital zu Antwerpen. Gesundh.-Ing. 1884.

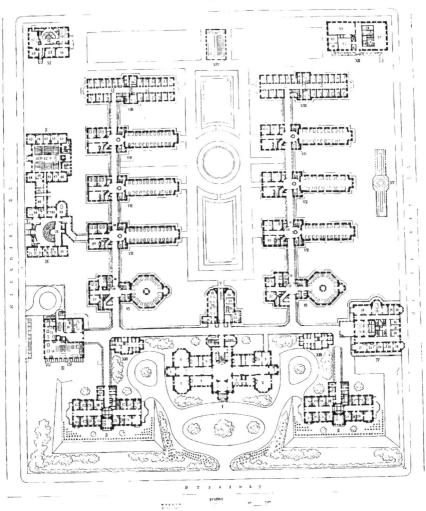

Johns-Hopkins-Hospital zu Baltimore.
1876–89.
Arch.: *Niernsée, später Cabot & Chandler.*

nahe liegen. Alle Bauten der vorderen und mittleren Gruppe find durch Verbindungsgänge und darunter durch Rohrtunnel verbunden. Der Fufsboden der erfteren liegt mit den Hauptgefchoffen der Verwaltungs-, Apotheken-, Küchen-, Bade- und Pflegerinnengebäude, fein terraffiertes Dach mit den Krankenfälen in Gleiche. Die Achfen der meiften Bauten find von Norden nach Süden gerichtet. Ihre enge Stellung (fiehe Art. 565, S. 338) bedingte die Achteckform der vorderften Pavillons. Das mit hoher Kuppel überragte Verwaltungsgebäude und das Apothekenhaus haben 3 Gefchoffe. Diefelbe Höhe erreichen das viergefchoffige Pflegerinnenheim und infolge hoher Unterbauten die zweigefchoffigen Achteckpavillons. Die übrigen eingefchoffigen Krankenbauten erhielten aus demfelben Grunde die Höhe von 2 Gefchoffen; gleich hoch find das dreigefchoffige Küchengebäude, die Saalbauten der Poliklinik, das Operationshaus und das pathologifche Inftitut. An einzelnen Stellen beträgt der Abftand zwifchen den Bauten nur 8,00 bis 11,00 m. Die Krankengebäude find für den Fall einer Umbauung weit genug von der Einfriedigung des Grundftückes entfernt; doch liegen das Wafchhaus, das Leichenhaus und die für Notbauten vorgefehenen Plätze dicht an der Strafse. Durch die Führung der Gänge entftanden auf dem Gelände auch viele winkelige Plätze, die befonders an der Nordfeite weder von der Sonne, noch vom herrfchenden Südwind getroffen werden.

Von den Bauten kamen das Badehaus, die rechteckigen Pavillons, das Gewächshaus an der Südfeite und die Kapelle zunächft nicht zur Ausführung; dagegen wurden noch am Haupteingang ein Pförtnerhaus und an Verbindungsgang des rechtsfeitigen Gebäudes für Zahlende ein Wagenfchuppen und hinter der Poliklinik eine Stallung erbaut.

Das Verwaltungsgebäude hat 3 durch Windfänge gefchützte Eingänge, in der Mitte für Befucher, welche am Bureau vorbei geradeaus auf die Terraffe der Verbindungsgänge gelangen, rechts für die Kranken, deren Weg durch den Verbindungsgang weiter führt, und links für den Verwaltungsrat. Die Obergefchoffe enthalten die Wohnungen nebft dem Verfammlungsfaal der Aerzte und die Schlafräume der Studierenden. Alle Spülaborte und Baderäume, ausgenommen diejenigen des Oberarztes, find im rückwärtigen Anbau vereinigt und von den Zwifchenruheplätzen der Treppen in jedem Gefchofs zugänglich.

Das Erdgefchofs des Apothekengebäudes erhielt 3 unmittelbare Zugänge vom Verbindungsgang aus, rechts zur Apotheke, links zum Speifefaal der Beamten, in der Mitte zur Treppe der Bedienftetenwohnungen in den Obergefchoffen. — Ueber die Krankengebäude fiehe Art. 261 u. 310 (S. 154 u. 182), über das Pflegerinnenheim Art. 502 (S. 289) und über das Badehaus Art. 510 (S. 296). — Das durch einen Windfang von der *Monument ftreet* unmittelbar zugängliche Amphitheater hat Sitzplätze für 280 Perfonen. Durch den zweiten Eingang werden Verunglückte eingebracht. Ein von aufsen zugänglicher Zwifchenbau verbindet das Amphitheater mit der Poliklinik, deren Warteraum 400 Perfonen fafst. — Im pathologifchen Gebäude erhielt das durch beide Gefchoffe reichende Amphitheater 60 bis 70 Plätze und gefonderten Eingang. Die Stallungen für Beobachtungstiere und Räume zur Züchtung von Kulturen liegen im Keller. — Im Wafchhaus haben die beiden zum Betten- und Matratzenmachen vorgefehenen Räume des Erdgefchoffes, fowie ein Wafchraum für Bandagenwäfche und die Desinfektionsräume im Keller Zugänge von aufsen. (Siehe auch Art. 489, S. 284.)

Das Gelände hat eine Fläche von 56 306 qm, wovon auf jedes der 358 geplanten Betten 157 qm entfallen.

Das Stadtkrankenhaus zu Wiesbaden liegt im Nordweften der Stadt, ift rings von Strafsen umgeben, war für 240 Betten beftimmt (fiehe die umftehende Tafel), kam aber zunächft nur für 156 Kranke zur Ausführung.

673.
Beifpiel
XXII.

Das ftarke Gefälle des dreieckigen Grundftückes gegen Süden war Urfache, die Hauptbauten auf feinen mittleren und nordweftlichen Teil zu legen; die Achfe der Mittelgruppe ift nahezu von Nordoften nach Südweften gerichtet. Hinter dem an der Ecke der Schwabacher- und Kaftelftrafse gelegenen Verwaltungsgebäude ftehen die Blockbauten für Hautkranke und Innerlichkranke, das Küchengebäude und Wafchhaus, letztere mit Zufahrt von der rückwärtigen Strafse. Links von diefer Gruppe liegen 2 Doppelpavillons für Aeufserlichkranke und 1 Wöchnerinnenblock, rechts 2 Doppelpavillons für Typhus, 1 Ifoliergebäude, das Leichenhaus mit Zugang von der rückwärtigen Strafse und die Pockenabteilung mit eigenem Verwaltungsblock und Eingang an der Kaftelftrafse. Ueber das Wohnhaus des dirigierenden Arztes auf der Südecke fiehe Art. 565 (S. 338).

Von den 5 mittleren Bauten haben das Verwaltungsgebäude 3 und die anderen 2 Gefchoffe. Die weiträumige Stellung fichert allen Baulichkeiten gute Aufsenlüftung, und die Luft des Ifoliergebäudes und des Pockenpavillons wird bei Weftwinden den anderen nicht zugeweht.

Nach diefem Plan kamen die mittlere Baugruppe, je ein Doppelpavillon an der rückwärtigen Plattnerftrafse, und das Leichenhaus zur Ausführung. An Stelle des Pockengebäudes find 2 Pavillons nebft dem zugehörigen Verwaltungsgebäude errichtet worden. In den Obergefchoffen des mit Unterfahrt geplanten Verwaltungsgebäudes liegen links Zimmer, rechts Wohnungen und Ifolierräume, im Sockelgefchofs Wannen- und Dampfbäder. Alle Krankenbauten haben 2 gefonderte Abteilungen mit eben folchen Eingängen zur Trennung der Gefchlechter. Bezüglich der Anordnung der Blockbauten fiehe Art. 280 (S. 168). Im Wafchhaus find befondere Räume für anfteckende Wäfche vorgefehen.

Später wurden dann auf der Oftfeite von *Ifrael* ein zweiter Blockbau für Innerlichkranke parallel zur Schwabacherftrafse, auch zwifchen diefem und dem Pavillon ein Block für Irrenkranke erbaut, deren Pläne in Art. 140 u. 320 (S. 84 u. 188) zu erfehen find.

Nach dem urfprünglichen Entwurf würden von dem 38 300 qm grofsen Gelände auf jedes der 240 Betten rund 155 qm entfallen fein.

674.
Beifpiel
XXIII.

Das Karola-Haus in Dresden, welches als Lehrftätte und Mutterhaus für den Albert-Verein dient, liegt im füdlichen Stadtteil des linken Elbeufers an der Blafewitzerftrafse, ift vom öftlich angrenzenden Trinitatisfriedhof durch eine Strafse getrennt und auch an den anderen Seiten von Strafsen umgeben. (Siehe die zweite der nebenftehenden Tafeln.)

Von dem Grundftück mit füdlicher Front war die öftliche Hälfte wegen der Nähe des Friedhofes nach den gefetzlichen Beftimmungen nicht bebaubar. Hinter dem Verwaltungsgebäude liegen beiderfeits je 1 Krankenblock, deren rechter als Ifolierhaus dient, dann 2 Doppelpavillons, quer vor am Ende ein dritter Blockbau, in der Mitte das Wirtfchafts- und Badegebäude, das Keffel- und ein Gärtnerwohnhaus. Sämtliche Bauten find, mit Ausnahme der beiden letztgenannten, durch Gänge verbunden, die feitlich offene Anfchlüffe an diefelben haben. Auf dem öftlichen Gelände ftehen vorn das Schwefternafyl und weiter rückwärts das Leichenhaus.

Die weftlichen 3 Krankengebäude liegen etwa 24,00, bezw. 28,00 m von der gegenüberliegenden Bauflucht der Stefanienftrafse zurück. Das Verwaltungshaus erhielt 3, die Krankenblocks und das Schwefternheim haben 2 Gefchoffe, ausgebautes Dach mit Giebelräumen. Sämtliche Krankengebäude ftehen auf Sockelgefchoffen, fo dafs die tiefer liegenden Verbindungsgänge die Aufsenlüftung der Krankenräume nicht fchädigen; doch gelangt man zu letzteren nur über Stufenanlagen, und die Gänge beeinträchtigen die Ueberficht über das Gelände.

Im Verwaltungsgebäude führen Stufen zum Flurgang empor und an deffen Enden wieder in den Verbindungsgang hinab. In feinem Erdgefchofs liegen links die Aufnahmeräume, Bureaus und Apotheke, rechts u. a. Operationsräume und die Poliklinik, in den Obergefchoffen die Zimmer der Oberin, 1 Sitzungs-, 1 Lehr- und der Betfaal, Wäfche und Vorratsniederlagen und die Zimmer, Schlaf- und Speifefäle der Pflegerinnen und Albertinerinnen. — Von den Krankenblocks, welche Räume von 1 bis 4 Betten für 3 Verpflegungsklaffen enthalten, ift der vordere links für die Gefchlechter lotrecht geteilt, hat aber gemeinfame Treppe für beide. — Im Ifolierhaus dient letztere nur den Obergefchoffen; feine beiden Abteilungen im Erdgefchofs find unmittelbar von aufsen zugänglich, wie im dritten Block. Diefer erhielt 2 Treppen, fo dafs hier 4 vollftändig trennbare Abteilungen vorhanden find, deren je 2 in jedem Gefchofs verbunden werden können. Die Sonderung der Gefchlechter erfolgt in diefem Bau in wagrechtem Sinne; im Erdgefchofs ift ein zweiter Operationsraum vorgefehen.

Auch in den Doppelpavillons haben beide Hälften getrennte Eingänge; doch find denfelben einige Nebenräume gemeinfam.

Ein Wafchraum für infizierte Wäfche wurde nebft den Desinfektionsräumen am Keffelhaus angebaut. Im Schwefternafyl find die Zimmer um einen als Speife- und Gefellfchaftsraum dienenden, durch Deckenlicht erhellten Mittelfaal gruppiert.

Von der Grundftücksfläche (32 437 qm) entfallen 156 qm auf jedes der 208 geplanten Betten; doch ift die Anftalt für 240 Kranke eingerichtet, von denen 13 der I., 26 der II. und 201 der III. Verpflegungsklaffe angehören. Für erkrankte und erholungsbedürftige Albertinerinnen hatte der Verein die Elftermühle in Bad Elfter gemietet.

675.
Beifpiel
XXIV.

Die *Infirmary* des *Workhoufe* zu Epfom in der Graffchaft Surrey liegt öftlich von der Stadt (Fig. 335 u. 336 [822]).

Das Verwaltungsgebäude ftcht weit hinter der Einfriedigung zurück und ift mit den beiden aus einem Hauptblock und einem angebauten Doppelpavillon für Ifolierzwecke beftehenden Krankengebäuden durch offene Gänge verbunden. Nur die erfteren haben 2 Gefchoffe. Infolge der weftöftlichen Längsachfe

---

[822] Nach: APPLETON. *The new Epfom infirmary*. Architect, Bd. 33 (1885), Taf. bei S. 209.

Preisgekrönter Plan für das Stadtkrankenhaus zu Wiesbaden.
1874.
Arch. *Gropius & Schmieden.*

Vertheilung der Kranken:

Am Tatzberg

-Strasse

Entwässerungsleitung

II. Verwaltungsgebäude:
a. Aerztlicher Direktor.
b. Bureau.
c. Zimmer.
d. Apotheker.
e. Oberin.
f. Aufnahme.
g. Pförtnerin.
h. Schwester.
i. Arzt
k. Operationsraum
m. Poliklinik.

I u. II. Zweigeschossige Krankengebäude:
a. Krankenraum.
b. Schwester.
c. Baderaum.
d. Spülküche.

III. Zweigeschossiger Krankenblock:
a. Krankenraum.
b. Schwester.
c. Operationsraum
d. Tagraum.
e. Baderaum.
f. Spülcüche.
k. Veranda

A, B, C, D.
Eingeschossige Krankenpavillons:

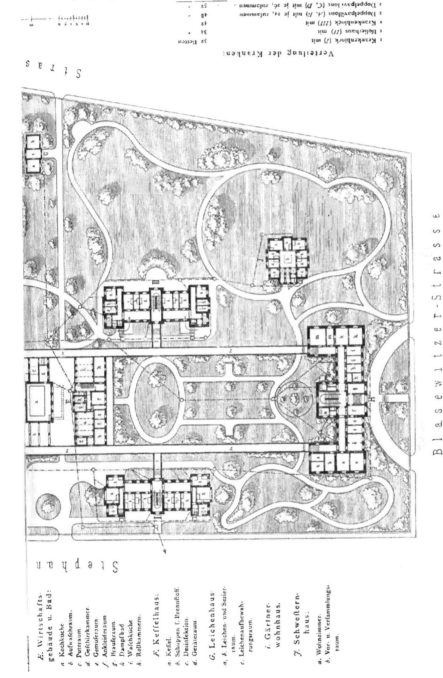

Karola-Haus zu Dresden.
Arch.: *Friedrich*.

Fig. 335.

Workhouse infirmary zu Epsom 822).

Arch.: *Appleton*.

diefer Bauten find Plätze für die Kranken im Freien den Südfeiten der Hauptblocks vorgelegt, während die den Gefchlechtern entfprechend geteilten Gärten der eingefchoffigen Ifolierpavillons nach Süden, bezw. nach Norden liegen. Das nördliche Krankengebäude dient den Männern und das füdliche den Frauen.

Fig. 336.

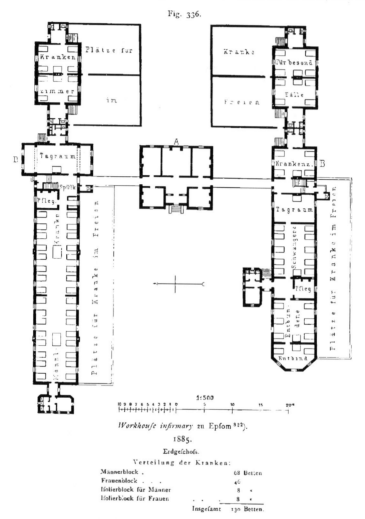

Workhoufe infirmary zu Epfom [822]).
1885.
Erdgefchofs.
Verteilung der Kranken:

Männerblock .	68 Betten
Frauenblock . . .	46 «
Ifolierblock für Männer	8 «
Ifolierblock für Frauen	8 «
Insgefamt	130 Betten.

Das Verwaltungsgebäude enthält die Warte- und Aufnahme-, Arzt- und Küchenräume. — Im Erdgefchofs des Männerblocks find die beiden Säle durch eine Schiebethür vereinbar; in feinem Obergefchofs fallen die Aborte am Tagraum, fowie am Verbindungsgang weg, und an Stelle des erfteren tritt ein 4-Bettenzimmer.

Das Erdgefchofs des Frauenblocks enthält ein ebenfolches Zimmer und die unmittelbar von aufsen zugängliche Entbindungsabteilung mit eigenem Zubehör[822]), fein Obergefchofs je einen Saal für 4, 16 und 6 Betten. Die beiden Krankenzimmer jedes Ifoliergebäudes find trennbar.

Das eingeschossige Krankenhaus zu Rathenow hat seine Zugangsseite von Westen (Fig. 337[823]).

Der südliche Blockbau ist für die Männer, der nördliche Pavillon für die Frauen bestimmt. Beide Abteilungen erhielten je 3 Zimmer für Zahlende mit eigenem Abort. Die Totenhalle nimmt die nordöstliche Geländeecke ein. — Im Kellergeschoß des Hauptgebäudes liegen Vorratsräume nebst der Waschküche und in den Giebeln des Daches je 3 Räume für Hautkranke.

676.
Beispiel
XXV.

Fig. 337.

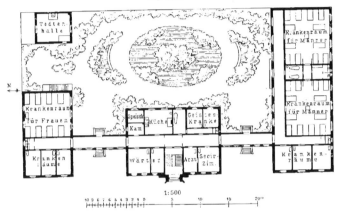

Krankenhaus für 40 Betten zu Rathenow.
Erdgeschoß [823]).

3) Geschlossene Bauweise.

Die Beispiele für die geschlossene Bauweise folgen zwei Haupttypen. Je nachdem die Kranken in größeren Sälen oder in kleineren Krankenräumen untergebracht sind, kann man Saalbautenpläne und Blockpläne unterscheiden. Doch ist diese Trennung bei Anordnung der Beispiele nicht wie in der 1. Auflage dieses Heftes vorgenommen worden, um beide Typen bei ähnlicher Belagsstärke besser vergleichen zu können.

677.
Uebersicht.

α) Lagepläne.

Den Gesamtplanen für die geschlossene Bauweise sind nur 2 Lagepläne vorausgeschickt, in welchen das Hauptgebäude mit Wirtschaftsräumen verbunden, aber durch Absonderungsbauten ergänzt geplant war.

Das städtische Krankenhaus zu Offenbach an der Ecke der Sprendlinger- und Hainstraße hat reichliches, zur Vergrößerung vorbehaltenes, rings von Straßen umgebenes Gelände (Fig. 338[824]).

678.
Beispiel
I.

Der Haupteingang erfolgt an der Nordseite durch das Hauptgebäude. Seiteneingänge des Grundstückes ermöglichen jedoch das Einbringen der Kohlen und Ansteckendkranker zu den Isolierpavillons unmittelbar von außen. Letztere und das Kesselhaus liegen windabwärts vom Hauptgebäude, in dessen hohem Untergeschoß sich die Wirtschaftsräume, Wasch- und Kochküche und getrennt davon Krankenräume für Hautkranke, Syphilitische und Irre befinden. Im Erdgeschoß des Eingangsflügels führt ein

[823]) Nach: Beitrag zu Krankenhausanlagen für kleinere Städte. Deutsches Baugewerksbl. 1884, S. 492.
[824]) Nach: WEYL, TH. Handbuch der Hygiene. Bd. V, Abth. 1. Jena 1896. S. 40.

Mittelgang, an deffen beiden Seiten die Aufnahmeräume liegen, zu dem an der Nordfront des Längstraktes langgeführten Korridor, an welchem fich zu Seiten der mittleren Haupttreppe die Wäfcheniederlage und das Zimmer der Oberin, bezw. Zimmer für Hilfsärzte, an den Enden je drei 2-Bettenzimmer für Zahlende mit Zubehör und die Nebentreppe anfchliefsen. In den Obergefchoffen enthält diefer Gebäudeteil ebenfalls Krankenräume für Zahlende, den Operations- und den Sitzungsfaal und Wohnungen für das Perfonal.

In jedem Krankenflügel liegen an den Enden je 1 dreifeitig belichteter 12-Bettenfaal mit Zubehör an einem hoffeitigen Korridor. Das Zubehör des Nordfaales ift durch ein 4- und ein 2-Bettenzimmer ergänzt. Schwefiernzimmer, Spül- und Baderäume find beiden Sälen gemeinfchaftlich.

679. Beifpiel II.

Das Kreiskrankenhaus zu Deffau nimmt ein Eckgrundftück an der Friedrichs-Allee und der Strafse nach Aken ein (Fig. 339[825]).

Das Hauptgebäude (I bis IV [fiehe Art. 684, S. 426]) kehrt die Front der Allee zu und das Leichenhaus (V) ift von der Strafse nach Aken aus zugänglich. Die Krankenflügel (III und IV) des Hauptbaues und die zur Erweiterung geplanten 2 Pavillons haben oftweftliche Längsachfe. (Der Pfeil in Fig. 339 bezieht fich auf die Windrichtung.) Vom Gelände (21 100 qm) entfallen auf jedes der geplanten 190 Betten 110 qm.

Fig. 338.

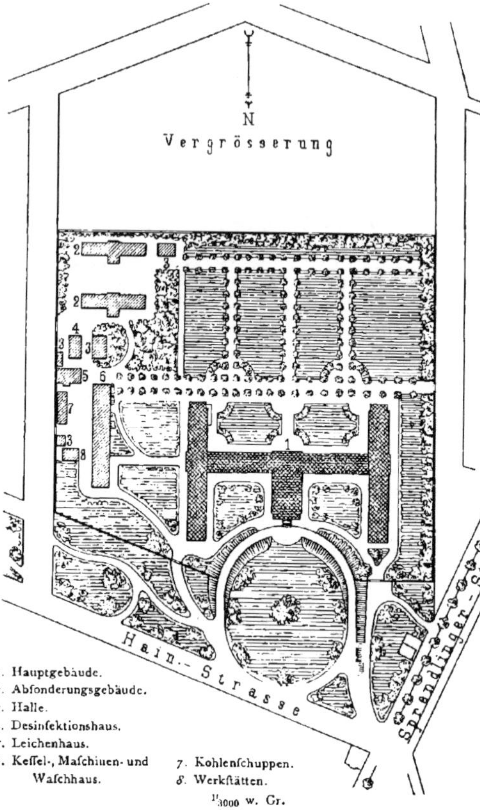

1. Hauptgebäude.
2. Abfonderungsgebäude.
3. Halle.
4. Desinfektionshaus.
5. Leichenhaus.
6. Keffel-, Mafchinen- und Wafchhaus.
7. Kohlenfchuppen.
8. Werkftätten.

$^{1}/_{3000}$ w. Gr.

Städtifches Krankenhaus zu Offenbach [824]).

Verteilung der Kranken:
Hauptgebäude (*1*) mit . . . . 210 Betten
2 Abfonderungs-Doppelpavillons (*2*) mit je 20, zufammen . 40 "
Insgefamt 250 Betten

β) Gefamtanlagen.

680. Ueberficht.

Unter den nachftehenden 14 Beifpielen für Gefamtanlagen folgen die Pläne von *Lariboifière* (III), *St. Thomas* (IV), des *Hôtel-Dieu* (V), des *Hertford*- (X) und des *Miller memorial hofpital* (XIII) dem Typus der Saalbauten, die anderen demjenigen der Blockbauten. — Das Thomas-Hofpital erhielt 4, *Lariboifière* und das *Hôtel-Dieu*

---

[825]) Nach freundlicher Mitteilung des Herrn Baurats *Schmieden* in Berlin.

Zu S. 425.

St. Thomas-Hospital zu London.
I. Obergeschoß.
1860—71.
Arch.: Currey.

Maßstab 1:1000

Verteilung der Kranken:

3 Krankenpavillons (I, II, VI) mit je 112, zusammen   336 Betten
2 Krankenpavillons (III, IV) mit je 90, zusammen   180 „
1 Krankenpavillon (V) mit   72 „

Insgesamt 588 Betten.

1, 11. Aufnahmen.
2. Kapelle.
3. Sakristei.
4. Konferenzzimmer.
5. Konsultationszimmer der Aerzte.
6. Krankenraum.
7. Pflegerin.
8. Spülküche.
9. Konfokationszimmer.
10. Aufzug.
11. Abtsküche.
12. Wartsäumer.
13. Amphitheater.
14. Baumreinwohnung.
15. Pförtner.
16. Wartesaum.
17. Bureau.
18. Keller.
19. Aufnahmebeamter.

Handbuch der Architektur. IV. 5. a. (2. Aufl.)

Nach: Boukan, Bd. 23 (1869), Taf. bei S. 556.

haben 3, die Krankenhäuſer zu Stuttgart-Karlsvorſtadt, Ballenſtedt, das Hertford- und das *Miller memorial hoſpital* 2 und die übrigen 1 Krankengeſchofs, letzteres zum Teil mit Aufbauten. Aufser den 3 erſten Beiſpielen für Krankenhäuſer mit 606 bis 566 Betten beziehen ſich die folgenden alle auf kleinere Anlagen für 100 bis 6 Betten.

Das *St. Thomas-Hoſpital* zu London wurde auf einem zur Hälfte der Themſe abgewonnenen Gelände am *Palace road*, zwiſchen dem *Weſtminſter* und der *Lambeth bridge* erbaut und dient zugleich als Lehranſtalt.

681.
Beiſpiel
III.

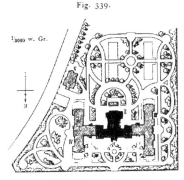

Fig. 339.

1/3000 w. Gr.

Kreiskrankenhaus zu Deſſau 825).
1888—90.
Arch.: *Schmieden, v. Weltzien & Speer*.

Verteilung der Kranken:
Hauptgebäude . . . . 100 Betten
2 Gebäude für Anſteckendkranke mit je 45, zuſammen . . . . 90 "
Insgeſamt 190 Betten

Auf dem von Norden nach Süden ſich erſtreckenden Gelände liegt das Verwaltungsgebäude am *Weſtminſter bridge*. Der Hauptbau nimmt den rechteckigen Teil und die mediziniſche Schule die Südſpitze ein.

Den Aufbau und das I. Obergeſchofs der beiden erſteren zeigt die nebenſtehende Tafel. Der Längstrakt iſt nur im Erdgeſchofs zwiſchen den grätenartig vorſpringenden, am freien Weſtende durch eingeſchoſſige Kolonnaden verbundenen Saalbauten vollgebaut. Hier liegt der Verbindungsgang an der Hofſeite. Von der mittleren Eingangshalle aus ſind ſüdlich die Poliklinik und Apotheke mit Zugängen von auſsen, nördlich ebenſo die Aufnahmeabteilung, ſowie die Schlaf- und Speiſeräume der Pflegerinnen angeordnet, zu deren Belichtung Gangfenſter und Deckenlicht zu Hilfe genommen werden muſsten. Im Keller iſt dieſer Gang zum Leichentransport bis zur mediziniſchen Schule fortgeſetzt. — Im I. Obergeſchofs liegt der Gang, wie auf der Tafel zu ſehen, aufsenſeitig und verbindet die Pavillons mit den Zwiſchenbauten, welche in der Richtung von Norden nach Süden zu das *Nightingale home* für 40 Pflegerinnen, ein Operationstheater, die Kapelle nebſt Zubehör und Zimmer für die Aerzte, ein zweites Amphitheater und die Beamtenwohnungen enthalten.

In den Saalbauten befinden ſich im Erdgeſchofs der beiden mittleren die Küchenabteilung und Wäſchenniederlage, in den 3 anderen je ein 20-Bettenſaal und Iſolierzimmer. Die 3 Obergeſchoſſe dieſer 5 Saalbauten haben die auf der Tafel erſichtliche Einteilung. Der ſechſte, ſüdliche Saalbau wurde zu Iſolierzwecken beſtimmt, hat abweichend vom Plan die Geſtalt eines Blockbaues und auſser der Endtreppe eine zweite in der Mitte erhalten, welche in den Obergeſchoſſen zwei 8-Bettenſäle mit eigenem Zubehör trennt; ſein Erdgeſchofs enthält nur einen derſelben. — In den Manſarden ſchlafen die nicht bei den Sälen untergebrachten Wärterinnen und das übrige Dienſtperſonal. Ein Waſchhaus iſt nicht vorhanden.

Bei dieſer Geſamtanordnung werfen die Saalbauten meiſt Schatten auf die Plätze zwiſchen denſelben, die nur von den über die Themſe ſtreichenden weſtlichen Winden getroffen werden. (Siehe Art. 563, S. 336.)

Von der Grundflächsfläche (34 819 qm) entfallen auf jedes der vorhandenen 572 Betten 60,87 qm, von denen 24,92 (zuſammen 14 253 qm) überbaut ſind.

Das *Hôpital Lariboiſière* zu Paris liegt an der Rue Ambroiſe Paré. Sein ſpäter beträchtlich erweitertes Gelände in Geſtalt eines unregelmäſsigen Vierecks iſt rechts durch die *Rue Maubeuge* vom Nordbahnhof getrennt und auch an den anderen Seiten von Straſsen umgeben.

Die ſüdliche Front der Hauptbaugruppe (ſiehe die umſtehende Tafel) liegt hinter der Straſse zurück. An den hoffeitigen, offenen Gang, der die ſüdlichen und nördlichen Gebäudetrakte für die allgemeinen Dienſte verbindet, ſind die Krankenpavillons (ſiehe Art. 257, S. 152) und ihre Tagräume angebaut.

682.
Beiſpiel
IV.

Die Plätze zwifchen den Pavillons liegen infolge ihrer oftweftlichen Längsachfe meift im Schatten, und die Aufsenlüftung des Geländes leidet im Erdgefchofs durch die Verbindungsbauten zwifchen den Baukörpern. Mit Ausnahme des mittleren, vergitterten Teiles der Südfront ift das Grundftück ummauert. Im Mittelteil des Frontbaues liegen rechts, bezw. links die Aufnahmeräume und Bureaus, in feinen Kopfbauten rechts die Verfammlungsräume der Aerzte, links die Poliklinik, beide mit Eingängen vom Vorhof aus. Der rechte Südflügel enthält die Apotheke, der linke die Küchenabteilung; beide haben Zugänge an den Stirnfeiten. Die Obergefchoffe der Südfront nehmen Wohnungen der Beamten und Bedienfteten ein.

Im nördlichen Bautrakt befinden fich zu beiden Seiten der Kapelle die den Gefchlechtern entfprechend getrennten, allgemeinen Bäder, an den Höfen hinter denfelben 2 Amphitheater, Stallungen und Wagenfchuppen, Räume für die Patientenkleidung und die Leichenabteilung, im rechten Seitenflügel das Wafchhaus, darüber Schlafräume der Bedienfteten, im linken die Wohn- und Schlafräume der Schweftern. Beide Flügel haben an den Stirnwänden Eingänge.

Ausserhalb diefer Hauptbaugruppe des Krankenhaufes wurden noch in der Südweftecke des Geländes ein Abfonderungsblock für die Entbindungsabteilung, in den nordweftlichen und nordöftlichen Ecken verfchiedene Schuppen errichtet. Von dem jetzt 54 820 qm umfaffenden Gelände fallen auf jedes der 612 Betten 89,4 qm.

683. Beifpiel V.

Das jetzige *Hôtel-Dieu* zu Paris liegt in der *Cité* zwifchen zwei Seinearmen und ift füdlich, weftlich und nördlich von freiem Gelände umgeben (Fig. 340[826]).

Die Baugruppe nimmt das ganze Grundftück ein. Die von Süden nach Norden verlaufenden 3-gefchoffigen Längstrakte des Hofbaues find durch die 1½-gefchoffige Einfahrtshalle, durch eine offene Querhalle und durch 3 gefchoffige Bauten am Ende verbunden. Letztere Höhe erreichen jederfeits die 4 vorderen Seitenflügel; doch find die Frontflügel und die Längstrakte am Vorhof unter Weglaffung der in allen übrigen Bauteilen der Anftalt vorhandenen hohen Sockelgefchoffe in vier Stockwerke geteilt. 2 Gefchoffe haben die Nordflügel und 1 Gefchofs nur die äufseren Verbindungsbauten der vorderen und hinteren Flügelpaare. Der Mittelhof ift von 2-gefchoffigen, terraffierten und im Erdgefchofs verglaften Gängen an drei Seiten umgeben, und der Vorhof kann befahren werden. Die offenen Seitenhöfe wurden durch Mauern mit durchbrochenen Bekrönungen abgefchloffen. Infolge der oftweftlichen Lage der Flügelbauten werden die Höfe zwifchen denfelben meift befchattet, und zeitweife werfen die füdlich benachbarten Türme von *Nôtre-Dame* Schatten auf das Krankenhaus. Die herrfchenden Weftwinde treffen nur die linken Flügelbauten.

Die Südfront und die Längstrakte des Vorhofes enthalten in den oberen Gefchoffen Wohnungen der Beamten und Internen, 3 Operationstheater für ophthalmifche, chirurgifche und gynäkologifche Fälle nebft dem klinifchen Lehrfaal; in den oberften Gefchoffen der Längstrakte befinden fich jederfeits noch 3 Krankenräume zu 6, 7 und 8 Betten. In den Verbindungsbauten zwifchen den erften Flügelpaaren liegen Werkftätten, Stallungen und Wagenfchuppen. — Vom Vorhof führen 12 Stufen zum Mittelhof und von diefem abermals 8 zum Erdgefchofs der Krankenabteilung empor, deren Einteilung fich in beiden Obergefchoffen wiederholt. In der Nordfront waren die Mitte und der linke Flügel für die pathologifche Abteilung mit 2 grofsen Amphitheatern und Wohnungen für die Internen, der rechte Flügel für die Gemeinde der Schweftern beftimmt, welcher jedoch auch der hintere rechte Krankenflügel eingeräumt wurde. — Im Sockelgefchofs find am Verbindungsgang des Mittelhofes links die Apotheke und das Männerbad, rechts die Küche und das Frauenbad, unter dem Schwefternflügel der Raum für die Patientenkleidung, unter der pathologifchen Abteilung die Keffel- und Mafchinenräume untergebracht. Die Bedienfteten fchlafen in den flachgedeckten Dachgefchoffen.

Von den Bauten kam wegen zu fchwacher Gründung die Kapelle nicht zur Ausführung. — Von der Grundftücksfläche (21 511 qm) entfallen auf jedes der 566 Betten rund 38 qm, wovon 18 qm (zufammen 10 330 qm) überbaut find.

684. Beifpiel VI.

Den Plan des Hauptgebäudes im Kreiskrankenhaus zu Deffau, deffen Lageplan in Art. 679 (S. 424) befprochen ift, zeigt Fig. 341 bis 343 [827 u. 828]).

Der 2-gefchoffige Teil des Längstraktes bildet den Verwaltungsblock, welcher urfprünglich offene Gangverbindung mit den Krankenflügeln erhalten follte, dann aber mit ihnen zu einer gefchloffenen Anlage verbunden wurde. In feinem Erdgefchofs find vorn links die Aufnahme- und Operationsräume, rechts die Zimmer der Oberwärterin nebft Wäfchniederlage, rückwärts beiderfeits je 1 für Penfionäre und in der

---

[826]) Nach: Deutfche Bauz. 1870, S. 363.
[827]) Fakf.-Repr. nach: Architektonifche Rundfchau 1887, Taf. 81.
[828]) Nach freundlicher Mitteilung des Herrn Baurats *Schmieden* in Berlin.

Verwaltung:
1. Haupteingang.
2. Pförtner.
3. Oekonomiebureau.
4. Diensthabender Arzt.
5. Poliklinik.
6. Bureau des Direktors.
7. Zimmer der Aerzte.

Krankenpavillons:
8. Krankenbibliothek.
9. Krankenraum.
10. Schwester.
11. Spulküche.
12. Schmutzige Wäsche.
13. Tagraum.
14. Operationsraum.

Allgemeine Dienste:
15, 25. Stall.
16. Wagenschuppen.
17. Patientenkleidung.
18. Sakristei.
19. Kapelle.
20. Leichenabteilung.
21. Bäder für Frauen.
22. Bäder für Männer.
23. Wohnräume der Schwestern.
24. Vorratsräume.

Waschküche:
26. Waschküche.
27. Trockenofen.
28. Nebenraum.

Küchenabteilung:
29. Speisezimmer für Unterbeamte.
30. Vorratsräume.
31. Kochküche.

Apotheke:
32. Unterapotheker.
33. Apotheker.
34. Apotheke und Laboratorium.

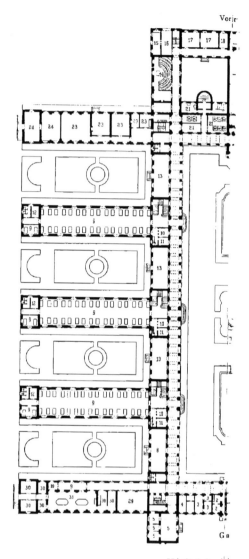

Hôpital Lariboisière

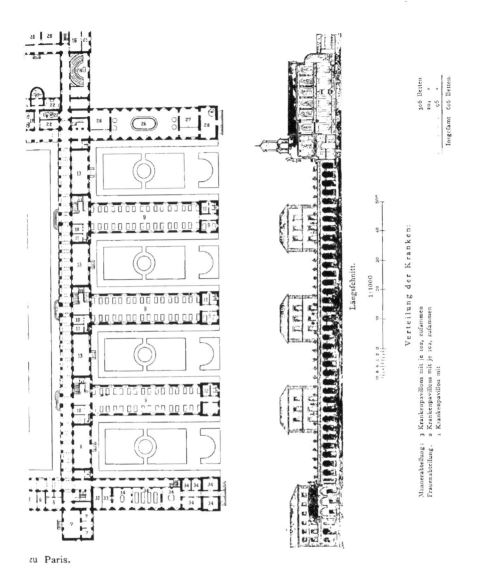

Fig. 340.

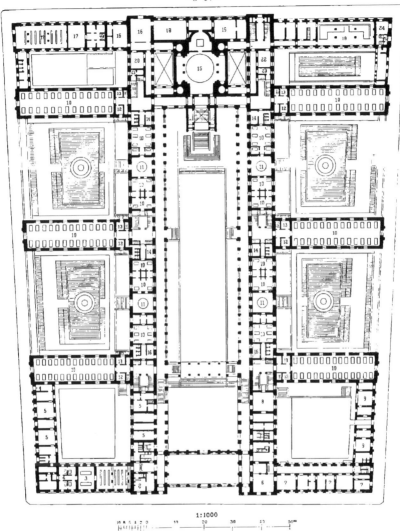

1:1000

Hôtel-Dieu zu Paris [826].
1866—70.
566 Betten.
Arch.: *Diet*.

1. Eingangshalle.
2. Pförtner.
3. Poliklinik.
4. Verbandzimmer.
5. Apotheker und Eleve, links Werkstätten.
6. Wartesaal.
7. Bureau des Direktors und des Oekonomen.
8. Magazin.
9. Stallung und Wagenschuppen.
10. Krankenraum.
11. Tagraum.
12. Schwester.
13. Baderaum.
14. Spülküche.
15. Kapelle.
16. Leichenzimmer.
17. *Bureau central*, fpat. Sezierfaal.
18. Leichenkapelle, rechts Refektorium der Schwestern.
19. Arbeitsraum.
20. Sakristei.
21. Bureau.
22. Sprechzimmer.
23. Bedienstete.
24. Anrichteraum.

Fig. 341.

Schaubild ⁸²⁷).

Fig. 342. Obergeschofs.

1/1000 w. Gr.

Fig. 343. Erdgeschofs.

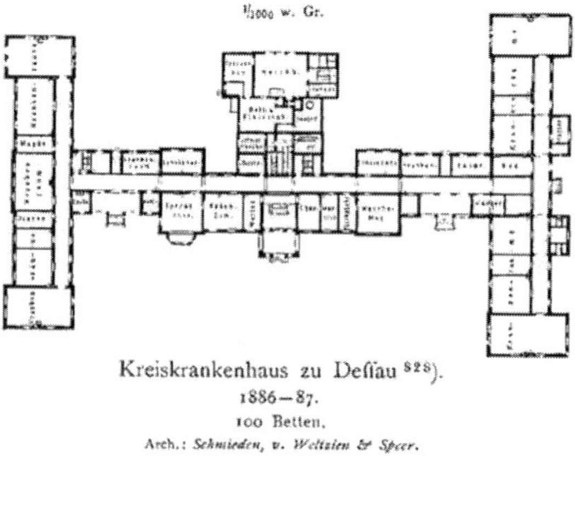

Kreiskrankenhaus zu Deffau ⁸²⁸).
1886—87.
100 Betten.
Arch.: *Schmieden, v. Weltzien & Speer.*

Fig. 344.

Schaubild.

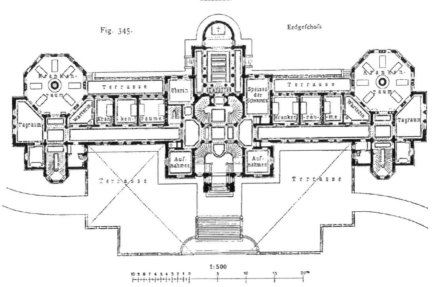

Vincentiushaus im Marienhofpital zu Stuttgart-Karlsvorftadt [829]).
1897.
60 Betten.
Arch.: *Reinhardt.*

Mitte die Waschküchenabteilung nebst einem Desinfektionsraum vereinigt. Im Obergeschofs liegen links vom Betsaal eine Kinderstation mit eigenem Zubehör, rechts die Wohnung des Arztes nebst Zimmern für Zahlende und rückwärts die Küchenabteilung mit eigener Treppe. Die Fenster der Krankenzimmer in den Flügeln find gegen Süden gerichtet.

685.
Beispiel
VII.

Das Vincentiushaus des Marienhospitals zu Stuttgart-Karlsvorstadt steht auf abfallendem Thalgelände an der Böheimstrafse und ist auch an zwei anderen Seiten von Strafsen umgeben (Fig. 344 u. 345 [829]).

Der Fufsboden des Sockelgeschoffes, welches sich rückwärts in das ansteigende Gelände einbaut und Wirtschaftszwecken dient, liegt in Höhe der vorderen Terrasse.

Vom Haupteingang steigt man über 26 Stufen zum Erdgeschofs empor. Im Mittelbau liegen hier die für die Geschlechter getrennten Aufnahmeräume, die Kapelle, das Zimmer der Oberin und der Speiseraum der Schwestern, im Obergeschofs über der Eingangshalle der Operationssaal und ein Aerztezimmer, rückwärts 2 Krankenräume, im mittleren Dachaufbau Schlafräume für 16 bis 20 Schwestern nebst Kranken- und Fremdenzimmer. Die Nebentreppe führt nur zum Dachboden. Jeder Flügel mit eigener Treppe dient einem der beiden Geschlechter. Vor den kleinen Krankenzimmern ist im Erdgeschofs eine Terraffe angeordnet. Die Achteckfäle wurden im Dach je in 4 Zimmer für zusammen 6 Betten zerlegt. Speise- und Waschküche befinden sich im Sockelgeschofs.

Fig. 346.

686.
Beispiel
VIII.

Das neue städtische Krankenhaus zu Neumünster in Holstein (Fig. 346 [830]) wird durch ein Leichenhaus ergänzt.

Das Hauptgebäude hat 2, sein Anbau für Ansteckende 1 Geschofs. Zum Erdgeschofs führen 13 Stufen empor. Der Querflur dient als Tagraum. Beide Krankensäle haben getrenntes Zubehör. Das Obergeschofs soll 20 Betten enthalten, was bei gleicher Raumverteilung wie unten den Belag aller Fronträume voraussetzt. Im Sockelgeschofs find 1 Wartezimmer, 2 Räume für Krätzekranke, Zimmer für Tobsüchtige, die Küche und die Mädchenkammer untergebracht. Im Anbau, der nur

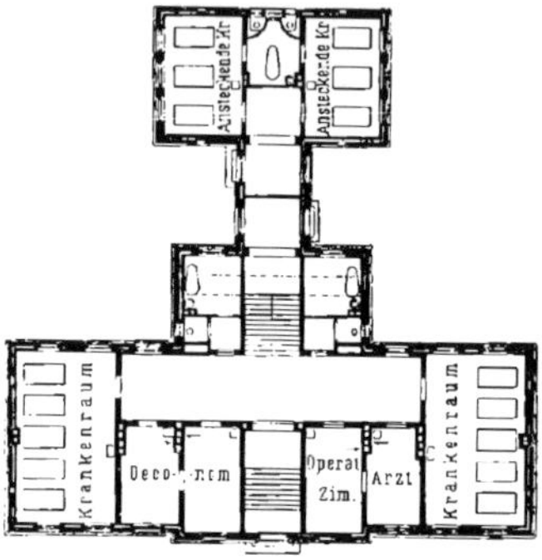

Städtisches Krankenhaus für 45 Betten
zu Neumünster [830]).
1888—89.
1/500 w. Gr.
Arch.: *Schlichting.*

von aufsen zugänglich ist und deffen Eingangsthür entgegengesetzt zum Ausgang aus dem Hauptbau liegt, haben beide Krankenzimmer gemeinsames Zubehör. — Im Nebengebäude befindet sich aufser der Leichenkammer eine Desinfektionsanlage.

687.
Beispiel
IX.

Das Hauptgebäude des Kreiskrankenhauses zu Ballenstedt (Fig. 347 bis 349 [831]) sollte später durch eingeschoffige Pavillons erweitert werden.

Infolge der Lage an einer Berglehne erhielt dasselbe einen hohen, an der östlichen Vorderseite freiliegenden Unterbau. In beiden Hauptgeschoffen nehmen die südliche Hälfte, welcher eine Halle vorgelegt ist, Krankenräume ein. Der nördliche Teil enthält im Erdgeschofs das Bureau, die Wohnung der Schwestern, das Arzt- und Operationszimmer, Bade- und Abortzimmer. Letztere wiederholen sich im Obergeschofs, wo aufserdem die Spülküche, 2 Isolierzimmer nebst gesondertem Abort und 2 Zimmer für Zahlende liegen. Der Treppe gegenüber befindet sich hier das Wärterzimmer. — An die Wirtschaftsräume im Unterbau wurden ein Desinfektionsraum und ein solcher für kurze Aufbewahrung einer Leiche angebaut, da wegen Geldmangel eigene Bauten hierfür nicht errichtet werden konnten.

688.
Beispiel
X.

Das *Hertford British Hospital* zu Lavallois-Perret, einem Vorort im Nordwesten von Paris, welches *R. Wallace* zum Gedächtnis seines Vaters, des Marquis *v. Hertford*, stiftete, liegt rings von Strafsen umgeben an der *Rue de Villiers* (Fig. 350 u. 351 [832]).

[829] Faks.-Repr. nach: Architektonische Rundschau 1890. Taf. 33, 34.
[830] Nach: SCHLICHTING. Städtisches Krankenhaus für Neumünster in Holstein. Bauqwks.-Zeitg. 1891, S. 256.
[831] Nach freundlicher Mitteilung des Herrn Baurats *Schmieden* in Berlin.
[832] Nach: SANSON. *Hertford British hospital.* L'architecture 1888, S. 234 u. 235.

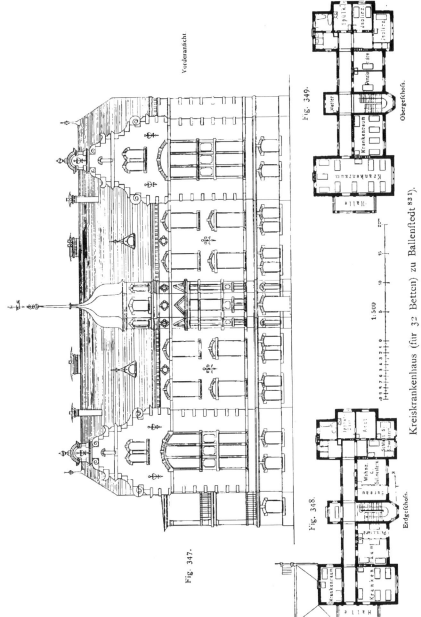

Fig. 347. Fig. 348. Fig. 349.

Kreiskrankenhaus (für 32 Betten) zu Ballenstedt 831). 1892.
Arch.: Schmieden & Speer.

Auf dem 7300 qm grofsen Gelände mit nahezu füdweftlich-nordöftlicher Längsachfe ift hinter dem Hauptgebäude der Garten durch einen tieferliegenden Heckenweg zum Leichenhaus den Gefchlechtern entfprechend geteilt. Der Leichenhof hat rückwärtigen Ausgang nach der Strafse.

Fig. 350.

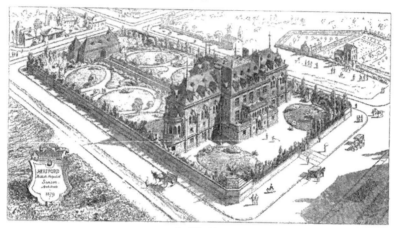

Vogelfchaubild.

Fig. 351. Obergefchofs.

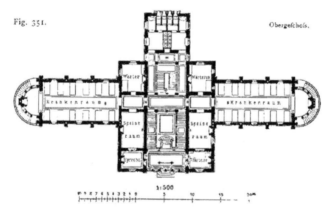

Hertford hofpital zu Lavallois[35]), geplant für 30 Betten.
1877—79.
Arch.: *Sanfon*.

Im Hauptgebäude fteigt man vom Eingangsflur, an welchem das Pförtner- und ein Sprechzimmer liegen, 7 Stufen zum Erdgefchofs des Mittelbaues hinab. Rechts von den Treppenhäufern befinden fich der Sitzungs- und ein Wafchraum, links die Kapelle und ein Spülraum, im rückwärtigen Anbau ein Speifen- und ein Krankenaufzug, fowie die Küche, und unter letzterer der von einem vertieften, vom Garten zugänglichen Hof umgebene Raum für die Heizeinrichtungen. Beide Flügel haben Eingänge von aufsen. Der rechtsfeitige enthält die Poliklinik mit getrennten Warteräumen für Männer und Frauen, die

Apotheke und einen Saal für die außer Dienft befindlichen Pflegerinnen mit feften Fenftern zur Ueberwachung der Konfultierenden, der linksfeitige Bäder für Externe.

Im I. Obergefchofs (Fig. 351) find im Mittelbau das doppelt vorhandene Zubehör für die durch zwei Obergefchoffe reichenden und gewölbten Männer- und Frauenfäle untergebracht; die Saalenden ftehen durch Freitreppen mit den Gärten in Verbindung. Zum II. Obergefchofs des Mittelbaues führt nur die Nebentreppe. Hier liegen in der Front 2 durch ein Pflegezimmer getrennte Räume für je 3 Operirte, dahinter rechts das Zimmer der *Lady fuperintendent*, links das'jenige des Internen, die beide den entfprechenden Krankenfaal, das Zimmer der Operirten und den Garten von ihren Zimmern aus überfehen können, und gegen Norden ein Baderaum, die Spülaborte und ein Operationszimmer. Im ausgebauten Teil des Daches befinden fich Niederlageräume für reine Wäfche und wollene Decken, jederfeits 6 Zimmer für männliches, bezw. weibliches Wartperfonal und im darüber liegenden Dachraum Vorratsräume.

Der Mangel an Ifolierzimmern führte zum Belag der Tagräume mit je 2 Betten, wodurch derjenige des Krankenhaufes auf 34 Betten ftieg.

Von der Geländefläche entfallen auf jedes der geplanten 30 Betten 243 qm, bei einem Belag von 40 Betten 182 qm.

Das ftädtifche Krankenhaus zu Langenfalza, eine Stiftung des Rittergutsbefitzers *Weifs*, war für etwas mehr als 10000 Einwohner beftimmt und wurde an der Südfeite der Stadt außerhalb der ehemaligen Ringmauer für 24 Betten nach dem Plan von *Heffe* errichtet. Das Grundftück ift rückwärts von einem Feldweg, feitlich von Gartengrundftücken begrenzt.

689. Beifpiel XI.

Fig. 352.

¹/₅₀₀ w. Gr.

»*Miller's memorial hofpital* zu Greenwich ⁸³³), für 24 Betten. 1884.

Arch.: *Keith D. Young & Hall*.

Das Hauptgebäude (fiehe Fig. 35 bis 38, S. 83) fteht vorn 25,oo m, feitlich 15,oo m, bezw. 18,oo m von den Grundftücksgrenzen ab und hat Gangverbindung mit dem Wirtfchaftsbau hinter feinem Mittelbau, an deffen Hofe links ein kleiner Schuppen liegt. Diefe rückwärtigen Bauten haben Zufahrt vom Feldweg.

Im Hauptgebäude ift der Mittelbau von den Flügeln durch Glasthüren getrennt, und beide Kopfbauten können mit ihrem Zubehör im Fall von epidemifchen Krankheiten Ifolierzwecken überwiefen, vom übrigen Gebäude abgefondert und von außen zugänglich gemacht werden. Im Obergefchofs des Mittelbaues liegen 4 Zimmer für Kranke I. Klaffe, deren Wärterraum im Dachboden über dem einen Flügel eingebaut wurde.

Im Wirtfchaftshaus find die Wafch- und Kochküchen mit ihrem Zubehör und eine Leuteftube zu beiden Seiten eines Mittelganges angeordnet, an deffen Ende eine Tobzelle liegt, neben der rechts die Leichenkammer mit Ausgang nach außen, links ein Geräteraum fich befinden. Auf dem Dachboden lagern die Patientenkleidung und die fchmutzige Wäfche, welche durch ein Thonrohr zur Wafchküche befördert wird. — Der Schuppen enthält die Eiskeller, Holz- und Kohlenräume; neben demfelben liegt ein Ziegenftall. — Vom Gelände (10000 qm) entfallen auf jedes der 24 Betten rund 417 qm.

Das *Miller memorial Hofpital* zu Greenwich wurde in der Nachbarfchaft der *Royal Kent dispenfary* fo geplant, dafs dem Verwaltungsbau ein gleicher Saalbau an der Südfeite angefchloffen werden kann, wie er an der Nordfeite zur Ausführung kam (Fig. 352 ⁸³³).

690. Beifpiel XII.

Auf dem befchränkten Grundftücke erhielten das Verwaltungsgebäude 3 und der Saalbau 2 Gefchoffe. Der erftere enthält im I. Obergefchofs die Wohnung der *Matron*, im II. die Küche und Schlafräume der Bedienfteten. Das Leichenhaus mit Deckenlicht ift in der Nordoftecke eingebaut.

In Refchitza (Ungarn) errichtete das »Provifions- und Unterftützungs-Inftitut für Diener und Arbeiter der k. k. priv. öfterr. Staats-Eifenbahngefellfchaft« ein kleines Werkfpital (Fig. 353 bis 355 ⁸³⁴).

691. Beifpiel XIII.

---
⁸³³) Nach: YOUNG & HALL. *The Miller memorial hofpital, Greenwich. Builder*, Bd. 47 (1884), S. 256.
⁸³⁴) Nach: WULLIAM & FARGE. *Le recueil d'architecture*. Paris. 6ᵉ année, fc. 36, 37.

Handbuch der Architektur. IV. 5, a. (2. Aufl.)

Von der eingebauten Veranda betritt man rechts den Warteraum, an dem u. a. ein Ifolier- und das als Operationsraum dienende Unterfuchungszimmer liegen, links die Küche mit der Wärterwohnung nebft Bodentreppe und unmittelbarem Zugang von aufsen. Diefe Raumgruppe hat weder Verbindung mit den Krankenräumen im Mittelbau, noch mit dem Sockelgefchofs, wo fich u. a. die Wafchküche, die Luftheizungsanlage und die ifoliert gelegene Totenkammer befinden. Vom Gelände (1270 qm) entfallen auf jedes der 15 Betten rund 75 qm.

642. Beifpiel XIV.
Die von *Mrs. Horton* geftiftete *Infirmary* zu Banbury (Fig. 356 u. 357[835]) liegt etwa 1,6 km von der Stadt am *Oxford turnpike road*.

Fig. 353.

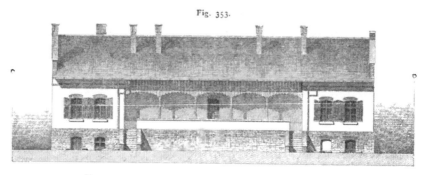

Fig. 354. Fig. 355.

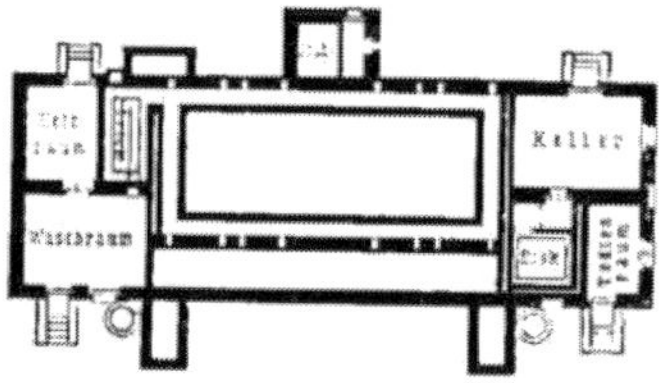

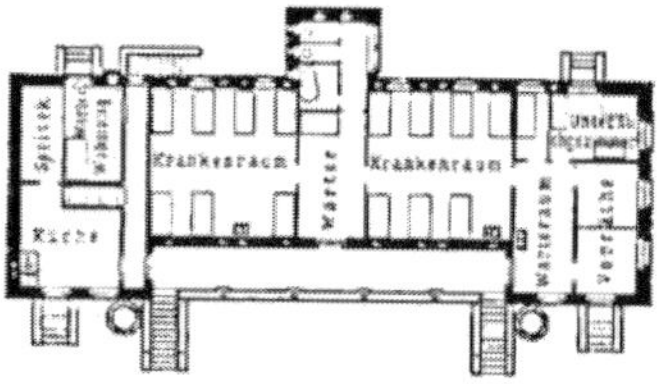

Sockelgefchofs.   Erdgefchofs.

1:500

Werkfpital zu Refchitza[834]) für 15 Betten.
1864.

Im Längstrakt find die Räume des Arztes und der Oberin unmittelbar vom Eingangsflur zugänglich. Rückwärts liegen links die Poliklinik, deren Befucher den Haupteingang benutzen, diefelbe aber durch den Ausgang gegenüber der Apotheke verlaffen, rechts das Operationszimmer nebft Kleiderablage und Galerie für Studierende über den Aborten, fowie ein Rekonvaleszentenraum. Die Küche mit Zubehör konnte infolge des abfallenden Geländes unter dem Frauenfaal angeordnet werden. Im Obergefchofs des Mittelbaues befinden fich die Schlafräume der Angeftellten. Zum Hofpitalgrundftück gehört ein durch Gitter eingefafster Garten, der auch eine Erweiterung der Krankenunterkunftsräume geftattet.

693. Beifpiel XV.
Durch *Mencke*'s Wirken entftand das kleine »Krankenpflegehaus« zu Wilfter (Fig. 358[836]).

Vor dem Gebäude mit nördlicher Front wurde ein freier Platz zum Spazierengehen, hinter dem Haus ein Obft- und an feiner linken Seite ein Küchengarten angelegt. Der Bau befland urfprünglich aus dem linken Eingangsflur mit Küche und Wärterwohnung, einem Arztzimmer über dem erfteren im Dachgiebel

---

[835]) Nach: *The Horton infirmary Banbury*, *Builder*, Bd. 30 (1872), S. 626.
[836]) Nach: MENCKE, Welche Aufgaben erfüllt das Krankenhaus der kleinen Städte und wie ift es einzurichten? 2. Aufl. Berlin 1891. S. 55.

Fig. 356.

Fig. 357.

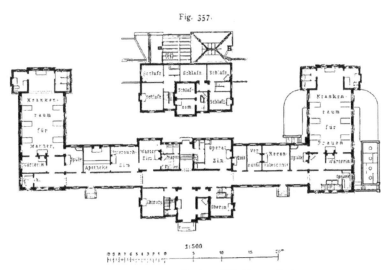

Horton infirmary zu Banbury[835]) für 12 Betten.
1879—82.
Arch.: *Driver.*

und dem eingefchoffigen Korridorteil. Da der Transport des Operationstifches vom Arztzimmer zu den Krankenräumen befchwerlich war und daher Operationen dicht bei den Krankenbetten vorgenommen werden mufsten, erfolgte fpäter der rechtsfeitige Anbau mit einem neuen Zimmer für den Arzt, einem anderen für Geisteskranke und 2 Krankenräumen — für Krätze und Syphilis — im Obergefchofs. Das frühere Arztzimmer war hierdurch für eine Diakoniffin verfügbar.

Die öftlich angebaute Badezelle ift von aufsen zugänglich und für Externe beftimmt, deren Bedienung dem Warteperfonal Zeit nimmt. Hinter der Küche liegt ein Eishaus und an der Weftfeite ein Leichenhaus. 12 Betten rund 165 qm.

Fig. 358.

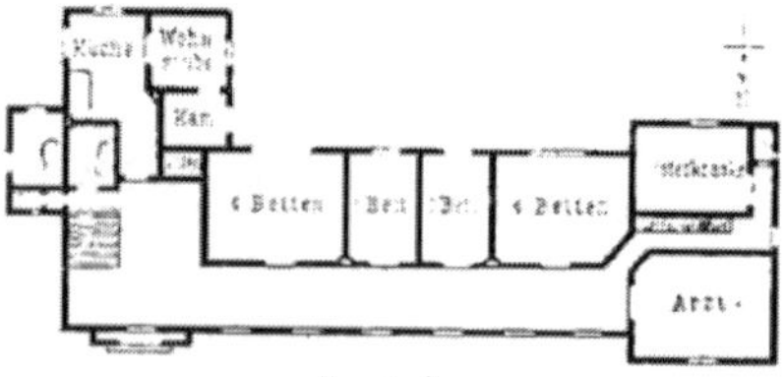

$1/_{500}$ w. Gr.
Krankenpflegehaus für 12 Betten zu Wilfter.
Erdgefchofs [836].
1869 u. 1879.

Von der Geländefläche (1985 qm) entfallen auf jedes der

694. Beifpiel XVI. Das noch kleinere *Cottage hofpital Potter's Bar* fteht an der Ecke von zwei Strafsen (Fig. 359 bis 361 [837]).

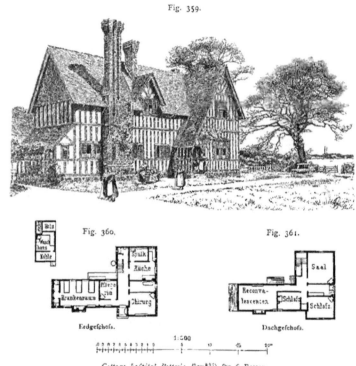

Fig. 359.

Fig. 360. Fig. 361.

Erdgefchofs. Dachgefchofs.

1:500

Cottage hofpital Potter's Bar [837]) für 6 Betten.
Arch.: *Unsworth.*

[837]) Nach: *Cottage hofpital, Potter's Bar. Building news*, Bd. 48 (1885), S. 18.

Im Hauptbau, deffen Front nach Süden gekehrt ift, find die Räume des Kopfbaues vom Krankenflügel durch einen beiderfeits lüftbaren Flur getrennt. Ein zweiter Krankenfaal, ein Raum für Rekonvalefzenten und die Schlafzimmer des Perfonals wurden im Dach eingebaut. Im Nebengebäude ift der Leichenraum von Norden zugänglich gemacht.

4) Abteilungen.

Die in Kap. 2, unter b 5 befprochenen Krankengebäude und Sonderabteilungen beziehen fich auf einzelne Gruppen von Kranken, welche in allgemeinen Krankenhäufern gebildet worden find. Für die befondere Ausbildung der allgemeinen Abteilungen für Aeufserlichkranke, fowie derjenigen für Anfteckendkranke und Kinder bieten die nachftehenden Gefichtspunkte und Beifpiele noch Anhaltspunkte.

695. Ueberficht.

In Abteilungen für Aeufserlichkranke hat man bei geringerem Umfang derfelben die Operationsräume oft mit den Krankenräumen in Verbindung gebracht, wie das folgende Beifpiel zeigt.

696. Abteilungen für Aeufserlichkranke.

Die chirurgifche Abteilung im ftädtifchen Krankenhaufe zu Frankfurt a. M. wurde unter Mitwirkung von *Rehn* und *Spiefs* geplant (Fig. 362 [838]).

697. Beifpiel I.

Getrennte Eingangsflure führen rechts und links von dem dreigefchoffigen Mittelbau zu den eingefchoffigen Krankenflügeln, rechts für Männer, links für Frauen und Kinder mit hoffeitigen Hallen, über deren niedrigen Dächern die auch durch Dachreiter gelüfteten Säle noch Klappfenfter erhielten.

Das Hauptgebäude enthält im Erdgefchofs die Operationsabteilung, im I. Obergefchofs die Wohnung des Affiftenzarztes und 4 Krankenzimmer nebft Zubehör jenfeits des Ganges, von deffen Enden kleine Tageräume abgetrennt find; im II. Obergefchofs wohnen die Angeftellten. — Der Weg zum Frauenfaal führt durch den Kinderfaal. — Das Krankenhaus befitzt aufserdem ein Ifolierhaus.

Die Baukoften betrugen, einfchliefslich des Rohrtunnels für die Dampfleitung von dem 130 m entfernten Keffelhaus, der inneren Möbel und Geräte, 350 000 Mark, fo dafs auf jedes der geplanten 75 Betten[339]) 4666 Mark entfallen.

Trendelenburg verlangt, dafs ein Abfonderungsgebäude für Aeufserlichkranke nicht gleichzeitig für Innerlichkranke dienen foll, da Uebertragungen nicht zu vermeiden find, wenn, wie z. B. in Bonn, Mafern und Scharlach die Hauptzahl der letzteren bilden [840]).

698. Abfonderungsmittel für Aeufserlichkranke.

Der Bericht von *Fauvel & Vallin* fagt über die Abfonderungsmittel für Anfteckende einer Abteilung für Aeufserlichkranke folgendes:

Bei chirurgifchen Affektionen find 3 Gruppen von Kranken zu unterfcheiden: 1) folche, deren Haut intakt ift, die nichts von der Nachbarfchaft der anderen Verwundeten zu fürchten haben; 2) folche, die an offenen oder eiternden Wunden leiden, welche der Gefahr einer *Infection nofocomiale* in den gemeinfamen Sälen der Chirurgie ausgefetzt find; 3) die Kranken, die mit *Infection purulente*, Eryfipel oder Hofpitalbrand behaftet find. — Für diefe dritte Gruppe bedarf es perfönlicher Abfonderung. Die chirurgifche Abfonderung fordert daher befondere Mittel, die von heute zu morgen gebraucht werden können und dem täglichen Bedarf entfprechend vermehrt oder vermindert werden müffen, ohne die Anordnung der ftehenden Gebäude zu ftören: abgefonderte Zimmer mit ununterbrochener Lüftung, Zelte oder Baracken. In vorftehendem unterfcheidet fich die Abfonderung chirurgifcher Affektionen vollftändig von dem, was die übertragbaren inneren Krankheiten bedürfen.

Infoweit als die Anfteckendkranken einer chirurgifchen Abteilung operativer Eingriffe bedürfen, erfordern fie die hierfür nötigen Räume. Befinden diefe fich im Operationsgebäude, fo müffen Abfonderungsbauten für derartige Kranke diefem nahe

699. Beifpiel II.

---

[838]) Fakf.-Repr. nach: WOLFF, C. Die chirurgifche Abteilung des ftädtifchen Krankenhaufes in Frankfurt a. M. Centralbl. d. Bauverw. 1894, S. 489.

[839]) Nach diefer Veröffentlichung ift der Belag zu 87 Betten gerechnet, gegen obige 75, die fich ergeben, wenn man die 4 Zimmer im Hauptgebäude zu je 2 Betten annimmt.

[840]) Siehe: TRENDELENBURG, a. a. O., S. 112 ff.

liegen. Im *Hôpital Boucicaut* zu Paris gab man ihnen ein befonderes Operationsgebäude (fiehe Art. 664, S. 412). Im *Hôpital Cochin* ebendafelbft ging man nicht fo weit. Der *Pavillon Lifter* im *Hôpital Cochin* dient für Aeufserlichkranke beider Gefchlechter und entftand unter Mitwirken von *Schwartz*.

Hier wurden ein Männer- und ein Frauenpavillon mit dem Operationsgebäude derart durch verglafte Gänge verbunden, dafs der eine parallel, der andere fenkrecht zu ihm fteht.

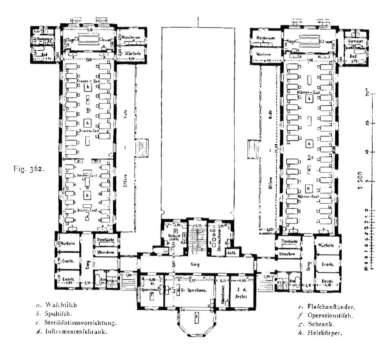

Fig. 362.

a. Wafchtifch.
b. Spultifch.
c. Sterilifationsvorrichtung.
d. Inftrumentenfchrank.

e. Flafchenftänder.
f. Operationstifch.
g. Schrank.
h. Heizkörper.

Chirurgifche Abteilung für 75 Betten im ftädtifchen Krankenhaus zu Frankfurt a. M.[838]).
1891—93.

Arch.: *Behnke & Wolff*.

Verteilung der Kranken:

Männerfeite 31 + 2, zufammen . . . . 33 Betten
Frauenfeite 18 + 14 + 2, zufammen . . . . . . 34 ,,
Hauptgebäude 4 × 2, zufammen . . . . 8 ,,

Insgefamt 75 Betten[539])

700. Beifpiel III.

In jedem Pavillon trennt ein Querflur das gefonderte Zubehör des Saales der Infizierten von demjenigen der Nichtinfizierten; doch führt der Weg von erfteren nach dem Plan durch den Saal der letzteren, da er am Ende des Pavillons liegt; im Operationsgebäude find 2 Säle — aber nur 1 Inftrumentenraum, der jedoch mit dem Operationsfaal der Infizierten keine Verbindung hat — und 4 Ifolierzimmer vorhanden.

Im *Pavillon Pafteur* desselben Hofpitals für Frauen, der unter Beihilfe von *Quénu* erbaut ift, hat man die Trennung der Infektiöfen von den Nichtinfektiöfen beffer bewirkt und den Unterabteilungen eigene Operationsräume beigegeben.

Diefer Pavillon (Fig. 363[841]) mit füdnördlicher Achfe fetzt fich aus einem mittleren Beobachtungsflügel, dem öftlichen afeptifchen und dem weftlichen feptifchen Flügel zufammen, die untereinander durch verglafte Gänge verbunden find.

Am Eingang des Pavillons liegt das Arzt- und das Unterfuchungszimmer, in welchem die Feftftellung des afeptifchen, feptifchen oder zweifelhaften Charakters, die erfte Reinigung, das Baden und das Einkleiden der Kranken erfolgt. Für Wartende find in den Glasgängen Bänke, für die Internen und Befuchenden ebendafelbft Kleiderzellen angeordnet. Jeder der Beobachtungsftation überwiefene Kranke wird, folange er fich in Beobachtung befindet, wenn eine Operation ftattfinden mufs, in deren Operationsraum operiert. Zum Zubehör diefer Station gehört ein befonderer Kleiderraum mit Wafchvorrichtung für die Internen.

Der Pavillon der Afeptifchen rechts hat eigenen Operationsfaal nebft Zubehör und 2 Ifolierzimmer. Befuchende erhalten nur zum Krankenfaal feitlich vom Gartenhof aus Zutritt. Die Räume für chemifche

Fig. 363.

1. Chirurg.
2. Unterfuchungszimmer.
3. Tagraum.
4. Operationsraum.
5. Kleiderraum der Internen.
6. Krankenfaal.
7. Ifolierzimmer.
8. Narkofe.
9. Verbandzimmer.
10. Chemikalien.
11. Inftrumentenraum.
12. Patientenkleidung.
13. Reine Wäfche.
14. Spülküche.

Pavillon Pasteur im *Hôpital Cochin* zu Paris[841].
1892—93.
Arch.: *Rochet.*

Verteilung der Kranken:

Beobachtungspavillon	10 Betten
Pavillon für afeptifche Kranke	16 »
Pavillon für feptifche Kranke	14 »
Insgefamt	40 Betten

Flüffigkeiten und für Verbandftoffe werden mit den betreffenden Materialien von aufsen verforgt; ihre Sterilifation erfolgt im Inftrumentenzimmer, wo auch die Rohrleitungen und der Warmluftofen des Operationsfaales liegen, deffen Zuluftöffnung in letzterem durch ein Filter gedeckt ift.

Der Pavillon für Septifche links enthält die allgemeinen Dienfte der 3 Säle: eine grofse Spülküche nebft Nebenraum, Räume für die Patientenkleidung und reine Wäfche. Eine Kellertreppe führt zu dem darunter gelegenen Kohlenraum. Die Spülküche hat auch von aufsen Zugang, um vom Garten aus verforgt zu werden. Am Krankenfaal liegt nur ein kleiner Operationsraum für die laufenden chirurgifchen Eingriffe, welche in den anderen Abteilungen gewöhnlich im Bett vorgenommen werden.

Am Ende aller 3 Flügel find beiderfeits am Abortraum 0,50 m vertiefte Kabinen für die fchmutzige Wäfche und Kohlen angelegt, die man von aufsen bedient.

---

841) Nach: BELOUET, H. *Les nouveaux fervices de chirurgie de l'hôpital Cochin. Revue d'hygiène* 1894, S. 328 ff.

Die Baukosten der in Fachwerk ausgeführten Abteilung betrugen 136000 Mark bei einer überbauten Fläche von 930,0 qm, so dass auf jedes der 40 geplanten Betten 3400 Mark und 23,25 qm Grundfläche entfallen und 1 überbautes Quadr.-Met. 146 Mark kostet.

701. Stationen für Unfallverletzte.
In der Abteilung für Aeusserlichkranke strebt man jetzt auch Sonderabteilungen für Unfallverletzte an oder übernimmt doch Einrichtungen, die sich in den Krankenhäusern der Berufsgenossenschaften für Unfallverletzte bewährt haben, welche selbständige chirurgische Anstalten für solche Kranke darstellen. Diese Einrichtungen bezwecken nicht nur die Heilung, sondern auch die thunlichst vollkommene Gesundung der Verunglückten, um sie wieder erwerbsfähig zu machen.

Die chirurgische Universitätsklinik zu Königsberg erhielt einen Turnsaal, und in der kgl. Charité zu Berlin ist eine Abteilung für Unfallkranke eingerichtet, wobei nicht nur der Lehrzweck, sondern auch der Wunsch massgebend war, derartige Kranke nicht allein in Unfallskrankenhäusern abzusondern.

Die Heilanstalt für Verletzte in Neu-Rahnsdorf bei Erkner bestand zur Zeit ihrer Eröffnung (1894) aus einem Pavillon für die Wundbehandlung, einem anderen für Rekonvaleszenten, welche die Zander'schen »mediko-mechanischen Apparate« enthält, und aus einem dritten für den Speisesaal und die Arbeitszimmer; sie verpflegte 126 Mann, wurde aber später erweitert.

Zu den Heilmitteln gehören im »Bergmannstrost« bei Halle ein Gebäude für Heilgymnastik (siehe Art. 529, S. 312), Werkstätten, eine Wandelbahn und Gelände zur Beschäftigung der Genesenden mit leichter Feld- und Gartenarbeit.

702. Beispiel IV.
Das zweigeschossige Hauptgebäude des Kranken- und Genesungshauses Bergmannstrost, welches die IV. Sektion der Knappschafts-Berufsgenossenschaft zu Halle an der Merseburger Chaussee erbaute, erhielt in den Fig. 364 u. 365 [842]) dargestellte Einteilung und sollte durch 2 Pavillons an der Wandelbahn, welche dasselbe mit dem Gebäude für Heilgymnastik verbindet, ergänzt werden.

Der Längstrakt mit westlicher Front enthält in dem hochgelegenen Hauptgeschoss das Sprechzimmer des Chefarztes, 2 Operationsabteilungen, von denen die kleinere links für Inficierte dient, Zimmer für Assistenzärzte und rechts Räume für wissenschaftliche Studien. Zum Zubehör des grossen Operationssaales gehört ein Verbandzimmer. Im Obergeschoss schliessen links an den Mittelbau (Fig. 365) eine Station für verletzte Bergwerksbesitzer, Beamte oder Zahlende mit 5 Einzelzimmern, rechts Wohnungen von Assistenzärzten an.

Die 25-Bettensäle für Kranke und Rekonvaleszenten mit ihrem Zubehör, zu welchem je ein 1- und ein 5-Bettenzimmer gehören, sind auch im Obergeschofs vorhanden.

Im 3,30 m hohen Untergeschofs liegen am Eingang die Pförtnerwohnung und das Zimmer des Oberwärters, in den 3 grossen Räumen unter der Operationsabteilung und in den östlichen Ecken Werkstätten der Rekonvaleszenten, im Nordflügel Wohnungen für 6 Wärter, im Südflügel Zimmer für die Schwestern und das Aerztekasino. — Aufzüge und Fallschächte vermitteln den Dienst der Geschosse.

Die überbaute Fläche beträgt 2077 qm oder 15,73 qm für jedes der geplanten 132 Betten.

703. Abteilungen für Ansteckendkranke.
In Abteilungen für Ansteckendkranke forderten *Fauvel & Vallin* bei folgenden Erkrankungen Einzelzimmer:

1) In den seltenen Fällen einer besonders schweren und übertragbaren Krankheit, z. B. Diphtherie bei einem Erwachsenen, bei Rotz, Hundswut, Pest.

2) Wenn ein Zusammentreffen von zwei übertragbaren Krankheiten bei einem und demselben Individuum eintritt; z. B. Scharlach und Diphtherie.

3) Wenn eine verdächtige, wahrscheinlich übertragbare Krankheit im Entstehen und die Diagnose noch ungewiss ist.

4) Bei den ansteckenden Wundkrankheiten.

5) Bei Puerperalaffektionen.

Diese Absonderung darf aber keine eingebildete, nur scheinbare sein, wie neben den Sälen in Kabinetten, die sich auf einen gemeinschaftlichen Verbindungsgang öffnen, auf welchem die Angestellten verkehren. Hingegen können, wo Klima oder Jahreszeit es gestatten, permanente oder nach Bedarf aufgeschlagene Zelte und Baracken die grössten Dienste thun.

---

[842]) Nach: Denkschrift zur Einweihung des Kranken- und Genesungshauses Bergmannstrost für die IV. Sektion der Knappschafts-Berufsgenossenschaft zu Halle a. S. 8. September 1894. Halle a. S. 1894. S. 10 u. 11.

Danach erachteten fie 1 oder 2 Abfonderungspavillons mit 2 oder 4 getrennten Einzelzimmern als das unentbehrlichfte Zubehör eines Krankenhaufes.

Kerfchenfteiner verlangte auch für eine kleine Anftalt mindeftens 2 Zimmer mit je 2 Betten, wovon eines für Pockenkranke, das andere für Fälle von Krätze, Rotz und Hundswut dienen foll[843]).

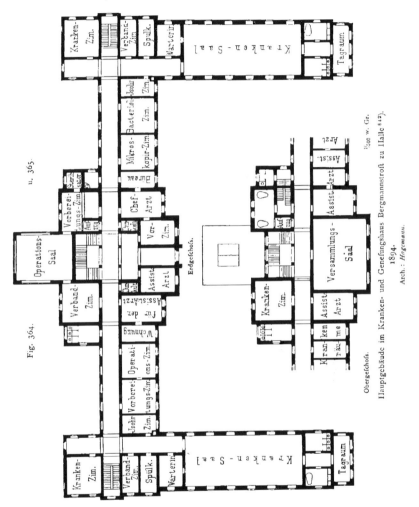

Der *Local government board* in England hält für Infektionskranke in Städten wenigftens 2 getrennte Paare von Zimmern zur Abtrennung von zwei Krankheiten und der Gefchlechter für nötig.

Die Teilung gröfserer Abteilungen für Anfteckendkranke zeigen die folgenden Beifpiele.

[843] Siehe: KERSCHENSTEINER, a. a. O, S. 21.

Rochard plante für 330 Betten 2 Saalbauten nebſt 1 Schutzdach für Ausſchlagkranke, Keuchhuſten und Diphtherie in einer Einfriedigung (ſiehe Fig. 55, S. 335 der 1. Auflage. dieſes Heftes).

Das *Royal Victoria hoſpital* zu Montreal erhielt eine Infektionsabteilung, welche ſich aus 2 Doppelpavillons mit je 12 Betten in 2 Sälen, 2 Pavillons mit je 4 Betten nebſt 1 Iſolierzimmer und 1 Verwaltungsgebäude zuſammenſetzt.

Die Infektionsabteilung des Kaiſer Franz-Joſeph-Spitals in Wien ſollte dem Mangel an genügenden und entſprechenden Räumlichkeiten für ſporadiſch vorkommende Infektionskrankheiten im allgemeinen Krankenhaus, im Krankenhaus Wieden, ſowie in der Krankenanſtalt Rudolfſtiftung abhelfen und beſonders zur Entlaſtung derſelben von Blattern und Flecktyphus dienen. Die Abteilung mit eigenen Thor- und Verwaltungsgebäuden, 1 zweigeſchoſſigen Blockbau für 80, 2 ebenſo hohen Pavillons für je 60 Kranke und 2 1892 errichteten Cholerabaracken umfaſste 1892: 160 Betten.

Fig. 366 bis 369.

Im Rudolf Virchow-Krankenhaus zu Berlin ſind 1 Beamtenwohnhaus, 2 eingeſchoſſige Blockbauten mit je 24, 2 ebenſolche Doppelpavillons mit je 28 und ein Doppelpavillon mit zweigeſchoſſigem Mittelbau für Diphtherie mit 28 Betten geplant, ſo daſs die Abteilung 132 Betten enthält. Das Perſonal ſchläft in Aufbauten.

Ein Beiſpiel für die Geſamtanlage einer ſolchen Abteilung bietet die Krankenabteilung des *Koch*'ſchen Inſtituts für Infektionskrankheiten in der Charité zu Berlin, welche an der Stadtbahn liegt, unter Mitwirkung eines Comités, dem auch der leitende Arzt angehörte, entſtand und eigenes Verwaltungsgebäude erhielt. (Siehe nebenſtehende Tafel).

Das Gelände mit ſüdnördlicher Längsachſe hat einen Zugang für Fuſsgänger in ſeiner mittleren Querachſe zwiſchen den 2 Wohngebäuden für das Warteperſonal. Hinter dem Verwaltungsgebäude liegt das Desinfektions- und Sezierhaus. Beiderſeits am Zufahrtsweg ſtehen die Baracken und Doppelbaracken (ſiehe Art. 286 u. 296, S. 172 u. 176) mit Krankenräumen verſchiedener Gröſse,

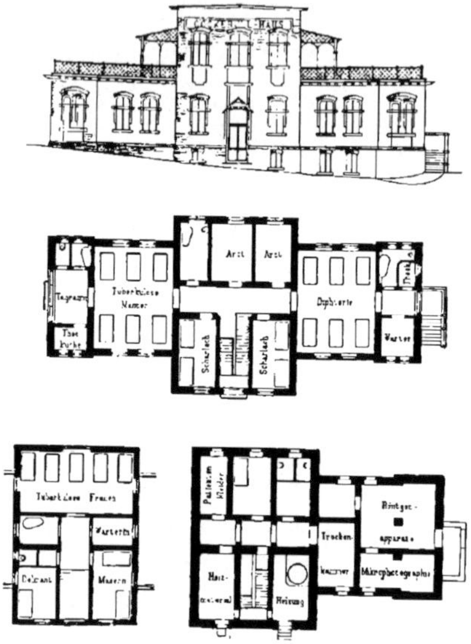

1:500 w. Gr.

Cockerill-Haus im Louiſen-Hoſpital zu Aachen [841])
für 24 Betten.
1900.
Arch.: *Sieben*.

um der Abſonderung der Kranken nach ihren Leiden und dem Bedarf Zahlender zu entſprechen. In den ſüdöſtlichen und nordweſtlichen Ecken befinden ſich Kohlenſchuppen, deren letzterer mit dem Eiskeller verbunden iſt. Nur dieſer und das Verwaltungsgebäude erhielten zwei Geſchoſſe. Die Einfriedigung erfolgte durch Gitter.

Im Verwaltungsgebäude ſind vorn geſonderte Wartezimmer für die Kranken und das Publikum, Räume für die Aufnahme und für die Speiſenausgabe vorhanden. Zur letzteren, die von auſsen unmittelbar zugänglich iſt, werden die Speiſen von der Charité gebracht. Die rückwärtigen Räume dienen Lehrzwecken. Die Zuhörer betreten den Hörſaal von rückwärts, wo ihre Kleiderablage und Aborte liegen. Im Obergeſchoſs befinden ſich die Wirtſchaftsräume des Inſpektors, die Wohnungen des Abteilungsarztes und diejenigen der Unterärzte. — Die Schlafſäle der Wohnbaracken des Warteperſonals erhielten mit den gegen Norden gerichteten Tagräumen auch Verbindung durch Kippfenſter. — Im Desinfektions- und Seziergebäude wird links die ſchmutzige Wäſche ſortiert. Vom unreinen Raum führen Thüren zu einem Raum für das Kochen der Speiſenreſte und zum Bad, aus dem man in das Freie gelangt. Die in den

---

[841]) Nach: DINCKLER. Der Neubau für Infektionskrankheiten im Louiſen-Hoſpital zu Aachen. Kliniſches Jahrbuch, Bd. 7 (1900), S. 570 ff.

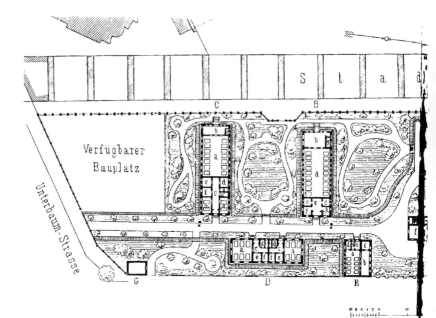

A. Verwaltungsgebäude.
- *a.* Flur.
- *b.* Wartezimmer für das Publikum.
- *c.* Wartezimmer für die Kranken.
- *d.* Abfertigungszimmer.
- *e.* Schreiberei.
- *f.* Speisenausgabe.
- *g.* Dozent.
- *h.* Vorbereitungszimmer.
- *i.* Hörsaal.

B, C, D. Krankengebäude.
- *a.* Krankenraum.
- *b.* Tagraum.
- *c.* Flur.
- *d.* Bad.
- *e.* Warter.
- *f.* Theeküche.
- *g.* Abort.
- *h.* Geräteraum

Kra
des Koch'fchen Inft
in der Kg

Verteil

2 Baracken *(B)* mit je 18, zufammen
2 Baracken *(C)* mit je 18, zufammen
3 Doppelbaracken *(D)* mit je 12, zufam

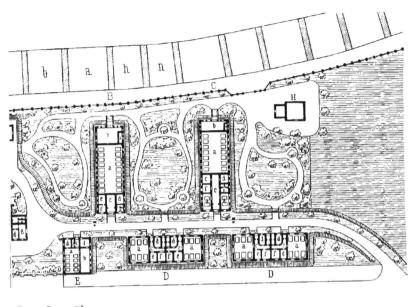

…eilung
Infektionskrankheiten
…é zu Berlin.

Kranken:
36 Betten
36 ,,
36 ,,
Insgesamt 108 Betten.

E. Wohnbaracken für das Wartepersonal.
a. Schlafsaal.
b. Tagraum.
c. Flur.
d. Bad.
f. Theeküche.
g. Abort.

F. Desinfektions- u. Seziergebäude.
a. Wäschesortierraum.
b. Desinfektionsraum.
c. Raum für gereinigte Wäsche.
d. Desinfektion der Speisenreste.
e. Bad.
f. Sezierraum.
g. Flur.
h. Leichenraum.

G. Kohlenschuppen.

H. Eiskeller u. Kohlenschuppen.

Nach: Centralbl. d. Bauverw. 1891, S. 202.

rückwärts angebauten Räumen aufgebahrten, bezw. fezierten Leichen werden nach der Sektion in das pathologifche Inftitut der Charité gebracht.

In anderen Krankenhäufern hat man der Abteilung für Innerlichkranke eine eigene Abteilung für Anfteckende beigefügt.

Im Friedrichshain zu Berlin find 2 Ifoliergebäude mit je 4 von einer gemeinfchaftlichen Treppe zugänglichen Abteilungen zu 11 Betten für Krebs- und Ausfchlagkranke, Augenkranke, Typhus, Scharlach u. f. w. vorhanden, von denen das eine den Männern, das andere den Frauen dient. Ueber die Ausbreitung der Pocken in einem diefer Gebäude fiehe Fufsnote 351 (S. 202).

705. Abteilungen für Anfteckende der Innerlichkranken.

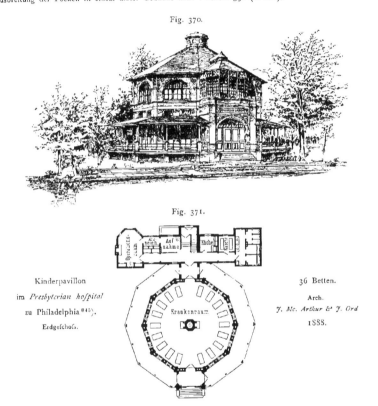

Fig. 370.

Fig. 371.

Kinderpavillon
im *Presbyterian hofpital*
zu Philadelphia[845]).
Erdgefchofs.

36 Betten.
Arch.
J. Mc. Arthur & J. Ord
1888.

In dem von *Cockerill* geftifteten Ifolierpavillon des Luifen-Hofpitals zu Aachen mit weftöftlicher Längsachfe (Fig. 366 bis 369[844]) follten Diphtherie, Scharlach, heilbare Tuberkulofe und Mafern in thunlichft getrennten Abteilungen vereinigt werden.

706. Beifpiel VI.

Dementfprechend erhielten die 3 Abteilungen im Erdgefchofs Eingänge von 3 Gebäudefeiten. Die Thüren vom mittleren Quergang nach den Sälen find nur durch befondere Drücker zu Händen des Arztes und der Schwefter zu öffnen. Die Scharlachbetten wurden zur Trennung von leichten und fchweren Fällen oder Kindern und Erwachfenen auf 2 Räume verteilt, die Diphtheriekranken nicht, weil für Erwachfene andere Räume im Krankenhaus zur Verfügung ftehen. — Im Obergefchofs find auf dem Dach der Flügel 2 Liegehallen für tuberkulöfe Frauen und Männer angebaut. Letztere gelangen mittels einer nach Norden

---

845) Nach: *American architect*, Bd. 24 (1888), Taf. 66a. — Der Mafsftab fehlt dafelbft.

gelegenen Holztreppe dahin. Das 1 Bettenzimmer dient für einen unruhigen Kranken, das 2-Bettenzimmer für Mafern oder Keuchhuften. — Die im Keller gelegenen Räume für Mikro- und Röntgen-Photographie und für Heizzwecke find von aufsen zugänglich. — Die Baukoften betrugen 49 430, die Einrichtungskoften 6470 Mark oder 2184, bezw. 270 Mark für 1 Bett.

707. Kinderabteilungen. Auch den Kinderabteilungen in allgemeinen Krankenhäufern hat man befondere Ausbildung gegeben. Im *Presbyterian hofpital* zu Philadelphia, wo für diefe ein Saalbau errichtet wurde, wählte man für den Saal die Zehneckform. Eine Abfonderung von Kindern innerhalb des Pavillons wurde nicht für nötig befunden, was

Fig. 372.

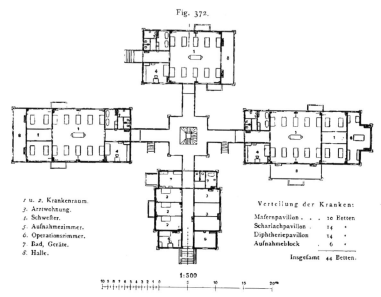

1 u. 2. Krankenraum.
3. Arztwohnung.
4. Schwefter.
5. Aufnahmezimmer.
6. Operationszimmer.
7. Bad, Geräte.
8. Halle.

Verteilung der Kranken:
Mafernpavillon . . . 10 Betten
Scharlachpavillon . 14 "
Diphtheriepavillon 14 "
Aufnahmeblock . 6 "

Insgefamt 44 Betten.

1:500

Kinderkrankenhaus für anfteckende Krankheiten in der kgl. Charité zu Berlin [846]).
1888.
Arch.: *Klutmann*.

die Behandlung anfteckender und fchwerer Fälle darin ausfchliefsen würde. — Eine Sonderabteilung für anfteckende Kinderkrankheiten befteht in der kgl. Charité zu Berlin.

708. Beifpiel VII. Den zweigefchoffigen Kinderpavillon im *Presbyterian hofpital* zu Philadelphia zeigen Fig. 370 u. 371 [845]).

Der Zehneckfaal enthält in jedem Gefchofs 18 Betten. Das Nebengebäude hat nur im mittleren Teil ein Obergefchofs. Ueber dem Windfang des im Erdgefchofs mit einer offenen Halle umgebenen Saales liegt im Obergefchofs ein rings verglafter Tagraum. Das Nebengebäude enthält einerfeits den Aufnahme- und Operationsraum nebft Kabinetten für Inftrumente und Arzneien, andererfeits, bezw. im Obergefchofs das Zubehör der Säle.

709. Beifpiel VIII. Das Kinderkrankenhaus für anfteckende Krankheiten in der kgl. Charité zu Berlin liegt an der äufserften weftlichen Grenze des Grundftückes am Alexander-Ufer und an der Stadtbahn (Fig. 372 [846]).

[846]) Nach: Neubau eines Kinderkrankenhaufes für anfteckende Krankheiten bei der kgl. Charité in Berlin. Centralbl. d. Bauverw. 1888, S. 62.

Den Eingang bildet die Aufnahmeabteilung, in deren von Nordoften nach Südweften verlaufenden Mittelachfe der Mafernpavillon liegt; der rechte dient für Diphtherie, der linke für Scharlach. Alle 4 Bauten find durch offene, im Wafferturm fich kreuzende Gänge verbunden. Nur der Mittelbau des Aufnahmeblocks erhielt ein Obergefchofs, welches von der Treppe im Wafferturm durch eine Brücke zugänglich ift. Da diefe Baugruppe gegen Weften frei liegt und diagonale Achfenftellung zur Sonnenbahn hat, ift ihre Lüftung und die Befonnung des Geländes gut.

Im Aufnahmeblock (fiehe Art. 360, S. 215) haben die 3 Räume der Beobachtungsftation gemeinfames Schwefternzimmer und Zubehör, wie auch die 3 Einzelzimmer für Mifchfälle im Obergefchofs.

Der Scharlachpavillon hat 2 Säle; doch wurde in dem kleineren für Schwerkranke ein Zugangsweg zur Veranda durch Schranken abgetrennt. Diefe Anordnung wiederholt fich im Diphtheriepavillon, wo ein Operationsraum an Stelle der Veranda tritt. Im Mafernpavillon befindet fich nur 1 Saal. Auch zu jedem diefer 3 Krankengebäude gehört zum Zubehör ein Schwefternzimmer. — Ueber die Fufsbodenheizung fiehe Art. 143 (S. 86) und über das Deckenlicht der Säle Art. 50 (S. 31).

Litteratur

über »Allgemeine Krankenhäufer«.

α) Organifation, Anlage und Einrichtung.

ESSE, C. H. Die Krankenhäufer, ihre Einrichtung und Verwaltung. 2. Aufl. Berlin 1868.
SWETE, H. *Handbook of cottage hofpitals*. London 1870.
PLAGE, E. Studien über Krankenhäufer mit Anwendung der daraus gewonnenen Refultate auf das Programm und die Vorarbeiten des neu zu erbauenden Krankenhaufes in Wiesbaden. Zeitfchr. f. Bauw. 1873, S. 305, 437 u. Taf. 41, 42. — Auch als Sonderabdruck erfchienen: Berlin 1873.
Hofpital plans. Five effays relating to the confruction, organization and management of hofpitals, contributed by their authors for the ufe of the Johns Hopkins hofpital of Baltimore. New York 1875.
GRUBER, F. Neuere Krankenhäufer. Notizen. Bericht über die Weltausftellung in Paris 1878. Herausgegeben mit Unterftützung der k. k. Oefterreichifchen Commiffion für die Weltausftellung in Paris im Jahre 1878. Heft VII. Wien 1879.
SNELL, H. S. *Charitable and parochial eftablifhments*. London 1881.
Rapport en réponfe à la demande de la commiffion adminiftrative de l'hôpital civil de Vichy fur le mode d'inftallation le meilleur pour un hofpice à élever dans cette ville par une commiffion. Revue d'hygiène 1882, S. 491.
Krankenhäufer an kleinen Plätzen. HAARMANN's Zeitfchr. f. Bauhdw. 1887, S. 1, 9, 19, 26.
MENCKE. Welche Aufgaben erfüllt das Krankenhaus der kleinen Städte und wie ift es einzurichten. 2. Aufl. Berlin 1889.
KLASEN, L. »Krankenhäufer und Barackenlazarethe«, in: Grundrifsvorbilder von Gebäuden aller Art. Leipzig 1890. S. 314.
PISTOR. Anftalten und Einrichtungen des öffentlichen Gefundheitswefens in Preufsen. Feftfchrift zum 10. internationalen medicinifchen Congrefs. Berlin 1890.
ALBRECHT, H. Neuere Krankenhausbauten. Gefundh.-Ing. 1890, S. 729, 769, 801.
KERSCHENSTEINER, Z. v. Krankenhäufer für kleinere Städte und ländliche Kreife. Deutfche Viert. f. öff. Gefundheitspfl., Bd. 23 (1891), S. 11.
HÖLKER. Hygienifche Anforderungen an kleinere Krankenhäufer. Verhandlungen der Gefellfchaft deutfcher Naturforfcher und Aerzte. 64. Verfammlung zu Halle a. S. 21.—25. September 1891. Theil II. Leipzig 1892.
TOLLET, C. *Les édifices hofpitaliers depuis leur origine jusqu'à nos jours*. 2. Aufl. Paris 1892.
SCHAPER. Ueber die Grundfätze für die Neubauten von Krankenhäufern mit Rückficht auf einen Neubau der Charité. Berl. klin. Wochenfch. 1893, S. 1201.
KEFERSTEIN. Ueber Neubauten kleiner Krankenhäufer. Zeitfchr. f. Med.-Beamte, Bd. 7 (1894), S. 313.
LORENZ & DIESTEL. Neuere Krankenhäufer in Wien und Budapeft. Zeitfchr. f. Bauw. 1895, S. 341.
WORCESTER, A. *Small hofpitals, eftablifhment and maintenance and fuggeftions for hofpital architecture. With plans for a fmall hofpital by W. Atkinfon*. New York 1894.
PFEIFFER, H. Krankenhäufer in den Vereinigten Staaten von Nordamerika. Zeitfchr. f. Bauw. 1895, S. 47 u. Taf. 7, 8.

Ludwig, B. Neue öffentliche Krankenhäufer und Pflegeanftalten etc. Stuttgart 1897.
Goecke, Th. Die Bauanlage des kleinen Krankenhaufes. Deutfche Bauz. 1897, S. 401, 406.
Gruber, F. v. Die Baufyfteme von Krankenhäufern mit befonderem Bezuge auf die Erweiterung des Allgemeinen Krankenhaufes in Linz. Vortrag gehalten am 9. März 1900 im Saale des Kaufmännifchen Vereines in Linz. Stadtgemeinde Linz.
König, G. Das kleine Krankenhaus. Halle a. S. 1901.
Krankenhäufer in München: Bautechnifcher Führer durch München. München 1876. S. 225.
Krankenhäufer in Berlin: Berlin und feine Bauten. Berlin 1877. Theil I, S. 219.
Krankenhäufer in Zürich: Zürichs Gebäude und Sehenswürdigkeiten. Zürich 1877. S. 81.
Krankenhäufer in Dresden: Die Bauten, technifchen und induftriellen Anlagen von Dresden. Dresden 1878. S. 230.
Narjoux, F. Paris. Monuments élevés par la ville 1850—1880. Bd. IV: Edifices fanitaires. Paris 1883.
Guttstadt, A. Die naturwiffenfchaftlichen und medicinifchen Staatsanftalten Berlins. Feftfchrift etc. Berlin 1886. S. 336—379, 535—549.
Virchow R. & A. Guttstadt. Die Anftalten der Stadt Berlin für die öffentliche Gefundheitspflege und für den naturwiffenfchaftlichen Unterricht. Berlin 1886. S. 74.
Krankenhäufer in Frankfurt: Frankfurt a. M. und feine Bauten. Frankfurt a. M. 1886. S. 150.
Krankenhäufer in Köln: Köln und feine Bauten. Köln 1888. S. 508.
Jahrbücher der Hamburgifchen Staatskrankenanftalten. Jahrg. I (1889). Leipzig 1890 ff.
Krankenhäufer in Berlin: Die öffentliche Gefundheits- und Krankenpflege der Stadt Berlin, herausgegeben von den ftädtifchen Behörden. Berlin 1890. S. 115—171, 222—236.
Krankenhäufer in Hamburg: Hamburg und feine Bauten etc. Hamburg 1890. S. 376.
Jahrbuch der Wiener k. k. Krankenanftalten. Jahrg. I (1892). Wien und Leipzig 1893 ff.
Krankenhäufer in Berlin: Berlin und feine Bauten. Berlin 1896. Bd. II, S. 420.
Krankenhäufer zu Karlsruhe. Baumeister, R. Hygienifcher Führer durch die Haupt- und Refidenzftadt Karlsruhe. Karlsruhe 1897. S. 260.
Ruppel, F. Neue Krankenhausbauten in Hamburg. Techn. Gemeindebl., Jahrg. 1 (1898), S. 148, 167.
Krankenhäufer in Freiburg: Freiburg im Breisgau, die Stadt und ihre Bauten. Freiburg i. B. 1898. S. 570.
Krankenhäufer in Bremen: Bremen und feine Bauten. Bremen 1900. S. 334.

β) Gefchichte und Befchreibung einzelner allgemeiner Krankenhäufer.

The hofpital of Lariboifière. Builder, Bd. 17 (1859), S. 417.
Propofed new infirmary Swanfea. Builder, Bd. 23 (1865), S. 521.
Zenetti. Das Krankenhaus zu München Vorftadt Haidhaufen. Zeitfchr. d. bayer. Arch.- u. Ing.-Ver. 1869, S. 45 u. Bl. XII, XIII.
Hôtel-Dieu in Paris. Deutfche Bauz. 1870, S. 362.
Pfeiffer. Spital für Deutfche in New-York. Zeitfchr. d. öft. Ing.- u. Arch.-Ver. 1870, S. 72.
Sander, F. Das neue St. Thomas-Krankenhaus in London. Correfpondenzbl. d. Niederrhein. Ver. für öff. Gefundheitspfl. 1872, S. 173.
Das Roofevelthofpital in New-York. Deutfche Bauz. 1872, S. 26.
The Horton infirmary, Banbury. Builder, Bd. 30 (1872), S. 625.
Esse, C. H. Das Augufta-Hofpital und das mit demfelben verbundene Afyl für Krankenpflegerinnen. Berlin 1873.
Lent. Das Barackenlazareth in Leipzig. Correfpondenzbl. d. Niederrhein. Ver. für öff. Gefundheitspfl. 1873, S. 22.
Waldhauer. Stadtkrankenhaus in Riga. Zeitfchr. f. Bauw. 1873, S. 503 u. Taf. 59—60.
Gropius & Schmieden. Das ftädtifche, allgemeine Krankenhaus im Friedrichshain in Berlin. Zeitfchr. f. Bauw. 1875, S. 131, 435 u. Taf. 24—32, 42—47, 66—68; 1876, S. 5, 153 u. Taf. 10—13 27—30. — Auch als Sonderabdruck erfchienen: Berlin 1876.
Hôpital Sainte-Eugénie et maifon de Santé à Lille (Nord). Encyclopédie d'arch. 1876, Pl. 318, 331, 357—358, 369—370; 1877, S. 57 u. Pl. 340, 354.
Das neue New-Yorker Hofpital. Deutfche Bauz. 1877, S. 219.
Norfolk and Norwich hofpital. Building news, Bd. 36 (1879), S. 660.
Hagemeyer, A. Das allgemeine Krankenhaus der Stadt Berlin im Friedrichshain, feine Einrichtung und Verwaltung. Berlin 1879.
Warfwinge, F. W. Das Sabbatsberg-Hofpital in Stockholm. Baugwks.-Zeitg. 1879, S. 558.

Hôpital de Saint-Denis. Nouv. annales de la confir. 1881, S. 196 u. Taf. 50, 51.
GROSSHEIM. *The new Royal infirmary at Edinburgh.* Deutfche Viert. f. öff. Gefundheitspfl. 1882, S. 361.
Das Spital der ifraelitifchen Cultusgemeinde. Wien 1883.
HENRICI. Krankenhaus in Goslar. Centralbl. f. allg. Gefundheitspfl. 1883, S. 223.
MÜLLER, F. P. Das neue ftädtifche Hofpital in Antwerpen. Centralbl. f. allg. Gefundheitspfl. 1884, S. 1.
YOUNG & HALL. *The Miller memorial hofpital, Greenwich. Builder,* Bd. 47 (1884), S. 256.
YOUNG & HALL. *Eaft Suffex Haflings and St. Leonards infirmary, Haflings. Builder,* Bd. 47 (1884), S. 758, 773; Bd. 52 (1887), S. 180.
SCHMIT, C. *Le fyftème Tollet; l'hôpital de Lugo (Romagne). Journal d'hygiène,* Bd. 9 (1884), S. 484.
HESSE, C. F. Krankenhaus zu Langenfalza. Deutfche Bauz. 1885, S. 245.
APPLETON. *The new Epfom infirmary. Architect,* Bd. 33 (1885), S. 209.
Hull Royal infirmary. Builder, Bd. 49 (1885), S. 640.
HAUSMANN. Hauptftädtifches Spital auf der Mellöerftrafse in Budapeft. Bauz. f. Ungarn 1885, S. 1.
Cottage hofpital, Potter's Bar. Building news, Bd. 48 (1885), S. 16.
HALL. *Great Northern central hofpital. Builder,* Bd. 51 (1886), S. 908.
SCHMIEDEN, v. WELTZIEN & SPEER. Kreiskrankenhaus in Deffau. Architektonifche Rundfchau 1887, Taf. 81.
OSTHOFF, G. Die ftädtifche Krankenanftalt in Erfurt. Wochbl. f. Baukde. 1887, S. 113.
RIVOALEN. *Hôpital Tenon à Paris XX. arrondiffement. Nouv. annales de la confir.* 1887, S. 81 u. Pl. 24—27.
WAIDMANN, K. Landesfpital in Ragufa. Allg. Bauz. 1888, S. 8 u. Taf. 4—9.
DENEKE, TH. Mittheilungen über das neue, allgemeine Krankenhaus zu Hamburg-Eppendorf. Unter Mitwirkung von H. CURSCHMANN. Deutfche Viert. f. öff. Gefundheitspfl. 1888, S. 549.
Hertford Britifh hofpital. L'architecture 1888, S. 233.
FREUND, W. Spital der ifraelitifchen Cultusgemeinde in Budapeft. Bauz. f. Ungarn 1889, S. 261.
Liverpool Royal infirmary. Building news, Bd. 56 (1889), S. 168.
WAIDMANN, K. Krankenhaus in Sebenico. Allg. Bauz. 1890, S. 55 u. Taf. 48—50.
BILLINGS, S. *Defcription of the Johns Hopkins hofpital.* Baltimore 1890.
CRECKE. *Victoria hofpital, Bournemouth. Building news,* Bd. 58 (1890), S. 94.
REINHARDT, R. Marien-Hofpital in Heslach bei Stuttgart. Architektonifche Rundfchau 1891, Taf. 33, 34.
SCHLICHTING. Städtifches Krankenhaus für Neumünfter in Holftein. Baugwks.-Zeitg. 1891, S. 256.
SCHOPP & SEHNAL. Das neue Franz-Jofeph-Krankenhaus in Rudolfshain-Wien. Leipzig und Wien 1891.
YOUNG & HALL. *Derbyfhire general infirmary. Builder,* Bd. 60 (1891), S. 412.
KREISSL, J. Allgemeines Krankenhaus in Böhm.-Leipa. Bautechniker 1892, S. 553.
HENMANN. *Selected defign of Birmingham general hofpital. Builder,* Bd. 62 (1892), S. 246.
ZIMMERMANN & RUPPEL. Das neue allgemeine Krankenhaus Hamburg-Eppendorf. Zeitfchr. f. Bauw. 1892, S. 339, 469 u. Bl. 49—55. — Auch als Sonderabdruck erfchienen: Berlin 1892.
HOCHEDER. Krankenpflege-Anftalt zu Neuhaufen-München. Deutfche Bauz. 1893, S. 81. — Siehe auch: ebendaf. 1897, S. 905.
HAGEMEYER, A. Das neue Krankenhaus der Stadt Berlin am Urban, feine Einrichtung und Verwaltung. Berlin 1894.
KUHN, F. O. Eine canadifche Krankenhaus-Anlage. Deutfche Bauz. 1894, S. 23.
GRUBER, F. v. Das Rudolfiner-Haus in Wien. Wiener Bauind.-Zeit. 1895.
Denkfchrift zur Einweihung des Kranken- und Genefungshaufes Bergmannstroft für die IV. Section der Knappfchafts-Berufsgenoffenfchaft zu Halle a. S. Halle a. S. 1894.
WULLIAM & FARGE. *Le recueil d'architecture.* Paris.
6e année, f. 30, 32, 33, 59, 65—67: *Hôpital de Ménilmontant à Paris (Tenon);* von BILLON.
f. 36, 37: *Hôpital de l'ufine de Rechitza (Hongrie).*
Neue Serie: 2e année, 53—56: *Hôpital de Brive;* von RICHARD & SCHNEIDER.
Das neue Krankenhaus zu Auffig. Oefterr. Sanitätswefen 1896, Nr. 39.
PFEIFER, H. Die Gebäude der neuen herzogl. Krankenanftalt von Braunfchweig. Braunfchweig 1897.
PIEPER. Das neue St. Marienhofpital zu Lüdinghaufen. Centralbl. f. allg. Gefundheitspfl. 1897, S. 143.
Der Umbau des Charité-Krankenhaufes und die Verlegung des Botanifchen Gartens zu Berlin. Deutfche Bauz. 1897, S. 196.
Die Neubauten der Königlichen Charité in Berlin. Centralbl. d. Bauverw. 1897, S. 205.
Das neue Landkrankenhaus auf dem Möncheberg. Feftfchrift zur 38. Hauptverfammlung des Vereins deutfcher Ingenieure. Kaffel 1897.

ARNOULD, E. Les nouveaux hôpitaux de Belfort et de Montbéliard. Revue d'hygiène 1897. S. 788.
RUPPEL, F. Der Neubau eines Hafen- und Polizei-Krankenhaufes in Hamburg. Centralbl. d. Bauverw. 1898, S. 409.
GRUBER, F. v. Skizze für ein in einer kleinen Gemeinde zu erbauendes Krankenhaus. Oefter. Sanitätswefen 1897, Beil. zu Nr. 15, S. 5. — Auch als Sonderabdruck erfchienen.
MARTIN, A. J. Das neue Hofpital Boucicaut in Paris. Revue d'hygiène 1898, S. 134.
CHARAS. Das neue Heim der Wiener freiwilligen Rettungsgefellfchaft. (Mit einem Rückblick auf ihre Entwicklung.) Ref. in: Hyg. Rundfchau, Jahrg. VIII (1898), S. 344.
SPINOLA. Das IV. allgemeine Krankenhaus in Berlin. Hyg. Rundfchau, Jahrg. VIII (1898), S. 1072.
Feftfchrift zur Eröffnung des neuen Krankenhaufes der Stadt Nürnberg etc. Nürnberg 1899.
The new Bedford county hofpital. Building news, Bd. 72 (1897), S. 595.
Propofed hofpital for the Halifax union. Building news, Bd. 72 (1897), S. 345.
Manchefter Royal infirmary. Building news, Bd. 72 (1897), S. 522.
LEGROS. L'hôpital Boucicaut, rue de la convention 62. Nouv. annales de la conftr. 1898, S. 155, Taf. 46—48.
New infirmary for the parifh of St. Mary, Islington, Highgate Hill. Building news, Bd. 76 (1899), S. 129.
LUDWIG, L. R. A. Evangelifches Krankenhaus zu Köln a. Rh. Deutfche Bauz. 1900, S. 277.

γ) Abteilungen.

NAPIAS, H. Les cellules d'aliénés dans les hôpitaux et hofpices au point de vue de l'hygiène. Revue d'hygiène 1889, S. 309.
QUÉNU & ROCHET. Plan d'un nouveau fervice de chirurgie à l'hôpital Cochin. Le progrès médical, Bd. 14 (1891), S. 395.
DAURIAC, J. Inauguration des nouveaux pavillons de chirurgie à l'hôpital Cochin. Le progrès médical, Bd. 18 (1893), S. 422.
WOLFF, C. Die chirurgifche Abtheilung des ftädtifchen Krankenhaufes in Frankfurt a. M. Centralbl. d. Bauverw. 1894, S. 488.
BELOUET, H. Les nouveaux fervices de chirurgie de l'hôpital Cochin. Revue d'hygiène 1894, S. 326.
Neubau eines Kinderkrankenhaufes für anfteckende Krankheiten bei der Königlichen Charité in Berlin. Centralbl. d. Bauverw. 1888, S. 61.
Children ward of the Presbyterian hofpital, Philadelphia. American architect, Bd. 24 (1888), S. 76.
BÖTTGER. Das Inftitut für Infectionskrankheiten bei der Königlichen Charité in Berlin. Klinifches Jahrbuch 1891, S. 212.
Siehe ferner die Litteratur-Angaben über »Medicinifche Lehranftalten der Univerfitäten (Kliniken)« in Teil IV, Bd. 6, Heft 2 (Abt. VI, Abfchn. 2, C) diefes »Handbuches«.

c) Kinderkrankenhäufer.

710.
Umfang.

Kinderkrankenhäufer entftanden bisher vorzugsweife in gröfseren Städten und nehmen teils Anfteckendkranke, teils keine folchen auf. Die zu ihrer Ergänzung dienenden Heilanftalten für Skrofulöfe tragen, wie die Kinderkrankenhäufer an Badeorten mit fchwefel- oder eifenhaltigen und anderen Quellen, mehr den Charakter von Pflegeanftalten, find daher an anderen Stellen diefes »Handbuches« zu befprechen. (Siehe Teil IV, Halbband 5, Heft 2, Abt. V, Abfchn. 2, Kap. 2 diefes »Handbuches«.)

Rauchfufs empfahl in grofsen Städten 1 oder 2 Kinderkrankenhäufer mit 200 bis 250 Betten und für fchwer transportable Fälle 2 oder 4 mit 10 bis 25 Betten, letztere mit gut ausgeftatteten Ambulanzen zu bilden, da ein gröfserer Umfang die Kraft der Pflege im einzelnen überfteige. Auch *Baginsky* hält diefe Bettenzahl für nicht zu hoch, wenn für die Innerlich- und Aeufserlichkranken je ein leitender Arzt vorhanden ift [817]).

---

[817]) Siehe : BAGINSKY. Der ärztliche Dienft und die Krankenpflege im Kaifer und Kaiferin Friedrich-Kinderkrankenhaufe zu Berlin. Hyg. Rundfch. 1894, S. 461.

Die oberste Altersgrenze bildet für diese Anstalten in Stuttgart das 16., in Dresden, Leipzig und Paris das 15., in vielen Kinderkrankenhäusern das 14. und in einigen das 12. vollendete Lebensjahr.

Die meisten Anstalten auf dem Festlande gewähren teils bestimmungsgemäfs, teils ausnahmsweise schon Kindern im 1. Lebensjahr Zutritt, von denen 1892 im Elisabeth-Hospital zu Berlin 54, in Dresden und Budapest je 109, in Prag 129, in Leipzig 223 und in Stuttgart 237 Aufnahme fanden. Mehr als die Hälfte aller in diesen Anstalten verpflegten Kinder gehört dem Alter von 1 bis 8 Jahren an. In einigen Kinderkrankenhäusern bestehen besondere Stationen für kranke Säuglinge, deren Angliederung auch *Baginsky*, wenn man keine selbständigen Anstalten für dieselben errichten wolle, mehr empfahl als ihre Verpflegung in besonderen Abteilungen allgemeiner Krankenhäuser, da Vorrichtungen für die Milchbereitung, den starken Wäscheverbrauch u. s. w. in anderen Krankenhäusern Störungen hervorrufen würden [848]).

Ueber die Verteilung der beiden Geschlechter im Jahre 1892, sowie über die Verpflegungsdauer und Todesfälle in einigen Anstalten finden sich in der 1. Auflage dieses Heftes (S. 774 u. 865) Uebersichten.

Danach glich sich in einigen Anstalten die Zahl der Knaben und Mädchen aus; in anderen, wie in beiden Berliner Kinderkrankenhäusern, überwogen die ersteren und in Dresden (Chemnitzerstrafse) die letzteren. — Die Verpflegungsdauer betrug in den Jahren 1882 und 1892 im Wiener Leopoldstädter Kinderspital nur 18,4, bezw. 14, im Elisabeth-Kinderhospital zu Berlin dagegen 1882: 77, in anderen Jahren auch 100 Tage. Wo viel Chronischkranke behandelt werden, kann sie viel höher steigen.

Eine beträchtliche Steigerung des Besuches ist neuerdings in den Polikliniken einiger Kinderkrankenhäuser eingetreten, der in den Wiener Anstalten in ungleichem Grade erfolgte.

Während er dort von 1884 bis 97 im Kronprinz-Rudolf-Kinderspital von 4409 auf 11118 und im Karolinen-Kinderspital von 4788 auf 16390, also etwa auf das 3½-fache stieg, wuchs im Leopoldstädter Kinderspital ihre Zahl nur von 8164 auf 9900 an.

711. Alter der Kinder

712. Geschlechter und Verpflegungsdauer.

Ort	Betten		Hiervon für				
	im Ganzen	davon in Isoliergebäuden	Diphtherie	Scharlach	Masern	Keuchhusten	Beobachtungszwecke
Hôpital rue Michel-Bizot	Paris	230	96	—	—	—	—	16
Hôpital Trousseau [849])	»	626	121	28	24	53	—	16
Kaiser- u. Kaiserin-Friedrich-Kinderkrankenhaus (Plan)	Berlin	246	126	30	30	30	30	10
Kinderkrankenhaus	Leipzig	198	86	34	23	23	—	6
St. Annen-Kinderspital	Wien	121	45	23	22	—	—	—
St. Joseph-Kinderspital	»	91	47	18	9	18	—	2
Stephanie-Kinderspital	Budapest	148	48	—	—	—	—	—
East London children hospital . .	Shadwell	148	10	—	—	—	—	—
Olga-Kinderhospital	Moskau	42	4					

848) Siehe: Baginsky, A. Zur Säuglingskrankenpflege in grofsen Städten. (Mit besonderer Berücksichtigung der Berliner Verhältnisse.) Berliner klin. Wochschr. 1897, S. 408.

849) Unter den Isolierbetten fehlen diejenigen für Keuchhusten, deren Zahl (in: *Le progrès médical* 1895—II, S. 306) nicht angegeben wird.

Handbuch der Architektur. IV. 5, a. (2. Aufl.)

Die Zahl der Aerzte und Pflegerinnen fteigt mit derjenigen der Anfteckendkranken. Im Kaifer- und Kaiferin-Friedrich-Kinderkrankenhaus hat man auf jede Abteilung von 30 der letzteren 1 Affiftenzarzt gerechnet, welcher ihr ausfchliefslich dient. Dort genügte für 5 nicht infizierte Kinder 1 Pflegerin; in der Diphtherieabteilung bedurfte man zeitweife für 2½ bis 3 Kinder einer folchen [850]).

713. Abteilungen.

Aufser den Hauptabteilungen für Innerlich- und Aeufserlichkranke hat man in Kinderkrankenhäufern vor allem die hier vorzugsweife herrfchenden anfteckenden Krankheiten: Diphtherie, Mafern, Scharlach, Keuchhuften und Mifchfälle derfelben unter fich und von den übrigen Kranken abzufondern und den Umfang diefer Abteilungen feftzuftellen, über deren verfchiedene Gröfse in einigen Anftalten die umftehende Ueberficht Auskunft giebt. Im St. Wladimir-Kinderhofpital zu Moskau trennte man auch die Venerifchen ab. Ferner ift der Umfang der Beobachtungsftation und erforderlichenfalls der Säuglingsabteilung zu beftimmen.

714. Abteilungen für Innerlich- und Aeufserlichkranke.

Für die Abteilungen der Innerlich- und Aeufserlichkranken fordert man jetzt, infolge der fehr anfteckenden Natur der infektiöfen Kinderkrankheiten, welche eingefchleppt werden können, die Ifolierbarkeit der Säle, gleichviel ob die Anftalten Anfteckendkranke ausfchliefsen oder aufnehmen. *Rauchfufs* empfahl, die Gröfse der Säle in Anftalten für 100 Betten auf 16 und 8, für kleine auf 8 und 3 bis 4 Betten einzufchränken. Die ergänzenden Einzelzimmer für übeln Geruch verbreitende, hochgradig reizbare, unruhige, fchreiende oder agonifierende Kinder und für Zahlende follen nicht unmittelbar den Sälen angehängt werden, um letztere fofort abfperren zu können, wobei fie das notwendigfte übrige Zubehör und bei Stockwerksbauten eine gegen andere Abteilungen und Gefchoffe abtrennbare Treppe behalten müffen. Demnach würde fich ein folches Gebäude aus einzelnen, auch felbftändig belegbaren Abteilungen zufammenfetzen müffen, die nach Bedarf trennbar und vereinbar find. Für eine Auflöfung diefer Abteilungen in Einzelgebäude war *Rauchfufs* nicht [851]). Im Kaifer- und Kaiferin-Friedrich-Kinderkrankenhaufe zu Berlin und in den neuen Parifer Kinderhofpitälern plante man jedoch getrennte Bauten für die Innerlich- und Aeufserlichkranken.

Im eingefchoffigen allgemeinen Krankengebäude des St. Wladimir-Kinderhofpitals zu Moskau wurden die Einzelzimmer zu einer befonderen Raumgruppe vereinigt und diefe, wie die Säle, unmittelbar von aufsen zugänglich gemacht (fiehe Art. 729, S. 465). — Das letztere erfolgte auch im St. Olga-Kinderhofpital zu Moskau; doch behält hier jede der vorhandenen 2 Abteilungen im Fall der Abfonderung ihre Ifolierzimmer; zum Obergefchofs des Mittelbaues, wo u. a. das Zimmer der *Matron* liegt, ift für diefe eine im Erdgefchofs nur von aufsen zugängliche Nebentreppe vorgefehen.

Wo mehrere Gefchoffe vorhanden find, hat man beifpielsweife in Dresden (Chemnitzerftrafse), Budapeft und Leipzig die in Kopf- oder Flügelbauten angeordneten Säle vom Längsbau durch Lüftungsflure getrennt. In Dresden wurden diefe Flure mit Gaskocher, Aufwafchvorrichtung und fahrbarer Badewanne, die über einem Abfallrohr entleert wird, ausgeftattet. Mit diefen Gängen haben einerfeits 1 Saal, andererfeits 1 Ifolier- und 1 Wärterinnenzimmer Thürverbindung, und eine folche Raumgruppe läfst fich gegen den Längsgang abfchliefsen. Doch find hier Treppe, Aborte, Aufzüge und Badezimmer für das ganze Gefchofs gemeinfchaftlich. — Dies wurde in Leipzig (fiehe Art. 722, S. 460) durch Einfchaltung von Nebentreppen verbeffert. — Im Elifabeth-Kinderhofpital zu Berlin find wo 3 übereinander liegenden Abteilungen des einen Flügels abfperrbar. Jede befteht aus Vorraum, zwei Sälen und Zubehör. Da fich der erftere gegen den Flurgang öffnet, fo gab man dem einen anftofsenden Saal nachträglich unmittelbaren Ausgang nach der Nebentreppe [852]).

Den Abteilungen für Innerlich- und Aeufserlichkranke hat man öfter einen

---

[850]) Siehe: Hyg. Rundfch. 1894, S. 462.
[851]) Siehe: Rauchfuss, a. a. O., S. 505.
[852]) Siehe: Berlin und feine Bauten. Berlin 1896, Bd. II, S. 441.

gemeinschaftlichen Tagraum von entsprechender Größe eingefügt, der zugleich als Turn- und Spielsaal dienen sollte. Besser ist es, den Turnsaal vom Tagraum zu trennen, wie im Plan des Kaiser- und Kaiserin-Friedrich-Kinderkrankenhauses in Berlin und im *Hôpital d'enfants, Rue Michel-Bizot* zu Paris, wo er sich in der chirurgischen Abteilung befindet. Sehr erwünscht sind offene Hallen zur zeitweisen Lagerung der Kinder im Freien.

Im Berliner Elisabeth-Kinderhospital erhielten die beiden Obergeschosse je eine Halle von 5,62 m Tiefe und 10,76 m Länge mit geöffneter Front, in welcher 1889 die Kinder 100 Tage und Nächte lagerten [853]. — Im Kaiser- und Kaiserin-Friedrich-Kinderkrankenhaus hat jede der zwei Hauptabteilungen zwei getrennte Veranden. In Dresden, in Cöln und im Kronprinz-Rudolf-Kinderspital zu Wien wurden den Krankenräumen in allen Geschossen ausgedehnte Veranden längs der Fronten vorgelegt.

Soweit solche Räume gemeinschaftlichen Zwecken dienen oder, wie der Operationssaal, nicht unmittelbar zu einer Krankenabteilung gehören, sind sie im Gebäude derart unterzubringen, daß die volle Abtrennung einer Krankenabteilung erreichbar ist, ohne daß sich die Wege zu derselben mit den Wegen zu jenen allgemeinen Räumen kreuzen.

Für Keuchhusten, Syphilis und Krätze hielt *Rauchfuß* Einzelzimmer oder größere, mit gleichartigen Kranken belegte Räume für genügend. In der *St. Ormondstreet* zu London nehmen die letzteren das oberste Geschoß des Verwaltungsflügels ein (siehe Art. 725, S. 462).

In Säuglingsabteilungen sind zugleich die Mütter, bezw. Ammen abzusondern.

Die Abteilung des St. Ludwigs-Hospitals zu Krakau hat 10 Betten und 10 Wiegen. Außer den 1892 dort behandelten 256 Säuglingen, unter denen sich 78 gesunde befanden, wurden 25 Mütter und 86 Ammen verpflegt [854]. — *Baginsky* gliederte in seinem Programm für ein Säuglingshospital die Kranken in Nichtansteckende und Ansteckende und die ersteren in 2 Abteilungen für solche mit Mutter oder Amme und in solche mit Schutzvorrichtungen für Frühgeborene (Couveusen); die letzteren bedürfen Wärterinnenwohnungen.

Im *Hôpital d'enfants, Rue Michel-Bizot* zu Paris, erhielten die innerliche und die äußerliche Abteilung je 1 Krippe (siehe Art. 721, S. 459). Diejenigen der ersteren Abteilung nimmt ein eigenes Gebäude ein und enthält u. a. einen 8-Bettensaal nebst 4 Einzelzimmern zur Absonderung von Mutter und Kind mit unmittelbarem Ausgang ins Freie, da sich die Aufnahme von Müttern oft schwer mit der Hospitaldisziplin vereinigen läßt. Bei der Krippe für Aeußerlichkranke, die in deren Block liegt, fehlt der Saal.

Ein Isoliergebäude ist auch in Anstalten, wo keine Ansteckendkranken aufgenommen werden, für interne Fälle nötig.

725. Abteilungen für Ansteckendkranke.

Je ein solches erhielten das Elisabeth-Kinderhospital in Berlin, die Anstalten in Basel, Nottingham, Aberdeen, in der *Great Ormondstreet* und das *East London children's hospital Shadwell*, beide letztere zu London. In dem kleinen Olga-Kinderhospital zu Moskau sind in der Beobachtungsstation nur 4 Betten vorhanden, und im *Cheyne hospital* für kranke und unheilbare Kinder zu Chelsea ist die im II. Obergeschoß befindliche Isolierstation von einer außenseitigen eisernen Treppe zugänglich.

In Anstalten, die auch Ansteckende aufnehmen, begnügte man sich früher mit deren Unterbringung in einem Sondergebäude für verschiedene derartige Krankheiten.

Im St. Joseph-Kinderspital zu Wien hat dieses — der ältere Bau — im Erdgeschoß mit dem Gebäude für die Innerlich- und Aeußerlichkranken auch Flurgangverbindung, und im Kinderhospital des Prinzen *Peter von Oldenburg* in St. Petersburg ist der dreigeschossige Bau durch 4 Treppen in 5 Abteilungen zerlegt.

Doch wurde dies nach dem Vorbild des unter der Mitwirkung von *Rauchfuß* entstandenen St. Wladimir-Kinderhospitals in Moskau verlassen, und man bringt jetzt thunlichst die hauptsächlichen ansteckenden Krankheiten in Einzelgebäuden unter.

Deren sind in dieser Anstalt und im Kaiser- und Kaiserin-Friedrich-Kinderkrankenhause zu Berlin 4,

---

853) Siehe: Die öffentliche Gesundheits- und Krankenpflege der Stadt Berlin. Berlin 1890. S. 227.
854) Siehe: Jahrbuch der Kinderheilkunde Bd. 38 (1894). S. 138.

in den 2 neuen Parifer Kinderhofpitälern je 5, in Leipzig 3 geplant worden, bezw. zur Ausführung gekommen. Das *Birmingham and Midland free hofpital* für kranke Kinder erhielt 2 Scharlach- und 1 Diphtheriepavillon, das Stephanie-Kinderkrankenhaus zu Budapeft 2 Abfonderungsbaracken, und im St. Annen-Kinderfpital zu Wien wurden der neue Diphtherie- und Scharlachpavillon ohne innere Verbindung zufammengebaut.

Auch auf dem letzten internationalen Kongrefs für Hygiene und Demographie zu Paris (1900) ftand die Abfonderung Anfteckendkranker in Sondergebäuden für die hauptfächlichen Krankheiten zur Diskuffion, deren Ergebnis war, in der Ifolierung fortzufahren, aber für Verbreitung der Thatfache zu wirken, dafs eine gut durchgeführte Antifeptik das befte Mittel zur Verhinderung von Anfteckung fei[855]).

Ueber die individuelle Ifolierung in Kinderkrankenhäufern gehen die Anfichten der Aerzte auseinander.

Grancher begnügte fich mit der Ifolierung des Kranken innerhalb der Säle von Sonderpavillons, da Kinderkrankheiten fich nicht durch die Luft verbreiten. Diefe Abfonderung erfolgt durch Anwendung eines Drahtgitterboxes uber jedem Bett, der fich an einer Seite öffnen läfst, oder durch mannshohe Querwände. Pflegerin und Arzt benutzen bei Hilfsleiftungen und Unterfuchungen je 1 Leinenmantel, der am Bettfufs liegt, und desinfizieren nach Ablegen desfelben die Hände. Teller, Glas und Efsbefteck des Kranken befinden fich in einem Metalldrahtkorb auf dem Bett und werden nach der Benutzung desinfiziert. Der wafferdichte Fufsboden ift täglich mehrfach mit antifeptifcher Löfung aufzuwifchen.

Roux[856]) forderte bei Anwendung der Serumtherapie für Diphtheritifche zur Befeitigung jeder Urfache gegenfeitiger Anfteckung, welcher Kranke in Sälen ausgefetzt find, Einzelzimmer in den Anbauten des Diphtheriepavillons im *Hôpital des enfants malades* und im *Hôpital Pafteur* zu Paris (fiehe Art. 723, S. 461). Diefe follten unter fich und vom Flurgang — der Ueberwachung wegen — durch Glaswände getrennt werden und alles enthalten, was man zur Behandlung und Desinfektion der Perfonen in denfelben und ihrer Umgebung bedarf. Das Zimmer ift an alle Leitungen anzufchliefsen und auch die verfetzbare Badewanne darin zu füllen und zu leeren. Ein Glasfchrank enthält alles Gefchirr, das Tifch-, Toilette- und Verbandzeug des Kranken. Die Glaswände find im Bedarfsfall weifs anzuftreichen.

Soll in folchen Ifoliergebäuden die Mitabfonderung des zugehörigen Affiftenzarztes erfolgen, wie man folches heute fordert, fo würde feine Bettenzahl in einem entfprechenden Verhältnis zu feiner Vollbefchäftigung ftehen müffen. Unterftellt man zwei oder mehrere folche Bauten, welche verfchiedenen Krankheiten dienen, einem Affiftenzarzt, fo wäre der beabfichtigte Zweck, Uebertragungen zu vermeiden, weniger vollftändig erreichbar. Ueber Ifoliergebäude für Diphtherie, Scharlach und Mafern fiehe Kap. 2 (unter b, 5, ι, κ, λ, S. 205 bis 214) und über Gefamtanlagen von Abteilungen für Kinder Art. 707 bis 709 (S. 444 ff.) und unter 3.

Abweichend von diefer den Zwecken angepafsten Bildung von Krankenabteilungen erhielt das Kinderhofpital *Jubilee childrens hofpital* zu Gateshead nur 4 gleich gebaute Krankenpavillons, welche nach Bedarf Verwendung finden follen, aber durch eine Referveftation und den Operationsfaal im Hauptgebäude ergänzt werden. Jeder Pavillon enthält in jedem feiner 2 Gefchoffe einen 16-Bettenfaal mit Tagraum, Spülküche, Bad-, Wafch- und Aborträumen.

716. Andere Gebäude.

Die Aufnahmeräume, die Beobachtungsftation und die Poliklinik hat man nach dem Beifpiel im St. Wladimir-Hofpital zu Moskau öfter in einem Sondergebäude vereinigt (fiehe Art. 505 u. 360, S. 292 u. 215). Einen getrennten Beobachtungsblock erhielten das *Hôpital Trouffeau* und die beiden neuen Kinderkrankenhäufer in Paris.

In den Polikliniken haben fich trotz aller Vorfichtnahmen Anfteckungen eingeftellt, was zu befonderen Anordnungen führte.

Im *Great Ormondftreet* zu London gab man den doppelten Warteräumen beträchtliche Mafse und legte einen befonderen für Keuchhuften an.

---

[855]) Siehe: *Comptes rendus de congrès. Revue d'hygiène* 1900, S. 1115 ff. u. 1122.
[856]) Siehe: *Belouet. Service de la diphterie aux enfants malades. Les nouvelles cellules d'ifolement. Revue d'hygiène* 1896, S. 209.

In Rufsland läfst man möglichft viele Aerzte in getrennten Räumen unterfuchen, um den Aufenthalt der Kinder im Warteraum abzukürzen. So find im St. Olga-Kinderhofpital zu Moskau in der Poliklinik 3 Aerzte für Innerlichkranke, 1 für Aeufserlichkranke und 1 für Kontagiöfe thätig. — Bei Aufftellung des Planes für die Infektionsabteilungen im *Hôpital Trouffeau* zu Paris fchlug zu demfelben Zweck die Kommiffion vor, die Zulaffung möglichft auf den ganzen Tag auszudehnen.

Im *Hôpital d'enfants, rue Michel-Bizot*, und im *Hôpital Pafteur* zu Paris ift ein befonderes Gebäude für die Konfultation der Poliklinik und der Aufnahmefuchenden errichtet. Am Eingang erfolgt die Trennung der Anfteckenden, für welche viele Einzelzimmer vorhanden find, von den Nichtanfteckenden, und im Haufe find keine Krankenräume vorhanden (fiehe Art. 721 u. 723, S. 459 u. 461).

In allen Bauten, wo Anfteckende verpflegt werden, wird die Sonderung der Aerzte, die man im Kaifer- und Kaiferin-Friedrich-Kinderkrankenhaufe zu Berlin durch zweimonatlichen Wechfel der Stationen erträglicher für fie zu machen fucht, durch den Verkehr derfelben im Leichenhaufe beeinträchtigt, wo die Aerzte der Ifolierabteilungen und der Poliklinik ihren Studien obliegen muffen. — Im *Hôpital Trouffeau* zu Paris war daher für jede Ifolierabteilung ein kleiner Leichenraum geplant, von deffen Räumen die Kommiffion forderte, dafs fie für Unterfuchungszwecke die geeignete Belichtung erhalten mufsten. — Auch *Baginsky*[857]) wies darauf hin, dafs diefer Verkehr der Aerzte nur durch gefonderte Leichenräume für die Abteilungen getrennt werden könne.

Das Einfchleppen anfteckender Krankheiten durch Befuchende hat man ebenfalls zu befeitigen angeftrebt.

Im Hofpital für Anfteckende zu Stockholm wurden an den Eingängen der Pavillons Zimmer angeordnet, in denen eine Glaswand, welche nicht bis zur Decke reicht, die Kinder von den Befuchenden trennt. — *Czerni* fchlug vor, die kranken Kinder erwünfchtenfalls mit den Müttern aufzunehmen, jeden anderen Befuch aber auszufchliefsen. Derartige Anordnungen müfsten in allen, nicht allein in den Ifolierabteilungen durchgeführt werden.

In dem kleinen St. Olga-Kinderhofpital zu Moskau wurden auch die Wohnungen des Perfonals dezentralifiert, ein zweigefchoffiges Beamtenhaus, ein Wohngebäude für die Wäfcherinnen und ein drittes für den Kutfcher und den Pförtner errichtet. Aufserdem beftehen dort ein Wafch- und Küchenblock, ein Vorratsgebäude und eine Kapelle. — Ob die Erbauung der letzteren in einem Kinderkrankenhaufe fich rechtfertigen läfst, erfcheint mehr als zweifelhaft, da fich hier wiederum alles Perfonal treffen würde.

In Bremen ift auch eine Stallung für 3 Kühe vorgefehen, und auf den Wiefen des weiträumigen St. Wladimir-Kinderhofpitals in Moskau befteht gleichfalls eine Milchwirtfchaft.

Bei Spielplätzen oder Hallen im Freien empfahl *Mifs Nightingale* deren Trennung für Knaben und Mädchen und unter diefen diejenigen der Hautkranken.

Ueber die Koften einiger Kinderkrankenhäufer giebt die Zufammenftellung auf S. 454 Auskunft. Der Wäfchebedarf ergab fich im Kaifer- und Kaiferin-Friedrich-Kinderkrankenhaufe zu 2,66 kg für jeden Kopf[858]).

717. Koften.

1) Offene Bauweife.

Von den nachfolgenden 8 Gefamtbeifpielen für Kinderkrankenhäufer gehören 5 der offenen und 3 der gefchloffenen Bauweife an. Die Anftalten der erfteren Gruppe für 116 bis 258 Betten nehmen Anfteckendkranke auf. Im eingefchoffigen *Pendlebury hofpital* war die beabfichtigte Ifolierung anfangs unvollkommen, wurde

718. Ueberficht.

---

857) Siehe: Hyg. Rundfch. 1894, S. 463.
858) Siehe ebendaf., S. 464.

Kinderkrankenhäuser	Ort	Jahr	Betten	Kosten für ein Bett Bau	Kosten für ein Bett Einrichtung	Bauweise
α) Mit eingeschossigen Krankengebäuden:						
Hospital für kranke Kinder	Pendlebury	1871—77	168	1 845	—	offen
β) Mit ein- und zweigeschossigen Krankengebäuden:						
Kaiser- und Kaiserin-Friedrich-Kinderkrankenhaus	Berlin	1890	258	4 496 [839]	775	»
Kinderhospital Olga-Heilanstalt	Stuttgart	1880—82	142	2 385 [840]	—	»
γ) Mit zweigeschossigen Krankengebäuden:						
Stephanie-Kinderspital	Budapest	1894	148	3 635	einschl.	geschlossen
Kinderheilanstalt	Hannover	1892	122	2 295	—	offen
St. Annen-Kinderspital	Wien	1851—95	121	3 384	211	geschlossen
Hospital für kranke Kinder	Gateshead	1887	120	1 000	—	offen
Klementinen-Kinderhospital	Frankfurt a. M.	1873—75	18	12 222	—	geschlossen
δ) Mit ein- und dreigeschossigen Krankengebäuden:						
Kinderkrankenhaus	Leipzig	1893	198	2 772 [861]	—	offen
ε) Mit zwei und dreigeschossigen Krankengebäuden:						
Hauner'sches Kinderhospital	München	1880—82	96	2 934	—	geschlossen
ζ) Mit dreigeschossigen Krankengebäuden:						
Kinderspital des Prinzen Peter von Oldenburg	Petersburg	1869	262	8 038	—	offen
East London children hospital Shadwell	London	1877	148	2 432	—	geschlossen
Elisabeth-Kinderhospital	Berlin	1887	108	2 598	178	»
Hospital für kranke Kinder	Brighton	1881	80	2 625	—	»
Kinderhospital	Dresden	1876—77	70	3 880	224	»
Abteilungen:						
Kgl. Charité	Berlin	1888	44	3 182	—	offen
Seehospize:						
Kinderheilstätte	Dülmen	1888	138	1 913	—	geschlossen
Kinder-Seehospiz	Colberger Deep	1890	30	869	—	»

[838] Nach Anschlag.
[839] Bei Ausführung von 3 Pavillons, Gängen, Küchen, 1 Absonderungs- und 1 Seziergebäude. Ein zweigeschossiger Doppelpavillon und ein zweites Absonderungsgebäude fehlen noch.
[841] Siehe: HEUBNER, O. Das neue Kinderkrankenhaus zu Leipzig. Jahrbuch für Kinderheilkunde 1893, S. 18.

Zu S. 455

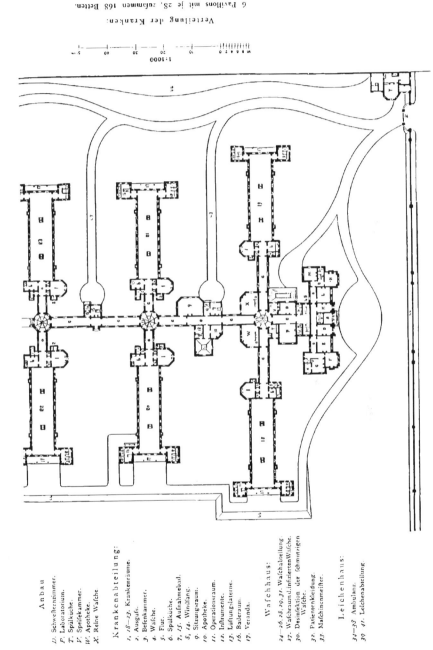

jedoch fpäter durch Umbau erreicht. Das *Hôpital rue Michel-Bizot* zu Paris ift eines der beiden neuen Kinderhofpitäler zu Paris mit reichlichen Abfonderungsmitteln. Im Kaifer- und Kaiferin-Friedrich-Kinderkrankenhaus zu Berlin wurde jeder der Blocks für anfteckende Krankheiten mit einem umzäunten Platz umgeben. In Leipzig beruht die Anordnung der Bauten auf Trennung der Infektiöfen von den allgemeinen Kranken durch die gemeinfchaftlichen Dienfte; diefes Krankenhaus dient auch Lehrzwecken. Das *Hôpital Pafteur* dafelbft ift zunächft nur für Diphtherie beftimmt und deshalb hier eingereiht worden.

Das Kinderhofpital zu Pendlebury dient dem *Sanitary diftrict* von Pendlebury und Swinton, liegt 6 km von Manchefter in erhöhter Lage, befitzt eine eigene Ambulanz für kontagiöfe Fälle und hat telephonifche Verbindung mit der *Dispenfary* für kranke Kinder in Manchefter, der es zugeordnet ift und welche auch zu Auskünften über das Befinden der Kranken feitens ihrer Angehörigen benutzt wird. Keuchhuften und Pocken werden nicht aufgenommen. Der Plan ging aus einem befchränkten Wettbewerb hervor. (Siehe die nebenftehende Tafel.)

719. Beifpiel I.

Das Gelände fällt von Norden nach Süden. Die Hauptbaugruppe befteht aus dem Verwaltungsgebäude, welches mit 6 Pavillons durch gefchloffene, mittels Laternen an den Kreuzungen gelüftete Gänge verbunden ift, hat weftöftliche Längsachfe und wird durch eine vom Pförtnerhaus ausgehende Gürtelftrafse vom Leichengebäude und Wafchhaus mit der Ambulanz getrennt. Abzweigungen diefer Strafse bieten gefonderte Zugangswege zur Küchenabteilung im Unterbau des Verwaltungsgebäudes, wie zu den 2 für Nichtanfteckende und für Anfteckende getrennten Aufnahmeräumen am Verbindungsgang. Für Anfteckende war das letzte Pavillonpaar beftimmt.

Im vorderen rechtsfeitigen Pavillon wurde der Unterbau für Wohnungen von Bedienfteten verwendet. — Im Wafchhaus befinden fich u. a. ein Raum für die Desinfektion der fchmutzigen, ein Wafchraum für infizierte Wäfche und der Aufbewahrungsort der Patientenkleidung. — An das Leichenhaus find die Räume für die Ambulanz angebaut. — Von dem Gelände (24 280 qm) entfallen für jedes der 168 Betten 144.50 qm.

Bei diefer Anordnung war die Perfonaltrennung ungenügend. Man verwendete daher nur den füdlichen letzten Pavillon für die Anfteckenden und den nördlichen als Schlafraum für deffen Perfonal, gab die Speifen im Vorraum zwifchen beiden ab und richtete Telephonverbindung mit dem Verwaltungsgebäude ein. Aber das Perfonal fpeifte im letzteren, wo auch die Oberpflegerin ein Zimmer hatte. In der Zeit von 1877—80 kamen in der nichtanfteckenden Abteilung 51 Fälle von Scharlach und 7 von Mafern vor, was man diefen Umftänden zufchrieb. Aufserdem wurden Scharlachkranke von Mafern und umgekehrt befallen. Um die Perfonaltrennung beffer durchzuführen, trennte man den Fever-Pavillon durch eine Mauer vom Längsgang, baute zwifchen feinem 2-Bettenzimmer und jenem einen Eingangsflur nebft Speiferaum und an feine Spülküche das Aufnahmebad an. Für die Wohn- und Schlafräume feines Perfonals wurde im Anfchlufs an das alte Leichenhaus ein Blockbau errichtet, der von aufsen Zugang und keine Thürverbindung mit dem Längsgang erhielt [862]).

Das Kaifer- und Kaiferin-Friedrich-Kinderkrankenhaus zu Berlin ift an der Ecke der Exerzier- und Reinickendorferftrafse, im Norden der Stadt, erbaut (Fig. 373 [863]).

720. Beifpiel II.

Auf dem Gelände mit nahezu oftweftlicher Längsachfe wurde an der Exerzierftrafse das Verwaltungsgebäude mit den beiderfeits errichteten Blockbauten für Innerlich-, bezw. Aeufserlichkranke durch den Operations-, bezw. durch den Turnfaal und Terraffen zu einer Baugruppe verbunden, hinter der in reichlichem Abftand die Abfonderungsgebäude für Diphtherie, Scharlach, Mafern und Keuchhuften in abgetrennten Gärten geplant waren. Die 3 Bauten an der Reinickendorferftrafse: die Poliklinik nebft Küchenabteilung, das Wafchhaus mit dem angebauten Keffelhaus und das Leichenhaus, erhielten gefonderte Zugänge in der Einfriedigung.

Das Verwaltungsgebäude und die Kopfbauten der Krankenblocks an der Exerzierftrafse find drei-, die übrigen Teile der letzteren zweigefchoffig. Letztere Höhe erreichen die vorderen Baukörper der

---

[862]) Siehe: BURDETT. *Hofpitals and afylums of the world.* London 1893. Bd. IV, Atlas, Taf. 63.
[863]) Nach freundlicher Mitteilung des Herrn Baurat *Schmieden* in Berlin.

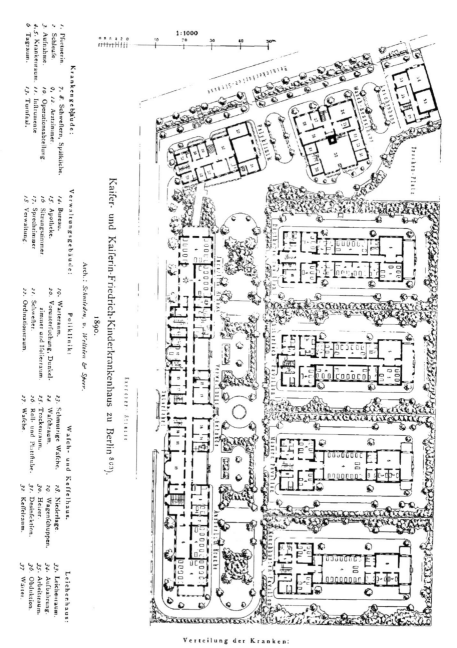

Kaiser- und Kaiserin-Friedrich-Kinderkrankenhaus zu Berlin.
1890.
Arch.: *Schmieden, v. Wellien & Speer.*

Krankengebäude:
1. Pförtnerin.
2. Schleuse.
3. Aufnahme.
4, 5. Krankenraum.
6. Tagraum.
7, 8. Schwestern, Spülküche.
9, 12. Arztzimmer.
10. Apotheke.
11. Operationsabteilung.
11. Instrumente.
13. Turnsaal.

Verwaltungsgebäude:
14. Bureau.
15. Apotheke.
16. Sitzungszimmer.
17. Schwester.
18. Verwaltung.

Poliklinik:
19. Warteraum.
20. Voruntersuchung, Dunkelzimmer und Isolierraum.
21. Sprechzimmer.
22. Ordinationsraum.

Wasch- und Kesselhaus:
23. Schmutzige Wäsche.
24. Waschraum.
25. Trockenraum.
26. Roll- und Plättstube.
27. Wäsche.
28. Niederlage.
29. Wagenschuppen.
30. Heizer.
31. Desinfektion.
32. Kesselraum.

Leichenhaus:
33. Leichenraum.
34. Aufbahrung.
35. Arbeitsraum.
36. Obduktion.
37. Wärter.

Verteilung der Kranken:

Blockbau für Innerlichkranke	60 Betten	Uebertrag:	210 Betten
Blockbau für Aeußerlichkranke	60 "	Pavillon für Keuchhustenkranke	30 "
Blockbau für Diphtheriekranke	30 "	Säuglingsstation im Verwaltungsgebäude	12 "
Blockbau für Scharlachkranke	30 "	Quarantänestation in der Poliklinik	6 "
Pavillon für Masernkranke	30 "		
Uebertrag:	210 Betten	Insgesamt	258 Betten.

Fig. 374.

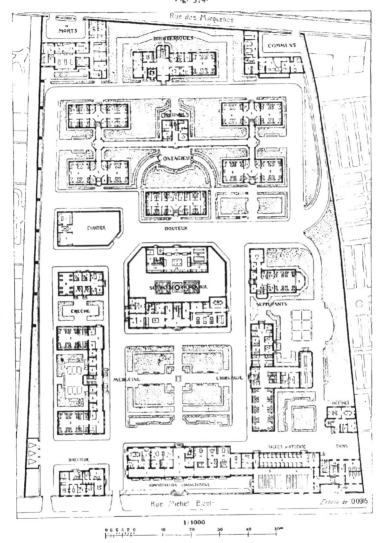

Hôpital d'enfants, *Rue Michel-Bizot* zu Paris [861].
1897—99.
Arch: *Maiſtraſſe & Berger*.
214 Betten.

Verteilung der Kranken:

1 Blockbau für mediziniſche Kranke .	48 Betten	1 Blockbau für Zweifelhafte . . .	16 Betten
1 Blockbau für Säuglinge . . .	12 "	3 Doppelpavillons für Anſteckendkranke	48 "
1 Blockbau für chirurgiſche Kranke .	48 "	1 Blockbau für Anſteckendkranke .	16 "
1 Iſolierblock für " "	10 "	1 Blockbau für "	16 "
	118 Betten		96 Betten[865].

Ifoliergebäude, die Poliklinik und das Leichenhaus, 3 Gefchoffe das Wafchhaus. Diefe Grundrifs- und Höhengliederung ift der Aufsenlüftung förderlich; doch wehen Weftwinde die Luft der hinteren Abfonderungsbauten den vorderen zu. Der geringfte Abftand von den Nachbargrundftücken beträgt 11,00 m, bezw. 8,00 m. Die Hauptfronten der Bauten find nach Weften und Often, diejenigen der Blocks für Innerlich- und Aeufserlichkrane nach Süden und Norden gekehrt.

Fig. 375.

A. Aufnahmehaus:
1. Pförtner.
2. Bureau.
3. Aufnahmezimmer.
4. Wartefaal.
5. Kehlkopfzimmer.
6. Ifolierzimmer.
7. Hörfaal.
8. Kleiderraum.
9. Direktor.
10. Affiftenzarzt.
11. Unterfuchungszimmer.

B. Haupthaus; *C*. Scharlachbaracke; *D*. Mafernbaracke; *E*. Diphtheriehaus:

12. Krankenfaal.
13. Einzelzimmer.
14. Profeffor.
15. Tagraum.
16. Wärterin.
17. Operationszimmer.
18. Turnzimmer.
19. Dampfftrahlziminer.
20. Desinfektion.

F Wirtfchaftsgebäude:

21. Wafchküche.
22. Werkftatte.
23. Wafchraum.
24. Aufwafchraum.
25. Verwalter.
26. Vorratsraum.
27. Oberköchin.

G. Leichengebäude:

28. Leichenhalle.
29. Diener.
30. Desinfektion.
31. Aufwafchraum.
32. Sezierraum.
33. Laboratorium.
34. Kaninchenftall.

Verteilung der Kranken:

Aufnahmegebäude (*A*)	6 Betten
Hauptgebäude (*B*)	112 »
Scharlachbaracke (*C*)	23 »
Mafernbaracke (*D*)	23 »
Diphtheriehaus (*E*)	34 »
Insgefamt	198 Betten.

Kinderkrankenhaus zu Leipzig [866]).
1892.
Arch.: *Rofsbach*.

Im Verwaltungsgebäude follte zunächft eine Säuglingsftation untergebracht werden. Ueber die Operationsabteilung und die Ifoliergebäude fiehe Art. 523 u. 349 (S. 306 u. 206).

Die Poliklinik, durch welche auch die gefamte Krankenaufnahme thunlichft geleitet werden follte, ift zu diefem Zwecke mit den Abteilungen der Anftalt telephonifch verbunden; der Pförtner wohnt im Untergefchofs. Im Zimmer rechts vom Eingangsflur findet die Vorunterfuchung der zugehenden Kranken ftatt; Verdächtige werden von hier in 4, den Hauptinfektionskrankheiten entfprechende Ifolierzimmer verwiefen, die Unverdächtigen in den Warteraum, von welchem der Ordinationsraum für Innerlich- und Aeufserlichkranke, nebft Dunkelzimmer, die Bade- und Aborträume und 1 Zimmer für Patienten, welche nach der Unterfuchung für kurze Zeit der Ruhe bedürfen, zugänglich find. Die Ifolierzimmer, in denen die Aerzte auch unterfuchen können, haben Wafferzuführung und eigene Aborte. Im Obergefchofs befinden fich eine Quarantäneftation mit 6 Einzelzimmern nebft Schweflernzimmer mit zwei Betten und aufserhalb des Verfchluffes diefer Abteilung die Wohnung des poliklinifchen Affiftenten, das Badezimmer und der Abort. — Die feitlich angebaute Küche hat mit dem übrigen Gebäude keine Verbindung. Von ihren Anrichteräumen werden die Speifen nach den Flurgängen im Untergefchofs der Bauten an der Exerzierftrafse gebracht und nach den Ifoliergebäuden auf kleinen Transportwagen befördert. — Ueber dem Wafch-

Fig. 376.

Kinderkrankenhaus zu Leipzig. — Vogelfchaubild [867]).

haus find Wohnungen angeordnet; am Keffelhaus wurden die Desinfektionsräume angebaut, und im Obergefchofs des Leichenhaufes befinden fich 2 Räume für wiffenfchaftliche Arbeiten der Aerzte. — Von der Geländefläche (19 000 qm) entfallen auf jedes der 258 Betten 74 qm. 1898 wurde das Gebäude, um Verbauung zu verhüten, vergröfsert. — Da der Bau allmählich erfolgte, wurden im Wafchhaus die Wohnräume zuerft für Verwaltungszwecke u. f. w. benutzt. Von den Ifoliergebäuden find die beiden für Diphtherie und Scharlach zur Ausführung gelangt. Zu weiteren Abfonderungszwecken dienten vorläufig die beiden Magnefitbaracken für Mafern und Keuchhuften, bezw. chirurgifche Zwecke (fiehe Art. 359 u. 731, S. 214 u. 466). Beabfichtigt war, noch eine ähnliche Baracke für Säuglinge zu errichten.

Das *Hôpital d'enfants* an der *Rue Michel-Bizot* zu Paris ift rückwärts von der *Rue des Marquettes*, feitlich von Nachbargrundftücken begrenzt; doch wurde an der linken Seite ein Verbindungsweg zwifchen beiden Strafsen gelaffen. Der Plan ging aus einem Wettbewerb hervor (Fig. 374 [864]).

722
Beifpiel
III.

[864] Fakf.-Repr. nach: L. B. *L'hôpital d'enfants de la Rue Michel-Bizot. La conftruction moderne* 1898—99, Taf. 87.
[865] Ebendaf. S. 460 wird der Gefamtbelag zu 230 Betten angegeben, wobei die Abteilung für Aeufserlichkranke zu 74 Betten (S. 461) gerechnet ift gegen 48 + 10 = 58 Betten, die fich ergeben, wenn man den Belag des Weftflügels oben, der ähnliche Einteilung wie unten haben foll (S. 476), gleich letzterem annimmt.
[866] Nach freundlicher Mitteilung des Herrn Architekten Baurat *Rofsbach* in Leipzig.
[867] Fakf.-Repr. nach: Leipzig und feine Bauten. Leipzig 1892. S. 224.

Das Gelände, deffen Längsachfe von Oft nach Weft gerichtet ift, fteigt nach der *Rue des Marquettes* 10,60 m = 6 auf 100 m. In der vorderen Baugruppe ftehen hinter dem von der Poliklinik und dem Direktorhaus flankierten Verwaltungsgebäude links die Abteilung der Innerlichkranken mit der Säuglingsftation, rechts diejenige für Aeufserlichkranke mit einem Pavillon für feptifche Fälle und das Haus der Internen, in der Mitte die allgemeinen Dienfte und das Küchengebäude. Die hintere Hälfte nimmt die Abteilung für Anfteckendkranke ein, zu welcher 1 Beobachtungsblock, 4 durch Gänge unter fich und mit einem Blockbau für das Perfonal verbundene Krankengebäude und 1 Diphtheriepavillon gehören. Die Höfe des Leichenhaufes und des Stallgebäudes nebft der Desinfektionsabteilung an der *Rue des Marquettes* haben nach diefer Strafse Ausfahrt.

Von den Bauten, deren Längsfeiten infolge ihrer meift von Nord nach Süd gerichteten Längsachfen befonnt find, erhielten nur die allgemeinen Dienfte, der Kopfbau des Diphtherie- und der oftweftliche Flügel des Stallgebäudes 3, die Hauptblocks für Innerlich- und Aeufserlichkranke, das Wohnhaus für das Perfonal der Anfteckendkranken und der übrige Teil des Diphtheriehaufes 2 Gefchoffe. Der Abftand der Krankenbauten von den Nachbargrenzen beträgt mindeftens 13, derjenige des Beobachtungsblocks von der gegenüberliegenden, einzigen Küchenausgabe (*19*) für Anfteckende und Nichtanfteckende 11 m; die Abteilung der letzteren liegt zwar tiefer, aber doch unter den weftlichen Winden.

Die Poliklinik betreten die Kinder von aufsen *1*; ein Guardian *2* verweift fie in das Unterfuchungszimmer *3*. Anfteckende gelangen von hier in einzelne Wartezellen *6* — deren Vorraum Ausgang nach dem Krankenhaus hat —, Nichtanfteckende in den grofsen für Innerlich- und Aeufserlichkranke geteilten Wartefaal und aus diefen zum Flurgang des Verwaltungsgebäudes, an dem 1 Zimmer für Zahnleidende *16*, 1 Verbandraum *15*, das Zimmer des Chirurgen *13* nebft Operations- und Ruheraum *12* und *18* und das Arztzimmer *11* liegen. In feinem Mittelflur, wo eine kleine Apotheke *9*, andererfeits die Bureaus u. f. w. angeordnet find, erfolgt die Verabfchiedung nach aufsen *1* oder die Ueberweifung in das Krankenhaus *2*. — Ueber die Säuglingsftationen fiehe Art. 714, S. 451. Im Blockbau der Aeufserlichkranken find aufser dem Saal 4 Ifolierzimmer, in feinem Mittelflügel ein Turnzimmer *9* und ein Tag- und Spielraum *10*, über letzterem die Operationsabteilung angeordnet. Der Blockbau für Septifchkranke erhielt eine eigene Operationsabteilung *6* und *7*, das Diphtheritishaus eigenen Aufnahmeraum *7*, fowie ein bakteriologifches Laboratorium *4*; die Abteilung für Anfteckendkranke hat eigene Zugänge für die Eltern der Kinder *9*. — Im Gebäude für die allgemeinen Dienfte enthält die linke Seite die Apotheke, die rechte die Wäfcheniederlage, und im Küchengebäude *18* fpeift das Perfonal. Ein Wafchhaus ift nicht vorgefehen.

Von der Geländefläche (18 500 qm) entfallen auf jedes der 214 Betten 86 oder bei einem Belag mit 230 Betten je 80 qm.

722
Beifpiel
IV.

Das Kinderkrankenhaus zu Leipzig liegt im Often der Stadt, auf einem aus den Grundftücksbeftänden des St. Johannis-Hofpitals überwiefenen Gelände an der Oftftrafse, 10 Minuten von den klinifchen Lehranftalten entfernt, denen es unterftellt ift. Die rückwärtige Strafse trennt das Gelände von den Gleifen des Eilenburger Bahnhofes und die Schwarzenbergftrafse von einem Schulhausgrundftück, welches jedoch nur in feiner vorderen Hälfte an der Oftftrafse bebaut ift (Fig. 375 u. 376 [866 u. 867]).

Die Längsachfe des Grundftückes ift von Süd nach Nord gerichtet. Das Aufnahmegebäude an der Platzmannftrafse vermittelt den Zu- und Ausgang aller Kranken und Genefenen. Ein Gitter zwifchen diefem und dem dahinter gelegenen Wirtfchaftsgebäude an der Schwarzenbergftrafse trennt die im Hauptgebäude untergebrachten Abteilungen für Innerlich- und Aeufserlichkranken von der aus 3 Doppelpavillons für Scharlach, Diphtherie und Mafern beftehenden Ifolierabteilung, in deren nordweftlichen Ecke das Leichenhaus liegt. Die Höhengliederung der Bauten zeigt das Schaubild in Fig. 376. Bei diefer Anordnung erfcheint das Hauptgebäude durch Lage und Entfernung vor der Luft der Ifolierabteilung gefchützt.

Im Aufnahmegebäude find die Aufnahmeräume, die Poliklinik, der Hörfaal für die Studierenden und im Obergefchofs eine Beobachtungsftation vereinigt. Die Aufnahmefuchenden und die Befucher der Poliklinik betreten die grofse, mit Glasdach und Lüftungsjaloufien verfehene Vorhalle, wo zur Zeit der Poliklinik die Kinderwagen halten. Nicht infizierte Kinder paffieren rechts die Aufnahmeräume und werden von hier durch einen feitlich offenen Gang zum Hauptgebäude gebracht. Für Anfteckende dienen die 2 Wartezimmer links am Ausgangsflur von der Vorhalle zur Ifolierabteilung. Den übrigen Teil der linken nördlichen Seite nimmt die Poliklinik für Nichtanfteckende ein. Der Weg der Studierenden zum

Auditorium geht durch die südlich am Gebäude befindliche Pforte in der Einfriedigung; sie betreten den Hörsaal an seiner Oftseite unter dem Podium der Sitze, haben zur Isolierabteilung nur unter Leitung des klinischen Lehrers Zutritt und verlassen diese, ohne zu den nicht infizierten Kranken zurückzukehren. — Im Obergeschofs sind aufser der Beobachtungsstation noch 5 Einzelzimmer und 1 Baderaum vorhanden.

Im Erdgeschofs des Hauptgebäudes setzt sich der vom Aufnahmehaus ausgehende Verbindungsgang fort, an dessen Seite der Operationsraum nebst einem Ruhezimmer liegen. Im I. Obergeschofs enthält dieser Flügel wie gegenüber einen Saal. Der im II. Obergeschofs gelegene dient als Wohnung für die Pflegerinnen.

Die Lüftungsflure zwischen den Flügelbauten und dem Längstrakt ermöglichen den Zutritt zu allen Sälen und die Nebentreppen ihre Abfonderung im Fall einer Infektion, zu welchem Zweck der Lüftungsflur am Längsflur und dieser zwischen Nebentreppe und Badezimmer Thürabfchlufs erhielt. Bei den füdlichen Sälen kann auch das Badezimmer mit abgefondert werden; doch ift das übrige Zubehör neben der Haupttreppe nur doppelt vorhanden. Letzterer gegenüber liegen im Erdgeschofs ein Turnfaal, im I. Obergeschofs Zimmer für 2 Assistenten und die Oberin.

Im Wirtfchaftsgebäude find an der Strafse die Küchenabteilung mit getrennten Speifeausgaben für das Hauptgebäude und die Ifolierabteilung, an der Westfeite das Waschhaus angeordnet. Im Obergeschofs befinden sich Wohnungen der Bediensteten und ein Trockenboden. — Bezüglich der Raumeinteilung in den Isolierpavillons, deren Aerzte und Wärterinnen im Diphtheriehaufe wohnen, bezw. schlafen, siehe Art. 350 u. 355 (S. 208 u. 211). — Im Hof des Leichengebäudes wurde ein Kaninchenstall eingebaut. — Von der Geländefläche (8000 qm) entfallen auf jedes der 198 Betten 40,40 qm.

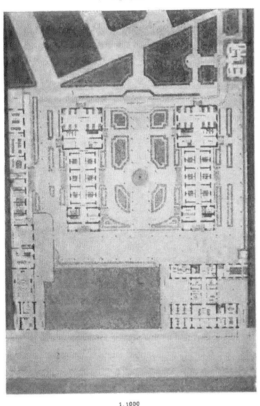

Fig. 377.

Hôpital Pasteur in Paris[368]).
1900.
Arch.: *F. Martin*
Belag: 2 × 58 = 116 Betten.

Das *Hôpital Pasteur* zu Paris, für Anwendung der Serumtherapie, liegt auf dem Gelände des Instituts *Pasteur* an der *Rue de Vaugirard*, ift von einer nicht genannten Dame gestiftet, entstand unter Mitwirkung von *Duclaux* und *Roux* und wurde zunächst für Diphtherie bestimmt (Fig. 377[368]).

723. Beispiel V.

---

368) Faks.-Repr. nach: MARTIN, M. *L'hôpital Pasteur. Revue d'hygiène* 1900, S. 636.

An der Strafse ftehen rechts das Gebäude für die Konfultation, links dasjenige für die Verwaltung mit der Arztwohnung, auf dem rückwärtigen Teil 2 Krankenblocks, an der Nachbargrenze links die allgemeinen Dienfte mit der Küche, der Desinfektion, dem Wafchhaus u. f. w., rechts das Leichenhaus. Alle Bauten find durch unterirdifche Gänge verbunden.

Im Wartefaal des Konfultationsgebäudes verweift ein Arzt Anfteckende in eine der 6 Ifolierzellen links, andere in den Raum für Innerlichkranke, in das Verbandzimmer oder in eines der 3 behufs vollftändiger Unterfuchung mit Betten ausgeftatteten Räume, die auch ermöglichen follen, Nichtanfteckende einige Stunden beobachten zu können. Wafch- und Badezimmer und 1 Laboratorium ergänzen diefe Abteilung. Im rückwärtigen rechten Flügel liegt eine über den Hof von aufsen zugängliche Kapelle nebft Aufbahrungsraum. In den Obergefchoffen befinden fich befondere Konfultationsräume für Augen- und Halskranke, 1 Zimmer für Photographie, die Apotheke und Wohnungen des Perfonals. — Anfteckendkranke werden im Konfultationsgebäude eingekleidet und im Bett durch die freie Luft oder die unterirdifchen Gänge zu den Krankengebäuden gebracht.

In den letzteren enthält jedes der 2 Gefchoffe 12 Einzelzimmer (fiehe Art. 715, S. 452) und 1 Rekonvaleszentenfaal für 12 Betten. Die Gruppe der erfteren ift durch Lüftungsgänge von den Kopfbauten, je 2 Krankenzimmer find unter fich und vom Mittelgang durch Glaswände, die Zimmerpaare durch Hohlwände getrennt, und im Obergefchofs wurde diefem Trakt jederfeits ein Balkon vorgelegt.

In den Hohlwänden, in welchen zur Heizung erwärmte Luft zirkuliert, liegen auch die Abluftrohre mit elektrifchen Afpiratoren und alle Leitungen, die fo angeordnet find, dafs Ausbefferungen u. f. w. vom Keller oder von aufsenfeitigen Hohlthüren aus erfolgen kann.

Im II. Obergefchofs des kleineren Kopfbaues befindet fich die Wohnung eines Internen, in dem des gröfseren 5 2-Bettenzimmer zur Abfonderung von Kindern mit der Mutter oder dergl. — Beim Verlaffen der Anftalt paffieren die Genefenen ein Ausgangszimmer, wo fie wieder eingekleidet werden.

2) Gefchloffene Bauweife.

724.
Ueberficht

Die 3 Beifpiele für gefchloffene Bauweife ftellen Anftalten dar, welche bei ihrer Planung keine Anfteckendkranken aufnehmen follten. Die zwei gröfseren in London und Bradford erhielten je ein Ifoliergebäude. Das kleine Frankfurter Kinderkrankenhaus wurde ohne ein folches geplant. Das auf ganz befchränktem Gelände errichtete Londoner Krankenhaus und dasjenige in Bradford find nach dem Typus von Doppelfaalbauten mit drei, bezw. zwei Gefchoffen errichtet. Die Frankfurter Anftalt, ein Saalbau, dient nur einem Gefchlecht.

725
Beifpiel
VI.

Das Hofpital für kranke Kinder an der *St. Ormondftreet* in Bloomsbury, London (Fig. 378 [86 9]), fteht auf dem Gelände des alten Hofpitals, kehrt diefer Strafse die rechte Eingangsfront, dem *Powis place*, an deffen anderer Seite das *National hofpital* für Paralytifche nebft dem *Homeopathic hofpital* liegen, den Doppelfaalbau zu und wird rückwärts vom Gelände des *St. John's and Elizabeth's hofpital* begrenzt, kam aber teilweife in veränderter Geftalt zur Ausführung.

Der Doppelfaalbau, deffen Längsachfe von Südweften nach Nordoften gerichtet ift, follte zunächft unter Erhaltung der alten Bauten an der *Great Ormondftreet* erbaut werden, um den Betrieb der Anftalt nicht zu unterbrechen. Diefer Teil erhielt, wie im Plan auch der Kopfbau, 3 Gefchoffe. Die Säle ftehen nur 17 m von den gegenüberliegenden Krankenhäufern ab; der Kopfbau fliefs rückwärts an die Nachbaranftalt, indem der 2-gefchoffige Ifolierblock nebft der Leichenabteilung fchiofs das Gelände am anderen Ende ab, deffen nordöftliche Rückfeite nur gegen unbebautes Hinterland freilag. Von diefen Bauten wurde blofs der Doppelfaalbau für 90 Betten ausgeführt, deffen oberftes Gefchofs in kleinere Krankenräume zerlegt werden follte und deffen hohes, an beiden Längsfeiten um Saaltiefe vorfpringendes Sockelgefchofs vorn die Küchenabteilung nebft dem Warteraum für neue Patienten, unter den Sälen und rückwärts die ausgedehnten Räume der Poliklinik enthält. In letzterer betreten die Kranken jederfeits von aufsen einen grofsen Warteraum unter dem Krankenfaal, gelangen von da in ein Unterfuchungszimmer und dann in den zweiten Wartefaal vor der Apotheke, von welchem ein im erften abgetrennter Gang wieder

---

[86 9] Nach: *Childrens hofpital Great Ormond ftreet*. Builder, Bd. 30 (1872), S. 66, 67.

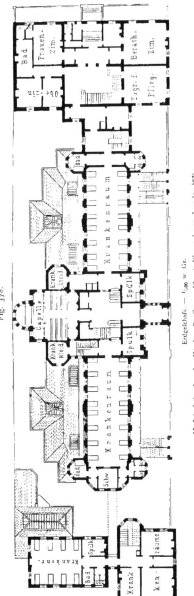

Fig. 378. Hofpital für kranke Kinder *St. Ormondftreet*, Bloomsbury, London[669]). Erdgefchofs. — 1:800 w. Gr. 1872. Arch.: *E. & M. Barry*.

nach aufsen führt, fo dafs die Wege der Ein- und Ausgehenden bis aufserhalb der Anftalt getrennt bleiben. — Ueber der Kapelle liegen in den Obergefchoffen Arzt- und Beamtenräume.

Der Ifolierblock wurde auf 2 4-Bettenzimmer nebft Zubehör in jedem Gefchofs eingefchränkt, wodurch feine Tiefe nur knapp bis zur Rückwand des Doppelfaalbaues reicht, von dem er 13 m abfteht.

In dem weit unter feiner Umgebung ausgedehnten Sockelgefchofs befinden fich feine eigene Küche und die Schlafräume feines Perfonals. Die Pflegerinnen des Doppelfaalbaues fchlafen am Powisplatz gegenüber dem Hofpital und haben unterirdifche Verbindung dahin.

Der alte Teil an der *St. Ormondftreet* fiel erft 1890. An feine Stelle trat ein 4-gefchoffiger Saalbau mit eigenem Zubehör nebft Treppe, der rückwärts bis zur Grenze reicht, vorn halbkreisförmig gefchloffen ift und mit dem Doppelfaalbau durch einen Zwifchenbau mit gleicher Gefchofseinteilung wie diefer verbunden ift.

In diefen Neubauten enthält das Sockelgefchofs 1 Raum für einfache Operationen und 1 befonderen Wartefaal für Keuchhuftenfälle, der Saalbau im Erdgefchofs Verwaltungsräume, in einem Zwifchengefchofs Speife- und Verfammlungsräume der Pflegerinnen, die Schlafräume der *Lady fuperintendent*, der *Lady pupils* wie der Schweftern, im I. und II. Obergefchofs je einen 23-Bettenfaal, im III. einen 13-Bettenfaal für Keuchhuften, ein 3-Bettenzimmer für befondere Fälle und in der Manfarde Schlafräume für weibliche Bedienftete, der Zwifchenbau in jedem Gefchofs ein 6-Bettenzimmer. Der Saalbau ftellt fomit eine Erweiterung um 62, der Zwifchenbau eine folche um 18 Betten dar, und der Gefamtbelag der Anftalt betrug nach *Burdett* (1893) 214 Betten[670]).

Das Kinderhofpital zu Bradford, an der Ecke des *St. Mary's*

726. Beifpiel VII.

[669]) Siehe: *The hofpital for fick children, Great Ormond ftreet. New Jubilee wing.* Builder, Bd. 58 (1890), S. 80. — Dafelbft wird der Belag der letzten Neubauten, einfchl. Veränderungen am Nordende des II Obergefchoffes im Hauptbau, zu 89 Betten angegeben. — Der jetzige Lageplan der Anftalt findet fich in: BURDETT, a. a. O., Atlas, Taf. 60.

road und des privaten *Welbury Drive*, wurde zunächft nur für 60 Betten ausgeführt (Fig. 379 [871]).

Auf dem langgeftreckten Grundftück mit nahezu weftöftlicher Längsachfe fetzt fich die Baugruppe nach dem Plan aus dem Hauptgebäude, zwei beiderfeits mit demfelben durch Zwifchenbauten ver-

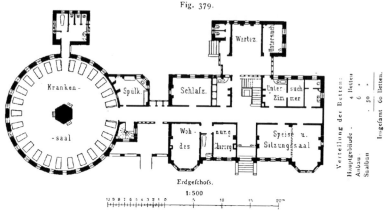

Fig. 379.

Kinderhofpital zu Bradford [871]).

bundenen Saalbauten und einem rückwärtigen Anbau für die Poliklinik zufammen. In der nordöftlichen Ecke liegen das Leichen- und das Wafchhaus. Die Säle ftehen öftlich 12,20 und an den anderen Seiten 10,40 m von den Grundftücksgrenzen ab; ihre Befonnung wird durch die Kreisform unterftützt [872]). Hauptgebäude und Poliklinik erhielten in der Einfriedigung am *St. Mary's road* und am Privatweg getrennte Zugänge.

Im Erdgefchofs des Hauptgebäudes haben die Unterfuchungszimmer mit der von aufsen zugänglichen Poliklinik im Anbau Verbindung. Der als Schlafzimmer bezeichnete Raum enthält hier 2 Ifolierbetten wie im I. Obergefchofs. In letzterem befinden fich die Schlaf- und Wohnräume der Angeftellten und über der Poliklinik ein 6-Bettenfaal für Ifolierzwecke, der durch einen gedeckten Gang mit dem Hauptbau verbunden ift. — Von den Saalbauten wurde zunächft nur der weftliche errichtet; feine Aufsenlüftung leidet durch die Lage der Anbauten am Gang. Die hier befindliche Wendeltreppe führt zu dem auf dem Dach angeordneten Tagraum. Von der Geländefläche (3304 qm) entfallen auf jedes der geplanten 110 Betten 30 qm.

Das kleine Clementinenhofpital für Mädchen zu Frankfurt a. M., eine Stiftung der Freifrau *Karl von Rothfchild*, liegt in einem Gartengrundftück am Bornheimer Landweg auf der Höhe des Röderberges und wurde unter Mitwirkung von *Barry* geplant.

Die Anftalt befteht aus dem zweigefchoffigen Hauptgebäude (Fig. 380 [873]) und einem Nebenbau für die Wafch- und Leichenabteilung. Das erftere enthält im Obergefchofs eine ebenfolche Krankenabteilung nebft einem 2-Bettenzimmer und einem kleinen Feftfaal, im Dach Wirtfchaftsräume und Zimmer für das Dienftperfonal, im Keller die Küchenabteilung.

727. Beifpiel VIII.

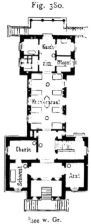

Fig. 380.

Clementinen-Kinderhofpital für 18 Betten zu Frankfurt a. M.[873]).
1873—75.
Arch.: *Mylius & Bluntfchli*.

[871]) Nach: *Building news*, Bd. 56 (1889), S. 210 u. 211.
[872]) Der Lageplan findet fich in: BURDETT, a. a. O., Atlas, Taf. 64.
[873]) Nach: Frankfurt a. M. und feine Bauten. Frankfurt a. M. 1886. S. 163.

3) Abteilungen.

Von den folgenden 3 Beifpielen ftellt das erfte eine Station für Innerlich- und Aeufserlichkranke dar. Das zweite Beifpiel betrifft die Ifolierabteilungen, welche im *Hôpital Trouffeau* geplant waren; das dritte einen Ifolierblock für Aeufserlichkranke im Kaifer- und Kaiferin-Friedrich-Kinderkrankenhaufe (fiehe auch Art. 708 u. 709, S. 444).

728. Ueberficht.

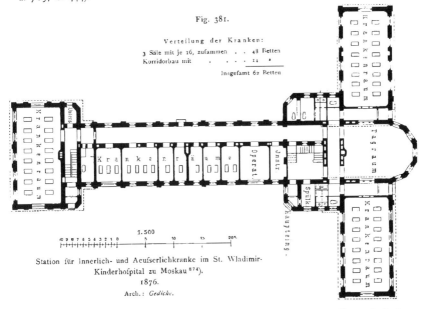

Fig. 381.

Verteilung der Kranken:
3 Säle mit je 16, zufammen . . 48 Betten
Korridorbau mit . . . . . 14 "
Insgefamt 62 Betten

Station für Innerlich- und Aeufserlichkranke im St. Wladimir-Kinderhofpital zu Moskau [874]).
1876.
Arch.: *Gedicke*.

Das Gebäude für die Innerlich- und Aeufserlichkranken im St. Wladimir-Kinderhofpital zu Moskau follte 4 trennbare Abteilungen enthalten und war unter Mitwirkung von *Rauchfufs* geplant (Fig. 381 [874]).

729. Beifpiel IX.

Der Bau hat allfeitige Befonnung, da feine Achfe von Südweften nach Nordoften gerichtet ift. Nur der Längstrakt, einfchliefslich beider Treppen, erhielt ein Obergefchofs für die Wohnung der Direktrice nebft Wäfcheniederlage und für die Schlafräume des Warteperfonals.

Das Gebäude erhielt aufser dem Eingang zur Haupttreppe 4 Zugänge: am Kopfbau, am Flurgang des Längstraktes und beiderfeits des Tagraumes. Von dem 3-fach vorhandenen Zubehör kann man die Raumgruppe zwifchen der Flucht der kleineren Krankenzimmer und dem nächften Saal im Flügelbau entweder den erfteren oder dem letzteren zufchlagen, fo dafs bei der Lage der 4 Abteilungen im Infektionsfall abtrennbar ift, was bei der Lage der Treppen fich auch durch das Mitabfcheiden von Perfonal im Obergefchofs unterftützen läfst. — Das Gebäude wurde noch durch eine Sommerbaracke für 16 Betten ergänzt.

Im *Hôpital Trouffeau* (früher Ste.-Eugénie) zu Paris waren unter Mitwirken der *Société de médecine publique* auf dem rückwärtigen Teil des bis zur *Rue du Faubourg Saint-Antoine* reichenden Grundftückes Abteilungen für Anfteckende geplant (Fig. 382 [875]).

730. Beifpiel X.

---

[874]) Nach: GRUBER. Neuere Krankenhäufer. Wien 1879. S. 186.
[875]) Nach: MARTIN, A. J. *Rapport fur un projet de conftruction de fervices d'ifolement à l'hôpital Trouffeau fait au nom d'une commiffion*. Revue d'hygiène 1887, S. 1082.

Auf dem Gelände verbindet ein von Südoften nach Nordweften verlaufender Mittelweg den alten bebauten Teil des Hofpitals mit dem Eingang an der *Rue du Faubourg St.-Antoine*, wo die Konfultationsräume, unter deren Eingangshalle das Zurechtweifen der Anfteckendkranken durch einen Internen erfolgen follte, und das Leichenhaus mit Ausgang zur Strafse geplant waren. In den beiden Höfen hinter den Strafsenbauten folgten ein Beobachtungsblock und andererfeits vom Mittelweg das Haus der Internen. Den übrigen quadratifchen Platz des Geländes nehmen die Abteilungen für Diphtherie, Mafern, Scharlach und Keuchhuften ein, deren Höfe mit Mauern abgegrenzt werden follten. In jedem Hof ftehen die Krankenbauten frei, ein Wohngebäude für das Perfonal an der Seitengrenze des Grundftückes und 3 Ein- und Ausgangsgebäude am Mittelweg. Im kleinen Pavillon der letzteren follte die Empfangnahme der Speifen und die Reinigung der Transportgefäfse mit kochendem Waffer, im linken das Kleiderwechfeln und das Reinigen des ärztlichen Perfonals, der Eleven und der Patienten, im rechten das Gleiche für die übrigen Angeftellten erfolgen. An das rechte grenzten Räume für den zugleich der Nachbarabteilung dienenden Desinfektionsofen, für die desinfizierte Patientenkleidung und zur Behandlung von Leichen. Die Krankengebäude enthielten getrennte Säle für Knaben und Mädchen (fiehe Art. 347 u. 356, S. 206 u. 211); doch waren die beiden gröfseren für Diphtherie und Mafern wegen Platzmangel als gefchloffene Baugruppen geplant.

Die 11 Einzelzimmer des Beobachtungspavillons erhielten gegen den Mittelgang verglafte Wände und aufsenfeitig Zugang unter einem Glasdach. Die Eingangsbauten am Mittelweg haben denfelben Zweck wie in den grofsen Abteilungen.

Im Konfultationsgebäude follten fich die Kranken nic in grofser Zahl anfammeln können und der Dienft während des gröfsten Teiles des Tages gehandhabt werden, damit unmittelbar die Auswahl erfolgen könne.

Nach diefem Plan entfielen von der Grundftücksfläche (25 500 qm) auf jedes der vorhandenen 105 Betten 242 qm. Da auch hierbei gefchloffene Krankengebäude nicht vermieden werden konnten und die Anlage einer fanitären Gürtelzone entbehren mufste, ftellte die Kommiffion anheim, das Gelände nur einer, zwei oder drei Krankheiten anftatt vieren zu widmen, die Abteilung für Keuchhuften wegzulaffen und befonders für Diphtherie zu forgen, die nahe der Bevölkerung eine Heilftätte haben müffe.

Nach dem *Progrès médical*[876]) beftanden die Ifolierabteilungen 1900 noch im Hofpital aus: dem alten, dafelbft feit 1879 befindlichen Pavillon *Bretonneau* für 52 Diphtheriebetten, dem neuen Scharlachpavillon (fiehe Art. 356, S. 211), einem 1889 errichteten Gebäude für 53 Mafernkranken betten mit Ifolierzimmern für alle komplizierten Fälle, einem 1892 erbauten Beobachtungspavillon mit 16 Betten und aus einer Keuchhuftenabteilung für einfache und komplizierte Fälle bei Knaben und Mädchen.

731 Beifpiel XI.

Die Abfonderungsbaracke für chirurgifche Zwecke im Kaifer- und Kaiferin-Friedrich-Kinderkrankenhaus zu Berlin wurde von *Virchow* geftiftet (Fig. 383 [877]).

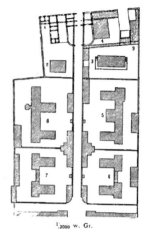

Fig. 382.

$\frac{1}{3000}$ w. Gr.

Plan für die Erweiterung des *Hôpital Trouffeau* zu Paris [875]).

Arch.: *Grandjacquet*.

1, 4. Konfultation. *2*. Interne. *9*. Leichenhaus.

Verteilung der Kranken:

3. Beobachtungspavillon mit . 11 Betten
5. Abteilung für Mafern mit . . 30 »
6. Abteilung für Keuchhuften mit 20 »
7. Abteilung für Scharlach mit . 30 »
8. Abteilung für Diphtherie mit . 24

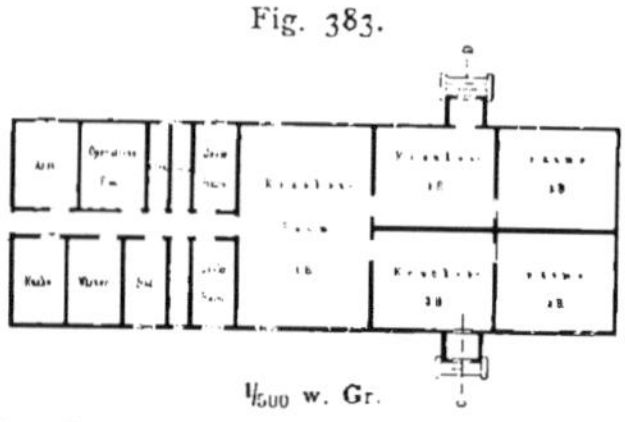

Insgefamt 105 Betten

Fig. 383.

$\frac{1}{600}$ w. Gr.

Baracke für 19 Aeufserlichkranke im Kaifer- und Kaiferin-Friedrich-Kinderkrankenhaus zu Berlin [877]).
1894.
Arch.: *Kohlmetz*.

---

[876]) Siehe: *Hôpitaux. Le progrès médical*, Bd. 28 (1900—II), S. 334.
[877]) Nach: SIMON, S. Die neuen Magnefitbaracken im Kaifer- und Kaiferin-Friedrich-Kinderkrankenhaus. Berliner klin. Wochfchr. 1894, S. 182.

Die Krankenräume find hier derart angeordnet, dafs fie in 3 Abteilungen getrennt werden können, wenn man die Thüren vom 6-Bettenfaal zu den beiden Endabteilungen, die eigenen Zugang von aufsen haben, fchliefst. Die letzteren erhalten dann eigene Wärterin. Zu dem für alle Abteilungen dienenden Zubehör gehören hier ein Operationsraum und ein Arztzimmer.

Litteratur
über »Kinderkrankenhäufer«.
α) Organifation, Bau und Einrichtung.

HUGEL, S. F. Befchreibung fämmtlicher Kinderheilanftalten in Europa, nebft einer Einleitung zur zweckmäfsigen Organifation von Kinder-Krankeninftituten. Wien 1848.

RAUCHFUSS. Die Kinderheilanftalten. In: GERHARDT, C. Handbuch der Kinderkrankheiten. Tübingen 1877. Bd. I, S. 466—528.

HAMPELN, P. Das Kinderkrankenhaus. Seine hygienifche Bedeutung für Aerzte und Nichtärzte. Berlin 1883.

Gefchichte der Kinderfpitäler in Wien, in welchen kranke Kinder für Rechnung der Wiener k. k. Krankenanftalten verpflegt werden, nebft deren Befchreibung und Plänen. Jahrbuch der Wiener k. k. Krankenanftalten, Jahrg. III (1894). Wien u. Leipzig 1896. S. 1—216.

WIEDERHOFER, v. Gutachten des k. k. oberften Sanitätsrathes über Errichtung von Kinderfpitälern überhaupt und insbefondere in Wien. Oefterr. Sanitätswefen, Bd. VI, S. 81.

BAGINSKY, A. Zur Säuglingskrankenpflege in grofsen Städten. (Mit befonderer Berückfichtigung der Berliner Verhältniffe.) Berliner klin. Wochfchr. 1897, S. 408.

β) Gefchichte und Befchreibung einzelner Kinderkrankenhäufer.

Hofpital for fick children. Great Ormond ftreet Bloomsbury. Builder, Bd. 30 (1872), S. 66.
Hofpital for fick children Pendlebury. Builder, Bd. 30 (1872), S. 845.
Hofpital for fick children. Building news, Bd. 28 (1875), S. 628.
The Eaft London hofpital for children, Shadwell. Builder, Bd. 35 (1877), S. 508.
The hofpital for fick children, Brighton. Builder, Bd. 41 (1881), S. 121.
Das neue Kinderhofpital der Kinderheilanftalt zu Dresden. Deutfches Baugwksbl. 1882, S. 61, 77, 93.
Hofpital cottages for children, Baldwinville, Maff. etc. Worcefter 1882.
ZENETTI, A. Der Neubau des *Hauner*'fchen Kinderfpitals in München. Zeitfchr. f. Baukde. 1883, S. 141.
WEGER, H. Das Kinderkrankenhaus der *A. v. Oppenheim*'fchen Stiftung. Deutfche Bauz. 1884, S. 149.
DUNN. *Gateshead children's hofpital.* Building news, Bd. 53 (1887), S. 860.
MUSGRAVE. *Propofed childrens-hofpital, Hull.* Building news, Bd. 55 (1888), S. 236.
Cheyne hofpital for fick and incurable childrens, Cheyne-walk Chelfea. Building news, Bd. 54 (1888), S. 802.
MATREN. *Bradford children's hofpital.* Building news, Bd. 56 (1889), S. 198.
The hofpital for fick children, Great Ormond ftreet. New Jubilee wing. Builder, Bd. 58 (1890), S. 80.
Kinderfpital St. Anna in Breslau. Baugwks.-Zeitg. 1891, S. 168.
SCHMIEDEN & SPEER. Das Kaifer und Kaiferin Friedrich-Kinderhofpital in Berlin. In: BAGINSKY, A. Arbeiten aus dem Kaifer und Kaiferin Friedrich-Kinderkrankenhaufe in Berlin. Stuttgart 1891. (Siehe auch: Bd. II, ebendaf. 1893.)
HÄGEMANN. Neubau der hannoverfchen Kinderheilanftalt. Zeitfchr. d. Arch.- u. Ing.-Ver. zu Hannover 1892, S. 148.
BAGINSKY, A. Technifche Verbefferungen im Kaifer und Kaiferin Friedrich-Kinderkrankenhaufe in Berlin. Archiv f. Kinderheilkunde 1893, S. 145.
HEUBNER, O. Das neue Kinderkrankenhaus in Leipzig. Jahrbuch f. Kinderheilkunde, Bd. 36 (1893), S. 1.
St. Olga-Kinderhofpital in Moskau (Rufsland). Moskau 1893.
BAGINSKY. Der ärztliche Dienft und die Krankenpflege im Kaifer und Kaiferin Friedrich-Kinderkrankenhaufe zu Berlin. Hyg. Rundfch. 1894, S. 461.
Hôpitaux d'enfants rue Michel-Bizot et rue Etex. La conftruction moderne, Jahrg. 11 (1895—96), S. 582.
L'hôpital d'enfants de la rue Michel-Bizot. La conftruction moderne, Jahrg. 14 (1898—99), S. 460 u. Pl. 86, 87.

γ) Abteilungen.

MARTIN, A. J. *Rapport sur un projet de construction de services d'isolement à l'hôpital Trousseau au nom d'une commission.* Revue d'hygiène 1887, S. 1060.
BELOUET. *Service de la diphtérie aux enfants malades. Les nouvelles cellules d'isolement.* Revue d'hygiène 1896, S. 209.

d) Abfonderungskrankenhäufer.

732. Verfchiedene Arten von Sonderkrankenhäufern.

Von einer zu weitgehenden Zerfplitterung der Pflege in Sonderkrankenhäufern für einzelne innere und äufsere Leiden, wie fie namentlich in England um fich gegriffen hatte, ift man neuerdings auch dort zurückgekommen. *Mouat* hält eine derartige Trennung, wo die allgemeinen Krankenhäufer in Einzelgebäude zerlegt find, welche die Abfonderung von Krankheiten für eine befondere Behandlung ermöglichen, im allgemeinen nicht für erforderlich, läfst jedoch das Ausfcheiden von Krebskranken und Lungenfchwindfüchtigen, wegen ihrer langdauernden Pflege, zu, wo nicht wiffenfchaftliche Studienzwecke die Aufnahme derfelben in die allgemeinen Anftalten nötig machen, billigt auch die Errichtung von Sonderkrankenhäufern für Leidende, deren Behandlung hervorragend grofse mechanifche Gefchicklichkeit verlangt.

Anftalten der letzteren Art, die Spezialärzte erfordern, find jetzt auch bei uns in Geftalt von Privatkliniken zahlreich entftanden. Auf alle derartige Anftalten näher einzugehen, würde den Rahmen diefes Heftes überfchreiten. Die darin befprochenen allgemeinen Gefichtspunkte und die in Teil IV, Halbband 6, Heft 2 (Abt. VI, Abfchn. 2, C: Medizinifche Lehranftalten der Univerfitäten) diefes »Handbuches« noch zu erörternden befonderen Erforderniffe der betreffenden Abteilungen werden genügen, derartige Anftalten auf Grund der im Einzelfall für diefelben aufzuftellenden Programme unter Berückfichtigung der zu verpflegenden Gefellfchaftsklaffen zu planen. Auch werden einige folcher Sonderheilanftalten im nächftfolgenden Heft diefes »Handbuches« befprochen werden.

Hingegen bedarf die Anordnung der Abfonderungshäufer für Anfteckendkranke mit den dazu gehörigen Nebenanlagen, wegen ihrer Wechfelbeziehung zu den allgemeinen Krankenhäufern, weiterer Befprechung. Um zu viele Unterabteilungen zu vermeiden, find in folgendem nur unter 1 die für dauernde Zwecke benutzten Abfonderungshäufer und unter 2 die für vorübergehende Verwendung erbauten zufammengefafst worden, denen unter 3 ergänzende Anlagen folgen.

1) Dauernd benutzte Krankenhäufer für Anfteckendkranke.

733. Ueberficht.

Die Krankheiten, für welche früher, ihrer Anfteckungsgefahr wegen, Abfonderungshäufer errichtet wurden, waren Ausfatz, Peft, Pocken, Cholera, Flecktyphus und gelbes Fieber. Neuerdings hat man in England eine derartige Abfonderung auf Scharlach, Diphtherie, Typhus und alle anfteckenden Krankheiten ausgedehnt, welche dort die allgemeinen Krankenhäufer nicht aufnehmen. Andererfeits ift diefelbe auch für Mafern und Lungenfchwindfucht empfohlen worden.

Sonderkrankenhäufer für Ausfätzige und Lungenkranke find als Pflegeanftalten auszubilden, letztere werden im folgenden Heft diefes »Handbuches« behandelt. Die Erfahrungen bei Bekämpfung der anderen genannten Krankheiten haben zu den verfchiedenften Zeiten zu Beftrebungen geführt, fchon bei ihrem erften epidemifchen Auftreten Abfonderungskrankenhäufer zur Verfügung zu haben. Die hierfür eingefchlagenen Wege waren dreifacher Art.

Das I. (älteste) Syftem besteht in der dauernden Erhaltung eines Krankenhaufes für epidemifche Krankheiten. Solche Anftalten, die meist infolge von Epidemien entftanden, follten nach Erlöfchen derfelben, wenn ihr baulicher Zuftand und die örtlichen Verhältniffe dies geftatteten, für ein Wiederauftreten der betreffenden Krankheit brauchbar bleiben; fie find in ihrer baulichen Anlage nur für eine Krankheit beftimmt und bieten Sicherheit gegen eine Uebertragung von anderen anfteckenden Leiden auf ihre Infaffen, im befonderen auch für ihre Rekonvaleszenten. Gegen diefelben fpricht ihre Koftfpieligkeit infolge zeitweifer Nichtbenutzung, die Notwendigkeit, im Bedarfsfalle ftets eine neue Verwaltung zu organifieren, und die Unmöglichkeit, ein gefchultes Perfonal für Epidemien zu bilden. Auch leiden die mafchinellen und anderen baulichen Einrichtungen, wenn fie nicht dauernd benutzt werden. So hat man in einigen Gegenden folche Sonderhofpitäler nur für Pocken erhalten, in anderen diefelben je nach Bedarf vorübergehend, teilweife oder ganz für die Behandlung einer anderen epidemifch auftretenden Krankheit oder gleichzeitig für mehrere folche benutzt oder fie zur Bekämpfung der endemifchen anfteckenden Leiden und auch fchliefslich für allgemeine Kranke verwendet, wie das ftädtifche Krankenhaus in Moabit, dasjenige an der Zülpicher Strafse in Cöln und das Alexander-Barackenkrankenhaus in St. Petersburg.

Das II. Syftem entftand in England. Man wollte den Schwierigkeiten, welche fich der Erhaltung eines Epidemiehofpitals und eines gefchulten Perfonals entgegenftellten, durch Erbauung von Doppelhofpitälern, deren eines für Pocken, deren anderes für Fieberkranke dienen follte, begegnen, wie im *Stockwell* und im *Homerton hofpital* zu London. Die Benutzung derfelben für Pocken fcheiterte jedoch an ihrer Lage inmitten dichter Bevölkerung, was zur Verweifung diefer Kranken auf die Pockenfchiffe am Long Reach und ihrer Rekonvaleszenten in das Zeltlazarett zu Darenth (48,3 km von London) führte. Hingegen wurde diefes Syftem in anderen Orten wieder aufgenommen, wie im *Belvidere hofpital* zu Glasgow, das fich aus einem *Fever hofpital* für 390 und einem Pockenhofpital für 150 Betten zufammenfetzt, denen nur das Keffelhaus gemeinfchaftlich ift.

Das III. Syftem beruht auf Errichtung kleiner Krankenhäufer für die erften Fälle bei drohenden Epidemien, welche man in nicht epidemifchen Zeiten dauernd für die Behandlung endemifcher anfteckender Krankheiten benutzt, aber fo anlegt, dafs fie bei der Gefahr des Auftretens einer epidemifchen Krankheit fofort erweiterungsfähig find. Diefe Anftalten follten alfo die dauernd in Betrieb befindlichen Stämme für gröfsere, durch vorübergehende Krankenunterkunftsmittel auszudehnende Epidemiekrankenhäufer bilden, wie das Blegdam-Hofpital zu Kopenhagen und viele kleinere *Fever hofpitals* in England.

Da auch diefes Mittel im Fall von Epidemien bei fpäterem dauernden Ausbau und vollem Belag folcher Anftalten mit endemifchen anfteckenden Kranken verfagt, hat man vorgefchlagen, mehrere diefer Behelfe unter fich oder mit anderen vorübergehend zu errichtenden Krankenhäufern wenigftens infoweit zufammenwirken zu laffen, dafs die nötigen Räume zum Zweck der Vorbeugung einer Ausbreitung der Krankheit und zur erften weiteren Krankenunterkunft vorhanden find.

_{Auf dem Wiener Kongrefs für Hygiene und Demographie (1887) forderten *Böhm* dauernde Ifolierfpitäler für Pocken und vorübergehende für Cholera, *Sörenfen* ein Präventivhofpital kleineren Umfanges}

für Pocken und Cholera und ein grofses für Scharlach, Diphtherie u. f. w., welch letzteres bei Epidemien zu räumen ist, *Felix* ein Hofpital für eine infektiöfe Krankheit und ein zweites für mehrere derfelben.

Aufser derartigen Krankenhäufern, welche zugleich eine erfte Hilfe bei Epidemien bieten follten, find auch Anftalten entftanden, die von vornherein voll ausgebaut wurden, für alle Kranken anfteckender Art dienen und hauptfächlich eine fchnelle Abfonderung derfelben von ihren Wohnungen ermöglichen follen, um der Weiterverbreitung der Anfteckung dort Einhalt zu thun, wo keine Sicherheit für genügende Trennung der Kranken von den Gefunden innerhalb der Wohnung vorhanden ift. Auf diefes Ziel, welches fchon *Zückert* vorfchwebte (fiehe Art. 15, S. 9), find die neueren Beftrebungen zur Erbauung von Abfonderungskrankenhäufern überall mit gerichtet. Die hierbei hauptfächlich zu berückfichtigenden Krankheiten hängen von ihrem endemifchen Auftreten am Ort ab.

734. Fürforge für Anfteckendkranke.

Durch den Umfang ihres Auftretens wird einerfeits die Fürforge, welche man in den vorhandenen allgemeinen Krankenhäufern für die Bekämpfung anfteckender Krankheiten getroffen hat, und andererfeits die Zahl der Betten beeinflufst, die eine Bevölkerung in Sonderkrankenhäufern für Anfteckendkranke bedarf. Sie erreicht die gröfste Höhe, wo man, wie in England, diefe Krankheiten in den allgemeinen Krankenhäufern vollftändig ausfchliefst.

In London verfügt der *Metropolitan afylum board* über 6 ältere Hofpitäler zu Hampftead (NW.), Stockwell (SW.), Homerton (O.), Deptford (SO.), Fullham (W.) und Tottenham (N.) mit zufammen 2503 Betten und über die 3 neuen Hofpitäler zu Graveney, Lewisham und Shooter's Hill für 1556 Betten. Hierzu kommen 350 auf den Pockenfchiffen am Long Reach, ferner 1872 für Rekonvaleszenten im Hofpital zu Winchmore Hill und im Lager zu Darenth und 318 für Zahlende im *London fever-* und, im *Smallpox and vaccination hofpital*, fo dafs in London 6599 Betten für Anfteckendkranke vorhanden find.

In Wien enthalten die gröfseren Epidemiehofpitäler in der Triefter- und in der Engerthftrafse zufammen 460, die beiden Notfpitäler in Meidling und Hernals 122, alle 4 Anftalten fomit 582 Betten.

Für Paris, wo die Errichtung kleiner Ifolierhofpitäler für einzelne Krankheiten 1884 nach *Vaillant's* Vorfchlag angeregt wurde, waren 1888 nach *Chantemps'* Bericht zur Befeitigung der Pockenabteilungen in *St.-Antoine* und *St.-Louis* 2 Pockenhofpitäler mit je 75, zufammen 150 Betten im Nordoften und Süden der Stadt, die auf den doppelten Belag erweiterungsfähig find, und gegebenenfalls 1 Rekonvaleszentenhofpital für 300 Betten zu Creteil, 1 Mafernhofpital in Tory für 80, 1 Diphtheriehofpital für ebenfo viele transportable Kranke bei Bicêtre und 1 folches nebft Kinderfchule für Grind u. f. w. zu Creteil geplant.

Für England fchätzte *Thorne-Thorne* auf dem VII. internationalen Kongrefs für Hygiene und Demographie zu Wien (1891) den Bedarf an Betten zu 1 auf 1000 Einwohner; doch fei er, wo gute Gebäude und häusliche Pflege vorhanden find, geringer als in Fabrik- und Kohlendiftrikten. Das *Heathcote hofpital* zu Leamington wurde zu 1 Bett auf 2000 Einwohner berechnet.

Die Verpflegungsdauer betrug beifpielsweife im *Smallpox and fever hofpital* zu Glasgow 38,8 und im *London fever hofpital* (für Zahlende) 42,2 Tage.

735. Gröfse.

Piftor und *Aldwinckle* empfahlen, die Gröfse folcher Krankenhäufer nicht über 300, *Felix*, nicht über 500 Betten auszudehnen. Diefe Höchftbeträge find vermutlich einfchliefslich einer etwa möglichen Erweiterung zu verftehen. Von den Londoner Hofpitälern hat dasjenige zu Stockwell mit 360 Betten den geringften, das *Park hofpital zu Hithergreen* mit 548 den gröfsten Belag; erfteres war jedoch urfprünglich nur für 102 Betten erbaut. — Ueber den Umfang anderer Anftalten fiehe die Zufammenftellung auf S. 472. Die kleinften Infektionshofpitäler in England für 8 Betten find ftets für Erweiterung geplant. Die Zahl der in dauernd errichteten Krankengebäuden vorhandenen Betten ift jedoch meift gröfser, da fie für ganze Gruppen von Oertlichkeiten dienen follen.

Bei Bemeffung der Grundftücksgröfse ift zu berückfichtigen, dafs bei diefen Anftalten die eingefchoffige Bauweife vorwiegt. Krankengebäude mit zwei Gefchoffen haben nur einige englifche Infektionshofpitäler, im befonderen jene in London, wo man andererfeits in den neuen Krankenhäufern auch die allgemeinen Dienfte, im befonderen die Wohngebäude, dem zahlreichen Perfonal entfprechend, in viele Einzelgebäude zerlegte. Wenn dann noch Platz für eine geplante Erweiterung zu fichern ift, fo erklärt fich die verhältnismäfsig grofse auf 1 Bett entfallende Grundftücksfläche, wie fie die in der Ueberficht auf S. 333 angeführten und die im vorliegenden Abfchnitt zu befprechenden Beifpiele zeigen.

Die Zahl der Abteilungen und ihrer Betten hängt von derjenigen der abzufondernden Krankheiten und der für diefe wiederum bedingten Ifolier- und Beobachtungsbetten ab.

736. Abteilungen.

In den 3 neuen Londoner Hofpitälern, welche vorzugsweife für Scharlach, Diphtherie und Entericfieber beftimmt find, wurden die letzteren beiden in einer Hauptabteilung zufammengefafst.

Das Verhältnis der Bettenzahl in diefen beiden Hauptabteilungen zufammen gegenüber derjenigen in den Ifoliergebäuden ift im *Brook hofpital* 464 : 24, im *Park hofpital* 488 : 60 und im *Grove fever hofpital* 464 : 56.

Wo die Ifolierabteilungen den einzelnen Krankenabteilungen oder Gebäuden angefchloffen werden, ift nur die Bettenzahl für die Beobachtungsftation gefondert feftzuftellen. Für die Unterabteilungen ift zu beftimmen, ob die Rekonvaleszenten zu trennen, wie viele Betten für Zahlende zu rechnen find und wie grofs der Belag in den Sälen für die verfchiedenen Krankheiten fein foll.

Im *Park hofpital* wurden die 548 Betten auf nicht weniger als 108 Abteilungen verteilt, von denen 48 für Scharlachkranke, 34 für Diphtherie und 36 für Ifolierzwecke beftimmt find.

Die englifchen Ifolierhofpitäler für Landdiftrikte und kleinere Städte find für 1, 2 oder mehr Krankheiten berechnet, pflegen aber im Verhältnis zur vorläufigen Bettenzahl mit Rückficht auf eine fpätere Erweiterung bei Epidemien in Ifoliergebäuden mehr Betten vorzufehen, welche in anderen Zeiten für Zahlende mit verwendet werden.

Oft hat fich die urfprüngliche Beftimmung der Abteilungen verändert, und ihre Grenzen verfchoben fich je nach Bedarf. Im Inftitut für Infektionskrankheiten zu Berlin (fiehe Art. 704, S. 442) fand keine Vorherbeftimmung derfelben ftatt. Man fuchte eine Ifolierung diefer Raumgruppen für beliebige Verwendbarkeit durch Anordnung verfchiedener Krankenraumgröfsen mit dem nötigen Zubehör zu fichern.

Auf die neuen Typen der Londoner Hofpitäler des *Metropolitan afylum board* find die Unterfuchungen der *Commiffion for fmallpox and fever hofpitals* von Einflufs gewefen, welche im *Fullham hofpital* gefonderte Eingänge für die Lieferanten und Kranken und im *Homerton hofpital* forderte, dafs die Beamtenwohnungen und Vorratsräume an den von aufsen zugänglichen Grundftücksgrenzen liegen follten; hier ordnete man am Haupteingang auch einen Warteraum für Befuchende an.

737. Anordnung der Bauten.

Dies führte im *Brook hofpital* und in einigen anderen englifchen Infektionshofpitälern zur Anordnung eines Doppeleinganges für die reine, bezw. unreine Seite und zu entfprechender Gruppierung der dahinter liegenden Bauten. Im *Park hofpital* begnügte man fich mit einem Eingang und einer Gürtelftrafse für die alleinige Zufahrt zu den allgemeinen Dienften und Krankenabteilungen.

Als rein, fomit zu diefer Seite der allgemeinen Dienfte gehörig, betrachtet man in England die Verwaltung, die Küche und die Wohngebäude aller Angeftellten, alfo auch des Krankenperfonals. Zu den unreinen Räumen gehören unter anderem die Desinfektionsräume, das Wafchhaus und die Ambulanzftation (fiehe Art. 775), die man in den kleineren Anftalten oft in einem Nebengebäude vereinigt.

Koſten von Krankenhäuſern für Anſteckendkranke.

Krankenhäuſer	Ort	Jahr	Bettenzahl geplant	Bettenzahl ausgeführt	Koſten für 1 Bett (in Mark) Bau	Koſten für 1 Bett (in Mark) Einrichtung
Mit eingeſchoſſigen Krankengebäuden:						
Städtiſches Alexander-Barackenkrankenhaus	St. Petersburg	1883	—	300	4080 [878]	—
St. Ladislaus-Epidemieſpital	Budapeſt	1894	—	200	6000 [879]	—
Bleglam-Hoſpital	Kopenhagen	1883	300	180	5778	444
Hoſpital for infections diſeaſes (Plan)	Newcaſtle	1884	84	—	2400	—
Iſolation hoſpital	Willesden	—	—	42	7600	—
Delancy hoſpital	Cheltenham	1877	—	32	6524	395
"	"				4246	—
Hoſpital am Oreſund	Kopenhagen	1876	56	—	6000	—
Hoſpital for infectious diſeaſes	Warrington	1877	—	30	4396	328
Infections hoſpital	Weymouth	1880	—	28	4109	—
Sittingbourne and Milton joint hoſpital	Sittingbourne	1882	—	25	3708	—
Heathcote infectious hoſpital	Leamington	1889	—	24	7704	—
Sanatorium	Folkeſtone	1878	36	22	3857	143
Bickenhill hoſpital	Solihull	1877	—	14	4543	255
Infections hoſpital	Tunbridge	1878	—	12	2032	290
Fever hoſpital	Lewes	1877	—	12	4938	einfachl.
Rockhampſtead rural ſanitary hoſpital	Aldbury	1879	16	8	5400	—
Mit zweigeſchoſſigen Krankengebäuden:						
Park hoſpital, Hither Green, Lewisham	London	1897	—	548	7664	—
Brook fever hoſpital, Shooter's Hill	"	1896	—	488	12418	—
Grove fever hoſpital Tooting Graveney	"	1899	—	520	9617	—
Latraell ſanatorium	Salford	—	—	184	7500	—
Hoſpital for infections diſeaſes	Sheffield	1888	—	64	6183	—
"	Darlington	1874	—	40	4625	435
Schwimmende Hoſpitäler:						
Floating hoſpital	Thornaby on Tees	—	—	20	6500 [880]	—

878) Auſſchl. der Desinfektionsanſtalt.
879) Wenn man, wie durchgehends im vorliegenden Heft, 1 Gulden = 2 Mark rechnet.
880) Auſſchl. Wachhauseinrichtung und Verbrennungsöfen.

Bei Beurteilung diefer Art von Trennung ift zu erwägen, dafs in den kleinen englifchen Infektionshofpitälern das ganze Perfonal im Verwaltungsgebäude wohnt, mit welchem die Küche verbunden wird. Aber auch wo für das Perfonal eigene Wohngebäude vorhanden find, wie im *Brook hofpital*, wohnt das ganze für die verfchiedenen Krankheitsabteilungen erforderliche Perfonal auf der reinen Seite. Gemeinfchaftliche Wohngebäude mit Speiferäumen für das Krankenperfonal und die Nähe derfelben bei denjenigen des Küchen- und Verwaltungsperfonals fetzen in derartigen Anftalten die jedesmalige gründliche Desinfektion des Perfonals bei dem täglich mehrmaligen Verlaffen der Krankenabteilung voraus, deren Ueberwachung befonders bei den Wärterinnen kaum durchzuführen ift. Mehr Sicherheit bietet jedenfalls das Wohnen des Krankenperfonals in den Krankengebäuden, wie im *Blegdam-Hofpital* und in anderen Ifolierkrankenhäufern oder doch wenigftens innerhalb der Abteilungen, wenn dem Gefühl der Vereinfamung vorgebeugt werden mufs.

Als rein kann man auch das Verwaltungs- und das Küchengebäude nur dann gelten laffen, wenn zwifchen beiden und den anderen Teilen des Krankenhaufes kein unmittelbarer Perfonenverkehr ftattfindet. In *St.-Louis* zu Paris war die Küchenabteilung durch eine Schleufe vom übrigen Hofpital getrennt und unmittelbar von aufsen zugänglich (fiehe Art. 8, S. 7). In ähnlicher Weife hatte man im Choleraholpital an der Erikaftrafse zu Eppendorf den Verkehr der Küche mit dem Perfonal des Hofpitals zu trennen gefucht (fiehe Art. 767).

Die Aufnahme der Kranken erfolgt im Blegdam-Hofpital zu Kopenhagen in einer abgefonderten Abteilung des Verwaltungsgebäudes und in den neuen Londoner Infektionshofpitälern in den 2 Aufnahmeblocks der beiden Hauptabteilungen. In Budapeft beftehen keine Aufnahmeräume; die Kranken werden am Eingang der Anftalt geprüft und unmittelbar zu den Sälen gebracht. Am Haupteingang find auch die Desinfektionsvorrichtungen für alle Perfonen anzuordnen, welche die Anftalt verlaffen wollen und mit Perfonen und Dingen, die als unrein gelten können, zu thun hatten, foweit dies nicht in den Abteilungen erfolgt.

In Stockholm, wo das Perfonal in den Krankengebäuden fchläft, hat man auch diefen Bauten eine reine und eine unreine Seite gegeben. Der Eingang zur erfteren dient nur den Perfonen der allgemeinen Dienfte, einfchliefslich Wärterinnen und Aerzte, der ruckfeitige zum Einbringen der Kranken und für die Rekonvaleszenten.

Bezüglich der Bau- und Einrichtungskoften einer Anzahl von Ifolierkrankenhäufern giebt die nebenftehende Ueberficht Auskunft.

738. Koften.

α) Lagepläne.

Von den 7 folgenden Beifpielen für Lagepläne beziehen fich die erften 3 auf Anftalten, welche als Epidemiehofpitäler für eine Krankheit, die anderen 4 auf folche, welche für mehrere anfteckende Krankheiten geplant waren. Von diefen bieten nur das *Brook-* und das *Blegdam-Hofpital* Flächen für Erweiterung im Fall von Epidemien.

739. Lagepläne.

Das Städtifche Krankenhaus zu Berlin in Moabit (früher »Barackenlazarett« genannt) wurde während der Pockenepidemie 1871—72 infolge der Notwendigkeit, die mit Pockenkranken belegten Baracken auf dem Tempelhofer Feld zu räumen, auf dem an der Turmftrafse gelegenen, der Stadt gehörigen Heideland für 840 Betten

740. Beifpiel I.

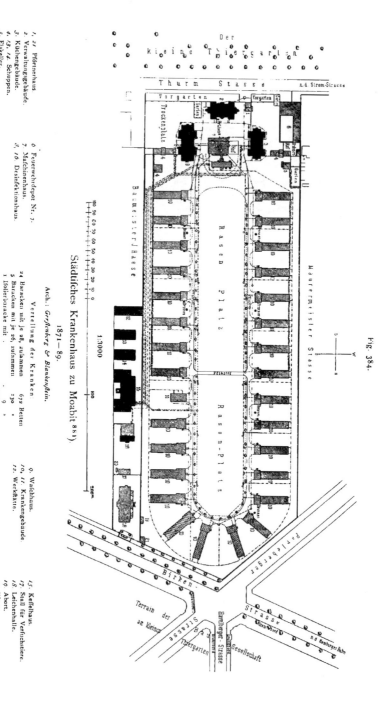

Fig. 384.

Städtisches Krankenhaus zu Moabit 881).
Arch.: Gropius & Schmieden.
1871—89.

Vertheilung der Kranken.

24 Baracken mit je 28, zusammen 672 Betten
5 Baracken mit je 26, zusammen 130 "
1 Isolierbaracke mit . . . . 9 "

Insgesamt 811 Betten

1, 21 Pförtnerhaus
2. Verwaltungsgebäude.
3. Küchengebäude.
4. 13, 14. Schuppen.
5. Eiskeller.

6. Feuerwehrdepot Nr. 7.
7 Maschinenhaus.
8, 16. Desinfektionshaus.

9. Waschhaus.
10, 11. Krankengebäude
12. Werkstätte.

15. Kesselhaus.
17. Stall für Verflüchstiere.
18. Leichenhalle.
19. Abort.
20. Wage.

geplant, kam zunächst aber nur in geringerem Umfang zur Ausführung und ist jetzt seitlich von Nachbargrundstücken, rückwärts von Strafsen begrenzt (Fig. 384[881]).

Auf dem in Breite der Turmstrafsenfront von Norden nach Süden verlaufenden Geländestreifen, auf deffen vorderer linken Ecke das Feuerwehrdepot Nr. 6 liegt, entspricht die Stellung der Gebäude nahezu der ersten Planung.

An der Turmstrafse, wo die allgemeinen Dienste in Einzelgebäuden untergebracht sind, liegen Eingang und Einfahrt zwischen dem Pförtnerhaus und dem Verwaltungsgebäude. Von den dahinter gelegenen Baracken wurden sechzehn 1872, acht 1873, der Isolierblock 1883 und die letzten fünf 1889 errichtet (siehe Art. 389 u. 300, S. 235 u. 177). In derselben Zeit entstanden auf der östlichen Geländeerweiterung das Leichenhaus (siehe Art. 557, S. 328) mit Ausfahrt nach der Birkenstrafse, der Stall für Versuchstiere, ein zweites Desinfektionsgebäude, das Kesselhaus, Schuppen und Werkstätten.

Die Baracken stehen 9 m von den Nachbargrundstücken ab. Soweit als diese nicht bebaut sind oder werden, ermöglicht ihre Achsenstellung den Zutritt der West- und Ostwinde zu den Geländeflächen zwischen denselben. — Auf jedes der 811 geplanten Betten fielen von der Grundstücksfläche (78909 qm) 97,1 qm, von welcher 13,8 qm überbaut sind.

1875 wurde der Beschlufs gefafst, das Krankenhaus dauernd zunächst mit 150 Innerlichkranken zu belegen, um im Falle auftretender Epidemien eine geordnete Verwaltung zu sichern. Seit 1886 liefs man auch Chirurgischkranke aus nächster Nähe, die sofortige Hilfsleistungen brauchen, zu. Beide Abteilungen wurden seit ihrer Einrichtung bedeutend vergrösert. Auf dem hinter den vorderen Baracken rechts abermals erweiterten Gelände entstanden neuerdings 5 neue Baracken (siehe Art. 254, S. 149) nebst einem mit der Poliklinik zusammengebauten Operationsgebäude[882]; erweiterte Neubauten für die allgemeinen Dienste sind in Ausführung begriffen.

In Wien plante die Stadtverwaltung 1886 für die nördlichen Teile der Stadt, deren Entfernung vom Spital in der Triefterstrafse (siehe Art. 657, S. 406) bis zu 10 km beträgt, ein Epidemiespital in Baracken im II. Bezirk auf dem Donauregulierungsblock VII, zwischen dem Kaiser-Franz-Josephs-Brückenplatz und der Nordwestbahn; doch sollten zunächst nur die allgemeinen Bauten nebst 4 Baracken zur Ausführung kommen (Fig. 385[883]).

741. Beispiel II.

Auf dem Gelände liegt an der Einfahrt ein vom Verwaltungs- und vom Wirtschaftsgebäude begrenzter Vorhof; hinter dem ersteren sind 14 Baracken beiderseits zu dem von Nordosten nach Südwesten verlaufenden Hauptweg angeordnet, so dafs die herrschenden Nordwestwinde zwischen denselben hindurchstreichen können. Eine Queralle trennt die vorderen 2 Paare von den übrigen; sie führt zum Desinfektions- und Verbrennungshaus, zu einem Depotgebäude, worin auch die Feuerlöschgeräte untergebracht werden sollten, und zum Leichenhof, mit Ausgang nach der Strafse. — Das zweistöckige Verwaltungsgebäude enthält im Erdgeschofs das Aufnahmebureau, die Apotheke und 4 Zimmer für Aerzte, im Obergeschofs Beamtenwohnungen und Schlafsäle für das Personal. Das letztere speist im Wirtschaftsgebäude, in deffen Erdgeschofs u. a. das Zimmer für die Feuerwehr und die Telegraphenstation liegen und in deffen Aufbau der Koch und das Küchenperfonal wohnen.

Dieser Plan kam nicht zur Ausführung. Da aber die drohende Choleragefahr 1892 die Errichtung eines Epidemiespitals in diesem Bezirk dringend machte, wurden im genannten Jahr auf Anordnung der Sanitätskommission das Gemeindeschulhaus Engerthstrafse 105 (Zwischenbrücken), welches isoliert im Baugrund der Donauregulierung liegt, zu einem solchen eingerichtet und auf dem dahinter gelegenen, gepachteten Gelände zwischen der Traisen- und Engerthstrafse Erweiterungsbauten für einen Gesamtbelag von 220 Betten errichtet[884].

742. Beispiel III.

Auf dem nunmehr 7236 qm grofsen, von drei Strafsen begrenzten, rechteckigen Gelände wurden hinter dem Schulhaus ein Waschhaus mit der Desinfektionsabteilung und dem Verbrennungsofen, ein

---

[881] Nach freundlicher Mitteilung des Herrn Baurats *Blankenstein* in Berlin. — Der ursprüngliche Plan findet sich in: Berlin und seine Bauten. Berlin 1877. Teil I, S. 229.
[882] Die Pläne dieser Gebäude finden sich in: Berlin und seine Bauten. Berlin 1896. Teil II. S. 438 ff.
[883] Faks.-Repr. nach: Projekt für ein Epidemiespital der Stadt Wien im II. Bezirk. Wochschr. d. öst. Ing.- u. Arch.-Ver. 1886, S. 354.
[884] Siehe: Das Epidemiespital der Gemeinde Wien im II. Bezirke, Engerthstrafse. Zeitschr. d. öst. Ing.- u. Arch.-Ver. 1892, S. 630.

Leichenhaus für 30 Verstorbene, ein Desinfektionsplatz von 100 qm Grundfläche mit Hydranten und Entwässerung, sowie 3 Doppelbaracken für je 40 Betten angelegt. Die nordwestlichen Winde halten die Dünste der windabwärts, benachbart gelegenen Gasanstalt ab. Im Schulhause können, aufser dem Aufnahmebureau, dem Speisesaal, den Wohnzimmern der Aerzte und Wärterinnen nebst der Küche im Erd-

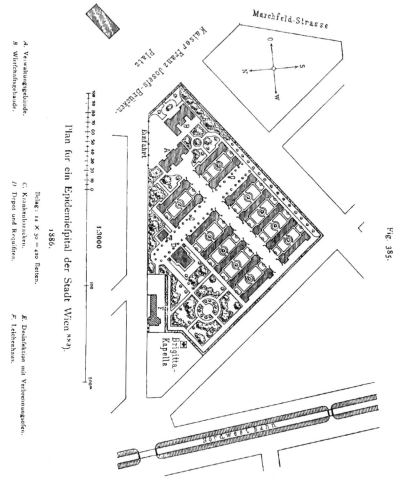

Fig. 385.

geschofs, 10 Säle mit zusammen 100 Betten untergebracht werden. Die Baracken sind aus Holzgerüst mit Gipsdielenbekleidung hergestellt.

743
Beispiel
IV.

Das *Park fever hospital* bei der *Hither green station* der *South eastern railway* liegt rund 1,2 km von Lewisham, 9,6 km von Londonbridge, 29 m über der Hochwassermarke, ist nordöstlich und nordwestlich von Strafsen begrenzt und nach einem im Wettbewerb gekrönten Plan erbaut (Fig. 386[885]).

[885] Nach: *Builder*, Bd 71 (1896), S. 54.

Das Gelände fteigt von Norden nach Süden 7,00, von Often nach Weften 9,14 m und erhielt nur einen Zugang am Schnittpunkt des *Hither green* und *George lane*, wo hinter demfelben rechts die Baulichkeiten für den Pförtner und den Oberarzt, links der Entlaffungsblock nebft dem Leichenhaus, deffen Rückfeite unmittelbare Verbindung mit aufsen hat, und dem Eingang gegenüber das Verwaltungsgebäude ftehen. Von hier aus erfolgt die Zufahrt zu allen Bauten auf der Gürtelftrafse.

Fig. 386.

Park fever hofpital Hither Green, Lewisham, London [885]).
1895—97.
Arch.:

1:3000

1. Pförtner.
2. Dirigierender Arzt.
3. Entlaffungsblock.
4. Verwaltungsgebäude.
5. Leichenhaus.
6. Steward.
7. Weibl. Bedienftete.
8. Männl. Bedienftete.
9. Fleifch- und Fifchniederlage.
10. Küchenabteilung.
11. Affiftenzärzte.
12—14. Krankengebäude.
15. Krankenaufnahme.
16. Wafchhaus.
17. Werkfchuppen.
18. Desinfektion.
19. Pflegerinnenheim.
20. Hilfspflegerinnen.
21. Nachtpflegerinnen.
22. Wafferturm.

Verteilung der Kranken:

8 Pavillons für Scharlach (*13*) mit je 46, zufammen . . . . 368 Betten
4 Pavillons für Diphtherie und Entericfieber (*12*) mit je 30, zufammen . 120 „
6 Ifolierpavillons (*14*) mit je 10, zufammen . . . . . 60 „

Insgefamt 548 Betten

An diefer trennt die Gruppe der Bauten für weibliche und männliche Bedienftete, für die Küchenabteilung, den Steward und die Affiftenzärzte die öftliche Diphtherie- von der weftlichen Scharlachabteilung mit je einem Aufnahmegebäude am Gürtelweg. Die Pavillons (fiehe Art. 352, S. 210) find unter fich mit den Ifolierpavillons (fiehe Art. 290, S. 174) und mit dem Küchengebäude durch gedeckte Gänge verbunden, an welchen die Treppenhäufer der grofsen Pavillons angebaut wurden. Die hier höher

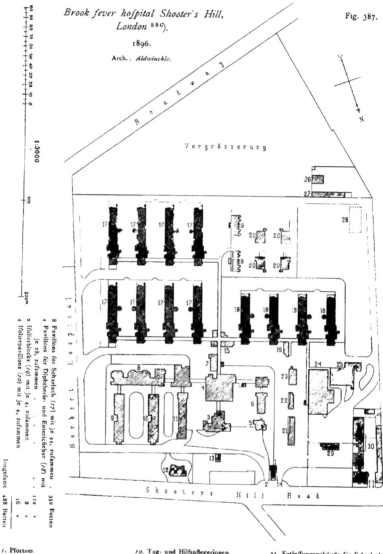

Fig. 387.

Brook fever hospital Shooter's Hill, London [886]).
1896.
Arch.: Aldwinckle.

1. Pförtner.

Reine Seite:
2. Eingang.
3. Verwaltungsgebäude.
4. Küchengebäude.
5. Küchenchef.
6. Männliche Bedienstete.
7. Bureau der *Matron*.
8. Pflegerinnenheim.
9. Nachtpflegerinnen.
10. Tag- und Hilfspflegerinnen.
11. Weibliche Bedienstete.
12. Dirigierender Arzt.
13. Wasserturm.

Unreine Seite:
14. Eingang.
15. Aufnahmegebäude für Scharlach.
16. Aufnahmegebäude für Diphtherie und Entericfieber.
17—20. Krankengebäude.
21. Entlassungsgebäude für Scharlach.
22. Entlassungsgebäude für Diphtherie und Entericfieber.
23. Laboratorium.
24. Waschhaus.
25. Kesselhaus.
26. Werkstätte.
27. Regenwasserbehälter.
28. Pumpstation.
29. Leichenhaus.
30. Ambulanzstation.

geführten, terrafsierten Gangteile dienen zur Aufstellung von Betten in den Obergeschossen. Vom südlichen Strang des Gürtelweges aus sind das Wasch- und Kesselhaus und das auf dem höchsten Geländeteil angeordnete Schwesternheim zugänglich.

Fig. 388.

Verteilung der Kranken:
1 Beobachtungsblock (4) mit . . . . 12 Betten
1 Block für Zahlende (5) mit . . . . 12 "
5 Doppelpavillons (6—9, 11) mit je 26, zusammen 130 "
1 Doppelblock (10) mit . . . . 26 "
Insgesamt 180 Betten

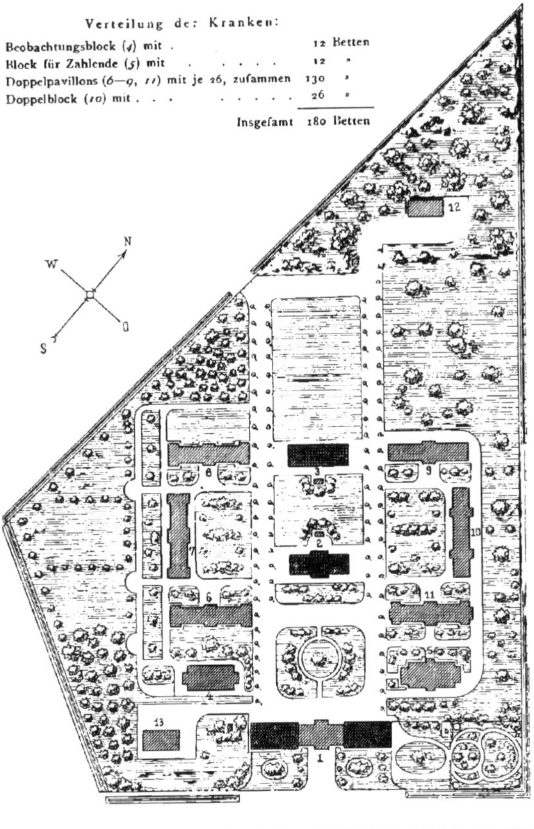

1:3000 w. Gr.
Blegdam-Hospital bei Kopenhagen [887].
1876—83.
Arch.: Bergs & Thomson.

1. Verwaltungsblock.   3. Waschhaus.   12. Leichenhaus.
2. Küchengebäude.   4—11. Krankengebäude. 13. Stallgebäude.

Bei der gewählten nahezu nordsüdlichen Längsachse der Pavillons liegen die freien Saalstirnseiten in 3 derselben gegen Norden. Jeder Pavillon erhielt einen durch Gitter abgegrenzten Gartenplatz, und der Verbindungsgang ist zur Aufnahme der Rohrnetze unterkellert.

Von den 3 durch Brückengänge verbundenen Bauten des Schwesternheims enthält der östliche die Speiseräume der Pflegerinnen, der Hilfspflegerinnen und die Wohnräume der ersteren, der mittlere diejenigen der letzteren; der westliche dient den Nachtpflegerinnen. Jede Pflegerin hat ein eigenes Schlafzimmer.

Von der 80 984 qm grofsen Geländefläche entfallen auf jedes der 548 Betten 147,8 qm.

Das *Brook fever hospital Shooter's Hill* zu London liegt in günstiger Lage, 61 m über dem Meer am *Shooter's Hill road*, wird an seiner Nordseite von diesem, seitlich von anderen Grundstücken und rückwärts vom *Roadway* begrenzt (Fig. 387 [886]).

744. Beispiel V.

Das Gefälle des Geländes gegen Süden machte auf dem vorderen, zunächst bebauten quadratischen Teil Terrassenanlagen nötig. Von den Bauten für die allgemeinen Dienste, welche vordere Hälfte dieses Teiles einnehmen, bilden die linken zwei Drittteile die reine, das rechte Drittteil die unreine Seite. Zwischen beiden steht an der Strafse das Pförtnerhaus, welches nebst der dahinter verlaufenden Einfriedigung die getrennt geführten Zugangswege beider Abteilungen scheidet. Zur reinen Seite sind das Verwaltungs- und das Küchengebäude, die Wohnhäuser des dirigierenden Arztes und des *Steward*, das

[886] Nach: ALDWINCKLE, a. a. O., S. 293.
[887] Nach: SORENSEN & HERMANN, a. a. O., Taf II.

Bureau der *Matron* und die 5 Bauten für das Warte- und Dienſtperſonal (vergl. Art. 502, S. 290), zur unreinen die Entlaffungsblocks für Diphtherie- und Scharlachkranke, das Laboratorium, die Waſch-, Keſſel- und Leichenhäufer und die Ambulanzenſtation mit unmittelbarer Ausfahrt nach dem *Shooter's Hill road* gerechnet. Auf der rückſeitigen Hälfte des bebauten Geländes trennt ein vom Verwaltungsgebäude ausgehender Mittelweg die 8 Scharlachpavillons links von den 4 Pavillons rechts für Diphtherie und Entericfieber (fiehe Art. 357 u. 352, S. 212 u. 210) nebſt der Iſolierabteilung, die aus 2 Blockbauten mit je 4 Einzelzimmern und 4 Pavillons mit je einem 4-Bettenfaal beſteht. Beide Abteilungen erhielten eigene Aufnahmegebäude; alle Bauten für Kranke — auch viele der anderen — haben eine nahezu von Nord nach Süd gerichtete Längsachſe.

Auf dem rückwärtigen, nicht bebauten Geländeteil von dreieckiger Form wurde ein kleiner Hof für den Werkſchuppen und die Pumpſtation abgetrennt. Die Verbindung der Gebäude teils durch befahrbare, teils durch gedeckte Gänge folgt der Höhenbewegung des Grundſtückes. — Der Verbrennungsofen und der Desinfektionsapparat find am Keſſelhaus angebaut. Das Waſchhaus enthält 2 nahezu gleich groſse Abteilungen für die Wäſche der Patienten und des Perſonals.

Von der Geländefläche (121401 qm) entfallen auf jedes der geplanten 488 Betten 249 qm.

745
Beiſpiel
VI.

Das *Blegdam-Hoſpital* für epidemiſche Krankheiten zu Kopenhagen iſt von der Stadt an der *Avenue* gleichen Namens errichtet worden, rechts von der Gemeindetrift, links von der *Place de l'égliſe St.-Jean* und rückſeitig von der *Avenue du Nord* begrenzt. Sein Belag kann durch Zelte auf 300 geſteigert werden (Fig. 388[887]).

Den Haupteingang zum Gelände bildet die Durchfahrtshalle des Verwaltungsgebäudes, zu deſſen Linken die Stallung ſteht. In der von Südoſten nach Nordweſten verlaufenden Mittelachſe folgen hinter dem erſteren das Küchengebäude (fiehe Art. 481, S. 279) und das Waſchhaus (fiehe Art. 496, S. 286); feitlich ſtehen links ein Beobachtungsblock, rechts ein Blockbau für Zahlende, dahinter jederfeits 3 Krankengebäude und im ſpitzen Winkel das Leichenhaus mit Ausfahrt nach der *Avenue du Nord*. Alle Bauten find ſelt befonnt und ſtehen reichlich von den Grundſtücksgrenzen ab.

Im eingeſchoſſigen Mittelteil des Verwaltungsgebäudes liegen jederfeits von der Durchfahrtshalle an Mittelgängen vorn die Räume des Pförtners, bezw. ſeine Wohnung, rückwärts Desinfektionsräume, beſtehend aus 3 Zimmern für das Entkleiden, Baden und Wiederankleiden der Aerzte u. f. w., welche von der Anſtalt kommen oder nach derſelben gehen. Diefe haben keine Thür nach dem Mittelgang, ſondern von einem angrenzenden rückwärtigen Eingangsflur im Flügelbau betreten und durch eine Thür nach der Durchfahrt verlaſſen oder umgekehrt. Der Mittelgang iſt zum Teile in den Flügeln fortgeführt, deren rechter die Bureaus, einen Befuchsraum und die Zimmer der Aerzte, deren linker die Aufnahmeräume und Niederlagen enthält. Die Aufnahmeabteilung ſetzt ſich aus 1 Warte- und 1 Unterſuchungszimmer, an welches 2 Baderäume für Männer und Frauen mit je 2 Kabinen grenzen, zufammen. Von hier werden die Kranken durch den anſtoſsenden, ſchon erwähnten rückwärtigen Eingangsflur nach ihren Bauten gebracht. Im rechten Flügel können die aufser Bett befindlichen Rekonvaleszenten zum Befuchsraum durch das rückwärtige Treppenhaus gelangen, während die Angehörigen vom Bureau aus eintreten können. Eine Scheidewand trennt beide Parteien, die durch ein Schiebefenſter und eine vergitterte Oeffnung ſich ſehen und ſprechen, aber nicht berühren können. In den Obergeſchoſſen befinden ſich einerfeits Wohnungen des Inſpektors und der Internen, andererfeits diejenige der Oberin, die Abteilung für reine Wäſche nebſt Nähſtube u. f. w., in den Manſarden die Patientenkleidung.

Im Beobachtungsblock und im Gebäude für Zahlende find die Einzelzellen und das Zubehör zu beiden Seiten eines breiten Mittelflurs, der durch den ganzen Bau geführt iſt, angeordnet. — Jeder Doppelpavillon ſetzt ſich aus zwei Hälften, die nicht miteinander verbunden ſind und unmittelbaren Zugang von auſsen ſowohl in der Front, wie an den Stirnſeiten enthielten, zufammen. Jede Hälfte hat einen 12-Bettenſaal und ein Einzelzimmer nebſt Zubehör, zu welchem ein Wärterzimmer gehört. Bezüglich der Einteilung des Doppelblocks fiehe Art. 304 (S. 179). Alle Krankengebäude links von der Mittelachſe des Grundſtückes erhielten Dachreiter, alle rechts erwärmte Saugſchornſteine. Von der Geländefläche (77 000 qm) entfallen auf jedes der 180 dauernd vorhandenen Betten 428 qm, die ſich bei Ergänzung durch Zelte auf 257 qm verringern.

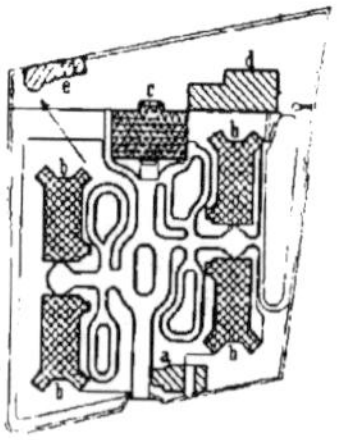

Fig. 389.

1/3000 w. Gr.
Hoſpital für infektiöſe
Krankheiten
zu Sheffield [888]).
1880.
Arch.: *Swann*.
Belag: 4 × 16 = 64 Betten.

---

[883]) Nach: THORNE-THORNE in dem in Fufsnote 75 (S. 45) angezogenen Bericht, Taf. 31.

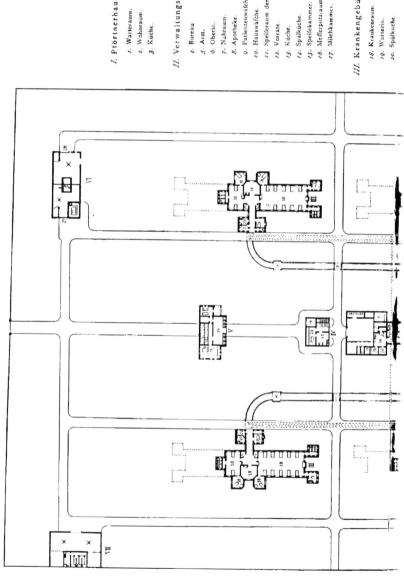

Zu S. 481.

I. Pförtnerhaus.
 1. Warteraum.
 2. Wohnraum.
 3. Küche.

II. Verwaltungsgebäude.
 4. Bureau.
 5. Arzt.
 6. Oberin.
 7. Nähraum.
 8. Apotheke.
 9. Patientenwäsche.
 10. Hauswäsche.
 11. Speiseraum der Wärterinnen.
 12. Vorräte.
 13. Küche.
 14. Spülküche.
 15. Speisekammer.
 16. Messerputzraum.
 17. Milchkammer.

III. Krankengebäude.
 18. Krankenraum.
 19. Wärterin.
 20. Spülküche.

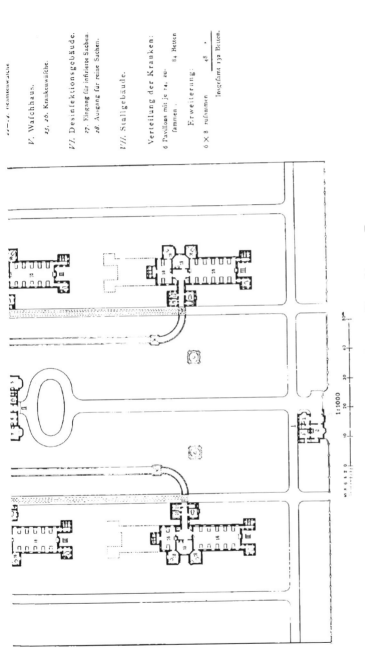

V. Wachthaus.
25, 26. Krankenwäche.

VI. Desinfektionsgebäude.
27. Eingang für infizierte Sachen.
28. Ausgang für reine Sachen.

VII. Stallgebäude.

Verteilung der Kranken:
6 Pavillons mit je 14, zusammen . . . . 84 Betten
Erweiterung:
6 × 8 zusammen . . . . 48 „
Insgesamt 132 Betten.

Plan zum City Hospital für ansteckende Krankheiten zu Newcastle-upon-Tyne.
Belag: 84 Betten.
1884.
Arch.: *A. B. Gibson*.

Handbuch der Architektur. IV. 5, a. 2. Aufl.

Nach: Builder, Bd. 46 (1884), S. 58

Das Hofpital für infektiöfe Krankheiten zu Sheffield liegt an der *Winter ftreet*, die dasfelbe vom *Wefton park* trennt, wird links von dem an feiner anderen Seite durch Häufer begrenzten *Mufhroom lane*, rückwärts von den Hintergebäuden und Einzelhäufern der *Summer ftreet*, rechts von einem Privatgrundftück nebft einigen Bauten im *Weft Grove fquare* begrenzt, welche, wie erftere, demfelben keine Fenfter zukehren. Der Plan ging aus einem Wettbewerb hervor (Fig. 389[888]).

746. Beifpiel VII.

Das Grundftück bedurfte einer Höhenregelung und fteigt jetzt vom Haupteingang bis zur Rückfeite des Verwaltungsblocks, welcher mit zwei Obergefchoffen den vorderen Geländeteil überragt, während feine zwei Untergefchoffe gegen den hinter demfelben angeordneten Hof freiliegen. Auf letzterem, der einen Seiteneingang vom *Mufhroom lane* und rechts eine Thürverbindung zum vorderen Gelände erhielt, liegen ein Pförtnerhaus und das Nebengebäude. Vor dem Verwaltungsblock ftehen jederfeits 2 Pavillons (fiehe Art. 289, S. 174) fymmetrifch zu einander. Da die Mittelachfe des Grundftückes von Südweften nach Nordoften verläuft, find alle Seiten der Pavillons befonnt; ihr kürzefter Abftand untereinander beträgt 9 m und von den Grundftücksgrenzen 7 m.

Das Verwaltungsgebäude enthält im Erdgefchofs die Wohnräume des Arztes und der *Matron*, den Speiferaum der Wärterinnen und die Küchenabteilung, in den Obergefchoffen die Schlafräume des gefamten Perfonals. Vom Gelände (2145 qm) entfallen auf jedes der 64 Betten 33,5 qm.

β) Gefamtanlagen.

Die folgenden 5 Beifpiele geben die Gefamtpläne von 5 kleineren englifchen Hofpitälern für 132 bis 10 Betten, wie fie für Städte oder für mehrere Kirchfpiele eines beftimmten Diftrikts entftanden find.

747. Ueberficht.

Nach dem zum *City hofpital* für anfteckende Krankheiten zu Newcaftle-upon Tyne im Wettbewerb gewählten Plan (fiehe die nebenftehende Tafel) follte die fpätere Erweiterung durch Vergröfserung der einzelnen Krankengebäude erfolgen und die Wegeführung die zentrale Lage der allgemeinen Dienfte verbeffern.

748. Beifpiel VIII.

Die Doppelpavillons ftehen, der herrfchenden Windrichtung entfprechend, parallel zur südnördlichen Längsachfe des Geländes und find mit dem zentralen Verwaltungs- und Küchengebäude durch gedeckte Gänge verbunden. An der Südfeite waren das Pförtnerhaus, hinter dem Verwaltungsblock das Wafchhaus für Beamtenwäfche, dahinter dasjenige für die Krankenwäfche und an der Nordfeite rechts das Desinfektions-, links das Stallgebäude geplant.

Für die Ambulanzen find Einfahrten an der füdlichen Eingangsfeite der Anftalt, zwei gefonderte Zufahrtswege längs der Pavillons innenfeitig, ein Ausfahrtsweg aufsenfeitig der linken Pavillonreihe und das nördliche Thor vorhanden. — Das Desinfektionsgebäude ift durch den Weg hinter den rechts ftehenden Pavillons und gleichfalls durch das rückwärtige Thor mit der Stadt verbunden. Auf jedes der geplanten 132 Betten entfallen von der Geländefläche (40 467 qm) 306 qm.

Bei der Ausführung[889]) erlitt die Stellung der Bauten zum Vorteil der Gefamtanordnung Abänderungen. Das Grundftück ift nach dem Plan bei *Burdett* nur an der Oftfeite von einer Strafse begrenzt, wo an feinem füdlichen Ende neben dem Pförtnerhaufe 2 Einfahrtsthore liegen. Von den 6 Krankengebäuden find nur 4 — diefe aber in ganzer Länge — als Doppelpavillons erbaut; in ihrer Mitte fteht ein Ifolierblock für 6 Betten. Der Verwaltungsblock wurde aus dem Bereich der Krankenbauten heraus nach der Südgrenze zu verlegt und quergeftellt; in einem feiner Flügel ift das Wafchhaus für Beamtenwäfche eingebaut; an der früheren Stelle defselben fteht dasjenige für die Krankenwäfche und an der Nordfeite in der Mitte das Desinfektions-, rechts das Stall- und links ein kleines Leichengebäude. — Danach liegen jetzt die reinen Räume an der Südfeite, und die komplizierte Wegführung für die Ambulanzen wurde überflüffig.

Das »Sanatorium« für infektiöfe Krankheiten zu Folkeftone liegt 400 m von der Stadt an der *South-Eaftern railway ftation* und an der See, 37 m von den benachbarten *cottages* entfernt, und wurde zunächft nur für 14 Betten ausgeführt (Fig. 390[890]).

749. Beifpiel IX.

[889]) Siehe: BURDETT, J. *Hofpitals and afylums of the world.* Bd. IV. London 1893. Atlas, Taf. 77.
[890]) Nach: THORNE-THORNE, a. a. O., Taf. 16 bei S. 120.

Ein- und Ausfahrt liegen an der Nordoſtſeite des Grundſtückes, wo das Verwaltungs- und das Nebengebäude ſtehen. Gedeckte Wege verbinden erſteres mit dem mittleren Block für Zahlende und den ſeitlichen Doppelpavillons. Alle Bauten ſind eingeſchoſſig und allſeitig von der Sonne belichtet, erhielten aber geringe Abſtände von den Grundſtücksgrenzen. Die Zugänge zu den Krankenzimmern für Zahlende, welche der See gegenüberliegen, wurden hier durch Windfänge geſchützt, in denen die Zimmerthür ſeitlich zur Flurthür liegt, der gegenüber eine niedrige Schiebethür zum Einbringen der Badewanne angeordnet iſt. Die Doppelpavillons für je 2 Säle zur Trennung der Geſchlechter kamen zunächſt nicht zur Ausführung. Vom Gelände (4047 qm) entfallen auf jedes der geplanten 36 Betten 112 qm.

Das *Sittingbourne and Milton joint infectious hoſpital* der Milton Union, welche 17 Kirchſpiele umfaſst, liegt 3,2 km von Sittingbourne entfernt.

Die Anſtalt beſtand bei ihrer Errichtung aus der in Fig. 391 [891]) dargeſtellten Baugruppe und einem Nebengebäude. Jeder Krankenblock hat mit dem Verwaltungsbau offene Gangverbindung und dient für 2 Geſchlechter. In jeder Gebäude-

750. Beiſpiel X.

[891]) Nach: *Building news*, Bd. 47 (1884), S. 128.

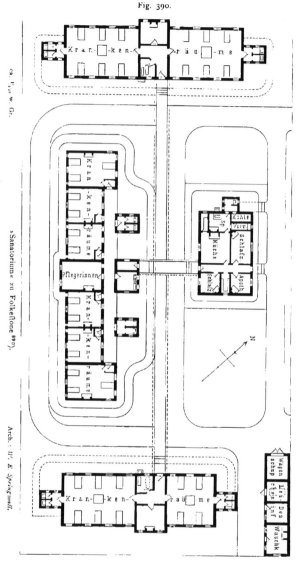

Fig. 390.

Verteilung der Kranken:

1 Doppelpavillon mit	12 Betten
1 Doppelpavillon mit	10 "
1 Iſolierblock (für Zahlende) mit	14 "
Insgeſamt	36 Betten

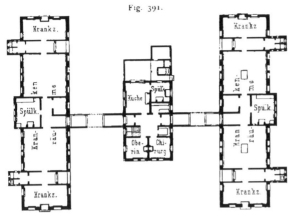

Fig. 391.

Sittingbourne and Milton joint infectious hoſpital[891]).
1882.
Arch.: W. L. Grant.
Belag: 2 × 12 = 24 Betten.

mittels eines offenen Ganges verbeſſert werden; doch führt dieſer an den Fenſtern der Iſolierzimmers vorbei. Die Krankenräume geſtatten nur Trennung der Geſchlechter, alſo nur Behandlung einer Krankheit. Raum

Fig. 392 u. 393.

Hoſpital für infektiöſe Krankheiten zu Kendal[892]).
1881.
Arch.: Bradc.
Belag: 15 Betten.

hälfte trennt der Eingangsflur ein 4-Bettenzimmer von einem 2-Bettenraum und die gemeinſchaftliche Spülküche erhielt Zugang vom Verbindungsgang.

Das kleine Hoſpital für infektiöſe Krankheiten zu Kendal (Fig. 392 und 393[892]) beſteht nur aus dem Doppelſaalbau mit ſudöſtlicher Front und dem Nebengebäude.

Die Uebelſtände, welche die Vereinigung von Küche und Krankenräumen in einem Bau mit ſich bringt, ſollten hier durch Verbindung beider Iſolierzimmers vorbei. für Rekonvaleszenten, für Unterkunft der Angeſtellten und Vorräte iſt im Obergeſchofs vorhanden.

Das *Sanitary hoſpital* für den Diſtrikt der *Bournemouth commiſſioners* iſt an zwei Seiten von einem Gemeindegrundſtück, an ſeiner dritten von der *South Weſtern railway*, zu ſeiten des Zufahrtsweges, von teils bebauten Grundſtücken begrenzt und kam zunächſt für einen Belag von 10 Betten zur Ausführung (Fig. 394[893]).

Der zweigeſchoſſige Verwaltungsblock liegt

751.
Beiſpiel
XI.

752.
Beiſpiel
XII.

---

892) Nach: *Builder*, Bd. 40 (1881), S. 442.
893) Nach: *Builder*, Bd 47 (1884), S. 839.

hier vorn an der Einfahrt; der Krankenblock fteht reichlich von der bewohnten Nachbarfchaft ab, und die Lage des Nebengebäudes wurde wohl mit Rückficht auf die zukunftige Erweiterung gewählt; doch ift der Transport der Leichen nicht zu bewerkftelligen, ohne dafs er von den Krankenräumen aus gefehen wird.

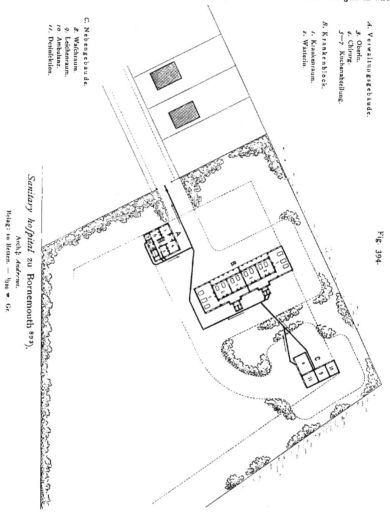

Fig. 394.

γ) Schwimmende Krankenhäufer.

Die Krankenhäufer für Anfteckendkranke auf dem Waffer find in England aus der Adaptierung von alten Schiffen entftanden und gehören zum Teile zu den Quarantäneanftalten; der Vorzug ihrer vollkommenen Ifolierung hat neuerdings auch zur Ausbildung fchwimmender Krankenhäufer geführt.

Die drei Pockenfchiffe auf der Themfe am Long Reach, 14 Meilen unterhalb Greenwich, bilden jetzt das einzige Pockenhofpital in London, liegen 138 m vom Ufer ab und find durch Brücken untereinander verbunden.

Das mittlere Schiff, der *Endymion*, eine alte Fregatte, enthält die Verwaltungs-, Küchen-, Speife- und Schlafräume des Dienftperfonals. Im *Atlas*, einem alten Kriegsfchiff, befinden fich die Aufnahmeräume, diejenigen für das ärztliche Perfonal, die Apotheke und 200 Krankenbetten. Die als eifernes Doppelfchiff für die Fahrt Dover-Calais erbaute *Caftalia* wurde in ein zweigefchoffiges Hofpitalfchiff für 154 Betten umgewandelt, von denen 70 in 5 Sälen im Schiffsraume liegen und feine ganze Tiefe einnehmen, fomit zweifeitig belichtet find; 84 Betten wurden in 5 ftaffelförmig auf das Deck geftellten, durch Gänge verbundenen Baracken untergebracht, deren Zubehör an beiden Enden des Schiffes angeordnet ift; die Heizung erfolgt durch Dampf vom *Endymion* aus — eigene Dampfkeffel in jedem Schiff dienen als Referve — und die Entlüftung durch *Boyles'* Exhauftoren. Nur der *Atlas* ift anders gelüftet. — Das Wafchhaus, eine Desinfektionsanlage und ein Schlafhaus für das Warteperfonal find auf dem Ufer erbaut.

Im Tynehafen wurden in den 70er Jahren eine Baracke für Infektiöfe mit 14 Betten auf einem alten Fährboote, eine andere für Cholera mit 10 Betten auf einer aufser Dienft geftellten Galliot, das Wafchhaus u. f. w. auf einem Flofs errichtet. — An Stelle diefer Anlage trat 1885 ein Hofpital bei Jarrow Slake auf eifernen Pontons (Fig. 395[894]).

Auf 10 eifernen cylindrifchen Pontons von je 21,34 m Länge und 1,83 m Durchmeffer mit halbkugelförmigen Enden und 535 Tonnen Tragkraft ruhen die 7 eifernen Querträger der 42,84 × 21,34 m grofsen, aus Balken und Bohlen

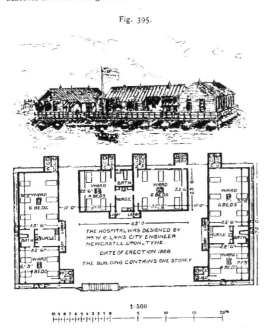

Fig. 395.

Hafenhofpital am Tyneflufs bei Jarrow Slake für 30 Betten [894]).

beftehenden, mit Kreofot angeftrichenen Plattform. Die 3 Doppelpavillons mit befonderen, 28 cm über diefer liegenden Fufsböden laffen an den Wafferfeiten Fufswege, in der Mitte einen gefchützten Platz frei. Am mittleren Pavillon wurde ein kleiner Leichenraum angebaut. Die Frifchwafferverforgung erfolgt durch Wafferbote auf dem Flufs nach Behältern im Dachraum. Druckpumpen in den Spülküchen heben das Flufswaffer zum Wafchen nach ebenfolchen Behältern. Auch das Regenwaffer der Dächer wird in Tonnen gefammelt. Die Entwäfferung ift unmittelbar in den Flufs durch Rohre 90 cm unter dem Plateau — bewirkt. Für die Verwaltung dienen die Bauten des alten Cholerahofpitals, deffen Flofs durch einen neuen Steg mit dem neuen Hofpital Verbindung hat.

Vollftändiger ift das Hofpital der Hafenfanitätsbehörde auf dem Tees zu Thornaby für 20 Betten.

Hier wurden alle Gebäude auf der 42,84 × 26,06 m grofsen Plattform angeordnet, welche 1,22 m über dem Waffer auf ebenfolchen Pontons von 26,36 m Länge und 1,83 m Durchmeffer ruht, die in 4,42 m Achfen-

---

[894]) Fakf.-Repr. nach: Burdett, a. a. O., Taf. 80.

abftand unter fich und mit der Plattform verbunden, auch durch Diagonalzugbänder in ihrer Lage gefichert, aber, falls fie undicht werden, einzeln ausfchaltbar find. Zu beiden Seiten des Verwaltungsblocks und parallel mit ihm ftehen 2 Krankenblocks, hinter erfterem die Wafchküche, rechts von diefer ein Leichenhaus und links ein Verbrennungsofen. In den Krankenblocks trennten das Wärterinnen- und das Badezimmer 2 durch Windfänge von aufsen zugängliche Krankenräume, von denen der eine Block 2 und 8, der andere 4 und 6 Betten enthält. Jedem Krankenraum find eigene Aborte angebaut. — Im Verwaltungsblock liegen an einem durchlaufenden, mit Windfängen an den Enden gefchützten Mittelgang einerfeits das als Speiferaum dienende Zimmer der Oberin, die Küchenabteilung, Bad und Abort, andererfeits je 1 Raum für die Aerzte, den Hausmeifter und das Dienftperfonal nebft dem Tag- und dem Schlafraum der Wärterinnen.

2) Vorübergehend benutzte Krankenhäufer für Anfteckendkranke.

756.
Vorhandene
Gebäude.

Droht das Auftreten einer Epidemie oder erfolgt der Ausbruch einer folchen, fo ift zu möglichft fchneller Abfonderung der von der Krankheit Betroffenen die Bereitftellung einer der Gröfse und der Art der örtlichen Bevölkerung entfprechenden Zahl von Betten zu fichern. Dies kann durch Inbetriebfetzen der für Epidemien vorgefehenen Anftalten, durch Entleeren von allgemeinen Krankenhäufern, durch Adaptierung von Gebäuden, welche zu anderen Zwecken erbaut find, für die Krankenpflege, und durch Herftellung von vorübergehenden Neubauten als Ergänzung der vorftehenden Hilfsmittel oder beftehender Krankenhäufer für Anfteckende und fchliefslich durch Erbauung neuer felbftändiger Anftalten erfolgen. In gröfseren Bevölkerungszentren werden, je nach den Verhältniffen, mehrere diefer Wege oder alle gleichzeitig einzufchlagen fein, wie die folgenden in Berlin, Wien und Hamburg während der letzten Choleraepidemie getroffenen Mafsnahmen zeigen.

In Berlin begnügte man fich mit der Vorbereitung von Räumungen in vorhandenen Krankenhäufern. Der Magiftrat beantragte bei der Stadtverordnetenverfammlung, aufser dem Krankenhaus Moabit gegebenenfalls im Friedrichshain und am Urban je einen Pavillon für Cholerakranke verfügbar zu machen, und fetzte fich mit den Kuratorien des Krankenhaufes Bethanien und des Elifabeth-Krankenhaufes behufs Belegung eines Teiles derfelben mit Kranken aus den dortigen Stadtteilen in Verbindung.

In Wien follten aufser den drei beftehenden Epidemiefpitälern das Kaifer-Franz-Jofeph- und das Wilhelminen-Spital, fowie der Ifolierpavillon im Elifabeth-Spital zur Verfügung geftellt werden. Hierzu traten die Baracken des Roten Kreuzes und das während der drohenden Gefahr errichtete vierte Epidemie-Hofpital im 11. Bezirk (fiehe Art. 742, S. 474), fo dafs zunächft im ganzen auf 1346 Betten gerechnet war.

In Hamburg[895]), wo am 22. Auguft das Auftreten der Cholera und am 27. bereits 1000 Erkrankungen täglich gemeldet wurden, ordnete man die Räumung der beiden grofsen Staatskrankenhäufer von transportablen Kranken, ihre Ueberführung in leer ftehende Schulgebäude, fowie in die St. Georgs-Turnhalle an und richtete bis zum 21. September weitere Unterkunftsbauten für 1340 Betten ein. Von diefen befanden fich 80 in der zum Krankenhaus adaptierten Schule in der Strefower Strafse und die übrigen in neu erbauten Baracken und 1 Feldlazarett, welche man in Anlehnung an andere Krankenhäufer errichtete. Ein Teil diefer Betten wurde dann, infolge Deckung des Bedarfes, nicht mehr benutzt.

Diefe Mittel haben für die unter Umftänden fchnell zu erzielende Hilfsbereitfchaft je nach der Oertlichkeit einen verfchiedenen Wert.

Die für Epidemien errichteten Sonderanftalten finden in nicht epidemifchen Zeiten meift andere Verwendung (fiehe Art. 733, S. 469), find daher erft zu räumen. *Böhm* machte zwar auf dem Wiener internationalen Kongrefs für Hygiene den Vorfchlag, folche Anftalten nur für Rekonvaleszenten anderer Krankenhäufer in Betrieb zu halten; doch bleibt es fraglich, ob derartige Beftimmungen aufrecht zu erhalten

---

[895]) Siehe: Meyer, T. A. Cholera-Barackenlazarette und Leichenhäufer, fowie Notftands-Wafferverforgung in Hamburg während der Choleraepidemie des Jahres 1892. Anlage VIII zu: Arbeiten aus dem kaif. Gefundheitsamte, Bd. X (1896), S. 113*. — Diefer Bericht ift im Folgenden häufig benutzt.

find und die Bauten nicht doch allmählich für Allgemeinkranke Verwendung finden, wenn man die Erbauung neuer Anftalten für diefe fparen will.

Das Ausräumen von belegten Krankenhäufern kann dort, wo viel Leichtkranke verpflegt werden und wo der Jahresbelag gering ift, nur dann fchnell erfolgen, wenn andere für diefelben zu adaptierende Bauten unmittelbar zur Verfügung ftehen, auch nicht erft einer zeitraubenden Einrichtung bedürfen. Wo viele Schwerkranke vorhanden find, wird nur ein geringer Teil der Anftalt eilig geräumt werden können. Auch eignen fich bei einem heftigen Epidemieausbruch vorhandene mehrgefchoffige und Korridorkrankengebäude wenig für die Krankenpflege. Die Aufzüge genügen bei ftarkem Andrang nicht. Der Transport von Kranken und Leichen über die Treppen ift befchwerlich, und der erfahrungsgemäfs unausbleibliche Belag von Korridoren mit Kranken hindert Verkehr, Lüftung und Ueberficht, welche noch mehr eingefchränkt wird, wo kleine Krankenräume an den Flurgängen liegen. Aus dem letzteren Grunde taugen auch eingefchoffige Krankenbauten mit kleinen Räumen zur Pflege bei Epidemien nicht, können aber für Beobachtungszwecke verwendet werden. Somit bleiben nur ein-, höchftens zweigefchoffige Pavillons oder Doppelpavillons für die Maffenunterkunft übrig, und diefe pflegen in gewöhnlichen Zeiten vorzugsweife mit Schwerkranken belegt zu fein. Auszufchliefsen find aufserdem Krankenhäufer nach gefchloffener Bauweife, wo Verwaltungs- und Wirtfchaftsräume mit denjenigen für Kranke unter einem Dach liegen.

Diefe Gefichtspunkte erfchweren auch die Wahl von anderen, öffentlichen oder privaten, Bauten zur Adaptierung für die Krankenunterkunft. Auch dürfen die Räume die Mafse grofser Säle in den Krankenhäufern nicht überfchreiten, wenn die Pflege eine geordnete bleiben foll; für die Verwaltungs- und Wirtfchaftsräume müffen vollftändig getrennte Bauten oder Bauteile zur Verfügung ftehen.

Gröfsere öffentliche Wirtfchaftsräume mit umfangreichen Kücheneinrichtungen und grofsen Sälen waren beifpielsweife in Hamburg nicht zu erhalten, infolge der Abneigung, fie mit Cholerakranken in Beziehung gebracht zu fehen.

Im übrigen hängt die Verwertbarkeit folcher Bauten nicht nur von ihren hygienifchen Zuftänden, fondern auch von der Zeit ab, welche ihre Einrichtung für die Krankenpflege erfordert.

Neubauten, wie fie für vorübergehende Zwecke genügen, find am fchnellften verwendbar, wenn fie bezüglich ihrer Verwaltung und ihres wirtfchaftlichen Betriebes an beftehende Krankenhäufer oder an andere für diefe Zwecke einzurichtende Bauten angefchloffen werden können, wie dies in Hamburg gefchah, wo nur im Schlumplazarett alle für ein derartiges Krankenhaus nötigen Gebäude, mit Ausfchlufs eines folchen für die im Vereinshofpital wohnenden Wärterinnen, gebaut werden mufsten. Ift dies zu erreichen, fo befchränkt fich die Herftellung vorübergehender Epidemiekrankenhäufer im wefentlichen auf die Errichtung von Baracken für die Kranken und Bauten, welche mit denfelben von den zugehörigen Krankenhäufern oder zu adaptierten Gebäuden abzufondern find.

757. Neubauten.

Bei Epidemien wird fomit die Wahl des Grundftückes für vorübergehende Neubauten weniger frei fein als bei anderen Krankenhäufern. Sie ift aufserdem immer an Gelände gebunden, die mit leiftungsfähigen Wafferverforgungs-, Entwäfferungs- und Beleuchtungsleitungen verfehen find, auch wenig Ebnungsarbeiten und andere Vorbereitungen erfordern, da letztere die Fertigftellung verzögern. Aus diefem Grunde wurde das Cholerahofpital in der Erikaftrafse zu Hamburg an der Kreuzung

758. Grundftück.

	Jahr	Betten	Koften in Mark	
			im ganzen	für 1 Bett
Barackenlazarett, Berlin-Moabit	1872	448	—	—
Park Hill hofpital, Liverpool	1885	200	237 400	1187 [696])
Epidemiehofpital, Wien II. Bezirk, Engerthftrafse	1892	220	—	—
Choleralazarette in Hamburg[897]):				
Eppendorf, Erikaftrafse [898])	»	245	210 500	859
Am Schlump, Vereinslazarett	»	105	91 300	870
Lohmühlftrafse, allgemeines Krankenhaus	»	80	98 400	1230
St. Pauli, Seemanns-Krankenhaus	»	80	123 800	1574
Feldlazarett, Eppendorf [899])	»	500	80 300	161 .
Alfredftrafse, Marien-Krankenhaus	»	110	92 000	836
Lüders'fche Baracken, allgemeines Krankenhaus	»	140	13 000	93
Insgefamt		1260	709 300	563
Volksfchule Strefowftrafse	»	80	2 700	34

diefer und der Frickeftrafse errichtet. Afphaltierte Strafsen, dicht gedeckte, mit Beleuchtung verfehene Fufsfteige, öffentliche Plätze, welche von den genannten Leitungen durchzogen find, können mit Vorteil in das Grundftück einbezogen werden. Im übrigen wird man die Lage möglichft in der Nähe der durch die Art ihrer Bevölkerung oder durch andere Umftände gefährdeten Stadtteile zu fuchen haben.

759. Gröfse

Alle diefe Umftände beeinfluffen auch den Umfang von Epidemiekrankenhäufern. Nimmt man ihn geringer an, fo läfst fich die für die Oertlichkeit nötige Gefamtbettenzahl auf mehrere Lazarette verteilen. Ein geringerer Umfang kann auch vorzuziehen fein, wenn fich kleinere folche Anftalten fchneller herftellen laffen als grofse, was von der Zahl und Leiftungsfähigkeit der Unternehmer und Handwerker, bei Zuhilfenahme von vorhandenen, zu adaptierenden Bauten für die Wirtfchaftszwecke auch von deren Umfang abhängen wird. Im übrigen ift bei Bemeffung der Bettenzahl zu erwägen, ob vor Fertigftellung aller Bauten eines Seuchenhofpitals ein teilweifer Belag oder fpäter während des Betriebes eine Erweiterung möglich fein wird.

In Hamburg konnten in der Alfredftrafse die erften nach 5 Tagen fertig geftellten Baracken nicht belegt werden, da fich die Arbeiter weigerten, in diefem Fall weiter zu arbeiten. — Aus demfelben Grunde mufste im Feldlazarett hinter dem zuerft in Betrieb gefetzten Teile ein hoher Bretterzaun gezogen werden. — In den Lüders'fchen Baracken konnte die nachträglich anzulegende Gasleitung, obgleich fie abgepafst geliefert wurde, aufsen an den Gebäuden angebracht und die Beleuchtungskörper durch Dachausfchnitte eingefchoben werden follten, nicht eingeführt werden. — So kann auch das nachträgliche Einbringen der Wintereinrichtung unmöglich fein oder eine zeitweife Räumung bedingen.

Diefe Umftände können dafür fprechen, Abfonderungshäufer für Epidemien nicht zu umfangreich zu machen, wenn man fchnell Betten befchaffen mufs (fiehe auch Art. 761). Anderfeits entftand in Hamburg das Bedürfnis, neben den vielen

---

[896]) Einfchl. Einrichtung.
[897]) Nach: MEYER, a. a. O, S. 133, einfchl. Winterausrüftung, Planierungsarbeiten, Legen von Gas-, Waffer-, Entwäfferungsleitungen und Plattenpfaden, mechanifchen Anlagen (Bäder, Aborte etc.) und Einfriedigungen und ausfchl. Mobiliar.
[898]) Ohne Ankauf des Villengrundftückes.
[899]) Aufftellung, Herrichtung, Abfuhr.

Tage im ganzen	auf 1 Bett	Bauart	Wintereinrichtung	Bemerkungen
90	0,201	Ziegelfachwerk	mit	Küche: Ziegelbau; übrig. Zubehör adapt.
60	0,300	Wellblech und Zelte	—	
39	0,177	Gipsdielen	mit	100 Betten in adaptierten Gebäuden
16	0,045	Holzfachwerk	»	Zementplattenboden. In 5 Tagen u. Dach
15	0,143	»	»	»
14	0,175	»	—	Zementkonkretboden
14	0,175	»	—	»
13	0,026	Döcker-Baracken u. Zelte	—	Zementplattenboden
7	0,064	Holzfachwerk	—	» 3 Baracken, n. 5 Tg. fertig
3	0,021	»	—	Holzfufsboden
82	0,065			
1	0,013	Adaptierung	—	

kleinen Behelfen mit 80 bis 140 Betten ein gröfseres vollftändigeres Cholerahofpital, von welchem Teile für Beobachtungszwecke und für Rekonvaleszenten benutzbar find, zu haben, was zur Errichtung des Hofpitals an der Erikaftrafse mit 250 Betten führte, das fpäter mehr und mehr der alleinige Aufenthalt der Cholerakranken, auch während der Nachepidemie, wurde.

Bezüglich der Eignung der in Hamburg fur die Cholerakranken zur Verwendung gekommenen Bauten ift *Meyer* unter Berückfichtigung der dort vorhandenen ftädtifchen Bevölkerung in feinem Bericht zum folgenden Ergebniffe gelangt.

760. Krankenunterkünfte.

Wo genügende Arbeitskräfte und Holzvorräte vorhanden find, auch gröfsere Räumlichkeiten für Kranke befchafft werden müffen, verdienen felbft bei gröfster Eile und befonders, wenn zugleich für kältere Jahreszeit zu forgen ift, Holzbaracken den Vorzug vor den *Döcker*'fchen und vor den Zelten des Feldlazaretts, deren Verwendung bei warmem Wetter jedoch im Anfchlufs an die Oekonomie eines Krankenhaufes dort in Frage kommen kann, wo diefelben ohne Mühe und am Platze felbft zu haben find. Die folider gebauten *Döcker*'fchen Baracken feien den Zelten vorzuziehen, da die letzteren des feften Wandgefüges, einer ficheren Luftzufuhrung und Begrenzung der Lüftung, fowie der zuverläffigen Temperatur entbehren. Das Feldlazarett fand vorzugsweife für Leichtkranke und Rekonvaleszenten Verwendung.

Thorne-Thorne empfahl vorbereitete Baracken und für Sommer und Herbft gut konftruierte Zelte mit doppelten Wandungen, gegen welche unberechtigte Vorurteile, die auf Mangel an Erfahrungen über ihren wirklichen Wert zurückzuführen feien, beftehen.

Ueber die Koften und die Zeit, welche die Herftellung der Hamburger Choleralazarette gegenüber einigen anderen bei drohenden oder fchon eingetretenen Epidemien entftandenen Konftruktionen erforderte, giebt die obenftehende Ueberficht einige Anhaltspunkte.

761. Bereitftellungszeit für Krankenunterkunft.

Beim Vergleich der Zeiten ift zu berückfichtigen, dafs nur das Moabiter Lazarett und das Hamburgifche am Schlump nahezu vollftändige Anftalten waren, alle anderen Anfchlufs an ergänzende oder an adaptierte Gebäude hatten. Das Lazarett in der Alfredftrafse erforderte 7 Tage (ausfchl. der Wintereinrichtung der Baracken) und entfprach in feiner ganzen Bauart nach Möglichkeit den heutigen Anfprüchen. Diefe Leiftung läfst fich nicht unmittelbar mit derjenigen im alten allgemeinen Krankenhaufe vergleichen, wo in 3 Tagen nur die 4 *Lüders*'fchen Baracken erbaut wurden, welche Notbehelfe einfachfter Art mit kleinen Fensterluken und Holzfufsböden waren, auch der Gasleitung entbehrten. Jedes Bett in den letzteren erforderte 0,021 Tag gegen 0,026 im Feldlazarett und 0,064 in der Alfred-, in der Erikaftrafse und in allen Neubauten durchfchnittlich gerechnet; doch hätten fich die Lazarette an der Erikaftrafse und am Schlump fchneller fertig ftellen laffen, wenn nicht der dringende Bedarf an Betten fchon gedeckt gewefen wäre. — In der Alfredftrafse waren bei einer täglichen Arbeitszeit von 5 Uhr früh bis 8 Uhr abends 300 Mann befchäftigt. Da bei gröfserer Ausdehnung eines folchen Krankenhaufes die allgemeinen Dienfte geringere Mehrarbeit verurfachen als die Krankenbaracken, fo wären für ein folches zu 500 Betten etwa die vierfache Zeit oder ebenfo viele Kräfte aufzuwenden gewefen, fo dafs bei gleicher Arbeiterzahl die Errichtung in 28, bei 1200 Arbeitern in 7 Tagen möglich erfcheint, wenn das Gelände die hierfür nötige Ausdehnung hat. — Das Feldlazarett für Hamburg wurde von Berlin befchafft, war am 28. Auguft vom Kriegsminifterium erbeten, traf in den erften Tagen des September ein, bedurfte aber für Cholerakranke »einer ftädtifchen Bevölkerung nicht unbedeutender Vorarbeiten« (fiehe Art. 765, S. 491). — Nach Art. 423 (S. 251) find die verfetzbaren Lazarettbaracken bei nicht ungünftigem Wetter von ungeübten Leuten in 8 bis 10 Stunden aufzuftellen. 494 Betten erfordern 26 Stück derfelben mit je 19 Lagerftellen, deren Aufftellung fomit durch 260 geübte Leute in 10 Stunden bewerkftelligt werden könnte, wenn die Baracken an Ort und Stelle und verfügbar find, ein genügend geebnetes Gelände vorhanden ift und man fich begnügt, fie ohne weitere Vorbereitung auf diefem zu errichten. Hierzu kommen jedoch die Transportzeit bis zur Verwendungsftelle und die Anlagen der nötigen Leitungen, bezw. der Anfchlüffe an diefelben. Nimmt man an, dafs diefe gleiche Zeit erfordern wie bei hölzernen Baracken, fo bleibt doch für die verfetzbaren Lazarettbaracken der Vorzug einer ganz bedeutenden Erfparnis an Arbeitskräften, Auffichtsperfonal und Herftellungskoften.

Die Adaptierung der Volksfchule in der Strefowftrafse zu einem Krankenhaus hat nur 12 Stunden bedurft und fchuf für 80 Betten Raum. Sechs derartige Schulen würden 480 Betten bieten. Ob diefe in der gleichen Zeit hätten adaptiert werden können, hängt von den örtlichen Unternehmerverhältniffen ab; dann wäre diefe Bettenzahl noch fchneller verfügbar gewefen als in einem Lazarett von verfetzbaren Baracken, da die bei letzteren nötigen Leitungen und Anfchlüffe in diefem Umfang nicht in einem Tage ausgeführt werden können. Aber die Kranken verteilen fich auf mehrere Gefchoffe.

Die vorftehenden Erwägungen zeigen, dafs fich bei Epidemien die Herftellung von vorübergehenden Krankenhäufern nur dann mehr befchleunigen läfst, wenn fie in jeder Hinficht vorbereitet find, wie dies fchon öfter gefordert worden ift.

Fauvel & Vallin[900]) verlangten, dafs die Wahl der Plätze für Baracken, ihre Konftruktion, Anordnung und Verwendung, die Befchaffung etwaiger Konzeffionen, wie z. B. zur Benutzung von Fortifikationsgelände in Feftungsftädten, für diefen Zweck u. f. w. vorher, ehe die Ereigniffe dringlich werden, zu erörtern feien. »Wenn eine ungewöhnliche Epidemie ausbricht, warten die Verwaltungsbehörden zu oft mit Mafsregeln, bis die Fälle fich gehäuft und die Seuche ernfte Ausdehnung erlangt hat.... Wenn die Krankheit zurückgeht, erfchlafft oft die erfte Strenge; man fieht dann Fälle in den allgemeinen Sälen zerftreut. Dies ift ohne Zweifel die Urfache von gewiffem, unvermutetem und lokalifiertem Wiederauftreten von Epidemien, deren Abftammung nicht immer leicht aufzufinden ift.«

Thorne-Thorne verlangte Vorbereitung von Lazaretten, weil die in der Panik entftandenen Baracken fich fchlecht heizen laffen.

Bei den Verhandlungen des internationalen Kongreffes für Hygiene in Wien 1888 wurden vorher für Epidemien beftimmte Plätze mit hydraulifchen Zementbelägen für Aufftellung zerlegbarer Baracken verlangt. Bezüglich vorübergehender Krankengebäude fiehe im übrigen Kap. 2, unter c (Art. 387 bis 398, S. 234 bis 238). Für den Aufbau und den Barackenbau empfiehlt *Meyer* nach den Ergebniffen der Choleraepidemie in Hamburg das folgende Verfahren.

Nach Einebnung des Bodens und Einbringung fämtlicher unterirdifcher Leitungen verlegt man in Fufsbodenhöhe aufserhalb der Barackenwände harte Bordfteine und im Anfchlufs an diefe den Zementplattenfufsboden auf Sandunterlage — von den Wänden nach der Entwäfferung in der Mitte 1 : 25 fallend — und geht gleichzeitig mit dem Abbinden von Wand und Dach vor. Bei den Baracken, welche fpäter infolge Abnahme der Seuche Innenfchalung bekommen konnten, wurde vorher der Raum desinfiziert, nachher mit zweimaligem Oelanftrich verfehen. Nur bei den Spülaborten füllte man den Hohlraum mit Torfftreu zum Schutz gegen Froft. Die vor und zwifchen den Hamburger Baracken angeordneten Plattenftege erwiefen fich zur Verbindung der Gebäude befonders in der Alfredftrafse als notwendig, wo der Wiefengrund bei der Haft des Bauens zerftört und das Gelände in Staub und Schlamm verwandelt wurde, was fehr läftig war. Am Schlump fchonte man daher die Rafendecke in der Umgebung der Bauten forgfältig.

[900]) Siehe: Fauvel & Vallin, a. a. O, S 703.

Wo wirtfchaftlicher Anfchlufs an ein Krankenhaus oder fertige Bauten für Verwaltung und allgemeine Dienfte vorhanden find, vereinfachen fich die im übrigen von der Größe der Anftalt abhängigen, die Krankengebäude ergänzenden Bauten. Bei ihrer Anordnung wird man auch hier thunlichfte Trennung der Verwaltungs- und Wirtfchaftsabteilung von den übrigen Bauten anftreben, wie die folgenden 4 Beifpiele zeigen, von denen fich die beiden erfteren auf Mitverwendung von Zelten beziehen.

764 Anordnung der Bauten.

Das Cholera-Feldlazarett für Hamburg lag an der Südweftfeite des Hamburg-Eppendorfer Krankenhaufes unmittelbar an feiner Wirtfchaftsabteilung, war mit diefem verbunden, da man den Blumenweg (fiehe die Tafel bei S. 402) mit in dasfelbe einbezogen hatte, und fafste 500 Betten [901].

765. Beifpiel I.

Auf dem 135 m breiten und 160 m tiefen Gelände wurden auf diefem Wege je 1 Aufnahme-, Apotheken- und Leichenbaracke, letztere für 30 Tote, aus Holzfachwerk und dahinter zunächft 6 Lazarettbaracken, dann 35 Zelte in 4 Reihen auf Zementplattenböden errichtet und durch ebenfolche Plattenwege mit Seitenabzweigungen zugänglich gemacht. Die Planung des Auffstellungsfeldes, das Legen der Zementplatten, der Entwäfferungsanfchlufs an das Kanalnetz, das Einfetzen glafierter, freiftehender Spülaborte und Badewannen, fowie das Einführen der elektrifchen Beleuchtung und

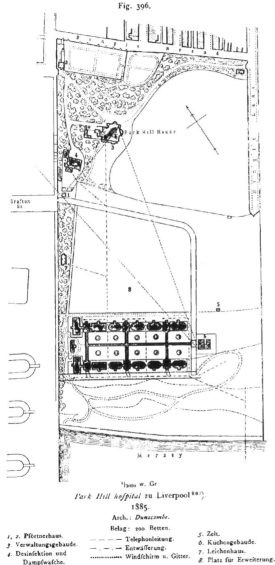

Fig. 396.

Park Hill hofpital zu Liverpool [902].
1885.
Arch.: *Dunscombe*.
Belag: 200 Betten.

1, 2. Pförtnerhaus.
3. Verwaltungsgebäude.
4. Desinfektion und Dampfwafche.

— — — — Telephonleitung.
— . — . — Entwäfferung.
.... Windfchirm u. Gitter.

5. Zelt.
6. Küchengebäude.
7. Leichenhaus.
8. Platz für Erweiterung.

901) Siehe: MEYER, a. a. O., S. 115*, wo fich der Lageplan befindet.
902) Nach: *Builder*, Bd. 47 (1884), S. 422.

Warmwafferheizung von der Zentrale der Wirtfchaftsabteilung des Krankenhaufes hatte die letzten Tage des Auguft und die erften Septembertage erfordert. Unterdeffen waren die Zelte und Lazarettbaracken angekommen (fiehe Art. 761, S. 490). Am 7. September konnten 15 Zelte für je 11, nebft den Baracken für je 19, zufammen 279 Betten und am 10. September das ganze Lazarett in Betrieb genommen werden.

766.
Beifpiel
II.

Das *Park Hill hofpital* zu Liverpool hat feinen Namen von dem Grundftück am Merfeyflufs, auf welchem es liegt, und fetzte fich aus vorhandenen Gebäuden, Baracken und Zelten zufammen (Fig. 396[902]).

Auf dem Gelände wurde die Krankenabteilung vollftändig von den allgemeinen Dienften getrennt, die im alten Wohnhaus und feinen Nebenbauten untergebracht find und ihren Zugang von der *Cockburn ftreet* oder vom *South Hill road* aus haben, während das Hofpitallager einen eigenen Zufahrtsweg von

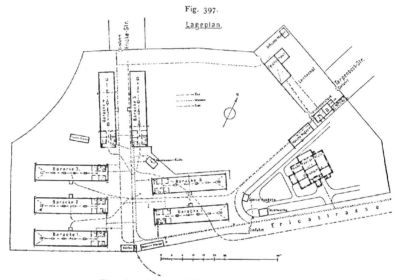

Fig. 397.
Lageplan.

Choleralazarett an der Erikaftrafse zu Eppendorf[903]).
1892.
Arch.: *Meyer*.
Beleg: 7 × 35 = 245 Betten.

feinem Eingang an der *Grafton ftreet* erhielt und eine 8320 qm grofse, eingezäunte Fläche nahe am Flufs einnimmt. Hier ftehen auf zwei Zementterraffen von je 119,60 m Länge und 11,57 m Breite 4 Paar Hofpitalzelte und 2 Paar Eifenhütten (fiehe Art. 390, S. 235) in zwei Reihen, die durch zementierte, überdeckte Fufswege unter fich und mit dem in Ziegeln erbauten Küchengebäude verbunden find. Gegenüber dem letzteren liegt am anderen Ende des Hofpitallagers eine Rekonvaleszentenbaracke.

Zum Schutz gegen die oft ftarken, herrfchenden Winde von Süden, Südweften und Nordweften dient ein 183 m langer, 9 m hoher Schirm aus 1,80 m voneinander ftehenden Tannenpfoften, die man in 0,39 m Entfernung durch Latten verband, zwifchen denen gitterartig andere befeftigt find. Hinter diefem durch Drahtfeile abgefteiften Schirm war ein Fufsweg für Rekonvaleszenten angelegt, die fich in den durch Gitter eingefriedigten Gartenanlagen vor dem Lagerplatz ergehen können.

Das *Park Hill houfe* war für die Verwaltung, die anderen vorhandenen Bauten wurden als Wafchhaus, Desinfektions-, Vorrats-, Ambulanzfchuppen u. f. w. eingerichtet. Telephonleitungen verbanden das Hauptgebäude mit dem Küchen-, dem Pförtnerhaus und in Betracht kommenden Bureaus in der Stadt. Die Küche war für 200 Betten angelegt.

---

903) Fakf.-Repr. nach: Meyer, a. a. O., Arbeiten aus dem kaiferl. Gefundheitsamte. Bd. X (1896), Anl. XIII, S. 132*.

Das Cholera-Barackenlazarett in Eppendorf (Fig. 397[903]) lag an der Kreuzung der Frickeftrafse mit der Erikaftrafse, deren Fortfetzung — damals ein Feldweg — parallel zur Martiniftrafse in 180 m Abftand von derfelben verlief (fiehe die Tafel bei S. 402), ftützte fich auf eine für die Verwaltung erworbene Villa und fetzte fich aus drei eingefriedigten Teilen zufammen.

767. Beifpiel. III.

Den I. Teil bildete das von der Erikaftrafse aus zugängliche Grundftück der Villa. Im Kellergefchofs derfelben wurden die Küche und Oekonomie, im Erd- und im I. Obergefchofs die Oekonomieverwaltung, 3 Aerzte und 10 Pflegerinnen nebft ihren Gefchäftsräumen, im Dachraum die Schlafräume der Dienerfchaft untergebracht. Die Ausgabe der Speifen an das Lazarett erfolgte in einem kleinen Häuschen des Oekonomiegartens, wo eine Mittelsperfon diefelben durch ein Schiebefenfter erhielt und durch ein zweites dem Pflegeperfonal übergab. Daneben lag die Feuerwehrwache. — Der II. Teil, das eigentliche Lazarett mit Einfahrtsthoren an der Erika- und der Frickeftrafse, umfchlofs die 7 Baracken (fiehe Art. 398, S. 237), deren Stellung fo erfolgte, dafs fie Anfchlufs an die vorhandenen Gas-, Waffer- und Entwäfferungsleitungen erhalten konnten, 2 Schuppen für die Patientenkleidung, 1 Warmwafferküche mit 2 grofsen Keffeln, 1 Kohlenfchuppen und weiter abfeits 1 Magazinfchuppen mit der Wäfcheausgabe für die Betten und für die Wafchtifche der Baracken. — Der III. Teil, der Leichenhof, war durch 2 nördliche Thore vom Lazarettgelände zugänglich, hatte Ausfahrt nach der Tarpenbeckftrafse und umfafste die Wäfchedesinfektionsanftalt, einen Schuppen für infizierte Wäfche und das Leichenhaus für 40 Tote.

Fig. 398.

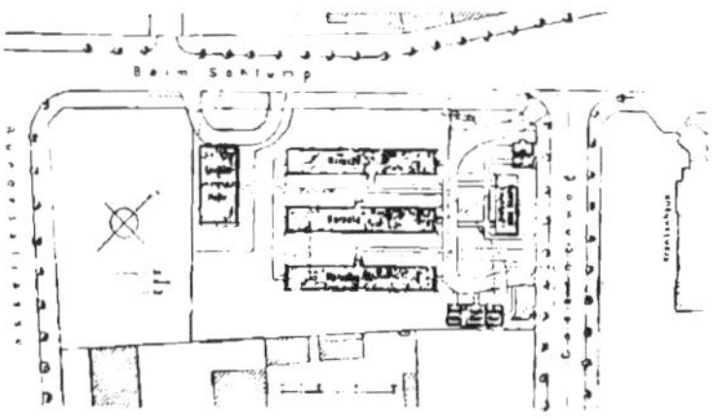

Cholerabarackenlazarett am Schlump zu Hamburg[904]. 1892.
Arch.: *Meyer*.
Beleg: 3 × 35 = 105 Betten

Das Cholera-Barackenlazarett bei dem Vereinshofpital lag an der Ecke der Strafse beim Schlump und des Kafernenweges, war an den anderen zwei Seiten von Nachbargrundftücken begrenzt und durch das Nachbarhofpital nur bezüglich Beherbergung feiner pflegenden Schweftern unterftützt (Fig. 398[904]).

768. Beifpiel IV.

Die Baracken wurden infolge der günftigen Form des Grundftückes auf demfelben fo weit zurückgefetzt, dafs das Aufnahme- und Verwaltungswefen fich auf einem Vorhof neben dem Haupteingang am Kafernenweg unterbringen liefsen. Hier ftanden neben dem Aufnahmehaus (fiehe Art. 470, S. 273) das Küchengebäude, am Schlump das Eishaus und der Feuerwehrfchuppen, an der Nachbargrenze das Wafchhaus mit dem Desinfektions- und Trockenraum. Das hinter den Baracken liegende Leichenhaus (fiehe Art. 558, S. 329) hat An- und Abfahrt zum Schlump.

Von dem etwa 58 × 93 = 5394 qm grofsen Gelände entfielen auf jedes der 105 Betten 51,4 qm.

3) Ergänzende Anlagen.

Zu den ergänzenden Anlagen gehören die Quarantänen und die durch den Transport der Kranken verurfachten Vorkehrungen. Da letztere bei den allgemeinen Krankenhäufern nicht erörtert wurden, beziehen fich einige der folgenden Mitteilungen auch auf die betreffenden Hilfsmittel für die allgemeine Krankenpflege.

769 Ueberficht.

α) Quarantänen und Quarantänenlazarette.

Maffenquarantänen zum Unterbringen Verdächtiger hat man wie in den früheren Peftzeiten auch neuerdings für notwendig gehalten, wie beifpielsweife gegen das Verfchleppen der Cholera nach Aegypten und Europa und gegen die Ausbreitung der letzten Choleraepidemie in Hamburg.

770. Quarantänen.

---

[904] Fakf.-Repr. nach ebendaf., S. 128*.

Zu erfterem Zweck errichtete der auf Grund internationaler Vereinigung 1881 neugebildete *Confeil fanitaire maritime et quarantenaire d'Égypte* für die über Djedda, Jambo oder El Widji heimkehrenden Pilger eine Quarantäne in El Tor und für diejenigen, welche in Aegypten wohnen, alfo in Suez an das Land fteigen, eine folche für kürzere Zeit in Ras Mallap, während die Türken für die den Kanal paffierenden Pilger eine Beobachtungsftation in Klagomene bei Smyrna anordneten. Bezüglich der erfteren, welche unter Zelten abgehalten wird, hat *Kaufmann*[905]) berichtet und zu den vorhandenen Einrichtungen Verbefferungsvorfchläge gemacht.

Am Landungsplatz fteht ein zweiflügeliges Gebäude, von deffen Südflügel ein Desinfektionsraum nebft einem Umkleideraum für die Pilgerinnen abgetrennt ift; fein nördlicher enthält das Magazingebäude für die Lagerung der Zelte, Betten, Matratzen u. f. w., auch eine kleine Tifchlerei, und fein Zwifchenbau den Lagerraum für das grofse Gepäck. In dahinter gelegenen, proviforifchen Zeltreihen halten fich die Reifenden auf, bis ihre Sachen desinfiziert find, und begeben fich dann in die 6 Sektionen, welche 600 m vom Meer und 250 m voneinander liegen und je aus 2 oder mehr von Nordoften nach Südweften gerichteten Zeltreihen beftehen, denen einerfeits je 4 Aborte für die Quarantänisten, andererfeits folche für die Aerzte, Beamten und Kaufleute, auch Wachtzelte für 1 Korporal und mehrere Soldaten und Kaufläden angefchloffen wurden. In der Nähe des Magazins befindet fich ein Lager für 450 Mann Truppen. Zwifchen den Kaufläden find 2 bis 3 Wafferbehälter aufgeftellt.

Kaufmann fchlug vor, je 2 Doppelreihen von Zelten in oftweftlicher Längsachfe in eine Flucht mit 250 m Abftand zwifchen denfelben zu ftellen. Das Ende der zweiten Doppelreihe bildet die Mitte der nächften derartigen Gruppe, welche in gleicher Richtung, aber 300 m nach Norden verfetzt wird u. f. w.; 400 m füdöftlich von der letzten Doppelreihe liegt das Hofpital und ebenfo weit von diefem öftlich das Cholerahofpital. 50 m entfernt von den Reihen windabwärts find die Aborte — je einer auf 50 Pilger — anzuordnen, da Aborte bei gröfserer Entfernung nicht benutzt werden. Für Reinigung des Trinkwaffers plante er Deftilliereinrichtungen, gefchloffene Behälter mit Abzugshähnen und für das Nutzwaffer fchwedifche Brunnen. Der Waffertransport foll auf Schienenwegen erfolgen. Die Zelte werden nach einiger Zeit um 50 m unter dem Wind verfetzt. Jede Sektion erhält eine poliklinifche Baracke und jedes Hofpital fahrbare Baracken, um jeden Augenblick ihre Lage wechfeln zu können, eine desgleichen für bakteriologifche Unterfuchungen und eine kleinere für Autopfien.

In Hamburg wurde für die Infaffen der zu räumenden verdächtigen Häufer eine Quarantäneftation nötig, für die man den vorher fchon zu einem Arbeiterlagerhaus umgebauten früheren Konkordiafaal wählte; derfelbe enthielt 234 Zimmer mit 450 Betten, war auch leicht gegen Strafse und Umgebung abzufchliefsen und zu überwachen.

Die Einrichtung hierfür begann am 21. September, war am 24. Dezember 1892 beendet und beftand in der Errichtung einer Baracke zum Unterbringen der Eintretenden während der Reinigung ihrer Sachen (8,20 × 5,20 m), einer zweiten Baracke für die Desinfektion derfelben und zweier für die beiden Gefchlechter beftimmten Reinigungsanftalten. Die eine der letzteren für Frauen und Kinder konnte durch Umgeftaltung der im Logierhaufe vorhandenen Braufebadanlage gewonnen; die zweite kleinere für Männer mufste neu gefchaffen werden. Das Logierhaus befafs eine Dampfwafchanftalt im Keller; die Beköftigung übernahm die im Vorderhaufe befindliche Speife- und Kaffeehalle. In der Zeit vom 25. Dezember bis 30. April beobachtete man hier 1144 Perfonen, unter denen 12 Cholerafälle, aber keine internen feftgeftellt wurden[906]).

Bei diefen beiden Anlagen handelte es fich um Beobachtung einer gleichartigen Bevölkerung. Bei Quarantänen in Hafenftädten, wie im mittelländifchen Meer, kann das Unterbringen verfchiedener derartiger Kreife erforderlich werden. Die neueren Geflchtspunkte für Anordnung folcher Quarantänen fafst *Sigmund* in folgendem zufammen[907]).

---

[905]) Siehe: KAUFMANN, P. Die Quarantäneftation in El Tor. Beobachtungen während einem 35-tägigen Aufenthalt dafelbft. Berlin 1892. S. 19 ff., fowie S. 84 ff.

[906]) Siehe: DENEKE, TH. Die zur Räumung von Cholerahäufern getroffenen Mafsnahmen. Arbeiten aus dem kaiferl. Gefundheitsamte. Bd. X. (1896), Anlage VI, S. 82.

[907]) Siehe: SIGMUND, v. Das Sanitätswefen des Königreiches Italien. Mitteilungen nach einer Bereifung der Seefanitätsanftalten der Halbinfel und Siciliens. Deutfche Viert. f. öff. Gefundheitspfl. 1873, S. 1.

Die Abfonderung der Ankömmlinge foll nicht kafernenmäfsig, fondern je nach der Zeit ihrer Ankunft, die Verteilung derfelben nach Tagen in verfchiedenen, den gewohnten Bedürfniffen der Bevölkerungsklaffen entfprechenden Räumen und nach Krankheitsfällen erfolgen. Die Anftalt ift mit einer eigenen Speifewirtfchaft und belaubten Spaziergängen auszuftatten, das Hofpital, vollftändig gefondert, auch für Schwerkranke einzurichten und der Friedhof zu maskieren. Die Reifenden find vor Eintritt in die Quarantäne und in das Lazarett hygienifchen Mafsregeln zu unterwerfen. Diefen Forderungen würde eine pavillon- oder villenartige Zerftreuung der Gebäude am leichteften entfprechen.

Wo eine Unterfuchung der Gefunden genügt und nur die Verdächtigen und Kranken einer Quarantäne zu unterwerfen find, werden Quarantäne-Lazarette von geringem Umfang benötigt, die dauernd nur in Seeorten erforderlich find.

771. Quarantäne-Lazarette.

Das Quarantäne-Lazarett in Holtenau an der Kieler Föhrde befteht nur aus einer Krankenbaracke mit 14, einer Beobachtungsbaracke mit 6 Betten nebft Wirtfchaftsgebäude und koftete 54 000, fomit für jedes feiner 20 Betten 2700 Mark.

Zu diefen Anftalten gehört auch das Barackenlazarett am Oresund, für Anfteckendkranke, welche mit Schiffen nach Kopenhagen kommen. Dasfelbe hat eine Landungsbrücke und fein Belag kann durch Zelte vergröfsert werden (Fig. 399 [908]).

772. Beifpiel I.

Fig. 399.

ca. 1/3000 w. Gr.

Barackenlazarett am Oresund zu Kopenhagen [908]).
1876.
Arch.: *Friedrichfen.*
Belag: 30 Betten.

Auf dem Grundftück verbindet ein Weg den Landeingang mit der rückfeitigen Landungsbrücke. An der Landfeite ftehen in der Mitte, dem Eingang gegenüber, fenkrecht zur Front das Wirtfchaftsgebäude, links das Pförtnerhaus und der Beobachtungsblock (fiehe Art. 361, S. 215), rechts das Magazin. Hinter diefer Gruppe liegen rechts vom Hauptwege die Zeltplätze und der parallel zur Seefeite geftellte Krankenblock, links das Leichen- und das Desinfektionsgebäude. Nach diefer Anordnung zieht der Seewind bei geöffneten Fenftern quer durch die Säle des Krankenblocks und läfst alle Bauten aufserhalb der Luft des Beobachtungsblocks. Im Krankenblock haben beide Hälften die in der Mitte gelegenen Spül- und Baderäume gemeinfam, aber beiderfeits von diefen Räumen getrennte Aborte und Eingänge von aufsen fowie Eingänge an den Stirnfeiten. Der rechte Teil enthält einen 12-Bettenfaal nebft Ifolier- und Wärterzimmer am Ende; im linken ift durch eine Querwand ein 4-Bettenzimmer vom Saal derart abgetrennt, dafs das Zimmer bei Abfchlufs der Thür mit den Endräumen ifoliert werden kann und dann feinen Eingang an der Stirnfeite des Blocks hat. Von der Geländefläche (10 300 qm) entfallen auf jedes der 30 Betten 343 qm.

Das rings von Waffer umgebene Lazarett in Cuxhaven hat eine Landungstreppe an der Elbe jenfeits des Seedeiches.

773. Beifpiel II.

Dasfelbe beftand 1884 nur aus zwei Baracken mit je einem Schlafraum für 4 Betten, Tagraum, Bad und Garderobe, aus einem Wärtergebäude und einem Desinfektionshaus. 1892 fügte die Gemeinde eine Doppelbaracke hinzu, und 1893 wurden 1 Krankenpavillon, 1 Wohngebäude und 1 Leichenhaus errichtet. Der Pavillon enthält einen Saal für 10 Betten und 2 Ifolierzimmer für Kapitäne und Schiffsoffiziere. Die zuerft erbauten Baracken dienen Beobachtungszwecken; im Leichenhaus ift ein Sezierraum nebft Laboratorium vorhanden. Das Lazarett benutzt in Cifternen gefammeltes Regenwaffer; in Notfällen werden Aborte, Wafchküche und Badezimmer von ausgemauerten Cifternen verforgt. Die Entwäfferung erfolgt nach einem Sammelfchacht, wo die Desinfektion mit Rührwerk vorgenommen wird, und von da mittels Sauge- und Druckpumpe in die Elbe. Das Lazarett hat Telephonverbindung mit dem leitenden Amtsphyfikus und dem allgemeinen Krankenhaus in Hamburg-Eppendorf, von welchem es im Belagsfall fein Arzt- und Warteperfonal erhält. Die Krankenbeköftigung liegt der Frau des Anftaltswächters ob.

β) Ambulanzen.

Der Transport Anfteckendkranker zu den Krankenhäufern foll nie in gewöhnlichem Mietsfuhrwerk, fondern ausfchliefslich in den befonders für Kranke gebauten,

774. Ambulanzen für Anfteckendkranke.

---

[908] Nach: Baugwksztg. 1879, S. 169.

leicht desinfizierbaren Krankenwagen, — auch Ambulanzen genannt —, erfolgen.

In England bilden diefelben in den kleineren und mittleren Orten und Städten einen ergänzenden Teil des Hofpitals für Anfteckendkranke und erfordern entfprechende Wagenfchuppen, Stallungen und Kutfcherwohnungen, die man in den kleineren Krankenhäufern meift im Nebengebäude mit untergebracht hat, während fie bei gröfserem Umfang eigene Baulichkeiten erfordern. In grofsen Städten hat die verfchiedene Handhabung des Ambulanzenverkehres Veranlaffung gegeben, diefen einheitlich zu organifieren.

In London befinden fich drei dauernd errichtete Ambulanzftationen beim *Fulham*, *Homerton* und *Deptford hofpital*, eine beim temporären zu Tooting, und drei weitere bei den neuen Infektionshofpitälern des *Metropolitan afylum board*; fie find mit dem Hauptbureau im *Norfolk houfe* und diefes ift mit 3 Anlegeplätzen an der Themfe in Fulham, Poplar und Rotherhithe (Hauptquartier), fowie mit allen Hofpitälern Londons und mit dem *National Telephone Company's Exchange fyftem* durch eigene Leitungen telephonifch verbunden. Den Flufstransport zu den Pockenfchiffen am Long Reach verfehen 3 Ambulanzdampfer. Jeder Wagen führt eine Wärterin und, wenn der Patient über 10 Jahre alt ift, einen männlichen Wärter, jeder Dampfer eine der erfteren mit; auf feinem Deck befindet fich eine Arztkabine.

Bezüglich der baulichen Erforderniffe diefer Organifation werden folgende Beifpiele genügen.

In London hat jede Ambulanzftation Wohnungen für den Infpektor und den verheirateten Hausvater, Schlaf- und Speiferäume für die Wärterinnen, fowie für das männliche und weibliche Perfonal, 1 Küche, 1 Wafchküche, Magazine, Stallungen für 15 bis 20 Pferde, 1 Raum für 20 bis 30 Wagen, Omnibuffe und ein Fuhrwerk für Verunglückte. — An jedem Einfchiffungsplatz ift ein gedeckter Schuppen zum Einfahren der Wagen mit einem Unterfuchungsraum vorhanden. Der Infpektor des Flufsdienftes hat feine Station in Rotherhithe, wo auch die Dampfer liegen.

Die Ambulanzeftation des *Brook fever hofpital Shooter's Hill* in London zeigt Fig. 400[909]). Ihre Lage ift aus Fig. 387, S. 478 zu erfehen.

Fig. 400.

Ambulanzeftation im *Brook fever hofpital, Shooter's Hill*[909]).
Arch.: *Aldwinckle*.

775. Beifpiel III.

[909]) Nach: ALDWINCKLE, a. a. O., S. 307.

Die Station follte Raum für 16 Pferde, 20 Ambulanzwagen, 8 Pockenpflegerinnen, 20 männliche Bedienftete und Kutfcher und 5 weibliche Bedienftete bieten. Zu Seiten der Einfahrt liegen rechts das Heim der Pockenpflegerinnen, links die Wohnung und Bureaus des Auffichtsbeamten. An diefe fchliefsen fich im linken Flügel die Wafch- und Küchenabteilung mit getrennten Speiferäumen für das weibliche und männliche Dienftperfonal an. Das letztere erhielt einen benachbarten, befonderen Ankleideraum nebft Bad. Die übrigen Flügelbauten nehmen die Stallungen und Schuppen für die Wagen ein, deren Reinigung und Desinfektion unter dem Glasdach des hinteren Hofteiles und deren Reparatur auf dem Grundftück felbft erfolgt, zu welchem Zweck eine Schmiede und ein Zimmermannsfchuppen quervor errichtet find. Die Bedienfteten und der Hausvater fchlafen im Obergefchofs, erftere in Einzelzellen.

In Wien errichtete 1892 die freiwillige Rettungsgefellfchaft bei der drohenden Choleragefahr eine folche Station, welche auch plötzlich auf der Strafse Erkrankten Hilfe bringen follte. Zwei Stationen waren geplant. Diefe *Mundy*'fche Ambulanzftation beftand aus einer Baracke, einem Stallgebäude und einem Schuppen. Die erftere, nach *Tollet*'s Syftem, hat 11,30 m Länge. An einem mittleren Längsgang liegen rechts ein Raum für 5 Mannfchaftslagerftellen, links ein Badezimmer mit 2 Wannen und ein Arztzimmer (2,30 × 2,60 m) quervor ein Krankenraum (6,60 × 3,85 m). An beiden Stirnfeiten ift je ein Abort angebaut. — Im Stallgebäude waren aufser 4 Pferden 3 Transportwagen, 6 Sanitätsdiener, ein Magazinraum, eine Kutfcherftube und die Kochküche, im Schuppen die Desinfektionsvorrichtungen und weitere Transportwagen untergebracht. Ueber die Desinfektion der Wagen in den Krankenhäufern fiehe Art. 645 (S. 397). — Die neue Zentralftation mit Samariterfchule und 19 Pferden erhielt ein unmittelbar von der Strafse zugängliches Magazin für die Transportgeräte Anfteckender.

In anderen Städten ift das Krankentransportwefen auf Verunglückte und plötzlich Erkrankte, bezw. auf alle Kranken ausgedehnt worden, welchen fchnell Hilfe und fichere Unterkunft in den Krankenhäufern zu fchaffen ift. Wo folche Einrichtungen getroffen wurden, kann auch die Lage diefer Anftalten unabhängig von der unmittelbaren Nähe der zugehörigen Bevölkerung getroffen werden (fiehe Art. 562, S. 334). In Hamburg vermittelt die Polizei Meldungen an die amtliche Hauptftelle für das ftaatliche Krankentransportwefen. — In München und Bremen ift der Krankentransport in ftädtifcher Verwaltung. — In Berlin beftehen private Einrichtungen hierfür.

776. Krankentransport für alle Hilfsbedürftigen.

Die durch *v. Bergmann* 1897 gegründete Berliner Rettungsgefellfchaft unterhält eine Zentrale, welche mit den Hauptwachen von 14 Krankenhäufern der Stadt und ihrer Umgegend, mit 8 Rettungswachen und 4 grofsen Fuhrgefchäften, die über 27 Krankentransportwagen verfügen, durch eigene Telephondrähte verbunden ift. Sie giebt Auskunft, wo ein Kranker oder Verwundeter ficher untergebracht werden kann, übernimmt auf Wunfch den Ruf eines der an den Fernfprechverkehr angefchloffenen Aerzte zum Kranken und ftellt am Tag und nachts Krankentransportwagen mit gefchultem Perfonal auf telephonifche Anfrage zur Verfügung. — Die Hauptwachen bieten die erfte Hilfe jedem, der fich an fie wendet oder vom Polizeirevier ihnen überwiefen ift, und der je nach Wunfch dort bleiben oder durch einen Wagen in das Krankenhaus gebracht werden kann, welches für ihn Platz frei hat. — Die Rettungswachen bieten Einrichtungen für erfte und einmalige Hilfe bei Unglücksfällen und plötzlichen Erkrankungen innerhalb und aufserhalb der Wache und find dementfprechend mit Arzt- und Wärterdienft ausgeftattet.

Neben diefer Gefellfchaft beftehen die fchon vorher infolge des Unfallverficherungsgefetzes ins Leben gerufenen Unfallftationen, deren es 20 giebt, von denen 13 Räume zur Unterbringung Bewufstlofer und Krampfkranker haben, 7 mit Sanitätswachen verbunden find. Die Hauptftationen erhielten gut eingerichtete Verbandftätten und Ambulanzen, wurden auch mit kleinen Krankenanftalten zu 30 bis 40 Betten verbunden. Die Nebenftationen find nur Verbandftätten mit Oberin, Wärterperfonal, Räderbahnen und Handtragen. Haupt- und Nebenftationen ftehen wegen Hilfsleiftung bei Maffenunglück unmittelbar telephonifch in Verbindung [910]).

Aufserdem find noch 18 Sanitätswachen vorhanden.

---

[910]) Siehe: SCHLESINGER, M. Die Berliner Unfallftationen. Bericht über die Organifation des Rettungs- und Krankentransportwefens der Reichshauptftadt. Berlin 1895.

Litteratur
über »Abfonderungskrankenhäufer der Neuzeit«.

a) Anlage und Einrichtung.

BULMERINCQ, M. E. Ueber die Anlage permanenter Blatternhäufer in grofsen Städten. Bayer. Intelligenzbl. 1872, Nr. 20 u. 21. — Referat hierüber in: Deutfche Viert. f. öff. Gefundheitspfl. 1872, S. 503.

Hofpitalherrichtung bei anfteckenden Krankheiten in England. Deutfche Viert. f. öff. Gefundheitspfl. 1872, S. 506.

HEUSNER, L. Ueber die neuen Londoner Fieberfpitäler zu Homerton und Stockwell. Correfpondenzbl. d. niederrhein. Ver. f. öff. Gefundheitspfl. 1875, S. 58.

Hofpitals for the better claffes. Lancet 1875—I, S. 346.

BURDETT, H. C. *Home hofpitals, their fcope, object and management.* Med. times and gazette 1877—II, S. 243.

FAUVEL & VALLIN. *Prophylaxie des maladies infectieufes et contagieufes. Rapport fait au nom d'une commiffion. Congrès international d'hygiène tenu à Paris du 1er au 10 Août 1878.* Paris 1880. Bd. I, S. 655, 715. — Diskuffion ebendaf., S. 715—760.

BURDETT, H. C. *Pay hofpitals and paying wards throughout the world; facts in fupport of a re-arrangement of the englifh fyftem of medical relief.* London 1879.

GODRICH, F. *Smallpox hofpitals.* Lancet 1880—I, S. 787.

THORNE-THORNE. *Supplement containing report and papers fubmitted by the boards medical officer on the ufe and influence of hofpitals for infectious difeafes. Tenth annual report of the local government board 1880—81. Prefented to both houfes of Parliament by command of Her Majefty.* London 1882.

Great Britain. Hofpital commiffion. Report of commiffioners, appointed to inquire refpecting fmall-pox and fever hofpitals; with minutes of evidence and appendix. London 1882.

The planning and conftruction of epidemic hofpitals. Building news, Bd. 46 (1884), S. 242.

SONDEREGGER. Kleine Ifolierhofpitäler. Correfpondenzbl. f. Schweizer Aerzte 1885, Nr. 21.

Model plans for infectious hofpitals. Builder, Bd. 48 (1885), S. 830.

DUBRISAY & NAPIAS. *Les hôpitaux d'ifolement en Europe.* Annales d'hygiène, Bd. XIX (1885), S. 554.

LUTAUD, A. & W. DOUGLAS HOGG. *Étude fur les hôpitaux d'ifolement en Angleterre.* Paris 1886. — VALLIN's Referat hierüber: Revue d'hygiène 1887, S. 769.

VALLIN, E. *Les hôpitaux de contagieux à Paris et le rapport de M. Chautemps au confeil municipal de Paris.* Revue d'hygiène 1887, S. 353, 850.

VI. internationaler Kongrefs für Hygiene und Demographie zu Wien 1887. Heft XV: Notwendigkeit und Anlage von Ifolier-Spitälern. Wien 1887. — Referat hierüber in: Deutfche Viert. f. öff. Gefundheitspfl. 1888, S. 245.

CHAUTEMPS, E. *L'organifation fanitaire de Paris. Hôpitaux d'ifolement. Voitures d'ambulances. Stations de définfection. Rapport préfenté au confeil municipal.* Paris 1888.

COLIN, L. *Rapport fur la conftruction d'hôpitaux d'ifolement dans la banlieue de Paris fait au confeil d'hygiène publique et de falubrité de la Seine.* — Referat hierüber: Revue d'hygiène 1888, S. 833.

DUBRISAY & NAPIAS. *Enquête fur les hôpitaux d'ifolement en Europe.* Revue d'hygiène 1888, S. 406.

WILSON, GWYNE & TRIPE. Ueber Pockenhofpitäler. Viert. f. gerichtl. Medicin u. öff. Sanitätswefen, Bd. 51, S. 246.

Hofpitalifation des contagieux à Londres. Revue d'hygiène 1891, S. 706.

Hôpitaux anglais d'ifolement. Revue d'hygiène 1891, S. 707.

ANDRÉ, O. *Nouvelles études fur l'ifolement dans les hôpitaux.* Revue a'hygiène 1891, S. 1122.

THORNE-THORNE, R. *Englifh ifolation hofpitals. Transactions of the feventh international congrefs of hygiene and demographig. London, Auguft 10th—17th, 1891.* London 1892. Sektion VI, S. 123.

PISTOR, M. Grundzüge für Bau, Einrichtung und Verwaltung von Abfonderungsräumen und Sonderkrankenhäufern für anfteckende Krankheiten. Zu dem in Chicago vom 12. bis 18. Juni 1803 abgehaltenen internationalen Wohlfahrtskongrefs entworfen. Deutfche Viert. f. öff. Gefundheitspfl. 1893, S. 659.

An invefigation on infectious hofpital accommodation and adminiftration in England. Being a fpecial report to the »Britifh medical journal«. Britifh medical journal 1893—I, S. 185.

NEIL, R. MC. *The prevention of epidemics and the conftruction and management of ifolation hofpitals.* London 1894.

ALDWINCKLE, T. W. *Fever hofpitals.* Journal of the Royal inftitute of Britifh architects 1895, S. 265. *The notification of measles and hofpital accommodation.* Britifh medical journal 1896—I, S. 610. — Referat hierüber in: Revue d'hygiène 1896, S. 530.

MEYER, GEORGE. Die Verforgung der Infektionskranken in London nebft einigen vergleichenden Bemerkungen über deutfche Einrichtungen. Ref. Die Medizin der Gegenwart. Bd. I, S. 206.

MEYER, T. A. Cholerabarackenlazarette und Leichenhäufer, fowie Notftandswafferverforgung in Hamburg während der Choleraepidemie des Jahres 1892. Anlage zu: Arbeiten aus dem Gefundheitsamte, Bd. X (1896), Anlage VIII, 113*.

β) Befchreibung einzelner Abfonderungshäufer.

HEUSNER, L. Blatternhofpital der Stadt Wien für 120 Kranke. Verwaltungsbericht der Stadt Wien 1875. Wien 1875.

Compofition defigns for infectious hofpital Maidenhead. Building news, Bd. 33 (1877), S. 555.

ROMANIN-JACUR, L. *Projet d'hôpital fpécialement propre pour les maladies épidémiques et contagieufes.* Padua 1878.

Hofpital for infectious difeafes. Builder, Bd. 36 (1878), S. 1065.

Das Barackenlazarett zu Orefund bei Kopenhagen. Baugwks.-Zeitg. 1879, S. 167.

Infectious difeafes hofpital, Kendal. Builder, Bd. 40 (1881), S. 451.

The London fever hofpital. Builder, Bd. 45 (1883), S. 820.

A county ifolating hofpital. Building news, Bd. 55 (1884), S. 104, 438.

MILLARD & LEWIS. *Eaft London hofpital.* Architect 1884—II, S. 423.

GASS. *Defign for infectious difeafes hofpital Newcaftle-on-Tyne.* Builder, Bd. 47 (1884), S. 856.

ANDREWS. *Sanitary-hofpital Bournemouth.* Builder, Bd. 47 (1884), S. 839.

Sittingbourne and Milton joint infectious hofpital. Building news, Bd. 47 (1884), S. 128.

Temporary infectious difeafes hofpital, Park Hill, Liverpool. Builder, Bd. 47 (1884), S. 422.

Hôpital des maladies contagieufes. Gaz. des arch. 1885, S. 52.

Projekt für ein Epidemiefpital im zweiten Bezirk in Wien. Wochfchr. d. öft. Ing.- u. Arch.-Ver. 1886, S. 354.

Das ftädtifche Alexander-Barackenkrankenhaus in St. Petersburg. Centralbl. d. Bauverw. 1887, S. 503.

SÖRENSEN, S. T. & F. J. HERMANN. *Defcription fommaire de l'hôpital des maladies épidémiques de Copenhague («Blegdam hofpitalet«), publiée à l'occafion du huitième congrès international de médecine par le »Magiftrat« de Copenhague.* Kopenhagen 1889.

BÖTTGER. Das Inftitut für Infektionskrankheiten bei der königlichen Charité in Berlin. Klinifches Jahrbuch 1891, S. 212.

The hofpital at Leamington. American architect, Bd. 34 (1891), S. 22.

Das Epidemiefpital der Gemeinde Wien im II. Bezirk, Engerthftrafse. Zeitfchr. d. öft. Ing.- u. Arch.-Ver. 1892, S. 630.

Hampftead hofpital London. Builder, Bd. 63 (1892), S. 521.

KAUSER. St. Ladislaus-Spital in Budapeft. Bauz. f. Ungarn 1894, S. 201.

TALAYRACH. *Le nouvel hôpital de Stockholm pour les maladies épidémiques.* Revue d'hygiène 1894, S. 185. — Referat hierüber in: Gefundh.-Ing. 1894, S. 388.

The Brook hofpital. Shooter's Hill. Builder, Bd. 71 (1896), S. 121. — Siehe auch: Bd. 75 (1898), S. 362, 486, 533.

The Grove fever hofpital at Tooting Graveney. Building news, Bd. 73, S. 293. — Siehe auch: Bd. 77 (1899), S. 320.

The Park hofpital. Hither Green. Builder, Bd. 67 (1894), S. 172; Bd. 71 (1896), S. 54; Bd. 73 (1897), S. 47.

Mittel, durch welche die Einfchleppung anfteckender Krankheiten zu Lande und zur See verhütet werden foll. Debatte auf dem Londoner medizinifchen Kongrefs. Deutfche Viert. f. öff. Gefundheitspfl. 1881, S. 579.

Die Quarantäneanftalt bei Holtenau an der Kieler Föhrde. Centralbl. d. Bauverw. 1886, S. 316.

KAUFMANN, P. Die Quarantäneftation in El Tor. Beobachtungen während einem 35-tägigen Aufenthalt dafelbft. Berlin 1892.

Quarantänelazarett in Cuxhaven. Gefundh.-Ing. 1895, S. 363.

Betriebsvorfchriften des Gefundheitsrats in Alexandrien vom 28. März 1898 für die Quarantäneanftalt in El Tor. Veröffentl. d. kaif. Gefundheitsamtes 22, S. 436.

c) Militärhofpitäler.

777. Allgemeines.

Die Militärkrankenpflege unterfcheidet fich von der bürgerlichen durch die ftaatliche Regelung des gefamten Krankendienftes, der auf fchleunigfte ärztliche Hilfeleiftung in Erkrankungsfällen, wie auf geordnete Unterkunft und Pflege der Kranken und Verletzten gerichtet ift, um fie möglichft bald ihrem Dienft zurückzugeben. Die hierzu nötigen organifatorifchen Beftimmungen, Vorfchriften u. f. w. dehnen fich auch auf die mit der Art des Dienftes wechfelnden Krankenunterkünfte aus und find bei uns in der »Friedens-Sanitätsordnung« und in der »Kriegs-Sanitätsordnung« feftgelegt.

1) Lazarette im Frieden.

778. Verfchiedene Arten von Militärlazaretten.

Nach der Friedens-Sanitätsordnung (F.S.O.[911]) vom 16. Mai 1891 dienen die Militärlazarette aufser »zur Aufnahme kranker Mannfchaften, deren Zuftand nach militärärztlichem Ermeffen eine Behandlung im Revier ausfchliefst, zur Ausbildung von Sanitätsunterperfonal und zur Verwaltung der bei ihnen niedergelegten Friedens- und Kriegsbeftände« (§ 41, 1 u. 2).

Im Frieden werden folgende Arten von Lazaretten unterfchieden:

Garnifonlazarette in allen Orten, die dauernd in einer Etatsftärke von mindeftens 600 Mann Truppen belegt find. Die Krankenzahl wird auf 4 oder 3½ Prozent der etatsmäfsigen Garnifonkopfftärke normiert, letzteres falls aushilfsweife Unterbringung in nahe gelegenen Garnifonlazaretten möglich ift (§ 42, 1—3).

Hilfslazarette, wo

α) die Vermehrung der Garnifon dies bedingt,

β) oder ein plötzliches Anwachfen der Krankenzahl bei Uebungen von Truppen, welche der Garnifon nicht angehören, in deren Nähe erfolgt und im Garnifonlazarett nicht genügender Platz vorhanden ift,

γ) oder epidemifches Auftreten einer Krankheit das gefundheitliche Intereffe der Truppen wie der Garnifonskranken dies fordert.

Hierfür find eigene oder ermietete Gebäude zu adaptieren oder Zelte, verfetzbare oder fefte Baracken aufzufchlagen. »Die Hilfslazarette find als Abteilungen des Garnifonlazaretts zu betrachten und befitzen als folche in der Regel keine eigene Verwaltung« (§ 43, 1, 2 u. 4).

Ortslazarette für die Dauer gröfserer Truppenübungen, bezw. längerer Ortsunterkunft, wenn das Ueberführen der Schwerkranken in ein Garnifonlazarett oder in eine Zivilanftalt wegen zu weiter Entfernungen oder ungünftiger Verbindungen u. f. w. ausgefchloffen ift. Normalkrankenzahl 1 Prozent der darauf angewiefenen Truppen. Hierfür find öffentliche oder mangels derfelben ermietete Privatgebäude oder verfetzbare Krankenunterkünfte zu verwenden, äufserftenfalls Baracken zu erbauen (§ 46, 1 u. 3).

Barackenlazarette auf den Artilleriefchiefsplätzen, falls fie genehmigt werden; folche müffen längere Zeit und felbft in die ungünftige Jahreszeit hinein belegbar fein, daher im allgemeinen den an ein Garnifonlazarett zu ftellenden Anforderungen entfprechen (§ 47, 1, 2).

Befondere Seuchenlazarette find ftets bei Cholera, Pocken und Flecktyphus erforderlich (§ 152, 4).

779. Perfonal.

Das Perfonal unterfcheidet fich in folgendem von demjenigen bürgerlicher Krankenhäufer.

Die Militärlazarette ftehen unter dem Befehl von Chefärzten; die Krankenbehandlung liegt den hierzu kommandierten Sanitätsoffizieren der Truppenteile u. f. w. ob (§ 7, 8). In Lazaretten mit Stationsbehandlung bis zu 200 Kranken find in der Regel 1, in gröfseren 2 bis 3 wachthabende Sanitätsoffiziere erforderlich. Verheiratete Affiftenzärzte haben nur am Tage im Lazarett Dienft. In Lazaretten ohne Stationsbehandlung nimmt ein Affiftenzarzt oder Sanitätsoffizier-Dienftthuer den ärztlichen Dienft wahr (§ 71, 1, 2, 4).

Den ökonomifchen Dienft verfehen Lazarett-Oberinfpektoren, Lazarett-Verwaltungsinfpektoren und Lazarett-Infpektoren, in kleineren Lazaretten Rechnungsführer. Zur Anfertigung der Arzneien u. f. w. werden in gröfseren Lazaretten einjährig-freiwillige Militärapotheker eingeftellt. Die Zubereitung der Speifen ift Sache der Lazarettköchin (§ 7, 8—10).

---

[911] Siehe: Friedens-Sanitäts-Ordnung. Berlin 1891. — Das amtliche Abkürzungszeichen diefes Titels (F.S.O.) wird im vorliegenden benutzt.

Den niederen Krankendienſt beſorgen kommandierte Lazarettgehilfen der Truppenteile, den Krankendienſt Militär- und Zivilkrankenwärter (§ 7, 10). Auf je 20 Lagerſtellen der Normalkrankenzahl iſt neben dem Lazarettgehilfen 1 Krankenwärter ausſchliefslich der Hausdiener zu rechnen (§ 87, 1). Der rangälteſte Lazarettgehilfe jeder Station wird als Stationsauffeher verwendet (§ 88, 2).

Krankenpflegerinnen (Diakoniſſinnen oder Ordensſchweſtern) werden in Lazaretten mit mehr als 100 Kranken vorzugsweiſe für Schwerverletzte und Schwerkranke geſtattet (§ 87, 3), wohnen im Lazarett frei, aber in der Regel ohne Ausſtattung, und können die Beauffichtigung des Küchen- und Wäſchebetriebes übernehmen (Beilage 18, 3 d).

780. Abteilungen.

»In allen Garniſonen, in denen wenigſtens 3 Stabsärzte, bezw. Oberſtabsärzte vorhanden ſind, werden die Kranken im Lazarett nach Krankheitsformen gelagert ...«; in anderen behandelt jeder derſelben die Kranken ſeines Truppenteiles. Ob unbeſchadet deſſen Stationsbehandlung eintreten ſoll, beſtimmt das Sanitätsamt.

Dem leitenden ordinierenden Sanitätsoffizier der Station iſt möglichſt ein affiſtierender Sanitätsoffizier beizugeben.

Von Stationen kommen hierbei in Betracht:

α) Station für Aeufserlichkranke; γ) Station für Augen- und Ohrenkranke;
β) » » Innerlichkranke; δ) » » Veneriſche und Hautkranke;

und gegebenenfalls Errichtung einer befonderen Zelt-, bezw. Barackenſtation. Umfangreiche Stationen können geteilt, kleinere, beſonders die unter γ und δ genannten, zu einer »gemiſchten Station« unter einem ordinierenden Arzt vereinigt werden (§ 73).

In beſonderen Räumen oder Stationen ſollen untergebracht werden Erkrankte an Maſern, Scharlach, Diphtherie, Ruhr, Unterleibstyphus, Milzbrand, Rotz, Wafferſcheu, anſteckenden Augenkrankheiten, infektiöſen Wundkrankheiten, Venerie und Krätze, auch falls die Raumverhältniſſe und Pflegekräfte dies geſtatten, Erkrankte an Lungenſchwindſucht und anſteckender Lungenzündung.

Cholera-, Pocken- und Flecktyphuskranke dürfen nur, wenn Seuchenlazarette nicht zu befchaffen ſind und die Mitbenutzung vorhandener befonderer Unterkunftsräume für gleichartige Kranke der Zivilbevölkerung unthunlich iſt, in den Garniſonlazaretten bei vollſtändiger Abſonderung untergebracht werden. Zu Zeiten von Epidemien kann ſich die Errichtung von Beobachtungsſtationen empfehlen (§ 152, 3, 4, 5).

Im Belag der Krankenſtuben hat ein regelmäfsiger Wechſel ſtattzufinden (§ 147, 1). Für Abſonderungszwecke beſtimmte Räume (Baracken) follen, wenn anſteckende Kranke nicht vorhanden ſind, wie die anderen Krankenräume, mit anderen Kranken belegt werden, um ein längeres Leerſtehenlaſſen und Nichtheizen zwecks Erhaltung der Baulichkeiten zu vermeiden (§ 167, 2).

Kranke Militärgefangene ſind unter Verſchluſs unterzubringen; Unteroffiziere follen hierbei von den Gemeinen getrennt und, falls dies nicht möglich iſt, mit den anderen Garniſonkranken zuſammen untergebracht werden. In Einzelhaft befindliche Gefangene und »ſittlich Schlechte« müſſen möglichſt von den übrigen Militärgefangenen, jedenfalls aber von den anderen Kranken der Garniſon — Unterſuchungsarreſtanten jedoch ſtets — geſondert gelagert werden. Kranke Arbeitsſoldaten find thunlichſt von den übrigen Kranken, aber nicht unter Verſchluſs zu lagern (§ 69).

Die Beilage 11 der F.S.O. enthält die »Allgemeinen Grundſätze für den Neubau von Garniſonlazaretten«.

781. Grundſätze für Neubauten.

Auszuſchliefsen ſind Grundſtücke in angebauten Stadtteilen und unmittelbarer Anſchluſs an Kaſernengelände. Bei Erwerbung des Grundſtückes iſt auf die Anlage geräumiger Gartenplätze und eine Erweiterung des Lazaretts durch Pavillons, Zelte, verſetzbare Baracken u. ſ. w. Rückficht zu nehmen (§ 1, 2 u. 5).

Kranken- und Verwaltungsräume follen nur in Lazaretten mit weniger als 40 Betten unter einem Dach liegen (§ 2, 2).

Krankenblocks und Pavillons können je nach Umfang, Bedarf und örtlichen Witterungsverhältniſſen in verſchiedener Art miteinander vereinigt werden (§ 3, 2).

Ein- oder mehrgeſchoſſige Blocks aus Krankenſtuben von nicht mehr als 12 Betten an einem ſeitlichen Flurgang mit oftweſtlicher Längsachſe dürfen in jedem Geſchoſs nicht mehr als 30 Lagerſtellen enthalten. Im Erdgeſchoſs eines Blocks find die Wohnung des wachthabenden Sanitätsoffiziers — Stube, Kammer und Burfchengelafs, letzteres wenn das Lazarett aufserhalb der Stadt oder weit ab von der Kaſerne liegt — und das Aufnahmezimmer unterzubringen, falls diefes nicht im Verwaltungsgebäude liegt. In jedem Obergeſchoſs foll eine kleine Stube für Lazarettgehilfen und Militärkrankenwärter vorgeſehen werden (§ 3, 1 u. 2; 4, 4 u. 5; 13, 2).

Pavillons mit 1 oder 2 Sälen für höchstens 18 Betten in jedem Geschofs, von denen eingeschoffige im allgemeinen zu bevorzugen find, erhalten nordfüdliche Längsachfe. In ein- oder zweigeschoffigen Doppelpavillons ift das Zubehör der Säle mit Ausnahme der Tagräume derart im Mittelbau zu vereinigen, dafs alle dazu gehörigen und die Krankenräume von einem gemeinfchaftlichen Vorraum zugänglich find. Zum Zubehör gehören in jedem Geschofs eine Stube für Lazarettgehilfen, bezw. Wärter, für beide Geschoffe eine Theeküche und im Bedarfsfall im oberen Geschofs eine Wohnung für den wachthabenden Sanitätsoffizier (§ 3, 3; 5, 1 u. 3; 13, 2). Kleinere eingeschoffige Pavillons erhalten nur einen Saal, der durch eine maffive Wand geteilt werden kann, in welchem Falle jeder Hälfte eigenes Zubehör zu geben ift (§ 6, 2). — »In jedem Krankengebäude find einige kleinere Stuben für je 1 bis 3 Kranke einzurichten« (§ 13, 3).

Lazarette von mehr als 250 Betten bedürfen eines befonderen Wirtfchaftsgebäudes in der Mitte der Anlage für die Koch- und die Wafchabteilung, die Desinfektionsanstalt und die Maschinenräume. — In Lazaretten von 40 bis 250 Betten werden Küchenabteilung und Maschinenräume im Verwaltungsgebäude untergebracht (§ 8, 1, 2). — Nur in Lazaretten unter 40 Betten follen Kranken- und Verwaltungsräume unter einem Dach liegen. Erftere find dann in den oberen Geschoffen einfeitig an Flurgängen wie in den Krankenblocks, letztere im Erdgefchofs, bezw. im Keller, und die Wafchküche mit dem Desinfektionsraum ift im letzteren ohne Verbindung nach innen unterzubringen. Wenn Krankenftuben im Erdgeschofs angeordnet werden müffen, fo find fie von den Verwaltungsräumen möglichft abzufchliefsen (§ 9, 1 u. 2).

Leichen- und Sezierräume erfordern ftets ein befonderes Gebäude; andere Nebenbauten follen vermieden werden, mit Ausnahme einer baulichen Vereinigung von Wafchküche und Desinfektionsanftalt und unter Umftänden der Errichtung eines Eishaufes (§ 10, 1 u. 2).

In Lazaretten von mehr als 40 Kranken find 1 bis 2 Stuben für 1 bis 2 kranke Offiziere vorzufehen (§ 14, 1); in folchen von mehr als 70 Lagerftellen ift ein geräumiges Zimmer als Operationsraum zu beftimmen (§ 24, 1), und ein verfügbarer gröfserer Raum foll im Lazarett als Betfaal benutzt werden (§ 25). — Die beiden letzteren Räume werden jedoch im Bedarfsfall mit Kranken belegt, und ihr Faffungsraum ift in die Belegungsziffer des Lazaretts einzurechnen (§ 24, 1; 25).

Im Verwaltungsgebäude liegen auch alle Wohn- und Schlafräume des nicht in den Krankengebäuden untergebrachten Perfonals, die Apotheke, die Sanitätsdepots, das hygienifch-chemifche Laboratorium u. f. w. § 7, 2, über deren Einteilung §§ 26 u. 27 handeln. — Wird in einem Lazarett von bedeutendem Umfang eine Wachtftube nötig, fo ift fie am Haupteingang anzulegen (§ 31).

»Der eigentliche Krankengarten, bezw. die Zugänge zu demfelben find von den übrigen Teilen des Grundftückes durch lebende Hecken zu trennen . . .« (§ 41, 4), und die Einfriedigung ift durch Mauern an Stellen, welche durch Kranke nicht betreten werden, fonft durch Gitter herzuftellen (§ 42, 1).

Gröfsere Seuchenlazarette follen, unbefchadet ihrer Zufammengehörigkeit mit dem Garnifonlazarett, möglichst als felbftändige Lazarette mit eigenem Wirtfchaftsbetrieb eingerichtet werden, kleinere eine eigene Badeanftalt, Wafchküche, Desinfektionsraum und Leichenkammer erhalten. Seuchenlazarette bedürfen gefonderter Unterkunftsräume für das Warteperfonal, ausreichender Wafferverforgung, befonderer Aborte für Gefunde und eines Wäfchetrockenplatzes. Der Verkehr durch den Wirtfchaftsbetrieb ift auf das ftrengfte zu regeln und durch Polizeiunteroffiziere fcharf zu überwachen (§ 153, 1 u. 3).

782. Andere Normalien

Derartige Normen find auch in anderen Staaten aufgeftellt worden. So erfchienen u. a. in Oefterreich 1874 die »Anleitung für Entwürfe von Militärhofpitälern« und 1879 die »Anleitung für die Anlage von neu zu erbauenden Garnifonslazaretten«, auf welche hier nur hingewiefen werden kann. — Für die Ausgeftaltung der Haupttypen von Krankengebäuden find in verfchiedenen Ländern auch Normalpläne aufgeftellt worden.

Als folche gelten in Preufsen die bei Vorbereitung des II. Garnifonslazaretts für Berlin entftandenen Bautypen. — Für Regimentshofpitäler find Normalpläne in England von *Douglas Galton* (fiehe Art. 794, S. 509), in Frankreich von *Tollet* entworfen worden. — In Rufsland erschienen 1875 ebenfolche Pläne und in den Vereinigten Staaten Nordamerikas Normen für *Post hospitals*, welche fpäter revidiert wurden (fiehe das Litteraturverzeichnis).

783. Anordnung von Garnifonslazaretten.

Als obere Grenze für den Umfang von Garnifonslazaretten, die im Militärhofpital zu St. Petersburg noch 1000 und im *Herbert hospital* zu Woolwich 658 Betten beträgt, ift in den neueren Lazaretten eine folche von 500 Betten erachtet worden, welche die Anftalten in Berlin, Rom und Madrid innehalten.

Hier, wie in den Lazaretten zu Odeffa, Karlsborg, Brüffel, Bukareft u. a., wurde eine weitgehende Dezentralifation durchgeführt, wie fie auch die zahlreichen neuen Garnifonslazarette in Preufsen zeigen, die feit dem Erfcheinen der »Grundfätze« entftanden find. Nur in Dresden hat man infolge der überwiegenden Zahl von Leichtkranken — 70 bis 80 Vomhundert — diefe in einem umfangreichen Bau vereinigt. — In Brüffel hielt man, abweichend von den Vorfchriften der F.S.O., einen Platz für Zeiten von Epidemien innerhalb des Grundftückes frei. — Vielfach werden die Betten für kranke Offiziere in einem gefonderten Blockbau vereinigt, wie in Bourges, Madrid, Rom und Bukareft, wo die Zahl ihrer Betten gröfser angenommen ift, als bei uns in der F.S.O. In Bourges wurde auch ein eigener Pavillon für Unteroffiziere und in Madrid ein folcher für Militärgefangene beftimmt. Durch derartige Anordnungen verringert fich in den Krankengebäuden die Zahl der kleinen Räume, was zu befferer Anordnung derfelben fuhrt. Auch gefonderte Bauten für Wärter, bezw. Schweftern wurden öfter vorgefehen. Das neue Militärhofpital in Madrid erhielt ein getrenntes Operationsgebäude und dasjenige in Rom eine ausgebildete Operationsabteilung.

Im Garnifonslazarett zu Stettin hat man auch für die Apotheke und für die Feldfanitätsausrüftung eigene Bauten errichtet. (Siehe Art. 795 u. 796, S. 511.)

Baukoften von Militärlazaretten.

	Jahr	Zahl der Betten	Zahl der Gefchoffe	Koften für 1 Bett	Bauweife
Militärhofpitäler:					
Hôpital militaire, Bourges	1878	343	1	2557	offen
Hôpital militaire, »	»	244	1	2286	»
Hôpital militaire, Brüffel	1885—89	330	1	5674	
Militärhofpital, Amersfort	1875—77	78	1	3846	»
Garnifonslazarett II, Tempelhof-Berlin	1875—78	504	1 u. 2	4910	»
» Königsberg	1877—79	374	1 u. 3	4331	»
» Düffeldorf	1876—80	151	1 u. 2	3984	»
» Ehrenbreitftein	1879	124	2 u. 3	4553	
Herbert hofpital, Woolwich	1859—64	658	2	6519	»
Garnifonslazarett, Dresden	1879	424	1, 2 u. 3	2000	»
Hôpital militaire, Vincennes	1856—58	600	3	4000	»
Garnifonslazarett, Altona	1873	200	3	3750	Korridorbau
Lehrkrankenhäufer vom Roten Kreuz:					
Elifabeth-Hofpital, Budapeft	1884	124	2	8262	offen
» »	»	464	1 u. 2	2788	
» »	»	804	1 u. 2	1877	
Augufta-Viktoria-Heim, Eberswalde	1895	34	2	3235	gefchloffen
Zeltbarackenhofpital:					
Grande Gerbe, St.-Cloud	1871	192	1	620	offen
				Mark	

Die Vereinigung der Rekonvaleszenten in einem gemeinfchaftlichen Tagraum wie im *Herbert hofpital* hat man anderwärts nicht aufgenommen. Während in Berlin die Kaifer-Wilhelms-Akademie für das militärärztliche Bildungswefen von den Lazaretten räumlich getrennt liegt, ift beifpielsweife in St. Petersburg und Bukareft das militärärztliche Lehrinftitut mit dem neuen Lazarett vereinigt worden.

784 Rekonvaleszenten

Bezüglich der Rekonvaleszenten beftimmt die F.S.O., dafs die nach wichtigeren Krankheiten aus dem Lazarett Entlaffenen und noch nicht vollkommen Genefenen den Revierkranken zugeteilt werden. Neuerdings ift der Verfuch gemacht worden, durch Gründung von Genefungsheimen auch für die Militär-Rekonvaleszentenpflege eine beffere Fürforge einzuführen, nach dem Beifpiel des von General *Grof Häfeler* im Schlofs Lettenbach (bei Alberfchweiler in den Vogefen) für fein Armeekorps gegründeten Genefungshaufes.

Diefes unter ärztlicher Leitung und unter Auflicht von Offizieren ftehende Heim ift in erfter Linie für Mannfchaften beftimmt, welche an Krankheiten der Luftwege und des Magens, fowie für folche, die an äufserlichen Leiden erkrankt waren, aber eine zu voller Gebrauchsfähigkeit der Glieder länger fortgefetzte Bewegung und Maffage erfordern. Hierzu dienen die Befchäftigung auf Wiefen und Aeckern, fowie leichte militärifche Uebungen. In dem für 77 Rekonvaleszenten eingerichteten Heim fanden im erften Jahr 374 Militärperfonen Aufnahme.

785 Koften.

Ueber die Baukoften einer Anzahl von Militärlazaretten giebt die umftehende Ueberficht Auskunft.

786. Ueberficht.

α) Lagepläne.

Den folgenden Beifpielen von Gefamtanlagen find 3 Lagepläne vorausgefchickt, welche die Anordnung der Garnifonslazarette in Rom, Dresden und Ehrenbreitftein zeigen.

---

912) Fakf.-Repr. nach: *Il nuovo ofpedale militare di Roma al Monte Celio. Giornale medico del RO. efercito e della RA. Marina* Bd. XXXXII, 1894, Taf. bei S. 512.

Fig. 401.

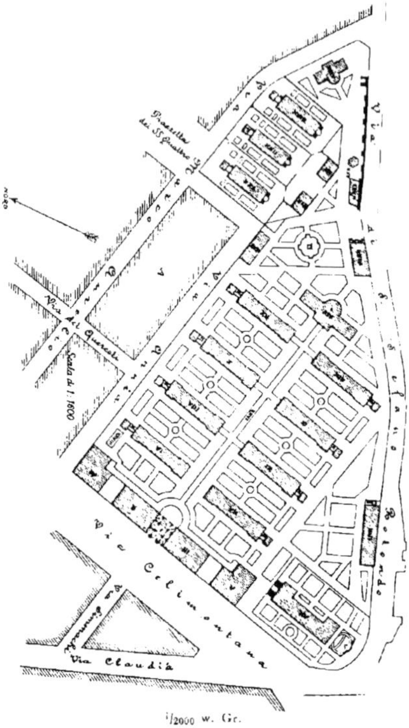

1/2000 w. Gr.

Militärhofpital in Rom [912]).
1885—91.
Arch.: *Donadio*.

I. Einfahrt.
II. Direktion.
III. Verwaltung.
IV. Apotheke.
V. Küche u. Warterkaferne.
VI.—XIII. u. XV.—XVIII. Krankengebäude.
XIV. Operationsgebäude.
XV. Kranke Offiziere.

XVI. Bäder u. Wärterkaferne.
XVII. Barmherzige Schweftern.
XVIII. Wafchhaus.
XIX. Desinfektion.
XX. Küche für Anfteckende.
XXIV. Leichenhaus.
XXV. Wafferturm.
XXVI. Eiferne Gallerie.
XXVII. Stallung.
XXVIII. Wafferturm.

Verteilung der Kranken:

8 Pavillons *(VI.—XIII.)* mit je 50 zufammen   400 Betten
1 Pavillon *(XV)* für kranke Offiziere mit . . . . . 18 »
3 Pavillons für Anfteckendkranke mit je 18 zufammen   54 »

Insgefamt 472 Betten

Das Militärhofpital zu Rom liegt in freier Lage an der *Via Celimontana* auf dem *Monte Celio* und ift einerfeits von der *Via di San Stefano Rotondo*, andererfeits von Strafsengelände begrenzt (Fig. 401 [912]).

In der Front ftehen die nur mittels der Durchfahrt verbundenen Bauten der Direktion und Verwaltung, links davon das Apotheken-, rechts das Küchengebäude, dahinter fymmetrisch zu einem von Weft nach Oft verlaufenden, feitlich offenen, eifernen Verbindungsgang die allgemeinen Krankenpavillons mit dem Operationsgebäude. Auf dem rechtsfeitigen Dreieck wurden ein Blockbau für kranke Offiziere und das Badehaus, auf der rückfeitigen Geländefläche das Schweftern-, das Wafchhaus, ein Stall für Pferde der Sanitätsoffiziere, die Infektionsabteilung und am Ende das Leichenhaus angeordnet.

Von diefen Gebäuden erhielten die 4 Frontbauten Erdgefchofs, Mezzanin und Obergefchofs, die 8 Pavillons, der Verbindungsgang zwifchen ihnen, der Operations-, der Schweftern- und der Offiziersblock 2 Gefchoffe. Die Krankenbauten haben zweifeitige Befonnung; die Südwinde ftreichen zwifchen ihnen hindurch, und gegen Nordwinde fchützt die Umbauung.

Das Verwaltungsgebäude enthält im Erdgefchofs die Aufnahmeräume nebft Bad und Magazine, im Halbgefchofs Bureaus, Wäfcheniederlagen — das Direktionsgebäude im Erdgefchofs Amtsräume, Befuchfäle, ein Zimmer zur Unterfuchung Epileptifcher, im Obergefchofs Kabinette für bakteriologifche, urofkopifche, Augen- und Ohrenunterfuchungen. — In den Sockelgefchoffen der Pavillons befinden fich die Depots des Feldfanitätsmaterials, eine Sanitätsfchule, Sprechzimmer für Befuchende u. f. w. Jeder Krankenfaal fafst 24 Betten. — Im Operationsgebäude liegen einfeitig am Längsgang das als Vorraum des Operationsfaales dienende Inftrumentenzimmer, 1 Nebenraum, 4 Ifolierräume für Operierte, 1 Raum für Luft- und Wafferkuren mit einem elektrifchen Bad und diesfeits des Flurganges ein Zimmer für Elektrotherapie, im Obergefchofs folche für Augenkranke und Ifolierzwecke. — Der Blockbau für kranke Offiziere hat 9 Krankenzimmer, zum Teil mit Vorraum, und einen Befuchsaal. — Das Badehaus

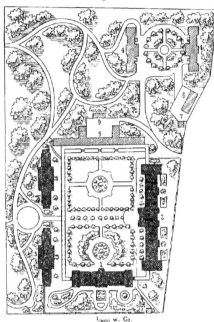

Fig. 402.

$^1/_{3000}$ w. Gr.

Garnifonslazarett zu Dresden (Albertftadt [913]).

1. Verwaltungsgebäude.   *6.* Leichenhaus.   *9.* Holz- und Kohlenniederlage.
2, 3, 4. Krankengebäude.   *7.* Eishaus.
5. Wirtfchaftsgebäude.   *8* Pförtner.

Verteilung der Kranken:

Lazarett für Leichtkranke *(2)* mit . . . . 252 Betten
2 Doppelpavillons für Schwerkranke *(3)* mit je 68, zufammen . . . . . 136 „
2 Ifolierblocks *(4)* mit je 18, zufammen . . . . 36 „

Insgefamt 424 Betten

dient zur Hälfte als Kaferne für die Sanitätskompagnie mit eigener Küche und Speiferaum für die Unteroffiziere. Die Offiziere haben 3 befondere Badezellen. — Die Ifolierabteilung hat eigenes Küchengebäude mit Apotheke, welchem das Desinfektionshaus gegenüberfteht. Jeder Blockbau mit einem 16-Bettenfaal erhielt eigene Umzäunung.

Von der Geländefläche (rund 50 000 qm) entfallen auf jedes der 472 Betten 106 qm.

Das Grundftück des Garnifonslazaretts der Albertftadt bei Dresden, am nordweftlichen Rand des Priesnitzthales, grenzt in der Front fudweftlich an den Garten

---

[913] Nach: BORNER, a. a. O., Bd. II, S. 129.

des Kadettenhaufes, hat etwa 300 m Abstand von der dem Kadettenhaufe gegenüberliegenden Infanteriekaserne, ist an den anderen Seiten von Wald und Garten umgeben, entstand unter Mitwirkung von *Roth* und dient auch Lehrzwecken (Fig. 402[913]).
Am südlichen Eingang liegt das Pförtnerhaus. Das Verwaltungsgebäude, ein Lazarett für Leichtkranke, 2 Doppelpavillons für Schwerkranke und das Wirtschaftsgebäude mit gesonderter Anfahrt von der Seitenstrafse umgeben den grofsen Gartenplatz, deffen Längsachfe nahezu von Südweft nach Nordoft gerichtet ift. Hinter ihm ftehen an der südöftlichen Geländegrenze das Leichenhaus und die Ifolierabteilung. Alle Bauten find rings belichtet.

Im Verwaltungsgebäude befinden fich aufser den Gefchäftszimmern die Zentralapotheke mit Dispenfieranftalt, das Kafino des Sanitäts-Offizierkorps, die Lehrzimmer und Sammlungsräume, das hygienifche Laboratorium für die militärärztlichen Fortbildungskurfe und die Wohnungen des Perfonals. — Die verfchiedenen Gefchoffe des Lazaretts für Leichtkranke enthalten im Mittelbau die Aufnahme-, Spiel-, Lefe- und Konferenzzimmer, in den Flügeln Krankenräume zu 4, 7 und 10 Betten einfeitig am Flurgang und in den Aufbauten der Eckpavillons je 1 Schlaffaal für 25 Wärter. — Jeder Doppelpavillon hat in jedem Gefchofs feiner Flügel einen Saal zu 10, im Mittelbau aufser dem Zubehör Krankenzimmer zu 6, 5 und 2 Betten. — Die Ifolierblocks find in der Mitte durch eine Querwand in zwei nur von aufsen zugäng-

Fig. 403.

1. Verwaltungsgebäude.
2, 3. Krankengebäude.
4. Wafchküche u. Leichenhaus.

Arch.: *Gropius & Schmieden.*

1/3000 w. Gr.

Garnifonslazarett zu Ehrenbreitftein[914].

Verteilung der Kranken:

Krankenblock mit 96 Betten
Ifolierblock mit 28 ,
Insgefamt 124 Betten

liche Abteilungen geteilt, an deren Enden je ein 5-Bettenfaal, zwifchen denen kleinere Krankenräume nebft dem übrigen Zubehör am Flurgang liegen. — Im Wirtfchaftsgebäude befinden fich auch allgemeine Bäder und die Desinfektion, über der Küche der Speiferaum des Lazarettperfonals. — Die Operationskurfe werden im Leichenhaus abgehalten. — Von der Geländefläche (60 000 qm) entfallen auf jedes der 424 Betten 141 qm.

789. Beifpiel III.

Das Garnifonslazarett zu Ehrenbreitftein wurde auf einem befchränkten Grundftück am Abhang des Afterfteines unter Benutzung eines vorhandenen Gebäudes für die Verwaltung erbaut (Fig. 403[914]).

Das fteil abfallende Gelände erforderte Terraffierung. Der Eingang liegt am Teichertweg zwifchen dem Verwaltungsgebäude und dem mit Wafchküche verbundenen Leichenhaus, deffen Hof von der Kolonnenftrafse zugänglich ift. In der gleichen Richtung mit diefen ftehen der grofse Blockbau mit Krankenräumen nach Often und dahinter das Ifoliergebäude mit weftöftlicher Längsachfe, deffen Untergefchofs vom Verwaltungsgebäude aus mittels eines Durchganges unter dem Zubehör des grofsen Krankenblocks zugänglich ift. Im Unterbau des füdlichen Flügels von letzterem befindet fich die Kochküche; in feinem Nordflügel liegen eine Wärterwohnung, das Aufnahme- und das Konferenzzimmer. Das Ifoliergebäude enthält in jedem Gefchofs einen 12-Bettenfaal und ein 2-Bettenzimmer. Von der Geländefläche (4200 qm) entfallen auf jedes der 124 Betten rund 34 qm.

β) Gefamtanlagen.

790. Ueberficht.

Die folgenden 5 Beifpiele für Gefamtanlagen von Militärhofpitälern zeigen die Pläne der gröfseren Garnifonslazarette zu Woolwich, Berlin und Brüffel für 658 bis 330 Betten und die Entwürfe für zwei kleinere englifche Militärhofpitäler, von denen das eine für ein Regiment und das andere für eine Schwadron zu Seaforth geplant war.

[914] Nach: BÖRNER, a. a. O., Bd. II, S. 128.

Zu S. 507

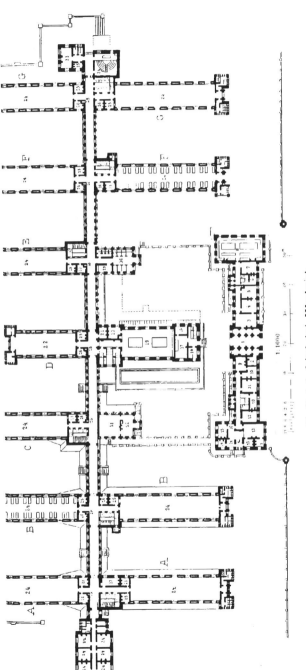

Herbert hospital bei Woolwich.
1859—64.
Arch.: *Douglas Galton.*

1. Einfahrt.
2. Pförtner.
3. Warteraum.
4. Untersuchung.
5. Chirurg.
6. Warterinnenwache.
7. Wäscheausbesserung.
8. Reine Wäsche.
9. Direktor.
10. Schreiber.
11. Oberarzt.
12. Registratur.
13. Kapitän der Lazarettgehilfen.
14. Sergeantmajor.
15. Zahlmeister.
16. Küchenchef.
17. Proviantmeister.
18. Schreiber.
19. Bibliothek.
20. Bibliothekar.
21. Saalmeister.
22. Tagraum.
23. Beamtenwohnungen.
24. Krankenraum.
25. Pflegerin.
26. Spülküche.
27. Wachtstube.
28. Aufzug.
29. Ankleidezimmer.
30. Bad.
31. Apotheke.
32. Arzneiwaren.
33. Operationsraum.
34. Amphitheater.

Verteilung der Kranken:

Doppelpavillon (*A*) mit . . . . 124 Betten.
" (*B* und *G*) mit je 128, zusammen 256 "
" (*F*) mit . . . . 138 "
Pavillon *C* und *E* mit je 56, zusammen 112 "
" *D* mit . . . . 20 "
Operationsgebäude mit . . . . 2 "
Hoferblock mit . . . . 6 "

Insgesamt 658 Betten.

Nach: Builder, Bd. 24 (1866), S. 218.

Handbuch der Architektur. IV, 5, a. (2. Aufl.)

Das *Herbert hofpital* bei Woolwich liegt auf dem Südabhang eines Ausläufers von *Shooter's Hill*, der fich längs des *Dover road* in der Richtung von Blackheath hinzieht, 7,20 m über der Trinity-Hochwaffermarke, an der Ecke des *Dover-* und des *Eltham road* in freier Lage (fiehe die nebenftehende Tafel).

Das Gelände kehrt feine Nordfeite dem *Dover road* zu, fällt nach Südweften und Weften, erforderte eine Abtragung an der Nordoftecke und teilweife Terrafßerung, wurde durch einen tiefen Graben an der Nord- und Oftfeite von dem dafelbft anfteigenden umgebenden Gelände getrennt, erhielt Untergrundentwäfferung und ermöglichte gegen Weften Erweiterung. Das Verwaltungsgebäude mit Durchfahrt fteht nebft der dahinterliegenden Baugruppe zum Teil auf einer Terraffe. Die rückwärtigen Bauten find im Sockelwie im Erdgefchofs durch einen verglaften und terraffierten Gang verbunden, an deffen Weftende das Leichen- und Operationsgebäude, an deffen Oftende ein kleiner Ifolierblock für Lärmende, Geiftesfchwache u. f. w. liegen. Von den beiden einfachen Pavillons führen offene Gänge und vom Blockbau ein unterirdifcher Weg zum Verwaltungsgebäude. Der Fufsboden der Erdgefchoffe liegt im öftlichen Teile der Baugruppe 1,40 m, im weftlichen 2,20 m über dem Gelände, fo dafs die Sockelgefchoffe im letzteren von aufsen zugänglich find. Jenfeits des *Dover road*, gegenüber einem Nebeneingang, in der Einfriedigung nahe dem letzten weftlichen Doppelpavillon fteht das eingefchoffige Wafchhaus.

Da die Pavillons nahezu nordfüdliche Längsachfe haben, find die Geländeflächen zwifchen denfelben, foweit dies nicht der Hauptverbindungsgang einfchränkt, gut belichtet und gelüftet.

Das Verwaltungsgebäude enthält im Erdgefchofs rechts die von der durch zwei Gefchoffe reichenden Durchfahrtshalle die Aufnahmeabteilung und vollftändig getrennt von ihr, mit eigenem Zugang von aufsen, die Wäfcheabteilung, links die Bureaus aller Beamten, im I. Obergefchofs rechts die Wohnungen der Pflegerinnen und der Oberin nebft eigenen Krankenräumen, links diejenigen der Beamten. Im II. Obergefchofs liegen die Schlaffäle der Wärter, welche im Sockelgefchofs unter der Wäfcheniederlage ihren Speifefaal haben, wo fich auch die Küchen für die Beamten befinden.

Die übrigen befonderen Dienft- und allgemeinen Räume wurden auf die Nordflügel von *D*, *C* und *E* und auf die Sockelgefchoffe der Doppelpavillons verteilt. Alle diefe Gebäude erhielten Aufzugsverbindung mit ihren Sockelgefchoffen, aber nur *D* und *E* Haupttreppenverbindung mit denfelben. In *D* liegen unten die Hauptküche mit feitlich angebauten Nebenräumen, darüber deren Bureaus nebft der Krankenbibliothek und oben die Kapelle mit Kaplanswohnung, in *C* die Apotheke, in *E* die Monturkammer, darüber die allgemeinen Bäder. Im Erdgefchofs des Südflügels von *D* befindet fich der für alle aufser Bett befindlichen Kranken beftimmte Tagraum. — In den Sockelgefchoffen von *F* und *G* find 1 Saal für Krätzige, die Bibliothek der Aerzte, 1 Sammlungsraum, das Auditorium des *Army medical department* und Niederlagen, in denjenigen von *A* und *B* die Magazine der Hofpitalausftattung zum Felddienft untergebracht. — In *A* wurde der für Arreftanten dienende Saal auf 28 Betten eingefchränkt und ihm ein Wacheraum beigegeben.

Unter der Operationsabteilung liegt der Sezierraum, an welchen der mit Dachlaterne verfehene Leichenraum angebaut ift, eine wenig günftige Anordnung. In Ermangelung getrennter Ifoliergebäude für Anfteckende dienten die zwei letzten weftlichen Säle für Scharlach, Pocken u. f. w., und zwar je zur Hälfte für Männer und Frauen, bezw. für Soldatenkinder.

Von der Geländefläche (48585 qm) entfallen auf jedes der 658 Betten 73,8, bezw. 106,6 qm, wovon 10,8 (im ganzen 6914 qm) überbaut find.

Das II. Garnifonslazarett für Berlin an der Moltkeftrafse in Tempelhof, 13,80 m über der Spree, ift beiderfeits durch Strafsen von Ackerland und Gärten getrennt und erhielt zum Transport der Kranken von den Kafernen her Anfchlufs an das Strafsenbahnnetz (fiehe die umftehende Tafel).

Sein weftlicher Haupteingang ift von 1 Wachthaus und 1 Schuppen für 3 Pferdebahnwagen flankiert. Hinter dem Verwaltungsgebäude mit angebauter Einfahrtshalle für letztere liegt inmitten des Grundftückes das mit 4 Krankenblocks durch gefchloffene Gänge verbundene Wirtfchaftsgebäude. Die 2 weftlichen Doppelpavillons und die 3 öftlichen für Ifolierzwecke ftehen frei. Die Wohngebäude für den Chefarzt und den Oberlazarettinfpektor, dasjenige für Beamte, das Leichenhaus, der Eiskeller an der Nord- und das Magazingebäude für Feldausrüftungsgegenftände an der Südfeite erhielten abgetrennte Gärten, bezw. Höfe, mit unmittelbaren Zugängen von den Seitenftrafsen.

Die Krankenblocks, das Wirtfchaftsgebäude, die zwei weftlichen Doppelpavillons und das Wohnhaus des Chefarztes haben zwei Gefchoffe, dasjenige der Beamten, das Verwaltungs- und das Magazingebäude drei Gefchoffe. Die Fenfter der Krankenräume find in den Blockbauten gegen Süden, in den Doppelpavillons gegen Weſten und Oſten, die Tagräume in erſteren nach Norden und in den Iſoliergebäuden nach Süden gerichtet.

Das Oeffnen des Haupteinganges erfolgt vom Zimmer des Polizeiunteroffiziers im Wachtgebäude aus, an welches die Telegraphenſtation für den Verkehr mit der Stadt grenzt. Am Eingangsflur des Wachthauſes liegen aufserdem die Wachtſtube, Abort, Piſſoir und Baderäume. — In den beiden Obergeſchoſſen des Verwaltungsgebäudes wohnen die Inſpektoren und Schweſtern, der Maſchiniſt, der Heizer, 1 Wärter und 2 Lazarettgehilfen. Die Keller und Dachräume enthalten Montierungskammern, die Waſchküche und Trockenböden der Hausbewohner u. f. w. An der linken Gebäudeſeite iſt ein Wirtſchaftshof abgegrenzt. — In den Flügelbauten des vom Waffer- und Uhrturm überragten Wirtſchaftsgebäudes liegen im Obergeſchofs auf der einen Seite ein chemiſch-hygieniſches Laboratorium, auf der anderen die Wohnungen der Köchin und der Hilfsköchin.

In jedem Krankenblock befinden ſich im Erdgeſchofs die Wohnung eines Aſſiſtenzarztes, im Obergeſchofs über dieſer ein 6-Bettenſaal und über dem Eingangsflur eine Krankenſtube mit 3 Betten für Offiziere.

Jeder Blockbau enthält 7 Säle mit je 6, 5 Zimmer mit je 3 und 4 folche mit je 2 Betten. Im nordweſtlichen Block wurden jedoch das öſtliche Giebelzimmer im Erdgeſchofs als Operationsraum mit Verdunkelungsvorrichtung, die 3 mittleren Krankenzimmer zu 1 Betſaal ausgebildet; im Keller ſind 2 Baderäume für die Beamten des Lazaretts vorhanden. In den beiden öſtlichen Blockbauten iſt im Erdgeſchofs ein aus Vorraum und Schwitzraum beſtehendes Dampfbad an das Zubehör angebaut, über deſſen flachem Dach noch Licht zum Flurgang des Abortraumes fällt. — In den Doppelpavillons haben beide Geſchoſſe gleiche Einteilung. Für die Anordnung ihres Zubehörs hatten die Architekten[915]) eine Abänderung vorgeſchlagen, wonach das Treppenhaus unmittelbar belichtet und fo gelegt iſt, dafs eine Trennung der Geſchoffe möglich war, was jedoch nicht für nötig befunden wurde.

Im Gebäude für den Chefarzt liegen im Erdgeſchofs deſſen Geſchäfts- und ein Konferenzzimmer nebſt der Wohnung des Oberlazarettdirektors mit 4 Stuben, im Obergeſchofs die 6-Zimmerwohnung des erſteren, im Sockelgeſchofs u. a. eine Badeſtube, ein Burſchenzimmer und ein unmittelbar von aufsen zugänglicher Waſchkeller, im Dach ein Mädchenzimmer und der Trockenboden. — Das Dienſtwohnhaus für Beamte follte in jedem ſeiner 3 Geſchoffe 4 Wohnungen für verheiratete Zivilwärter und in den Obergeſchoſſen, der Treppe gegenüber, je 1 Lazarettgehilfenſtube enthalten. Der Ueberwachung wegen wurde eine der letzteren mit einer Wärterwohnung zu einer Inſpektorwohnung vereinigt. — Im Magazingebäude iſt das Erdgeſchofs durch ein Bureauzimmer in zwei Hälften geteilt.

Von der Geländefläche (61 277 qm) entfallen auf jedes der 504 Betten 121,os qm, von welchen 18,36 qm (zufammen 9253 qm) überbaut ſind.

793. Beiſpiel III.

Das *Hôpital militaire* zu Brüſſel an der *Avenue de la couronne* liegt 63 m über dem niedrigſten Punkt der Stadt, 2 km vom *Boulevard du régent*, iſt auch an beiden Seiten von Strafsen begrenzt, follte 330 Betten in dauernd errichteten Bauten und Platz für ein vorübergehendes Epidemielazarett von 170 Betten bieten (fiehe die zweite der nebenſtehenden Tafeln).

Das Gelände mit ſüdöſtlich-nordweſtlicher Längsachſe lag an ſeiner ſüdlichen Ecke in der *Rue des vaches* 8 m höher und an ſeiner Nordecke in der *Rue Borrens* 14 m tiefer als die *Avenue*, was 3 Terraſſen erforderte, deren Plateaus durch Rampen mit einer Gürtelſtrafse verbunden ſind, welche die Krankengebäude nebſt der Kapelle von den allgemeinen Dienſten trennt. An der *Avenue* ſtehen das von der Küchenabteilung und den allgemeinen Bädern flankierte Hauptgebäude, die Wohnhäuſer des Direktors und der Wärter, in der *Rue Borrens* neben der Einfahrt die Wache nebſt Stallung und Remiſe, die Wäſchenniederlage, das Waſchhaus, das Leichengebäude und das Amphitheater, an der *Rue des vaches* das *Bureau du génie*, ein Magazin und das Wohnhaus der Schweſtern.

Nur das Hauptgebäude, das Wohnhaus des Direktors nebſt der Stallung, die beiden Bauten für das Warteperſonal und das *Bureau du génie* haben zwei Geſchoſſe, und das Gelände war zwiſchen den allſeitig befonnten Krankenpavillons den herrſchenden ſüdweſtlichen Winden offen; doch wurde dies noch während des Baues durch verglaſte und heizbare Verbindungsgänge (fiehe Art. 569 u. 571, S. 342 ff.) eingeſchränkt, deren Lage längs der Doppelpavillons, wo ſie 6 kleine Höfe umſchliefsen, beſonders ungünſtig iſt.

Im Erdgeſchofs des Hauptgebäudes liegen links von der Eingangshalle die Aufnahmeräume, die Bureaus, die Bibliothek, der Verſammlungsſaal der Aerzte und das mediziniſche Archiv, rechts die Apotheke mit 2 Warteräumen für Offiziere, ſowie für Unteroffiziere und Soldaten, und der an die

---

[915]) Siehe: GROPIUS & SCHMIEDEN. Das zweite Garniſonlazarett für Berlin bei Tempelhof. Berlin 1879. S. 7.

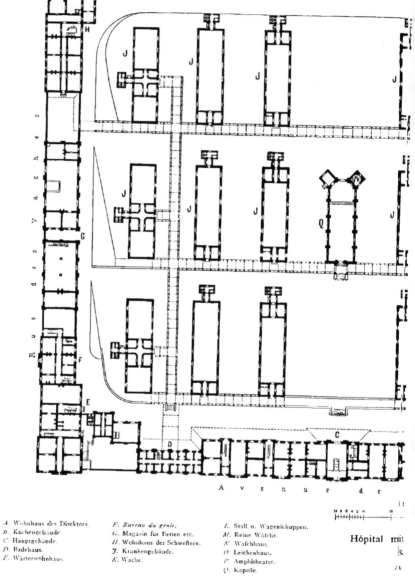

A. Wohnhaus des Direktors.
B. Küchengebäude.
C. Hauptgebäude.
D. Badehaus.
E. Wärterwohnhaus.
F. Bureau du génie.
G. Magazin für Betten etc.
H. Wohnhaus der Schwestern.
J. Krankengebäude.
K. Wache.
L. Stall u. Wagenschuppen.
M. Reine Wäsche.
N. Waschhaus.
O. Leichenhaus.
P. Amphitheater.
Q. Kapelle.

Hôpital mit

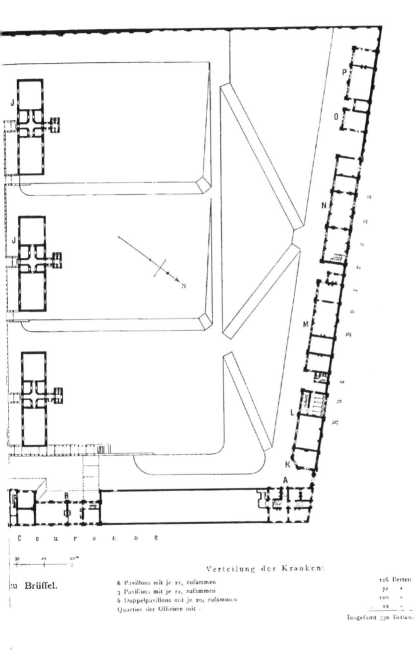

zu Brüffel.

Verteilung der Kranken:

6 Pavillons mit je 21, zufammen   126 Betten
3 Pavillons mit je 24, zufammen   72 »
6 Doppelpavillons mit je 20, zufammen   120 »
Quartier der Offiziere mit .   12 »

Insgefamt 330 Betten.

Nach Petzeys, F. & E. Petzeys: Defcription de l'hôpital militaire de Bruxelles. Lüttich 1880. Taf II.

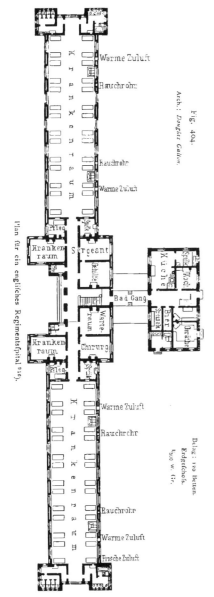

Fig. 404.
Arch.: *Douglas Galton.*

Belag: 120 Betten.
Erdgefchofs.
1/500 w. Gr.

Plan für ein englifches Regimentsfpital 916).

Küchenabteilung grenzende Speifefaal der Unteroffiziere. Das Obergefchofs enthält den Verfammlungsfaal, einen Raum für Wärter, 6 Zimmer für kranke Offiziere und Wohnungen des Perfonals zu beiden Seiten eines Mittelganges. — Die Krankengebäude find nach drei Typen erbaut. Der eine mit einem 20-Bettenfaal und einem Ifolierzimmer wurde in Art. 250 (S. 146) befprochen; der zweite ift für einen Saal mit 24, der dritte für 2 Säle mit 12 und 8 Lagerftellen beftimmt.

Im Haufe für die Wärter find im Erdgefchofs ein Speifefaal für Rekonvaleszenten und 4 Wohnungen für verheiratete Wärter mit unmittelbaren Zugängen von der Strafse und gemeinfchaftlicher Wafchküche im Unterbau, im Obergefchofs 5 Zimmer für 32 Wärter, 2 für je 2 Unteroffiziere, 1 Reinigungsfaal mit Wafchbecken und Fufsbädern nebft einem Tifch zur Reinigung von Sachen und 1 Speiferaum für die Wärter untergebracht. — Das Schweflernhaus enthält im Unterbau deren Küche und Speifefaal, im Erdgefchofs einen Betraum, das Zimmer der Oberin, den Kapitelfaal, die Wafchabteilung und die Räume für die Behandlung der reinen Wäfche, im Obergefchofs Zellen für 11 Schweftern.

Das Magazingebäude foll nach *Putzeys* für Militärbetten der Kafernen von Brüffel dienen, wodurch ein Verkehr zwifchen aufsenftehenden Soldaten und den Kranken nicht auszufchliefsen fein würde, wenn dasfelbe auch unmittelbaren Zugang von aufsen hat.

Der Plan von *Douglas Galton* für ein englifches Regimentshofpital war das Ergebnis der Erfahrungen der englifchen Kommiffion für Kafernen und Hofpitäler.

Der Doppelfaalbau nebft dem im Erdgefchofs mit ihm durch einen feitlich offenen Gang verbundenen Nebengebäude (Fig. 404 918), ift durch getrennte Bauten für Krätzekranke und für fchmutzige Wäfche, durch eine Wafchküche, ein Leichenhaus und Aborte für Rekonvaleszenten ergänzt gedacht. — Im Obergefchofs vom Mittelbau des Doppelpavillons foll der eine Krankenraum durch ein Pflegerinnenzimmer erfetzt werden. Ueber den linken beiden Räumen an der Treppe liegt ein Gehilfenzimmer, über den beiden rechten ein Tagraum. Im Nebengebäude find oben je 1 Raum für Bettzeug, reine Wäfche, Verbandzeug und für den Kochgehilfen vorhanden.

Derartige Doppelfaalbauten follten in Gröfsen von 28 bis 60 Betten ein Gefchofs und in ihrem Zubehör zwei 2-Bettenzimmer, bei einem Umfang von 72 bis 136 Betten zwei Gefchoffe und die doppelte Zahl von kleinen Zimmern erhalten.

794.
Beifpiel IV.

916) Nach: *Builder*, Bd. 19 (1862), S. 874.

795 Beifpiel V.

Das kleine Seaforth-Militarhofpital zu Liverpool ift für eine Schwadron Kavallerie beftimmt (Fig. 405 u. 406 [917]). Dem kreisförmigen Saal für 9 Betten find alle zur Krankenpflege dienenden Räume an der Nordfeite angebaut. Der Mittelgang, an deffen beiden Seiten diefe liegen und welcher durch eine kleine Dach-

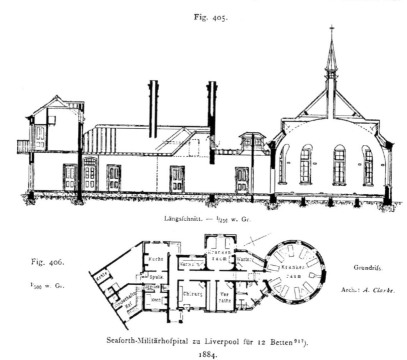

Fig. 405.

Längsfchnitt. — 1/250 w. Gr.

Fig. 406.

1/500 w. Gr.

Grundrifs.

Arch.: A. Clarke.

Seaforth-Militärhofpital zu Liverpool für 12 Betten [917]).
1884.

laterne nebft zwei gegenüber gelegenen hohen Seitenfenftern leidlich erhellt und belichtet wird, mündet am Ende in einen Quergang, der als Eingangsflur dient und die Küchenabteilung, über welcher der *Affiftent fteward* wohnt, vom übrigen Gebäude trennt. Aus der Küche kann man nur durch das Freie in diefen Flur gelangen.

γ) Abteilungen.

796 Station für Aeufserlichkranke.

Im Garnifonslazarett des Kafernenftadtteiles zu Stettin find einige neuere Bautypen entftanden, welche die vorftehenden Gefamtpläne zu ergänzen geeignet find.
Der Station für Aeufserlichkranke dafelbft wurde ein Operationsfaal mit gutbelichtetem Vorraum eingefügt.
Die Eingänge zu dem zweigefchoffigen Gebäude (Fig. 407 [918]) liegen an beiden Enden des Längsflures. Jeder der grofsen, gegen Süden gerichteten Krankenräume enthält 6 Betten, der einfenftrige 1 Bett. Im Vorraum des Operationsfaales werden die Kranken erforderlichenfalls chloroformiert; die vom Saal abgetrennten Räume für Verbandftoffe und Inftrumente find nur von diefem aus zugänglich. Zur Bereitung

[917] Nach ebendaf., Bd. 47 (1884), S. 673.
[918] Nach: Das Garnifonslazarett in Stettin, a. a. O., Taf. 30.

von warmem Waffer bei unauffchiebbaren Operationen dient ein eiferner Theekochherd in der Theeküche. — Im Obergefchofs befindet fich an Stelle der letzteren ein Abfonderungszimmer für feptifche Kranke, über dem Lazarettgehilfenraum ein folches mit 2 Betten, über dem 2-Bettenzimmer ein Offizierszimmer und über dem Operationsfaal der bis zum Vorraum reichende Betfaal des Lazaretts, welcher bei aufsergewöhnlichem Andrang mit 6 Betten belegt werden kann. — Im Dachboden lagern in 3 grofsen getrennten Kammern die Monticrungsftücke der Kranken, die Wäfchebeftände der Intendantur und der Medizinalabteilung des Kriegsminifteriums.

Die Lazarettapotheke und die Arzneiabtcilung des Sanitätsdepots ift hier in einem befonderen Gebäude untergebracht.

797. Apothekengebäude.

In dem zweigefchoffigen Bau von $13{,}78 \times 13{,}43$ m Grundfläche liegen an dem von Often nach Weften durchlaufenden Mittelgang im Erdgefchofs, wo an feinem Ende ein Abortraum abgetrennt wurde, gegen Norden die Treppe, die Arzneiabteilung und der Dampfraum, gegen Süden die Verbandkammer, die Stube des Apothekers und die Arzneiabteilung des Sanitätsdepots, im Obergefchofs gegen Norden 2 Räume der hygienifch-chemifchen Unterfuchungsftation, jenfeits des Ganges 1 Zimmer für den Oberlazarettgehilfen und 2 Lagerräume für die Sanitätsausrüftung der in Stettin mobil werdenden Truppenteile. — Im Dachboden dient der kleinere öftliche Abteil der Verbandmittelabteilung, der gröfsere weftliche der Arzneiabteilung des Sanitätsdepots. — Im Kellergefchofs hat der Flafchenkeller eiferne Treppenverbindung mit dem Raum im Erdgefchofs für letztere; neben ihm befindet fich der Vorratskeller für Friedensvorräte, und auf der nördlichen Gangfeite dienen die Räume für Gummiwaren und für Kriegsvorräte. Der Gummikeller ift heizbar, um ein Sinken der Temperatur unter $+10$ Grad C. zu

Fig. 407.

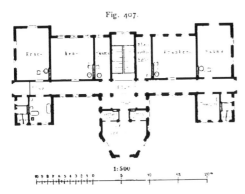

1:500

Station für Aeufserlichkranke mit 62 Betten im Garnifonslazarett zu Stettin [918]).

hindern. Die fommerliche Höchfttemperatur war $+17{,}5$ Grad C. Die monatlich mit lauem Waffer und Seife abzuwafchenden Sachen lagern in verfchloffenen Kiften; die Rollen der wafferdichten Stoffe ftehen auf einem Wandgerüft, ohne fich zu berühren.

Die Beleuchtung erfolgt durch Gas, welches auch die Apotheke, das Sanitätsdepot und die beiden Laboratorien für verfchiedene Zwecke erfordern [919]).

Ein anderes Gebäude von gleichen Mafsen ift in Stettin für die Feldfanitätsausrüftung erbaut.

798. Feldfanitätsausrüftungsgebäude.

Hier liegen am Mittelgang im Erdgefchofs des nicht unterkellerten Baues 4 nahezu gleich grofse Zimmer zum Imprägnieren der Verbandftoffe mit Sublimat. An den Imprägnierungsraum mit Terrazzoboden und Entwäfferung ftöfst der Prefsraum mit einer Preffe für Kilo- und 3 Preffen für 100-Grammpakete. Diefem gegenüber liegen der vom Gang aus heizbare Trockenraum mit Monier-Decke und einem auf 45 Grad C. eingeftellten Alarmapparat, der eine höhere Temperatur im Zimmer des Polizeiunteroffiziers meldet. Im anftofsenden Raum erfolgt die Fertigftellung der geprefsten Pakete zum Verfand. Der Abortraum ift hier der Treppe gegenüber angeordnet. — Im Obergefchofs endet die Mittelflur vor dem um feinen Teil vergröfserten nördlichen, nicht heizbaren Eckzimmer, das mit dem füdlichen Nachbarraum die Verbandmittelabteilung des Sanitätsdepots enthält. Diefer füdliche Raum, worin der Vorftand und Oberlazarettgehilfe arbeiten, ift heizbar. In dem 3-fenftrigen, ebenfalls heizbaren Südzimmer daneben lagern die ärztlichen Inftrumente und Wagen der Feldfanitätsformationen des Armeekorps, im Raum gegenüber die Difpofitionsbeftände der Medizinalabteilung, die hier auf 3 mit Zuggardinen verfehenen Gerüften untergebracht find. Das Gebäude hat keine Sammelbeleuchtung [920]).

[918]) Siehe ebendaf., S. 8 u. Taf. 27.
[920]) Siehe ebendaf., S. 10 u. Taf. 28.

ε) Krankenhäuser vom Roten Kreuz.

799. Krankenhäuser vom Roten Kreuz. Die Thätigkeit der Lazarettvereine im Frieden, welche die verschiedensten Namen führen, bezweckt die Errichtung von Lehrkrankenhäusern zur Ausbildung von Krankenpflegerinnen für Friedens- und Kriegszeiten in der Pflege, dem Betrieb der Lazarettwirtschaft und dem Beistand am Operationstisch. Zur Friedensthätigkeit der Landesvereine, zur Pflege verwundeter und erkrankter Krieger und anderer Vereine, welche sich unter das Rote Kreuz stellen, gehört auch die Bereithaltung von Sanitätsmaterial, Krankentransportmitteln u. s. w. für den Krieg. Diese Krankenhäuser dienen im Frieden der bürgerlichen Krankenpflege, sind meist allmählich vollständig ausgebaut und belegt worden und würden im Kriegsfall, soweit sie für die Aufnahme verwundeter und kranker Krieger zur Verfügung gestellt werden sollen, erst geräumt werden müssen.

Eine Ergänzung für den Kriegsfall hat unter den deutschen Lehrkrankenhäusern vom Roten Kreuz das Mutterhaus vor dem Königsthor in Kassel, bei welchem die benachbarte Turnhalle einer städtischen Schule zum Lazarett eingerichtet werden kann [921]).

Einen anderen Typus zeigen die beiden folgenden Beispiele von Krankenhäusern, deren Erweiterung für den Kriegsfall offen gehalten werden soll. Das Elisabeth-Hospital zu Budapest enthält auch ausgedehnte Magazinsräume; das Augusta-Viktoria-Heim zu Eberswalde ist durch seine Lage günstig für seinen Zweck geeignet. Mit Rücksicht hierauf sind diese Anstalten hier den Militärlazaretten angeschlossen, obgleich man auch diese in Friedenszeiten als allgemeine Krankenhäuser benutzt.

800. Beispiel I. Das Elisabeth-Hospital zu Budapest ist durch den »Verein vom Roten Kreuz in den Ländern der heiligen ungarischen Krone« auf dem rechten Donauufer, am Abhang des sog. Deutschen Thales, 4,70 m über dem Fluss, an der Györerstrasse erbaut, an seinen anderen Seiten von der Alkotásgasse, sowie den Gärten der Lehrerpräparandie begrenzt und sollte ein dauernd zur Ausbildung von Krankenpflegerinnen betriebenes Musterhospital mit 124 Betten enthalten, das im Kriegsfalle um 680, somit auf 804 Betten erweitert werden kann (siehe die nebenstehende Tafel).

Die dauernd betriebene Abteilung besteht auf der vorderen Hälfte des rechteckigen Grundstücksteiles aus dem Aufnahmegebäude an der Györerstrasse, dem Wirtschaftsgebäude, dem Kesselhaus, 2 Krankenblocks für Offiziere und je einem Doppelpavillon für Innerlich- und Aeusserlichkranke, die symmetrisch zu der von Westen nach Osten gelegten Hauptachse angeordnet sind. Das Leichenhaus und 1 kleiner Isolierpavillon liegen an der Nordecke des Geländes. Die Erweiterungsbauten für den Kriegsfall setzen sich aus 10 auf den freien Plätzen des Geländes geplanten Doppelbaracken und 2 an der Györerstrasse gelegenen Magazingebäuden zusammen. Alle Hauptbauten haben südnördliche Längsachse; nur das Aufnahme- und die 4 Krankengebäude hinter ihm erhielten zwei Geschosse.

Im Erdgeschoss des Aufnahmehauses liegen die Aufnahme- und Verwaltungsräume; in seinem Obergeschoss trennt ein zugleich als Speiseraum dienender Lehrsaal die Wohnungen der weltlichen Pflegerinnen (Schülerinnen) und der Ordensschwestern mit eigener Kapelle.

Jeder Offiziersblock enthält zwischen den Krankenräumen einen Billardsaal, darüber einen Versammlungsraum und doppeltes Zubehör für die Krankenzimmer. — Im Erdgeschoss des Doppelpavillons für Aeusserlichkranke liegen in der Mitte vorn das Wohnzimmer des Sekundärarztes und der Pflegerin, darüber ein Operationssaal, ein Instrumenten- und ein Pflegerinnenraum. Im Doppelpavillon für die Innerlichkranken, der auch eine gynäkologische und eine okulistische Abteilung enthalten soll, kann die Trennung der Geschlechter nach Stockwerken oder nach Abteilungen erfolgen. — Der Isolierpavillon erhielt nur zwei 2-Bettenzimmer, da die Anstalt keine Ansteckenden aufnehmen soll.

Die Baracken, von denen 5 gebaut, die übrigen 5 nur gegründet wurden, erhielten die Gestalt von Doppelpavillons und sollen in Friedenszeiten als Magazine der Feldspitäler und der Verwundeten-Transportkolonnen, im Kriegsfall hingegen zur Pflege der Verwundeten dienen. Jeder Saal fasst 16 Transport-

---

[921]) Siehe: GOECKE, TH. Das deutsche Krankenhaus vom Roten Kreuz. Architekt 1896, S. 11.

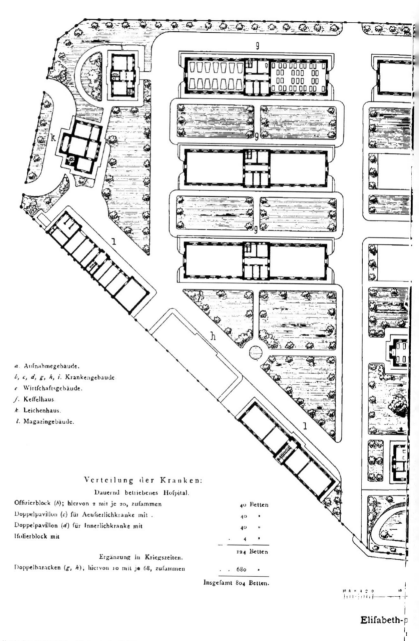

a. Aufnahmegebäude.
b, c, d, g, h, i. Krankengebäude
e Wirtfchaftsgebäude.
f. Keffelhaus.
k. Leichenhaus.
l. Magazingebäude.

Verteilung der Kranken:
Dauernd betriebenes Hofpital.

Offizierblock (b); hiervon 2 mit je 20, zufammen	40 Betten
Doppelpavillon (c) für Aeufserlichkranke mit	40 "
Doppelpavillon (d) für Innerlichkranke mit	40 "
Ifolierblock mit	4 "
	124 Betten

Ergänzung in Kriegszeiten.
Doppelbaracken (g, h), hiervon 10 mit je 68, zufammen . . . 680 "

Infgefamt 804 Betten.

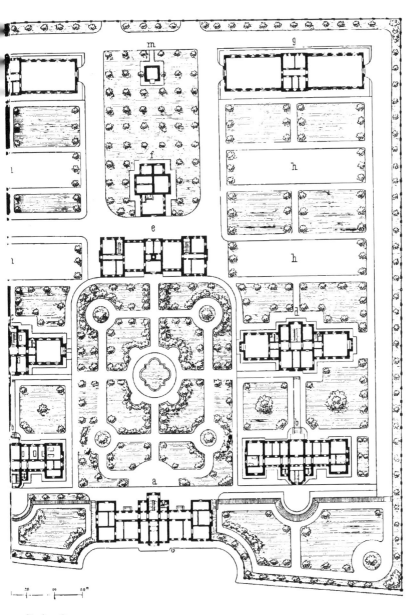

Nach: HAUSZMANN, A. Das Elifabeth-Spital, errichtet durch den Verein vom Rothen Kreuze in den Ländern der heil. Krone Ungarns. Deutfch von J. Elifcher. Budapeft 1884. Taf. I.

wagen, welche durch das Thor in der Stirnwand eingebracht werden, bezw. 34 Betten in 4 Reihen, erhielt 11,50 m Breite, grofse Fenſter, Firſtlüftung und Frifchluftzuführung durch Fufsbodenkanäle. Im Wirtſchaftsgebäude wohnt die Dienerſchaft in den Giebelräumen des Daches. — Die Desinfektionskammer befindet ſich im Keſſelhaus. Von den Magazingebäuden dient das erſtere als Niederlage für Spitaleinrichtungen und Materialien. Das zweite, im Kriegsfall für Waffen und Monturen beſtimmte, iſt für die Friedenszeit zur Unterkunft von Pflegerinnen, welche eine höhere Ausbildung erlangen, auch auswärts der Krankenpflege obliegen, adaptiert und zu dieſem Zweck in 4 Säle und 2 Kuchen geteilt worden, enthält auch einen Stall, Wagenſchuppen und Kutſcherwohnung.

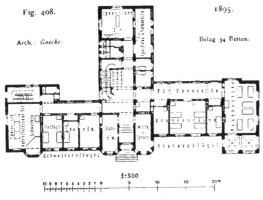

Fig. 408.

Arch.: *Goecke*.

1895.

Belag 34 Betten.

1:500

Auguſta-Viktoria-Heim zu Eberswalde.
Hauptgebäude. — Erdgeſchofs [922].

Auf jedes der 804 Betten entfallen an Grundſtücksfläche (48 200 qm) 60 qm.

Das vom Brandenburgiſchen Provinzialverband der Vereine vom Roten Kreuz zur Ausbildung ſeiner Schweſtern erbaute Auguſta-Viktoria-Heim zu Eberswalde liegt etwa 20 Minuten von der Stadt an der Kaiſer-Friedrich-Strafse, 10 bis 12 m über dem Schwarzethal, 7 m über der am Grundſtück rückwärts vorbeiführenden Stettiner Eiſenbahn, mit welcher das Krankenhaus im Kriegsfall ein beſonderes Gleis mit Ausladebühne und Hebevorrichtung verbinden ſoll, und iſt an beiden Seiten von Wald begrenzt. Das Hauptgebäude zeigt Fig. 408 [922]).

801.
Beiſpiel
II

Seine Front liegt gegen Südſüdoſten. Die 2 Hauptgeſchoſſe werden im Mittelbau der 3 Flügel von einem dritten überragt. Im I. Obergeſchofs enthält der Mittelflügel die Wohnung des Arztes, der Krankenflügel rechts 12 Betten, der Schweſternflügel links eine Abteilung für Zahlende mit 8 Betten in 6 Zimmern und der Mittelbau den zugleich als Lehrraum dienenden Betſaal. — Im hohen Sockelgeſchofs liegen unter letzterem Wirtſchafts-, unter dem Schweſternflügel Vorrats- und Küchenräume, unter dem mittleren bis zur Errichtung des noch fehlenden Nebengebäudes die Waſchküche nebſt der Leichenkammer und unter dem Krankenflügel eine mediko-mechaniſche Abteilung mit der Wohnung des Hauswarts. Nebentreppe und Aufzug verbinden alle Geſchoſſe. — Die Schweſtern ſchlafen nebſt dem Dienſtperſonal im II. Obergeſchofs des Mittelbaues und unter dem mit ihm verbundenen Dach ihres Flügels. Auſserdem befinden ſich im Dachraum der Trockenboden und ein kleines Laboratorium für Unterſuchungen von Harn u. dergl. — Da das Ortsſtatut nur Tonnenaborte zuläſst, ſollten dieſe eine dem Wirtſchaftshofe zugekehrte und von der Sonne möglichſt abgewendete Lage erhalten; doch führt der Weg zu denſelben für die Kranken durch das Treppenhaus.

Die vorhandenen 34 Betten können im Kriegsfall durch 8 im Betſaal und 6 in der mediko-mechaniſchen Abteilung auf 48 vermehrt werden, wozu noch 3 kommen würden, wenn nur ein Affiſtenzarzt im Gebäude wohnt. Später wurden in 5 *Döcker*'ſchen Baracken eine Heilſtätte für Lungenkranke angegliedert, auch ein neuer Krankenblock nebſt Waſch- und Leichenhaus erbaut. Das Grundſtück hat 17 871 qm Fläche.

---

[922]) Nach freundlicher Mitteilung des Herrn Landesbaurats *Goecke* in Berlin — Siehe auch: Deutſche Bauz. 1896, S. 86; 1901, S. 537.

Handbuch der Architektur. IV. 5, a. (2. Aufl.)

Litteratur
über »Lazarette im Frieden«.

α) Gefchichte, Organifation, Bau und Einrichtung.

Official plans for military hofpitals. Builder, Bd. 19 (1862), S. 872.

Approved plans and fpecifications for poft-hofpitals. Surgeon general's office. Circular Nr. 2. Wafhington 27. Juli 1871.

HOCHSTETTER, J. Sammlung von Plänen ausgeführter und zur Ausführung entworfener militärifcher Gebäude im Grofsherzogthum Baden. Heft I: Lazarethbaracken. Karlsruhe 1872.

ULMER. Die neuen Peftofner Militärheilanftalten. Militärarzt, Bd. 6 (1872), S. 121, 129.

ULMER. Die Militärfpitäler Budapefts. Militärarzt, Bd. 8 (1874), S. 47.

Anleitung für den Entwurf von Militärhofpitälern. Wien 1874.

ROTH, W. & R. LEX. Handbuch der Militär-Gefundheitspflege. Bd. II. Berlin 1875 S. 235 bis 346: Lazarethe.

United States. War department. Surgeon general's office. Circular Nr. 10. Wafhington 20. Okt. 1877.

Approved plans and fpecifications for poft-hofpitals. Wafhington 1877.

Erlafs des k. preufs. Kriegsminifteriums, M. M. A. vom 29. Januar 1878, betr. Entwürfe zu Lazareth-Neubauten nebft zugehörigen Zeichnungen.

Anleitung für die Anlage von neu zu erbauenden Garnifonsfpitälern. Wien 1879.

Anleitung für die Anlage von neu zu erbauenden Marodehäufern und Truppenfpitälern mit einem die Grundfätze für die Beurtheilung von beftehenden oder zu adaptirenden Gebäuden als Marodehäufer oder Truppenfpitäler betreffenden Anhange. Zu § 5 des Einquartierungsgefetzes. Wien 1879. —

Reglement für den Sanitätsdienft des k. k. Heeres. Bd. 2, Theil 1: Sanitätsdienft bei den Militärbehörden, Commanden, Truppen und Heeresanftalten. Wien 1883.

Statiftifche Nachweifungen, betreffend die wichtigften der in den Jahren 1873—84 zur Vollendung gelangten Bauten aus dem Gebiete der Garnifon-Bauverwaltung des Deutfchen Reiches. Zeitfchr. f. Bauw. 1887, S. 113. — Wie vorftehend bezüglich der Jahre 1881—85, ebendaf. S. 22. — Wie vorftehend ebendaf. bezüglich der folgenden Jahre 1888, S. 14. — 1889, S. 12. — 1893, S. 136. — 1895, S. 24. — 1896, S. 20. — 1897, S. 22. — 1898, S. 18. — 1899, S. 90.

GROSSHEIM. Ueber Militärlazarethe. Zeitfchr. f. Krankenpfl., Bd. 17 (1895), S. 161.

GOECKE, TH. Das deutfche Krankenhaus vom rothen Kreuz. Architekt 1896, S. 9.

β) Befchreibung einzelner Lazarette.

Defign for a fmall military hofpital. Builder, Bd. 18 (1860), S. 608.

Hôpital militaire de Vincennes confruit fous la direction du génie militaire. Nouv. annales de la conftr. 1863, S. 145.

GALTON DOUGLAS. *Defcriptive of the Herbert hofpital at Woolwich.* London 1865.

PIRON, E. P. J. *Projet d'hôpital militaire.* Brüffel, Gent und Leipzig 1865.

KLIEN, M. Die Albertftadt in Dresden. ROTH, W. Veröffentlichungen aus dem kgl. fächfifchen Militär-Sanitätsdienft. Berlin 1879. S. 207 u. Taf. III, IV.

GROPIUS & SCHMIEDEN. Das zweite Garnifon-Lazareth für Berlin bei Tempelhof. Zeitfchr. f. Bauw. 1879, S. 171 u. Taf. 17—23. — Auch als Sonderabdruck herausg. von LOEWER & v. WELTZIEN. Berlin 1880.

GROPIUS & SCHMIEDEN. Garnifon-Lazarethe zu Königsberg i. Pr., zu Cüftrin, zu Düffeldorf und zu Ehrenbreitftein. Zeitfchr. f. Bauw. 1879, S. 206.

SARAZIN, CH. *Le nouvel hôpital militaire de Bourges. Revue d'hygiène* 1879, S. 265.

HAUSMANN. Elifabeth-Spital in Budapeft. Bauz. f. Ungarn 1884, S. 219, 249.

Seaforth cavalery barracks, Liverpool. Hofpital with circular wards. Builder, Bd. 47 (1884), S. 673.

PUTZEYS, F. & E. PUTZEYS. *Defcription de l'hôpital militaire de Bruxelles.* Lüttich 1889.

PETIT, G. *Le nouvel hôpital militaire de Madrid. Le génie civil* 1891, S. 308.

FISCHER, J. C. H. Das neue Militärhofpital zu Magelang auf Java (Niederländifch-Indien). Gefundh.-Ing. 1893, S. 706.

MANICATIDE. *L'hôpital militaire de Buchareft. Revue d'hygiène* 1894, S. 683.

I nuovo ofpedale militare di Roma al Monte Celio. Giornale medico del Ro. Efercito et della Ra. Marina, Bd. 42 (1894), S. 257.

Die Erzherzog Friedrich-Kaferne und das Truppen-Spital in Tefchen. Oeft. Monatfchr. f. d. öff. Baudienft 1897, S. 366.
Das Militär-Sanitätswefen auf der Parifer Weltausftellung. Garnifonlazareth Potsdam 1890—94. Deutfche militärärztl. Zeitfchr. 1900, S. 478.
Das Garnifonlazareth in Stettin. Berlin 1896.

2) Lazarette im Krieg.

Für den Kriegsfall dienen nach der Kriegs-Sanitätsordnung vom 10. Januar 1878 (K.S.O.[923]) bei der Feldarmee (§ 7) für den Betrieb des Sanitätsdienftes:

Die Truppenärzte, Lazarettgehilfen, Hilfskrankenträger, Truppenmedizinwagen, Krankentragen, Bandagen-Tornifter u. f. w. zur Bildung von Krankenftuben, Kantonnements-Lazaretten und Truppen-Verbandplätzen (1).

Die Sanitätsdetachements — je 3 bei jedem Armeekorps und 1 bei jeder Refervedivifion — zur Anlage der Hauptverbandplätze, zur Gewährung der ärztlichen Hilfe, zur Fortfchaffung der Verwundeten vom Gefechtsfeld zu diefen und von da in die Feldlazarette (2).

Die Feldlazarette — je 12 für 1 Armeekorps und in der Regel 3 für 1 Refervedivifion — zur Pflege der Verwundeten und Kranken bis zur Ablöfung durch das Kriegslazarettperfonal. Jedes Feldlazarett hat eigenes Perfonal und Material für 200 Kranke (3 u. § 55, 3).

Leichtverwundete werden nach dem Verband zu Sammelplätzen gefchickt, von wo fie den Marfch zum Etappenort antreten, Schwerverwundete zu Fufs oder mittels requirierter Wagen zu den Feldlazaretten gebracht (§ 202, 3).

Bei länger dauernden Kantonnierungen find Krankenftuben für Leichtkranke einzurichten und können Kantonnementslazarette für 3 Prozent der Truppenftärke erforderlich werden (1).

Für den Betrieb des Sanitätsdienftes beim Etappen- und Eifenbahnwefen:

Stehende Kriegslazarette zur Ablöfung und zum Erfatz eines Feldlazaretts oder ausnahmsweife zur unmittelbaren Aufnahme von Kranken und Verwundeten (4).

Etappenlazarette zur Aufnahme für Kranke von durchrückenden Truppenteilen, von Krankentransporten und Kranken der Truppenteile, welche der Etappenftation unterftellt find, in dringenden Fällen, wenn eine fofortige Lazarettpflege nötig ift (5).

Für den Sanitätsdienft bei der Befatzungsarmee:

Refervelazarette, worunter man nach der Mobilmachung mit Ausnahme der Feftungslazarette alle Friedens-, Garnifon- und Spezialazarette, welche im Befehlshaberbereiche des ftellvertretenden Generalkommandos beftehen oder für Verwundete und Kranke der Feld- und Befatzungsarmee von den ftellvertretenden Behörden angelegt werden, verfteht. Ihre Errichtung ift bereits im Frieden vorzubereiten (8 u. § 183). Feftungslazarette, zu denen bei eintretender Mobilmachung alle in der Feftung vorhandenen oder neu einzurichtenden Lazarette der Militärverwaltung gehören, deren nicht bald wiederherftellbare Kranken bei Beginn oder Unterbrechung der Einfchliefsung möglichft nach aufserhalb der Feftung gehörigen Refervelazaretten oder Zivilanftalten evakuiert werden (§ 181, 1, 3, 6, 11 u. 12).

Die freiwillige Krankenpflege darf nach der K.S.O. »kein felbftändiger Faktor neben der ftaatlichen fein« (§ 206). Sie fteht unter dem kaiferlichen Kommiffar und Militärinfpektor, der bereits im Frieden die Aufgabe hat, alle Vorbereitungen für ein rafches und geregeltes Insleberntreten der freiwilligen Liebesthätigkeit im Mobilmachungsfalle zu treffen.

Die Einrichtung von Vereinslazaretten (§ 209, 1, d) und die Aufnahme von Genefenden in Privatpflege kann durch diefelbe erfolgen. Ausgefchloffen find Anfteckende und folche, die vorausfichtlich invalide werden (§ 193, 1). »Die im Inlande von Genoffenfchaften, Vereinen oder einzelnen Perfonen aus Privatmitteln zu errichtenden Krankenheilanftalten ... werden in der Regel auf mindeftens 20 Betten einzurichten fein« (§ 215, 1). Auf dem Kriegsfchauplatz erhält jedoch die freiwillige Krankenpflege nur bei dringendem Bedarf und widerruflich die Ermächtigung, einzelne Lazarette einzurichten (§ 209).

---

[923] Siehe: Kriegs-Sanitäts-Ordnung vom 10. Januar 1878. Berlin 1878. — Die amtliche Abkürzung diefes Titels (K.S.O.) wird im vorliegenden benutzt.

803.
Raumerfordernisse für 200 Kranke oder Verwundete.

Die Raumerforderniſſe für 200 Kranke oder Verwundete — auf welche ein Feldlazarett eingerichtet iſt — giebt die K.S.O. (Anlage § 30) in Krankenzimmern zu 37 cbm Luftraum für 1 Bett und für die übrigen Räume wie folgt an:

β) Für den Geſchäftsbetrieb:

a) 1 Aufnahmezimmer;
b) 1 Zimmer als Bureau und Konferenzraum;
c) 1 Operationszimmer nebſt Inſtrumentenkammer;
b) die Apotheke, wenn möglich aus Stube, Kammer, Küche und Keller beſtehend;
e) 1 groſse Kochküche nebſt Speiſekammer im Erdgeſchoſs und Räumen für Brot, trockene Gemüſe u. ſ. w.;
f) Kellerräume für Fleiſch, Getränke, grüne Gemüſe u. ſ. w.;
g) 1 kleine Theeküche oder 1 Kamin in jedem Stockwerk;
h) 2 Stuben nebſt Küche als Badeanſtalt;
i) 1 Raum für reine Bett- und Leibwäſche;
ſ) 1 Raum für Waffen, Bekleidungsſtücke, für das Privateigentum der Kranken und den Nachlaſs Verſtorbener;
l) 1 Raum für Lampen, Laternen, Leuchter u. ſ. w.;
m) Raum für Brennſtoff;
n) Bodenräume für Wäſchetrocknen und Geräte;
o) zweckmäſsig eingerichtete Aborte und Urinieranſtalten ſowohl für die Kranken, wie für das Perſonal;
p) Raum für die Wache;
q) Wohnräume für einen Arzt, die Lazarettgehilfen und Krankenwärter, wenn möglich auch für die Oekonomiebeamten;
r) Waſchküche mit Rollkammer;
ſ) Stube oder Kammer für unreine Wäſche;
t) 1 Desinfektionsraum, und
u) 1 heizbare Totenkammer.

Geeignetenfalls ſind die unter b, e, f, ſ, m und p bezeichneten Räume, möglichſt die unter r, ſ und t genannten, jedenfalls aber u, nicht mit den Krankenräumen unter einem Dach einzurichten.

804.
Adaptierungen.

An Bauten, die für Adaptierungen in Betracht kommen, werden die folgenden Anforderungen (Anlage § 28 u. 29) geſtellt.

Im allgemeinen kommen in Betracht: auſser gröſserem Luftraum noch viel mehr die Möglichkeit ausreichenden Luftwechſels und die Abſonderung Anſteckender von den übrigen (28, 1) — freie Luft und Lichtzutritt an mehreren Gebäudeſeiten, Schutz gegen Bodenfeuchtigkeit und hinreichender Platz in der Nähe zur Aufſtellung von Zelten und Baracken (2). — In der Regel ſind unbewohnte Räume bewohnten, nur zeitweiſe bewohnte den dauernd bewohnten vorzuziehen, ebenſo von Geſunden bewohnte Räume den von Kranken bewohnten (3). — Die Nähe von Gärten, hohen Bäumen ohne Unterholz iſt erwünſcht, das Vorhandenſein guten Trinkwaſſers unbedingt erforderlich. Auch iſt die Bodenbeſchaffenheit, bezw. der Untergrund in Betracht zu ziehen (4).

Für Verwundete eignen ſich häufig nicht gut: beſtehende Krankenhäuſer, Kirchen, Klöſter, Schulen, namentlich Stadtſchulen und ähnliche Räumlichkeiten, da meiſt der Herſtellung reichlichen Luftwechſels Schwierigkeiten entgegenſtehen oder dieſelben als infiziert gelten müſſen. Kaſernen auf dem Kriegsſchauplatz, namentlich ältere, dürfen in der Regel nicht mit Verwundeten belegt werden (5 bis 7). Beſſer geeignet ſind unter Vorausſetzung von 1 und 2 andere, nur zeitweiſe benutzte Bauten, wie Geſellſchaftsſäle, Sommertheater, Turnhallen, Kegelbahnen, Schlöſſer, Orangerien, Fabrikgebäude, die keinen geſundheitsſchädlichen Betrieb haben (8).

Für Innerlichkranke können die unter 5 bis 7 bezeichneten Bauten nach erfolgter Reinigung, Lüftung und Desinfektion, wenn ſie ſich für die Dauer ausreichend lüften laſſen, eher benutzt werden (9).

Für gröſsere Rekonvaleſcenten-Sammelſtellen, bezw. zu Stationen für Leichtkranke ſind zutreffendenfalls Kaſernen zu verwenden (10).

Die Anhäufung einer zu groſsen Anzahl Kranker unter einem Dach und eine zu weitgehende, die Verwaltung erſchwerende Zerſplitterung ſollen vermieden (§ 29, 1) in der Regel auch nicht mehr als zwei Geſchoſſe belegt werden (3). »Schwerverwundete und Schwerkranke bedürfen der luftigſten Räume (4). Erwünſcht iſt es, ein Bett in jedem Saal, ein Zimmer in jedem Haus und ein Haus im ganzen Lazarett als Reſerve zu haben (5). Vorhandene Aborte ſind in der Regel zu reinigen und zu ſchlieſsen, neue auſserhalb des Hauſes anzulegen und mit demſelben durch gedeckte Gänge zu verbinden. Gruben für zu vergrabende Abgänge und abzufahrende Auswurfſtoffe müſſen 70 m (= 100 Schritt) vom Lazarett entfernt ſein (6).

805.
Andere Unterkunftsmittel.

Das Unterbringen aller Schwerverwundeten in geeigneten Gebäuden iſt nach groſsen Schlachten nicht zu ermöglichen. Daher ſollen die Feldlazarette nach der K.S.O. auch Flugdächer, Scheunen, Schuppen u. dergl. nebſt den ihnen etatmäſsig zu Gebote ftehenden Zelten benutzen und für Herrichtung von Schutzdächern, leichten Feld- oder Zelt- und festeren Baracken forgen; letztere empfehlen fich bei vorausfichtlich längerer Behandlung der Verwundeten, bezw. Kranken an demfelben Ort (Anhang § 27, 3 u. § 63).

Zelte empfahl fchon *Michaelis* für Feldlazarette in erfter Linie, da diefe nicht lange genug an einem Ort bleiben, um zur Errichtung hölzerner Bauten zu kommen. Das Zelt war in den letzten 2 Jahren des nordamerikanifchen Bürgerkrieges das hauptfächliche Unterkunftsmittel, wo zahlreiche und ausgedehnte Feldhofpitäler unter Zelten entftanden.

806. Zelte.

Veranlaffung dazu bot ein während der Schlacht bei Shiloh (1862) wiedergewonnenes, auf eine Farm geflütztes Divifionslager, das am nächften Tag um 300 Betten vermehrt wurde und beffere Verforgung der Verwundeten ermöglichte als an Bord der Hofpitalfchiffe[924]. — Im Zelthofpital der Savageftation behandelte man 2500 Mann[925]), nach der blutigen Schlacht am Ufer des Antietam, unweit Scharpsburg (Staat Maryland), nahezu 12 000 Verwundete unter Zelten mit befriedigendem Erfolg. Eines der Hofpitäler nahe dem letzteren Schlachtfeld, zu Smoketown[926]), war während des ganzen Winters in Thätigkeit und fafste zu einer Zeit 1000 Verwundete.

Das Charakteriftifche des amerikanifchen Zeltfeldhofpitals war nach *Evans*[927]) fein Mangel an Permanenz; »es erfchien plötzlich am Vorabend einer Schlacht, wurde wenig Wochen unterhalten, bis es feine Miffion erfüllt hatte, und dann zeigte es fich in Verbindung mit der Kolonne der Armee, der es beigegeben war, wenn nötig, wieder auf einem neuen Feld, um den gleichen Dienft zu verrichten«.

Doch genügten anderenorts diefe Zelte bei fehr kalter und zugleich ftürmifcher Witterung im Winter nicht.

Bei Fredericksburg, wo man in Erwartung einer Schlacht der Potomac-Armee eine grofse Zahl Zelthofpitäler am rechten Rappahannockufer auffchlug, zwang die kalte und ftürmifche Witterung im Dezember 1862 und die Schwierigkeit, die langen Zeltpavillons ausreichend zu erwärmen, zu möglichft befchleunigter Evakuation der Verwundeten nach den Generalhofpitälern zu Wafhington und Point Lookout, wohin binnen 2 Wochen 10 000 derfelben verlegt waren.

1866 und 1870 war die Verwendung von Zelten auf dem Kriegsfchauplatz verhältnismäfsig befchränkt.

1866 erfchwerte die Gröfse der Teile der damaligen Zelte ihren Transport[928]). 1870 konnten fie wegen oft fchwieriger Verbindung zwifchen den Feldlazaretten und den Lazarett-Refervedepots nur in geringem Mafse in Anfpruch genommen werden. Nachgefchickte Zelte erreichten oft infolge von Ueberfüllung der Eifenbahnen ihren Beftimmungsort zu fpät, fo dafs fie wegen vorgerückter Jahreszeit nicht mehr oder überhaupt nicht aufzufchlagen waren[929]). Siehe die Ueberficht auf S. 518.

Ueber noch beffere Erfolge als in Wand- und Hofpitalzelten berichtet *Meylert* bei der Behandlung von 1800 Patienten der Armee von Ohio unter Schutzdächern[930]).

807. Improvifierte Bauten und Baracken.

Bei den deutfchen Heeren kamen leichtere, improvifierte und feftere Bauten nur in geringerem Umfang zur Ausführung.

Von den 1866 auf dem Kriegsfchauplatz improvifierten fefteren Bauten find die Zeltbaracken zu Langenfalza und Trautenau in Art. 413 u. 414 (S. 246 u. 247) befprochen worden. In Wfeftar errichtete eine Compagnie der Gardepioniere in der Nacht nach der Schlacht bei Königgrätz Baracken aus Stroh und Holz, die man der Reihe nach, fo bald fie fertig wurden, belegte[931]).

In Frankreich hatte man ausreichende andere Räume zur Verfügung; andererfeits fehlte es an

---

924) Siehe: *The medical and furgical hiftory* etc., Teil III, Bd. II, S. 921 ff.
925) Siehe: EVANS. *Hiftory of the American ambulance* etc. London 1873. S. 476 ff.
926) Siehe: HAMMOND, W. A. A. *Treatife on hygiene with fpecial reference to the military fervice*. Philadelphia 1863. S. 387.
927) Siehe: EVANS, a. a. O., S. 477.
928) Siehe: LÖFFLER, F. Das preufsifche Militär-Sanitätswesen und feine Reform nach der Kriegserfahrung von 1866. Teil II. Berlin 1869. S. 123, 125, 132.
929) Siehe: Sanitätsbericht über die deutfchen Heere im Kriege gegen Frankreich 1870—71. Bd. I. Adminiftrativer Teil: Sanitätsdienft bei den deutfchen Heeren. Berlin 1884. S. 316.
930) Siehe: *The medical and furgical hiftory*, a. a. O., Teil III, Bd. II. S. 920.
931) Siehe: LÖFFLER, a. a. O., S. 96.

technisch vorbereitetem Personal und geeigneten Baustoffen. Die meisten Baracken entstanden erst 3 Monate nach Beginn des Feldzuges; manche gelangten nicht zur Vollendung, da die Mannschaften für ihre Errichtung vor der Fertigstellung abberufen wurden. Einige Beispiele finden sich in Kap. 2, c, 1, unter e. — Die Zahl der 1870 deutscherseits in Frankreich errichteten Baracken und Zelte zeigt die nachstehende Zusammenstellung [932]):

	Baracken		Zelte	
	Zahl	Lagerstellen	Zahl	Lagerstellen
Bei Feld- und stehenden Kriegslazaretten	75 [933])	2788 [934])	48 [935])	381
Bei Etappenlazaretten	17	1274	—	—
Bei Lazaretten der freiwilligen Krankenpflege	2	60	39	300
	94	4122	87	681

Sie bestanden meist nur aus einem Krankensaal mit Dachreiter- oder anderer Lüftung und boten infolge ihrer improvisierten Herstellung nicht genügenden Schutz gegen die Witterung.

Die Herstellungszeit von Baracken auf dem Kriegsschauplatz richtet sich nach dem vorhandenen Material und der Art der Hilfskräfte.

Sie betrug unter Beihilfe von Pionieren in Wsestar eine Nacht, in Floing (siehe Art 418, S. 249) einen Tag; dort erforderten aber die beiden von Landwehrleuten errichteten Baracken 8 Tage. In der letztgedachten Zeit entstanden die 3 *Stromeyer*'schen Baracken für zusammen 60 Betten zu Langensalza.

808.
Beschaffung von Zelten und Baracken.

Die K.S.O. bestimmt, dass erforderlichenfalls Zelte vom Lazarett-Reservedepot zu beziehen und »zum Barackenbau die Arbeitskräfte von der Ortsbehörde zu requirieren oder bezüglich Anträge an die betreffenden Befehlshaber zu richten sind (§ 57, 2). Bei jeder Etappeninspektion befinden sich 80 Zelte.

Das Zentralkomitee der deutschen Vereine vom Roten Kreuz fasste am 23. Januar 1892 den Beschluss, ein verschliessbares Barackenlazarett für 1000 Mann sofort nach dem Eintreten des Ernstfalles auf die Bedarfsstelle zu schicken. Dasselbe soll sich aus 50 Lazarett- und 30 Wirtschaftsbaracken zusammensetzen, die mit 300 000 Mark veranschlagt waren; für das dringendste nötige Inventar wurden weitere 100 000 Mark als erforderlich erachtet.

Haase sieht im Krankenzelt das Lazarett der fechtenden Truppe, in der Baracke dasjenige des Etappenbezirkes und schlägt bezüglich der letzteren vor, Kriegsbaracken aus trockenem Holz im Inland, abseits der Haupteisenbahnlinie, schneiden zu lassen, auf Nebenlinien zu verladen und vorzuführen, die Verschalung aber am Etappenort vorzunehmen, bezw. das Gerüst zunächst nach Art des *zur Nieden*'schen zerlegbaren Hauses (siehe Art. 425, S. 252) zu bekleiden [936]).

	Zelte		Filzbaracken		Leinwandbaracken		Kriegsbaracken		Lagerstellen
	Zahl	mit je Betten	Zahl	mit je Betten	Zahl	mit je Betten	Zahl	mit je Betten	
Hinter der fechtenden Truppe	125	12	—	—	—	—	—	—	1 500
In Etappenorten	—	—	105	18	354	18	—	—	8 200
Daselbst für den ausserordentlichen Krankenbestand	—	—	—	—	—	—	125	30	3 750
Daselbst für die Verwaltung	—	—	—	—	142		42		—
	125		105		496		167		13 500

[932]) Siehe: Sanitätsbericht etc., S. 330.
[933]) Ausschl. der Baracken in Kaiserslautern, Mosbach und Bretten.
[934]) Ausschl. der Lagerstellen in zwei Baracken zu Gorze.
[935]) Ausschl. zweier Zelte der freiwilligen Krankenpflege zu Reims.
[936]) Siehe: HAASE, a. a. O., S. 25, 30, 35.

Den Bedarf an einmaligen Unterkunftsmitteln für die nicht transportablen Verwundeten und Kranken eines Armeekorps in möglichster Nähe des Kriegsschauplatzes und in den Etappenorten berechnete *Haase* für ein unwirtlicheres Land als Frankreich wie in nebenstehender Zusammenstellung zu ersehen ist [937]).

Hierbei ist angenommen, dafs der Gesamtkrankenbestand einer Armee von 100000 Mann (einschl. Nichtkombattanten) 13000 Mann beträgt, aber nach blutigen, schnell aufeinander folgenden Gefechten, bei Epidemien u. s. w. auf 18000 steigt, von welchen 25 Vomhundert = 4500 Mann evakuiert werden können, so dafs auf dem Kriegsschauplatze Unterkünfte für 13500 Mann zu schaffen sind. Auf die 900000 Kombattanten sind nach den ersten Kriegstagen 13000 Gesamtkranke und zwar 3600 Schwer-, 7200 Leichtverwundete und 2200 Innerlichkranke anzunehmen. Die letzteren beiden Gruppen strömen den Etappenlazaretten zu. Die Zelte hinter der fechtenden Truppe würden nach der in Art. 447 (S. 262) mitgeteilten Art des Belages im Notfall, wenn in Dörfern, Höfen, Weilern, Wirtschaften und improvisierten Unterkunftsräumen nicht genügend Platz zu schaffen ist, alle 3600 oder nach blutigen Schlachten 4500 Schwerverwundete und für 1 Nacht 3000 Leichtverwundete aufnehmen. — Den Ersatz der Baracken während des Räumens, der Desinfektion u. s. w. — 25 Vomhundert, und zwar 92 Filz- und 25 Kriegsbaracken — soll die freiwillige Krankenpflege decken [938]).

Ueber die weiteren Vorschläge desselben Verfassers bezüglich der Bildung von Zeltzügen und Barackenkompagnien ist die 1. Auflage dieser »Krankenhäuser« (Art. 1079, S. 951 ff.) einzusehen.

Dem Bedarf an Transportmitteln legt *Haase* folgende Aufnahmefähigkeit der Wagen zu Grunde [939]):

809. Transportmittel.

	1 Lazarettzugwagen	1 Feldbahnwagen	1 Fuhrparkwagen	Güterwagen
Baracken	1,5	0,33	0,17 — 0,25	1
Krankenzelte	12	5	2 — 3	—
Eiserne Bettstellen . .	126	36	15	324
Matratzen	100	36	12	200
Wollene Decken . .	1000	—	—	—
Zeltöfen	56	—	—	—

810. Lage und Anordnung der Lazarette auf dem Kriegsschauplatz.

Der zur Etablierung der Feldlazarette bestimmte Ort (Gebäude, Gehöft u. s. w.) mufs möglichst in der Nähe des Hauptverbandplatzes liegen, aber gegen feindliches Feuer gesichert sein (§ 57, 1). Bezüglich der Bedingungen, welche die Gebäude bieten sollen, siehe Art. 803 u. 804 (S. 516).

Die Wahl des Ortes kann grofse Schwierigkeiten bieten.

Bei Königgrätz waren in Problus die Brunnen verschüttet, und die Verteilung der Verwundeten auf alle Gehöfte mehrerer Ortschaften zwang zur Zersplitterung. In Lipa mufste man das Lazarettstroh von den Dächern nehmen [940]).

In der Regel wird ein Ort die Sanitätsdetachements und Feldlazarette aufnehmen [941]). Zur Verkürzung des Verwundetentransportes empfiehlt *Haase*, im Anschlufs an die Zelte des ersteren die eines oder mehrerer Feldlazarette aufzustellen und mit jenen zu einem Zeltlazarett zu vereinigen. Zur Unterbringung der Lazarettverwaltung sind vorhandene Gebäude zu benutzen.

Die Zelte sollen diagonal von der herrschenden Windrichtung getroffen werden, um ihre Sturmsicherheit zu erhöhen, und vor Stürmen gedeckte Stellung haben. Der Teil mit der Aborteinrichtung ist windabwärts zu legen. Der Abstand der Längsachsen der Zelte wird auf 23,00 und derjenige ihrer

---

937) Siehe ebendas., S. 36.
938) Siehe ebendas., S. 24—28, 36 ff.
939) Siehe ebendas., S. 109—114, 117—119. — Für die Oefen ist der Mittelgang gerechnet.
940) Siehe: LÖFFLER, a. a. O., S. 86, 118.
941) Siehe: HAASE, a. a. O., S. 101.

Querachfen auf 19,50 m feftgefetzt, damit zwifchen denfelben Wagen fahren und der Wind ungehindert durchftreichen kann. Die Zeltgräben find zu entwäffern [942]).

Bezüglich der Vereinigung von Kriegsbaracken in einem Lazarett beftimmt die K.S.O. (Anlage § 66, S. 261) folgendes:

Die herrfchende Windrichtung foll nicht die Ausdünftung der einen, namentlich nicht die der Aborte anderen Baracken zuführen. — Stehen fie »in einer Reihe und mit den Stirnfeiten in derfelben Linie, fo genügt in der Regel ein Abftand von 1½-facher Höhe bis zum Giebel gerechnet«. Eine kleinere Ifolierbaracke für Hofpitalbrand, Rofe, Pyämie u. f. w., die einen leicht desinfizierbaren Fufsboden und für die fchwerften Fälle einzelne abgetrennte Räume enthält, ift etwas entfernt von den übrigen aufzuftellen.

Bei einer Barackenanlage ohne Anfchlufs an vorhandene Gebäude zur Aufnahme der Verwaltung u. f. w. hat man auf 6 Kriegsbaracken 2 ähnlich konftruierte Verwaltungsbaracken, auf 10 verfetzbare Krankenbaracken 4 verfetzbare Verwaltungsbaracken zu rechnen. Ueber deren Einteilung fiehe Art. 498 (S. 288).

811 Etappenlazarette.

Etappenlazarette find nach der K.S.O. namentlich an Etappenorten einzurichten, wo fich die Kranken-Transportkommiffionen oder Sektionen derfelben befinden, und vorzugsweife an Eifenbahnpunkten wichtig, an denen das Zufammenftrömen der nicht in die Feldlazarette gekommenen Verwundeten ftattfindet, um die unter diefen nicht weiter Transportfähigen aufzunehmen.

»Bei der Wahl der Räumlichkeiten müffen die unmittelbar am Bahnhof vorhandenen Baulichkeiten, welche für die Kranken-Transportkommiffion notwendig find, aufser Betracht bleiben« (§ 104, 5 u. 6). — Auf folchen Bahnhöfen find aufser dem Etappenlazarett auch eine Erfrifchungs- und Verbandftelle und eine Krankenfammelftelle einzurichten. Unter diefen Sammelftellen verfteht man Warteräume, die für den Fall von Uebernachtung mit den erforderlichen Lagerungseinrichtungen verfehen werden (Uebernachtungsftellen) (§ 130, 1—3).

Im Jahre 1870 fanden fich meift an den Sammelpunkten der Krankentransporte ausreichende Gebäude für diefe Zwecke. — Ueber das Etappenlazarett zu Nancy fiehe Art. 829. — In Courcelles-fur-Nied wurden offene Bretterhütten für Ruhrkranke, in St.-Dizier eine Baracke für Typhuskranke benutzt. — In Karlsruhe waren 4 zu Afylzwecken erbaute und als Krankenbaracken verwendete Bauten durch einen Holzperron mit einem Schienengleife verbunden. Daneben beftanden eine auf die Koft von 300 bis 400 Mann berechnete Küchenbaracke, ein Wafchlokal und Desinfektionseinrichtung. — In Darmftadt diente für 3 als Etappenlazarett errichtete Baracken ein Eifenbahnwagen als Küche. — Kleine Baracken und Räume zu vorübergehender Unterkunft errichtete die freiwillige Krankenpflege an vielen Orten. — Die verwendeten Baracken waren meift ohne Lüftungseinrichtungen, aber mit Heizung für den Winter verfehen.

Die von den Engländern im Transvalkrieg an den Etappenlinien errichteten *Stationary hofpitals* find auf je 100 Kranke — in zwei Sektionen geteilt — berechnet.

812 Seuchenlazarette.

Seuchenlazarette follen möglichft nicht auf den Verkehrsftrafsen der Armee felbft, fondern abfeits, jedoch in der Nähe derfelben und in einem von Truppen, aufser den nötigen Wachen, nicht befetzten Ort liegen. Ihre Rekonvalescenten find vor Entlaffung zu den Truppenteilen befonderen Rekonvalescentenftationen des Lazaretts oder den allgemeinen Rekonvalescenten-Sammelftellen zu überweifen (K.S.O., Anlage § 32, 1 u. 4).

813. Krankentransport zu Land und Waffer.

Der weitere Transport der Kranken und Verwundeten erfolgt thunlichft auf Eifenbahnen oder auf dem Wafferweg. Für Eifenbahnen find befondere Züge mit teils vorbereiteten Wagen vorgefehen. Vom Wafferweg konnte man im nordamerikanifchen Bürgerkrieg ausgedehnten Gebrauch machen.

Die Flüffe boten hier die bequemften und billigften Transportwege, da die Flufsdampfer, die man fonft zum Transport von Waren und Perfonen in Friedenszeiten benutzte, verhältnismäfsig wenig Umänderungen forderten [943]). Diefe Dampfer hatten über der Wafferlinie 2 oder 3 Stockwerke, die pyramidal in ganzer Länge des Schiffes angeordnet waren, fo dafs jedes Gefchofs eine breite Galerie oder Terraffe auf dem vorftehenden unteren Stockwerk frei liefs. Die geräumigen Mafse — fie fafsten 300 bis 800

[942]) Siehe ebendaf., S. 46 ff.
[943]) Siehe: *The medical and furgical hiftory*, etc., Teil III, Bd. II, S. 971—986.

Betten — und die glatte Bewegung diefer Raddampfer gaben ihnen den Vorzug vor dem Eifenbahntransport. Im Notfall verwendete man fie ohne jede Umänderung, wie fie waren, zu Hofpitalfchiffen, bezw. *Floating hofpitals;* umgewandelt befafsen fie 3 bis 4 Küchen, 1 für Offiziere und Mannfchaften, 1 für Aerzte und Wärter, 1 für Kranke, aufserdem 1 Raum für reine Wäfche, 1 Apotheke, 1 Operationsfaal, 1 Baderaum, fowie Bureauräume für die kommandierenden Offiziere, Aerzte und Chirurgen. — Der D. A. January machte vom 11. April 1862 bis 28. Auguft 1863 81 Fahrten, diente vom März bis Juni 1863 auch als *Floating hofpital* und transportierte, bezw. verpflegte 23738 Kranke und Verwundete.

Bei uns hat man Sanitätsfchiffe für den Krankentransport auf dem Waffer in Ausficht genommen.

Auf der Berliner Gewerbeausftellung von 1896 hatte das Zentralkomitee des Roten Kreuzes einen alten Flufskahn zu diefem Zwecke eingerichtet und im Inneren Räume für kranke Mannfchaften, fowie zum Wohnen von Aerzten und Pflegeperfonal hergeftellt. 6 folcher Kähne, auf deren letztem fich das Operationszimmer nebft der Behaufung des Oberarztes befinden, follen zu einem Lazarettzuge vereinigt werden, den ein Dampfer fchleppt.

Mehr Schwierigkeiten bietet der Waffertransport auf der See.

Die Engländer verwendeten 3 Hofpitalfchiffe im abeffinifchen Krieg, das Linienkriegsfchiff »Victor Emanuel« im Afhantee-Feldzug (1873 bis 1874), andere bei der ägyptifchen Expedition (1882) und in Burmah (1887). Nach *Parkes* ift es unmöglich, folche Schiffe vollftändig zu lüften und zu reinigen; der Raum zwifchen den Decks ift auch zu klein. Man folle bei 3 Schiffen das eine für Verwundete, das zweite für Fiebernde und das dritte für gemifchte Fälle verwenden. Eindeckige Schiffe find beffer als folche mit 2 Decks, und mehr als 2 Decks find für die Krankenunterkunft nicht verwendbar; das obere foll für die Truppen und das untere für Offiziere benutzt werden. Pyämie und Eryfipel find auf Deck zu behandeln und befonders gut durch Segel vor Wind und Regen zu fchützen. Bei gutem Wetter kann die Krankenbehandlung allgemein auf Deck erfolgen. Reichliche Waffervorräte und Deftilliervorrichtungen müffen an Bord fein, und bei gröfseren Expeditionen ift ein befonderes Schiff als Wafchhaus und ein anderes für die Bäckerei einzurichten[944]).

Die Refervelazarette ergänzen die im Inlande vorhandenen Garnifon- und Speziallazarette.

814. Referve-lazarette.

1866 waren in Preufsen an 69 Plätzen Lazarette mit 47771 Lagerftellen in Ausficht genommen. *Steinberg* empfahl in feinem Bericht, die Zerftreuung nicht auf zu viele, fondern geeignete Plätze auszudehnen, wo mindeftens 200 Kranke unterzubringen find[945]).

Steigt der Umfang diefer Lazarette beträchtlich, fo ift wegen der Schwierigkeiten ihrer Verwaltung und Anordnung das Zerlegen derfelben in einzelne Lazarette erwünfcht.

Im nordamerikanifchen Krieg, wo die grofsen Generalhofpitäler einheitlich verwaltet wurden, war dies die Folge des Mangels an Hofpitalchefs. — Im Krimkrieg wurde das Hofpital zu Renkioi, welches zuletzt ebenfalls auf 3000 Betten ausgedehnt werden follte, in 3 felbftändige Lazarette mit je 500 und 2 mit je 750 Betten zerlegt, die eigene Verwaltung hatten und nur ihre Vorräte vom Zentralbureau bezogen. — Aehnlich fetzte fich das Tempelhofer Barackenlazarett aus 3 getrennten Lazaretten zufammen; doch ftand das gefamte Lazarett unter der Oberleitung des General-Lazarettdirektors. — Siehe auch Art. 818 (S. 524).

Für die Wahl der Gebäude zu Refervelazaretten ftellt die K.S.O. die folgenden Gefichtspunkte auf (§ 183, 4).

Die auszuwählenden Bauten follen freie Lage, möglichft aufserhalb des Dunftkreifes der Stadt, haben. Die Wafferbefchaffung und gefundheitsgemäfse Entwäfferung müffen gefichert, und freie Plätze oder gröfsere Gärten zur Aufftellung von Zelten und Baracken vorhanden fein. Befonders geeignete Orte find folche mit Garnifonlazaretten oder mit Krankenanftalten, die zur Aushilfe herangezogen werden können, und Orte, »die an oder in unmittelbarer Nähe von Eifenbahn- oder Wafferftrafsen gefund gelegen find, unter Vermeidung der ftörenden Nachbarfchaft von Bahnhöfen u. f. w.«.

Bezüglich der Adaptierung von Gebäuden fiehe auch Art. 804 (S. 516). Meift günftige hygienifche Verhältniffe boten die 1870 vielfach benutzten grofsen, luftigen Hallen; doch begegnete ihre Winter-

---

[944]) Siehe: Parkes, a. a. O., S. 660.
[945]) Siehe: Steinberg. Bericht über die Refervelazarette, Vereins-, Bezirks-, Privatlazarette, über die Privattheilpflege in Berlin und Charlottenburg und Vorfchläge zur Organifation der heimatlichen Lazarette für künftige Kriege. S. 1, 23. (In der Bücherfammlung der Kaifer Wilhelms-Akademie zu Berlin, Nr. 362, 37.)

einrichtung Schwierigkeiten, und in vielen Fällen mufste hiervon ganz abgefehen werden. In der zweiftöckigen Fahrzeugremife Nr. 271 hinter der Reitfchule zu Würzburg liefs fich Ruhe um fo weniger aufrecht erhalten, als die Gefchoffe mittels einfacher Bretterböden getrennt waren, durch deren Fugen auch Staub und Waffer in das Erdgefchofs drangen.

Die Gefichtspunkte für die Lage der Lazarette gelten auch für die Neubauten derfelben, wo die Wahl des Ortes noch befondere Umficht erfordert, wenn es fich um abgelegene Gegenden handelt.

So war der Platz für das *Renkioi-Hofpital* gut, derjenige für das *Hammond-Hofpital* zu Point Lookout auf einer niedrigen, flachen und fchmalen Halbinfel zwifchen der Chefapeake Bay und dem Potomac fchlecht gewählt. 6 oder 7 Brunnen von 8,oo m (= 12 Fufs) Tiefe lieferten genügende Mengen Waffer, aber kein gutes. »Die Oberflächendrainage war unvollkommen in Rückficht auf die niedrige Lage der Landzunge. Es gab keine Kanalifierung. Die Aborte waren über den Potomac an der Weftfeite gebaut.« Infolge von Mangel an Baumfchatten und Grün wurde die vom weifsen Sandboden zurückftrahlende Hitze im Sommer oft drückend, ungeachtet der herrfchenden Seebrife. Befondere und teuere Vorkehrungen erforderte der Transport aller Verproviantierungen mittels Dampfer, da der Ort nicht zu den regelmäfsigen Landeplätzen gehörte.

Ueber mangelhafte Entwäfferungsanlagen wurde in verfchiedenen der nordamerikanifchen Generalhofpitäler geklagt.

An der *Mooi Riverftation* (fiehe Art. 818) hebt man das Waffer aus dem Flufs durch ein von Maultieren getriebenes Pumpwerk in den Behälter auf dem höchften Punkt des Hofpitals, von wo es nach Filtern, Kochen und Abkühlungen durch *Berkefeld*-Filter geleitet wird. — Die Dejectionen von Bauchtyphus werden in Behälter mit Deckeln entleert, die in einem Raum von 6,10 × 3,oo m Grundfläche ftehen, alsdann mit Sägefpänen gemifcht in einem Kochkeffel eingedampft, und der Rückftand gelangt in einem offenen Feuer unter dem Keffel zur Verbrennung. Zur Reinigung der Leib- und Uringefäfse dient eine Tonne mit 2 Vomtaufend Sublimatlöfung, zum Nachfpülen eine folche mit Formalinlöfung.

815. Baracken

In Nordamerika entftanden während des Bürgerkrieges an 107 Orten 202 Hofpitäler mit 136 894 Betten, wovon 19 mit 44 587 Betten einen Belag von mehr als 1500 Patienten hatten.

1866 waren Baracken nur vereinzelt in den Refervelazaretten zu Dresden, in Leipzig, Jüterbogk, Landshut, Glatz und Berlin verwendet worden. 1870—71 wurden in Deutfchland an 84 Orten bei 114 Garnifons-, Referve-, Vereins- und Privatlazaretten 459 Krankenbaracken mit 12 722 Betten aufgeftellt. Sie ftützten fich meift auf vorhandene Gebäude für die Verwaltung u. f. w., fo dafs zu ihrer Ergänzung nur die notwendigften anderen Bauten errichtet wurden; hierzu kommen noch 130 Baracken mit 6073 Betten für Kriegsgefangene. Ein vollftändiges Barackenhofpital war u. a. dasjenige auf dem Tempelhofer Felde bei Berlin.

Die Vorfchriften für die *General hofpitals* im nordamerikanifchen Bürgerkrieg forderten für ein folches: ein Verwaltungsgebäude, je einen Speiferaum und Küche für Patienten, bezw. Beamte, ein Wafchhaus mit dem Arreftraum, ein Leichenhaus, ein Wohngebäude für Wärter, eine Kapelle, die zugleich Leferaum und Bibliothek war, einen Operationsraum und eine Stallung für die Pferde der Beamten und Ambulanzen.

Ueber die Bauzeit, welche die Herftellung von Cholerabaracken in Hamburg bedurfte, fiehe Art. 761 (S. 489). Beim Bau von Refervehofpitälern fällt die Furcht vor Anfteckung weg.

Die meiften Baracken wurden 1870 belegt, fobald fie fertig waren, während man an anderen noch arbeitete. In Mannheim erforderten auf dem Exerzierplatz die 9 Baracken für zufammen 222 Betten mit allen Nebengebäuden 21 Tage, die 7 Sommerbaracken allein für zufammen 154 Betten aber nur 6 Tage. Weiteres über Zeitangaben findet fich in den folgenden Beifpielen.

Die durchfchnittliche Verpflegungsdauer war nach der Art der Kranken fehr verfchieden.

Sie betrug beifpielsweife auf dem Tempelhofer Felde bei Schwerverwundeten 7 und bei Leichtverwundeten 39, durchfchnittlich 47,96 Tage, faft ebenfoviel (48,2) im Vereinslazarett zu Worms, 30,0 im Alice-Hofpital bei Beffungen (Darmftadt) und 21,9 in den Baracken für Verwundete und Anfteckende zu Heidelberg.

Die englische Kommiffion zur Verbefferung der Kafernen und Hofpitäler empfahl nach den Erfahrungen im Krimkrieg folgende Gruppierungen für Baracken:

a) Parallel, Seite an Seite, um eine Barackenbreite getrennt voneinander. Sie fetzt voraus, dafs die herrfchenden Winde zwifchen denfelben durchblafen, fomit »erhöhte Lage, wo es volle Bewegung der Luft giebt«.

b) Staffelförmig, was die Linie und die Entfernung vom Verwaltungsgebäude verlängere, aber freie Luftumfpülung geftatte, wobei der Wind fenkrecht zur Barackenreihe ftehen müffe.

c) In Doppelftaffelform, wobei die Barackenreihen parallel zu einander oder im Winkel fich fchneidend geftellt werden können.

b) Im Viereck, fo dafs fie nicht fenkrecht zum Zentrum, fondern parallel zu den Vierecksfeiten ftehen, wobei der durch Holzgitter umgebene mittlere Teil als Gelände für die Rekonvaleszenten benutzt werden könne.

Aufser in fehr ausgefetzten Lagen würde das ftaffelförmige Arrangement das befte für freie Lüftung fein.

In den nordamerikanifchen Generalhofpitälern trat zu diefen Stellungen die radiale zum Verwaltungsgebäude in Viereck und in Kreisform, welche auf Windbahnen verzichtete, und die an den inneren Stirnfeiten der Baracken lang geführten, gefchloffenen Verbindungsgänge, die man als Speiferäume benutzte, hoben diefelben ganz auf.

Erft die am Ende des Krieges erfchienenen Inftruktionen vom 20. Juli 1868 brachen mit denfelben und mit der engen Stellung der Pavillons, machten ihre Gruppierung von der Geftalt des Geländes abhängig und empfahlen thunlichft zentrale Lage des Adminiftrationsgebäudes bei möglichfter Stellung der Pavillons in ihrer Längsachfe von Nord nach Süd. Die letztere vertrug fich aber mit der zirkularen Anordnung derfelben nicht, die man für die Maffenhofpitäler vom Standpunkt ihrer ökonomifchen Verwaltung für die praktifchefte hielt, und fo folgten fie die 3 gröfseren Neubauten.

Da man jetzt auch für Refervelazarette die Verwendung von verfetzbaren Baracken plant, errichtete das Zentralkomitee der deutfchen Vereine vom Roten Kreuz 1891 ein folches probeweife beim Garnifons-Lazarett II für Berlin in Tempelhof.

Dasfelbe fetzte fich aus 6 Baracken zufammen, von denen 3 mit je 16 Kranken vom 1. Juli bis 15. Dezember belegt waren und die 3 anderen zu Verwaltungszwecken dienten. Von diefen enthielt eine das Operationszimmer, Bade- und Tagraum für das Pflegeperfonal, die zweite Gefchäftszimmer für Arzt und Beamte, die Wäfchekammer, einen Verfchlag für Hausgeräte und einen Wohnraum für Pflegeperfonal, die dritte Küche, Speifekammer und Wafchraum.

Zelte haben in diefen Lazaretten Verwendung gefunden zur Behandlung von Brand und Pyämie, zur Erweiterung und zur Bildung felbftändiger Lazarette.

816. Zelte zu Abfonderungszwecken.

Bei den meiften amerikanifchen Generalhofpitälern wurde ein Zeltfaal zur Behandlung eiternder und gangränöfer Wunden aufgeftellt. Diefe behielt man das ganze Jahr hindurch bei, wie alle folche Zelte, welche man für Fälle refervierte, die man aus befonderen Gründen zu ifolieren für wünfchenswert hielt; fie wurden im Winter durch Oefen geheizt.

1866 kamen in Preufsen bei Refervelazaretten Zelte auch meift nur für diefe Zwecke zur Verwendung, wie im Garnifonslazarett I und in der Turnhalle zu Berlin, wo Regenwaffer eindrang. Die Zahl der 1870 in Deutfchland benutzten Zelte betrug 268 mit 2855 Lagerftellen.

Die Erweiterung beftehender Lazarette durch Zelte fand befonders in den nordamerikanifchen Generalhofpitälern ausgedehnte Verwendung, wo fie bis zu 1000 und 2000 Betten ftieg und die grofse Belagsziffer mancher derfelben erklärt. Der Beftand an folchen Zelten in den Hofpitälern wechfelte mit dem Belag des Hofpitals, auch mit der Jahreszeit. Einigemale dienten fie zur Abfonderung der Farbigen, wie im *Nelfon hofpital* in Camp Nelfon u. a.

817. Zelte zur Erweiterung von Refervelazaretten.

Im *Satterlee-hofpital* zu Philadelphia war eine Erweiterung des Hofpitalbelages um 888 Betten mittels 148 Hofpitalzelten vorgefehen; letztere gruppierten fich nach dem Plane in 4 Zeltpavillons zu je 3, 65 zu je 2 und 6 Einzelzelten. Der Abftand zwifchen erfteren betrug 3,66, zwifchen je 2 Reihen 4,87 bis 5,08 m. Im Sommer 1862 ftieg die Zahl der Zelte auf 150 mit je 6 Betten. Bei Beginn des Winters erfetzte man fie jedoch durch Pavillons [946]).

[946]) Siehe: *The medical and furgical hiftory* etc., Teil III, Bd. I, S. 929.

Das *Hampton hofpital*, 2 Meilen von Fort Monroe, hatte 400 Hofpital- und 60 Wandzelte, das *Harewood hofpital* in Wafhington 312 Hofpitalzelte; letztere waren in 13 Divifionen zu je 6 Pavillons aus 4 Zelten mit zufammen 144 Betten geteilt. Die Gefamtvermehrung des Hofpitals durch Zelte betrug fomit 1872 Betten[947]).

Im *Lincoln hofpital*[948]) wurden 25 Zeltfäle aus je 4 Zelten mit hohen, leicht aufhebbaren Seitenwänden und flachem Dach gebildet. Jeder Saal enthielt 20 Betten und 2 Oefen. Von diefen Zeltfälen ftanden jederfeits am breiten Zugangsweg 6, bezw. 19 in ganz geringen Abftänden unter fich. Das Zeltlager war in Sektionen geteilt, von denen eine für die Rekonvaleszenten, die andere für typhöfe Kranke und die entferntefte für Hofpitalbrand diente[949]).

Diefe Anlagen bewährten fich in der guten Jahreszeit — ganz befonders an heifsen ruhigen Tagen — wo man ihre Wände aufzog doch erfetzte man fie im Winter meift durch Baracken.

§18. Selbftändige Zelthofpitäler.
Auch zur Bildung felbftändiger Hofpitäler wurden Zelte und Zeltpavillons benutzt, indem man fie u. a. durch Holzbauten für die Verwaltungs- und Oekonomieräume ergänzte.

Das *Cumberland hofpital*[950]) zu Nafhville im Department of the Cumberland, am Hillsboro road, rund 1½ Meilen weftlich vom Capitol, war ein Generalhofpital. Es beftand aus: 614 Zelten, und zwar 433 Hofpital-, 57 Wand- und 124 Glockenzelten, die zufammen 2600 Patienten, 222 Wärtern, 27 Aerzten und 3 Arztkandidaten Unterkunft gewährten, und aus fchindelgedeckten Holzgebäuden. Zu letzteren gehörten unter anderem: 4 Abteilungskochhäufer mit Küche, Speifekammer und Speifehalle, 3 Wafchzimmer, je 1 Badehaus, Magazin für Lebensmittel, Kleider und Torniſter, Gerätehaus, Stall, Wafchhaus, Spezialdiätküche, Speiferaum nebft Küche für die Aerzte, Operationsraum, 1 Totenhaus und Verwaltungsgebäude. — Die erft ungenügende Wafferverforgung von den ftädtifchen Wafferwerken und durch Brunnen mufste erweitert werden. Zwifchen den Zeltreihen oder Strafsen ftanden kleine Aborte, deren Inhalt durch ein Schleufenrohr nach einem fliefsenden Waffer abgeführt wurde, dafs fich in den Cumberlandfluſs entleerte; aber diefe Aborte waren nicht genügend mit Waffer verfehen und daher nicht einwandfrei. Die Zelte wurden fpäter durch hölzerne Pavillons für 2200 Betten erfetzt.

1870 beftanden Zelthofpitäler bei Bingen und Cöln.

Das internationale Zeltlazarett auf dem Rochusberg bei Bingen lag 78,50 m über dem Rhein, 40 Minuten von der Bahnftation, beftand aus 18 Zelten mit zufammen 144 Betten in zwei parallelen Reihen und ftützte fich auf das für die Verwaltung benutzte Hotel Hartmann, welches mit den Zelten, fowie mit der Bahnftation Telephonverbindung hatte. Der Operationsraum, die Koch- und Wafchküche, die Leichenkammer und der Trockenraum für die Erde der Streuaborte waren in einzelnen Bretterhütten untergebracht.

Das Cölner Zeltlazarett auf dem linken Rheinufer, nördlich von der Stadt, beim Aachener Bahnhof am Türmchen erreichte allmählich einen Umfang von 48 Zelten mit 348 Betten, zu denen noch 90 in der ehemaligen Bahnhofshalle hinzutraten. Die Zelte ftanden teils auf dem Bahnhofsgelände, teils im *Mumm*'fchen Garten, deffen Haupthaus der Verwaltung diente; der zugehörige Wagenfchuppen war als Küche, zwei Treibhäufer wurden als Wafchhaus und Trockenraum eingerichtet, und von der Bahnhofshalle trennte man noch Krankenzimmer für Offiziere, einen Operationsfaal und einen Schlaffaal ab. Ueber die Einrichtung der Zeltfäle fiehe Art. 451 (S. 263).

Die Generalhofpitäler der Engländer im Transvaalkrieg in Wynburg II und in Rondebofch, für je 520 Kranke, beftehen aus Zelten für 6 Betten, und find durch hölzerne Gebäude für die Verwaltung u. f. w. ergänzt. — Das für die gleiche Krankenzahl beftimmte Hofpital an der *Mooi River ftation* aus grofsen englifchen Zelten mufste auf das Doppelte vergröfsert werden und beftand dann aus 2 Abteilungen für Innerlich- und 1 für Aeuſserlichkranke nebft Stationen für Septifche, Infectiöfe und Venerifche. Das Hotel der Bahnftation dient als Offiziersfpital. — Das *Yeomanry hofpital* zu Deelfontain ift ein kombiniertes Zelt- und Barackenhofpital.

Die gewählte Lage für die Aufftellung der Zelte erwies fich öfter als unzweckmäfsig.

[947]) Siehe ebendaf., S. 939.
[948]) Siehe: Circular Nr. 6 *War department furgeon general's office*, Wafhington 1. Nov. 1865 u. f. w. Philadelphia 1865, S. 157 ff.
[949]) Siehe: HAUROWITZ, H. v. Das Militärfanitätswefen der Vereinigten Staaten von Nordamerika etc. Stuttgart 1866. S. 64.
[950]) Siehe: *The medical and furgical hiftory* etc., Teil III, Bd. I, S. 945 ff.

Das Zeltlazarett auf dem Rochusberg bei Bingen bekam infolge feiner abgefonderten Lage nur mit Mühe Patienten, wurde daher nie mehr als halb belegt und erlag am 26. Oktober dem Sturm, der die Zelte in den Rhein warf, obgleich das Lazarett an der Weftfeite von Wald und an den anderen Seiten von dichten Hecken umgeben war. — An demfelben Tage warf der Sturm zwei Zelte zu Schlofs Philippsruhe bei Hanau und 24 auf dem Bahnhofsgelände zu Saarbrücken um. — In Mannheim erfuhren ein grofses und fechs kleine Zelte noch vor ihrem Belag dasfelbe Schickfal.

Im *General hofpital II* zu Wynburg fpielten die Südoftwinde den Zelten derart mit, dafs eigene fefte Verankerungen der Zeltftricke erforderlich wurde.

In den Barackenlagern für Kriegsgefangene wurden fchon 1863 in Nordamerika Hofpitalvorkehrungen nötig.

819. Lazarette für Kriegsgefangene.

Zu Rock Island [951]) brachte man zuerft die Kranken in Lagerpavillons innerhalb der Einzäunung unter, errichtete aber dann ein befonderes Hofpital aus 1 Verwaltungsgebäude, 14 *en échelons* ftehenden Baracken für je 50 Betten, von denen ein Stück für Pfleger und Wärter abgeteilt war, nebft Küche, Speifehalle und Wafchhaus zwifchen den Saalreihen. Ein entfernter gelegenes Pockenhofpital von 6 Baracken zu je 50 Betten ergänzte die Anlage.

Die grofsen Barackenlager, welche 1870—71 bei Coblenz, Cöln, Deutz, Wefel und Minden errichtet wurden, erforderten ebenfalls entfprechende Lazarette mit einfachften Einrichtungen.

So beftand das Lazarett auf dem Karthäuferplateau zu Coblenz, wo ein Lager für 9000 Gefangene aufgefchlagen war, aus 14 Baracken für 560 Betten, 1 Wafchbaracke, 1 Küchen- und Verwaltungsbaracke und 1 Leichenhaus.

Eine Ergänzung der amerikanifchen Generalhofpitäler bildeten in einigen Gegenden die Hofpitalgärten, die auf Anregung und unter Beihilfe der *Sanitary commiffion* in das Leben gerufen wurden, um dem Umfichgreifen des Skorbuts durch Befchaffung genügender Mengen von Vegetabilien vorzubeugen und, befonders in Feindesland, Artikel für die Extradiät zu liefern, wie z. B. im Department of Cumberland [952]).

820. Hofpitalgärten.

Hier hatte man nur einen, zeitweife unficheren Verbindungskanal mit den Stapelplätzen des Nordens. Die durch Garnifonpoften geficherte Kommunikationslinie der vorfchreitenden Armee bot den nötigen Schutz; bei diefen Poften fammelten fich grofse Mengen von Kranken und Verwundeten. Der Mangel an Ergänzungen der mageren Hofpitalkoft führte zum erften derartigen Verfuch zu Murfreesboro im Frühjahr 1863, wo man fchliefslich 24,28 ha (= 60 *Acres*) in Kultur nahm.

Kurz darauf legte man zu Nafhville einen Garten von 12,949 ha (= 30 *Acres*) an, dem ein anderer in Knoxville folgte; die guten Ergebniffe führten dazu, folche Gemüfegärten bei Hofpitälern als reguläres Zubehör auf permanenten Poften im Departement zu betrachten.

Weit gröfseren Mafsftab hatte der Hofpitalgarten von Chattanooga, als die Stadt der grofse Stützpunkt der Armee und das Generaldepot der Verforgungen war; von hier konnte man jede Divifion leicht erreichen, und hier erwartete man das Zufammenftrömen einer grofsen Zahl von Verwundeten und Kranken der kommenden Campagnen.

In fürforgender Weife wurde ein Garten von 60,705 ha (= 150 *Acres*) angelegt, von dem man 40,467 ha (= 100 *Acres*) in Kultur nahm.

Diefe Hofpitalgärten genoffen bis zum Schlufs des Krieges den militärifchen Schutz. Da man Rekonvaleszenten oder folche, die für den regulären Dienft untauglich geworden waren, und Pferde benutzte, die für militärifche Zwecke ebenfalls als unbrauchbar befunden wurden, find, wie *Newberry* fagt, »bei paffender Organifation und gründlicher Ueberwachung die Ausgaben fehr gering. Die Erträge diefer Gärten reichten über das Bedürfnis der Hofpitäler hinaus zur Verforgung der Lager u. f. w., fo dafs der Ausbreitung des Skorbuts wirkfam gefteuert werden konnte [953]).

Zur Verforgung aller Hofpitäler von Wafhington mit Gemüfen von New York und Philadelphia, im Winter 1863 und im folgenden Jahre, baute man befondere, mit Kühleinrichtungen verfehene Wagen *(Refrigerating cars)*.

---

[951]) Siehe ebendaf., S. 52, wo fich auch der Plan findet.
[952]) Siehe: *Sanitary commiffion*, Nr. 96, S. 314—322.
[953]) Siehe ebendaf., S. 150 ff.

821. Überficht über die Beifpiele. Den nachftehenden 9 Beifpielen ift das ungeteilte *Mower general hofpital* aus dem Bürgerkrieg der Vereinigten Staaten vorausgeftellt. Von den folgenden 3 Lazaretten waren das Renkioi-Hofpital aus dem Krimkrieg und das Tempelhofer-Lazarett für Verwaltung und Oekonomie in Abteilungen zerlegt; das Hamburg-Altonaer Lazarett erhielt getrennte Verwaltung, aber gemeinfchaftliche Küchenverforgung. Die beiden Parifer Lazarette ftanden in Gartenanlagen. Beim Luxembourg-Lazarett waren die vorhandenen Wege, in St.-Cloud, wo man einfeitig offene Zeltbaracken benutzte, die Himmelsrichtungen und die Baumgruppen mafsgebend für die Stellung der Baracken. Der kleinen Heidelberger Anlage folgen dann je 1 Beifpiel für Etappen- und Kriegsgefangenen-Lazarette.

822. Beifpiel 1. Das *Mower general hofpital*, das umfangreichfte Barackenlazarett im Bürgerkrieg der Vereinigten Staaten mit vollftändigem Zubehör, wurde nach dem Hofbau- und Grätenfyftem auf einem erhöhten Plateau nahe bei dem Dorfe Cheftnut Hill,

Fig. 409.

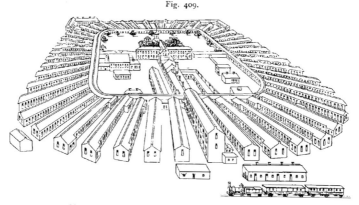

Mower general hofpital zu Cheftnut Hill für 2867 Betten [954]).
1862.

etwa 14,5 km von Philadelphia, erbaut und hatte Verbindung mit der Cheftnut Hill- und der Philadelphia-Eifenbahn, fo dafs Patienten von der Potomacarmee ohne Wagenwechfel eingebracht werden konnten (Fig. 409 [954]).

50 Baracken ftanden radial zum Mittelpunkt des 1595 × 199 m grofsen, wieder in 4 kleinere Höfe geteilten inneren Platzes am gefchloffenen Verbindungsgang mit Schienengeleis, der im Winter, durch 50 Oefen geheizt, als Wandelbahn diente, deffen Schiebefenfter im Sommer aber entfernt wurden. — An die mittlere zweigefchoffige Baracke mit dem Aufnahmeraum fchlofs fich das Kuchen- an letzteres das am Quergang ftehende zweigefchoffige Verwaltungsgebäude an. Ein Gang längs der erfteren Bauten bis zu letzterem vermittelte den Verkehr mit aufsen. Im rechten Hof lagen das Keffelhaus nebft Holz- und Kohlenfchuppen, der Marketender- und der Fleifcherfchuppen, die Wache und der Operationsfaal, — letzterer dicht am allgemeinen Verbindungsgang, — im linken Hof die zugleich als Vortragsgebäude und Bibliothek benutzte Kapelle und der Zimmermannsfchuppen; der hintere Hof enthielt nur das kleine Eishaus. Die zweigefchoffigen Winkelgebäude hinter dem Hofpital dienten als Kafernen für Rekonvaleszenten und für die Unteroffiziere des Veteranrefervecorps. In der Front des Hofpitals ftand rechts der Bahnhof, links ein Schlächterfchuppen.

---

[954]) Fakf.-Repr. nach: EULENBURG, A. Real-Encyclopädie der gefamten Medicin. 3. Aufl. Bd. 23. Wien 1900. S. 33.

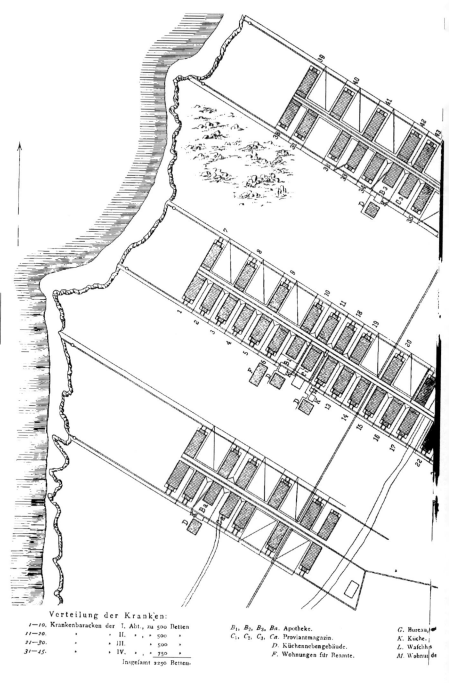

Verteilung der Kranken:

1—10.	Krankenbaracken der	I. Abt.,	zu 500 Betten
11—20.	»	» II.	» » 500 »
21—30.	»	» III.	» » 500 »
31—45.	»	» IV.	» » 750 »
		Insgesamt 2250 Betten.

B_1, B_2, B_3, Ba. Apotheke.
C_1, C_2, C_3, Ca. Proviantmagazin.
D. Küchennebengebäude.
F. Wohnungen für Beamte.

G. Bureau.
K. Küche.
L. Waschhaus
M. Wohnung de

N. Schlafhaus der Pflegerinnen.
O. Magazin für Pflegerinnen.
P. Maschinenmeisterbureau.
Q. Zahlmeisterbureau.
R. Wohnung der griechischen Arbeiter.
S. Magazin der griechischen Arbeiter.
T. Totenhaus.
U. Stall.

Bei diefer gedrungenen Anordnung hatten die Baracken am Gang nur 6,10, am freien Ende 12,20 m Abftand.

Das Aufnahmegebäude enthielt im Erdgefchofs den Aufnahmeraum, den Speiferaum der *Stewards* und das Wafchhaus, im Obergefchofs die Kaferne der Wärter. In feinem rechten Anbau lag u. a. der Tornifterraum, im linken Bau das Magazin. — Im Küchengebäude befand fich der Speiferaum für die Wärter.

Waffer wurde von den Cheftnut-Hill-Wafferwerken nach 4 Behältern im Obergefchofs des Verwaltungsgebäudes (je 68130 l) und nach 2 Behältern an der Verbindungsftelle des Querganges mit dem Hauptgang (je 56775 l) geleitet. Ein Thonrohr von 0,25 m Durchmeffer längs des Hauptverbindungsganges führte die Abwaffer der Spülküchen, in den Sälen und in den Hofgebäuden und ein aus Ziegeln gewölbter Kanal von $0{,}91 \times 0{,}61$ m ($= 30 \times 20$ Zoll) Querfchnitt längs der freien Saalenden führte den Inhalt der Spülaborte, Baderäume und Rohrdrains ab. Beide vereinigte fich an der Südoftecke des Hofpitals in einem Hauptkanal. Die Entleerung der flüffigen Beftandteile erfolgte nach einem $1/2$ Meile abliegenden *Creek*, die feften wurden alle 4 Monate entfernt.

Zur Organifation der Feuerwehr hatte man das Hofpital in 4 Bezirke geteilt; jeder Bezirk und Saal war mit dem Verwaltungsgebäude durch einen Telegraphen verbunden. Die Glockenfignale befanden fich im Verbindungsgang. Jedes Feuerquartier befafs 1 Schlauchwagen und jeder Bezirk reichlich Schläuche, Feuereimer, Aexte und Leitern. Eine gut organifierte Feuerbrigade im Hofpital übte regelmäfsig dreimal in der Woche. Die Wafferbehälter waren beftändig mit Waffer gefüllt.

An Perfonal führt *Hammond* an: 30 Aerzte, 8 Hofpital-*Stewards*, 3 Kapläne, 495 Köche, Pflegerinnen und Wärter, fowie 86 Mann Wache. Die Baukoften giebt er zu mehr als 1 000 000 Mark (= 250 000 *Dollars*) ausfchliefslich der Ausftattung an. Im September 1864 enthielt diefes Hofpital 3326 Betten.

Das Hofpital zu Renkioi entftand im Krimkrieg durch die Engländer, um etwaiger Ueberfüllung der Krimlazarette vorzubeugen, unter Mitwirkung von *Parkes* (fiehe die nebenftehende Tafel). Die Schwierigkeit, am Schwarzen Meer oder am Bosporus Plätze mit genügender Wafferbefchaffung an der Dampferroute zu finden, führte zur Wahl des Platzes an den Dardanellen zwifchen Konftantinopel und Smyrna an der unmittelbaren Dampferlinie nach Marfeille. Das Baumaterial kam vorbereitet aus London.

823. Beifpiel II.

Die Landzunge bildete 2 Buchten gegen Nord und Süd, mit gutem Ankergrund. Da meift Nordoft- oder Südweftwinde herrfchten, war die eine oder die andere Bucht verhältnismäfsig gefchützt. Das Hofpital wurde für 5 Abteilungen geplant, von denen 3 je 500, 2 je 750 Betten enthalten follten. Die Baracken der 3 erfteren ftanden zu beiden Seiten eines nahezu von Oft nach Weft gerichteten, breiten, gedeckten Verbindungsganges. 30 von diefen Baracken enthielten Sale, 4 Dispenfarien und Vorratsräume. Je 10 Baracken mit je 50 Betten bildeten eine Abteilung zu 500 Betten, an deren Südfeite je eine eiferne Küche ftand. Am Landende des Ganges waren 2 eiferne Wafchhäufer angeordnet; am anderen Ende lagen an jeder Seite die hölzernen Hütten der ärztlichen und anderen Beamten, welche von hier jede Seite der langen Linie überfehen konnten.

Parallel zu diefem Längsgang wurde im Norden und Süden je 1 Abteilung für 750 Betten nach gleichem Grundgedanken geplant; jede erhielt 1 eifernes Wafchhaus an der Landfeite und 1 eiferne Küche in der Mitte der Reihe. Rund 840 m (= $1/2$ Meile) vom Hofpital, dicht an der See in der Südbucht ftanden 3 Vorratshäufer, mit dem Eifenbahn, die vom Hafendamm ausging, verband diefe mit dem Mittelgang des Haupthofpitals, den fie zwifchen Baracke 14 und 15 kreuzte. Ihre nach der Nordbucht geplante Fortfetzung und Abzweigungen längs der Gänge der anderen 2 Abteilungen kamen infolge des Friedensfchluffes nicht zur Ausführung.

Jede Baracke war der Länge nach in 2 Säle mit je 2 Bettreihen und Zubehör geteilt, follte in der heifsen Jahreszeit durch einen Ventilator gelüftet werden — was infolge der luftigen Lage nicht erfolgte — und wurde von der Feuergefahr wegen aus Eifen erbauten Küchen mit Warmwaffer verforgt.

Reichliches Waffer war von den Bergen 8 km weit in thönernen Rohren nach einem Behälter 21,34 m oberhalb des höchften Gebäudes, von dort durch eiferne Rohre inmitten des langen Verbindungsganges herab und nach jeder Baracke geleitet. Hinter den Aborten der Reihen lief ein Hauptabzugsrohr, das am Seeende in einiger Entfernung in die Dardanellen mündete. — Der lange, gedeckte Verbindungsgang erwies fich im Sommer als kühler Spazierweg vorteilhaft, wurde aber im Winter an der Nordfeite mit Brettern verfchlagen. Eine befondere Verforgung mit Feuerfpritzen und andere Vorbeugungsmafsregeln gegen Feuer waren getroffen.

Die Koften der Gebäude, fertig zum Verfchiffen, werden zu 360 bis 440 Mark für jedes Bett angegeben, wovon 240 Mark auf die Krankenbaracken mit allen zugefügten Bequemlichkeiten, der Reft auf Magazinsräume, Küchen, Mafchinen, Wohnräume und Zubehör entfallen. Der Frachtraum, den ihr Transport forderte, war rund 1½ bis 1¾ Ton für 1 Bett. Vom 7. Mai bis 5. Dezember 1855 wurden Material und Vorräte in 23 Dampfbooten gelandet, am 25. Mai mit der Aufftellung der Gebäude begonnen; am 12. Juli war Unterkunft für 300, am 11. Auguft für 500, am 4. Dezember für 1000 und im Januar 1856 nach 7monatlicher Thätigkeit für 1500 Betten vorhanden. Als die Arbeiten Ende März unterbrochen wurden, hatte man 2200 Betten inftalliert.

Jede der 5 urfprünglich geplanten Abteilungen zu 500, bezw. 750 Betten follte von einem Arzt oder Chirurgen geleitet werden, ein vollftändiges Hofpital für fich bilden, feine eigene *Lady fifter* für Ueberwachung der Pflegerinnen und eigene Vorratsräume erhalten, die vom Zentralbureau aus verforgt wurden; doch war die gröfste Zahl der Patienten nur 640.

Das Barackenlazarett auf dem Tempelhofer Felde bei Berlin lag 18 bis 22 m über der Spree, weftlich von der Tempelhofer Chauffee, an der Kolonnenftrafse und

Fig. 410.

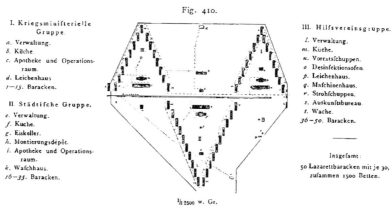

I. Kriegsminifterielle Gruppe.
a. Verwaltung.
b. Küche.
c. Apotheke und Operationsraum.
d. Leichenhaus
1—15. Baracken.

II. Städtifche Gruppe.
e. Verwaltung.
f. Küche.
g. Eiskeller.
h. Montierungsdépôt.
i. Apotheke und Operationsraum.
k. Wafchhaus.
16—35. Baracken.

III. Hilfsvereinsgruppe.
l. Verwaltung.
m. Küche.
n. Vorratsfchuppen.
o Desinfektionsofen.
p. Leichenhaus.
q. Mafchinenhaus.
r. Strohfchuppen.
s. Auskunftsbureau.
t. Wache.
36—50. Baracken.

Insgefamt:
50 Lazarettbaracken mit je 30, zufammen 1500 Betten.

¹/h 2500 w. Gr.

Barackenlazarett auf dem Tempelhofer Felde bei Berlin [955].
1870.

erhielt Anfchlufs an die Verbindungsbahn und an vorhandene Leitungen. Die Hauptanordnung erfolgte nach *Virchow*'s Vorfchlägen. Von den 1500 Betten übernahmen die Stadt 600, das Kriegsminifterium und der Berliner Hilfsverein der deutfchen Armeen im Felde je 450 (Fig. 410 [955]).

Das Zweiggleis der Verbindungsbahn bildete die von Norden nach Süden gerichtete Bafis von drei Dreiecken, in deren Schenkeln die Baracken ftaffelförmig, der herrfchenden Windrichtung entfprechend, mit weftöftlichen Längsachfen ftanden. Die kriegsminifterielle Gruppe (Refervelazarett I) und die Vereinsgruppe (Refervelazarett III) lagen an der Weft-, die ftädtifche (Refervelazarett II) an der Oftfeite der Bahn. Am nördlichen Haupteingang befanden fich die Wache, ein Auskunftsbureau, der Gafometer, ein Stall und Wagenfchuppen nebft Feuerwache, am Südeingang ebenfalls ein Stallungsgebäude und ein Bahnwarthaus. Jedes der 3 Lazarette erhielt, der getrennten Verwaltung entfprechend, ein Verwaltungs- und ein Küchengebäude (fiehe Art. 481, S. 279) nebft Strohfchuppen, und die Gruppe I und II je 1 mit der Apotheke verbundenes Operationsgebäude. Zwifchen I und III lag 1 Wafchhaus und 1 Leichenhaus,

---

[955] Fakf.-Repr. nach: Sanitätsbericht über die deutfchen Heere im Kriege gegen Frankreich 1870—71. Bd. I. Adminiftrativer Teil: Sanitätsdienft bei den deutfchen Heeren. Berlin 1884. Taf. XXXVI u. S. 342.

gegenuber von I ein zweites Leichenhaus, ein Desinfektionsgebäude und die Pumpstation der Entwäfferung, und in II stand ein für 600 Kranke genügendes Zeughaus.

Die Baracken der beiden weftlichen Lazarette waren im allgemeinen nach kriegsminifterieller Vorfchrift und die östlichen nach dem Typus der Charitébaracke (fiehe Art. 382, S. 232) gebaut und im I. Lazarett durch zwei Zelte für je 1 und ein folches für 10 Betten, im II. durch 25 Zelte, im III. durch 1 für Pyämie und 1 grofses für Rekonvaleszenten ergänzt. Von den Baracken wurden Nr. 30 und 50, fpäter nur die letztere für Brandige beftimmt.

Die Wafferverforgung erforderte die Herftellung einer 2071 m langen Anfchlufsleitung durch die Möckernftrafse an das Rohr der englifchen Wafferwerke in der Königgrätzerftrafse. Durch Haupthähne waren die Baracken und durch Wafferfchieber ganze Teile der Leitung abfperrbar. Bei Froft verfagte letztere jedoch in den höchftgelegenen Baracken wegen zu grofsen Verbrauches bei Offenhalten der Hähne, fo dafs abwechfelnd nur einer Gruppe Waffer gegeben und folches aufserdem mit Wagen angefahren

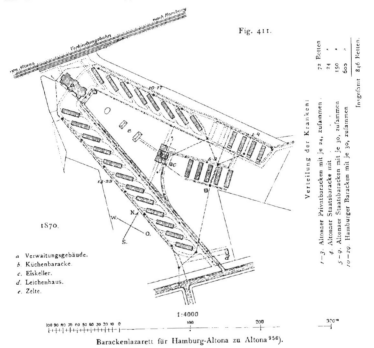

Fig. 411.

a Verwaltungsgebäude.
b. Küchenbaracke.
c. Eiskeller.
d. Leichenhaus.
e. Zelte.

Barackenlazarett für Hamburg-Altona zu Altona[956]).

werden mufste. Auch froren die fchlecht fchützbaren Teile der Leitung, befonders bei den ftädtifchen Baracken mit höherem Unterbau, ein. Nur das Vereinslazarett hatte noch einen Tiefbrunnen. — Die Entwäfferung der Gebäude mufste, da das Gelände nach Südweften fällt und hier vom Eifenbahndamm begrenzt wurde, ohne Rückficht auf fein Gefälle nach einem Sammelbecken erfolgen, wo die Abwaffer desinfiziert und dann durch Kreifelpumpen mit Lokomobilenbetrieb in Leitungen nach dem Entwäfferungsrohr von Wilhelmshöhe befördert wurden. Die Ausführung der teils fehr tief liegenden Leitungen und des Beckens begegneten infolge ungewöhnlich fchlechten Wetters grofsen Schwierigkeiten. Bei Schneefchmelze traten beträchtliche Ueberfchwemmungen ein. Das Lazarett erhielt auch Anfchlufs an die ftädtifche Gasleitung, Telegraphen- und Poftverbindung.

Von den ftädtifchen Baracken, welche am 31. Juli an 5 Zimmermeifter vergeben waren, konnten am 19. Auguft die erften 3 und am 31. Auguft 7 weitere übergeben werden.

---

[956]) Fakf.-Repr. nach: Sanitätsbericht etc., Taf. XXXVII bei S. 346.

Die Unterhaltungskoften ftellten fich für Bau und Inventar bis zum Schlufs, Ende April, auf 39006 Mark.

825. Beifpiel IV.

Von der Stadt Altona waren 1870 500 Betten bereit zu ftellen, wovon 230 Neubauten erforderten. Frau *Donner* übernahm, Baracken für 72, der Staat folche für 174 Betten zu bauen, und Hamburg errichtete auf gemeinfchaftlichem Gelände mit den Altonaer Bauten dicht an der Verbindungsbahn Baracken für 600 Betten (Fig. 411 [956]).

Auf dem fpitzen Grundftück, mit weftöftlicher Mittellinie, nahm das Hamburger Lazarett den weftlichen Teil ein. Zu beiden Seiten des zweigefchoffigen Verwaltungsgebäudes ftanden ftaffelförmig am linken Dreiecksfchenkel 8 und am rechten 12 Baracken derart, dafs fie fich nahezu in halber Länge gegenfeitig überdeckten. Zwifchen beiden Reihen lagen 2 Zelte für 8 und 12 Betten. — Im frei bleibenden nordöftlichen Teile waren rechtwinkelig zum linken Schenkel in zwei Reihen die Altonaer Baracken mit

Fig. 412.

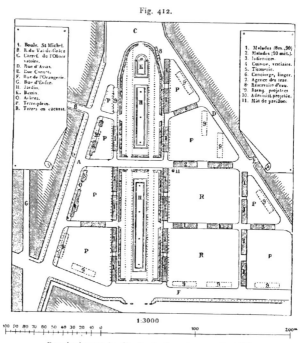

Barackenlazarett im *Jardin du Luxembourg* zu Paris [957].
1870.
Arch.: *Jäger*.
Belag: 30 × 20 = 600 Betten.

füdnördlichen Längsachfen angeordnet, für deren Verwaltung ein nahe gelegenes Haus adaptiert war. Das in der Mitte des Geländes gelegene Küchengebäude und das Leichenhaus in feiner füdöftlichen Ecke dienten beiden Lazaretten, welche mit Wafferleitung, Gasleitung und Entwäfferungsgräben verfehen waren.

826. Beifpiel V.

Das Barackenhofpital im *Jardin du Luxembourg* zu Paris (Fig. 412 [957]) nahm das füdliche, fpitze Dreieck des Gartens zwifchen dem *Boulevard St.-Michel* und der *Rue d'Affas* ein, das an feiner nördlichen Bafis von der *Rue de l'Orangerie* begrenzt

[957] Fakf.-Repr. nach: *Annales d'hygiène*, 2. Serie, Bd. 35 (1871), S. 122.
[958] Fakf.-Repr. nach: FILLENBAUM, A. v., J. NETOLITZKY, F. DANEK & G. GÜTTL. Bericht über das franzöfifche Barackenlazarett für Verwundete im Parke von St.-Cloud im Jahre 1871. Wien 1872. Taf. III.

ift, war eine Sukkurfale vom Militarhofpital *Val de Grâce*, hatte mit diefem durch die gleichnamige kurze Strafse Verbindung und wurde unter Mitwirkung von *Levy* geplant.

Die Anordnung der Baracken folgte den afphaltierten, mit allen Leitungen verfehenen Strafsenzügen der das Grundftück von Norden nach Süden teilenden *Avenue du Luxembourg* und ihren Seitenwegen, deren Bürgerfteige den Verkehr der dreirädrigen Wagen für die Verpflegung erleichterten. Der Haupteingang, das Pförtnerhaus, die Räume für den dienfthabenden Arzt, die Wärter und reine Wäfche, die Bureaus, die Apotheke und das Küchengebäude nebft der Montierungskammer lagen am Boulevard.

Für den Fall eines Brandes im Hofpital oder in feiner Umgebung waren auf dem höchften füdlichen Punkt (K) Wafferbehälter von 150 cbm Inhalt und ein von der Stadt unabhängiges Wafferverteilungs-

Fig. 413.

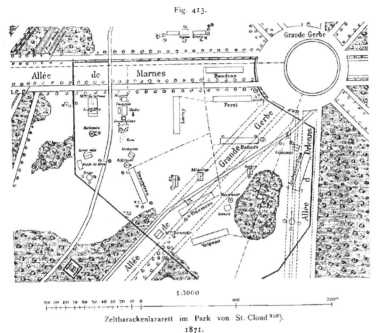

Zeltbarackenlazarett im Park von St. Cloud [958]).
1871.
Belag: 8 × 24 = 192 Betten, bezw. 96 Schwerverwundete.

fyftem angelegt. Jede Baracke erhielt einen eigenen Wafferbehälter mit je einem Hahn im Inneren und aufserhalb derfelben zur Verforgung der Spritzen.

Die Bauten, deren Errichtung am 5. September begann, konnten im November belegt werden; doch kamen nur 22 Baracken für einen Sollbelag von 440 Betten zur Ausführung; diefelben ftanden 50 cm über dem Strafsenafphalt. — *Levy* tadelte an der Gefamtanordnung den geringen Abftand zwifchen den Stirnfeiten der Baracken und die von den meiften derfelben zu entfernte Lage der allgemeinen Dienfte. — Auf jedes der geplanten 600 Betten entfielen von dem 80 000 qm grofsen Gelände 133 qm.

Das Zeltbarackenlazarett für Schwerverwundete im Park von St.-Cloud lag auf einer grofsen Wiefe des hochgelegenen Teiles vom *Jardin refervé* an der *Grande-Gerbe* und fo nahe der Halteftation der Eifenbahn nach Verfailles, dafs Verwundete fowohl aus den Hofpitälern von Paris und feiner Umgebung, wie von Verfailles unmittelbar in das Hofpital gebracht werden konnten. Auferdem ftand dem nach

827.
Beifpiel VI.

den Angaben von *Mundy* errichteten Lazarett eine Ambulanz zur Verfügung (Fig. 413 [958]).

Infolge der eigentümlichen Geftalt des Geländes, in das nördlich die *Allée de Marnes* und öftlich die *Allée d'Orléans* einbezogen war, nahm *Mundy* von einer rhythmifchen Aufftellung der 8 geplanten Zeltbaracken (fiehe Art. 414, S. 247) Abftand und ordnete fie fo an, dafs ihre offenen Langfeiten bei 5 derfelben gegen Süden, bei 2 gegen Often und bei 1 gegen Weften gekehrt war. Auf der Wiefe unter der Baumgruppe lagen der mit der Apotheke unter einem Dach befindliche Operationsraum und ein Vorratsfchuppen für beide, der auch die Tragbahren enthielt; doch wurden hier nur die erften Operationen ausgeführt; die fpäteren erfolgten in den Baderäumen der Zeltbaracken felbft. Zwifchen letzteren ftanden 6 kleine Wohnbaracken: 2 für die 4 Chef- und 4 Hilfsärzte, 1 für 2 Rechnungsbeamte und 3 für die Schweftern; 2 grofse Zelte nahe der Zeltbaracke *Dupuytren* dienten für die Krankenwärter. Südlich von der letzteren, in einem zweigefchoffigen Blockhaus, befand fich die Wohnung des Direktors, das Bureau, das Beratungszimmer, ein Baderaum für die Aerzte und eine Glockenvorrichtung, durch welche der Koch, der Kellermeifter, der Chefkrankenwärter, die *Voiliers*, die *Pompiers*, die Tag- und Nachtwächter, Kutfcher u. f. w. durch eigene, für jeden der Genannten beftimmte Glockenfignale gerufen werden konnten. —

Fig. 415.

1/3000 w. Gr.
Baracken-Etappenlazarett zu Nancy [960].

I. Baracke mit . 90 Betten
II. Baracke mit . . 80 "
III, IV. Baracken mit je 70, zufammen 210 "
VI. Offiziersbaracke mit . . . 8 "
VII, VIII. Baracken mit je 82, zufammen 164 "
Insgefamt 552 Betten.
IX. Infpektor und Unterfuchung.
X. Küchenbaracke.

Fig. 414.

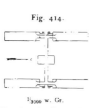

1/3000 w. Gr.
Baracken für Verwundete zu Heidelberg [959].
Belag: 4 × 32 = 128 Betten.

Fig. 416.

1/4600 w. Gr.

Lazarett für Kriegsgefangene auf der Wahner Heide bei Cöln [961].
Belag: 3 × 200 = 600 Betten.

Auf dem weftlichen Teil des Geländes lagen die Bauten der Küchenabteilung, die Magazingebäude für die Gerätfchaften, die reine Wäfche, die Montierungskammer, die Speiferäume der Schweftern, Aerzte und Beamten, eine Baracke für die fchmutzige Wäfche — deren Reinigung durch einen Unternehmer in Boulogne erfolgte — und ein Schuppen für die trockene Erde der Streuaborte. Im Mittelpunkt der Wiefe errichtete man an jedem Sonntag eine Zeltkapelle. — Aufserhalb der Einfriedigung befanden fich nördlich die Ambulanz für 6 Pferde und für die *Mundy'*fchen Verwundeten-Transportwagen, ein Schuppen für Lampen und Feuerlöfchgeräte nebft einer Wohnbaracke für die *Pompiers*, Lampiften und *Voiliers*, füdweftlich das Leichenhaus nebft der Leichendienerwohnung und die mit demfelben eingehegte Grube zum Verbrennen von Stroh, Verbandzeug u. f. w.

Das Grundftück war durch ein weifs angeftrichenes Eifengeländer und zwei Eingänge vom Park getrennt. Für die Wächter diente ein am Haupteingang an der Grande Gerbe gelegenes Zelt. — Die Beleuchtung erfolgte durch 40 an den Seiten oder Rückwänden der Zeltbaracken teils auf befonderen Pfählen angebrachten *Réverbères* mittels Oel, die Wafferverforgung durch den grofsen Behälter der Wafferkünfte von St.-Cloud am Südrande des Geländes. — Neben den Bauten waren 42 Erdaborte nach *Moule's* Syftem vorhanden. Zwei auf dem Grundftück befindliche, fortgefetzt mit Waffer beriefelte, fog. Refervoire nahmen den Urin der bettlägerigen Kranken und des Spülwaffer auf, welche durch befonders gelegte Rohre in die Kanäle von St.-Cloud geleitet wurden.

828.
Beifpiel VII.

In Heidelberg waren zwei Barackengruppen vom Lokalverein, den ftädtifchen Behörden und der Grofsherzoglichen Kriegsverwaltung errichtet worden, von denen

[959] Fakf.-Repr. nach: Sanitätsbericht etc., Taf. XL, Fig. 4 bei S. 350.
[960] Fakf.-Repr. nach: Sanitätsbericht etc., S. 327.
[961] Fakf.-Repr. nach ebendaf., Taf. LXII, S. 390.

die eine für 128 Verwundete und die andere für 120 innerliche, namentlich für epidemische Krankheiten beftimmt wurde.

Die erftere, im Auguft erbaute Gruppe auf dem Gelände des neuen akademifchen Krankenhaufes, in der Nähe des Bahnhofes, beftand aus 2 Paaren von Baracken, die durch gedeckte Gänge, an denen die Aborte lagen, unter fich und mit den zwifchen beiden Paaren erbauten Verwaltungs- und Küchengebäuden Verbindung hatten (Fig. 414 [959]).

Die zweite Gruppe am Neckarufer, eine Viertelftunde von der Stadt entfernt, fetzte fich ebenfalls aus 4 Baracken zufammen, von denen 2 parallel, die anderen beiden hinter diefen quer und unter fich wieder parallel ftanden. Vor den erfteren lag das Wirtfchaftsgebäude und zwifchen ihnen das Wafchhaus. Alle diefe Bauten hatten offene Gangverbindung. Das zweigefchoffige Wirtfchaftsgebäude enthielt im Erdgefchofs das Bureau, die Küche, die Speife- und Schlafräume des Perfonals, im Obergefchofs aufser den Wohnungen der Aerzte das Montierungsdepot.

Das gröfste Baracken-Etappenlazarett in Frankreich (1870—71) entftand allmählich in Nancy, wo nach den Schlachten um Metz und von den Einfchliefsungsarmeen vor diefer Feftung und vor Paris ungewöhnlich grofse Transporte von Kranken und Verwundeten zufammenftrömten und die »ohnehin anderweitig ftark in Anfpruch genommenen Bahnhofsgebäude fich als durchaus unzureichend erwiefen«. Diefes auf dem Platz vor und neben dem Bahnhof von der *Mairie* der Stadt errichtete Hofpital fafste 552, zur Not 657 Kranke (Fig. 415 [960]).

829. Beifpiel VIII.

Das Lazarett lag dicht an der Oftfeite des Bahnhofes. Bei den Baracken waren in *I* und *III* je 2 Nebenräume für das Warteperfonal abgefchlagen, an *IV* eine kleine Küche mit Kochherd und an *II* eine Küche, Theeküche und Wohnräume für die Köchinnen angebaut. Aufserdem ergänzten das Lazarett 1 Offiziersbaracke *VI*, in welcher beiderfeits von einer Längsfcheidewand je 5 Einzelabteilungen durch fpanifche Wände abgetrennt waren, von denen eine den Spülabort enthielt, ferner 1 Baracke *IX* mit der Infpektorftube, dem ärztlichen Unterfuchungs- und Verbandzimmer und 2 vierfitzige Tonnenaborte im füdlich fich anfchliefsenden Garten. — Im Bedarfsfall belegte man noch die grofse Bahnhofshalle mit 150 bis 200 Strohfäcken.

Das Lazarett für Kriegsgefangene auf der Wahner Heide bei Cöln, wo im September 1870 ein Zelt- und Strohhüttenlager für 10000, im Oktober ein Barackenlazarett für 5000 Mann zur Ueberwinterung errichtet worden war, wurde Ende Dezember, 9 m über und 600 m nordöftlich von dem Lager, erbaut (Fig. 416 [961]).

830. Beifpiel IX.

Das Lazarett beftand aus 1 Oekonomie- und 3 Kranken-Doppelbaracken an den 4 Seiten eines Hofplatzes nebft dem hinter letzterem gelegenen Leichenhaus. Die Oekonomiebaracke mit einem Knieftock lag an der Südfeite und enthielt das Bureau, die Apotheke, Küche und Wohnungen der Aerzte. Jede Krankenbaracke hatte 2 Säle für je 100 Kranke, an deren Enden 2 Zimmer für 2 Offiziere und 1 für Lazarettgehilfen abgetrennt waren; zwifchen den Sälen lagen in den Seitenbaracken der Eingang mit den Aborten, in den nördlichen 5 Räume, die als Theeküche, Badezimmer, Wafchküche, Roll- und Flickftube benutzt wurden. Auf dem Hofe befanden fich 2 Müllgruben und ein Brunnen.

Litteratur
über »Lazarette im Kriege«.
a) Anlage und Einrichtung.

HAMMOND, W. A. *A treatife on hygiene with fpecial reference to the military fervice.* Philadelphia 1863. Chapter XIII: *Hofpitals.* S. 305—446.

ROSE, E. *Das Krankenzerftreuungsfyftem im Felde.* Antrittsrede, gehalten in Zürich am 21. Dezember 1867. Berlin 1868.

Vorfchriften betreffend Krankenzelte, Baracken und das Desinfectionsverfahren in den Lazarethen. Berlin 1870.

ESMARCH, F. *Ueber Vorbereitung von Referve-Lazaretten.* Berlin 1870.

WOODWARD, J. J. *International exhibition 1876. Hofpital of the medical department, United States army. No. 3: Defcription of the models of hofpitals. — No. 4: Defcription of the models of hofpital fteamveffels.* Philadelphia 1876.

BILLROTH, T. Die Errichtung von Feldfpitälern; moderne Barackenfpitäler; die Feinde der Verwundeten; das Leben in den Feldfpitälern. Militärarzt, Bd. 16 (1882), S. 61, 67.

The medical and furgical hiftory of the wor of the rebellion. Part III, Vol. II: Surgical hiftory. Prepared under the direction of Jofeph K. Barnes, furgeon general United States army by George A. Otis, furgeon United States army. Second iffue. Wafhington 1883. S. 920 ff., 971–986. — Part III, Vol. I: Medical hiftory. Being the third medical volume. Wafhington 1888. Chapter XII: On the general hofpitals. S. 896–966.

Sanitäts-Bericht über die deutfchen Heere im Kriege gegen Frankreich 1870—71. Bd. 1. Adminiftrativer Theil: Sanitätsdienft bei den deutfchen Heeren. Berlin 1884.

HAASE. Die Unterbringung der Verwundeten und Kranken auf dem Kriegsfchauplatz. Berlin 1891.

GROSSHEIM, C. Das Sanitätswefen auf der Weltausftellung in Chicago. Berlin 1893.

IRWIN, B. J. D. Notes on the introduction of tent field hofpitals in war. The proceedings of the fourth annual meeting of the affociation of military furgeons of the United States. Held at Wafhington D. C. on the 1ft, 2d and 3d of Mai 1897. St. Louis 1894. S. 108.

GOTO, S. Bericht über das Militär-Quarantänewefen im japanifch-chinefifchen Kriege 1894—95. Tokio 1898.

Les transports-hôpitaux de la marine americaine. Le genie civil, Bd. 33 (1898), S. 332.

Militärärztliches vom Transvaalkrieg. Allg. militärärztl. Zeitg., Beil. zur Wiener mediz. Preffe 1900, Nr. 27, S. 26 ff.

β) Befchreibung einzelner Lazarette.

PARKES, E. A. Report on the formation and general management of Renkioi hofpital on the Dardanelles, Turkey. London 1857.

Die Lazareth-Baracken-Anlage der Stadt Leipzig. Deutfche Bauz. 1870, S. 322.

HOBRECHT, J. Bericht über die auf Koften der Stadt Berlin ausgeführten Bauten und der Barackenanlage auf dem Tempelhofer Felde nebft Nachtrag. Berlin 1870—71.

HOBRECHT, J. Das Barackenlazareth auf dem Tempelhofer Felde bei Berlin. Deutfche Viert. f. öff. Gefundheitspfl. 1870, S. 492; 1871, S. 72.

HOCHSTETTER, J. Das Friedrichs-Barackenlazareth zu Karlsruhe. Karlsruhe 1871.

ULMER. Das Pefter Barackenhofpital. Militärarzt 1871, Nr. 14, 16.

OTT. Lage und Einrichtung des Barackenfpitals am Salon. Medicin. Correfpondenzbl. d. württ. ärztl. Ver. 1871, S. 1.

L'hôpital barraqué de Saint-Cloud. Gaz. hebdom. de méd., 2. Serie, Bd. 8 (1871), S. 387.

ADENAW, A. & A. v. KAVEN. Die Baracken-Lazarethe des Vereins für den Regierungsbezirk Aachen im Kriege 1870—71. Aachen 1872.

FILLENBAUM, A. v., J. NETOLITZKY, F. DANEK & G. GUTTL. Bericht über das franzöfifche Barackenlazareth für Verwundete im Park von St.-Cloud im Jahre 1871. Wien 1872. — Referat hierüber in: Deutfche militärärztl. Zeitfchr. 1873, S. 56.

OPPERMANN, C. A. Ambulances hygièniques du Luxembourg. Nouv. annales de la conftr. 1871, S. 25 u. Pl. 11 bis 13.

MENGER. Das transportable Baracken-Lazareth zu Tempelhof vom 1. Juli bis 31. Dezember 1891. Bericht, dem Central-Comité der deutfchen Vereine vom Rothen Kreuz erftattet. Berlin 1892.

DE LARRA CEREZO, ANGEL. Die Militärhofpitäler der Infel Cuba und befonders das Hofpital Alphonfe XIII in der Havanna, während des letzten Krieges. Referat hierüber in: Deutfche militärärztl. Zeitfchr., Jahrg. XXVII (1898), S. 282.

Hofpital transport. Hofpital fteamfhips »Mauritius« and »Melbourne«. Equipped for fervice in China. Army med. depart. report 1859. London 1861. Bd. I, S. 337.

The army hofpital fhips for Abyffinia. Lancet 1867—II, S. 397.

The Abyffinian hofpital fhips. Med. times and gaz. 1867—II, S. 351.

Defcriptive and fanitary report of the hofpital fhip »Queen of the fouth« (Abyffinian expedition). Army med. depart. report 1866. London 1868. Bd. VIII, S. 571.

Report of the »Loncet« fanitary Commiffion on H. M. S. »Victor Emanuel«. Lancet 1873—II, S. 754.

The »Victor Emanuel«. Hofpital fhip in the Southampton water. Britifh med. journ. 1874—I, S. 521.

The floating hofpital and invaliding arrangements of the Afhantee war. Lancet 1874—I, S. 249.

BOGERT, E. S. Das Ambulancefchiff Solace, fein Zweck und feine Konftruktion. New York med. Record, Bd. LIII, S. 7.

SIEGFRIED, C. T. Hofpitalfchiffe. Bofton. med. and furg. Journ., Bd. CXXXIX, S. 125.

CRAMER. Ueber Beförderung Erkrankter und Verwundeter zu Waffer. Deutfche militärärztl. Zeitfchr. 1900, S. 144.

Alphabetisches Sachregister[962].

(Die beigefügten Ziffern geben die Seitenzahlen an.)

Aachen. Luisenhospital, Cockerillhaus: 443, Fenster: 54.
— Vereinsbaracke (1870): 240.
Absonderungskrankenhäuser: 9, 12; — Bausysteme: 469, 486; — Fürsorge für Ansteckendkranke: 14, 470.
Abteilungen für Kranke, Umfang: 22, 138, Anordnung: 394; — für Ansteckendkranke: 390, 396, 440, 471; — für Aeufserlich- und Innerlichkranke: 387, 390, 437, 510; — für Kinder: 444, 450, 465.
Adaptierungen für Ansteckendkranke: 486; für Innerlichkranke und Verwundete: 516.
Alberschweiler. Genesungshaus: 504.
Aldwinkle. Bettschüffelausgufs: 125.
Allgemeine Krankenhäuser: 9, 386; — Anordnung der Krankengebäude: 394, der anderen zum Krankenhause gehörigen Gebäude: 397. — Vorarbeiten für das Programm: 388.
Altona. Barackenlazarett: 530.
Amerika, Vereinigte Staaten von Nord-. Hospitalzelt: 262, Heizung: 259; — Lazarettbaracken: 240, Abortanlage: 110.
Andrée, Beobachtungsdienst für Bukarest, Plan: 216.
Antwerpen. Gasthuis Stuivenberg: 418, 332.
Arlen. Heinrichs-Hospital, Sanatorium für Lungenkranke: 201, Rollvorhänge 55.
Aufnahme der Kranken: 93, 269, 272, 397, 473.
Ausfatzhofpitäler: 5.
Aufsig. Abortanlage: 110.

Baltimore. Johns-Hopkins-Hospital: 418, 332, 338, 396, 397; — Achteckpavillon: 29 ff., Fensterbrüftung: 47, Fufsbodenkehle: 37, Lüftung und Heizung: 81; — Blockbau für Zahlende: 186; — Sinkbrunnen: 356; — Wasserfilter: 352.
Ballenstedt: Kreiskrankenhaus: 430.
Banbury. *Horton infirmary:* 434.
Baracken, ältere: 7, 8, 9, 12, 13, Baumaterialien, Wärmeverluste: 220, Heizbarkeit: 228, 226, Herstellungszeit: 219, 489, 518, 522, Saalmafse: 231, Stellung: 520, 523, Transportmittel: 519; — Verfetzbare Baracken, Mafse und Gewichte: 250.
Barackenlazarette: 526.

Barnsley. *Kendray fever hospital,* Ringsaal für Pockenkranke: 204.
Basel. Kinderhospital, Wandheizung: 89.
Berlin. Auguftahofpital, Kuppelbaracke: 234.
Barackenlazarett Tempelhofer Feld (1870): 528, Barackenquerschnitte: 238.
Bethanien. Diakoniffenanstalt: 10; — Evakuationspavillon: 174, 41.
Charité, Königl.: 394; — Barackenzelt: 265; — Entbindungsabteilung, Evakuationspavillon: 195, Lüftung: 61; — Gynäkologischer Pavillon: 199; — Institut für Infektionskranke: 442; — Kinderkrankenhaus für ansteckende Krankheiten: 444; — Küchengebäude: 279, 276, 277; — Lazarettbaracke: 232; — Sanatorium für Lungenkranke, Plan: 201.
Friedrichshain, städt. Krankenhaus am: 404, 13, 332, 338; — Brunnen: 351; — Eishaus: 280; — Gasleitung: 375; — Heizung: 370; — Ifoliergebäude: 443.
Garnisonlazarett II, Tempelhof: 507, 335; — Lazarett aus verfetzbaren Baracken: 523.
Israelitisches Krankenhaus. Ifolierpavillon: 175.
Kaifer- u. Kaiferin-Friedrich-Kinderkrankenhaus: 455, Fenster: 52, 55, 130, Spülküche: 118.
Klinik für Chirurgie, Königl. Poliklinik: 291, Operationsfaal, Luftheizung: 303.
Klinisches Institut für Geburtshilfe und Frauenkrankheiten. Abteilung für Wöchnerinnen: 194, für gynäkologische Kranke: 198.
Moabit, städtisches Krankenhaus: 473, 469; — Heizung und Lüftung: 230; — Ifolierbaracke: 177; — Operationsgebäude, Waschtische: 306; — Stall für Verfuchstiere: 326.
Rudolf Virchow-Krankenhaus, städt.: 401; — Abteilung für Ansteckende: 442; — Doppelpavillon: 162; — Wafferverforgung: 352, 353.
Urban, städt. Krankenhaus am: 405; Beleuchtung 375; — Eisbeschaffung: 280; — Operationsfaal, Beleuchtung: 302; — Pavillon, Beleuchtung: 91, Dachreiter: 58, Wärmefchrank: 118, Ständige Bäder: 105; — Wafferverforgung: 352; — Wirtschaftsgebäude 287, Küchenbetrieb: 275, Waschraumeinrichtung: 284.

---

[961] Die in diefes Verzeichnis aufgenommenen Sammelworte follen nur das Inhaltsverzeichnis am Eingang des Heftes ergänzen.

Bernburg. Kreiskrankenhaus: 410, 393, 400.
Bernhardt & Grove, verfetzbare Baracke: 253.
Bielefeld. Neue flädt. Krankenanflalt. Doppelblock für Krätze und Syphilis: 190.
Bingen. Rochusberg, Zeltlazarett: 524, 525.
Böhmifch-Leipa. Kaifer-Franz-Jofeph-Krankenhaus, Doppelpavillon für Anfteckende: 176.
Bonn. Klin. Univ.-Anftalten, Chir. Klinik, Fenfter: 51; — Mediz. Klinik, Feuerluftheizung: 72; — Gynäkolog. Klinik, Druckluftheizung: 65.
Bourges. *Hôpital militaire*, Pavillon: 144.
Bournemouth. *Sanitary hofpital*: 483.
Bradford. Kinderhofpital: 463.
Bradford fmall-pox hofpital. Doppelblock für Pockenkranke: 204, Fenfter: 48.
Braunfchweig. Herzogl. Krankenanflalt, • Brunnen: 351; — Delirantenhaus:189; — Elektr. Beleuchtung: 375; — Entbindungsanflalt: 196, 199, 192, 193; — Gebäude für Diphtherie und Scharlach: 209; — Heizung: 370; — Keffelhaus: 374; — Leichenhaus: 328; — Medico-mechanifches Inftitut: 314, 313; — Verwaltungsgebäude: 271.
Bremen. Baracken (1870), Abortanlage: 109.
Breslau. Klin. Univ.-Anftalten, Frauenklinik: 198; — Poliklinik für Hautkranke und Syphilitifche: 292; — Verwaltungsgebäude: 271.
Bretten. Baracken: 242.
Brünn. Epidemiefpital, Desinfektions- und Verbrennungsanlage für Abwaffer: 368.
Brüffel. *Hôpital militaire*: 508.
Budapeft. Elifabeth-Hofpital: 512.
St. Ladislaus-Epidemiefpital. Pavillon: 173.

Chateau-Thierry. Typhusbaracke (1870): 236.
Cheftnut Hill. *Mover general hofpital*: 526.
Cholera 1892. Mafsnahmen in Städten: 486.
Chriftiania. *Ullevolds hofpital*, Beobachtungsblock: 216.
Cöln. Barackenlazarett für Kriegsgefangene (1870), Wahner Heide 533.
Städt. Krankenhaus, Zülpicherftrafse, Zweck: 469.
Zeltlazarett am Türmchen (1870): 524, 263; — Zeltfäle im Garnifonlazarett: 264.
Cottage hofpitals: 11.
Cuxhaven. Quarantänelazarett: 495.

Darmftadt-Beffungen. Zeltbaracken im Orangeriegarten (1870): 247.
Deffau. Kreiskrankenhaus: 424.
Douzy. Feldbaracke (1870): 249.
Dresden. Diakoniffenanflalt, Ergänzungsbau, Fenfter: 53.
Karola-Haus: 420; — Fenfter: 53; — Verbindungsgang: 342.

Kinderhofpital, Chemnitzerftrafse. Gebäude für Aeufserlich- und Innerlichkranke: 450; — desgl. für Diphtherie und Scharlach: 209.
Garnifonlazarett: 505, 503.

Eberswalde. Augufta-Viktoria-Heim: 513.
Edinburgh. *Royal infirmary*, Pavillon: 155.
Ehrenbreitftein. Garnifonlazarett: 506.
Eisleben. Knappfchaftslazarett, Badehaus: 296.
Elberfeld. Städtifche Krankenanflalt, Abteilung für Hautkranke und Venerifche: 191.
El Tor. Quarantänelazarett: 494.
England. Zelte: 261, 263.
Epernay. *Hofpital*-Hofpiz Auban-Moët, *Communauté*; 290.
Epfom. *Workhoufe infirmary*: 420.
Erfurt. Städtifches Krankenhaus, Irrengebäude: 188.

Fenflerflächen. Ueberficht: 46.
Feuerlatrine: 369.
Floing. Feldbaracke (1870): 249.
Folkeftone. »Sanatorium« für infektiöfe Krankheiten: 481.
Frankfurt a. M. Baracken, Querfchnitte (1870): 238; — Barackenzelte im Garnifonlazarett (1866): 265; — Zeltbaracken im Heiligen-Geift-Hofpital (1867): 246.
Clementinenhofpital für Mädchen: 464.
Städt. Krankenhaus 394; — Beobachtungspavillon: 215; — Chirurgifche Abteilung: 437, Dachreiter: 58, Fufsbodenheizung: 89, 304, Operationsraum, Wafchtifche: 306, 108; — Pockengebäude: 204.
Frankreich. Zelte: 263.

Galton, Kamin: 75, Plan für ein Regimentshofpital: 509.
Gateshead. *Jubilee childrens hofpital*: 452.
Genf. *Hôpital continental*, Evakuationsbaracken: 246.
Gerhard, Abortfitz: 113.
Glasgow. *Belvedere hofpital*: 469; Thorgebäude: 269.
Göttingen. Med. Univerf.-Anftalten, Chir. Klinik, Fenfter: 51; Operationsfaal, Fenfter: 301; — Frauenklinik, Mantelöfen: 74; Abteilung für gynäkologifche Kranke: 199, Laparotomiefaal, Beleuchtung: 302, Nebenräume: 305; Abteilung für Schwangere: 192.
Grabowfee, am. Volksheilflätte, Acetylenbeleuchtung: 91; — Kläranlage: 363, 364.
Greenville. *Sedgwick hofpital* (1864), Küchengebäude: 279.
Greenwich. *Miller memorial hofpital*: 433.
Greifswald. Univerfitätskrankenhaus, Kläranlage: 360.
Grofslichterfelde: Rotherftift, Kläranlage: 362, 364.
Gruber v. & Völkner, Pavillons, Baufyftem: 42.
Grundftücksgröfsen: 331, 333.

Haase, Bedarf an Zelten und Baracken im Felde: 518.
Halle a. S. Bergmannstroft: 440; — Medico-mechanifches Inftitut: 314.
Medic. Lehranftalten. Chir. Klinik, Operationsfaal: 300, Beleuchtung: 302, Deckenlicht: 301, Wafchtifche: 306; Veranden: 99; — Kläranlage: 359; — Lüftung und Heizung: 82; — Mediz. Klinik, Seitengang: 143; — Unterbauten: 35.
Hamburg. Allgemeines Krankenhaus: 10; — Chirurgifcher Pavillon, Fufsbodenheizung: 87.
Choleralazarette 1892: 486, 487, 489, Aufbau: 490, Baracken: 236 ff., Desinfektion der Abwaffer: 366; — Feldlazarett: 491; — Lararett an der Alfredftrafse, Dachreiter: 60, Desinfektions- und Wafchhaus: 319, Leichenhaus: 329; — an der Erikaftrafse: 493, 487, 489; — beim Schlump: 493; — Quarantäneftation im Konkordiafaal: 494.
Hamburg-Eppendorf. Allgemeines Krankenhaus: 402, 334, 337, 339, 397; — Eishaus: 280; — Heizung: 370; — Pavillons: 148, Betten: 135, Nachttifche: 136, Wafchtifche: 108; — Verbindungswege: 342; — Verbrennungsofen: 321; — Verfuche für Abwafferreinigung: 361.
Hannover. Baracken am Welfenfchlofs (1870), Abortanlage: 110.
Städt. Krankenhaus, Abortanlage: 110.
Hazleton. Bergwerkshofpital, Lüftung: 65.
Heidelberg. Akademifches Krankenhaus, Baracken (1870): 532; — Chir. Baracke: 144; — Doppelpavillon für Innerlichkranke: 163.
Helfingfors. Zeltfäle für Cholerakranke (1892): 264, Behandlung der Abwaffer: 367.
Holtenau. Quarantänelazarett: 495.
Homburg v. d. Höhe. Baracke der Kronprinzeffin (1870): 240; — Städt. Baracke, Abortanlage: 109.
Home hofpitals: 14.
Hofpitäler, buddhiftifche: 3, chriftliche: 3, mittelalterliche: 4.
Hofpitalgärten im Krieg: 525.

Kaiferswerth. Diakoniffenmutterhaus, neue Krankenanftalt: 411.
Karlsruhe. Städt. Krankenhaus, Gasofenheizung: 72.
Kärnten. Ländliche Epidemiefpitäler, Ifolierblock: 179.
Kendal. Hofpital für infektiöfe Krankheiten: 483.
Keffelhaus: 373.
Kiel. Städt. Krankenhaus, Pavillon für venerifche Frauen: 192.
Klofterhofpitäler: 4
Koblenz. Lazarett für Kriegsgefangene auf dem Karthäuferplateau: 525.
Königsberg i. Pr. Klin. Univerf.-Inftitute, Chir. Klinik, Turnfaal: 440; — Geburtshilfl. Klinik, Kaminöfen: 76.

Kopenhagen. Barackenlazarett am Orefund: 495.
Blegdam hofpital für epidemifche Krankheiten: 480.
Entbindungsanftalt, Einzelzimmer: 193.
Kori. Oefen mit Heizkammern: 75, 229; — Verbrennungsöfen: 322.
Korridorkrankenhäufer: 10.
Koften: 377; — Ueberfichten der Koften von Abfonderungskrankenhäufern: 472, 488; — von allgemeinen Krankenhäufern: 398; — von anderen zum Krankenhaus gehörigen Bauten: 399; — von Baracken: 382; — von Blockbauten: 380; — von Brennftoffverbrauch: 372; — von Kinderkrankenhäufern: 454; — von Kläranlagen: 365; — von Militärlazaretten: 503; — von Pavillons: 378; — von Verpflegung, Heizung und Beleuchtung: 370.
Krakau. St. Ludwigshofpital, Säuglingsabteilung: 451.
Krankenräume. Mafse, Ueberfichten: 23, 27, 29.
Krankentransport in Städten: 495, zu Land und Waffer: 150.
Krankenzerftreuung: 7, 11, 12, 13, 393.
Kreuzbau: 6, 8.
Krimkrieg: 12; — Baracken der Engländer: 248, Dachreiter: 56, *Poneled huts*: 250. — Berichte der englifchen Kommiffionen nach dem Krieg: 12.
Küchenmafse. Ueberficht: 276.

Langenfalza. Städtifches Krankenhaus: 433, 397.
Zeltbaracken (1866): 246.
Leeds. *General infirmary*, Abortanlage: 110.
Leipzig. Baracken auf dem Exerzierplatz (1870): 243.
Kinderkrankenhaus: 460.
Städt. Krankenhaus zu St. Jakob: 404; — Fufsbodenheizung: 89; — Verbindungsgänge: 342.
Lille. *Hôpital Ste.-Eugénie*, Krankenblock: 168.
Liverpool. *Ladies charity and lying in hofpital*, Wöchnerinnenblock: 194.
New Royal infirmary, Pavillon: 166.
Park Hill hofpital: 492.
Seaforth military hofpital: 510.
Local government board, London: 14; — Normalpläne für Infektionsblocks: 178, 216, Raummafse: 171.
London. *Brook fever hofpital, Shooter's Hill*: 479, 338; — Ambulanzftation: 496; — Entwäfferung: 358.
Fullham hofpital: 471, 202.
Greath northern central hofpital, Poliklinik: 293.
Hamerton (Eaftern) hofpital: 469, 471.
Hampftead (North weftern) hofpital, Baracken: 234, 235, 203.
Holborn union infirmary, Wafchhaus: 285.
London hofpital, Whitechapel road, Thorgebäude: 268.

London fever hofpital, Ifolierpavillon: 178.

Northern hofpital, Winchmore Hill, Rekonvaleszentengebäude: 187.

Park fever hofpital Hither Green, Lewisham: 476; — Entwäfferung: 358; — Fenfter: 50; — Lüftung und Heizung: 82.

Pockenfchiffe am Long Reach: 485, 469.

St. Marylebone infirmary: 417, 334; — Heizung: 75; — Wafferverforgung: 352.

St. Olaves infirmary, Wafchhaus: 285.

St. Ormond ftreet hofpital for fick children. Bloomsbury: 462.

St. Thomas hofpital: 425, 336; — Heizung: 75.

Stockwell (South-weftern) hofpital: 469.

Herbert hofpital, Woolwich: 507.

Magdeburg. Städtifche Krankenanftalt, Chirurgifcher Pavillon: 166.

Maidftone. Wafferleitungsdesinfektion: 354.

Mannheim. Flecktyphusbaracke auf dem Steinplatz (1870): 236.

Marburg. Univerf.-Kliniken, Chir. Klinik, Operationsfaal, Feuerluftheizung: 304.

Merke, Ausgufs- und Reinigungskeffel: 126; — Raum für fchmutzige Wäfche: 124; — Wäfchefammelund -Desinfektionsvorrichtung: 124.

Metropolitan afylums board, London: 14.

Metz. Baracken auf dem Polygon (1870): 248.

Minden. Baracken für Kriegsgefangene (1870): 242.

Montbéliard. Hofpital: 414.

Mont Carmel. Hofpiz, Elektrifche Heizung: 89.

Montmirail. Typhusbaracken (1870): 236.

Montpellier. *Hôpital civil et militaire (St.-Eloi)*: 407, 335, 338, 340; — Kaminlüftung: 75; — Terraffen: 100; — Wafferverforgung: 352.

Montreal. *Royal Victoria hofpital*: 338, 340; — Abteilung für Anfteckende: 442; — Treppenhaus: 131.

Mooi River ftation. General hofpital (1901): 524, Entwäfferung und Wafferverforgung: 522.

Moskau. St. Olga-Kinderhofpital, Abteilung für Aeufserlich- und Innerlichkranke: 450; — Gebäude für das Perfonal: 453.

St. Wladimir-Kinderhofpital: 339; — Gebäude für Aeufserlich- und Innerlichkranke: 465; — für Mafernkranke: 214; — für Scharlachkranke: 211; — Milchwirtfchaft: 453; — Poliklinik: 292.

Nancy. Baracken-Etappenlazarett (1870): 533.

Nafhville. *Cumberland hofpital*: 524.

Neumünfter. Städtifches Krankenhaus: 430.

Neu-Rahnsdorf. Heilanftalt für Verletzte: 440.

Neu-Witkowitz. Gewerkfchaftsfpital: 414.

Newcaftle upon Tyne. *City hofpital* für anfteckende Krankheiten: 481.

New York. *Presbyterian hofpital*, Ifolierblock: 181.

Nottingham. *Bagthorpe hofpital*, Sterilifierung der Abluft: 203.

Nürnberg. Allgemeines Krankenhaus, neues: 402; — Apotheke: 273; — Bäder: Warmluft- und Dampf-: 294, elektrifche und Sand-: 295; — Beleuchtung: 375; — Eisbereitung: 280; — Gas und Elektrizität für Nebenbetriebe: 373; — Heizung: 370; — Keffelhaus: 373, 374; — Krankenbau für Privatkranke: 186; — Leichenhaus, Arbeitszimmer: 325; — Operationsfaal, Belichtung: 301, Beleuchtung: 302, Wandheizung: 304, Einrichtung: 309, Nebenräume: 310; — Pavillons, Beleuchtung: 91; Lüftung und Heizung: 80, 63, 66—69, 71, 74; Saal: 137; — Sprech- und andere Leitungen: 376 ff.; — Verbindungsgang, unterirdifcher: 343; — Verbrennungsofen: 321; — Warmwafferkeffel: 372; — Wafferleitung: 354; Wirtfchaftsgebäude, Küche: 277, 276, Speifeausgabe: 277.

Baracken, ftädtifche 1870: 243.

Oberwiefenfeld. Zeltbaracken am Garnifonkrankenhaus (1870): 246.

Offenbach. Städtifches Krankenhaus: 423, 393. Operationsfäle. Ueberficht von Mafsen: 298.

Paris. *Ambulance americaine* (1870), Zeltbaracken: 247; — Zeltfäle: 263, Heizung: 259.

Barackenlazarett *Jardin du Luxembourg* (1870): 530.

Beaujon, hôpital. Lüftung: 63; — *Maternité*: 195, 193. Abfonderungsbau: 197.

Boucicaut, hôpital: 412; — Beobachtungsblocks: 400.

Cochin, hôpital. Ambulanzzelte: 262, 257; — Barackenzelt: 265; — Pavillon Lifter: 438; — Pavillon Pafteur: 438, Operationsfaal, Beleuchtung: 302, Lüftung: 303.

Hertford Britifh hofpital: 430.

Hôpital d'enfants, Rue Michel-Bizot: 459.

Hôtel Dieu, altes: 4, Ueberfüllung: 7.

Hôtel Dieu, neues. Plan von Le Roy: 8, Plan von *Maret*: 30, Pläne von der Akademie: 8, 394, Neue Vorarbeiten: 13; — Neubau: 426, 336; — Lüftung: 65, 67; — Wafferverforgung: 352.

Inftitut Pafteur. Stall für Verfuchstiere: 326; — *Hôpital Pafteur*: 461.

Laënnec, hôpital. Nouvelle buanderie: 281, Betrieb: 267, 284, Wafferverbrauch: 350.

Lariboifière, hôpital: 425, 395; — Lüftung: 63, 64; — Wafferverforgung: 352; — Wöchnerinnenabteilung: 195.

Maternité, La. Plan für den Neubau: 194.

Necker, hôpital. Lüftung: 63, 64; — Operationsfaal, Heizung: 304.
St.-Cloud, Park. Zeltbarackenlazarett (1871): 531; — Zeltbaracke: 247.
St.-Louis: 6; — Bäder für Interne: 293; — Baracken: 233.
Tenon, hôpital, Ménilmontant: 417, 340, 400; — Lüftung: 65.
Trouffeau, hôpital (früher Ste.-Eugénie). Bäder für Externe: 294; — Plan für die Erweiterung: 465, Scharlachpavillon, Dachreiter: 59. Pavillonkrankenhäufer: 11.
Pay hofpitals: 14.
Pendlebury. Kinderhofpital: 455.
Perfonal: 22, 138, 266, 392, 450.
Peftlazarette: 6, 9.
Philadelphia. Presbyterian hofpital, Chir. Pavillon: 148; — Kinderabteilung: 444.
Port, Notbaracken: 249.
Potter's Bar. Cottage hofpital: 436.
Potsdam. Entwäfferung, Kohlenbreiverfahren: 360.
Preufsen. Erlafs von 1832: 12: — Lazarettbaracke von 1866: 243; — desgl. der Kriegs-Sanitätsordnung: 241; — desgl. verfetzbare: 250, Dachlaternen: 60, Lüftung: 64, 222, Heizung: 254; — Zelt, vorfchriftsmäfsiges: 261, desgl. aus Zeltbahnen: 263.
Putzeys, Gebr., Deckenlüftung: 60; — Wandheizung: 89.

Rathenow. Krankenhaus: 423, 395.
Reading. Royal Berkfhire hofpital, Infektionspavillon: 175.
Renkioi. Barackenhofpital (1855): 527, 521.
Refchitza. Werkfpital: 433.
Refervelazarettes 515, 521.
Rock Island. Barackenlazarett für Kriegsgefangene: 525.
Rom. Militärhofpital: 505.
Rufsland. Baracken, Sammelheizung: 230; — Feldbaracken: 248; — Lehmhütten: 249; — Zelte (1878): 259.

Sebenico. Landes- und Irrenhaus, Doppelpavillon: 164; — Wöchnerinnenblock: 194.
Sheffield. Hofpital für infektiöfe Krankheiten: 481.
Sittingbourne. Sittingbourne and Milton joint infectious hofpital: 482.
Smith. Pavillonplan: 156.
Snell. Fenfterkonftruktion: 50, Kamin: 75.
St. Andreasberg. Heilftätte Oderberg, Lüftungs- und Heizungsanlage: 85.
St.-Denis. Hôpital municipal: 411.
St. Petersburg. Alexander - Barackenkrankenhaus, Zweck: 469; — Heizung: 74; — Doppelpavillon für Genefende: 187.
Kinderhofpital des Prinzen von Oldenburg, Beobachtungsabteilung: 215; — Ifoliergebäude: 451.
Stellung der Gebäude: 394—397, 471, 491, zur Himmelsrichtung: 338.
Stettin. Garnifonlazarett, Abfonderungsbaracke: 173; — Apotheke 511; — Gebäude für Feldfanitätsausrüftung: 511; — Station für Aeufserlichkranke: 510.
Stockholm. Hofpital für Anfteckende, Abwafferbehandlung: 366; — Beobachtungsblock: 216; — Wafch- und Desinfektionsgebäude: 319; — Vorkehrungen für Befuchende: 453.
Stuttgart. Marienhofpital, Vincentiushaus: 430.
Sulz unter d. Walde. Feldbaracken (1870): 249.

Tarnier, Plan für Wöchnerinnen-: 193, 194, für Abfonderungsgebäude: 197.
Tees, Hafen. Hofpital zu Tornaby: 485.
Tollet, Baracken, verfetzbare: 253; — Pavillonfyftem: 41; — Pläne für Desinfektionsgebäude: 319; für Doppelpavillons: 160, für Pavillons: 156.
Trautenau. Zeltbaracke: 247.
Tübingen. Chir. Klinik, Operationsfaal, Belichtung: 300, Warmluftheizung: 303.
Tunbridge. Hofpital für infektiöfe Krankheiten, Doppelpavillon: 175.
Tyne Hafen. Hofpital zu Jarrowe Slake: 485.

Verbindungswege: 341, 400; — Gänge: 342.
Verbrennungshaus: 320.
Villach. Kaifer-Franz-Jofeph-Krankenhaus, Keffelhaus: 374; — Wafchbetrieb: 283.
Vogler & Noah, Verfetzbare Baracke: 253.

Wafchküchenmafse, Ueberficht: 283.
Wafferverbrauch, Ueberficht: 349.
Weymouth, Port. Hofpital für infektiöfe Krankheiten, Doppelpavillon: 175.
Wien. Allgemeines Krankenhaus: 9; — Wafferverforgung: 350; — Waffergas-Auerlicht: 375. Ambulanzeflation: 497.
Epidemiefpital Engerthftrafse: 475.
Epidemiefpital am Kaifer-Franz-Jofeph-Brückenplatz, Plan: 475.
Kaiferin-Elifabeth-Spital: 409, 334, 338; — Verbindungsgänge: 342.
Kaifer-Franz-Jofeph-Spital: 407, 334, 335, 336; — Fenfter: 53; — Gasleitung: 375; — Infektionsabteilung: 442, 346; — Entwäfferung: 357, 358, 359; — Warmwafferbereitung: 373; — Wafferverforgung: 352, 353.
Rudolfinerhaus, Baracke (Billrothfche): 234; —

Pavillon für Kranke III. Kl.: 153, Fenſter: 53; — Ofenheizung: 74.
Rudolfſtiftung. Krankenhaus, Plan von v. *Breuning*: 11.
St. Joſeph-Kinderſpital. Iſoliergebäude: 451.
Wiesbaden. Stadtkrankenhaus: 419, 394; — Oefen: 74.
Wilſter. Krankenpflegehaus: 434.
Workhouſe infirmary: 25.
Worms. Bürgerhoſpital: 410, 332; — Leichenhaus: 328.
Würzburg. Juliushoſpital, Operationsraum, Beleuchtung: 302.

Wylie, Pläne für Iſolierbaracken: 234, für Pavillons: 158.
Wynberg. Baracken (1861): 244; — *General hoſpital* II (1901): 524.
Zelte, ältere: 10, 12; — in Feldlazaretten: 517; — in Reſervelazaretten: 523; — Maſse, Ueberſicht: 260; — Stellung: 519, 524.
Zelthoſpitäler: 524.
Zur Nieden. Verſetzbare Baracke: 252; — Notbaracke: 249.

Berichtigungen.

S. 5, Zeile 22 v. o.: Statt »Frankfurt a. O.« zu lefen: »Frankfurt a. M.«
S. 6, Zeile 5 v. u.: Einfchieben hinter »*Heinrich IV.*«: »in Paris«.
S. 11, Zeile 26 v. o.: Statt »Beaujou« zu lefen: »Beaujon«.
S. 27, Zeile 4 v. u.: Statt »Kaifer-Franz-Jofeph-Krankenhaus Rudolfsheim-Wien« zu lefen: »Kaiferin-Elifabeth-Spital, Wien«.
S. 30, Zeile 1 v. u.: Statt »a. a. O.« zu lefen: »F. Neuere Krankenhäufer. Notizen. Bericht über die Weltausftellung in Paris 1878. Herausgegeben mit Unterftützung der k. k. Oefterreichifchen Kommiffion für die Weltausftellung in Paris im Jahre 1878. Heft VII. Wien 1879«.
S. 31, Zeile 4 u. 5 v. o.: Statt »in Oberdöbling bei Wien« zu lefen: »im Rudolfinerhaus zu Wien«.
Zeile 5 v. u.: Statt »Mehlhoufen« zu lefen: »Mehlhaufen«.
S. 45, Zeile 1 v. u.: Statt »a. a. O.« zu lefen: »M. Lehrbuch der Hygiene. 4. Aufl. Leipzig und Wien 1892«.
S. 47, Zeile 24 v. u.: Statt »der erfteren Anftalt« zu lefen: »des Rudolfinerhaufes zu Wien«.
S. 48, Zeile 5 v. o.: Statt »Zülpenicherftrafse« zu lefen: »Zulpicherftrafse«.
S. 58, Zeile 24 v. o.: Statt »S. 71« zu lefen: »S. 41«.
S. 64, Zeile 2 v. u.: Statt »a. a. O.« zu lefen: »Die transportable Lazarettbaracke mit befonderer Berückfichtigung der von Ihrer Majeftät der Kaiferin und Königin Augufta hervorgerufenen Barackenausftellung in Antwerpen im September 1885. 2. Aufl. Berlin 1890«.
S. 72, Zeile 7 u. 6 v. u.: Statt »allgemeine« zu lefen: »neue«, ftatt »im Friedrichshain« zu lefen: »am Urban« und ftatt »1879« zu lefen: »1894«.
S. 79, Zeile 9 v. u.: Statt »(= 4 Kub.-Fufs) in der Sekunde« zu lefen: (= 4 Kub.-Fufs in der Sekunde)«.
Zeile 6 v. u.: Statt »(= 1,6 bis 3,3 Kub. Fufs) in der Sekunde« zu lefen: »(− 1,6 bis 3,3 Kub.-Fufs in der Sekunde)«.
S. 82, Zeile 13 u. 12 v. u.: »mit tief herabhängenden, diagonalen Scheidewänden« einzufchieben hinter: »Schächten«.
Zeile 9 v. u.: Hinter »Lüftungsturm« einzufchalten: »angefchloffen«.
S. 86, Zeile 12 v. u.: Statt »unter c, 3« zu lefen: »unter b, 4«.
S. 91, Zeile 3 v. u.: Statt »a. a. O.« zu lefen: »C. ,Spital, Hofpital, Lazarett, Krankenhaus' in: EULENBURG, A. Realencyklopädie der gefamten Heilkunde. 2. Aufl.: Bd. XVIII. 1889«.
S. 98, Zeile 8 v. u.: Statt »dann« zu lefen: »öfter«.
S. 102, Zeile 23 v. u.: Statt »*Gerhardt*« zu lefen: »*Gerhard*«.
S. 111, Zeile 1 v. u.: Statt »a. a. O.« zu lefen: »Bericht, erftattet im Auftrag des Kultusminifteriums. Zeitfchr. f. med. Beamte 1891«.
S. 114, Zeile 17 v. u.: Statt »117« zu lefen: »116«.
S. 119, Zeile 15 v. u.: Statt »Kaifer-Franz-Jofeph-Hofpital« zu lefen: »Kaiferin-Elifabeth-Spital zu Wien«.
S. 121, Zeile 2 v. u.: Statt »anftrich« zu lefen: »anftrich fein«.
S. 122, Zeile 2 v. u.: Hinter »Siehe« einzufchieben: »LIEBE, G., P. JACOBSOHN & G. MEYER«.
S. 123, Zeile 2 v. u.: Statt »Hamburger« zu lefen: »Hamburgifchen« und ftatt »Hamburg 1892« zu lefen: »Jahrg. 1891—92. Hamburg u. Leipzig 1894«.
S. 126 bei Fig. 62: Statt »1/25« zu lefen: »1/20«.
Zeile 1 v. u.: Statt »1899« zu lefen: »1890, S. 402«.
S. 129, Zeile 21 v. u.: Statt »Fig. 161« zu lefen: »Fig. 101«.
S. 134, Zeile 4 v. u.: Statt »*Hügel*« zu lefen: »*Hügel*, S. F. Befchreibung fämtlicher Kinderheilanftalten in Europa, nebft einer Einleitung zur zweckmäfsigen Organifation von Kinder-Krankeninftituten. Wien 1848«.
Zeile 2 v. u.: Statt »*Mencke*« zu lefen: »*Mencke*. Welche Aufgaben erfüllt das Krankenhaus der kleinen Städte und wie ift es einzurichten? 2. Aufl. Berlin 1889«.
S. 150, Zeile 14 v. u.: Statt »85« zu lefen: »83«.
S. 151, Zeile 1 v. u.: Statt »(S. 70)« zu lefen: »(S. 79)«.
S. 159, Zeile 15 v. u.: Statt »Verfailles« zu lefen: »Vincennes«.
S. 174, Zeile 6 v. u.: Statt »Nach« zu lefen: »Nach THORNE-THORNE in«.
S. 179, Zeile 1 v. o.: Statt »139« zu lefen: »138«.
Zeile 4 v. u.: Statt »etc.« zu lefen: »Bd. V, Abt. I. Jena 1896«.
S. 192, Zeile 1 v. u.: Statt »a. a. O.« zu lefen: »*Prophylaxie des maladies infectieufes et contagieufes. Rapport fait au nom d'une commiffion. Congrès international d'hygiène tenu a Paris du 1er au 10 Août 1878.* Paris 1880«.

S. 203, Zeile 9 v. u.: Statt »Fig. 172 u. 173« zu lefen: »173 u. 174«.
S. 210, Zeile 18 v. o.: Statt »unter c, 3« zu lefen: »unter b, 4«.
S. 212, Zeile 6 v. u.: Statt »Art. 351, S. 209« zu lefen: »Art. 352, S. 210«.
S. 213, Zeile 1 v. u.: Statt »a. a. O.« zu lefen: »E. Les hôpitaux des contagieux à Paris et le rapport de M. Chautemps au confeil municipal de Paris. Revue d'hygiène 1887«.
S. 222, Zeile 20 v. u.: Vor »Gipsdielen« einfchalten: »trockene«.
         Zeile 6 v. u.: Statt »S. 47« zu lefen: »S. 74«.
S. 228, Zeile 24 v. o.: Statt »hier im Zufammenhang« zu lefen: »hier«.
         Zeile 26 v. o.: Statt »Art. 39« zu lefen »Art. 93«.
         Zeile 6 v. u.: Statt »ROTH & LEX, a. a. O.« zu lefen: »ROTH, W. & R. LEX. Handbuch der Militär-Gefundheitspflege. Bd. II. Berlin 1875«.
         Zeile 2 v. u.: Statt »S. 73« zu lefen: »S. 77 ff.«.
S. 229, Zeile 20 v. u.: Statt »Art. 382 (S. 232)« zu lefen: »Art. 67 (S. 40).
S. 237, Zeile 10 v. u.: Statt »Art. 734, S. 622« zu lefen: »Art. 398«.
S. 242, Zeile 27 v. u.: Hinter »gefangene« einzufchieben: »zu Minden«.
S. 249, Zeile 7 v. o.: Statt »Art. 736, S. 623« zu lefen: »Art. 413, S. 246«.
         Zeile 25 v. o.: Statt »Fig. 122« zu lefen: »Fig. 221«.
S. 253, Zeile 15 v. u.: Statt »239 u. 241« zu lefen: »239 bis 241«.
S. 259, Zeile 12 v. o.: Statt »leitete« zu lefen: »und leitete«.
S. 263, Zeile 17 v. o.: Statt »3 m« zu lefen: »3,5 m«.
S. 267, Zeile 4 v. u.: Statt »Jena 1896« zu lefen: »Lief. 3. Jena 1899«.
S. 272, Zeile 1 v. u.: Statt »Taf. VI« zu lefen: »Taf. VII«.
S. 279, Zeile 3 v. u.: Statt »SORENSEN« zu lefen: »SÖRENSEN«.
S. 282, Zeile 8 v. u.: Statt »MERKE« zu lefen: »MERKE 537)«.
S. 297, Zeile 16 v. u.: Statt »und« zu lefen: », den«.
         Zeile 15 v. u.: Zu ftreichen: »ein gemeinfames«.
S. 301, Zeile 8 v. o.: Statt »einfache Flügel« zu lefen: »Flügel«.
         Zeile 9 v. o.: Statt »inneren« zu lefen: »unteren«.
         Zeile 20 v. u.: Statt »mattem« zu lefen: »matten«.
S. 304, Zeile 21 v. o.: Statt »durch beim« zu lefen: »beim«.
S. 306, Zeile 12 v. o.: Statt »1898« zu lefen: »1899«.
         Zeile 2 bis 4 v. u.: Statt »602« zu lefen: »604«, ftatt »603« zu lefen: »602«, ftatt »604« zu lefen: »603«.
S. 316, Zeile 21 v. o.: Statt »in das« zu lefen: »im«.
         Zeile 22 v. o.: Statt »in den« zu lefen: »im«, ftatt »weiter« zu lefen: »dann«.
S. 320, Zeile 4 v. o.: Statt »unter d, β« zu lefen: »unter b, 4«.
S. 330, Zeile 30 v. o.: Statt »(1897)« zu lefen: »(1898)«.
S. 332, Zeile 17 v. o.: Statt »358« zu lefen: »378«.
S. 333, Zeile 12 v. o.: Statt »358« und »157« zu lefen: »378« und »149«.
S. 335, Zeile 1 v. o.: Statt »1893« zu lefen: »1892«.
S. 350, Zeile 2 v. u.: Statt »200 l« zu lefen: »400 l«.
S. 359, Zeile 12 v. o.: Statt »Art. 608, S. 366« zu lefen: »Art. 600, S. 361«.
S. 381, Zeile 9 v. u.: Statt »1,9« zu lefen: »2,88«.
S. 386, Zeile 11 v. o.: Statt »1896, S. 90 ff.« zu lefen: »1896, S. 78 ff.; 1897, S. 90 ff.«.
S. 387, Zeile 18 v. u.: Statt »neuer« zu lefen: »zweiter«.
S. 393, Zeile 5 v. u.: Statt »Deffau« zu lefen: »Bernburg«.
S. 398, Zeile 15 v. o.: Statt »358« und »17320« zu lefen: »378« und »16403«.
S. 402, Zeile 24 v. o.: Statt »298, S. 176« zu lefen: »299, S. 177«.
S. 405, Zeile 10 v. o.: Statt »an die« zu lefen: »an den«.
S. 409, Zeile 7 v. o.: Statt »331« zu lefen: »330«.
S. 419, Zeile 19 v. u.: Statt »358« u. »157« zu lefen: »378« u. »149«.
S. 424, Zeile 3 u. 4 v. u.: Statt »XII«, »III« u. »IV« zu lefen: »XII«, »IV« u. »III«.
S. 440, Zeile 18 v. o.: Statt »312« zu lefen: »314«.
S. 447, Zeile 26 v. u.: Statt »Rudolfshain« zu lefen: »Rudolfsheim«.
S. 453, Zeile 8 v. o.: Statt »Einzelzimmer« zu lefen: »Einzelzellen«.
S. 460, Zeile 17 v. u.: Hinter »bebaut« einzufchieben: »wurde«.
S. 465, Zeile 6 v. o.: Statt »u.« zu lefen: »bis«.
S. 471, Zeile 2 v. u.: Statt »775« zu lefen: »774«.
S. 486, Zeile 19 v. o.: Statt »474« zu lefen: »475«.
S. 503, Zeile 18 v. o.: Statt »795 u. 796« zu lefen: »797 u. 798«.
S. 524, Zeile 15 v. u.: Statt »Wynburg« zu lefen: »Wynberg«.
S. 525, Zeile 7 v. o.: Statt »Wynburg« zu lefen: »Wynberg«.

Arnold Bergsträsser Verlagsbuchhandlung (A. Kröner) in Stuttgart.

Bade- und Schwimm-Anstalten.

Von

Felix Genzmer,
Stadtbaumeister in Wiesbaden.

Mit 338 Abbildungen im Text und 8 Tafeln.

„Handbuch der Architektur". Vierter Teil, 5. Halbband, Heft 3.

Preis geheftet 15 Mark. In Halbfranz gebunden 18 Mark.

F. Genzmer behandelt in diesem neuen Werke ein eminent aktuelles Thema das Buch füllt eine Lücke in der bautechnischen Litteratur aus, indem bisher weder die deutsche, noch die fremdländische Fachlitteratur ein neueres umfassendes Werk über „Bade- und Schwimm-Anstalten" aufzuweisen hatte.

Das reich ausgestattete Werk erschöpft den Gegenstand nach der technischen Richtung; auch in Hinsicht auf die Geschichte der Entwickelung des Badewesens giebt es eine gute und ausführliche Darstellung des über diesen Gegenstand bisher Erforschten. Es wird dem Hygieniker und dem Arzte, der nach gesundheitlicher Richtung über das Badewesen arbeiten oder sich unterrichten will, einen vortrefflichen Anhalt bieten in Hinsicht auf die technischen Einrichtungen, welche ihm dienen oder je gedient haben.

Das städtische Schwimmbad
zu Frankfurt a. M.

Von

Dr. Carl Wolff,
Stadtbauinspektor in Frankfurt a. M.

Mit 16 Abbildungen im Text und 4 Doppeltafeln.

„Fortschritte auf dem Gebiete der Architektur". Nr. 11.
(*Ergänzungshefte zum „Handbuch der Architektur".*)

Preis geheftet 3 Mark.

Das Heft enthält eine eingehende und sachgemässe Beschreibung des nach den Entwürfen des Stadtbaurats Behnke und des Stadtbauinspektors Dr. Wolff unter Oberleitung des letzteren erbauten städtischen Schwimmbades, welches ein hübsches Beispiel einer zweckmässigen Anlage grösserer Art bildet. Grundrisse, Schnitte und Schaubilder zeigen das Bauwerk in dessen Einzelheiten.

Zu beziehen durch die meisten Buchhandlungen.

Arnold Bergsträsser Verlagsbuchhandlung (A. Kröner) in Stuttgart.

Wasch- und Desinfektions-Anstalten.

Von

Felix Genzmer,
Stadtbaumeister in Wiesbaden.

Mit 260 Abbildungen im Text und 4 Tafeln.

"*Handbuch der Architektur*". *Vierter Teil, 5. Halbband, Heft 4.*

Preis geheftet 9 Mark. In Halbfranz gebunden 12 Mark.

Die "Wasch- und Desinfektions-Anstalten" bilden die Fortsetzung der "Bade- und Schwimm-Anstalten" von demselben Verfasser. Es werden hier zwei wichtige Hilfsmittel der öffentlichen Gesundheitspflege zum ersten Male in zusammenhängender Weise bearbeitet und durch gründliche Besprechung und reichliche Abbildungen ausgeführter Anlagen anschaulich gemacht.

Das Buch ist nicht nur Architekten, Bau- und Gesundheits-Ingenieuren, Behörden, Baugewerkmeistern und Bauunternehmern zu empfehlen, sondern wird auch Besitzern von Wasch- und Desinfektions-Anstalten gute Dienste leisten, weil neben der rein architektonischen Seite auch die innere Einrichtung, die nötigen Maschinen und Gerätschaften in Wort und Bild eingehend behandelt sind.

Die Städtereinigung.

Von

F. W. Büsing,
Professor in Berlin-Friedenau.

Mit 577 Abbildungen im Text und 2 Tafeln.

"*Der Städtische Tiefbau*". *Dritter Band. 2 Hefte.*

Gesamtpreis 40 Mark. In 1 Halbfranzband gebunden 44 Mark.

Dem ersten, die Grundlagen für die technischen Einrichtungen der Stadtereinigung enthaltenden Heft folgt im zweiten (Schluss-) Heft der rein technische Teil, in welchem vor allem das Konstruktive und Wirtschaftliche in umfassender Weise dargestellt wird. Der klar und lichtvoll geschriebene Text ist durch eine Fülle erläuternder Abbildungen ergänzt. In der Fachlitteratur fehlte es seither an einem derartigen selbständigen, von einem Ingenieur verfassten Werke über Entwässerung und Reinigung der Städte, sowie über die Frage der Kanalisationssysteme.

Zu beziehen durch die meisten Buchhandlungen.

Wichtigstes Werk für Architekten,

Bau-Ingenieure, Maurer- und Zimmermeister, Bauunternehmer, Baubehörden.

Handbuch der Architektur.

Unter Mitwirkung von Fachgenossen herausgegeben von
Dr. phil. u. Dr.-Ing. **Eduard Schmitt,**
Geheimer Baurat und Professor in Darmstadt.

ERSTER TEIL.

ALLGEMEINE HOCHBAUKUNDE.

1. Band, Heft 1: **Einleitung.** (Theoretische und historische Uebersicht.) Von Geh.-Rat † Dr. A. v. Essenwein, Nürnberg. — **Die Technik der wichtigeren Baustoffe.** Von Hofrat Prof. Dr. W. F. Exner, Wien, Prof. † H. Hauenschild, Berlin, Geh. Baurat Prof. H. Koch, Berlin, Reg.-Rat Prof. Dr. G. Lauboeck, Wien und Geh. Baurat Prof. Dr. E. Schmitt, Darmstadt. Dritte Auflage. Preis: 12 Mark, in Halbfranz gebunden 15 Mark.

Heft 2: **Die Statik der Hochbaukonstruktionen.** Von Geh. Baurat Prof. Th. Landsberg, Darmstadt. Dritte Auflage. Preis: 15 Mark, in Halbfranz gebunden 18 Mark.

2. Band: **Die Bauformenlehre.** Von Prof. J. Bühlmann, München. Zweite Auflage.
Preis: 16 Mark, in Halbfranz gebunden 19 Mark.

3. Band: **Die Formenlehre des Ornaments.** Von Prof. H. Pfeifer, Braunschweig.
Preis: 16 Mark, in Halbfranz gebunden 19 Mark.

4. Band: **Die Keramik in der Baukunst.** Von Prof. R. Borrmann, Berlin. (Vergriffen.)

5. Band: **Die Bauführung.** Von Geh. Baurat Prof. H. Koch, Berlin. Preis: 12 M., in Halbfrz. geb. 15 M.

ZWEITER TEIL.

DIE BAUSTILE.

Historische und technische Entwickelung.

1. Band: **Die Baukunst der Griechen.** Von Geh.-Rat Prof. Dr. J. Durm, Karlsruhe. Zweite Auflage. (Vergriffen.)

2. Band: **Die Baukunst der Etrusker und Römer.** Von Geh.-Rat Prof. Dr. J. Durm, Karlsruhe. Zweite Auflage. Preis: 32 Mark, in Halbfranz gebunden 35 Mark.

3. Band, Erste Hälfte: **Die altchristliche und byzantinische Baukunst.** Zweite Auflage. Von Prof. Dr. H. Holtzinger, Hannover. Preis: 12 Mark, in Halbfranz gebunden 15 Mark.
Zweite Hälfte: **Die Baukunst des Islam.** Von Direktor J. Franz-Pascha, Kairo. Zweite Auflage. (Vergriffen.)

4. Band: **Die romanische und die gotische Baukunst.**
Heft 1: **Die Kriegsbaukunst.** Von Geh.-Rat † Dr. A. v. Essenwein, Nürnberg. (Vergriffen.)
Zweite Auflage in Vorbereitung.
Heft 2: **Der Wohnbau.** Von Geh.-Rat † Dr. A. v. Essenwein, Nürnberg. (Vergriffen.)
Zweite Auflage in Vorbereitung.
Heft 3: **Der Kirchenbau.** Von Reg.- u. Baurat M. Hasak, Berlin.
Preis: 16 Mark, in Halbfranz gebunden 19 Mark.
Heft 4: **Einzelheiten des Kirchenbaues.** Von Reg.- u. Baurat M. Hasak, Berlin.
Preis: 18 Mark, in Halbfranz gebunden 21 Mark.

5. Band: **Die Baukunst der Renaissance in Italien.** Von Geh.-Rat Prof. Dr. J. Durm, Karlsruhe.
Preis: 27 Mark, in Halbfranz gebunden 30 Mark.

6. Band: **Die Baukunst der Renaissance in Frankreich.** Von Architekt Dr. H. Baron v. Geymüller, Baden-Baden.
Heft 1: Historische Darstellung der Entwickelung des Baustils. (Vergriffen.)
Heft 2: Struktive und ästhetische Stilrichtungen. — Kirchliche Baukunst.
Preis: In Halbfranz gebunden 19 Mark.

7. Band: **Die Baukunst der Renaissance in Deutschland, Holland, Belgien und Dänemark.**
Von Direktor Dr. G. v. Bezold, Nürnberg. Preis: In Halbfranz gebunden 19 Mark.

Jeder Band, bezw. jedes Heft bildet ein Ganzes für sich und ist einzeln käuflich.

HANDBUCH DER ARCHITEKTUR.

DRITTER TEIL.

DIE HOCHBAUKONSTRUKTIONEN.

1. Band: **Konstruktionselemente** in Stein, Holz und Eisen. Von Geh. Regierungsrat Prof. G. BARKHAUSEN, Hannover, Geh. Regierungsrat Prof. Dr. F. HEINZERLING, Aachen und Geh. Baurat Prof. † E. MARX, Darmstadt. — **Fundamente.** Von Geh. Baurat Prof. Dr. E. SCHMITT, Darmstadt. Dritte Auflage. Preis: 15 Mark, in Halbfranz gebunden 18 Mark.

2. Band: **Raumbegrenzende Konstruktionen.**

Heft 1: **Wände und Wandöffnungen.** Von Geh. Baurat Prof. † E. MARX, Darmstadt. Zweite Auflage. Preis: 24 Mark, in Halbfranz gebunden 27 Mark.

Heft 2: **Einfriedigungen, Brüstungen und Geländer; Balkone, Altane und Erker.** Von Prof. † F. EWERBECK, Aachen und Geh. Baurat Prof. Dr. E. SCHMITT, Darmstadt. — **Gesimse.** Von Prof. † A. GÖLLER, Stuttgart. Zweite Auflage. Preis: 20 M., in Halbfranz geb. 23 M.

Heft 3, a: **Balkendecken.** Von Geh. Regierungsrat Prof. G. BARKHAUSEN, Hannover. Zweite Aufl. Preis: 15 Mark, in Halbfranz gebunden 18 Mark.

Heft 3, b: **Gewölbte Decken; verglaste Decken und Deckenlichter.** Von Geh. Hofrat Prof. C. KÖRNER, Braunschweig, Bau- und Betriebs-Inspektor A. SCHACHT, Celle, und Geh. Baurat Prof. Dr. E. SCHMITT, Darmstadt. Zweite Aufl. Preis: 24 Mark, in Halbfranz gebunden 27 Mark.

Heft 4: **Dächer;** Dachformen. Von Geh. Baurat Prof. Dr. E. SCHMITT, Darmstadt. — Dachstuhlkonstruktionen. Von Geh. Baurat Prof. TH. LANDSBERG, Darmstadt. Zweite Auflage. Preis: 18 Mark, in Halbfranz gebunden 21 Mark.

Heft 5: **Dachdeckungen;** verglaste Dächer und Dachlichter; massive Steindächer, Nebenanlagen der Dächer. Von Geh. Baurat Prof. H. KOCH, Berlin, Geh. Baurat Prof. † E. MARX, Darmstadt und Geh. Oberbaurat L. SCHWERING, St. Johann a. d. Saar. Zweite Auflage. Preis: 26 Mark, in Halbfranz gebunden 29 Mark.

3. Band, Heft 1: **Fenster, Thüren** und andere bewegliche Wandverschlüsse. Von Geh. Baurat Prof. H. KOCH, Berlin. Zweite Auflage. Preis: 21 Mark, in Halbfranz gebunden 24 Mark.

Heft 2: **Anlagen zur Vermittelung des Verkehrs in den Gebäuden** (Treppen und innere Rampen; Aufzüge; Sprachrohre, Haus- und Zimmer-Telegraphen). Von Direktor † J. KRÄMER, Frankenhausen, Kaiserl. Rat PH. MAYER, Wien, Baugewerkschullehrer O. SCHMIDT, Posen und Geh. Baurat Prof. Dr. E. SCHMITT, Darmstadt. Zweite Auflage. Preis: 14 Mark, in Halbfranz gebunden 17 Mark.

Heft 3: **Ausbildung der Fussboden-, Wand- und Deckenflächen.** Von Geh. Baurat Prof. H. KOCH, Berlin. Preis: 18 Mark, in Halbfranz gebunden 21 Mark.

4. Band: **Anlagen zur Versorgung der Gebäude mit Licht und Luft, Wärme und Wasser.** Versorgung der Gebäude mit Sonnenlicht und Sonnenwärme. Von Geh. Baurat Prof. Dr. E. SCHMITT, Darmstadt. — Künstliche Beleuchtung der Räume. Von Geh. Regierungsrat Prof. H. FISCHER und Prof. Dr. W. KOHLRAUSCH, Hannover. — Heizung und Lüftung der Räume. Von Geh. Regierungsrat Prof. H. FISCHER, Hannover. — Wasserversorgung der Gebäude. Von Prof. Dr. O. LUEGER, Stuttgart. Zweite Auflage. Preis: 22 Mark, in Halbfranz gebunden 25 Mark.

5. Band: **Koch-, Spül-, Wasch- und Bade-Einrichtungen.** Von Geh. Bauräten Professoren † E. MARX und Dr. E. SCHMITT, Darmstadt. — **Entwässerung und Reinigung der Gebäude;** Ableitung des Haus-, Dach- und Hofwassers; Aborte und Pissoirs; Entfernung der Fäkalstoffe aus den Gebäuden. Von Privatdocent Bauinspektor M. KNAUFF, Berlin und Geh. Baurat Prof. Dr. E. SCHMITT, Darmstadt. Zweite Aufl. (Vergriffen.) Dritte Auflage unter der Presse.

6. Band: **Sicherungen gegen Einbruch.** Von Geh. Baurat Prof. † E. MARX, Darmstadt und Geh. Baurat Prof. H. KOCH, Berlin. — **Anlagen zur Erzielung einer guten Akustik.** Von Stadtbaurat A. STURMHOEFEL, Berlin. — **Glockenstühle.** Von Geh. Rat Dr. C. KÖPCKE, Dresden. — **Sicherungen gegen Feuer, Blitzschlag, Bodensenkungen und Erderschütterungen; Stützmauern.** Von Baurat E. SPILLNER, Essen. — **Terrassen und Perrons, Freitreppen und äussere Rampen.** Von Prof. † F. EWERBECK, Aachen. — **Vordächer.** Von Geh. Baurat Prof. Dr. E. SCHMITT, Darmstadt. — **Eisbehälter und Kühlanlagen mit künstlicher Kälteerzeugung.** Von Oberingenieur E. BRÜCKNER, Moskau und Baurat E. SPILLNER, Essen. Dritte Auflage. Preis: 14 Mark, in Halbfranz gebunden 17 Mark.

Zu beziehen durch die meisten Buchhandlungen.

HANDBUCH DER ARCHITEKTUR.

VIERTER TEIL.

ENTWERFEN, ANLAGE UND EINRICHTUNG DER GEBÄUDE.

1. Halbband: **Architektonische Komposition.** Allgemeine Grundzüge. Von Geh. Baurat Prof. † Dr. H. WAGNER, Darmstadt. — Proportionen in der Architektur. Von Prof. A. THIERSCH, München. — Anlage des Gebäudes. Von Geh. Baurat Prof. † Dr. H. WAGNER, Darmstadt. — Gestaltung der äusseren und inneren Architektur. Von Prof. J. BÜHLMANN, München. — Vorräume, Treppen-, Hof- und Saal-Anlagen. Von Geh. Baurat Prof. † Dr. H. WAGNER, Darmstadt und Stadtbaurat A. STURMHOEFEL, Berlin. Dritte Auflage.
Preis: 18 Mark, in Halbfranz gebunden 21 Mark.

2. Halbband: **Gebäude für die Zwecke des Wohnens, des Handels und Verkehrs.**

Heft 1: **Wohnhäuser.** Von Geh. Hofrat Prof. † C. WEISSBACH, Dresden.
Preis: 21 Mark, in Halbfranz gebunden 24 Mark.

Heft 2: **Gebäude für Geschäfts- und Handelszwecke** (Geschäfts-, Kauf- und Warenhäuser, Gebäude für Banken und andere Geldinstitute, Passagen oder Galerien, Börsengebäude). Von Prof. Dr. H. AUER, Bern, Architekt P. KICK, Berlin, Prof. K. ZAAR, Berlin und Docent A. L. ZAAR, Berlin. Preis: 16 Mark, in Halbfranz gebunden 19 Mark.

Heft 3: **Gebäude für den Post-, Telegraphen- und Fernsprechdienst.** Von Postbaurat R. NEUMANN, Erfurt. Preis: 10 Mark, in Halbfranz gebunden 13 Mark.

Heft 4: **Eisenbahnhochbauten.** Von Geh. Baurat A. RÜDELL, Berlin. In Vorbereitung.

3. Halbband: **Gebäude für die Zwecke der Landwirtschaft und der Lebensmittel-Versorgung.**
Heft 1: **Landwirtschaftliche Gebäude und verwandte Anlagen.** Von Prof. A. SCHUBERT, Kassel und Geh. Baurat Prof. Dr. E. SCHMITT, Darmstadt. Zweite Auflage.
Preis: 12 Mark, in Halbfranz gebunden 15 Mark.

Heft 2: **Gebäude für Lebensmittel-Versorgung.** (Schlachthöfe und Viehmärkte, Märkte für Lebensmittel; Märkte für Getreide; Märkte für Pferde und Hornvieh). Von Stadtbaurat † G. OSTHOFF, Berlin und Geh. Baurat Prof. Dr. E. SCHMITT, Darmstadt. Zweite Auflage. Preis: 16 Mark, in Halbfranz gebunden 19 Mark.

4. Halbband: **Gebäude für Erholungs-, Beherbergungs- und Vereinszwecke.**
Heft 1: **Schankstätten und Speisewirtschaften, Kaffeehäuser und Restaurants.** Von Geh. Baurat Prof. † Dr. H. WAGNER, Darmstadt und Geh. Baurat Prof. H. KOCH, Berlin. — **Volksküchen und Speiseanstalten für Arbeiter; Volkskaffeehäuser.** Von Geh. Baurat Prof. † Dr. E. SCHMITT, Darmstadt. — **Oeffentliche Vergnügungsstätten.** Von Geh. Baurat Prof. † Dr. H. WAGNER, Darmstadt und Geh. Baurat Prof. H. KOCH, Berlin. — **Festhallen.** Von Geh.-Rat Prof. Dr. J. DURM, Karlsruhe. — **Gasthöfe höheren Ranges.** Von Geh. Baurat H. v. D. HUDE, Berlin. — **Gasthöfe niederen Ranges, Schlaf- und Herbergshäuser.** Von Geh. Baurat Prof. Dr. E. SCHMITT, Darmstadt. Dritte Auflage.
Preis: 18 Mark, in Halbfranz gebunden 21 Mark.

Heft 2: **Baulichkeiten für Kur- und Badeorte.** Von Architekt † J. MYLIUS, Frankfurt a. M. und Geh. Baurat Prof. † Dr. H. WAGNER, Darmstadt. **Gebäude für Gesellschaften und Vereine.** Von Geh. Baurat Prof. Dr. E. SCHMITT und Geh. Baurat Prof. † Dr. H. WAGNER, Darmstadt. — **Baulichkeiten für den Sport. Sonstige Baulichkeiten für Vergnügen und Erholung.** Von Geh.-Rat Prof. Dr. J. DURM, Karlsruhe, Architekt † J. LIEBLEIN, Frankfurt a. M., Oberbaurat Prof. R. v. REINHARDT, Stuttgart und Geh. Baurat Prof. † Dr. H. WAGNER, Darmstadt. Dritte Auflage. Preis: 15 Mark, in Halbfranz gebunden 18 Mark.

5. Halbband: **Gebäude für Heil- und sonstige Wohlfahrts-Anstalten.**
Heft 1: **Krankenhäuser.** Von Prof. F. O. KUHN, Berlin. Zweite Auflage.
Preis: 32 Mark, in Halbfranz gebunden 35 Mark.

Heft 2: **Verschiedene Heil- und Pflege-Anstalten** (Irrenanstalten, Entbindungsanstalten, Heimstätten für Wöchnerinnen und für Schwangere, Sanatorien, Lungenheilstätten, Heimstätten für Genesende); **Versorgungs-, Pflege- und Zufluchtshäuser.** Von Geh. Baurat G. BEHNKE, Frankfurt a. M., Prof. K. HENRICI, Aachen, Architekt F. SANDER, Frankfurt a. M., Geh. Baurat W. VOIGES, Wiesbaden, Bauinspektor H. WAGNER, Darmstadt, Geh. Oberbaurat V. v. WELTZIEN, Darmstadt und Stadtbaurat Dr. K. WOLFF, Hannover. Zweite Auflage. Preis: 15 Mark, in Halbfranz gebunden 18 Mark.

Heft 3: **Bade- und Schwimm-Anstalten.** Von Geh. Hofbaurat Prof. F. GENZMER, Berlin.
Preis: 15 Mark, in Halbfranz gebunden 18 Mark.

Heft 4: **Wasch- und Desinfektions-Anstalten.** Von Geh. Hofbaurat Prof. F. GENZMER, Berlin.
Preis: 9 Mark, in Halbfranz gebunden 12 Mark.

Jeder Band, bezw. jedes Heft bildet ein Ganzes für sich und ist einzeln käuflich.

HANDBUCH DER ARCHITEKTUR.

6. Halbband: **Gebäude für Erziehung, Wissenschaft und Kunst.**

Heft 1: **Niedere und höhere Schulen** (Schulbauwesen im allgemeinen; Volksschulen und andere niedere Schulen; niedere techn. Lehranstalten u. gewerbl. Fachschulen; Gymnasien und Reallehranstalten, mittlere techn. Lehranstalten, höhere Mädchenschulen, sonstige höhere Lehranstalten; Pensionate u. Alumnate, Lehrer- u. Lehrerinnenseminare, Turnanstalten). Von Geh. Baurat G. BEHNKE, Frankfurt a. M., Prof. K. HINTRÄGER, Gries, Oberbaurat Prof. † H. LANG, Karlsruhe, Architekt † O. LINDHEIMER, Frankfurt a.M., Geh. Bauräten Prof. Dr. E. SCHMITT und † Dr. H. WAGNER, Darmstadt. Zweite Auflage. Preis: 18 Mark, in Halbfranz gebunden 21 Mark.

Heft 2, a: **Hochschulen I.** (Universitäten und Technische Hochschulen; Naturwissenschaftliche Institute). Von Geh. Oberbaurat H. EGGERT, Berlin, Baurat C. JUNK, Berlin, Geh. Hofrat Prof. C. KÖRNER, Braunschweig und Geh. Baurat Prof. Dr. E. SCHMITT, Darmstadt. Zweite Auflage. Preis: 24 Mark, in Halbfranz gebunden 27 Mark.

Heft 2, b: **Hochschulen II.** (Universitäts-Kliniken, Technische Laboratorien; Sternwarten und andere Observatorien). Von Landbauinspektor P. MÜSSIGBRODT, Berlin, Oberbaudirektor † Dr. P. SPIEKER, Berlin und Geh. Regierungsrat L. v. TIEDEMANN, Potsdam. Zweite Auflage. Preis: 18 Mark, in Halbfranz gebunden 21 Mark.

Heft 3: **Künstler-Ateliers, Kunstakademien und Kunstgewerbeschulen; Konzerthäuser und Saalbauten.** Von Reg.-Baumeister C. SCHAUPERT, Nürnberg, Geh. Baurat Prof. Dr. E. SCHMITT, Darmstadt und Prof. C. WALTHER, Nürnberg. Preis: 15 Mark, in Halbfranz gebunden 18 Mark.

Heft 4: **Gebäude für Sammlungen und Ausstellungen** (Archive; Bibliotheken; Museen; Pflanzenhäuser; Aquarien; Ausstellungsbauten). Von Baurat F. JAFFÉ, Berlin, Baurat A. KORTÜM, Halle, Architekt † O. LINDHEIMER, Frankfurt a. M., Baurat R. OPFERMANN, Mainz, Geh. Baurat Prof. Dr. E. SCHMITT und Baurat H. WAGNER, Darmstadt. Zweite Auflage.
Preis: 32 Mark, in Halbfranz gebunden 35 Mark.

Heft 5: **Theater.** Von Baurat M. SEMPER, Hamburg.
Preis: 27 Mark, in Halbfranz gebunden 30 Mark.

Heft 6: **Zirkus- und Hippodromgebäude.** Von Geh. Baurat Prof. Dr. E. SCHMITT, Darmstadt.
Preis: 6 Mark, in Halbfranz gebunden 9 Mark.

7. Halbband: **Gebäude für Verwaltung, Rechtspflege und Gesetzgebung; Militärbauten.**

Heft 1: **Gebäude für Verwaltung und Rechtspflege** (Stadt- und Rathäuser; Gebäude für Ministerien, Botschaften und Gesandtschaften; Geschäftshäuser für Provinz- und Kreisbehörden; Geschäftshäuser für sonstige öffentliche und private Verwaltungen; Leichenschauhäuser; Gerichtshäuser; Straf- und Besserungsanstalten). Von Prof. F. BLUNTSCHLI, Zürich, Baurat A. KORTÜM, Halle, Prof. G. LASIUS, Zürich, Stadtbaurat † G. OSTHOFF, Berlin, Geh. Baurat Prof. Dr. E. SCHMITT, Darmstadt, Baurat F. SCHWECHTEN, Berlin, Geh. Baurat Prof. † Dr. H. WAGNER, Darmstadt und Baudirektor † TH. v. LANDAUER, Stuttgart. Zweite Auflage. Preis: 27 Mark, in Halbfranz gebunden 30 Mark.

Heft 2: **Parlaments- und Ständehäuser; Gebäude für militärische Zwecke.** Von Geh. Baurat Prof. Dr. P. WALLOT, Dresden, Geh. Baurat Prof. † Dr. H. WAGNER, Darmstadt und Oberstleutnant F. RICHTER, Dresden. Zweite Aufl. Preis: 12 Mark, in Halbfranz gebunden 15 Mark.

8. Halbband: **Kirchen, Denkmäler und Bestattungsanlagen.**

Heft 1: **Kirchen.** Von Geh. Hofrat Prof. Dr. C. GURLITT, Dresden.
Preis: 32 Mark, in Halbfranz gebunden 35 Mark.

Heft 2, a: **Denkmäler I.** (Geschichte des Denkmales.) Von Architekt A. HOFMANN, Berlin.
Preis: 15 Mark, in Halbfranz gebunden 18 Mark.

Heft 2, b: **Denkmäler II.** (Architektonische Denkmäler.) Von Architekt A. HOFMANN, Berlin.
Preis: 24 Mark, in Halbfranz gebunden 27 Mark.

Heft 2, c: **Denkmäler III.** (Brunnen-Denkmäler. Figürliche Denkmäler. Einzelfragen der Denkmalkunst.) Von Architekt A. HOFMANN, Berlin. In Vorbereitung.

Heft 3: **Bestattungsanlagen.** Von Städt. Baurat H. GRASSEL, München und Dr.-Ing. S. FAYANS, Berlin. In Vorbereitung.

9. Halbband: **Der Städtebau.** Von Geh. Oberbaurat Dr. J. STÜBBEN, Berlin. (Vergriffen.)
Zweite Auflage unter der Presse.

10. Halbband: **Die Garten-Architektur.** Von Baurat A. LAMBERT und Architekt E. STAHL, Stuttgart.
Preis: 8 Mark, in Halbfranz gebunden 11 Mark.

Das »Handbuch der Architektur« ist zu beziehen durch die meisten Buchhandlungen, welche auf Verlangen auch einzelne Bände zur Ansicht vorlegen. Die meisten Buchhandlungen liefern das »Handbuch der Architektur« auf Verlangen sofort vollständig, soweit erschienen, oder eine beliebige Auswahl von Bänden, Halbbänden und Heften auch gegen monatliche Teilzahlungen. Die Verlagshandlung ist auf Wunsch bereit, solche Handlungen nachzuweisen.

Stuttgart, im März 1906.   **Alfred Kröner Verlag.**

Handbuch der Architektur.

Unter Mitwirkung von Fachgenossen herausgegeben von
Dr. phil. u. Dr.-Ing. **Eduard Schmitt,**
Geheimer Baurat und Professor in Darmstadt.

Alphabetisches Sachregister.

	Teil	Band	Heft
Ableitung des Haus-, Dach- und Hofwassers	III	5	
Aborte	III	5	
Akademien der bildenden Künste	IV	6	3
Akademien der Wissenschaften	IV	4	2
Akustik. Anlagen zur Erzielung einer guten Akustik	III	6	
Altane	III	2	2
Altchristliche Baukunst	II	3	1
Altersversorgungsanstalten	IV	5	2
Alumnate	IV	6	1
Anlage der Gebäude	IV	1/8	
Antike Baukunst	II	1/2	
Aquarien	IV	6	4
Arbeiterwohnhäuser	IV	2	1
Arbeitshäuser	IV	5	2
„	IV	7	1
Architekturformen. Gestaltung nach malerischen Grundsätzen	I	2	
Archive	IV	6	4
Armen-Arbeitshäuser	IV	5	2
Armen-Versorgungshäuser	IV	5	2
Asphalt als Material des Ausbaues	I	1	1
Ateliers	IV	6	3
Aufzüge	III	3	2
Ausbau. Konstruktionen des inneren Ausbaues	III	3/6	
Materialien des Ausbaues	I	1	1
Aussichtstürme	IV	4	2
Aussteigeöffnungen der Dächer	III	2	5
Ausstellungsbauten	IV	6	4
Badeanstalten	IV	5	3
Badeeinrichtungen	III	5	
Balkendecken	III	2	3,a
Balkone	III	2	2
Balustraden	IV	10	
Bankgebäude	IV	2	2
Bauernhäuser	IV	2	1
Bauernhöfe	IV	2	1
„	IV	3	1
Bauformenlehre	I	2	
Bauführung	I	5	
Bauleitung	I	5	
Baumaschinen	I	5	
Bausteine	I	1	1
Baustile. Historische und technische Entwickelung	II	1/7	

	Teil	Band	Heft
Baustoffe. Technik der wichtigeren Baustoffe	I	1	1
Bazare	IV	2	2
Beherbergung. Gebäude für Beherbergungszwecke	IV	4	
Behörden, Gebäude für	IV	7	1
Beleuchtung, künstliche, der Räume	III	4	
Beleuchtungsanlagen	IV	9	
Bellevuen und Belvedere	IV	4	2
Besserungsanstalten	IV	7	1
Bestattungsanlagen	IV	8	3
Beton als Konstruktionsmaterial	I	1	1
Bibliotheken	IV	6	4
Blei als Baustoff	I	1	1
Blindenanstalten	IV	5	2
Blitzableiter	III	6	
Börsen	IV	2	2
Botschaften. Gebäude f. Botschaften	IV	7	1
Brüstungen	III	2	2
Buchdruck und Zeitungswesen	IV	7	1
Büchermagazine	IV	6	4
Bürgerschulen	IV	6	1
Bürgersteige, Befestigung der	III	6	
Byzantinische Baukunst	II	3	1
Chemische Institute	IV	6	2
Concerthäuser	IV	6	3
Dächer	III	2	4
Massive Steindächer	III	2	5
Metalldächer	III	2	5
Nebenanlagen der Dächer	III	2	5
Schieferdächer	III	2	5
Verglaste Dächer	III	2	5
Ziegeldächer	III	2	5
Dachdeckungen	III	2	5
Dachfenster	III	2	5
Dachformen	III	2	4
Dachkämme	III	2	5
Dachlichter	III	2	5
„	III	3	2
Dachrinnen	III	2	2
Dachstühle. Statik der Dachstühle	I	1	2
Dachstuhlkonstruktionen	III	2	4
Decken	III	2	3
Deckenflächen, Ausbildung der	III	2	3,b
Deckenlichter	III	3	1
Denkmäler	IV	8	2

Jeder Band, bezw. jedes Heft bildet ein Ganzes für sich und ist einzeln käuflich.

HANDBUCH DER ARCHITEKTUR.

	Teil	Band	Heft
Desinfektionsanstalten	IV	5	4
Desinfektionseinrichtungen	III	5	
Einfriedigungen	III	2	2
"	IV	10	
Einrichtung der Gebäude	IV	1/8	
Eisbehälter	III	6	
Eisen und Stahl als Konstruktionsmaterial	I	1	1
Eisenbahnhochbauten	IV	2	4
Eisenbahn-Verwaltungsgebäude	IV	7	1
Eislaufbahnen	IV	4	2
Elasticitäts- und Festigkeitslehre	I	1	2
Elektrische Beleuchtung	III	4	
Elektrotechnische Laboratorien	IV	6	2,b
Entbindungsanstalten	IV	5	2
Entwässerung der Dachflächen	III	2	5
Entwässerung der Gebäude	III	5	
Entwerfen der Gebäude	IV	1/8	
Entwürfe, Anfertigung der	I	5	
Erhellung der Räume mittels Sonnenlicht	III	3	1
Erholung. Gebäude für Erholungszwecke	IV	4	
Erker	III	2	2
Etrusker. Baukunst der Etrusker	II	2	
Exedren	IV	10	
Exerzierhäuser	IV	7	2
Fabrik- und Gewerbewesen	IV	7	1
Fahnenstangen	III	2	5
Fahrradbahnen	IV	4	2
Fahrstühle	III	3	2
Fäkalstoffe-Entfernung aus den Gebäuden	III	5	
Fassadenbildung	IV	1	
Fenster	III	3	1
Fenster- und Thüröffnungen	III	2	1
Fernsprechdienst, Gebäude für	IV	2	3
Fernsprecheinrichtungen	III	3	2
Festhallen	IV	4	1
Festigkeitslehre	I	1	2
Findelhäuser	IV	5	2
Fluranlagen	IV	1	
Flussbau-Laboratorien	IV	6	2,b
Formenlehre des Ornaments	I	3	
Freimaurer-Logen	IV	4	2
Freitreppen	III	6	
"	IV	10	
Fundamente	III	1	
Fussböden	III	3	2
Galerien und Passagen	IV	2	2
Garten-Architektur	IV	10	
Gartenhäuser	IV	10	
Gasbeleuchtung	III	4	
Gasthöfe	IV	4	1
Gebäranstalten	IV	5	2
Gebäudebildung	IV	1	
Gebäudelehre	IV	1/8	
Gefängnisse	IV	7	1

	Teil	Band	Heft
Geflügelzüchtereien	IV	3	1
Gehöftanlagen, landwirtschaftliche	IV	3	1
Geländer	III	2	2
Gerichtshäuser	IV	7	1
Gerüste	I	5	
Gesandtschaftsgebäude	IV	7	1
Geschäftshäuser	IV	2	2
Geschichte der Baukunst	II		
Antike Baukunst	II	1/2	
Mittelalterliche Baukunst	II	3/4	
Baukunst der Renaissance	II	5/7	
Gesimse	III	2	2
Gestaltung der äusseren und inneren Architektur	IV	1	
Gestüte	IV	3	1
Getreidemagazine	IV	3	1
Gewächshäuser	IV	6	4
Gewerbeschulen	IV	6	1
Gewölbe. Statik der Gewölbe	I	1	2
Gewölbte Decken	III	2	3,b
Giebelspitzen der Dächer	III	2	5
Glas als Material des Ausbaues	I	1	1
Glockenstühle	III	6	
Gotische Baukunst	II	4	
Griechen. Baukunst der Griechen	II	1	
Gutshöfe	IV	3	1
Gymnasien	IV	6	1
Handel. Gebäude für die Zwecke des Handels	IV	2	2
Handelsschulen	IV	6	1,b
Heilanstalten	IV	5	1/2
Heizung der Räume	III	4	
Herbergshäuser	IV	4	1
Herrenfitze	IV	2	1
Hippodromgebäude	IV	6	6
Hochbaukonstruktionen	III	1/6	
Hochbaukunde, allgemeine	I	1/5	
Hochlicht	III	3	1
Hochschulen	IV	6	2
Hof-Anlagen	IV	1	
Hoffächen, Befestigung der	III	6	
Holz als Konstruktionsmaterial	I	1	1
Hospitäler	IV	5	1
Hotels	IV	4	1
Hydrotechnische Laboratorien	IV	6	2,b
Ingenieur-Laboratorien	IV	6	2,b
Innerer Ausbau	III	3/6	
Innungshäuser	IV	4	2
Institute, wissenschaftliche	IV	6	2
Irrenanstalten	IV	5	2
Islam. Baukunst des Islam	II	3	2
Isolier-Hospitäler (Absond.-Häuser)	IV	5	1
Justizpaläste	IV	7	1
Kadettenhäuser	IV	7	2
Kaffeehäuser	IV	4	1
Kasernen	IV	7	2
Kaufhäuser	IV	2	2
Kegelbahnen	IV	4	2

Zu beziehen durch die meisten Buchhandlungen.

HANDBUCH DER ARCHITEKTUR.

	Teil	Band	Heft
Keramik in der Baukunst	I	4	
Keramische Erzeugnisse	I	1	1
Kinderbewahranstalten	IV	5	2
Kinderhorte	IV	5	2
Kinderkrankenhäuser	IV	5	1
Kioske	IV	4	2
Kirchen	IV	8	1
Kirchenbau, romanischer u. gotischer	II	4	3
Kleinkinderschulen	IV	6	1
Kliniken, medizinische	IV	6	2,b
Klubhäuser	IV	4	2
Kocheinrichtungen	III	5	
Komposition, architektonische	IV	1	
Konstruktionselemente	III	1	
Konstruktionsmaterialien	I	1	1
Konversationshäuser	IV	4	2
Konzerthäuser	IV	6	3
Kostenanschläge	I	5	
Krankenhäuser	IV	5	1
Kreisbehörden	IV	7	1
Kriegsbaukunst, romanische und got.	II	4	1
Kriegsschulen	IV	7	2
Krippen	IV	5	2
Küchenausgüsse	III	5	
Kühlanlagen	III	6	
Kunstakademien	IV	6	3
Kunstgewerbeschulen	IV	6	3
Künstlerateliers	IV	6	3
Kunstschulen	IV	6	3
Kunstvereinsgebäude	IV	4	2
Kupfer als Baustoff	I	1	1
Kurhäuser	IV	4	2
Laboratorien	IV	6	2
Landhäuser	IV	2	1
Landwirtschaft. Gebäude für die Zwecke der Landwirtschaft	IV	3	1
Laufstege der Dächer	III	2	5
Lebensmittel-Versorgung. Gebäude für Lebensmittel-Versorgung	IV	3	2
Leichenhäuser	IV	5	1
Leichenschauhäuser	IV	7	1
Logen (Freimaurer)	IV	4	2
Lüftung der Räume	III	4	
Lungenheilstätten	IV	5	2
Luxuspferdeställe	IV	3	1
Mädchenschulen, höhere	IV	6	1
Märkte für Getreide, Lebensmittel, Pferde und Hornvieh	IV	3	2
Markthallen	IV	3	2
Marställe	IV	3	1
Maschinenlaboratorien	IV	6	2,b
Materialien des Ausbaues	I	1	1
Material-Prüfungsanstalten	IV	6	2,b
Mauern	III	2	1
Mechanisch-technische Laboratorien	IV	6	2
Medizin. Lehranstalt. d. Universität.	IV	6	2
Messpaläste	IV	2	2
Metalle als Materialien des Ausbaues	I	1	1

	Teil	Band	Heft
Metalldächer	III	2	5
Militärbauten	IV	7	2
Militärhospitäler	IV	5	1
Ministerialgebäude	IV	7	1
Mittelalterliche Baukunst	II	3/4	
Mörtel als Konstruktionsmaterial	I	1	1
Museen	IV	6	4
Musikzelte	IV	4	2
Naturwissenschaftliche Institute	IV	6	2,a
Oberlicht	III	3	1
Observatorien	IV	6	2,b
Ornament. Formenlehre d. Ornaments	I	3	
Ortsbehörden	IV	7	1
Paläste	IV	2	1
Panoramen	IV	4	2
Parlamentshäuser	IV	7	2
Passagen	IV	2	2
Pavillons	IV	10	
Pensionate	IV	6	1
Pergolen	IV	10	
Perrons	III	6	
Pferdeställe	IV	3	1
Pflanzenhäuser	IV	6	4
"	IV	9	
Pflegeanstalten	IV	5	2
Physikalische Institute	IV	6	2,a
Pissoirs	III	5	
Postgebäude	IV	2	3
Proportionen in der Architektur	IV	1	
Provinzbehörden	IV	7	1
Quellenhäuser	IV	4	2
Rampen, äussere	III	6	
Rampen, innere	IV	3	2
Rathäuser	IV	7	1
Raum-Architektur	IV	1	
Raumbegrenzende Konstruktionen	III	2	
Raumbildung	IV	1	
Rechtspflege. Gebäude f. Rechtspflege	IV	7	1
Reinigung der Gebäude	III	5	
Reitbahnen	IV	4	2
Reithäuser	IV	7	2
Renaissance. Baukunst der	II	5/7	
Renaissance in Italien	II	5	
Renaissance in Frankreich	II	6	
Renaissance in Deutschland, Holland, Belgien und Dänemark	II	7	
Rennbahnen	IV	4	2
Restaurants	IV	4	1
Rollschlittschuhbahnen	IV	4	2
Romanische Baukunst	II	4	
Römer. Baukunst der Römer	II	2	
Ruheplätze	IV	10	
Saalanlagen	IV	1	
Saalbauten	IV	6	3
Sammlungen	IV	6	4
Sanatorien	IV	5	2
Schankstätten	IV	4	1
Schaufenstereinrichtungen	IV	2	2

Jeder Band, bezw. jedes Heft bildet ein Ganzes für sich und ist einzeln käuflich.

HANDBUCH DER ARCHITEKTUR.

	Teil	Band	Heft
Scheunen	IV	3	1
Schieferdächer	III	2	5
Schiesshäuser	IV	7	2
Schiessstätten	IV	4	2
Schlachthöfe	IV	3	2
Schlafhäuser	IV	4	1
Schlösser	IV	2	1
Schneefänge der Dächer	III	2	5
Schulbaracken	IV	6	1
Schulbauwesen	IV	6	1
Schulen	IV	6	1
Schützenhäuser	IV	4	2
Schwachsinnige, Gebäude für	IV	5	2
Schwimmanstalten	IV	5	3
Seitenlicht	III	3	1
Seminare	IV	6	1
Sicherungen gegen Einbruch, Feuer, Blitzschlag, Bodensenkungen und Erderschütterungen	III	6	
Siechenhäuser	IV	5	2
Sonnenlicht. Versorgung der Gebäude mit Sonnenlicht	III	3	1
Sonnenwärme. Versorgung der Gebäude mit Sonnenwärme	III	4	
Sparkassengebäude	IV	2	2
Speiseanstalten für Arbeiter	IV	4	1
Speisewirtschaften	IV	4	1
Sprachrohre	III	3	2
Spüleinrichtungen	III	5	
Stadthäuser	IV	7	1
Städtebau	IV	9	
Ställe	IV	3	1
Ständehäuser	IV	7	2
Statik der Hochbaukonstruktionen	I	1	2
Stein als Konstruktionsmaterial	I	1	1
Sternwarten	IV	6	2,b
Stibadien	IV	10	
Strafanstalten	IV	7	1
Stützen. Statik der Stützen	I	1	2
Stützmauern	III	6	
Synagogen	IV	8	1
Taubstummenanstalten	IV	5	2
Technische Fachschulen	IV	6	1
Technische Hochschulen	IV	6	2,a
Technische Laboratorien	IV	6	2,b
Telegraphen. Haus- und Zimmertelegraphen	III	3	2
Telegraphengebäude	IV	2	3
Tempel. Griechischer Tempel	II	1	
„ Römischer Tempel	II	2	
Terrassen	III	6	
„	IV	10	
Theater	IV	6	5
Thonerzeugnisse als Konstruktionsmaterialien	I	1	1
Thorwege	IV	1	
Thür- und Fensteröffnungen	III	2	1
Thüren und Thore	III	3	1

	Teil	Band	Heft
Tierhäuser	IV	3	1
Träger. Statik der Träger	I	1	2
Treppen	III	3	2
Treppen-Anlagen	IV	1	
Trinkhallen	IV	4	2
Turmkreuze	III	2	5
Turnanstalten	IV	6	1
Universitäten	IV	6	2
Veranden	IV	4	2
Veranschlagung	I	5	
Verdingung der Bauarbeiten	I	5	
Vereine. Gebäude für Vereinszwecke	IV	4	
Vereinshäuser	IV	4	2
Vergnügungsstätten, öffentliche	IV	4	1
Verkehr. Anlagen zur Vermittlung des Verkehrs in den Gebäuden	III	3	2
Gebäude für Zwecke des Verkehrs	IV	2	2
Verkehrswesen	IV	7	1
Versicherungswesen	IV	7	1
Versorgungshäuser	IV	5	2
Verwaltung. Gebäude für Verwaltung	IV	7	1
Vestibül-Anlagen	IV	1	
Viehmärkte	IV	3	2
Villen	IV	2	1
Volksbelustigungsgärten	IV	4	1
Volkskaffeehäuser	IV	4	1
Volksküchen	IV	4	1
Volksschulen	IV	6	1
Vordächer	III	6	
Vorhallen	IV	1	
Vorräume	IV	1	
Wachgebäude	IV	7	2
Wagenremisen	IV	3	1
Waisenhäuser	IV	5	2
Wandelbahnen und Kolonnaden	IV	4	2
Wände und Wandöffnungen	III	2	1
Wandflächen, Ausbildung der	III	3	3
Wandverschlüsse, bewegliche	III	3	1
Warenhäuser	IV	2	2
Wärmeinrichtungen	III	5	
Wärmstuben	IV	5	2
Waschanstalten	IV	5	4
Wascheinrichtungen	III	5	
Waschtischeinrichtungen	III	5	
Wasserkünste	IV	10	
Wasserversorgung der Gebäude	III	4	
Windfahnen	III	2	5
Wirtschaften	IV	4	1
Wohlfahrtsanstalten	IV	5	
Wohnbau, romanischer und gotischer	II	4	2
Wohnhäuser	IV	2	1
Zenithlicht	III	3	1
Ziegeldächer	III	2	5
Zink als Baustoff	I	1	1
Zirkusgebäude	IV	6	6
Zufluchtshäuser	IV	5	2
Zwangs-Arbeitshäuser	IV	7	1

ALFRED KRÖNER VERLAG IN STUTTGART.